PS 2500 B586(11)+6

NomosLehrbuch

Prof. Dr. Roland Bieber | Prof. Dr. Astrid Epiney | Marcel Haag

Die Europäische Union

Europarecht und Politik

11. Auflage

Prof. Dr. Roland Bieber, Universität Lausanne | **Prof. Dr. Astrid Epiney**, Universität Fribourg | **Marcel Haag**, Europäische Kommission, Brüssel

Die Deutsche Nationalbibliothek verzeichnet diese Publikation in
der Deutschen Nationalbibliografie; detaillierte bibliografische
Daten sind im Internet über http://dnb.d-nb.de abrufbar.

ISBN 978-3-8487-0122-3 (Nomos Verlagsgesellschaft, Baden-Baden)

ISBN 978-3-7190-3563-1 (Helbing Lichtenhahn Verlag, Basel)

11. Auflage 2015
© Nomos Verlagsgesellschaft, Baden-Baden 2015. Printed in Germany. Alle
Rechte, auch die des Nachdrucks von Auszügen, der fotomechanischen Wiedergabe und der Übersetzung, vorbehalten.

Vorwort zur elften Auflage

Die Europäische Union bildet eine dynamische, mit den Mitgliedstaaten eng verflochtene Ordnung, die zutreffend als Mehrebenensystem europäischen Regierens beschrieben wird. Die politische und rechtliche Eigenart der Europäischen Union erschließt sich daher erst in der Gesamtschau auf Verträge, institutionelle Praxis sowie deren Wirkung in den Mitgliedstaaten und im internationalen Bereich.

Seit der Erweiterung im Jahre 2013 sind Bürger aus 28 Staaten durch gemeinsame Ziele, Werte und eine gemeinsame Rechtsordnung verbunden. Diese umfasst längst nicht mehr nur Regeln für den Binnenmarkt, sondern bestimmt die Grundrechte der Bürger und reicht bis zu Strafrecht und Telekommunikation. Recht und Politik der Union wirken unmittelbar im Inneren und gestalten die Beziehungen zu europäische Nachbarstaaten und der Welt.

Die Union entwickelt sich mit unverminderter Intensität, wenn auch in einem ungleichmäßigen Tempo. Mit dem Inkrafttreten des Vertrags von Lissabon am 1. Dezember 2009 sollte eine Phase der Stabilität im Prozess der europäischen Integration eintreten. Die dramatischen Entwicklungen des internationalen Währungssystems und staatlicher Haushalte im Inneren der Union und neue außenpolitische Herausforderungen bewiesen einerseits die Notwendigkeit gemeinsamen solidarischen Handelns, zeigten jedoch auch Schwächen der vertraglichen Regeln, speziell im Bereich der Wirtschafts- und Währungsunion. Als Folge wurden erneute Änderungen und Ergänzungen der Verträge beschlossen. Weitere Staaten Südosteuropas wollen der Union beitreten oder sich ihr jedenfalls annähern. Die noch immer einzigartige Union bestätigt weiterhin ihre Lernfähigkeit, ihre Anziehungskraft und die Offenheit des Integrationsprozesses.

In dem bewährten Werk werden die wesentlichen Strukturen und Aktionsfelder der Europäischen Union präzise und aktuell dargestellt und kritisch analysiert (u.a. Binnenmarkt, Wirtschafts- und Währungspolitik, Umwelt, Verkehr, Außenbeziehungen). Gleichermaßen Berücksichtigung erfahren dabei die vertraglichen Quellen in der Fassung des Vertrags von Lissabon, die späteren Ergänzungsverträge (Fiskalpakt, Europäischer Stabilitätsmechanismus) sowie die umfassende Ausführungsgesetzgebung und die Rechtsprechung.

Die elfte Auflage wurde im Lichte der Praxis auf allen Rechtsgebieten überarbeitet. Die neuesten Entwicklungen der Wirtschafts- und Währungspolitik und ihre Folgen für den Integrationsprozess erfuhren eine besondere Würdigung.

Das Buch bildet eine Gemeinschaftsarbeit. Die Kooperation mehrerer Autoren gewährleistet, dass der immer komplexer werdende Stoff gleichmäßig durchdrungen und dargestellt wird. Auch können vielfältige Erfahrungen aus Wissenschaft und Praxis genutzt werden.

Vorwort zur elften Auflage

Im Einzelnen verfassten die Autoren folgende Paragrafen:

Roland Bieber: 1, 3, 4, 5, 7, 16, 21, 23, 24, 25, 26, 28, 29, 35, 36, 37.

Astrid Epiney: 2 A und C, 8, 9, 10, 11 A und B, 17, 22, 27, 31, 32.

Marcel Haag: 2 B, 6, 11 C und D, 12, 13, 14, 15, 18, 19, 20, 30, 33, 34.

(Die Beiträge von Marcel Haag sind nur ihm persönlich zuzurechnen. Sie bringen in keiner Weise die Meinung der Europäischen Kommission zum Ausdruck.)

August 2014

Roland Bieber	*Astrid Epiney*	*Marcel Haag*
Lausanne/Bonn	Fribourg	Brüssel

Inhaltsübersicht

Vorwort zur elften Auflage		5
Inhaltsverzeichnis		9
Abkürzungsverzeichnis		29
Teil A	Grundlagen	35
§ 1	Entwicklung und Theorie der Europäischen Integration	35
§ 2	Die Grundlagen der Union: Bürger und Staaten	53
§ 3	Strukturprinzipien der EU-Verfassung	96
§ 4	Institutionelles System	122
§ 5	Finanzverfassung	172
§ 6	Rechtsquellen	183
§ 7	Rechtsetzungsverfahren	208
§ 8	Rechtsanwendung und Europäisches Verwaltungsrecht	227
§ 9	Rechtsschutzsystem	243
Teil B	Grundfreiheiten und Politikbereiche	295
§ 10	Diskriminierungsverbot aus Gründen der Staatsangehörigkeit und allgemeine Prinzipien der Grundfreiheiten	295
§ 11	Grundfreiheiten	312
§ 12	Wettbewerbspolitik	388
§ 13	Staatliche Beihilfen	415
§ 14	Angleichung der Rechtsordnungen	429
§ 15	Justizielle Zusammenarbeit in Zivilsachen	443
§ 16	Strafrecht, polizeiliche und justizielle Zusammenarbeit in Strafsachen	448
§ 17	Visa-, Asyl- und Einwanderungspolitik	457
§ 18	Gesellschafts- und Unternehmensrecht	471
§ 19	Steuerrecht	478
§ 20	Urheberrecht und Gewerblicher Rechtsschutz	488
§ 21	Wirtschafts- und Währungsunion	493
§ 22	Sozialpolitik	506
§ 23	Landwirtschafts- und Fischereipolitik	529
§ 24	Verkehrspolitik und Transeuropäische Netze	541
§ 25	Energiepolitik	554
§ 26	Industrie	561
§ 27	Wirtschaftlicher und sozialer Zusammenhalt (Regionalpolitik)	565
§ 28	Forschung, Technologie und Raumfahrt	573
§ 29	Bildung, Kultur und Sport	578
§ 30	Telekommunikation	584
§ 31	Verbraucherschutz und Gesundheitswesen	589
§ 32	Umwelt	606

Inhaltsübersicht

Teil C	Außenbeziehungen	627
§ 33	Grundlagen und Verfahren der Außenbeziehungen	627
§ 34	Gemeinsame Handelspolitik und Entwicklungspolitik	643
§ 35	Gemeinsame Außen- und Sicherheitspolitik (GASP)	660
§ 36	Europäische Nachbarschaftsbeziehungen und Erweiterung der Union	669
Teil D	Perspektiven	678
§ 37	Ausblick	678
Quellen- und Literaturhinweise		687
Stichwortverzeichnis		691

Inhalt

Vorwort zur elften Auflage 5

Abkürzungsverzeichnis 29

Teil A Grundlagen

§ 1	**Entwicklung und Theorie der Europäischen Integration**	**35**
A.	Überblick	35
B.	Zum Entstehen der Europäischen Idee	36
	I. Der Europagedanke und seine Verwirklichung bis 1914	36
	II. Anstöße zur Einigung Europas nach 1914	37
C.	Zur Entwicklung der Europäischen Union	39
	I. Die Gründungsverträge und ihre Vertiefung	39
	II. Die Entwicklung der EG-Verträge zur Verfassung der Europäischen Union	40
	III. Die Europäische Union als Verfassungsordnung und der Vertrag von Lissabon	43
	IV. Krisensteuerung in der „nach Lissabon Phase"	45
	V. Neuartige Formen der Integration (verstärkte Zusammenarbeit, „Schengen", „Prüm")	45
	VI. Erweiterungen	46
	VII. Die Union als internationaler Akteur	48
D.	Integrationstheorien	48
	I. Politikwissenschaft	49
	II. Rechtswissenschaft	50
	III. Ökonomie	50
	IV. Geschichtswissenschaft und Soziologie	51
E.	Literatur	52
§ 2	**Die Grundlagen der Union: Bürger und Staaten**	**53**
A.	Vorbemerkungen	53
B.	Die Bürgerinnen und Bürger	54
	I. Die Rechte der Bürger	55
	1. Grundrechte	55
	a) Grundlagen und Entwicklung	55
	aa) Die Rechtsprechung des EuGH	56
	bb) Grundrechteerklärungen der Organe	57
	cc) Die Proklamation der Grundrechtecharta	57
	b) Umfang und Reichweite des Grundrechtsschutzes	58
	aa) Rechtsgrundlagen	58
	bb) Die Grundrechte als allgemeine Rechtsgrundsätze	59
	cc) Grundrechtsträger	59
	dd) Grundrechtsadressaten	60
	c) Verhältnis zur EMRK	60
	2. Grundfreiheiten	61

	3.	Unionsbürgerschaft	61
		a) Grundlagen	61
		b) Begriff der Unionsbürgerschaft	63
		c) Die Unionsbürgerrechte im Einzelnen	64
		aa) Das allgemeine Recht auf Bewegungs- und Aufenthaltsfreiheit	64
		bb) Das aktive und passive Wahlrecht bei Kommunalwahlen und Wahlen zum EP	66
		cc) Recht auf diplomatischen und konsularischen Schutz	68
		dd) Bürgerinitiativrecht	70
		ee) Petitionsrecht zum EP	70
		ff) Recht zur Anrufung von Einrichtungen der EU	71
		gg) Recht zur Anrufung des Bürgerbeauftragten	71
	II.	Die Pflichten der Bürger	73
C.	Die Mitgliedstaaten		73
	I.	Pflichten der Union: die Achtung der nationalen Identität der Mitgliedstaaten, der Grundsatz der loyalen Zusammenarbeit und die Einbindung der nationalen Parlamente	75
		1. Achtung der Mitgliedstaaten, insbesondere der nationalen Identität (Art. 4 Abs. 2 EUV)	75
		2. Grundsatz der loyalen Zusammenarbeit (Art. 4 Abs. 3 EUV)	78
		3. Zur Rolle der nationalen Parlamente	78
	II.	Pflichten der Mitgliedstaaten	80
		1. Pflicht zur loyalen Zusammenarbeit	80
		2. Achtung fundamentaler Grundsätze durch die Mitgliedstaaten	81
		3. Haftung der Mitgliedstaaten für Verstöße gegen Unionsrecht	84
	III.	Verfassungsrechtliche Grundlagen des Integrationsprozesses in den Mitgliedstaaten	87
		1. Deutschland	88
		2. Österreich	90
		3. Zu den übrigen Mitgliedstaaten	91
D.	Literatur		92
	I.	Grundrechte	92
	II.	Unionsbürgerschaft	92
	III.	Souveränität und Föderalismus	94
	IV.	„Homogenität" in der EU, nationale Identität, Grundsatz der loyalen Zusammenarbeit und Rolle der nationalen Parlamente	94
	V.	Staatshaftung	95
	VI.	Verfassungsrechtliche Grundlagen des Integrationsprozesses in den Mitgliedstaaten	95

§ 3 Strukturprinzipien der EU-Verfassung   96

A.	Verfassungsqualität – Verfassungsgrundlagen		96
B.	Ziele		98
C.	Wirtschafts- und Sozialverfassung		99
D.	Die Wertordnung der Union		101
	I.	Grundlagen	101
	II.	Das Demokratieprinzip	102

	III. Das Rechtsstaatsprinzip	104
	IV. Solidarität	104
E.	Die Aufteilung der Zuständigkeiten	106
	I. Grundsätze	106
	II. Gesetzgebung und Außenbeziehungen	107
	III. Modalitäten der Zuständigkeitsausübung	109
F.	Das Verhältnis zwischen dem Recht der EU und dem Recht der Mitgliedstaaten	111
G.	Zugehörigkeit zur Union (Beitritt und Ausscheiden)	114
H.	Einheit und Differenzierung	115
I.	Rechtspersönlichkeit	117
J.	Territorialer Geltungsbereich des Rechts der Union	119
K.	Symbole der Union	119
L.	Literatur	120

§ 4 Institutionelles System — 122

- A. Grundlagen — 122
  - I. Quellen und Terminologie — 122
  - II. Die besonderen Merkmale des institutionellen Systems der EU — 122
    1. Grundzüge — 122
    2. Prinzipien der Zusammensetzung — 123
       - a) Auswahl der Mitglieder — 123
       - b) Größe der Organe — 124
    3. Befugnisse der Organe — 124
       - a) Grundlagen — 124
       - b) Schranken — 125
    4. Pflichten der Organe — 126
       - a) Wahrung der Funktionsfähigkeit (Identität und Kooperation) — 126
       - b) Effiziente Erfüllung der Aufgaben — 126
       - c) „Institutionelles Gleichgewicht" — 127
  - III. Organhandeln im Rahmen besonderer Zuständigkeiten — 127
    1. Verstärkte Zusammenarbeit — 127
    2. Sonstiges Organhandeln außerhalb der vertraglichen Befugnisse — 127
- B. Die institutionelle Struktur — 128
  - I. Die Hauptorgane — 128
    1. Europäisches Parlament (EP) — 128
       - a) Vorbemerkung — 128
       - b) Aufgaben — 128
         - aa) Überblick — 128
         - bb) Beratungsbefugnis — 128
         - cc) Rechtsetzung — 129
         - dd) Kontrolle — 129
         - ee) Ernennungen/ Wahlrechte — 131
         - ff) (Mit-)Gestaltung der EU-Außenbeziehungen — 131
         - gg) Repräsentativfunktion — 132
       - c) Zusammensetzung — 132
       - d) Organisation und Arbeitsweise — 134
         - aa) Selbstorganisationsrecht — 134

			bb)	Ausschüsse	135
			cc)	Fraktionen und Europäische Parteien	135
		e)	Interparlamentarische Beziehungen		136
			aa)	Parlamente der Mitgliedstaaten	136
			bb)	Parlamente von Drittstaaten	137
	2.	Europäischer Rat			137
		a)	Einleitung		137
		b)	Zusammensetzung und Verfahren		138
		c)	Aufgaben		138
	3.	Rat			139
		a)	Aufgaben		139
			aa)	Rechtsetzung	139
			bb)	Initiativrecht	139
			cc)	Exekutivaufgaben	140
			dd)	Ernennungen	140
			ee)	Kontrolle	141
			ff)	Rückkopplungsfunktion	141
		b)	Zusammensetzung		142
		c)	Organisation und Arbeitsweise		143
			aa)	Geschäftsordnung/Interne Organisation	143
			bb)	Abstimmungsgrundsätze	144
			cc)	Ausschuss der Ständigen Vertreter; Politisches Komitee, Koordinierungsausschuss	146
		d)	Der Hohe Vertreter für die Gemeinsame Außen- und Sicherheitspolitik		147
		e)	Im Rat vereinigte Vertreter der Mitgliedstaaten		147
		f)	Entscheidungsorgane in Verträgen mit Drittstaaten		147
	4.	Kommission			147
		a)	Vorbemerkung		147
		b)	Aufgaben		148
			aa)	Initiativrecht	148
			bb)	Rechtsetzung	149
			cc)	Rechtsanwendung und Verwaltungstätigkeit	149
			dd)	Kontrolle der Einhaltung des EU-Rechts	150
		c)	Zusammensetzung		150
		d)	Organisation und Arbeitsweise		152
			aa)	Selbstorganisationsrecht	152
			bb)	Willensbildung	152
	5.	Europäischer Gerichtshof, Gericht, Fachgerichte			153
		a)	Einleitung		153
		b)	Zuständigkeiten des EuGH		153
			aa)	Streitigkeiten zwischen den Mitgliedstaaten	153
			bb)	Streitigkeiten zwischen EU und Mitgliedstaaten	154
			cc)	Streitigkeiten zwischen den Organen und sonstigen Einrichtungen	154
			dd)	Streitigkeiten zwischen Einzelnen und der EU	154
			ee)	Vorabentscheidungen	155
			ff)	Entscheidungen über Rechtsmittel	155

		gg) Sonstige Zuständigkeiten und Aufgaben	155
	c)	Zusammensetzung des EuGH, des Gerichts und der Fachgerichte	155
		aa) EuGH	155
		bb) Gericht	156
		cc) Fachgerichte	156
	d)	Arbeitsweise	156
		aa) EuGH	156
		bb) Gericht und Fachgerichte	157
6.		Europäische Zentralbank (EZB), Eurosystem, Europäisches System der Zentralbanken (ESZB)	157
	a)	Zuständigkeiten	157
	b)	Zusammensetzung, Organisation	158
7.		Rechnungshof	158
	a)	Aufgaben	158
	b)	Zusammensetzung, Arbeitsweise	159

II. Die Nebenorgane — 159
  1. Europäischer Wirtschafts- und Sozialausschuss (EWSA) — 159
     a) Zuständigkeiten — 159
     b) Zusammensetzung, Organisation — 160
  2. Ausschuss der Regionen (AdR) — 160
     a) Zuständigkeiten — 160
     b) Zusammensetzung, Organisation — 161

III. Einrichtungen mit besonderen Aufgaben — 161
  1. Europäische Investitionsbank, Europäischer Investitionsfonds — 161
     a) Zuständigkeiten — 161
     b) Organisation — 162
  2. Bürgerbeauftragter und Datenschutzbeauftragter — 162
  3. Ausgegliederte Dienststellen der Organe — 163
  4. Angegliederte juristische Personen — 163
  5. Selbstständige juristische Personen, Agenturen — 163
  7. Beratungs- und Hilfseinrichtungen der Kommission (Ausschüsse) — 165
     a) Beratende Ausschüsse — 165
     b) Kontrollierende Ausschüsse — 165
  8. Mit der Union verbundene gemeinsame Einrichtungen — 166

IV. Statut der Mitglieder und Bediensteten, Arbeitsorte, Sprachen — 166
  1. Statut der Mitglieder und Bediensteten — 166
  2. Arbeitsorte — 167
  3. Sprachen — 168

C. Literatur — 169
  I. Institutionen allgemein — 169
  II. Europäisches Parlament, Europäische Parteien, staatliche Parlamente — 169
  III. Rat / Europäischer Rat — 169
  IV. Kommission — 170
  V. Gerichtshof / Gericht /Fachgerichte — 170
  VI. Kontrolleinrichtungen (Rechnungshof, Bürgerbeauftragter, Datenschutzbeauftragter) — 170
  VII. EWSA, Ausschuss der Regionen — 171

	VIII.	EZB, Europäische Investitionsbank	171
	IX.	Sonstige Einrichtungen, Agenturen, Einzelfragen des Organisationsrechts	171

§ 5 Finanzverfassung 172

- A. Einleitung 172
  - I. Haushalt 2014 172
  - II. Rechtsgrundlagen 173
- B. Haushaltsplan und mehrjähriger Finanzrahmen 173
  - I. Überblick 173
  - II. Haushaltsgrundsätze 175
    1. Euro und Rechnungseinheit 175
    2. Haushaltsprinzipien 175
- C. Einnahmen 176
  - I. Beiträge 176
  - II. Eigenmittel 176
  - III. Anleihen 178
  - IV. Korrekturmechanismus 179
- D. Ausgaben 179
- E. Ausführung des Haushaltsplans 180
- F. Betrugsbekämpfung 181
- G. Haushaltskontrolle 181
- H. Literatur 182

§ 6 Rechtsquellen 183

- A. Grundlagen 183
- B. System des Unionsrechts 184
  - I. Primäres Unionsrecht 184
    1. Gründungsverträge und Änderungen 184
    2. Beitrittsverträge 185
    3. Sonstige Vorschriften 185
  - II. Vertragskonkurrenz 186
  - III. Ungeschriebenes Primärrecht 187
  - IV. Die Rechtshandlungen der Organe 189
    1. Überblick 189
    2. Verordnungen 190
    3. Richtlinien 191
    4. Beschlüsse 194
    5. Empfehlungen und Stellungnahmen 195
    6. Sonstige Rechtshandlungen 195
  - V. Rechtsakte der Gesamtheit der Mitgliedstaaten 197
    1. Zuordnung 197
    2. Akte der im Rat vereinigten Vertreter der Regierungen der Mitgliedstaaten 197
    3. Übereinkommen europäischen Charakters 198
  - VI. Normenhierarchie 199
- C. Wirkung des Unionsrechts 200
  - I. Überblick 200

II.	Wirkung des Primärrechts	201
III.	Wirkung des abgeleiteten Unionsrechts	202
IV.	Die unmittelbare Wirkung im Verhältnis zwischen Privatpersonen („Drittwirkung" des Unionsrechts)	204
D.	Übergangsregelung für besondere Rechtsakte der GASP und der PJZSs	206
E.	Literatur	206

§ 7 Rechtsetzungsverfahren 208

- A. Grundzüge 208
- B. Rechtsetzung zur Ausführung der Verträge 209
  - I. Überblick 209
  - II. Rechtsgrundlage 209
  - III. Gesetzgebungsinitiativen 210
  - IV. Anhörungen 210
    1. Anhörungen des EP 211
    2. Anhörung sonstiger Organe und Hilfsorgane 211
    3. Experten und staatliche Beamte, Sozialpartner 212
  - V. Beschlussfassung 212
    1. Überblick 212
    2. Ordentliches Gesetzgebungsverfahren 213
    3. Verfahren der Zustimmung 214
    4. Beschlussfassung über den Haushaltsplan 215
    5. Verfahren zum Erlass delegierter Rechtsakte und von Durchführungsrecht 215
       a) Delegierte Rechtsakte 216
       b) Durchführungsrecht 216
    6. Sonstige außerordentliche Verfahren 217
    7. Verfahren im Bereich der Außen- und Sicherheitspolitik 218
- C. Allgemeine verfassungsrechtliche Verfahren 218
  - I. Vertragsänderung gemäß dem ordentlichen Verfahren (Art. 48 Abs. 2–5 EUV) 218
  - II. Vereinfachte Änderungsverfahren (Art. 48 Abs. 6, 7 EUV) 220
  - III. Vertragsänderungen im Zusammenhang mit Beitritten neuer Mitgliedstaaten 220
- D. Suspendierung von Mitgliedschaftsrechten und „Verstärkte Zusammenarbeit" (besondere verfassungsrechtliche Verfahren) 221
  - I. Suspendierung von Mitgliedschaftsrechten 221
  - II. Verstärkte Zusammenarbeit der Mitgliedstaaten 221
  - III. Austritt 222
- E. Form und Inkrafttreten von Rechtsakten 222
  - I. Normenqualität, Gesetzgebungstechnik 222
  - II. Begründung der Akte 223
  - III. Öffentlichkeit der Rechtsetzungsverfahren, Veröffentlichung und Inkrafttreten der Rechtsakte, zeitliche Wirkung 223
  - IV. Sprachen 224
  - V. Änderung oder Berichtigung der Rechtsakte 225
- F. Literatur 225

§ 8 Rechtsanwendung und Europäisches Verwaltungsrecht — 227
- A. Grundlagen und Überblick — 227
- B. Direkter Vollzug — 230
- C. Indirekter Vollzug — 232
- D. Gemischter Vollzug — 240
- E. Literatur — 241

§ 9 Rechtsschutzsystem — 243
- A. Grundlagen — 243
- B. Strukturmerkmale des Rechtsschutzes in der EU und der Rechtsprechung des EuGH — 244
    - I. Zuständigkeiten, Charakteristika und Funktionen des EuGH — 244
    - II. Bedeutung des EuGH für die Entwicklung des Unionsrechts — 246
    - III. Die Rolle der staatlichen Gerichte — 247
    - IV. Auslegung des Unionsrechts — 248
        1. Grundlagen — 248
        2. Auslegungsmethoden — 250
            - a) Wortlaut — 250
            - b) Historische Auslegung — 250
            - c) Systematische Auslegung — 250
            - d) Teleologische Auslegung — 251
            - e) Präjudizien als Auslegungsgrundsätze — 252
- C. Verfahrensarten — 252
    - I. Überblick — 252
    - II. Vertragsverletzungsverfahren — 253
        1. Zulässigkeit — 254
        2. Begründetheit — 257
        3. Wirkungen des Urteils — 258
        4. Verhängung finanzieller Sanktionen — 258
    - III. Nichtigkeitsklage — 260
        1. Zulässigkeit — 261
            - a) Passivlegitimation — 261
            - b) Klagegegenstand — 261
            - c) Aktivlegitimation — 262
                - aa) Organe und Mitgliedstaaten — 262
                - bb) Natürliche und juristische Personen — 263
            - d) Klagegründe und Frist — 268
        2. Begründetheit — 268
        3. Wirkungen des Urteils — 269
    - IV. Untätigkeitsklage — 269
        1. Zulässigkeit — 269
        2. Begründetheit und Wirkungen des Urteils — 271
    - V. Inzidentes Normenkontrollverfahren — 271
    - VI. Schadensersatzklage — 272
        1. Zulässigkeit — 273
        2. Begründetheit — 273
    - VII. Gutachten — 277
    - VIII. Vorabentscheidungsverfahren — 278

Inhalt

	1. Zulässigkeit der Vorlage	279
	a) Die vorlageberechtigten und -verpflichteten Spruchkörper	279
	b) Gegenstand der Vorlage	282
	c) Erforderlichkeit der Vorlage	284
	2. Wirkung der Urteile des EuGH	287
D.	Der Ablauf des Verfahrens vor dem EuGH und dem EuG – ein Überblick	288
E.	Literatur	291
	I. Auslegung	291
	II. Rolle des EuGH	291
	III. EuGH – Rechtsschutz und Verfahren allgemein	292
	IV. Vorabentscheidungsverfahren	292
	V. EuGH – Sonstige Verfahrensarten und -aspekte	293
	VI. Verhältnis zu anderen internationalen Gerichtsbarkeiten	294

Teil B Grundfreiheiten und Politikbereiche

§ 10 Diskriminierungsverbot aus Gründen der Staatsangehörigkeit und allgemeine Prinzipien der Grundfreiheiten   295

- A. Grundlagen   295
- B. Das Verbot der Diskriminierung aus Gründen der Staatsangehörigkeit   296
- C. Allgemeine Prinzipien der Grundfreiheiten   301
  - I. Schutzbereich   301
    1. Der grenzüberschreitende Bezug   301
    2. Fehlende gesetzliche Regelung   303
  - II. Eingriff   303
  - III. Rechtfertigung   304
  - IV. Zur Konvergenz der Grundfreiheiten   306
- D. Literatur   310
  - I. Diskriminierungsverbot aus Gründen der Staatsangehörigkeit   310
  - II. Dogmatik der Grundfreiheiten   311

§ 11 Grundfreiheiten   312

- A. Freier Warenverkehr   312
  - I. Überblick   312
  - II. Anwendungsbereich der Vorschriften   313
  - III. Zollunion   315
    1. Verbot von Zöllen und Abgaben gleicher Wirkung   315
    2. Der Gemeinsame Zolltarif (GZT)   317
  - IV. Das Verbot mengenmäßiger Ein- und Ausfuhrbeschränkungen und Maßnahmen gleicher Wirkung   318
    1. Grundlagen   318
    2. Einfuhrbeschränkungen und Maßnahmen gleicher Wirkung (Art. 34 AEUV)   321
       - a) Mengenmäßige Beschränkungen   321
       - b) Maßnahmen gleicher Wirkung   321
       - c) Rechtfertigung der Beschränkung   330
         - aa) Rechtfertigungsgründe   331

			bb) Verhältnismäßigkeit	335
		d)	Prüfungsschema	340
	3.	Ausfuhrbeschränkungen und Maßnahmen gleicher Wirkung (Art. 35 AEUV)		341
	V.	Umformung staatlicher Handelsmonopole		342
B.	Arbeitnehmerfreizügigkeit			344
	I.	Überblick		344
	II.	Anwendungsbereich der Arbeitnehmerfreizügigkeit		345
		1. In persönlicher Hinsicht		345
		2. In sachlicher Hinsicht		350
		3. In räumlicher Hinsicht		351
	III.	Tragweite der Arbeitnehmerfreizügigkeit		351
		1. Primärrechtliche Gewährleistungen		351
		a) Tatbestand des Art. 45 AEUV		351
		b) Rechtfertigung von Beschränkungen		355
		aa) Ausdrückliche Schranken		355
		bb) Ungeschriebene Schranken		357
		2. Sekundärrechtliche Präzisierungen und Ausgestaltungen		358
	IV.	Vom freien Personenverkehr zum europäischen Bürgerrecht		365
C.	Niederlassungs- und Dienstleistungsfreiheit			366
	I.	Überblick		366
	II.	Niederlassungs- und Dienstleistungsfreiheit		366
		1. Vertragliche Grundlagen		366
		2. Inhalt der Niederlassungsfreiheit		367
		3. Inhalt der Dienstleistungsfreiheit		370
		4. Stand der Marktöffnung		374
D.	Freiheit des Kapital- und Zahlungsverkehrs			376
	I.	Grundlagen		376
	II.	Freier Kapitalverkehr		377
		1. Die Regelung des EGV		377
		2. Der Stand der Verwirklichung der Kapitalverkehrsfreiheit		379
	III.	Freier Zahlungsverkehr		380
	IV.	Schaffung eines europäischen Finanzraums		381
		1. Wertpapier- und Börsenrecht		382
		2. Bankrecht		383
		3. Schutz der Verbraucher		383
		4. Versicherungen		383
E.	Literatur			384
	I.	Warenverkehr		384
	II.	Arbeitnehmerfreizügigkeit		385
		1. Allgemeines		385
		2. Soziale Sicherheit		385
	III.	Niederlassungs- und Dienstleistungsfreiheit		385
	IV.	Freiheit des Kapital- und Zahlungsverkehrs		386

§ 12 Wettbewerbspolitik 388

A. Grundlagen 388

Inhalt

B.	Der Anwendungsbereich der Wettbewerbsregeln	389
I.	Sachlicher Anwendungsbereich	389
1.	Landwirtschaft	389
2.	Verkehr	390
II.	Territorialer Anwendungsbereich der EU-Wettbewerbsregeln	390
III.	Das Verhältnis zwischen europäischem und nationalem Wettbewerbsrecht	391
C.	Das Kartellverbot	393
I.	Allgemeines	393
II.	Verbotstatbestand (Art. 101 Abs. 1 AEUV)	393
1.	Adressaten des Kartellverbots	393
2.	Handlung	394
3.	Wettbewerbsbeschränkung	395
4.	Beeinträchtigung des Handels zwischen Mitgliedstaaten	396
5.	Spürbarkeit	396
III.	Rechtsfolgen des Kartellverbots (Art. 101 Abs. 2 AEUV)	397
IV.	Freistellung vom Kartellverbot (Art. 101 Abs. 3 AEUV)	398
1.	Voraussetzungen	398
2.	Unmittelbare Anwendung	398
3.	Gruppenweise Freistellung	399
D.	Verbot des Missbrauchs einer marktbeherrschenden Stellung	400
I.	Allgemeines	400
II.	Tatbestand des Art. 102 AEUV	400
1.	Begriff der beherrschenden Stellung	401
2.	Relevanter Markt	401
3.	Missbräuchliche Ausnutzung	402
4.	Beeinträchtigung des Handels zwischen Mitgliedstaaten	404
III.	Rechtsfolgen	404
E.	Das Verfahren in Kartell- und Missbrauchsfällen	404
I.	Verfahren bei der Kommission	404
II.	Zusammenarbeit von Behörden und Gerichten	406
F.	Fusionskontrolle	407
I.	Allgemeines	407
II.	Anwendungsbereich	408
III.	Materieller Prüfungsmaßstab	409
IV.	Fusionskontrollverfahren	410
G.	Öffentliche Unternehmen und Unternehmen mit besonderen Rechten	411
H.	Literatur	414

§ 13 Staatliche Beihilfen 415

A.	Grundlagen	415
B.	Das Beihilfeverbot	416
I.	Begriff der Beihilfe	417
II.	Wettbewerbsverfälschung	419
III.	Beeinträchtigung des zwischenstaatlichen Handels	419
IV.	Spürbarkeit	420
C.	Ausnahmen vom Beihilfenverbot (Art. 107 Abs. 2 und 3 AEUV)	420
I.	Die Legalausnahmen gemäß Art. 107 Abs. 2 AEUV	420

Inhalt

	II. Die Ermessensausnahmen gemäß Art. 107 Abs. 3 AEUV	422
D.	Verfahren bei der Überprüfung staatlicher Beihilfen	423
	I. Überprüfung von Beihilfen und Beihilferegelungen	423
	II. Gruppenfreistellungsverordnungen	427
E.	Literatur	427

§ 14 Angleichung der Rechtsordnungen — 429

- A. Grundlagen — 429
- B. Grundsätze und Ziele — 430
  - I. Grundsätze der Rechtsangleichung — 430
  - II. Ziele der Rechtsangleichung — 432
- C. Rechtsgrundlagen und Methoden — 434
  - I. Handlungsermächtigungen der Union — 434
    1. Allgemeine Angleichungsermächtigungen (Art. 114–118 AEUV) — 434
       a) Allgemeine Angleichungsermächtigung für den Binnenmarkt (Art. 114 AEUV) — 434
       b) Auffangermächtigung (Art. 115 AEUV) — 437
       c) Beseitigung und Vermeidung von Wettbewerbsverzerrungen (Art. 116, 117 AEUV) — 438
       d) Schaffung von Rechtstiteln im Bereich des geistigen Eigentums (Art. 118 AEUV) — 438
    2. Sonstige Handlungsermächtigungen — 439
  - II. Vertragsschließungskompetenz der Mitgliedstaaten — 440
  - III. Methoden der Rechtsangleichung — 440
- D. Literatur — 441

§ 15 Justizielle Zusammenarbeit in Zivilsachen — 443

- A. Grundlagen — 443
- B. Die vertragliche Regelung — 443
  - I. Sachlicher Anwendungsbereich der Zusammenarbeit — 443
  - II. Instrumente und Verfahren, Rechtsschutz — 444
- C. Stand der Verwirklichung des europäischen Rechtsraums in Zivilsachen — 445
- D. Literatur — 447

§ 16 Strafrecht, polizeiliche und justizielle Zusammenarbeit in Strafsachen — 448

- A. Grundlagen — 448
- B. Entwicklung — 449
- C. Verwirklichung der Zusammenarbeit — 450
  - I. Programme — 450
  - II. Rechtsetzung — 451
    1. Durchsetzung des Rechts der EU und Schutz ihrer finanziellen Interessen — 451
    2. Gegenseitige Anerkennung und Angleichung des Strafrechts — 451
  - III. Polizeiliche Zusammenarbeit — 453
  - IV. Institutionelle Regelungen der justiziellen und polizeilichen Zusammenarbeit — 454
    1. Allgemeines — 454
    2. Justizielle Zusammenarbeit — 454

	3. Polizeiliche Zusammenarbeit	455
D.	Literatur	456

§ 17 Visa-, Asyl- und Einwanderungspolitik 457

A.	Grundlagen	457
	I. Überblick	457
	II. Befugnisse	458
	III. Sonderregelungen für Großbritannien, Irland und Dänemark	458
B.	Entwicklung	461
C.	Zum Stand des Sekundärrechts	462
	I. Grenzkontrollen	463
	II. Einwanderung	465
	III. Asylrecht	467
D.	Literatur	469

§ 18 Gesellschafts- und Unternehmensrecht 471

A.	Grundlagen	471
B.	Angleichung des Gesellschaftsrechts in den Mitgliedstaaten	472
C.	Einführung europäischer Gesellschaftsformen	474
	I. Europäische wirtschaftliche Interessenvereinigung	474
	II. Europäische Aktiengesellschaft	475
	III. Die europäische Genossenschaft	475
	IV. Weitere Gesellschaftsformen	476
D.	Unternehmensstruktur und Mitbestimmung der Arbeitnehmer	476
E.	Literatur	477

§ 19 Steuerrecht 478

A.	Grundlagen	478
B.	Das Verbot steuerlicher Diskriminierung	479
	I. Verbot diskriminierender innerstaatlicher Abgaben (Art. 110 AEUV)	479
	1. Allgemeines	479
	2. Tatbestände des Art. 110 AEUV	480
	3. Verhältnis zu anderen Vorschriften des AEUV	482
	II. Verbot überhöhter Rückvergütung inländischer Abgaben (Art. 111 und 112 AEUV)	482
C.	Harmonisierung der indirekten Steuern	483
	I. Allgemeines	483
	II. Umsatzsteuern	483
	III. Verbrauchsteuern	484
	IV. Kapitalverkehrs- und Versicherungssteuern	484
D.	Harmonisierung direkter Steuern	485
E.	Zusammenarbeit der Finanzverwaltungen	486
F.	Doppelbesteuerungsabkommen	486
G.	EU-Steuern	486
H.	Literatur	487

§ 20 Urheberrecht und Gewerblicher Rechtsschutz 488

A.	Grundlagen	488

Inhalt

B.	Stand der Harmonisierung	489
	I. Patentrecht	489
	II. Markenrecht, Musterrecht	490
	III. Urheberrecht	491
C.	Literatur	492

§ 21 Wirtschafts- und Währungsunion 493

- A. Einführung 493
- B. Allgemeine Wirtschaftspolitik 494
  - I. Begriff und vertragliche Grundlagen 494
  - II. Koordinierung der Wirtschaftspolitik im Rahmen der WWU 495
  - III. Einhaltung der Haushaltsdisziplin 496
  - IV. Gegenseitiger (finanzieller) Beistand 498
  - V. Außervertragliche Instrumente zur Finanzhilfe 499
- C. Währungspolitik 500
  - I. Vorbemerkung 500
  - II. Vorgeschichte der Währungsunion 500
  - III. Rechtsgrundlagen 501
  - IV. Ausführung der Währungspolitik 504
- D. Literatur 505

§ 22 Sozialpolitik 506

- A. Grundlagen 506
- B. Sozialpolitik 507
  - I. Überblick 507
  - II. Rechtsgrundlagen 509
  - III. Stand der Sozialpolitik in der Union 511
    1. Die sozialpolitischen Aktionsprogramme 511
    2. Zum Stand des Sekundärrechts 512
       - a) Arbeitsrecht 512
       - b) Soziale Sicherheit 516
       - c) Arbeitssicherheit, Gesundheitsschutz 517
       - d) Bewertung 518
- C. Gleichbehandlung von Mann und Frau 519
  - I. Der Grundsatz des gleichen Entgelts – Art. 157 Abs. 1 AEUV 519
  - II. Der allgemeine Rechtsgrundsatz der Gleichbehandlung von Mann und Frau 521
  - III. Konkretisierung und Erweiterung des Gebots der Gleichbehandlung durch Sekundärrecht 522
  - IV. Zu „positiven Maßnahmen" 524
- D. Der Europäische Sozialfonds 524
- E. Titel IX AEUV „Beschäftigung" 525
- F. Literatur 526
  - I. Sozialrecht 526
  - II. Arbeitsrecht 527
  - III. Gleichstellung 527
  - IV. Beschäftigung 528

Inhalt

§ 23	Landwirtschafts- und Fischereipolitik	529
A.	Grundlagen	529
B.	Vertragliche Regelung	530
	I. Überblick	530
	II. Ziele, Mittel, Methoden	531
C.	Anwendung des Vertrages im Bereich Landwirtschaft	532
	I. Überblick	532
	II. Marktordnungspolitik	533
	III. Preissysteme	534
	IV. Erlass und Durchführung der Marktordnungen	535
	V. Direkte Subventionen	535
	VI. Agrarstrukturpolitik	536
	VII. Zulässigkeit staatlicher Regelungen im Agrarbereich	536
D.	Fischereipolitik	537
	I. Grundlagen	537
	II. Vertragsausführung	537
	1. Bewirtschaftung der Ressourcen	537
	2. Vermarktungs- und Strukturregeln	538
	3. Außenbeziehungen	538
	III. Das Verhältnis zwischen den Regelungszuständigkeiten der Union und der Mitgliedstaaten	539
	IV. Weitere Entwicklung	539
E.	Literatur	540

§ 24	Verkehrspolitik und Transeuropäische Netze	541
A.	Grundlagen, Befugnisse	541
C.	Eisenbahnverkehr	544
D.	Straßenverkehr	546
E.	Binnenschifffahrt	547
F.	Seeverkehr	548
G.	Luftverkehr	550
H.	Transeuropäische Netze	552
I.	Literatur	553

§ 25	Energiepolitik	554
A.	Grundlagen	554
B.	Entwicklung	555
C.	Verwirklichung einer EU-Energiepolitik	556
	I. Allgemeine Orientierungen	556
	II. Sektorielle Maßnahmen	557
	1. Verbrauchseinsparung und erneuerbare Energiequellen	557
	2. Marktöffnung und Versorgungssicherheit für Kohlenwasserstoffe und Elektrizität	558
	3. Kernenergie	559
	4. Internationale Zusammenarbeit	559
C.	Literatur	560

Inhalt

§ 26	Industrie	561
A.	Grundlagen	561
B.	Vertragsanwendung	562
C.	Sektorale Aktionen	564
D.	Literatur	564
§ 27	Wirtschaftlicher und sozialer Zusammenhalt (Regionalpolitik)	565
A.	Grundlagen und Befugnisse	565
B.	Entwicklung	566
C.	Stand der Regionalpolitik	568
D.	Literatur	571
§ 28	Forschung, Technologie und Raumfahrt	573
A.	Grundlagen, Zuständigkeiten	573
B.	Vertragsanwendung	574
C.	Literatur	577
§ 29	Bildung, Kultur und Sport	578
A.	Grundlagen	578
B.	Entwicklung	579
C.	Vertragsanwendung auf dem Gebiet der Bildung	580
D.	Vertragsanwendung auf dem Gebiet der Kultur	582
E.	Sport	583
F.	Literatur	583
§ 30	Telekommunikation	584
A.	Grundlagen	584
B.	Stand der Telekommunikationspolitik	584
	I. Elektronische Kommunikationsnetze und -dienste	585
	II. Telekommunikationsgeräte	587
	III. Ergänzende Maßnahmen	587
C.	Literatur	588
§ 31	Verbraucherschutz und Gesundheitswesen	589
A.	Verbraucherschutz	589
	I. Grundlagen und Befugnisse	589
	1. Rechtsgrundlagen	589
	2. Begriffliches	590
	3. Entwicklung	591
	II. Stand der Verbraucherpolitik	592
	1. Planung und finanzielle Unterstützung	592
	2. Zum Stand des Sekundärrechts	593
B.	Gesundheitswesen	600
	I. Grundlagen und Befugnisse	600
	II. Durchführung der Gesundheitspolitik der Union	602
C.	Literatur	604
	I. Verbraucherschutz	604

	II. Gesundheitswesen	604
§ 32	**Umwelt**	606
A.	Grundlagen, Befugnisse	606
	I. Rechtsgrundlagen	606
	II. Inhaltliche Vorgaben	608
	III. Entwicklung	610
B.	Zum Stand der Umweltpolitik	610
	I. Die umweltpolitischen Aktionsprogramme	610
	II. Zum Stand des Sekundärrechts	611
	1. Allgemeine Regelungen	611
	2. Medienschützendes Umweltrecht	614
	3. Schutz vor bestimmten Tätigkeiten oder Stoffen	616
	4. Bewirtschaftung und Umweltressourcen	616
C.	Verbleibende Zuständigkeiten der Mitgliedstaaten	618
	I. Art. 114 Abs. 4–6 AEUV	619
	II. Art. 193 AEUV	622
D.	Herausforderungen der Umweltpolitik der Union	623
E.	Literatur	625

TEIL C AUSSENBEZIEHUNGEN

§ 33	**Grundlagen und Verfahren der Außenbeziehungen**	627
A.	Grundzüge	627
B.	Stellung der EU im Völkerrecht	629
	I. Rechtsfähigkeit der EU	629
	II. Beziehungen zu dritten Staaten und internationalen Organisationen – Rechtsgrundlagen	629
	III. Völkerrechtliche Pflichten der EU	631
	1. Allgemeines Völkerrecht	631
	2. Bindungen der Union an Verträge der Mitgliedstaaten	631
C.	Die Befugnisse zum Abschluss internationaler Verträge	633
	I. Die Vertragsschlusskompetenz der Union	633
	1. Umfang der Vertragsschlusskompetenz	633
	2. Vertragsschlussverfahren	636
	a) Verfahren im EU-Bereich	636
	b) Verfahren im EAG-Bereich	638
	3. Gemischte Abkommen	638
	II. Wirkungen der von der Union geschlossenen Verträge	639
D.	Literatur	641
§ 34	**Gemeinsame Handelspolitik und Entwicklungspolitik**	643
A.	Die gemeinsame Handelspolitik	643
	I. Grundlagen	643
	1. AEU-Vertrag	643
	2. EAG-Vertrag	644
	3. Leitlinien und Ziele der Gemeinsamen Handelspolitik	644

Inhalt

	II.	Umfang der gemeinsamen Handelspolitik	645
		1. Gegenständlicher Umfang	645
		2. Handelspolitische Befugnisse der Mitgliedstaaten	648
	III.	Instrumente der gemeinsamen Handelspolitik	648
		1. Autonome Maßnahmen	648
		2. Vertragliche Handelsbeziehungen	650
		3. Koordinierung der mitgliedstaatlichen Instrumente	650
B.	Assoziierung		651
	I.	Grundlagen	651
	II.	„Konstitutionelle" Assoziierung	652
	III.	Assoziierung gemäß Art. 217 AEUV, 206 EAGV	652
	IV.	Ausgestaltung der Assoziierungsabkommen	653
C.	Entwicklungspolitik		655
	I.	Grundlagen	655
	II.	Entwicklungsassoziierungen und Kooperationsabkommen	656
		1. Das AKP-Abkommen	656
		2. Sonstige Assoziierungs- und Kooperationsabkommen	657
		3. Globale Entwicklungspolitik	658
D.	Literatur		658
	I.	Außenwirtschaftspolitik	658
	II.	Entwicklungspolitik	659

§ 35 Gemeinsame Außen- und Sicherheitspolitik (GASP) 660

A.	Grundlagen		660
B.	Gegenstand der „Außen- und Sicherheitspolitik"		661
C.	Entwicklung		662
D.	Vertragsanwendung		664
	I.	Modalitäten der GASP und institutionelle Regelungen	664
	II.	Geografische und sektorielle Aktionen	664
	III.	Restriktive Maßnahmen	665
	IV.	Abkommen mit Drittstaaten und internationalen Organisationen	666
	V.	Militärische Aktionen	667
	VI.	Positionsbestimmung von EU und ihren Mitgliedstaaten in internationalen Organisationen und bei multilateralen Verhandlungen	667
E.	Literatur		668

§ 36 Europäische Nachbarschaftsbeziehungen und Erweiterung der Union 669

A.	Einführung	669
B.	Erweiterungen und „Beitrittspartnerschaften"	670
C.	Der Europäische Wirtschaftsraum	671
D.	„Mittelmeer-Partnerschaft" und Assoziierungsabkommen mit der Türkei	672
E.	Besondere bilaterale Beziehungen zu europäischen Staaten	673
F.	Europäische und internationale Organisationen	676
G.	Literatur	676

Inhalt

Teil D Perspektiven

§ 37	**Ausblick**	678
A.	Die Union als Entwicklungsprozess	678
B.	Konkretisierung des Europäischen Verfassungsraums, Festigung des unionsspezifischen Wertsystems	680
	II. Minderung vertragsinterner Widersprüche	681
	III. Erprobung des Modells der „verstärkten Zusammenarbeit"	682
	IV. Verbesserung des Systems der Vertragsänderung	682
	V. Neubestimmung des Konzepts der Erweiterung	683
C.	Internationalisierung	683

Quellen- und Literaturhinweise   687

Stichwortverzeichnis   691

Abkürzungsverzeichnis

a.A.	anderer Ansicht
a.a.O.	am angegebenen Ort
Abg.	Abgeordnete(r)
ABl.	Amtsblatt der Europäischen Union
Abs.	Absatz
AdR	Ausschuss der Regionen
a.E.	am Ende
AETR	Europäisches Übereinkommen über die Arbeit der im internationalen Straßenverkehr beschäftigten Fahrzeugbesatzungen
AEUV	Vertrag über die Arbeitsweise der Europäischen Union
a.F.	alte Fassung
AFDI	Annuaire Français de Droit International
AG	Die Aktiengesellschaft, Zeitschrift für das gesamte Aktienwesen; Aktiengesellschaft
AJDA	Actualités Juridiques de Droit Administratif
AJIL	American Journal of International Law
AKP-Staaten	Staaten Afrikas, der Karibik und des Pazifiks (Mitgliedstaaten des Cotonou-Abkommens)
AktG	Aktiengesetz
a.M.	anderer Meinung
Anm.	Anmerkung
AöR	Archiv des öffentlichen Rechts
ArchVR	Archiv des Völkerrechts
Art.	Artikel
AstV	Ausschuss der Ständigen Vertreter
Aufl.	Auflage
AWD	Außenwirtschaftsdienst
AWG	Außenwirtschaftsgesetz
BALM	Bundesanstalt für landwirtschaftliche Marktordnungen
BAnz.	Bundesanzeiger
BayVBl.	Bayerische Verwaltungsblätter
BB	Der Betriebs-Berater
Bd.	Band
Beil.	Beilage
Benelux	Belgien, Niederlande, Luxemburg
B.	Beschluss
BFH	Bundesfinanzhof
BGB	Bürgerliches Gesetzbuch
BGBl.	Bundesgesetzblatt
BGH	Bundesgerichtshof
BKartA	Bundeskartellamt
BReg.	Bundesregierung
BT	Deutscher Bundestag
BT-Drucks.	Drucksache des Deutschen Bundestages
Buchst.	Buchstabe
Bull.EU	Bulletin der Europäischen Union
BVerfG	Bundesverfassungsgericht
BVerfGE	Entscheidungen des Bundesverfassungsgerichts
BVerwG	Bundesverwaltungsgericht
BVerwGE	Entscheidungen des Bundesverwaltungsgerichts
BYIL	British Yearbook of International Law

CDE	Cahiers de droit européen
CEMT	Conférence Européenne des Ministres de Transport
CEN	Comité Européen de Normalisation
CENELEC	Comité Européen de Normalisation Electronique
CEPT	Conférence européenne des administrations des postes et des télécommunications
CMLR	Common Market Law Review
COREPER	Comité des Représentants Permants des Etats Membres
COSME	Programme for the Competitiveness of Enterprises and small and medium-sized enterprises
COST	Coopération européenne dans le domaine de la Recherche Scientifique et Technique
CREST	Comité de la Recherche Scientifique et Technique
ders.	derselbe
dies.	dieselbe(n)
DÖV	Die Öffentliche Verwaltung
Dok.	Dokument
DVBL	Deutsches Verwaltungsblatt
DVO	Durchführungsverordnung
DWA	Direktwahlakt
DWiR	Deutsche Zeitschrift für Wirtschaftsrecht
E	Entscheidung
EAG	Europäische Atomgemeinschaft
EAGFL	Europäischer Ausrichtungs- und Garantiefonds für die Landwirtschaft
EAGV	Vertrag zur Gründung der Europäischen Atomgemeinschaft
EBLR	European Business Law Review
ECE	Economic Commission for Europe
ECLR	European Constitutional Law Review
ECU	European Currency Unit
EEA	Einheitliche Europäische Akte
EEF	Europäischer Entwicklungsfonds
EELR	European Energy and Environmental Law Review
EFRE	Europäischer Fonds für regionale Entwicklung
EFTA	Europäische Freihandelszone
EG	Europäische Gemeinschaft(en)
EGB	Europäischer Gewerkschaftsbund
EGKS	Europäische Gemeinschaft für Kohle und Stahl
EGMR	Europäischer Gerichtshof für Menschenrechte
EGV	Vertrag über die Europäische Gemeinschaft
EIB	Europäische Investitionsbank
EIF	Europäischer Investitionsfonds
EJIL	European Journal of International Law
ELJ	European Law Journal
ELNI	Environmental Law Network International
ELR	European Law Review
EMRK	Europäische Menschenrechts-Konvention
endg.	Endgültig
EP	Europäisches Parlament
EPL	European Public Law
EPZ	Europäische Politische Zusammenarbeit
ER	Europäischer Rat
ERIC	European Research Infrastructure Consortium

Abkürzungsverzeichnis

Erl.	Erläuterungen
ESA	European Space Agency
ESZB	Europäisches System der Zentralbanken
ETSI	European Telecommunications Standards Institute
EU	Europäische Union
EuG	Europäisches Gericht
EuGH	Gerichtshof der Europäischen Gemeinschaften
EuGVÜ	Europäisches Gerichtsstand- und Vollstreckungs-Übereinkommen
EuR	Europarecht
EURATOM	Europäische Atomgemeinschaft
EURONET	Europäisches Informations- und Datenübertragungsnetz
EuV	Europäischer Verein
EUV	Vertrag über die Europäische Union
EuZA	Europäische Zeitschrift für Arbeitsrecht
EuZW	Europäische Zeitschrift für Wirtschaftsrecht
EWG	Europäische Wirtschaftsgemeinschaft
EWGV	Vertrag zur Gründung der Europäischen Wirtschaftsgemeinschaft
EWI	Europäisches Währungsinstitut
EWIV	Europäische Wirtschaftliche Interessenvereinigung
EWR	Europäischer Wirtschaftsraum
EWS	Europäisches Währungssystem; Europäisches Wirtschafts- und Steuerrecht (Zeitschrift)
EWSA	Europäischer Wirtschafts- und Sozialausschuss
EZB	Europäische Zentralbank
f.	Folgende
FAO	Ernährungs- und Landwirtschaftsorganisation der Vereinten Nationen
ff.	Fortfolgende
FG	Finanzgericht
FIDE	Fédération Internationale de Droit Européen
FS	Festschrift
FusV	Fusionsvertrag
GA	Generalanwalt
GAFP	Gemeinsame Agrar- und Fischereipolitik
GASP	Gemeinsame Außen- und Sicherheitspolitik
GATS	Allgemeines Übereinkommen über den Handel mit Dienstleistungen
GATT	Allgemeines Zoll- und Handelsabkommen
GB	Jährlicher Gesamtbericht der Europäischen Kommission
GD	Generaldirektion
GEREK	Gremium Europäischer Regulierungsstellen für elektronische Kommunikation
GFS	Gemeinsame Forschungsstelle
GG	Grundgesetz für die Bundesrepublik Deutschland
ggf.	gegebenenfalls
G/H/N	Grabitz/Hilf/Nettesheim (Hg.), Das Recht der Europäischen Union, Kommentar
GmbH	Gesellschaft mit beschränkter Haftung
GMO	Gemeinsame Marktordnung
GO	Geschäftsordnung
GS	Gedächtnisschrift
G/S	v.d. Groeben/Schwarze (Hg.), EU/EG-Vertrag Kommentar
GVBl.	Gesetz- und Verordnungsblatt

GVO	Gruppenfreistellungsverordnung
GWB	Gesetz gegen Wettbewerbsbeschränkungen
GZT	Gemeinsamer Zolltarif
HER	Handbuch des Europäischen Rechts
Hg.	Herausgeber
h.L.	herrschende Lehre
h.M.	herrschende Meinung
HO	Haushaltsordnung
IATA	International Air Transport Association
i.d.F.	in der Fassung
i.d.S.	in diesem Sinn
IGH	Internationaler Gerichtshof
ILO	International Labour Organisation
IPR	Internationales Privatrecht
IPrax	Praxis des internationalen Privat- und Verfahrensrechts
i.V.m.	in Verbindung mit
IWF	Internationaler Währungsfonds
Jb	Jahrbuch
JCMS	Journal of Common Market Studies
JCP	Jurisclasseur périodique – La semaine juridique
JO	Journal Officiel de la République Française
JöR	Jahrbuch des öffentlichen Rechts der Gegenwart
JURA	Juristische Ausbildung
JuS	Juristische Schulung
JZ	Juristenzeitung
KMU	kleine und mittlere Unternehmen
KOM	Kommissionsdokument(e)
KritV	Kritische Vierteljahresschrift für Gesetzgebung und Rechtswissenschaft
KSE	Kölner Schriften zum Europarecht
K & R	Kommunikation & Recht
KWG	Kreditwesengesetz
LIEI	Legal Issues of European Integration
lit.	litera
Mio.	Millionen
MJ	Maastricht Journal of European and Comparative Law
MOE	Mittel- und Osteuropa
Montanunion	Europäische Gemeinschaft für Kohle und Stahl (s. auch EGKS)
Mrd.	Milliarde(n)
MS	Mitgliedstaat(en)
m.w.N.	mit weiteren Nachweisen
MwSt	Mehrwertsteuer
NATO	North Atlantic Treaty Organisation
n.F.	neue Folge; neue Fassung
NGO	Non-governmental Organization(s)
NIMEXE	Warenverzeichnis für die Statistik des Außenhandels der Gemeinschaft und des Handels zwischen ihren Mitgliedstaaten
NJ	Neue Justiz
NJW	Neue Juristische Wochenschrift
NuR	Natur und Recht
NVwZ	Neue Zeitschrift für Verwaltungsrecht
OAS	Organisation Amerikanischer Staaten

Abkürzungsverzeichnis

OECD	Organisation für wirtschaftliche Zusammenarbeit und Entwicklung
ÖZöRV	Österreichische Zeitschrift für öffentliches Recht und Völkerrecht
OLAF	Office Européen de Lutte Antifraude
OSZE	Organisation für Sicherheit und Zusammenarbeit in Europa
PJZS	polizeiliche und justitielle Zusammenarbeit in Strafsachen
PLO	Palästinensische Befreiungsorganisation
RabelsZ	Rabels Zeitschrift für ausländisches und internationales Privatrecht
RdA	Recht der Arbeit
RDUE	Revue du Droit de l'Union europénne
RE	Rechnungseinheit
RFDA	Revue Française de Droit administratif
Riv. dir. eur.	Rivista di diritto europeo
RIW (/AWD)	Recht der Internationalen Wirtschaft (- Aussenwirtschaftsdienst)
RL	Richtlinie
RMC	Revue du Marché Commun
RMCUE	Revue du Marché commun et de l'Union Européenne
Rn.	Randnummer
Rs.	Rechtssache(n)
Rspr.	Rechtsprechung
RTDE	Revue trimestrielle de droit européen
s.	siehe
SE	Societas Europaea (Europäische Aktiengesellschaft)
SEK	Dokumente des Sekretariats der Kommission
SEW	Sociaal Economische Wetgeving
SGB	Sozialgesetzbuch
Slg	Sammlung (d. Rspr. des EuGH / EuG)
sog.	sogenannte(n)(r)
st. Rspr.	ständige Rechtsprechung
STABEX	System zur Stabilisierung der Ausfuhrerlöse für die von den AKP-Staaten nach der Gemeinschaft ausgeführten Waren
StGB	Strafgesetzbuch
str.	streitig
SZIER	Schweizerische Zeitschrift für internationales und europäisches Recht
TA	Technische Anleitung
TAC	total allowable catch (Gesamtfangmenge)
TRIPS	Agreement on Trade Related Aspects of Intellectual Property Rights
u.a.	unter andere(m)(n); und andere
ÜLG	Überseeische Länder und Gebiete
UN	Vereinte Nationen
UNCITRAL	Kommission der Vereinten Nationen für Internationales Handelsrecht
UNCTAD	Welthandelskonferenz
UPR	Umwelt- und Planungsrecht
Urt.	Urteil
UTR	Jahrbuch des Umwelt- und Technikrechts
u.U.	unter Umständen
UVP	Umweltverträglichkeitsprüfung
VA	Vertrag von Amsterdam
verb.	verbunden(e)
VerfO	Verfahrensordnung

VerwArch	Verwaltungsarchiv
vgl.	Vergleiche
Vorbem.	Vorbemerkung
VVDStRL	Veröffentlichungen der Vereinigung Deutscher Staatsrechtslehrer
VwGO	Verwaltungsgerichtsordnung
VwVfG	Verwaltungsverfahrensgesetz
WEU	Westeuropäische Union
WTO	Welthandelsorganisation
WuW	Wirtschaft und Wettbewerb
WVRK	Wiener Vertragsrechtskonvention
WWU	Wirtschafts- und Währungsunion
YEL	Yearbook of European Law
ZaöRV	Zeitschrift für ausländisches öffentliches Recht und Völkerrecht
ZAR	Zeitschrift für Ausländerrecht und Ausländerpolitik
z.B.	zum Beispiel
ZESAR	Zeitschrift für europäisches Sozial- und Arbeitsrecht
ZeuP	Zeitschrift für europäisches Privatrecht
ZEuS	Zeitschrift für europarechtliche Studien
ZGR	Zeitschrift für Unternehmens- und Gesellschaftsrecht
ZWeR	Zeitschrift für Wettbewerbsrecht
ZfRV	Zeitschrift für Rechtsvergleichung, internationales Privatrecht und Europarecht
ZVglRWiss	Zeitschrift für vergleichende Rechtswissenschaft
ZG	Zeitschrift für Gesetzgebung
ZHR	Zeitschrift für das gesamte Handelsrecht und Wirtschaftsrecht
Ziff.	Ziffer
ZIP	Zeitschrift für Wirtschaftsrecht
ZöR	Zeitschrift für öffentliches Recht
ZParl.	Zeitschrift für Parlamentsfragen
ZRP	Zeitschrift für Rechtspolitik
z.T.	zum Teil
ZUR	Zeitschrift für Umweltrecht
ZusVerfO	Zusätzliche Verfahrensordnung (EuGH)
ZVP	Zeitschrift für Verbraucherpolitik
z.Zt.	zur Zeit

Teil A Grundlagen

§ 1 Entwicklung und Theorie der Europäischen Integration

A. Überblick

Einen „immer engeren" Zusammenschluss (frz. „*Union*") setzten sich die sechs Gründerstaaten der Europäischen Gemeinschaft für Kohle und Stahl (EGKS, 1952), der Europäischen Wirtschaftsgemeinschaft (EWG, 1957) und der Europäischen Atomgemeinschaft (Euratom, 1957) zum Ziel.[1] Seit dem Abschluss des Vertrages über die Europäische Union (EU, 1992) wird die aus den vertraglichen Verknüpfungen der inzwischen 28 Mitgliedstaaten erwachsene Rechtsordnung EUROPÄISCHE UNION genannt. Die Union trat durch den **Vertrag von Lissabon** vom 13. Dezember 2007[2] (*Rn. 30*) an die Stelle der Europäischen Gemeinschaft (*Rn. 16*). Die Europäische Atomgemeinschaft dauert selbstständig fort, die Europäische Gemeinschaft für Kohle und Stahl ist 2002 durch Zeitablauf erloschen.

Die Europäische Union ist das bisher herausragendste Ergebnis der nach den Erschütterungen zweier Weltkriege eingeleiteten „Europäischen Integration", des Prozesses eines Zusammenschlusses der europäischen Staaten in einer organisatorisch gefestigten Einheit. Während ihres Bestehens haben sich die politischen, wirtschaftlichen und sozialen Systeme der Mitgliedstaaten in einer vom Wechsel an Erfolgen und Rückschlägen gekennzeichneten Entwicklung bereits so eng verzahnt, dass die für diese Staatenverflechtung entwickelten Organisationsformen, ihr Ausbau, ihre Ergänzung, Weiterentwicklung oder Umgestaltung inzwischen zum Zentrum aller Bestrebungen zur Förderung der Integration Europas geworden sind. Im Jahre 2012 wurde der Union der **Friedensnobelpreis** mit der Begründung verliehen, sie und ihre Vorgänger hätten während sechs Jahrzehnten zur Stärkung von Frieden und Versöhnung, Demokratie und Menschenrechten beigetragen.[3]

Der Prozess zur Entwicklung einer neuartigen und eigenständigen Organisation ist **nicht abgeschlossen**.[4] Der EUV errichtete 1992 eine **Wirtschafts- und Währungsunion**, ermöglichte eine **gemeinsame Außen- und Sicherheitspolitik** sowie eine Zusammenarbeit in den Bereichen **Justiz und Innenpolitik** („Raum der Sicherheit, der Freiheit und des Rechts"). Der **Vertrag von Amsterdam** (1997) verstärkte die rechtsstaatlichen und demokratischen Grundlagen der Union. Der Vorbereitung auf die Erweiterungen um Staaten Ost- und Mitteleuropas in den Jahren 2004 und 2007 diente die Vertragsreform des Jahres 2001 (**Vertrag von Nizza**). Eine Ordnung und Festigung der Gesamtheit der Ergebnisse des Integrationsprozesses sollte die **Europäische Verfassung** bewirken. Sie wurde am 29. Oktober 2004 unterzeichnet.[5] Wegen ablehnender Referenden in Frankreich und den Niederlanden konnte sie nicht in Kraft treten. Ihre Substanz wurde in den seit dem 1. Dezember 2009 wirksamen **Vertrag von Lissabon** (Rn. 30) übertragen.

---

1 Vgl. Präambel des EWG (später: EG)-Vertrages vom 25. März 1957.
2 ABl. C 83/2010, 1. Konsolidierte Fassung des Vertrages ABl. C 326/2012, 1.
3 http://nobelpeaceprize.org/en_GB/laureates/laureates-2012/announce-2012/
4 Vgl. Art. 1 EUV: „Dieser Vertrag stellt eine **neue Stufe** bei der Verwirklichung einer immer engeren Union der Völker Europas dar".
5 ABl. C 310/2004, 1.

3 Form und Inhalt der Europäischen Union resultieren aus der Annäherung an konkrete vertraglich bezeichnete Ziele (z.b. **Binnenmarkt, Wirtschafts- und Währungsunion**)[6] bei gleichzeitiger Entfaltung und Stärkung eines **übergreifenden Wertsystems** (**gemeinsames Handeln, solidarisches Verhalten, Demokratie, Rechtsstaatlichkeit**, u.a.) der europäischen Völker.[7]

4 Die – nicht widerspruchsfreien – Zielsetzungen der Verträge verdeutlichen, dass der Integrationsprozess **nicht als die Annäherung an ein räumlich und strukturell fixiertes Organisationsmodell** verstanden werden darf. Insbesondere bildet die **Errichtung eines Nationalstaates kein Ziel** der Integration. Vielmehr erwuchs Integration aus der Erkenntnis seines Versagens und seiner Risiken. Andererseits beendet der Integrationsprozess nicht die Existenz der Staaten. Er beseitigt allerdings dauerhaft den Anspruch der Staaten, exklusiv den Willen ihrer Bürger zu artikulieren und ihre Interessen zu wahren.

5 Die Europäische Union beruht noch immer im Wesentlichen auf Instrumenten des Rechts und ist in ihrem Handeln auf diese Instrumente angewiesen. Sie bildet eine **Rechtsgemeinschaft**. Dies vergrößert den Bedarf, bei den betroffenen Völkern Zustimmung für ihr Handeln zu gewinnen. Mit wachsenden Aufgaben wird daher die **Legitimation der Union** zu einem zentralen Problem des Einigungsprozesses.

B. Zum Entstehen der Europäischen Idee

I. Der Europagedanke und seine Verwirklichung bis 1914

6 Der Gedanke eines Zusammenschlusses bildet einen festen Bestandteil der europäischen Ideengeschichte. Dabei standen zunächst die Bestrebungen zur Sicherung des Friedens durch Vermeidung und Beilegung von Konflikten zwischen den europäischen Fürsten und Staaten und durch gemeinsame Abwehr der von außen drohenden Gefahren, z.B. der türkischen Feldzüge, im Vordergrund.

Bereits im 18. Jahrhundert wurden weitreichende Verfassungsmodelle entworfen. Der während der Utrechter Friedensverhandlungen 1713 veröffentlichte Plan des *Abbé de Saint Pierre* „Mémoire pour rendre la paix perpétuelle en Europe" sah zur Bewahrung des europäischen Machtgleichgewichts ein ständiges Bündnis der Fürsten vor. Dessen Einhaltung sollte durch einen mit legislativen und exekutiven Befugnissen ausgestatteten „Europäischen Senat" überwacht und gegebenenfalls gegen einen zuwiderhandelnden Fürsten erzwungen werden.[8]

Auch *Kant* hat in seiner Schrift „Zum ewigen Frieden" die Föderation der europäischen Staaten als Mittel der Friedenssicherung vorgeschlagen.[9] Die europäischen Staaten sollten danach als Endziel in einer republikanisch verfassten, gemeinsam Recht unterworfenen Gemeinschaft verbunden sein. Als Etappe hierzu schlug *Kant* ein freiwilliges und widerrufliches Staatenbündnis vor.

7 Das 19. Jahrhundert brachte mit der politischen Neuordnung Europas und der beginnenden Industrialisierung Denkansätze, nach welchen die europäische Integration weniger durch Souveränitätseinschränkungen der Träger der Staatsgewalt, sondern viel-

---

[6] Vgl. Art. 3 EUV.
[7] Vgl. Präambel und Art. 3 EUV. Dazu näher § 3 *Rn.* 5.
[8] Zu einem ähnlichen Plan von *William Penn* (1693) *Nicoll*, RMC 1986, 592.
[9] *Kant*, Zum ewigen Frieden, Königsberg 1795 (Nachdruck Stuttgart 1984).

mehr durch die Zusammenarbeit der – auf europäischer Ebene in einer Kammer eines „Parlaments" zusammengeschlossenen – Berufsverbände gefördert und in den Dienst der Verbesserung der wirtschaftlichen und sozialen Verhältnisse in Europa gestellt werden sollte. Insbesondere die Schrift von *Saint Simon* und *Thierry* „De la réorganisation de la société européenne ou de la nécessité et des moyens de rassembler les peuples de l'Europe en un seul corps politique en conservant à chacun son indépendance nationale" (1814) hat die der Gründung der Europäischen Gemeinschaften im 20. Jahrhundert zugrunde liegenden Theorien nachhaltig beeinflusst.[10]

Wegen der in der zweiten Hälfte des 19. Jahrhunderts einsetzenden Internationalisierung des Wirtschaftslebens und des Rechtsverkehrs entsprach die zuvor als ideales Ziel angestrebte Zusammenarbeit der europäischen Staaten in wachsendem Maße praktischen Bedürfnissen. Die Staaten schlossen untereinander mehrseitige Übereinkommen technischen Charakters auf dem Gebiet des Verkehrswesens, des Post- und Telegrafenwesens, des gewerblichen und künstlerischen Eigentums und des internationalen Privatrechts. Diese Übereinkommen haben zwar auf den jeweils erfassten engen Regelungsbereichen wichtige Grundlagen für die Vereinheitlichung der wirtschaftlichen und sozialen Verhältnisse der europäischen Staaten und die Angleichung ihrer Privatrechtsordnungen gelegt. Sie waren aber weder nach Geltungsbereich oder Inhalt den vorangegangenen europäischen Einigungsentwürfen verpflichtet, noch auf eine politische Einigung Europas angelegt.

II. Anstöße zur Einigung Europas nach 1914

Nach dem Ersten Weltkrieg und der mit ihm einhergehenden Erschütterung der europäischen Staatenwelt gewann die Idee einer politischen Einigung Europas erneut an Boden. Erstrebt wurde zunächst vor allem eine engere Zusammenarbeit der europäischen Staaten im Rahmen der weltweiten Organisation des Völkerbundes. Am bekanntesten ist das vom französischen Außenminister *Briand* 1919 vorgelegte Memorandum über die Errichtung eines „régime d'union fédérale européenne".[11] Als eine einflussreiche private Initiative betrieben Graf *Coudenhove-Kalergi* und die vom ihm gegründete Paneuropäische Bewegung die Schaffung der „Vereinigten Staaten von Europa".

Unter der Herrschaft der Nationalsozialistischen Partei in Deutschland wurden zwischen 1933 und 1945 im Gewand ähnlicher Begriffe („Das neue Europa") Konzepte zur Beherrschung der europäischen Völker durch Deutschland vertreten.[12] Gegner der Nationalsozialisten und Faschisten, z.B. *Altiero Spinelli*, entwarfen zur gleichen Zeit Pläne für eine europäische Einigung, die auf Demokratie, Rechtsstaatlichkeit und Freiheit aufbauten.[13] *Winston Churchill* rief in seiner Züricher Rede vom 19. September 1946 zu einer „Neugründung der europäischen Familie" auf, der durch die Partnerschaft zwischen Deutschland und Frankreich der Weg bereitet werden müsse. Unter diesen Umständen entbehren vereinzelte Versuche, einen Zusammenhang zwischen der nationalsozialistischen Propaganda und dem in der Nachkriegszeit einsetzenden Inte-

---

10 *De Rougemont*, (1.E.), 201.
11 *Schneider* (1.E.), 115 ff.
12 Nachweise bei *Walter Lipgens* (Hg.), Documents on the History of European Integration, Vol. I (1939–1945), Berlin/New York 1985, 73 ff.
13 Vgl. *Schilmar* (§ 1. E).

grationsprozess zu konstruieren,[14] jeder Grundlage. Genau das Gegenteil ist richtig: Der Zweite Weltkrieg prägte die Völker und ihre Verantwortlichen so nachhaltig, dass sie nach Möglichkeiten suchten, die Freiheit mithilfe der Integration zu gewährleisten.

10 Der Gedanke der „Vereinigten Staaten von Europa" wurde in der Folgezeit von zahlreichen Organisationen weitergetragen. Diese schlossen sich im Oktober 1948 in der Dachorganisation der *„Europäischen Bewegung"* (Mouvement Européen) zusammen. Der vom Koordinierungskomitee dieser Organisation vom 7.–10. Mai 1948 nach Den Haag einberufene Kongress skizzierte in drei Resolutionen die Grundlinien einer europäischen Einigung auf politischem, wirtschaftlichem und sozialem Gebiet, welche die Satzung des 1949 gegründeten **Europarats** beeinflusst haben.

11 1950 entwarf *Jean Monnet,* (von 1919–1923 stellvertretender Generalsekretär des Völkerbundes und seit 1946 Leiter des französischen Planungsamtes), den vom französischen Außenminister *Robert Schuman* am 9. Mai 1950 vorgelegten **Plan für eine Europäische Gemeinschaft für Kohle und Stahl.** Die Initiative von *Jean Monnet* beruht auf der Sorge um die politische Entwicklung des zweigeteilten Deutschlands während des sich weiter verschärfenden Kalten Krieges zwischen den Weltmächten USA und UdSSR sowie auf dem Wunsch, den westlichen Teil Deutschlands eng an die Staaten Westeuropas zu binden und kriegerische Konflikte zwischen diesem und jenen dauerhaft zu vermeiden.

12 Als geeignetes Mittel hierfür erschien eine Regelung, die Deutschland und Frankreich die einseitige Verfügung über die kriegswichtigen Bereiche der Kohle- und Stahlindustrie entzog und gleichzeitig auf diskriminierende Kontrollen verzichtete. Eine solche Regelung müsste sowohl die Vorkommen des rheinisch/westfälischen wie des lothringischen Industriegebiets, die sich sinnvoll ergänzten, zum Nutzen des französischen und deutschen sowie der anderen westeuropäischen Völker einer gemeinsamen supranationalen Verwaltung unterstellen. Die Vergemeinschaftung der Schlüsselindustrien der beteiligten Staaten sollte der weiteren europäischen Integration den Weg zu einer bundesstaatlichen Entwicklung bereiten. Dieser Plan wurde von den damals führenden Politikern der Bundesrepublik Deutschland (*Konrad Adenauer*), Italiens (*Alcide De Gasperi*) und der Beneluxstaaten lebhaft begrüßt. Auch amerikanische Politiker (*Dean Acheson*) förderten seine Verwirklichung.[15] Mit der Gründung der Europäischen Gemeinschaft für Kohle und Stahl am 18. August 1951 wurden die wichtigsten Elemente dieses Planes Wirklichkeit.

13 Die europäische Integration muss als Bestandteil, z.T. als Alternative, anderer Formen internationaler Zusammenarbeit in Europa gesehen werden. So verbürgte die im Rahmen des *Europarats* geschlossene Konvention zum Schutze der Menschenrechte und Grundfreiheiten vom 4. November 1950 (*EMRK*) erstmals in Europa einen transnationalen Grundrechtsschutz; das GATT (jetzt *WTO*), die *OECD* (früher OEEC) und der *IWF* schufen weltweit Grundlagen für einen freizügigen Handelsverkehr, auf den die exportorientierten europäischen Industriestaaten angewiesen sind.

Als System kollektiver Sicherheit wurde 1948 die *Westeuropäische Union* errichtet (Gründungsmitglieder: Frankreich, BENELUX, Großbritannien; spätere Mitglied-

---

14 John Laughland, The Tainted Source, the Undemocratic Origins of the European Idea, London 1997. Dazu Axel Tschentscher, Buchbesprechung in: Der Staat, 2001, Nr. 4, 655–657.
15 Dazu vor allem *Jean Monnet* (1.E.). Konkrete Spuren des amerikanischen Einflusses finden sich z.B. in den Artikeln des EGKS-Vertrages über Wettbewerbsbeschränkungen. Zur Rolle von *Adenauer* und *de Gasperi* vgl. *Brugmans* (1.E); vgl. auch *Küsters* (1.E), 33 ff.

schaft: Deutschland, Italien, Portugal, Spanien). Ihre verteidigungspolitischen Aufgaben wurden später auf die EU übertragen (§ 35 Rn. 6 f.). Alle Staaten Europas sowie die Vereinigten Staaten und Kanada kooperieren im Rahmen der 1975 in Helsinki vorbereiteten *Organisation über Sicherheit und Zusammenarbeit in Europa (OSZE)* in Fragen der Friedenssicherung, der wirtschaftlichen Zusammenarbeit und des Schutzes der Menschenrechte.

C. Zur Entwicklung der Europäischen Union

I. Die Gründungsverträge und ihre Vertiefung

Aufgrund des von *Jean Monnet* und *Robert Schuman* entwickelten Plans wurden 1950 alle westeuropäischen Staaten zu einer Regierungskonferenz eingeladen. Doch nahmen nur Frankreich, Italien, Belgien, Luxemburg, die Niederlande sowie die Bundesrepublik Deutschland teil. Die übrigen eingeladenen Staaten lehnten wegen der Befürchtung eines Verlustes von Souveränitätsrechten ihre Teilnahme ab. Großbritannien sah darüber hinaus seine weltpolitische Rolle im Rahmen des Commonwealth gefährdet. Die Regierungskonferenz der sechs Staaten erarbeitete den **Vertrag über die Europäische Gemeinschaft für Kohle und Stahl**, der am 18. April 1951 in Paris unterzeichnet werden konnte. Er trat am 23. Juli 1952 in Kraft.[16] Die darin vorgesehenen vier Organe der Gemeinschaft – *Hohe Behörde, Rat, parlamentarische Versammlung und Gerichtshof* – nahmen im selben Jahr ihre Tätigkeit auf; erster Präsident der Hohen Behörde wurde *Jean Monnet*.

Zur weiteren Vertiefung der europäischen Integration unterzeichneten die Gründungsstaaten der EGKS – ebenfalls auf französische Initiative – am 27. Mai 1952 einen **Vertrag über die Europäische Verteidigungsgemeinschaft** (EVG). Dieser sollte unter anderem eine Wiederbewaffnung der Bundesrepublik Deutschland unter internationaler Kontrolle ermöglichen. Art. 38 des EVG-Vertrages übertrug der für die EVG vorgesehenen Parlamentarischen Versammlung die Aufgabe, einen Plan für eine umfassendere Politische Union auszuarbeiten. Bevor noch der EVG-Vertrag ratifiziert wurde, unterbreitete die Versammlung der EGKS nach Aufforderung durch die Vertragsstaaten den Satzungsentwurf für die Gründung einer **Europäischen Politischen Gemeinschaft**.[17] Am 30. August 1954 lehnte die französische Nationalversammlung ab, sich mit der Ratifizierung des EVG-Vertrages zu befassen; damit war auch der Europäischen Politischen Gemeinschaft die Grundlage entzogen. Die Kontrolle der Wiederbewaffnung der Bundesrepublik wurde im Rahmen der WEU (*Rn. 13*) geregelt.

1955 unternahmen die Beneluxstaaten einen neuen Anlauf zur Weiterentwicklung der Integration. Sie forderten in einem Memorandum die Verschmelzung der nationalen Volkswirtschaften als Ganzes in einen einheitlichen europäischen Binnenmarkt. Auf der *Konferenz von Messina* am 1. und 2. Juni 1955 beauftragten die Regierungen der sechs EGKS-Mitgliedstaaten daraufhin, eine Gruppe von Regierungssachverständigen (Vorsitz der belgische Außenminister *Spaak*) mit der Erarbeitung eines Berichts, der im April 1956 vorgelegt wurde. Darin wurde die Errichtung einer Europäischen Wirtschaftsgemeinschaft (EWG) und einer Europäischen Atomgemeinschaft (EAG) vorge-

---

16   BGBl. 1952 II S. 448. Der Vertrag war für eine Dauer von 50 Jahren abgeschlossen worden. Nach Ende dieses Zeitraums im Jahre 2002 lief er aus.
17   Abgedruckt bei *Schwarze, Jürgen/Bieber, Roland* (Hg.), Eine Verfassung für Europa, Baden-Baden 1984, 399 ff.

schlagen.[18] Auf der Grundlage dieses *Spaak-Berichts* wurden die Bestimmungen des EWG-Vertrages und des EAG-Vertrages ausgearbeitet. Wie für die EGKS wurden für beide Gemeinschaften vier Organe vorgesehen, doch erhielten deren Exekutivorgane, die jeweilige Kommission, nicht so weitreichende Befugnisse wie die Hohe Behörde der EGKS.

17 Frankreich zeigte damals ein starkes Interesse an einer gemeinschaftlichen Entwicklung der friedlichen Nutzung der Kernenergie und setzte sich für die EAG ein, während die Bundesrepublik Deutschland in der EWG und dem darin angelegten Gemeinsamen Markt mit binnenmarktähnlichen Verhältnissen einen großen Vorteil für ihre expandierende Industrie erkannte. Der Abschluss dieser Gemeinschafts-Verträge wurde durch die Suez-Krise gefördert, die erstmals die Verletzbarkeit einer auf Erdöl beruhenden Energieversorgung Europas nachdrücklich vor Augen führte. Sie wurden am 25. März 1957 in Rom unterzeichnet und traten am 1. Januar 1958 in Kraft. Erster Präsident der EWG-Kommission wurde *Walter Hallstein* (bis 1967), erster Präsident der EAG-Kommission *Louis Armand*.

18 Für die Errichtung des Gemeinsamen Marktes war eine zwölfjährige Frist vorgesehen, in der die dafür erforderlichen Voraussetzungen – Freizügigkeit der Produktionsfaktoren im Inneren, gemeinsamer Zollschutz nach außen – stufenweise geschaffen werden sollten (Art. 8 EWGV). Am Ende der Übergangszeit (31. Dezember 1969) hatte die Rechtsordnung der Gemeinschaft – insbesondere durch die wegweisende Rechtsprechung des EuGH[19] – eine beachtliche Konsolidierung erfahren. Im Politischen verlief die Entfaltung der Gemeinschaft nicht ohne Krisen.[20] Die schwerste Krise war 1965 im Zusammenhang mit den Vorschlägen der Kommission zur Finanzierung der gemeinsamen Agrarpolitik entstanden. Meinungsunterschiede zwischen Frankreich und den übrigen Mitgliedstaaten über den weiteren Fortgang der Integration führten dazu, dass Frankreich mehrere Monate lang an den Sitzungen des Rates nicht teilnahm. Diese Krise konnte erst durch den sogenannten „Luxemburger Kompromiss" vom 29. Januar 1966 beendet werden (*§ 4 Rn. 55*).

Kurze Zeit danach konnte eine erste größere Vertragsrevision in Kraft treten, die eine Zusammenführung der Institutionen der drei Gemeinschaften bewirkte („Fusionsvertrag" vom 8. April 1965). In der Folgezeit konsolidierten sich die Finanzverfassung (*§ 5 Rn. 4*) und die gemeinsame Struktur der drei Gemeinschaften. Der Aufgabenbereich der EWG wurde schrittweise ausgedehnt, nachdem auf der Gipfelkonferenz in Den Haag (1969) neben einer Erweiterung (*Rn. 34 f.*) auch eine Vertiefung beschlossen werden konnte.[21]

II. Die Entwicklung der EG-Verträge zur Verfassung der Europäischen Union

19 Nach ersten Ansätzen zu einer – zunächst noch getrennt vom EGV verlaufenden – *Koordinierung der Außenpolitik* im Rahmen der europäischen (außen)politischen Zusammenarbeit *(EPZ) (§ 35 Rn. 9)* setzte sich allmählich die Einsicht durch, dass ein überwölbendes Dach für den gesamten Integrationsprozess nötig sei.

---

18 Bericht der Delegationsleiter an die Außenminister vom 21. April 1956, veröffentlicht vom Sekretariat der Regierungskonferenz. Zum Inhalt Küsters *(1.E),*
19 Dazu unten, *Rn.* 28 sowie § 3 *Rn.* 37 *ff. und* § 6 *Rn.* 56 *ff.*
20 Zum Spannungsverhältnis von Politik und Recht während der EG-Entwicklung Weiler *(1.E),* 10–101.
21 Schlusskommuniqué, 3. GB (1969), 527.

Entsprechend den in der Präambel des EWGV formulierten umfassenden politischen Zielen bekundeten die Staats- und Regierungschefs 1972 (Paris) ihre Absicht, die Gesamtheit der Beziehungen der Mitgliedstaaten in eine **Europäische Union** umzuwandeln. Nach Vorlage eines Berichts des belgischen Ministerpräsidenten *Tindemans* vom 29. Dezember 1975[22] verabschiedete der Europäische Rat 1976 Grundlinien, nach denen sich die Europäische Union entwickeln sollte.[23]

Am 20. Juli 1983 beschloss der Europäische Rat eine „**Feierliche Erklärung der Europäischen Union**".[24] Darin wurde die Absicht bekräftigt, die Gemeinschaft, die das Kernstück der Europäischen Union bildet, „durch Vertiefung bestehender und die Ausarbeitung neuer politischer Zielsetzungen im Rahmen der Verträge von Paris und Rom" zu stärken und weiter auszubauen. Das Europäische Parlament schlug 1984 auf Initiative von *A. Spinelli* den Abschluss eines besonderen Vertrages zur Gründung der Europäischen Union vor.

20

Die am 17. und 28. Februar 1986 von den zwölf Mitgliedstaaten der EG in Luxemburg und Den Haag unterzeichnete **Einheitliche Europäische Akte** (EEA) verklammerte die drei Europäischen Gemeinschaften und die Organisationsform der Europäischen Politischen Zusammenarbeit, für die sie allerdings eigenständige rechtliche Regelungen traf. Sie setzte beiden Organisationsformen das Ziel, „gemeinsam zu konkreten Fortschritten auf dem Weg zur Europäischen Union beizutragen" (Art. 1 Abs. 1). Die EEA trat am 1. Juli 1987 in Kraft.[25]

21

Im Juni 1988 beschlossen die Staats- und Regierungschefs der Gemeinschaft in Hannover, auf dem Weg zur Europäischen Union fortzuschreiten und betrauten eine Gruppe von Finanz- und Wirtschaftsexperten unter Vorsitz von Kommissionspräsident *Delors* mit der Ausarbeitung eines Planes zur **Wirtschafts- und Währungsunion**. Dieser Plan wurde im Juni 1989 von den Staats- und Regierungschefs in Madrid gebilligt. Er sah ein schrittweises Vorgehen mit dem Ziel der Schaffung einer einheitlichen Währung vor. Die erste Stufe konnte aufgrund der geltenden Verträge am 1. Dezember 1990 in Kraft treten. Die für die beiden weiteren Stufen erforderlichen Vertragsänderungen waren Gegenstand der Arbeiten einer Regierungskonferenz, deren Ergebnisse am 10. Dezember 1991 von den Staats- und Regierungschefs in Maastricht gebilligt wurden (*§ 21 Rn. 16*).

22

Parallel zur Regierungskonferenz über die Wirtschafts- und Währungsunion arbeitete eine weitere Regierungskonferenz zur Änderung der Gemeinschaftsverträge an Maßnahmen zur Verwirklichung der **Politischen Union**. Auch sollten Zuständigkeiten der Gemeinschaft insbesondere durch Verankerung des **Subsidiaritätsprinzips** in den Verträgen präzisiert, die **Legitimität** des Entscheidungsverfahrens durch Stärkung der Rechte des Europäischen Parlaments erhöht, die **soziale Dimension** der Gemeinschaft vertieft und Ansätze für ein **europäisches Bürgerrecht** geschaffen werden. Weiterhin sollte sichergestellt werden, dass die Gemeinschaft und ihre Mitgliedstaaten im Bereich der Außen- und Sicherheitspolitik stärker als bisher Verantwortung übernehmen und dass die Mitgliedstaaten – insbesondere wegen des vorgesehenen Wegfalls der innergemeinschaftlichen Grenzkontrollen – in den Bereichen Justiz und Inneres verstärkt zu-

23

---

22 Bull. EG, Beilage Nr. 1/1976.
23 10. GB (1976), Anlage II.
24 Bull. EG Nr. 6/1983, 26.
25 ABl. L 169/1987, 1.

sammenarbeiten. Die Ergebnisse dieser Regierungskonferenz wurden ebenfalls am 10. Dezember 1991 von den Staats- und Regierungschefs in Maastricht gebilligt.

Der sämtliche Änderungen und Ergänzungen der geltenden Verträge und neue Bestimmungen umfassende **Vertrag über die Europäische Union** wurde am 7. Februar 1992 in Maastricht unterzeichnet.[26]

24 Durch diesen Vertrag sollte der durch die EEA angekündigte qualitative Sprung zur Europäischen Union vollzogen werden. Die Europäische Union beruhte danach auf den drei Gemeinschaften (die EWG hieß danach „Europäische Gemeinschaft") einerseits und der Zusammenarbeit der Mitgliedstaaten in den Bereichen Außen- und Sicherheitspolitik sowie Innen- und Justizpolitik andererseits.

> Das Inkrafttreten des Vertrages wurde zunächst dadurch erschwert, dass in Dänemark am 2. Juni 1992 die Ratifizierung in einer Volksabstimmung mit knappem Ergebnis abgelehnt wurde. Der Europäische Rat beschloss am 12. Dezember 1992 Ausnahmeregelungen im Rahmen der unveränderten Bestimmungen des EUV, die Dänemark im Mai 1993 ein neues Referendum mit positivem Ausgang ermöglichten.[27] Die übrigen Mitgliedstaaten, außer Großbritannien und der Bundesrepublik, ratifizierten den Vertrag wie vorgesehen zum 31. Dezember 1992; in Frankreich geschah dies nach einem Referendum mit knappem Ausgang im September 1992. In Großbritannien verzögerte sich die Ratifizierung durch Widerstand innerhalb der regierenden konservativen Partei bis zum 2. August 1993. In Deutschland wurde mit der Ratifizierung eine Änderung des Grundgesetzes verbunden, die zu Verfassungsbeschwerden führte. Erst eine Entscheidung des Bundesverfassungsgerichts vom 12. Oktober 1993 (*§ 2 Rn. 84*) ermöglichte eine Ratifizierung und das Inkrafttreten des Vertrages zum 1. November 1993.

25 Der EUV bildete nur eine Zwischenstation für weitere Vertragsreformen. Mehrere Bestimmungen waren ausdrücklich nur auf Probe oder für eine Übergangszeit konzipiert. Das Mandat zur Einberufung einer neuen Regierungskonferenz wurde vom Europäischen Rat am 16. Dezember 1995 erteilt.[28] Die Arbeiten führten zu einem weiteren, am 2. Oktober 1997 unterzeichneten Änderungsvertrag („**Vertrag von Amsterdam**").[29]

Das Ratifizierungsverfahren verlief im Vergleich zum EUV ohne größere Hindernisse. Der Vertrag, der am 1. Mai 1999 in Kraft trat, strebte eine **Vereinfachung des geltenden Rechts**, u.a. durch eine neue Nummerierung der Artikel von EGV und EUV an. Gleichzeitig fügte er dem Primärrecht eine Fülle neuer Texte zu. Wesentliche Änderungen betrafen u.a. die Übertragung des Bereichs Asyl und Einwanderung in den EGV, die Einbeziehung des **Abkommens von Schengen** in das Vertragsgefüge (*§ 17 Rn. 11, 12*), die Einführung der Möglichkeit einer **verstärkten Zusammenarbeit** zwischen den Mitgliedstaaten mithilfe des institutionellen Systems der EU (*§ 3 Rn. 43 ff., § 37 Rn. 12 f.*). Im institutionellen Bereich wurden u.a. Verbesserungen des Gesetzgebungsverfahrens beschlossen.

26 Im Jahre 1999 erreichte die Union noch aus zwei weiteren Gründen eine neue Stufe: am 1. Januar trat die endgültige Phase der **Wirtschafts- und Währungsunion** in Kraft, die Wechselkurse der beteiligten Währungen zum EURO wurden unveränderlich festgelegt. Nicht alle Staaten wollten oder konnten zu diesem Zeitpunkt die gemeinsame Währung einführen: Griechenland übernahm die Währung ein Jahr später, Dänemark,

---

26 Zur Geschichte *Cloos/Reinesch* u.a. *(1.E)*.
27 ABl. C 348/1992, 1; Bull. EG 1993/5, Ziff. 1.1.4.
28 Bull. EG Nr. 12/1995, 26, Nr. I. 48.
29 ABl. C 340/1997, 1.

§ 1 Entwicklung und Theorie der Europäischen Integration

Großbritannien und Schweden verschoben auf der Grundlage von Ausnahmeregeln ihren Beitritt (*§ 21 Rn. 18*).

Der Europäische Rat einigte sich außerdem am 20. März 1999 auf die **Agenda 2000**, ein Paket vor allem finanzieller Maßnahmen, das auch nach dem Beitritt zahlreicher weiterer Staaten eine funktionsfähige Union gewährleisten sollte.[30]

Im Vertrag von Amsterdam konnte die Absicht nicht verwirklicht werden, das institutionelle System – insbesondere die Zusammensetzung der Kommission und die Abstimmungsregeln des Rates – auf die bevorstehenden Erweiterungen vorzubereiten. Daher sah das Protokoll Nr. 11 eine weitere Regierungskonferenz vor, um die noch offenen Fragen zu regeln. Diese Konferenz wurde im Jahre 2000 einberufen. Sie führte am 26. Februar 2001 zur Unterzeichnung des **Vertrages von Nizza**.[31] Dieser Vertrag enthält vor allem Änderungen der institutionellen Bestimmungen. Er bewirkte u.a. eine Verkleinerung der Kommission, änderte ihr Ernennungsverfahren, ermächtigte zum Erlass eines Statuts der europäischen Parteien und erweiterte die Regeln über eine verstärkte Zusammenarbeit innerhalb des Rahmens der Union.[32] Am 7. Juni 2001 lehnte die Bevölkerung Irlands die Ratifizierung dieses Vertrages zunächst ab. In einer zweiten Abstimmung am 19. Oktober 2002 befürwortete eine Mehrheit den Vertrag. Er konnte daraufhin am 1. Februar 2003 in Kraft treten. Das nahezu gleichzeitige (d.h. am 23. Juli 2002) Auslaufen des (für die Dauer von 50 Jahren abgeschlossenen) **EGKSV** symbolisiert den Wandel von einer intensiven, doch sektoriell eng begrenzten Integration zu einer neuartigen und umfassenden **Europäischen Verfassungsordnung** (*Rn. 28, 29*).

III. Die Europäische Union als Verfassungsordnung und der Vertrag von Lissabon

Die Entwicklung und Entfaltung des europäischen Rechts beruht nicht nur auf förmlichen Vertragsänderungen. Wegen ihrer Lückenhaftigkeit und der als Entwicklungsprozess konzipierten Verträge entstanden wesentliche Elemente des Rechts der Union aus der Praxis der Organe und der Mitgliedstaaten. Zumindest während der ersten 30 Jahre, als die Mitgliedstaaten zögerten, offensichtliche Lücken der Verträge im Wege förmlicher Verfahren zu schließen, erwuchs dem Europäischen Gerichtshof Verantwortung und Spielraum für die Fortentwicklung und Vervollständigung des Rechtssystems. Erinnert sei an die Rechtsprechung zum **Vorrang** und zur **unmittelbaren Wirkung** des europäischen Rechts (*§ 3 Rn. 35 ff.; § 6 Rn. 56 ff.*), zum **Grundrechtsschutz**, zum **Umfang der Grundfreiheiten** und zur **Haftung für Verstöße** gegen EU-Recht (*§ 2 Rn. 11, 71 ff.*). Zahlreiche Urteilsformulierungen wurden nachfolgend in die Vertragstexte übernommen (z.B. Artikel 6 Absatz 3 EUV zum Grundrechtsschutz). Der Grundrechtsschutz im Rahmen der EU ist vom Bundesverfassungsgericht in der sogenannten „Solange-zwei"-Entscheidung als dem Grundrechtsschutz nach dem deutschen Grundgesetz gleichwertig anerkannt worden. In der von Parlament, Rat und der Europäischen Kommission im Jahre 2000 feierlich proklamierten und 2007 in den Rang der Verträge erhobenen (Art. 6 Abs. 1 EUV) **Charta der Grundrechte der EU** wird der Grundrechtsschutz weiter konkretisiert *(§ 2 Rn. 13)*.

---

30 Kom (97) 2000 = Bull.EG, Beil. 5/97.
31 ABl. C 80/2001.
32 Dazu *Fischer* (1.E), *Jopp/Lippert/ Schneider* (1. E.) und *Weidenfeld* (1. E).

Die Gesamtheit dieser Vorgänge lässt sich als **Verfassungsentwicklung** bezeichnen.[33] Im Verlauf der Konstitutionalisierung verdeutlichen sich die unionsspezifischen **Werte** und konsolidierten sich die **Rechtsordnung** sowie die **Institutionen** der Union.

29 Der Vertrag von Nizza formalisierte den Prozess der Verfassungsbildung. In der dem Vertrag beigefügten Erklärung Nr. 23 „zur Zukunft der Union" wurde ein Verfahren in Gang gesetzt, das unter anderem die Abgrenzung der Zuständigkeiten zwischen EU und Mitgliedstaaten, die Vereinfachung der Verträge und den Status der Charta der Grundrechte klären sollte. In der Folge berief der Europäische Rat einen „Europäischen Konvent" ein. Diese Versammlung bestand aus Mitgliedern des Europäischen Parlaments, der Parlamente der Mitgliedstaaten und der Beitrittskandidaten, aus Vertretern der Regierungen und der Kommission.[34] Dieses Gremium erarbeitete unter dem Vorsitz des früheren französischen Staatspräsidenten *Giscard d'Estaing* den Entwurf eines **„Vertrages über eine Verfassung für Europa"**. Die vorgeschlagene Verfassung sollte an die Stelle von EU- und EG-Vertrag treten und die Grundrechtscharta von 2000 in sich aufnehmen. Zur Prüfung dieses Textes wurde 2003 eine Regierungskonferenz einberufen, die zur Unterzeichnung am 29. Oktober 2004 in Rom führte.[35] In 17 Staaten konnten die parlamentarischen Zustimmungsverfahren abgeschlossen werden, wofür in zwei Staaten (Spanien, Luxemburg) zustimmende Referenden gehörten. In zwei weiteren Staaten (Frankreich, Niederlande) ergingen im Jahre 2005 ablehnende Referenden.[36] Die Verfassung trat daher nicht in Kraft.

Obwohl die Ablehnungen wesentlich von innenpolitischen Faktoren beeinflusst waren, beruhten sie auch auf Ängsten vor der – mit dem Konzept der EU verbundenen – Globalisierung und vor der – vermuteten – Gefahr der Entstehung eines europäischen Staates.

30 Die Arbeiten zu einer Reform der Verträge wurden im Jahre 2007 wieder aufgenommen. Sie sollten die Funktionsbedingungen und die Legitimation der EU stärken, doch gleichzeitig den Sorgen der Gegner einer EU-Verfassung Rechnung tragen. In der Konsequenz sollte einerseits soviel wie möglich von der Substanz der geplanten Verfassung erhalten bleiben, doch andererseits sollten alle Bestimmungen entfallen, die Assoziationen mit Begriffen oder Symbolen des Nationalstaates wecken konnten.[37] Die Verfassung wurde in zwei Verträge zur Änderung des EUV und des EGV zerlegt und es entfielen z.B. die Regeln über den Vorrang des EU-Rechts vor staatlichem Recht und über die Symbole der EU. Erhalten blieben jedoch die wesentlichen Neuerungen der Verfassung, z.B. verstärkte Rechte des EP, neue Abstimmungsregeln im Rat, eine geänderte Zusammensetzung der Kommission. In einem materiellen Sinne enthält das so entstandene Vertragswerk alle Elemente, die den Grundlagentext jeder staatlichen Rechtsordnung auszeichnen. Insofern ist es durchaus berechtigt, die Gesamtheit der im EUV enthaltenen und durch den AEUV ergänzten Regeln als **europäisches Verfassungsrecht** zu bezeichnen.

Der neue Vertrag wurde am 13. Dezember 2007 unterzeichnet (**„Vertrag von Lissabon"**). Er musste nur in Irland einem Referendum unterworfen werden. Ein erstes Re-

---

33 Dazu *Roland Bieber/Jürgen Schwarze*, Verfassungsentwicklung in der Europäischen Gemeinschaft, Baden-Baden 1984.
34 Zur Arbeit des Konvents s. *Klemens H. Fischer* (1.E).
35 ABl. C 310/2004, 1.
36 Dazu *Stefan Kadelbach* (Hg.), Europäische Verfassung und direkte Demokratie, Baden-Baden 2006.
37 Europäischer Rat v. 22. Juni 2007, Schlussfolgerungen des Vorsitzes, Anlage I.

§ 1 Entwicklung und Theorie der Europäischen Integration § 1

ferendum verlief negativ. Daraufhin erklärten die Staats – und Regierungschefs der übrigen Mitgliedstaaten die Bereitschaft zur Annahme eines Vertragsprotokolls, das bestimmte Klarstellungen zur Tragweite des Vertrags enthalten sollte (u.a. Steuerwesen, Sicherheit und Verteidigung). Ein im Oktober 2009 abgehaltenes zweites Referendum erbrachte daraufhin die zur Ratifizierung erforderliche Zustimmung. Das Protokoll wurde am 13. Juni 2012 unterzeichnet („**Irland – Protokoll**").[38] In Deutschland hatten erneut Verfassungsbeschwerden den Abschluss des Zustimmungsverfahrens verzögert. Mit Entscheidung vom 30. Juni 2009 erklärte das BVerfG das Zustimmungsgesetz zu dem Vertrag für verfassungsgemäß *(§ 2 Rn. 84)*. Der Vertrag trat am 1. Dezember 2009 in Kraft.[39]

IV. Krisensteuerung in der „nach Lissabon Phase"

Es war erwartet worden, dass mit dem Vertrag von Lissabon eine Phase der Konsolidierung und der Erprobung der neuen Regeln beginnen würde. Die internationale Finanzkrise und die dadurch deutlich zutage getretenen strukturellen Probleme zahlreicher Mitgliedstaaten zeigten jedoch rasch die Notwendigkeit außergewöhnlicher Maßnahmen, für die das Vertragssystem nicht konzipiert war. Insbesondere der vertraglich angelegte Widerspruch zwischen einer gemeinsamen Währungspolitik und einer staatlich verantworteten Wirtschaftspolitik bewirkte zunächst nur eine Suche nach rasch einsetzbaren neuen Instrumenten. Mit diesem Ziel wurde am 25. März 2011 eine Änderung von Art. 136 AEUV beschlossen, die zur Schaffung eines „Stabilitätsmechanismus" ermächtigte und zur Errichtung des **„Europäischen Stabilitätsmechanismus"** („ESM") genutzt wurde.[40] Außerhalb von EUV und AEUV wurden weiterhin mehrere Verträge vereinbart, die zum Teil nur die Staaten des Euroraumes betrafen, z.T. darüber hinaus reichten *(§ 21 Rn. 11)*. So unterzeichneten die Vertreter von 25 der (damals) 27 Mitgliedstaaten am 2. März 2012 den „Vertrag über Stabilität, Koordinierung und Steuerung in der Wirtschafts- und Währungsunion" („**Fiskalpakt**").[41] Darin verpflichten sich die beteiligten Staaten u.a. zu einer strengeren Kontrolle der staatlichen Haushaltspolitik. Der Vertrag trat nach Ratifizierung durch zwölf Staaten des Euroraumes am 1. Januar 2013 in Kraft.

31

V. Neuartige Formen der Integration (verstärkte Zusammenarbeit, „Schengen", „Prüm")

Die EU ist als ein **gemeinsamer Rechtsraum** konzipiert, in dem ein stets neu auszubalancierendes Gleichgewicht zwischen den im gemeinsamen Interesse für alle Staaten und Bürger geltenden Normen und der Berücksichtigung von Einzelinteressen besteht. Mit zunehmender Zahl der Mitgliedstaaten wird es immer schwieriger, diese Balance zu erreichen. Als Ventil für den Ausgleich innerer Spannungen fügt der EUV seit 1992 das Instrument der **„Verstärkten Zusammenarbeit"** in die Verträge ein *(§ 3 Rn. 43 ff.)*. Danach können mindestens neun Staaten beschließen, untereinander bestimmte Maßnahmen zur Verwirklichung der Vertragsziele anzuwenden, die nicht im Rahmen der vertraglichen Entscheidungsverfahren für alle Mitgliedstaaten verwirklicht werden konnten. Der Vertrag von Lissabon führt das System der verstärkten Zusammenarbeit

32

---

38 Ermächtigung: ABl. L 60/2013, 131, Vertrag: BGBl. II, 983 = *HER I A* 53/4.71.
39 Konsolidierte Fassung ABl. C 326/2012, 1.
40 ABl. L 91/2011,1. Dazu § 21 Rn. 13.
41 (« Fiskalpakt »), BGBl. II, 1008 = *HER I A* 53/4.72.

fort, ändert allerdings die Verfahren der Genehmigung (Art. 20 EUV; Art. 326–334 AEUV). Erstmals wurde 2010 von dieser Möglichkeit für Gegenstände der Justiziellen Zusammenarbeit in Zivilsachen Gebrauch gemacht (§ 3 Rn. 46).

33 Einen Sonderfall der verstärkten Zusammenarbeit bilden die **Abkommen von Schengen**,[42] die durch den Vertrag von Amsterdam in den Rahmen der Union überführt wurden.[43] Diese Abkommen betreffen den Abbau der Kontrollen an den Grenzen zwischen den beteiligten Mitgliedstaaten. Sie sehen überdies zahlreiche Ausgleichsmaßnahmen vor, u.a. gemeinsame Regeln für die Einreise von Bürgern dritter Staaten (§ 17), Bestimmungen über eine engere polizeiliche Zusammenarbeit und über die Rechtshilfe in Strafsachen sowie den Aufbau eines Informationssystems, in dem gemeinsam zugängliche Daten zu Personen und Sachen gespeichert werden (§ 16). Es handelt sich bei diesen Abkommen um Bestimmungen ursprünglich völkerrechtlicher Natur, die zwischen fünf EU-Staaten[44] ohne Mitwirkung der EU-Institutionen abgeschlossen worden waren. Die Überführung dieser Abkommen in die EU erfolgte auf der Grundlage der Bestimmungen über die verstärkte Zusammenarbeit, allerdings im Rahmen des besonderen Vertragsänderungsverfahrens.

Der „**Schengener Besitzstand**" gilt nicht in Großbritannien und Irland. Für Dänemark gelten besondere Regelungen (Zu den Einzelheiten § 17 Rn. 11, 12).[45]

Ohne die Bestimmungen der verstärkten Zusammenarbeit zu beanspruchen, unterzeichneten fünf EU-Staaten am 27. Mai 2005 einen „Vertrag über die Vertiefung der grenzüberschreitenden Zusammenarbeit, insbesondere zur Bekämpfung des Terrorismus, der grenzüberschreitenden Kriminalität und der illegalen Migration" (**Vertrag von Prüm**).[46] Der Vertrag trat 2007 in Kraft.[47] Aufgrund einer Initiative gemäß (ex) Art. 34 EUV wurden wesentliche Teile dieses Vertrages in Rechtsakte der EU umgewandelt (§ 16 Rn. 11).[48]

VI. Erweiterungen

34 Seit ihren Ursprüngen war die Gemeinschaft als „offene" Organisation konzipiert (vgl. Art. 97 EGKSV, 237 EWGV, 205 EAGV, alle ersetzt durch Art. 49 EUV). Mit wachsender interner Konsolidierung wuchs die Anziehungskraft der Gemeinschaft/Union. Frühe Versuche, alternative Organisationen zu errichten, blieben erfolglos. Großbritannien und sechs andere westeuropäische Staaten, die zunächst nicht der EWG beitreten wollten, gründeten 1960 die Europäische Freihandelszone (EFTA).

Die EFTA konnte jedoch die in sie gesetzten wirtschaftlichen Erwartungen nicht erfüllen und Großbritannien auch keinen Ersatz für seinen schwindenden weltpolitischen Einfluss bieten. Großbritannien stellte deshalb am 10. August 1961 einen Antrag auf Beitritt zu den drei Europäischen Gemeinschaften. Frankreich, unter Präsident de Gaulle, lehnte den Beitritt zunächst ab, änderte erst unter dessen Nachfolger Pompi-

---

42 ABl. L 239/2000, 19 = HER I A 100 / 11.1 und 11.2.
43 Protokoll Nr. 2 zum EUV „zur Einbeziehung des Schengen Besitzstands in den Rahmen der Europäischen Union", ABl. C 340/1997.
44 Deutschland, Frankreich, BENELUX-Staaten.
45 Vgl. Art. 3 des Protokolls Nr. 19 und Protokoll Nr. 22 zum EUV.
46 BGBl 2006 II 626.
47 Dokument des Rates Nr. 10900/05. Zu den Einzelheiten Waldemar Hummer, Der Vertrag von Prüm – „Schengen III"?, EuR 2007, 517–530.
48 ABl. 2008, L 210, 1, 12, 73.

dou seine grundsätzliche Einstellung. Auf der 1969 abgehaltenen Gipfelkonferenz der Staats- und Regierungschefs in Den Haag konnte deshalb die Erweiterung der Gemeinschaft um die zusammen mit Großbritannien beitrittswilligen EFTA-Staaten beschlossen werden.

Am 1. Januar 1973 sind daraufhin **Großbritannien, Dänemark** und **Irland** der Gemeinschaft beigetreten. In **Norwegen** wurde der zunächst ebenfalls geplante Beitritt durch ein Referendum vom Oktober 1972 abgelehnt. 35

Am 1. Januar 1981 wurde **Griechenland** Mitglied der Gemeinschaften. Am 1. Januar 1986 erfolgte der Beitritt **Portugals** und **Spaniens**.

Die Herstellung der **Einheit Deutschlands** nach Artikel 23 GG führte zur Eingliederung der DDR in die Gemeinschaft mit Wirkung ab 3. Oktober 1990, nachdem die Staats- und Regierungschefs der Gemeinschaft am 28. April 1990 in Dublin festgestellt hatten, dass hierfür nach Prüfung aller Umstände lediglich Ausnahmeregelungen des abgeleiteten Gemeinschaftsrechts, nicht jedoch eine Änderung der Gemeinschaftsverträge erforderlich waren. 36

Mit den verbliebenen EFTA-Staaten wurde von der Gemeinschaft und ihren Mitgliedstaaten am 2. Mai 1992 ein Assoziierungsabkommen unterzeichnet, in dem – parallel zum Binnenmarkt der Gemeinschaft – ein nach gleichen Regeln funktionierender **Europäischer Wirtschaftsraum** (EWR) geschaffen werden sollte. Der Vertrag trat am 1. Januar 1994 (ohne die Schweiz) in Kraft (*§ 36, Rn. 9, 10*). Er wurde von den meisten EFTA-Staaten nur als Zwischenlösung betrachtet. **Österreich, Schweden** und **Finnland** traten am 1. Januar 1995 der Gemeinschaft bei. In Norwegen scheiterte der Beitrittsvertrag erneut in einer Volksabstimmung, die Schweiz verfolgt ihren Antrag zunächst nicht weiter. 37

Beitrittsverhandlungen mit weiteren ost- und mitteleuropäischen Staaten wurden 1999 aufgenommen. Nach der grundsätzlichen Billigung durch den Europäischen Rat am 12./13. Dezember 2002 in Kopenhagen[49] wurde am 16. April 2003 mit zehn Staaten (**Estland, Lettland, Litauen, Malta, Polen, Slowenien, Slowakei, Ungarn, Tschechische Republik, Zypern**) ein Beitrittsvertrag unterzeichnet.[50] Die Einzelheiten sind in einer dem Vertrag beigefügten Beitrittsakte geregelt. Der Vertrag trat am 1. Mai 2004 in Kraft. Dem Beitritt vorangegangen war eine aufwendige „Heranführung" dieser Beitrittskandidaten an die Wirtschafts-, Rechts- und Sozialordnung der Union (*§ 36 Rn. 6, 8*). 38

Beitrittsverträge mit **Bulgarien** und **Rumänien** wurden am 25. April 2005 abgeschlossen.[51] Mit **Kroatien** wurde am 9. Dezember 2011 ein Beitrittsvertrag unterzeichnet, der am 1. Juli 2013 wirksam wurde.[52]

Der **Türkei** stellte der Europäische Rat im Jahre 1999 die Aufnahme von Beitrittsverhandlungen in Aussicht.[53] Diese wurden 2005 aufgenommen. Weitere europäische Staaten, insbesondere die **Staaten des Balkans**, streben eine Mitgliedschaft in der EU an (*§ 36, Rn. 14, 16*).

---

49 GB 2002, 274–293.
50 ABl. L 236/2003, 17 = *HER I A 7 a* /13.
51 ABl. L 157/2005, 11, in Kraft seit dem 1. Januar 2007.
52 ABl. L 300/2013, 5 + 6.
53 GB 1999, 221.

39 Im Jahre 1993 legte der Europäische Rat erstmals abstrakte Kriterien fest, die vor einem Beitritt von dem antragstellenden Staat zu erfüllen sind (innere Ordnung muss demokratischen und rechtsstaatlichen Grundsätzen entsprechen, funktionsfähige Marktwirtschaft, Übernahme des gemeinschaftlichen Besitzstandes).[54] Erst in jüngerer Zeit wird unter dem Eindruck der umstrittenen Beitrittsperspektive der Türkei die Frage nach der **Aufnahmefähigkeit** der Union gestellt.[55]

VII. Die Union als internationaler Akteur

40 Parallel zu ihrer internen Konsolidierung entwickelten sich zunächst die EWG, später die EU zu einem bedeutenden Akteur der internationalen Beziehungen (dazu unten, *§§ 33–37*). Ursprünglich standen dabei Aspekte der **Außenwirtschaftspolitik** und der **Entwicklungshilfe** im Vordergrund. Später wurde deutlich, dass nahezu jeder Zuständigkeitsbereich der EU/EG auch eine äußere Dimension aufweist und daher auch ein Vorgehen anstelle der einzeln handelnden Mitgliedstaaten erfordert. Daneben verstärkt sich allmählich die allgemeine **außenpolitische** Rolle und die **gemeinsame Sicherheitspolitik** der EU (*§ 35*). Der Vertrag von Lissabon soll die Fähigkeiten der EU zum außenpolitischen Handeln stärken. Zu diesem Zweck wurden u.a. das Amt eines **Hohen Vertreters für Außen- und Sicherheitspolitik** (Art. 18 EUV) und ein **Europäischer Auswärtiger Dienst** (Art. 27 Abs. 3 EUV) geschaffen. Wegen der ausgeprägten Traditionen und Partikularinteressen der Mitgliedstaaten erweist sich der Aufbau einer eigenständigen Außenpolitik der EU als besonders langwierig. Andererseits erwarten die Staaten der Welt zunehmend eine Unterstützung der EU bei der Bewältigung von Krisen und Konflikten.

D. Integrationstheorien

41 Zur theoretischen Erfassung der europäischen Integration wurden zahlreiche Modelle entwickelt. Keines vermochte jedoch ihre zahlreichen Facetten mithilfe eines einzigen Ansatzes zu beschreiben, der es erlauben würde, aus den Grundlinien der Integration eine notwendige Abfolge, eine „Gesetzmäßigkeit" abzuleiten und daraus eine Vorhersage über die wahrscheinliche weitere Entwicklung zu treffen.

> Ursache dieser Vielfalt der Theorien ist zum einen die abnehmende Gewissheit ganzheitlicher sozialwissenschaftlicher Theorien zu verwandten sozialen Organisationsformen wie dem Staat[56] und internationaler Organisationen.[57] Des Weiteren wurde seit der Gründung der ersten Gemeinschaften und bis in die Gegenwart ein neuartiger, weder praktisch noch theoretisch bereits vorfixierter Prozess ohne definierten Endzustand in Gang gesetzt. Die Festlegung auf ein traditionelles Organisationsmuster (Bundesstaat und Staatenbund) war ausdrücklich vermieden worden.[58]

---

54 Europäischer Rat v. 21./22. Juni 1993 (Kopenhagen), Schlusserklärung (SN 180/1/93 Rev.). S.a. Bull. EU, Beil. 5/1997, 41.
55 Vgl. Europäischer Rat v. 15./16. Juni 2006, Schlusserklärung Ziff. 53.
56 Dazu *Peter Saladin*, Wozu noch Staaten? Bern/München 1995.
57 Vgl. *Jan Klabbers/Anne Peters/Geir Ulfstein*, The Constitutionalization of International Law, Oxford 2011.
58 Vgl. Art. 38 des Vertrags über die Europäische Verteidigungsgemeinschaft (*Rn. 1–9*): „Die endgültige Organisation, die an die Stelle der vorläufigen Organisation treten wird, soll so beschaffen sein, dass sie den Bestandteil eines späteren *bundesstaatlichen oder staatenbündischen* Gemeinwesens bilden kann."

§ 1 Entwicklung und Theorie der Europäischen Integration § 1

Erst in der Zusammenschau entfalten die Integrationstheorien ihren Nutzen: sie verdeutlichen die Entwicklungslinien eines multidimensionalen Prozesses und dessen mögliche Projektion in die Zukunft.[59]

I. Politikwissenschaft

Zu den die Aufbauphase der Integration begleitenden Theorien gehört vor allem die Theorie des **Funktionalismus**[60] bzw. des **Neo-Funktionalismus**.[61] Nach der Theorie des Funktionalismus führt die internationale Arbeitsteilung zur Verknüpfung einzelner, bisher staatlich organisierter Aufgabenbereiche und löst damit die Bildung und Verdichtung thematisch spezialisierter überstaatlicher Organisationen aus. Der daraus entwickelte „Neo-Funktionalismus" geht über das Konzept eines „blinden", nur Sachgesetzlichkeiten folgenden Prozesses hinaus und erkennt auch dem politischen Gestaltungswillen der Akteure eigenständige Bedeutung zu. Auch wird aufgrund des Lernens und der Tätigkeit der Organisation die Entstehung eines „spill over"-Prozesses angenommen, der zur automatischen Einbeziehung weiterer Bereiche in den Integrationsvorgang führt. Die Entwicklung von EGKS zu EWG und Euratom und der Aufbau des Binnenmarktes schienen dieses Modell zunächst zu bestätigen.[62] Allerdings wurde bald bemerkt, dass die vermutete „Automatik" nicht andauerte. Auch beachtete das Modell nicht hinreichend die Rückwirkungen des Prozesses auf die beteiligten Staaten.

42

In der Folgezeit versuchten verschiedene Theorien die fortdauernde Rolle der Staaten (**Neo-Realismus**,[63] Neo-Föderalismus)[64] oder die Bedeutung überstaatlicher Institutionen (**Neo-Institutionalismus**)[65] als bestimmend für die Entwicklung der EU darzustellen. Zur Erklärung zahlreicher Entwicklungen der EU geeignet erscheint auch die allgemeine Theorie der Pfadabhängigkeit des politischen Handelns.[66]

Mit dieser Befreiung von der ursprünglich auf einen Sonderfall der internationalen Beziehungen ausgerichteten Betrachtungsweise wurde der Weg für die **Theorie des Mehrebenensystems** bereitet. Im Anschluss an das allgemeiner gefasste Konzept des „democratic governance"[67] werden die EU und ihre Mitgliedstaaten als untereinander vielfach vernetztes, in sich geschlossenes und intrakommunikatives System beschrieben, dessen hoheitliche Funktionen in ihrer Gesamtheit die Leistungserwartungen der Bürger befriedigen soll.[68] Die Art des Zusammenwirkens von Akteuren der Mitgliedstaaten und der Union bildet den Gegenstand der „Fusionsthese".[69] Der Versuch einer

43

---

59 Einen interdisziplinären Überblick geben *Wilfried Loth/Wolfgang Wessels* (Hg.), Theorien europäischer Integration, (1. E), sowie *Hans-Jürgen Bieling/Marika Lerch* (Hg.), Theorien der europäischen Integration (1. E).
60 *David Mitrany*, The Prospect of Integration: Federal or Functional, in *A. Groom/P. Taylor* (Hg.), Functionalism, London 1975.
61 *Ernst Haas*, Beyond the Nation State, Stanford 1964; *Leon H. Lindberg/S. Scheingold*, Europe's Would-be Policy, Englewood Cliffs 1970.
62 Dazu *Hans Peter Ipsen*, Europäisches Gemeinschaftsrecht, Tübingen 1972, 978 ff. Zur Kritik der Theorie *Ben Rosamond*, Theories of European Integration (1. E), 50–73 und 74–97.
63 Nachweise bei *Rosamond*, op.cit., 130 ff.
64 Nachweise bei *Rosamond*, op.cit., 23 ff.; s.a. *Roland Bieber*, Föderalismus in Europa, in *Weidenfeld* (Hg.), Europa Handbuch, 2. Aufl., Gütersloh 2002, 361–373.
65 Nachweise bei *Rosamond*, op.cit., 113 ff.
66 *Paul Pierson*, Politics in Time – History, Institutions and Social Analysis, Princeton/Oxford 2004.
67 *James D. March/Johan P. Olsen*, Democratic Governance, New York 1995.
68 Dazu *Markus Jachtenfuchs/Beate Kohler-Koch*, (Hg.), Europäische Integration, 2. Aufl., Opladen 2003, 15–46.
69 Dazu *Udo Diedrichs/Anne Faber* u.a. (Hg.), Europe Reloaded – Differentiation or Fusion?, Baden-Baden 2011.

Konzeptualisierung der jüngsten Krisenerscheinungen wird unter dem Begriff der „**europäischen Desintegration**" unternommen.[70]

II. Rechtswissenschaft

44 Die juristischen Theorien zur Erfassung der europäischen Integration orientierten sich anfangs an der völkerrechtlichen Kategorie der **Staatenverbindung** bzw. der **internationalen Organisation**, der staatsrechtlichen Kategorie des **Bundesstaates** oder bemühten sich um das Modell einer **eigenständigen Herrschaftsform**. Parallel zur Entfaltung des politikwissenschaftlichen Modells des verflochtenen Mehrebenensystems, erlangt in jüngerer Zeit das Modell des **Verfassungsverbundes** Gewicht.[71]

Das völkerrechtliche Modell der – wenngleich mit einigen Besonderheiten ausgestatteten – internationalen Organisation leitet sich aus der vertraglichen Herkunft der EU ab. Nach diesem Konzept besteht ein prinzipieller Unterschied zwischen EU und Staaten, der in der Praxis in einem Über/Unter-Ordnungsverhältnis von Staaten zu Union deutlich wird.[72] Die damit verknüpfte Vorstellung der EU als „Zweckverband funktionaler Integration" geht begrifflich auf *Ipsen* zurück.[73]

45 Der gewachsene Umfang der Aufgaben der EU und die gleichzeitige Steigerung der Intensität ihrer Tätigkeit, vor allem aber die Stärkung unmittelbarer Rechtsbeziehungen zwischen Bürgern und EU (§ 2 B.) stützen die Theorie von der (bundes-)staatsähnlichen Gestalt der Union.[74] Eine bedeutende und im Vordringen befindliche Variante dieses Modells versteht die Mitgliedstaaten und die Union nicht als getrennte Rechtsordnungen, sondern als ein verflochtenes Gesamtsystem zur Erledigung hoheitlicher Aufgaben. Die Union durchlief in diesem System einen Prozess der *Verfassungsentwicklung*, dessen Träger die Bürger **und** die Staaten sind. Die Verfassung der Union ist untrennbar und auf eine besondere Weise mit den Verfassungen der Mitgliedstaaten verbunden. Die daraus resultierende Rechtsordnung wird als **Verfassungsverbund** beschrieben.[75] Aus der Frage, ob zwischen den beteiligten Rechtsordnungen in einem derart verflochtenes System auf Hierarchie als Ordnungsprinzip verzichtet werden kann bzw. muss, entwickelte sich die Theorie des „constitutional pluralism".[76]

III. Ökonomie

46 Die stärkste Wirkung auf die ursprüngliche Konzeption der Europäischen Gemeinschaft übten ökonomische Theorien aus. Diese Theorien analysierten die Wirkung ho-

---

70 *Annegret Eppler/Henrik Scheller* (Hg.), Zur Konzeptualisierung europäischer Desintegration: Zug- und Gegenkräfte im europäischen Einigungsprozess, Baden – Baden 2013.
71 Überblick bei *Martin Nettesheim*, EU-Recht und nationales Verfassungsrecht, EuR, Beiheft 1-2004, 24–40; *Armin von Bogdandy*, Stand und Entwicklungsperspektiven rechtswissenschaftlicher Konzepte zum europäischen Integrationsprozess, in: *Wilfried Loth/Wolfgang Wessels* (Hg.), (1. E.), 107–146.
72 Pointierter Vertreter dieses Konzepts ist *Paul Kirchhof*, Der deutsche Staat im Prozess der europäischen Integration, in: HStR VII, § 183 (1992) („Staatenverbund"). Ihm damals folgend: BVerfGE 89, 190.
73 *Hans Peter Ipsen*, Europäisches Gemeinschaftsrecht, 196.
74 *Walter Hallstein*, Der unvollendete Bundesstaat, Düsseldorf 1969, 252.
75 *Ingolf Pernice*, Europäisches und nationales Verfassungsrecht VVDStRL Bd. 60 (2001), 148–193. S.a. nachfolgend § 3 Rn. 36 sowie *Roland Bieber*, Der Verfassungsstaat im Gefüge europäischer und insbesonder supranationaler Ordnungsstrukturen, in: *Thürer/Aubert/Müller* (Hg.), Verfassungsrecht der Schweiz, Zürich 2001, 97–107.
76 *J.H.H. Weiler/Marlene Wind* (Hg.), Constitutionalism Beyond the State (1. E); *Matej Avbelj /Jan Komarek* (Hg.), Constitutional Pluralism in the European Union and Beyond (3.L); *Miguel Maduro*, Der Kontrapunkt im Dienste eines europäischen Verfassungspluralismus, EuR 2007, 3.

heitlicher Eingriffe in Wirtschaftsabläufe. Sie postulierten die (am Sozialprodukt gemessene) wohlfahrtssteigernde Wirkung der Beseitigung territorialer Schranken der Wirtschaftstätigkeit.[77]

Ihre Grundlegung erfuhr die Theorie der Wirtschaftstätigkeit in integrierten Räumen anhand von Untersuchungen der Zollunion.[78] Vorstufen bildeten das Modell des wohlfahrtssteigernden **Freihandels**.[79]

Die neue **Außenhandelstheorie**[80] berücksichtigt insbesondere die Kostenvorteile bei einer Produktion für einen größeren Raum, der Steigerung der Zahl der verfügbaren Produktvarianten und den Wettbewerb als wohlstandsfördernde Faktoren. Die Theorie des **Gemeinsamen Marktes**[81] hebt die zusätzliche günstige Wirkung der Beseitigung nicht tariflicher Handelshemmnisse, der Freiheit des Personen- und Kapitalverkehrs hervor. Die Konzeption und Entwicklung der Währungsunion (§ 21) wurde beeinflusst von der **Theorie optimaler Währungsräume**.[82] Diese Theorie versucht die Nutzen und Kosten der monetären Integration zu bemessen. Wegen des Wegfalls des Wechselkursrisikos wird eine Verbesserung der Funktionsfähigkeit des Marktes erwartet. Die Lasten einer Währungsunion nehmen danach mit steigender Handelsverflechtung ihrer Mitglieder ab, während andererseits der Nutzen ansteigt.

IV. Geschichtswissenschaft und Soziologie

Auch in Geschichtswissenschaft und Soziologie wurden verschiedene Konzepte entwickelt, um den Integrationsprozess mit den spezifischen Instrumenten der jeweiligen Disziplin zu erfassen. Markant unterschiedlich sind die von *Lipgens* und *Milward* vertretenen Positionen zur Geschichte der Integration. Während *Walter Lipgens* die Integration als Entfaltung und Durchsetzung einer Idee beschrieb,[83] gilt für *Alan Milward* die Gründung der Europäischen Gemeinschaften als das Werk von Nationalstaaten, dazu bestimmt, sich selbst mithilfe der Integration zu erhalten.[84] Beide Ansätze verbindet die jüngere Forschung von *Loth*.[85]

Die **soziologische Forschung** befasst sich u.a. mit den Wechselbeziehungen von Gesellschaft und Institutionen im Rahmen der EU[86] und mit Untersuchungen zur „bürokratischen Herrschaft" und den Besonderheiten der transnationalen Verflechtung der Bürokratie.[87] Auch formulieren Soziologen Thesen eines Defizits an europäischer Öffentlichkeit und einer europäischen Identität.[88]

47

---

77 Vgl. *Jan Tinbergen*, International Economic Integration, Amsterdam 1954. Einen umfassenden Überblick geben *Wim Kösterns/Reiner Beckmann/Martin Kebler*, Elemente der oekonomischen Integrationstheorie, in: *Loth /Wessels* (Hg.), (1. E.), 35–86. S.a. *Jacques Pelkmans*, European Integration, Method and Economic Analysis, (1.E.).
78 *Jacob Viner*, The Customs Union Issue, New York 1950.
79 *Kösters* u.a., op. cit. 40 f.
80 *Kösters* u.a., op. cit. 47 ff.
81 *Kösters* u.a., op. cit. 50 ff.
82 *Kösters* u.a., op. cit. 54 ff.
83 *Walter Lipgens*, Die Anfänge der europäischen Einigungspolitik 1945–1950, Bd. I, Stuttgart 1977.
84 *Alan S. Milward*, The European Rescue of the Nation-State, London 2000.
85 *Loth, Wilfried*, Europas Einigung (1.E) S.a. *ders.*, Beiträge der Geschichtswissenschaft zur Deutung der Europäischen Integration in *Loth/Wessels* (1. E.), 87–106.
86 *Reiner Lepsius*, Interessen, Ideen und Institutionen, Opladen 1990.
87 *Maurizio Bach*, Die Bürokratisierung Europas, Frankfurt/M. 1999.
88 Nachweise bei *Maurizio Bach*, Beiträge der Soziologie zur Analyse der europäischen Integration. Eine Übersicht über theoretische Konzepte in *Loth/Wessels* (1. E.), 147–173.

E. Literatur

Albonetti, Achille, Vorgeschichte der Vereinigten Staaten von Europa, Baden-Baden, 1961; *Bartolini, Stefano*, Restructuring Europe, Oxford 2005; *Bieling, Hans-Jürgen/Lerch, Marika* (Hg.), Theorien der europäischen Integration, Wiesbaden 2005; *Bitsch, Marie-Thérèse*, Histoire de la construction européenne, 5. Aufl., Brüssel 2008; *v. Bogdandy, Armin* (Hg.), Die Europäische Option, Baden-Baden 1993; *Brugmans, H.*, L'idée européenne 1920–1970, 3. Aufl., Brügge 1970; *Cloos, Jim/Reinesch, Gaston/Vignes, Daniel/Weyland, Joseph*, Le Traité de Maastricht, 2. Aufl., Brüssel 1994; *de Rougemont, Denis*, Vingt-huit siècles d'Europe, Paris 1961; *Dony, Marianne* (Hg.), L'Union européenne et le monde après Amsterdam, Brüssel 1999; *Fischer, Klemens H.*, Der Vertrag von Nizza, Baden-Baden 2001; *ders.*, Der Vertrag für eine Verfassung der Europäischen Union, Baden-Baden 2004; *ders.*, Der Vertrag von Lissabon, Baden-Baden 2008; *Gillingham, John*, European Integration 1950–2003, Cambridge 2003; *Griffith, Richard T.*, Europe's first constitution: The European political Community, 1952–1954, London 2000; *Grimmel, Andreas/Jakobeit, Cord* (Hg.), Politische Theorie der europäischen Integration, Wiesbaden 2009; *Hallstein, Walter*, Der unvollendete Bundesstaat, Düsseldorf/Wien 1969; *Heukels, T./Blokker, N./ Brus, M.* (Hg.), The European Union after Amsterdam, Dordrecht 1998; *Hrbek, Rudolf/ Jopp, Mathias u.a.* (Hg.), Die Europäische Union als Prozeß, Bonn 1998; *Jopp, Mathias/Maurer, Andreas/Schneider, Heinrich*, Europapolitische Grundverständnisse im Wandel, Bonn 1998; *Jopp, Mathias/Lippert, Barbara/Schneider, Heinrich* (Hg.), Das Vertragswerk von Nizza und die Zukunft der Europäischen Union, Berlin 2001; *Küsters, Hanns-Jürgen*, Die Gründung der Europäischen Wirtschaftsgemeinschaft, Baden-Baden 1982; *Lipgens, Walter*, Die Anfänge der Europäischen Einigungspolitik, 1945–1950 I. Teil, Stuttgart 1977; *Loth, Wilfried* (Hg.), Experiencing Europe, Baden – Baden 2009; *ders.*, Europas Einigung. Eine unvollendete Geschichte, Frankfurt/M. – New York 2014; *Loth, Wilfried/Wessels, Wolfgang* (Hg.), Theorien europäischer Integration, Opladen 2001; *Milward, Alan*, The European Rescue of the Nation State, 2. Aufl., London 2000; *Monnet, Jean*, Mémoires, Paris 1976, 312 ff.; deutsch: Erinnerungen eines Europäers, München 1978 (Nachdruck Baden-Baden 1988); *Pelkmans, Jacques*, European Integration, Method and Economic Analysis, 3. Aufl., Harlow 2006; *Rat der Europäischen Union* (Hg.), Europa – eine Idee nimmt Gestalt an, Brüssel 2009; *Renger, Almut-Barbara/Ißler, Roland Alexander* (Hg.), Europa – Stier und Sternenkranz, von der Union mit Zeus zum Staatenverbund, Göttingen/Bonn 2009; *Rolland, Patrice*, L'unité de l'Europe, histoire d'une idée, Bruxelles 2006; *Rosamond, Ben*, Theories of European Integration, Basingstoke/New York 2000; *Schilmar, Boris*, Der Europadiskurs im deutschen Exil, München, 2004; *Schneider, Heinrich*, Leitbilder der Europapolitik, Bonn 1977; *Schulze, Reiner/Hoeren, Thomas* (Hg.), Dokumente zum europäischen Recht, Bd. 1 (Gründungsverträge), Heidelberg 1999; Bd. 2 (Justiz bis 1957), Bd. 3 (Kartellrecht bis 1957), Heidelberg 2000; *Weidenfeld, Werner*, Die Identität Europas, München 1985; *Weidenfeld, Werner* (Hg.), Europa-Handbuch, 2. Aufl., Gütersloh 2001; *Weidenfeld, Werner* (Hg.), Nizza in der Analyse, Gütersloh 2001; *Weilemann, Peter*, Die Anfänge der Europäischen Nukleargemeinschaft – Zur Gründungsgeschichte von Euratom, Baden-Baden 1982; *Weiler, Joseph H.H.*, The Constitution of Europe, Cambridge 1999; *Weiler, Joseph H.H./Wind, Marlene* (Hg.), European Constitutionalism Beyond the State, Cambridge 2003; *Wiener, Antje/ Diez, Thomas (Hg.)* European Integration Theory, Oxford 2003.

§ 2 Die Grundlagen der Union: Bürger und Staaten

A. Vorbemerkungen

Träger der Union sind die **Bürgerinnen und Bürger sowie die Staaten**. Mit der Betonung dieses Grundkonzepts föderativ verfasster Gemeinwesen[1] wurde der Vertrag für eine Verfassung der Union vom 29. Oktober 2004 eingeleitet:

> „Geleitet von dem Willen der Bürgerinnen und Bürger und der Staaten Europas, ihre Zukunft gemeinsam zu gestalten, begründet diese Verfassung die Europäische Union, der die Mitgliedstaaten Zuständigkeiten zur Verwirklichung ihrer gemeinsamen Ziele übertragen …" (Art. 1).

1

Obwohl der Vertrag von Lissabon (2007) diese Formulierung nicht übernommen hat, wird dieses „zweistufige Fundament" der Europäischen Union dadurch nicht infrage gestellt, gilt es doch auch auf der Grundlage des geltenden Rechts.

Da die Staaten sich jeweils aus ihren Bürgern konstituieren, kann die Union darüber hinaus als Ausdruck eines „europäischen Gesellschaftsvertrages" begriffen werden.[2]

> Daneben nimmt Art. 1 Abs. 2 EUV auf die **Völker** Bezug (Art. 1 Abs. 2: „Dieser Vertrag stellt eine neue Stufe bei der Verwirklichung einer immer engeren Union der Völker Europas dar …").

Damit kommt eine im EU-Vertrag – und schon in den Gründungsverträgen aus dem Jahr 1957 – angelegte Dualität zum Ausdruck, die der EuGH bereits im Jahre 1963 in der Rechtssache *van Gend & Loos* herausgearbeitet hatte. Danach ist

2

> „das Ziel des EWG-Vertrages (…) die Schaffung eines gemeinsamen Marktes, dessen Funktionieren die der Gemeinschaft angehörigen Einzelnen unmittelbar betrifft; damit ist zugleich gesagt, dass dieser Vertrag mehr ist als ein Abkommen, das nur wechselseitige Verpflichtungen zwischen den vertragsschließenden Staaten begründet. (…) Aus alledem ist zu schließen, dass die Gemeinschaft eine neue Rechtsordnung des Völkerrechts darstellt, zu deren Gunsten die Staaten, wenn auch in begrenztem Rahmen, ihre Souveränitätsrechte eingeschränkt haben, eine Rechtsordnung, deren *Rechtssubjekte nicht nur die Mitgliedstaaten, sondern auch die Einzelnen sind.*"[3]

Über diese spezifische **Dualität der Rechtsträgerschaft** hinaus ist die Europäische Union durch Merkmale gekennzeichnet, die sie von sonstigen (internationalen) Organisationen unterscheiden: Obwohl die Union auf völkerrechtlichen Verträgen beruht, handelt es sich nicht um völkerrechtliche Verträge im traditionellen Sinne, durch die eine „klassische" internationale Organisation gegründet wurde. Vielmehr weisen die Verträge eine Reihe von Besonderheiten auf, die zunächst in der Rechtsprechung des EuGH formuliert und hervorgehoben wurden, dann aber (teilweise) im Zuge der verschiedenen Vertragsrevisionen schrittweise explizit in die Verträge aufgenommen wurden. Die Besonderheit des Rechts der Union besteht insbesondere in folgenden Grundsätzen (ausführlich dazu *§ 3 Rn. 12 ff.*):

3

---

1 Vgl. auch Art. 1 der Schweizerischen Bundesverfassung v. 18. Dezember 1998. Allerdings wird dort im Unterschied zur Pluralität der Völker nach der EU-Verfassung *ein* Schweizervolk neben den Kantonen genannt.
2 *Pernice*, VVDStRL 60 *(D.VI.)*, 148 (167).
3 EuGH, Rs. 26/62 (van Gend & Loos), Slg. 1963, 1 (24 f.); s. auch EuGH, Rs. 6/64 (Costa/ENEL), Slg. 1964, 1141, Rn. 8 f. (Hervorhebung im Zitat von der Verfasserin).

- Dem **Unionsrecht** kommt – trotz seiner bereits erwähnten völkerrechtlichen Grundlage – ein besonderer, **„autonomer"** Charakter zu, wobei vor allem von Bedeutung ist, dass nicht nur die Mitgliedstaaten, sondern auch die Einzelnen seine Adressaten sind.
  Der autonome Charakter der Unionsrechtsordnung bringt auch mit sich, dass sich die Auslegung des Unionsrechts nach eigenen Grundsätzen richten muss und weder völkerrechtliche noch nationale „Vorbilder" übertragen werden dürfen (§ 9 Rn. 11 ff.).

- Weiter ist auf die **unmittelbare Geltung** des Unionsrechts hinzuweisen: Danach bedürfen Rechtsakte der Union keiner „Bestätigung" durch die Mitgliedstaaten, um Rechtswirkungen in den und für die Mitgliedstaaten zu entfalten, und auch primärrechtliche Bestimmungen gelten als solche unmittelbar.
  Die unmittelbare Geltung wird dadurch in ihrer Effektivität verstärkt, dass – wie der EuGH schon früh betonte – sowohl Primär- als auch Sekundärrecht in dem Sinn **unmittelbar anwendbar** sein können, dass unionsrechtliche Bestimmungen unmittelbar Rechte und Pflichten von Einzelnen begründen können, auf die sich jene ggf. vor nationalen Gerichten berufen können.[4]

- Schließlich verdient in diesem Zusammenhang der **Vorrang des Unionsrechts** vor nationalem Recht besondere Beachtung. Danach geht bei unionsrechtswidriger Ausgestaltung des nationalen Rechts im Konfliktfall das Unionsrecht vor und das nationale Recht hat außer Anwendung zu bleiben (§ 3 Rn. 35 ff.).[5]

[4] Äußeren Ausdruck finden die Besonderheiten der Unionsrechtsordnung, insbesondere die Dualität ihrer Legitimation, neben Art. 1 EUV in Titel I des EU-Vertrages („Gemeinsame Bestimmungen"): Den individuellen Rechten und ihrem Schutz wird neben der Regelung der Zuständigkeitsverteilung zwischen Union und Mitgliedstaaten und den Zielsetzungen der Union eine herausgehobene Stellung zugewiesen. Die nachfolgende Darstellung berücksichtigt diese Konzeption. Zunächst erfahren die Grund- und Bürgerrechte eine Darstellung (nachfolgend B.), danach das Verhältnis zwischen Mitgliedstaaten und Union (nachfolgend C.). § 3 behandelt die allgemeinen Grundsätze des Rechts der EU.

B. Die Bürgerinnen und Bürger

[5] Die Union steht bereits insoweit in einem direkten Bezug zu ihren Bürgerinnen und Bürgern, als die Verwirklichung der Ziele der Union auch voraussetzt, dass die Einzelnen von ihren durch die Union unmittelbar gewährten Rechten Gebrauch machen und die ihnen auferlegten Pflichten befolgen. Solche unmittelbar aus der Rechtsordnung der Union folgenden Rechte und Pflichten Einzelner bestehen dabei nicht nur im Verhältnis zwischen diesen und der Union oder den Mitgliedstaaten. Vielmehr können sich aus dem primären und sekundären Recht der Union auch unmittelbare Rechte und Pflichten zwischen Einzelnen (sog. „horizontale Wirkung") ergeben.[6] So gilt etwa der Grundsatz gleichen Entgelts für Männer und Frauen aus Art. 157 Abs. 1 AEUV

---

[4] EuGH, Rs. 106/77 (Simmenthal), Slg. 1978, 629, Rn. 14/16; EuGH, Rs. 57/65 (Lütticke), Slg. 1966, 239 (257 f.); EuGH, Rs. 41/74 (van Duyn), Slg. 1974, 1337.
[5] EuGH, Rs. 6&64 (Costa/ENEL), Slg. 1964, 1141 (1225). EuGH, Rs. 106/77 (Simmenthal), Slg. 1978, 629, Rn. 17/18 ff.; EuGH, verb. Rs. C-10–22/97 (IN.CO.GE'90 Srl u.a.), Slg. 1998, I-6307, Rn. 20 f.
[6] Eine spezielle Frage in diesem Zusammenhang ist die nach der „horizontalen" Wirkung von Richtlinienbestimmungen (S. dazu unten § 6 Rn. 69).

auch für Verträge zwischen Privatpersonen, die eine abhängige Erwerbstätigkeit zum Gegenstand haben.⁷

Durch die Direktwahl des Europäischen Parlaments sind die Unionsbürger auch unmittelbar an der politischen Willensbildung der Union beteiligt (*§ 4 Rn. 19*). Durch den Vertrag von Lissabon wurde das Recht aller Bürgerinnen und Bürger auf Teilnahme am politischen Leben ausdrücklich in den EUV aufgenommen (Art. 10 Abs. 3 EUV). Der Grundsatz der partizipativen Demokratie wird zudem insbesondere durch die Schaffung des Instituts der Bürgerinitiative konkretisiert, mit dem die Kommission zur Vorlage eines Rechtsetzungsvorschlags aufgefordert werden kann (Art. 11 Abs. 4 EUV). Darüber hinaus bestehen insbesondere im Rahmen der Unionsbürgerschaft weitere Rechte, die es dem Einzelnen ermöglichen, in einen unmittelbaren Kontakt mit den Organen und Einrichtungen der Union zu treten *(Rn. 44 ff.)*. Die organisierte Zivilgesellschaft ist überdies auch durch den Europäischen Wirtschafts- und Sozialausschuss (*§ 4 Rn. 94 f.*) in den politischen Willensbildungsprozess der Union eingebunden.

I. Die Rechte der Bürger

Der Status der Bürgerinnen und Bürger der Union wird wesentlich durch die Grundfreiheiten des Binnenmarkts, die Anerkennung von Grundrechten sowie die mit der Unionsbürgerschaft verbundenen Rechte bestimmt.

1. Grundrechte

a) Grundlagen und Entwicklung

Die Bindung an Grund- und Menschenrechte gehört zu den Strukturmerkmalen der Mitgliedstaaten und bildet eine wichtige Legitimationsquelle ihres Handelns. Die Achtung der Grund- und Menschenrechte durch die Mitgliedstaaten ist eine rechtliche Voraussetzung für die Mitgliedschaft in der Union (Art. 2, 7, 49 EUV, 354 AEUV).⁸ Obwohl auch die Tätigkeit der Union seit jeher unmittelbar die Rechtssphäre Einzelner berührte, enthielten die Gründungsverträge keinen ausdrücklichen Grundrechtskatalog. Eine allgemeine Bezugnahme auf die Grundrechte wurde in die Präambel zur Einheitlichen Europäischen Akte von 1986⁹ aufgenommen. Aber erst mit dem Vertrag von Maastricht wurde der Grundrechtsschutz durch **Art. 6 Abs. 2 EUV** auch ausdrücklich in den Verträgen verankert.

Das Fehlen eines ausdrücklichen Katalogs von Grundrechten der Union musste durch die **Rechtsprechung** von EuGH und EuG kompensiert werden. Obwohl die Rechtsprechung der Unionsgerichtsbarkeit zu den Grundrechten ein hohes Schutzniveau zugrunde legt, ist der ausschließlich durch Richterrecht entwickelte Grundrechtsschutz rechtspolitisch problematisch, da ihm die politische Symbolkraft eines geschriebenen Grundrechtskatalogs abgeht. Zudem kann die Rechtsprechung Grundrechte nur bezogen auf einzelne Rechtssachen entwickeln, was ihre Beachtung bei der Tätigkeit des Gesetzgebers und der Verwaltung erschwert, jedenfalls soweit keine Präzedenzfälle vorliegen.

---

7 Vgl. EuGH, Rs. 43/75 (Defrenne II), Slg. 1976, 455; Rs. C-381/99 (Brunner), Slg. 2001, I-4961; Rs. C-320/00 (A.G. Lawrence), Slg. 2002, I-7325.
8 Die Grund- und Menschenrechtsbindung der Mitgliedstaaten setzt das Protokoll Nr. 24 voraus, das vorsieht, dass die Mitgliedstaaten Asylanträge von Unionsbürgern grundsätzlich nicht berücksichtigen, ABl. C 83/2010, S. 305 = *HER I A 1/3*.
9 ABl. L 169/1987, S. 1 = *HER I A 1a/1*.

Dem verfassungspolitischen Desideratum eines verbindlichen Grundrechtskatalogs trug erst der Vertrag von Lissabon Rechnung, indem er die im Jahre 2000 feierlich verkündete und 2007 überarbeitete **Charta der Grundrechte** in das Primärrecht einbezieht (*Rn. 16*).

aa) Die Rechtsprechung des EuGH

10 Nachdem der EuGH in einigen frühen Entscheidungen die Prüfung von Rechtsakten anhand von Grundrechten abgelehnte hatte,[10] stellt der EuGH in seinem Urteil in der **Sache „Stauder"** aus dem Jahre **1969** fest, dass die **Grundrechte zu den allgemeinen Rechtsgrundsätzen gehören**, zu deren Wahrung der Gerichtshof berufen ist.[11] In seiner Entscheidung in der Sache „Internationale Handelsgesellschaft" aus dem Jahr **1970** bestätigte der Gerichtshof, dass die Grundrechte zu den allgemeinen Rechtsgrundsätzen gehören und bezog sich auf die **gemeinsamen Verfassungsüberlieferungen der Mitgliedstaaten** als Rechtserkenntnisquelle.[12] Darüber hinaus stellte der EuGH in dieser Entscheidung ausdrücklich klar, dass der Vorrang des Gemeinschaftsrechts auch in Bezug auf staatliches Verfassungsrecht und die Ausgestaltung der Grundrechte in den nationalen Verfassungen gilt.[13] In der Rechtssache „**Nold**" (1974) bezieht sich der EuGH als weitere Quelle auf die **von den Mitgliedstaaten geschlossenen internationalen Verträge zum Schutz der Menschenrechte** und verweist indirekt auf die **EMRK**.[14] In seiner Entscheidung in der Sache „**Rutili**" hat sich der EuGH dann ausdrücklich auf einen aus den Vorschriften der EMRK entwickelten allgemeinen Grundsatz berufen.[15]

In der Folge entwickelte der EuGH eine umfangreiche Rechtsprechung zu den Grundrechten der Union, denen er in ständiger Rechtsprechung als allgemeinen Rechtsgrundsätzen des Unionsrechts primärrechtlichen Rang einräumt. In Art. 6 Abs. 3 EUV hat diese Rechtsprechung eine ausdrückliche vertragliche Grundlage erhalten.[16]

11 Der EuGH hat in seiner bisherigen Rechtsprechung eine Vielzahl von Rechten als Grundrechte der Union anerkannt.[17] Hierzu gehören unter anderem:

- die allgemeine Handlungsfreiheit,[18]
- der Schutz des Privatlebens,[19]
- die Meinungsfreiheit,[20]
- die Handelsfreiheit,[21]
- die Berufsfreiheit,[22]

---

10 EuGH, Rs. 1/58,(Friedrich Stork und Co./Hohe Behörde), Slg. 1959, 45; verb. Rs. 36 bis 40/59 (Ruhrkohlen-Verkaufsgesellschaften u. I. Nold/Hohe Behörde), Slg. 1960, 887, 921.
11 EuGH, Rs. 29/69 (Stauder), Slg. 1969, 419, Rn. 7.
12 EuGH, Rs. 11/70 (Internationale Handelsgesellschaft/Einfuhr- und Vorratsstelle für Getreide und Futtermittel), Slg. 1970, 1125, Rn. 4.
13 EuGH, a.a.O., Rn. 3. Siehe dazu auch § 3 *Rn. 35ff.*
14 EuGH, Rs. 4/73 (J. Nold/Kommission), Slg. 1974, 491, Rn. 13.
15 EuGH, Rs. 36/75 (Roland Rutili/Minister des Innerern), Slg. 1975, 1219, Rn. 32.
16 Der EuGH sieht seine Rechtsprechung durch die Bestimmung „bekräftigt". EuGH, Rs. C-415/93 (Bosman), Slg. 1995, I-4921, Rn. 79; Rs. C-94/00 (Roquette Frères), Slg. 2002, I-9011, Rn. 24.
17 Vgl. *Jarass*, a.a.O., S. 115 ff.; *Mayer*, in: G/H/N, nach Art. 6 EUV, Rn. 86 ff.; *Streinz*, Streinz, Art. 6 EUV Rn. 29, 31.
18 EuGH, verb. Rs. 133 bis 136/85 (Rau), Slg. 1987, 2289.
19 EuGH, Rs. 136/79 (National Panasonic), Slg. 1980, 2033.
20 EuGH, Rs. C-274/99 P (Connolly/Kommission), Slg. 2001, I-1611.
21 EuGH, Rs. 11/70 (Internationale Handelsgesellschaft/Einfuhr- und Vorratsstelle für Getreide und Futtermittel), Slg. 1970, 1125.
22 EuGH, Rs. 44/79 (Hauer), Slg. 1979, 3727.

- die Vereinigungsfreiheit,[23]
- die Eigentumsfreiheit,[24]
- die Religionsfreiheit,[25]
- die Achtung des Familienlebens,[26]
- der Gleichheitsgrundsatz,[27]
- die Unverletzlichkeit der Wohnung.[28]

Zudem hat der EuGH eine Reihe von aus dem **Rechtsstaatsprinzip** und dem **Grundsatz der guten Verwaltung** herzuleitenden **Verfahrensgarantien** entwickelt.[29]

bb) Grundrechteerklärungen der Organe

Der Rat, die Kommission und insbesondere das Europäische Parlament haben zudem in der Vergangenheit eine Reihe von politischen Erklärungen angenommen, die das Ziel hatten, die Entwicklung des Grundrechtsschutzes auf Unionsebene voranzutreiben und zu stärken.

In der Gemeinsamen Erklärung betreffend die Achtung der Grundrechte sowie der Europäischen Konvention zum Schutz der Menschenrechte und Grundfreiheiten vom 5. April 1977 unterstrichen das EP, der Rat und die Kommission die „vorrangige Bedeutung, die sie der Achtung der Grundrechte beimessen, wie sie insbesondere aus den Verfassungen der Mitgliedstaaten sowie aus der Europäischen Konvention zum Schutz der Menschenrechte und Grundfreiheiten hervorgehen" und verpflichteten sich zur Beachtung der Grundrechte im Rahmen der Ausübung ihrer Befugnisse.[30]

Das **Europäische Parlament** hat am **12. April 1989** eine **Entschließung zur Erklärung der Grundrechte und Grundfreiheiten** angenommen, die einen Grundrechtekatalog für die Union enthält.[31] In einer überarbeiteten Fassung wurde dieser Katalog vom EP auch in den **Entwurf einer Verfassung der Europäischen Union vom 10. Februar 1994** übernommen.[32]

cc) Die Proklamation der Grundrechtecharta

Die **Charta der Grundrechte der Europäischen Union wurde am 7. Dezember 2000 von EP, Rat und Kommission feierlich proklamiert.**[33] Sie war von einem durch den Europäischen Rat eingesetzten **Konvent** erarbeitet und im Konsens gebilligt worden. Der Konvent stand unter dem Vorsitz von Roman Herzog und setzte sich aus insgesamt 62 Mitgliedern zusammen: 16 Mitglieder des EP, 30 Mitglieder der nationalen

---

23 EuGH, Rs. C-415/93 (Jean-Marc Bosman), Slg. 1995, I-4921, Rn. 79.
24 EuGH, Rs. 44/79 (Hauer), Slg. 1979, 3727.
25 EuGH, Rs. 130/75 (Vivien Prais/Rat), Slg. 1976, 1589.
26 EuGH, Rs. 249/86 (Kommission/Deutschland), Slg. 1989, 1263.
27 EuGH, verb. Rs. 117/76 und 16/77 (Albert Ruckdeschel), Slg. 1977, 1753.
28 EuGH, verb. Rs. 46/87 und 227/88 (Hoechst/Kommission), Slg. 1989, 2859.
29 Vgl. etwa *Jarass*, a.a.O., S. 397 ff., 441 ff.; *Wolffgang*, in: Lenz/Borchardt, Anh. Zu Art. 6 EUV Rn. 61 ff.
30 ABl. C 103/1977, 1.
31 ABl. C 120/1989, 51.
32 ABl. C 61/1994, 155. Vgl. *R. Bieber/K. de Gucht* u.a. (Hg.), Au nom des peuples européens – in the name of the peoples of Europe, Baden-Baden 1996.
33 ABl. C 364/2000, 1.

Parlamente, je ein Beauftragter der Staats- und Regierungschefs und ein Vertreter der Kommission.[34]

14 Die Charta wurde zunächst nicht formell in die Verträge einbezogen, sondern lediglich durch das EP, den Rat und die Kommission proklamiert. Als gemeinsame politische Erklärung der drei Organe konnte diese allenfalls im Wege der Selbstbindung der Organe begrenzte Rechtwirkungen entfalten.[35] Im Übrigen konnten die in der Charta niedergelegten Rechte, soweit in ihnen gemeinsame Verfassungsüberlieferungen der Mitgliedstaaten zum Ausdruck kommen, als Rechtserkenntnisquellen für die Auslegung der Unionsgrundrechte dienen. Die **Generalanwälte** haben in einer Reihe von Fällen auf die Charta Bezug genommen.[36] Auch das **EuG** hat die Grundrechtecharta zur Auslegung herangezogen.[37] Bereits vor dem Inkrafttreten des Vertrags von Lissabon bildete die **Charta der Grundrechte** damit eine Rechtserkenntnisquelle für den Grundrechtsschutz in der Union.[38] Über ihre zunächst begrenzte Wirkung im Rahmen der Rechtsordnung der Union hinaus beeinflusste die Charta von vornherein auch die Auslegung der Grundrechte der Mitgliedstaaten und sogar die Auslegung der EMRK durch den EGMR.[39]

b) Umfang und Reichweite des Grundrechtsschutzes

aa) Rechtsgrundlagen

15 Art. 6 EUV enthält keine ausdrückliche Aufzählung von Grundrechten, sondern verweist als Rechtsgrundlagen für den Grundrechtsschutz zum einen auf die **Charta der Grundrechte** der EU und zum anderen auf die beiden wichtigsten vom EuGH für die Entwicklung von Grundrechten als **allgemeine Rechtsgrundsätze des Unionsrechts** herangezogenen Rechtserkenntnisquellen, die EMRK und die Verfassungsüberlieferungen der Mitgliedstaaten. Beide Rechtsgrundlagen stehen komplementär nebeneinander.[40] Art. 52 Abs. 4 der Charta versucht möglichen Inkonsistenzen dadurch zu begegnen, dass er gegebenenfalls die Berücksichtigung der Verfassungsüberlieferungen der Mitgliedstaaten bei der Auslegung von Grundrechten aus der Charta fordert. Letztlich wird es Aufgabe des EuGH sein, für eine kohärente Auslegung der in Art. 6 gewährleisteten Grundrechte zu sorgen.

16 In Art. 6 Abs. 1 EUV erkennt die Union die Charta der Grundrechte in der überarbeiteten Fassung vom 12 Dezember 2007[41] ausdrücklich an. Die Charta wird damit zu verbindlichem Unionsrecht im **Rang der Verträge**. Mit der Grundrechtecharta verfügt die Union erstmals über einen geschriebenen Kanon von Grundrechten auf der Ebene des Primärrechts. Die Charta ist in sieben Titel gegliedert. Die ersten sechs Kapitel enthalten einen umfassenden **Grundrechtekatalog** in 50 Artikeln (Titel I: **Würde des Menschen**, Titel II: **Freiheiten**, Titel III: **Gleichheit**, Titel IV: **Solidarität**, Titel V: **Bürger-**

---

34 Vgl. näher *Wolffgang*, in: Lenz/Borchardt, Anh. zu Art. 6 EUV, Rn. 2; *Mayer*, in: G/H/N, nach Art. 6 EUV Rn. 32.
35 *Mayer*, in: G/H/N, nach Art. 6 EUV Rn. 35 m.w.N.
36 S. z.B. GA Alber, Rs. C-340/99 (TNT Traco), Slg. 2001, I-4109, Rn. 94; GA Tizzano, Rs. C-173/99 (BECTU), Slg. 2001, I-4881, Rn. 26 f.
37 EuG, Rs. T-54/99 (max.mobil), Slg. 2002, II-313, Rn. 48. Vgl. aber auch EuG, Rs. T-112/98 (Mannesmannröhrenwerke/Kommission), Slg. 2001, II-729, in der das EuG die Berücksichtigung der Charta noch mit der Begründung ablehnt, der angefochtene Akt sei vor der Proklamation der Charta ergangen (Rn. 76).
38 Vgl. zu den Rechtserkenntnisquellen auch *Jarass*, a.a.O., 13 ff.
39 *Mayer*, in: G/H/N, nach Art. 6 EUV Rn. 39 m.N. auf die Rspr.
40 *Wolffgang*, in: Lenz/Borchardt, Art. 6 Rn. 11; ausf. *Ludwig*, EuR 2011, 715 ff.
41 ABl. C 83/2010, 389 = HER I A 12/1.3.

rechte, Titel VI: **Justizielle Rechte**). Das siebente Kapitel regelt den Anwendungsbereich der Charta, die Einschränkung von Grundrechten und legt einige Auslegungsgrundsätze fest. Das Präsidium des Konvents hat dem Text der Charta „Erläuterungen" beigefügt,[42] die gemäß Art. 6 Abs. 1 Uabs. 3 EUV bei der Auslegung der Charta heranzuziehen sind. Art. 6 Abs. 1 UAbs. 2 EUV bestimmt, dass die Charta die Zuständigkeiten der Union nicht erweitert. Die Grundrechte aus der Charta sollen demnach keine Zuständigkeiten der Union für die von ihnen erfassten Bereiche begründen, sondern werden nur im Rahmen der Zuständigkeiten der EU im Übrigen gewährleistet.

Gemäß Art. 51 der Charta gilt diese für die Tätigkeit der Organe und Einrichtungen der Union und für die Mitgliedstaaten insoweit, als diese das Recht der Union durchführen (*Rn. 20*). Einschränkungen der Grundrechte sind nur aufgrund eines Gesetzes zulässig (Art. 52 Abs. 1 S. 1 der Charta). Sie müssen zudem verhältnismäßig sein und einem von der Union anerkannten Gemeinwohlziel oder dem Schutz der Rechte und Freiheiten anderer dienen (Art. 52 Abs. 1 S. 2 der Charta). Auch darf eine Einschränkung den Wesensgehalt der garantierten Rechte nicht antasten (Art. 52 Abs. 1 S. 1 der Charta). Art. 52 Abs. 3 und 53 der Charta enthalten zudem Auslegungsgrundsätze, die dazu beitragen sollen, einen Konflikt zwischen den in der Charta garantierten Rechten und anderen Grundrechtsinstrumenten, insbesondere der EMRK, zu vermeiden. Art. 54 der Charta sieht vor, dass die Grundrechte aus der Charta nicht so ausgelegt werden dürfen, dass sie einen Missbrauch dieser Rechte ermöglichen.

17

bb) Die Grundrechte als allgemeine Rechtsgrundsätze

Nach Art. 6 Abs. 3 EUV gelten zudem auch die Grundrechte, wie sie in der EMRK gewährleistet sind und wie sie sich aus den gemeinsamen Verfassungsüberlieferungen der Mitgliedstaaten ergeben, als allgemeine Grundsätze des Unionsrechts. Mit dieser Vorschrift bestätigt der EUV die Rechtsprechung des EuGH zu den Grundrechten. Außer auf die EMRK und die gemeinsamen Verfassungsüberlieferungen der Mitgliedstaaten hat der Gerichtshof allerdings gelegentlich auch die Europäische Sozialcharta[43] und die ILO-Konvention Nr. 111[44] zur Begründung von Grundrechten herangezogen. Auch auf die Gemeinsame Grundrechteerklärung von EP, Rat und Kommission vom 5. April 1977 wurde in der Rechtsprechung Bezug genommen.[45]

18

cc) Grundrechtsträger

Grundrechtsträger sind zunächst die **Unionsbürger**, darüber hinaus aber auch die **Angehörigen von Drittstaaten**,[46] soweit das jeweilige Unionsgrundrecht als Menschenrecht und nicht lediglich als Bürgerrecht ausgestaltet ist.[47] Auch **juristische Personen** können Träger von Grundrechten der Union sein, soweit diese in den Schutzbereich des Grundrechts einbezogen sind.[48] Nach der Rechtsprechung des EuGH können sich auch juristische Personen des öffentlichen Rechts jedenfalls auf grundrechtliche Verfahrensgarantien berufen.[49]

19

---

42 Abgedruckt in: EuGRZ 2000, 559 ff.
43 EuGH, Rs. 149/77 (Defrenne II), Slg. 1978, 1365; Rs. C-173/99 (BECTU), Slg. 2001, I-4881.
44 EuGH, Rs. 149/77 (Defrenne II), Slg. 1978, 1365.
45 EuGH, Rs. 44/79 (Hauer), Slg. 1979, 3727.
46 Vgl. EuGH, Rs. C-100/88 (Augustin Oyowe und Amadou Traore./.Kommission), Slg. 1989, 4285, Rn. 16 (Meinungsfreiheit); Rs. C-49/88 (SAMAD und SAFCO/Rat), Slg. 1991, I-3187, Rn. 15 (Wahrung der Verteidigungsrechte).
47 *Beutler*, in: G/S, Art. 6 Rn. 71; *Jarass*, a.a.O., 43 f.
48 Vgl. bereits EuGH, Rs. 11/70 (Internationale Handelsgesellschaft/Einfuhr- und Vorratsstelle für Getreide und Futtermittel), Slg. 1970, 1125; *Jarass*, a.a.O., 45.
49 EuGH, verb. Rs. C-48,60/90 (Niederlande, Koninklijke PTT und PTT Post/Kommission), Slg. 1992, I-565, Rn. 44.

dd) Grundrechtsadressaten

20 Die Grundrechte der Union binden die **Organe und Einrichtungen der Union** im Rahmen ihrer gesamten Tätigkeit. Darüber hinaus sind auch die **Mitgliedstaaten** an die Grundrechte der Union gebunden, jedenfalls soweit sie Gemeinschaftsrecht umsetzen oder anwenden.[50] Nach der Rechtsprechung des EuGH finden die Grundrechte in allen unionsrechtlich geregelten Fallgestaltungen Anwendung.[51] Die Unionsgrundrechte sind deshalb in allen Fällen zu beachten, in denen eine nationale Rechtsvorschrift in den Geltungsbereich des Unionsrechts fällt.[52] Nach der Rechtsprechung des EuGH wird somit der Geltungsbereich der Grundrechte vom Geltungsbereich des Unionsrechts im Übrigen determiniert und ist mit diesem deckungsgleich.

Zur Rechtfertigung eines staatlichen Rechtsakts, der die vertraglichen Grundfreiheiten einschränkt, kann sich ein Mitgliedstaat nur dann auf Gründe des Allgemeininteresses berufen, wenn dieser Rechtsakt mit den Unionsgrundrechten im Einklang steht.[53] Staatliche Regelungen, die nicht im Rahmen des Unionsrechts ergehen, sind dagegen nicht an den Grundrechten der Union zu messen.[54]

Obwohl Art. 51 der Charta nur die Organe und Einrichtungen der Union sowie die Mitgliedstaaten als Adressaten der Grundrechte nennt, stellt der EuGH bezüglich der Rechtswirkung der Grundrechte maßgeblich auf den Inhalt des Rechts ab,[55] so dass eine **unmittelbare Drittwirkung** bestimmter Grundrechte der Charta zwischen Privaten möglich ist.[56] Eine unmittelbare Drittwirkung hat der Gerichtshof für den Grundsatz des gleichen Entgelts für Männer und Frauen aus Art. 157 Abs. 1 AEUV angenommen.[57]

c) Verhältnis zur EMRK

21 Solange die Union der EMRK noch nicht beigetreten ist, bindet die EMRK die Union nicht unmittelbar.[58] Das Unionsrecht unterliegt auch keiner unmittelbaren Kontrolle auf seine Vereinbarkeit mit der EMRK durch den EGMR.

Der EGMR hat in seiner Rechtsprechung allerdings klargestellt, dass die Übertragung von Zuständigkeiten auf die Union die Mitgliedstaaten nicht der Verantwortung enthebt, die Wahrung der Rechte aus der EMRK zu gewährleisten.[59]

Die EMRK ist gleichwohl als Rechtserkenntnisquelle für die Gewinnung allgemeiner Rechtsgrundsätze des Unionsrechts von zentraler Bedeutung (Art. 6 Abs. 3 EUV). Auch bemüht sich der EuGH in seiner Rechtsprechung darum, mögliche Konflikte zwischen dem Grundrechtsschutz der Union und dem Grundrechtschutz nach der EMRK zu ver-

---

50 EuGH, Rs. C-2/92 (Bostock), Slg. 1994, I-955, Rn. 16; C-540/03 (EP./. Rat), Slg. 2006, I-5769, Rn. 105; Art. 51 Abs. 1 der Charta.
51 EuGH, Rs. C-260/89 (ERT), Slg. 1991, I-2925, Rn. 42; Rs. C-60/00 (Carpenter), Slg. 2002, I-6279, Rn. 40; Rs. C-617/10 (Åkerberg Fransson), Urteil v. 26.2.2013, Rn. 19; Rs. C-176/12 (Association de médiation sociale), Urteil v. 15.1.2014, Rn 42. Der österreichische Verfassungsgerichtshof hat deshalb entschieden, die Grundrechtecharta in ihrem Anwendungsbereich als Maßstab für nationales Recht heranzuziehen und mit dieser unvereinbare Normen aufzuheben. S. dazu die Entscheidung U 466/11–18, U 1836/11–13, v. 14.3.2012.
52 EuGH, Rs. C-617/10 (Åkerberg Fransson), Urteil v. 26.2.2013, Rn. 21.
53 EuGH, Rs. C-260/89 (ERT), Slg. 1991, I-2925, Rn. 42 ff.; Rs. C-60/00 (Carpenter), Slg. 2002, I-6279, Rn. 40.
54 EuGH, Rs. C-260/89 (ERT), Slg. 1991, I-2925, Rn. 42 m.w.N.
55 EuGH, Rs. C-176/12 (Association de médiation sociale), Urteil v. 15.1.2014.
56 Vgl. auch *Streinz/Michl*, in: Streinz, Art. 51 GR-Charta Rn. 18.
57 EuGH, Rs. 43/75 (Defrenne II/Société anonyme belge de navigation aérienne Sabena), Slg. 1976, 455; Rs. C-381/99 (Brunner/Bank der österreichischen Postsparkasse AG), Slg. 2001, I-4961; Rs. C-320/00 (A.G. Lawrence/Regent Office Care Ltd.), Slg. 2002, I-7325.
58 EuGH, Gutachten 2/94, Slg. 1996, I-1759.
59 8; EGMR, Urteil v. 18.2.1999 (Matthews./. UK), in: EuGRZ 1999, 200, Rn. 32; Urteil v. 30.6.2005 (Bosphorus Hava Yolları Turizm./. Irland), in: NJW 2006, 19, Rn. 154.

meiden.⁶⁰ Grundsätzlich sind aber weiterhin Divergenzen zwischen dem Rechtsschutz nach der EMRK und dem Grundrechtsschutz der Union möglich, die einen Beitritt der Union zur EMRK sinnvoll erscheinen lassen. In seinem Gutachten 2/94 hat der EuGH festgestellt, dass der Union für einen Beitritt zur EMRK die Zuständigkeit fehlt und dieser deshalb eine Vertragsänderung voraussetzen würde.⁶¹ Der Vertrag von Lissabon sieht daher ausdrücklich vor, dass die Union der EMRK beitritt (Art. 6 Abs. 2 EUV). Das 14. Zusatzprotokoll zur EMRK vom 13. Mai 2004 schafft dazu die Möglichkeit.⁶² Der Rat hat im Juni 2010 das Mandat zur Aufnahme der Verhandlungen verabschiedet.⁶³ Die Kommission hat im Juli 2013 den Entwurf des Beitrittsvertrags dem EuGH zur Begutachtung seiner Vereinbarkeit mit den Verträgen vorgelegt.⁶⁴

2. Grundfreiheiten

Die den Bürgern der Gemeinschaft ursprünglich durch den EWGV, insbesondere im Rahmen der Grundfreiheiten (Warenverkehrsfreiheit, Personenfreizügigkeit, Niederlassungsfreiheit, Dienstleistungsfreiheit, Kapital- und Zahlungsverkehrsfreiheit, § 11) zugewiesenen Rechte knüpften im Wesentlichen an wirtschaftliche Aktivitäten an. Die Stellung des Bürgers im Rahmen des EWGV wurde deshalb zutreffend durch den Begriff des „**Marktbürgers**" gekennzeichnet.⁶⁵ Die Gemeinschaftsrechtsordnung wies jedoch stets auch über die rein ökonomische Sphäre hinaus. Dies kam insbesondere in der Präambel des Vertrags, derzufolge die Gemeinschaft auf „einen immer engeren Zusammenschluss der europäischen Völker" angelegt ist, aber auch in dem in Art. 223 Abs. 1 AEUV geregelten Auftrag zur Einführung allgemeiner direkter Wahlen zum EP zum Ausdruck.

22

Die Grundfreiheiten begründen unmittelbare Rechte für Einzelne (Bürger und Unternehmen), die im Sekundärrecht konkretisiert werden. Die einzelnen Freiheiten haben im EGV eine **grundrechtsähnliche Ausgestaltung** erfahren, sie unterscheiden sich von Grundrechten jedoch insofern grundlegend, als sie funktional auf das Ziel der Schaffung des Gemeinsamen Marktes bezogen und um die Erreichung dieses Zieles willen eingeräumt wurden.⁶⁶ Aus der besonderen Finalität der Grundfreiheiten ergibt sich, dass sie auf rein innerstaatliche Sachverhalte keine Anwendung finden.⁶⁷

3. Unionsbürgerschaft

a) Grundlagen

Im Rechtsinstitut der **Unionsbürgerschaft**⁶⁸ kristallisiert sich der Anspruch der Union, den Prozess der europäischen Integration über die wirtschaftliche Integration der Mitgliedstaaten hinaus auch auf den gesellschaftlichen und allgemein-politischen Bereich

23

---

60 *Pelzl*, a.a.O., 51, 82 ff.
61 EuGH, Gutachten 2/94, Slg. 1996, I-1759.
62 S. dazu auch das Protokoll (Nr. 8) zu Art. 6 Abs. 2 EUV über den Beitritt der Union zur EMRK = HER I A 1/3.
63 Rat der EU, Pressemitteilung 10630/10, 3./4. 6.2010. S. dazu auch *Obwexer*, EuR 2012, 115 ff.
64 ABl. C 260/2013, 19. Vgl. den Entwurf des Beitrittsvertrags in: Final Report to the Steering Committee for Human Rights (CDDH), 47+1 (2013) 008rev 2, abrufbar unter: http://www.coe.int/t/dghl/standardsetting/cddh/cddh-documents/47_1%282013%29008rev 2_EN.pdf.
65 Vgl. *Ipsen*, 250 ff.; *Grabitz*, Europäisches Bürgerrecht, 65 ff.
66 *Mayer*, in: G/H/N, nach Art. 6 EUV, Rn. 16; *Streinz*, in: Streinz, Art. 6 Rn. 34.
67 Vgl. etwa EuGH, Rs. 52/80 (Debauve), Slg. 1980, 833, Rn. 9.
68 Grundlegend: *Schönberger*, Unionsbürger – Europas föderales Bürgerrecht in vergleichender Sicht, Tübingen 2005.

zu erweitern. Zugleich wurde mit der Einführung der Unionsbürgerschaft verdeutlicht, dass der Bürger in den Mittelpunkt dieses Prozesses gerückt ist. Das Institut der Unionsbürgerschaft wird in den Art. 20 bis 25 AEUV allerdings noch nicht voll entfaltet, es ist vielmehr auf eine weitere Entwicklung angelegt.

Obwohl die Einführung besonderer Rechte für die Bürger der Mitgliedstaaten auf europäischer Ebene bereits seit den 1970er-Jahren erwogen und wiederholt geprüft wurde,[69] hat erst der Vertrag von Maastricht von 1992 entsprechende Vorschriften in den EGV eingefügt.[70]

24 Art. 20 Abs. 2 AEUV verweist darauf, dass die Stellung der Unionsbürger nicht nur durch die im zweiten Teil des Vertrags geregelten Unionsbürgerrechte, sondern durch **alle zwischen den Unionsbürgern und der Union** aufgrund des Vertrages **bestehenden rechtlichen Beziehungen** gekennzeichnet wird.[71] In Verbindung mit dem Diskriminierungsverbot aus Art. 18 Abs. 1 AEUV ist der Unionsbürgerstatus nach der Rechtsprechung des Gerichtshofs „dazu bestimmt, der grundlegende Status der Angehörigen der Mitgliedstaaten zu sein, der denjenigen unter ihnen, die sich in der gleichen Situation befinden, unabhängig von ihrer Staatsangehörigkeit und unbeschadet der insoweit ausdrücklich vorgesehenen Ausnahmen Anspruch auf die gleiche rechtliche Behandlung gibt."[72] Die Art. 20 bis 25 AEUV enthalten damit nur einen Ausschnitt der die Stellung der Unionsbürger in der Gemeinschaft prägenden Vorschriften.

25 Im Einzelnen werden **acht spezielle Unionsbürgerrechte** im zweiten Teil des EGV normiert:

- das Recht auf Freizügigkeit (Art. 21 AEUV),
- das Wahlrecht bei Kommunalwahlen (Art. 22 Abs. 1 AEUV),
- das Wahlrecht bei Wahlen zum EP (Art. 22 Abs. 2 AEUV),
- das Recht auf diplomatischen und konsularischen Schutz (Art. 23 AEUV),
- das Bürgerinitiativrecht (Art. 24 Abs. 1 AEUV, Art. 11 EUV),
- das Petitionsrecht (Art. 24 Abs. 2, 227 AEUV),
- das Recht auf Anrufung des Bürgerbeauftragten (Art. 24 Abs. 3, 228 AEUV) und
- das Recht, sich schriftlich in den Vertragssprachen an Organe und Einrichtungen der Union zu wenden und eine Antwort in der gewählten Sprache zu erhalten (Art. 24 Abs. 4 AEUV).

Diese Regelungen betreffen nur zum Teil völlig neue Rechte. Das Petitionsrecht zum EP und das Recht auf Freizügigkeit waren vor dem Inkrafttreten des Vertrags von Maastricht bereits im Sekundärrecht verankert. Auch der Grundsatz, demzufolge die befasste Institution in der Sprache des Anschreibens antwortet, war bereits sekundärrechtlich festgelegt.[73] Wahlrechte für Bürger der Mitgliedstaaten bei Kommunalwahlen

---

69 *Kotalakidis*, Von der nationalen Staatsangehörigkeit zur Unionsbürgerschaft, Baden-Baden 2000, 142 ff.; *Haag*, in: G/S, Art. 17 Rn. 2 f.
70 Vgl. Art. 8 Abschnitt C EGV.
71 Vgl. *J. Cloos/G. Reinesch/D. Vignes/J. Weyland*, Le Traité de Maastricht, 2. Aufl. Brüssel 1994, 168 f.
72 EuGH, Rs. C-403/03 (Schempp), Slg. 2005, I-6421, Rn. 15. Vgl. auch EuGH Rs. C-224/98 (D'Hoop/ONEM), Slg. 2002, I-6191, Rn. 28; Rs. C-184/99 (Grzelcyk), Slg. 2001, I-6193, Rn. 31; Rs. C-148/02 (Avello), Slg. 2003, I-11613, Rn. 23; Rs. C-224/02 (Pusa), Slg. 2004, I-5763, Rn. 16; Rs. C-135/08 (Rottmann), Slg. 2010, I 1449 Rn. 43; Rs. C-34/09 (Ruiz Zambrano), Slg. 2011, I-1232, Rn. 41.
73 VO Nr. 1 v. 15.4.1958 zur Regelung der Sprachenfrage für die Europäische Wirtschaftsgemeinschaft, ABl. 17/1958, 358 = *HER I A* 93/2.1.

und Wahlen zum EP bestanden überdies aufgrund von staatlichen Vorschriften in einzelnen Mitgliedstaaten. Die im AEUV geregelten Unionsbürgerrechte sind mit Ausnahme des Bürgerinitiativrechts sämtlich auch in die **Grundrechtecharta** der EU aufgenommen worden (*Rn. 15*).

b) Begriff der Unionsbürgerschaft

Art. 20 Abs. 1 S. 1 AEUV begründet das Institut der Unionsbürgerschaft als ein spezifisches Rechtsverhältnis zwischen der Union und den Bürgern der Mitgliedstaaten. Die Unionsbürgerschaft stellt allerdings **keine** der **Staatsangehörigkeit** entsprechende Rechtsbeziehung dar. Dazu fehlt es nicht nur an der Staatsqualität der Union und, jedenfalls derzeit, an der notwendigen Intensität der Rechtsbeziehungen zwischen Bürgern und Union.[74] Vor allem aber erhebt der Vertrag nicht den Anspruch, mit der Unionsbürgerschaft eine exklusive Bindung zu begründen, wie sie traditionell für die Staatsangehörigkeit charakteristisch ist. Die Unionsbürgerschaft wird, wie sich aus Art. 20 Abs. 1 S. 2 AEUV, Art. 9 S. 2 EUV ergibt, durch die Staatsangehörigkeit der Mitgliedstaaten vermittelt und tritt als ein weiteres Rechtsverhältnis in Bezug auf die Beziehungen zwischen Bürgern und Union zu dieser hinzu. Sie ersetzt die nationale Staatsbürgerschaft dagegen nicht (Art. 20 Abs. 1 S. 3 AEUV, Art. 9 S. 3 EUV).[75] Allerdings verändert die **parallele** Begründung der Unionsbürgerschaft die Funktion der Staatsangehörigkeit, in dem sie diese relativiert. Die Einführung der Unionsbürgerschaft führt aber nicht dazu, dass der sachliche Anwendungsbereich der Verträge auf **rein interne Sachverhalte**, die keinen Bezug zum Unionsrecht haben, ausgedehnt wird.[76] Allerdings folgt der EuGH aus der Funktion der Unionsbürgerschaft als dem grundlegenden Status der Unionsbürger *(Rn. 24)*, dass Art. 20 AEUV auch in Bezug auf rein interne Sachverhalte solchen nationalen Maßnahmen entgegensteht, die bewirken, dass den Unionsbürgern der tatsächliche Genuss des **Kernbestands ihrer Unionsbürgerrechte** verwehrt wird.[77] In einer Reihe von weiteren Urteilen hat der EuGH klargestellt, dass dieser Grundsatz eng auszulegen ist, und er einen Eingriff in den Kernbestand der Unionsbürgerrechte nur dann als gegeben ansieht, wenn ein Unionsbürger seine Unionsbürgerrechte insgesamt nicht mehr wahrnehmen kann, etwa weil er gezwungen ist, das Territorium der EU insgesamt zu verlassen.[78]

26

> Der **Erwerb und Fortbestand der Unionsbürgerschaft** sind abhängig vom Erwerb und Fortbestand der Staatsangehörigkeit eines Mitgliedstaats. Der selbstständige Erwerb oder Verlust der Unionsbürgerschaft ist dagegen ausgeschlossen. Die Frage des Erwerbs und Verlusts der Staatsangehörigkeit eines Mitgliedstaats ist, wie die der Schlussakte von Maastricht beigefügte „Erklärung zur Staatsangehörigkeit eines Mitgliedstaates" besonders hervorhebt, grundsätzlich den Mitgliedstaaten überlassen. Auch der Gerichtshof hat festgestellt, dass für die Festlegung der Voraussetzungen für den Erwerb und Verlust der Staatsangehörigkeit die Mitgliedstaaten zuständig sind.[79] Wegen der in Art. 20 Abs. 1 S. 2 AEUV festgelegten Akzessorietät des Unionsbürgerrechts entscheiden die Mitgliedstaaten damit mittelbar auch über den Kreis der

27

---

74 Vgl. *S. Hobe*, Der Staat (32) 1993, 245 ff., 254 ff.; *Magiera*, in: Streinz, Art. 20 Rn. 21 ff.
75 Vgl. dazu bereits die Schlussfolgerungen des Europäischen Rates von Edinburgh, Bull. EG 12–1992, 26 ff.
76 EuGH, Rs. C-64 und 65/96 (Uecker und Jacquet), Slg. 1997, I-3171, Rn. 23; Rs. C-148/02 (Avello), Slg. 2003, I-11613, Rn. 26; Rs. C-499/06 (Halina Nerkowska), Slg. 2008, I-3993, Rn. 25.
77 EuGH, Rs. C-34/09 (Ruiz Zambrano), Slg. 2011, I-1232, Rn. 42.
78 EuGH, Rs. C-434/09 (McCarthy), Slg. 2011, I-3375; Rs. C-40/11 (Iida), Urteil v. 8.11.2012; Rs. 87/12 (Ymeraga), Urteil v. 8.5.2013; Rs. C-86/12 (Alokpa), Urteil v. 10.10.2013; Rs. C-456/12 (O. und B.), Rs. C-457/12 (S. und G.), Urteile v. 12.3.2014.
79 Vgl. EuGH, Rs. C-369/90 (Micheletti u.a.), Slg. 1992, I-4239, Rn. 10; Rs. C-192/99 (Kaur) Slg. 2001, I-1237, Rn. 19; Rs. C-34/09 (Rottmann), Slg. 2010, I-1449, Rn. 39.

Unionsbürger. Da das Staatsangehörigkeitsrecht der einzelnen Mitgliedstaaten voneinander abweicht, können die Voraussetzungen für den Erwerb und Verlust der Unionsbürgerschaft je nach Mitgliedstaat unterschiedlich sein.[80] Staatsangehörige eines Mitgliedstaats können sich auch dann auf ihre Unionsbürgerrechte berufen, wenn sie in einem Gebiet ansässig oder wohnhaft sind, das zu den überseeischen Ländern und Hoheitsgebieten im Sinne des Art. 349 AEUV gehört.[81]

Der Gestaltungsspielraum der Mitgliedstaaten bei der Festlegung der Voraussetzungen für den Erwerb und Verlust der Staatsangehörigkeit und damit mittelbar der Unionsbürgerschaft ist jedoch begrenzt durch völkerrechtliche Anforderungen[82] und durch die Verpflichtung zur Beachtung des Unionsrechts.[83] So ist die Rücknahme einer Einbürgerung, die den Verlust der Unionsbürgerschaft zur Folge hat, im Hinblick auf die Auswirkungen der Entscheidung auf den unionsrechtlichen Status des Betroffenen am Grundsatz der Verhältnismäßigkeit zu messen.[84]

28 Die Unionsbürgerschaft ist gekennzeichnet durch eine besondere **Offenheit** und **Dynamik**. Diese ergibt sich nicht nur aus den in den Artikeln über die Unionsbürgerschaft vorgesehenen Ermächtigungen zur **sekundärrechtlichen Ausgestaltung** der Unionsbürgerrechte, sondern insbesondere aus der **Evolutivklausel** in Art. 25 AEUV, die eine regelmäßige Berichterstattung der Kommission über den Entwicklungsstand des Unionsbürgerrechts vorsieht[85] und es ermöglicht, die Unionsbürgerrechte nicht nur im Wege der Vertragsrevision nach Art. 48 EUV, sondern auch in einem vereinfachten Verfahren zu erweitern.

c) Die Unionsbürgerrechte im Einzelnen

aa) Das allgemeine Recht auf Bewegungs- und Aufenthaltsfreiheit

29 Mit Art. 21 AEUV wurde ein unmittelbar wirksames **allgemeines Recht auf Bewegungs- und Aufenthaltsfreiheit** in den Vertrag eingefügt. Zunächst hatte der Vertrag ein Recht auf freie Bewegung und Aufenthalt ausdrücklich nur im Rahmen der **Personenverkehrsfreiheiten** (Freizügigkeit, Niederlassungsfreiheit, Dienstleistungsfreiheit) gewährt. Dieses Reise- und Aufenthaltsrecht blieb dabei funktional stets auf einen wirtschaftlichen Zweck bezogen. Darüber hinaus wurde ein allgemeines Aufenthaltsrecht für den von der Verwirklichung der Personenverkehrsfreiheiten nicht erfassten Personenkreis bereits im Jahre 1990 mit drei gestützten Richtlinien eingeführt.[86] Diese wurden durch die auch auf Art. 21 AEUV gestützte **Richtlinie 2004/38** ersetzt, mit der das Bewegungs- und Aufenthaltsrecht nunmehr umfassend in einem Rechtsakt geregelt ist.[87]

30 Obwohl mit diesen Richtlinien weitreichende Aufenthaltsrechte, die nicht an eine wirtschaftliche Tätigkeit anknüpfen, bereits sekundärrechtlich begründet worden waren, ist Art. 21 AEUV nicht nur von symbolischer Bedeutung: Die Vorschrift konsolidiert

---

80 Vgl. dazu *E. Marias*, From Market Citizen to Union Citizen, in: ders., European Citizenship, 1 ff., 15, der deshalb eine Harmonisierung des Staatsangehörigkeitenrechts der Mitgliedstaaten befürwortet.
81 Vgl. EuGH, Rs. C-300/04 (Eman und Sevinger), Slg. 2006, I-8055, Rn. 29.
82 Näher dazu *A. Verdross/B. Simma*, Universelles Völkerrecht, 3. Aufl., Berlin u.a. 1984, 787 ff.
83 Vgl. EuGH, Rs. C-369/90 (Micheletti u.a.), Slg. 1992, I-4239, Rn. 10; Rs. C-192/99 (Kaur), Slg. 2001, I-1237, Rn. 19; Rs. C-34/09 (Rottmann), Slg. 2010, I-1449, Rn. 45.
84 EuGH, Rs. C-34/09 (Rottmann), Slg. 2010, I-1449, Rn. 55.
85 Vgl. zuletzt: *Europäische Kommission*, Fortschritte auf dem Weg zu einer effektiven Unionsbürgerschaft (2011–2013), KOM (2013) 270, 8.5.2013.
86 RL 90/366, ABl. L 180/1990, 30; RL 90/365, ABl. L 180/1990 28; RL 90/364, ABl. L 180/1990, 26. Die RL 90/366 wurde in EuGH, Rs. C-295/90 (EP./.Rat), Slg. 1992, I-4193, für nichtig erklärt und anschließend durch die RL 93/96, ABl. L 317/1993, 59, ersetzt.
87 ABl. L 158/2004, 77 = HER I A 19/3.2.

und verstärkt das allgemeine Recht auf freie Bewegung und freien Aufenthalt für die Unionsbürger, indem es das Recht auf eine **vertragliche Grundlage** stellt. Das Aufenthaltsrecht wird damit zu einer einheitlichen vertraglich garantierten politischen Grundfreiheit, welche das aus den wirtschaftlich motivierten Verkehrsfreiheiten folgende Freizügigkeitsrecht überlagert. Es ist auch im Rahmen der Auslegung anderer unionsrechtlicher Vorschriften, etwa den für die aus den Verkehrsfreiheiten folgenden Aufenthaltsrechte geltenden Beschränkungen, zu berücksichtigen.

Aus dem Wortlaut von Art. 21 Abs. 1 AEUV folgt, dass das Bewegungs- und Aufenthaltsrecht subjektiv-öffentliche Rechte begründet und **unmittelbar anwendbar** ist.[88] Es kann gegenüber einem Mitgliedstaat auch von den eigenen Staatsangehörigen geltend gemacht werden.[89] Da es sich um die allgemeinere Regelung handelt und zudem Art. 21 Abs. 1 AEUV einen ausdrücklichen Vorbehalt enthält, kann das Bewegungs- und Aufenthaltsrecht allerdings nur Anwendung finden, soweit sich diese Rechte nicht bereits aus speziellen Vorschriften des Vertrags ergeben.[90] Die etwa aus den Vorschriften über die Freizügigkeit, die Niederlassungsfreiheit und die Dienstleistungsfreiheit folgenden Aufenthaltsrechte bleiben somit vorrangig anwendbar.[91] In Verbindung mit dem allgemeinen Diskriminierungsverbot gewährt die Aufenthaltsfreiheit zudem ein akzessorisches Recht auf Inländerbehandlung.[92] Auch dürfen die Mitgliedstaaten eigene Staatsangehörige nicht benachteiligen, weil sie von der Aufenthaltsfreiheit Gebrauch machen.[93] Wie den anderen Grundfreiheiten ist auch der Bewegungs- und Aufenthaltsfreiheit ein Beschränkungsverbot (*§ 10 Rn. 13*) zu entnehmen.[94]

31

Die in Art. 21 AEUV gewährleistete Bewegungs- und Aufenthaltsfreiheit steht unter einem **allgemeinen Vorbehalt** der **sonstigen vertraglichen und sekundärrechtlichen Bestimmungen**.[95] Demnach gelten insbesondere die Bestimmungen über die sich aus den Verkehrsfreiheiten ergebenden Aufenthaltsrechte, einschließlich der zu diesen erlassenen Durchführungsrichtlinien, weiter. Die aufgrund von Art. 21 AEUV möglichen Beschränkungen dürfen das Aufenthaltsrecht für Unionsbürger in seinem Bestand allerdings nicht aushöhlen.[96]

> Nach der Rechtsprechung des EuGH setzt die Ausübung des Bewegungs- und Aufenthaltsrechts voraus, dass der Betroffene belegen kann, die Staatsangehörigkeit eines Mitgliedstaats zu besitzen, solange keine unionsrechtlichen Bestimmungen für die Kontrolle der Außengrenzen der Union, die auch gemeinsame oder harmonisierte Vorschriften über die Einwanderungs-, Visums- und Asylbedingungen umfassen, erlassen worden sind. Art. 21 AEUV steht in-

---

88 EuGH, Rs. C-413/99 (Baumbast und R./. Secretary of State for the Home Department), Slg. 2002, I-7091, Rn. 84.
89 EuGH, Rs. C-224/98 (D'Hoop, Slg. 2002, I-6191, Rn. 30; Rs. C-224/02 (Pusa), Slg. 2004, I-5763, Rn. 18; Rs. C-192/05 (Tas-Hagen und Tas), Slg. 2006, I-10451, Rn. 19; Rs. C-11, 12/06 (Morgan und Bucher), Slg. 2007, I-9161, Rn. 22f.; Rs. C-33/07 (Jipa), Slg. 2008, I-5157, Rn. 17.
90 So im Ergebnis auch *Y. Gautier*, in: V. Constantinesco/R. Kovar/D. Simon (éd.), Le Traité sur l'Union européenne, Paris 1995, Art. 8A Anm. 4. Offengelassen von *R. Kovar/D. Simon*, CDE 1993, 285 ff., 299.
91 EuGH, Rs. C-100/01 (Ministre de l'Intérieur/Aitor Oteiza Olazabal), Slg. 2002, I-10981, Rn. 26; *Magiera*, in: Streinz, Art. 21 Rn. 7 m.w.N.
92 Ausführlich *F. Wollenschläger*, Grundfreiheit ohne Markt, 197 ff.
93 EuGH, Rs. C-224/98 (D'Hoop, Slg. 2002, I-6191, Rn. 30;C-406/04 (De Cuyper), Slg. 2006, I-6947, Rn. 39; verb. Rs. C-11/06, C-12/06 (Morgan und Bucher), Slg. 2007, I-9195 Rn. 25; verb. Rs. C-523/11, C-585/11 (Prinz und Seeberger), Urteil v. 18.7.2013, Rn. 27.
94 *R. Höfler*, Die Unionsbürgerfreiheit, S. 114 ff.
95 EuGH, Rs. C-356/98 (Arben Kaba), Slg. 2000, I-2623, Rn. 30, Rs. C-456/02 (Trojani), Slg. 2004, I-7573, Rn. 31 f.; Rs. C-406/04 (De Cuyper), Slg. 2006, I-6947, Rn. 36; Rs. C-398/06 (Kommission/Niederlande), Slg. 2008, I-56, Rn. 27; Rs. C-33/07 (Jipa), Slg. 2008, I-5157, Rn. 21.
96 Schlussanträge GA *La Pergola*, Rs. C-85/96 (Maria Martinez Sala), Slg. 1998, I-2691, Rn. 18.

32 Nach Art. 21 Abs. 2 AEUV dürfen Durchführungsbestimmungen nur zur **Erleichterung** der Ausübung des Bewegungs- und Aufenthaltsrechts, also nicht auch zur Auferlegung zusätzlicher Bedingungen und Einschränkungen, erlassen werden.[98] Mit dieser Regelung wird das allgemeine Aufenthaltsrecht in seinem bisherigen Umfang als **Mindeststandard** garantiert.[99] Die Durchführungsbestimmungen sind nach dieser Vorschrift im Wege des ordentlichen Gesetzgebungsverfahrens gemäß Art. 294 AEUV zu erlassen. Gemäß Art. 21 Abs. 3 AEUV können nunmehr auch Bestimmungen über die **soziale Sicherheit** oder **den sozialen Schutz** im Rahmen der Freizügigkeit getroffen werden, die der Rat mit Einstimmigkeit nach Anhörung des EP erlässt.

soweit dem Recht der Mitgliedstaaten zur Durchführung von Identitätskontrollen an den Binnengrenzen der Union nicht entgegen.[97]

33 Der ausdrückliche Ausschluss der Annahme von Vorschriften über Pässe, Personalausweise, Aufenthaltstitel und diesen gleichgestellte Dokumente auf der Grundlage von Art. 21 Abs. 2 AEUV wurde im Vertrag von Lissabon gestrichen. Im Bereich des Passwesens, bestehen eine Reihe von, im Wesentlichen in der Form von Entschließungen der im Rat vereinigten Vertreter der Mitgliedstaaten eingeleiteten, Initiativen zur Schaffung einer **Passunion**.[100]

bb) Das aktive und passive Wahlrecht bei Kommunalwahlen und Wahlen zum EP

34 Mit Art. 22 AEUV wird den Unionsbürgern mit Wohnsitz in einem Mitgliedstaat, dessen Staatsangehörigkeit sie nicht besitzen, das **aktive und passive Wahlrecht bei Kommunalwahlen** und **bei den Wahlen zum Europäischen Parlament** in diesem Mitgliedstaat zuerkannt. Diese Rechte wurden vor dem Inkrafttreten des EUV nur von einzelnen Mitgliedstaaten aufgrund von staatlichen Bestimmungen und in im Einzelnen unterschiedlichem Umfang gewährt. Art. 19 EGV dient der **politischen Integration** der Unionsbürger, indem er ihnen die aktive Beteiligung am politischen Leben im Staat ihres Wohnsitzes erleichtert. Darüber hinaus schafft die Vorschrift im Hinblick auf die Wahlen zum EP auch eine größere Wahlrechtsgleichheit zwischen Unionsbürgern.

aaa) Das Kommunalwahlrecht für Unionsbürger

35 Nachdem die Einführung eines kommunalen Wahlrechts auf Gemeinschaftsebene bereits **seit Anfang der 1970er-Jahre** erörtert worden war, begründete die Vorschrift des Art. 22 Abs. 1 AEUV ein Recht, das den Unionsbürgern in der gesamten Union die **förmliche Beteiligung an der politischen Willensbildung und Entscheidungsfindung auf kommunaler Ebene** ermöglicht. Die Besonderheit dieses Rechts besteht darin, dass es die Mitgliedstaaten dazu verpflichtet, die Partizipation von Unionsbürgern an der Konstituierung politischer Organe auf der Ebene der Mitgliedstaaten zu gestatten. Die Bestimmung schränkt damit die Autonomie der Mitgliedstaaten in Bezug auf die Gestaltung ihrer Kommunalverfassungen ein.

Art. 22 Abs. 1 AEUV zielt nicht auf die Schaffung eines einheitlichen Kommunalwahlrechts in der Gemeinschaft, sondern führt den **Grundsatz der Gleichbehandlung der Unionsbürger** im Rahmen des nach dem Recht der Mitgliedstaaten bestehenden kommunalen Wahlrechts ein. **Andere Bedingungen** dürfen Unionsbürgern aus anderen Mitgliedstaaten nur insoweit auferlegt werden, als diese aufgrund des Umstands erforderlich sind, dass diese Unionsbürger die Staatsangehörigkeit des Mitgliedstaats, in dem sie das Wahlrecht ausüben, nicht besitzen.

---

97 EuGH, Rs. C-378/97 (Florus Ariël Wijsenbeek), Slg. 1999, I-6207, Rn. 42 f.
98 *Magiera*, in: Streinz, Art. 21, Rn. 27.
99 *W. Kaufmann-Bühler*, in: Lenz/Borchardt, Art. 21 Rn. 5; *Magiera*, in: Streinz, Art. 21 Rn. 27.
100 Vgl. dazu die Entschließungen, ABl. C 241/1981, 1 = *HER I A* 19/1.1; ABl. C 179/1982, 1 = *HER I A* 19/1.2; ABl. C 159/1984, 1 = *HER I A* 19/1.3; ABl. Nr. C 310/2000, 1 = *HER I A* 19/1.5.

Das Recht zur Teilnahme an Kommunalwahlen setzt gemäß Art. 22 Abs. 1 AEUV voraus, dass der Unionsbürger in dem betreffenden Mitgliedstaat einen **Wohnsitz** begründet hat. Außer von dem Wohnsitzerfordernis kann die Ausübung des Wahlrechts der Unionsbürger aus anderen Mitgliedstaaten auch von **weiteren allgemeinen Voraussetzungen** abhängig gemacht werden, wenn diese auch für die eigenen Staatsangehörigen gelten. Zu solchen Voraussetzungen können etwa das Erreichen eines Mindestalters, die Eintragung in eine Wählerliste oder die Erbringung von Nachweisen für eine Kandidatur, aber auch eine Mindestwohndauer auf dem Gebiet der kommunalen Körperschaft, in der das Wahlrecht in Anspruch genommen wird, gehören.[101] Mit dem Kommunalwahlrecht der Unionsbürger unvereinbar ist allerdings die Einführung von zusätzlichen Voraussetzungen, die sich faktisch als eine Erschwerung der Ausübung des Wahlrechts gerade durch Angehörige anderer Mitgliedstaaten auswirkten. Eine mehrfache Stimmabgabe oder Kandidatur in verschiedenen Gemeinden ist nicht ausgeschlossen, soweit ein Unionsbürger die Voraussetzungen für die Teilnahme zur Wahl in mehreren Gemeinden erfüllt.[102]

Das Kommunalwahlrecht erstreckt sich nur auf **allgemeine unmittelbare Wahlen zu den Kommunalvertretungen.**[103] Es besteht jedenfalls für die **erste Ebene der politischen und administrativen Organisation** in den Mitgliedstaaten.[104] Für die Bundesrepublik Deutschland stellt die Richtlinie 94/80[105] klar, dass das Wahlrecht sich sowohl auf die Gemeinde- als auch auf die Kreisebene erstreckt.[106] Das Wahlrecht bezieht sich allerdings nur auf die unmittelbaren Wahlen zu der kommunalen Vertretung. Soweit aus der Mitte einer kommunalen Vertretung Funktionsträger gewählt werden, die auch hoheitliche Staatsaufgaben wahrnehmen (z.B. als Leiter der Gemeindeverwaltung oder als Mitglieder des Wahlgremiums für die Zweite Kammer des nationalen Parlaments), kann das Recht der Mitgliedstaaten vorsehen, dass diese Aufgaben den Staatsangehörigen des betreffenden Mitgliedstaats vorbehalten sind.[107]

36

Art. 22 Abs. 1 S. 2 AEUV sieht vor, dass der Rat **Durchführungsvorschriften** festlegt. Der Unionsgesetzgeber ist diesem Rechtsetzungsauftrag mit der Annahme der Richtlinie 94/80 nachgekommen.[108]

37

Gemäß Art. 22 Abs. 2 S. 2 AEUV können die Durchführungsbestimmungen **Ausnahmeregelungen** vorsehen, wenn dies aufgrund besonderer Probleme eines Mitgliedstaats gerechtfertigt ist. Diese Vorschrift wurde geschaffen, um dem Problem eines besonders hohen Ausländeranteils an der Wohnbevölkerung in Luxemburg und in einigen Gemeinden von Belgien Rechnung zu tragen. Die Richtlinie 94/80 gestattet den Mitgliedstaaten eine Ausnahme, in denen der Anteil der nicht staatsangehörigen Unionsbürger im Wahlalter **20 %** der dort insgesamt lebenden Unionsbürger im Wahlalter überschreitet. Ein solcher Mitgliedstaat darf für die Ausübung des Wahlrechts eine **Mindestwohndauer** festlegen, die im Falle des **aktiven Wahlrechts** die Dauer **einer Amtszeit** der zu wählenden Vertretung und für das **passive Wahlrecht** die Dauer von **zwei Amtszeiten** nicht überschreiten darf.[109] Darüber hinaus dürfen solche Mitgliedstaaten Maßnahmen hinsichtlich der Zusammensetzung von Kandidatenlisten ergreifen, welche die Integration von nicht staatsangehörigen Unionsbürgern erleichtern.[110] Nur Luxemburg erfüllt die Anforderungen für die Anwendung dieser Ausnahmeregelung.[111] Art. 12

---

101 Vgl. auch Art. 4 Abs. 3 UAbs. 2 der RL 94/80, ABl. L 368/1994, 38 = HER I A 19/2.2.
102 Ebenso P. Oliver, CMLR 1996, 473 ff., 494; M. Degen, DöV 1993, 749 ff., 756.
103 Ebenso G. Schnedl, Ausländerwahlrecht, S. 72; Magiera, in: Streinz, Art. 22, Rn. 17.
104 Vgl. M. Degen, DöV 1993, 749 ff., 754 f.; P. Oliver, CMLR 1996, 473 ff., 491 ff.
105 ABl. L 368/1994, 34 = HER I A 19/2.2.
106 Zur Sonderproblematik in den deutschen Stadtstaaten Berlin, Bremen und Hamburg siehe M. Degen, DöV 1993, 749 ff., 755 f.
107 Siehe Art. 5 Abs. 3, 4 der RL 94/80, ABl. L 368/1994, 38 = HER I A 19/2.2. Vgl. auch J. Cloos/G. Reinesch/D. Vignes/J. Weyland a.a.O., 173; P. Oliver, CMLR 1996, 473 ff., 495 f.
108 ABl. L 368/1994, 38 = HER I A 19/2.2.
109 Vgl. im einzelnen Art. 12 Abs. 1 der RL 94/80, ABl. L 368/1994, 38 = HER I A 19/2.2.
110 Vgl. zu diesem Erfordernis P. Oliver, CMLR 1996, 473 ff., 486 f.
111 Vgl den Bericht der Kommission über die Anwendung der RL 94/80/EG, KOM (2012) 99 endg., 9.3.2012, S. 14.

Abs. 2 der Richtlinie 94/80 erklärt die Regelung betreffend die Mindestwohndauer für das aktive Wahlrecht überdies auch auf einige Gemeinden in Belgien für anwendbar.

bbb) Das Wahlrecht zum EP

38 Mit der Regelung des Art. 22 Abs. 2 AEUV wird den Unionsbürgern, unabhängig davon, welche Staatsangehörigkeit sie besitzen, die **Teilnahme an den Wahlen zum EP in ihrem Wohnsitzmitgliedstaat** ermöglicht. Die Unionsbürger können damit an einem Teil des politischen Lebens in ihrem Wohnsitzstaat partizipieren, der für den Prozess der europäischen Integration von besonderer Bedeutung ist. Im Unterschied zu der Regelung über das Kommunalwahlrecht, die eine Beteiligung der Unionsbürger an der Wahrnehmung von Verwaltungsaufgaben im Bereich der Mitgliedstaaten gestattet, erlaubt die Vorschrift über das Wahlrecht bei Wahlen zum EP die Beteiligung an der Ausübung von Unionsgewalt im Wohnsitzmitgliedstaat. Die Einräumung des Wahlrechts nach den Regeln des Wohnsitzstaats stellt überdies sicher, dass in der Union lebende Unionsbürger nicht von vornherein vom Wahlrecht ausgeschlossen sind, weil ein Mitgliedstaat seinen im Ausland lebenden Staatsangehörigen kein Wahlrecht gewährt. Die Vorschrift trägt damit auch zu einer größeren Wahlrechtsgleichheit bei. Dagegen beseitigt die Regelung nicht das Problem, dass der Erfolgswert einer Stimme bei den Wahlen zum EP aufgrund der nicht streng proportional zur Einwohnerzahl festgelegten Mandatsverteilung von Mitgliedstaat zu Mitgliedstaat variiert.

Art. 22 Abs. 2 AEUV regelt einen speziellen Aspekt des Wahlverfahrens für das EP. Die Vorschrift sowie die auf ihrer Grundlage erlassenen Durchführungsbestimmungen sind leges speciales gegenüber Art. 223 AEUV und den aufgrund dieser Ermächtigung getroffenen Direktwahlbestimmungen.

39 Ähnlich wie die Vorschrift zum Kommunalwahlrecht, räumt die Regelung des Art. 22 Abs. 2 AEUV den Unionsbürgern ein **Recht auf Gleichbehandlung im Rahmen von Wahlen zum EP** ein. Ein Mitgliedstaat muss danach allen Unionsbürgern das aktive und passive Wahlrecht bei Wahlen zum EP unter den gleichen Voraussetzungen wie seinen Staatsangehörigen einräumen.[112] Entsprechend der für das Kommunalwahlrecht getroffenen Regelung wird das Recht nur solchen Unionsbürgern gewährt, die in dem betreffenden Mitgliedstaat einen **Wohnsitz** begründet haben, und die im Übrigen **die für die Staatsangehörigen dieses Mitgliedstaats geltenden Voraussetzungen** erfüllen.

40 Der Rat hat den Rechtsetzungsauftrag aus Art. 22 Abs. 2 S. 2 AEUV zum Erlass von **Durchführungsbestimmungen** durch die Annahme der Richtlinie 93/109 erfüllt.[113]
Art. 22 Abs. 2 S. 2 AEUV enthält eine der Regelung für das kommunale Wahlrecht entsprechende Ermächtigung zum Erlass von **Ausnahmeregelungen**. Aufgrund dieser Ermächtigung sieht die Richtlinie 93/109 eine Regelung vor, die der in der Richtlinie 94/80 für das kommunale Wahlrecht im Hinblick auf Luxemburg getroffenen Regelung entspricht. Eine Sonderregelung für Belgien ist in der Richtlinie über das Wahlrecht zum EP dagegen nicht vorgesehen.

cc) Recht auf diplomatischen und konsularischen Schutz

41 Aufgrund von Art. 23 AEUV sind die Mitgliedstaaten verpflichtet, auch Unionsbürgern, die Staatsangehörige eines anderen Mitgliedstaats sind, in Drittstaaten diplomati-

---

112 EuGH, Rs. C-145//04 (Spanien./. Vereinigtes Königreich), Slg. 2006, I-7917, Rn. 66.
113 ABl. L 329/1993, 34 = HER I A 19/2.1. S. ergänzend dazu die Empfehlung 2013/142 der Kommission, ABl. L 79/2013, 29 = HER I A 19/2.3.

schen und konsularischen Schutz zu gewähren. Die Schutzpflicht tritt allerdings nur ergänzend ein, wenn der andere Mitgliedstaat in dem Drittstaat nicht vertreten ist. Sie ist den betroffenen Unionsbürgern unter den gleichen Voraussetzungen zu erteilen wie den eigenen Staatsangehörigen. Die Schaffung konkreter ergänzender Schutzpflichten zugunsten aller Unionsbürger, welche die primären Schutzpflichten jedes Mitgliedstaats für seine eigenen Staatsangehörigen ergänzen, dient dazu, die **Verbundenheit** der Bürger mit der Europäischen Union zu **stärken**.

Das Eintreten der Schutzpflicht setzt voraus, dass sich der betroffene Unionsbürger **auf dem Hoheitsgebiet eines Drittstaats** aufhält, in dem der Mitgliedstaat, dessen Staatsangehörigkeit er besitzt, **keine diplomatische oder konsularische Vertretung** unterhält. In diesem Falle ist ein in dem Drittstaat vertretener Mitgliedstaat verpflichtet, einem Unionsbürger Schutz unter denselben Bedingungen wie den eigenen Staatsangehörigen zu leisten. Diese Pflicht erstreckt sich **sowohl auf den diplomatischen Schutz als auch auf den konsularischen Schutz.**[114]

> Unter **diplomatischem Schutz** sind dabei Maßnahmen zu verstehen, die ein Staat als Reaktion auf ein völkerrechtliches Unrecht ergreift, das seine Staatsangehörigen durch einen anderen Staat, etwa in Form einer Verletzung des völkerrechtlichen Mindeststandards, erleiden.[115] Dagegen betrifft der **konsularische Schutz** die allgemeine Unterstützung und Förderung der Interessen der eigenen Staatsangehörigen auf dem Gebiet eines anderen Staates im Rahmen der völkerrechtlich zulässigen Grenzen. Zu den konsularischen Aufgaben gehören etwa die Erledigung von Angelegenheiten des Pass- und Personenstandswesens, die Erteilung von Auskünften und Beratung und insbesondere auch die Hilfe in Notfällen.

42

Art. 23 S. 1 AEUV gewährt unmittelbar nur ein Recht auf eine den Staatsangehörigen des betreffenden Mitgliedstaats entsprechende Behandlung. In vielen Fällen wird die Möglichkeit der Durchführung von Schutzmaßnahmen jedoch zusätzlich vom Abschluss einer entsprechenden Vereinbarung zwischen den Mitgliedstaaten abhängen.

Die **unionsrechtliche Verpflichtung** aus Art. 23 S. 1 AEUV bezieht sich auf die Ausübung eines nach **völkerrechtlichen** Vorschriften geregelten **Rechtsinstituts**. Art. 23 S. 2 AEUV sieht deshalb vor, dass die Mitgliedstaaten nicht nur untereinander die zur **Durchführung** des ergänzenden Schutzrechts erforderlichen Regeln vereinbaren, sondern auch internationale Verhandlungen einleiten, soweit dies für eine wirksame Ausübung des Schutzrechts erforderlich ist. Bisher wurden zur Durchführung des Art. 23 AEUV drei Beschlüsse der im Rat vereinigten Vertreter der Regierungen der Mitgliedstaaten gefasst, die den Anwendungsbereich der Vorschrift jedoch nicht erschöpfen:

43

- Ein Beschluss vom 19. Dezember 1995 regelt die konsularische Hilfe für Unionsbürger bei bestimmten Notfällen entsprechend den bereits in den Leitlinien vorgesehenen Regelungen.[116] Nach diesem Beschluss ist eine Hilfe für Unionsbürger in den folgenden Fällen vorgesehen: Todesfall, Krankheit, schwerer Unfall, Festnahme, Haft, Gewaltanwendung.
- In Ergänzung des Beschlusses 95/553/EG haben die im Rat vereinigten Vertreter der Mitgliedstaaten einen nicht im Amtsblatt veröffentlichten Beschluss über Durchführungsmaßnahmen angenommen.[117]

---

114 Vgl. dazu auch *T. Stein*, Die Regelung des diplomatischen Schutzes im Vertrag über die Europäische Union, in: Ress/Stein (Hg.), Der diplomatische Schutz im Völker- und Europarecht, S. 97 ff., 98 f. A.A. *Ch. Schönberger*, Unionsbürgerschaft, 480 ff.
115 Siehe *T. Stein*, Die Regelung des diplomatischen Schutzes im Vertrag über die Europäische Union, in: Ress/ Stein (Hg.), a.a.O., 97 ff.
116 Beschluss 95/553, ABl. L 314/1995, 73 = *HER I A* 19/4.1.
117 EU-Gesamtbericht 1995, Rn. 6.

- Ein Beschluss vom 25. Juni 1996 sieht die Schaffung eines einheitlichen Rückkehrausweises vor, der Unionsbürgern, deren Pass oder Reisedokument abhanden gekommen ist, die Rückkehr aus einem Drittstaat ermöglichen soll.[118]

Die Kommission hat zudem eine Empfehlung an die Mitgliedstaaten gerichtet, den Wortlaut von Art. 23 S. 1 AEUV in die von ihnen ausgestellten Reisepässe aufzunehmen.[119]

Im Dezember 2011 hat sie einen Vorschlag für eine Richtlinie über den konsularischen Schutz von Unionsbürgern im Ausland vorgelegt, die den Beschluss 95/553 ersetzen soll.[120]

dd) Bürgerinitiativrecht

44 Das Bürgerinitiativrecht wurde mit dem Vertrag von Lissabon neu in die Verträge aufgenommen. Im Rahmen einer Bürgerinitiative können Unionsbürger die Kommission auffordern, einen Vorschlag für einen Rechtsakt zur Umsetzung der Verträge vorzulegen. Gemäß Art. 11 Abs. 1 AEUV muss die Initiative von mindestens einer Million Unionsbürger, bei denen es sich um Staatsangehörige aus einer erheblichen Zahl von Mitgliedstaaten handeln muss, unterstützt werden. Aus dem Wortlaut der Vorschrift folgt, dass sich die Initiative auf einen Tätigkeitsbereich der Union beziehen muss. Von einer erfolgreichen Bürgerinitiative werden regelmäßig erhebliche politische Wirkungen ausgehen, eine rechtliche Pflicht der Kommission besteht allerdings nur zur Prüfung der Aufforderung, nicht aber auch dazu, den begehrten Vorschlag vorzulegen.

Die erforderlichen Durchführungsbestimmungen sind in der Verordnung 211/2011 enthalten, die auf der Grundlage von Art. 24 Abs. 1 AEUV erlassen wurde.[121] Die Verordnung gilt seit dem 1. April 2012. Die erste europäische Bürgerinitiative wurde der Kommission im Dezember 2013 vorgelegt und von ihr im März 2014 beantwortet.[122]

ee) Petitionsrecht zum EP

45 In Art. 24 Abs. 1 und in Art. 227 AEUV[123] wird das **Petitionsrecht zum EP**, das zunächst nur in der Geschäftsordnung des EP[124] und später auch im Rahmen einer interinstitutionellen Vereinbarung zwischen EP, Rat und Kommission[125] geregelt war, auf eine vertragliche Grundlage gestellt. Das Petitionsrecht stellt neben dem Wahlrecht eine weitere unmittelbare rechtliche Verbindung zwischen Bürgern und EP her.

Das Petitionsrecht umfasst das Recht, sich mit Bitten, Beschwerden oder sonstigen Anliegen an das EP zu wenden. Das EP ist zur Entgegennahme, sachlichen Prüfung und Bescheidung der Petition verpflichtet. Ein Anspruch auf ein darüber hinausgehendes Tätigwerden des EP oder gar auf Abhilfe besteht im Rahmen des Petitionsrechts nicht.

---

118 Beschluss 96/409/GASP, ABl. L 168/1996, 4 = HER I A 19/1.4.
119 Empfehlung 2008/355, ABl. L 118/2008, 13 = HER I A 19/1.6.
120 KOM (2011)881, 14.12.2011.
121 ABl. L 65/2011, 1 = HER I A 12 a/1. S. dazu auch *R. Bieber/F. Maiani*, Bringing the Union closer to its citizens? "Participatory Democracy" and the potential contributions of the Lisbon Treaty, in: Epiney/Gammenthaler (Hg.), Schweizerisches Jahrbuch für Europarecht 2009/2010, Bern 2010, 229 ff.
122 Mitteilung der Kommission über die Bürgerinitiative „Wasser und sanitäre Grundversorgung sind ein Menschenrecht! Wasser ist ein öffentliches Gut, keine Handelsware.", KOM(2014) 177, 19.3.2014.
123 Gleichlautend: Art. 107 c EAGV.
124 Vgl. bereits Art. 44 GO, ABl. EGKS, Anh. – Verhandlungen der Gemeinsamen Versammlung v. 10.1.1953, 146.
125 Vereinbarung v. 12.4.1989, ABl. C 120/1989, 90.

§ 2 Die Grundlagen der Union: Bürger und Staaten

Petitionsberechtigt sind neben den **Unionsbürgern** auch alle **natürlichen und juristischen Personen** mit **Wohnort** oder **satzungsmäßigem Sitz** in einem Mitgliedstaat. Das Recht kann sowohl von einzelnen Petitionsberechtigten (Individualpetition) oder von mehreren Berechtigten gemeinsam (Sammelpetition) ausgeübt werden.

Das vertraglich gewährte Petitionsrecht erstreckt sich in sachlicher Hinsicht auf alle Angelegenheiten, die in die **Tätigkeitsbereich der Union** (EU, EAG) fallen. Der Petent muss zudem ein **unmittelbares Interesse** an dem Gegenstand der Petition haben,[126] bei dem es sich allerdings nicht um ein rechtliches Interesse handeln muss. In der Praxis legt das EP das Kriterium des unmittelbaren Interesses großzügig aus und stellt keine hohen Anforderungen.[127]

Das Verfahren zur Behandlung von Petitionen ist in der Geschäftsordnung des EP geregelt.[128] Danach erfolgt die Prüfung von Petitionen durch den Petitionsausschuss des EP. Der Verfasser der Petition erhält über das Ergebnis der Prüfung seiner Petition sowie die gegebenenfalls getroffenen Maßnahmen eine mit Gründen versehene Mitteilung. Der Ausschuss legt dem Plenum zum Ende der Sitzungsperiode einen Jahresbericht vor, auf dessen Grundlage das EP in einer Entschließung zu den Arbeiten des Petitionsausschusses Stellung nimmt.[129]

ff) Recht zur Anrufung von Einrichtungen der EU

Während das Petitionsrecht nur an das EP gerichtet ist, wurde durch den Vertrag von Amsterdam eine neue Regelung in Art. 24 AEUV eingefügt, der den Unionsbürgern zusätzlich das Recht einräumt, sich schriftlich in einer der Vertragssprachen (Art. 55 Abs. 1 EUV) an die in Art. 13 EUV genannten **Unionsorgane** sowie an den **Bürgerbeauftragten** zu wenden und eine Antwort in der gleichen Sprache zu erhalten.[130] Das Recht ist Ausfluss des Grundsatzes der transparenten und guten Verwaltung auf Unionsebene und ermöglicht es den Unionsbürgern, sich mit Anfragen, Bitten, Beschwerden oder sonstigen Anliegen unmittelbar an die in der Vorschrift aufgeführten Organe und Einrichtungen zu wenden. Es findet eine funktionelle Ergänzung in dem Recht aus Art. 15 Abs. 3 AEUV auf Zugang zu Dokumenten der Unionsorgane und -einrichtungen.

gg) Recht zur Anrufung des Bürgerbeauftragten

Mit der Einrichtung des Bürgerbeauftragten wurde im Interesse einer größeren Transparenz und Bürgernähe der Organe der Union eine besondere Einrichtung geschaffen, an die sich die Bürger im Falle von Schwierigkeiten unmittelbar wenden können. Dementsprechend verschafft die Regelung des Art. 228 AEUV[131] den Beschwerdeberechtigten, wie auch der Wortlaut von Art. 24 AEUV verdeutlicht, in erster Linie ein **subjektiv-öffentliches Recht** zur Anrufung des Bürgerbeauftragten. Daneben dient die Arbeit

---

126 Art. 227 AEUV, Art. 201 Abs. 1 GO-EP = HER I A 80/2.
127 Vgl. auch E. Marias, ELR 1994, 169 ff., 179 f.
128 Art. 201 bis 203 GO-EP = HER I A 80/2.
129 Vgl. z.B. die Entschließung v. 11.3.2014 (2014/2008/INI).
130 Nach einer dem Vertrag von Nizza beigefügten Erklärung sollen die Organe und Einrichtungen dafür Sorge tragen, dass die schriftlichen Eingaben von Unionsbürgern innerhalb einer vertretbaren Frist beantwortet werden.
131 Gleichlautend: Art. 107 d EAGV.

des Bürgerbeauftragten aber auch der objektiven **Kontrolle** der anderen Gemeinschaftsinstitutionen.

Die erforderlichen Durchführungsbestimmungen erließ das EP auf der Grundlage von Art. 228 Abs. 4 AEUV durch einen Beschluss über die Regelungen und allgemeinen Bedingungen für die Ausübung der Aufgaben des Bürgerbeauftragten.[132]

Als mögliche Gegenstände von Beschwerden kommen gemäß Art. 228 Abs. 1 AEUV bei der **Tätigkeit der Organe und Institutionen der Union auftretende Missstände** in Betracht. Von der Zuständigkeit des Bürgerbeauftragten ausgenommen ist damit insbesondere die Tätigkeit der **Behörden der Mitgliedstaaten**, obwohl die Vollziehung des EU-Rechts weitgehend den Mitgliedstaaten obliegt. Als **Missstand** ist nicht nur jedes **rechtswidrige Verhalten** einer Unionsinstitution, sondern auch ein Verstoß gegen die **Grundsätze einer ordnungsgemäßen Verwaltung** anzusehen, der nicht notwendig zugleich auch eine Rechtsvorschrift verletzt. Der erste Jahresbericht des Europäischen Bürgerbeauftragten nennt als **Beispiele** für mögliche Missstände: Grundrechtsverstöße, Unregelmäßigkeiten in der Verwaltung, Versäumnisse in der Verwaltung, Machtmissbrauch, Fahrlässigkeit, rechtswidrige Verfahren, Verstoß gegen die Fairness, schlechtes Funktionieren oder Unfähigkeit, Diskriminierung, vermeidbare Verzögerungen, unzureichende Unterrichtung oder das Vorenthalten von Informationen.[133]

49 Die Tätigkeit des **EuGH** und des **EuG** in Wahrnehmung ihrer **Rechtsprechungsaufgaben** sind ausdrücklich aus dem Anwendungsbereich des Beschwerderechts ausgenommen. Ferner unterliegen gemäß Art. 228 Abs. 2 AEUV auch **Sachverhalte, die Gegenstand eines Gerichtsverfahrens sind oder waren**, nicht der Prüfung durch den Bürgerbeauftragten.

Das Beschwerderecht umfasst über das Recht, sich an den Bürgerbeauftragten zu wenden, hinaus auch ein Recht des Beschwerdeführers auf **Entgegennahme**, **prüfende Kenntnisnahme** und **Information über die Weiterbehandlung** der Beschwerde. Einen Anspruch auf die **Durchführung einer Untersuchung** der Beschwerde oder auf ein **Tätigwerden** des Bürgerbeauftragten, um der Beschwerde **abzuhelfen**, besteht dagegen nicht.

Soweit der Bürgerbeauftragte aufgrund einer zulässigen Beschwerde tätig wird, prüft er, ob er die Durchführung einer Untersuchung für gerechtfertigt hält. Dabei ist dem Bürgerbeauftragten ein weites Ermessen eingeräumt,[134] das ihm auch die Möglichkeit gibt, eine weitere Prüfung abzulehnen. Der Bürgerbeauftragte hat damit die Möglichkeit, die Schwerpunkte seiner Arbeit selbst zu bestimmen.

Zusätzlich zur Prüfung von Beschwerden kann der Bürgerbeauftragte gemäß Art. 228 Abs. 2 AEUV „im Rahmen seines Auftrags" Sachverhalte auch **aus eigener Initiative** aufgreifen. Durch die Beschränkung auf den „Auftrag" des Bürgerbeauftragten wird klargestellt, dass nur solche Sachverhalte Gegenstand der Prüfung aus eigener Initiative sein dürfen, die auch Gegenstand einer Beschwerde sein können.

50 Zum Abschluss einer Untersuchung legt der Bürgerbeauftragte gemäß Art. 228 Abs. 1 UAbs. 1 AEUV einen **Bericht** vor, den er dem EP und der betroffenen Institution übermittelt. Auch der Beschwerdeführer ist über das Ergebnis der Untersuchung zu unter-

---

132 Anlage XI GO-EP = HER I A 80/2.
133 *Europäischer Bürgerbeauftragter*, Jahresbericht 1995, ABl. C 234/1996, 1 ff., 6.
134 *Kaufmann-Bühler*, in: Lenz/Borchardt, Art. 228 Rn. 12. Vgl. auch EuG, Rs. T-209/00 (Lamberts./.Europ. Bürgerbeauftragter), Slg. 2002, II-2203; Rs. T-412/05 (M../.Europ. Bürgerbeauftragter), Slg. 2008, II-197.

richten. Art. 228 Abs. 1 UAbs. 3 AEUV sieht überdies vor, dass der Bürgerbeauftragte dem EP jährlich einen Bericht über seine Tätigkeit vorzulegen hat.[135]

II. Die Pflichten der Bürger

Die Rechtsordnung der Union kann, wie Art. 20 Abs. 2 AEUV ausdrücklich hervorhebt, auch unmittelbare Pflichten für Einzelne (Bürger und Unternehmen) begründen. Diese lassen sich allerdings nicht abstrakt bestimmen, sondern können nur im Einzelfall aus einer konkreten Rechtsnorm ermittelt werden. Die **Rechtsfolgen** eines Verstoßes Einzelner gegen unionsrechtliche Verpflichtungen sind **im Recht der Union nur unvollständig geregelt**.

51

> So ordnet Art. 101 Abs. 2 AEUV die *ex tunc*-Nichtigkeit von gegen das EU-rechtliche Kartellverbot verstoßenden Vereinbarungen an. In sekundärrechtlichen Vorschriften ist auch etwa die Möglichkeit der Verhängung von Geldbußen und Zwangsgeldern durch die Kommission bei Verstößen gegen bestimmte Vorschriften des EU-Wettbewerbsrechts vorgesehen.[136] Verwaltungsrechtliche Sanktionen sind daneben auch zum Schutz der finanziellen Interessen der Union vorgesehen.[137] In einigen Fällen sehen unionsrechtliche Bestimmungen auch vor, dass die Mitgliedstaaten Sanktionen für bestimmte Rechtsverstöße vorsehen müssen.[138]

Soweit das Unionsrecht keine Regelung trifft, ergeben sich die Rechtsfolgen von Verstößen gegen unionsrechtliche Bestimmungen aus der ergänzenden Anwendung staatlichen Rechts.

C. Die Mitgliedstaaten

Die Mitgliedstaaten sind schon deshalb als „**Grundlage**" und **Träger der Union** anzusehen, weil sie durch den Abschluss völkerrechtlicher Verträge die Union gegründet haben. Gleichzeitig sind sie auch **Mitglieder der Union** und als solche in die Europäische Union eingebunden. Das Verhältnis der Mitgliedstaaten zur Union und umgekehrt weist aber – ausgehend von dem autonomen Charakter des Unionsrechts sowie seinem Vorrang (*Rn. 3*) – im Vergleich zu „klassischen" internationalen Organisationen zahlreiche Besonderheiten auf, die in erster Linie darauf zurückzuführen sind, dass die Mitgliedstaaten zwar Träger der Union sind, andererseits aber durch die Union ein eigener Verfassungsverbund gegründet wurde, dessen Wirkungsmechanismen eine Vielzahl von Akteuren – insbesondere die Bürger und die durch den Vertrag geschaffenen Institutionen – umfassen. Weiter kommt den Mitgliedstaaten bei der Verwirklichung des Vorrangs des Unionsrechts und damit (auch) seiner effektiven Wirksamkeit eine zentrale Rolle zu. Deutlich wird damit die Komplexität und Vielschichtigkeit des Verhältnisses zwischen Mitgliedstaaten und Union. Die verschiedenen, für dieses Verhältnis maßgeblichen Aspekte können in drei große Themenkreise eingeteilt werden: die **Pflichten der Union** (I.), die **Pflichten der Mitgliedstaaten** (II.) und schließlich die Ausgestaltung der **verfassungsrechtlichen Grundlagen der Einbindung der Mitgliedstaaten in die EU** in den jeweiligen nationalen Verfassungen (III.).

52

> Ausgangspunkt der Überlegungen ist der **föderale Charakter** der Union: Wie auch immer man die Rechtsnatur der Union (*§ 3 Rn. 1 ff.*) definieren mag, weist die Union doch jedenfalls eine föderale Struktur in dem Sinn auf, dass sie aus Staaten mit originären Hoheitsbefugnissen zu-

53

---

135 Die Jahresberichte des Bürgerbeauftragten sind auf der Internetseite des Bürgerbeauftragten verfügbar unter: http://www.ombudsman.europa.eu/a ctivities/annualreports.faces.
136 Siehe etwa VO 1/2003, ABl. L 1/2003, 1 = *HER I A* 50/1.10.
137 VO 2988/95 des Rates, ABl. L 312/1995, 1 = *HER I A* 90/4.5.
138 RL 2003/6, ABl. L 96/2003, 16 = *HER I A* 28/21.12.

sammengesetzt ist.[139] Einen Teil ihrer Hoheitsbefugnisse haben die Mitgliedstaaten aber an die Union abgetreten. Außerdem haben sie sich gemeinsam Beschränkungen unterworfen, deren Einhaltung von der Union zu überwachen ist (z.b. die Diskriminierungs- und sonstigen Verbote zur Gewährleistung des Binnenmarktes).

Allerdings wird der **Begriff des Föderalismus** in den Verträgen weder verwendet, noch wird ausdrücklich auf die föderale Struktur der EU hingewiesen. Dieses Schweigen ist vor dem Hintergrund zu sehen, dass dem Begriff „föderal" oder „federal" in den verschiedenen Mitgliedstaaten sehr unterschiedliche Bedeutungen beigemessen und mit ihm daher ganz unterschiedliche Werte und Strukturen verbunden werden: Während er u.a. in Deutschland, Österreich und der Schweiz eine dezentral organisierte (Staats-)Struktur im hier verstandenen Sinn bezeichnet, assoziiert man in der englischen Rechtssprache mit dem Begriff „federal" eine starke zentrale Ebene, und in Frankreich ist der Ausdruck insofern negativ besetzt, als er mit einer Art minderwertiger Staatsform, in der häufig die Gefahr separatistischer Bestrebungen besteht, in Verbindung gebracht wird.[140]

54 Ebenso wenig taucht in den Verträgen der Begriff „**Souveränität**" auf. Das ist schon deswegen nachvollziehbar, weil die Kategorie der Souveränität eine in sich abgeschlossene und abschließbare Rechtsordnung insinuiert.[141] Dies trifft weder auf die Mitgliedstaaten noch auf die Union zu, so dass man hier jedenfalls von einer geteilten Souveränität ausgehen muss.[142] Überdies wird der Erkenntniswert des Begriffs im allgemeinen Völkerrecht bezweifelt. Dies dürfte erst recht in Bezug auf das Verhältnis der EU zu ihren Mitgliedstaaten gelten: Nach außen genügt für die Union und die Staaten die Völkerrechtssubjektivität (dazu *§ 3 Rn. 49ff.*). Im Binnenverhältnis üben Mitgliedstaaten und Union in einem gemeinsamen Verband jeweils nach **Rechtsregeln geordnete Hoheitsbefugnisse** aus. Die Politikwissenschaft bezeichnet diesen Zustand als „Regieren im Mehrebenensystem" (*§ 1 Rn. 43*).[143] Ein solches per Definition dynamisches Gebilde bezieht Eigenart und Kraft aus dem Umstand, dass die Frage nach dem „Herrn" des Systems offenbleibt. Die Mitgliedstaaten sind es jedenfalls in dem Sinne nicht, als ein einzelner Staat die Union weder beseitigen noch die Geltung ihres Rechts verhindern könnte. Andererseits beruhen die Durchsetzung der vertraglich von den Mitgliedstaaten beschlossenen Verbote und die Wirkung des von der Union gesetzten Rechts auf der Mitwirkung der Staaten. So kann die Union zwar Sanktionen aussprechen, doch sie kann nicht anstelle ihrer Mitglieder handeln.

---

139 Zur föderalen Struktur der EU *Peters*, Elemente (D.VI.), 178 ff.; *Bretz*, Föderalismus und Regionalismus in Deutschland, Spanien und der EU, 2005, 179 ff.; die Beiträge in *Nicolaidis/Howse* (Hg.), The Federal Vision. Legitimacy and Levels of Governance in the United States and the European Union, 2002; *Bieber*, Föderalismus in Europa, in: Weidenfeld (Hg.), Europa-Handbuch, 2. Aufl., 2002, 361 ff.; *Giegerich*, Europäische Verfassung (D.VI.), 329 ff.; *Oeter*, Föderalismus und Demokratie, in: von Bogdandy/Bast (Hg.), Europäisches Verfassungsrecht, 2. Aufl., 2009, 73 ff.

140 Vgl. hierzu etwa *Hilf*, Europäische Union: Gefahr oder Chance für den Föderalismus, VVDStRL 53 (1994), 5 (10); *Schweitzer*, Europäische Union: Gefahr oder Chance für den Föderalismus, VVDStRL 53 (1994), 48 (56); *Oeter*, Föderalismus und Demokratie, in: von Bogdandy/Bast (Hg.), Europäisches Verfassungsrecht, 2. Aufl., 2009, 73 ff., jeweils m.w.N. In *Knipping* (Hg.), Federal Conceptions in EU Member States: Traditions and Perspectives, 1994, finden sich verschiedene Berichte über Verständnis und Ausgestaltung des „Föderalismus" in Europa. Speziell zur Kritik am Begriff „federal" in Großbritannien *Lord Bingham*, Dicey revisited, Public Law 2002, 39 (48 ff.); *Birkinshaw*, European Public Law, 2003, 219 ff.

141 Insofern sind die Ausführungen des Bundesverfassungsgerichts in seinem Lissabon-Urteil (BVerfG, Urt. v. 30.6.2009, 2 BvE 2/08), in dem das Gericht von einer Art Unantastbarkeit der souveränen Staatlichkeit Deutschlands ausgeht, zumindest missverständlich. Hierzu *Bieber*, La perception allemande de la notion de souveraineté, Revue d'études sur la construction européenne et le fédéralisme no. 368, 2013, 61 ff.

142 Vgl. insoweit überzeugend *Oeter*, Föderalismus und Demokratie, in: von Bogdandy/Bast (Hg.), Europäisches Verfassungsrecht, 2. Aufl., 2009, 73 (87 ff.).

143 Vgl. zu den Eigenarten eines solchen Mehrebenensystems etwa die Beiträge in *Conzelmann/Smith* (Hg.), Multi-level Governance in the European Union: Taking Stock and Looking Ahead, 2008, sowie *Sander*, Repräsentation und Kompetenzverteilung. Das Handlungsformensystem des Mehrebenenverbundes als Ausdruck einer legitimitätsorientierten Kompetenzbalance zwischen EU und ihren Mitgliedstaaten, 2005.

§ 2 Die Grundlagen der Union: Bürger und Staaten

I. Pflichten der Union: die Achtung der nationalen Identität der Mitgliedstaaten, der Grundsatz der loyalen Zusammenarbeit und die Einbindung der nationalen Parlamente

Die Verträge bezeichnen Pflichten der Union gegenüber den Mitgliedstaaten. Diese beziehen sich im Wesentlichen auf die Ausübung der Kompetenzen durch die Union; dies ist vor dem Hintergrund zu sehen, dass durch Sekundärrecht Interessen der Mitgliedstaaten betroffen sein können und dem Sekundärrecht für die Mitgliedstaaten verbindliche Vorgaben zu entnehmen sind. Insofern besteht auch ein Bezug zur Frage der Kompetenzverteilung. Die entsprechenden Pflichten, insbesondere der Grundsatz der Verhältnismäßigkeit und die Beachtung des Subsidiaritätsprinzips, betreffen aber auch grundlegende Fragen des Verhältnisses von Union und Mitgliedstaaten (dazu § 3 Rn. 21 ff.). Im Folgenden geht es jedoch nicht um diese, im Zusammenhang mit der Kompetenzausübung zu erörternden Grundsätze, sondern um die diesen letztlich zugrunde liegenden, in Art. 4 Abs. 2 EUV verankerten eher allgemein gehaltenen Pflichten zur „Achtung" gewisser die Mitgliedstaaten betreffender Grundsätze (1.) und den sich aus Art. 4 Abs. 3 EUV ergebenden Grundsatz der loyalen Zusammenarbeit (2.). Besondere Erwähnung verdient weiter die in den Verträgen vorgesehene Einbindung der nationalen Parlamente (3.). 55

Art. 4 EUV führte die bis zum Vertrag von Lissabon in Art. 6 Abs. 3 EUV a.F. und Art. 10 EGV enthaltenen Vorschriften zusammen und formulierte sie leicht um bzw. ergänzte sie. Art. 4 Abs. 2, 3 EUV bekräftigen damit die bisherige Rechtslage, so dass die bisher zu Art. 6 Abs. 3 EUV a.F. und Art. 10 EGV angestellten Überlegungen und die Rechtsprechung des EuGH zu Art. 10 EGV auf ihre Auslegung übertragen werden können.[144] Konkretisierung erfährt die allgemeine Loyalitätspflicht durch eine neue in den Vertrag aufgenommene „**Solidaritätsklausel**" (Art. 222 AEUV). Diese begründet gegenseitige, jedoch eher allgemein formulierte und damit konkretisierungsbedürftige Unterstützungspflichten bei einem Terroranschlag, einer Naturkatastrophe oder einer vom Menschen verursachten Katastrophe. 56

1. Achtung der Mitgliedstaaten, insbesondere der nationalen Identität (Art. 4 Abs. 2 EUV)

Art. 4 Abs. 2 EUV gibt der Union auf, eine Reihe von Grundsätzen bzw. Anliegen zu „achten", die für die Mitgliedstaaten von Bedeutung sind: 57

- Mit der „**Gleichheit der Mitgliedstaaten vor den Verträgen**" (Art. 4 Abs. 2 S. 1 EUV) wird nicht auf eine formale und „absolute" Gleichheit der Staaten im völkerrechtlichen Sinn Bezug genommen, sondern die Gleichheit der Mitgliedstaaten auf der Grundlage der Verträge – also etwa unter Einschluss des Mehrheitsprinzips und der abgestuften Anzahl von Parlamentariern je nach Größe des Mitgliedstaats – sowie in der Anwendung der Verträge betont und verdeutlicht, dass die Union aus (im Rahmen der Verträge) Mitgliedstaaten mit gleichen Rechten besteht.

- Weiter hat die Union die „**nationale Identität**" der Mitgliedstaaten zu „achten", so wie sie in den grundlegenden politischen und verfassungsmäßigen Strukturen zum Ausdruck kommt, wobei im Sinne einer beispielhaften Präzisierung auf die regionale und lokale Selbstverwaltung Bezug genommen wird (**Art. 4 Abs. 2 S. 1 EUV**).

  Hintergrund der ausdrücklichen Erwähnung dieser Pflicht dürfte die Sorge sein, die EU könne die Gefahr einer „Aushöhlung" der Eigenarten der Mitgliedstaaten oder ihrer Staatlichkeit mit

---

[144] Vgl. in diesem Zusammenhang auch die Überlegungen zu Art. 5 Verfassungsentwurf bei *Epiney*, Föderalismus in der EU – einige Überlegungen auf der Grundlage des Verfassungsentwurfs –, in: Zuleeg (Hg.), Die neue Verfassung der Europäischen Union, 2006, 47 ff.

sich bringen. In ihr kommt zum Ausdruck, dass die Mitgliedstaaten mit ihren wesentlichen Charakteristika als solche Bestandteil der EU sind und neben der Union ihren eigenen Platz beanspruchen.[145]

Diese Bestimmung impliziert zunächst, dass die Staatlichkeit der Mitgliedstaaten als solche nicht zur Disposition steht. Die Reichweite dieses Schutzes erfasst aber (nur) die Eigenstaatlichkeit und die Verfassungsidentität der Mitgliedstaaten, nicht hingegen ihre „souveräne", d.h. völkerrechtsunmittelbare Eigenstaatlichkeit.[146] Art. 4 Abs. 2 EUV kann daher keine Aussage über den Schutz der Existenz der Mitgliedstaaten als Staaten im Sinne des Völkerrechts entnommen werden. Hiervon zu unterscheiden ist die Frage ggf. bestehender verfassungsrechtlicher Schranken. Weiter sind vom Schutzgut des Art. 4 Abs. 2 EUV alle „identitätsstiftenden" (also das „Wesen", die Struktur oder das Selbstverständnis bestimmenden) Elemente der (Verfassungs-)Ordnung des jeweiligen Staates – die historischer, kultureller, rechtlicher oder wirtschaftlicher Natur sein können, aber in den grundlegenden politischen und verfassungsmäßigen Strukturen zum Ausdruck kommen müssen – erfasst. Dabei stellt die nationale Identität insofern einen „Selbstzweck" dar, als es nicht auf Sinn und Zweck der jeweiligen Merkmale oder ihren Beitrag zur Verwirklichung bestimmter Zielsetzungen ankommt, sondern sie allein aufgrund ihrer Teilhabe an der „nationalen Identität" erfasst bzw. geschützt werden. Der Begriff der nationalen Identität ist notwendigerweise unionsrechtlich zu verstehen und zu bestimmen; allerdings steht den Mitgliedstaaten bei der Bestimmung derjenigen Merkmale, die als identitätsstiftend anzusehen sind, ein Gestaltungsspielraum zu.

Teil der nationalen Identität kann z.B. die ggf. bestehende föderale Struktur eines Mitgliedstaates, aber auch die kommunale Selbstverwaltung sein. Da jedoch nur die „nationale" Identität – also diejenige der Mitgliedstaaten, nicht hingegen diejenige der Regionen oder Gemeinden – erfasst wird, ist es jeweils notwendig, dass solche Strukturen auch tatsächlich die nationale Identität (und nicht etwa nur diejenige der Gebietskörperschaften) prägen. Damit ist es nach wie vor zutreffend, von der „Landes-Blindheit"[147] der Union in dem Sinn zu sprechen, dass die Union zweistufig – Union auf der einen, Mitgliedstaaten auf der anderen Seite – aufgebaut ist und die Union sich nicht mit der Frage der innerstaatlichen Struktur der Mitgliedstaaten befasst, die diese – in den Grenzen des Unionsrechts – autonom bestimmen können.

In der Rechtsprechung des EuGH wurde bislang im Wesentlichen im Zusammenhang mit der Rechtfertigung eines Eingriffs in das durch Art. 21 AEUV gewährleistete Freizügigkeitsrecht der Unionsbürger auf die nationale Identität der Mitgliedstaaten Bezug genommen: Der Gerichtshof erachtete eine durch eine namensrechtliche Regelung begründete Beschränkung des Freizügigkeitsrechts als durch Anliegen der öffentlichen Ordnung, zu der auch die nationale Identität gehöre, gerechtfertigt, da die infrage stehende Vorschrift auf dem (österreichischen) Adelsaufhebungsgesetz beruhe, das die Gleichheit aller Staatsbürger vor dem Gesetz sicherstellen wolle und Teil dieser nationalen Identität sei.[148] Im Zusammenhang mit Art. 45 AEUV betonte der Gerichtshof, die Achtung der nationalen Identität stelle ein zwingendes Erfordernis des Allgemeinwohls dar, das eine Beschränkung der Arbeitnehmerfreizügigkeit rechtfertigen könne, wobei der Verhältnismäßigkeitsgrundsatz zu wahren sei.[149]

- Während es bei der nationalen Identität um die Achtung staatlicher Strukturen geht, nimmt **Art. 4 Abs. 2 S. 2 EUV** auf die **grundlegenden staatlichen Funktionen bzw. Aufgaben** Bezug, wobei beispielhaft die Wahrung der territorialen Unversehrtheit, die Aufrechterhaltung der öffentlichen Ordnung und der Schutz der nationalen Sicherheit genannt werden. Betont wird damit (wiederum) die Eigenstaatlichkeit der

---

145 Vgl. zum Schutz der „nationalen Identität der Mitgliedstaaten" etwa *von Bogdandy/Schill*, Die Achtung der nationalen Identität unter dem reformierten Unionsvertrag, ZaöRV 2010, 701 ff.
146 Vgl. *Giegerich*, Europäische Verfassung (D.VI.), 521 f.
147 Vgl. diesen Ausdruck bei *Ipsen*, Als Bundesstaat in der Gemeinschaft, FS Walter Hallstein, 1966, 248 (256); *Ipsen*, Die europäische Integration in der deutschen Staatsrechtslehre, FS Bodo Börner, 1992, 163 (176).
148 EuGH, Rs. C-208/09 (Sayn-Wittgenstein), Slg. 2010, I-13693. S. auch EuGH, Rs. C-51/08 (Kommission/Luxemburg), Slg. 2011, I-4231, wo der Gerichtshof im Zusammenhang mit der Beschränkung des Zugangs zum Notarberuf den Rückgriff auf die nationale Identität verwarf. S. sodann EuGH, Rs. C-391/09 (Runevic), Slg. 2011, I-3787 im Zusammenhang mit einer Regelung über die Schreibweise von Namen.
149 EuGH, Rs. C-202/11 (Las), Urt. v. 16.4.2013 (wo der EuGH die Verhältnismäßigkeit als nicht gegeben erachtete).

Mitgliedstaaten und der Umstand, dass ihnen eine Reihe grundlegender Staatsaufgaben verbleiben muss und die Ausübung der Kompetenzen der Union weder zu einer Aushöhlung der Wahrnehmung dieser Funktionen noch zu einer Gefährdung der Anliegen bzw. Zielsetzungen grundlegender staatlicher Funktionen führen darf. Diese Stoßrichtung des Art. 4 Abs. 2 S. 2 EUV wird durch **Art. 4 Abs. 2 S. 3 EUV** bestätigt und verstärkt, indem betont wird, dass die **nationale Sicherheit** in die „alleinige Verantwortung" der Mitgliedstaaten fällt. Allerdings wird man aus dieser Bestimmung nur ableiten können, dass die Verantwortung (insbesondere zur Durchführung entsprechender Maßnahmen) bei den Mitgliedstaaten verbleiben muss, nicht hingegen eine Art Verbot für die EU, Rechtsakte zu erlassen, die auch dem Schutz der nationalen Sicherheit dienen sollen. Dass Letzteres möglich sein muss, ergibt sich schon aus den entsprechenden Kompetenzen (Art. 67 ff. AEUV, *§ 17 Rn. 5 ff.*).

Die erwähnten „Achtungspflichten" der EU beziehen sich auf jeden **einzelnen Mitgliedstaat**. Insofern weisen diese Verpflichtungen der Union einen „individualschützenden" Charakter auf, so dass es z.b. nicht darauf ankommt, ob das jeweilige Identitätsmerkmal in einer genügenden Anzahl oder gar in einer Mehrheit von Mitgliedstaaten verwirklicht ist. Denn Art. 4 Abs. 2 EUV soll die Mitgliedstaaten „in ihrer Eigenart" schützen, so dass es um ihre jeweiligen spezifischen Belange gehen muss.

58

Art. 4 Abs. 2 EUV ist – wie schon der Wortlaut der Bestimmung nahelegt – nicht als „Beeinträchtigungsverbot" in dem Sinn auszulegen, dass jegliches Verhalten, das die in der Bestimmung genannten Schutzgüter berührt und damit in Mitleidenschaft ziehen kann, verboten wäre; vielmehr sind die in Art. 4 Abs. 2 EUV aufgeführten Anliegen (nur, aber immerhin) zu „achten". Damit müssen die Unionsorgane bei der Wahrnehmung ihrer Aufgaben die Auswirkungen geplanter Maßnahmen oder Tätigkeiten auf die in Art. 4 Abs. 2 EUV genannten Schutzgüter bzw. Anliegen prüfen, so dass es in der Sache um eine **Berücksichtigungspflicht** geht. Jede andere Sicht implizierte eine Bindung der Unionsorgane an mitgliedstaatliche Verfassungsstrukturen und stünde jeglicher Rückwirkung von EU-Maßnahmen auf staatliche Funktionen entgegen. Dies liefe nicht nur dem Vorrang des Unionsrechts zuwider, sondern führte auch dazu, dass die Union ihre Zielsetzungen kaum verwirklichen und ihre Aufgaben nicht wahrnehmen könnte, da die genannten Schutzgüter in vielen Fällen tangiert sein können.

59

Damit ist Art. 4 Abs. 2 EUV im Wesentlichen ein **Abwägungsgebot** zu entnehmen: Plant die Union eine Maßnahme zur Verwirklichung eines bestimmten Ziels, sind deren Auswirkungen auf die genannten Schutzgüter zu ermitteln. Sind solche Auswirkungen zu erkennen, ist – im Sinne der **praktischen Konkordanz** – ein Ausgleich der widerstreitenden Interessen bzw. Zielsetzungen und Schutzgüter (die Verwirklichung des angestrebten Unionsziels auf der einen und die Reichweite der Beeinträchtigung der in Art. 4 Abs. 2 EUV genannten Anliegen auf der anderen Seite) zu suchen. Hierbei ist das Prinzip der Verhältnismäßigkeit zu beachten. Insofern geht es nicht nur um die Pflicht zur „Kenntnisnahme". Vielmehr muss sich die Berücksichtigung auch im Ergebnis niederschlagen. Allerdings besteht kein „Vorrang" des einen oder anderen Interesses.

60

Art. 46 EUV a.F. schloss die Überprüfung der Einhaltung dieser Pflichten durch den EuGH aus. Der Vertrag von Lissabon beseitigte diese Einschränkung der **Jurisdiktion des EuGH**.

61

2. Grundsatz der loyalen Zusammenarbeit (Art. 4 Abs. 3 EUV)

62 Art. 4 Abs. 3 EUV regelt eine Reihe von Pflichten der Union und der Mitgliedstaaten und ist Ausdruck des **Grundsatzes der "loyalen Zusammenarbeit"** (der teilweise als „Unionstreue" bezeichnet wird).[150] Die Existenz wechselseitiger Garantiepflichten – wobei Art. 4 Abs. 3 EUV nunmehr auch explizit die Union in die Pflicht nimmt[151] – stellt ein unabdingbares Element jeglicher föderaler Struktur dar, da nur durch eine gegenseitige Rücksichtnahme und Loyalität gewährleistet werden kann, dass die für ein föderales System konstitutive Existenz der föderalen bzw. der mitgliedstaatlichen Ebene auf Dauer geschützt und erhalten werden kann.[152]

63 In Bezug auf das „Schutzgut" dieser Bedeutungsschicht des Art. 4 Abs. 3 EUV lässt sich dieser Bestimmung eine Pflicht der Union zur Beachtung bzw. Rücksichtnahme auf **elementare Interessen der Mitgliedstaaten** entnehmen. Ähnlich wie bei Art. 4 Abs. 2 EUV muss die Tragweite der Schutzwirkung dieser Bestimmung zwar durch das Unionsrecht bestimmt werden; jedoch ist den Mitgliedstaaten ein weiter Gestaltungsspielraum einzuräumen. Der Schutzbereich des Art. 4 Abs. 3 EUV bezieht sich jedenfalls auf grundlegende mitgliedstaatliche Verfassungsstrukturen und ist insoweit mit Art. 4 Abs. 2 EUV deckungsgleich; dabei stellt die zuletzt genannte Bestimmung die speziellere Norm dar. Damit hat die Union bei der Rechtsetzung wesentlichen Interessen der Mitgliedstaaten Rechnung zu tragen.[153] Parallel zur Rechtslage unter Art. 4 Abs. 2 EUV geht es dabei um eine Rücksichtnahmepflicht, die einen Ausgleich von EU- und mitgliedstaatlichen Interessen und Zielen unter Beachtung des Verhältnismäßigkeitsgrundsatzes erfordert. Insoweit ist Art. 4 Abs. 3 EUV eine (weitere) Modalität bzw. Schranke der Kompetenzausübung zu entnehmen. Auch kann die Union bei ihrem sonstigen Verhalten verpflichtet werden; so hat sie insbesondere die **Mitgliedstaaten ggf. bei der Erfüllung ihrer unionsrechtlichen Verpflichtungen** zu unterstützen, was z.B. eine Informationspflicht nach sich ziehen kann.

3. Zur Rolle der nationalen Parlamente

64 Art. 12 EUV nimmt ausdrücklich auf die Rolle der nationalen Parlamente Bezug, die „aktiv zur guten Arbeitsweise der Union" beitragen sollen, was entsprechende Berücksichtigungspflichten der Union impliziert.[154] Dabei zählt diese Bestimmung die verschiedenen Konstellationen auf, in denen den nationalen Parlamenten eine Beteiligungsrolle zukommt. Neben gewissen Bestimmungen im Rahmen des Titels V AEUV

---

150 Vgl. zur Begrifflichkeit mit zahlreichen Nachweisen *Kahl*, in: Calliess/Ruffert (Hg.), EUV/AEUV, 4. Aufl., 2011, Art. 4 EUV, Rn. 29 ff.
151 Der Wortlaut des Art. 10 EGV bezog sich nur auf die Mitgliedstaaten als Verpflichtete. Doch konnte auch bereits dieser Bestimmung ein allgemeines Prinzip wechselseitiger Loyalität entnommen werden, vgl. aus der Rechtsprechung EuGH, Rs. 230/81 (Luxemburg/EP), Slg. 1983, 255, Rn. 38; EuGH, verb. Rs. 358/85, 51/86 (Frankreich/EP), Slg. 1988, 4821, Rn. 34; EuGH, Rs. C-2/88 (Zwartveld), Slg. 1990, I-3365, Rn. 17 ff.; EuGH, Rs. C-251/89 (Athanasopoulos u.a.), Slg. 1991, I-2797, Rn. 57; EuGH, Rs. C-341/95 (Bettati), Slg. 1998, I-4355, Rn. 77; EuGH, verb. Rs. C-36/97, C-37/97 (Kellinghusen und Ketelsen), Slg. 1998, I-6337, Rn. 30 ff.). Dazu *Epiney*, Gemeinschaftsrecht und Föderalismus: „Landes-Blindheit" und Pflicht zur Berücksichtigung innerstaatlicher Verfassungsstrukturen, EuR 1994, 301 ff.
152 Vgl. ausführlicher zu diesem Aspekt *Giegerich*, Europäische Verfassung (D.VI.), 431 ff.
153 Vgl. zu den verschiedenen inhaltlichen Facetten dieser Rechtspflicht, m.w.N., etwa *Kahl*, in: Calliess/Ruffert (Hg.), EUV/AEUV, 4. Aufl., 2011, Art. 4 EUV, Rn. 104 ff.
154 Zur Rolle der nationalen Parlamente nach dem Vertrag von Lissabon etwa *Groh*, Die Rolle der nationalen Parlamente, in: Fastenrath/Nowak (Hg.), Der Lissabonner Reformvertrag, 2009, 77 ff.; ausführlich (auf der Grundlage des Verfassungsvertrages) *Mellein*, Subsidiaritätskontrolle durch nationale Parlamente. Eine Untersuchung zur Rolle der mitgliedstaatlichen Parlamente in der Architektur Europas, 2007.

(Raum der Freiheit, der Sicherheit und des Rechts) sowie der Rolle der Parlamente im Rahmen der Modifikation der Verträge, einschließlich des Beitritts neuer Mitgliedstaaten (Art. 48, 49 EUV), sind hier insbesondere zwei **Protokolle** von Bedeutung, die durch den **Lissabonner Vertrag** neu formuliert und inhaltlich angereichert wurden, wobei letztlich die bereits dem Verfassungsvertrag beigefügten Protokolle aufgegriffen wurden:

- Das **Protokoll Nr. 1 über die Rolle der nationalen Parlamente in der EU** verankert umfassende Informations- und Konsultationspflichten der Unionsorgane gegenüber den nationalen Parlamenten.
- Das **Protokoll Nr. 2 über die Anwendung der Grundsätze der Subsidiarität und der Verhältnismäßigkeit** führt ein neues Verfahren im Hinblick auf die Kontrolle der Einhaltung dieser Grundsätze ein, das die nationalen Parlamente einbezieht (sog. „Frühwarnsystem").[155] Das Protokoll enthält in erster Linie verschiedene verfahrensrechtliche Verpflichtungen der Unionsorgane. Daneben erfolgt zur Geltendmachung von behaupteten Verletzungen des Subsidiaritätsprinzips zugunsten der nationalen Parlamente eine Ausweitung der Klagemöglichkeiten vor dem EuGH.

Im Einzelnen ist auf folgende Bestimmungen des Protokolls hinzuweisen:[156]

- Die Kommission wird verpflichtet, „umfangreiche Anhörungen" vor der Unterbreitung eines Gesetzgebungsvorschlags durchzuführen (Art. 2). Weiter hat sie alle ihre Vorschläge dem Unionsgesetzgeber und den nationalen Parlamenten gleichzeitig zu übermitteln; parallele Verpflichtungen gelten für das EP und den Rat (Art. 4).
- Der Kommission wird eine Begründungspflicht im Hinblick auf die Darlegung der Einhaltung der Grundsätze der Subsidiarität und Verhältnismäßigkeit auferlegt, wobei die hierbei zu berücksichtigenden Aspekte präzisiert werden (Art. 5). Damit wird also die allgemein geltende Begründungspflicht (Art. 296 AEUV) näher umrissen, was die diesbezüglichen Anforderungen erhöhen dürfte.
- Nach Art. 6 kann jedes nationale Parlament und jede Kammer eines nationalen Parlaments binnen acht Wochen ab Übermittlung des Vorschlags der Kommission in einer begründeten Stellungnahme darlegen, dass der Vorschlag nicht mit dem Subsidiaritätsprinzip vereinbar sei. Die Unionsorgane werden verpflichtet, diese Stellungnahmen zu „berücksichtigen" (Art. 7 Abs. 1). Angesichts des Fehlens weiterer Präzisierungen dürfte damit nur – aber immerhin – eine Pflicht zur Kenntnisnahme und materiellen Auseinandersetzung mit den Stellungnahmen verbunden sein, nicht hingegen eine Pflicht, deren Schlussfolgerungen auch tatsächlich in die Arbeiten einfließen zu lassen.
- Wird von insgesamt einem Drittel bzw. einem Viertel der nationalen Parlamente bzw. der Kammern (vgl. hierzu Art. 7 Abs. 2) eine begründete Stellungnahme dahin gehend abgegeben, dass der Kommissionsvorschlag nicht mit dem Subsidiaritätsprinzip in Einklang stehe, so hat die Kommission ihren Vorschlag zu „überprüfen". Dies erfordert wohl eine Art qualifizierte materielle Auseinandersetzung mit den Einwänden. Die Kommission ist aber nicht zur Modifikation oder Rücknahme des Beschlusses verpflichtet, sondern kann daran festhalten, wobei sie ihre Entscheidung in jedem Fall begründen muss (Art. 7 Abs. 2).
- Art. 8 des Protokolls verweist auf die Nichtigkeitsklage (Art. 263 AEUV). Soweit die Geltendmachung einer Verletzung des Subsidiaritätsprinzips zur Debatte steht, eröffnet die Bestimmung die Möglichkeit, dass die Mitgliedstaaten im Namen des nationalen Parlaments bzw. dessen Kammern vor dem EuGH Nichtigkeitsklage erheben können. In Deutschland

---

155 Zu diesem Protokoll *von Danwitz*, Subsidiaritätskontrolle in der Europäischen Union, FS Dieter Sellner, 2010, 37 ff.; *Kiiver*, The Early-Warning System for the Principle of Subsidiarity : The National Parliament as a *Conseil d'Etat* for Europe, ELR 2011, 98 ff.; *Semmler*, Die Subsidiaritätsrüge nach dem Vertrag von Lissabon – Plädoyer für ein politisches Instrument, ZEuS 2010, 529 ff.; *Frenz*, Subsidiaritätsprinzip und -klage nach dem Vertrag von Lissabon, Jura 2010, 641 ff.; *Uerpmann-Wittzack/Edenharter*, Subsidiaritätsklage als parlamentarisches Minderheitsrecht?, EuR 2009, 313 ff.
156 Vgl. schon *Epiney*, Föderalismus in der EU – einige Überlegungen auf der Grundlage des Verfassungsentwurfs –, in: Zuleeg (Hg.), Die neue Verfassung der Europäischen Union, 2006, 47 (53 ff.).

wurde daraufhin das Grundgesetz entsprechend ergänzt (vgl. Art. 23 Abs. 1 lit. a GG).[157] Weiter kann der Ausschuss der Regionen in den Fällen Nichtigkeitsklage erheben, in denen er zu einem Gesetzgebungsakt anzuhören ist.

Insgesamt wird damit den nationalen Parlamenten eine verstärkte Rolle im Rahmen des Gesetzgebungsverfahrens eingeräumt. Zu betonen ist allerdings, dass sich die eigentlichen „Sonderrechte" ausdrücklich nur auf die Einhaltung des Subsidiaritätsprinzips beziehen, so dass etwa Verstöße gegen den Grundsatz der Verhältnismäßigkeit oder sonstige Vertragsverstöße, wie z.b. der Erlass eines Sekundärrechtsakts ohne ausreichende Rechtsgrundlage, nicht geltend gemacht werden können. Weiter wird den nationalen Parlamenten zwar kein „Veto-Recht" eingeräumt; doch wird die „Rechtfertigungsschwelle" für die Kommission im Hinblick auf die (Begründung der) Einhaltung des Subsidiaritätsprinzips spürbar heraufgesetzt. Die nationalen Parlamente machen von ihren Rechten durchaus – wenn auch selektiv und in den verschiedenen Mitgliedstaaten unterschiedlich häufig – Gebrauch.[158]

Die Kontrolldichte des EuGH fällt in Bezug auf die Überprüfung der Einhaltung der Voraussetzungen des Subsidiaritätsprinzips eher weitmaschig aus,[159] und es sind keine Anhaltspunkte dafür ersichtlich, dass der Gerichtshof seine Prüfungsdichte angesichts des nunmehr ausdrücklich vorgesehenen Kontrollmechanismus verstärken wird.[160] Dies vermag schon insofern nicht zu überraschen, als die Voraussetzungen des Subsidiaritätsprinzips relativ weitmaschig formuliert sind. Die Frage, ob und inwieweit seine Voraussetzungen erfüllt sind, erfordert notwendigerweise Wertungen, die dem Unionsgesetzgeber überlassen bleiben müssen. Hieran ändert auch der neue Kontroll- bzw. Frühwarnmechanismus nichts, zumal auch schon bisher die Möglichkeit der gerichtlichen Kontrolle in gleichem Umfang gegeben war.

II. Pflichten der Mitgliedstaaten

65 Die Pflichten der Mitgliedstaaten im Verhältnis zur Union ergeben sich allgemein zunächst aus dem Grundsatz der loyalen Zusammenarbeit gemäß Art. 4 Abs. 3 EUV (1.). Dieser Grundsatz ist in einzelnen Vertragsbestimmungen weiter ausgeformt und wurde in der Rechtsprechung spezifiziert, wobei die in Art. 2 EUV statuierte Achtung fundamentaler Grundsätze durch die Mitgliedstaaten (2.) und der Grundsatz der Haftung der Mitgliedstaaten für Verstöße gegen Unionsrecht (3.) von besonderer Bedeutung sind.

Ausgangspunkt der Überlegungen ist dabei der bereits erwähnte grundsätzliche Vorrang des Unionsrechts (§ 3 Rn. 35 ff.), aus dem sich eine allgemeine Pflicht der Mitgliedstaaten zur Beachtung des Unionsrechts und der Sicherstellung seiner Effektivität ergibt. Diese kann allerdings in den vertraglich vorgesehenen (wenigen) Fällen durch sog. **Notstands- und/oder Schutzklauseln** in dem jeweils vorgesehenen Ausmaß „eingeschränkt" werden (s. etwa die entsprechenden Klauseln in Art. 66 AEUV, Art. 191 Abs. 2 AEUV, Art. 346 Abs. 1 AEUV oder Art. 347 AEUV).[161]

1. Pflicht zur loyalen Zusammenarbeit

66 Nach Art. 4 Abs. 3 EUV sind die Mitgliedstaaten verpflichtet, alle geeigneten Maßnahmen zu treffen, um die sich aus dem **Vertrag ergebenden Verpflichtungen zu erfüllen**, sowie alle Maßnahmen zu unterlassen, welche die **Verwirklichung der Vertragsziele beeinträchtigen** könnten. Diese Bestimmung ist Ausdruck des Grundsatzes der effektiven Wirksamkeit des Unionsrechts und somit zur Verwirklichung der Unionsziele unabdinglich. Ihr Aussagehalt geht im Wesentlichen dahin, für all diejenigen Fälle, in de-

---

157 Hierzu etwa *Calliess*, Die neue EU nach dem Vertrag von Lissabon, 2010, 229 ff.
158 Vgl. die diesbezüglichen Berichte der Kommission: KOM (2013) 565 endg.; KOM (2013) 566 endg.
159 S. z.B. EuGH, Rs. C-91/01 (British American Tobacco, Slg. 2002, I-11453, Rn. 172 ff.; EuGH, Rs. C-110/03 (Belgien/Kommission), Slg. 2005, I-2801, Rn. 56 ff.
160 S. z.B. die sehr weitmaschige Kontrolle in EuGH, Rs. C-176/09 (Luxemburg/EP und Rat), Slg.2011, I-3727.
161 Hierzu grundlegend *Weber*, Schutznormen und Wirtschaftsintegration – zur völkerrechtlichen, europarechtlichen und innerstaatlichen Problematik von Schutzklauseln und ordre-public-Vorbehalten, 1982.

nen mitgliedstaatliches Verhalten nicht gegen den Wortlaut des Vertrages verstößt, allerdings seine effektive Wirksamkeit beeinträchtigen könnte, eine Art allgemeine Förderungspflicht der Mitgliedstaaten vorzusehen, so dass sich die Mitgliedstaaten so zu verhalten haben, dass die unionsrechtlichen Vorgaben tatsächlich beachtet und die unionsrechtlichen Zielsetzungen tatsächlich erreicht werden können.

Die rechtliche Tragweite des Art. 4 Abs. 3 EUV lässt sich nur auf der Grundlage der **Rechtsprechung des EuGH** erschließen, der – ohne jeweils die beiden Unterabsätze zu trennen – in einer reichhaltigen Judikatur aus Art. 4 Abs. 3 EUV (bzw. Art. 10 EGV) eine Reihe selbstständiger und akzessorischer Pflichten abgeleitet hat, die in weiteren Kapiteln dieses Bandes noch näher erläutert werden und in folgende Kategorien eingeteilt werden können:[162]

- Die Mitgliedstaaten sind verpflichtet, für die effektive **Umsetzung und Durchführung von EU-Recht** zu sorgen. Dabei kommt der Umsetzung von Richtlinien eine besondere Bedeutung zu (*§ 6 Rn. 29 ff.*).
- Weiter besteht eine Pflicht der Mitgliedstaaten zum **effektiven Vollzug des Unionsrechts**. Dies erfordert ggf. den Erlass von Begleitmaßnahmen (*§ 8 Rn. 2, 12 ff.*).
- Ausgehend von dem Erfordernis der Effektivität des Unionsrechts sind die **mitgliedstaatlichen Gerichte** verpflichtet, das Unionsrecht tatsächlich anzuwenden. Auch müssen die unionsrechtlich gewährten Rechte gerichtlich durchgesetzt werden können. Letzteres impliziert ggf. die Pflicht, **Einzelnen gerichtlichen Zugang** einzuräumen, damit die betreffenden Rechte gerichtlich geltend gemacht werden können (*§ 8 Rn. 26*).
- Sodann sind die Pflichten im Zusammenhang mit der **Kompetenzausübung** zu erwähnen, die etwa Informations- und Konsultationsverpflichtungen umfassen können.
- Schließlich obliegen den Mitgliedstaaten im Sinne des Verbots der Beeinträchtigung des Unionsrechts zahlreiche **Unterlassungspflichten**, so etwa Stillhaltepflichten *(§ 3 Rn. 21 ff.)* oder die Pflicht zur Beachtung einer gewissen „Vorwirkung" von Richtlinien.

2. Achtung fundamentaler Grundsätze durch die Mitgliedstaaten

Nach Art. 2 EUV sind die **Grundsätze der Menschenwürde, Freiheit, Demokratie, Gleichheit, Rechtsstaatlichkeit und die Wahrung der Menschenrechte** „allen Mitgliedstaaten gemeinsam". Damit sind diese Grundsätze – deren Inhalt an anderer Stelle erörtert wird (*§ 2 Rn. 8 ff., § 3 Rn. 12 ff.*) – durch die mitgliedstaatlichen Rechtsordnungen und die jeweilige Rechtsanwendung sicherzustellen und zu verwirklichen. Ihre Einhaltung bildet daher auch eine Voraussetzung für den Beitritt zur EU (Art. 49 Abs. 1 EUV).

67

---

[162] Besonders instruktiv hier der Überblick bei *Kahl*, in: Calliess/Ruffert (Hg.), EUV/AEUV, 4. Aufl., 2011, Art. 4 EUV, Rn. 54 ff., an dessen Einteilung hier angeknüpft wird.

Art. 7 EUV[163] – und entsprechend Art. 354 AEUV für die Abstimmungsmodalitäten – sieht ein **Verfahren** vor, wie im Falle der **Verletzung oder der Gefahr einer Verletzung der in Art. 2 EUV verankerten Verpflichtung** vorgegangen werden soll bzw. kann:[164]

- Art. 7 Abs. 1 EUV kann im Falle einer „**eindeutigen Gefahr einer schwerwiegenden Verletzung**"[165] der in Art. 2 EUV genannten Grundsätze angewandt werden: Der Rat muss bzw. kann das Vorliegen dieser Voraussetzung (auf Vorschlag eines Drittels der Mitgliedstaaten, des Parlaments oder der Kommission) nach Anhörung des betroffenen Mitgliedstaates mit einer Mehrheit von vier Fünfteln seiner Mitglieder nach Zustimmung des Parlaments feststellen; in diesem Fall kann er an den betroffenen Mitgliedstaat nach demselben Verfahren „geeignete Empfehlungen" richten.[166] Im Übrigen ist der Rat verpflichtet, regelmäßig zu prüfen, ob die Gründe, die zu der Feststellung geführt haben, noch zutreffen. Zwar sieht dieser Absatz keine Sanktionen vor; doch enthält die Bejahung einer eindeutigen Gefahr einer schwerwiegenden Verletzung der Werte des Art. 2 EUV ein Werturteil über die Zustände in einem Mitgliedstaat und damit eine politisch bedeutsame Warnung.

- Art. 7 Abs. 2–4 EUV bezieht sich auf **schwerwiegende und anhaltende Verletzungen** der in Art. 2 EUV genannten Grundsätze. Stellt der Europäische Rat eine solche (auf Vorschlag eines Drittels der Mitgliedstaaten oder der Kommission) einstimmig fest und stimmt das Parlament dem zu, kann der Rat mit qualifizierter Mehrheit beschließen, bestimmte Rechte auszusetzen, die dem betreffenden Mitgliedstaat zustehen, einschließlich der Stimmrechte des Staates im Rat. Die Auswahl der Rechte, die ausgesetzt werden sollen, steht grundsätzlich im Ermessen des Rates, wobei dieser aber die möglichen Auswirkungen auf die Rechte und Pflichten natürlicher Personen berücksichtigen muss (Art. 7 Abs. 3 S. 2 EUV). Die Suspendierung von Rechten ändert nichts daran, dass der betreffende Mitgliedstaat weiterhin seinen vertraglichen Verpflichtungen nachzukommen hat. Solche Maßnahmen können ebenfalls mit qualifizierter Mehrheit später aufgehoben oder abgeändert werden, wenn sich die Lage geändert hat (Art. 7 Abs. 4 EUV).

68 Die Einführung eines eigenen Verfahrens für die Fälle der Gefahr der Verletzung der in Art. 2 EUV genannten Grundsätze legt den Schluss nahe, dass Art. 7 EUV das Vorgehen gegen Mitgliedstaaten, in denen die Beachtung der in Art. 2 EUV erwähnten Grundsätze nicht gewährleistet ist oder sein könnte, grundsätzlich **abschließend** fest-

---

163 Vgl. ausführlich zu dieser Bestimmung etwa *Serini*, Sanktionen der EU (D.IV.), passim.
164 Diese Bestimmung wurde durch den Vertrag von Nizza neu gefasst, wobei in erster Linie den Erfahrungen mit dem „Fall Österreich" Rechnung getragen wurde: Nach der Regierungsbeteiligung der FPÖ in Österreich ergriffen die anderen Mitgliedstaaten „bilaterale Sanktionen" gegen Österreich; u.a. wurden alle Kontakte auf bilateraler Ebene eingestellt. Vgl. hierzu *Pernthaler/Hilpold*, Sanktionen als Instrument der Politikkontrolle – der Fall Österreich, integration 2000, 105 ff.; *Schmahl*, Die Reaktionen auf den Einzug der Freiheitlichen Partei Österreichs in das österreichische Regierungskabinett – eine europa- und völkerrechtliche Analyse, EuR 2000, 819 ff.; *Schorkopf*, Verletzt Österreich die Homogenität in der Europäischen Union? – zur Zulässigkeit der „bilateralen Sanktionen" gegen Österreich –, DVBl. 2000, 1036 ff.; *Hummer/Obwexer*, Die Wahrung der „Verfassungsgrundsätze" der EU, EuZW 2000, 485 ff.
165 Zu dieser strengen Voraussetzung (allerdings mit einem Beurteilungsspielraum des Rates) *Heintschel von Heinegg*, in: Vedder/Heintschel von Heinegg (Hg.), Europäisches Unionsrecht. Handkommentar, 2012, Art. 7 EUV, Rn. 8 ff.
166 Seit dem Vertrag von Lissabon sieht Art. 7 Abs. 1 EUV nicht mehr vor, dass der Rat „unabhängige Persönlichkeiten" ersuchen kann, einen Bericht über die Lage in dem betreffenden Mitgliedstaat vorzulegen. Die ausdrückliche Streichung dieses Passus durch den Vertrag von Lissabon sowie die grundsätzliche Abgeschlossenheit des Verfahrens sprechen gegen die Zulässigkeit einer „formellen" Einsetzung einer solchen Gruppe. Dies hindert den Rat jedoch nicht daran, informell den Rat unabhängiger Persönlichkeiten einzuholen und sie zur Erstattung eines Berichtes aufzufordern.

legt: Denn Sinn und Zweck der Festlegung von Voraussetzungen und Verfahrensregelungen in solchen Fällen bestehen gerade darin, ein vorhersehbares Vorgehen zu formulieren, auch und gerade zum Schutz der betroffenen Mitgliedstaaten. Außerhalb des in Art. 7 EUV formulierten Rahmens ergriffene Sanktionen im Falle des Bestehens einer Gefahr der Einhaltung der in Art. 2 EUV erwähnten Grundsätze in einem Mitgliedstaat wären damit schon aufgrund der erschöpfenden Regelung in Art. 7 EUV grundsätzlich unzulässig, abgesehen davon, dass sie auch gegen Art. 4 Abs. 3 EUV verstoßen könnten. Ausnahmen könnten allenfalls im Falle eines völligen Versagens des in Art. 7 EUV vorgesehenen Mechanismus in Betracht kommen.

Gemäß Art. 269 AEUV kann der **EuGH** (auf Antrag des betroffenen Mitgliedstaates) über die **Einhaltung der „reinen Verfahrensbestimmungen"**, nicht jedoch über das Vorliegen der **materiellen Voraussetzungen**, des Art. 7 EUV entscheiden. Fraglich ist, ob eine Zuständigkeit des EuGH auch dann besteht, wenn es nicht um die Einhaltung des Verfahrens des Art. 7 EUV, sondern um die Zulässigkeit von außerhalb des Art. 7 EUV ergriffenen „Sanktionen" geht. Im Ergebnis dürfte diese Frage positiv zu beantworten sein: Denn das Verfahren des Art. 7 EUV ist auch dann nicht eingehalten, wenn es zu Unrecht nicht herangezogen worden ist. Im Übrigen läge eine solche Konstellation völlig außerhalb des Art. 7 EUV, so dass die „normalen" Verfahren vor dem EuGH grundsätzlich statthaft sind. 69

Ein **Ausschluss** eines Mitgliedstaats aus der EU ist weder in Art. 7 EUV noch in anderen vertraglichen Bestimmungen vorgesehen. Man wird daraus ableiten können, dass ein nicht einvernehmlicher Ausschluss aus unionsrechtlicher Sicht nicht zulässig ist. Allerdings könnte erwogen werden, auf die allgemeinen völkerrechtlichen Bestimmungen (Art. 54 ff. Wiener Vertragsrechtskonvention) zurückzugreifen, die unter bestimmten Voraussetzungen einen Ausschluss aus internationalen Organisationen erlauben. Aufgeworfen wird damit die grundsätzliche Frage nach der Anwendbarkeit völkerrechtlicher Bestimmungen im Rahmen der Union, die sich auf verschiedenen Ebenen stellen kann, und somit nach dem Charakter der Unionsrechtsordnung als *„self-contained regime"*. Ein solcher könnte durch Art. 344 EUV – wonach sich die Vertragsparteien verpflichten, Streitigkeiten über die Auslegung oder Anwendung des Vertrages nicht anders als in diesem vorgesehen zu regeln – nahegelegt werden.[167] Angesichts der ausdrücklichen Regelungen des Art. 7 EUV und des Art. 354 AEUV kann aber davon ausgegangen werden,, dass zumindest in Bezug auf den Ausschluss im Vertrag eine abschließende Regelung im Sinne seiner Unzulässigkeit getroffen worden ist. Daher ist nur eine Suspendierung von Rechten, nicht hingegen ein Ausschluss möglich; dies gilt auch für einen mitunter erwogenen „Teilausschluss", etwa aus der Währungsunion.[168] Art. 50 EUV verankert hingegen die Möglichkeit eines **einseitigen Austritts aus der Union**, der von dem betreffenden Mitgliedstaat beschlossen werden muss und keine Einvernehmlichkeit voraussetzt (*§ 3 Rn. 42*). 70

---

[167] Diese Frage ist komplex und vielschichtig. Vgl. hierzu die im Grundsatz nach wie vor aktuelle Problemanalyse bei *Schwarze*, Das allgemeine Völkerrecht in den innergemeinschaftlichen Rechtsbeziehungen, EuR 1983, 1 ff.

[168] Dazu und zum „Sanktionsmechanismus", der im Rahmen der Wirtschafts- und Währungsunion vorgesehen ist, *§ 21 Rn. 5 ff.*

3. Haftung der Mitgliedstaaten für Verstöße gegen Unionsrecht

71 Kommen die Mitgliedstaaten ihren vertraglichen Verpflichtungen nicht nach, bestehen mit der Kontrollfunktion der Kommission und den anschließenden Klagemöglichkeiten (*§ 9 Rn. 24 ff.*) nur wenige und aus verschiedenen Gründen nur bedingt wirksame zentrale Durchsetzungsmechanismen. Vor diesem Hintergrund ist die Entwicklung der Rechtsprechung zu sehen, die – ausgehend von einem Fall der fehlenden Umsetzung einer Richtlinie[169] – einen **allgemeinen Grundsatz der Haftung der Mitgliedstaaten** für den Schaden, der Einzelnen durch die Verletzung unionsrechtlicher Verpflichtungen entstanden ist, entwickelt hat.

72 Der EuGH begründet das Bestehen des Staatshaftungsanspruchs im Wesentlichen mit der Erwägung, dass die **Wirksamkeit des Unionsrechts** beeinträchtigt wäre, wenn die Einzelnen nicht im Fall der Verletzung ihrer Rechte durch einen einem Mitgliedstaat zurechenbaren Verstoß gegen das Unionsrecht Schadensersatz erlangen könnten. Unterstützt werde diese Erwägung durch Art. 4 Abs. 3 EUV, wonach die Mitgliedstaaten alle geeigneten Maßnahmen zu ergreifen hätten, die zur Erfüllung der vertraglichen Verpflichtungen notwendig sind. Hierzu gehöre auch die Pflicht, die rechtswidrigen Folgen im Falle eines Verstoßes gegen das Unionsrecht zu beheben.[170]

> Die Entwicklung eines Staatshaftungsanspruchs durch die Rechtsprechung ist zum Teil heftig kritisiert worden, wobei dem EuGH insbesondere vorgeworfen wird, die Grenzen der Auslegung überschritten und Rechtsfortbildung betrieben zu haben. Jedenfalls muss bei der Bewertung der Rechtsprechung im Auge behalten werden, dass die Frage nach den „Grenzen der Auslegung" aus unionsrechtlicher Sicht zu beantworten ist (*§ 9 Rn. 18 f.*). Angesichts der großen Bedeutung des teleologischen Aspekts und damit des Grundsatzes des *effet utile* bei der Auslegung des Unionsrechts sowie der wichtigen Rolle des Einzelnen bei der Durchsetzung des Unionsrechts erscheint die Annahme einer grundsätzlichen Haftung der Mitgliedstaaten für qualifizierte Verletzungen des Unionsrechts aber folgerichtig und in einer Linie mit der Rechtsprechung zur unmittelbaren Wirksamkeit von Richtlinien stehend.[171]

73 Nach der Rechtsprechung des EuGH müssen **fünf Voraussetzungen** erfüllt sein, damit eine Haftung der Mitgliedstaaten wegen eines Verstoßes gegen Unionsrecht gegenüber Einzelnen bejaht werden kann:

74 a) Zunächst muss eine **hinreichend qualifizierte Verletzung des Unionsrechts** vorliegen. Diese Voraussetzung ist immer dann gegeben, wenn der jeweilige Mitgliedstaat das ihm ggf. eingeräumte Ermessen offenkundig und erheblich überschritten hat, wobei der EuGH hier einen ähnlichen Maßstab anlegt wie im Rahmen der außervertraglichen Haftung der Union nach Art. 340 Abs. 2 AEUV.[172]

> Die Feststellung der Qualifiziertheit des Verstoßes obliegt grundsätzlich den mitgliedstaatlichen Gerichten; allerdings sind der Rechtsprechung des EuGH hier einige Anhaltspunkte zu entnehmen: So liegt im Falle der Nichteinhaltung der Frist zur Umsetzung einer Richtlinie immer ein qualifizierter Verstoß vor; Gleiches gilt für den Fall, dass eine gefestigte einschlägige

---

[169] EuGH, verb. Rs. C-6/90, C-9/90 (Francovich), Slg. 1991, I-5357; s. sodann aus der Folgerechtsprechung insbesondere EuGH, verb. Rs. C-46/93, C-48/93 (Brasserie du pêcheur), Slg. 1996, I-1029; EuGH, Rs. C-392/93 (British Telecommunications), Slg. 1996, I-1631; EuGH, verb. Rs. C-178, 179, 188–190/94 (Dillenkofer), Slg. 1996, I-4848.
[170] Vgl. EuGH, verb. Rs. C-6/90, C-9/90 (Francovich), Slg. 1991, S. I-5357, Rn. 32 ff.
[171] Zur Problematik die Nachweise in *D.V.*
[172] Vgl. EuGH, verb. Rs. C-46/93, C-48/93 (Brasserie du pêcheur), Slg. 1996, I-1029, Rn. 55.

Rechtsprechung des EuGH nicht beachtet oder ein Urteil des EuGH nicht angewandt wird.[173] Ein hinreichend qualifizierter Verstoß ist auch dann zu bejahen, wenn eine Richtlinienbestimmung, die den Mitgliedstaaten keinen Gestaltungsspielraum hinsichtlich der Umsetzung lässt, nicht umgesetzt worden ist, dies auch für den Fall, dass alle anderen Richtlinienbestimmungen korrekt umgesetzt wurden.[174] Ganz allgemein spielt bei der Feststellung einer hinreichend qualifizierten Verletzung des Unionsrechts der den Mitgliedstaaten eingeräumte Gestaltungsspielraum eine große Rolle.[175] Dies ist bei der (möglichen) Verletzung von Verfahrenspflichten von besonderer Bedeutung, da hier im Falle einer klar formulierten Verpflichtung zur Durchführung eines bestimmten Verfahrens oft nur ein begrenzter Ermessensspielraum anzunehmen ist.[176] Hingegen ist ein irgendwie geartetes Verschulden der nationalen Behörden keine Voraussetzung für die Bejahung eines Schadensersatzanspruchs, wenn auch gewisse subjektive Elemente im Zusammenhang mit dem Vorliegen eines hinreichend qualifizierten Verstoßes (insbesondere im Falle des Bestehens von Gestaltungsspielräumen) berücksichtigt werden können.[177]

b) Diese Verletzung des Unionsrechts muss dem jeweiligen **Mitgliedstaat zurechenbar** sein. Dabei erstreckt sich die Staatshaftung auf **alle staatlichen Gewalten,** so dass sie nicht nur im Falle des Verhaltens der legislativen und exekutiven, sondern auch der judikativen Gewalt zum Zuge kommt. Weiter haften die Mitgliedstaaten auch für das Verhalten einzelner Beamter.[178]

Die Frage der Verantwortlichkeit für **judikatives Unrecht** war zunächst umstritten, wurde aber vom EuGH bejaht,[179] wobei diese Haftung nicht auf Fälle von Vorsatz oder grob fehlerhaftem Verhalten der Richter beschränkt werden darf, wenn auch die Haftung in Konstellationen eines offenkundigen Verstoßes ausgeschlossen würde.[180] Trotz der Besonderheiten der richterlichen Funktion (insbesondere Rechtssicherheit nach Rechtskraft eines Urteils und Unabhängigkeit der Richter) erscheint dieser Ansatz – neben den vom EuGH angeführten Argumenten des wirksamen Schutzes der Rechte Einzelner – folgerichtig, weil es sich auch bei Gerichten um staatliche Einrichtungen handelt, deren Verhalten dem Staat zuzurechnen ist. Im Übrigen wäre der gegenteilige Ansatz angesichts der im Rahmen des Art. 258 AEUV angenommenen Verantwortlichkeit des Staates für durch Gerichte zu verantwortende Unionsrechtsverstöße nicht stimmig. Die richterlichen Funktionen werden durch eine Staatshaftung nicht infrage gestellt.

Noch nicht abschließend geklärt ist, ob bei gerichtlichen Verstößen gegen das Unionsrecht nicht ein weitmaschigerer Maßstab für die Feststellung der Qualifiziertheit der Unionsrechtsverletzung zur Anwendung kommt. Die Aussagen des EuGH könnten in diese Richtung ausgelegt werden, obwohl der Gerichtshof den objektiven Charakter der Staatshaftung betont, an dem auch die Berücksichtigung „subjektiver" Elemente bei der Feststellung der Offenkundigkeit der Verletzung nichts ändert. Ebenso ist bislang noch nicht richterlich geklärt, ob die Verletzung der nach Art. 267 AEUV bestehenden Vorlagepflicht als solche eine Staatshaftung aus-

---

173 EuGH, verb. Rs. C-46/93, C-48/93 (Brasserie du pêcheur), Slg. 1996, I-1029, Rn. 57; EuGH, Rs. C-429/09 (Fuß), Slg. 2010, I-12167 (letztes Urteil mit Bezug auf die offenkundige Nichtbeachtung einer gefestigten Rechtsprechung des Gerichtshofs). Hingegen hängt die Bejahung eines Verstoßes gegen Unionsrecht nicht davon ab, dass dieser Verstoß selbst ausdrücklich durch den Gerichtshof festgestellt wurde, vgl. EuGH, Rs. C-118/08 (Transportes Urbanos), Slg. 2010, I-635.
174 EuGH, Rs. C-140//97 (Rechberger), Slg. 1999, I-3499, Rn. 51 ff.
175 EuGH, Rs. C-278/05 (Robins), Slg. 2007, I-1053, Rn. 72 f.
176 Vgl. EuGH, Rs. C-452/06 (Synthon), Slg. 2008, I-7681.
177 EuGH, Rs. C-429/09 (Fuß), Slg. 2010, I-12167; s. auch EuGH, Rs. C-379/10 (Kommission/Italien), Urt. v. 24.11.2011, wo der EuGH feststellte, ein nationales Gesetz, das die Haftung auf Fälle von Vorsatz und grobe Fahrlässigkeit beschränkt, verstoße gegen das Unionsrecht.
178 EuGH, Rs. C-470/03 (A.G.M.-COS.MET), Slg. 2007, I-2749 (im Zusammenhang mit einer dem Staat aufgrund der konkreten Umstände zurechenbaren Äußerung eines Beamten, die gegen Unionsrecht verstieß und einen Schaden eines Einzelnen nach sich zog).
179 EuGH, Rs. C-224/01 (Köbler), Slg. 2003, I-10239; s. auch EuGH, Rs. C-173/03 (Traghetti), Slg. 2006, I-5177; EuGH, Rs. C-379/10 (Kommission/Italien), Urt. v. 24.11.2011 (im zuletzt genannten Fall in Bezug auf den in bestimmten Konstellationen vorgesehenen Ausschluss der Haftung für durch den Verstoß gegen Unionsrecht durch letztinstanzliche Gerichte verursachte Schäden).
180 EuGH, Rs. C-173/03 (Traghetti), Slg. 2006, I-5177.

lösen kann. Diese Problematik kann insofern praxisrelevant werden, als die „Offenkundigkeit" des Verstoßes hier möglicherweise leichter nachzuweisen sein wird. Entscheidend für die Beantwortung dieser Frage ist, ob die Vorlagepflicht Einzelnen Rechte einräumen soll. Angesichts der Rolle des Einzelnen für die Durchsetzung des Unionsrechts und der „Multifunktionalität" des Art. 267 AEUV spricht einiges für die Bejahung dieser Frage.

76   c) Die verletzte unionsrechtliche Pflicht muss **Einzelnen Rechte** einräumen.

Bei den bislang vom EuGH entschiedenen Fällen war diese Voraussetzung jeweils gegeben. Die Frage des Bestehens von Rechten Einzelner richtet sich jedenfalls nach **unionsrechtlichen Grundsätzen**. Die Rechtsprechung des EuGH geht in Bezug auf die Pflicht der Mitgliedstaaten zur Einräumung von Rechten Einzelner bei der Umsetzung von Richtlinien – die auch in diesem Zusammenhang relevant ist – davon aus, dass Rechte Einzelner immer schon dann zu bejahen sind, wenn die betreffende Bestimmung (auch) im **Interesse der Einzelnen** erlassen wurde bzw. besteht.[181]

Nach der Rechtsprechung des EuGH können sich die betroffenen Einzelnen auf ihre sich in Art. 34 AEUV (freier Warenverkehr) verankerten Rechte im Rahmen der Geltendmachung von Schadensersatz berufen, wenn ein Mitgliedstaat gegen eine Richtlinie verstößt, deren Ziel u.a. darin besteht, das sich aus Art. 34 AEUV ergebende Recht Einzelner auf Wareneinfuhr zu präzisieren.[182] Damit impliziert die fehlerhafte oder gänzliche Unterlassung der Umsetzung solcher Richtlinien quasi automatisch die Verletzung eines Rechts Einzelner, nämlich das auf freien Warenverkehr, auf das diese sich im Rahmen der Geltendmachung eines Schadensersatzanspruchs berufen können. Nicht zu prüfen ist damit, ob die infrage stehende Richtlinienbestimmung selbst Einzelnen Rechte gewährt, ergeben diese sich doch aus der Warenverkehrsfreiheit. Vorausgesetzt ist jedoch, dass die Richtlinie bzw. die Richtlinienbestimmung das Recht aus Art. 34 AEUV präzisiert, was letztlich bei allen Produktnormen der Fall ist. Der Ansatz des Gerichtshofs dürfte sich auch auf Sekundärrechtsakte, die im Zusammenhang mit anderen Grundfreiheiten erlassen wurden, übertragen lassen.

77   d) Dem Einzelnen muss ein **Schaden** entstanden sein.

Dieser Schaden kann auch immaterieller Natur sein.[183]

78   e) Schließlich muss zwischen der Unionsrechtsverletzung und dem Schaden eine **Kausalität** festzustellen sein.

79   Die **Geltendmachung** des Anspruchs (zuständige Gerichte, Fristen u.a.m.) richtet sich nach dem einschlägigen **nationalen Recht**. Dieses darf aber nicht so ausgestaltet sein, dass die Voraussetzungen für die Geltendmachung des Anspruchs ungünstiger sind als bei vergleichbaren, sich aus dem nationalen Recht ergebenden Ansprüchen (**Diskriminierungsverbot** oder **Äquivalenzgebot**). Weiter darf die Heranziehung des nationalen Rechts nicht dazu führen, dass die Erlangung der Entschädigung praktisch unmöglich oder übermäßig erschwert ist (**Beeinträchtigungsverbot oder Effektivitätsgebot**).[184]

Nicht gegen das Beeinträchtigungsverbot verstößt es, wenn im Falle eines Schadensersatzanspruchs eines Einzelnen gegen einen Mitgliedstaat das zuständige Gericht bei der Bestimmung der ersatzfähigen Schäden prüfen kann, ob sich die Geschädigten in angemessener Form um die Verhinderung des Schadenseintritts oder um die Begrenzung des Schadensumfangs bemüht

---

181 Zur Problematik m.w.N. *Epiney*, Primär- und Sekundärrechtsschutz im Öffentlichen Recht, VVDStRL 61 (2002), 362 ff. S. aus der jüngeren Rechtsprechung illustrativ EuGH, Rs. C-237/07 (Janecek/Bayern), Slg. 2008, I-6221: Danach sind die Mitgliedstaaten verpflichtet, gemäß Art. 7 Abs. 3 RL 96/62 (sog. Luftqualitätsrahmenrichtlinie, ABl. 1996 L 296/1) Personen, die unmittelbar von der Gefahr einer Überschreitung der Grenzwerte oder der Alarmschwellen betroffen sind, eine Klagemöglichkeit einzuräumen, damit sie die Aufstellung von in der genannten Richtlinienbestimmung vorgesehenen Aktionsplänen erwirken können.
182 EuGH, Rs. C-445/06 (Danske Slagterier/Deutschland), Slg. 2009, I-2119.
183 Vgl. EuGH, Rs. C-429/09 (Fuß), Slg. 2010, I-12167, in Bezug auf „entgangene Freizeit".
184 EuGH, verb. Rs. C-6/90, C-9/90 (Francovich), Slg. 1991, I-5357, Rn. 41 ff.; EuGH, verb. Rs. C-46/93, C-48/93 (Brasserie du pêcheur), Slg. 1996, I-1029, Rn. 67; EuGH, Rs. C-445/06 (Danske Slagterier/Deutschland), Slg. 2009, I-2119.

haben und ob sie insbesondere rechtzeitig von allen ihnen zur Verfügung stehenden Rechtsschutzmöglichkeiten Gebrauch gemacht haben. Im Hinblick auf die Gewährleistung der Effektivität des Unionsrechts darf jedoch eine Schadensersatzklage nicht schon deshalb abgewiesen oder die Ansprüche gekürzt werden, weil die Betroffenen es unterlassen hatten, bei der Verwaltung eine Behandlung zu beantragen, die ihnen nach nationalem Recht klar nicht zustand.[185] Ebenso verstoße es gegen den Effektivitätsgrundsatz, wenn nach nationalem Recht nur dann Schadensersatz gewährt wird, falls der Betroffene vorgängig das ihm auf nationaler Ebene verweigerte (aber durch Unionsrecht gewährte) Recht geltend gemacht hat.[186]

Das Äquivalenzgebot ist etwa verletzt, wenn bei einer Staatshaftungsklage wegen eines Verfassungsverstoßes keine vorherige Ausschöpfung aller Rechtsbehelfe notwendig ist, während dies bei einer Staatshaftungsklage wegen eines Verstoßes gegen Unionsrecht verlangt wird, da beide Klagen miteinander vergleichbar sind.[187]

III. Verfassungsrechtliche Grundlagen des Integrationsprozesses in den Mitgliedstaaten

Errichtung der und Beitritt zur Europäischen Union implizieren die **Übertragung von Hoheitsrechten** der Mitgliedstaaten auf die Union und – auf der Grundlage des noch zu erörternden **Vorrangs des Unionsrechts** (*§ 3 Rn. 35 ff.*) – die Sicherstellung der Beachtung der unionsrechtlichen Verpflichtungen. Aus verfassungsrechtlicher Sicht ist hierfür eine entsprechende **Grundlage in der Verfassung** notwendig, die es den Staaten erlaubt, der Union beizutreten und die entsprechenden Verpflichtungen einzugehen. Diese verfassungsrechtlichen Grundlagen – die vom Unionsrecht vorausgesetzt werden – sind in den verschiedenen Mitgliedstaaten unterschiedlich ausgestaltet; Gleiches gilt für die Frage der „Aufnahme" der Unionsrechtsordnung in das in den Mitgliedstaaten geltende Recht. Die Lösungen und/oder Schwierigkeiten hängen dabei auch eng mit den jeweiligen Konzeptionen des **Verhältnisses zwischen Völkerrecht und Landesrecht** in den Mitgliedstaaten zusammen (monistische oder dualistische Tradition).

80

In der Regel beschränken sich die Verfassungen der Mitgliedstaaten darauf, in spezifischer (auf die EU bezogener) oder allgemeiner Form die Übertragung von Hoheitsrechten zuzulassen. Weiter werden auch häufig spezifische innerstaatliche Verfahren zur Beteiligung des Parlaments oder der Gliedstaaten geregelt. Hingegen wird der Vorrang des Unionsrechts selten festgeschrieben, was in einigen Mitgliedstaaten zu Unsicherheiten führt (*§ 3 Rn. 35 ff.*).

81

Das der **Ratifikation** eines Beitritts oder einer (im ordentlichen Änderungsverfahren erfolgende) Vertragsänderung vorausgehende **innerstaatliche Genehmigungsverfahren** richtet sich nach nationalem Recht. In allen Mitgliedstaaten ist die Genehmigung des Parlaments notwendig, wobei in vielen Mitgliedstaaten qualifizierte Mehrheiten erforderlich sind. In einigen Mitgliedstaaten muss – zumindest unter bestimmten Voraussetzungen – darüber hinaus ein Referendum durchgeführt werden.[188] Weiter waren der Beitritt zur EU bzw. die Ratifikation von Vertragsmodifikationen in einigen Mitgliedstaaten nur unter der Voraussetzung der vorherigen Anpassung verfassungsrechtlicher Bestimmungen möglich. Derartige Erfordernisse können einen Einfluss auf das innerstaatliche Genehmigungsverfahren entfalten, da Verfassungsände-

---

185 EuGH, Rs. C-201/05 (Test Claimants), Slg. 2008, I-2875. Vgl. auch EuGH, Rs. C-445/06 (Danske Slagaterier/Deutschland), Slg. 2009, I-2119 (darin auch Ausführungen zur Vereinbarkeit von Verjährungsregelungen mit dem Effektivitätsgebot). Für ein Beispiel eines Verstoßes gegen das Äquivalenzgebot EuGH, Rs. C-118/08 (Transportes Urbanos y Servicios Generales), Slg. 2010, I-635.
186 Vgl. EuGH, Rs. C-429/09 (Fuß), Slg. 2010, I-12167: Hier ging es um die Verletzung der Richtlinie über die Höchstarbeitszeit.
187 Vgl. EuGH, Rs. C-118/08 (Transportes Urbanos), Slg. 2010, I-635.
188 Vgl. zu den Ratifikationsverfahren in den Mitgliedstaaten unter besonderer Berücksichtigung der Durchführung von Referenden *Bieber*, Zur Ko-Existenz von Referenden und parlamentarischer Demokratie – Das Beispiel der Ratifizierungsverfahren zur Europäischen Verfassung –, in: Kadelbach (Hg.), Europäische Verfassung und direkte Demokratie, 2006, 57 ff.; *Hölscheidt*, Ratifizierung des Verfassungsvertrags durch die Mitgliedstaaten, in: ebd., 17 ff.

rungen häufig einen beachtlichen inhaltlichen und zeitlichen Aufwand erfordern und zudem gelegentlich nicht wie geplant durchgeführt werden können.

1. Deutschland

82 In Deutschland erlaubt **Art. 23 GG** – eine explizit auf die Teilnahme an der Europäischen Union zugeschnittene Bestimmung – dem Bund die **Übertragung von Hoheitsrechten**.

Diese Bestimmung wurde als spezifische verfassungsrechtliche Grundlage für die europäische Integration im Zuge der Ratifikation des Vertrags von Maastricht (1992) in das Grundgesetz eingefügt. Der allgemein die Übertragung von Hoheitsrechten auf zwischenstaatliche Einrichtungen erlaubende Art. 24 Abs. 1 GG wurde teilweise für nicht ausreichend gehalten, weitere Integrationsschritte vorzunehmen.[189] Präzisiert wurden bei dieser Gelegenheit auch die Beteiligung der Länder und des Parlaments an der internen Willensbildung in Bezug auf die Union betreffende Fragen.

Im Einzelnen enthält Art. 23 GG eine inhaltlich konkretisierte Staatszielbestimmung (Art. 23 Abs. 1 S. 1 GG), einen „Integrationshebel" (Art. 23 Abs. 1 S. 2, 3 GG) sowie eine Reihe prozeduraler Anforderungen in Bezug auf weitere Integrationsschritte (Art. 23 Abs. 1 S. 2, 3 GG) und allgemein in Bezug auf die innerstaatliche Willensbildung bei die Europäische Union betreffenden Angelegenheiten durch Beteiligungen des Bundestages, des Bundesrates sowie der Länder (Art. 23 Abs. 2–7 GG). Zudem haben Bundestag und Bundesrat nach Art. 23 Abs. 1 a GG das „Recht, wegen eines Verstoßes eines Gesetzgebungsakts der Europäischen Union gegen das Subsidiaritätsprinzip" vor dem EuGH zu klagen; im Falle eines entsprechenden Antrags eines Viertels seiner Mitglieder wird der Bundestag hierzu gar verpflichtet. Diese im Anschluss an Art. 8 Protokoll Nr. 2 (*Rn. 64*) eingeführte Bestimmung ist etwas missverständlich formuliert, da die Klageerhebung selbst gemäß Art. 8 Protokoll Nr. 2 durch den Mitgliedstaat im Namen des Parlaments erhoben wird.

83 Bei der Übertragung von Hoheitsrechten nach Art. 23 GG sind die in **Art. 79 Abs. 3 GG** formulierten Schranken zu beachten. Damit wird ein **verfassungsrechtlich nicht übertragbarer Bereich** umschrieben, dessen Reichweite letztverbindlich durch das Bundesverfassungsgericht bestimmt wird. Damit kann das Bundesverfassungsgericht aus verfassungsrechtlicher Sicht[190] prüfen, ob ein bestimmter EU-Rechtsetzungsakt diesen verfassungsrechtlich nicht übertragbaren Bereich berührt bzw. „verletzt";[191] die Feststellung eines solchen Eingriffs erscheint jedoch beim derzeitigen Stand der Dinge kaum vorstellbar. Solange dieser Bereich nicht tangiert ist, kommt die Zuständigkeit zur Auslegung unionsrechtlicher Bestimmungen – einschließlich derjenigen, die die Reichweite der EU-Kompetenzen determinieren – auch aus verfassungsrechtlicher Sicht dem EuGH zu. Denn auch die dem EuGH eingeräumte entsprechende Zuständigkeit zur letztverbindlichen Auslegung des Unionsrechts ist Teil der übertragenen Hoheitsgewalt, so dass mit der unter Beachtung der Art. 23 GG erfolgten Übertragung der Hoheitsgewalt auf die Union dieser gemäß den vertraglichen Bestimmungen zuständig ist. Das BVerfG hingegen kann nur prüfen, ob die Übertragung der Hoheitsgewalt die Grenzen des Art. 79 Abs. 3 GG beachtet.[192]

---

189 Vgl. hierzu *Classen*, in: Starck (Hg.), Kommentar zum Grundgesetz (begründet von v. Mangoldt, weitergeführt von Klein), 6. Aufl., 2010, Art. 23, Rn. 1. Zur Einbindung des Verfassungsstaates in die Europäische Union auch *Pernice*, VVDStRL 60 *(D.VI.)*, 148 ff.
190 Aus unionsrechtlicher Sicht jedoch obliegt die Zuständigkeit der Prüfung der Gültigkeit des Sekundärrechts in jedem Fall dem EuGH.
191 So auch BVerfGE 123, 267, Rn. 218, 235.
192 Grundlegend hierzu *Klein*, Der Verfassungsstaat als Glied einer europäischen Gemeinschaft, VVDStRL 50 (1991), 56 ff.; s. weiter insbesondere *Mayer*, Kompetenzüberschreitung und Letztentscheidung, 2000; *Kadelbach*, Vorrang und Verfassung: das Recht der Europäischen Union im innerstaatlichen Bereich, FS Zuleeg, 2005, 519 ff.; *Guckelberger*, Grundgesetz und Europa, ZEuS 2012, 1 ff.

88 *Epiney*

Diesen Zusammenhängen trägt die Rechtsprechung des BVerfG – auch wenn es grundsätzlich in seiner Rechtsprechung den Vorrang des Unionsrechts anerkennt[193] – nicht immer Rechnung. So geht das Gericht in seinem *Maastricht*-Urteil[194] davon aus, dass es nachprüfen könne, ob die von den Unionsorganen ergriffenen Maßnahmen durch die vertraglichen Ermächtigungen gedeckt sind. In seinem *Lissabon*-Urteil[195] bestätigte das Gericht letztlich das *Maastricht*-Urteil, formulierte jedoch in der Tendenz schärfer, ganz abgesehen davon, dass der noch im Maastricht-Urteil figurierende Hinweis auf das Kooperationsverhältnis zwischen BVerfG und EuGH weggefallen ist.[196] Im *Honeywell/Mangold*-Urteil[197] relativierte das BVerfG diese Aussagen dahin gehend, dass ein „hinreichend qualifizierter Kompetenzverstoß" der EU-Organe vorliegen müsse, damit das BVerfG seine „ultra vires-Kontrolle" ausüben könne. Ein solcher könne nur dann angenommen werden, wenn die Kompetenzüberschreitung „offensichtlich" ist und der entsprechende Sekundärrechtsakt im Kompetenzgefüge zu einer „strukturell bedeutsamen Verschiebung zulasten der Mitgliedstaaten" führt. Hingewiesen wird weiter auf die Vorlagepflicht nach Art. 267 AEUV, der vor einer möglichen Feststellung der Unanwendbarkeit eines Rechtsakts nachgekommen werden müsse. Im konkreten Fall verneinte das Gericht jedoch das Vorliegen einer solchen offensichtlichen Kompetenzüberschreitung. Unklar bleibt aber auch in diesem Urteil die dogmatische Begründung für diese vom BVerfG beanspruchte Kompetenz, die sich offensichtlich gerade nicht auf das Vorliegen eines Eingriffs in den verfassungsrechtlich nicht übertragbaren Bereich beschränkt, sondern auch (unionsrechtlich) offensichtliche Kompetenzüberschreitungen erfassen dürfte. Andere Akzente setzte das BVerfG hingegen in dem Urteil über die verfassungsrechtliche Zulässigkeit der Griechenland-Hilfe bzw. des sog. „Euro-Rettungsschirms":[198] Hier betonte das Gericht (insoweit im Einklang mit der hier vertretenen Meinung), der Prüfungsmaßstab der für zulässig erachteten Verfassungsbeschwerden bestimme sich nach Art. 20 Abs. 1, 2 i.V.m. Art. 79 Abs. 3 GG. Diese Grundsätze erforderten, dass der Haushaltsgesetzgeber frei von „Fremdbestimmung" seitens der Organe und anderer Mitgliedstaaten der EU dauerhaft „Herr seiner Entschlüsse" bleibe. Daher dürfte der Bundestag einem intergouvernemental oder supranational vereinbarten, nicht an strikte Vorgaben gebundenen und in seinen Auswirkungen nicht begrenzten Bürgschafts- oder Leistungsautomatismus nicht zustimmen. Sowohl die Bestimmungen der Europäischen Verträge als auch der zur Debatte bestehende Beschluss des Bundestags stünden jedoch mit diesen Vorgaben in Einklang, zu-

84

---

193 Vgl. insoweit schon BVerfGE 73, 339 (« Solange II »).
194 BVerfGE 89, 155 ff.
195 BVerfG, 123, 267, Rn. 238 ff. Vgl. zu diesem Urteil des BVerfG aus den zahlreichen Besprechungen *Bieber*, „An Association of Sovereign States", European Constitutional Law Review 2009, 391 ff.; *Ziller*, The German Constitutional Court's Friendliness towards European Law: On the Judgment of *Bundesverfassungsgericht* over the Ratification of the Treaty of Lisbon, EPL 2010, 53 ff.; *von Bogdandy*, Prinzipien der Rechtsfortbildung im europäischen Rechtsraum. Überlegungen zum Lissabon-Urteil des BVerfG, NJW 2010, 1 ff.; *Classen*, Legitime Stärkung des Bundestages oder verfassungsrechtliches Prokrustesbett?, JZ 2009, 881 ff.
196 Abgesehen davon erscheint es selbst auf der Grundlage der Rechtsprechung des BVerfG wenig überzeugend, das Mangold-Urteil des EuGH (EuGH, Rs. C-144/04, Mangold, Slg. 2005, I-9981), trotz aller möglicher Kritik an dem Urteil, vgl. etwa *Epiney*, NVwZ 2006,1244, 1246, als „ausbrechenden Rechtsakt" anzusehen, so aber i.Erg. *Gerken/Rieble/Roth/Stein/Streinz*, „Mangold" als ausbrechender Rechtsakt, 2009.
197 BVerfG, Beschluss v. 6.7.2010, 2 BvR 2661/06, NJW 2010, 3422. Zu diesem Urteil etwa *Pötters/Traut*, Die ultra-vires-Kontrolle des BVerfG nach „Honeywell" – Neues zum Kooperationsverhältnis von BVerfG und EuGH?, EuR 2011, 580 ff.; *Mayer*, Besprechung der Honeywell-Entscheidung, Jura 2011, 532 ff.; *Folz*, Quis Custodiet – Die ultra vires-Kontrolle durch das Bundesverfassungsgericht nach Honeywell, EuZA 2011, 308 ff.
198 BVerfG, Beschluss v. 7.9.2011, 2 BvR 987/10 u.a., EUZW 2011, 920.

mal dem Gesetzgeber im Hinblick auf den Umfang der Gewährleistungsübernahme ein gewisser Einschätzungsspielraum zu gewähren sei. Jüngst scheint das BVerfG jedoch die „Bindungswirkung" der Urteile des EuGH wieder in Frage zu stellen, so wenn es im Zusammenhang mit der Reichweite des Geltungsbereichs der EU-Grundrechtecharta[199] festhält, die Rechtsprechung des EuGH könne keinesfalls so ausgelegt werden, dass die Charta bei einer nur mittelbaren Beeinflussung des nationalen Rechts durch Unionsrecht anwendbar sei, da keine Lesart zugrunde gelegt werden dürfe, die „offensichtlich" als Ultra-vires-Akt zu beurteilen wäre oder die „Identität der durch das Grundgesetz errichteten Verfassungsordnung" in Frage stellte.[200] Bemerkenswert – und nicht dem hier vertretenen Ansatz entsprechend – ist dabei, dass der Prüfungsmaßstab des Gerichts offensichtlich doch eine Art Ultra-vires-Prüfung ist und daneben noch auf den wenig präzisen Begriff der „Identität" der grundrechtlichen Verfassungsordnung Bezug genommen wird, dies obwohl es hier an sich nur um die Grenzen des Art. 79 Abs. 3 GG gehen dürfte.[201]

85 Nach Art. 23 Abs. 1 S. 1 GG **wirkt** Deutschland nur unter der Voraussetzung an der **Europäischen Union mit**, dass diese bestimmte **Anforderungen** erfüllt (Beachtung demokratischer, rechtsstaatlicher, sozialer und föderativer Grundsätze, Verpflichtung auf das Subsidiaritätsprinzip sowie ein im Wesentlichen dem GG vergleichbarer Grundrechtsstandard). Auch wenn sich diese Vorgaben an diejenigen der Struktursicherungsklausel in Art. 79 Abs. 3 GG anlehnen, verbietet sich eine Übertragung der bezüglich dieser Bestimmung entwickelten Prinzipien: Denn Art. 23 GG nimmt Bezug auf in der EU zu beachtende Grundsätze, so dass hier nicht auf verfassungsrechtliche, sondern auf **unionsrechtliche Grundsätze** abzustellen ist, zumal die Union bzw. die Gemeinschaften zum Zeitpunkt des Inkrafttretens des Art. 23 GG bereits existierten. Bei der Definition und Anwendung dieser Strukturanforderungen auf ein supranationales Gebilde wie die Europäische Union wäre eine „Übertragung" nationaler Konzepte auch weder möglich noch sinnvoll. Insofern können dieser Bestimmung auch keine Homogenitätsanforderungen (im Verhältnis zum GG) entnommen werden, sondern sie artikuliert lediglich die auf Unionsebene nach den dort einschlägigen Maßstäben zu beachtenden Vorgaben.

2. Österreich

86 In Österreich wurde der EU-Beitritt des Landes als eine „Gesamtänderung" der österreichischen Verfassung angesehen.[202] Daher war die Frage des Beitritts zur EU nach Art. 44 Abs. 3 B-VG einer Volksabstimmung zu unterziehen. Rechtstechnisch wurde wegen der Komplexität der Materie ein auf Verfassungsstufe stehendes **Beitritts-Bundesverfassungsgesetz** (Beitritts-BVG) erlassen und damit eine eigene verfassungsrechtli-

---

[199] Der EuGH präzisierte diese insoweit, dass eine Durchführung des Unionsrechts im Sinne des Art. 51 GRCh bereits dann vorliege, wenn eine Fallgestaltung im Anwendungsbereich des Unionsrechts liegt, auch wenn die fraglichen Vorschriften nicht zur Umsetzung von Unionsrechts erlassen wurden, vgl. EuGH, Rs. C-617/10 (Akerberg Fransson), Urt. v. 26.2.2013.
[200] BVerfG, 1 BvR 1215/07, Urt. v. 24.4.2013, insbesondere Rn. 91.
[201] Vgl. zum Problemkreis z.B. *Thym*, Die Reichweite der EU-Grundrechte-Charta – zu viel Grundrechtsschutz?, NVwZ 2013, 889 ff.
[202] Vgl. *Louis/Ronse*, L'ordre juridique (D.VI.), 341. Ausführlich zu den verfassungsrechtlichen Grundlagen des EU-Beitritts und der EU-Mitgliedschaft Österreichs *Grabenwarter*, Offene Staatlichkeit: Österreich, § 20, in: von Bogdandy/Cruz Villalon/Huber (Hg.), Handbuch Ius Publicum Europaeum, Bd. 2, Offene Staatlichkeit, Wissenschaft vom Verfassungsrecht, 2007, 211 ff.; s. auch den Überblick bei *Schweitzer/Hummer/Obwexer*, Europarecht, 2007, Rn. 2738 ff.; *Hafner/Kumin/Weiss*, Recht der Europäischen Union, 2013, 70 ff.

che Grundlage für den EU-Beitritt geschaffen. Das durch das Parlament genehmigte Beitritts-BVG wurde einem Referendum unterstellt, und eine überzeugende Mehrheit der Bürger stimmte für seine Annahme. Eine Art. 23 i.V.m. Art. 79 Abs. 3 GG entsprechende „Struktursicherungsklausel" enthält das Beitritts-BVG nicht. Dies ist wohl vor allem vor dem Hintergrund zu sehen, dass zukünftige Vertragsänderungen sowieso dem im österreichischen Verfassungsrecht vorgeschriebenen Verfahren zu unterwerfen sind, das als ausreichend erachtet wurde.

Art. 50 Abs. 1, 4 B-VG regelt das innerstaatliche Genehmigungsverfahren für die Modifikation von Primärrecht. Darüber hinaus regelt **Art. 23 a-f B-VG** ausdrücklich einige Fragen im Zusammenhang mit der Mitgliedschaft Österreichs in der EU, wie etwa die Wahlen zum Europäischen Parlament, gewisse Informationspflichten der Regierung bzw. des Bundes sowie das Recht zur Stellungnahme von Parlament und Ländern.

3. Zu den übrigen Mitgliedstaaten

Die anderen Mitgliedstaaten können in Bezug auf die Regelung der Übertragung von Hoheitsrechten (spezifisch) auf die EU sowie die Regelung sonstiger, die EU betreffender Fragen in drei Gruppen eingeteilt werden:[203]

- Teilweise enthalten die Verfassungen Bestimmungen, die sich **ausdrücklich auf die Mitgliedschaft in der EU** beziehen. Nicht immer ist dabei ausdrücklich eine Übertragung von Hoheitsrechten vorgesehen. Teilweise werden (auch) die innerstaatliche Willensbildung in die EU betreffenden Fragen geregelt. Ausdrücklich werden Angelegenheiten der Europäischen Union in den Verfassungen folgender Staaten erwähnt: Belgien (Art. 168), Finnland (Art. 54 a–g des Parlamentsgesetzes, das im Verfassungsrang steht), Frankreich (Art. 88-1 ff.), Irland (Art. 29 Abs. 4 Ziff. 3), Portugal (Art. 7 Abs. 6), Ungarn (Art. 2a Abs. 1 Verfassung), Estland (Verfassungsgesetz vom 18. Juni 1992) und Schweden (Kap. 10 § 5 I).

- Eine Reihe von Mitgliedstaaten kennt nur **allgemeine**, Art. 24 Abs. 1 GG vergleichbare Bestimmungen, die den Beitritt zur EU und die damit verbundene **Übertragung von Hoheitsrechten** ermöglichen, so Belgien (Art. 34), Dänemark (§ 20), Griechenland (Art. 28), Luxemburg (Art. 49bis), die Niederlande (Art. 92), Polen (Art. 90 Abs. 1), die Slowakei (Art. 7 Abs. 2), Tschechien (Art. 10A, 1), Slowenien (Art. 3A I) und Spanien (Art. 93). Teilweise wurden diese Bestimmungen im Hinblick auf einen Beitritt in die Verfassung eingeführt. Die italienische Verfassung sieht (nur) die sehr allgemeine Möglichkeit vor, „Souveränitätsbeschränkungen" zuzustimmen (Art. 11).

- Einige wenige Mitgliedstaaten kennen **keine ausdrückliche verfassungsrechtliche Ermächtigung** zur Übertragung von Hoheitsrechten. Dies gilt für die Verfassungen von Malta, Zypern, Litauen und Lettland. Einen „Sonderfall" bildet Großbritanni-

---

[203] Die Texte der Verfassungen der EU-Mitgliedstaaten finden sich z.B. in Verfassungen der EU-Mitgliedstaaten, Beck-Texte, 6. Aufl., 2005. Die Verfassungen ausgewählter Mitgliedstaaten finden sich bei *Hufeld/Epiney* (Hg.), Europäisches Verfassungsrecht. Textsammlung, 3. Aufl., 2013. Vgl. zu den verfassungsrechtlichen Grundlagen in den Mitgliedstaaten die Nachweise im Literaturverzeichnis unten D.VI. sowie den Überblick bei *Louis/Ronse*, L'ordre juridique (D.VI.), 334 ff. sowie die Beiträge in §§ 14–26 in: von Bogdandy/Cruz Villalon/Huber (Hg.), Handbuch Ius Publicum Europaeum, Bd. 2, Offene Staatlichkeit, Wissenschaft vom Verfassungsrecht, 2007. Spezifisch zu den osteuropäischen Beitrittsstaaten *Albi*, „Europe" Articles in the Constitutions of Central and Eastern European Countries, CMLRev. 2005, 399 ff.

en, wo es keine eigentliche geschriebene Verfassung gibt. Der Beitritt Großbritanniens wurde im Wesentlichen durch den **European Communities Act**, ein Parlamentsgesetz, ermöglicht.

D. Literatur

I. Grundrechte

Alber, Siegbert, Die Selbstbindung der europäischen Organe an die europäische Charta der Grundrechte, EuGRZ 2001, 349 ff.; *Bieber, Roland/De Gucht, Karel* u.a., Au nom des peuples européens – in the name of the peoples of Europe, Baden-Baden 1996; *v. Bogdandy, Armin*, The European Union as a human rights organisation? Human rights and the core of the European Union, CMLR 2000, 1307 ff.; *ders./v. Bernstorff, Jochen*, Die Europäische Agentur für Grundrechte in der europäischen Menschenrechtsarchitektur und ihre Fortentwicklung durch den Vertrag von Lissabon, EuR 2010, 141 ff.; *Cirkel, Johannes*, Die Bindungen der Mitgliedstaaten an die Gemeinschaftsgrundrechte, Baden-Baden 2000; *de Búrca, Gráinne*, The Evolution of EU Human Rights Law, in: Craig/de Búrca (Hg.), The Evolution of EU Law, 2. Aufl., Oxford 2011, 465 ff.; *De Schutter, Olivier*, Les droits fondamentaux dans l'Union européenne, JDE 2010, 120 ff.; *Dutheil de la Rochère, Jacqueline*, The EU and the individual Fundamental Rights in the draft Constitutional Treaty, CMLR 2004, 345 ff.; *Ehlers, Dirk* (Hg.), Europäische Grundrechte und Grundfreiheiten, 3. Aufl., Berlin 2009; *Frenz, Walter*, Handbuch Europarecht, Band 4: Europäische Grundrechte, Berlin 2007; *Grzybek, Patrick*, Prozessuale Grundrechte im Europäischen Gemeinschaftsrecht, Baden-Baden 1993; *Heselhaus, Sebastian/Nowak, Carsten* (Hg.), Handbuch der Europäischen Grundrechte, München 2006; *Jacqué, Jean-Paul*, The Accession of the European Union to the European Convention on Human Rights and Fundamental Freedoms, CMLR 2011, 995 ff.; *Jarass, Hans D.*, Die EU-Grundrechte, München 2005; *ders.*, Charta der Grundrechte der Europäischen Union, Kommentar, 2. Aufl., München 2013; *Kingreen, Thorsten*, Grundrechtsverbund oder Grundrechtsunion?: zur Entwicklung der subjektiv-öffentlichen Rechte im europäischen Unionsrecht, EuR 2010, 338 ff.; *Kokott, Juliane*, Der Grundrechtsschutz im europäischen Gemeinschaftsrecht, AöR (121) 1996, 599 ff.; *Lenaerts, Koen*, Die EU-Grundrechtecharta: Anwendbarkeit und Auslegung, EuR 2012, 3 ff.; *Ludwig, Thomas*, Zum Verhältnis zwischen Grundrechtecharta und allgemeinen Grundsätzen – die Binnenstruktur des Art. 6 EUV n.F., EuR 2011, 715 ff.; *Meyer, Jürgen* (Hg.), Kommentar zur Charta der Grundrechte der Europäischen Union, 3. Aufl., Baden-Baden 2010; *Obwexer, Walter*, Der Beitritt der EU zur EMRK: Rechtsgrundlagen, Rechtsfragen und Rechtsfolgen, EuR 2012, 115 ff.; *Ostermann, Udo*, Entwicklung und gegenwärtiger Stand der europäischen Grundrechte nach der Rechtsprechung des Europäischen Gerichtshofs sowie des Gerichts erster Instanz, Frankfurt/M. 2009; *Pache, Eckhard/Rösch, Franziska*, Die neue Grundrechtsordnung der EU nach dem Vertrag von Lissabon, EuR 2009, 769 ff.; *Philippi, Nina*, Die Charta der Grundrechte der Europäischen Union, Baden-Baden 2002; *Schneiders, Benedikt*, Die Grundrechte der EU und die EMRK, Baden-Baden 2010; *Tettinger, Peter J./Stern, Klaus* (Hg.), Kölner Gemeinschaftskommentar zur Europäischen Grundrechte-Charta, München 2006; *Triantafyllou, Dimitris*, The European Charter of Fundamental Rights and the rule of law: restricting fundamental rights by reference, CMLR 2002, 53 ff.; *Weiler, Joseph H./Lockhart, Nicholas*, Taking Rights Seriously Seriously: The European Court and ist fundamental rights jurisprudence, CMLR 1995, 51 ff., 579 ff.; *Winkler, Sebastian*, Der Beitritt der Europäischen Gemeinschaften zur Europäischen Menschenrechtskonvention, Baden-Baden 2000.

II. Unionsbürgerschaft

Aust, Helmut Philipp, Von Unionsbürgern und anderen Wählern: Der Europäische Gerichtshof und das Wahlrecht zum Europäischen Parlament, ZeuS 2008, 253 ff.; *Becker, Ulrich*, Freizügigkeit in der EU – auf dem Weg vom Begleitrecht zur Bürgerfreiheit, EuR 1999, 522 ff.; *Besson, Sa-*

mantha/Utzinger, André, European Citizenship Across Borders, in: FS R. Bieber, Baden-Baden 2007, 629 ff.; *Bonnor, Gjerloeff*, The European Ombudsman: a novel source of soft law in the European Union, ELR 2000, 39 ff.; *Degen, Manfred*, Die Unionsbürgerschaft nach dem Vertrag über die Europäische Union unter besonderer Berücksichtigung des Wahlrechts, DöV 1993, 749 ff.; *Dollat, Patrick*, La citoyenneté européenne: théorie et statuts, Brüssel 2008; *Gundel, Jörg*, Probleme der Umsetzung des EG-Kommunalwahlrechts und ihrer gerichtlichen Kontrolle in Deutschland und in Frankreich, DöV 1999, 353 ff.; *Hailbronner, Kay*, Die Freizügigkeit von Unionsbürgern in der neuen Rechtsprechung, JZ 2010, 398 ff.; *Hamers, Antonius*, Der Petitionsausschuss des Europäischen Parlaments und der Europäische Bürgerbeauftragte – Zu den außergerichtlichen Beschwerdeeinrichtungen der Europäischen Gemeinschaft, Pfaffenweiler 1999; *Harden, Ian*, When Europeans complain: the work of the European Ombudsman, in: Dashwood, Alan u.a. (Hg.), Cambridge Yearbook of European Legal Studies 2000, Oxford 2001, 199 ff.; *Hasselbach, Kai*, Europäisches Kommunalwahlrecht, ZfG 1997, 49 ff.; *Hatje, Armin/Huber, Peter M.* (Hg.), Unionsbürgerschaft und soziale Rechte, EuR 2007, Beih. Nr. 1; *Heede, Katja*, European Ombudsman: redress and control at Union level, Den Haag 2000; *Hobe, Stephan*, Die Unionsbürgerschaft nach dem Vertrag von Maastricht, Der Staat 1993, 245 ff.; *Höfler, Rosemarie*, Diue Unionsbürgerfreiheit, Berlin 2009; *Konstadinides, Theodore*, La fraternité européenne?: The extent of national competence to condition the acquisition and loss of nationality from the perspective of EU citizenship, ELR 2010, 401 ff.; *Kubicki, Philipp*, Die subjektivrechtliche Komponente der Unionsbürgerschaft, EuR 2006, 489 ff.; *Maniatis, Antoine*, Le règlement des pétitions au Parlement européen, Revue du droit de l'Union européenne 1/2002, 133 ff.; *Marias, Epaminondas* (Hg.), European Citizenship, Maastricht 1994; *ders.*, The European Ombudsman, Maastricht 1994; *Meese, Jon Marcus*, Das Petitionsrecht beim Europäischen Parlament und das Beschwerderecht beim Bürgerbeauftragten der Europäischen Union, Frankfurt/M. 2000; *Nascimbene, Bruno*, European Citizenship and Third-Country nationals, Recent Trends on the Definition of the European Status Civitatis, in: FS Roland Bieber, Baden-Baden 2007, 704 ff.; *O'Leary, Siofra*, The Evolving Concept of Union Citizenship, Den Haag 1997; *dies.*, Developing an ever closer Union between the peoples of Europe?: A reappraisal of the case law of the Court of Justice on the free movement of persons and EU citizenship, YEL 2008 (2009), 167 ff.; *Oliver, Peter*, Electoral Rights under Article 8B of the Treaty of Rome, CMLR 1996, 473 ff.; *Pechstein, Matthias/Bunk, Artur*, Das Aufenthaltsrecht als Auffanggrundrecht – die fehlende unmittelbare Anwendbarkeit und die Reichweite des Artikels 8a Absatz 1 EGV, EuGRZ 1997, 547 ff.; *Pilcher, Johannes/Kaufmann, Bruno* (Hg.), The European citizens' initiative: into new democratic territory, Antwerpen u.a. 2010; *Reddig, Melanie*, Bürger jenseits des Staates? Unionsbürgerschaft als Mittel europäischer Integration, Baden-Baden 2005; *Ress, Georg/Stein Torsten* (Hg.), Der diplomatische Schutz im Völker- und Europarecht, Baden-Baden 1996; *Ruffert, Matthias*, Diplomatischer und konsularischer Schutz zwischen Völker- und Europarecht, Bemerkungen zu Artikel 8c EGV, ArchVR (35) 1997, 459 ff.; *Sauerwald, Christine*, Die Unionsbürgerschaft und das Staatsangehörigkeitsrecht in den Mitgliedstaaten der Europäischen Union, Frankfurt/M. 1996; *Schönberger, Christoph*, Unionsbürger. Europas föderales Bürgerrecht in vergleichender Sicht, Tübingen 2005; *Schulz, Guido*, Freizügigkeit für Unionsbürger, Frankfurt/M. 1997; *Shaw, Jo*, The Transformation of Citizenship in the European Union: Electoral Rights and the Restructuring of Political Space, Cambridge 2007; *dies.*, Citizenship: Contrasting Dynamics at the Interface of Integration and Constitutionalism, in: Craig/de Búrca (Hg.), The Evolution of EU Law, 2. Aufl., Oxford 2011, 575 ff.; *Spaventa, Eleanor*, Seeing the wood despite the trees? On the scope of Union citizenship and its constitutional effects, CMLR 2008, 13 ff.; *Storost, Christian*, Diplomatischer Schutz durch EG und EU?, Berlin 2005; *Szczelalla Peter*, Die Pflicht der Gemeinschaft und der Mitgliedstaaten zum diplomatischen und konsularischen Schutz, EuR 1999, 325 ff.; *Verdier, Marie-France*, Le droit de vote et d'éligibilité des citoyens de l'Union européenne aux élections municipales, nouvelle manifestation concrète de la citoyenneté européenne, RTDE 1999, 59 ff.; *Yeng-Seng, Wanda*, Premier bilan de l'activité du Médiateur européen: d'une politique des petits pas à une pratique consolidée, RMCUE 2003, 326 ff.; *Wollenschläger, Ferdinand*, Grundfreiheit ohne Markt, Tübingen 2007.

III. Souveränität und Föderalismus

von Bogdandy, Armin, Supranationaler Föderalismus als Wirklichkeit und Idee einer neuen Herrschaftsform, Baden-Baden 1999; *Hobe, Stephan,* Der offene Verfassungsstaat zwischen Souveränität und Interdependenz, Berlin 1998; *Kadelbach, Stefan,* Bundesstaat und Europäische Union zwischen Konflikt und Kooperation, VVDStRL 66 (2007), 7 ff.; *Martinico, Giuseppe,* Dating Cinderella: On Subsidiarity as a Political Safeguard of Federalism in the European Union, EPL 2011, 649 ff.; *Oeter, Stefan,* Souveränität und Demokratie als Probleme in der „Verfassungsentwicklung" der Europäischen Union, ZaöRV 1995, 659 ff.; *Schliesky, Utz,* Souveränität und Legitimität von Herrschaftsgewalt, Tübingen 2004; *Schönberger, Christoph,* Die Europäische Union als Bund, AöR 2004, 81 ff.; *Schütze, Robert,* Co-operative federalism constitutionalised: the emergence of complementary competences in the EC legal order, ELR 2006, 167 ff.; *Tietje, Christian,* Bundesstaat und Europäische Union zwischen Konflikt und Kooperation, VVDStRL 66 (2007), 45 ff.; *Vitzthum, Wolfgang Graf* (Hg.), Europäischer Föderalismus, Berlin 2000; *Zuleeg, Manfred,* Die föderativen Grundsätze der Europäischen Union, NJW 2000, 2846 ff.

IV. „Homogenität" in der EU, nationale Identität, Grundsatz der loyalen Zusammenarbeit und Rolle der nationalen Parlamente

Abels, Gabriele/Eppler, Annegret (Hg.), Auf dem Weg zum Mehrebenenparlamentarismus? Funktionen von Parlamenten im politischen System der EU, Baden-Baden 2011; *Baach, Florian,* Parlamentarische Mitwirkung in Angelegenheiten der Europäischen Union, Tübingen 2008; *Benoît-Rohmer, Florence,* Identité européenne et identité nationale. Absorption, complémentarité ou conflit?, Mélanges Jean-Paul Jacqué, Paris 2010, 63 ff.; *von Bogdandy, Armin,* Grundprinzipien des Unionsrechts – eine verfassungstheoretische und -dogmatische Skizze, EuR 2009, 749 ff.; *von Bogdandy, Armin/Schill, Stephan,* Die Achtung der nationalen Identität unter dem reformierten Unionsvertrag – Zur unionsrechtlichen Rolle nationalen Verfassungsrechts und zur Überwindung des absoluten Vorrangs, ZaöRV 2010, 701 ff.; *Cygan, Adam,* The Parliamentarisation of EU Decision-Making? The Impact of the Treaty of Lisbon on National Parliaments, ELR 2011, 480 ff.; *Fabbrini, Federico/Granat, Katarzyna,* « Yellow card, but no foul » : The role of the national parliaments under the subsidiarity protocol and the Commission proposal for an EU regulation on the right to strike, CMLRev. 2013, 115 ff.; *Grewe, Constance/Rideau, Joël,* L'identité constitutionnelle des Etats membres de l'Union européenne: flash back sur le coming-out d'un concept ambigu, Mélanges Jean-Paul Jacqué, Paris 2010, 319 ff.; *Hatje, Armin,* Loyalität als Rechtsprinzip in der Europäischen Union, Baden-Baden 2001; *Hilf, Meinhard,* Europäische Union und nationale Identität der Mitgliedstaaten, FS Eberhard Grabitz, München 1995, 157 ff.; *Kadelbach, Stefan* (Hg.), Europäische Integration und parlamentarische Demokratie, Baden-Baden 2009; *Kiiver, Philipp* (Hg.), National and Regional Parliaments in the European Constitutional Order, Groningen 2006; *Mayer, Martina,* Die Europafunktion der nationalen Parlamente in der EU, Tübingen 2012; *Ladenburger, Clemens,* Anmerkungen zu Kompetenzordnung und Subsidiarität nach dem Vertrag von Lissabon, ZEuS 2011, 389 ff.; *Mellein, Christine,* Subsidiaritätskontrolle durch nationale Parlamente, Baden-Baden 2007; *Mouton, Jean-Denis,* Réflexions sur la prise en considération de l'identité constitutionnelle des Etats membres de l'Union européenne, Mélanges Georges Vandersanden, Brüssel 2008, 145 ff.; *Schorkopf, Frank,* Homogenität in der Europäischen Union. Ausgestaltung und Gewährleistung durch Art. 6 Abs. 1 und Art. 7 EUV, Berlin 2000; *Schwarze, Jürgen,* Die Einbeziehung nationaler Parlamente in die Architektur Europas. Ein Kommentar aus deutscher Sicht, Mélanges Jean-Paul Jacqué, Paris 2010, 625 ff.; *Serini, Katharina,* Sanktionen der Europäischen Union bei Verstoß eines Mitgliedstaats gegen das Demokratie- oder Rechtsstaatsprinzip, Berlin 2009; *Träbert, Katrin,* Sanktionen der Europäischen Union gegen ihre Mitgliedstaaten, Frankfurt/M. u.a. 2010; *Uerpmann-Wittzack, Robert,* Frühwarnsystem und Subsidiaritätsklage im deutschen Verfassungssystem, EuGRZ 2009, 461 ff.; *Unruh, Peter,* Die Unionstreue – Anmerkungen zu einem Rechtsgrundsatz der Europäischen Union, EuR 2002, 41 ff.; *Zuleeg, Manfred,* Der rechtliche Zusammenhalt in der Europäischen Union, Baden-Baden 2004.

V. Staatshaftung

Aalto, Pekka, Public Liability in EU Law. Brasserie, Bergaderm and Beyond, Oxford 2011; *Breuer, Marten*, Staatshaftung für judikatives Unrecht, Tübingen 2011; *Burger, Simon*, Zur Passivlegitimation im europäischen Staatshaftungsrecht – unter besonderer Berücksichtigung der Anwendung unionsrechtswidriger Normen -, DVBl. 2012, 207 ff.; *Davis, Roy W.*, Liability in damage for a breach of Community law : some reflections on the question of who to sue and the concept of « the state », ELR 2006, 69 ff.; *Dörr, Claus*, Der unionsrechtliche Staatshaftungsanspruch in Deutschland zwanzig Jahre nach Francovich, EuZW 2012, 86 ff.; *Dörr, Oliver* (Hg.), Staatshaftung in Europa. Nationales und Unionsrecht, Berlin 2014; *Frenz, Walter/Götzkes, Vera*, Staatshaftung für Gerichtsentscheidungen bei auslegungsbedürftigem Recht, EuR 2009, 622 ff.; *Guckelberger, Annette*, Verjährung von Staatshaftungsansprüchen wegen Unionsrechtsverstößen, EuR 2011, 75 ff.; *Kischel, Uwe*, Gemeinschaftsrechtliche Staatshaftung zwischen Europarecht und nationaler Rechtsordnung, EuR 2005, 441 ff.; *König, Christian*, Staatshaftung für „hinreichend qualifizierte" Gemeinschaftsrechtsverstöße im nicht oder nur teilharmonisierten Bereich und die Vorlagepflicht nach Art. 234 Abs. 3 EG, EWS 2009, 249 ff.; *Simon, Denys*, La responsabilité des Etats membres en cas de violation du droit communautaire revisitée ou comment le problème technique de l'odeur sexuelle des porcs mâles non castrés conduit la Cour à trancher des questions fondamentales, Europe 5/2009, 5 ff.; *Sousa, Sofia Moreira de/Heusel, Wolfgang* (Hg.), Enforcing Community Law from Francovich to Köbler: twelve years of State liability principle / Durchsetzung des Gemeinschaftsrechts von Francovich zu Köbler: zwölf Jahre gemeinschaftsrechtliche Staatshaftung, Köln 2004; *Tietjen, Daniel*, Das System des gemeinschaftsrechtlichen Staatshaftungsrechts, Berlin 2010; *Wegener, Bernhard*, (Fehl-)Urteilsverantwortung und Richterspruchprivileg in der Haftung der Mitgliedstaaten für die Verletzung von Gemeinschaftsrecht, EuR 2004, 84 ff.

VI. Verfassungsrechtliche Grundlagen des Integrationsprozesses in den Mitgliedstaaten

von Bogdandy/Cruz Villalon/Huber (Hg.), Handbuch Ius Publicum Europaeum, Bd. II, Offene Staatlichkeit, Wissenschaft vom Verfassungsrecht, Heidelberg 2007; *Giegerich, Thomas*, Europäische Verfassung und deutsche Verfassung im transnationalen Konstitutionalisierungsprozess: wechselseitige Rezeption, konstitutionelle Evolution und föderale Verflechtung, Heidelberg u.a. 2003; *Huber, Peter M.*, Das europäisierte Grundgesetz, DVBl. 2009, 574 ff.; *Kellermann, Alfred E./de Zwaan, Jaap W./Czuczai, Jenö* (Hg.), EU Enlargement. The Constitutional Impact at EU and National Level, Den Haag 2001; *Kluth, Winfried* (Hg.), Europäische Integration und nationales Verfassungsrecht. Eine Analyse der Einwirkungen der Europäischen Integration auf die mitgliedstaatlichen Verfassungssysteme und ein Vergleich ihrer Reaktionsmodelle, 2007; *Piqani, Darinka*, Arguments for a Holistic Approach in European Constitutionalism : What Role for National Institutions in Avoiding Constitutional Conflicts between National Constitutions and EU Law, ECLR 2012, 493 ff.; *Louis, Jean-Victor/Ronse, Thierry*, L'ordre juridique de l'Union européenne, Basel u.a. 2005; *Melin, Patrick*, Die Rolle der deutschen Bundesländer im Europäischen Rechtsetzungsverfahren nach Lissabon, EuR 2011, 655 ff.; *Nettesheim, Martin*, EU-Recht und nationales Verfassungsrecht, in: FIDE (Hg.), Deutsche Länderberichte zum XX. FIDE-Kongress, Europarecht, Beiheft 1/2004; *Ott, Andrea/Inglis, Kirstyn* (Hg.), Handbook on European Enlargement. A Commentary on the Enlargement Process, Den Haag/Zürich 2002; *Pernice, Ingolf*, Europäisches und deutsches Verfassungsrecht, VVDStRL 60 (2001), 148 ff.; *Peters, Anne*, Elemente einer Theorie der Verfassung Europas, Berlin 2001; *Weiler, Joseph*, The Constitution of Europe, Cambridge 1999; *Weiler, Joseph*, The State „über alles", Demos Telos and the German Maastricht Decision, FS Ulrich Everling, Bd. II, Baden-Baden 1995, 1651 ff.

§ 3 Strukturprinzipien der EU-Verfassung

A. Verfassungsqualität – Verfassungsgrundlagen

1   Die Europäische Union ging hervor aus völkerrechtlichen Verträgen, die zwischen ihren Mitgliedstaaten abgeschlossen wurden. Dies gilt sowohl für die Gründung wie für spätere Änderungen und Erweiterungen der Union. Ziel dieser Verträge ist die Errichtung einer sich allmählich entfaltenden und verstärkenden Rechtsordnung mit einem eigenständigen Wert-, Normen- und Institutionensystem. Die Union setzt Recht und sorgt für dessen Einhaltung. Sie übt Hoheitsbefugnisse aus. Unter diesen Umständen ist es gerechtfertigt, die höchstrangigen und grundlegenden Normen des unionsspezifischen Rechtssystems – trotz seiner formell völkerrechtlichen Herkunft – als **Verfassung** zu bezeichnen.[1] Die Streichung des Begriffs „Verfassung", die dem Reformvertrag von Lissabon (2007) gegenüber dem „Vertrag über eine Verfassung für Europa" (2004) eine größere Akzeptanz verleihen soll, ändert nichts an dieser Qualität des materiellen Rechts der EU.

2   Allerdings weist diese Verfassung einige Besonderheiten auf, die sie deutlich von traditionellen Staatsverfassungen abheben:

- Die EU-Verfassung entstand nicht aus Vorläufern, die den EU-Rechtsraum bereits definiert und geprägt hätten.

- Die EG/EU-Gründungsverträge waren zunächst nur als sektoriell begrenzte und in sich nicht abgeschlossene Rechtsordnungen konzipiert. Erhebliche Teile der Verfassung bedurften erst der Ergänzung bzw. Klärung durch nachfolgende Vertragsänderungen und durch die Praxis der Institutionen (zum Beispiel: das Rangverhältnis zwischen staatlichem Recht und EU-Recht (*Rn. 35 ff.*).

- Trotz aller Eigenständigkeit war die EU-Verfassung nie als ein autonomes Rechtssystem konzipiert, das getrennt von den Rechtsordnungen seiner Mitgliedstaaten existieren sollte. Zur Entfaltung ihrer Eigenart und vollen Wirksamkeit bedürfen die EU-Rechtsnormen vielmehr der aktiven Mitwirkung von Exekutive, Legislative und Judikative der Mitgliedstaaten. Vereinzelt wurde versucht, die Eigenart der Union mithilfe der Bezeichnung „Staatenverbund" zu erfassen und gleichzeitig normativ zu bändigen.[2] Doch ist der Erkenntniswert dieses Begriffs gering, sofern damit mehr ausgesagt werden soll, als die unbestrittene Feststellung, Union und Staaten existierten in einer gemeinsamen Rechtsordnung. Denn welchen Einfluss die Zugehörigkeit zur Union auf das überkommene Selbstverständnis der Staaten hat, lässt der Begriff gerade nicht erkennen. Im Übrigen steht hinter dem Begriff ein alternativlos gedachtes Staatsverständnis, das transnationale Verflechtungsprozesse im Allgemeinen und die Eigenarten der Union im Besonderen nicht zu erfassen vermag.

---

1   BVerfGE 22 293 (1967); EuGH, Rs. 295/84, „Les Verts"./.Europäisches Parlament, Slg. 1986, 1339, Rn. 23; Gutachten 1/91 (EWR-I), Slg. 1991, I-6079; Rs. C – 402/ 05, (Kadi) Slg. 2008, I – 6351, Rn. 281, 285. Grundlegend: *Giegerich* (3.L), 616 ff.; *Schroeder* (3.L), 328 ff. und *Peters* (3.L), 38 ff. Dort auch Nachweise zu der von einem Teil der deutschen Staatsrechts-Doktrin vertretenen Gegenthese (220 ff.).
2   BverfGE 89,155 unter offensichtlicher Übernahme der Terminologie von *Paul Kirchhof*, Der deutsche Staat im Prozess der Europäischen Integration, HStR VII, § 183, Rn. 38. Dazu näher § 2 *Rn.* 80.

- Zutreffend wird die EU-Verfassung daher als Teil eines „Verfassungsverbunds"[3] beschrieben, der die normative Grundlage eines „dynamischen Mehr-Ebenen-Systems"[4] bildet. Ein derart verflochtenes interaktives Rechtssystem ist in besonderem Maße auf **loyale Zusammenarbeit** der Akteure angewiesen, die sich nicht von vornherein auf Hierarchie (Stichworte „Herren der Verträge", „Vertragsunion souveräner Staaten"[5]) beruft, sondern Pluralität respektiert. Entsprechende normative Konzepte werden unter dem Begriff des „constitutional pluralism" diskutiert.[6]
- Die schrittweise Entstehung brachte eine Zersplitterung des EU-Verfassungsrechts mit sich. Formell umfasst es den **EU-Vertrag**, den **Vertrag über die Arbeitsweise der Europäischen Union**, die **Charta der Grundrechte** (Art. 6 Abs. 1 EUV) sowie zahlreiche den Verträgen beigefügte **Protokolle**. Zum materiellen EU-Verfassungsrecht gehören schließlich **Verfassungsprinzipien**, die z.T. durch Auslegung der Verträge,[7] zum Teil aus gemeinsamen Verfassungsüberlieferungen der Mitgliedstaaten[8] erwachsen.

Die Vielfalt der Quellen des materiellen und formellen Verfassungsrechts der EU erschwert seine Wahrnehmung und behindert die für Grundlagentexte politischer Gemeinwesen charakteristische integrationsstiftende Wirkung. Die Ausarbeitung einer europäischen Verfassung im Jahre 2002/2004 war daher auch von dem Bemühen um eine Zusammenführung der für die Grundlegung der Union maßgeblichen Texte zu einem einzigen Dokument geprägt.[9] Zwar musste dieses Ziel aufgegeben werden, um durch Einbettung in das bestehende Vertragssystem die Akzeptanz für sachliche Neuerungen zu erhöhen, doch wurde durch die Verschmelzung der EG mit dem nunmehr einzigen Rechtssubjekt „Europäische Union" (Art. 1 EUV) ein beachtlicher Beitrag zur Profilierung der gemeinsamen Rechtsordnung geleistet.

Die EU-Verfassung besteht aus formell getrennten Texten (Art. 1 Abs. 2 AEUV, zu deren Verhältnis zueinander: § 6 Rn. 7, 8). Diese ergänzen einander bei der Grundlegung der **Europäischen Union**. Die Union tritt die **Rechtsnachfolge** der Europäischen Gemeinschaft an, verändert dadurch ihre zuvor bestehende Natur. Im Unionsvertrag werden die Verfassungsprinzipien für die gesamte Rechtsordnung festgelegt: die **Ziele** (Art. 3), das gemeinsame **Wertesystem** (Art. 2, 6), die **Institutionen** (Art. 13), das Ver-

---

3 Pernice, Ingolf, Der Europäische Verfassungsverbund auf dem Wege der Konsolidierung, JöR 2000, 205–232. Peters, op.cit., 207 ff.; Bieber, Roland, Verfassungsentwicklung und Verfassungsgebung in der Europäischen Gemeinschaft, in: Rudolf Wildenmann (Hg.), Staatswerdung Europas?, Baden-Baden 1991, 393–414.
4 Jachtenfuchs, Markus/Kohler, Beate (Hg.), Europäische Integration, 2. Aufl., Opladen 2003, 15–46.
5 BVerfGE 123, 267, Rn. 287, 324. Grundlegend dazu Peter Häberle, Das retrospektive Lissabon – Urteil als versteinernde Maastricht II – Entscheidung, JöR 58 (2010), S. 317–336. Beispiele der breiten Kritik an der Entscheidung: Anmerkungen von Ulrich Everling und Jürgen Schwarze, EuR 2010, S. 91–107 und S. 108–117; Robert van Ooyen, Eine „europafeindliche" Kontinuität? Zum Politikverständnis des Lissabon – Entscheidung des Bundesverfassungsgerichts, Internationale Politik und Gesellschaft, 2009, Nr. 4, S. 26–45; Christoph Schönberger, Lisbon in Karlsruhe: Maastricht´s Epigones At Sea, German Law Journal 2009, S. 1201–1218; Bergmann, Bröhmer, Calliess u. a. in der speziell dem Thema gewidmeten Ausgabe der Zeitschrift für Europarechtliche Studien (ZeuS) Nr. 4, 2009, S. 491–729; Roland Bieber, „An Association of Sovereign States", European Constitutional Law Review 2009 Vol. 5 Nr. 3, S. 391–406.
6 S. insbesondere Weiler, Poares Maduro und Wind in: Weiler/Wind (Hg.), Constitutionalism Beyond the State, (3. L) 7, 74, 103; Giegerich (3.L); 792 ff.; Avbelj/Komarek (Hg.), Constitutional Pluralism in the European Union and Beyond (3. L).
7 Beispiel: Vorrang des EG-Rechts vor entgegenstehendem staatlichen Recht, EuGH, Rs. 6/64 (Costa/ENEL), Slg. 1964, 1141, dazu unten, Rn. 37.
8 Vgl. Art. 6 Abs. 3 EUV.
9 Dazu Bieber, Roland, Verfassungsentwicklung durch Vereinfachung, in: Erhard Busek/Waldemar Hummer (Hg.), Etappen auf dem Weg zu einer europäischen Verfassung, Bd. I, Wien 2004, 45–54.

hältnis zu den Mitgliedstaaten (Art. 4, 7, 50) und die Regeln über **Vertragsänderungen** (Art. 48). Der aus dem EG-Vertrag hervorgegangene „**Vertrag über die Arbeitsweise der Europäischen Union**" mit seiner Beschreibung von Aufgaben und Institutionen im Einzelnen sowie **Protokolle** zu dem EUV und die „**Charta der Grundrechte der Union**" bilden insgesamt das „Primärrecht" der Union.

B. Ziele

5   Die Verfassung der Union bezeichnet in ihrer Präambel und in Art. 3 **Ziele**, die zum einen durch die **Existenz** und **Beachtung** der Verfassung, zum anderen durch **späteres Handeln** der Institutionen und der Mitgliedstaaten (insbesondere mithilfe von Gesetzgebung) erreicht und gewährleistet werden sollen. Insoweit unterscheidet sich die Unionsverfassung nicht grundlegend von staatlichen Verfassungen.[10] Während jedoch die staatliche als „rechtliche Grundordnung des Gemeinwesens", also einer von vornherein existierenden, wenngleich fortwährend neu zu konstituierenden Gesellschaft bezeichnet werden kann,[11] verfolgt die Unionsverfassung das weiterreichende Ziel, aus sich selbst heraus das Gemeinwesen schrittweise zu errichten. In diesem Prozess versteht sich die geltende Unionsverfassung als eine Etappe, nicht aber als abschließende Normierung: „Dieser Vertrag stellt eine neue Stufe bei der Verwirklichung einer immer engeren Union der Völker Europas dar ..." (Art. 1 Abs. 2 EUV).

Bereits die erste vertragliche Grundlegung der EU-Verfassung, der Vertrag über die Gründung der Europäischen Gemeinschaft für Kohle und Stahl vom 18. April 1951 (§ 1 Rn. 14), fußte auf jener für die Unionsverfassung charakteristischen Dualität des Ziels der Errichtung eines neuen Gemeinwesens mithilfe der Verwirklichung konkreter im Vertrag bezeichneter (zunächst nur wirtschaftlicher) Aufgaben.[12]

6   Der Vertrag von Lissabon verdeutlicht erstmals ein Gesamtbild hoheitlicher Funktionen, die von der EU gleichberechtigt neben den Staaten ausgeübt werden (Art. 3 EUV). Zunächst werden der Union die Förderung des Friedens, ihrer zuvor in Art. 2 bezeichneten Werte sowie das Wohlergehen ihrer Völker aufgegeben. Daneben erwähnt diese Zielbestimmung unter anderem den Raum der Freiheit, der Sicherheit und des Rechts, den Binnenmarkt, eine wettbewerbsfähige soziale Marktwirtschaft, Vollbeschäftigung und sozialen Fortschritt, Umweltschutz, wissenschaftlichen und technischen Fortschritt, soziale Gerechtigkeit, interne und externe Solidarität, die Wirtschafts- und Währungsunion sowie die Erhaltung der kulturellen und sprachlichen Vielfalt. Die Ziele der Union sind auch im Rahmen ihres internationalen Handelns zu verfolgen.

7   Die **Charta der Grundrechte** (§ 2 Rn. 14 ff.) bezeichnet in der Präambel ebenfalls Ziele der Union, doch kommt diesen – auch in ihrer Konkretisierung in den Einzelbestimmungen der Charta – keine selbstständige Funktion neben den vertraglichen Zielen zu (Art. 51 Abs. 2 Charta). Jedoch können sie zur Auslegung der Vertragsbestimmungen herangezogen werden.

---

10 Vgl. *Frankenberg, Günter,* Die Verfassung der Republik, Baden-Baden 1996, 19 ff.
11 *Hesse, Konrad,* Grundzüge des Verfassungsrechts der Bundesrepublik Deutschland, 20. Aufl., Heidelberg 1999, Ziff. 17.
12 EGKS, Präambel, 5. Erwägungsgrund: „Entschlossen, an die Stelle der jahrhundertealten Rivalitäten einen Zusammenschluss ihrer wesentlichen Interessen zu setzen, durch die Errichtung einer wirtschaftlichen Gemeinschaft den ersten Grundstein für eine weitere und vertiefte Gemeinschaft unter Völkern zu legen, die lange Zeit durch blutige Auseinandersetzungen entzweit waren und die institutionellen Grundlagen zu schaffen, die einem nunmehr allen gemeinsamen Schicksal die Richtung weisen können."

§ 3 Strukturprinzipien der EU-Verfassung

Die vertraglich bezeichneten Ziele sind für die Institutionen der EU insoweit verbindlich, als sie **Aufträge zum Handeln** sowie **Orientierung** und **Grenzen** des dafür eingeräumten Ermessens bestimmen.[13] Die Zielbestimmungen bilden allerdings für sich allein genommen keine hinreichende Ermächtigung zum Handeln. Stets müssen sie durch eine spezielle Norm im Rang des Vertrags hinsichtlich des Umfangs der Ermächtigung und des einzuhaltenden Entscheidungsverfahrens konkretisiert werden. Für die Außen- und Sicherheitspolitik enthält der EUV in Titel V (Art. 21–46) entsprechende Konkretisierungen. Die übrigen Tätigkeitsbereiche werden im AEUV präzisiert. Das Ausmaß der einzelnen Handlungsermächtigung variiert je nach Gegenstand. Es bestimmt sich anhand des Wortlauts und Zwecks der einzelnen Ermächtigung sowie nach der Abgrenzung, die der AEUV gegenüber den entsprechenden Zuständigkeiten der Mitgliedstaaten vornimmt. Art. 4 Abs. 1 und 5 EUV sowie Art. 2–6 AEUV enthalten hierzu allgemeine Grundsätze (*Rn. 18–20*).

8

Die Zielbestimmungen des EUV verpflichten auch die Mitgliedstaaten zu positivem Handeln sowie zum Unterlassen von Maßnahmen, welche die Verwirklichung der Ziele der Union gefährden könnten (vgl. Art. 4 Abs. 3 EUV dazu *§ 2 Rn. 64 ff.*).

9

C. Wirtschafts- und Sozialverfassung

Das in Art. Art. 3 Abs. 1 EUV genannte Ziel der Förderung des „Wohlergehens" ihrer Völker soll die Union im Rahmen eines **Binnenmarktes** und einer **wettbewerbsfähigen sozialen Marktwirtschaft** erreichen (Art. 3 Abs. 3 EUV). Diese Formulierung deutet auf eine Abkehr von der den Integrationsprozess seit den Ursprüngen von EWG und EG-KS prägenden Wirtschaftstheorie der liberalen Marktwirtschaft (*§ 1 Rn. 44*). Sie setzte auf die Errichtung von Märkten optimaler (d.h. zumeist grenzüberschreitender) Größe und sah die Aufgabe hoheitlicher Eingriffe vor allem in der Gewährleistung gleicher Zugangsbedingungen sowie der Funktionsfähigkeit des Marktes.

10

Der Vertrag von Lissabon beseitigte an dieser Stelle die ausdrückliche Erwähnung des Grundsatzes des „freien unverfälschten" Wettbewerbs. Dies berührt zwar nicht die Anwendung der unverändert fortbestehenden Wettbewerbsregeln der Verträge (*§ 12*), markiert jedoch eine bewusste konzeptionelle Neuorientierung. Denn die Erhaltung des unverfälschten Wettbewerbs verliert ihre herausgehobene Stellung und wird damit der Abwägung mit anderen möglicherweise kollidierenden Zielen zugänglich. Das Protokoll Nr. 27 betont allerdings, dass „der Binnenmarkt ein System umfasst, das den Wettbewerb vor Verfälschungen schützt".[14] Auch bestimmt Art. 120 AEUV insoweit unverändert, dass die Mitgliedstaaten und die Union die Wirtschaftspolitik „im Einklang mit dem Grundsatz einer offenen Marktwirtschaft mit freiem Wettbewerb" gestalten.

Angesichts der Zielvielfalt in den Verträgen musste das Marktgeschehen bereits in der Vergangenheit nicht nur vor Verfälschungen geschützt werden, sondern auch Einschränkungen hinnehmen, die zur Erreichung sonstiger Ziele (z.B. sozialer Ziele, Umweltschutz) erforderlich waren. Ausdrücklich wurden (und werden) daher Möglichkei-

---

13 EuGH, Rs. 299/86 (Drexl), Slg. 1988, 1213, Rn. 24; Gutachten 1/91 (EWR I), Slg. 1991, I – 6079 Rn. 30.
14 Zur Bedeutung dieses Protokolls für die Rechtsgrundlagen wettbewerbsrechtlicher Regelungen *Müller-Graff, Peter-Christian*, Das wirtschaftsverfassungsrechtliche Profil der EU nach Lissabon in: Fastenrath/Nowak (Hg.), Der Lissabonner Reformvertrag, Berlin 2009, 173–185. Zur Wirtschaftsverfassung der EU s.a. die Beiträge von *Terhechte, Jörg Philipp; Bungenberg, Marc; Storr. Stefan* und *Tietje, Christian* in demselben Band.

ten der Abweichung im Bereich der Landwirtschaft (Art. 42 AEUV) sowie zum Schutz einzelner höherrangiger Werte (z.B. Art. 36 AEUV: Schutz der Gesundheit und des Lebens u.a.) festgelegt.

Das auf das Marktgeschehen bezogene Regelungssystem der Verträge, die „EU-Wirtschaftsverfassung" und das auf ihrer Grundlage entstandene Normensystem („Wirtschaftsrecht" der EU)[15] entsprechen keinem in sich geschlossenen Modell. In ihm verbinden sich Merkmale liberaler Marktwirtschaft mit Elementen hoheitlicher Intervention in die Wirtschaftsabläufe.[16] Zentrales Element der EU-Wirtschaftsverfassung bleibt auch weiterhin der **Binnenmarkt** *(§ 10 Rn. 1, 2).*

11 Die **soziale Verfassung** der Gründungsverträge wurde ursprünglich nicht mit gleicher Eindeutigkeit formuliert. Ursache dafür waren bis in die Gegenwart reichende Unterschiede zwischen den Sozialsystemen der Mitgliedstaaten bei gleichzeitig hoher Abhängigkeit der Legitimation staatlicher Regierungen von der Fähigkeit zur Gewährleistung sozialen Schutzes. Eine weitere Ursache der geringen Übertragung von Befugnissen auf die EU waren Meinungsverschiedenheiten darüber, ob der soziale Fortschritt als Folge des Binnenmarktes eintreten würde oder ob er durch autonome Maßnahmen gefördert werden müsse (vgl. Art. 151 Abs. 3 AEUV, dazu *§ 22 Rn. 1, 2).* Der Vertrag von Lissabon verpflichtet die Union nunmehr auf eine **soziale Marktwirtschaft** (Art. 3 Abs. 3 EUV) und präzisiert soziale Grundrechte in Art. 27–34 der Grundrechtecharta. Zwar hat der EuGH schon früh zum Verbot der Diskriminierung von Mann und Frau im Berufsleben (Art. 157 AEUV) hervorgehoben, dass diese Bestimmung „den sozialen Zielen der Gemeinschaft (dient), die sich ja nicht auf eine Wirtschaftsunion beschränkt, sondern wie die Präambel des Vertrages hervorhebt, zugleich durch gemeinsames Vorgehen den sozialen Fortschritt sichern und die ständige Verbesserung der Lebens- und Beschäftigungsbedingungen der europäischen Völker anstreben soll".[17] Doch präzisierte der Vertrag weder die sozialen Ziele noch die zur Verwirklichung einsetzbaren Instrumente mit gleicher Prägnanz wie die für die Erreichung des Binnenmarktes einsetzbaren Instrumente. Nunmehr nennt der Vertrag die Vollbeschäftigung und den sozialen Fortschritt unter den in Art. 3 Abs. 3 EUV formulierten Zielen der Union. Auch gehört zu den Aufgaben der Union die Bekämpfung der sozialen Ausgrenzung und Diskriminierung, die Förderung der sozialen Gerechtigkeit und des sozialen Schutzes (Art. 3 Abs. 3 UAbs. 2 EUV). Doch bleiben die eigentlichen, nur punktuellen, sozialrechtlichen Handlungsermächtigungen (Art. 151–157 AEUV, dazu *§ 22 Rn. 1–3)* nahezu unverändert. Neu hinzutritt die Querschnittsklausel des Art. 9 AEUV. Die traditionellen sozialpolitischen Gestaltungsbefugnisse verbleiben damit weiterhin bei den Mitgliedstaaten. Die Rolle der Union ist vor allem darauf beschränkt, gemeinsame Ziele zu definieren und die staatlichen Politiken zu koordinieren.

---

15 Dazu näher *Kilian, Wolfgang*, Europäisches Wirtschaftsrecht, 4. Aufl. München 2010.
16 Dazu näher *Armin Hatje*, Wirtschaftsverfassung im Binnenmarkt und *Josef Drexl*, Wettbewerbsverfassung in: v. Bogdandy/Bast (Hg.), Europäisches Verfassungsrecht, 2. Aufl. Berlin/Heidelberg 2009, 801–853 und 905–958.
17 EuGH, Rs. 43/75 (Defrenne II), Slg. 1976, 455, Rn 8/11.

D. Die Wertordnung der Union

I. Grundlagen

Der Prozess der europäischen Integration konnte nur deswegen erfolgreich verlaufen, weil die Erfahrungen der Staaten und Völker nicht ignoriert und die Verbindung mit den gemeinsamen Grundüberzeugungen und Idealen gewahrt wurden. Bereits die Präambel der EMRK (1950) bezeichnete die Achtung einer demokratischen Ordnung, die Wahrung der Grundfreiheiten und Menschenrechte sowie Freiheit und Rechtsstaatlichkeit als gemeinsames Erbe. Der EGKS-Vertrag und später der EGV setzten diese Gemeinsamkeiten voraus, ohne sie jedoch mit der Ausdrücklichkeit zu betonen, wie sie erstmals in Art. 6 Abs. 1, 2 EUV formuliert und nunmehr durch den Vertrag von Lissabon in Art. 2 EUV an die Spitze der Unionsverfassung gestellt werden.

12

Der Vertrag von Lissabon verpflichtet die Union auf die Förderung von **Frieden**, die **gemeinsamen Werte** und das **Wohlergehen ihrer Völker** (Art. 3 Abs. 1 EUV). Auch bekräftigt er die Pflicht zum **Schutz der Grundrechte**, die in der Charta der Grundrechte vom 7. Dezember 2000 postuliert wurden (*§ 2 Rn. 13, 15*).

In justizieller Hinsicht bahnbrechend war die Rechtsprechung des EuGH zum Schutz der Grund- und Menschenrechte (*§ 2 Rn. 9 ff.*). Auch den Prinzipien der **Rechtsstaatlichkeit**[18] und der **Demokratie**[19] erkannte der EuGH grundlegende Bedeutung für die EU zu. Insbesondere zur Bestimmung der Inhalte des Grundrechtsschutzes knüpft der EuGH deutlich an die gemeinsamen Überlieferungen der Mitgliedstaaten an. Tatsächlich erwuchs die spezifisch „**europäische**" Identität aus einer Bewusstwerdung und einer Verständigung über die Gemeinsamkeiten ursprünglich staatlicher Werte. Diese Verständigung erfolgt in einem Prozess der „Ausdehnung", bei dem zuvor staatlich definierte Werte eine breitere Anerkennung und damit eine zusätzliche Sicherung erfahren. In der Folge entwickelt sich ein Spannungsverhältnis zwischen dem staatlichen und dem europäischen Recht, das nach Auflösung durch Akzeptanz fortdauernder unterschiedlicher Ausprägungen der Werte (so z.B. des Demokratieprinzips im Rahmen der Union, *Rn. 15 f.*) oder nach Anpassung des staatlichen Wertverständnisses, (z.B. im Bereich des Asylrechts, *§ 17 Rn. 22 f.*) drängt. Werte können von Bürgern mit unterschiedlichen Eigenschaften und Gruppenzugehörigkeiten geteilt werden. Ein „kollektives Subjekt" setzen gemeinsame Werte nicht voraus. Sie begründen es auch nicht notwendigerweise.[20]

13

Der ausdrücklichen vertraglichen Bestätigung ging ein Prozess der politischen Identitätsfindung und der justiziellen Bekräftigung der Bindung der Union an die den Mitgliedstaaten gemeinsamen Grundwerte voraus. Auf politischer Ebene verabschiedeten die EU-Staats- und Regierungschefs erstmals im Jahre 1973 eine „Erklärung über die **Europäische Identität**". Darin wurden die Grundsätze der **repräsentativen Demokratie**, der **Rechtsstaatlichkeit, der sozialen Gerechtigkeit** sowie die **Achtung der Menschenrechte** als „Grundelemente der europäischen Identität" bezeichnet.[21]

---

18 EuGH, Rs. 294/83, („Les Verts"./.Europäisches Parlament), Slg. 1986, 1339, Rn. 23.
19 EuGH, Rs. 138, 139/80 (Roquette, Maizena./. Rat), Slg. 1980, 3333, Rn. 33; Rs. C-300/89 (Kommission./.Rat), Slg. 1991, I-2867, Rn. 20. S. a. EuGeI, Rs. T-135/96 (UEAPME./.Rat), Slg. 1998, II-2335, Rn. 88.
20 Dazu *Calliess, Christian*, Europa als Wertegemeinschaft – Integration und Identität durch europäisches Verfassungsrecht? JZ 2004, 1033–1045.
21 7. Gesamtbericht EG (1973), Anlage I zu Kap. II.

14 Mit der Errichtung der Europäischen Union wurde daher nicht einfach eine zusätzliche Regelungsebene in Europa eingeführt, sondern es entstanden Prozesse der fortwährenden Überprüfung und Relativierung von zuvor autonomen Rechtssystemen. Diese Prozesse verlaufen „interaktiv" zwischen allen beteiligten Systemen. Die Mitgliedstaaten sind nunmehr ausdrücklich an die auf der Ebene der Union bezeichneten Werte gebunden.[22]

Das unionsspezifische Wertsystem entfaltet im Übrigen Wirkungen als Kriterium für die Fähigkeit zur Mitgliedschaft von Beitrittskandidaten (Art. 49 EUV), als Postulat der Gemeinsamen Außen- und Sicherheitspolitik (Art. 3 Abs. 5; 23 EUV), sowie der Entwicklungs- (Art. 208 AEUV) und Außenwirtschaftspolitik.

Wegen ihrer Qualität als **Rechtsgemeinschaft**,[23] d.h. ihrer Grundlegung im Recht, gehört die Einhaltung der selbst gesetzten Regeln zu den Fundamenten der Union und zu den Grundpflichten der Mitgliedstaaten gegenüber der Union. Folgerichtig begründet Art. 7 EUV einen **Sanktionsmechanismus** gegenüber Staaten, die schwerwiegende Verletzungen der Grundwerte des Art. 2 EUV begehen, oder in denen eine entsprechende Gefahr besteht (*§ 2 Rn. 65 ff.*).

Einen Sonderfall des Schutzes der gemeinsamen Werte bildet die Sanktionsmöglichkeit gemäß Art. 260 AEUV, wenn ein Staat sich beharrlich weigert, das gemeinschaftliche Recht und insbesondere die Rechtsprechung des EuGH zu beachten (*§ 9 Rn. 24 f.*).

II. Das Demokratieprinzip

15 Die Demokratie gehört gemäß Art. 2 EUV zu den grundlegenden Werten der Union. Die Konkretisierung des **Demokratieprinzips** erfolgt in Formen, die der Eigenart der Union entsprechen.[24] Durch den Vertrag von Lissabon erfahren erstmals und in exemplarischer Deutlichkeit die für „das demokratische Leben der Union" wesentlichen Strukturmerkmale des Verbandes eine Präzisierung (Art. 9–12 EUV).[25]

Dazu gehören die Grundsätze der **Gleichheit** (Art. 9 EUV), **der repräsentativen Demokratie** (Art. 10 EUV), der **Partizipation** (einschließlich des Bürgerbegehrens – Art. 11 EUV, dazu näher *§ 2 Rn. 42.*), der **Transparenz** (Art. 15 AEUV), Anerkennung der Rolle der **politischen Parteien** (Art. 10 Abs. 4 EUV), der **Sozialpartner** und **Kirchen** (Art. 17, 152 AEUV) sowie individuelle Schutzmechanismen (**Datenschutz, Bürgerbeauftragter, Rechtsschutz** – Art. 19 Abs. 1 EUV; 16, 24 AEUV).

16 Die Art der demokratischen Legitimation der EU kann sich nicht an staatlichen Modellen orientieren. Die EU bedarf einer originären demokratischen Fundierung.[26] Diese leitet sich aus den **Voraussetzungen** (Staaten, Völker, Bürger), **Zielen** (immer engerer Zusammenschluss, gemeinsames Handeln, Solidarität) und **Gestaltungsmitteln** ab. Danach müssen **zur demokratischen Legitimation der Union eigenständige Institutionen** und **Verfahren** gefunden werden, die den politischen und verfassungsrechtlichen Mindeststandard der Mitgliedstaaten umfassen, darüber hinaus aber auch den Besonder-

---

22 Vgl. Art. 2 EUV („... diese Grundsätze sind allen Mitgliedstaaten gemeinsam") und Art. 7 EUV.
23 Vgl. *Nicolaysen*, Die Europäische Union als Rechtsgemeinschaft, in: Weidenfeld (Hg.), Die Europäische Union, Bonn 2008, 105–121; *Schroeder* (3.L), 480 ff.
24 Grundlegend: *Peters*, op.cit. (Anm. 1), 626–760, sowie *Dann*, Parlamente im Exekutivföderalismus, Berlin/Heidelberg/New York 2004.
25 Dazu umfassend *Nettesheim*, in: GHN, Anm. 1–56 zu Art. 10 EUV.
26 Dazu *Fischer, Thomas/Janning, Josef*, Die Zukunft der Europäischen Demokratie : Institutionalisierung von Differenz, in Epiney/Haag/Heinemann (Hrsg.), FS Roland Bieber, Baden-Baden/Zürich 2007, 117–136.

heiten eines mehrere Völker und Staaten umfassenden Verbandes Rechnung tragen.[27] Besonders in der deutschen Literatur wird gelegentlich argumentiert, dass Demokratie ein „kollektives Subjekt", eine „die Individuen verbindende kollektive Identität" voraussetze, um daraus die Unmöglichkeit eigenständiger demokratischer Legitimation der Union abzuleiten.[28] Die in diesem Argument liegende Verabsolutierung einer einzelnen Gruppe bildet einen Widerspruch zum demokratischen Prinzip. Erkennt man die **Selbstbestimmung** als Grundlage jeglicher Form von Herrschaftslegitimation, so muss ein demokratisches System die individuelle Vielfalt spiegeln und respektieren. Da Menschen sich nie nur als Bürger eines (Zentral-)Staates, sondern gleichzeitig als Angehörige der verschiedensten Gruppen verwirklichen, erfordert die Garantie der Selbstbestimmung mehr als nur eine, noch dazu mit Ausschließlichkeitsanspruch auftretende, Wertanerkennung. Der Realität mehrfacher Loyalitäten und Identifikationen wird nur die Konstruktion eines differenzierten, vielfach gestuften Systems sich überlagernder Verfassungen gerecht. Aus der mehrfachen Rechtsbindung erwächst eine Chance für Selbstbestimmung und Wertevielfalt und eine friedensstiftende Balance der europäischen Interessenvielfalt.

Das auf „je ein Volk" bezogene Demokratiekonzept vereinfacht und verengt allzu schematisch das Grundproblem jeder Gruppenentscheidung, nämlich die Definition des Kreises der Entscheidungsbefugten.

Man kann im Rahmen der Union nicht länger übersehen, dass hier ein komplexes Mehrebenensystem entstanden ist, das im Idealfall entsprechend der Betroffenheit und der autonomen Regelungsfähigkeit differenziert. Die demokratische Fundierung dieses Systems findet ihren Ausdruck in der „Unionsbürgerschaft", die die nationale Staatsbürgerschaft „ergänzt" (*§ 2 Rn. 24*). Damit zeichnet sich im europäischen Einigungsprozess immer stärker das Gegenmodell zu einer staatsfixierten demokratischen Legitimation ab. Es beruht gerade **nicht auf dem Ziel eines** europäischen Staates an der Stelle der nationalen Staaten/Völker, sondern auf strukturierter demokratischer Vielfalt, in der insbesondere ein der Eigenart des Verbandes gemäßer Ausgleich zwischen formaler Gleichheit und dem Schutz von Minderheiten gesucht werden muss. Die demokratischen Prozesse in der Union verstärken sich nur allmählich. Neben **politischen Parteien** (vgl. Art. 10 Abs. 4 EUV) sind **Zivilgesellschaft** und **Verbände** (Art. 11 EUV) die entscheidenden Faktoren bei dieser Entwicklung.

Gleichwohl sind die Schwächen der demokratischen Verankerung des Handelns der Union bei ihren Bürgern nicht zu übersehen. Die Komplexität des Regierens in den Zusammenhängen internationaler Verflechtung wird nicht ausreichend durch Mechanismen reduziert, die den Bürgern den Eindruck vermitteln, bei Wahlen über eine politische Richtung europäischen Regierens oder bestimmte politisch Verantwortliche zu entscheiden. Die Repräsentativität des Europäischen Parlaments (vgl. Art. 10 Abs. 1, 2 EUV) hat noch nicht die in staatlichen politischen Systemen selbstverständliche Dichte

---

27 *Weiler*, The Constitution of Europe (1999), 246 ff.; *Zuleeg, Manfred*, Demokratie in der Europäischen Gemeinschaft, J.Z. 1993, 1069 ff.; *Bieber, Roland*, Steigerungsform der Europäischen Union: Eine Europäische Verfassung, in: *Ipsen* u. a. (Hg.), FS Heymanns Verlag, Köln 1995, 291–304; *Habermas*, Die Einbeziehung des Anderen, Studien zur politischen Theorie, 2. Aufl. Frankfurt/M. 1997, 54 ff., 185 ff.; *Telò*, (Hg.), Démocratie et construction européenne, Bruxelles 1995 (insbesondere die Einleitung von *Telò, Mario*, 1–70); *Magnette, Paul*, Vers un droit politique européen, L'idée de souveraineté dans une Europe unie, in: *Telò/Magnette* (Hg.) Repenser l'Europe, Bruxelles 1996, 185–198.

28 *Graf Kielmansegg*, „Lässt sich die Europäische Union demokratisch verfassen?" in: *Weidenfeld* (Hg.), Reform der Europäischen Union, Gütersloh 1995, 229–242 (234); *ders.* in: Decker/Höreth (Hg.), Die Verfassung Europas, Wiesbaden 2009, 219–236; ebenso auch *Böckenförde*, Welchen Weg geht Europa, München 1997, 40.

erreicht. Diese Schwäche hat nichts mit der Anzahl der in den einzelnen Staaten zu vergebenden Mandate zu tun (Stichwort: „fehlende Wahlrechtsgleichheit"[29]). Schon in staatlichen Verfassungssystemen speist sich die Fähigkeit der Repräsentation aus einer Vielzahl von Quellen und ist nicht zuletzt symbolischer Natur. Formale oder mathematischen Elemente können zur Stärkung der Symbolwirkung beitragen, sind aber nicht bestimmend, wie der Vergleich mit zahlreichen Staatsverfassungen belegt. Im Rahmen der Union ist es von erheblich größerer Bedeutung, dass die vielfältigen politischen und sozialen Identitäten in dem Parlament Vertretung und Ausdruck finden können. Das geringe Gewicht der Anzahl der in einem Staat zu wählenden Abgeordneten für die Repräsentativität des Gesamtorgans zeigt sich auch daran, dass in den Staaten, deren Einwohner im Verhältnis zu den Einwohnern der größten Staaten „überrepräsentiert" sind, das Europäische Parlament nicht in höherem Maße als selbstverständliches Organ zur Vertretung der eigenen und gemeinsamen Interessen verstanden wird.

III. Das Rechtsstaatsprinzip

17 Das **Rechtsstaatsprinzip** verpflichtet die Union und ihre Mitgliedstaaten zur Einhaltung und zum Schutz der gemeinsamen Rechtsordnung. Dies gilt zum einen für Beziehungen zu Einzelnen, bei denen Grund- und sonstige Individualrechte zu beachten sind. Ausprägung erfährt das Prinzip u.a. im **Gebot der Rechtssicherheit** (*§ 8 Rn. 10*). Zum anderen sind die Organe der EU und der Mitgliedstaaten auch dort zu rechtmäßigem Handeln verpflichtet, wo keine Individualrechte berührt werden. Das Rechtsstaatsprinzip gebietet weiterhin die Gewährleistung von **effektivem Rechtsschutz** durch institutionelle und verfahrensmäßige Vorkehrungen.[30] Art. 19 Abs. 1 EUV weist dem Europäischen Gerichtshof wie schon bisher die Aufgabe der „Wahrung des Rechts bei der Auslegung und Anwendung der Verträge" zu. Doch ist der EuGH dabei an die in Art. 19 Abs. 3 EUV sowie 256 ff. AEUV bezeichneten Zugangsvoraussetzungen und Verfahren gebunden (*§ 9*). Art. 19 Abs. 1 EUV stellt weiterhin klar, dass die Mitgliedstaaten zur Gewährleistung eines wirksamen Rechtsschutzes in den vom Unionsrecht erfassten Bereichen verpflichtet sind (*§ 8 Rn. 26*).

IV. Solidarität

18 Zu den tragenden Verfassungsprinzipien der Union gehört die **Solidarität**. Die Präambel des EUV bekräftigt den Wunsch der Vertragsparteien,

> „die Solidarität **zwischen ihren Völkern** unter Achtung ihrer Geschichte, ihrer Kultur und Tradition zu stärken".

Nach Artikel 3 Abs. 3 EUV gehört zu den Aufgaben der Union, „die Solidarität **zwischen den Mitgliedstaaten**" zu fördern.

Seit dem Vertrag von Lissabon besteht eine besondere „Solidaritätsklausel" (Art. 222 AEUV). Diese postuliert die Pflicht von Union und Staaten, einen Mitgliedstaat in be-

---

29 So unzutreffend BVerfGE 123, 267 Rn. 280, 284, dazu unten § 4 *Rn.* 30.
30 Dazu *Classen, Claus Dieter*, Rechtsstaatlichkeit als Primärrechtsgebot in der Europäischen Union, EuR Beiheft Nr. 3 / 2008, S. 7–21; *Scheuing, Dieter*, Rechtsstaatlichkeit in: Schulze/Zuleeg/Kadelbach, Handbuch Europarecht, 2. Aufl. Baden-Baden 2010, § 6; *Ullerich*, Rechtsstaat und Rechtsgemeinschaft im Europarecht, Baden-Baden 2011. S.a. Europäische Kommission, Mitteilung „A new EU Framework to strengthen the Rule of Law", COM(2014) 158 v. 11. März 2014.

sonderen Notfällen zu unterstützen. Für den speziellen Fall wirtschaftlicher Krisen können von der Union Hilfsmaßnahmen „im Geiste der Solidarität" beschlossen werden (Art. 122 AEUV). Die Politik von Asyl und Einwanderung soll ausdrücklich nach dem Grundsatz der Solidarität gestaltet werden (Art. 80 AEUV). Weiterhin enthält die Grundrechtecharta einen mit „Solidarität" überschriebenen Titel II (Art. 27–38), in dem bestimmte soziale Rechte, aber auch Verfassungsziele wie Umwelt- und Verbraucherschutz erfasst sind. Unter den das auswärtige Handeln der Union bestimmenden Grundsätzen wird ebenfalls die Solidarität genannt (Art. 3 Abs. 5; 21 Abs. 1 EUV).

Eine abstrakte inhaltliche Definition des Begriffs Solidarität enthalten die Verträge nicht. [31] Ersichtlich weist die Kategorie mindestens zwei Facetten auf. Zum einen bezeichnet sie individuelle oder kollektive **Leistungen**, zum anderen umschreibt sie die Einhaltung bestimmter, im gemeinsamen Interesse liegenden **Verpflichtungen**. Letztere wird vielfach auch als **Loyalitätspflicht** bezeichnet.

Zur Kategorie der **leistenden Solidarität** gehört neben der vertraglich bezeichneten wechselseitigen Pflicht zur Hilfeleistung bei Katastrophen und Terroranschlägen (Art. 222 AEUV) auch die im Jahre 2010 bedeutsam gewordene Möglichkeit der Leistung finanziellen Beistands bei außergewöhnlichen Ereignissen (Art. 122 und Art. 143 AEUV, dazu § 21 Rn. 10). Besonders diese Art der europäischen Solidarität muss mit der Verpflichtung zur Respektierung nationaler Identität (Art. 4 Abs. 2 EUV) in Übereinstimmung gebracht werden. So ist es z.B. erforderlich, bei der Aufstellung von Bedingungen für Leistungen an einen Staat auf dessen Identitätsmerkmale Rücksicht zu nehmen.

Die im Konzept der Solidarität angelegte (Mindest-)Pflicht zur Befolgung der gemeinsamen Regeln und Respektierung der gemeinsamen Institutionen hat für die EU deswegen grundlegende Bedeutung, weil wegen fehlender vorrechtlicher Substrate die Existenz der Union von der fortdauernden Bereitschaft zur Einhaltung ihres Rechts abhängt. Diese Pflicht gilt für Staaten, EU **und** Individuen. Die verpflichtende Dimension der Solidarität hat der Europäische Gerichtshof in zwei Entscheidungen verdeutlicht, die nichts von ihrer prinzipiellen Bedeutung verloren haben: Es ging dabei jeweils um Konflikte zwischen staatlichem und europäischem Recht.

In einem Fall führte der EuGH aus, es verstieße gegen das vertragliche Solidaritätsgebot, wenn ein Staat einseitige Maßnahmen ergreife und damit das Funktionieren der Gemeinschaft störe – selbst wenn diese Maßnahmen im staatlichen Zuständigkeitsbereich lägen.[32] Im zweiten Fall sah der EuGH einen Verstoß gegen „die Pflicht zur Solidarität" darin, dass ein Staat Vorschriften des europäischen Rechts unter Berufung auf „nationale Interessen" nicht einhielt.[33] Es geht bei dem vom EuGH zugrunde gelegten Begriffsverständnis von Solidarität um die Einhaltung jener Selbstbindung, die der Einzelne oder eine Gruppe auf sich nehmen, um umfassendere Verbände zu errichten und funktionsfähig zu halten, deren Wertordnung die Sicherung der eigenen Werte mit umfasst.

Solidarität in der Europäischen Union weicht zwar nicht grundsätzlich von den im staatlichen Bereich üblichen Definitionen ab, lässt jedoch deutlicher als innerhalb etablierter Rechtssysteme die Dimension der Pflichten erkennen, die Bereitschaft, die An-

---

31 Dazu *Calliess*, (Hg.), Europäische Solidarität und nationale Identität, Tübingen 2013.
32 EuGH, Rs. 11/69, (Kommission./.Frankreich) Slg. 1970, 523.
33 EuGH, Rs. 39/72, (Kommission./.Italien) Slg. 1973, 101.

gelegenheiten anderer Personen und Personengruppen in gleicher Weise wie die eigenen anzuerkennen und sich an ihrem Schutz zu beteiligen. Dies bedeutet als Konsequenz die Anerkennung der Existenz eines von der Summe der Einzelinteressen unterschiedenen und unterscheidbaren und für alle Beteiligten auf die Dauer höherwertigen „gemeinsamen Interesses".[34] Zumeist – aber nicht notwendigerweise – damit verbunden ist die freiwillige Hinnahme von Nachteilen (oder der Verzicht auf Vorteile) zugunsten Dritter. Im Allgemeinen geschieht dies in dem Vertrauen darauf, dass sich die Begünstigten in ähnlicher Weise verhalten werden. Als „Nachteil" – oder solidarische Leistung in diesem Sinne – ist die Befolgung der Regeln zu verstehen, die sich eine Gruppe gegeben hat. Durch deren Befolgung wird das gemeinsame Interesse fortwährend konstituiert, und es erwächst ein **europäischer Gesellschaftsvertrag**.

E. Die Aufteilung der Zuständigkeiten

I. Grundsätze

21 Die Festlegung von Zuständigkeiten für die Erfüllung bestimmter Aufgaben einer Organisation dient im Wesentlichen zwei Zielen. Zum einen erlaubt die Verteilung von Aufgaben auf mehrere Akteure eine Beschränkung und Spezialisierung, wodurch wechselseitige Kontrollen und eine Optimierung der jeweiligen Leistung möglich werden. Zum zweiten bewirkt eine Verteilung von Zuständigkeiten eine Abgrenzung von Handlungsbefugnissen, letztlich also die Begrenzung von Macht. In der Union dient die Abgrenzung von Zuständigkeiten auch der **Legitimation des Integrationsprozesses**, da sie Zuordnung von Verantwortung erleichtert. EGV und EUV behandelten vor Inkrafttreten des Vertrages von Lissabon die Abgrenzung von Umfang und Ausmaß der Handlungsbereiche von EU/EG einerseits und Mitgliedstaaten andererseits nicht mit der gebotenen Deutlichkeit. Dies begann bereits mit einer unsystematischen und undefinierten Terminologie bei der Bezeichnung der Aufgaben in Art. 3 EGV. Auch die Natur der jeweiligen Zuständigkeit (Gesetzgebung, Ausführung, Rechtsprechung) war aus dem Wortlaut der Verträge nur ausnahmsweise abzulesen. Verfassungspraxis und Rechtsprechung brachten wesentliche doch nur punktuelle Klarstellungen.

Der Vertrag von Lissabon konsolidiert diese Praxis und führt gleichzeitig eine umfassende Systematik ein. Dadurch erfährt eine der für zusammengesetzte Rechtssysteme zentralen Fragen – zumindest in den Grundlinien – eine verfassungsrechtliche Klärung. Danach „wird die Union nur innerhalb der Grenzen der Zuständigkeiten tätig, die die Mitgliedstaaten ihr in den Verträgen zur Verwirklichung der darin niedergelegten Ziele übertragen haben" (Prinzip der „begrenzten Einzelermächtigung", Art. 5 Abs. 2 EUV).

22 Besonders markant ist die Klarstellung hinsichtlich der **Gesetzgebung** (Art. 4 Abs. 1; 5 EUV; Art. 2–6 AEUV). Allerdings spiegeln die neuen Vertragsregeln auch ein verkrampftes Bemühen, die Zuständigkeiten der Mitgliedstaaten gegenüber der Union zu sichern. Exemplarisch hierfür ist die sachlich unbegründete und wiederholte Betonung (Art. 4 Abs. 1 und Art. 5 Abs. 2 EUV) des Vorbehalts der nicht auf die EU übertragenen Zuständigkeiten zugunsten der Mitgliedstaaten und die nochmalige Betonung in einer dem Vertrag beigefügten Erklärung.[35] Sie ist schon in einfacher Ausführung

---

34 EuGH Gutachten 1/75, Slg. 1975, 1363.
35 Erklärung Nr. 42 zur Schlussakte der Regierungskonferenz v. 13. Dezember 2007, ABl. C 306/ 2007, 350.

überflüssig, da Art. 5 Abs. 1 EUV die Zuständigkeiten der EU ohnehin auf die vertraglich zugewiesenen Handlungsermächtigungen beschränkt.

Undeutlich ist auch weiterhin die Abgrenzung der Zuständigkeit für die **Außen- und Sicherheitspolitik** *(§ 35)*.

Die Zuständigkeit für die **Durchführung** des EU-Rechts wird deutlicher als bisher zwischen den Mitgliedstaaten und den EU-Institutionen aufgeteilt (Art. 4 Abs. 3 EUV). Art. 291 AEUV betont die allgemeine Zuständigkeit der Mitgliedstaaten. Eine Ausführung durch die Organe der Union ist gleichwohl zulässig, „wenn einheitliche Bedingungen für die Durchführung der Rechtsakte der Union erforderlich sind" *(§ 8 Rn. 4)*.

Unverändert bleibt die Aufteilung hinsichtlich der **Rechtsprechungszuständigkeit** (Art. 19 Abs. 1, UAbs. 2 EUV; Art. 273–275, 344 AEUV). Die **gerichtliche Entscheidung** verfassungsrechtlicher Streitigkeiten über Fragen der Zuständigkeit ist dem EuGH vorbehalten. Dafür kommen insbesondere Aufsichtsklagen (Vertragsverletzungsklagen) gemäß Art. 258 AEUV oder Nichtigkeitsklagen gemäß Art. 263 AEUV in Betracht *(§ 9 Rn. 24ff., 36ff.)*.

II. Gesetzgebung und Außenbeziehungen

Hinsichtlich der Zuständigkeit zur Gesetzgebung unterscheidet der Vertrag nunmehr ausdrücklich zwischen **ausschließlichen, geteilten, koordinierenden** und **ergänzenden** Zuständigkeiten der EU (Art. 2 AEUV). In dieser Vorschrift wird auch die jeweilige Rechtswirkung der Zuständigkeiten kodifiziert. Die nachfolgenden Art. 3–6 AEUV ordnen die einzelnen EU-Handlungsbereiche der jeweiligen Kategorie der Zuständigkeiten zu. Auch diesen Listen kommt im Verhältnis zur bestehenden Rechtslage nur eine klarstellende Bedeutung zu.

23

Der EuGH hatte schon früh den aus dem Bundesstaatsrecht bekannten Begriff der „konkurrierenden Zuständigkeit" von Europäischer Gemeinschaft und Mitgliedstaaten benutzt und davon die **ausschließlich** der Gemeinschaft vorbehaltenen Zuständigkeiten unterschieden.[36] Nach Auffassung des Gerichtshofs war die jeweilige Art der Zuständigkeit aus einer Analyse von System und materiellen Vorschriften des Vertrages zu ermitteln.[37] Praxis und Doktrin folgten weitgehend diesem Schema. Im Ergebnis bestanden danach ausschließliche Zuständigkeiten der Union nur ganz ausnahmsweise.[38]

Bei einer **ausschließlichen Zuständigkeit** darf nur die Union gesetzgeberisch tätig werden. Die Mitgliedstaaten sind in diesen Bereichen zum Handeln nur befugt, wenn sie von der Union hierzu ermächtigt wurden oder wenn sie Rechtsakte der Union durchführen (Art. 2 Abs. 1 AEUV). Als Bereiche der ausschließlichen Zuständigkeit bezeichnet Art. 3 AEUV die Zollunion, die für das Funktionieren des Binnenmarktes erforderlichen Wettbewerbsregeln, die Währungspolitik (für die Mitgliedstaaten, die den Euro als gemeinsame Währung eingeführt haben), die Erhaltung der biologischen Meeresschätze und die gemeinsame Handelspolitik.

24

---

36 EuGH, Rs. 22/70 (AETR), Slg. 1971, 263, Rn. 30/31.
37 EuGH a.a.O., Rn. 12.
38 Z.B. EuGH, Rs. 3, 4, 6/76 (Kramer = Seefischerei-Erhaltungsmaßnahmen), Slg. 1976, 1279, Rn. 30–33; EuGH, Gutachten 1/75 (Gemeinsame Handelspolitik), Slg. 1975, 1355, sowie Gutachten 1/94 (WTO), Slg. 1994, I – 5267.

25 **Geteilte Zuständigkeiten** (nach bisher üblicher Terminologie „konkurrierende" Zuständigkeiten) sind dadurch gekennzeichnet, dass eine vertragliche Handlungsermächtigung der Union nicht von vornherein eine Tätigkeit der Mitgliedstaaten auf dem betreffenden Gebiet ausschließt. Die staatliche Zuständigkeit dauert vielmehr solange und in dem Maße fort, wie die Union keinen Gebrauch von ihrer Zuständigkeit gemacht hat.[39] Ob und inwieweit eine staatliche Zuständigkeit nach einem Handeln der Union fortbesteht, kann nur nach Auslegung des jeweiligen Rechtsakts der Union ermittelt werden. Das Protokoll Nr. 25 zum EUV präzisiert hierzu, dass die Ausübung einer Zuständigkeit der EU nur hinsichtlich der in dem entsprechenden Rechtsakt geregelten Elemente die Zuständigkeit der Mitgliedstaaten verdrängt. Dabei kommt es allerdings wesentlich auf die Absichten des EU-Gesetzgebers an. So kann z.B. ein Schweigen des Gesetzgebers als nicht gewollte Beanspruchung staatlicher Zuständigkeit oder als eine bewusste Deregulierung des betreffenden Bereichs – also eines Ausschlusses staatlicher Maßnahmen – gedeutet werden.[40] Im gleichen Sinne ist auch die Frage zu beantworten, ob die staatliche Zuständigkeit nach dem Auslaufen oder nach der Aufhebung eines Rechtsakts der Union wieder auflebt (Art. 2 Abs. 2 AEUV).[41] Das Ausmaß der fortbestehenden staatlichen Zuständigkeiten wird damit normalerweise von der Aktivität des EU-Gesetzgebers bestimmt. Die geteilte Zuständigkeit bildet den Regelfall der Zuweisung einer Handlungsermächtigung an die EU (Art. 4 Abs. 1 AEUV).

In Art. 4 Abs. 2 AEUV werden insbesondere folgende Bereiche als „geteilte Zuständigkeit" genannt: Binnenmarkt, Sozialpolitik, Landwirtschaft und Fischerei, Umwelt- und Verbraucherschutz, Verkehr, Energie, Einwanderung, Asyl, straf- und zivilrechtliche Zusammenarbeit.

Besonderheiten gelten für Forschung, technologische Entwicklung und Raumfahrt sowie für Entwicklungszusammenarbeit und humanitäre Hilfe. Abweichend von der Definition der geteilten Zuständigkeit in Art. 2 Abs. 2 AEUV verdrängt die Ausübung einer Zuständigkeit durch die Union insoweit nicht die entsprechende Zuständigkeit der Mitgliedstaaten (Art. 4 Abs. 3, 4 AEUV).

26 Ausnahmsweise bezeichnet der Vertrag für einige Zuständigkeiten der EU innerhalb eines bestimmten Sachbereichs Grenzen ihres Handelns und garantiert den Mitgliedstaaten eine fortbestehende Zuständigkeit (Art. 2 Abs. 5 AEUV). Insoweit verfügt die Union nur über Zuständigkeiten zur Unterstützung, Koordinierung oder Ergänzung staatlicher Maßnahmen. Das Handeln der Union darf in diesen Fällen keine Harmonisierung der Rechtsvorschriften der Mitgliedstaaten beinhalten. Beispiele: Gesundheitspolitik (Art. 168 AEUV); Industriepolitik (Art. 173 AEUV); Kultur (Art. 167 AEUV).[42]

27 Eine Sonderkategorie innerhalb dieser (geteilten) Zuständigkeiten bildet die **Wirtschafts-, Beschäftigungs- und Sozialpolitik** (außerhalb der ausdrücklich vertraglich geregelten Bereiche). Gemäß Art. 5 AEUV kann die Union Maßnahmen zur Koordinierung ergreifen, die für den Bereich der Wirtschaftspolitik zwar bindend sind, doch

---

39 Dazu *Christian Trüe*, Das System der Rechtsetzungskompetenzen der Europäischen Gemeinschaft und der Europäischen Union, Baden-Baden 2002, 360 ff.; *Azoulai* (3. L); v. *Bogdandy/Bast*, Die vertikale Kompetenzordnung der Europäischen Union, EuGRZ 2001, 441–458. Zum deutschen Recht vgl. Art. 72 Abs. 1 GG.
40 Dazu *Roland Bieber*, Zur Rolle der Mitgliedstaaten bei der Ausfüllung von Lücken im EG-Recht, in: *Bieber/Ress* (Hg.), Die Dynamik des Europäischen Gemeinschaftsrechts, Baden-Baden 1987, 283–309.
41 S. allerdings Erklärung Nr. 18 zur Schlussakte der Regierungskonferenz v. 13. Dezember 2007, ABl. C 306/2007, 344.
42 Vollständige Liste in Art. 6 AEUV.

§ 3 Strukturprinzipien der EU-Verfassung

gleichzeitig die grundsätzlich weiter bestehende staatliche Zuständigkeit nicht infrage stellen. Überdies enthalten die Art. 121 Abs. 6 und 126 Abs. 9 AEUV unbestimmte Handlungsermächtigungen für den Rat, die ihm weitgehende Eingriffe in die Zuständigkeiten der Mitgliedstaaten erlauben (§ 21 Rn. 7).

Die Befugnis der EU zum **Abschluss internationaler Abkommen** richtet sich nach der allgemeinen Aufteilung der Zuständigkeiten. Sie kann also je nach Gegenstand ausschließlich oder konkurrierend sein. Neben den vertraglich ausdrücklich zugeordneten Bereichen ist die Zuständigkeit zum Abschluss internationaler Abkommen auch dann ausschließlich, wenn der Abschluss eines Vertrages in einem Gesetzgebungsakt der Union vorgesehen ist, wenn er notwendig ist, um eine interne Zuständigkeit der Union auszuüben, oder soweit *ein mitgliedstaatliches Handeln*[43] gemeinsame Regeln beeinträchtigen oder deren Tragweite verändern könnte (Art. 3 Abs. 2 AEUV; § 33 Rn. 16 ff.). 28

Eine besondere Art der Zuständigkeitsverteilung besteht für die **Gemeinsame Außen- und Sicherheitspolitik** (EUV, Titel V). Die Mitgliedstaaten verlieren durch die Begründung und Aktivierung einer EU-Zuständigkeit nicht ihre entsprechenden staatlichen Zuständigkeiten. Sie werden in der Art der Ausübung allerdings gebunden (z.B.: Art. 28 Abs. 2, 3 EUV). Bei der Definition der verschiedenen Kategorien von Zuständigkeiten verzichtet Art. 2 Abs. 4 insoweit auf eine Qualifizierung. 29

III. Modalitäten der Zuständigkeitsausübung

Von der Zuweisung einer Zuständigkeit an die EU sind Regeln über die **Art und Weise der Ausübung** einer (vorhandenen) **Zuständigkeit** zu unterscheiden. Die Verträge bezeichnen „Grundsätze" sowie inhaltliche Maßstäbe der Ausübung von Zuständigkeiten durch die Union. In der Literatur werden im Anschluss an Art. 5 EUV zumeist nur die Grundsätze der **Subsidiarität** und der **Verhältnismäßigkeit** genannt. Doch ist die Rechtsetzung der EU durch eine Vielzahl von allgemeinen Regeln und Prinzipien gebunden. Zu erwähnen sind daneben die Verpflichtungen zur Beachtung: 30

- der **Grundrechte** (Art. 6 Abs. 1 EUV – dazu oben § 2 Rn. 9 ff.),
- der **Gleichheit der Mitgliedstaaten** vor den Verträgen (Art. 4 Abs. 2 EUV – dazu oben § 2 Rn. 55),
- der **nationalen Identität der Mitgliedstaaten** (Art. 4 Abs. 2 EUV – dazu oben § 2 Rn. 54 ff.),
- der „**Querschnittsklauseln**" (Art. 7–17 AEUV),
- der **Haushaltsdisziplin** bei der Gesetzgebung (Art. 310 Abs. 4 AEUV – § 5 Rn. 16 f.).

Speziell das 1993 eingeführte **Subsidiaritätsprinzip** (Art. 5 Abs. 2 EUV und Protokoll Nr. 2 zum EUV) verpflichtet die Organe der EU, eine (nicht ausschließliche) Zuständigkeit nur zu nutzen: 31

1. „sofern und soweit die Ziele der in Betracht gezogenen Maßnahmen von den Mitgliedstaaten weder auf zentraler noch auf regionaler oder lokaler Ebene ausreichend verwirklicht werden können" und
2. die angestrebten Ziele wegen ihres Umfangs oder ihrer Wirkungen „besser" auf Unionsebene zu verwirklichen sind.

---

[43] Die missglückte Formulierung der dritten Alternative von Art. 3 Abs. 2 AEUV wird erst durch die Einfügung der kursiv gesetzten Worte verständlich. Vgl. *Nettesheim* in: G/H/N, Art. 3 AEUV Rn. 24.

Die Erfüllung der ersten Bedingung dürfte in der Regel als Nachweis auch der zweiten Voraussetzung genügen. Doch bilden in diesem Zusammenhang speziell der Umfang und die voraussichtlichen Wirkungen der Maßnahme einen gesonderten und zusätzlich zu prüfenden Maßstab für die größere Eignung der Union zur Rechtsetzung und den durch ihre Tätigkeit zu erzielenden „Mehrwert".[44]

32   Die Feststellung der unzureichenden Möglichkeit, das angestrebte Ziel auf staatlicher Ebene zu erreichen, erfordert eine Bewertung des staatlichen Leistungspotenzials durch die Organe der EU. Im Rahmen ihrer Vertretung im Rat beeinflussen die Regierungen der Mitgliedstaaten selbst maßgeblich diese Einschätzung. Die Bewertung erfolgt unter ökonomischen und organisatorischen Gesichtspunkten sowie im Hinblick auf die „Wirkungen" staatlicher Maßnahmen. Dabei genügt es nicht, dass **einzelne** Staaten in der Lage sind, die Ziele zu erreichen. Es kommt hierbei vielmehr auf die Fähigkeit **aller** Staaten an. Andererseits bringt die Möglichkeit, außerhalb des Rahmens der Union kollektiv zu handeln, die Zuständigkeit der Union nicht zum Ruhen.

Das Gebot zur Prüfung der in Artikel 5 Abs. 2 EUV bezeichneten Handlungsvoraussetzungen verpflichtet alle an der Rechtsetzung beteiligten Institutionen zu einer von Ermessensfehlern freien Prüfung des Gesetzgebungsprojekts.[45] Dies impliziert eine entsprechende Begründungspflicht des EU-Gesetzgebers.[46] Erfolgt die Bewertung einer geplanten Maßnahme ermessensfehlerhaft, dann kann der betreffende Rechtsakt gemäß Art. 263 AEUV aufgehoben werden.

33   Keine Subsidiaritätsprüfung ist geboten, wenn der EU-Gesetzgeber Änderungen geltender Rechtsakte beabsichtigt, die keine Erweiterungen der bereits aktivierten Zuständigkeit bewirken. Da die Mitgliedstaaten in diesen Fällen keine Zuständigkeiten ausüben dürfen (nunmehr ausdrücklich klarstellend: Art. 2 Abs. 2 AEUV), entbehrt die Subsidiaritätsprüfung insoweit einer sachlichen Rechtfertigung.

Der Vertrag von Lissabon schafft in dem Protokoll Nr. 2 zum EUV einen neuen **Kontrollmechanismus**, der die nationalen Parlamente in die Prüfung der Subsidiarität einbezieht (§ 2 Rn. 62). Sofern eine bestimmte Anzahl von staatlichen Parlamenten eine Verletzung des Subsidiaritätsgrundsatzes durch ein EU – Gesetzgebungsprojekt rügt, müssen die EU-Organe das Projekt überprüfen. Gegebenenfalls müssen sie begründen, weshalb sie sich über die Rügen hinwegsetzen (Art. 7, Protokoll Nr. 2).[47] In Erweiterung der in Art. 263 AEUV bezeichneten Klagebefugnisse kann auch der Ausschuss der Regionen Verletzungen des Subsidiaritätsprinzips vor dem EuGH rügen (Art. 8, Protokoll Nr. 2).

34   Als weiteres qualitatives Kriterium der Ausübung der Zuständigkeit verpflichtet Art. 5 Abs. 4 EUV zur Wahrung der **Verhältnismäßigkeit**. Danach gehen die Maßnahmen der

---

44 Dazu oben § 2 Rn. 62, s.a. *Astrid Epiney*, Das Subsidiaritätsprinzip – eine Kompetenzausübungsregel zur Begrenzung Gemeinschaftlicher Tätigkeit, AJP 1993, 955, sowie *Roland Bieber*, Subsidiarität im Sinne des EU-Vertrages in: *Nörr/Oppermann*, Subsidiarität, Idee und Wirklichkeit, Tübingen 1997, 165–183; *Koen Lenaerts / Patrick van Ypersele*, Le Principe de Subsidiarité et son contexte, CDE 1994, Nr. 1/2, 3–85.
45 Vgl. EuGH, Rs. C-377/98 (Niederlande./.Parlament und Rat), Slg. 2001, I-7079, Rn. 30 ff.; EuGH, Rs. C-84/94 (UK./. Rat), Slg. 1996, I-5755, Rn. 47; EuGH, Rs. C-491/01 (The Queen / Secretary for Health, ex parte: British American Tobacco Ltd. u.a.), Slg. 2002, I – 11453, Rn. 181 ff.; verb. Rs. C – 154/ 04 (Alliance for Natural Health u.a.), Slg. 2005, I – 6451, Rn. 102 ff.
46 In der Rechtsprechung des EuGH wurden die Anforderungen an die Begründungen zunächst tief angesetzt. Vgl. EuGH, Rs. C-233/94 (Deutschland/Parlament und Rat), Slg. 1997, I-2405, wo es der EuGH für ausreichend hielt, dass sich aus den Erwägungen zu der zur Debatte stehenden Richtlinie (implizit) ergebe, dass der Gemeinschaftsgesetzgeber die Voraussetzungen des Art. 5 Abs. 2 EGV für erfüllt hielt.
47 Zur Praxis: 19. Bericht der Kommission über „Bessere Rechtsetzung", KOM(2012)373 v. 10. Juli 2012.

Union „inhaltlich wie formal" nicht über das für die Erreichung der Ziele des Vertrages **erforderliche Maß** hinaus.[48] In der Gestalt eines allgemeinen Rechtsgrundsatzes prägte dieses Prinzip schon bisher das Recht von EG und Union. Es wurde im Hinblick auf den Rechtsschutz Einzelner entwickelt (*§ 8 Rn. 10*).[49] In der späteren Rechtsprechung erstreckte der EuGH die entsprechende Pflicht auch auf Maßnahmen der EU gegenüber Mitgliedstaaten.[50] Eine Bezugnahme auf diesen Grundsatz bildet das in Art. 287 Abs. 2 AEUV genannte Gebot der „Wirtschaftlichkeit der Haushaltsführung" (*§ 5 Rn. 21*).

F. Das Verhältnis zwischen dem Recht der EU und dem Recht der Mitgliedstaaten

Die gleichzeitige Existenz verschiedener Rechtsordnungen in einem Raum ist nichts Ungewöhnliches. Damit sich jede Rechtsordnung optimal entfalten und Konflikte vermieden werden können, ist allerdings ein Mindestmaß an materieller und prozeduraler Zuordnung erforderlich. Dieses Erfordernis besteht insbesondere dann, wenn beide Rechtsordnungen eine vollständige oder teilweise **unmittelbare Wirkung** ihrer Normen gegenüber den Bürgern anordnen, die rechtliche Wirksamkeit der einen Rechtsordnung also nicht ausschließlich von der parallel existierenden Rechtsordnung bestimmt wird. Diese Situation ist in Bundesstaaten, aber auch in der Europäischen Union gegeben: Für einen Teil des Unionsrechts gilt kraft ausdrücklicher Anordnung im Vertrag (Art. 288 AEUV) eine **unmittelbare Anwendbarkeit** oder, soweit eine derartige ausdrückliche Anordnung nicht besteht, eine **unmittelbare Wirksamkeit**. Letztere begründet der EuGH damit, dass nicht nur die Staaten „sondern auch die Einzelnen" Rechtssubjekte des Unionsrechts sind und bestimmte Vorschriften des Unionsrechts **ihrem Wesen nach dazu geeignet sind, unmittelbare Wirkungen zu erzeugen**.[51]

35

Im Fall der unmittelbaren Anwendbarkeit des EU-Rechts kann sich ein Bürger gegenüber jedermann, im Fall der unmittelbaren Wirksamkeit im Regelfall nur gegenüber den staatlichen Institutionen auf die betreffende Norm berufen.[52] (Dazu näher *§ 6 Rn. 56 ff.*).

Für das Verhältnis der EU-Verfassung zu staatlichen Verfassungen umschreibt der Begriff des „**Verfassungsverbunds**" die Gesamtheit der Prinzipien und der Mechanismen zur Verknüpfung und zur gleichzeitigen Wahrung der Identität der beteiligten Rechtsordnungen. An der Spitze dieser Prinzipien steht die in Art. 4 Abs. 3 EUV nur teilweise kodifizierte wechselseitige **Kooperations- und Loyalitätspflicht** (*§ 2 Rn. 63 ff.*). Ausprägungen dieses für zusammengesetzte Rechtssysteme konstituierenden Rechtsgrundsatzes sind Handlungs- und Unterlassungspflichten aller Einrichtungen der Mitgliedstaaten und der Union, u.a. eine Pflicht zur **Gewährleistung der einheitlichen Wirksamkeit** des Rechts der Union (*§ 8 Rn. 11 ff.*) und zur **unionskonformen Auslegung staatlichen Rechts** (*§ 8 Rn. 16*). Auch die Abgrenzung der Zuständigkeiten der Union gegenüber den Zuständigkeiten der Mitgliedstaaten im Bereich der Gesetzgebung (*Rn. 22 ff.*) bildet ein wichtiges Element des Verfassungsverbundes. Sie reicht jedoch für sich genom-

36

---

48 EuGH verb. Rs. C-293/12 und C-594/12 (Digital Rights Ireland u. Kärntner Landesregierung), U. v. 8. April 2014, Rn. 46 m.w.N.
49 EuGH, Rs. 25/70 (Köster), Slg. 1970, 1161; Rs. C – 193/93 u.a. (Crispoltini), Slg. 1994, I-4863.
50 Z.B. EuGH, Rs. C-84/94 (UK./.Rat), Slg. 1996, I-5755; Rs. C-150/94 (UK./.Rat), Slg. 1998, I-7235.
51 EuGH st. Rspr., beginnend mit Rs. 26/62 (van Gend & Loos), Slg. 1963, 1.
52 Ausnahme: Einzelne unmittelbar wirksame Vertragsbestimmungen, z.B. Art. 157 AEUV.

men nicht aus, um die Koexistenz der Rechtsordnungen zu gewährleisten. So können z.B. Konflikte zwischen staatlichem Recht und dem Recht der EU auch dort entstehen, wo eine Gesetzgebung der EU nicht erfolgt. Das gilt z.B. für die im Vertrag festgelegten Verbote, die an die Mitgliedstaaten (und die EU-Organe) gerichtet sind (z.b. das Verbot von Zöllen im innergemeinschaftlichen Warenverkehr, Art. 30 AEUV). Weiterhin besteht die Möglichkeit so genannter „indirekter" Kollisionen dann, wenn die Ausübung einer vorhandenen staatlichen Zuständigkeit die volle Wirksamkeit einer EU-Norm einschränken würde.

37 Die Verfassungen von Bundesstaaten enthalten daher in der Regel[53] eine Kollisionsregel, die den **Vorrang** der gemeinsamen Rechtsordnung über die Partikularordnung statuiert.[54] Der EU-Vertrag trifft keine unmittelbare und ausdrückliche Aussage für die Lösung derartiger Konflikte.

Erstmals sollte die Verfassung von 2004 in Art. 5 den Vorrang des Rechts der EU vor entgegenstehendem staatlichen Recht ausdrücklich bekräftigen. Der Vertrag von Lissabon verzichtet aus symbolischen Gründen auf diese Bestimmung. Stattdessen wurde der Schlussakte der Regierungskonferenz die Erklärung Nr. 17 beigefügt („Die Konferenz weist darauf hin, dass die Verträge und das von der Union gesetzte Recht im Einklang mit der ständigen Rechtsprechung des Gerichtshofs der Europäischen Union unter den in dieser Rechtsprechung festgelegten Bedingungen Vorrang vor dem Recht der Mitgliedstaaten haben"). Die Geltung des Vorrangs als eines den Verträgen notwendigerweise inhärenten Prinzips wird durch diese abgeschwächte Form der Kodifizierung nicht infrage gestellt.

Bisher beruht die Anerkennung des Vorrangs des EU-Rechts auf einer schon frühzeitig gefestigten Rechtsprechung des EuGH:

> „Darüber hinaus haben nach dem Grundsatz des Vorrangs des Gemeinschaftsrechts die Vertragsbestimmungen und die unmittelbar geltenden Rechtsakte der Gemeinschaftsorgane in ihrem Verhältnis zum internen Recht der Mitgliedstaaten nicht nur zur Folge, dass allein durch ihr Inkrafttreten jede entgegenstehende Bestimmung des geltenden Rechts ohne weiteres unanwendbar wird, sondern auch – da diese Bestimmungen und Rechtsakte vorrangiger Bestandteil der im Gebiet eines jeden Mitgliedstaats bestehenden Rechtsordnung sind – dass ein wirksames Zustandekommen neuer staatlicher Gesetzgebungsakte insoweit verhindert wird, als diese mit Gemeinschaftsnormen unvereinbar wären. Würde nämlich staatlichen Normen, die auf den Bereich übergreifen, in dem sich die Rechtsetzungsgewalt der Gemeinschaft auswirkt, oder die sonst mit den Bestimmungen des Gemeinschaftsrechts unvereinbar sind, irgendeine rechtliche Wirksamkeit zuerkannt, so würde insoweit die Effektivität der Verpflichtungen, welche die Mitgliedstaaten nach dem Vertrag vorbehaltlos und unwiderruflich übernommen haben, verneint und die Grundlagen der Gemeinschaft selbst würden auf diese Weise in Frage gestellt."[55]

---

53 Ausnahme: Verfassung Belgiens v. 17. Februar 1994. S. stattdessen das darin vorgesehene Schiedsverfahren (Art. 143).
54 Vgl. Art. 31 GG; Art. 49 Abs. 1 der Schweizerischen Bundesverfassung.
55 EuGH, Rs. 106/77 (Simmenthal II), Slg. 1978, 629, Rn. 17/18. Grundlegend weiterhin EuGH, Rs. 6/64 (Costa / ENEL), Slg. 1964, 1251. S.a. verb. Rs. C – 188, 189 / 10 (Melki und Abdeli), Slg. 2010, I – 5665, Rn. 44 ff. Zum Vorrang der Grundrechte – Charta, EuGH, Rs. C – 617/10 (Akerberg Fransson), U. v. 26. Februar 2013, Rn. 48. Zur Reichweite dieses Vorrangs (str.) BVerfG U. v. 24. April 2013, 1 BvR 1215/07 = NJW 2013, 1499.

§ 3 Strukturprinzipien der EU-Verfassung

Der Vorrang des Rechts der Union gilt gegenüber **jeder** innerstaatlichen Rechtsquelle, also auch gegenüber staatlichem Verfassungsrecht.[56] Obwohl der EuGH den Vorrang vor allem mit der Erfordernis der Effektivität begründet, lässt sich das Primat des Rechts der Union auch aus Art. 4 Abs. 3 EUV ableiten (Die Mitgliedstaaten „unterlassen alle Maßnahmen, die die Verwirklichung der Ziele der Union gefährden könnten"). Staatliches Recht, das mit dem Recht der EU kollidiert, ist **unanwendbar**. Die Mitgliedstaaten sind verpflichtet, das gemeinschaftswidrige staatliche Recht aufzuheben bzw. anzupassen.[57]

38

Die Mitgliedstaaten haben diese Rechtsprechung respektiert und sie in dem Protokoll Nr. 30 zum EGV (Subsidiarität) im Jahre 1993 erstmals indirekt anerkannt. Zwar fand dieser Vorrang nur ausnahmsweise Eingang in staatliche Verfassungen,[58] doch blieben spektakuläre Konflikte bisher aus.

39

Die Rechtsprechung in den Mitgliedstaaten bietet kein einheitliches Bild. Dabei ist allerdings zu berücksichtigen, dass nicht in allen Staaten eine gerichtliche Letztentscheidung über einen Konflikt zwischen dem Recht der EU und staatlichem Recht möglich ist (ausgeschlossen z.B. in Finnland, Großbritannien, Luxemburg). Auch bestehen große Unterschiede im Hinblick auf den verfassungsrechtlichen und politischen Kontext der Entscheidungen.

Soweit sich oberste Gerichte bzw. Verfassungsgerichte zur Vereinbarkeit von staatlichem Recht mit EU-Recht geäußert haben, wurde der Vorrang des EU-Rechts grundsätzlich anerkannt.[59]

In einzelnen Staaten verknüpfen Verfassungsgerichte allerdings damit den Anspruch, das Recht der EU auf seine Vereinbarkeit mit den zentralen Werten der Verfassung zu überprüfen und gegebenenfalls für unanwendbar zu erklären.[60] Neben dem Obersten Gericht Dänemarks[61] sowie den Verfassungsgerichten Italiens,[62] Spaniens[63], Tschechiens[64] und Polens[65] hat diesen Anspruch vor allem das Bundesverfassungsgericht im Jahre 1993 erhoben (BVerfGE 89, 155 („Maastricht"), 2009 bekräftigt (123, 267, 335

40

---

56 EuGH, Rs. C-473/93 (Kommission./.Luxemburg), Slg. 1996, I-3207, Rn. 37, 38; s.a. Rs. C – 118/08 (Transportes Urbanos y Servicios Generales), Slg. 2010, I – 635.
57 EuGH, Rs. C-303/89 (Kommission./.Frankreich), Slg. 1991, S. I-2903, Rn. 13. Zu den praktischen Folgen des Vorrangs *Ulrich Wölker*, Die Normenhierarchie im Unionsrecht in der Praxis, EuR 2007 Nr, 1, 32 – 56.
58 Art. 29, Abs. 4 Verfassung Irlands; Art. 91 Abs. 3 Verfassung der Niederlande; Art. 7 Abs. 2 Verfassung der Slowakei.
59 Z.B. *Deutschland*: BVerfG 85, 191, 203 ff., (Nachtarbeit); 126, 303 (Honeywell); *Österreich* ÖVerfGH, Urteil v. 26. Juni 1997, Slg. 14.886, 912 (Hochschulzugang); *Frankreich*, Conseil d'Etat v. 20. Okt. 1989 (Nicolo), Slg. 190; Conseil Constitutionnel v. 19. November 2004, no. 2004-505 DC(EU-Verfassung) dazu und zur nachfolgenden Rechtsprechung des Conseil d`Etat: *Franz C. Mayer* u.a., Der Vorrang des Europarechts in Frankreich, EuR 2008, Nr. 1, 63 – 87; *Spanien*, Verfassungsgericht, Stellungnahme Nr. 1-2004 v. 13. Dezember 2004 (EU-Verfassung). Gute Übersichten der Rechtsprechung bei *Jean-Victor Louis / Thierry Ronse*, L'Ordre juridique de l'Union européenne (3. L), 371 – 385, und bei *Giegerich* (3.L.) 681 ff.
60 Übersicht dieser Rspr. im Beschluss des BVerfG v. 14. Januar 2014, BVerfG, 2BvR 2728-2731/13 und 13/13, (EZB – Vorlage an EuGH), Rn. 30.
61 Urteil des Obersten Gerichtshofes v. 6. April 1998 (Rasmussen), deutsch in EuGRZ 1999, 49. Dazu *Ring/Olsen-Ring*, Souveränitätsübertragung nach dänischem Verfassungsrecht, EuGRZ 1998, 589 – 591.
62 Corte Costituzionale, Urteile 183/73 (Frontini), Giur.it. 1974, I, 513; 232/89 (Fragd), Foro Italiano I, 1859. Im Urteil 170/84 (Granital), Foro Italiano 1984, I, 1521, ermöglichte das Verfassungsgericht ausdrücklich den Gerichten, EU-widriges staatliches Recht ohne seine vorherige Befassung unangewandt zu lassen.
63 Nachweis oben, Anm. 59.
64 Urteil N° Pl. US 5/12 v. 31. Januar 2012 (http://www.concourt.cz). Dazu *Martin Faix*, Genesis eines mehrpoligen Justizkonflikts: Das Verfassungsgericht der Tschechischen Republik wertet ein EuGH – Urteil als Ultra-vires-Akt, EuGRZ 2012, 597.
65 Urteil N° SK 45/09 v. 16. November 2011.

Bieber

("Lissabon")) und 2014 erneut betont und präzisiert („EZB – Beschluss"[66]). Nach Meinung des BVerfG wären Hoheitsakte der EU-Organe, die nicht im Rahmen des deutschen Zustimmungsgesetzes zum EUV liegen, in Deutschland nicht verbindlich.[67] Sie könnten also keinen Vorrang beanspruchen.

Doch kommt eine ultra-vires-Kontrolle „nur in Betracht, wenn ein Kompetenzverstoß der europäischen Organe hinreichend qualifiziert ist. Das setzt voraus, dass das kompetenzwidrige Handeln der Unionsgewalt offensichtlich ist und der angegriffene Akt im Kompetenzgefüge zu einer strukturell bedeutsamen Verschiebung zulasten der Mitgliedstaaten führt." Eine entsprechende Kontrollbefugnis stünde dem BVerfG zu. Allerdings hat das BVerfG seit 2010 diesen Anspruch dadurch erheblich eingeschränkt, dass es die (aus Art. 267 AEUV folgende) Verpflichtung anerkennt, vor einer Entscheidung über die Qualifikation eines Rechtsakts der Union als „ultra vires" – und damit als in Deutschland unanwendbar – zunächst den EuGH mit einem Antrag auf Vorabentscheidung gemäß Art. 267 AEUV zu befassen.[68]

Zur Stützung seiner These von der Prüfungsbefugnis des Handelns der EU-Organe trotz der dann möglichen Auslegungsunterschiede bedient sich das BVerfG allerdings einer Tautologie von zweifelhafter Überzeugungskraft: Dieses Ergebnis sei „dem Umstand geschuldet, dass in der Europäischen Union die Mitgliedstaaten *unverändert Herren der Verträge* sind".[69] Diese Aussage bildet aber keine unstreitige Tatsache, aus der sich Rechtsfolgen ableiten ließen. Als derartige „Herren" dürfte allenfalls die **Gesamtheit der gemeinsam handelnden 28 Mitgliedstaaten** bezeichnet werden. Nur diese hat die Befugnis zur Änderung – also zur „Herrschaft" über die Verträge. Entsprechend darf das Organ eines einzelnen Staates nicht beanspruchen, in letzter Instanz über die Auslegung des gemeinsamen Rechts zu befinden.

G. Zugehörigkeit zur Union (Beitritt und Ausscheiden)

41 Die Mitgliedschaft in der Union wird durch Beitritt erworben. Die formelle Möglichkeit dazu eröffnet Art. 49 EUV jedem europäischen Staat, der die Werte der Union achtet und sich für ihre Förderung einsetzt. Der Erwerb der Mitgliedschaft setzt voraus, dass ein Beitrittskandidat die aus einer Mitgliedschaft erwachsenden Verpflichtungen übernehmen und sich auch die Ziele der politischen Union und der Wirtschafts- und Währungsunion zu eigen machen kann.[70] Ein entsprechender Antrag erfordert die Zustimmung des Rates und des Europäischen Parlaments sowie den Abschluss eines Beitrittsabkommens, das der Ratifikation durch alle Mitgliedstaaten bedarf. (Zu den Einzelheiten und zur Praxis unten § 36).

Die Union betreibt keine aktive „Beitrittspolitik". Dagegen setzen sich einzelne Mitgliedstaaten aus politischen oder ökonomischen Gründen für (oder auch gegen) die Aufnahme einzelner Drittstaaten ein. Zwischen der Erweiterung der Union und der Wahrung ihrer Identität besteht ein Spannungsverhältnis, das nach der Beitrittswelle

---

66 Beschluss BVerfG 2BvR 2728/13 u.a. (s.o. Anm. 60) Rn. 25 ff. Dazu EuGH, Rs. C - 62/14 (Gauweiler u.a.), ABl. C 129/2014, 11.
67 Dazu überzeugend *Ress, Georg*, Der ausbrechende Rechtsakt, ZÖR 2009, 387–395. S.a. *Weiss*, Kompetenzlehre internationaler Organisationen, Heidelberg/ Wien 2009, 399. Weiterführend zur Auflösung derartiger Konfliktsituationen *Peters* (3.L), 281.
68 BVerfGE 126, 303 (Honeywell) und Beschluss 2BvR 2728 u.a. (s.o. Anm. 60) Rn. 24.
69 Beschluss v. 14. Januar 2014 (s.o. Anm. 60) Rn. 26, Hervorhebung vom Verfasser.
70 Schlussfolgerungen des Europäischen Rates v. Juni 1993 (Kopenhagen), Bull EU, Beilage 5 / 97, S. 41.

2004/2007 verstärkt zu einer Thematisierung der „Aufnahmekapazität" der Union geführt hat.[71]

Das **Ausscheiden** eines Mitgliedstaates aus der Union ist gemäß Art. 50 EUV zulässig. Ein sektoriell (z.B. auf die WWU) begrenzter „Teilaustritt" ist auf dieser Grundlage jedoch nicht möglich. Dazu bedürfte es eines besonderen Änderungsvertrages gemäß Art. 48 EUV. Vor Inkrafttreten des Vertrages von Lissabon war ein Ausscheiden im Rahmen des allgemeinen Vertragsänderungsverfahrens (§ 7 Rn. 26) durch einen einvernehmlichen Vertrag mit den verbleibenden Mitgliedern oder in der Form eines (vertragswidrigen) „revolutionären Akts" möglich. 42

Im Einklang mit der zuvor geltenden Rechtslage (doch mit Abwandlung des Verfahrens) sieht Art. 50 Abs. 2 EUV den Abschluss eines entsprechenden Abkommens zwischen der Union und dem austrittswilligen Staat vor. Die eigentliche – und problematische – Neuerung des Vertrags von Lissabon besteht gemäß Art. 50 Abs. 3 EUV in der Möglichkeit des einseitigen Ausscheidens auch ohne Vertragsabschluss. Danach kann ein Staat auch dann ausscheiden, wenn ein Vertrag nicht zustande kommt (dazu § 2 Rn. 68). Diese Regelung ist unausgewogen, da die Union ihrerseits an die Verträge gebunden bleibt und diese keine Möglichkeit des Ausschlusses vorsehen.[72]

H. Einheit und Differenzierung

Das für die Union und ihre Mitglieder verpflichtende Rechtsstaatsprinzip (Art. 2 EUV) gebietet eine gleichartige Geltung und Anwendung des Rechts der Union.[73] Die Verträge gewährleisten die Einheit der Rechtsordnung insbesondere mithilfe einer **allgemeinen Geltung** der unmittelbar wirksamen Normen (§ 6 Rn. 56 ff.), des Vorabentscheidungsverfahrens zur Sicherung der **einheitlichen Auslegung** (Art. 267 AEUV, § 9 Rn. 81 ff.) sowie der Verpflichtung der Mitgliedstaaten, für die **volle Wirksamkeit** des Rechts der Union zu sorgen (Art. 4 Abs. 3 EUV). 43

In einer umfangreichen Rechtsprechung hat der EUGH die Pflichten der Mitgliedstaaten zur „vollständigen und einheitlichen Anwendung des Vertrages"[74] gegenüber den Bürgern der Union konkretisiert.[75]

So bedeutsam die einheitliche Durchsetzung und Auslegung der Normen einer Rechtsordnung sind, so wenig stellen von ihr selbst zugelassene **zeitliche** und **territoriale Differenzierungen** ihre Existenz infrage.[76] Allerdings darf dabei der Kernbestand gemeinsamer Werte und Institutionen nicht infrage gestellt und muss eine Überdehnung der Flexibilisierung vermieden werden, wenn die Identität der Union erhalten bleiben soll (§ 37 Rn. 12 f.). Anhand dieser Leitlinien wurde 1993 das Konzept der „**verstärkten Zusammenarbeit**" in die Verträge eingeführt. Der Vertrag von Lissabon vereinigt die 44

---

71 Dazu Bericht der Kommission über die Fähigkeit zur Integration neuer Mitglieder v. 8. November 2006, KOM(2006) 649 endg.
72 Beispiel für eine ausgewogene Regelung bildet die Satzung des Europarats, die Austritt und Ausschluss nebeneinander regelt (Art. 7, 8 der Satzung). Für die Anerkennung eines „außerordentlichen" Ausschlussrechts der EU: Folz, Hans – Peter, Austritt und Ausschluss aus der Europäischen Union in: Ginther/Benedek/ Isak u.a. (Hg.), Völker – und Europarecht, 25. Österreichischer Völkerrechtstag, Wien 2001, 145–165.
73 EuGH, Rs. 106/77 (Simmenthal-II) Slg, 1978, 629, Rn. 14.
74 EuGH, Rs. 9/65 (San Michele), Slg. 1967, 37.
75 Nachweise bei Schroeder, Das Gemeinschaftsrechtssystem, (§ 3 L.) 426–445 und bei Zuleeg, Der rechtliche Zusammenhalt der Europäischen Union, Baden-Baden 2004, 148.
76 Thym, Ungleichzeitigkeit und europäisches Verfassungsrecht, Baden-Baden 2004, 374 ff. unter Hinweis auf Kelsen, Staatslehre, 165.

drei Verfahren zur Begründung einer verstärkten Zusammenarbeit (Art. 20 und 46 EUV sowie Art. 326–334 AEUV). Die Besonderheit dieser Zusammenarbeit besteht darin, dass sie auf eine schnellere Erreichung der Ziele der Union unter einer kleineren Zahl von Mitgliedstaaten begrenzt ist und dass sie sich der Organe und Verfahren der Union bedienen darf.

Zu unterscheiden ist die verstärkte Zusammenarbeit von Ausnahmeregelungen, die einzelnen Mitgliedstaaten in Bezug auf die Anwendung einzelner Akte des Rechts der Union zugestanden werden („opting out").[77]

45 Die Begründung einer **verstärkten Zusammenarbeit** unterliegt einer Reihe von Voraussetzungen, die gewährleisten sollen, dass die Zusammenarbeit mit den übergeordneten Zielen und Werten der Union vereinbar bleibt. So darf die Zusammenarbeit nur nach Zustimmung durch den Rat (Art. 20 Abs. 2 EUV) und nur zwischen mindestens neun Mitgliedstaaten begründet werden. Dabei prüft der Rat insbesondere, ob die mit der Zusammenarbeit angestrebten Ziele innerhalb des Rahmens der Verträge liegen und den gemeinschaftlichen Besitzstand und vor allem den Binnenmarkt beachten (Art. 326 AEUV). Er prüft weiterhin, ob die mit der Zusammenarbeit angestrebten Ziele ein „letztes Mittel" bilden, wenn diese nicht innerhalb eines vertretbaren Zeitraums durch die Union selbst erreicht werden können (Art. 20 Abs. 2 EUV).

Für die Zustimmung zur verstärkten Zusammenarbeit gelten unterschiedliche Verfahren, je nachdem, ob die Zusammenarbeit im Bereich der GASP, der GSVP oder der sonstigen Vertragsbereiche liegen soll. Während im Bereich der GASP lediglich eine **Stellungnahme** der Kommission (im Fall der GSVP des Hohen Vertreters der Union für Außen – und Sicherheitspolitik) vorgesehen ist, bedarf eine Zusammenarbeit in allen anderen Bereichen eines **Vorschlags** der Kommission (*§ 7 R. 34*).

46 Die Ermächtigung zur verstärkten Zusammenarbeit bewirkt, dass die beteiligten Mitgliedstaaten die „Organe, Verfahren und Mechanismen" der Verträge in Anspruch nehmen dürfen. Für die Beschlussfassung „über Maßnahmen im Rahmen der Zusammenarbeit" und deren Rechtswirkung sowie für die Beteiligung weiterer Mitgliedstaaten sieht Art. 328 AEUV eine **enge Verzahnung mit den Regeln der EU** und **grundsätzliche Offenheit für alle Mitglieder** vor.

Die **Rechtswirkung** der im Rahmen der verstärkten Zusammenarbeit beschlossenen Normen entspricht in den beteiligten Staaten vollständig der Rechtswirkung des Rechts der EU.

Bis zum Jahre 2014 wurden drei Genehmigungen zu verstärkter Zusammenarbeit (zwei im Bereich des Zivilrechts, eine zur Einführung der Finanztransaktionssteuer) erteilt.[78]

47 Einen **Sonderfall** der Anwendung der verstärkten Zusammenarbeit bildet die bereits auf der Ebene der Verträge erteilte Ermächtigung zur Übernahme des – durch ursprünglich völkerrechtliche Verträge zwischen einigen Mitgliedstaaten begründeten – **Schengen-Besitzstands** *(§ 1 Rn. 32; § 17 Rn. 12, 14)* in den Rahmen der EU (Art. 1,

---

77 Beispiele: Sonderstellung Irlands und des Vereinigten Königreichs im Hinblick auf Einreisekontrollen an den Binnengrenzen, Sonderstellung Dänemarks im Hinblick auf die Anwendung von Rechtsakten gemäß Titel IV EGV (Visa, Asyl, Einwanderung); vgl. Protokolle Nr. 19–21 zum EUV (*§ 17 Rn. 8–12*).

78 Beschlüsse Rat 2010/405 (Zivilrecht), ABl. L 189 / 2010, 12 und 2011/ 167 (= Europäisches Patent), ABl. L 76 / 2011, 53. Dazu EuGH Rs. C – 274/11 und C – 275/11 (Spanien, Italien/Rat) U. v. 16. April 2013. B Rat 2013/52, ABl. 22/2013, 11 (= Finanztransaktionssteuer).

Bieber

Protokoll Nr. 19 zum EUV). Dabei zeigt sich, dass bei einer Beteiligung einer großen Zahl von Mitgliedstaaten die Grenzen zwischen dem Recht der EU und dem besonderen Recht der verstärkten Zusammenarbeit kaum erkennbar sind. So werden z.b. Drittstaaten an die Durchführung des Schengen-Besitzstands assoziiert (Art. 6, Protokoll Nr. 19 zum EUV)[79] und alle neu beitretenden Staaten werden zur Übernahme dieses Besitzstands verpflichtet (Art. 8, Protokoll Nr. 19 zum EUV). Die **Änderung und Fortentwicklung** der Schengen-Regeln erfolgt gemäß den allgemeinen vertraglichen Verfahren. Allerdings gelten Besonderheiten für Großbritannien und Irland.[80] Daraus resultieren erhebliche Komplikationen hinsichtlich der Rechtsnatur der jeweiligen Akte und hinsichtlich der Einzelheiten der einzuhaltenden Verfahren *(§ 17 Rn. 7)*.[81]

Einen weiteren Sonderfall bildet die Zusammenarbeit von zunächst 25 Mitgliedstaaten im Rahmen des am 1. März 2012 unterzeichneten Vertrages über den sog. **Fiskalpakt** *(§ 21 Rn. 11)*. Zwar wird in dem Vertrag auf das Verfahren der verstärkten Zusammenarbeit Bezug genommen, doch kam der Vertrag außerhalb des dazu vorgesehenen Verfahrens zustande.[82]

I. Rechtspersönlichkeit

Art. 47 EUV bestimmt: „**Die Union besitzt Rechtspersönlichkeit.**" Die Rechtssubjektivität einer Organisation umfasst eine externe und eine interne Dimension. Im internationalen Bereich bezeichnet sie die Fähigkeit, völkerrechtliche Verpflichtungen und Rechte zu übernehmen. Im internen Bereich bezeichnet sie die Rechts- und Geschäftsfähigkeit im Rahmen einer bestimmten staatlichen Ordnung. Die Völkerrechtssubjektivität einer Organisation erfordert neben dem entsprechenden *Willen* ihrer Gründer die *Anerkennung* durch andere Subjekte des Völkerrechts.[83]

Gemäß Art. 1 Abs. 3 EUV tritt die Union „an die Stelle der Europäischen Gemeinschaft, deren Rechtsnachfolgerin sie ist". Damit wurde eines der vorrangigen Ziele bei dem Bemühen um eine europäische Verfassung, die Verschmelzung von EU- und EG-Vertrag, erreicht. Seit dem 1. Dezember 2009 geht die zuvor in Art. 281 EGV postulierte besondere Rechtssubjektivität der EG in dem nunmehr eindeutig bezeichneten Rechtssubjekt EU auf. Die Rechtspersönlichkeit der EU hat im Inneren wie nach außen volle Anerkennung gefunden *(§ 33 Rn. 4 ff.)*.

Vor Inkrafttreten des Vertrags von Lissabon war umstritten, ob neben der EG auch die Union eine eigenständige Rechtspersönlichkeit besitzt und in welchem Verhältnis diese zur Rechtssubjektivität der EG stand. Die bereits damals umfangreiche Praxis bei Ver-

---

[79] S. das Abkommen Schweiz – EG über die Schengen-Assoziierung der Schweiz v. 28. Januar 2008, ABl. L 53 / 2008, 1.
[80] Diese folgen aus drei Rechtsakten: Protokolle Nr. 20 und 21 zum EUV (über die Einbeziehung des Schengen-Besitzstandes in den Rahmen der EU und über die Position des Vereinigten Königreichs und Irlands) sowie Beschluss 2000/365, ABl. L 131 / 2000, 43 = *HER I A* 100 / 11. 14.
[81] Beispiel: EuGH Rs. C – 77/05 (Großbritannien / Rat), Slg. 2007, I – 11459.
[82] Zur Zulässigkeit dieses Vorgehens *Lenaerts/van Nuffel*, Advanced Integration and the Principle of Equality of Member States within the European Union, in: Kaddous/Auer (Hg.), Les principes fondamentaux de la Constitution européenne, Genève/Bâle, 2006, 245–276.
[83] IGH Gutachten v. 11. Januar 1949 (Wiedergutmachung der im Dienst der Vereinten Nationen erlittenen Schäden), Slg. IGH 1949, 174. Zur Völkerrechtssubjektivität, *Terhechte*, Anm. 3 zu Art. 47 EUV in *Schwarze* (Hg.), EU-Kommentar, 3. Aufl. Baden-Baden 2012.

trägen der Union mit Drittstaaten[84] bestätigte die Anerkennung der unionseigenen Völkerrechtssubjektivität. Entsprechend bestand eine Rechtsfähigkeit auch der Union nach innen[85] wie nach außen.[86]

51 Die Frage nach der Rechtssubjektivität einer Organisation ist zu unterscheiden vom Ausmaß ihrer Zuständigkeiten, also von der Frage, in welchem Umfang und zu welchen Zwecken sie von ihrer Rechtspersönlichkeit Gebrauch machen darf[87] und von der Befugnis, die Organisation nach innen und nach außen zu vertreten.

Die **Rechts- und Geschäftsfähigkeit der Union innerhalb aller Mitgliedstaaten** wird in Art. 335 AEUV festgelegt. Danach kann die Union insbesondere bewegliches und unbewegliches Vermögen erwerben und veräußern und vor Gericht stehen. Zu diesen Zwecken wird sie im Regelfall von der Kommission vertreten, doch sind die anderen Organe ebenfalls vertretungsbefugt, soweit Angelegenheiten ihres Funktionierens (z.B. Mietverträge über Gebäude) betroffen sind.[88]

Der Umfang der **Zuständigkeiten zu vertraglichem und einseitigem Handeln im völkerrechtlichen Verkehr** und zur Mitwirkung in internationalen Organisationen wird an zahlreichen Stellen der Verträge näher bezeichnet (dazu § 33). Zur **Vertretung** im völkerrechtlichen Verkehr sind neben der Kommission und dem Hohen Vertreter für die Gemeinsame Außen- und Sicherheitspolitik (Art. 17 Abs. 1 EUV; Art. 220 Abs. 2; 221 AEUV) auch der Präsident des Europäischen Rates (Art. 15 Abs. 6 EUV) und der Rat (Art. 218 Abs. 2 AEUV) zuständig.[89]

52 Im Rahmen der EU bestehen **eigenständige, jedoch der Union funktional untergeordnete** Rechtssubjekte, die unmittelbar durch die Gründungsverträge der EU, durch gesonderte Verträge der Mitgliedstaaten oder von der Union im Wege der Gesetzgebung zu speziellen Zwecken im Rahmen der Ziele der Union errichtet wurden. Beispiele nachgeordneter Rechtssubjekte bilden:

- Europäische Zentralbank (Art. 282 Abs. 3 AEUV) und Europäische Investitionsbank (Art. 308 Abs. 1 AEUV),[90]
- Europäische Atomgemeinschaft (Art. 184, 185 EAGV),j
- Agenturen der EU (§ 4 Rn. 103).[91]

Der Umfang der mit der Zuweisung der Rechtssubjektivität verbundenen Befugnisse, z.B. die Befugnis zum Abschluss völkerrechtlicher Verträge, wird in dem jeweiligen Gründungsakt festgelegt.[92]

---

84 Z.B. Abkommen zwischen der *Union* und *Rumänien* über die Beteiligung Rumäniens an den militärischen Aktivitäten der EU in Mazedonien v. 19. Mai 2003, ABl. L 120/2004, 61; Auslieferungsabkommen zwischen der *Union* und den *Vereinigten Staaten*, ABl, L 181/2003, 27.
85 *Hatje*, in *von der G/S*, *Art. 282, Rn. 4*. Abweichend *Jean-Paul Jacqué*, Droit Institutionnel de l' Union Européenne, 6. Aufl., Paris 2010, 177 (Delegation der Rechts- und Geschäftsfähigkeit auf die EG), ablehnend *Streinz / Kokott*, EUV / EGV, Art. 282, Rn. 2.
86 *Tomuschat*, in *von der G/S*, Art. 281, Rn. 66 mit Nachweisen der Diskussion.
87 Die Betonung dieser Selbstverständlichkeit in der Erklärung Nr. 24 zur Schlussakte der Regierungskonferenz von Lissabon (ABl. C 115 /2008, 346) ist daher ohne eigenständige Bedeutung.
88 Dazu EuGH Rs. C – 137 / 10 (EG / Région Bruxelles – Capitale), Slg. 2011, I – 3515. S.a. Rs. C – 199/11 (EG/Otis u.a.), U. v. 6. November 2012.
89 Dazu *Obwexer*, EuR 2012, Beiheft 2, 49–73.
90 Art. 28, Satzung der EIB. Dazu EuGH, Rs. 85/86 (Kommission./.EIB), Slg. 1988, 1281, Rn. 28–30.
91 Art. 4 der VO 58/2003 zur Festlegung des Statuts der Exekutivagenturen, die mit bestimmten Aufgaben bei der Verwaltung von Gemeinschaftsprogrammen beauftragt werden, ABl. L 11 / 2003, 1 = *HER I A 89/20*.
92 Beispiel: Befugnis des Europäischen Polizeiamts zum Abschluss völkerrechtlicher Verträge, Art. 2 und 23, Beschluss 2009 / 371, ABl. L 121/2009, 37 = *HER I A 14/3.60*.

J. Territorialer Geltungsbereich des Rechts der Union

Die Verträge enthalten keine originäre Festlegung des Territoriums der Union. Vielmehr bestimmt sich der territoriale Geltungsbereich des Rechts der Union gemäß Art. 52 EUV anhand des **Territoriums der Gesamtheit der Mitgliedstaaten**. Wie das der Hoheit der Staaten unterliegende Gebiet abzugrenzen ist, richtet sich nach dem Völkerrecht (Art. 77 Abs. 4 AEUV). Mit der Anerkennung staatlicher Hoheit über Festlandsockel und sonstige Meereszonen bzw. den Luft- oder Weltraum sowie die Antarktis erweitert sich entsprechend der Anwendungsbereiche der Verträge.

53

Sonderregelungen bezüglich der Anwendung der Verträge gelten gemäß Art. 349 AEUV für die außereuropäischen Territorien der Mitgliedstaaten (z.B. Kanarische Inseln, Azoren). Weitere spezielle Regelungen enthält Art. 355 AEUV. Damit wird den verfassungsrechtlichen Besonderheiten einzelner Mitgliedstaaten Rechnung getragen. Ausdehnung über das Gebiet der Mitgliedstaaten hinaus bewirkt z.B. die Bestimmung von Abs. 3, wonach der Vertrag auch auf die europäischen Hoheitsgebiete Anwendung findet, deren auswärtige Beziehungen ein Mitgliedstaat wahrnimmt (z.B. Gibraltar[93]). Einschränkungen ergeben sich aus Absatz 5, wonach der Vertrag nicht bzw. nur eingeschränkt auf die Färöer-Inseln, die Insel Man sowie die Kanalinseln anwendbar ist.

54

Von der territorialen Anwendbarkeit ist die **Ausstrahlung des EU-Rechts** zu unterscheiden. Letztere zeigt sich z.B. als Vorwirkung angestrebter Mitgliedschaften, wenn die EU im Rahmen von vorbereitenden „Partnerschaftsabkommen" die Anpassung staatlichen Rechts an die Standards der EU fordert (*§ 36 Rn. 5 ff.*). Doch lässt sich auch das Phänomen des „autonomen Nachvollzugs" von EU-Recht durch Drittstaaten beobachten. So hat sich in der Schweiz die Praxis eingebürgert, die Rechtsetzung im Lichte einer „Eurokompatibilität" zu gestalten. Darüber hinaus hat die Schweiz in Abkommen mit der EU für einzelne Bereiche (z.B. Luftverkehr, Personenfreizügigkeit) das Recht der EU in die interne Rechtsordnung übernommen (*§ 36 Rn. 17*).[94]

55

K. Symbole der Union

Besonders in einem auf Recht und Rationalität beruhenden System bilden Symbole ein bedeutendes Hilfsmittel der Identifikation. In ihrer Gleichzeitigkeit als Grundlage und Darstellung des Gemeinwesens entwickelt eine Verfassung die stärkste Symbolkraft. Da Verfassung, Flaggen, Hymnen und Feiertage ganz überwiegend – aber nicht ausschließlich – von Staaten für ihre Selbstdarstellung eingesetzt werden, bestand zunächst große Zurückhaltung gegenüber einer entsprechenden Symbolisierung der EU.

56

Im Zuge des verstärkten Bemühens um ein „Europa der Bürger" waren 1986 (in atypischer Form) Beschlüsse der Organe über eine **Flagge**, ein **Emblem** und eine **Hymne** der EG ergangen.[95]

---

93 Dazu EuGH, Rs. C – 145/04 (Spanien/Vereinigtes Königreich), Slg. 2006 I – 7917.
94 Zur gesamten Thematik *Waldemar Hummer*, Die räumliche Erweiterung des Binnenmarktrechts, EuR-Beiheft 1-2002, 75–146.
95 Vgl. Erklärung des Ratspräsidenten v. 22. April 1986, Bull. EG 4/1986, 54 = HER I A 10/1.2. Zu den Einzelheiten und Rechtsfragen *Roland Bieber*, Die Flagge der EG, in: *Fiedler/Ress* (Hg.), Gedächtnisschrift für Wilhelm Geck, Köln 1989, 59–77.

Die **Flagge** bildet ein blaues Rechteck, in dessen Mitte ein Kreis aus zwölf[96] fünfzackigen goldfarbenen Sternen steht. Das *Emblem* der EG entspricht der Flagge.[97] Daneben benutzt die Kommission ein **stilisiertes E**, das sie 1979 bei der OMPI schützen ließ. Dieses Zeichen wird in Rechtsakten verwandt, um die Vereinbarkeit von Produkten mit bestimmten EG-Normen zu dokumentieren. Zur **Hymne** der EG wurde die Ode an die Freude aus dem vierten Satz der neunten Symphonie von Beethoven bestimmt.

Die Verfassung für Europa von 2004 sollte die EU-Symbolik verdeutlichen (Art. 8). Der Vertrag von Lissabon hat diese Bestimmung jedoch nicht aufgegriffen. Die Praxis von EU-Organen und Regierungen war noch nicht hinreichend selbstverständlich geworden, um eine Konsolidierung im Rahmen der Verträge zu erlauben.

Das Europäische Parlament „anerkennt und übernimmt" in seiner Geschäftsordnung die Symbole und verleiht ihnen damit amtliche Qualität (GO Art. 213). Im Übrigen werden die Symbole in einer gemeinsamen Erklärung von 16 Mitgliedstaaten zur Schlussakte der Regierungskonferenz von 2007 (Nr. 52) erwähnt.[98]

Über die Verwendung der Symbole im Inneren entscheiden die EU-Organe bzw. die Mitgliedstaaten.[99] Im internationalen Verkehr richtet sich die Verwendung nach dem Sitzabkommen bzw. nach bilateralen Vereinbarungen.[100]

L. Literatur

Alter, Karen, Establishing the Supremacy of European Law, Oxford 2001; *Avbelj, Matej/Komarek, Jan* (Hg.), Constitutional Pluralism in the European Union and Beyond, Oxford 2012; *Azoulai, Loic* (Hg.), The Question of Competence in the European Union, Oxford 2014; *Bauer, Hartmut/Huber, Peter M./Sommermann, Karl-Peter* (Hg.), Demokratie in Europa, Tübingen 2005; *Bieber, Roland/Widmer, Pierre* (Hg.), L'espace constitutionnel européen/Der Europäische Verfassungsraum, Zürich 1995; *Blanchard, David*, La Constitutionalisation de l'Union Européenne. Rennes 2001; *Böttger, Ulrich*, Ziele und Mittel europäischer Integration, Frankfurt/M., 2002; *Von Bogdandy, Armin/Bast, Jürgen* (Hg.), Europäisches Verfassungsrecht, 2. Aufl., Berlin/Heidelberg/New York, 2009; *de Búrca, Gráinne/Scott, Joanne*, Constitutional Change in the EU – From Uniformity to Flexibility? Oxford 2000; *Busse, Christian*, Die völkerrechtliche Einordnung der Europäischen Union, Köln 1999; *Calliess, Christian*, Subsidiaritäts- und Solidaritätsprinzip in der Europäischen Union, 2. Aufl., Baden-Baden 1999; *ders.* Europa als Wertegemeinschaft – Integration und Identität durch europäisches Verfassungsrecht? JZ 2004, 1033–1045; *Franzius, Claudio/Preuß, Ulrich K.* (Hg.), Europäische Öffentlichkeit, Baden-Baden 2004; *Franzius, Claudio/Mayer, Franz C./Neyer, Jürgen* (Hg.), Strukturfragen der Europäischen Union, Baden–Baden 2010; *dies.*(Hg.), Grenzen der europäischen Integration, Baden–Baden 2013; *Gerkrath, Jörg*, L'émergence d'un droit constitutionnel pour l'Europe, Bruxelles 1997; *Giegerich, Thomas*, Europäische Verfassung und deutsche Verfassung im transnationalen Konstitutionalisierungsprozess, Berlin/Heidelberg 2003; *Häberle, Peter*, Europäische Verfassungslehre, 7. Aufl. Baden-Baden, 2011; *Hertel, Wolfram*, Supranationalität als Verfassungsprinzip, Berlin 1999; *Hobe, Stephan*, Der offene Verfassungsstaat zwischen Souveränität und Interdependenz, Berlin 1998; *Kohler-Koch, Beate* (Hg.), Linking EU and National Governance, Oxford 2003; *Krausnick, Daniel*, Symbole der Europäischen Verfassung – die Verfassung als Symbol, in: J.P. Terhechte (Hg.),

---

96 Die Zahl steht **nicht** für die Anzahl der EU-Mitgliedstaaten, sondern soll die Einheit symbolisieren. Dazu *Markus Göldner*, Politische Symbole der europäischen Integration, Frankfurt/M. 1988, 78 ff. S.a. *Carol Lager*, L'Europe en quête de ses symboles, Bern/Berlin 1995.
97 Zur Verwendung an den Außengrenzen der EG vgl. Entschl. Rat, ABl. C 303/1986, 1 = HER I A 10/1.3.
98 ABl. C 115/ 2008, 355.
99 Dazu EuG Rs. T – 3/12 (Kreyenberg/MABM), U. v. 10. Juli 2013.
100 Dazu *Bieber*, a.a.O., 70 ff.

§ 3 Strukturprinzipien der EU-Verfassung

Die Europäische Verfasung, Verfassungen in Europa, Baden-Baden 2005, 132–164; *Lais, Martina*, Das Solidaritätsprinzip im Europäischen Verfassungsverbund, Baden-Baden 2007; *Louis, Jean-Victor/Ronse, Thierry*, L'ordre juridique de l'Union Européenne, Genève/Basel/München 2005; *Michel, Valerie*, Recherches sur les compétences de la Communauté, Paris 2003; *Nettesheim, Martin*, EU-Recht und nationales Verfassungsrecht, EuR 2004, Beiheft 1, 7–143; *Nörr, Knut Wolfgang /Oppermann, Thomas*, Subsidiarität: Idee und Wirklichkeit, Tübingen, 1997; *Peters, Anne*, Elemente einer Theorie der Verfassung Europas, Berlin 2001; *Pernice, Ingolf/ Huber, Peter M./Lübbe-Wolff, Gertrude/Grabenwarter, Christoph*, Europäisches und nationales Verfassungsrecht, VVdSt, Bd. 60, Berlin 2001; *Renger, Almut-Barbara/Issler, Roland Alexander* (Hg.), Europa – Stier und Sternenkranz, Göttingen/Bonn 2009; *Rideau, Joël* (Hg.), De la Communauté de Droit à l'Union de Droit, Paris, 2000; *Schliesky, Utz*, Souveränität und Legitimität von Herrschaftsgewalt, Tübingen 2004; *Schmitt von Sydow, Helmut*, Liberté, Démocratie, droits fondamentaux et états de droits : Analyse de l'article 7 du Traité CE, Revue de droit de l'Union Européenne 2/2001, 1–43; *Schorkopf, Frank*, Homogenität in der Europäischen Union – Ausgestaltung und Gewährleistung durch Art. 6 Abs. 1 und Art. 7 EUV, Berlin 2000; *Schroeder, Werner*, Das Gemeinschaftsrechtssystem, Tübingen, 2002; *Schwarze, Jürgen/Müller-Graff, Peter-Christian* (Hg.), Europäische Rechtseinheit durch einheitliche Rechtsdurchsetzung, EuR, Beiheft 1/1998; *Skrzypek, Natalia*, Le Tribunal constitutionnel polonais et le droit communautaire, CDE 2007, Nr. 1/2, S. 179–212; *Tekin, Funda*, Differentiated Integration at Work, Baden–Baden 2012; *Tsatsos, Dimitris Th.* (Hg.), Die Unionsgrundordnung, Berlin 2010; *Verhoeven, Amaryllis*, The European Union in search of a Democratic and Constitutional Theory, Den Haag/London, 2002; *Weiler, Joseph H.H.*, The Constitution of Europe, Cambridge 1999; *Weiler, Joseph H.H./ Wind, Marlene* (Hg.), Constitutionalism Beyond the State, Cambridge 2003; *Wimmel, Andreas*, Die demokratische Legitimität europäischen Regierens: ein Labyrinth ohne Ausgang?, integration Nr. 1/2008, 48–64; *Zuleeg, Manfred*, Der rechtliche Zusammenhalt der Europäischen Union, Baden-Baden, 2004.

§ 4 Institutionelles System

A. Grundlagen

I. Quellen und Terminologie

1 Die Aufgaben der EU werden durch eigenständige und auf Dauer eingerichtete Organe sowie durch sonstige in den Gründungsverträgen, in besonderen Verträgen oder in EU-Gesetzgebungsakten vorgesehene Einrichtungen erfüllt. Ihre Gesamtheit wird in Art. 13 Abs. 1 EUV als „institutioneller Rahmen" bezeichnet. Organe im Sinne der Verträge sind das Europäische Parlament, der Europäische Rat, der Rat, die Europäische Kommission, der Gerichtshof der Union, die Europäische Zentralbank und der Rechnungshof.

2 In terminologischer Hinsicht ist zu beachten, dass nicht in allen Sprachen in demselben Sinne wie im Deutschen zwischen Institutionen und Organen unterschieden wird. Die meisten Sprachfassungen verzichten entweder ganz auf die Unterscheidung und begnügen sich generell mit dem Begriff „Institutionen",[1] oder sie verwenden die zwar auch im Deutschen übliche Unterscheidung, allerdings im entgegengesetzten Sinne.

II. Die besonderen Merkmale des institutionellen Systems der EU

1. Grundzüge

3 Den am „institutionellen Rahmen" beteiligten Einrichtungen obliegt es,
- den Werten der Union Geltung zu verschaffen,
- ihre Ziele zu verfolgen,
- ihren Interessen, denen ihrer Bürgerinnen und Bürger und denen der Mitgliedstaaten zu dienen, sowie
- die Kohärenz, Effizienz und Kontinuität ihrer Politik und ihrer Maßnahmen sicherzustellen (Art. 13 Abs. 1 EUV).

Die in der Praxis wichtigste Funktion der Institutionen besteht in der Anwendung, Durchsetzung und Weiterentwicklung der EU-Rechtsordnung.

Für die zu diesen Zwecken geschaffene institutionelle Struktur der EU gibt es kein Vorbild. Doch misst sie sich an dem zu Beginn des 21. Jahrhunderts in Europa herrschenden Demokratieverständnis und dem Entwicklungsstand des Rechtsstaatsprinzips. Schon das für die Abfassung des EGKSV prägende und bis heute fortdauernde institutionelle Konzept orientierte sich an den Prinzipien der Gewaltenteilung, der repräsentativen Demokratie, der Legitimation hoheitlicher Gewalt und der gerichtlichen Kontrolle hoheitlichen Handelns. Auch spiegelt das institutionelle Modell des Jahres 2014 das fortdauernde Bemühen um eine Balance von föderalen und konföderalen Strukturen.

4 Zwei Besonderheiten treten dabei hervor, **die Eigenart der Legitimation** seines Handelns und seine immanente Tendenz zur **Entwicklung und Differenzierung** bei gleichzeitiger Stabilität seiner Grundstruktur:

Legitimation von Hoheitsgewalt speist sich aus verschiedenen Quellen. Dazu gehören ein übereinstimmendes Verständnis grundlegender Werte, die Fähigkeit der Institutio-

---

[1] So z.B. die englische, französische und italienische Fassung von Art. 13 Abs. 1 EUV.

nen, diese Werte zu schützen und die ihnen aufgetragenen Ziele tatsächlich zu erreichen, sowie Akzeptanz, Loyalität und nicht zuletzt die Möglichkeit unmittelbarer Beziehungen zwischen Bürgern und Institutionen durch Einfluss auf die Zusammensetzung, Kommunikation und Transparenz des Handelns.[2] Geprägt von dem traditionellen Bild internationaler Zusammenarbeit sind die Institutionen der EU eng mit den Exekutiven der Mitgliedstaaten verzahnt. Diese Verzahnung erfolgt je nach Institution auf eine besondere Weise, teils durch personelle Verflechtung (Europäischer Rat, Rat), teils durch die Möglichkeit bevorrechtigter Einflussnahme auf die Zusammensetzung (Kommission, EuGH). Die Verflechtung bewirkt eine nur mittelbare Legitimation des Handelns der EU-Institutionen. Die unmittelbare Wahl der Abgeordneten des Europäischen Parlaments begründete einen zusätzlichen und eigenständigen Modus der Legitimation durch die Bürger der Union. Der Vertrag von Lissabon verstärkt diesen Ansatz durch eine Intensivierung der Rechte des Parlaments, durch vermehrte Teilhaberechte der Bürger (Art. 11 EUV) und durch die Anerkennung der Komplementarität beider Legitimationsquellen (Art. 10 Abs. 2 EUV). Auch die Parlamente der Mitgliedstaaten tragen zur Legitimation des Handelns der Union bei (Art. 12 EUV).

Die vertraglich angelegte allmähliche **Entfaltung** und **Differenzierung** erfolgte z.B. durch die Änderung des Bestellungsmodus der Mitglieder (EP, Kommission) oder der Befugnisse (EP, Rat), durch Bildung neuer Institutionen (Europäischer Rat, Rechnungshof) und vor allem durch interne und externe Aufgabenteilung und Spezialisierung (z.B. EuGH, Agenturen, nachgeordnete Gremien des Rates). Mitunter von der institutionellen Praxis vorweggenommen, erfuhren diese Entwicklungen Bestätigung durch die zahlreichen Vertragsänderungen seit 1970. Der Vertrag von Lissabon bildet einen vorläufigen Höhepunkt bei der Suche nach dem optimalen institutionellen Modell, das unter den Bedingungen einer immer weiter wachsenden Mitgliederzahl funktionsfähig ist und das dem Standard demokratisch und rechtsstaatlich verfassten hoheitlichen Handelns entspricht. Die seit 2009 sichtbare Finanz- und Wirtschaftskrise löste erneut Änderungen des institutionellen Systems aus (z.B. die Schaffung eines „Euro – Gipfels" durch den Vertrag v. 1. März 2012 über Koordinierung, Stabilität und Steuerung (*§ 21 Rn.13*)).

2. Prinzipien der Zusammensetzung

a) Auswahl der Mitglieder

Für die Auswahl der Mitglieder der Organe sind zwei – scheinbar gegensätzliche – Ziele maßgeblich. Zum einen soll die Unabhängigkeit und Effizienz der Organe gewährleistet werden, zum anderen wird eine enge Verflechtung mit den Institutionen der Mitgliedstaaten angestrebt. Garantierte Unabhängigkeit und hauptberufliche Tätigkeit für einen im Voraus festgelegten Zeitraum kennzeichnen die Mitgliedschaft in Kommission, Europäischem Gerichtshof, Direktorium der EZB und Rechnungshof. Die Mitglieder von Europäischem Parlament, Wirtschafts- und Sozialausschuss sowie dem Ausschuss der Regionen handeln zwar auch in voller Unabhängigkeit und sind an keine Weisungen gebunden, doch sind sie befugt, parallel zu ihrem Mandat andere Berufstätigkeiten auszuüben.[3] Eine notwendige Verflechtung zwischen einem Mandat in einer Institution der EU und einer staatlichen Institution besteht für die Mitglieder des

5

---

[2] Dazu *Utz Schliesky*, Souveränität und Legitimität von Herrschaftsgewalt, Tübingen 2004, 588 ff..
[3] S. allerdings die für die Mitgliedschaft im EP geltenden Unvereinbarkeiten gemäß Art. 7 Direktwahlakt v. 20. September 1976.

Rates und des Europäischen Rates (Ausnahmen: sein Präsident und der Präsident der Kommission, *Rn. 42*).

Bei der Auswahl und Ernennung der Mitglieder von Kommission, Gerichtshof, Rechnungshof sowie Wirtschafts- und Sozialausschuss und Ausschuss der Regionen sind die Institutionen der Mitgliedstaaten (insbesondere die Regierungen) maßgeblich beteiligt. Völlig losgelöst von staatlichen Institutionen (doch entscheidend geprägt von den staatlichen Parteien) erfolgt die Auswahl der Mitglieder des Europäischen Parlaments.

b) Größe der Organe

6   Größe und Zusammensetzung der Organe werden von den Zielen der jeweils optimalen Aufgabenverwirklichung und der Beteiligung aller Mitgliedstaaten bzw. der in den Mitgliedstaaten vorhandenen wesentlichen politischen Kräfte geprägt. Noch überwiegt allerdings das Kriterium der Vertretung aller Staaten gegenüber den Funktionsbedürfnissen. So ist die Zahl der Mitglieder der Kommission auf eine funktionsbehindernde Größe angewachsen während die Zahl der Richter gemessen an dem Arbeitsumfang des EuGH zu gering ist. Die Größe von Rat,[4] Gerichtshof, Rechnungshof und – trotz gegenteiliger Ankündigung im Vertrag – auch der Kommission (*Rn. 70*) entspricht jeweils der Zahl der Mitgliedstaaten. Der Europäische Rat umfasst so viele Personen wie Mitgliedstaaten und zusätzlich seinen Präsidenten und den Präsidenten der Kommission, im Jahre 2014 also 30 Mitglieder (*Rn. 42*). Das Europäische Parlament hat grundsätzlich maximal 751 Mitglieder.[5] Besonderheiten gelten für die Größe des Direktoriums der EZB.

3. Befugnisse der Organe

a) Grundlagen

7   Die Aufgaben der Union werden durch gesetzgeberische, verwaltende, koordinierende, planende und subventionierende sowie rechtsprechende Tätigkeit erfüllt. Die institutionelle Zuordnung dieser Aufgaben erfolgt nur ausnahmsweise mithilfe einer abstrakten Beschreibung der Funktionen (Gesetzgebung: Art. 14 Abs. 1; 16 Abs. 1 EUV; Rechtsprechung: Art. 19 Abs. 1 EUV). Im Wesentlichen werden den Institutionen Aufgaben jeweils konkret in zahlreichen verstreuten Vertragsbestimmungen zugewiesen. Erst in ihrer Zusammenschau ergeben sie das für die Funktionen des jeweiligen Organs charakteristische Profil. Bei der Ausgestaltung der verschiedenen Funktionen verbanden sich Vorstellungen von der **Legitimation** hoheitlicher Gewalt, von **Gesetz- und Rechtmäßigkeit** der Entscheidungsverfahren, von „**checks and balances**" innerhalb des Systems und das Ziel, die Integration der Völker und Staaten zu fördern. In den Einzelheiten entstanden für Gesetzgebung, Beschlussfassung über den Haushalt, Gestaltung der Außenbeziehungen, Exekutivhandlungen sowie Änderung und Ergänzung der Verträge originelle Verfahren, bei denen Rat, Parlament und Kommission in einer nach Bereichen unterschiedlichen Art und Weise zusammenwirken (§ 7). Die Exekutivfunktion wird vorwiegend von der Kommission, in einigen Bereichen jedoch auch vom Rat ausgeübt. Noch am meisten mit staatlichen Verfassungen vergleichbar ist das System der Interorgankontrollen, insbesondere die gerichtliche Kontrolle der Rechtmäßig-

---

[4] Ausnahme: Ratsformation „Auswärtige Angelegenheiten", dazu unten *Rn. 50*.
[5] Während einer Übergangszeit bis 2014 umfasste das EP nach dem Beitritt Kroatiens sogar 766 Mitglieder (*Rn. 29*).

keit des Handelns der Organe. Im Einklang mit der Theorie der Gewaltenteilung lässt sich ein Wettstreit der Organe um eine Maximierung des jeweiligen Einflusses auf die Aufgabenerfüllung beobachten.

Der Vertrag von Lissabon bringt Parlament und Rat in ein weitgehend, doch nicht vollständig ausgewogenes Verhältnis bei der Gesetzgebung. Andererseits verwischt er erneut die Grenzen zwischen Exekutiv- und Legislativfunktionen, z.B. durch die gleichzeitige Bestellung des Präsidenten des Rates der Außenminister zum Mitglied der Kommission.

b) Schranken

Gemäß Art. 5 Abs. 1 und 13 Abs. 2 EUV ist zwischen den Zuständigkeiten der Union und den Befugnissen der Organe zu unterscheiden. In der Regel setzt die Ausübung der Befugnisse einen vertraglich bestimmten Aufgabenbereich voraus. Doch können insbesondere im Falle der verstärkten Zusammenarbeit Befugnisse auch im Rahmen besonderer Aufgabenzuweisung ausgeübt werden (*Rn. 17*). Die in Art. 13 Abs. 2 EUV enthaltene Formulierung, „jedes Organ handelt nach Maßgabe der ihm in diesen Verträgen zugewiesenen Befugnisse", umschreibt in diesem Rahmen das Gebot der Vertragsmäßigkeit für das Verhalten der Organe gegenüber Dritten und für das Verhältnis der Organe zueinander. Die Verweisung auf die vertraglich näher bezeichneten Befugnisse der Organe wird in Art. 5 Abs. 2 EUV als das „Prinzip der begrenzten Einzelermächtigung" bezeichnet. Dabei handelt es sich um einen allgemeinen Grundsatz, der in jedem differenzierten System gilt, das an Recht gebunden und zur Rechtsetzung befugt ist. Eine Analyse der einzelnen Vertragsbestimmungen bestätigt, dass die Organe die vertraglich vorgesehenen Rechtshandlungen nur zu den im Einzelnen ausdrücklich bezeichneten Zwecken einsetzen dürfen, wobei mitunter dem Organ eine Wahlmöglichkeit hinsichtlich des Instrumentariums eingeräumt ist. Darüber hinaus sind die Organe auch befugt, jene Befugnisse wahrzunehmen, die erforderlich sind, um die vertraglich zugewiesenen Aufgaben zu erfüllen („implizierte Befugnisse").[6]

Zwar verfügen die Organe teilweise über einen erheblichen Gestaltungsspielraum bei der Auslegung unbestimmter Rechtsbegriffe, bei der Ausfüllung einzelner materieller Ermächtigungen[7] sowie bei dem Erlass von Geschäftsordnungen,[8] doch wird dadurch die Geltung des Grundsatzes nicht berührt, wonach den Organen eine Rechtsetzungsbefugnis zu von ihnen selbst zu bestimmenden Zwecken nicht zusteht.

Die Verwendung des Begriffs „Befugnisse" in Artikel 13 Abs. 2 EUV erläutert Grenzen der Handlungsmöglichkeiten der Organe nur in Bezug auf Rechtshandlungen. Die Beratung allgemeiner politischer Themen und die Annahme entsprechender Entschließungen sind im Rahmen der allgemeinen politischen Zielsetzung zulässig. Grundlage des allgemeinen Beratungsrechts bildet das **Selbstorganisationsrecht** der Organe.[9] Dieses Recht beinhaltet in der vertraglich eingeräumten Form u.a. die Befugnis, jeweils autonom die Art und Weise der Erfüllung von Aufgaben einschließlich der Beratungsgegenstände festzulegen.

---

6 Zur Anerkennung und Definition implizierter Befugnisse vgl. EuGH, Rs. 281, 283, 285, 287/85 (Bundesrepublik u.a./Kommission), Slg. 1987, 3245, Rn. 28.
7 Z.B. Art. 91 Abs. 1, lit. d AEUV: Erlass „alle(r) sonstigen zweckdienlichen Vorschriften".
8 Dazu näher *Bieber*, Das Verfahrensrecht von Verfassungsorganen,(4.C), 99 ff.
9 Vgl. EuGH, Rs. 230/81 (Luxemburg/EP), Slg. 1983, 255, 287; dazu eingehend *Bieber*, Das Verfahrensrecht, (4.C), 30 ff.

4. Pflichten der Organe

10 Aus der gemeinsamen Verpflichtung der Organe zur Verwirklichung der Ziele der Organisation und der Systematik des Vertrages lassen sich allgemeine Rechtsgrundsätze entnehmen, die vor allem die **Erhaltung der Funktionsfähigkeit**, das Gebot zur **effizienten Aufgabenerfüllung** und zur **Kooperation der Organe** umfassen.

a) Wahrung der Funktionsfähigkeit (Identität und Kooperation)

11 Die Erhaltung der Funktionsfähigkeit einer Organisation als Ganzes und ihrer einzelnen Organe bildet die Grundlage jeder mit dem Anspruch auf Dauer geschaffenen Organisation.[10] Funktionsfähigkeit wird hier verstanden als die Eignung der Organe, die ihnen zugewiesenen Aufgaben unter Wahrung der jeweiligen Organisationsverfassung zu erfüllen. Diese Eigenschaft lässt sich nicht von dem Bestand der Organisation lösen. Sie muss vielmehr als Voraussetzung der Organisationsexistenz gedacht werden. Der Begriff der Funktionsfähigkeit umfasst verschiedene Elemente, die **Erhaltung der Organidentität** einerseits und eine **Pflicht zur Zusammenarbeit der Organe** andererseits.

12 Eine Verpflichtung zur Identitätswahrung bedeutet nicht die Versteinerung eines bestimmten institutionellen Zustandes, sondern die Wahrung der spezifischen Eigenständigkeit im Rahmen der Kontinuität des Handelns der Union (vgl. Art. 13 Abs. 1 EUV).

Identität als Strukturprinzip entfaltet normative Wirkungen als Verpflichtung zur „Identitätsausfüllung", also u.a. zum Erlass jener Regeln, die zur Ausübung der zugewiesenen Aufgaben erforderlich sind. Weiterhin hat das Organ solche Handlungen zu unterlassen, die eine Erfüllung der Aufgaben durch das Organ selbst behindern oder ausschließen würden.

13 Die Funktionsfähigkeit der Organisation erfordert weiterhin ein **geordnetes fortwährendes Zusammenwirken**, eine **Kooperation der Organe**. Kooperation als Gebot umfasst die Verpflichtung der Organe, ihre Funktionen in einer Weise auszuüben, die den übrigen Organen die optimale Wahrnehmung ihrer Funktionen ermöglicht, also aufeinander Rücksicht zu nehmen und sich über die Art der Erreichung der gemeinsamen Ziele zu verständigen.[11] Art. 13 Abs. 2 EUV verpflichtet die Organe ausdrücklich zur loyalen Zusammenarbeit. Diese Pflicht wird in Art. 295 und 324 AEUV konkretisiert.

14 Die Rechtsnatur und die Bindungswirkung der **Interorganvereinbarungen** sind im Lichte des jeweiligen Inhalts und des darin erkennbaren Bindungswillens zu beurteilen (*dazu § 6 Rn. 42, 67*). Grundsätzlich sind die Vereinbarungen geeignet, rechtliche Verpflichtungen zu begründen (so nunmehr ausdrücklich Art. 295 AEUV). Der EuGH hat zutreffend für einzelne Erklärungen die Bindung der Organe hervorgehoben.[12] Die beteiligten Organe betonen mitunter ausdrücklich die Bindungswirkung.[13]

b) Effiziente Erfüllung der Aufgaben

15 In der Präambel des EUV bekunden die Mitgliedstaaten ihren Willen, „Demokratie und Effizienz in der Arbeit der Organe weiter zu stärken". Damit wird ein normatives

---

10 So nahezu wörtlich EuGH, Rs. 5/85 (AKZO/Kommission), Slg. 1986, 2607, Rn. 37.
11 Vgl. EuGH, Rs. 204/86 (Griechenland/Rat), Slg. 1988, 5323, Rn. 16 („gegenseitige Pflichten zur redlichen Zusammenarbeit"). Ebenso EuGH, Rs. C-65/93 (EP/Rat), Slg. 1995, 643, Rn. 23.
12 EuGH, Rs. 204/86 (Griechenland/Rat), Slg. 1988, 5323, EuGH, Rs. C-25/94 (Kommission/Rat), Slg. 1996, I – 1497.
13 Z.B. Interinstitutionelle Vereinbarung über die Haushaltsdisziplin u.a. v. 2. Dezember 2013, ABl. C 373 / 2013, 1, Ziff. 2: „Die Vereinbarung ist während ihrer gesamten Laufzeit für die Organe *verbindlich*." (Hervorhebung vom Verfasser).

Prinzip bestätigt, das die Verpflichtung der Organe bezeichnet, ihre jeweiligen Aufgaben **innerhalb angemessener Zeit** und **mit angemessenen Mitteln** zu verwirklichen. Dies gilt auch dann, wenn keine Fristen zu beachten sind.[14] In der Verpflichtung zum Handeln innerhalb angemessener Frist äußert sich das allgemeine **Gebot zu effizientem Handeln** (Art. 287 Abs. 2; 298 Abs. 1 AEUV) und zur Wahrung des Prinzips der **Verhältnismäßigkeit** bei der Auswahl der Mittel zur Zielverwirklichung (Art. 5 Abs. 4 EUV).

c) „Institutionelles Gleichgewicht"

Nicht zu den aus Artikel 13 EUV oder sonstigen Vertragsbestimmungen abzuleitenden Strukturdeterminanten der Verträge gehört ein „institutionelles Gleichgewicht". Zwar bedienen sich der EuGH und die übrigen Organe häufig dieser Argumentationsfigur, um bestimmte Verhaltensweisen der Organe als vertragsgemäß oder vertragswidrig zu kennzeichnen,[15] doch fehlt im positiven Recht jegliche Anknüpfungsmöglichkeit, um das Verhältnis der Organe anhand eines derartigen Grundsatzes zu bestimmen, sofern dieser mit eigenständigem Inhalt versehen und neben oder über den ausdrücklichen Vertragsregelungen angesiedelt wird. Der Begriff „institutionelles Gleichgewicht" enthält entweder nur eine Umschreibung der in der Organisationsverfassung positiv geregelten Organbeziehungen[16] – dann bildet er eine Leerformel – oder er artikuliert eine verfassungspolitische Zielsetzung[17] – dann befindet er sich außerhalb des normativen Bereichs. In beiden Fällen eignet er sich nicht als eigenständige Quelle normativer Aussagen zum Organverhältnis.

16

III. Organhandeln im Rahmen besonderer Zuständigkeiten

1. Verstärkte Zusammenarbeit

Im Rahmen der *verstärkten Zusammenarbeit* zwischen einigen Mitgliedstaaten gemäß Art. 20 EUV und Art. 326–334 AEUV können diese Mitgliedstaaten die Organe der EU sowie die vertraglich vorgesehen Verfahren und Mechanismen für die Zusammenarbeit in Anspruch nehmen (*§ 3 Rn. 43 ff.*). Die von den Organen insoweit ausgeübten Befugnisse unterliegen dann nicht den in *Rn. 8* skizzierten Schranken des Art. 13 Abs. 1 EUV, sondern ergeben sich aus der konkreten Vereinbarung über die verstärkte Zusammenarbeit. Allerdings muss dabei die im EUV vorgegebene Identität der Organe, u.a. ihre Zusammensetzung (Ausnahme: Art. 20 Abs. 3 EUV) gewahrt bleiben.

17

2. Sonstiges Organhandeln außerhalb der vertraglichen Befugnisse

Auch außerhalb des Rahmens der verstärkten Zusammenarbeit übertragen die Mitgliedstaaten den Organen mitunter einzelne Aufgaben. Der EuGH hat dies grundsätz-

18

---

14 EuGH, Rs. 266/82 (Turner / Kommission), Slg. 1984, 1; EuGH, Rs. 84/82 (Bundesrepublik / Kommission), Slg. 1984, 1451.
15 Z.B. EuGH, Rs. 139/70 (Roquette und Maizena/Rat), Slg. 1980, 3333, Rn. 33 und in Rs. C-70/88 (Europäisches Parlament/Rat), Slg. 1990, 2041.
16 Dies war z.B. in den Rs. 138 und 139/79 der Fall. Dort ermittelte der EuGH die Qualität der vertraglich ausdrücklich gebotenen Anhörung des EP als wesentliche Formvorschrift i.S.v. Art. (ex) 173 EG. Doch folgte die Verletzung des Vertrages unmittelbar aus der Unterlassung der obligatorischen Anhörung des Parlaments gemäß Art. (ex) 43. Einer zusätzlichen Ableitung aus einem Grundsatz des „institutionellen Gleichgewichts" hätte es nicht bedurft. In ihren Schlussanträgen zur Rs. C – 101/08 (Audiolux) definiert GA Trstenjak das inst. Gleichgewicht als „Gesamtschau der Organisationsprinzipien und Handlungsermächtigungen" der Verträge, EuGH Slg. 2009, I -9823, Rn. 105.
17 Vgl. Mitteilung der Kommission vom 14. Oktober 1981 zur „Wiederherstellung des institutionellen Gleichgewichts", BullEG, Beilage 2/82.

lich für zulässig erklärt.[18] Die Einhaltung von Formen und Verfahren des EUV bzw. des AEUV ist in derartigen Fällen weder geboten noch prinzipiell ausgeschlossen. Grenzen können sich allerdings aus dem Gebot zur Wahrung der Funktionsfähigkeit und der Identität z.b. dann ergeben, wenn Gefahren der Verwechslung entstehen oder wenn dadurch die Erfüllung der vertraglich zugewiesenen Aufgaben beeinträchtigt wird.[19]

B. Die institutionelle Struktur

I. Die Hauptorgane

1. Europäisches Parlament (EP)

a) Vorbemerkung

19 Zu den Abgrenzungsmerkmalen der Union gegenüber traditionellen internationalen Organisationen gehört die Einfügung einer Vertretung „der Unionsbürgerinnen und Unionsbürger" (Art. 14 Abs. 2 EUV) in die Entscheidungsstruktur.[20] Die Anerkennung parlamentarischer Funktionen innerhalb der Union bedeutet den neuartigen Versuch, die Organisation (auch) eigenständig und unmittelbar zu legitimieren. Der EUV betont seit 2009 ausdrücklich, dass die Union auf dem Grundsatz der repräsentativen Demokratie beruht (Art. 10 Abs. 1). Dabei tritt zu der unmittelbaren Vertretung der Bürger im Rahmen des Europäischen Parlaments eine mittelbare Vertretung über die vor gewählten (staatlichen) Parlamenten rechenschaftspflichtigen Regierungen im Rahmen von Rat und Europäischem Rat (Art. 10 Abs. 2). Europäische Parteien erfüllen in diesem Zusammenhang Vermittlungsfunktionen (Art. 10 Abs. 4 EUV).

b) Aufgaben

aa) Überblick

20 Die klassischen Funktionen eines Parlaments umfassen Gesetzgebung, Wahl und Kontrolle der Exekutive, Rückkopplung zu den Bürgern (Einbeziehung der organisierten gesellschaftlichen Kräfte in die Willensbildung und Herstellung einer Wechselbeziehung mit der öffentlichen Meinung – „Konsensbildung"). Die Funktionen des EP sind an diesen idealtypischen Vorstellungen orientiert, ohne dass jedoch Übereinstimmung mit einem der in den Mitgliedstaaten verwirklichten parlamentarischen Modelle bestünde. Als besondere Funktion kommt in der EU die Integration der Völker hinzu, eine innerhalb verfestigter Nationalstaaten weniger bedeutsame Aufgabe. Im Verlauf der EU-Entwicklung wurden Befugnisse und Zuständigkeiten des EP erheblich ausgeweitet.

bb) Beratungsbefugnis

21 Das Europäische Parlament ist befugt, „über jede Frage zu beraten, die die Gemeinschaften betrifft", sowie „Entschließungen über derartige Fragen anzunehmen".[21] Die

---

18 Vgl. EuGH, Rs. C-316/91 (EP/Rat), Slg. 1994, 625 und Rs. C-181, 248/91 (EP/Rat und Kommission), Slg. 1993, 3685.
19 Vg. EuGH, Rs. C-370/12 (Pringle), U. v. 27. November 2012, Rn. 158.
20 Vor Inkrafttreten des Vertrags von Lissabon: „Vertretung der Völker".
21 EuGH, Rs. 230/81 (Luxemburg/EP), Slg. 1983, 255, Rn. 39.

Beratungsbefugnis erstreckt sich auf den Tätigkeitsbereich der Union, sowie auf alle Fragen, die im Zusammenhang mit dem Integrationsprozess stehen.

Die Beratungsbefugnis umfasst das Recht, eine Frage zu erörtern, einen einheitlichen Willen zu bilden und diesen zu äußern. Die Modalitäten der Beratung bestimmt das Parlament im Rahmen seines Selbstorganisationsrechts (vgl. Art. 48 GO – EP).

cc) Rechtsetzung

Die **Gesetzgebungsbefugnis** bildet seit dem Vertrag von Lissabon die wichtigste Befugnis des Europäischen Parlaments. Dazu verfügt es gemeinsam mit dem Rat über ein – weitgehend gleichberechtigtes – Mitentscheidungsrecht über die wesentlichen Rechtsakte, die im Rahmen der EU zu beschließen sind (Art. 14 Abs. 1 EUV; 289 AEUV, § 7 *Rn. 18*). Bei einzelnen Rechtsakten ist die Mitwirkungsbefugnis des EP abweichend, z.T. schwächer[22], z.T. stärker[23] ausgestaltet. Nach den ursprünglich geltenden Verträgen konnte das Parlament die Rechtsetzung nur über einzelne Anhörungsrechte beeinflussen. Das Recht zur förmlichen Gesetzesinitiative steht dem EP nur ausnahmsweise zu (Art. 223 Abs. 1 AEUV und Erlass ergänzender Bestimmungen zum Wahlverfahren, Art. 13 Direktwahlakt). Jedoch kann das EP gemäß Art. 225 AEUV formell von der Kommission die Einleitung von Gesetzgebungsverfahren verlangen. Auch legt das Parlament – mitunter grundlegende – „Initiativberichte" vor und löst dadurch gesetzgeberische Aktivitäten der Kommission aus. Einen kontinuierlichen Einfluss des EP auf die von der Kommission zu unterbreitenden Initiativen ermöglicht die strukturierte Zusammenarbeit zwischen EP und Kommission im Rahmen der Fortschreibung des Arbeitsprogramms und der Programmplanung der Kommission.[24]

22

dd) Kontrolle

Das Recht, von anderen Institutionen Informationen zu verlangen, über die gewonnenen Erkenntnisse (öffentlich) zu beraten und gegebenenfalls Sanktionen zu beschließen, gehört zu den grundlegenden parlamentarischen Funktionen. Die EG-Verträge hatten die parlamentarische Kontrolle ursprünglich nur auf die Kommission bezogen und dieser Berichts- und Auskunftspflichten gegenüber dem EP auferlegt. Praxis und Vertragsänderungen haben den Kontrollbereich erheblich erweitert und das Instrumentarium der Kontrolle differenziert. Gegenstand der Kontrolle des EP ist nunmehr die gesamte Tätigkeit der Organe oder Institutionen der Union mit Ausnahme der richterlichen Tätigkeit (Art. 226 AEUV). Da das parlamentarische Untersuchungsrecht nicht auf Institutionen der EU beschränkt ist, sondern an mögliche Missstände bei der Anwendung des EU-Rechts anknüpft (vgl. Art. 226 AEUV), kann sich die Kontrolltätigkeit des EP auch auf staatliche Institutionen erstrecken. Die Intensität der parlamentarischen Kontrolle variiert nach Bereich und nach der zu kontrollierenden Institution.

23

---

22 Z.B. als Anhörungsrecht, u.a. Art. 126 Abs. 14 AEUV.
23 Z.B. als Zustimmungsrecht, u.a. Art. 223 Abs. 1 AEUV.
24 Vgl. Rahmenvereinbarung EP/Kommission v. 20. Oktober 2010, ABl 304/2010, 47 = *HER I A* 89/29.

24 Als Instrumente der parlamentarischen Kontrolle bezeichnen die Verträge:
- Möglichkeit des Widerrufs der Übertragung von Rechtsetzungsbefugnissen an die Kommission (Art. 290, Abs. 2 AEUV).
- Fragerechte der Mitglieder des EP gegenüber Rat, Kommission und Zentralbank (u.a.: Art. 230 AEUV; 42 EUV; 284 AEUV).[25]
- Berichts- und Informationspflichten von Kommission, Rat, Europäischem Rat und Mitgliedstaaten gegenüber dem EP (z.B. Art. 25; 161; 233 AEUV; Art. 13 Abs. 3 Direktwahlakt sowie in zahlreichen Rechtsakten des abgeleiteten Rechts).
- Untersuchungsrechte des EP (direkt: Art. 226 AEUV, Untersuchungsausschüsse;[26] indirekt: Art. 228 AEUV, Bürgerbeauftragter, *Rn.* 99).
- Petitionsrecht der EU-Bürger an das EP (Art. 24; 227 AEUV).
- Misstrauensvotum gegenüber der Kommission und Entlastung der Kommission für die Haushaltsführung (Art. 234; 319 AEUV).
- öffentliche Arbeitsweise des EP (Art. 15 Abs. 2, 232, 233 AEUV; Art. 103, 104 GO – EP).
- „indirekte Kontrollen" durch Befassung des EuGH mit Klagen gegen Kommission und Rat (Art. 263, 265 AEUV) sowie durch Beauftragung des Rechnungshofes zur Abgabe von Stellungnahmen (Art. 287 AEUV).

Die vertraglich vorgesehenen Kontrollrechte werden ergänzt durch Kontrollen, die auf Inter-Organvereinbarungen beruhen.

25 Das **Misstrauensvotum** gegen die Kommission bildet das formell bedeutsamste Instrument, um den parlamentarischen Kontrollen Nachdruck zu verleihen. Doch hat sich dieses Mittel als wenig praktikabel erwiesen. Keiner der bis 2014 eingereichten Misstrauensanträge fand auch nur annäherungsweise eine Mehrheit. Der Rücktritt der Kommission im März 1999 wurde durch die Verweigerung der Entlastung für die Haushaltsführung ausgelöst.

Voraussetzung für ein erfolgreiches Misstrauensvotum ist gemäß Art. 234 AEUV eine Mehrheit von zwei Dritteln der abgegebenen Stimmen, die gleichzeitig mindestens die Mehrheit der dem Parlament tatsächlich angehörenden Mitglieder umfasst. Die GO des EP behält die Einreichung von Anträgen über eine Misstrauensabstimmung einem Zehntel der Mitglieder des EP vor (Art. 100).

26 Vom Parlament eingeleitete gerichtliche Inter-Organkontrollen bildeten im ursprünglichen Vertragssystem eine Ausnahme, die das Parlament 1983 erstmals für eine Untätigkeitsklage gegen den Rat nutzte.[27] Zunächst hatte es sich auf Interventionen in anhängigen Verfahren beschränkt.[28] Nachdem der EuGH als Konsequenz seiner erweiternden Auslegung des früheren Art. 173 EWGV zur Passivlegitimation[29] dem Parlament entgegen dem Wortlaut des Vertrages ein Klagerecht eingeräumt hatte,[30] konsoli-

---

25 Zu den verschiedenen Fragearten vgl. Art. 115–118 und Anlage III, GO-EP.
26 S. Beschluss von EP, Rat und Kommission über Einzelheiten der Ausübung des Untersuchungsrechts, ABl. L 113/1995, 2. (Das EP hat die Ersetzung dieses Beschlusses vorgeschlagen: Entschl. v. 19. April 2012, EP Dok. 2009/2212). Beispiel für die Einsetzung eines Untersuchungsausschusses : Beschluss EP v. 18. Januar 2006, ABl. L 186/ 2006, 58.
27 Vgl. EuGH, Rs. 13/83 (EP/ Rat), Slg. 1985, 1513.
28 Vgl. EuGH, Rs. 138, 139/79 (Roquette, Maizena/Rat), Slg. 1980, 3333.
29 EuGH, Rs. 294/83 („Les Verts"/EP), Slg. 1986, 1339.
30 EuGH, Rs. C-70/88 (EP/Rat), Slg. 1990, 2041. Der EuGH wich damit ausdrücklich von der entgegengesetzten früheren Rechtsprechung ab (Rs. 302/87, Slg. 1988, 5615).

diert Art. 263 AEUV ein entsprechendes Klagerecht. Seither kann das Parlament Nichtigkeitsklagen gegen Rat oder Kommission erheben. Bis zum Inkrafttreten des Vertrags von Nizza (2003) waren derartige Klagen nur zulässig, wenn sie auf die Wahrung der Rechte des EP abzielten.

ee) Ernennungen/ Wahlrechte

Das EP ist seit 1994 förmlich an dem Verfahren zur Ernennung der Kommission beteiligt. Gemäß Art. 17 Abs. 7 EUV wählt das EP zunächst (auf Vorschlag des Europäischen Rates) den Präsidenten der Kommission. Das gesamte Kommissionskollegium bedarf eines weiteren Votums der Zustimmung durch das EP (Art. 17 Abs. 7 EUV). Wird diese verweigert, ist eine endgültige Ernennung durch den Europäischen Rat nicht möglich. Das EP wählt den Bürgerbeauftragten der EU (Art. 228 AEUV) und es entscheidet gemeinsam mit dem Rat über die Ernennung des Europäischen Datenschutzbeauftragten (*Rn. 101*). Eine Anhörung des EP erfolgt weiterhin vor der Ernennung der Mitglieder des Direktoriums der EZB gemäß Art. 283 AEUV und der Mitglieder des Rechnungshofes gemäß Art. 286 Abs. 2 AEUV. Dagegen ist eine parlamentarische Mitwirkung bei der Bestellung der Mitglieder des EuGH und des Gerichts erster Instanz bisher nicht vorgesehen.[31] Dagegen zeichnet sich im Sekundärrecht eine Tendenz zu verstärkter Mitwirkung des EP bei Ernennungen ab (so z.B. im Rahmen des Europäischen Systems der Finanzaufsicht[32]).

27

ff) (Mit-)Gestaltung der EU-Außenbeziehungen

Die Befugnisse des EP zur (Mit-)Gestaltung der EU-Außenbeziehungen reichen von **Zustimmungsrechten** für einzelne Kategorien von Verträgen über Rechte der **Anhörung** bis zu einfachen **Informationsrechten**.

28

Im Rahmen der Gemeinsamen Außen- und Sicherheitspolitik verfügt das Parlament nur über Rechte der Information und der Impulsgebung (Art. 36 EUV).

Dagegen erfordern die wesentlichen Abkommen der EU, die auf der Grundlage des AEUV geschlossen werden (einschließlich von Handelsabkommen, vgl. Art. 207 Abs. 3 AEUV) gemäß Art. 218 Abs. 6 AEUV und Art. 49 EUV eine **Zustimmung** des EP. Es sind dies:

- Beitrittsverträge;
- Assoziierungsabkommen,
- der Vertrag über den Beitritt der Union zur EMRK;
- Abkommen, die durch Einführung von Zusammenarbeitsverfahren einen besonderen institutionellen Rahmen schaffen;
- Abkommen mit erheblichen finanziellen Folgen für die Union,[33]
- Abkommen in Bereichen, für die entweder das ordentliche Gesetzgebungsverfahren oder, wenn die Zustimmung des Europäischen Parlaments erforderlich ist, das besondere Gesetzgebungsverfahren gilt (zum Verfahren § 33 *Rn. 22*).

---

31 S. allerdings Art. 255 AEUV.
32 Art. 48 und 51, VO 1094/2010, ABl. L 331/ 2010, 48 = *HER I A* 28/20.36 (Europäische Aufsichtsbehörde für das Versicherungswesen) und Art. 48 und 51, VO 1095/2010, ABl. L 331/2010, 84 = *HER I A* 28/21.34 (Europäische Wertpapier- und Marktaufsichtsbehörde).
33 Dazu EuGH – EP/Rat, C-189/97 – Slg. 1999, I-4741.

Für alle **sonstigen Abkommen** außerhalb der GASP besteht eine **vertragliche Anhörungspflicht** (Art. 218 Abs. 6 lit. b) AEUV).

gg) Repräsentativfunktion

29 Als Ausdruck seiner Funktion als Organ der repräsentativen Demokratie (Art. 10 Abs. 1 EUV) gehört zu den Aufgaben des Parlaments die Vermittlung politischer Optionen der Bürger und der Völker in den Entscheidungsprozess der Union und die Rückübertragung der Entscheidungen zu den organisierten politischen Kräften und den einzelnen Bürgern in den Mitgliedstaaten. Dies erfolgt durch die Abgeordneten selbst, durch Parteien, Verbände und Massenmedien. Die Bedeutung dieser primär aber nicht ausschließlich beim Parlament angesiedelten Funktion für die Legitimation einer so abstrakten und neuartigen Organisation wie der Union wurde erst spät erkannt.

Die Einrichtung eines *Bürgerbeauftragten* (Art. 228 AEUV), die *Transparenz des Handelns* der Organe (Art. 15 AEUV), die vertragliche Konsolidierung des *Petitionsrechts* (Art. 227 AEUV), die Anerkennung der Rolle *europäischer Parteien* (Art. 10 Abs. 4 EUV; Art. 224 AEUV) schaffen institutionelle Voraussetzungen für eine engere Wechselbeziehung zwischen EU und Bürgern. Ausdruck der Wechselwirkung ist auch das zunehmende Interesse der Medien und der Interessengruppen an der Arbeit des Parlaments.

c) Zusammensetzung

30 Der EUV legt seit Inkrafttreten des Vertrags von Lissabon eine maximale Mitgliederzahl von 751 Abgeordneten fest (Art. 14 Abs. 2 EUV). Die Abgeordneten werden unmittelbar gewählt. Die Sitzverteilung auf die Mitgliedstaaten erfolgt degressiv proportional mit einer Mindestvertretung von 6 Mandaten für die kleinsten Staaten und einer Höchstzahl von 96 Mandaten pro Mitgliedstaat. Die Einzelheiten zur Ausfüllung dieses Rahmens beschließt der Europäische Rat auf Vorschlag und mit Zustimmung des Europäischen Parlaments (Art. 14 Abs. 2 EUV). Bei Erweiterungen ist eine Anpassung der Sitzverteilung erforderlich, um die Grenze von 751 Abgeordneten einzuhalten. Für die Wahlperiode 2014–2019 hat der Europäische Rat folgende Sitzverteilung festgelegt:[34]

Belgien	21	Malta	6
Bulgarien	17	Niederlande	26
Dänemark	13	Österreich	18
Deutschland	96	Polen	51
Estland	6	Portugal	21
Finnland	13	Rumänien	32
Frankreich	74	Schweden	20
Griechenland	21	Slowakei	13
Irland	11	Slowenien	8
Italien	73	Spanien	54
Kroatien	11	Tschechische Republik	21
Lettland	8	Ungarn	21
Litauen	11	Vereinigtes Königreich	73
Luxemburg	6	Zypern	6

---

[34] B v. 28. Juni 2013, ABl. L 181/2013, 57. Zur Sitzverteilung vor 2014 s. Protokoll Nr. 36 zum EUV i.d.F. der Beitrittsakte 2012, ABl. L 112/2012, 21 sowie Vorauflage, § 4 Rn. 30.

§ 4 Institutionelles System

Die Abstufung der Mandatszahlen orientierte sich schon bisher an der Einwohnerzahl der einzelnen Staaten, verläuft jedoch nicht strikt proportional. Zu Unrecht wird dieser Umstand mitunter als Einwand gegen die Legitimation des EP vorgetragen: Formale Wahlrechtsgleichheit folgt solange nicht als zwingendes Gebot aus dem Demokratieprinzip, als Mehrheiten sich artikulieren und Entscheidungen treffen können, während Minderheiten Schutz erfahren. Beide Anforderungen können gleichzeitig unter den staatlich geprägten Voraussetzungen europäischer Integration nur durch Kompromisse erfüllt werden.[35]

Für die Beschlussfassung über das **Wahlverfahren** besitzt das EP ein Initiativ- und Zustimmungsrecht. Die Vorlage bedarf zur Wirksamkeit des einstimmigen Beschlusses des Rates und der anschließenden Billigung durch die Mitgliedstaaten „im Einklang mit ihren jeweiligen verfassungsrechtlichen Vorschriften".[36]

31

Die Wahl erfolgt noch nicht nach einem vollständig **einheitlichen** Verfahren im Sinne von Art. 223 Abs. 1 AEUV. Stattdessen legt der Akt einige gemeinsame Grundzüge fest (Prinzip der Verhältniswahl, Wahldatum, Mandatsdauer, Unvereinbarkeiten, Mandatsprüfung) und überlässt den Mitgliedstaaten die Ausgestaltung der Einzelheiten des Wahlsystems (Art. 8 Direktwahlakt). Weitere Elemente eines einheitlichen Verfahrens enthält Art. 22 AEUV (aktives und passives Wahlrecht für alle EU-Bürger im jeweiligen Wohnsitzstaat (§ 2 Rn. 36–38).[37] Die Dauer des Mandats erstreckt sich auf fünf Jahre. Seit 2004 darf neben einem europäischen kein nationales Mandat ausgeübt werden (Art. 7 Abs. 2 Direktwahlakt). Die erste Wahl erfolgte im Juni 1979. Die nachfolgenden Wahlen finden gemäß Art. 10 des Direktwahlakts nach jeweils 5 Jahren statt (letzter Wahltermin: 22.–25. Mai 2014[38]). Die Wahlperiode ist seit 1995 mit der Amtsperiode der Kommission synchronisiert.

Die Zuständigkeit für die Durchführung der Wahl liegt bei den Mitgliedstaaten.[39]

32

In der Bundesrepublik können die Parteien entweder für jedes Bundesland getrennte Listen oder eine Liste im gesamten Wahlgebiet aufstellen (§ 2 Abs. 1 EuWG).[40] Im Übrigen wird weitgehend nach den gleichen Grundsätzen wie zum Bundestag gewählt. Deutsche, die sich ständig in den Mitgliedstaaten der EU außerhalb der Bundesrepublik aufhalten, sind wahlberechtigt. Weitere Besonderheiten bilden die Möglichkeit der Benennung von Ersatzkandidaten (§ 9 Abs. 2 EuWG) und der Beteiligung von „sonstigen politischen Vereinigungen" an der Wahl. Die gemäß Art. 3 DWA zulässige aber nicht gebotene Einführung einer Mindestschwelle von Stimmen bei der Verteilung der Mandate war in Deutschland zur Einführung einer „5 %-Klausel" genutzt worden (§ 2 Abs. 7 EuWG). Nachdem es zunächst die Zulässigkeit dieser Klausel unter Hinweis auf die vergleichbaren Funktionsbedingungen des EP bejaht hatte (BVerfGE 51, 222), erklärte das BVerfG im Jahre 2011 diese Bestimmung für verfassungswidrig.[41] Es be-

---

35 Anders unter Verkennung der Eigenart des Europäischen Parlaments und der Besonderheiten der Integration: BVerfGE 123, 267, Rn. 280 ff.
36 Letzte Änderung: Beschl. v. 23. September 2002, ABl. L 283/2002, 1.
37 S. RL 93/109, ABl. L 329/1993, 34 i.d.F. der RL 2013/1, ABl. L 26/2013, 27.
38 BRat v. 14. Juni 2013, ABl. L 169/2013, 69.
39 Zu den Einzelheiten *Bieber* in G/S/H, Anm. 4–12 und Anhang zu Art. 223. Dort auch eine Kommentierung des Direktwahlakts.
40 Europawahlgesetz v. 16. Juni 1978 i.d.F. v. 8. März 1994, BGBl. I, 424, letzte Änderung durch Gesetz v. 7. Oktober 2013, BGBl. I, 3749. = HER I A 80/3.
41 BVerfGE 129, 300. Dazu *Schönberger*, Das Bundesverfassungsgericht und die Fünf – Prozent- Klausel bei der Wahl zum Europäischen Parlament, JZ 2012 Nr. 2, 80–86; *Grzeszick*, Demokratie und Wahlen im europäischen Verbund der Parlamente, EuR 2012, Nr. 6, 667–681; .

gründete dies mit einem Verstoß gegen die Wahlgleichheit und die Chancengleichheit der Parteien. Die Funktionsfähigkeit des EP sei bei einem Wegfall der Sperrklausel nicht gefährdet. Mit der gleichen Begründung hat das BVerfG auch die in der Folge vom BT beschlossene 3 % – Klausel für verfassungswidrig erklärt.[42] In Deutschland erfolgte die Zuteilung der Sitze nach der EP-Wahl im Jahre 2014 daher ohne Sperrklausel.

d) Organisation und Arbeitsweise

aa) Selbstorganisationsrecht

33   Gemäß Art. 232 AEUV besitzt das EP die Befugnis, sich autonom eine **Geschäftsordnung** zu geben.[43] Beschränkungen des Selbstorganisationsrechts ergeben sich aus den Verträgen. Dies gilt z.b. für die jährliche **Sitzungsperiode** (Art. 229 AEUV; Art. 11 Abs. 3 Direktwahlakt), die Wahl von Präsident und Präsidium (Art. 14 Abs. 4 EUV), die Anhörung der Kommission (Art. 230 Abs. 1 AEUV), erforderliche Mehrheiten (Art. 231 AEUV) und die Veröffentlichung der Protokolle (Art. 232 AEUV). Die Abgrenzung des vom Selbstorganisationsrecht erfassten Bereichs gegenüber den Zuständigkeiten anderer Organe und der Mitgliedstaaten ist nicht eindeutig bestimmt. Die Mitgliedstaaten sind jedenfalls verpflichtet, die Ausübung dieses Rechts der Organe nicht zu behindern,[44] während andererseits das EP entsprechende Zuständigkeiten der Mitgliedstaaten achten muss.[45]

Das EP legt danach die Häufigkeit, Dauer und Tagesordnung seiner Plenarsitzungen selbst fest. Es hat sich in **Ausschüssen** und **Fraktionen** organisiert. Da die Dauer der jährlichen Sitzungsperiode in Art. 229 AEUV vertraglich nicht begrenzt ist, beendet das EP diesen Zeitraum erst am Vortage des Beginns der neuen Sitzungsperiode (zweiter Dienstag im März).[46] Während eines Jahres tritt das EP zu 15 bis 20 Sitzungen von jeweils 2–4 Tagen zusammen. Diese finden in Straßburg und Brüssel statt.

In den Grenzen des **Protokolls über die Vorrechte und Befreiungen der Europäischen Union**[47] ist das EP befugt, „Regelungen und allgemeine Bedingungen" für die Aufgabenerfüllung der Abgeordneten festzulegen. Diese Regeln bedürfen der Zustimmung des Rates (Art. 223 Abs. 2 AEUV). Ein entsprechender Beschluss kam erst im Jahre 2005 zustande.[48] Umstritten war dabei vor allem die Besoldungsregelung der Abgeordneten.[49] Das EP hat sich ein „Generalsekretariat" (Art. 197 GO) gegeben, dem die technische Vorbereitung und Assistenz bei den Sitzungen des Parlaments und seiner Organe obliegt. Es umfasst 6500 Bedienstete (davon der größte Teil im Sprachendienst). Es ist in Luxemburg und Brüssel angesiedelt.

---

42 BVerfG 2 BvE 2/13 u.a., U. v. 26. Februar 2014. Dazu *Felten*, EuR 2014, Nr. 3, 298 – 320; *Haug*, ZParl. 2014, Nr. 2, 467 – 487.
43 Letzte Fassung v. März 2011, ABl. L 116/2011 = HER I A 80/2.
44 EuGH, Rs. 208/80 (Lord Bruce), Slg. 1981, 2205.
45 EuGH, Rs. 108/83 (Luxemburg/ EP), Slg. 1984, 1945 und C – 345/95 (Frankreich/EP), Slg. 1997, 5215 (Abgrenzung zu Art. 341 AEUV- Sitz); Rs. 294/83 („Les Verts"/EP) Slg. 1986, 1339 (Abgrenzung zu Art. 7, II Direktwahlakt – Wahlkampffinanzierung).
46 Vgl. EuGH, Rs. 149/85 (Wybot/Faure), Slg. 1986, 2391.
47 Protokoll Nr. 7 zum EUV, ABl. C 83/2010, 266. Dazu EuGH Rs. C – 200/07 und C – 201/07 (Marra), Slg. 2008, I – 7929; Rs. C – 163/10 (Patriciello), Slg. 2011, I – 7565.
48 Beschluss EP v. 28. September 2005, ABl. L 262/2005, 1 = HER IA 80/16.
49 Einzelheiten dazu bei *Roland Bieber/Marcel Haag*, Kommentar zum Europaabgeordnetengesetz in: Das Deutsche Bundesrecht, Loseblattslg., Baden-Baden 2011, I A 26.

bb) Ausschüsse

Der im Vertrag verwandte Begriff „Parlament" bezeichnet das **Plenum** der Abgeordneten. In der Praxis erfolgt die den Beschlüssen des Plenums notwendigerweise vorangehende Meinungsbildung in den **Ausschüssen**. Deren Zusammensetzung spiegelt die Mehrheitsverhältnisse des Plenums (Art. 186 Abs. 1 GO). Neben den z.Zt. 20 ständigen Ausschüssen können ad hoc-Ausschüsse sowie Untersuchungsausschüsse gebildet werden (Art. 184, 185 GO; Art. 226 AEUV).[50]

34

cc) Fraktionen und Europäische Parteien

Von zentraler Bedeutung für die spezifisch legitimierende und integrierende Leistung des Parlaments sind die **Fraktionen**. Ihre Funktion besteht darin, die unterschiedlichen Ziele und Interessen der Bürger zu artikulieren und in Mehrheitsentscheidungen zu formen, unabhängig davon, ob diese Ziele und Interessen einzelnen Staaten zugeordnet werden können. Zur Bildung einer Fraktion sind gemäß Art. 30 GO mindestens 25 Mitglieder aus mindestens einem Viertel der Mitgliedstaaten erforderlich. Die politische Affinität der Fraktionsmitglieder kann vom EP überprüft werden. Fehlt sie, kann der Fraktionsstatus verweigert werden.[51]

35

> Die **Rechtsstellung** der Fraktionen ergibt sich aus Art. 31 der GO-EP. Allerdings ist diese Bestimmung unvollständig. Insbesondere hinsichtlich der Teilhabe an den Vorrechten der Organe, der Haftung sowie der Prozessfähigkeit vor dem EuGH besteht eine unklare Rechtslage. Eine Bestimmung wie Art. 93 Abs. 1 Nr. 1 GG, § 13 Nr. 5 BVerfGG, die den Fraktionen des BT eine Beteiligung an Verfahren vor dem BVerfG ermöglicht, fehlt im EU-Recht. Aus diesem Umstand kann jedoch nicht bereits eine generell fehlende Prozessfähigkeit von EP-Fraktionen gefolgert werden. Die in der Praxis weit reichende finanzielle, organisatorische und politische Selbstständigkeit der Fraktionen legt nahe, darin die Trägerschaft eigener Rechte und Pflichten zu sehen, so dass ein Handeln der Fraktionen nicht stets dem EP zugerechnet werden darf.[52] Die Selbstständigkeit erfordert einen eigenständigen gerichtlichen Schutz. Dies gilt auch im „Innenverhältnis", also gegenüber dem EP.[53]

Zusammensetzung des Europäischen Parlaments nach Fraktionen (2014–2019):

EVP	Fraktion der Europäischen Volkspartei (Christdemokraten):	221
S & D	Fraktion der Progressiven Allianz der Sozialdemokraten im Europäischen Parlament:	191
EKR	Europäische Konservative und Reformisten	70
ALDE	Fraktion der Allianz der Liberalen und Demokraten für Europa	67
GUE/NGL	Vereinigte Europäische Linke/Nordische Grüne Linke:	52

---

50 Zur Zuständigkeit der Ausschüsse vgl. GO-EP, Anlage VII = HER I A 80/2, zur Grösse: Beschluß des EP v. 18. Januar 2012, ABl. C 227E/35.
51 EuGeI, Rs. T-222/99 (Martinez/EP), Slg. 1999, II-3397, bestätigt durch EuGH, Rs. C-488/01 P, Slg. 2003, I-13355.
52 EuGH, Rs. C-201/89 (Le Pen u.a./Puhl u.a.), Slg. 1990, 1183. S.a. den Sonderbericht Nr. 13/2000 des Rechnungshofes über die Ausgaben der Fraktionen, ABl. C 181/2000.
53 Der EuGH hat bisher eine allgemeine Festlegung vermieden, scheint jedoch eine Aktivlegitimation von Fraktionen gegen das EP nicht grundsätzlich auszuschließen, vgl. Rs. 294/83 („Les Verts"/EP), Slg. 1986, 1339; Rs. 78/85 (Fraktion der Europäischen Rechten/EP), Slg. 1986, 1753; Rs. 221/86 und 221 R/86 (Fraktion der Europäischen Rechten/EP), Slg. 1986, 2579, 2969.

GRÜNE/EFA	Fraktion DIE GRÜNEN/Europäische Freie Allianz:	50
EFD	Fraktion "Europa der Freiheit und der direkten Demokratie":	48
	Fraktionslos:	52 Abgeordnete.

In den Fraktionen bereitet sich die politische Willensbildung des EP vor. Freilich weisen die spezifischen Standpunkte der Fraktionen selten die gleiche Prägnanz wie in einem nationalen Parlament auf. Das liegt auch daran, dass ein politischer Unterbau der Fraktionen – Europäische Parteien – nur allmählich entsteht.

36 In Art. 10 Abs. 4 EUV und Art. 224 AEUV fand die Rolle der **europäischen Parteien** für den Integrationsprozess eine förmliche Anerkennung. Ein Statut der Europäischen Parteien kann als Verordnung nach dem Verfahren des Art. 294 AEUV beschlossen werden. Erstmals wurde von dieser Ermächtigung im Jahre 2004 Gebrauch gemacht.[54] Danach wird als „politische Partei auf europäischer Ebene" eine Vereinigung zur Verfolgung politischer Ziele bezeichnet, die kumulativ folgende Merkmale aufweist: (1) Rechtspersönlichkeit in einem Mitgliedstaat; (2) Mitglieder im EP oder in staatlichen Parlamenten oder mindestens 3 % der Stimmen in mindestens einem Viertel der Mitgliedstaaten; (3) Beachtung der Grundsätze der Freiheit, der Demokratie, der Achtung der Menschenrechte und Grundfreiheiten sowie der Rechtsstaatlichkeit in Programm und Tätigkeit; (4) Teilnahme oder Absicht zur Teilnahme an EP-Wahlen. Bei Vorliegen dieser Merkmale kann die Partei Subventionen aus dem Haushalt der EU erhalten. Es ist untersagt, diese Mittel zur Finanzierung staatlicher Parteien einzusetzen (Art. 7). Die Verwendung der Mittel unterliegt der Kontrolle durch den Europäischen Rechnungshof (Art. 9).

Seit der ersten Direktwahl bildeten sich zehn transnationale Parteiverbände. Die ältesten sind:

- Sozialdemokratische Partei Europas;
- Liberale und Demokratische Partei Europas;
- Europäische Volkspartei (Föderation der Christlich-demokratische Parteien);
- Partei der Europäischen Grünen.

e) Interparlamentarische Beziehungen

aa) Parlamente der Mitgliedstaaten

37 Der EUV hebt die Bedeutung der nationalen Parlamente für die Arbeitsweise der Union hervor (Art. 12). Einzelheiten der Beteiligung der staatlichen Parlamente an der Rechtsetzung der Union (insbesondere durch Information und Kontrolle der Subsidiarität, dazu § 2 Rn. 62) und der Zusammenarbeit mit dem EP sind in den Protokollen Nr. 1 und 2 zum EUV festgelegt.

Nach Beendigung des obligatorischen Doppelmandats in staatlichen Parlamenten und EP seit der Direktwahl des EP lösten sich die formellen Beziehungen zwischen EP und

---

54 VO 2004/2003, ABl. L 297/2004, 1 = *HER I A* 80/13. Dazu Durchführungsregelung ABl. C 112/ 2011,1.

staatlichen Parlamenten. Im Interesse einer Stärkung des parlamentarischen Einflusses auf die Gestaltung des EU-Rechts institutionalisierten das EP und die staatlichen Parlamente ihre Zusammenarbeit in anderen Formen (Art. 130–132 GO-EP). Diese erfolgte zunächst im Rahmen regelmäßiger Treffen der Parlamentspräsidenten, später verstärkt auf der Ebene von Ausschüssen und Fraktionen.[55]

Ein Beispiel für institutionalisierte Beziehungen zwischen EP und den staatlichen Parlamenten bildet die seit 1989 bestehende „Konferenz der Europaausschüsse" (COSAC). Dieses Gremium tritt regelmäßig zweimal pro Jahr mit einer Delegation des EP zusammen.[56] Es wird durch Art. 10 von Protokoll Nr. 1 zum EUV vertraglich konsolidiert.

bb) Parlamente von Drittstaaten

Weitere interparlamentarische Beziehungen des EP bestehen im Rahmen von Assoziierungsabkommen. So sehen u.a. das AKP-Abkommen und der EWR-Vertrag (*§ 34 Rn. 35; § 36 Rn. 9*) parlamentarische Gremien vor, die aus Mitgliedern der Parlamente der Vertragsparteien zusammengesetzt sind und beratende und Kontrollaufgaben wahrnehmen.[57] Das EP unterhält weiterhin formelle Beziehungen zu einer großen Zahl von Parlamenten der Welt. Es hat dafür ständige interparlamentarische Delegationen gebildet (Art. 198 GO-EP).[58] Mit den Staaten der „östlichen Partnerschaft" (*§ 36 Rn. 14*) wurde eine Parlamentarische Versammlung EURONEST eingerichtet.[59]

38

2. Europäischer Rat

a) Einleitung

Das Entscheidungssystem der EU ist mit den Institutionen der Mitgliedstaaten eng verzahnt. Besonders sichtbar wird diese Verzahnung im **Europäischen Rat** (Art. 15 EUV) und im **Rat** (Art. 16 EUV, *Rn. 43 ff.*). Aufgrund von Beschlüssen der Gipfelkonferenz in Paris (1974) fanden seit 1975 mindestens zweimal jährlich Sitzungen der Staats- und Regierungschefs statt. Diese Tagungen wurden seit 1986 (EEA) formell als Europäischer Rat (**ER**) bezeichnet. Ursprünglich sollte der ER dem Integrationsprozess nur allgemeine Impulse und Orientierung geben. Zunehmend entwickelte er sich jedoch zu einem Gremium, das in letzter (politischer) Instanz zahlreiche Einzelfragen aus dem Verantwortungsbereich der Organe entschied. Im Rahmen der seit 2009 unternommenen Versuche zur Bewältigung der Wirtschafts- und Finanzkrise hat der ER wesentliche Steuerungsfunktionen übernommen. Der Vertrag von Lissabon fügt den Europäischen Rat in das institutionelle System der EU ein (Art. 13 Abs. 1 EUV).

39

Getrennt vom ER besteht seit 2012 der „**Euro – Gipfel**", zu dem sich die Staats- und Regierungschefs der Staaten treffen, die den Euro eingeführt haben. Dieses Gremium soll insbesondere die Bemühungen um stärkere wirtschaftpolitische Konvergenz fördern (*§ 21 Rn. 11*).

40

---

55 Umfassend und kritisch zu Konzept und Praxis der interparlamentarischen Beziehungen in der EU: *Philipp Dann*, (*§ 4 C II*), 152 ff.
56 Für Deutschland s. Art. 45 GG und § 93 a GO-BT. Zur Arbeitsweise vgl. GO-COSAC v. 31. Mai 2011, ABl. C 229/2011, 1 = HER I A 80/18. Beispiel für die Tätigkeit: „Beitrag" des COSAC zur institutionellen Entwicklung 2010, ABl. C 207/2010, 1.
57 Art. 17 des Abkommens von Cotonou, ABl. L 317/2000, 3, s.a. Art. 95 EWR-Vertrag.
58 Zur Anzahl und zur Zusammensetzung der Delegationen vgl. EP – Entschließung v. 9. Oktober 2013, P7_TA(2013)405.
59 Gründungsakte v. 3. Mai 2011, ABl. C 198/2011, 4.

41 Rat und Europäischer Rat sind von der **Konferenz der Vertreter der Mitgliedstaaten** zu unterscheiden *(Rn. 60)*. Diese erfüllt bestimmte Aufgaben, die von den Verträgen den gemeinsam handelnden Mitgliedstaaten vorbehalten wurden (z.B. Vertragsänderung gemäß Art. 48 Abs. 4 EUV).[60] Europäischer Rat und Rat sind dagegen Organe der EU. Ihre Mitglieder unterliegen daher den für diese Institutionen geltenden Regeln, insbesondere der Verpflichtung, sich um die Wahrung der gemeinsamen Interessen und die Erreichung der gemeinsamen Ziele zu bemühen.

b) Zusammensetzung und Verfahren

42 Gemäß Art. 15 Abs. 2 EUV besteht der Europäische Rat aus den Staats- und Regierungschefs der Mitgliedstaaten, seinem Präsidenten sowie dem Präsidenten der Kommission. Der „Hohe Vertreter für die Außen- und Sicherheitspolitik" *(Rn. 59)* nimmt an seinen Arbeiten teil. Die Präsidentschaft wird nicht länger von einem der Staats- und Regierungschefs, sondern von einem für die Dauer von zweieinhalb Jahren vom Europäischen Rat gewählten **Präsidenten** ausgeübt (erster Präsident seit 2009: *Herman van Rompuy*, ehemaliger belgischer Ministerpräsident). Der Präsident hat kein Stimmrecht (Art. 235 Abs. 2 AEUV).

> Der Präsident darf nicht gleichzeitig staatliche Funktionen ausüben. Allerdings dürfte er gleichzeitig der Kommission angehören. Dem Präsidenten obliegt neben der Leitung der Sitzungen des Europäischen Rates vor allem die Außenvertretung der EU. Wegen der Parallelität der Funktionen mit der des Präsidenten der Kommission, des „Hohen Vertreters für die Außen- und Sicherheitspolitik" und des Rates „Allgemeine Angelegenheiten" kann die verstärkte Rolle des Präsidenten zu Inter-Organkonflikten führen.
> Der Vorsitzende des ER berichtet nach jeder Sitzung vor dem Plenum des EP (Art. 15 Abs. 6 EUV).
> Im Regelfall entscheidet der ER im Konsens (Art. 14 Abs. 4 EUV). In Einzelfällen sind besondere Mehrheiten vorgeschrieben.[61] Erstmals gab sich der Europäische Rat im Jahre 2009 eine förmliche **Geschäftsordnung**.[62] Darin ist vorgesehen, dass der Europäische Rat viermal pro Jahr in Brüssel zusammentritt (GO Art. 1).

c) Aufgaben

43 Zu den Aufgaben des Europäischen Rates gehört – wie schon bisher – die Festlegung der Grundlinien der Gemeinsamen Außen- und Sicherheitspolitik (Art. 26 Abs. 1 EUV). Daneben nimmt er in zahlreichen Vertragsgebieten erstmals förmliche Entscheidungsrechte wahr. So übt er zentrale Funktionen bei der Zusammensetzung anderer Organe aus.[63] Er ernennt (nach Wahl durch das EP, *Rn. 27*) den Präsidenten und die Mitglieder der Europäischen Kommission (Art. 17 Abs. 7 EUV) sowie den „Hohen Vertreter für die Außen- und Sicherheitspolitik (Art. 18 Abs. 1 EUV). Eine bedeutende Rolle kommt dem ER bei Vertragsänderungen nach dem „ordentlichen" Verfahren (Art. 48, Abs. 2–5 EUV) und nach dem „vereinfachten Verfahren" (Art. 48 Abs. 6, 7 EUV) zu (*§ 7 Rn. 30*).

> Zumeist äußert sich der Europäische Rat in der Form von „**Schlussfolgerungen**" „nur" politischer Natur. Diese Texte sind z.T. sehr detailliert. Dadurch scheint der Spielraum für die anderen EU-Institutionen eingeschränkt. In der Praxis fließen jedoch in die Texte des ER die

---

60 Zur Abgrenzung vgl. EuGH, Rs. C-181/91 (EP/Rat), Slg. 1993, I-3685.
61 Z.B. Art. 236 AEUV: qualifizierte Mehrheit; Art. 7 Abs. 2 EUV: Einstimmigkeit.
62 Beschluss v. 1. Dezember 2009, ABl. L 315 / 2009, S. 51 = *HER I A 80 a / 1*.
63 Z.B. Verteilung der Sitze des Europäischen Parlaments auf die Mitgliedstaaten (Art. 14 Abs. 2 EUV); Änderung der Anzahl der Mitglieder der Kommission (Art. 17 Abs. 5 EUV); Zusammensetzung des Rates (Art. 236 AEUV).

Vorarbeiten der übrigen Institutionen ein. Vor allem schafft der in den Schlusserklärungen artikulierte politische Konsens zwischen den jeweils höchsten Vertretern der staatlichen Exekutiven den Institutionen ein Bezugssystem für ein effizientes Handeln. Allerdings übernehmen die Mitglieder des Europäischen Rates nicht immer die Verantwortung vor der innerstaatlichen Öffentlichkeit für die gemeinsamen Beschlüsse.

Erst seit dem Inkrafttreten des Vertrages von Lissabon kann der ER förmliche Rechtsakte – allerdings keine Akte der Gesetzgebung (Art. 15 Abs. 1 EUV) – beschließen. Damit unterliegt sein Handeln/Unterlassen auch der Kontrolle des EuGH (Art. 263 AEUV).[64] Dagegen besteht keine entsprechende Klagebefugnis des ER.[65] Ausnahmsweise, in die strafrechtliche Zusammenarbeit betreffenden Fällen, kann der ER im Rahmen von Gesetzgebungsverfahren befasst werden. Ein Mitglied des Rates kann insoweit verlangen, eine Beschlussfassung auszusetzen und den Vorschlag dem Europäischen Rat vorzulegen. Kann im Europäischen Rat keine einvernehmliche Lösung gefunden werden, bleibt das Verfahren suspendiert (Art. 82 Abs. 3; 83 Abs. 3; 86 Abs. 1; 87 Abs. 3 AEUV).

3. Rat

a) Aufgaben

aa) Rechtsetzung

Der Rat übt gemeinsam mit dem EP die Gesetzgebungs- und Haushaltsbefugnisse aus. Daneben nimmt er Exekutiv-, Kontroll- und Koordinierungsaufgaben wahr (Art. 16 Abs. 1 EUV). 44

Die **Gesetzgebungszuständigkeiten** sind nicht abstrakt definiert, sondern ergeben sich aus den einzelnen vertraglichen Handlungsermächtigungen. Im Regelfall beschließt der Rat gemeinsam mit dem EP, in Ausnahmefällen auch allein. In besonderen Fällen ist der Rat (unter Mitwirkung anderer Organe) auch zur Änderung einzelner Vertragsbestimmungen (z.B. von Teilen der Satzung des EuGH, Zusammensetzung von WSA und AdR vgl. Art. 281 und 300 Abs. 5 AEUV) befugt. Im Haushaltsbereich teilt der Rat die Entscheidungsrechte mit dem Parlament (Art. 314, 315, 319 AEUV s. § 7 Rn. 20).

Besonders ausgestaltet ist die Stellung des Rates bei **Abschluss internationaler Abkommen** der EU. Dabei genehmigt der Rat die Eröffnung von Verhandlungen, definiert das Verhandlungsmandat und schließt die Abkommen, welche zunächst von der Kommission bzw. vom Hohen Vertreter für die Außen- und Sicherheitspolitik ausgehandelt wurden und die in der Regel der Zustimmung des EP bedürfen (Art. 218 Abs. 6 AEUV). Einseitige Maßnahmen im internationalen Wirtschaftsverkehr (z.B. Embargobeschlüsse) trifft der Rat gemäß Art. 215 AEUV (§ 33 Rn. 26).

bb) Initiativrecht

Abgesehen von den Fällen, in denen der Rat autonome Rechtsetzungsbefugnisse besitzt (z.B. Art. 342 AEUV), hat er nicht die Befugnis, ein Rechtsetzungsverfahren einzuleiten. Dieses fehlende formelle Initiativrecht wird theoretisch von der Bestimmung der Art. 241 und 135 AEUV kompensiert, wonach der Rat von der Kommission die Vorlage von Vorschlägen verlangen kann. Mit der Verabschiedung allgemeiner Programme 45

---

[64] Anders noch EuGH, Rs. C-264/94 (Bonnomay/Rat) Slg. 1995, I-15.
[65] Die gemäss dem Wortlaut von Art. 265 AEUV bestehende Klagebefugnis (Untätigkeitsklage) dürfte auf einem Redaktionsversehen beruhen.

oder Entschließungen und der Setzung politischer Zieldaten durch den Europäischen Rat (*Rn. 42*) hat Art. 241 praktische Bedeutung verloren.

cc) Exekutivaufgaben

46 Der Erlass von Einzelfallentscheidungen ist unter dem Gesichtspunkt einer gewaltenbegrenzenden Funktionenteilung für ein Gesetzgebungsorgan wie den Rat nur insoweit angemessen, als die Einzelmaßnahme nicht in Durchführung einer zuvor von demselben Organ (mit-)erlassenen generellen Regelung ergeht. Es erscheint zwar sachgerecht, wenn die Verträge dem Rat den Erlass einzelner Rechtsakte vorbehalten, die unabhängig von der Gesetzgebung ergehen und die von besonderer Bedeutung sind (z.b. Maßnahmen im Rahmen der Gemeinsamen Wirtschaftspolitik, Art. 121 und 126 AEUV). Bedenken bestehen allerdings gegen die vertragliche Zuweisung von Befugnissen zur Ausführung allgemeiner Regelungen (z.b. im Rahmen der gemeinsamen Forschungspolitik Art. 182 Abs. 4 AEUV: Entscheidung über spezifische Forschungsprogramme). Problematisch ist in dieser Hinsicht auch die Ermächtigung zum Erlass von Durchführungsmaßnahmen in Art. 291 Abs. 2 AEUV und die vom Rat beanspruchten Exekutivfunktionen (Beispiel: Dumpingabwehr).[66]

Im AEUV sind weiterhin vorgesehen:

- Ausnahmen vom Beihilfeverbot (Art. 108 Abs. 2 AEUV)[67],
- Besondere wirtschaftspolitische Maßnahmen bei außergewöhnlichen Schwierigkeiten (Art. 122 AEUV),
- Maßnahmen gegen übermäßige öffentliche Defizite (Art. 126 AEUV),
- Embargobeschlüsse gegenüber Drittstaaten (Art. 215 AEUV),
- Maßnahmen im Rahmen der Terrorismusbekämpfung (Art. 75 AEUV).
- Für die Außen- und Sicherheitspolitik bestehen insofern Ansätze zu einer Trennung der Verantwortlichkeiten, als dem Europäischen Rat die Definition von allgemeinen Leitlinien obliegt, die vom Rat und vom Hohen Vertreter für die Außen- und Sicherheitspolitik auszuführen sind (Art. 26 Abs. 2; 28 EUV).

dd) Ernennungen

47 Der Rat beschließt über die personelle Zusammensetzung eines Organs und weiterer in den Verträgen vorgesehener Einrichtungen:

- Rechnungshof, nachdem er zuvor das EP konsultiert hat (Art. 286 AEUV, *Rn. 92*).
- Wirtschafts- und Sozialausschuss (aufgrund von Listen, die von den Mitgliedstaaten unterbreitet werden). Eine Anhörung der maßgeblichen europäischen Verbände und der Kommission ist vorgesehen (Art. 302 AEUV, *Rn. 95*).
- Ausschuss der Regionen (auf Vorschlag der Mitgliedstaaten, Art. 305 AEUV, *Rn. 97*).
- Er beschließt (im Einvernehmen mit dem Präsidenten der Kommission) die Liste der Kandidaten für das Amt eines Mitglieds der Kommission (Art. 17 Abs. 7 EUV, *Rn. 71*).

---

66 Vgl. Art. 7, 9 der VO 1225/2009, ABl. L 343/2009, 51 = *HER I A* 55/9.13.
67 Zur Abgrenzung der Befugnisse von Rat und Kommission in diesem Bereich: EuGH Rs. C – 117/10 (Kommission/Rat), U. v. 4. Dezember 2013, Rn. 58–60.

- Er ernennt gemeinsam mit dem EP den Europäischen Datenschutzbeauftragten (*Rn. 101*).[68]

ee) Kontrolle

Der Rat besitzt in Einzelfällen Kontrollrechte gegenüber Organen und Mitgliedstaaten. So sieht Art. 207 Abs. 3 AEUV eine laufende **Kontrolle der Kommissionstätigkeit** im Bereich des Außenhandels vor. Der Rat bedient sich dazu eines besonderen Ausschusses. Soweit die Kommission zum Erlass von delegierten Rechtsakten gemäß Art. 290 AEUV ermächtigt wurde, steht diese Ermächtigung unter dem Vorbehalt einer Kontrolle durch den Rat (und das EP). Diese kann im Widerruf der Ermächtigung oder in der Möglichkeit des Einspruchs gegen einen geplanten Rechtsakt bestehen (Art. 290 Abs. 2 AEUV). Zu den Kontrollrechten des Rates gegenüber der Kommission gehört weiterhin die Befugnis, Antrag auf Amtsenthebung oder den Erlass von Disziplinarmaßnahmen gegen ein Mitglied der Kommission vor dem EuGH zu stellen[69] und die Gehälter der Kommissare festzulegen (Art. 243, 245, 247 AEUV). Ein nachträgliches Kontrollrecht gegenüber der Kommission besteht aufgrund der Beteiligung (mit dem EP) an der Entlastung für die Haushaltsführung (Art. 319 AEUV).

Gegenüber dem EuGH besteht die Kontrollbefugnis in dem Recht, die Anzahl der Generalanwälte zu ändern (Art. 252 AEUV) und die Verfahrensordnung des EuGH sowie des Gerichts zu genehmigen (Art. 254 AEUV). **Einzelne Handlungen des EP** erfordern eine Zustimmung des Rates (Statut der Abgeordneten, Status des Bürgerbeauftragten, Regelung der Untersuchungsausschüsse (Art. 223 Abs. 2; 226; 228 Abs. 4 AEUV). Zu einer allgemeinen Kontrolle der Handlungen des EP ist der Rat nicht befugt.

Eine **indirekte Kontrollmöglichkeit** besteht in der Befugnis zur Befassung des EuGH. Dieses Instrument steht dem Rat gegenüber Europäischem Rat, Kommission, EP und EZB zur Verfügung (Art. 263 AEUV). Eine indirekte Kontrolle kann der Rat weiterhin dadurch ausüben, dass er den Rechnungshof gemäß Art. 287 AEUV um die Abgabe von Stellungnahmen ersucht.

Im Rahmen der Wirtschafts- und Währungsunion verfügt der Rat über bedeutende Kontrollrechte gegenüber den **Mitgliedstaaten**. Sie betreffen die Einhaltung des Gebots zur Konvergenz der Wirtschaftsentwicklung (Art. 121 AEUV) und des Verbots übermäßiger öffentlicher Defizite (Art. 126 AEUV). Sie reichen bis zur Möglichkeit der Verhängung von Geldbußen (Art. 126 Abs. 11 AEUV) (*§ 21 Rn. 6, 11*).

ff) Rückkopplungsfunktion

Der Rat erfüllt eine bedeutsame Vermittlungsfunktion von der Union in die mitgliedstaatlichen Exekutiven, in die jeweilige politische Mehrheit und die innerstaatlichen Bürokratien. Ohne dieses Ineinandergreifen wäre die politische Durchsetzbarkeit des Rechts der Union gefährdet.

Eine Verbindung zwischen Rat und **Parlamenten der Mitgliedstaaten** besteht im Rahmen des Protokolls Nr. 1 zum EUV „über die Rolle der nationalen Parlamente in der Europäischen Union". Danach können staatliche Parlamente im EU-Gesetzgebungs-

---

[68] Art. 42, VO 45/2001, ABl. L 8/2001, 1.
[69] S. dazu EuGH Rs. C-432/04 (Kommission./.Edith Cresson), Slg. 2006, I – 6387.

verfahren Stellungnahmen an den Rat richten (Art. 3).[70] Schon zuvor hatten sich in den einzelnen Mitgliedstaaten parlamentarische Ansätze zur Beeinflussung des jeweiligen Ratsmitgliedes entwickelt, die im Gefolge des EUV an Bedeutung gewannen.

Vertreter der nationalen Parlamente sind weiterhin an dem Gremium beteiligt, das im Regelfall vor einer Änderung der Verträge gemäß Art. 48 Abs. 3 EUV einzuberufen ist („Konvent").

50 In der **Bundesrepublik** erhebt der im Zusammenhang mit der Ratifizierung des EUV 1992 neu in das Grundgesetz eingeführte und 2009 geänderte Art. 23 GG die Mitsprache- und Beteiligungsrechte von Bundestag, Bundesrat und den Bundesländern in Verfassungsrang. Näheres bestimmen die Gesetze

- über die Zusammenarbeit von Bund und Ländern in Angelegenheiten der Europäischen Union (EUZBLG);[71]
- über die Zusammenarbeit von Bundesregierung und Deutschem Bundestag in Angelegenheiten der Europäischen Union (EUZBBG);[72]
- über die Wahrnehmung der Integrationsverantwortung des Bundestages und des Bundesrates in Angelegenheiten der Europäischen Union (IntVG).[73]

« In Angelegenheiten der Europäischen Union » ist die Bundesregierung danach verpflichtet, den Bundestag und den Bundesrat « umfassend und zum frühest möglichen Zeitpunkt » zu unterrichten (Bundesrat: nur soweit die Vorhaben „für die Länder von Interesse sein könnten").[74] Nur in Ausnahmefällen knüpft sich an eine Vorlage der Regierung eine inhaltliche Debatte in BTag oder BRat. In der Regel nehmen die Ausschüsse, in besonderen Fällen nimmt das Plenum die Entwürfe zur Kenntnis. Vor ihrer Mitwirkung in den Gremien des EU-Rates gibt die Bundesregierung dem BTag und dem BRat Gelegenheit zur Stellungnahme und berücksichtigt diese Stellungnahme bei den Verhandlungen (Art. 23 Abs. 3 GG).

In besonderen Fällen bedarf eine Zustimmung des Vertreters der Bundesregierung im EU-Rat der vorherigen Annahme eines Gesetzes im BTag (Nach §§ 2, 4, 8 IntVG z.B. Rechtsakte gemäß Art. 352 AEUV und vereinfachte Vertragsänderungsverfahren gemäß Art. 48 Abs. 6, 7 EUV s. *§ 7 Rn. 30*. Einzelheiten und weitere Fälle im IntVG).

b) Zusammensetzung

51 Der Rat ist ein permanent tagendes Organ, dessen Mitglieder nicht namentlich für eine im Voraus festgelegte Dauer, sondern gemäß ihrer innerstaatlich ausgeübten Funktion von der Regierung des jeweiligen Mitgliedstaats benannt werden. Gemäß Art. 16 Abs. 2 EUV besteht der **Rat** „aus je einem Vertreter jedes Mitgliedstaates auf Ministerebene". Art. 16 Abs. 2 gebietet nicht die Zugehörigkeit der Ratsmitglieder zur Zentral-

---

70 S.a. Art. 6 und 7 des Protokolls Nr. 2 zum EUV „über die Anwendung der Grundsätze der Subsidiarität und der Verhältnismäßigkeit".
71 V. 12. März 1993, BGBl. I, S. 313 i.d.F. des Änderungsgesetzes v. 22. September 2009 = HER I A 3/2. S. dazu auch die Vereinbarung zwischen der Bundesregierung und den Regierungen der Bundesländer, HER I A 3/3.
72 V. 4. Juli 2013, BGBl. I, S. 2170 = HER I A 3/1.
73 V. 22. September 2009, BGBl. I, S. 3022 = HER I A 3/4. Zu allen Gesetzen s. v.*Arnauld/Hufeld* (Hg.) Systematischer Kommentar zu den Lissabon Begleitgesetzen, Baden – Baden 2011.
74 Zu Umfang und Zeitpunkt der Unterrichtungspflicht BVerfG 2 BvE 4/11, U. v. 19. Juni 2012 (« ESM/Euro – Plus – Pakt »). Dazu *Kielmannsegg*, EuR 2012 Nr. 6, 654–666.

regierung eines Mitgliedstaates. Ein von der jeweiligen Zentralregierung bevollmächtigter **Landesminister** kann daher ebenfalls dem Rat angehören.[75]

Die Ressortaufteilung innerhalb der einzelnen Regierungen führt dazu, dass der für die jeweiligen Beratungsgegenstände zuständige **Fachminister** in den Rat entsandt wird. Daraus ist die in Art. 16 Abs. 6 EUV formalisierte Praxis entstanden, als „Rat" nur die gemeinsame Rechtsform für Tagungen von insgesamt neun spezialisierten Gremien, z.b. der Minister des Auswärtigen, der Wirtschaft und der Finanzen, Justiz und Inneres, Umwelt usw. anzusehen.[76] Art. 16 Abs. 6 EUV weist den Räten „Allgemeine Angelegenheiten" und „Auswärtige Angelegenheiten" jeweils eine herausgehobene Stellung zu. Er überträgt ihnen die Aufgabe, für Kohärenz der Arbeiten der Räte und der Union zu sorgen.

c) Organisation und Arbeitsweise

aa) Geschäftsordnung/Interne Organisation

Für den Rat als Verfassungsorgan der EU gelten die gleichen Prinzipien des Selbstorganisationsrechts wie für die übrigen Organe. Danach ist der Rat verpflichtet, seine Arbeitsweise normativ und mit verbindlicher Weise für sich selbst zu gestalten. Gemäß Art. 240 Abs. 3 AEUV gibt sich der Rat eine Geschäftsordnung.[77]

52

Die Verträge, Beschlüsse des Europäischen Rates und die GO-Rat enthalten insbesondere folgende Regeln über Verfahren und Organisation:

- Der **Vorsitz** wird hinsichtlich des Rates „Auswärtige Angelegenheiten" von dem „Hohen Beauftragten für die Außen- und Sicherheitspolitik" (*Rn. 60*) ausgeübt (Art. 18 Abs. 3 EUV). Der Vorsitz der übrigen Formationen wird für die Dauer von jeweils 18 Monaten nach dem Rotationsprinzip von den Vertretern der einzelnen Regierungen aus einer Gruppe von jeweils drei Mitgliedstaaten wahrgenommen (Art. 16 Abs. 9 EUV).[78]
- Der Rat tagt auf Initiative seines Präsidenten, eines seiner Mitglieder oder der Kommission (Art. 1 GO). Dem Präsidenten obliegt die politisch bedeutsame Aufstellung der Tagesordnung. Er leitet die Beratungen und entscheidet über den Zeitpunkt von Abstimmungen, ohne jedoch ein besonderes Stimmgewicht zu besitzen.
- Die Tagungen sind öffentlich, soweit der Rat über Gesetzgebungsvorschläge berät und entscheidet (Art. 16 Abs. 8 EUV; 15 Abs. 2 AEUV). Darüber hinaus finden halbjährliche öffentliche „Orientierungsaussprachen" statt. Abstimmungsergebnisse und Erklärungen der Ratsmitglieder im Gesetzgebungsverfahren werden veröffentlicht (Art. 9).
- Beschlüsse des Rates können im schriftlichen Verfahren getroffen werden, sofern alle Mitglieder zustimmen (Art. 12 GO).

---

75 Dazu *Greulich*, Der Landesminister als Vertreter der Bundesrepublik Deutschland im Rat der Europäischen Union, München 1997.
76 Verzeichnis der Ratsformationen in Anhang I zur GO-Rat v. 1. Dezember 2009, ABl. L 325/2009, 5.
77 GO des Rates v. 1. Dezember 2009, ABl. L 325/2009, 35 i. d. F. v. 10. Dezember 2013, ABl. L 333/2013, 77 = HER I A 81/1.
78 Art. 1 Beschluss des Europäischen Rates v. 1. Dezember 2009, ABl. L 315 / 2009, 50 und Durchführungsbeschluss des Rates v. 1. Dezember 2009, ABl. L 322 / 2009, 28 = HER I A 81 / 14. Im Anhang des Durchführungsbeschlusses sind die Gruppen bezeichnet.

- Die **Kommission** (und ausnahmsweise die EZB) nimmt mit Rederecht an den Verhandlungen des Rates teil (Art. 5, Ziff. 2 GO). Die Beteiligung der Kommission beruht auf dem in Art. 295 AEUV statuierten Grundsatz der engen Zusammenarbeit zwischen den Organen. Der Kommission obliegt vor allem die Erläuterung der Vorlagen und die Ausarbeitung von Kompromissen während der Verhandlungen.
- Die **Beziehungen zum EP** manifestieren sich in der Teilnahme des Präsidenten (selten auch der Mitglieder) des Rates gemäß Art. 26 GO-Rat an Sitzungen von Plenum und Ausschüssen des Parlaments (Art. 230 AEUV) sowie durch die Beantwortung von Anfragen. Darüber hinaus haben sich für das Gesetzgebungs- und Haushaltsverfahren besondere Formen der interinstitutionellen Zusammenarbeit entwickelt. Dabei treffen Mitglieder des Rates oder der Rat insgesamt mit Delegationen des EP zusammen.
- Der Rat verfügt über ein **Generalsekretariat** (mit etwa 3400 Bediensteten, die organisatorische Leitung obliegt einem **Generalsekretär**, Art. 240 Abs. 2 AEUV; 23 GO-Rat).
- Der Rat tagt jährlich neun Monate in Brüssel, drei Monate in Luxemburg. Das Generalsekretariat befindet sich in Brüssel.

bb) Abstimmungsgrundsätze

53 Die Art der Entscheidungsfindung im Rat gehört zu den zentralen Indikatoren für den Stand der Integration. An ihr lässt sich ermessen, inwieweit die Regierungen der Mitgliedstaaten bereit sind, Partikularinteressen zurückzustellen, um dadurch Entscheidungen zu ermöglichen, die im allgemeinen Interesse liegen. Das im Vertrag von Lissabon eingeführte Modell bildet das Ergebnis mehrfacher Änderungen, in denen Kompromisse zwischen effizienter Entscheidungsfindung und dem Schutz berechtigter Einzelinteressen gesucht wurden. Dieses Abstimmungsverfahren belegt eine Entwicklung weg von der völkerrechtlichen Konzeption formaler Gleichheit der Staaten zu einer Orientierung am Modell einer Kombination aus Staatsbezogenheit und formaler Gleichheit der Bürger.

Grundsätzlich verfügt jedes Mitglied über eine Stimme. Als Regelfall der Abstimmung bezeichnet Art. 16 Abs. 3 EUV die qualifizierte Mehrheit der Mitglieder des Rates. In Ausnahmefällen sieht der Vertrag die Abstimmung mit einfacher Mehrheit oder Einstimmigkeit vor. Sonderregeln gelten für die Beschlussfassung im Bereich der Gemeinsamen Außen- und Sicherheitspolitik (Art. 31 Abs. 2 EUV).

Ab 2014 wird die **qualifizierte Mehrheit** gemäß Art. 16 Abs. 4 EUV als 55 % der Mitglieder des Rates definiert, die zugleich mindestens 15 Staaten und mindestens 65 % der Einwohner der Union repräsentieren. Entscheidet der Rat nicht auf Vorschlag der Kommission, erhöht sich das Erfordernis auf 72 % der Mitglieder. Zur Verhinderung eines Beschlusses müssen mindestens vier Staaten dagegen stimmen (Einzelheiten in Art. 238 Abs. 3 AEUV).

Mit **einfacher Mehrheit** zu treffende Beschlüsse kommen zustande, wenn sich mindestens 14 Mitglieder dafür ausgesprochen haben (Art. 238 Abs. 1 AEUV).

Für **einstimmige** Beschlüsse des Rates ist erforderlich, dass alle Mitglieder des Rates anwesend oder durch andere Mitglieder vertreten sind. Stimmenthaltung hindert jedoch das Zustandekommen eines Beschlusses nicht.

Besondere **Übergangsbestimmungen** gelten für den Zeitraum zwischen 2014 und 2017. Danach kann ein Mitglied des Rates während dieser Zeit beantragen, dass noch nach der bis 2014 gültigen Methode der Berechnung der qualifizierten Mehrheit, d.h. nach einer vertraglich festgelegten „Gewichtung" der Stimme jedes Staates abgestimmt wird.[79]

54

Weitere Besonderheiten gelten, wenn nicht alle Mitgliedstaaten zur Teilnahme an einer Abstimmung berechtigt sind.[80]

In der Praxis des Rates werden Beschlüsse nicht immer in formeller Abstimmung gefasst. Charakteristisch ist das Bemühen, durch Verhandlungen und Kompromisse Entscheidungen zu finden, die von allen Beteiligten (ausdrücklich oder stillschweigend) akzeptiert werden. Gemäß Art. 11 GO-Rat können die Kommission oder ein Mitgliedstaat verlangen, dass über einen Vorschlag förmlich abgestimmt wird. Erfährt dieser Antrag von der einfachen Mehrheit der Ratsmitglieder Unterstützung, so erfolgt die Abstimmung.

55

Ergänzend zu den **vertraglich vorgesehenen Abstimmungsmechanismen** haben sich aus der Praxis eine Reihe von Besonderheiten bei Abstimmungen entwickelt. Seit Auseinandersetzungen zwischen Frankreich und den übrigen Mitgliedstaaten über die weitere Ausgestaltung der EG ist das Beschlussverfahren von den Folgen des „Luxemburger Kompromisses" vom 28. Januar 1966 geprägt. Dieser Text lautet in seinem Kern:

a) „Stehen bei Beschlüssen, die mit Mehrheit auf Vorschlag der Kommission gefasst werden können, sehr wichtige Interessen eines oder mehrerer Partner auf dem Spiel, so werden sich die Mitglieder des Rates innerhalb eines angemessenen Zeitraumes bemühen, zu Lösungen zu gelangen, die von allen Mitgliedern des Rates unter Wahrung ihrer gegenseitigen Interessen und der Interessen der Gemeinschaft gemäß Artikel 2 des Vertrages angenommen werden können.

b) Hinsichtlich des vorstehenden Absatzes ist die französische Delegation der Auffassung, dass bei sehr wichtigen Interessen die Erörterung fortgesetzt werden muss, bis ein einstimmiges Einvernehmen erzielt worden ist.

c) Die sechs Delegationen stellen fest, dass in der Frage, was geschehen sollte, falls keine vollständige Einigung zustande kommt, weiterhin unterschiedliche Meinungen bestehen.
Die sechs Delegationen sind jedoch der Auffassung, dass diese Meinungsverschiedenheiten nicht verhindern, dass die Arbeit der Gemeinschaft nach dem normalen Verfahren wiederaufgenommen wird."[81]

Eine Deutung dieses Textes als Vereinbarung eines Vetorechts auch für die Fälle, in denen die Verträge eine mehrheitliche Beschlussfassung vorsehen, verbietet sich bereits aufgrund des im Wortlaut artikulierten Dissenses, der in einer Protokollerklärung zur „Feierlichen Erklärung" vom 20. Juni 1983 ausdrücklich bekräftigt wurde.
Mitunter verlangen zwar einzelne Staaten die Verschiebung von Abstimmungen unter Berufung auf „wichtige Interessen" und bezeichnen dies als Veto, doch handelt es sich dabei um Äußerungen politischer Natur (Ausnahme: Art. 31 Abs. 2 EUV: außen- und sicherheitspolitische Zusammenarbeit).

Als weitere Besonderheiten der Praxis sind zu erwähnen:

56

- die Beschlussfassungen durch **schriftliches Verfahren** oder im Verfahren der „**stillschweigenden Zustimmung**". Diese für dringende Beschlüsse genutzte Methode findet ihre Stütze in Art. 12 GO-Rat.

---

79 Einzelheiten in Art. 3, Protokoll Nr. 36 zum EUV sowie Erklärung Nr. 7 zur Schlussakte der Regierungskonferenz, ABl. C 115/ 2008, 338.
80 Beispiele: Art. 126 Abs. 13; 139 Abs. 4; 354 AEUV.
81 Vollständiger Text in EuR 1966, 79. Ausführlich dazu: *Streinz*, Die Luxemburger Vereinbarung, 1984.

Bieber

- die vereinfachte Verabschiedung zahlreicher Rechtsakte im Wege des **A-Punkt-Verfahrens.** Dabei werden Vorlagen, zu denen wegen ihres Routinecharakters oder wegen bereits festgestellten Einvernehmens eine Aussprache nicht mehr erforderlich ist, an die Spitze der Tagesordnung gestellt (Teil A) und summarisch vom Rat beschlossen (vgl. Art. 3 Abs. 6 GO).
- Der Zugang der Öffentlichkeit zu Dokumenten des Rates (**Transparenz**) ist gemäß Art. 15 AEUV und nach Art. 10 GO-Rat sowie durch die VO 1049/2001[82] gewährleistet.[83]

cc) Ausschuss der Ständigen Vertreter; Politisches Komitee, Koordinierungsausschuss

57 Schlüsselfunktionen der Zusammenarbeit zwischen den Regierungen der Mitgliedstaaten und dem Rat, insbesondere für die Vorbereitung der Sitzungen des Rates erfüllen die in Brüssel eingerichteten Ständigen Vertretungen der Mitgliedstaaten bei der EU. Die inhaltliche Vorbereitung der Ratstagungen obliegt gemäß Art. 16 Abs. 7 EUV / 240 Abs. 1 AEUV dem **Ausschuss der Ständigen Vertreter**. Mitglieder dieses Gremiums sind die beamteten Vertreter der Mitgliedstaaten bei der EU. Es besteht aus zwei Teilen, dem Kollegium der Botschafter („Coreper II") und ihrer Stellvertreter („Coreper I"). Für den Agrarsektor hat sich außerdem der Sonderausschuss Landwirtschaft entwickelt.

Alle drei Gremien legen dem Rat entscheidungsreife Entwürfe unmittelbar vor. Der Ausschuss stellt eine interne Einrichtung des Rates, kein Organ der EU dar. Der Rat kann ihm Aufgaben, jedoch keine Zuständigkeiten übertragen (Ausnahme: Verfahrensbeschlüsse gemäß Art. 19 GO-Rat).[84] Die Bedeutung des Ausschusses liegt in der Verzahnung von hoher fachlicher Autorität und politischer Verbindung zu den Regierungen der Mitgliedstaaten. Als Folge der Praxis des Rates, Beschlüsse nicht ohne intensive vorherige Verhandlungen herbeizuführen, gewann dieser Ausschuss eine Schlüsselrolle. Denn seine Mitglieder sind ständig in Brüssel präsent und verfügen über die zum Verhandeln nötige Detailkenntnis. Themen mehr technischer Art, zu denen bereits auf der Ebene der Ständigen Vertreter Einigung erzielt werden kann, werden dem Rat zur Beschlussfassung nach dem A-Punkt-Verfahren der Tagesordnung unterbreitet (*Rn. 56*).

58 In den Bereichen **Außen- und Sicherheitspolitik** besteht zur Vorbereitung der Beschlüsse des Rates eine besondere Struktur. Gemäß Art. 38 EUV verfolgt ein **Politisches und Sicherheitspolitisches Komitee** „die internationale Lage... und trägt auf Ersuchen des Rates oder von sich aus durch an den Rat gerichtete Stellungnahmen zur Festlegung der Politiken bei". Außerdem überwacht es die Durchführung der vereinbarten außen- und sicherheitspolitischen Maßnahmen. Das Komitee besteht aus Beamten der mitgliedstaatlichen Außenministerien.[85] Das Komitee nimmt unter Verantwortung des Rates die politische Kontrolle und strategische Leitung von Operationen zur Krisenbewältigung wahr. Nachgeordnet ist dem Gremium der **Militärausschuss der EU**,[86] der seinerseits vom **Militärstab der Europäischen Union**[87] unterstützt wird.

59 Für den Bereich der inneren Sicherheit errichtet Art. 71 AEUV einen **Ständigen Ausschuss**, der ebenfalls aus hohen Beamten der Mitgliedstaaten besteht.

---

82 VO 1049/2001, ABl. L 145/2001, 43 = HER I A 89 / 14.
83 Zur davor bestehenden Rechtslage EuGH, Rs. C-58/94 (Niederlande/Rat), Slg. 1996, I-2169.
84 EuGH, Rs. C-25/94 (Kommission/Rat), Slg. 1996, I-1469, Ziff. 26–29.
85 Zu Zusammensetzung und Aufgaben: Ratsbeschlüsse v. 22. Januar 2001, ABl. L 27/2001, 1 = HER I A 13 / 1. 10.
86 BRat, ABl. L 27/2001, 4 = HER I A 13 / 1. 11.
87 BRat, ABl. L 27/2001, 7 = HER I A 13 / 1. 12.

§ 4 Institutionelles System

d) Der Hohe Vertreter für die Gemeinsame Außen- und Sicherheitspolitik

Eine **Sonderstellung zwischen Rat und Kommission** nimmt der **Hohe Vertreter für die Außen- und Sicherheitspolitik** ein (Art. 18, 27 EUV). Er gehört funktional zur Kommission (*Rn. 71*), doch handelt er im Rahmen des Rates, soweit er den Vorsitz im Rat „Auswärtige Angelegenheiten" ausübt (Art. 18 Abs. 3 EUV, *Rn. 51*) und soweit er im Auftrag des Rates die Gemeinsame Außen- und Sicherheitspolitik durchführt (Art. 18 Abs. 2 EUV). 60

e) Im Rat vereinigte Vertreter der Mitgliedstaaten

Die Verträge sehen in Einzelfällen Beschlussfassung durch die Regierungen der Mitgliedstaaten vor (z.B. Ernennung der Mitglieder des EuGH, Festlegungen eines Sitzes der EU). In diesen Fällen handeln die – personengleichen – Mitglieder des Rates nicht als Organ der Union, sondern als Konferenz der Vertreter der Regierungen der Mitgliedstaaten. Die verbundene völkerrechtliche Handlungsfähigkeit der Mitgliedstaaten ergänzt insoweit eigene Zuständigkeiten der Union. Beschlüsse dieses Gremiums, sog. uneigentliche Ratsbeschlüsse, gehören trotz ihrer völkerrechtlichen Herkunft dem Recht der Union im weiteren Sinne zumindest insofern an, als sie im Vertrag vorgesehen sind (*§ 6 Rn. 43*). 61

f) Entscheidungsorgane in Verträgen mit Drittstaaten

Zur Durchführung der Assoziierungsabkommen und einzelner Kooperationsabkommen wird in der Regel ein **gemischter Ministerrat** errichtet. Diesem gehören Mitglieder des Rates, der Kommission und Regierungsmitglieder der assoziierten Staaten an. Der Ministerrat wird meist von Exekutivgremien unterstützt (im Abkommen von Cotonou: Botschafterausschuss). 62

4. Kommission

a) Vorbemerkung

Während der Rat als Organ zur Artikulation (nicht allerdings lediglich zur Vertretung) der Interessen der Einzelstaaten konzipiert wurde, soll die **Kommission** die „**allgemeinen Interessen der Union**" wahren (Art. 17 Abs. 1 EUV). Den Mitgliedstaaten wird in Art. 245 Abs. 1 AEUV ausdrücklich jeder Versuch der Einflussnahme auf die Mitglieder der Kommission untersagt. 63

Diese formale Unabhängigkeit verleiht der Kommission beachtliche Stärke, sie wird daher häufig als Merkmal der präföderalen Struktur der EU angesehen. Doch gilt dies nur solange, wie über die von ihr verfolgte Integrationspolitik genereller Konsens in den Mitgliedstaaten besteht. Da aber die Kommission nicht aus Wahlen hervorgegangen ist und auch über keine sonstige eigenständige Legitimation bei den gesellschaftlichen Kräften in den Mitgliedstaaten verfügt, bleibt sie darauf angewiesen, Legitimation für ihre Entscheidungen aus den sie bestimmenden Gremien abzuleiten. Dies sind die Regierungen der Mitgliedstaaten (durch den Europäischen Rat) und das Europäische Parlament. Bei der Auswahl des Präsidenten der Kommission ist gemäß Art. 17 Abs. 7 EUV das Ergebnis der Wahlen zum Europäischen Parlament zu berücksichtigen. In Verbindung mit den vom EP entwickelten Verfahren zur Prüfung der Kandidaten für die Mitgliedschaft in der Kommission stärkt diese seit dem Vertrag von Lissabon geltende Verpflichtung die demokratische Legitimation der Kommission.

b) Aufgaben

64 Eine abstrakte Aufzählung der Aufgaben der Kommission enthält Art. 17 Abs. 1 EUV. Danach besitzt die Kommission im Wesentlichen **Initiativ-, Kontroll- und Exekutivrechte**. Der Schwerpunkt der Kommissionstätigkeit liegt in der Planung und Ausarbeitung von Vorschlägen für Rechtsakte (die von Rat und EP zu beschließen sind), im Erlass von Durchführungsmaßnahmen und in der Überwachung der Einhaltung des EU-Rechts, sowie in der Ausführung des Haushaltsplans. Bei der Rechtsetzung kann sich die Kommission aller vom EU-Recht bereitgestellter Formen, insbesondere also der Handlungsmittel des Art. 288 AEUV bedienen.

aa) Initiativrecht

65 Die Befugnis zur förmlichen Einleitung von Gesetzgebungsverfahren umfasst – innerhalb des vertraglich vorgegebenen Rahmens – das Recht zur Festlegung von Zeitpunkt, Inhalt, Art, Form und Dichte eines Gesetzgebungsprojekts. Da Rat und EP nur wenige Beschlüsse autonom treffen können, in aller Regel dagegen zum Erlass eines Rechtsaktes auf einen Entwurf der Kommission angewiesen sind, kommt der Initiativrolle der Kommission entscheidende Funktion zu (vgl. Art. 17 Abs. 2 EUV). Anders als vielfach dargestellt, handelt sie dabei nicht in einem Brüsseler „Elfenbeinturm", sondern in enger Verbindung mit den Staaten und den gesellschaftlichen Kräften.

Materielle Schranken des Initiativrechts ergeben sich u.a. aus dem Subsidiaritätsprinzip (Art. 5 Abs. 3 EUV) und aus der Verpflichtung, eine Finanzierung im Rahmen der verfügbaren Mittel zu gewährleisten (Art. 310 Abs. 4 AEUV).

Überdies beanspruchen Rat und Europäischer Rat sowie das Europäische Parlament, aber auch einzelne Regierungen und Interessengruppen, dass die Kommission ihre Vorschläge aufgreift. Nur für Rat und EP bestehen dafür Rechtsgrundlagen (Art. 225, 241 AEUV). In besonderen Fällen können auch Mitgliedstaaten entweder einzeln (z.B. Art. 135 AEUV) oder als Gruppe mit einer bestimmten Mindestgröße (z.B. Art. 76 AEUV) formell Initiativen der Kommission verlangen.

Seit dem Vertrag von Lissabon kann auch eine bestimmte Zahl von Bürgern die Kommission auffordern, im Rahmen ihrer Befugnisse Vorschläge zu unterbreiten. Eine Rechtspflicht, dieser Aufforderung Folge zu leisten, wurde nicht begründet (Art. 11 Abs. 4 EUV, *§ 2 Rn. 44*).[88]

An der Verabschiedung des EU-Haushalts ist die Kommission notwendigerweise, jedoch nicht über das Initiativrecht beteiligt. Sie wirkt hierbei vielmehr gemäß Art. 295 AEUV am Zustandekommen der Handlungen des Rates und des Europäischen Parlaments mit, indem sie aufgrund von Art. 314 AEUV den Haushaltsvorentwurf aufstellt und bei der weiteren Beschlussfassung durch EP und Rat vermittelt.

---

88 Dazu Ausführungs – VO 211/2011, ABl. L 65/2011, 1.

bb) Rechtsetzung

Im Einklang mit einer auch in den Mitgliedstaaten üblichen Praxis kann die Kommission Regelungen mit allgemeiner Geltung erlassen. In Einzelfällen beruht diese rechtsetzende Tätigkeit auf unmittelbaren vertraglichen Zuweisungen (z.B. Art. 154 Abs. 1 AEUV). In der Regel wird die Kommission aufgrund einer entsprechenden Ermächtigung durch den EU Gesetzgeber (Rat, EP) zum Erlass „delegierter Rechtsakte" (Art. 290 AEUV). Dabei unterliegt die Kommission im Einzelfall einer Kontrolle durch Parlament und Rat.

66

cc) Rechtsanwendung und Verwaltungstätigkeit

Die Kommission sorgt gemäß Art. 17 Abs. 1 EUV für die **Anwendung der Verträge** und des zu ihrer Durchführung erlassenen Rechts.

67

Aufgrund vertraglicher Zuweisung obliegt der Kommission in bestimmten Bereichen der Erlass von Einzelfallentscheidungen (u.a. bei der Durchführung der EU-Wettbewerbspolitik, Art. 105 AEUV). Eine ausführende Verwaltungstätigkeit wird ihr weiterhin vielfach in den von Rat und EP erlassenen Gesetzgebungsakten übertragen (Art. 291 Abs. 2, 3 AEUV). Dabei unterliegt sie einer Kontrolle durch Vertreter der Mitgliedstaaten im Rahmen besonderer Ausschüsse (§ 7 *Rn. 21f.*).[89] Eine allgemeine Verwaltungsbefugnis der Kommission lässt sich aus Art. 291 AEUV nicht herleiten.[90]

Die Kommission verwaltet die verschiedenen Fonds (Agrar-, Sozial-, Regionalfonds usw.). Außerdem kann sie durch Veranlassung von Studien bestimmte Maßnahmen (z.B. zur Verbesserung der Sicherheit der Arbeitnehmer am Arbeitsplatz) fördern. Praktisch bedeutsam ist die Verpflichtung der Kommission zur Ausführung des EU-Haushalts in eigener Verantwortung gemäß Art. 317 AEUV.

Zur Verwaltung gehört weiterhin die **Vertretung der Union** im privatrechtlichen und völkerrechtlichen Verkehr. Zur privatrechtlichen Vertretung der EU ist die Kommission ausschließlich zuständig, soweit es nicht um Fragen geht, die das Funktionieren der einzelnen Institutionen betreffen (Art. 335 AEUV). Im völkerrechtlichen Verkehr unterhält die Kommission gemeinsam mit dem Hohen Beauftragten für die Außen- und Sicherheitspolitik die Beziehungen der EU zu internationalen Organisationen und zu dritten Staaten (Art. 17 Abs. 1 EUV, 220 AEUV). Internationale Abkommen werden in der Regel vom Rat nach Aushandlung durch die Kommission bzw. den Hohen Vertreter abgeschlossen (Art. 218 AEUV). Dabei haben sich weitgehende Eingriffe in die Verhandlungsfreiheit durch Leitlinien und aktive Beteiligung des Rates an den Beratungen entwickelt. In Einzelfällen kann die Kommission Abkommen mit dritten Staaten und internationalen Organisationen selbst abschließen (§ 33 *Rn. 21–27*).

68

Als Ausfluss ihrer Verwaltungsbefugnisse obliegt der Kommission, für **Kontinuität** und **Funktionsfähigkeit** der EU zu sorgen. Dies kann im Einzelfall die Befugnis einschließen, die Folgen von Rechtslücken normativ zu begrenzen und im Auftrag der Mitgliedstaaten vertragsergänzende Maßnahmen zu ergreifen.[91]

69

---

[89] Einzelheiten in VO 182/2011, ABl. L 55/2011, 13.
[90] EuGH, Rs. C-303/90 (Frankreich/Kommission), Slg. 1991, I-5315.
[91] Zur Lückenfüllung vgl. VO 2124/85, ABl. L 198/1985, 31 (provisorische Maßnahmen wegen fehlender Agrarpreisbeschlüsse des Rates). Dazu *Jacqué u.a.*, op.cit., 306ff. S.a. EuGH, Rs. 804/79 (Kommission/UK), Slg. 1981, 1045. Zu vertragsergänzenden Maßnahmen EuGH, Rs. C-181/91 und C-248/91 (EP/Rat), (EP/Kommission), Slg. 1993, I-3685.

dd) Kontrolle der Einhaltung des EU-Rechts

70 Soweit das Recht der EU den Bürgern, den Mitgliedstaaten oder den Organen eine Rechtspflicht auferlegt, hat die Kommission im Rahmen ihrer **Kontrollbefugnisse** dafür zu sorgen, dass diese Pflichten eingehalten werden (Art. 17 Abs. 1 EUV). Zu diesem Zweck besitzt die Kommission das Recht, die erforderlichen Auskünfte einzuholen und Nachprüfungen auch in den Mitgliedstaaten vorzunehmen (Art. 337 AEUV). In der Praxis wird die Kommission häufig aufgrund von Beschwerden Betroffener tätig. Darüber hinaus ermächtigen einzelne von Rat und EP erlassene Rechtsakte die Kommission, die Ausgabentätigkeit nationaler Verwaltungen – soweit sie von EU-Fonds finanziert ist – und die Erhebung eigener Einnahmen zu kontrollieren. Dies geschieht in der Form eigener Kontrollen oder durch Veranlassung staatlicher Kontrollen unter Beteiligung der Kommission. Besonders ausgeprägt sind die Kontrollbefugnisse neuerdings im Rahmen der Koordinierung der staatlichen Wirtschaftspolitik.[92]

Sofern ein Mitgliedstaat nach Ansicht der Kommission gegen Verpflichtungen aus den Verträgen verstoßen hat, leitet die Kommission ein **Vertragsverletzungsverfahren** ein (Art. 258 AEUV dazu im Einzelnen *§ 9 Rn. 24 ff.*). In einer ersten Stufe erlässt die Kommission eine Stellungnahme. Dieses Verfahrensstadium besitzt in der Praxis große Bedeutung, weil die Mehrzahl der zumeist technischen Streitfragen einvernehmlich mit den Mitgliedstaaten gelöst werden können. Die Erhebung einer Klage vor dem EuGH gegen den betreffenden Staat steht im Ermessen der Kommission. Bei Verstößen gegen die vertraglich oder sekundärrechtlich begründeten Pflichten kann die Kommission gegenüber Mitgliedstaaten die Verhängung von Geldbußen durch den EuGH beantragen. Gegenüber Privaten kann sie selbst Geldbußen verhängen (z.B. im Wettbewerbsrecht, *§ 12 Rn. 34*). Die Befugnis zur Klageerhebung steht der Kommission auch gegenüber dem EP, Europäischem Rat, Rat und EZB zu (Art. 263 AEUV).

c) Zusammensetzung

71 Die ab 2015 amtierende Kommission umfasst eine der Zahl der Mitgliedstaaten (28) entsprechende Zahl von Mitgliedern. Eine ursprünglich bereits nach der Erweiterung auf 27 Mitgliedstaaten geplante Verkleinerung der Kommission hatte Art. 17 Abs. 5 EUV bis zum 31. Oktober 2014 aufgeschoben. Danach sollte nach dem Vertragswortlaut die Zahl der Mitglieder der Kommission auf zwei Drittel der Zahl der Mitgliedstaaten begrenzt bleiben. Die Auswahl soll dann nach einem „System der strikt gleichberechtigten Rotation zwischen den Mitgliedstaaten" erfolgen.[93] Der Europäische Rat hat jedoch von seiner Befugnis zur Abweichung von dieser Regel in der Weise Gebrauch gemacht, dass die Kommission auch in Zukunft jeweils ein Mitglied aus jedem Mitgliedstaat umfassen wird.[94] Hintergrund dieser Entscheidung sind die Befürchtungen einzelner kleinerer Staaten (u.a. Irland) sie fänden bei einer verkleinerten Kommission nicht mehr ausreichend Gehör. Gleichwohl sprechen gewichtige Gründe der

---

92 Vgl. VO 1176/2011, ABl. L 306/2011, 25 = HER I A 53/5.4. Weitere Beispiele: Art. 9, VO 1290 / 2005 (Finanzierung der gemeinsamen Agrarpolitik), ABl. L 209 / 2005, 1 = HER I A 24 / 2.19; VO 1848/2006 (Wiedereinziehung zu Unrecht gezahlter Beträge), ABl. L 355/2006, 6 = HER I A 24 / 2. 22.
93 Zu den Kriterien der Auswahl s. Art. 244 AEUV; Erklärung Nr. 10 zur Schlussakte der Konferenz von Lissabon, ABl. C 115/2008, 342. Als Modell für die Art und Weise der zukünftigen Auswahl könnte die Verteilung der 18 (in Zukunft 19) Mandate der stellvertretenden Mitglieder des EIB-Verwaltungsrats dienen (Vorschläge durch Staatengruppen), vgl. Art. 9 EIB Satzung, ABl. C 115/ 2008, 251.
94 Art. 1, Beschluss des Europäischen Rates v. 22. Mai 2013, ABl. L 165/2013, 98. Gemäß Art. 2 soll dieser Beschluss spätestens Ende 2019 überprüft werden.

Funktionsfähigkeit für eine Begrenzung der Mitgliederzahl. Auch sind die Mitglieder der Kommission gerade keine Vertreter ihres Herkunftsstaates, sondern zum Handeln im „allgemeinen Interesse der Union" verpflichtet.

Die **Amtszeit** der Kommissionsmitglieder beträgt 5 Jahre. Wiederernennung ist zulässig.

Der **Präsident der Kommission** wird vom EP auf Vorschlag des Europäischen Rates gewählt (Art. 17 Abs. 7 EUV). Bei diesem Vorschlag hat der Europäische Rat die Ergebnisse der Wahlen zum EP zu berücksichtigen. Die Liste der als Mitglieder der Kommission vorgesehenen Personen wird auf Vorschlag der Regierungen vom Rat im Einvernehmen mit dem designierten Präsidenten beschlossen und anschließend dem EP zur Zustimmung unterbreitet. Nach einem abschließenden Zustimmungsvotum des Europäischen Parlaments zum gesamten Kollegium wird die Kommission vom Europäischen Rat ernannt.

Die Kommission wird durch ihren **Präsidenten** geleitet. Seine Benennung erfolgt mit qualifizierter Mehrheit durch den Europäischen Rat. Seine Ernennung (ebenfalls 5 Jahre) bedarf der vorangehenden Wahl durch das EP. Der Präsident ernennt **Vizepräsidenten** (Art. 17 Abs. 6 EUV).

Eine nicht unproblematische Sonderstellung als Mitglied der Kommission nimmt der **Hohe Vertreter für die Außen- und Sicherheitspolitik** ein.

72

Der Vertrag weist ihm als unmittelbare Aufgabe die Leitung und Ausführung der Gemeinsamen Außen- und Sicherheitspolitik der Union zu. Diese Aufgabe erfüllt er im Auftrag des Rates (Art. 18 Abs. 2 EUV). Er führt auch den Vorsitz des Rates „Auswärtige Angelegenheiten" (Art. 18 Abs. 3 EUV, *Rn. 60*). Er stützt sich bei der Erfüllung dieser Aufgabe auf einen besonderen **„Europäischen Auswärtigen Dienst"** (Art. 27 Abs. 3 EUV).[95]

Er wird gesondert vom Europäischen Rat ernannt. Die Ernennung bedarf der Zustimmung des Präsidenten der Kommission (Art. 18 Abs. 1 EUV). In seiner Eigenschaft als Mitglied der Kommission unterliegt seine Ernennung auch der Zustimmung des Europäischen Parlaments (Art. 17 Abs. 7 EUV). Er ist von Amts wegen einer der Vizepräsidenten der Kommission (Art. 18 Abs. 1, 4 EUV). Bei der Wahrnehmung seiner im Rahmen der Zuständigkeiten der Kommission liegenden Aufgaben unterliegt er den Regeln, die für die Arbeitsweise der Kommission gelten (Art. 18 Abs. 4 EUV).

Bei Pflichtverletzungen eines Mitglieds der Kommission kann der EuGH auf Antrag des Kollegiums oder des Rates das Mitglied des Amtes entheben oder sonstige disziplinarische Maßnahmen anordnen (Art. 247 AEUV). Auf diese Bestimmung ist auch die Übung gestützt, wonach die Kommissionsmitglieder ihren **Amtseid** vor dem EuGH ablegen. Außer durch Amtsenthebung, Tod oder den regelmäßigen Ablauf der Amtszeit endet das Mandat der Kommissionsmitglieder durch Rücktritt. Dieser kann freiwillig sein (Art. 246 AEUV),[96] aus einem Misstrauensvotum des EP gegen die gesamte Kommission (Art. 17 Abs. 8 EUV, 234 AEUV) folgen oder gemäß Art. 17 Abs. 6 EUV auf einer Aufforderung des Präsidenten beruhen.

73

Die **Rechtsfolgen** eines Rücktritts sind unterschiedlich, je nachdem, ob er freiwillig, aufgrund eine Misstrauensvotums oder nach Amtsenthebung erfolgte (Art. 246, 247

---

[95] B 2010/427, ABl. L 201/2010, 30. Dieser umfasst ca. 1700 Bedienstete.
[96] Der bisher einzige kollektive Rücktritt erfolgte 1999; dazu *Hummer/Obwexer*, integration Nr. 2/1999, 77–94.

AEUV): Bei Amtsenthebung erlischt das Mandat mit dem Zeitpunkt des entsprechenden Gerichtsbeschlusses. Bei einem Misstrauensvotum endet das Mandat mit der Ernennung von Nachfolgern, ist aber bis dahin auf die Führung der laufenden Geschäfte beschränkt. Erfolgt ein (rechtlich) freiwilliger Rücktritt gleichzeitig von der gesamten Kommission, so gilt Entsprechendes.[97]

d) Organisation und Arbeitsweise

aa) Selbstorganisationsrecht

74 Im Rahmen der vertraglichen Grenzen besitzt die Kommission – ebenso wie Rat und EP – das Recht, die Art ihrer Aufgabenerfüllung autonom zu regeln. Dabei kommt dem Präsidenten eine zentrale Rolle zu. Gemäß Art. 17 Abs. 6 EUV, Art. 248 AEUV entscheidet dieser über die interne Organisation, insbesondere über die Zuständigkeiten der einzelnen Kommissare. Er besitzt Richtlinienkompetenz gegenüber den Kommissaren. Mit einfacher Mehrheit beschließt die Kommission eine **Geschäftsordnung** (Art. 249 AEUV).[98] Alle Beschlüsse der Kommission werden von dem gesamten Kollegium verantwortet (Art. 17 Abs. 6 EUV; Prinzip der „kollegialen Verantwortlichkeit").[99]

Unterhalb der politischen Ebene ist ein Verwaltungsapparat angesiedelt: Er umfasst 36 selbstständige Verwaltungseinheiten, Generaldirektionen (Auswärtige Beziehungen, Unternehmenspolitik, Handel u.a.) sowie besondere Dienststellen (Generalsekretariat, Juristischer Dienst u.a.). Die Kommissionsmitglieder sind den ihnen zugeordneten Verwaltungseinheiten gegenüber weisungsberechtigt. Im Jahre 2014 beschäftigt die Kommission ca. 25 000 Bedienstete.[100] Arbeitsorte der Kommission sind Brüssel und Luxemburg.

bb) Willensbildung

75 Die Kommission ist beschlussfähig, wenn mindestens die Hälfte ihrer vertraglichen Mitgliederzahl, (z.Zt. 14 Mitglieder) anwesend sind (Art. 250 AEUV). Ein Beschluss bedarf der Stimmen von mindestens 15 Mitgliedern (Mehrheit der vertraglichen Mitgliederzahl, Art. 250 AEUV).

Für Entscheidungen ohne besondere Dringlichkeit ist dieses Verfahren ausreichend. Besonders im Agrarsektor sind jedoch täglich neue, wenngleich auf formalisierter Berechnung beruhende Beschlüsse über Abschöpfungen, Erstattungen usw. zu fassen. Dafür wurden vereinfachte Verfahren (vermutete Zustimmung, sofern kein Einspruch innerhalb bestimmter Frist) und die Delegation von Befugnissen auf einzelne Mitglieder und Beamte vorgesehen (Art. 12–14 GO-Kommission). Es war umstritten, ob das Selbstorganisationsrecht ausreicht, um eine Delegation der Organzuständigkeiten vorzunehmen, doch hat der EuGH diese Praxis unter Hinweis auf die Geschäftsordnungsautonomie anerkannt.[101]

---

[97] A.A. Hummer/Obwexer (a.a.O.), 85.
[98] GO v. 29. November 2000, ABl. L 308/2000, 26, letzte Änderung in ABl. L 296/2011, 58 = HER I A 82/1.
[99] S.a. Art. 1 GO-Kommission und EuGH, Rs. C-191/95 (Kommission/Bundesrepublik), Slg. 1998, I – 5449, insbesondere die Schlussanträge von GA Cosmas, Ziff. 8–16.
[100] In den selbstständigen Agenturen, Ämtern usw. (Rn. 104) arbeiten zusätzlich insgesamt 5600 Bedienstete.
[101] EuGH, Rs. 5/85 (AKZO/Kommission), Slg. 1986, 2585. Zu den Grenzen Gel, Rs. T-79/89 u.a. (BASF u.a./Kommission), Slg. 1992, 315.

5. Europäischer Gerichtshof, Gericht, Fachgerichte

a) Einleitung

Mit der Wahrung des Rechts bei Auslegung und Anwendung der EU-Verträge ist gemäß Art. 19 EUV der **Gerichtshof der Europäischen Union** (EuGH) betraut. Seit dem Vertrag von Lissabon umfasst diese Bezeichnung drei getrennte Einrichtungen: Den „Gerichtshof", das „Gericht"(EuG) und „Fachgerichte". Sie sind in einer Hierarchie einander zugeordnet. Ihre Aufgabe umfasst wie schon bisher verfassungsgerichtliche, verwaltungsgerichtliche und zivilrechtliche Funktionen. Die Konkretisierung und die Grenzen dieser allgemeinen Aufgabenbeschreibung ergeben sich aus den ausdrücklichen Zuständigkeitszuweisungen in den Verträgen, aus EU-Gesetzgebungsakten, die im Einzelfall eine besondere ausdrückliche Zuständigkeit des EuGH begründen, aus Schiedsklauseln in Verträgen der EU und aus Schiedsverträgen zwischen den Mitgliedstaaten. Schließlich haben die Mitgliedstaaten außerhalb des Rechts der Union in zwischenstaatlichen Abkommen Zuständigkeiten des EuGH geschaffen. Keine Zuständigkeit besitzt der EuGH im Rahmen der Gemeinsamen Außen- und Sicherheitspolitik (Art. 275 AEUV). Soweit der europäischen Gerichtsbarkeit keine Zuständigkeiten zugewiesen sind, obliegt der Rechtsschutz bezüglich der Anwendung europäischen Rechts den Gerichten der Mitgliedstaaten.

76

Der EuGH äußert sich in Form von Urteilen, Beschlüssen, einstweiligen Anordnungen, (verbindlichen) Gutachten sowie durch Stellungnahmen (zu den einzelnen Verfahren § 9 B).

Wegen der wachsenden Arbeitsbelastung wurde dem EuGH seit 1989 ein zunächst « Gericht erster Instanz » (EuGeI) genanntes Gericht beigeordnet. Durch Art. 19 Abs. 1 EUV wurde seine Bezeichnung in « **Gericht** » (EuG) geändert. Gemäß Art. 256 AEUV ist das EuG grundsätzlich für alle in Art. 263, 265, 268, 270 und 272 AEUV genannten Klagen mit Ausnahme der den Fachgerichten zugewiesenen Rechtssachen und der in der Satzung vorgesehenen Ausnahmen zuständig (Art. 51 der Satzung weist Klagen der Mitgliedstaaten, der Organe und der EZB dem EuGH zu). Der Vertrag von Nizza schuf überdies die Möglichkeit von Fachgerichten (ursprünglich „Gerichtliche Kammern"). Die **Fachgerichte** werden gemäß Art. 257 AEUV durch Verordnung von Rat und EP errichtet. Sie sind für spezifische Gegenstände zuständig.[102] Gegen ihre Entscheidung kann das EuG angerufen werden.

77

b) Zuständigkeiten des EuGH

aa) Streitigkeiten zwischen den Mitgliedstaaten

Soweit zwischen den Mitgliedstaaten Streitigkeiten über Auslegung und Anwendung der Verträge entstehen, sind sie verpflichtet, diese nach den Verfahren des Vertrages beizulegen (Art. 344 AEUV).[103] Die entsprechende Zuständigkeit des EuGH ergibt sich aus Art. 259 AEUV. Die Mitgliedstaaten können außerdem in Schiedsverträgen über Streitigkeiten, die mit den Verträgen in Zusammenhang stehen, eine Zuständigkeit des EuGH begründen (Art. 273 AEUV, Beispiel: Art. 8, Vertrag über Stabilität, Koordinierung und Steuerung v. 2. März 2012; *§ 21 Rn. 11*).

78

---

102 Z.B. Satzung EuGH, Anhang I: „Gericht für den öffentlichen Dienst der Europäischen Union".
103 EuGH, Rs. C-459/03 (Kommission/Irland), Slg. 2006, I – 4635 (Befassung des Internationalen Seegerichtshofs als Vertragsverletzung).

bb) Streitigkeiten zwischen EU und Mitgliedstaaten

79 Die Aufgabe der Kommission, für die Anwendung der Verträge Sorge zu tragen, schließt die Möglichkeit ein, bei Verletzung des EU-Rechts durch einen Mitgliedstaat eine gerichtliche Entscheidung über das Verhalten dieses Staates gemäß Art. 258 AEUV herbeizuführen (*§ 9 Rn. 24 ff*.). Eine entsprechende Zuständigkeit besteht für Klagen des Verwaltungsrates der EIB und des Rates der EZB gegen die Mitgliedstaaten (Art. 271 AEUV).

Bei Verletzungen des EU-Rechts durch Akte von EP, Europäischem Rat, Rat, Kommission, EZB, EIB ist der EuGH für Klagen der Mitgliedstaaten nach Art. 263, 271 AEUV zuständig. Entsprechendes gilt für die Kontrolle sonstiger EU-Einrichtungen.[104]

Liegt Untätigkeit vor, so kann auf Antrag eines Mitgliedstaates gemäß Art. 265 AEUV der EuGH die Vertragsverletzung feststellen.

Im Falle von Sanktionen gegen einen Mitgliedstaat können auch Verfahrensbeschlüsse zu Art. 7 EUV gerichtlich überprüft werden (Art. 269 AEUV).

Bei Nichtbefolgung von Urteilen des EuGH durch Mitgliedstaaten kann der EuGH in einem besonderen Verfahren (Art. 260 AEUV) ein Zwangsgeld auferlegen.

cc) Streitigkeiten zwischen den Organen und sonstigen Einrichtungen

80 Der EuGH ist weiterhin zuständig für:

- Klagen des Rates, der Kommission und des EP wegen Verletzungen der Verträge durch Handeln oder Unterlassen. Beklagte können die übrigen Organe und die EZB sein (Art. 263, 265 AEUV). Objekt der Klage sind beim EP und bei dem Europäischen Rat nur „Handlungen mit Rechtswirkung gegenüber Dritten".[105]
- Klagen der Kommission gegen den Rat der Gouverneure der EIB wegen Vertragsverletzung und gegen den Verwaltungsrat der EIB wegen Verletzung von Formvorschriften (Art. 271 AEUV);
- Klagen des Rechnungshofes, der EZB und des Ausschusses der Regionen gegen Rat, Kommission, EP wegen Verletzung eigener Rechte (bzw. wegen Verletzung des Subsidiaritätsprinzips)[106] durch Handeln und wegen Untätigkeit (Art. 263, 265 AEUV).

dd) Streitigkeiten zwischen Einzelnen und der EU

81 Natürliche und juristische Personen können die europäische Gerichtsbarkeit befassen, soweit sie sich gegen Handlungen der EU-Organe wenden, die sie unmittelbar und individuell betreffen (Art. 263 Abs. 4; 265 Abs. 3 AEUV) (*§ 9 Rn. 41–47*).

Streitigkeiten zwischen Einzelnen und der EU sind bis auf wenige Ausnahmen dem Gericht erster Instanz zugewiesen. Der EuGH wird insoweit nur als Berufungsgericht tätig.

---

[104] EuG Rs. T – 117/08 (Italien/WSA), U. v. 31. März 2011, Rn. 32. Ausnahme: EuGH Rs. C – 160/03 (Spanien/Eurojust), Slg. 2005, I – 2077.
[105] Zur Untauglichkeit dieses Kriteriums *Bieber*, Das Verfahrensrecht von Verfassungsorganen (C.I), 285 ff.
[106] Vgl. Art. 8 Protokoll Nr. 2 zum EUV (Klagebefugt sind Mitgliedstaaten und der AdR).

ee) Vorabentscheidungen

Im Rahmen der Zuständigkeit der Mitgliedstaaten für die Durchführung des EU-Rechts wird der erforderliche Rechtsschutz durch die staatlichen Gerichte gewährleistet. Von großer praktischer Bedeutung sind daher die vertraglichen Vorkehrungen zur Sicherung der einheitlichen Auslegung des Rechts der Union in Gestalt des **Vorabentscheidungsverfahrens**, bei dem staatliche Gerichte gemäß Art. 267 AEUV den EuGH mit Fragen der Auslegung und der Gültigkeit befassen können bzw. müssen (§ 9 Rn. 81 ff.).

82

ff) Entscheidungen über Rechtsmittel

Das Gericht erster Instanz ist zuständig für Rechtsmittel gegen Entscheidungen der Fachgerichte (Art. 256 Abs. 2 AEUV). Der EuGH ist zuständig für Entscheidungen über Rechtsmittel gegen Entscheidungen des Gerichts erster Instanz (Art. 256 Abs. 1 AEUV; Art. 56 ff. Satzung EuGH).

83

Das Rechtsmittel ist in der Regel auf Rechtsfragen beschränkt (Unzuständigkeit, Verfahrensfehler, Verletzung des EU-Rechts). Auch Vorabentscheidungen des EuG können vom EuGH überprüft werden (Art. 256 Abs. 3 AEUV). Das jeweilige Berufungsgericht kann die Entscheidung des Untergerichts aufheben und zur neuen Entscheidung zurückverweisen oder auch selbst entscheiden (Art. 61 Satzung).

gg) Sonstige Zuständigkeiten und Aufgaben

Der EuGH entscheidet auf Antrag von Kommission, Rat, EP oder Mitgliedstaaten über die Vereinbarkeit eines geplanten EU-Abkommens mit dem Vertrag (Art. 218 Abs. 11 AEUV, § 9 Rn. 79 ff.).

84

Weitere Zuständigkeiten des EuGH können durch Verträge zwischen den Mitgliedstaaten begründet werden.[107] Weiterhin besitzt der EuGH ein Vorschlagsrecht bezüglich der Satzung (Art. 281 AEU V) und im Hinblick auf die Errichtung und Zuständigkeiten der Fachgerichte (Art. 257 AEUV). Er erlässt seine Verfahrensordnung (Art. 253 AEUV). Schließlich ist der EuGH zur Erteilung von Ermächtigungen für Zwangsmaßnahmen gegen das Vermögen der EU zuständig.

c) Zusammensetzung des EuGH, des Gerichts und der Fachgerichte

aa) EuGH

Der Gerichtshof umfasst eine Zahl von Richtern, die der Zahl der Mitgliedstaaten entspricht (Art. 19 Abs. 2 EUV; 2014: **28 Richter**). Er wird (ab Oktober 2015) von 11 **Generalanwälten** (Art. 252 AEUV) unterstützt.[108] Die Zahl der Generalanwälte kann auf Antrag des EuGH einstimmig vom Rat erhöht werden (Art. 252 Abs. 1 AEUV).

85

Die Richter und Generalanwälte werden für jeweils 6 Jahre einvernehmlich von den Regierungen der Mitgliedstaaten ernannt. Zuvor ist zu den Qualifikationen der Kandidaten ein besonderer Ausschuss anzuhören (Art. 253, 255 AEUV). Zu Richtern und Generalanwälten sollen nur hoch qualifizierte Juristen oder Personen mit Qualifikatio-

---

[107] Beispiel: Art. 37 Abs. 3 des Vertrages zur Errichtung des Europäischen Stabilitätsmechanismus („ESM – Vertrag") v. 2. Februar 2012, dazu EuGH Rs. C – 370/12 (Pringle), U. v. 27. November 2012.
[108] Bis 2015 amtieren 9 Generalanwälte, vgl. BRat v. 25. Juni 2013, ABl. L 179/2013, 92.

nen für die höchsten richterlichen Ämter ernannt werden. Alle drei Jahre findet eine teilweise Neubesetzung der Richterstellen statt. Wiederernennung ist zulässig. Die Unabhängigkeit der Richter und Generalanwälte wird durch zahlreiche Bestimmungen im Vertragsrang abgesichert.[109]

Der **Präsident** wird von den Richtern für jeweils drei Jahre gewählt (Art. 253 Abs. 3 AEUV).

bb) Gericht

86 Das Gericht besteht aus mindestens einem Richter je Mitgliedstaat (Art. 19 Abs. 2 EUV). Die genaue Zahl wird in der Satzung festgelegt (Art. 48 Satzung: 28 Mitglieder). Das Ernennungsverfahren stimmt mit dem für den EuGH anwendbaren Verfahren überein (*Rn. 84*).

Die Qualifikationserfordernisse sind formal niedriger als für den EuGH („Befähigung zur Ausübung hoher richterlicher Tätigkeit").

> Die Mitglieder wählen aus ihrer Mitte den Präsidenten des Gerichts für die Dauer von drei Jahren. Das Gericht kann einzelne seiner Mitglieder zu Generalanwälten bestellen (Art. 49 Satzung). Die Verfahrensordnung des Gerichts erster Instanz sieht hierzu vor, dass für Sachen, die vor dem Plenum verhandelt werden, stets ein GA vom Präsidenten des Gerichts bestellt wird. Für Verfahren, über die eine Kammer entscheidet, kann das Plenum auf Antrag der Kammer einen GA bestellen, wenn die rechtliche Schwierigkeit oder der tatsächlich komplizierte Streitstoff dies gebietet (Art. 17–19 VerfO).

cc) Fachgerichte

87 Zu Mitgliedern der Fachgerichte sind Personen auszuwählen, die „über die Befähigung zur Ausübung richterlicher Tätigkeiten verfügen". Sie werden einstimmig vom Rat ernannt (Art. 257 AEUV). Die Anzahl und Amtsdauer dieser Richter ist in einem gesonderten Ratsbeschluss festzulegen.[110] Wird nichts Näheres dazu bestimmt, so finden die nach Vertrag und Satzung für den EuGH gültigen Vorschriften Anwendung (Art. 257 AEUV).

d) Arbeitsweise

aa) EuGH

88 Das Verfahren vor dem Gerichtshof ergibt sich z.T. aus dem Vertrag über die Arbeitsweise der Union (Art. 251 ff.), aus der dem EUV als Protokoll Nr. 3 beigefügten **Satzung**[111], der gemäß Art. 253 AEUV erlassenen **Verfahrensordnung**[112] sowie der ergänzenden Verfahrensordnung und der Dienstanweisung für den Kanzler (*§ 9 Rn. 105 ff.*).[113]

> Der EuGH tagt im Regelfall als **kleine Kammer**, ausnahmsweise (auf Antrag eines Mitgliedstaates oder eines Organs) als **große Kammer**. Nur noch bei Amtsenthebungsverfahren und

---

109 U.a. Art. 2–8 Satzung des EuGH; s.a. Verhaltenskodex des EuGH v. 1. Oktober 2007, ABl. C 223/ 2007, 1.
110 S. B Rat v. 2. November 2004 zur Errichtung des Gerichts für den öffentlichen Dienst der Europäischen Union, ABl. L 333/2004, 7. Darin wird ein Gericht mit 7 Richtern geschaffen. Diese werden vom Rat aufgrund von Bewerbungen für die Dauer von 6 Jahren nach öffentlicher Ausschreibung ernannt. Die erste Ernennung erfolgte mit Beschluss v. 22. Juli 2005, ABl. L 197/2005, 28.
111 Konsolidierte Fassung: ABl. C – 326/2012 = *HER I A 83/1*.
112 Konsolidierte Fassung: ABl. C 337/ 2012, 1 = *HER I A 83/2*.
113 Konsolidierte Fassung: ABl. C 39/1982 = *HER I A 83/3 und 83/4*.

§ 4 Institutionelles System § 4

Disziplinarverfahren gegen Mitglieder der Organe sieht die Satzung Plenarsitzungen vor. Außerdem kann der EuGH wegen der außergewöhnlichen Bedeutung eine Sache an das Plenum verweisen (Art. 251 AEUV; 16 Satzung). 2014 bestehen vier Kammern zu fünf und vier Kammern zu drei Richtern. Die große Kammer ist mit 15 Richtern besetzt. Über die Zuweisung der einzelnen Klagen an die kleinen Kammern entscheidet der Präsident. Nach Abschluss der mündlichen Verhandlung stellt der Generalanwalt **Schlussanträge**. An diese ist das Gericht nicht gebunden. Aus möglichen Kontrasten zu den Urteilen und wegen ihrer Ausführlichkeit bilden diese Anträge eine wichtige Erkenntnisquelle für das Verständnis des Urteils und auch für vom EuGH noch nicht entschiedene Rechtsfragen.[114]

Der EuGH übt seine Tätigkeit (Sitz: Luxemburg) ständig aus. Unter Leitung eines „Kanzlers" wird der EuGH von 2000 Beamten und Bediensteten unterstützt. Für die Parteien (außer Staaten und EU-Organen) besteht Anwaltszwang.

Alle Urteile des EuGH werden in die Amtssprachen der Gemeinschaft übersetzt und in elektronischer Form sowie in der amtlichen Sammlung veröffentlicht. Den Urteilen sind die Schlussanträge der Generalanwälte beigefügt. Die Entscheidungen des EuGH werden mit Mehrheit getroffen. Abweichende Meinungen einzelner Richter werden nicht veröffentlicht. Die Urteile können ab dem Tage ihrer Verkündung im Internet eingesehen werden.

bb) Gericht und Fachgerichte

Organisation und Verfahren des Gerichts erster Instanz ergeben sich aus Art. 254 AEUV, der Satzung des EuGH (Art. 47–62) sowie der Verfahrensordnung.[115] Besondere Verfahrensregeln für die Fachgerichte wurden in der Form eines Verweises auf Titel III der Satzung des EuGH erlassen.[116]

89

Das Verfahren ist weitgehend dem Verfahren vor dem EuGH nachgebildet. Das Gericht übt seine Tätigkeit in fünf **Kammern** mit drei oder fünf Richtern aus (Art. 50 Satzung). In Einzelfällen kann das Gericht auch als **Einzelrichter** tagen. Nur sofern die rechtliche Schwierigkeit, die Bedeutung der Sache oder sonstige besondere Umstände dies rechtfertigen, tagt das Gericht als **Plenum**. Über die Zuweisung der Rechtssachen entscheidet der Präsident. Soweit ein **Generalanwalt** bestimmt wird, übt er die gleichen Funktionen wie der GA am EuGH aus.

Die Verfahren vor dem Gericht tragen neben einer Nummer die Kennzeichnung „T". Die Urteile werden als Teil II der amtlichen Sammlung des EuGH veröffentlicht.

Das Gericht hat seinen Sitz am Sitz des EuGH (Luxemburg). Es wird von einem eigenen Kanzler unterstützt, nimmt im Übrigen aber weitgehend die Dienste der Mitarbeiter des EuGH in Anspruch (Art. 52 Satzung).

6. Europäische Zentralbank (EZB), Eurosystem, Europäisches System der Zentralbanken (ESZB)

a) Zuständigkeiten

Mit der Schaffung einer Wirtschafts- und Währungsunion wurde ab 1. Juli 1998 eine **Europäische Zentralbank** (EZB), das **Eurosystem** sowie ein **Europäisches System der Zentralbanken** (ESZB) errichtet.

90

Die währungspolitischen Aufgaben, insbesondere die Gestaltung der gemeinsamen Währungspolitik (Art. 127 AEUV), werden vom **Eurosystem** wahrgenommen (Art. 139 Abs. 2 lit.c) AEUV). Dazu gehört u.a. die Festlegung von Leitzinssätzen und von Mindestreservepflichten (Art. 127 AEUV; 12, 19 Satzung EZB). Die EZB hat das ausschließliche Recht, die Ausgabe von Banknoten innerhalb der EU zu genehmigen

---

[114] Zur Bedeutung der Schlussanträge EuGH, Rs. C-50/96 (Telekom/Schröder), Slg. 2000, I-743, Ziff. 20.
[115] ABl. C 177 / 2010, 27 = *HER I A 84/2*.
[116] Vgl. Art. 7 von Anhang I zum Beschl. des Rates v. 2. November 2004, ABl. L 333/2004, 7. S. Verf O des Gerichts für den öffentlichen Dienst, ABl. C 177 / 2010, 71 = *HER IA 83 ÖD/2*.

Bieber

(Art. 128 AEUV). Weitere Aufgaben sind in Art. 3–5 der EZB-Satzung bezeichnet (dem EUV als Protokoll Nr. 4 beigefügt).[117] Außerdem können der EZB Aufsichtsbefugnisse über Kreditinstitute übertragen werden (Art. 127 Abs. 6 AEUV).[118] Die EZB kann gemäß Art. 132 AEUV Rechtshandlungen beschließen, die in Form und Wirkung den in Art. 288 AEUV definierten Handlungen entsprechen. Diese Befugnisse wirken nur in den Staaten, die die gemeinsame Währung eingeführt haben (Art. 139 Abs. 2 AEUV, § 21 Rn. 2, 18f.). Die EZB berichtet den EU-Institutionen regelmäßig über die Geld- und Währungspolitik (Art. 284 Abs. 3 AEUV).

b) Zusammensetzung, Organisation

91 Das Europäische System der Zentralbanken (ESZB) umfasst gemäß Art. 282 Abs. 1 AEUV die Zentralbanken *aller* Mitgliedstaaten und die EZB. Das in der Praxis bedeutsame Eurosystem besteht *nur* aus den Zentralbanken der Mitgliedstaaten, deren Währung der Euro ist und der EZB.

Die EZB wird vom **EZB-Rat** geleitet und von einem **Direktorium** verwaltet (Art. 283 AEUV, Art. 9–14 EZB-Satzung). Der EZB-Rat besteht aus dem Direktorium der EZB und den Präsidenten der nationalen Zentralbanken, in denen der Euro eingeführt wurde. Das Direktorium besteht aus dem Präsidenten, dem Vizepräsidenten und vier Mitgliedern. Diese werden für eine einmalige Amtsdauer von acht Jahren vom Europäischen Rat ernannt. Der Rat unterbreitet dazu eine Empfehlung, zu der das EP und der EZB-Rat anzuhören sind (Art. 283 AEUV). Das ESZB wird von Direktorium und Rat der EZB geleitet (Art. 8 EZB-Satzung). Trotz ihrer durch den Vertrag von Lissabon begründeten Organqualität (Art. 13 Abs. 1 EUV) besitzt die EZB eine auf die Wahrnehmung ihrer Funktionen beschränkte[119] **Rechtspersönlichkeit** (Art. 282 Abs. 3 AEUV). Sie darf keinerlei Weisungen entgegennehmen (Art. 130 AEUV). Aus der Kooperationspflicht der Organe (Art. 13 Abs. 2 EUV) lässt sich keine Befugnis anderer Organe zur Einschränkung der Unabhängigkeit der Bank ableiten. Die EZB beschließt im Rahmen ihrer Geschäftsordnung[120] über ihre interne Organisation und ihre Arbeitsweise (Art. 12.3 EZB-Satzung). **Sitz** der EZB ist Frankfurt/M.

7. Rechnungshof

a) Aufgaben

92 Zur externen Kontrolle über Rechtmäßigkeit und Ordnungsmäßigkeit der Verwendung von EU-Haushaltsmitteln sowie über die Wirtschaftlichkeit der Haushaltsführung besteht seit 1977 ein **Rechnungshof**, der seit 1993 Organstatus besitzt (Art. 13 Abs. 1 EUV).

Die Aufgaben des Hofes sind in Art. 287 AEUV festgelegt (*Einzelheiten § 5 Rn. 21*). Gegenstand der Kontrolle ist die Rechnung über alle Einnahmen und Ausgaben der Union und jeder von ihr geschaffenen Einrichtung. Die Prüfung kann bei den Institutionen der Union, bei Behörden der Mitgliedstaaten[121] und Privatpersonen stattfinden (Art. 287 Abs. 3 AEUV). Der Rechnungshof erstattet einen im Amtsblatt veröffentlichten Jahresbericht. Unter dem Aspekt der Wirtschaftlichkeitsprüfung ist insbesondere die Befugnis des Rechnungshofes bedeutsam, begleitend zu kontrollieren und aus eige-

---

117 Zu den Grenzen der EZB Befugnisse s. EuGH Rs. C - 62 /14 (Gauweiler), ABl. C 129 /2014, 11,(Vorlage des BVerfG).
118 Dies ist geschehen mit VO 1024/2013, ABl. L 287/2013, 63. S. dazu auch die Interinstitutionelle Vereinbarung EP/EZB v. 6. November 2013 über die Modalitäten der Kontrolle des EP über die EZB.
119 EuGH, Rs. C – 11/00 (Kommission / EZB), Slg. 2003, I – 7147 Rn. 134, 135.
120 GO-EZB v. 19. Februar 2004, ABl. L 80/2004, 33 = *HER I A* 54/2.
121 Dazu EuGH Rs. C – 539/09 (Kommission/Deutschland), Slg. 2011, I – 11235.

ner Initiative Sonderberichte zu Einzelfragen abzugeben. Außerdem kann der Hof auf Antrag eines der anderen Organe Stellungnahmen abgeben (Art. 287 Abs. 4 AEUV). Der Rechnungshof unterbreitet dem EP und dem Rat jährlich eine Erklärung über die Zuverlässigkeit der Rechnungsführung sowie die Rechtmäßigkeit und Ordnungsmäßigkeit der zugrunde liegende Vorgänge (Art. 287 Abs. 1 AEUV; *§ 5 Rn. 21*). Vor dem Erlass einzelner Rechtsakte (z.B. der Haushaltsordnung gemäß Art. 322 AEUV) ist der Rechnungshof obligatorisch anzuhören (*§ 7 Rn. 12*).

Der Rechnungshof kann gemäß Art. 263 Abs. 3 AEUV zur Wahrung seiner Rechte Nichtigkeitsklagen gegen die übrigen Organe erheben. Aufgrund seiner Organqualität ist er auch zur Erhebung von Untätigkeitsklagen nach Art. 265 AEUV befugt.

b) Zusammensetzung, Arbeitsweise

Der Rechnungshof besteht aus einem Mitglied je Mitgliedstaat (Art. 285 AEUV; 2014: 28 Mitglieder). Die Mitglieder werden auf Vorschlag der Mitgliedstaaten nach Anhörung des EP vom Rat mit qualifizierter Mehrheit ernannt. Die Amtszeit beträgt 6 Jahre. Wiederwahl ist zulässig.

Die Mitglieder des Rechnungshofes erfüllen ihre Kontrollaufgaben hauptberuflich. Sie verfügen über einen Status, der ihnen eine den Mitgliedern des EuGH vergleichbare Unabhängigkeit sichert (Art. 286 AEUV). Der Rechnungshof trifft Beschlüsse über seine Berichte, Sonderberichte und Stellungnahmen mit der Mehrheit seiner Mitglieder (Art. 287 Abs. 4 AEUV). Die Mitglieder wählen aus ihrer Mitte für jeweils drei Jahre den **Präsidenten** des Rechnungshofs (Art. 286 Abs. 2 AEUV). In Anwendung seines Selbstorganisationsrechts kann sich der Rechnungshof mit Zustimmung des Rates eine **Geschäftsordnung** geben (Art. 287 Abs. 4 AEUV).[122]

Der Rechnungshof entscheidet als Kollegium. Er kann zur Erfüllung bestimmter Aufgaben Kammern bilden (Art. 287 Abs. 4). Das **Generalsekretariat** des Rechnungshofes ist diesen Kammern sowie drei weiteren Verwaltungseinheiten zugeordnet. Es umfasst 900 Bedienstete. Der Rechnungshof hat seinen Sitz in Luxemburg.

II. Die Nebenorgane

1. Europäischer Wirtschafts- und Sozialausschuss (EWSA)

a) Zuständigkeiten

Nach dem Vorbild entsprechender Einrichtungen in einzelnen Mitgliedstaaten wurde ein beratendes Gremium, zusammengesetzt aus Vertretern der Zivilgesellschaft, insbesondere wirtschaftlicher und sozialer Interessengruppen, aber auch aus dem staatsbürgerlichen und kulturellen Bereich errichtet. Dieser „Europäische **Wirtschafts- und Sozialausschuss**"[123] dient einem dreifachen Zweck. Er soll Kommission, Rat und EP über die Meinung der betroffenen Gruppen zu Rechtsetzungsvorhaben unterrichten. Er soll andererseits einen unmittelbaren Weg von den EU-Organen zu den innerstaatlichen Interessengruppen eröffnen und schließlich als Integrationsebene wirken, denn durch das notwendige Zusammenwirken bei der Abgabe einer Stellungnahme werden die verschiedenen Verbände zu grenzüberschreitender Meinungsbildung motiviert.

---

122 GO v. 11. März 2010, ABl. L 103/2010, 1 = *HER I A 85/1*.
123 Im Unterschied zur Terminologie des Art. 13 Abs. 4 EUV bezeichnet sich der Ausschuß gemäß der Präambel seiner GO v. 24. Oktober 2006 (ABl. L 93/2007,1) offiziell als „*Europäischer* Wirtschafts – und Sozialausschuß" (Hervorhebung vom Verfasser).

Seine Aufgabe besteht darin, an Kommission, Rat und EP Stellungnahmen zu Rechtsetzungsvorhaben zu richten (Art. 304 AEUV).[124] Für einzelne Rechtsakte ist die Anhörung des EWSA obligatorisch, doch können die Organe jederzeit Stellungnahmen des EWSA anfordern. Auch ist der EWSA befugt, aus eigener Initiative Stellungnahmen abzugeben. Die Stellungnahmen werden im Amtsblatt Teil C veröffentlicht.

b) Zusammensetzung, Organisation

95   Gemäß Art. 300 Abs. 2 AEUV besteht der EWSA aus „Vertretern der Organisationen der Arbeitgeber und Arbeitnehmer sowie anderen Vertretern der Zivilgesellschaft". Von einem ursprünglich auf die Vertretung wirtschaftlicher und sozialer Interessen beschränkten Gremium entwickelte sich der EWSA zu einer Vertretung „diffuser" Allgemeininteressen. Der Vertrag von Lissabon verstärkt die Tendenz zu einer Ausweitung der Repräsentativität des EWSA indem die Erwähnung spezifischer Berufsgruppen entfällt. Der Rat kann auf Vorschlag der Kommission die Art der Zusammensetzung verändern (Art. 300 Abs. 5 AEUV).

Der EWSA umfasst maximal 350 Mitglieder. Im Jahre 2014 gehören ihm jedoch 353 Mitglieder an, da nach dem Beitritt Kroatiens noch kein Anpassungsbeschluss gemäß Art. 301 EUV ergangen ist:[125] Frankreich, Bundesrepublik, Italien, Vereinigtes Königreich je 24; Polen, Spanien 21; Rumänien 15; Belgien, Bulgarien, Griechenland, Niederlande, Österreich, Portugal, Schweden, Ungarn, Tschechien je 12; Dänemark, Irland, Finnland, Kroatien, Litauen, Slowakei je 9; Estland, Lettland, Slowenien je 7; Luxemburg, Zypern je 6, Malta 5 (Art. 7 Protokoll Nr. 36 zum EUV). Die Mitglieder des WSA werden auf Vorschlag des jeweiligen Staates nach Anhörung der Kommission vom Rat mit qualifizierter Mehrheit ernannt.[126] Die Mandatsdauer beträgt fünf Jahre (Art. 302 AEUV). Wiederernennung ist zulässig. Die Mitglieder sind an keine Weisungen gebunden (Art. 300 Abs. 4 AEUV). Der Ausschuss wählt aus seiner Mitte einen **Präsidenten** für die Dauer von zweieinhalb Jahren (Art. 303 AEUV).

> Der EWSA entscheidet im Rahmen einer **Geschäftsordnung**[127] autonom über seine Organisation und sein Verfahren (Art. 303 AEUV). Der Ausschuss beschließt als Plenum. Diese Beschlüsse werden in fachlichen Gruppen vorbereitet. Der EWSA verfügt über ein **Generalsekretariat** mit 720 Bediensteten. Sitz des Ausschusses ist Brüssel.

2. Ausschuss der Regionen (AdR)

a) Zuständigkeiten

96   Erst 1993 wurde zur Vertretung regionaler und lokaler Gebietskörperschaften der Ausschuss der Regionen (AdR) errichtet. Gemäß Art. 13 Abs. 4 EUV und 307 AEUV unterstützt dieser Ausschuss durch Beratung die Kommission, den Rat und das Europäische Parlament.[128]

Der Ausschuss muss in einigen wenigen vertraglich vorgesehenen Fällen vor Erlass eines Rechtsakts mit regionalem Bezug angehört werden z.B. Verkehr (Art. 91 AEUV), Gesundheitswesen (Art. 168 Abs. 4 AEUV), Regionalpolitik (Art. 175 AEUV), Um-

---

124   Zur Zusammenarbeit mit der Kommission s. Protokoll v. 22. Februar 2012, ABl. C 102/2012, 1.
125   vgl. Protokoll Nr. 36 zum EUV i.d.F. von Art. 23 der Beitrittsakte Kroatien v. 24. April 2012, ABl. L 112/2012, 21.
126   Zum Ernennungsverfahren EuGH, Rs. 297/86 (CIDA/Rat), Slg. 1988, 3531 und GE, Rs. T-382/94 (Confindustria/Rat), Slg. 1996, II-529.
127   GO – EWSA v. 24. Oktober 2006, ABl. L 93/ 2007, 1 =*HER I* A 86/1.
128   Zur Zusammenarbeit mit der Kommission s. Protokoll v. 16. Februar 2012, ABl. C 102/2012, 6.

weltschutz (Art. 192 AEUV). In anderen Fällen kann seine Anhörung fakultativ erfolgen. Überdies ist der Ausschuss befugt, aus eigener Initiative Stellungnahmen abzugeben (Art. 307 AEUV). Zur Wahrung seiner Rechte und im Rahmen der Subsidiaritätsprüfung (Art. 8, Protokoll Nr. 2 zum EUV) kann der AdR gemäß Art. 263 Abs. 4 AEUV Klagen vor dem EuGH erheben, um die Erklärung der Nichtigkeit eines Rechtsakts zu erreichen.

b) Zusammensetzung, Organisation

Der Ausschuss wird gebildet aus Vertretern regionaler und lokaler Gebietskörperschaften. Diese müssen entweder ein auf Wahlen beruhendes Mandat in dieser Körperschaft innehaben oder gegenüber einer gewählten Versammlung politisch verantwortlich sein (Art. 300 Abs. 3 AEUV). Die Gesamtzahl der Mitglieder und ihre Verteilung auf die Mitgliedstaaten entspricht genau der Verteilung der Mitglieder des EWSA (Art. 305 AEUV, *Rn. 95*). 97

Die Ernennung erfolgt durch den Rat (qualifizierte Mehrheit) auf Vorschlag der Mitgliedstaaten. Die Aufteilung zwischen Vertretern von Ländern bzw. Regionen und Gemeinden ist Angelegenheit des jeweiligen Staates. Die Ernennung der Mitglieder erfolgt auf fünf Jahre. Die Mitglieder sind nicht an Weisungen gebunden. Zwischen einem Mandat im AdR und im EP besteht Inkompatibilität (Art. 305 AEUV). Der Ausschuss wählt aus seiner Mitte für zweieinhalb Jahre einen **Präsidenten** (Art. 306 Abs. 1 AEUV).

Interne Organisation und Verfahren sind in der **Geschäftsordnung** zu regeln.[129] Über sein Zusammentreten kann der Ausschuss autonom befinden, soweit er nicht auf Antrag von EP, Rat oder Kommission zusammentreten muss.
Die Stellungnahmen des AdR werden vom **Plenum** verabschiedet. Zur Vorbereitung wurden acht Ausschüsse und vier Unterschüsse gebildet. Diese entsprechen den verschiedenen Arbeitschwerpunkten (Art. 44 GO-AdR). Der Ausschuss verfügt über ein Generalsekretariat mit 500 Mitarbeitern. Sitz des Ausschusses ist Brüssel.

III. Einrichtungen mit besonderen Aufgaben

1. Europäische Investitionsbank, Europäischer Investitionsfonds

a) Zuständigkeiten

Eine Sonderstellung innerhalb der Einrichtungen der EU kommt der **Europäischen Investitionsbank** (EIB) zu. Sie ist eine durch den AEUV (Art. 308, 309) geschaffene und in einer besonderen Satzung[130] näher ausgestaltete, finanziell und organisatorisch selbstständige öffentlich-rechtliche Institution mit eigener Rechtspersönlichkeit. Die Autonomie der Bank im Verhältnis zu den übrigen Organen ist allerdings den Vertragszielen untergeordnet. Sie reicht daher nur soweit, wie dies zur Erfüllung ihrer konkreten Aufgaben erforderlich ist.[131] Die Bank verfolgt keine Gewinnzwecke. Ihre Aufgabe besteht darin, Kapital auf den allgemeinen Märkten zu beschaffen und diese Mittel zu günstigen Bedingungen für Investitionsvorhaben Dritter in schwächer entwickelten Regionen, Umstellungsgebieten oder für Vorhaben von besonderem Interesse für mehrere Mitgliedstaaten oder für die EU als Ganzes einzusetzen (Art. 309 98

---

129 GO-AdR v. 31. Januar 2014, ABl. L 65/ 2014, 41= *HER I A* 87/1.
130 Protokoll Nr. 5 zum EUV, ABl. C 115/ 2008, 251.
131 Vgl. EuGH, Rs. 85/86 (Komm./EIB), Slg. 1988, 1281. S.a. EuGH, Rs. C-370/89 (SGEEM u.a./EIB), Slg. 1992, I-6211.

AEUV). Das Kapital der Bank (242,4 Mrd. Euro)[132] wird von den Mitgliedstaaten aufgebracht (zur Verteilung: Art. 4 Satzung der EIB).

1993 wurde die EIB ermächtigt, gemeinsam mit der Kommission und privaten Banken einen **Europäischen Investitionsfonds** zu errichten (Rechtsgrundlage: Art. 28 Satzung EIB).[133]

b) Organisation

99 Nach ihrer Satzung hat die Bank einen dreigliedrigen Aufbau: An der Spitze steht der **Rat der Gouverneure** (Art. 7 Satzung), gebildet aus den (Finanz-)Ministern der Mitgliedstaaten. Er bestimmt die Richtlinien der Kreditpolitik und erteilt die praktisch bedeutsame Genehmigung zu Aktivitäten der EIB außerhalb der EU. Die Entscheidungsbefugnis über Darlehen und Bürgschaften sowie die Aufnahme von Anleihen besitzt der **Verwaltungsrat** (Art. 9 Satzung). Er überwacht die Führung der Bank gemäß den Richtlinien des Rates der Gouverneure. Der Verwaltungsrat besteht aus 29 ordentlichen Mitgliedern (je 1 Mitglied pro Staat und einem Mitglied der Kommission) sowie 19 stellvertretenden Mitgliedern.[134] Die Mitglieder sind in der Regel hohe Beamte aus den nationalen Finanz- oder Wirtschaftsministerien. Die laufenden Geschäfte der Bank werden von einem 9 Personen umfassenden **Direktorium** (Art. 11 Satzung) erfüllt.[135] Die Amtszeit beträgt 6 Jahre. Wiederernennung ist zulässig. Sitz der Bank ist Luxemburg.

2. Bürgerbeauftragter und Datenschutzbeauftragter

100 Der Vertrag sieht die Errichtung einzelner unabhängiger Institutionen mit besonderem, jedoch nicht deutlich ausgeprägten eigenen Status vor: den **Bürgerbeauftragten** (Art. 228 AEUV) und den **Europäischen Datenschutzbeauftragten** (Art. 16 Abs. 2 AEUV).

Der **Bürgerbeauftragte** prüft Beschwerden über Missstände bei der Tätigkeit der Organe oder Institutionen. Beschwerdeberechtigt sind alle EU-Bürger und sonstige Personen mit Wohnsitz in der EU. Er kann Untersuchungen durchführen. Er wird gemäß Art. 228 Abs. 2 AEUV vom EP für eine der Dauer der Wahlperiode des EP (= 5 Jahre) entsprechende Amtszeit gewählt. Die Regelung des Status des Bürgerbeauftragten in Art. 228 AEUV und in dem Ausführungsbeschluss vom 9. März 1994[136] lehnt sich an die Vorschriften über den Status der Mitglieder der Kommission, der EU-Gerichte und des Rechnungshofes an. Insbesondere sieht Art. 228 Abs. 3 AEUV vor, dass der Bürgerbeauftragte seine Tätigkeit in voller Unabhängigkeit und weisungsfrei ausübt.

Den Schwerpunkt der Tätigkeit des Bürgerbeauftragten bildet die Prüfung von Beschwerden, die jeder Unionsbürger unabhängig von seinem Wohnort und darüber hinaus jede natürliche oder juristische Person mit Wohnort oder satzungsmäßigem Sitz in einem Mitgliedstaat an den Bürgerbeauftragten richten kann (§ 2 Rn. 47).[137] Der Bürgerbeauftragte berichtet dem EP regelmäßig über seine Tätigkeit.[138]

---

[132] Vgl. Beschluß des Rates der Gouverneure v. 31. Dezember 2012, ABl. C 100/2013, 7.
[133] Satzung des Investitionsfonds, ABl. L 172/1994, 14 = HER I A 88/2.
[134] Eine originelle Methode zur Verteilung der Sitze der Stellvertreter auf die Mitgliedstaaten bezeichnet Art. 9 Abs. 2 EIB-Satzung.
[135] GO – EIB v. 2011, ABl. L 266/2011, 1.
[136] ABl. L 113/1994, 15 = Anlage X zur GO – EP = HER I A 80/ 2.
[137] Zum Rechtsschutz gegen Handlungen des Bürgerbeauftragten GE, Rs. T-209/00 (Lamberts/Bürgerbeauftragter), Slg. 2002, II-2203, bestätigt durch EuGH, Rs. C-234/02 P, Slg. 2004, I-2803.
[138] Vgl. Jahresbericht, 2010, ABl. C 48E/ 2012, 233.

Er wird gemäß Art. 11 des Beschlusses vom 9. März 1994 von einem Sekretariat unterstützt und hat seinen **Sitz** gemäß Art. 13 dieses Beschlusses am Sitz des EP, d.h. in Straßburg.

Das Amt des **Europäischen Datenschutzbeauftragten** wurde auf der Grundlage von Art. 16 Abs. 2 AEUV durch Art. 41 der VO 45/2001 geschaffen.[139] Der Datenschutzbeauftragte soll die Beachtung der Grundrechte, insbesondere den Schutz des Privatlebens bei der Verarbeitung personenbezogener Daten durch die EU-Einrichtungen wahren. Er besitzt u.a. ein Untersuchungsrecht und kann die Korrektur und Löschung von Daten anordnen (Art. 47, VO 45/2001). Seine Stellungnahmen werden im Amtsblatt C veröffentlicht.[140] Der Datenschutzbeauftragte kann im Rahmen der Erfüllung seiner Aufgaben den EuGH anrufen und anhängigen Verfahren beitreten (Art. 47 Abs. 1, Buchst. h, i, VO 45/2001).[141] Er wird einvernehmlich vom EP und Rat ernannt.[142]

3. Ausgegliederte Dienststellen der Organe

Die Organe der Union können allein oder gemeinsam handelnd im Rahmen ihrer Organisationsgewalt einzelne Dienststellen ausgliedern und organisatorisch – nicht aber rechtlich – verselbstständigen. Gemeinsam haben die Organe u.a. das Amt für amtliche Veröffentlichungen errichtet.[143] Weitere Beispiele bilden das Übersetzungszentrum für die Einrichtungen der EU,[144] das Amt für die Feststellung und Abwicklung individueller Ansprüche,[145] die Europäische Verwaltungsakademie[146] sowie das Europäische Amt für Betrugsbekämpfung (OLAF).[147]

4. Angegliederte juristische Personen

Durch den EAGV (Art. 52 ff.) wurde als selbstständige Rechtspersönlichkeit mit finanzieller Autonomie die **Versorgungsagentur** geschaffen. Sie hat die Aufgabe, durch An- und Verkauf von Erzen und Kernbrennstoffen die gerechte und gleichmäßige Versorgung der Verbraucher zu gewährleisten. Sie steht unter der Aufsicht der Kommission.[148]

5. Selbstständige juristische Personen, Agenturen

„Zur Ausübung ihrer Aufgaben stützen sich die Organe, Einrichtungen und sonstigen Stellen der Union auf eine offene, effiziente und **unabhängige europäische Verwaltung**" (Art. 298 Abs. 1 AEUV). Häufig werden zu diesem Zweck juristische Personen mit einer jeweils spezifischen Aufgabe errichtet, vielfach als **Agenturen**, aber auch als

---

[139] ABl. L 8/2001, 1. = HER I A 12/3.7. S.a. Beschl. 1247/2002 über das Statut des Datenschutzbeauftragten, ABl. L 183/2002, 1 = HER 12/3.1.
[140] Beispiel: Stellungnahme zum Abkommen EU/USA über Fluggastdaten, ABl. C 35/ 2012, 16.
[141] Dazu EuGH, Rs. C-317/04 (EP/Rat), Beschluss v. 17. März 2005 über den Antrag auf Streithilfe des Datenschutzbeauftragten, Slg. 2005, I-2457.
[142] Einzelheiten in Art. 41–48 VO 45/2001 (s.o. Fn. 139).
[143] Beschl. v. 20. Juli 2000, ABl. L 183/ 2000, 12. S.a. die Teilverselbstständigung des Statistischen Amtes der EG durch VO 1588/1990, ABl. L 151/1990, 1 (Art. 5).
[144] VO 2965/94, ABl. L 314/1994, 1 = HER I A 89 / 8.
[145] B. Kommission 2003/522, ABl. L 183/2003, 30 = HER I A 89/21.
[146] S. Interinstitutionelle Vereinbarung v. 26. Januar 2005, ABl. L 37/2005, 14 = HER I A 92/15.
[147] B Kommission v. 28. April 1999, ABl. L 136/1999, 20 und VO 883/2013, ABl. L 248/2013, 1 =HER I A 90/4.12 und 4.22.
[148] Zur Rechtsnatur EuGH, Rs. C-357/95 P (ENU/Kommission) Slg. 1997, I-1329.

„Amt" oder „Behörde" bezeichnet. Grundlage der Errichtung sind z.T. einzelne materielle Handlungsermächtigungen (Beispiele: die Agenturen für Flugsicherheit[149] und für die Sicherheit des Seeverkehrs,[150] errichtet auf der Grundlage der Bestimmungen über die Verkehrspolitik, sowie Europäische Bankenaufsichtsbehörde[151] und Aufsichtsbehörde für das Versicherungswesen[152], errichtet auf der Grundlage von Art. 114 AEUV[153]). Daneben besteht in Art. 298 Abs. 2 AEUV eine subsidiäre Rechtsgrundlage. Ein Rückgriff auf den früher als Rechtsgrundlage genutzten Art. 352 AEUV (zuvor Art. 308 EGV) dürfte damit nicht mehr erforderlich sein.

Zu unterscheiden ist zwischen den durch Gesetzgebungsakte eingerichteten **Regulierungsagenturen** und den von der Kommission aufgrund einer allgemeinen Ermächtigung des Rates[154] gebildeten **Exekutivagenturen**:

Die Aufgaben der **Regulierungsagenturen** bestehen überwiegend in der Sammlung und Verbreitung von Informationen. Errichtet wurden u.a. eine Europäische Umweltagentur,[155] das Europäische Zentrum zur Förderung der Berufsbildung,[156] die Europäische Agentur für die Sicherheit der Netze und der Informationsübermittlung,[157] die Europäische Chemikalienagentur,[158] die Europäische Grundrechteagentur,[159] die Agentur für die operative Zusammenarbeit an den Außengrenzen (Frontex)[160] und das Europäische System der Finanzaufsicht.[161]

Die **Exekutivagenturen** sind in der Regel mit der Verwaltung der Mittel der von der EU beschlossenen Förderungsprogramme betraut. Ihre Existenz ist daher an die Laufzeit des jeweiligen Programms gebunden.[162] Eine Übersicht der 20 Agenturen enthält der jährliche Haushaltsplan der EU.

Gegen Handlungen der Agenturen muss **Rechtsschutz vor dem EuGH** gewährleistet sein.[163] Der AEUV sieht in Art. 263 Abs. 1 und 5 ausdrücklich die Möglichkeit von Klagen gegen diese Einrichtungen vor.

105 Für den Bereich der gemeinsamen Forschungspolitik wird die EU in Art. 187 AEUV zur Gründung **gemeinsamer Unternehmen** oder anderer Strukturen ermächtigt. Die Besonderheit dieser Organismen mit eigener Rechtspersönlichkeit besteht in der Möglichkeit Dritter (öffentlicher und privater Einrichtungen), dem Unternehmen beizutreten. Die Einzelheiten und Bedingungen sind in der jeweils dem Gründungsakt (im allgemeinen einer VO) beigefügten Satzung enthalten. Soweit die Gründungsverordnung oder die Satzung keine speziellen Bestimmungen enthält ist das Recht des Sitzes (im Allge-

---

149 VO 216/2008, ABl. L 79/2008, 1 = HER I A 30/ 6.104.
150 VO 1406/2002, ABl. L 208/2002, 1 = HER I A 30/ 5.45.
151 VO 1093/2010, ABl. L 331/2010, 12 = HER I A 28/19.42.
152 VO 1094/2010, ABl. L 331/2010, 48 = HER I A 28/20.36.
153 Dazu EuGH, Rs. C – 270/12 (Vereinigtes Königreich/EP und Rat), U. v. 22. Januar 2014.
154 VO 58/2003, ABl. L 11/2003, 1 = HER I A 89/20.
155 VO 401/ 2009, ABl. L 126 / 2009, 13 = HER I A 69 / 1.78.
156 VO 337/75, ABl. L 39/1975, 1 = HER I A 58/3.
157 VO 460/2004, ABl. L 77/2004, 1 = HER I A 67 / 1. 24.
158 VO 1907/2006, ABl. L 396/ 2006, 1 = HER IA 69/ 6.79.
159 VO 168 / 2007, ABl. L 53/ 2007, 1 = HER I A 12 / 1.1.
160 VO 2007 / 2004, ABl. L 349 / 2004, 1 = HER I A 29 a / 4. 2.
161 VO 1093/2010; 1094/2010 und 1095/2010, ABl. L 331/2010, s.o. Anm. 151, 152.
162 Beispiel: Exekutivagentur „Europäischer Forschungsrat", ABl. L 346/ 2013, 58 = HER I A 65/ 1.83;.
163 EuGH, Rs. 9/56 (Meroni/Hohe Behörde), Slg. 1958, 11. S.a. EuGH, Gutachten 1/76 (Stilllegungsfonds Rheinschifffahrt), Slg. 1977 741; Rs. C – 217/2004 (UK / Rat, EP – ENISA), Slg. 2006, I – 369 sowie Rs. C – 270/12 (UK/EP, Rat), U. v. 22. Januar 2014, Rn. 41–53.

meinen: Belgien) anwendbar. Rechtsschutz vor dem EuGH ist ausdrücklich vorgesehen.[164]

Ursprünglich durch einen Vertrag zwischen den EU-Staaten wurde das **Europäische Polizeiamt (Europol)** begründet. Durch Art. 88 AEUV und einen Beschluss des Rates wurde Europol in den Rahmen der EU eingegliedert.[165] Europol ist eine Strafverfolgungs- und Polizeibehörde mit eigener Rechtspersönlichkeit. Sie wird von einem Direktor geleitet, der den Weisungen eines Verwaltungsrats (gebildet aus Vertretern der Mitgliedstaaten, z.T. Ministerialbeamte, z.T. Leiter der staatlichen Polizeibehörden) unterliegt (*§ 16 Rn. 21*).

106

Eine Sonderstellung nehmen die **Europäische Verteidigungsagentur** und das **Europäische Sicherheits – und Verteidigungskolleg** ein. Sie wurden auf der Grundlage der Art. 42 Abs. 3 und 45 EUV (Agentur) bzw. Art. 28 Abs. 1, 42 Abs. 4 und 43 Abs. 2 EUV (Kolleg) errichtet (*§ 35 Rn. 7*).[166] Die Agentur soll u.a. das Beschaffungsverfahren für militärische Güter verbessern und die Forschung auf dem Gebiet der Verteidigungstechnologie fördern. Das Kolleg erbringt Ausbildungsleistungen auf strategischer Ebene. Beide arbeiten unter Aufsicht des Rates.

107

7. Beratungs- und Hilfseinrichtungen der Kommission (Ausschüsse)

a) Beratende Ausschüsse

Die Kommission unterhält im Rahmen spezieller Ausschüsse auf Beamtenebene zahlreiche Kontakte mit Sachverständigen oder Beamten der Mitgliedstaaten. Zu unterscheiden ist zwischen Ausschüssen, deren Anhörung im Ermessen der Kommission steht und Ausschüssen, deren Anhörung obligatorisch vorgeschrieben ist.

108

Grundlage der Einsetzung sind in Einzelfällen die Verträge selbst (z.B. Beratender Wirtschafts- und Finanzausschuss, Art. 134 AEUV; Beratender Ausschuss für Verkehrspolitik, Art. 99 AEUV; Beratender Beschäftigungsausschuss, Art. 150 AEUV). Andere Ausschüsse wurden auf der Grundlage des Selbstorganisationsrechts der Organe eingerichtet (z.B. Beratende Ausschüsse im Bereich der Forschung und Entwicklung).[167]

b) Kontrollierende Ausschüsse

Sofern eine einheitliche Durchführung des EU-Rechts erforderlich ist, wird gemäß Art. 291 AEUV in dem betreffenden Rechtsakt der Kommission eine entsprechende Ermächtigung erteilt. Die dazu gemäß Art. 291 Abs. 3 AEUV festgelegten „allgemeinen Regeln und Grundsätze" sehen vor, dass die Kommission vor Erlass einer Durchführungsmaßnahme jeweils einen aus staatlichen Beamten zusammengesetzten Ausschuss befassen muss.[168] Diese Ausschüsse sollen es den Mitgliedstaaten ermöglichen, die Wahrnehmung der Durchführungsbefugnisse durch die Kommission zu kontrollieren (Art. 291 Abs. 3 AEUV). Die VO 182/2011 sieht dazu zwei unterschiedliche Arten von Ausschüssen vor (Beratungs- bzw. Prüfungsausschuss). Dem Votum dieser Gremien

109

---

164 Bsp.: Gemeinsames Unternehmen zum Aufbau eines europäischen Flugverkehr-Managementsystems (SESAR), VO 219/2007, ABl. L 64/2007, 1 = *HER I A* 65/5.1.
165 B Rat v. 6. April 2009, ABl. L 121 / 2009, 37.
166 BRat v. 12. Juli 2011, ABl. L 183/2011, 16 und v. 22. April 2013, ABl. L 112/2013, 22.
167 Beschl. der Kommission v. 22. Oktober 1998, ABl. L 290/1998, 57 = *HER I A* 82/8.
168 VO 182/ 2011, ABl. L 55/2011, 13 = *HER I A* 82/21.

kommt, je nach Ausschusstyp, unterschiedliches Gewicht im weiteren Verfahren zu (Einzelheiten § 7 Rn. 23). Im Hinblick auf die gerichtliche Kontrolle wird das Verhalten der Ausschüsse der Kommission zugerechnet.[169]

8. Mit der Union verbundene gemeinsame Einrichtungen

110 Als eine nur ad-hoc zusammentretende Einrichtung führte der Vertrag von Lissabon den **Konvent** ein. Er formalisierte damit eine Praxis, die bei der Erarbeitung der Charta der Grundrechte im Jahre 2000 und des Vertragsentwurfs von 2003 erprobt worden war. Gemäß Art. 48 Abs. 3 EUV besteht der Konvent aus Vertretern der nationalen Parlamente, der Staats- und Regierungschefs der Mitgliedstaaten, des Europäischen Parlaments und der Kommission. Der Konvent wird vom Präsidenten des Europäischen Rates einberufen, nachdem der Europäische Rat Änderungen der Verträge beschlossen hat. Der Konvent prüft die Änderungsentwürfe und beschließt im Konsens eine Empfehlung an die über die Änderungen förmlich entscheidende Konferenz der Vertreter der Regierungen (§ 7 Rn. 27).

111 Der EAGV sah in Art. 9 Abs. 2 die Gründung einer Europäischen Universität vor. Ihr Aufgabenbereich wäre vom Rahmen des EAGV bestimmt gewesen. Das am 18. April 1972 unterzeichnete Übereinkommen über die Gründung eines **Europäischen Hochschulinstituts** in Florenz beruhte jedoch nicht auf Art. 9 Abs. 2 EAGV, sondern auf einem selbstständigen Vertrag der Mitgliedstaaten.[170] Die Aufgaben des Instituts bewegen sich auch nicht im Bereich der Kernenergie, sondern sollen zur Entwicklung des kulturellen und wissenschaftlichen Erbes Europas beitragen (Art. 2 des Abkommens). Das Institut hat sich zu einem bedeutenden internationalen Forschungszentrum entwickelt. Es ist mit der EU über einen Vertreter im Obersten Rat (Art. 6), generell durch Beamte der Kommission in den Verwaltungsgremien des Instituts und durch teilweise Finanzierung durch den EU-Haushalt verknüpft.

Ebenfalls auf einem besonderen Abkommen der Mitgliedstaaten beruhen die **Europäischen Schulen** (u.a. in Brüssel, Luxemburg, München), die vorwiegend für die Kinder der Bediensteten geschaffen wurden und z.T. von der EU kontrolliert und finanziert werden.[171]

112 Im Rahmen der Ermächtigung zur polizeilichen Zusammenarbeit (vgl. Art. 87 AEUV) wurde eine **Europäische Polizeiakademie** mit eigener Rechtspersönlichkeit errichtet.[172] Die Akademie soll die Zusammenarbeit der entsprechenden staatlichen Einrichtungen fördern und selbst zur Ausbildung beitragen. Sie wird aus dem Haushalt der EU finanziert.

IV. Statut der Mitglieder und Bediensteten, Arbeitsorte, Sprachen

1. Statut der Mitglieder und Bediensteten

113 Das Statut der **Mitglieder der Organe** und sonstigen Einrichtungen folgt z.T. aus den Verträgen bzw. den Verträgen beigefügten Satzungen (Kommission, EuGH, Rech-

---

169 EuGeI, Rs. T-188/97 (Rothmans International/Kommission), Slg. 1999, II-2463.
170 ABl. EG C 29/1976, 1 ff. = HER I A 58/50.1.
171 Abkommen v. 21. Juni 1994 (die Gemeinschaft ist Vertragspartner), ABl. L 212/1994, 3 =HER I A 58/51.1. Zur Rechtsstellung: EuGH Rs. C – 132/09 (Kommission/Belgien), Slg. 2010, I – 8695 und Rs. C – 545/09 (Kommission/Vereinigtes Königreich), Urteil v. 2. Februar 2012 (ECLI:EU:C:2012:52).
172 B Rat 2005/ 681, ABl. L 256/2005, 63, geändert durch VO Nr. 543/2014, ABl. L 163/2014, 5.

nungshof, EZB), z.T. ist es durch besonderen Rechtsakt der Organe zu erlassen (EP, Art. 223 Abs. 2 AEUV[173] (*Rn. 32*); Bürgerbeauftragter, Art. 228 Abs. 4 AEUV). Gemäß Art. 343 AEUV genießen die EU – insbesondere also die Mitglieder ihrer Organe – die zur Erfüllung ihrer Aufgaben erforderlichen Vorrechte und Befreiungen gegenüber Hoheitsakten der Mitgliedstaaten nach Maßgabe eines besonderen Protokolls zum EUV.[174]

Danach gelten folgende Prinzipien:

- Die Räumlichkeiten der EU dürfen nicht durchsucht, beschlagnahmt, eingezogen oder enteignet werden;
- Die EU ist von direkten Steuern, Zöllen sowie Ein- und Ausfuhrverboten befreit;
- Die Mitglieder der Organe besitzen Immunität und Indemnität während der Ausübung ihres Mandats;[175]
- Für Beamte der EU gelten erleichterte Aufenthalts- und besondere Steuervorschriften (Art. 12–14 des Protokolls).[176]

Gegenüber Drittstaaten richten sich die Vorrechte und Immunitäten der EU nach dem Völkerrecht. In der Praxis werden sie zumeist in bilateralen Vereinbarungen definiert.

Die Organe der Union beschäftigen Beamte und sonstige Bedienstete. Diese sind im Regelfall nicht zugleich Angehörige ihres heimischen öffentlichen Dienstes, sondern bilden einen besonderen **europäischen öffentlichen Dienst**. Rechtsgrundlage dieser der Unabhängigkeit der Organe förderlichen Struktur ist Art. 298 AEUV. Der Rat hat ein Statut der Beamten und Bediensteten erlassen, das eine vollkommen eigenständige Regelung gegenüber dem nationalen Recht des öffentlichen Dienstes trifft.[177] In ihm verbinden sich insbesondere Elemente französischen und deutschen Dienstrechts. Besonderheiten gelten für den **Europäischen Auswärtigen Dienst** (Art. 27 Abs. 3 EUV).[178]

Der Haushaltsplan weist jährlich die Gesamtzahl der Bediensteten nach. Im Jahre 2014 beläuft sie sich auf etwa 45 000.

Die **Haftung der EU** für die Tätigkeit ihrer Beamten und die Haftung der Beamten wird in Art. 340 AEUV geregelt (*§ 9 Rn. 66 ff.*). Eine besondere strafrechtliche Verantwortlichkeit der EU-Bediensteten besteht insbesondere in Bezug auf Bestechung[179] und auf den Geheimnisschutz des EAG-Vertrages (Art. 194).

2. Arbeitsorte

Gemäß Art. 341 AEUV wird der Sitz der Organe der Union im Einvernehmen zwischen den Regierungen der Mitgliedstaaten festgelegt. Ein entsprechender Beschluss wurde erst vom Europäischen Rat am 12. Dezember 1992 formell gefasst.[180] Dieser Beschluss wurde durch den Vertrag von Amsterdam in den Rang eines Protokolls zum EUV erhoben und kann daher nur im Wege des Vertragsänderungsverfahrens modifi-

114

---

173 Beschluss EP v. 28. September 2005, ABl. L 262 / 2005, 1 = *HER I A* 80 / 16.
174 Protokoll Nr. 7 zum EUV = *HER I A* 1/33.
175 EuGH, Rs. 149/85 (Wybot/ Faure), Slg. 1986, 2391; Rs. – 163/10 (Patriciello), Slg. 2011, I – 7565. S.a. *Bieber*, EuR 1981, 124 ff.
176 Vgl. EuGH, Rs. 260/86 (Kommission/Belgien), Slg. 1988, 955.
177 VO Rat 259/68, ABl. L 56/1968, 1 i.d.F der VO 1023/2013, ABl. L 287/2013, 15 = *HER I A* 92/1. Dazu *Mehde*, Europäisches Dienstrecht in: Terhechte (Hg.), Verwaltungsrecht der Europäischen Union, Baden – Baden 2011, 1369–1394.
178 Beschluss Rat 2010/427, ABl. L 201/2010, 30.
179 Übereinkommen über die Bekämpfung der Bestechung, an der Beamte der EU oder der Mitgliedstaaten beteiligt sind, v. 25. Mai 1997, ABl. C 195/1997, 2 = *HER I A* 14/5.2.5a.
180 ABl. C 341/1992, 1.

ziert werden.¹⁸¹ Zuvor regelten vorläufige Beschlüsse der Außenminister, insbesondere ein Beschluss über die vorläufige Unterbringung bestimmter Organe und Dienststellen vom 8. April 1965¹⁸² und dazu ergänzend das Selbstorganisationsrecht der Organe die Praxis.

Danach liegt der Schwerpunkt der EU-Organisationsstruktur in **Brüssel**. Dort haben der Europäische Rat, Rat, Kommission, WSA und der Ausschuss der Regionen ihren Sitz. EuGH, Rechnungshof und EIB haben ihren Sitz in **Luxemburg**. Dort sind auch einige Dienststellen der Kommission untergebracht. Das EP hat seinen Sitz in **Straßburg**. Die Ausschüsse des EP treten in Brüssel zusammen, sein Generalsekretariat ist in Luxemburg angesiedelt. Für das EP dauert damit eine unbefriedigende Situation fort, die bereits zu einer Reihe von Gerichtsurteilen geführt hat.¹⁸³ Die EZB hat ihren Sitz in **Frankfurt/M**. Die nachgeordneten Dienststellen und Einrichtungen der EU wurden auf zahlreiche Städte Europas verteilt.¹⁸⁴

3. Sprachen

115 Gemäß Art. 22 der Grundrechtecharta „achtet" die Union die Vielfalt der Sprachen. Hinsichtlich der Verwendung von Sprachen im Rahmen des EU – Rechts sind folgende Situationen zu unterscheiden:

- **Vertragssprachen.** In diesen sind die Gründungsverträge abgefasst. Sämtliche dieser Sprachfassungen sind verbindlich. (Art. 55 EUV, 358 AEUV). Dies sind zurzeit 24 Sprachen. Gemäss Art. 24 Abs. 4 AEUV kann sich jeder Bürger in einer dieser Sprachen an die Organe wenden und eine Antwort in derselben Sprache erhalten.
- **Amts- und Arbeitssprachen der Organe.** Diese hat der Rat gemäss Art. 342 AEUV der Rat in der VO Nr. 1 festgelegt, wobei eine Sonderregelung für den EuGH gilt.¹⁸⁵ In diesen Sprachen werden die amtlichen Dokumente veröffentlicht (z.B. das EU-Amtsblatt). Ohne dass dies vertraglich geboten wäre unterscheidet sich die vom Rat festgelegte Liste nicht von den Vertragssprachen, umfasst im Jahre 2014 also ebenfalls 24 Sprachen.
- Vor dem EuGH gilt gemäss Art. 36 der Verfahrensordnung eine besondere Liste der **Verfahrenssprachen**. Diese stimmen mit den Vertragssprachen überein.

Die Vielsprachigkeit wirft organisatorische und juristische Probleme auf.¹⁸⁶ Der dadurch bedingte personelle und finanzielle Aufwand ist erheblich.¹⁸⁷ Ungefähr ein Viertel der Bediensteten arbeiten direkt oder indirekt für die Übersetzung von Dokumenten

---

181 Seit dem Vertrag von Lissabon: Protokoll Nr. 6 zum EUV = *HER I A 0/8*.
182 ABl. EG 152/1967, 18.
183 EuGH, Rs. 230/81 (Luxemburg/EP), Slg. 1983, 255; Rs. 108/83, Slg. 1984, 1945, s. auch Rs. 358/85 (Frankreich/EP), Slg. 1988, 4821; Rs. C-213/88 u.a. (Luxemburg/EP), Slg. 1991, 5643; Rs. C-345/95 (Frankreich/EP), Slg. 1997, I-5215; verb. Rs. C – 237, C-238/11, (Frankreich/EP) U. v. 13. Dezember 2012.
184 Vgl. Beschlüsse der Vertreter der Regierungen v. 29. Oktober 1993, ABl. C 323/1993, 1 = *HER I A 93/1.2* und v. 13. Dezember 2003, ABl. L 29/2004, 15 = *HER IA 93/1.3*.
185 VO Nr. 1, ABl. Nr. 17, 1958, 1 i.d.F. der VO 1791/ 2006, ABl. L 363/ 2006, 1, 80 = *HER I A 93/2.1*. Eine Sonderregelung gilt für die maltesische Sprache, VO 930/2004, ABl. L 169/2004, 1. Zur Benutzung anderer Sprachen s. Schlussfolgerungen des Rates v. 13. Juni 2005, ABl. C 148/2005, 1. Zur Sprachenregelung vor dem EuGH s. ERat v. 18. Dezember 2006, ABl. L386/ 2006, 44. Dazu *Hayder*, Das Sprachenregime der Europäischen Union, ZeuS 2011, 343.
186 Dazu näher EuGH, Rs. 283/81 (CILFIT), Slg. 1982, 3415, Rn. 18,19. S.a. Schlussanträge GA Maduro in der Rs. C – 160/03 (Spanien/Eurojust), Slg. 2005, I-2077.
187 Vgl. Sonderberichte des Rechnungshofes Nr. 5/2005 und Nr. 9/ 2006 über die Ausgaben für Verdolmetschung und Übersetzungen von EP, Kommission und Rat, ABl. C 291/2005, 1 und ABl. C 284/ 2006, 1.

und Debatten. Bei jeder Erweiterung verstärkt sich die dadurch verursachte Effizienzminderung. Andererseits ist der Integrationseffekt nicht zu unterschätzen, der in der Möglichkeit besteht, sich in seiner eigenen Sprache auszudrücken und EU-Dokumente in dieser Sprache zu erhalten.[188] Art. 24 AEUV erhebt diese Möglichkeit z.T. in den Rang eines Bürgerrechts und konkretisiert damit Art. 22 der Charta. In der internen Praxis der Organe hat sich ein Vorrang der englischen und französischen Sprache entwickelt.

C. Literatur

I. Institutionen allgemein

Best, Edward/Gray, Mark/Stubb, Alexander (Hg.), Rethinking the European Union, IGC 2000 and beyond, Maastricht 2000; *Bieber, Roland,* Das Verfahrensrecht von Verfassungsorganen, Baden-Baden 1992; *Bieber, Roland,* Der neue institutionelle Rahmen in: Fastenrath/Nowak (Hg.), Der Lissabonner Reformvertrag, Berlin 2009, 47–63; *Blumann, Claude/Dubois, Louis,* Droit institutionnel de l'Union Européenne, 4. Aufl., Paris 2010; *Curtin, Deirdre/Heukels, Ton* (Hg.), Institutional Dynamics of European Integration, FS Schermers, Bd. II, Dordrecht 1994; *Hilf, Meinhard,* Die Organisationsstruktur der Europäischen Gemeinschaften, Berlin/New York 1982; Jacqué, Jean *Paul,* Droit institutionnel de l'Union européenne, 6. Aufl. Paris 2010; *Jacqué, Jean Paul/Bieber, Roland/Haag, Marcel u.a.,* Commentaire Mégret, Bd. 9 (Parlement européen, Conseil, Commission etc.), 2. Aufl. Bruxelles 2000; *Magnette, Paul/Remacle, Eric;* Le nouveau modèle européen, Bd. I, Institutions et gouvernance, Bruxelles 2000;

II. Europäisches Parlament, Europäische Parteien, staatliche Parlamente

Abels, Gabriele/Eppler, Annegret (Hg.), Auf dem Weg zum Mehrebenenparlamentarismus?, Baden-Baden 2011; *Beckedorf, Ingo,* Das Untersuchungsrecht des Europäischen Parlaments, Berlin 1995; *Bieber, Roland,* Die Beteiligung der einzelstaatlichen Parlamente an den Tätigkeiten der Europäischen Union in: *Hummer* (Hg.) Rechtsfragen in der Anwendung des Amsterdamer Vertrages, Wien 2001, 147–158; *Clinchamps, Nicolas,* Parlement européen et Droit Parlementaire, Paris 2006; *Corbett, Richard/Jacobs, Francis/Shackleton, Michael,* The European Parliament, 9. Aufl., London 2010; *Dann, Philipp,* Parlamente im Exekutivföderalismus, Berlin/Heidelberg 2004; *Dialer, Doris/Maurer, Andreas,* Handbuch zum Europäischen Parlament, Baden – Baden 2014; *Kadelbach, Stefan* (Hg.), Europäische Integration und Parlamentarische Demokratie, Baden-Baden 2009; *Lenz, Christofer,* Ein einheitliches Verfahren für die Wahl des Europäischen Parlaments, Baden-Baden 1995; *Maurer, Andreas,* Parlamentarische Demokratie in der Europäischen Union, Baden-Baden 2002; *Mayer, Martina,* Die Europafunktion der nationalen Parlamente in der Europäischen Union, Tübingen 2012; *Mellein, Christine,* Subsidiaritätskontrolle durch nationale Parlamente, Baden-Baden 2007; *Mittag, Jürgen/Steuwer, Janosch,* Politische Parteien in der EU, Wien 2010; *ders.* (Hg.), 30 Jahre Direktwahlen zum Europäischen Parlament (1979–2009), Baden-Baden 2011; *Neßler, Volker,* Die Fraktion im Europäischen Parlament, EuR 1997, Nr. 3, 311–320; *Rittberger, Berthold,* Building Europe`s Parliament, Oxford 2005; *Wessels, Bernhard/Katz, Richard S.* (Hg.), The European Parliament, the National Parliaments, and European Integration, Oxford 1999; *Zotti, Stefan,* Politische Parteien auf Europäischer Ebene, Baden-Baden 2010.

III. Rat / Europäischer Rat

Bulmer, Simon/Wessels, Wolfgang, The European Council, London 1987; *Dehousse, Renaud/Deloche-Gaudez, Florence,* Fusion at work: Voting in the Council of Ministers after enlargement,

---

[188] S. dazu Schlussfolgerungen des Rates v. 13. Juni 2005, ABl. C 148 / 2005, 1.

in: Diedrichs/Faber u.a. (Hg.), Europe Reloaded, Baden-Baden 2011, 288–300; *Egger, Alexander,* Das Generalsekretariat des Rates der EU, Baden-Baden 1994; *Hayes-Renshaw, Fiona/Wallace, Helen,* The Council of Ministers, 2. Aufl., Houndmills 2006; *Mentler, Michael,* Der Ausschuss der Ständigen Vertreter bei den Europäischen Gemeinschaften, Baden-Baden 1996; *Ophüls,* Die Mehrheitsbeschlüsse des Rates, EuR 1966, 193 ff.; *Streinz, Rudolf,* Die Luxemburger Vereinbarung, München 1984; *Taulègne, Beatrix,* Le Conseil Européen, Paris 1993; *Westlake, Martin,* The Council of the European Union, London 1995.

IV. Kommission

Andenas, Mads/Türk, Alexander (Hg.), Delegated Legislation and the Role of Committees in the EC, The Hague 2000; *Blumann, Claude,* Le pouvoir exécutif de la Commission, RTDE 1988, 23–59; *v. Buttlar, Christian,* Das Initiativrecht der Europäischen Kommission, Berlin 2003; *Coutron, Laurent,* Le principe de la collégialité au sein de la Commission européenne après le traité de Nice, RTDE 2003, 247–266; *Curtin, Deirdre,* Executive Power of the European Union, Oxford 2009; *Hummer, Waldemar/Obwexer, Walter,* Der „geschlossene" Rücktritt der Europäischen Kommission, in: Integration Nr. 2/1999, 77–94; *Joerges, Christian/Falke, Josef* (Hg.), Das Ausschusswesen der Europäischen Union, Baden-Baden 2000; *Klepper, Marian,* Vollzugskompetenzen der Europäischen Gemeinschaft aus abgeleitetem Recht, Baden-Baden 2001; *Schreiber, Stefanie,* Verwaltungskompetenzen in der Europäischen Gemeinschaft, Baden-Baden 1997; *Seibold, Ute,* Die Kontrolle der Europäischen Kommission durch das Europäische Parlament, Frankfurt/M. 2004; *Spence, David* (Hg.), The European Commission, 3. Aufl., London 2006; *Staeglich, Simone,* Der Kommissionspräsident als Oberhaupt der Europäischen Union, Berlin 2007.

V. Gerichtshof / Gericht /Fachgerichte

Arnull, Anthony, The European Union and its Court of Justice, 2. Aufl., Oxford 2006; *Brown, Neville/Jacobs, Francis,* The Court of Justice of the European Communities, 5. Aufl., London 2000; *Lenaerts, Koen/Arts, Dirk,* Procedural Law of the European Union, London 1999; *Louis, Jean-Victor/Vandersanden, Georges u.a.,* Commentaire Mégret, Bd. 10, 2. Aufl., Bruxelles 1993; *Millett, Timothy,* The Court of First Instance of the European Communities, London 1990; *Pernice, Ingolf,* Die Zukunft der Unionsgerichtsbarkeit, EuR 2011, Nr. 2, 151–168; *Pichler, Otfried,* Der Generalanwalt beim Gerichtshof der Europäischen Gemeinschaften, Frankfurt/M. 1983; *Rasmussen, Hjalte,* On Law and Policy in the European Court of Justice, Dordrecht/Boston 1986; *Schermers, Henry G./Waelbroeck, Denis F.,* Judicial Protection in the European Union, 6. Aufl., Deventer 2002.

VI. Kontrolleinrichtungen (Rechnungshof, Bürgerbeauftragter, Datenschutzbeauftragter)

Bieber, Roland/Amarelle, Cesla, La genèse d'un système institutionnel „intermédiaire" au sein de l'Union européenne in: Divenire sociale e adeguamento del diritto, FS Capotorti, Bd. II, Milano 1999, 69–88; *Freytag, Michael,* Der Europäische Rechnungshof, Baden-Baden 2005; *Guckelberger, Annette,* Der Europäische Bürgerbeauftragte und die Petitionen zum Europäischen Parlament, Berlin 2004; *Haas, Julia,* Der Ombudsmann als Institution des Europäischen Verwaltungsrechts, Tübingen 2012; *Hamers, Antonius,* Der Petitionsausschuss des Europäischen Parlaments und der Europäische Bürgerbeauftragte, Pfaffenweiler 1999; *Heede, Katja,* European Ombudsman: redress and control at Union level, The Hague/London/Boston 2000; *Inghelram, Jan,* The European Court of Auditors: Current Legal Issues, CMLR 2000, 129–146; *Karagyannis, Siméon/Petit, Yves* (Hg.), Le médiateur européen, bilan et perspectives, Brüssel 2007; *Laffan, Brigid,* Becoming a „Living Institution": The Evolution of the European Court of Auditors, Journal of Common Market Studies 1999, Nr. 2, 251–268; *Maiani, Francesco,* Le cadre réglementaire des traitements de données personnelles effectués au sein de l'Union Européenne, RTDE 2002, 283–309.

VII. EWSA, Ausschuss der Regionen

Hasselbach, Kai, Der Ausschuss der Regionen in der Europäischen Union, Köln 1996; *Hayder, Roberto*, Der Europäische Wirtschafts- und Sozialausschuss (EWSA) – eine unterschätzte EU-Institution, EuZW 2010, 171–176; *Theissen, Robert*, Der Ausschuss der Regionen, Berlin 1996; *Vierlich-Jürcke, Katharina*, Der Wirtschafts- und Sozialausschuss der Europäischen Gemeinschaften, Baden-Baden 1998; *Vandersanden, Georges* (Hg.), L'Europe et les Régions, Brüssel 1997.

VIII. EZB, Europäische Investitionsbank

Belli, Franco/Santorio, Vittorio, La Banca Centrale europea, Milano 2003; *Dunnett, Roderick*, The European Investment Bank, CMLR 1994, 721 ff.; *Gaitanides, Charlotte*, Das Recht der Europäischen Zentralbank, Tübingen 2005; *Martenczuk, Bernd*, Die Außenvertretung der Europäischen Gemeinschaft auf dem Gebiet der Währungspolitik, ZaöRV Nr. 1/1999, 93–107; *Stadler, Rainer*, Der rechtliche Handlungsspielraum des Europäischen Systems der Zentralbanken, Baden-Baden 1996; *Zilioli, Clara/Selmayr, Martin*, The Law of the European Central Bank, Oxford 2001; *dies*. The constitutional status of the European Central Bank, CMLR 2007, 355–399; *dies.*, Recent developments in the law of the European Central Bank, YEL (25) 2006, 1–89.

IX. Sonstige Einrichtungen, Agenturen, Einzelfragen des Organisationsrechts

Berger, Michael, Vertraglich nicht vorgesehene Einrichtungen des Gemeinschaftsrechts mit eigener Rechtspersönlichkeit, Baden-Baden 1999; *Chiti, Edoardo*, The emergence of a Community administration: The case of the European Agencies, CMLR 2000, 309–343; *Coen, David/ Richardson, Jeremy* (Hg.), Lobbying the European Union, Oxford 2009; *Dalle-Crode, Sylvie*, Le fonctionnaire communautaire, Brüssel, 2007; *Görisch, Christoph*, Demokratische Verwaltung durch Unionsagenturen, Tübingen 2009; *Kaufmann, Stefan*, Das Europäische Hochschulinstitut, Berlin 2003; *Kuhl, Lothar/Spitzer, Harald*, Das Europäische Amt für Betrugsbekämpfung (OLAF), EuR Nr. 4/2000, 671–685; *Müller, Friedrich/Burr, Isolde (Hg.)*, Rechtssprache Europas, Berlin 2004; *Orator, Andreas*, Möglichkeiten und Grenzen der Errichtung von Unionsagenturen, Tübingen 2014; *Pfeil, Werner*, Der Aspekt der Mehrsprachigkeit in der Union und sein Einfluss auf die Rechtsfortbildung des Europäischen Gemeinschaftsrechts, ZfRV 1996, 11–20; *Rogalla, Dieter*, Dienstrecht der Europäischen Gemeinschaften, 2. Aufl. Köln 1992.

§ 5 Finanzverfassung

A. Einleitung

1 Die Union kann ihre Aufgaben auch mithilfe des **Einsatzes finanzieller Mittel** verwirklichen.[1] Der EU-Haushaltsplan hat im Jahre 2014 den beachtlichen Umfang von 135,5 Milliarden Euro erreicht. Qualität und Höhe dieses Haushalts entsprechen immer stärker der Bedeutung staatlicher Haushalte. Vergleichbar mit staatlichem öffentlichen Haushaltsrecht ist auch die verfassungsrechtliche Einbettung der Regeln über **Aufstellung und Ausführung des Haushaltsplans** (*Rn. 5 ff.*) und der **Beschlussfassung über Einnahmen und Ausgaben** (*§ 7 Rn. 20*). Allerdings erlangt das Finanzverfassungsrecht der EU erst allmählich Stabilität. Die Zuweisung neuer Aufgaben, der Beitritt neuer Staaten und die fortwährend neu auszugleichenden Spannungsverhältnisse zwischen „reichen" und „armen" Staaten sowie zwischen den EU-Institutionen erzeugen eine Dynamik, die zu häufiger Änderung und Ergänzung der Rechtsgrundlagen geführt hat.[2]

Das Nebeneinander des EU-Haushalts mit den öffentlichen Haushalten der Mitgliedstaaten hat noch keine abschließende und befriedigende Klärung erfahren, sondern zeigt sich an einigen Besonderheiten der **Einnahmen** (*Rn. 10 ff.*) und des **Wachstums der Ausgaben** (*Rn. 16 ff.*), die z.B. einen Beitrag aus dem Haushalt der Union zur Bewältigung der Finanzkrisen seit 2009 (*§ 21 Rn. 12*) erschwerten und stattdessen **Finanztransaktionen der Mitgliedstaaten** außerhalb des Haushalts erforderten (*Rn. 7*). Denn der Haushalt der EU ist in einer Höhe begrenzt, die sich aus der Obergrenze der Eigenmittel ergibt. Diese ist auf 1,23 der Summe der BNE der Mitgliedstaaten festgelegt (*Rn. 12*).[3]

2 Der Vertrag von Lissabon führt in Art. 310–325 AEUV die wesentlichen Regelungen des EGV fort. Neu sind vor allem Bestimmungen über eine mehrjährige **Finanzplanung** (Art. 312, unten *Rn. 16*) und die Präzisierung der **Rechtsnatur des Haushaltsplans** (Art. 310 Abs. 3; 314 AEUV, unten *Rn. 6*). Das **Verfahren zur Aufstellung des Haushaltsplans** (Art. 314 AEUV, unten *§ 7 Rn. 20*) wird dem allgemeinen Gesetzgebungsverfahren angenähert. Die **interinstitutionelle Kooperation** erfährt eine gesonderte Hervorhebung (Art. 323 AEUV).

I. Haushalt 2014

3 Gemessen an der Zahl der Einwohner (508 Mio.) erscheint der EU-Haushalt bescheiden. Die für das Jahr 2014 bewilligten und zur Auszahlung bereitgestellten Mittel entsprechen etwa 2,5 % der Haushalte der zentralen Verwaltungen der Mitgliedstaaten, kaum 1 % des Bruttoinlandsproduktes der EU, (weniger als die Hälfte des deutschen Bundeshaushalts). Die Ausgaben für die Agrarpolitik besitzen mit mehr als 40 % noch immer das bei Weitem größte Gewicht (*§ 23 Rn. 24*).

---

1 Beispiele: Art. 43 Abs. 3 AEUV (Beihilfen für die Landwirtschaft); Art. 175 AEUV (Strukturfonds); Art. 182 Abs. 1 AEUV (Förderung der Forschung).
2 Ausführlich zum EU-Haushaltsrecht *Bieber*, Erläuterungen zu Art. 310 ff. AEUV in *G/S/H* und *Régnier-Heldmaier* u.a. (5.H).
3 Vgl. Art. 3 Abs. 1, BRat über das System der Eigenmittel (2007), ABl. L 163/2007, 17 und BRat 2014, ABl. L 168/2014, 105.

Der **Haushaltsplan 2014** sieht Ausgaben in Höhe von 135,5 Mrd. Euro vor.[4] Die größten Ausgabenposten betreffen folgende Bereiche:

	(Milliarden Euro)
Landwirtschaft	58
Regionalpolitik	33
Sozialpolitik	14
Forschungsförderung	6
Außenbeziehungen/Entwicklungshilfe	5

Die Finanzierung des Haushalts 2014 erfolgt durch folgende **Einnahmen**:

	(Milliarden Euro)
Mehrwertsteuer	17,9
Zölle, (Agrarabschöpfungen und Zuckerabgaben)	16,3
Eigene Mittel BNE (= 4. Einnahme)	99,8
Verschiedenes (u.a. Steuern auf Gehälter, Geldbußen)	1,6

II. Rechtsgrundlagen

Der Haushaltsplan wird nach besonderen Regeln des AEUV (Sechster Teil, Titel II, Art. 310–324) beschlossen und ausgeführt. Während die Rechte des Europäischen Parlaments im Haushaltsverfahren durch den Vertrag von Lissabon weitgehend dem ordentlichen Gesetzgebungsverfahren angeglichen wurden *(§ 7 Rn. 20)* und damit eine Konsolidierung erfuhren, sind Art und Umfang der Finanzierung des Haushalts der Union noch immer umstritten. Das Eigenmittelsystem beruht auf einem besonderen Rechtsakt, der in unregelmässigen Abständen erneuert wird.[5] Im Mai 2014 wurde ein neuer Eigenmittelbeschluß verabschiedet.[6] Dieser tritt in Kraft, sobald die erforderlichen Zustimmungsverfahren in den Mitgliedstaaten abgeschlossen sind. Einzelheiten des Haushaltsverfahrens ergeben sich aus der **Haushaltsordnung** (HO) vom 25. Oktober 2012[7] sowie aus weiteren Akten des abgeleiteten Rechts. Überdies gelten im Haushaltsverfahren zahlreiche Vereinbarungen zwischen den Organen über Einzelfragen, die in den Verträgen nicht oder unklar geregelt sind.[8]

Die Haushaltsregeln des AEUV stehen zu den sonstigen Vertragsbestimmungen in einem Verhältnis der Spezialität.[9]

B. Haushaltsplan und mehrjähriger Finanzrahmen

I. Überblick

Für die EU wird gemäß Art. 310 Abs. 1 AEUV ein einziger Haushaltsplan erstellt. Dieser bildet, technisch gesehen, einen Anhang zu einem Feststellungsbeschluss des EP-Präsidenten gemäß Art. 314 Abs. 9 AEUV. Der EU-Haushaltsplan wird also bisher –

---

4 Gemäß Haushaltsplan 2014, ABl. L 51/2014.
5 Dazu im Einzelnen *Bieber*, Erläuterungen zu Art. 311 AEUV in G/S/H..
6 BRat v. 26. Mai 2014, ABl. L 168/2014, 105. Bis zu dessen Inkrafttreten gilt noch der Beschluss des Rates v. 7. Juni 2007, ABl. L 163 / 2007, 17 = HER I A 90 / 3.20.
7 VO 966/2012, ABl. L 298/2012, 1.
8 Z.B.: Interinstitutionelle Vereinbarung über die Zusammenarbeit im Haushaltsbereich v. 2. Dezember 2013, ABl. C 373/2013, 1. Die wesentlichen Texte sind abgedruckt in HER I A 90.
9 Str. Ausnahme: Verhältnis zwischen Art. 291 Abs. 2 und Art. 317 Abs. 1 AEUV, vgl. EuGH Rs. 16/88 (Kommission./.Rat), Slg. 1989, I-3457.

anders als im staatlichen Recht – nicht in die einem Gesetz entsprechende Rechtsform (d.h. eine Verordnung) gekleidet. Durch den von sonstigen EU-Rechtshandlungen zu unterscheidenden Beschluss (§ 6 Rn. 39) erwirbt der Haushaltsplan eine besondere Rechtswirkung auf drei Ebenen:

- der Haushaltsplan bewilligt und veranschlagt die voraussichtlichen Ausgaben und Einnahmen (Art. 8 HO),
- durch den Haushaltsplan werden die Mitgliedstaaten zur Leistung bestimmter Beträge an die EU verpflichtet (Art. 40 Abs. 2 HO),
- der Haushaltsplan entfaltet über seine jährliche Geltung hinaus Vor- und Nachwirkungen als Bezugsgröße (Art. 315 AEUV).

Der Haushaltsplan muss den gemäß Art. 312 Abs. 1, 2 AEUV in die Rechtsform einer VO gekleideten **mehrjährigen Finanzrahmen** einhalten (*Rn. 17*).

Wegen seiner Rechtswirkungen unterliegt die Feststellung des Haushaltsplans grundsätzlich auch der **gerichtlichen Kontrolle**. Allerdings sind nur Mitgliedstaaten und Organe klagebefugt, da sich die Rechtswirkung nicht unmittelbar gegenüber Dritten entfaltet.[10] Klagen sind gegen das Parlament zu richten, als dessen Organ der EP-Präsident den Haushalt feststellt. Vertragsverstöße anderer Organe vor Abschluss des Haushaltsverfahrens können durch Klage gegen das betreffende Organ gerügt werden.[11]

6 Gemäß Art. 310 Abs. 1 AEUV sind **sämtliche Ausgaben und Einnahmen** in den Haushalt einzustellen. Dennoch lässt der Haushaltsplan nicht alle finanziellen Aktivitäten der EU erkennen: Gesondert ausgewiesen werden der *Europäische Entwicklungsfonds (EEF), Anleihen* und *Darlehen*.

Die Sonderstellung des EEF beruht nicht auf EU-Recht, sondern auf einem Vertrag der Mitgliedstaaten über die Durchführung des Abkommens von Lomé/Cotonou (§ 34, Rn. 35). Es ist zweifelhaft, ob die Mitgliedstaaten zum Abschluss eines derartigen Vertrages befugt sind, da in den Abkommen von Lomé/Cotonou (Art. 62) die Union als solche finanzielle Verpflichtungen gegenüber den AKP-Staaten übernommen hat.[12] Die Einbeziehung des EEF in den Haushalt soll ab 2021 erfolgen.[13]

Sonderregeln bestehen auch für die im Rahmen der EU errichteten juristischen Personen (z.B. EZB, EIB sowie verschiedene Agenturen).[14]

Der Haushaltsplan ist nach Organen gegliedert, sämtliche operationellen, also zur Durchführung einzelner Politiken bestimmten Mittel, sind im Haushalt der Kommission ausgewiesen. Eingestellt werden auch Ausgaben, die im Rahmen einer „verstärkten Zusammenarbeit" einiger Mitgliedstaaten anfallen.[15]

7 Nicht zum Recht der Union gehören die von den Mitgliedstaaten durch besondere zwischenstaatliche Verträge geschaffenen Mechanismen zur Hilfeleistung für Mitgliedstaaten in finanziellen Notlagen (Europäische Finanzstabilisierungsfazilität (EFSF)[16]

---

10 EuGH Rs. 216/83 („Les Verts"./.Kommission und Rat), Slg. 1984, 3325; Rs. 34/86 (Rat./. EP), Slg. 1986, 2155; Rs. C–41/95 (Rat./. EP), Slg. 1995, 4411.
11 EuGH Rs. 377/87 (EP./. Rat), Slg. 1988, 4017.
12 Vgl. „Internes Abkommen", ABl. L 210/2013, 1. Dazu Rs. C-316/91 (EP./.Rat), Slg. 1994, I-625; s.a. Rs C – 181/91 (EP./. Rat) Slg. 1993, I-3685.
13 Vgl. Interinstit. Vereinbarung v. 2. Dezember 2013, Ziff. 26, ABl. C 373/2013, 1.
14 Die Haushaltspläne der Agenturen werden im EU-Haushaltsverfahren genehmigt und als Anhänge zum Haushaltsplan der Kommission veröffentlicht, vgl. Art. 12, VO 52/2003, ABl. L 11/2003, 1 = *HER I A* 89/20.
15 Art. 332 AEUV und VO 1311/2013, Art. 24, ABl. L 347/2013, 884.
16 Vereinbarung v. 7. Juni 2010, Dok. Rat 9614/10, mit Änderungsvertrag v. 21. Juli 2011.

und Europäischer Stabilitätsmechanismus (ESM)[17] (§ 21 Rn.13). Die entsprechenden Mittel sind daher nicht im Haushalt der EU ausgewiesen.

II. Haushaltsgrundsätze

1. Euro und Rechnungseinheit

Gemäß Art. 320 AEUV ist der Haushaltsplan in **Euro** aufzustellen. Damit wird eine seit der Einführung der gemeinsamen Währung am 1. Januar 1999 bestehende Praxis konsolidiert. Zuvor sah Art. 277 Abs. 1 EGV die Aufstellung in „Rechnungseinheiten" vor.

Der Euro gilt für praktisch alle Transaktionen innerhalb der EU, u.a. auch im Agrarsektor. Starke Fluktuationen der Wechselkurse im Handel mit Staaten, die nicht an der gemeinsamen Währung beteiligt sind, können in diesem Bereich durch Beihilfen ausgeglichen werden (§ 23 Rn. 21).[18] Finanzielle Transaktionen zwischen der EU und Mitgliedstaaten, die den Euro noch nicht eingeführt haben, werden ebenfalls in Euro abgewickelt.

8

2. Haushaltsprinzipien

Die in den Mitgliedstaaten gültigen Prinzipien für die Aufstellung der öffentlichen Haushalte prägen auch das Haushaltsrecht der Union:

9

- Gemäß Art. 314 Abs. 1, 2 AEUV gilt das Prinzip der **Vorherigkeit**, d.h., der Haushaltsplan ist grundsätzlich vor Beginn des Haushaltsjahres zu verabschieden. Bei nicht vorhersehbaren Entwicklungen sind Nachtrags- oder Berichtigungshaushalte vorzulegen, die vom Prinzip der Vorherigkeit abweichen dürfen (Art. 41 HO).

- Aus Art. 310, 316 AEUV ergibt sich das **Prinzip der Jährlichkeit** und der **zeitlichen Spezialität**. Danach verfallen am Ende eines Haushaltsjahres die nicht gebundenen Mittel. Wegen der Übertragbarkeit der meisten Mittel auf das folgende Jahr kann die Geltungsdauer eines Haushaltsplans faktisch zwei Jahre betragen. Allerdings hat sich gezeigt, dass viele Ausgabenbeschlüsse noch keine tatsächliche Belastung des Haushaltes in einem laufenden Jahr nach sich ziehen, weil die Verpflichtung zur Leistung zwar eingegangen, die konkrete Zahlung aber erst wesentlich später geleistet wird. Um daher nicht übermäßig hohe Mittel im Haushalt zu blockieren, wird im Haushalt zwischen **Verpflichtungsermächtigungen** und **Zahlungsermächtigungen** unterschieden (Art. 10 HO). Verpflichtungsermächtigungen stellen die Höchstgrenze der möglichen Ausgaben dar. Sie zeigen den Rahmen auf, in dem während des laufenden Haushaltsjahres Verpflichtungen eingegangen werden dürfen. Zahlungsermächtigungen stellen den Betrag dar, der im laufenden Haushaltsjahr tatsächlich gezahlt werden darf. Diese Unterscheidung hat bei mehrjährigen Programmen z.B. der Forschung, des Sozialfonds, der Landwirtschaftsfonds Bedeutung. Ausnahmsweise können Mittel, die nicht beansprucht wurden, auf nachfolgende Haushaltsjahre übertragen werden (Art. 13 HO).

- Ausgehend von Art. 310 AEUV werden im Haushaltsplan weiterhin die **Grundsätze der Einheit** (nur ein Haushalt für die der juristischen Person EU zurechenbare Finanztätigkeit) sowie der **Vollständigkeit** (Aufnahme aller Ausgaben und Einnah-

---

17 Vertrag v. 2. Februar 2012, BGBl. II, 983 = HER I A 53/4.71.
18 VO 2799/98, ABl. L 349/1998, 1 = HER I A 24/3.1.

Bieber

men)¹⁹ und das **Bruttoprinzip** (keine vorherige Saldierung von Einnahmen und Ausgaben)²⁰ verwirklicht.

- Mit der vollständigen Finanzierung des Haushalts aus eigenen Mitteln wird weiterhin das **Prinzip des Haushaltsausgleichs** (Art. 310 Abs. 1 AEUV) bedeutsam. Er zwingt zu einer Anpassung der Ausgaben an die voraussichtlichen Einnahmen (Art. 310 Abs. 4). Zuvor bestand für die Mitgliedstaaten eine grundsätzlich unbeschränkte Nachschusspflicht.
- Trotz der Formulierung in Art. 317 Abs. 3 AEUV, wonach die Kommission Mittelübertragungen vornehmen kann, gilt das Prinzip der (qualitativen und quantitativen) Bindung der Ausgaben für die im Haushaltsplan genannten Zwecke (**Prinzip der Spezialität**, vgl. Art. 24 ff. HO).
- Gemäß Art. 6 des Eigenmittelbeschlusses (Art. 20 HO) dienen die Gesamteinnahmen zur Deckung der Gesamtausgaben; dadurch wird das **Verbot der Zweckbindung** von Einnahmen verwirklicht.

C. Einnahmen

I. Beiträge

10 Während die EGKS bereits über ein besonderes System zur autonomen Mittelbeschaffung verfügte, also nicht von Zuweisungen der Mitgliedstaaten abhängig war, finanzierten sich EAG und EWG entsprechend dem traditionellen System internationaler Organisationen zunächst über Beiträge der Mitgliedstaaten (Art. 200 EWGV). Diese wurden als Ausgaben in die jeweiligen nationalen Haushalte eingesetzt. Da die Ausgaben der EG zum größten Teil, jedoch nicht proportional den einzelnen Beiträgen, in die Mitgliedstaaten zurückflossen, fand über den EG-Haushalt ein horizontaler Finanzausgleich zwischen den Mitgliedstaaten statt. Durch den EUV wurde Art. 200 EWGV aufgehoben.

II. Eigenmittel

11 Finanzverfassung und allgemeine politische Struktur einer mehrgliedrigen Organisation stehen in engem Zusammenhang. Die in Art. 311 AEUV vorgesehene Zuweisung **eigener Mittel** löst die EU aus den Budgetbeschlüssen der Mitgliedstaaten. Auch ergaben sich einzelne „eigene" Einnahmen aus der Logik des Gemeinsamen Marktes: Seit der Verwirklichung der Zollunion entstanden überproportionale Einnahmen aus dem gemeinsamen Zolltarif an bevorzugten Importplätzen („Rotterdam-Effekt"). Eine unmittelbare Zuweisung an die Union vermeidet Einnahmeverluste einzelner Staaten – und damit Benachteiligungen aufgrund der starren Beitragsquoten –. Die Einzelheiten des „Systems der Eigenmittel" werden in einem Beschluss des Rates festgelegt, der auf einem Vorschlag der Kommission und einer Stellungnahme des EP beruht. Er bedarf der Zustimmung der Mitgliedstaaten „gemäß ihren verfassungsrechtlichen Vorschriften".²¹ Art. 311 AEUV stellt klar, dass durch diesen Beschluss neue Kategorien von Ei-

---

19 Bedenkliche Ausnahme: Sonderhaushalt Europäische Entwicklungsfonds, s.o. Rn. 6.
20 Ausnahmen; Art. 23 HO; Art. 2 Abs. 3 Eigenmittelbeschluss (vorherige Verrechnung staatlicher Erhebungskosten mit den Einnahmen).
21 Im Jahre 2014 gilt noch der BRat v. 7. Juni 2007, ABl. L 163 /2007, S. 17 = HER I A 90 / 3.20. Der am 26. Mai 2014 verabschiedete neue Eigenmittelbeschluss (s.o. Anm. 6) ist bis zum 1. September 2014 noch nicht in Kraft getreten.

genmitteln eingeführt und bestehende Kategorien abgeschafft werden können. Im Jahre 2011 unterbreitete die Kommission einen Vorschlag für ein neues Eigenmittelsystem.[22] Sie sieht darin eine Neugestaltung des Systems der Mehrwertsteuereinnahmen und die Einführung einer Finanztransaktionssteuer als neue EU-Einnahme vor. Der im Jahre 2014 verabschiedete Eigenmittelbeschluß kündigt entsprechende Neuerungen an, nimmt sie aber noch nicht selbst auf.

Der Begriff „eigene Mittel" ist in Art. 311 AEUV nicht definiert. Im Prinzip kann sich die EU aller auch den Staaten zugänglichen Möglichkeiten zur Mittelbeschaffung bedienen, solange das vorgeschriebene Verfahren eingehalten wird. Dem Begriff „eigen" lassen sich keine Kriterien für Art und Ausmaß der Verfügungsbefugnis der Union entnehmen. Insbesondere erfordert die Kategorie der eigenen Mittel nicht notwendigerweise eine kumulative *Gesetzgebungs-, Ertrags- und Verwaltungshoheit* der Union.

12

Art. 2 der Beschlüsse von 2007 und 2014 sieht vier Kategorien eigener Einnahmen vor:

- **Zölle**, die aufgrund des gemeinsamen Zolltarifs im Handel mit Drittstaaten erhoben werden (einschließlich der Abgaben im Agrarhandel);
- einen Anteil der EU an den **Mehrwertsteuereinnahmen** der Mitgliedstaaten. Dieser Anteil darf höchstens 0,5 % der Summe aller besteuerbaren Vorgänge, die höchstens 50 % des staatlichen BNE umfassen, betragen. Grundlage für die Bemessung ist eine einheitliche Regelung darüber, welche Vorgänge der Mehrwertsteuererhebung unterworfen werden (vereinheitlichte steuerpflichtige Bemessungsgrundlage, dazu § 19 Rn. 12),
- eine am BNE orientierte, jährlich bei den Mitgliedstaaten erhobene **Umlage**. Deren Umfang bestimmt sich nach der Lücke, die zwischen den anderen Einnahmen und den vorgesehenen Ausgaben entsteht.
- Einnahmen aus sonstigen, im Rahmen einer gemeinsamen Politik eingeführten Abgaben.[23]

Die Einnahmekategorien wirken sich unterschiedlich auf die Mitgliedstaaten aus. So belasten MwSt.-Einnahmen die ärmeren Staaten im Verhältnis überproportional. Einen Ausgleich soll die verstärkte Nutzung der an der Wirtschaftskraft orientierten BNE-Einnahme bewirken. Gemäß Art. 3 des Eigenmittelbeschlusses darf der Gesamtbetrag der Eigenmittel der EU eine jährlich anhand einer festgelegten Formel zu berechnende **Obergrenze** nicht überschreiten. Diese liegt für die Zahlungsermächtigungen bei 1,24 % (BRat 2014: 1,23 %) und für die Zahlungsverpflichtungen bei 1,31 % (BRat 2014: 1,29 %) (mit Anpassungen) des BNE der Mitgliedstaaten.

Außerdem verfügt die EU über **sonstige Einnahmen** (z.B. Steuern auf Gehälter, Erlöse aus Verkäufen, Geldbußen). Diese unterscheiden sich von den Eigenmitteln i.S.v. Art. 311 AEUV darin, dass sie nicht primär zur Finanzierung des Haushalts bestimmt sind.

Aus mindestens drei Gründen besteht **keine umfassende Finanzautonomie der EU**:

13

- Die vollständige (Agrar- und Zolleinnahmen) bzw. teilweise (Mehrwertsteuer) Gesetzgebungshoheit über die Einnahmen wird **nicht durch die Verwaltungshoheit** er-

---

22 KOM (2011) 739 endg. v. 9. November 2011.
23 Z.B. Umweltabgaben, dazu *Heselhaus* (5.H).

gänzt. Die Einziehung erfolgt durch die Mitgliedstaaten in eigener Verantwortung, unter Aufsicht der Kommission (Art. 8 der Eigenmittelbeschlüsse 2007/2014).[24]

- **Sonderregelungen** für einzelne Staaten relativieren die finanzielle Solidarität innerhalb der Union (*Rn. 15*).
- Die „dritte Einnahme" der EU (Anteil am BNE aller Mitgliedstaaten) besteht nur als Rechtsanspruch gegen die Staaten. Die Mittel sind im jeweiligen staatlichen Haushaltsplan aufgeführt. **Sie weisen alle Merkmale von Beiträgen auf.**[25]

Die Mitgliedstaaten sind verpflichtet, die Eigenmittel zu erheben und an die EU abzuführen.[26]

III. Anleihen

14 Unabhängig von der Frage, ob zur *Finanzierung des Haushalts* Anleihen aufgenommen werden dürfen, besitzt die EU (ebenso wie Staaten und andere internationale Organisationen) die Befugnis, Anleihen aufzunehmen, um damit Kredite zu gewähren. Als Rechtsgrundlage kommen dafür einzelne spezielle Vertragsermächtigungen oder die Vertragsergänzungsbestimmung des Art. 352 AEUV in Betracht. Danach sind zu unterscheiden:

- **EIB-Anleihen** – Gemäß Art. 22 ihrer Satzung kann die EIB zur Durchführung ihrer Aufgaben (Art. 309 AEUV) Anleihen aufnehmen. Die damit ausgegebenen Darlehen werden aus dem Haushalt der EU garantiert.
- **Zahlungsbilanz-Anleihen** – Art. 143 Abs. 1 AEUV sieht die Gewährung eines **gegenseitigen Beistands** vor, wenn Mitgliedstaaten von einer Zahlungsbilanzkrise betroffen werden. In Anlehnung an ein 1988 geschaffenes Instrument wurde 2002 eine „Fazilität des mittelfristigen finanziellen Beistands" geschaffen.[27] Dieser darf allerdings nur Staaten gewährt werden, die nicht den Euro eingeführt haben (Art. 1, VO 332/2002). Zur Deckung kann die Kommission Anleihen aufnehmen (Höchstbetrag: 50 Mrd. Euro).
- **EU-Krisen-Anleihen** – Gestützt auf Art. 122 Abs. 2 AEUV schuf der Rat im Jahre 2010 die Möglichkeit für die Union, auf den Kapitalmärkten Anleihen aufzunehmen, um damit bei gravierenden wirtschaftlichen oder finanziellen Störungen einem Mitgliedstaat Darlehen oder eine Kreditlinie gewähren zu können.[28] Die Anleihen werden von der Kommission aufgenommen. Konkreter Anlass dieses Beschlusses war die Zahlungskrise Griechenlands. Auch wenn es zweifelhaft erscheint, ob dieser Beschluss die in Art. 122 AEUV festgelegten engen Voraussetzungen für finanzielle Hilfen an Mitglieder der Eurozone (die von den Voraussetzungen für Hilfen an Mitgliedstaaten, die den Euro noch nicht eingeführt haben abweichen) erfüllt, dürfte die internationale Finanzkrise eine Ausnahmesituation geschaffen haben, die das Vorgehen des Rates rechtfertigt. Die Höhe der ausgegebenen Darlehen oder Kredit-

---

24 Einzelheiten in VO 608/2014, ABl. L 168/2014, 29.
25 In den Haushaltsplänen einiger Staaten werden die aufgrund EU-Rechts erhobenen Abgaben noch immer ausgewiesen, doch besitzen die staatlichen Parlamente kein Mitentscheidungsrecht bei der Abführung der Mittel an die EU. EuGH Rs. 93/85 (Kommission./.UK) Slg. 1986, 4011, s.a. Entscheidung des französischen Verfassungsrates v. 30.12.1977, J. O. v. 31.12.1977, 6385, dtsch. Übersetzung in EuR 1978, 365 mit Anm. *Bieber*.
26 EuGH Rs. C – 19 / 05 (Kommission/Dänemark), Slg. 2007, I – 8597; Rs. C – 60/13 (Kommission/Großbritannien), U. v. 3. April 2014 m.w.n. zur früheren Rspr.(Rn. 43, 45).
27 VO 332/2002, ABl. L 53/2002, 1 = *HER* 53/4.33.
28 VO 407/2010, ABl. L 118/2010, 1 = *HER I A* 53/4.61.

linien darf die Obergrenze der EU-Eigenmittel (*Rn. 12*) nicht überschreiten.[29] Entsprechende Darlehen wurden 2010 an Portugal und Irland vergeben.
- **Euratom-Anleihen** – gemäß Art. 172 Abs. 4 EAGV. Diese Anleihen sollen zur Finanzierung von Forschungen und Investitionen auf dem Gebiet der Kernenergie (Erhöhung der Sicherheit, Stilllegung) beitragen (Höchstbetrag: 4 Mrd. Euro).[30]

Die Beschlussfassung über Anleihen erfolgt nicht im Rahmen des allgemeinen Haushaltsplans, also insbesondere ohne Mitentscheidung des Parlaments. Die Anleihe – und Darlehenstransaktionen werden in einer Anlage zum Haushaltsplan ausgewiesen (Art. 35 HO). Zur Deckung der Risiken bei der Vergabe von Darlehen an Drittstaaten besteht ein besonderer **Garantiefonds**.[31]

IV. Korrekturmechanismus

Entsprechend einer Forderung Großbritanniens wurden zwischen 1976 und 1980 verschiedene Rechtsakte beschlossen, um übermäßige finanzielle Belastungen der Mitgliedstaaten in Krisensituationen zu vermeiden. Die Ergebnisse entsprachen nicht den britischen Erwartungen. In den Beschlüssen über die eigenen Einnahmen (*Rn. 10*) wurde daher Großbritannien ein „Rabatt" von 34 % auf die abzuführende Mehrwertsteuer eingeräumt. Durch diese Sonderbehandlung des britischen Beitrags ohne konkrete sachliche Rechtfertigung wird das Prinzip der solidarischen Verantwortung für die Einnahmen der Union beeinträchtigt. Eine „Überprüfung" dieser Sonderregel sollte in den Jahren 2008/2009 erfolgen (Art. 9 Eigenmittelbeschluss v. 2007). Der Eigenmittelbeschluss von 2014 behält jedoch die Rabattregelung für unbestimmte Zeit bei.

15

D. Ausgaben

Die Verträge enthalten **keine ausdrückliche allgemeine Ermächtigung zum Einsatz finanzieller Mittel** bei der Verwirklichung der Vertragsziele. Nur in Einzelfällen sind Ausgaben der EU ausdrücklich vorgesehen (Agrar-, Sozial-, Regional-, Forschungs-, Technologie-, Umwelt-, Entwicklungspolitik). Dies bedeutet jedoch keine Exklusivität der entsprechenden Ermächtigungen. Die EU kann zur Erfüllung aller Aufgaben sämtliche ihr zugänglichen Instrumente einsetzen, sofern dies sachdienlich und angemessen ist und vom Vertrag nicht ausdrücklich ausgeschlossen wird.[32] Eine **Besonderheit** gilt für Ausgaben, die im Rahmen einer „verstärkten Zusammenarbeit" einzelner Staaten anfallen. Gemäß Art. 332 AEUV sind diese Ausgaben im Regelfall nur von den beteiligten Staaten zu tragen. Sonderregelungen gelten auch für die Finanzierung der Ausgaben für die außenpolitische Zusammenarbeit (Art. 41 EUV).[33] Danach werden die Ausgaben im Regelfall in den Haushalt der Union eingestellt, doch kann (einstimmig) auch eine Finanzierung durch die Mitgliedstaaten beschlossen werden. Ausgaben mit militärischen oder verteidigungspolitischen Bezügen gehen zulasten der Mitgliedstaaten.

16

Bei vollständiger Integration in den Haushaltsplan sind drei Ausgabenbereiche zu besonderen **Fonds** zusammengefasst: Europäischer Sozialfonds, Europäischer Fonds für regionale Ent-

---

29 Art. 2 Abs. 2 VO 407/2010, s.o. Anm. 28.
30 BRat 77/270, ABl. L 88/1977, 9 i.d.F. B 90/212, ABl L 112/1990, 26 und BRat 94/179, ABl. L 84 / 1994, 41.
31 VO 480/2009, ABl. L 145/2009, 10 = *HER I A* 90/3.21.
32 EuGH Rs. C-51/89 (UK./.Rat) Slg. 1991, 2757.
33 Dazu E 2007/384/GASP, ABl. L 152/2007, 14 (Schaffung eines Finanzierungsinstruments für militärische Operationen).

wicklung, Europäischer Garantiefonds für die Landwirtschaft (EGFL) und Europäischer Fonds für die Entwicklung des ländlichen Raums (ELER) (*§ 27 Rn. 2*). Für ihre Finanzverwaltung gelten Sonderbestimmungen (Art. 168 ff. HO).

17 Der EU-Haushalt wuchs bisher parallel zu den Budgets der Mitgliedstaaten und verstärkt im Zusammenhang mit den Erweiterungen. Ursache dafür sind neben den Erweiterungen der EU vor allem die wachsenden Kosten des Agrarmarktes, des beherrschenden Postens im EU-Budget. Seit Längerem bemühen sich die EU-Organe und die Mitgliedstaaten um eine strengere (Selbst-)Kontrolle von ausgabenwirksamen Beschlüssen. Gemäß Art. 310 Abs. 4 AEUV dürfen nunmehr keine Rechtsakte beschlossen werden, wenn keine Finanzierung im Rahmen der vorhandenen Eigenmittel und des **mehrjährigen Finanzrahmens** gewährleistet ist. Der Vertrag von Lissabon konsolidiert dazu in Art. 312 AEUV eine Praxis der institutionellen Selbstbeschränkung, die zunächst in der Form einer interinstitutionellen Vereinbarung[34] bestand. Seither ist die langfristig kontrollierte Entwicklung des EU-Haushalts durch VO zu beschließen und damit für die Organe verbindlich. Diese VO steht hierarchisch über dem Rechtsakt des Beschlusses zum Haushaltsplan. Der mehrjährige Finanzrahmen wird mit jährlichen Obergrenzen für die in den Haushaltsplan einzusetzenden Ausgaben für eine Dauer von mindestens fünf Jahren festgelegt.[35] (Zum Verfahren der Beschlussfassung über den Haushalt: *§ 7 Rn 20 ff.*).

18 Neben der Finanzierung vertraglich vorgesehener Politiken und Einzelmaßnahmen entfalten die Ausgaben des EU-Haushalts erst in Ansätzen eigenständige makroökonomische Steuerungsfunktionen (Umverteilungsfunktionen zwischen den Mitgliedstaaten und konjunkturelle Stabilisierungsfunktionen).[36]

E. Ausführung des Haushaltsplans

19 Die Ausführung des Haushaltsplans ist der Kommission in Art. 17 Abs. 1 EUV ausdrücklich als Teil ihrer Exekutivbefugnisse zugewiesen. Damit trägt sie im Rahmen der vertraglichen Vorschriften die Verantwortung für die ordnungsgemäße Erhebung von Einnahmen und die Leistung von Ausgaben. Art. 317 AEUV präzisiert darüber hinaus, dass auch die Mitgliedstaaten an der Haushaltsplanausführung beteiligt sein können. Entsprechend kann die Kommission gemäß Art. 58 ff. HO durch ihre eigenen Dienststellen Maßnahmen zum Haushaltsvollzug treffen („zentrale Mittelverwaltung") oder den Vollzug mit den Mitgliedstaaten teilen („geteilter Vollzug"). Der geteilte Vollzug kommt insbesondere bei den Ausgaben aus dem Europäischen Garantiefonds für die Landwirtschaft und bei den Strukturfonds zur Anwendung (Art. 168 ff. HO). Art. 317 AEUV betont daher zutreffend die Mitverantwortung der Staaten für die Wahrung des Grundsatzes der Wirtschaftlichkeit. Die wesentlichen **Einnahmen** (Eigenmittel) werden von den Mitgliedstaaten nach innerstaatlichen Rechts- und Verwaltungsvorschriften erhoben. Sie erhalten dafür eine **ungewöhnlich hohe Erstattung der Kosten** (Art. 2 Abs. 3 Eigenmittelbeschluss (2007): 25 %, Eigenmittelbeschluß (2014): 20 %).

Für die (Verwaltungs-)Haushalte der einzelnen Organe gelten gemäß Art. 317 Abs. 2 AEUV und Art. 55 HO besondere Bestimmungen. Die alleinige Verantwortung der Kommission wurde mitunter umgangen durch Einzelfallentscheidungen des Rates im Rahmen von Art. 291 Abs. 2 AEUV.[37]

---

34 Vgl. die interinstitutionelle Vereinbarung „Haushaltsdisziplin" v. 17. Mai 2006, ABl. C 139/2006, 1.
35 VO 1311/2013 (Finanzrahmen 2014–2020), ABl. L 347/2013, 884.
36 Dazu *Neheider* (*§ 5.H*)
37 Dazu EuGH, Rs. 16/88 (Kommission./.Rat), Slg. 1989, 3457; zu den Grenzen der Befugnisse der Kommission: Rs. C- 403/05 (EP./.Kommission), Slg. 2007, I-9045.

Gemäß Art. 310 Abs. 3 AEUV setzt die Ausführung der in den Haushaltsplan eingesetzten Ausgaben den Erlass eines „verbindlichen Rechtsakts" voraus. Mindestvoraussetzung bedeutender Ausgaben ist danach gemäß Art. 54 HO stets ein Gesetzgebungsakt. Lediglich unbedeutende Ausgaben können ohne gesonderte Rechtsgrundlage geleistet werden. Die Kommission trägt die Beweislast für die Art der Ausgabe.[38]

> Damit ist die in der Vergangenheit strittige Frage entschieden, ob die Kommission zur Ausführung des Haushalts auch dann verpflichtet ist, wenn noch kein Durchführungsakt vom Rat beschlossen wurde, ob also der Haushaltsplan allein bereits Rechtsgrundlage einer Mittelbindung sein kann oder ob stets ein zur Ausgabe ermächtigender Rechtsakt zum Haushaltsplan hinzutreten muss. Die Frage hatte deswegen praktische Bedeutung, weil das EP über seine Haushaltsbefugnisse die ursprünglich fehlenden Gesetzgebungsbefugnisse zu kompensieren suchte.

F. Betrugsbekämpfung

Dem Haushalt der EU werden durch betrügerische Praktiken in den Mitgliedstaaten und in Drittstaaten erhebliche Schäden zugefügt. Diese Schäden entstehen sowohl durch die **Vorenthaltung von Einnahmen** (insbesondere im Zigaretten- und Alkoholhandel) als auch durch die rechtswidrige Erlangung von Subventionen, insbesondere im Agrarbereich. 20

Art. 325 AEUV verpflichtet die Union und die Mitgliedstaaten zur gemeinsamen Bekämpfung von Betrügereien und sonstigen gegen die finanziellen Interessen der Union gerichteten Handlungen. Ausdrücklich wird den Mitgliedstaaten auferlegt, Betrügereien zulasten der Union in gleicher Weise zu bekämpfen wie Handlungen, die sich gegen die eigenen finanziellen Interessen richten.

Gemäß Art. 325 Abs. 4 AEUV verfügt die Union über eine spezielle Gesetzgebungszuständigkeit, die auch strafrechtliche Bestimmungen einschließen kann (vgl. Art. 86 AEUV; § 16 Rn. 10 f.). Diese erfuhr insbesondere Ausfüllung durch die VO 2988/1995 „über den Schutz der finanziellen Interessen"[39] sowie die VO 883/2013 über die Untersuchungen des **Europäischen Amtes für Betrugsbekämpfung** (OLAF).[40]

G. Haushaltskontrolle

Das Haushaltsgebaren der einzelnen Organe unterliegt – neben der allgemeinen parlamentarischen Überwachung – einer zweifachen Kontrolle: 21

- Innerhalb jedes Organs überwacht ein **interner Prüfer** das Verfahren des Haushaltsvollzugs (Art. 98–100 HO). Diese Kontrollen finden vor und während der eigentlichen Ausführung der laufenden Haushaltstätigkeit der Organe statt.
- Mit der Kontrolle von außen ist der **Europäische Rechnungshof** betraut (Art. 285 AEUV, *§ 4 Rn. 89 ff.*). Der Rechnungshof besteht aus hauptberuflichen Mitgliedern, die in richterlicher Unabhängigkeit die **abgeschlossenen** Rechnungsvorgänge prüfen und eine **begleitende Kontrolle** ausüben. Der Rechnungshof erstellt nach Abschluss eines jeden Haushaltsjahres einen **Jahresbericht**. Er legt außerdem dem EP und dem Rat eine „Erklärung über die Zuverlässigkeit der Rechnungsführung sowie die

---

38 Ausführlich dazu EuGH, Rs. C-106/96 (Vereinigtes Königreich./.Kommission), Slg. 1998, I-2729.
39 ABl. L 312/1995, 1 = *HER I A* 100/4.5.
40 ABl. L 246/2013, 1 = *HER I A* 90/4.22 (dazu *§ 4 Rn.* 102).

Rechtmäßigkeit und Ordnungsmäßigkeit der zugrunde liegenden Vorgänge"[41] vor. Die Kontrolle erstreckt sich auf die Verwendung von Haushaltsmitteln, sowohl bei Organen und juristischen Personen der Union als auch bei Dritten, die durch Subventionen der EU begünstigt werden (Art. 287 Abs. 3 AEUV). Prüfungsmaßstab ist die Rechtmäßigkeit und Ordnungsmäßigkeit der Einnahmen und Ausgaben sowie die „Wirtschaftlichkeit der Haushaltsführung" (Art. 287 Abs. 2 AEUV).

Der vom Rechnungshof gemäß Art. 287 Abs. 4 AEUV vorzulegende **Jahresbericht** und die gemäß Art. 287 Abs. 1 vorzulegende „Erklärung" bilden die Grundlage für die **Entlastung der Kommission.** Das EP beschließt darüber auf Empfehlung des Rates (Art. 319).[42]

Die Verwaltung von Mitteln der Union durch mitgliedstaatliche Behörden unterliegt außerdem der Kontrolle durch die Rechnungshöfe der Mitgliedstaaten. Der Rechnungshof und die Rechnungsprüfungsorgane der Mitgliedstaaten sind verpflichtet, vertrauensvoll zusammenzuarbeiten (Art. 287 Abs. 3 AEUV).[43]

H. Literatur

Bieber, Roland, Erläuterungen zu Art. 310–324 in G/S/H (Hg.), Kommentar zum EUV/AEUV, 7. Aufl., Bd. 4, Baden-Baden 2014; *Gesmann-Nuissl, Dagmar,* Die Verschuldungsbefugnis der Europäischen Union, Frankfurt/M. 1999; *Graf, Rainer,* Die Finanzkontrolle der Europäischen Gemeinschaft, Baden-Baden 1999; *Griese, Antonia,* Die Finanzierung der Europäischen Union; EuR 1998, 462–477; *Heselhaus, Sebastian,* Abgabenhoheit in der Europäischen Gemeinschaft in der Umweltpolitik, Berlin 2001; *Kommission der EG,* (Hg.), Bericht der Sachverständigengruppe zur Untersuchung der Rolle der öffentlichen Finanzen bei der europäischen Integration, Brüssel 1977; *dies.,* Die Finanzverfassung der Europäischen Union, 4. Aufl., Luxemburg 2008; *Lienemeyer, Max,* Die Finanzverfassung der Europäischen Union, Baden-Baden 2002; *Laffan, Brigid,* The finances of the European Union, Basingstoke 1997; *Marty-Gauquié, Henry,* Le contróle externe des finances publiques européennes, Brüssel 1988; *Meermagen, Brigitte,* Beitrags- und Eigenmittelsystem, München 2002; *Neheider, Susanne,* Die Kompensationsfunktion der EU-Finanzen, Baden-Baden 2010; *Pipkorn, Jörn,* Legal Implications of the Absence of the Community Budget at the Beginning of a Financial Year, CMLR 1981, 141 ff.; *Potteau, Aymeric,* Recherches sur l'autonomie financière de l'Union Européenne, Paris 2004; *Régnier-Heldmaier Cathérine/Jouret, Philippe* u.a., Les Finances de l'Union Européenne, Bruxelles 1999 (= Commentaire Mégret, 2. Aufl., Bd. 11); *Scheibe, Roland,* Die Anleihekompetenzen der Gemeinschaftsorgane nach dem EWG-Vertrag, Baden-Baden 1988; *Schneider, Jens-Peter,* Europäisches Haushaltsverwaltungsrecht, in: Terhechte (Hg.), Verwaltungsrecht der Europäischen Union, Baden – Baden 2011, 959–980; *Thäsler, Christoph,* Finanzkontrolle im Europäischen Mehrebenensystem, Göttingen 2012; *Wilms, Günter,* Die Reform des EU-Haushalts im Lichte der Finanziellen Vorsausschau 2007–2013 und des Vertrages von Lissabon – neue Perspektiven für die Europäische Union? EuR 2007, Nr. 6, 700–736.

---

41 Beispiel (Haushalt 2012) : Erklärung v. 5. September 2013, ABl. C 331/2013, 10.
42 Beispiel eines **Jahresberichts**: Bericht 2012, ABl. C 331/2013, 1. Beispiel einer **Entlastung**: Entschl. EP v. 26. September 2006 (Haushalt 2004) ABl. L 340/2006, 1. Beispiel für eine Entlastungs**verschiebung**: Entschl. EP v. 13. April 2000, ABl. C 40/2001, 381. Beispiel für eine Entlastungs**verweigerung**: Entschl. EP v. 4. Mai 1999, ABl. L 168/1999, 14. Beispiel für eine **Teilverweigerung** der Entlastung (Rat): B EP v. 9. Oktober 2013, ABl. L 328/2013, 95.
43 Dazu EuGH Rs. C-539/09 (Kommission/Deutschland), Slg. 2011, I – 11235 (Verletzung der Kooperationspflicht durch deutsche Behörden).

§ 6 Rechtsquellen

A. Grundlagen

Die Europäische Union **gründet auf Recht** und sie **erzeugt Recht**. Die Gründungsverträge verleihen den Institutionen der Union weitreichende Zuständigkeiten zur Schaffung von Rechtsakten, die in den Mitgliedstaaten unmittelbar gelten und nationales Recht verdrängen können. Im Hinblick hierauf und angesichts der umfassenden richterlichen Kontrolle der Anwendung des Unionsrechts durch eine eigene Gerichtsbarkeit ist das **Recht der Union als eigene Rechtsordnung** zu verstehen, die sich von ihren Grundlagen in völkerrechtlichen Verträgen weitgehend gelöst und gegenüber den Rechtsordnungen der Mitgliedstaaten autonom entwickelt hat (*§ 9 Rn. 12 f.*). Gleichwohl bleibt das Recht der EU sowohl mit dem Völkerrecht als auch mit dem nationalen Recht eng verbunden.

Das **Völkerrecht** wirkt in die Rechtsordnung der Union zunächst offensichtlich insoweit hinein, als es das Verhalten der Union gegenüber den klassischen internationalen Organisationen und Drittstaaten zu regeln beansprucht (*§ 33 Rn. 11 f.*). Ferner können allgemeine Regeln des Völkerrechts zur Ergänzung und Lückenfüllung des Unionsrechts herangezogen werden, soweit dies mit der Eigenständigkeit der Rechtsordnung der EU vereinbar ist. Das Völkerrecht regelt zudem maßgeblich die Rechte und Pflichten der Mitgliedstaaten in jenen Bereichen, in denen diese außerhalb der vertraglich vorgesehenen Rechtsformen tätig werden.

Die Verträge sind als völkerrechtliche Verträge geschlossen. Vereinbarungen der Mitgliedstaaten außerhalb des Rechts der EU unterliegen trotz ihrer Beurteilung nach allgemeinem Völkerrecht zunehmend auch dem Einfluss unionsrechtlicher Rechtsgrundsätze.

Die **Rechtsordnungen der Mitgliedstaaten** wirken in Gestalt allgemeiner Rechtsgrundsätze auf das Recht der EU zurück. Sie sind bei Erlass, Auslegung und Anwendung von Unionsrecht zu beachten. Sie vermitteln darüber hinaus Strukturprinzipien und Regelungsmodelle für die Rechtsordnung der EU, die Impulse für deren Entwicklung, etwa im Bereich der Rechtsangleichung, geben. Erst im Zusammenwirken mit innerstaatlichen Rechtsnormen erlangt das Unionsrecht seine volle Wirkung.

Das **System der Rechtsnormen** der Europäischen Union beruht nach dem Inkrafttreten des Vertrags von Lissabon im Wesentlichen auf dem Vertrag über die Europäische Union (EUV), dem Vertrag über die Arbeitsweise der Europäischen Union (AEUV) sowie den von den Unionsorganen nach Maßgabe dieser Verträge erlassenen Rechtsakten. Es wird ergänzt durch den fortgeltenden Vertrag zur Gründung der Europäischen Atomgemeinschaft (EAGV) und den zu seiner Durchführung ergangenen Rechtsakten. Das durch völkerrechtliche Einigung zwischen den Mitgliedstaaten geschaffene Vertragswerk einschließlich der Anhänge und Protokolle wird allgemein als „**primäres Recht**" bezeichnet. Für die von den Unionsorganen angenommenen Rechtsakte hat sich die Bezeichnung „**sekundäres Recht**" eingebürgert.

Das Recht der Union entfaltet seine Wirkung **gegenüber den Mitgliedstaaten** und **in den Mitgliedstaaten**. Es ist grundsätzlich geeignet, Rechte und Pflichten gegenüber Einzelnen zu begründen. Ob Bestimmungen des Unionsrechts eine derartige **unmittelbare Wirkung** entfalten, richtet sich nach ihrem konkreten Inhalt. Alle staatlichen Institutionen müssen das Unionsrecht beachten und, im Rahmen ihrer Zuständigkeit, Einzelnen die Durchsetzung der Rechte ermöglichen, die ihnen das Unionsrecht gewährt.

6 Besonders deutlich wird die Verflechtung des Unionsrechts mit dem Recht der Mitgliedstaaten bei der **Anwendung des Unionsrechts**. Sie liegt im Wesentlichen bei den Mitgliedstaaten, wenn sich auch Ansätze zu einer stärkeren direkten Einwirkung der Union abzeichnen, die auf geschriebenen und ungeschriebenen Rechtssätzen des Unionsrechts beruhen und aus denen ein „**Europäisches Verwaltungsrecht**" hervorgeht (*§ 8*).

7 Auch im Rechtssystem der der EU wächst in jüngerer Zeit das Bewusstsein für die **Grenzen der normativen Steuerung** ökonomischer und sozialer Abläufe. Unter den Begriffen „Subsidiarität"[1] und „Deregulierung"[2] wird Normsetzung unter verschiedenen Aspekten auf ihre Erforderlichkeit geprüft (*§ 7 Rn. 39*). Gleichzeitig bemüht sich die EU um eine stärkere **Planung ihrer Rechtsetzungstätigkeit**,[3] um die **Vereinfachung**[4] und die **Verbesserung der redaktionellen Qualität** der unionsrechtlichen Vorschriften[5] und um eine bessere **Folgenabschätzung der Gesetzgebungstätigkeit**[6] und die **Evaluierung** der Auswirkungen erlassener Vorschriften. Die Kommission hat dazu einen umfassenden Maßnahmenkatalog für eine „intelligente Regulierung in der Europäischen Union" vorgelegt.[7] Außerdem verweist der EU-Gesetzgeber zunehmend auf die unionsweite **Normsetzung privater Verbände**.[8]

B. System des Unionsrechts

I. Primäres Unionsrecht

1. Gründungsverträge und Änderungen

8 Das primäre Unionsrecht besteht aus den **Gründungsverträgen** einschließlich ihrer Anhänge und Protokolle sowie den später von den Mitgliedstaaten zur **Änderung und Ergänzung der Verträge** geschlossenen Verträgen. Die **Einheitliche Europäische Akte** (1986), der **Vertrag über die Europäische Union** (1992), der **Vertrag von Amsterdam** (1997) und der **Vertrag von Nizza** (2001) änderten nicht nur das zuvor geltende Primärrecht, sondern schufen oder änderten zusätzlich jeweils eigenständige Vertragsteile (im EUV: Außenpolitik, Sicherheit, polizeiliche und justizielle Zusammenarbeit in Strafsachen).

Der **Vertrag von Lissabon** (2009)[9] führt zu einer erheblichen Vereinfachung des primären Rechts, indem er das Primärrecht im Wesentlichen im **Vertrag über die Europäische Union** (EUV) und im **Vertrag über die Arbeitsweise der Europäischen Union**

---

1 S. dazu das Protokoll Nr. 2 über die Anwendung der Grundsätze der Subsidiarität und der Verhältnismäßigkeit, ABl. C83/2010, 20 = *HER I A 1/3*, 5.
2 Zum Begriff s. *B. Molitor*, Deregulierung in Europa, in: FS Everling (1995), 875 ff.
3 Vgl. das Arbeitsprogramm der Kommission für 2014, KOM(2013) 739, 22.10.2013.
4 *K. Armstrong*, Governance and the Single European Market, in: P. Craig/G. de Búrca (Hg.), The Evolution of EU Law, 1. Aufl., Oxford 1999, 745, 756 ff.
5 Vgl. die Interinstitutionelle Vereinbarung über gemeinsame Leitlinien für die redaktionelle Qualität der gemeinschaftlichen Rechtsvorschriften, ABl. C 73/1999, 1 und die Interinstitutionelle Vereinbarung „Bessere Rechtsetzung", ABl. C 321/2003, 1.
6 Mitteilung der Kommission über Folgenabschätzung, KOM(2002) 276, 5.6.2002; Europäische Kommission, Leitlinien zur Folgenabschätzung, SEC (2009) 92, 15.1.2009.
7 KOM(2010) 543, 8.10.2010. Vgl. auch KOM(2013) 122, 7.3.2013.
8 S. *J. Falke*, Standardisation by professional organisations, in: G. Winter (Hg.), a.a.O., 645 ff.
9 ABl. C 306/2007, 1.

(AEUV) und deren Anhängen und Protokollen, die gemäß Art. 51 EUV Vertragsbestandteile sind, zusammenfasst und so den Verfassungscharakter der Verträge deutlicher hervortreten lässt.[10] Neben die beiden Verträge tritt gemäß Art. 6 Abs. 1 EUV gleichrangig die **Charta der Grundrechte der Europäischen Union**, die damit ebenfalls dem Primärrecht angehört. Auch der EAGV, dessen Rechtsstrukturen eng mit denen der Unionsverträge verknüpft sind, besteht als Primärrecht fort.[11]

Der Schlussakte der Regierungskonferenz, die den Vertrag von Lissabon angenommen hat, sind eine Vielzahl von **Erklärungen** unterschiedlicher Natur beigefügt.

Nach den völkerrechtlichen Regeln über das Recht der Verträge in dem Wiener Vertragsrechtsübereinkommen (WVÜ) vom 23.5.1969 erlangen solche Erklärungen für die Auslegung eines Vertrages Bedeutung, wenn sie von den Vertragspartnern als mit dem Vertrag im Zusammenhang stehend anerkannt worden sind (Art. 31 Nr. 2 (b) WVÜ). Dies gilt sicher für alle jene Erklärungen, die von allen Vertragsparteien gemeinsam abgegeben wurden. Zweifel können sich ergeben, inwieweit dies auch für die einseitigen, der Schlussakte beigefügten Erklärungen zu gelten hat.[12]

9

2. Beitrittsverträge

Zum primären Recht der EU gehören grundsätzlich auch die im Zusammenhang mit dem Beitritt neuer Mitgliedstaaten in Kraft gesetzten Rechtsakte. Es sind dies jeweils der gemäß Art. 49 EUV geschlossene **Beitrittsvertrag**[13] sowie die zum Bestandteil dieses Vertrages gemachten **Akte über die Beitrittsbedingungen** und die Anpassungen der Verträge (Beitrittsakte mit zahlreichen Anhängen, Protokollen und anderen beigefügten Texten, darunter der Wortlaut der Gründungsverträge in den Sprachen der beitretenden Staaten).[14] Soweit allerdings die Bestimmungen der Beitrittsakte von 1972, 1979, 1985, 1994, 2003 und 2005 Rechtsakte der Organe aufheben oder ändern, um sie den Bedingungen in den neuen Mitgliedstaaten anzupassen, haben sie dieselbe Rechtsnatur und unterliegen denselben Regeln hinsichtlich ihrer weiteren Fortbildung wie die durch sie aufgehobenen oder geänderten Vorschriften (etwa einer Verordnung oder einer Richtlinie); dies ist in Art. 9 der Beitrittsakte von 2003 und Art. 7 Abs. 3 der Beitrittsakte von 2005 ausdrücklich klargestellt.[15]

10

3. Sonstige Vorschriften

Die Verträge können nach einem besonderen Verfahren geändert werden. Dieses erfordert im Allgemeinen einen Änderungsvertrag zwischen den Mitgliedstaaten (Art. 48 EUV; zum Verfahren: § 7 Rn. 27 ff.). In Einzelfällen, die in den Verträgen ausdrücklich vorgesehen sind, können Vertragsänderungen auch durch Beschluss der EU-Organe herbeigeführt werden.

11

---

10 Konsolidierte Fassung, ABl. C 326/2012, 13 = HER I A 1/1 -5.
11 Konsolidierte Fassung, ABl. C 327/2012, 1 = HER I A 2.
12 Vgl. A. Toth, The legal status of the declarations annexed to the Single European Act, CMLR 1986, 803.
13 Zuletzt: Beitrittsvertrag mit Tschechien, Estland, Zypern, Lettland, Litauen, Ungarn, Malta, Polen, Slowenien, Slowakei, ABl. L 236/2003, 17 = HER I A 7a/13; Beitrittsvertrag mit Bulgarien und Rumänien, ABl. L 157/2005, 11 = HER I A 7b/5; Beitrittsvertrag mit Kroatien, ABl. L 112/2012, 10 = HER I A 7c/4.
14 Beitrittsakte Tschechien, Estland, Zypern, Lettland, Litauen, Ungarn, Malta, Polen, Slowenien, Slowakei, ABl. L 236/2003, 33 = HER I A 7a/14; Beitrittsakte Bulgarien und Rumänien, ABl. L 157/2005, 203 = HER I A 7b/7; Beitrittsakte Kroatien, ABl. L 112/2012, 21 = HER I A 7c/5.
15 S. allerdings EuGH, verb. Rs. 31, 35/86 (LAISA u.a./.Rat), Slg. 1988, 2285, wonach im Beitrittsverfahren vereinbarte Änderungen des Sekundärrechts nicht mit der Nichtigkeitsklage gemäß Art. 263 AEUV angegriffen werden können. Vgl. auch Meng, in: G/S, Art. 49 EUV Rn. 117 ff.

12 Die Unionsverträge tragen damit dem Bedürfnis Rechnung, bestimmte Vertragsbestimmungen im Hinblick auf die fortschreitende Entwicklung der EU oder auf veränderte Umstände in einem gegenüber der allgemeinen Vertragsrevision **vereinfachten Verfahren** anzupassen oder zu ergänzen.

So kann etwa durch einen Beschluss des Rates die Zahl der Mitglieder der Kommission geändert (Art. 17 Abs. 5 EUV) oder die Zahl der Generalanwälte des EuGH erhöht werden (Art. 252 Abs. 1 S. 2 AEUV; Art. 138 Abs. 1 S. 2 EAGV). Auch können im ordentlichen Gesetzgebungsverfahren dem EuGH beigeordnete Fachgerichte geschaffen (Art. 257 AEUV, Art. 140 b EAGV) und die Satzung des EuGH geändert werden (Art. 281 Abs. 2 AEUV; Art. 160 Abs. 2 EAGV).

Durch Ratsbeschluss können ferner Kap. VI des EAGV geändert (Art. 76 Abs. 1 EAGV) oder die institutionalisierte Assoziierung überseeischer Länder und Hoheitsgebiete neu geregelt werden (Art. 203 AEUV – *§ 34 Rn. 26*).

Der Rat kann zudem gemäß Art. 262 AEUV die Zuständigkeit des Gerichtshofs auf Rechtsstreitigkeiten im Zusammenhang mit europäischen Rechtstiteln für das geistige Eigentum ausdehnen. Außerdem kann der Rat mit Zustimmung des EP Bestimmungen zur Ergänzung der Rechte der Unionsbürger erlassen, die aber erst nach Zustimmung der Mitgliedstaaten „im Einklang mit ihren jeweiligen verfassungsrechtlichen Vorschriften" in Kraft treten (Art. 22 Abs. 2 AEUV). Sie bedürfen also zu ihrer Wirksamkeit – anders als die Bestimmungen der zuerst genannten Beschlüsse und ebenso wie vertragsändernde Abkommen nach Art. 48 EUV – der Billigung der nationalen Parlamente.[16]

Durch Beschluss kann der Rat ferner die Rechte eines Mitgliedstaates aus dem EUV suspendieren, wenn zuvor er zuvor in der Zusammensetzung der Staats- und Regierungschefs einstimmig festgestellt hat, dass der betreffende Mitgliedstaat die Grundsätze aus Art. 2 EUV schwerwiegend und anhaltend verletzt hat (Art. 7 EUV).

13 Darüber hinaus tragen die Gründungsverträge mit den Generalermächtigungen zur Vertragsabrundung in Art. 352 AEUV und 203 EAGV dem Bedürfnis Rechnung, die Befugnisse der Unionsorgane zur Erreichung der angestrebten Vertragsziele im Hinblick auf neuartige, bei Vertragsabschluss noch nicht vorauszusehende Anforderungen ohne Rückgriff auf ein Verfahren der Vertragsrevision zu erweitern, um dadurch dem dynamischen Charakter des Integrationsprozesses besser Rechnung tragen zu können.[17] Die aufgrund dieser Vorschriften erlassenen Rechtsakte gehören jedoch in jeder Hinsicht zum abgeleiteten sekundären Unionsrecht.

II. Vertragskonkurrenz

14 Die beiden Unionsverträge (EUV, AEUV) bilden eine funktionelle, aufeinander bezogene Einheit. Sie sind rechtlich gleichrangig (Art. 1 Abs. 3 EUV). Soweit es inhaltliche Überschneidungen zwischen den beiden Verträgen gibt, ist der Grundsatz der Spezialität anwendbar.[18]

15 Obwohl auch der EAGV durch den Vertrag von Lissabon noch stärker mit den Unionsverträgen verzahnt wurde, bleibt die EAG weiterhin als eigene, von der EU unterschiedene Rechtsperson bestehen (Art. 184 EAGV). Trotz der engen Verknüpfung der EAG und der Europäischen Union muss deshalb die formelle Trennung der für sie geltenden Rechtsordnungen beachtet werden.

---

16 Zu den Bestimmungen für die unmittelbare Wahl der Mitglieder des EP (Art. 223 AEUV) und über die Finanzierung der Union durch eigene Mittel (Art. 311 AEUV) s. *§ 4 Rn.* 30 und *§ 5 Rn.* 10.
17 Zur Auslegung von Art. 352 EGV s. EuGH, Gutachten 2/94, Slg. 1996, I-1759.
18 *Pechstein*, in: Streinz, Art. 1 Rn. 17.

III. Ungeschriebenes Primärrecht

Zum Unionsrecht zählen auch **allgemeine Grundsätze**, auf die zum Teil ausdrücklich Bezug genommen wird (so in Art. 6 Abs. 3 EUV; Art. 340 Abs. 2 AEUV; Art. 188 Abs. 2 EAGV), die darüber hinaus aber allgemein zur Auslegung des Unionsrechts und insbesondere zur Lückenschließung herangezogen werden können. Insbesondere die **Grundrechte** und **gemeinsamen Verfassungsüberlieferungen** der Mitgliedstaaten (§ 2 Rn. 15; § 3 Rn. 2) gehören zu diesen Rechtsgrundsätzen, aus denen ein gemeineuropäisches Verfassungsrecht hervorgeht. Die Union ist bei der Ausübung ihrer Befugnisse auch zur **Beachtung des Völkerrechts** verpflichtet.[19] Darüber hinaus können einige allgemeine Regeln des Völkerrechts, die als solche nicht Bestandteil des Unionsrechts sind, zur Konkretisierung von EU-Recht herangezogen werden, soweit dies mit der Eigenständigkeit der Rechtsordnung der EU vereinbar ist.[20]

16

Zu den ungeschriebenen Quellen gehören die „**allgemeinen Strukturprinzipien der Verträge**".[21] Diese Prinzipien bilden kein „überpositives" Recht. Stets müssen sie sich auf den Wortlaut der Verträge zurückführen lassen. Dies kann insbesondere dann geschehen, wenn sich zeigt, dass eine als Einzelfallregelung formulierte Bestimmung einen verallgemeinerungsfähigen Grundsatz repräsentiert.

17

Durch ihre Ableitung aus den Verträgen selbst unterscheiden sich Strukturprinzipien von „allgemeinen Rechtsgrundsätzen". Denn Letztere gehen in allgemeiner Anwendung der in Art. 340 Abs. 2 AEUV statuierten Methode der Rechtsgewinnung aus einer wertenden Vergleichung der Rechtsordnungen der Mitgliedstaaten hervor. Allerdings bestehen gerade wegen der grundsätzlichen Natur von „Strukturprinzipien" und „allgemeinen Rechtsgrundsätzen" vielfache Überschneidungen zwischen ihrer Gewinnung durch Auslegung des Unionsrechts und durch Vergleich des staatlichen Rechts.

Ob und in welchem Ausmaß allerdings die allgemeinen Grundsätze und die allgemeinen Strukturprinzipien bereits in den Verträgen hinreichend konkretisiert sind oder als übereinstimmender Kern des Verfassungsrechts der Mitgliedstaaten gelten, so dass sie unmittelbare normative Wirkungen entfalten, bedarf des Nachweises im Einzelfall.

Zu den aus der Eigenschaft als Organisationsverfassung resultierenden Strukturmerkmalen gehören insbesondere die **Selbsterhaltung der Organisation und ihrer Organe**. Das Ziel der Selbsterhaltung entfaltet normative Wirkungen insbesondere in Gestalt der Verpflichtung eines Organs, die ihm obliegenden Aufgaben wahrzunehmen und sich seiner Befugnisse nicht zugunsten anderer Organe zu entledigen. Auch die Verpflichtung, die jeweiligen Aufgaben in dem Bemühen um ein möglichst günstiges Verhältnis von Aufwand und Ertrag und in Zusammenarbeit mit den übrigen Organen zu erfüllen, lässt sich dem Ziel der Selbsterhaltung der Organisationsstruktur zuordnen (§ 4 Rn. 11 ff.).

18

Normative Qualität kann grundsätzlich auch von einer **Praxis der Mitgliedstaaten** oder **der Unionsorgane** ausgehen. Die Doktrin ordnet vielfach die auf beiden Ebenen entstehende Praxis Gewohnheitsrecht zu, sie stützt sich dabei vor allem auf Beispiele,

19

---

19 EuGH, Rs. C-286/90 (Poulsen und Diva Navigation), Slg. 1992, I-6019, Rn. 9; Rs. C-162/96 (Racke), Slg. 1998, I-3655, Rn. 45.
20 EuGH, verb. Rs. 21 bis 24/72 (International Fruit), Slg. 1972, 1226; Rs. 41/74 (Van Duyn), Slg. 1974, 1337, 1351; verb. Rs. 3, 4 und 6/76 (Kramer), Slg. 1976, 1279, 1311.
21 Dazu näher *W. Bernhardt*, Verfassungsprinzipien, 62 ff.; *R. Bieber*, Verfahrensrecht, 101 ff.; *B. De Witte*, Institutional Principles: A Special Category of General Principles of EC Law, in: Bernitz/Nergelius (Hg.), General Principles of European Community Law, Den Haag 2000, 143 ff.

die das Verfahren der Organe betreffen.[22] Für die Erzeugung von primärem Unionsrecht kommt den Staaten – jedenfalls nach dem Wortlaut der Verträge – eine grundsätzlich andere Stellung als den EU-Organen zu. Zumindest im Ausgangspunkt muss daher zwischen Staaten- und Organpraxis unterschieden werden.

20 Hinsichtlich der Bedeutung späterer Praxis der Vertragsparteien, die eine Vertragsänderung bewirkt, besteht bei den Verträgen insofern eine Besonderheit gegenüber sonstigen Verträgen zur Errichtung internationaler Organisationen, als Art. 48 EUV ein spezielles, grundsätzlich exklusives[23] Verfahren zur Vertragsänderung unter Beteiligung der Institutionen der Union vorsieht. Ob damit allerdings jegliche Vertragsänderung durch eine normativ wirkende einvernehmliche Praxis der Mitgliedstaaten ausgeschlossen sein soll, erscheint selbst bei einer vertragsimmanenten Betrachtung zweifelhaft. Die Verträge sind nicht als – im Prinzip statische – Verfassung einer Gesellschaft konzipiert, sondern materiell als Grundlage eines Prozesses der Verfassungsbildung, der zu einem „immer engeren Zusammenschluss der Europäischen Völker", einer „immer engeren Union der Völker Europas", führen soll. Auch die Vorschriften über das Änderungsverfahren erfahren durch dieses vertraglich definierte Ziel eine Relativierung.

21 Ist daher, wie bei sonstigen internationalen Organisationen auch, trotz Art. 48 EUV die **Möglichkeit gewohnheitsrechtlich begründeter Änderungen** der Verträge **nicht prinzipiell ausgeschlossen,** so gilt doch eine Einschränkung insoweit, als die Verträge unmittelbare Rechte von Einzelpersonen begründen. Diese sind aus einer förmlichen Mitwirkung der zur Artikulation der Völker legitimierten Institutionen hervorgegangen und deswegen einer allein von den Regierungen der Mitgliedstaaten ausgehenden Veränderung durch einvernehmliche Praxis nicht zugänglich.[24] Gewohnheitsrecht könnte sich in der Praxis vor allem im Bereich des Organisationsrechts bilden, soweit die Regierungen der Mitgliedstaaten unmittelbar an der Aufgabenerfüllung der Union beteiligt sind.

Allerdings hat diese theoretisch mögliche Rechtsquelle bisher keine praktische Bedeutung erlangt. Die in der Literatur aufgeführten Beispiele bestätigen die Existenz von Gewohnheitsrecht insoweit nicht:

> Die Mitwirkung der deutschen Staatssekretäre im Ministerrat[25] beruht von Anfang an auf einer von den Mitgliedstaaten des Rates zur Geschäftsordnung beschlossenen Auslegung.[26] Es handelte sich also bei dieser Regelung um eine Konkretisierung durch Geschäftsordnungsgebung.

Ein von den Organen ausgehendes Gewohnheitsrecht im Rang der Verträge besteht nicht. Denn den Organen mangelt es an der Fähigkeit, untereinander mithilfe von consuetudo und opinio iuris Recht zu schaffen: Organe gehen aus den Verträgen hervor, ihr Handeln ist an das von den Verträgen errichtete Rechtssystem gebunden. Da alles Handeln der Organe seinen Geltungsgrund ausschließlich in den Verträgen selbst fin-

---

22 A. *Bleckmann*, Zur Funktion des Gewohnheitsrechts im Europäischen Gemeinschaftsrecht, EuR 1981, 101 ff.
23 Wie hier: R. *Bieber*, Les limites matérielles et formelles à la révision des traités établissant les Communautés européennes, RMC 1993, 343 ff. Ausf. zum Meinungsstand *Meng*, in: G/S, Art. 48 EUV Rn. 24 ff.
24 Vgl. *G. Ress*, Die Bedeutung der nachfolgenden Praxis für die Vertragsinterpretation nach der Wiener Vertragsrechtskonvention, in: Bieber/Ress, Dynamik, 49 ff., 72 ff.
25 Nach *Bleckmann*, a.a.O.; *Breier*, in: Lenz/Borchardt, Art. 16 EUV Rn. 6; *Obwexer*, in: Streinz, Art. 16 EUV Rn. 31 zunächst gewohnheitsrechtlich begründet.
26 Protokoll der 3. Sitzung des Rates (EWG) vom 18. März 1958, Dok. 261/58rev. vom 15. April 1958, Rn. 3 (zitiert gemäß Art. 1 der VO 354/83 über die Freigabe der historischen Archive).

det, erlangt es Rechtsqualität und Rechtswirkung nach Maßgabe der jeweiligen Ermächtigung und des Inhalts der Maßnahmen, nicht aber aufgrund des tatsächlichen Verhaltens und des Rechtsbindungswillens. Ist allerdings die Rechtswirkung einer Organhandlung in den Verträgen nicht bestimmt, kann ihre Auslegung auch die Absichten und das Verhalten der beteiligten Organe berücksichtigen. Eine derartige Auslegung gleicht methodisch der Feststellung des Gewohnheitsrechts, unterscheidet sich aber prinzipiell deswegen, weil dem Willen eines Organs keine von seinen in den Verträgen definierten Voraussetzungen und Grenzen lösbare Bedeutung zukommt. Angesichts der Lückenhaftigkeit der Verträge kommt der Praxis der Organe für die Weiterentwicklung des Rechts der Union erhebliche Bedeutung zu.

Die **Rangordnung** zwischen geschriebenen und ungeschriebenen Quellen des Primärrechts bestimmt sich nach dem jeweiligen Inhalt der Normen (*Rn. 48*). 22

IV. Die Rechtshandlungen der Organe

1. Überblick

Die Unionsorgane können ihre Befugnisse nur nach Maßgabe der Verträge ausüben (Art. 13 Abs. 2 EUV; Art. 3 Abs. 1 EAGV) (*§ 3 Rn. 21 f.*). Sie haben insbesondere die für ihr Handeln vorgesehenen Formen einzuhalten. Derartige Formvorschriften und Bestimmungen über den formal zulässigen Regelungsinhalt sind in Art. 288 AEUV niedergelegt. Darüber hinaus schreiben die Verträge Einzelheiten der Begründung, der äußeren Form und des Wirksamwerdens der Rechtshandlungen vor (Art. 296, 297 AEUV) (*§ 7 Rn. 40 ff.*). 23

Diese Bestimmungen bilden aber nur Formvorschriften. Unter welchen Voraussetzungen und mit welchem materiellen Inhalt ein Rechtsakt erlassen werden kann, ergibt sich nur aus den Vorschriften zur materiellen Regelung der einzelnen Vertragsgegenstände. Diese Vorschriften beziehen sich meist auf die in den Formenkatalogen der Verträge verwendeten Begriffe, wenn sie Rechtshandlungen der Organe vorsehen. Geschieht dies nicht (vgl. Art. 91 Abs. 1; 114 AEUV), so ist anhand des materiellen Gehalts der auf der Grundlage einer solchen Handlungsermächtigung geplanten Maßnahme zu ermitteln, in welche Rechtsform diese im jeweiligen Einzelfall gekleidet werden darf. Im Übrigen bildet die Form einer Handlung nur ein Indiz für ihre Rechtsnatur, vermag diese jedoch nicht zu ändern.[27]

Art. 288 AEUV unterscheidet zwischen **Verordnungen, Richtlinien, Beschlüssen, Empfehlungen und Stellungnahmen**.[28] Diese **in den Verträgen genannten Rechtsformen** stimmen in Gehalt und Benennung **nicht mit staatlichen Kategorien** überein, sondern entsprechen der Eigenart der Unionsrechtsordnung. Seit dem Inkrafttreten des Vertrags von Lissabon tritt die Handlungsform des **Beschlusses** an die Stelle der zuvor im EGV vorgesehenen Handlungsform der Entscheidung. Zugleich werden die zuvor im **EUV** geregelten **Handlungsformen** mit spezifischer Rechtswirkung gestrichen (*Rn. 67 ff.*) und damit die Typologie der Rechtshandlungen der EU erheblich vereinfacht. 24

---

[27] St. Rspr., vgl. EuGH Rs. 147/83 (Binderer./.Kommission), Slg. 1985, 257, und Rs. 322/88 (Grimaldi), Slg. 1989, 4407; EuG, Rs. T-3/93 (Air France./.Kommission), Slg. 1994, II-121, Rn. 57.
[28] Die in Art. 14 Abs. 1 EGKSV vorgesehenen Rechtsformen (allgemeine und individuelle Entscheidungen, Empfehlungen und Stellungnahmen) sind mit dem Ende des EGKSV entfallen.

Hinsichtlich ihrer Adressaten und ihrer Rechtswirkung lassen sich die Rechtsakte nach Art. 288 AEUV in folgendem Schema einander zuordnen:

	Adressaten	Wirkung (*Rn. 53 ff.*)
Verordnung	Alle MS und Personen in der Union	In allen Teilen verbindlich, gilt unmittelbar
Richtlinie	Alle oder bestimmte MS	Nur hinsichtlich des vorgegebenen Ziels verbindlich
Beschluss	Unbestimmt oder bestimmte MS, bestimmte Personen, Organe	In allen Teilen verbindlich; soweit an bestimmte Adressaten gerichtet, nur für diese verbindlich.
Empfehlung, Stellungnahme	Alle oder bestimmte MS; andere Organe; Personen	Unverbindlich

25 Außer diesen von ihren Wirkungen von den Unionsverträgen formalisierten Rechtshandlungen gibt es für besondere Zwecke (Haushalt, Außenbeziehungen, Organisationsrecht) **Rechtshandlungen eigener Art** (*Rn. 39 ff.*).

26 Rechtsakte des Rates werden häufig von **Erklärungen** begleitet, in denen alle oder einzelne Ratsmitglieder und die Kommission ihre Auffassung über die Auslegung oder Auswirkung einzelner Vorschriften niederlegen. Solche Erklärungen haben nur bei der Auslegung des Unionsrechts eine beschränkte Wirkung.[29] Wegen ihrer mangelnden Publizität (sie werden meist nur in den Protokollen der Ratssitzungen festgehalten)[30] können solche Erklärungen nicht herangezogen werden, um Rechte einzuschränken, die der Einzelne aus dem Unionsrecht herzuleiten vermag.

2. Verordnungen

27 **Verordnungen (VO)** im Sinne der **Art. 288 Abs. 2 AEUV** haben allgemeine Geltung, sind in allen ihren Teilen verbindlich und gelten unmittelbar in jedem Mitgliedstaat.

„Allgemeine Geltung" bedeutet, dass die Verordnung Rechtswirkungen für eine unbestimmte Anzahl von Sachverhalten im Gesamtgebiet der Union entfalten kann.[31] Die VO ist also die Rechtsform der Unionsakte mit generellen und abstrakten Regelungen gegenüber einem unbestimmten Personenkreis. Die allgemeine Geltung schließt nicht aus, dass eine VO nur für bestimmte Mitgliedstaaten oder Personen geltende Regelungen enthält (z.B. die haushaltspolitische Überwachung im Euro-Währungsgebiet[32]) oder dass die Regelungen an die EU-Organe gerichtet sind.

Die Verordnung entfaltet ihre Rechtswirkungen **unmittelbar**, also ohne jede Mitwirkung der Rechtsetzungsorgane der Mitgliedstaaten. Ihre Normen begründen Rechte und Pflichten nicht nur der Mitgliedstaaten und ihrer Behörden, sondern jedes Einzel-

---

29 *Herdegen,* Auslegende Erklärungen von Gemeinschaftsorganen und Mitgliedstaaten zu EG-Rechtsakten, ZHR 1991, 52 ff.; *Karl,* Zur Rechtswirkung von Protokollerklärungen in der Europäischen Gemeinschaft, JZ 1991, 593 ff.; *Everling,* Zur rechtlichen Wirkung, 106, 126. S.a. EuGH, Rs. 39/72 (Kommission./.Italien), Slg. 1973, 101, 115; Rs. 324/82 (Kommission./.Belgien), Slg. 1984, 1861; Rs. 143/83 (Kommission./.Dänemark), Slg. 1985, 427, 436.
30 Vgl. allerdings z.B. die im ABl. veröffentlichten Erklärungen zur RL 1999/2, ABl. L 66/1999, 16 = HER I A 61/6.27.
31 EuGH, Rs. 101/76 (Koninklijke Scholten-Honig), Slg. 1977, 797, 806 f.
32 Vgl. VO 1173/2011, ABl. L 306/2011, 1 = HER I A 53/5.2.

nen, der von ihrem Tatbestand erfasst wird. Dadurch verdrängt sie entgegenstehendes nationales Recht und steht darüber hinaus auch der Anwendung späterer nationaler gesetzgeberischer Maßnahmen entgegen, die mit ihr unvereinbar sind (§ 3 Rn. 37 f.). Die Mitgliedstaaten haben über diese Duldung des Vorranges der VO hinaus ihre unmittelbare Anwendung sicherzustellen.[33] Soweit erforderlich, ist die Anwendung der VO durch die nationalen Behörden und Schutz der durch die VO begründeten Rechte des Einzelnen durch die nationalen Gerichte zu leisten.

Verordnungen können auch vorsehen, dass der Kommission gemäß Art. 290, 291 AEUV die Befugnis zum Erlass von Ergänzungs- und Änderungsbestimmungen (delegierte Rechtsakte) oder zum Erlass von Durchführungsbestimmungen übertragen wird (Rn. 39). 28

Zudem können Verordnungen auch Regelungen enthalten, deren Anwendung nationale Durchführungsmaßnahmen erforderlich macht. In diesen Fällen bewirkt die unmittelbare Geltung der Verordnung, dass die nationalen Gerichte die Vereinbarkeit der Durchführungsmaßnahmen mit der Verordnung prüfen können.[34] Die Mitgliedstaaten dürfen nicht mithilfe von Durchführungsmaßnahmen die Tragweite der Vorschriften der Verordnung ändern oder diese praktisch ergänzen.[35]

> Rechtsakte, die in der Form einer Verordnung erlassen worden sind, enthalten mitunter Regelungen die gegenüber Einzelnen den Charakter eines (individuellen) Beschlusses haben können (Rn. 37). Sie können dann von den so davon Betroffenen wie ein Beschluss vor dem EuGH angegriffen werden (Art. 263 Abs. 4 AEUV; § 9 Rn. 43 ff.). Ein Beschluss, mit dem der Anhang einer Verordnung geändert wird, hat dagegen ungeachtet seiner Bezeichnung die Rechtsnatur einer Verordnung.[36]

3. Richtlinien

Die Richtlinie (RL) ist für jeden Mitgliedstaat hinsichtlich des zu erreichenden Zieles verbindlich, überlässt ihm aber die Wahl der Form und der Mittel, um die gemeinschaftlich festgesetzten Ziele im Rahmen der innerstaatlichen Rechtsordnung zu verwirklichen (Art. 88 Abs. 3 AEUV). Die RL ist Teil eines zweistufigen Rechtsetzungsverfahrens, bei dem die EU-Organe unionsrechtliche Vorgaben machen, die in nationaler Zuständigkeit konkret ausgeformt werden. Die Regelungen einer RL treten also nicht an die Stelle der nationalen Rechtsvorschriften; die Mitgliedstaaten werden vielmehr verpflichtet, ihr Recht an die Bestimmungen der RL anzupassen. 29

Die RL soll die flexible Einfügung einer von der Union zu treffenden Regelung in die Rechtsordnungen der Mitgliedstaaten ermöglichen und zugleich die Kompetenzen der nationalen Rechtsetzungsorgane – soweit mit der unionsweiten Erreichung des Richtlinienziels vereinbar – schonen.

Hauptanwendungsbereich der RL ist die Rechtsangleichung, bei der staatliches Recht, das vielfach erhebliche Unterschiede aufweist, schrittweise an die Erfordernisse des Binnenmarkts angepasst werden muss (§ 14 Rn. 9 ff.).

> Vor dem Hintergrund dieser Konzeption der RL wurden Versuche unternommen, den zulässigen Inhalt von RL auf die Festsetzung von solchen „Zielbestimmungen" zu begrenzen, die 30

---

33 EuGH, Rs. 128/78 (Kommission./.Vereinigtes Königreich), Slg. 1978, 419, 428 f.
34 EuGH, Rs. 230/78 (Eridania), Slg. 1979, 2749, Rn. 34.
35 EuGH, Rs. 55/75 (Balkan II), Slg. 1976, 19, 32 (keine Anwendung von Billigkeitsmaßnahmen aus objektiven Gründen nach Art. 131 AO gegenüber einer nach EU-Recht zu erhebenden Abgabe); Rs. 39/70 (Norddeutsches Vieh- und Fleischkontor), Slg. 1971, 49; Rs. 94/77 (Zerbone), Slg. 1978, 99.
36 EuGH, Rs. C-548/09 P (Bank Melli, Iran), Urteil v. 16.11.2011, Rn. 45.

dem nationalen Gesetzgeber einen Freiraum für eigene sachliche Gestaltungen überlassen.³⁷ Diesen Versuchen ist entgegenzuhalten, dass der in Art. 288 Abs. 3 AEUV verwendete Begriff „Ziel" nicht notwendig einen solchen Freiraum voraussetzt. Mit diesem Begriff wird vielmehr völlig neutral auf das mit der RL verfolgte Angleichungsergebnis abgestellt, wie dies der systematischen Stellung von Art. 288 Abs. 3 AEUV in einem Kapitel über Verfahrensvorschriften entspricht. Der zulässige sachliche Inhalt der RL ergibt sich allein aus ihren jeweiligen Rechtsgrundlagen. Danach kann das zu erreichende Angleichungsergebnis sachlich u. U. bis in alle Einzelheiten durch den Unionsgesetzgeber festgesetzt werden.³⁸ Auf vielen Rechtsgebieten vorwiegend technischen Gehalts nähert sich der Regelungsinhalt einer Richtlinienvorschrift notwendigerweise derjenigen einer VO, etwa bei der Angleichung der Sicherheitsbestimmungen für Kraftfahrzeuge. Auf anderen Rechtsgebieten mit langer Tradition und großer Bedeutung für die wirtschaftliche und soziale Entwicklung der Mitgliedstaaten ist die Einräumung weiter Freiräume für nationale Gestaltungen zwar keine rechtliche, wohl aber eine sachliche Notwendigkeit, um Angleichungsfortschritte zu erzielen.

31 Die Mitgliedstaaten sind verpflichtet, ihre Rechtsvorschriften den Bestimmungen einer Richtlinie innerhalb der ihnen darin festgesetzten Frist anzupassen. Für die Einhaltung dieser aus Art. 4 Abs. 3 EUV resultierenden Pflicht ist die staatliche Zuständigkeitsverteilung ohne Belang.³⁹ Auch können die Staaten sich nicht auf die Langwierigkeit der nach ihrem Verfassungsrecht gebotenen Prozeduren oder auf sonstige interne Schwierigkeiten berufen, um eine Unterlassung dieser Anpassung zu rechtfertigen.⁴⁰ Bereits vor Ablauf der Umsetzungsfrist erzeugt eine RL allerdings insoweit **Vorwirkungen**, als die Mitgliedstaaten während der Frist keine Vorschriften erlassen dürfen, die geeignet sind, die Erreichung der in der RL vorgeschriebenen Ziele ernstlich infrage zu stellen.⁴¹ Auch dürfen die Mitgliedstaaten während der Umsetzungsfrist keine langfristigen Verträge schließen, welche dem Ziel der Richtlinie widersprechen.⁴² In der Rechtssache „Mangold"⁴³ hat der EuGH zudem entschieden, dass nationale Bestimmungen, die mit dem Verbot der Altersdiskriminierung unvereinbar sind, auch vor Ablauf der Umsetzungsfrist der RL 2000/78⁴⁴ nicht angewendet werden dürfen. Die Tragweite dieser Rechtsprechung bedarf noch weiterer Klärung. Es spricht jedoch einiges dafür, dass diese Rechtsprechung nur solche Fälle betrifft, in denen eine Richtlinienbestimmung Ausdruck eines allgemeinen Grundsatzes des Unionsrechts ist.⁴⁵

Im Ergebnis muss die Umsetzung einer Richtlinie in innerstaatliches Recht tatsächlich die vollständige Anwendung der Richtlinie in hinreichend klarer und bestimmter Weise gewährleisten.⁴⁶ Welche Art von Maßnahmen hierfür erforderlich sind, bestimmt sich grundsätzlich nach der staatlichen Rechtsordnung. Soweit die Richtlinie einen Bereich betrifft, der im staatlichen Bereich bereits geregelt ist, muss die Anpassung in einem Rechtsakt erfolgen, der dieselbe Qualität hat wie die bisherige Regelung. Die Umsetzung gebietet nicht, dass die Bestimmungen der RL förmlich und wörtlich in

---

37 *Wagner*, Grundbegriffe des Beschlußrechts, 223; *Oldekop*, Die Richtlinie, 86 ff.
38 Vgl. EuGH Rs. 45/75 (Royer./.Belgien), Slg. 1976, 497; Rs. 38/77 (Enka./.Inspecteur der Invoerrechten), Slg. 1977, 2212.
39 EuGH, Rs. 103/88 (Costanzo./.Comune di Milano), Slg. 1989, 1861.
40 St. Rspr., z. B. EuGH, Rs. 10/76 (Kommission./.Italien), Slg. 1977, 709; Rs. 102/79 (Kommission./.Belgien), Slg. 1980, 1473.
41 EuGH, Rs. C- 91/156 (Inter-Environnement Wallonie./.Région wallonne), Slg. 1997, I-7411, Rn. 50; Rs. C-144/04 (Mangold), Slg. 2005, I-9981, Rn. 67.
42 EuGH, Rs. C- 268/06 (Impact), Slg. 2008, I-2483.
43 EuGH, Rs. C-144/04 (Mangold), Slg. 2005, I-9981.
44 ABl. L 303/2000, 16 = HER I A 18/6.2.
45 EuGH, Rs. C-144/04 (Mangold), Slg. 2005, I-9981, Rn. 75 f.
46 EuGH, Rs. C-361/88 (Kommission./.Deutschland), Slg. 1991, I-2567, Rn. 15; Rs. C-.418/04 (Kommission./.Irland), Slg. 2007, I-10947, Rn. 158.

einer ausdrücklichen besonderen Gesetzesbestimmung wiedergegeben werden. Je nach dem Inhalt der RL kann ein allgemeiner rechtlicher Rahmen genügen, wenn er tatsächlich die vollständige Anwendung der RL in so klarer und bestimmter Weise gewährleistet, dass – soweit die RL Ansprüche des Einzelnen begründen soll – die Begünstigten in der Lage sind, von allen ihren Rechten Kenntnis zu erlangen und diese gegebenenfalls vor den nationalen Gerichten geltend zu machen.[47] Eine allgemeine (statische oder dynamische) Verweisung auf unionsrechtliche Vorschriften reicht dafür nicht aus.[48] Die Umsetzung von RL durch Verwaltungsvorschriften ist nach der Rechtsprechung des EuGH jedenfalls dann nicht ausreichend, wenn mit den RL-Bestimmungen individuelle Ansprüche eingeräumt werden sollen.[49] Dabei greift der EuGH die Unterscheidung zwischen verschiedenen Arten von Verwaltungsvorschriften im deutschen Verwaltungsrecht nicht auf.[50] Laufen in einem Mitgliedstaat Rechtsvorschriften einer RL zuwider, so reicht eine mit der RL übereinstimmende Verwaltungspraxis zur Anpassung der Rechtsordnung dieses Staates an die RL nicht aus, solange die fraglichen Rechtsvorschriften auch nur formell fortbestehen und dadurch Zweifel der Rechtsunterworfenen über ihre Behandlung auslösen können.[51] Eine RL kann auch durch Tarifvertrag umgesetzt werden, sofern die Mitgliedstaaten sicherstellen, dass Regelungslücken vorgebeugt wird und die Tarifverträge allgemeinverbindlich sind.[52]

RL enthalten regelmäßig eine Bestimmung, welche die Mitgliedstaaten dazu verpflichtet, die Kommission über die Umsetzung zu unterrichten.[53] Seit 1990 enthält jede RL die Verpflichtung der Mitgliedstaaten, in den Durchführungsmaßnahmen oder bei der amtlichen Veröffentlichung auf die RL Bezug zu nehmen.[54]

Die angepassten Rechtvorschriften stehen nicht mehr zur unbeschränkten Disposition der Mitgliedstaaten. Sie dürfen später weder intern noch im Rahmen internationaler Verhandlungen in einem den Bestimmungen der RL entgegenlaufenden Sinne geändert werden. Durch diese **Sperrwirkung** bewirkt auch die RL eine Einschränkung der Kompetenz der Mitgliedstaaten zur Rechtsetzung auf den von ihren Bestimmungen erfassten Gebieten.

32

Das eine Richtlinie ausführende Recht, aber auch staatliche Rechtsnormen, die indirekt vom Wirkungsbereich der RL erfasst werden und die volle Wirkung der RL behindern könnten, sind wegen Art. 4 Abs. 3 EUV, Art. 288 Abs. 3 AEUV „**richtlinienkonform**" auszulegen oder nicht anzuwenden. (Zur horizontalen Wirkung von RL-Bestimmungen **im Verhältnis zwischen Privaten** siehe unten *Rn. 66*.) Dem Vorabentscheidungsverfahren vor dem EuGH kommt für die Auslegung von RL besondere Bedeutung zu.[55]

33

---

47 EuGH, Rs. C-59/89 (Kommission./.Deutschland), Slg. 1991, 2567.
48 EuGH, Rs. C-96/95 (Kommission./.Deutschland), Slg. 1997, I-1656, Rn. 36.
49 Vgl. etwa EuGH, Rs. C-131/88 (Kommission./.Deutschland), Slg. 1991, I-825; Rs.C-433/93 (Kommission./.Deutschland), Slg. 1995, I-2303.
50 Dazu *Schroeder*, in: Streinz, Art. 288, Rn. 95 m.w.N.
51 EuGH, Rs. 102/79 (Kommission./.Belgien), Slg. 1980, 1473, 427, 434.
52 EuGH, Rs. 143/84 (Kommission./.Dänemark), Slg. 1985, 1473.
53 Zu den inhaltlichen Anforderungen an die Informationspflicht der Mitgliedstaaten s. EuGH, Rs. C-427/07 (Kommission./.Irland), Slg. 2009, I-6277, Rn. 107. Vgl. auch die Gemeinsamen Politischen Erklärungen der Mitgliedstaaten und der Kommission und des Europäischen Parlaments, des Rates und der Kommission zu Erläuternde Dokumente, ABl. C 369/2011, 14, 15.
54 Beschluss des Rates v. 8.11.1990, veröffentlicht im Pressekommuniqué der 1439. Tagung, 9724/90 (Presse 176).
55 Vgl. EuGH Rs. 32/74 (Haaga), Slg. 1974, 1201; Rs. 14/83 (von Colson u.a./.NRW), Slg. 1984, 1891; Rs. C-106/89 (Marleasing), Slg. 1990, 4135. Dazu *Götz*, NJW 1992, 1849 ff.

34 Unterlässt es ein Mitgliedstaat, seine Rechtsordnung den Bestimmungen einer RL anzupassen, so entsteht die Frage, ob sich der Einzelne gegenüber Behörden und Gerichten gleichwohl auf die Richtlinienbestimmungen berufen kann. Sind einzelne Bestimmungen einer RL hinsichtlich der Verpflichtung der Mitgliedstaaten so klar umrissen, dass sie auch ohne Durchführungsmaßnahmen des nationalen Gesetzgebers angewendet werden können, so darf der Einzelne auf ein richtlinienkonformes Verhalten eines Mitgliedstaates vertrauen, wenn die in einer RL gesetzte Frist für ihre Umsetzung in nationales Recht abgelaufen ist. Nach der Rechtsprechung des EuGH gilt dies für die Fälle einer **nicht fristgemäßen** oder **unzulänglichen Umsetzung** von RL, und auch für den Fall, dass **ordnungsgemäße nationale Umsetzungsmaßnahmen nicht so angewandt** werden, dass das mit der RL verfolgte Ziel erreicht wird.[56] Es ist deshalb bei jeder Richtlinienbestimmung zu prüfen, ob ausnahmsweise die vom EuGH entwickelten Voraussetzungen der **unmittelbaren Wirkung** von Verpflichtungen des Unionsrechts erfüllt sind (*Rn. 65*).

35 Beinhaltet eine RL die Verleihung von Rechten an Einzelne, die anhand der RL selbst ermittelt werden können, dann kann nach der seit dem Urteil „**Francovich**" ständigen Rechtsprechung des EuGH ein Verstoß von Mitgliedstaaten gegen die Umsetzungspflicht aus Gründen der Effektivität des Unionsrechts zu **Ersatzpflichten** für daraus resultierende Schäden führen (*§ 2 Rn. 71 ff.*).

36 Die RL hat sich zu einem bedeutenden Instrument für die Annäherung der Rechtsordnungen entwickelt. Um die Effizienz der RL nicht durch allzu langsame staatliche Umsetzung zu beeinträchtigen, greift die Kommission nach Fristablauf vermehrt zur Aufsichtsklage gegenüber säumigen Mitgliedstaaten und, gegebenenfalls, zur Beantragung des Verfahrens gemäß Art. 228 Abs. 2 und 3 AEUV zur Verhängung finanzieller Sanktionen durch den EuGH (*§ 9 Rn. 34 f.*).

4. Beschlüsse

37 Durch den Vertrag von Lissabon wurde die Handlungsform der **Entscheidung**, durch die des **Beschlusses** ersetzt. Die Entscheidung diente der Regelung eines Einzelfalls und konnte sich an die Unionsorgane, die Mitgliedstaaten oder an natürliche oder juristische Personen richten. Die Handlungsform des Beschlusses ist insofern weiter, als sie zusätzlich auch abstrakt-generelle Regelungen ermöglicht.[57] Gemäß Art. 288 Abs. 4 AEUV ist ein Beschluss in allen Teilen verbindlich. Allerdings ist er, wenn er an bestimmte Adressaten gerichtet ist, nur für diese Adressaten verbindlich.

> Die Abgrenzung zwischen abstrakt-generellen und an bestimmte Adressaten gerichteten Beschlüssen ist vor allem unter Rechtsschutzgesichtspunkten bedeutsam (vgl. Art. 263 Abs. 4 AEUV).
> Soweit die Verträge oder Ermächtigungen des abgeleiteten Rechts keine speziellen Formen vorschreiben, kann auch ein einfaches Schreiben einen Beschluss beinhalten, wenn es dieses in einer Form zum Ausdruck bringt, die ihre rechtliche Bedeutung erkennen lässt (vgl. aber *§ 7 Rn. 38 ff.*).[58] Hierfür ist insbesondere erforderlich, dass der Unterzeichner zuständig ist, eine wirksame Bindung einzugehen.[59] Auch eine mündliche Zusage kann unter entsprechenden Umständen als ein an einen bestimmten Adressaten gerichteter Beschluss gewertet werden.[60]

---

56 EuGH, Rs. C-62/00 (Marks & Spencer), Slg. 2002, I-6325, Rn. 27.
57 *Schroeder*, in : Streinz, Art. 288 Rn. 32; *Hetmeier*, in: Lenz/Borchardt, Vorbem. Art. 288–289, Rn. 1, Art. 288, Rn. 17.
58 EuGH, Rs. 44/81 (Deutschland./.Kommission), Slg. 1982, 1855, 1876. In seinem Urteil in der Rs. 71/74 (Frubo./.Kommission), Slg. 1975, 563 stellte der EuGH darauf ab, ob der Eindruck einer rechtsverbindlichen Erklärung erweckt wird. Vgl. auch EuGH, Rs. 53/85 (AKZO./.Kommission), Slg. 1986, 1965.
59 EuGH Rs. 21/64 (Dalmas), Slg. 1965, 241; verb. Rs. 303 u. 312/81 (Klöckner./.Kommission), Slg. 1983, 1507, 1529.
60 EuGH, Rs. 303 u. 312/81 (Klöckner./.Kommission), Slg. 1983, 1507, 1529.

5. Empfehlungen und Stellungnahmen

Empfehlungen und **Stellungnahmen** sind **rechtlich unverbindliche Verlautbarungen** (Art. 288 Abs. 5 AEUV, Art. 161 Abs. 5 EAGV). In der Regel wird der Begriff Empfehlung verwendet, wenn das betreffende Unionsorgan aus eigener Initiative tätig wird, während die Stellungnahme aufgrund fremder Initiative erfolgt. Empfehlungen können an die Mitgliedstaaten, ausnahmsweise auch an Einzelpersonen oder Unternehmen gerichtet sein.

Stellungnahmen sind entweder vorbereitende Maßnahmen für spätere Rechtshandlungen oder sie enthalten eine allgemeine Beurteilung bestimmter Vorgänge (vgl. z.B. die in Art. 156 Abs. 2 AEUV vorgesehenen Stellungnahmen).

Obwohl rechtlich unverbindlich, entfalten Empfehlungen und Stellungnahmen doch **rechtliche Wirkungen**. Sie können Voraussetzung für spätere Maßnahmen, wie die Erhebung der Klagen nach Art. 258, 259 AEUV, sein. Haben die Mitgliedstaaten ihre Rechtsvorschriften entsprechend einer Empfehlung ausgestaltet und hängt die Anwendung dieser Vorschriften von der Auslegung des Inhalts der Empfehlung ab, so kann die Empfehlung Gegenstand eines Vorabentscheidungsverfahrens vor dem EuGH werden, damit die mit ihr angestrebte Angleichungswirkung voll entfaltet werden kann.[61]

Darüber hinaus haben die Empfehlungen und Stellungnahmen oft erhebliche indirekte Wirkungen als Orientierungspunkte für aktuelle Diskussionen um Angelegenheiten der EU (vgl. z.B. die Empfehlungen des Rates im Rahmen der Koordinierung der Wirtschaftspolitik nach Art. 121 AEUV).

6. Sonstige Rechtshandlungen

Die in Art. 288 AEUV bezeichneten Handlungsformen umfassen nicht die Gesamtheit der von den Verträgen vorgesehenen Organhandlungen. Als vertragliche Handlungsformen eigener Art, deren Reichweite und Wirkungen anhand des jeweiligen Inhalts zu ermitteln sind, bestehen insbesondere:

- Rechtshandlungen, durch welche der **Vertrag punktuell geändert oder ergänzt** wird oder ein Verfahren zur Fortbildung der Verträge eingeleitet wird (*Rn. 12*),
- Rechtshandlungen des **Haushaltsverfahrens** (z.B. Feststellung des Haushaltsplans – § 5 *Rn. 5*),
- Rechtshandlungen, die die Entscheidungsbildung der Unionsorgane sowie deren strukturelle und personelle Organisation regeln (z.B. **Geschäftsordnungen**),
- Rechtshandlungen, die das **institutionelle Zusammenwirken der Unionsorgane** bei Ausübung der ihnen vertraglich zugewiesenen Befugnisse regeln.[62] In Art. 295 AEUV wurde eine ausdrückliche vertragliche Rechtsgrundlage für solche interinstitutionelle Vereinbarungen geschaffen und klargestellt, dass diese Vereinbarungen rechtlich bindend sein können.
- **Delegierte Rechtsakte** und **Durchführungsakte**, welche die Kommission aufgrund der ihr übertragenen Befugnisse erlässt (Art. 290, 291 AEUV).[63] In begründeten

---

61 St. Rspr., s. z.B. EuGH, Rs. C-322/88 (Grimaldi), Slg. 1989, 4407; Rs. C-188/91 (Deutsche Shell), Slg. 1993, I-363, Rn. 18.
62 Vgl. u.a. die interinstitutionellen Vereinbarungen zwischen dem Europäischen Parlament, dem Rat und der Kommission über die Haushaltsdisziplin und die Verbesserung des Haushaltsverfahrens, ABl. C 139/2006, 1 = HER I A 90/1.12, über die systematischere Neufassung von Rechtsakten, ABl. C 77/2002, 1 = HER I A 89/17. S. auch die Rahmenvereinbarung über die Beziehungen zwischen dem Europäischen Parlament und der Kommission, ABl. L 304/2010, 47 = HER I A 89/29.
63 S. zum Begriff der Durchführung auch § 8 *Rn.* 2 und zum Verfahren § 7 *Rn.* 21 ff.

Sonderfällen und im Bereich der GASP können Durchführungsakte auch dem Rat übertragen werden (Art. 291 Abs. 2 AEUV). Änderungen von Gesetzgebungsakten sind nur im Wege der Delegation gemäß Art. 290 AEUV möglich. Abgrenzungsprobleme kann es aber zwischen der Ergänzung und der Durchführung von Gesetzgebungsakten geben. Hier ist darauf abzustellen, ob der Kommission eine nur durch den Delegationsakt begrenzte gesetzgeberische Gestaltungsbefugnis übertragen werden soll, oder ob ihr eine exekutive Handlungsbefugnis eingeräumt werden soll, die nur insoweit ausgeübt werden kann, wie dies zur Herstellung einheitlicher Bedingungen in den Mitgliedstaaten erforderlich ist. Im ersten Fall ist eine Delegation nach Art. 290 AEUV zu erteilen, im zweiten eine Übertragung von Durchführungsbefugnissen nach Art. 291 AEUV.[64] Allerdings verfügt der Gesetzgeber über ein Ermessen bei der Entscheidung, ob er der Kommission eine delegierte Befugnis oder eine Durchführungsbefugnis einräumt, die der EuGH nur auf offensichtliche Beurteilungsfehler überprüft.[65] Die Verfahrensregeln für die Ausübung von Durchführungsbefugnissen sind in der VO 182/2011[66] geregelt. Mit ihr wurden die zuvor bestehenden Komitologieverfahren durch zwei Verfahren (Prüfverfahren, Beratungsverfahren) abgelöst.

- Handlungen zur Regelung der **Beziehungen mit Drittstaaten** und internationalen Organisationen (*§ 33 Rn. 1 ff.*), soweit sie nicht in Form der Verordnung oder des Beschlusses erfolgen (Abkommen und Beschlüsse der darin geschaffenen Institutionen),[67]
- Rechtlich verbindliche **Leitlinien** des ER (*§ 35 Rn. 3*) und des EZB-Rats (Art. 12.1, 14.3 ESZB-Satzung),
- **Programme** für Aktionen der EU. Soweit diese Programme in den Verträgen ausdrücklich vorgesehen sind, wie z.B. die Rahmen- und Durchführungsprogramme im Bereich der Forschungs- und Technologiepolitik (Art. 182, 184 AEUV), binden sie die Unionsorgane an den Planungsinhalt. Andere Programme bekunden die Absicht der Unionsorgane, entsprechend ihrem Inhalt zu handeln, und können das aus den Vertragsbestimmungen herzuleitende Gesetzgebungsprogramm der EU näher konkretisieren,[68]
- „**Mitteilungen**" der Organe,[69]
- „**Bekanntmachungen**", „**Leitlinien**", „**Gemeinschaftsrahmen**", in denen die Kommission ihre Praxis im Bereich des von ihr direkt zu vollziehenden Wettbewerbs- und Beihilfenrechts erläutert.[70]

40 Programmatische Äußerungen der Organe und Einrichtungen der EU werden vielfach in die Form einer „Entschließung" gekleidet.[71] Akte, die zwar nicht rechtlich verbind-

---

[64] Vgl. auch die Mitteilung der Kommission, Umsetzung von Artikel 209 des Vertrags über die Arbeitsweise der Europäischen Union, KOM (2009) 673, 9.12.2009; *R. Schütze*, European Constitutional Law, Cambridge 2012, 239 f.
[65] EuGH, Rs. C-427/12 (Kommission./. EP und Rat), Urteil v. 18.3.2014, Rn. 40.
[66] ABl. L 55/2011,13 = HER I A 82/21.
[67] Vgl. EuGH, Rs. C-192/89 (Sevince), Slg. 1990, 3461.
[68] Dies gilt z.B. für die Jahresgesetzgebungsprogramme (z.B. *oben Fn.* 3).
[69] Vgl. zu den Grenzen der Zulässigkeit erläuternder Mitteilungen der Kommission: EuGH, Rs. C-325/91 (Frankreich./.Kommission), Slg. 1993, I-3283; Rs. C-57/95 (Frankreich./.Kommission), Slg. 1997, I-1627; EuG, Rs. T-258/06 (Deutschland./.Kommission), Slg. 2010, II-2027.
[70] Dazu *Th. Jestaedt/U. Häsemeyer*, Die Bindungswirkung von Gemeinschaftsrahmen und Leitlinien im EG-Beihilfenrecht, EuZW 1995, 787 ff., sowie unten *§ 13 Rn.* 19.
[71] Vgl. die Antwort der Kommission auf die schriftl. Anfrage 451/83, ABl. C 246/1983, 12.

lich sind, gleichwohl aber Rechtswirkungen zu entfalten vermögen, können als europäisches „soft law" angesehen werden.[72]
Die in den Verträgen nicht näher ausgeformten Rechtshandlungen unterliegen ohne Unterschied im Hinblick auf ihre Bezeichnung oder Rechtsnatur der Rechtmäßigkeitskontrolle durch den EuGH, sofern sie geeignet oder dazu bestimmt sind, Rechtswirkungen zu erzeugen.[73]

41 Die EU kann sich im Übrigen auch der Gestaltungsformen des Zivilrechts bedienen, und zwar nicht nur für ihr fiskalisches Handeln, sondern auch für die Erfüllung bestimmter Unionsaufgaben.[74]

V. Rechtsakte der Gesamtheit der Mitgliedstaaten

1. Zuordnung

42 In den Verträgen ist in bestimmten Fällen vorgesehen, dass Rechtsakte durch die gemeinsam handelnden Mitgliedstaaten vorgenommen werden (z.B. die Ernennung der Mitglieder des EuGH und des EuG, Art. 253, 254 AEUV). Darüber hinaus können die Mitgliedstaaten – außerhalb der Bereiche ausschließlicher Unionstätigkeit (§ 33 Rn. 16ff.) – ihre völkerrechtlichen Kompetenzen nutzen, um Vereinbarungen zu treffen oder programmatische Erklärungen abzugeben, mit denen die Verwirklichung der Vertragsziele auf Gebieten gefördert werden soll, die in ihrem Zuständigkeitsbereich verbleiben oder auf denen die Unionsorgane von den ihnen zustehenden Kompetenzen noch keinen Gebrauch gemacht haben.

Das Zustandekommen dieser Rechtsakte richtet sich nicht nach Unionsrecht, sondern setzt eine völkerrechtliche Einigung der Staaten voraus. Doch ist bei ihrer Zuordnung darauf abzustellen, ob sie in den Verträgen ausdrücklich vorgesehen sind oder nicht. Auch wenn es an einer ausdrücklichen Verknüpfung mit den Verträgen mangelt (z.B. Abkommen über die Europäischen Schulen, über das Europäische Hochschulinstitut, § 4 Rn. 111), können aus Art. 4 Abs. 3 EUV Pflichten der Mitgliedstaaten erwachsen, die auf die Auslegung dieser Abkommen zurückwirken.[75]

Im Übrigen richtet sich das Verhältnis dieser Rechtsakte zu Bestimmungen des nationalen Rechts nicht nach dem Unionsrecht und dessen vorrangigem Geltungsanspruch, sondern nach den im jeweiligen Mitgliedstaat für internationale Verträge geltenden Grundsätzen.

2. Akte der im Rat vereinigten Vertreter der Regierungen der Mitgliedstaaten

43 Bei Zweifeln über die Reichweite der Unionszuständigkeit werden gelegentlich Übereinkommen der Mitgliedstaaten in Form eines Beschlusses der „im Rat vereinigten Vertreter der Regierungen der Mitgliedstaaten" gleichzeitig mit einem Rechtsakt des Rates (als Unionsorgan handelnd) gefasst. Neuerdings werden solche Beschlüsse auch von den im Rat vereinigten Vertretern der Regierungen der Mitgliedstaaten, die dem

---

72 Dazu näher *Peters*, in: FS R. Bieber (2007), 405 ff, 407 f.; *Schwarze*, Soft Law im Recht der Europäischen Union, EuR 2011, 1 ff.
73 EuGH, Rs. 22/70 (AETR), Slg. 1971, 263, 277 = EuR 1971, 242 ff. mit Anm. *Sasse*. EuGH, Rs. 294/83 (Les Verts./.EP), Slg. 1986, 1339; Rs. C-303/90 (Frankreich./.Kommission), Slg. 1991, 5315.
74 Dazu näher *Grunwald*, EuR 1984, 227 ff.
75 EuGH, Rs. 44/84 (Hurd./.Inspector of Taxes), Slg. 1986, 29 und Rs. C-4/89 (Kommission./.Belgien), Slg. 1990, 1595.

Euro-Währungsraum angehören, geschlossen (Beispiel s. unten). Diese Rechtsakte ergehen als einheitlicher Text, der in der Regel im Amtsblatt veröffentlicht wird. Trotz der Ausrichtung dieser Beschlüsse auf die Verwirklichung der Vertragsziele und ihrer engen formalen Verknüpfung mit dem Unionsrecht dürfen sie aber nur in den angeführten Grenzen (*Rn. 45*) dem Unionsbereich zugeordnet werden.

Derartige Vereinbarungen werden vielfach in der Form von Entschließungen verabschiedet.

BEISPIELE:

- Entschließung des Rates und der im Rat vereinigten Vertreter der Regierungen der Mitgliedstaaten vom 14. Februar 2002 zum Mehrwert, den das freiwillige Engagement junger Menschen im Rahmen der Entwicklung der Gemeinschaftsaktion zugunsten der Jugend bietet,[76]
- Entschließung „des Rates und der im Rat vereinigten Vertreter der Regierungen der Mitgliedstaaten zur Verbesserung der gegenseitigen Hilfeleistung zwischen Mitgliedstaaten bei natur- oder technologiebedingten Katastrophen" vom 8. Juli 1991,[77]
- „Internes Abkommen" der im Rat vereinigten Vertreter der Regierungen der Mitgliedstaaten über die Finanzierung und Verwaltung der Hilfen der Gemeinschaft im Rahmen des Finanzprotokolls zum Cotonou-Abkommen,[78]
- Beschluss der im Rat vereinigten Vertreter der Regierungen der Mitgliedstaaten vom 11. Mai 1991 zur Gewährung einer besonderen Hilfe für Bangladesch,[79]
- Beschluss der im Rat der Europäischen Union vereinigten Vertreter der Regierungen der dem Euro-Währungsgebiet angehörenden Mitgliedstaaten vom 10. Mai 2010.[80]

44 Dem Nutzen dieses Instruments als flexibler Form des vertragsergänzenden Handelns steht allerdings das Risiko einer Umgehung der dem Rat vertraglich vorgeschriebenen Verfahren gegenüber. Die Verträge, die ursprünglich das Instrument des Beschlusses der im Rat vereinigten Vertreter der Mitgliedstaaten ausdrücklich vorsahen, nehmen auf diese Rechtsform nicht mehr Bezug.

3. Übereinkommen europäischen Charakters

45 Die Mitgliedstaaten können ihre völkerrechtlichen Kompetenzen nutzen, um ein von ihnen für die Verwirklichung der Unionsziele für nützlich gehaltenes Übereinkommen zu schließen, sofern es sich nicht um einen in die ausschließliche Zuständigkeit der Union fallenden Bereich handelt und die Unionsorgane von den ihnen auf dem zu regelnden Gebiet zustehenden Befugnissen noch keinen entgegenstehenden Gebrauch gemacht haben.[81]

Diese Übereinkommen zählen nicht unmittelbar zum Unionsrecht, haben aber durch ihre Ausrichtung auf die Ziele der Union einen besonderen europäischen Charakter.

---

76 ABl. C 50/2002, 3 = HER I A 58/49.43.
77 ABl. C 198/1991, 1.= HER I A 70/5.
78 ABl. L 317/2000, 355 = HER I A 75/4.19. S. dazu auch EuGH, Rs. C-316/91 (EP./.Rat), Slg. 1994, I-625.
79 Pressemitteilung des Rates 6004/91 (Presse 60). S. dazu EuGH, Rs. C-181 und 248/91 (EP./.Rat und Kommission), Slg. 1993, 3685.
80 Rat der EU, 9410/10.
81 Vgl. das Übereinkommen über das Europäische Patent v. 15.12.1975, das später durch einen VO-Vorschlag der Kommission überholt wurde (*§ 20 Rn. 2*).

Sie können durch spätere Akte der Unionsorgane verdrängt werden, wie dies in einzelnen Fällen auch bereits geschehen ist.[82]

Ausdrücklich war der Abschluss europäischer Übereinkommen in Art. 293 EGV für die Regelung bestimmter Fragen, insbesondere des internationalen Privatrechts, und in Art. 34 Abs. 2 EUV a.F. für den Bereich der polizeilichen und justiziellen Zusammenarbeit in Strafsachen vorgesehen. Beide Vorschriften wurden durch den Vertrag von Lissabon gestrichen, da sie nach der Vergemeinschaftung der zu regelnden Sachgebiete gegenstandslos geworden sind. 46

VI. Normenhierarchie

Das Unionsrecht wird durch das **Prinzip der Normabstufung** geordnet und als Rechtssystem konstituiert.[83] Die Grundsätze der Normenhierarchie ergeben sich aus der Bindung des Handelns der Organe an die Verträge (Art. 5, 13 Abs. 2 EUV) sowie aus den Bestimmungen über die Vertragsänderung (Art. 48 EUV) und über die gerichtliche Kontrolle (Art. 263, 265, 267 AEUV). Anhand der dem positiven Recht zu entnehmenden Ordnungsprinzipien können jedoch nicht alle denkbaren (und in der Praxis auch entstehenden) Normenkonflikte aufgelöst werden. Weitere Zuordnungskriterien sind durch Auslegung sowie durch Rückgriff auf allgemeine Rechtsgrundsätze zu gewinnen. 47

Ungeklärt sind insbesondere einzelne Normenverhältnisse auf der Ebene der Verträge, das Verhältnis zwischen Normen verschiedener Form und/oder verschiedener Herkunft (unterschiedliche vertragliche Ermächtigung und verschiedene Rechtssetzungsorgane), aber auch für „vertikale" Normenverhältnisse, einschließlich der Beziehungen zum staatlichen Recht. Eine Klärung der Normverhältnisse auf Vertragsebene ist wegen der Wahl der für die Rechtsetzung durch die Organe maßgeblichen Rechtsgrundlage besonders bedeutsam (§ 7 Rn. 6).

Die geschriebenen und ungeschriebenen Bestimmungen der Gründungsverträge sowie das sie abändernde und ergänzende Recht nehmen im System des EU-Rechts gegenüber sonstigen Normen grundsätzlich den höchsten und untereinander den gleichen Rang ein, wie Art. 1 Abs. 2 AEUV für das Rangverhältnis der beiden EU-Verträge untereinander ausdrücklich klarstellt. 48

Die formale Gleichrangigkeit bildet für diese Normenkategorie allerdings nur den Rahmen des Systems und ein subsidiäres Ordnungselement bei Konflikten zwischen verschiedenen Bestimmungen. Die zentrale Kategorie zur Systematisierung innerhalb einer Normebene besteht auch nach dem Recht der EU in dem **Grundsatz der Spezialität**. Danach hat die einen Sachverhalt ausdrücklich regelnde Norm Vorrang vor einer allgemeinen Norm.[84] Soweit Normen sich nicht in ein lineares System der abnehmenden Spezialität ordnen lassen, wird über den Auslegungsgrundsatz der Effektivität die Bedeutung widersprüchlicher Normen relativiert, um eine möglichst gleichmäßige Verwirklichung zu ermöglichen.

---

82 So hat die VO Nr. 3 des Rates über die soziale Sicherheit der Wanderarbeitnehmer (ABl. 1958, 561, jetzt VO 883/2004, ABl. L 116/2004, 1 = HER I A 27/2.8, vgl. § 11 Rn. 108 f.) das von den Mitgliedstaaten der EGKS am 9.12.1957 unterzeichnete Abkommen abgelöst.
83 Dazu näher *Bieber*, Verfahrensrecht, 240 ff.
84 Vgl. etwa EuGH, Rs. 45/86 (Kommission./.Rat), Slg. 1987, 1493; Rs. 16/88 (Kommission./.Rat), Slg. 1989, 3457; Rs. 56/88 (Vereinigtes Königreich./.Rat), Slg. 1989, 1615; Rs. C-300/89 (Kommission./.Rat), Slg. 1991, I-2867; Rs. C-70/88 (EP./.Rat), Slg. 1991, I-4529; Rs. C-51, 90, 94/89 (Vereinigtes Königreich u.a../.Rat), Slg. 1991, I-2757; Rs. C-295/90 (EP./.Rat), Slg. 1992, I-4193. Dazu *D. Scheuing*, Der Rechtsgrundlagenstreit vor dem Gerichtshof, in: FS Börner, Köln u.a. 1991, 377–387; *K. Bradley*, The European Court and the Legal Basis of Community Legislation, ELR 1988, 379 ff.

49 **Allgemeinen Rechtsgrundsätzen** kommt grundsätzlich der Rang des Primärrechts zu,[85] doch bestehen auch einzelne verwaltungsrechtliche Grundsätze, die auf der Ebene des sekundären Rechts konkretisiert werden.[86]

50 **Rechtsakte des abgeleiteten Unionsrechts** stehen rangmäßig unter den Normen des primären Unionsrechts. Ausnahmsweise können jedoch Akte des abgeleiteten Unionsrechts Bestimmungen des primären Unionsrechts nach dessen Maßgabe punktuell ändern oder ergänzen (dazu *Rn. 11*) und erlangen dadurch in der Regel den Rang des primären Unionsrechts. Änderungen von Rechtsakten des abgeleiteten Rechts, im Rahmen eines Beitrittsvertrags, teilen die Rechtsqualität der durch sie geänderten Vorschriften (*Rn. 10*)

51 **Rechtsakte des abgeleiteten Unionsrechts** lassen sich untereinander gleichfalls in ein Rangverhältnis ordnen. So ist eine Grundverordnung des Rates bei der Auslegung einer aufgrund einer darin enthaltenen Ermächtigungsnorm durch die Kommission erlassenen Durchführungsverordnung heranzuziehen.[87]

52 **Die Abstufung innerhalb der Normen des abgeleiteten Rechts** muss allerdings nicht auf der unmittelbaren Ableitung einer Norm aus einer „Grundnorm" basieren. Sie kann auch aus der Anwendung der lex-posterior-Regel, aus dem Grundsatz der Spezialität oder aus der unterschiedlichen Qualität der Normen resultieren.[88]

Eine besondere Regel gilt für den „Schengen-Besitzstand": Während das Protokoll selbst zum Primärrecht gehört, sind die Bestimmungen des Besitzstands Teil des abgeleiteten Rechts, die hierarchisch aber unter den Vorschriften des sonstigen Sekundärrechts stehen (3. Absatz der Präambel des Protokolls).

Gegenüber dem Recht der Mitgliedstaaten jeder Rangstufe ist das EU-Recht grundsätzlich übergeordnet.[89]

C. Wirkung des Unionsrechts

I. Überblick

53 **Subjekte der Unionsrechtsordnung** sind die **Mitgliedstaaten** und die **Unionsorgane** sowie **natürliche und juristische Personen** (*§ 2 Rn. 1 f., 5*). Verschiedene Vorschriften der Verträge sehen Pflichten und Rechte von Privatpersonen ausdrücklich vor, z.B. Art. 20 bis 25 AEUV (Unionsbürgerschaft), Art. 101, 102 AEUV (Wettbewerbsregeln), doch bilden diese Bestimmungen keine Ausnahmen, sondern artikulieren ein generelles Merkmal der EU-Rechtsordnung, ihre **differenzierte Rechtswirkung**. Wenn und soweit unionsrechtliche Bestimmungen Rechte und Pflichte ohne eine Handlung staatlicher

---

[85] Vgl. *Schroeder*, in: Streinz, Art. 288 Rn. 18; *Akehurst*, The Application of General Principles of Law by the Court of Justice of the European Communities, BYIL 1981, 29 ff.; *Rengeling*, Rechtsgrundsätze beim Verwaltungsvollzug des Europäischen Gemeinschaftsrechts, 172 f.; *Schermers/Waelbroeck*, Judicial Protection in the European Communities, 25 ff.
[86] Beispiel: § 13 *Rn.* 25 a.E.
[87] Zu den hierbei zu beachtenden Grenzen, wenn dabei auf ein vereinfachtes Verfahren zurückgegriffen werden soll: EuGH, Rs. 25/70 (Köster./.Einfuhr- und Vorratsstelle), Slg. 1970, 1172. Vgl auch EuGH, Rs. 38/70 (Tradax), Slg. 1971, 135, und Rs. 23/75 (Rey Soda./.CassaZucchero), Slg. 1975, 1279.
[88] Einzelheiten bei *Bieber*, Verfahrensrecht, 254 ff.
[89] Grundlegend: EuGH Rs. 6/64 (Costa./.ENEL), Slg. 1964, 1225; Rs. 106/77 (Staatliche Finanzverwaltung./.SpA Simmenthal), Slg. 1978, 629; Rs. 249/85 (ALBAKO./.BALM), Slg. 1987, 2345; Rs. C-213/89 (Factortame), Slg. 1990, 2433. Dazu näher § 3 *Rn.* 33 ff.

Organe auslösen können, wird dies mit dem Begriff „**unmittelbarer Wirkung**" umschrieben.

Die Reichweite und Bindungswirkung der Verträge und der auf ihrer Grundlage erlassenen Normen ist allerdings nicht gleichförmig und nicht eindeutig bestimmt. Zwar enthält Art. 288 AEUV für die vier bedeutendsten Normenkategorien Festlegungen, doch sind diese weder vollständig noch ausschließlich. Für Verordnungen bestimmt Art. 288 AEUV die unmittelbare Geltung. Dieser Terminus, für den sich auch der Begriff „unmittelbare Anwendbarkeit" eingebürgert hat, umfasst stets eine potenzielle unmittelbare Wirkung. Ob sie in concreto vorliegt, bestimmt sich nach dem Inhalt der VO. Weiterhin betrifft „unmittelbare Geltung" eine Norm in ihrer Gesamtheit, „unmittelbare Wirkung" kommt dagegen, bei Vorliegen bestimmter Voraussetzungen, stets nur einer konkreten Einzelbestimmung zu. Weiterhin ist die unmittelbare Geltung von vornherein umfassend, d.h. gegenüber jedermann. Die unmittelbare Wirkung einer Bestimmung kann dagegen zeitlich bedingt und hinsichtlich der Berechtigten und Verpflichteten relativiert sein. Der Begriff „unmittelbare Geltung" bzw. „unmittelbare Anwendbarkeit" sollte daher nur im Zusammenhang mit Verordnungen verwendet werden.[90]

Zutreffend stützt sich der **EuGH** bei der Ermittlung der unmittelbaren Rechtswirkung von Handlungen der EU-Organe und einzelner Vertragsbestimmungen allein auf den **materiellen Gehalt der** Norm. So folgt nach dem Urteil in der Rs. „**Van Gend & Loos**" (*§ 2 Rn. 2, unten Rn. 56*) bereits aus der Rechtsnatur der Union, dass Vorschriften grundsätzlich unmittelbar wirksam sein können. Wesentliches Kriterium der Zuerkennung der unmittelbaren Wirksamkeit ist die Eignung einer Vorschrift, diese Wirkung zu entfalten, wohingegen es auf den Willen des Gesetzgebers nicht ankommt.

54

In der Konsequenz dieser Rechtsprechung liegt es, die unmittelbare Wirkung einzelner Vorschriften der Verträge und einzelner Vorschriften des abgeleiteten Rechts grundsätzlich für möglich zu halten.

Nicht gefestigt ist hingegen eine Rechtsprechung, die an eine vermeintlich existierende Unterscheidung von „Innen-" und „Außenwirkung" von Organhandlungen anknüpft und Rechtsschutz bisher nur gegenüber Akten der letztgenannten Kategorie gewähren will.[91]

55

II. Wirkung des Primärrechts

Die Gründungsverträge berechtigen und verpflichten in erster Linie die Mitgliedstaaten und ihre Institutionen (vgl. Art. 4 Abs. 3 EUV) sowie die Union und ihre Organe (Art. 5, 13 EUV). In Einzelfällen werden in den Verträgen ausdrücklich Rechte und Pflichten auch für Einzelne begründet (u.a. Art. 101, 102, 263, 265 AEUV). Darüber hinaus hat der EuGH einer Vielzahl von Vertragsbestimmungen eine unmittelbare Wirkung gegenüber Privaten zuerkannt:

56

> Ausgangspunkt der Rechtsprechung ist das Urteil „**Van Gend & Loos**" vom 5. Februar 1963.[92] Ein niederländisches Unternehmen hatte sich gegenüber einer Zollerhöhung auf die standstill-Klausel des Art. 12 EGV a.F. berufen. („Die Mitgliedstaaten werden untereinander

---

90 *Easson, A. J.*, The „direct effect" of EEC directives, JCQL 1979, 319 ff.; *Jarass, H.*, Voraussetzungen der innerstaatlichen Wirkung des EG-Rechts, NJW 1990, 2420 ff.
91 Vgl. GA *Van Gerven* in Rs. C-314/91 (Weber./.EP), Slg. 1993, I-1093. Dazu im einzelnen *Bieber*, Verfahrensrecht, 115 ff.
92 EuGH, Rs. 26/62 (Van Gend), Slg. 1963, 1.

weder neue Einfuhr- oder Ausfuhrzölle oder Abgaben gleicher Wirkung einführen noch die in ihren gegenseitigen Handelsbeziehungen angewandten erhöhen.") Der im Wege der Vorabentscheidung angerufene EuGH bejahte die unmittelbare Wirkung dieser Vorschrift, da sie eine **Unterlassungspflicht** beinhaltet, die klar und uneingeschränkt ist und deren Vollzug keines Eingriffs des staatlichen Gesetzgebers bedarf.

57 Seit dem zu Art. 110 AEUV ergangenen Urteil „Lütticke" vom 16. Juli 1966[93] hat der EuGH auch Vorschriften, die den Mitgliedstaaten nicht eine Unterlassungspflicht, sondern hinreichend klare **Handlungspflichten** auferlegen, unmittelbare Wirksamkeit beigelegt. Dies gilt selbst, wenn die Unionsrechtsnorm unbestimmte Rechtsbegriffe enthält, die der Auslegung bedürfen und deren Anwendung eine Beurteilung wirtschaftlicher Sachverhalte erfordert. Der EuGH hat dem Art. 110 Abs. 1 AEUV, wonach Mitgliedstaaten auf Waren aus anderen Mitgliedstaaten keine höheren inländischen Abgaben erheben dürfen als auf inländische Waren, unmittelbare Wirkung zuerkannt und somit die staatlichen Gerichte verpflichtet, die komplizierten Normen des nationalen Steuerrechts an dieser nur scheinbar einfachen Vorschrift zu messen.

> Als es in der Bundesrepublik Deutschland zu einer Vielzahl von finanzgerichtlichen Klagen kam, die insbesondere die Behandlung ausländischer Waren bei der Erhebung der damals noch nicht von der Mehrwertsteuer abgelösten Umsatzsteuer und der Umsatzausgleichsteuer aufwarfen, sah sich der Bundesfinanzhof sogar veranlasst, mit einem Antrag auf Vorabentscheidung in der Rechtssache „Molkerei-Zentrale"[94] die unmittelbare Wirkung des Art. 110 AEUV erneut infrage zu stellen. Sie verstoße gegen das Gewaltenteilungsprinzip, da es nicht Aufgabe von Gerichten sein könne, durch Tausende von Einzelentscheidungen eine versäumte Steuergesetzgebung zu ersetzen. Der EuGH hat auch angesichts dieser Kritik sein Urteil „Lütticke" bestätigt. Es ist aber einzuräumen, dass die unmittelbare Wirkung von Vertragsvorschriften die staatlichen Gerichte vor Probleme stellen kann, deren Lösung Aufgabe der Unionsgesetzgebung sein sollte.

58 Nach der Rechtsprechung des EuGH können bestimmte Vorschriften des Primärrechts auch zwischen Privaten unmittelbar wirksam sein *(Rn. 66).*

59 Eine unmittelbare Wirkung kommt dagegen nicht in Betracht für Vorschriften, die den Mitgliedstaaten Ermessen bei der Anpassung des nationalen Rechts an Verpflichtungen aus dem Unionsrecht einräumen.[95]

60 Die **Charta der Grundrechte** verpflichtet gemäß Art. 51 der Charta die Organe und Einrichtungen der Union im Rahmen ihrer Tätigkeit und bindet die Mitgliedstaaten, soweit diese Unionsrecht durchführen *(§ 2 Rn. 17).* Gleichwohl ist dadurch nach der Rechtsprechung des EuGH eine unmittelbare Wirkung der Unionsgrundrechte zwischen Privaten nicht grundsätzlich ausgeschlossen *(§ 2 Rn. 20).*

III. Wirkung des abgeleiteten Unionsrechts

61 Die Rechtsprechung zur unmittelbaren Wirkung hat sich in der Auslegung von Vertragsbestimmungen entwickelt und erst später zum abgeleiteten Unionsrecht Stellung genommen. Bei **Verordnungen** ergibt sich die Eignung zur unmittelbaren Wirkung als Folge der in Art. 288 AEUV ausdrücklich angeordneten unmittelbaren Geltung. Ob eine VO auch einem Privaten Pflichten und Rechte auferlegt, bedarf der Auslegung im Einzelfall.

---

[93] EuGH, Rs. 57/65 (Lütticke), Slg. 1966; 257. Siehe z.B. auch Rs. 33/70 (Sace), Slg. 1970, 1213.
[94] EuGH, Rs. 28/76 (Molkereizentrale), Slg. 1978, 214.
[95] EuGH, Rs. 43/71 (Hein), Slg. 1971, 729.

Umstritten war dagegen zunächst, ob auch **Richtlinienbestimmungen** unmittelbare Wirkung haben können, nachdem die in diesen vorgesehene Umsetzungsfrist abgelaufen ist. Nach Art. 288 Abs. 3 AEUV ist „die Richtlinie … für jeden Mitgliedstaat, an den sie gerichtet wird, hinsichtlich des zu erreichenden Ziels verbindlich, überlässt jedoch den innerstaatlichen Stellen die Wahl der Form und der Mittel". Es lag nahe, aus dieser Formulierung abzuleiten, dass Richtlinien vor ihrer Umsetzung durch den Mitgliedstaat keine unmittelbaren Wirkungen entfalten können. Doch ist es nach Auffassung des EuGH mit der den Richtlinien durch Art. 288 AEUV zuerkannten verbindlichen Wirkung unvereinbar, grundsätzlich auszuschließen, dass auch die den Mitgliedstaaten in Richtlinien auferlegten Verpflichtungen unmittelbar wirksam sein können. Bestimmungen einer Richtlinie, die **nicht fristgerecht und ordnungsgemäß** umgesetzt wurden, können deshalb nach der Rechtsprechung des EuGH unmittelbar wirksam sein, wenn sie **inhaltlich als unbedingt** und **hinreichend genau** erscheinen.[96]

Eine Vorschrift, die diesen Voraussetzungen genügt und subjektiv-öffentliche Rechte von Bürgern gegenüber dem Mitgliedstaat begründen soll, ist unmittelbar wirksam.[97] Ebenso können Richtlinienbestimmungen, die reine Behördenpflichten vorsehen, unmittelbare Wirksamkeit entfalten.[98] Dagegen kann ein Mitgliedstaat sich nicht zulasten eines Bürgers unmittelbar auf eine Richtlinienbestimmung berufen.[99] Auch im Verhältnis zwischen Privatpersonen ist die unmittelbare Wirkung von Richtlinienbestimmungen im Sinne einer direkten Horizontalwirkung ausgeschlossen.[100] Soweit eine Richtlinienbestimmung unmittelbar wirksam ist, müssen die zuständigen innerstaatlichen Stellen diese von Amts wegen berücksichtigen.[101]

Der **Rechtsgrund** für die unmittelbare Wirkung von Richtlinienbestimmungen ergibt sich zum einen aus dem Grundsatz der praktischen Wirksamkeit, dem „**effet utile**", von Rechtsvorschriften und zum anderen aus einer spezifischen Ausprägung des **Treu- und Glaubensgrundsatzes**.[102] Der Mitgliedstaat soll sich auf die fehlende Umsetzung der Richtlinie in nationales Recht nicht berufen können, wenn dies unredlich wäre, weil er selbst die Verletzung der Umsetzungspflicht zu vertreten hat.

> Von der unmittelbaren Wirkung einer nicht umgesetzten Richtlinie ist eine innerstaatliche Wirkung zweiten Grades zu unterscheiden, nämlich die Verpflichtung der Mitgliedstaaten und namentlich der innerstaatlichen Gerichte, das innerstaatliche Recht, wann immer das möglich ist, im Sinne der Richtlinie auszulegen.[103] Sie ist Ausfluss der Verpflichtung der Mitgliedstaaten zur unionsfreundlichen Auslegung und Anwendung des Unionsrechts.

Auch an Staaten gerichtete **Beschlüsse**[104] und **die von der Union geschlossenen völkerrechtlichen Verträge** können Bestimmungen mit unmittelbarer Wirkung enthalten.

---

96 EuGH, Rs. 8/81 (Becker), Slg. 1982, 53; Rs. 5/83 (Rienks), Slg. 1983, 4223. Siehe bereits Rs. 33/70 (SACE), Slg. 1970, 1213; Rs. 41/74 (Van Duyn), Slg. 1974, 1337, 1348; Rs. 51/76 (Nederlandse Ondernemingen), Slg. 1977, 113, und Rs. 148/78 (Ratti), Slg. 1979, 1629.
97 S. z.B. EuGH, Rs. 8/81 (Becker), Slg. 1982, 53.
98 EuGH, Rs. C-431/92 (Kommission./.Deutschland), Slg. 1995, I-2189 (Wärmekraftwerk Großkrotzenburg).
99 EuGH, Rs. 80/86 (Kolpinghuis Nijmegen), Slg. 1987, 3969, Rn. 9 f.
100 S. näher dazu und zur Wirkung von Richtlinien in „Dreiecksverhältnissen" unten Rn. 69.
101 EuGH, Rs. C-431/92 (Kommission./.Deutschland), Slg. 1995, I-2189 (Wärmekraftwerk Großkrotzenburg).
102 S. z.B. EuGH, Rs. 148/78 (Ratti), Slg. 1979, 1629. Eine völkerrechtliche Begründung der unmittelbaren Wirkung von Richtlinien gibt *Schilling, Th.*, Zur Wirkung von EG-Richtlinien, ZaöRV 1988, 637 ff.
103 EuGH, Rs. 14/83 (Von Colson), Slg. 1984, 1891 und Rs. 79/83 (Harz), Slg. 1984, 1921. Dazu *Nicolaysen, G.*, Urteilsbesprechung, EuR 1984, 380 ff.; 391; Rs. 31/87 (Gebr. Beentjes), Slg. 1988, S. 4635; Rs. C-106/89 (Marleasing), Slg. 1990, I-4135.
104 EuGH, Rs. 9/70 (Grad), Slg. 1970, 825, 838.

Doch gelten für Letztere engere Voraussetzungen einer solchen Wirkung (*§ 33 Rn. 30 f.*).

Empfehlungen kommt keine unmittelbare Wirkung zu. Doch sind sie gegebenenfalls bei der Anwendung des innerstaatlichen Rechts zu berücksichtigen.[105]

65 Die Wirkung der **untypischen Handlungsformen** (*Rn. 39 ff.*) muss in jedem Einzelfall ermittelt werden. Die Dichotomie „innen/außen" ist allerdings zur Qualifizierung ungeeignet.[106] Dies zeigt z.B. der EU-Haushaltsplan, dessen Rechtswirkung über den organschaftlichen Bereich hinausreicht und auch die Mitgliedstaaten erfasst (*§ 5 Rn. 5*). Die Geschäftsordnung eines Organs ist eine Maßnahme der internen Organisation, die keine neuen Zuständigkeiten für das Organ begründen kann.[107] Allerdings können auch Geschäftsordnungen und interinstitutionelle Vereinbarungen Rechtswirkungen außerhalb des Organs entfalten.[108] Hinsichtlich der **zeitlichen Wirkung** von Rechtshandlungen enthalten die Verträge keine Bestimmungen. Eine Rückwirkung ist nur ausnahmsweise zulässig (*§ 7 Rn. 42*).

IV. Die unmittelbare Wirkung im Verhältnis zwischen Privatpersonen („Drittwirkung" des Unionsrechts)

66 Vorschriften des **primären Unionsrechts** können in Rechtsstreitigkeiten zwischen Privatpersonen Anwendung finden. Dies ist selbstverständlich, soweit das Unionsrecht zivilrechtliche Rechtsfolgen anordnet, etwa die Nichtigkeit von Kartellverträgen nach Art. 101 Abs. 2 AEUV. Daneben können Normen des Unionsrechts, die eine Staatenverpflichtung beinhalten, zur Klärung einer Vorfrage in einem innerstaatlichen Zivilrechtsstreit herangezogen werden. So kann einer Unterlassungsklage wegen Verletzung eines Patent- oder Markenrechts das Verbot der Maßnahmen gleicher Wirkung wie mengenmäßiger Beschränkungen entgegenstehen, da dieses Verbot in bestimmten Fällen die nationalen Rechtsvorschriften, die eine solche Klage erlauben, unanwendbar werden lässt (*§ 11 Rn. 54*).

Bei der Beurteilung der Frage der **Drittwirkung der Grundfreiheiten** ist zu berücksichtigen, dass sich die Grundfreiheiten in erster Linie an die Mitgliedstaaten richten und die Annahme einer Drittwirkung zu einer Einschränkung der Privatautonomie der beteiligten Wirtschaftsteilnehmer und Verbände führt. Eine Drittwirkung sollte deshalb allenfalls in den Fällen angenommen werden, in denen das Verhalten Privater zu einer Problemlage führt, die der durch eine staatliche Beschränkung herbeigeführten Situation äquivalent ist (*§ 10 Rn. 23*). Nach der Rechtsprechung des EuGH ist zu differenzieren: In Bezug auf die Arbeitnehmerfreizügigkeit geht der EuGH von einer weitgehenden Drittwirkung aus (*§ 11 Rn. 88 f.*). Im Rahmen der Dienstleistungsfreiheit bejaht der EuGH die Drittwirkung kollektiver Regelungen durch private Verbände (*§ 11 Rn. 125*). Demgegenüber entfalten die Vorschriften über die Warenverkehrsfreiheit nach der Rechtsprechung keine Drittwirkung (*§ 11 Rn. 32*).

---

105 EuGH, Rs. 322/88 (Grimaldi), Slg. 1989, 4407.
106 Dazu und rechtvergleichend m.w.N. *Bieber*, Verfahrensrecht, 115 ff.
107 Vgl. zur GO-EP EuGH, verb. Rs. C-200/07 und C-201/07 (Marra), Slg. 2008, I-7929 Rn. 38; verb. Rs. C-393/07 und C-9/08 (Italien u.a./.EP), Slg. 2009, I-3679, Rn. 48.
108 So wurde das Petitionsrecht zum EP bis 1993 ausschließlich aufgrund der GO-EP gewährleistet. S. jetzt Art. 24 Abs. 2, 227 AEUV.

Der EuGH nimmt zudem eine umfassende Drittwirkung des **Verbots ungleicher Entlohnung von Männern und Frauen** in Art. 157 AEUV an, die sich sowohl auf kollektive Regelungen als auch auf Einzelarbeitsverträge erstreckt (*§ 22 Rn. 30*).

Aus der allgemeinen Geltung von **Verordnungen** folgt ihre grundsätzliche Eignung zur Drittwirkung. Dagegen können **Richtlinien**, auch soweit einzelne ihrer Bestimmungen unmittelbar wirksam sind, im Verhältnis zwischen Privatpersonen nicht geltend gemacht werden,[109] denn die Gesichtspunkte von Treu und Glauben, die es dem Bürger erlauben, sich gegenüber staatlichen Stellen auf Richtlinienbestimmungen zu berufen, greifen gegenüber Privatpersonen nicht durch. Private sind nicht verpflichtet, für die rechtzeitige Umsetzung einer Richtlinie einzustehen. Eine Richtlinie kann deshalb nicht selbst Verpflichtungen für einen Einzelnen begründen, so dass einem Einzelnen gegenüber eine Berufung auf eine Richtlinie als solche ausgeschlossen ist.[110] Allerdings kann Unternehmen, die kraft staatlichen Rechtsakts unter staatlicher Aufsicht Dienstleistungen im öffentlichen Interesse erbringen, unabhängig von ihrer Rechtsform eine unmittelbar anwendbare Richtlinienbestimmung entgegengehalten werden.[111]

67

Nach der Rechtsprechung des EuGH schließen horizontale Wirkungen auf die Rechte Dritter in sog. **Dreiecksverhältnissen** das Recht eines Einzelnen nicht aus, sich gegenüber einem Mitgliedstaat auf die Bestimmungen einer Richtlinie zu berufen.[112] Ein Dreiecksverhältnis liegt vor, wenn die Anwendung von Richtlinienvorschriften bestimmte Einzelne begünstigen und zugleich negative Auswirkungen auf andere haben (z.B. die Verpflichtung zur Durchführung eines behördlichen Genehmigungsverfahrens). Jedenfalls dürfte in den Fällen, in denen eine Richtlinienbestimmung ein subjektives Recht einräumen soll, die angestrebte Berechtigung den Vorrang vor der damit verbundenen belastenden Wirkung haben, und deshalb eine unmittelbare Wirksamkeit möglich sein, die zu einer mittelbaren Horizontalwirkung führt.

Außerdem muss nach der Rechtsprechung des EuGH ein nationales Gericht bei der Anwendung des nationalen Rechts seine **Auslegung soweit wie möglich am Wortlaut und Zweck der Richtlinie ausrichten**, um das mit der Richtlinie verfolgte Ziel zu erreichen und auf diese Weise Art. 288 Abs. 3 AEUV nachzukommen.[113] Damit kann der Grundsatz, wonach das Unionsrecht bei der Auslegung und Anwendung des innerstaatlichen Rechts auch im Verhältnis zwischen Privaten zu berücksichtigen ist, zu einer indirekten Drittwirkung von Richtlinien im Privatrechtsverkehr führen. Dabei fordert der EuGH von dem nationalen Gericht, dass es unter Berücksichtigung des gesamten innerstaatlichen Rechts und unter Anwendung der dort anerkannten Auslegungsmethoden alles tut, was in seiner Zuständigkeit liegt, um die volle Wirksamkeit der Richtlinie zu gewährleisten und zu einem Ergebnis zu gelangen, das mit dem von

---

109 EuGH, Rs. 152/84 (Marshall), Slg. 1986, 723; Rs. 80/86 (Kolpinghuis Nijmegen), Slg. 1987, 3969; Rs. C-188/89 (British Gas), Slg. 1990, I-3313.; Rs. 91/92 (Faccini Dori), Slg. 1994, S. 3325; C-102/02 (Delena Wells), Slg. 2004, I-723, Rn. 56; Rs. C-282/10 (Dominguez), Urteil v. 24.1.2012, Rn. 42; Rs. C-176/12 (Association de mediation sociale), Urteil v. 14.1.2014, Rn. 36; Rs. C-351/12 (OSA), Urteil v. 27.2.2014, Rn. 43.
110 EuGH, Rs. C-282/10 (Dominguez), Urteil v. 24.1.2012, Rn. 37; Rs. C-351/12 (OSA), Urteil v. 27.2.2014, Rn. 47.
111 EuGH, Rs. C-356/05 (Farrell), Slg. 2007, I-3067, Rn. 40; Rs. C-282/10 (Dominguez), Urteil v. 24.1.2012, Rn. 39.
112 Vgl. EuGH, Rs. C-102/02 (Delena Wells), Slg. 2004, I-723, Rn. 57; verb. Rs. C-152 bis 154/07 (Arcor), Slg. 2008, I-5959, Rn. 35 ff.
113 EuGH, Rs. C-106/89 (Marleasing), Slg. 1990, I-4135; Rs. verb. C-334/92 (Wagner Miret), Slg. 1993, I-6911; Rs. 91/92 (Faccini Dori), Slg. 1994, 3325; Rs. C-240 bis 244/98 (Océano Grupo Editorial), Slg. 2000, I-4941; Rs. C-355/07 (Küküdeveci), Slg. 2010, I-365, Rn. 48.

der Richtlinie verfolgten Ziel im Einklang steht.[114] Der Grundsatz der unionsrechtskonformen Auslegung darf allerdings nicht zu einer Auslegung contra legem des nationalen Rechts führen.[115] Aufgrund dieser sehr weitgehenden Anforderungen des EuGH an die richtlinienkonforme Auslegung von innerstaatlichem Recht entsteht im Ergebnis in vielen Fällen eine tatsächliche horizontale Wirkung auch von Richtlinien.[116]

D. Übergangsregelung für besondere Rechtsakte der GASP und der PJZSs

68 Bis zum Inkrafttreten des Vertrags von Lissabon sahen **Art. 12 EUV a.F.** für den Bereich der **Gemeinsamen Außen- und Sicherheitspolitik (GASP)** und **Art. 34 Abs. 2 EUV a.F.** für den Bereich der **polizeilichen und justiziellen Zusammenarbeit in Strafsachen (PJZS)** eigene, von den im EGV geregelten Handlungsformen unterschiedene Rechtsakte vor.[117]

69 Durch den Vertrag von Lissabon wurden die besonderen Handlungsformen der GASP und der PJZS beseitigt und das System der Rechtshandlungsformen der EU damit erheblich vereinfacht. Das Protokoll (Nr. 36) über die Übergangsbestimmungen enthält eine detaillierte **Übergangsregelung** für die auf der Grundlage des EUV vor dem Inkrafttreten des Vertrags von Lissabon erlassenen Rechtsakte, einschließlich der zwischen den Mitgliedstaaten geschlossenen Übereinkommen (Art. 9 f. des Protokolls). Diese sieht vor, dass die betreffenden Rechtsakte ihre Rechtswirkung behalten, bis sie aufgehoben, geändert oder für nichtig erklärt werden. Die Einschränkungen der gerichtlichen Kontrolle (Art. 46 EUV a.F.) sind für unveränderte Rechtsakte über einen Zeitraum von fünf Jahren nach Inkrafttreten des Lissabon-Vertrags bestehen geblieben. Danach sind die Beschränkungen des gerichtlichen Rechtsschutzes entfallen.

E. Literatur

v. Alemann, Florian, Die Handlungsform der interinstitutionellen Vereinbarung, Berlin u.a. 2006; *Alves, Carlos Manuel*, La hierarchie du droit dérivé unilatéral à la lumière de la constitution européenne: révolution juridique ou sacrifice au nominalisme?, CDE 2004, 691 ff.; *Barbou des Places, Ségolène* (Hg.), Aux marges du traité: Déclarations, protocoles et annexes aux traités européens, Brüssel 2011; *Bernhardt, Wilfried*, Verfassungsprinzipien – Verfassungsgerichtsfunktionen – Verfassungsprozessrecht im EWG-Vertrag, Berlin 1987; *Bieber, Roland*, Das Verfahrensrecht von Verfassungsorganen, Baden-Baden 1992; *ders./Salomé, Isabel*, Hierarchy of Norms in European Law, in: CMLR 1996, 907 ff.; *ders./Ress, Georg* (Hg.), Die Dynamik des Europäischen Gemeinschaftsrechts/The Dynamics of EC law, Baden-Baden 1987; *Bleckmann, Albert*, Die Rechtsquellen des Europäischen Gemeinschaftsrechts, NVwZ 1993, 824 ff.; *Craig, Paul*, The Legal Effect of Directives: policy, rules and exceptions, ELR 2009, 349 ff.; *v. Danwitz, Thomas*,

---

114 EuGH, C-212/04 (Adeneler u.a.), Slg. 2006, I-6057, Rn. 111; Rs. C-282/10 (Dominguez), Urteil v. 24.1.2012, Rn. 27; Rs. C-176/12 (Association de mediation sociale), Urteil v. 14.1.2014, Rn. 38; Rs. C-351/12 (OSA), Urteil v. 27.2.2014, Rn 44.
115 EuGH, Rs. C- 268/06 (Impact), Slg. 2008, I-2483, Rn. 100; Rs. C-282/10 (Dominguez), Urteil v. 24.1.2012, Rn. 25; Rs. C-176/12 (Association de mediation sociale), Urteil v. 14.1.2014, Rn. 39; Rs. C-351/12 (OSA), Urteil v. 27.2.2014, Rn. 45.
116 Ähnlich *Götz, V.*, Europäische Gesetzgebung durch Richtlinien, NJW 1992, 1849 ff., 1854. S. auch *Classen, C.-D.*, Zur Bedeutung von EWG-Richtlinien für Privatpersonen, EuZW 1993, 83 ff.
117 S. dazu näher die 10. Auflage dieses Lehrbuchs, § 6 Rn. 67 ff. Vgl. auch *v. Bogdandy/Bast/Arndt*, Handlungsformen im Unionsrecht, ZaöRV 2002, 77 ff.; *Schönberger*, Der Rahmenbeschluss. Unionssekundärrecht zwischen Völkerrecht und Gemeinschaftsrecht, ZaöRV 2007, 1107 ff.; *Schroeder*, Neues vom Rahmenbeschluss: ein verbindlicher Rechtsakt der EU, EuR 2007, 349 ff.; *Haltern*, Rechtsschutz in der dritten Säule der EU, JZ 2007, 772 ff.

§ 6 Rechtsquellen

§ 6

Rechtswirkungen von Richtlinien in der neueren Rechtsprechung des EuGH, JZ 2007, 697 ff.; *Everling, Ulrich,* Zur rechtlichen Wirkung von Beschlüssen, Entschließungen, Erklärungen und Vereinbarungen des Rates oder Mitgliedstaaten der EG, in: GS Constantinesco, Köln u.a. 1983, 133 ff.; wiederabgedruckt in: *ders.*, Das Europäische Gemeinschaftsrecht im Spannungsfeld von Politik und Wirtschaft, Baden-Baden 1985, 105 ff.; *Gerkrath, Jörg,* L'émergence d'un droit constitutionnel pour l'Europe, Brüssel 1997; *Gronen, Vera,* Die „Vorwirkung" von EG-Richtlinien: die Auswirkungen Europäischer Richtlinien auf die nationale Legislative und Judikative im Zeitraum zwischen Richtlinienvorschlag und Ablauf der Umsetzungsfrist, Baden-Baden 2006; *Grunwald, Jürgen,* Die nicht-völkerrechtlichen Verträge der EG, EuR 1984, 227 ff.; *Haratsch, Andreas,* Zur Dogmatik von Rücknahme und Widerruf von Rechtsakten der Europäischen Gemeinschaft, EUR 1998, 387 ff.; *Herdegen, Matthias,* Vertragliche Eingriffe in das „Verfassungssystem" der Europäischen Union, in: FS Everling, Baden-Baden 1995, 447 ff.; *Hofmann, Herwig,* Normenhierarchie im Europäischen Gemeinschaftsrecht, Berlin 2000; *Jarass, Hans,* Folgen der innerstaatlichen Wirkung von EG-Richtlinien, NJW 1991, 2665 ff.; *ders./Beljin, Sasa,* Grenzen der Privatbelastung Dritter durch unmittelbar wirkende Richtlinien, EuR 2004, 714 ff.; *Kaiser, Joseph H.,* Die im Rat vereinigten Vertreter der Regierungen der Mitgliedstaaten, in: FS Ophüls, Karlsruhe 1965, 107 ff.; *v. Kielmansegg, Sebastian,* Tücken im Dreieck: die individualbelastende Richtlinienwirkung im Unionsrecht, EuR 2014, 30 ff.; *Knauff, Matthias,* Europäisches soft law als Gegenstand des Vorabentscheidungsverfahrens, EuR 2011, 755 ff; *Koopmans, Thijmen,* Regulations, directives, measures, in: FS Everling, Baden-Baden 1995, 691 ff.; *Klein, Eckart,* Objektive Wirkungen von Richtlinien, in: FS Everling, Baden-Baden 1995, 641 ff.; *Kühling, Jürgen,* Vorwirkungen von EG-Richtlinien bei der Anwendung nationalen Rechts: Interpretationsfreiheit für Judikative und Exekutive?, DVBl. 2006, 857 ff.; *Lenaerts, Koen/Desomer, Marlies,* Towards a hierarchy of Legal Acts in the European Union? Simplification of Legal Instruments and Procedures, CMLR 2005, 744 ff., *Lutter, Markus,* Zum Umfang der Bindung durch Richtlinien, in: FS Everling, Baden-Baden 1995, 765 ff.; *McDonnell, Alison,* The Hierarchy of Norms in EU Law – Empowering and controlling the Commission, in: FS R. Bieber, Baden-Baden 2007, 372 ff.; *Möllers, Christoph/v. Achenbach, Jelena,* Die Mitwirkung des Europäischen Parlaments an der abgeleiteten Rechtsetzung der Europäischen Kommission nach dem Lissabonner Vertrag, EuR 2011, 39 ff.; *Nettesheim, Martin,* Der Grundsatz der einheitlichen Wirksamkeit des Gemeinschaftsrechts, in: GS Grabitz, München 1995, 447 ff.; *ders.,* Normenhierarchien im EU-Recht, EuR 2006, 737 ff.; *Oldenbourg, Andreas,* Die unmittelbare Wirkung von EG-Richtlinien im innerstaatlichen Bereich, München 1984; *Ostertun, Dietrich,* Gewohnheitsrecht in der Europäischen Union, Frankfurt/M. 1996; *Peters, Anne,* Typology, Utility and Legitimacy of European Soft Law, in: FS R. Bieber, Baden-Baden 2007, 405–428; *Riehm, Thomas,* Die überschießende Umsetzung vollharmonisierender EG-Richtlinien im Privatrecht, JZ 2006, 1035 ff.; *Schilling, Theodor,* Rang und Geltung von Normen in gestuften Rechtsordnungen, Berlin 1994;*Tobler, Christa,* Die Rechtssachen M-1/05 und M-20/05 im Lichte der EuGH-Entscheidung Mangold, in: FS Bieber, Baden-Baden 2007, 241 ff.; *Winter, Gerd* (Hg.), Sources and categories of European Union law, Baden-Baden 1996; *Wölker, Ulrich,* Die Normenhierarchie im Unionsrecht in der Praxis, EuR 2007, 32 ff.

§ 7 Rechtsetzungsverfahren

A. Grundzüge

1 Für die Erzeugung des Rechts der EU ist zwischen allgemeinen und speziellen Verfahren zur **Ausführung der Verträge** und den Verfahren zur **Änderung und Ergänzung der Verträge** zu unterscheiden. Die Ausführung der Verträge durch Rechtsetzung erfolgt im Regelfall in alleiniger Verantwortung der EU-Institutionen. Änderungen und Ergänzungen der Verträge erfordern dagegen, von wenigen Ausnahmen abgesehen, die förmliche Zustimmung der Mitgliedstaaten.

Charakteristisch für die EU-Rechtsetzung ist das Zusammenwirken mehrerer Organe sowie die Einbindung von organisierten Interessen und den Mitgliedstaaten in den Entscheidungsprozess. Danach liegen Initiative und Gesetzesvorbereitung bei der **Kommission** (Art. 17 Abs. 2 EUV), öffentliche Beratung und Beschlussfassung gemeinsam bei **Parlament** (Art. 14 Abs. 1 EUV) und **Rat** (Art. 16 Abs. 1 EUV). Die Hilfsorgane **Wirtschafts- und Sozialausschuss** und der **Ausschuss der Regionen** erfüllen Beratungsfunktionen.

2 Durch den Vertrag von Lissabon wurde die zuvor bestehende Verfahrensvielfalt auf zwei Kategorien, das „ordentliche" und das „besondere" Gesetzgebungsverfahren reduziert (Art. 289 AEUV). Die **ordentliche Gesetzgebung** erfolgt nach dem Modell des zuvor bestehenden **Mitentscheidungsverfahrens** (ex Art. 251 EGV) in zwei Lesungen (Art. 294 AEUV, *Rn. 23, 24*). Sein Anwendungsbereich wurde erweitert.

3 Die übereinstimmenden Elemente vertraglicher und abgeleiteter Einzelregelungen, die von den Organen erlassenen Geschäftsordnungen sowie interinstitutionelle Vereinbarungen bilden insgesamt die Grundlage des **EU-Verfahrensrechts**. Soweit es sich dabei nicht nur um Ordnungsvorschriften oder interne Organisationsmaßnahmen handelt, bilden diese Verfahrensregeln „**wesentliche Formvorschriften**" im Sinne von Art. 263 Abs. 1 AEUV. Ihre Verletzung kann daher zur Aufhebung eines Rechtsakts führen.[1]

4 Nicht zur Rechtsetzung im eigentlichen Sinne gehört die sog. „**offene Koordinierung**". Ausgehend von dem Modell des Art. 149 AEUV verallgemeinerte der Europäische Rat von Lissabon (2000) dieses Konzept, um mit Methoden außerhalb der traditionellen Rechtsinstrumente ein gemeinsames Verhalten der Mitgliedstaaten zu erreichen.[2] Diese Methoden beruhen auf dem Prinzip der **freiwilligen Befolgung** gemeinsam fixierter Ziele. Sie umfassen die Festlegung von Leitlinien sowie qualitativer und quantitativer Indikatoren für die Entwicklung in den Mitgliedstaaten und regelmäßige Überwachung, Bewertung und gegenseitige Prüfung.

Der Verzicht auf die verpflichtende Wirkung des Rechts nimmt von den Mitgliedstaaten den Druck zu zielkonformem Verhalten. Die „offene Koordinierung" bildet keine Alternative zur verbindlichen Festlegung von Rechtsregeln, sondern kann allenfalls der Vorbereitung für den Erlass gemeinsamen Rechts dienen.

---

[1] Vgl. EuGH, Rs. C-137/92 P (BASF./.Kommission), Slg. 1994, I – 2555, Rn. 76; Rs. C-65/93 (EP./.Rat), Slg. 1995, I – 643, Rn. 21 m.w.N. S.a. *Bieber*, Das Verfahrensrecht (7. F), 339 ff.

[2] Europäischer Rat v. 24. März 2000, Schlussfolgerungen des Vorsitzes, Ziff. 37, Bull. EG Nr. 3/2000, Ziff. I.1-I.22 und Weissbuch der Kommission „Europäisches Regieren", ABl. C 287/2001, Kap. 3; dazu *Braams, Feldmann*, (§ 7 F.).

B. Rechtsetzung zur Ausführung der Verträge

I. Überblick

Die überwiegende Zahl der EU-Rechtsakte kommt auf Vorschlag der Kommission durch übereinstimmenden Beschluss von Europäischem Parlament und Rat zustande. In Ausnahmefällen ist das Mitentscheidungsrecht des EP je nach Gegenstand zugunsten des Rates, der Kommission oder der EZB gestuft bzw. ausgeschlossen. Die übrigen Organe und Hilfsorgane sind an der Rechtsetzung durch Anhörung (je nach Bereich obligatorisch oder fakultativ) beteiligt. Eine Befugnis zur normativen Gestaltung besteht nur hinsichtlich ihrer Aufgabenerfüllung. Bei Untätigkeit eines Organs können andere Organe nicht an dessen Stelle handeln.[3]

Zahlreiche **Einzelfragen** des Rechtsetzungsverfahrens wurden mithilfe *interinstitutioneller Vereinbarungen* geregelt.[4] Der Vertrag von Lissabon enthält dazu eine ausdrückliche Ermächtigung (Art. 295 AEUV, zur Rechtswirkung *§ 6 Rn. 42*).

II. Rechtsgrundlage

Angesichts der Fortdauer unterschiedlicher Rechtsetzungsverfahren, aber auch im Hinblick auf die Pflicht zur Ermittlung des jeweils zulässigen Handlungsumfangs[5] muss die vertragliche Grundlage einer geplanten Rechtshandlung eindeutig bestimmt werden. Maßgeblich dafür sind objektive und gerichtlich nachprüfbare Umstände, insbesondere das Ziel und der Inhalt der Handlung.[6] Für einen Rechtsakt ist grundsätzlich nur eine Rechtsgrundlage heranzuziehen. Werden mit einem Rechtsakt mehrere Ziele verfolgt, so bestimmt der sachliche Schwerpunkt der Maßnahme die Rechtsgrundlage und damit das anzuwendende Verfahren. Bei sachlich untrennbaren, aber verschiedenen Gegenständen eines Rechtsaktes müssen jedoch sämtliche Rechtsgrundlagen herangezogen und zitiert werden.[7]

Die ausschließliche Verwendung materieller Elemente für die Ermittlung der einschlägigen Rechtsgrundlagen – und damit des anwendbaren Verfahrens – stößt dann auf Schwierigkeiten, wenn mehrere Ermächtigungsnormen kumuliert werden können bzw. müssen, keine Vertragsnorm ersichtlich überwiegt und die Ermächtigungsnormen unterschiedliche Entscheidungsverfahren vorsehen. Der EuGH lässt dann die Heranziehung von zwei Rechtsgrundlagen mit unterschiedlichen Verfahrensregeln zu, wobei das Verfahren anzuwenden ist, das dem EP die weitergehenden Beteiligungsrechte einräumt.[8] Solange es nicht gelingt, ein Verfahren zwischen den Organen zu entwickeln, das einvernehmliche Festlegungen von Rechtsgrundlage und Ge-

---

3 *Ausnahme*: Provisorische Lückenfüllung durch die Kommission, wenn z.B. Beschlüsse über die Agrarpreise nicht zustande kommen. Dazu: *Ehlermann* in Fs. Carstens, 81 ff.; *Schwarze*, Ungeschriebene Geschäftsführungsbefugnisse (§ 7. F).
4 Beispiele: Interinstitutionelle Vereinbarung „Bessere Rechtsetzung" v. 16. Dezember 2003, ABl. C 321/2003, 1 = HER I A 89/24; sowie die „Rahmenvereinbarung" von EP und Kommission v. 20. Oktober 2010, ABl. L 304/2010, 47 = HER I A 89/29.
5 Vgl. Art. 5 Abs. 1 EUV („Grundsatz der begrenzten Einzelermächtigung").
6 EuGH, Rs. C – 130/10 (EP/Rat), U. v. 19. Juli 2012; Rs. C-411/06, (Kommission/EP, Rat) Slg. 2009, I-7585; Rs. C-155/07, (EP/Rat) Slg. 2008, I-8103; Rs. C-440/05 (Kommission./.Rat), Slg. 2007, I – 9097, Rn. 61; Rs. C-94/03, (Kommission/Rat) Slg. 2006, I-1; Rs. C-178/03, (Kommission/EP, Rat) Slg. 2005, I-7879; Rs. C-36/98, (Spanien/Rat) Slg. 2001, I-779, Rn. 54 ff.; EuGH, Gutachten 2/00 (Cartagena-Protokoll) Slg. 2001, I-9713; Rs. C–42/97 (EP/.Rat), Slg. 1999, I- 869, Rn. 36.
7 EuGH Rs. C-94/03 (Kommission./.Rat), Slg. 2006, I-1. Zum Verhältnis von Bestimmungen des EAGV und des AEUV als Rechtsgrundlage vgl. EuGH Rs. C – 490/10 (EP/. Rat), U. v. 6. September 2012.
8 EuGH Rs. C – 155/07 (EP/Rat), Slg. 2008, I – 8103; Rs. C – 166/07 (EP/ Rat), Slg. 2009, I – 7135; Rs. C – 178/03 (Kommission/Rat), Slg. 2005, I – 7879. S. aber EuGH, Rs. C – 130/10 (EP/Rat), U. v. 19. Juli 2012, Rn. 46–49.

Bieber

setzgebungsverfahren bereits im Vorfeld einer Maßnahme ermöglicht,[9] muss die Begründung eines Rechtsakts jedenfalls erkennen lassen, auf welche Weise und aus welchen Gründen die Abwägung zwischen den verschiedenen möglichen Verfahren erfolgt ist.

III. Gesetzgebungsinitiativen

7   Das **Initiativrecht** (Art. 17 Abs. 2 EUV) verschafft der Kommission formell ein Monopol zur Entscheidung über Zeitpunkt, Form und inhaltliche Ausgestaltung einer Gesetzgebungsmaßnahme. Auch verfügt die Kommission über die Möglichkeit, den weiteren Gang des Gesetzgebungsverfahrens durch Änderung oder Zurückziehung ihres Vorschlags zu beeinflussen (Art. 293 AEUV).[10] In der Praxis berücksichtigt die Kommission in allen Stufen des Verfahrens Vorschläge und die Haltung der Mitgliedstaaten und der anderen Organe.

In einzelnen, thematisch im Vertrag bezeichneten Fällen verfügen auch das Europäische Parlament (Art. 223 Abs. 1, 2 AEUV), Gruppen von Mitgliedstaaten (Art. 76 lit. b) AEUV), die EZB, der EuGH und die EIB über ein förmliches Vorschlagsrecht (Art. 289 Abs. 4 AEUV).

Daneben sind das Europäische Parlament und der Rat im gesamten Spektrum der Ausführung der Verträge berechtigt, die Kommission zur Vorlage von Vorschlägen aufzufordern (Art. 225, 241 AEUV). Außerdem begründen Art. 11 Abs. 4 EUV und Art. 24 Abs. 1 AEUV die Möglichkeit einer **Bürgerinitiative**.[11] Danach können mindestens eine Million EU-Bürger aus mindestens einem Viertel der Mitgliedstaaten die Kommission auffordern, Vorschläge für Rechtsakte zur Umsetzung der Verträge zu unterbreiten.

Allerdings kann die Kommission auf diesem Wege nur zur Prüfung, nicht jedoch zur Vorlage eines bestimmten Vorschlags verpflichtet werden. Gegenüber EP und Rat ist die Kommission zur Begründung verpflichtet, wenn sie dem Vorschlag nicht folgt. Sinngemäß gilt dies auch für Bürgerinitiativen (Art. 10 Abs. 1 VO 211/2011).

8   Im Übrigen wird die Ausübung des Initiativrechts von einer gemeinsamen **Gesetzgebungsplanung** der Organe überlagert.[12] Gemäß der interinstitutionellen Erklärung v. 16. Dezember 2003[13] unterbreitet die Kommission allgemeine Arbeitsprogramme, die fortlaufend angepasst werden.

IV. Anhörungen

9   Ein Kennzeichen des EU-Entscheidungssystems bildet das institutionalisierte Bemühen, externe Sachkompetenz, politische Autorität, Gruppeninteressen und allgemeine Interessen zu Gehör zu bringen und auf diese Weise Rückkopplungsprozesse in Gang zu setzen und die Legitimation des Handelns der Organe vor einer abschließenden Entscheidung zu stärken. In der Praxis wirken Interessengruppen informell auf allen Ebenen auf den Entscheidungs- und Willensbildungsprozess ein. Von Kommission und EP wurde ein „**Transparenzregister**" errichtet, das zur öffentlichen Erkennbarkeit dieser Einwirkung beitragen soll.[14]

---

9 Vgl. jedoch das vom EP eingeführte besondere Prüfungsverfahren, Art. 37 GO-EP.
10 Zu den Voraussetzungen einer Rücknahme EuGH, Rs. C – 409/13 (Rat/Kommission), ABl. C 274/2013, 15.
11 Einzelheiten, insbesondere zu den Mindestquoten von Unterschriften aus den einzelnen Mitgliedstaaten und zum Verfahren in VO 211/2011, ABl. L 65/2011, 1 = *HER I A 12a/1*. Dazu *Bieber/Maiani* (§ 7 F.).
12 Dazu näher *Christian von Buttlar*, (§ 7 F.), 249 ff.
13 ABl. C 321/2003, 1 = *HER I A 89/24*. Dazu Rahmenvereinbarung v. 20. Oktober 2010, s.o. Anm. 4.
14 Interinst. Vereinbarung v. 23. Juni 2011, ABl. L 191/2011, 29 = *HER I A 12a/2*.

Als Ausdruck des Bemühens um „partizipative Demokratie" wird der Dialog zwischen den Bürgern, den repräsentativen Verbänden und der Zivilgesellschaft mit den Organen der Union in den Rang eines Verfassungsgebots erhoben (Art. 11 Abs. 1, 2 EUV). Speziell für das Gesetzgebungsverfahren konsolidiert Art. 2 des Protokolls Nr. 2 zum EUV (Subsidiarität) die bisherige Praxis der Kommission, vor Unterbreitung des Vorschlags eines Rechtsakts die Betroffenen anzuhören. Fakultative **Anhörungen** der Organe und Hilfsorgane, d.h. ohne ausdrückliche vertragliche Verpflichtung, sind ohne Weiteres zulässig.[15]

1. Anhörungen des EP

Soweit das EP kein Recht zur Mitentscheidung besitzt, muss es in der Regel vor dem Erlass eines Rechtsakts angehört werden. Der Rat darf dann erst nach Eingang der Stellungnahme beschließen[16] (Ausnahme: Art. 218 Abs. 6 lit. b AEUV: Abkommen der EU, § 33 Rn. 22). Allerdings ist das EP aufgrund des **Gebots zur wechselseitigen Rücksichtnahme** dazu verpflichtet, sich innerhalb angemessener Zeit zu äußern. Verletzt es diese Pflicht, darf der Rat auch ohne Äußerung des EP entscheiden.[17] Die Stellungnahmen des EP im einfachen Konsultationsverfahren entfalten nur eine formelle, nicht aber eine materielle Bindungswirkung für den Rat. 10

Soweit nicht das ordentliche Gesetzgebungsverfahren anwendbar ist (*Rn. 18*) können Anhörungen des EP in Einzelfällen mit einer **Konzertierung** verbunden werden. Dieses Verfahren ist bei der Beschlussfassung über Rechtsakte anwendbar, die allgemeiner Tragweite sind, ins Gewicht fallende finanzielle Auswirkungen haben und deren Erlass nicht schon aufgrund früherer Rechtsakte geboten ist. Die Anwendung ist vorgesehen bei dem Erlass von Durchführungsbestimmungen zum Direktwahlbeschluss.[18] Das durch *Gemeinsame Erklärung* von Rat, Kommission und Parlament am 4. März 1975 eingeführte Verfahren[19] kann von EP und Rat eingeleitet werden, wenn der Rat beabsichtigt, von einer Stellungnahme des Parlaments abzuweichen. In einem aus Vertretern der drei Organe gebildeten Gremium soll dann binnen drei Monaten eine Annäherung der Standpunkte versucht werden. 11

2. Anhörung sonstiger Organe und Hilfsorgane

Die **Beteiligung** des **WSA** und des **Ausschusses der Regionen** an der Gesetzgebung erfolgt durch obligatorische oder fakultative Anhörung. Für die Abgabe einer Stellungnahme kann beiden Gremien eine Frist gesetzt werden, nach deren Ablauf das Fehlen der Stellungnahme unberücksichtigt bleiben kann. Beide Ausschüsse können auch aus eigener Initiative Stellungnahmen abgeben. Das EP kann ebenfalls Stellungnahmen beider Ausschüsse anfordern (Art. 304, 307 AEUV). In Einzelfällen ist vor Erlass spezieller Rechtsakte eine Anhörung des **Rechnungshofes** (z.B. Art. 322 AEUV), der **EZB** (z.B. Art. 127 Abs. 4 AEUV) und weiterer Einrichtungen vorgesehen (z.B. **Wirtschafts- und Finanzausschuss**, Art. 134 Abs. 2 AEUV). 12

---

15 EuGH Rs. 165/87 (Kommission./.Rat), Slg. 1988, 5545 (Rn. 20).
16 EuGH Rs. 138 und 139/79 (Roquette und Maizena./.Rat), Slg. 1980, 3333.
17 EuGH Rs. C-95/93 (EP./.Rat), Slg. 1995, I-643, Ziff. 27, 28. Problematisch allerdings die Begründung für den Erlass der RL 2004/82 ohne Anhörung des EP. ABl. L 261/2004, 24 (Erwägungsgründe 3-6). Zur Kooperationspflicht der Organe, *Bieber*, Das Verfahrenrecht (7. F), 107 ff.
18 Anhang II zum Direktwahlakt v. 20. September 1976, ABl. L 278/1976, 10 (i.d.F. 2002).
19 ABl. C 89/1975, 1 = *HER I A* 90/1.2.

3. Experten und staatliche Beamte, Sozialpartner

13 An den Entscheidungsverfahren sind staatliche Experten auf mehreren Ebenen beteiligt. Bereits bei der Ausarbeitung ihrer Entwürfe hört die Kommission regelmäßig Vertreter der staatlichen Ministerien, aber auch unabhängige Experten und Interessenvertreter an.[20] Nach Befassung des Rates erfolgt die Beratung zunächst auf der Ebene der Arbeitsgruppen, die aus den staatlichen Fachbeamten gebildet sind. Besonders intensiv ist die Einwirkungsmöglichkeit der staatlichen Beamten auf die Rechtsetzung der Union dann, wenn der Kommission gemäß Art. 291 AEUV der Erlass von Durchführungsmaßnahmen übertragen wurde, diese Übertragung jedoch an die Befassung von Ausschüssen, gebildet aus staatlichen Beamten, geknüpft ist (*Rn. 23*).

14 Besondere Formen des Zusammenwirkens bestehen im Bereich der **Sozialpolitik** für die **Anhörung der Sozialpartner** (Art. 154, 155 AEUV).[21] Die Einwirkung von Interessengruppen auf das Rechtsetzungsverfahren ist im WSA institutionalisiert (*Rn. 12*).

V. Beschlussfassung

1. Überblick

15 Die Entscheidung über einen Vorschlag liegt im Regelfall gemeinsam bei Parlament und Rat (Verfahren der „ordentlichen Gesetzgebung", *Rn. 18*) ausnahmsweise beim Rat allein (*Rn. 24 ff.*). In besonderen Fällen kann auch die Kommission allein entscheiden (Erlass „delegierter Rechtsakte" und Maßnahmen der « Durchführung », *Rn. 21 ff.*).

16 Vor einer abschließenden Entscheidung sind Rat und Parlament befugt, die Kommissionsvorschläge zu ändern (Art. 293 AEUV). Die Grenzen zulässiger Änderungen werden durch den Gegenstand und den Zweck des Vorschlags bestimmt.[22] Auch die jeweils von der Kommission vorgeschlagene Rechtsgrundlage (Rn. 6) darf geändert werden.[23] Es ist unzulässig, bei Gelegenheit der Verabschiedung eines Vorschlags der Kommission einen sachlich damit nicht zusammenhängenden Text als „Änderung" oder als „Schlussfolgerung" (mit Rechtswirkung) zu beschließen.[24] Unabhängig davon, ob von Rat oder Kommission beschlossen, müssen bei vertraglich gebotenen Anhörungen „wesentliche" Änderungen dem EP zur erneuten Beratung vorgelegt werden.[25]

17 Die Art der Beschlussfassung der einzelnen Organe (erforderliche Mehrheiten, Quorum, interne Vorbereitung) ergibt sich z.T. aus den Verträgen, z.T. ist sie in den jeweiligen Geschäftsordnungen geregelt. Danach entscheidet der Rat je nach Gegenstand einstimmig, mit qualifizierter Mehrheit oder mit einfacher Mehrheit. Das Parlament beschließt im Regelfall mit einfacher Mehrheit. Nur in Ausnahmefällen sind ein Quorum der Abstimmenden und eine qualifizierte Mehrheit vorgeschrieben. Die Kommission beschließt in der Regel mit Mehrheit.

---

20 Dazu *Pilniok*, EuR 2014/1, 62–85.
21 Dazu näher *Gadbin* (7. F), *Britz/Schmidt* (7. F).
22 Vgl. EuGH Rs. 355/87 (Kommission./.Rat), Slg. 1989, 1517.
23 EuGH Rs. C – 63/12 (Kommission/Rat), U. v. 19. November 2013 (Rn. 62).
24 EuGH Rs. C-27/04 (Kommission./.Rat), Slg., 2004, I – 6649, Rn. 80–89.
25 EuGH Rs. C-65/90 (EP./.Rat), Slg. 1992, 4593; Rs. C-388/92 (EP./.Rat), Slg. 1994, 2067, Rn. 10; Rs. C-392/95 (EP./.Rat), Slg. 1997, I-3213.

2. Ordentliches Gesetzgebungsverfahren

Der Vertrag von Lissabon führte ein „ordentliches Gesetzgebungsverfahren" ein (Art. 289, 294 Abs. 1 AEUV). Es bildet den Regelfall der EU-Beschlussfassungsverfahren. Es ging hervor aus dem seit 1993 anwendbaren Verfahren der Mitentscheidung gemäß Art. 251 EGV. Das Verfahren institutionalisiert die Zusammenarbeit von Rat und EP zum Zwecke der Verabschiedung eines für beide Organe akzeptablen Textes; beseitigt also das ursprüngliche Letztentscheidungsrecht des Rates zugunsten eines parlamentarischen Vetorechts. EP und Rat prüfen einen Vorschlag der Kommission grundsätzlich in zwei Lesungen, sofern nicht beide Organe bereits nach einer Lesung übereinstimmen. Einzelheiten des Verfahrens wurden in einer Gemeinsamen Erklärung von EP, Rat und Kommission vereinbart.[26]

18

Das Verfahren durchläuft mindestens drei und maximal acht Phasen:

a) **Vorschlag** der Kommission (Art. 294 Abs. 2);

b) **1. Lesung des EP**. Darin hat das EP folgende Möglichkeiten (Art. 294 Abs. 3):
- Zustimmung,
- Änderung,
- Ablehnung.

Das EP äußert sich dabei in der Form eines **Standpunkts**.

c) **1. Lesung des Rates**. Der Rat hat folgende Möglichkeiten (Art. 294 Abs. 4):
- Zustimmung zu dem Standpunkt des EP und Erlass des Rechtsakts gemäß diesem Standpunkt. In dieser Variante endet das Verfahren mit dem Erlass.
- Festlegung eines eigenen **Standpunkts** und Übermittlung an das EP. In diesem Fall schließt sich eine 2. Lesung des EP an.

d) **2. Lesung des EP**. Die zweite Lesung des EP bezieht sich auf den Standpunkt des Rates. Das EP hat binnen einer Frist von 3 Monaten folgende Möglichkeiten (Art. 294 Abs. 7):
- stillschweigende oder ausdrückliche **Zustimmung** zu dem Standpunkt des Rates. **Dann** gilt der Rechtsakt in der Fassung des Ratsstandpunkts als erlassen. Das Verfahren endet.
- **Ablehnung** des Standpunkts. Dann endet das Verfahren ebenfalls ohne Verabschiedung des Vorschlags.
- **Änderungen** am Standpunkt des Rates. Nur in diesem Fall kommt es zu einer 2. Lesung im Rat (und zu einer erneuten Befassung der Kommission).

e) **Stellungnahme der Kommission** zu den Änderungen am gemeinsamen Standpunkt. Je nach dem Ergebnis dieser Stellungnahme muss der Rat einstimmig oder mit qualifizierter Mehrheit abstimmen (Art. 294 Abs. 9).

f) **2. Lesung des Rates** mit folgenden Möglichkeiten:
- Billigung aller Abänderungen des EP (Einstimmigkeit erforderlich, wenn die Kommission abgelehnt hatte). Das Verfahren endet dann, der Rechtsakt gilt in dieser Form als erlassen.
- Bei fehlender Billigung oder Ablehnung: Einberufung eines Vermittlungsausschusses (Art. 294 Abs. 8 lit. b).

---

26 Gemeinsame Erklärung v. 13. Juni 2007, ABl. C 145/ 2007, 5 = *HER I A* 89/27.

g) Der **Vermittlungsausschuss** (bestehend aus Vertretern von EP und Rat, Teilnahme der Kommission) bemüht sich um einen gemeinsamen Entwurf auf der Grundlage der Standpunkte von Rat und EP in zweiter Lesung. Doch besitzt der Ausschuss ein weites Ermessen bei der Erarbeitung eines gemeinsamen Entwurfs.[27] Der Ausschuss hat zwei Möglichkeiten:

- kann er sich nicht auf einen gemeinsamen Entwurf einigen, dann endet das Verfahren, der Vorschlag gilt als abgelehnt (Art. 294 Abs. 12);
- billigt er einen gemeinsamen Entwurf, dann kommt es zu einer dritten Lesung in Parlament und Rat (Art. 294 Abs. 13).

h) EP und Rat beschließen in **dritter Lesung** über den gemeinsamen Entwurf.

- Wenn beide Organe (mit bestimmten Mehrheiten) zustimmen, so wird der Rechtsakt gemäß dem gemeinsamen Entwurf erlassen.
- Lehnt eines von beiden Organen den gemeinsamen Entwurf ab oder stimmt dem Entwurf nicht binnen sechs Wochen zu, so gilt der Entwurf als abgelehnt, das Verfahren endet.

Für das gesamte Verfahren gelten kurze Fristen, die gemäß Art. 294 Abs. 14 AEUV verlängert werden können.

3. Verfahren der Zustimmung

19 Für einige Rechtsakte von besonderer Tragweite begründet der AEUV – in allerdings unsystematischer Weise – **ein Zustimmungserfordernis des EP**. Die Mehrzahl dieser Akte beruht auf einer Initiative der Kommission und bedarf der einstimmigen Verabschiedung durch den Rat. Für die parlamentarische Zustimmung genügt im Allgemeinen die einfache Mehrheit, jedoch muss sie für Beitritte (Art. 49 EUV), das einheitliche Wahlverfahren (Art. 223 Abs. 1 AEUV) sowie die Annahme des mehrjährigen Finanzrahmens (Art. 312 Abs. 2 AEUV) von der Mehrheit der dem Parlament angehörenden Mitglieder erteilt werden.

Diese Verfahrensgestaltung führt dann zu einem gleichgewichtigen Zusammenwirken der Institutionen, wenn tatsächlich nur die Wahl zwischen Ablehnung und Zustimmung besteht. Das gilt für Entscheidungen über den Beitritt neuer Staaten und über den Abschluss von Abkommen der Gemeinschaft. Dagegen erscheint das Konzept dort verfehlt oder zumindest nicht vollständig durchdacht, wo über Rechtshandlungen zu entscheiden ist, die in jedem Verfahrensschritt geändert werden können. In diesen Fällen erzwingt das parlamentarische Zustimmungsrecht faktisch zwei Lesungen in Parlament und Rat, denn die Zustimmung des Parlaments dürfte häufig erst nach Änderungen am Vorschlag der Kommission erteilt werden.[28] Ob der Rat diese Änderungen übernehmen kann, zeigt sich erst während der Beschlussfassung im Rat, also nach einer ersten Beratung im Parlament. Gerade wegen des Erfordernisses der Einstimmigkeit im Rat dürfte in den Fällen der parlamentarischen Zustimmung ein dringender Bedarf nach Verhandlungen zwischen Parlament und Rat – also dem Einsatz des für andere Verfahren vorgesehenen Vermittlungsausschusses aus Art. 294 AEUV – bestehen.

---

27 EuGH, Rs. C – 344/04 (International Air Transport Association IATA), Slg. 2006, I-403, Rn. 58 f..
28 Vgl. Art. 81 Abs. 3 GO-EP (Beispiel vor Inkrafttreten des Vertrages von Lissabon: Art. 161 EGV, Regelungen über die Strukturfonds).

4. Beschlussfassung über den Haushaltsplan

Die Beschlussfassung über den Haushaltsplan erfolgt in einem besonderen Entscheidungsverfahren gemäß Art. 314 AEUV, das mit seinen gesteigerten Mitwirkungsrechten des Parlaments und dem System der zwei Lesungen ursprünglich als Modell für das spätere ordentliche Gesetzgebungsverfahren diente. Der Vertrag von Lissabon hat das Haushaltsverfahren auch im Vergleich zum ordentlichen Gesetzgebungsverfahren erheblich vereinfacht. Ergänzende Details regeln die Haushaltsordnung[29] und interinstitutionelle Absprachen.[30]

Gemäß Art. 314 AEUV legt die Kommission den Entwurf eines Haushaltsplans vor dem 1. September eines jeden Jahres dem Rat und dem EP vor. Der Rat beschließt binnen eines Monats (spätestens vor dem 1. Oktober) seinen Standpunkt und übermittelt diesen dem EP. Das EP kann diesen Standpunkt ausdrücklich oder stillschweigend billigen. Ist dies binnen 42 Tagen der Fall, dann gilt der Haushaltsplan als erlassen. Schlägt das EP Abänderungen vor, die der Rat nicht akzeptiert, kommt es zu einem Vermittlungsverfahren. Steht an dessen Ende ein gemeinsamer Entwurf, so kann dieser in Kraft treten, wenn beide Organe ausdrücklich oder stillschweigend zustimmen. Lehnt der Rat den Vermittlungsvorschlag ab, so kann das EP seine Position bestätigen. Der Haushaltsplan ist dann in dieser Fassung angenommen. Lehnt das Parlament den Vermittlungsvorschlag ab oder kann sich der Vermittlungsausschuss nicht einigen, muss die Kommission einen neuen Vorschlag vorlegen. Die vor dem Vertrag von Lissabon für das Verfahren und insbesondere die Rechte des EP bedeutsame Unterscheidung zwischen obligatorischen und sonstigen Ausgaben (vgl. Art. 272 Abs. 4 EGV) ist entfallen.

Der Präsident des EP stellt gemäß Art. 314 Abs. 9 AEUV nach Abschluss des Verfahrens den Haushaltsplan als **Rechtsakt besonderer Art** (*§ 6 Rn. 39*) von Amts wegen fest.[31] Anschließend wird der Haushaltsplan im Amtsblatt veröffentlicht.

Kommt bis zum Beginn eines Haushaltsjahrs ein Haushaltsplan nicht zustande, so können die Organe Mittel in Höhe von monatlich einem Zwölftel des Haushaltsentwurfs ausgeben. Überschreitungen bedürfen der Zustimmung des Rates, das EP besitzt ein Einspruchsrecht (Art. 315 AEUV).

5. Verfahren zum Erlass delegierter Rechtsakte und von Durchführungsrecht

Im Einklang mit einer gefestigten Verfassungspraxis der Mitgliedstaaten ist der EU-Gesetzgeber befugt, zwischen *„Grund"*- und *„Ausführungs"*-Normen zu differenzieren und den Erlass von Ausführungsnormen einem anderen Organ zu übertragen. Abweichungen von den für Gesetzgebung maßgeblichen Verfahrensregeln waren schon bisher grundsätzlich zulässig, sofern in der Grundnorm die wesentlichen Elemente nach dem für die jeweilige Materie vorgesehenen Verfahren geregelt wurden.[32] Die Durchführungsnorm musste den durch die Grundnorm vorgegebenen Rahmen einhalten. Wurden die in der Grundnorm vorgegebenen wesentlichen Bestimmungen verändert,

---

29 VO 966/2012, ABl. L 298/2012, 1.
30 Insbesondere die Interinstitutionelle Vereinbarung v. 2. Dezember 2013 (Anhang), ABl. C 373/2013, 1.
31 Dazu EuGH Rs. C – 77/11 (Rat/EP), U. v. 17. September 2013.
32 EuGH, Rs. 46/86 (Romkes), Slg. 1987, 2671, Ziff. 16 und Rs 156/93 (EP./.Kommission) Slg. 1995, 2019, Rn. 18.

so war die abgeleitete Norm nach den vertraglichen Verfahrensvorschriften zu erlassen.³³

Der Vertrag von Lissabon führt die Unterscheidung zwischen **„delegierter"** Rechtsetzung (Art. 290 AEUV) und dem Erlass von **Durchführungsmaßnahmen** zu Rechtsakten der Union ein (Art. 291 AEUV). Erstere dient dazu, die Gesetzgebung von technischen Einzelheiten zu entlasten und rasche Anpassungen zu ermöglichen. Letztere sind dazu bestimmt, den administrativen Vollzug von Rechtsakten zu gewährleisten (§ 8 Rn. 1). „Ergänzung" (Art. 290 AEUV) und „Durchführung" (Art. 291 AEUV) lassen sich allerdings nicht immer eindeutig abgrenzen.³⁴

In beiden Fällen entscheidet der Gesetzgeber der Union über die Art der Befugniszuweisung an die Kommission und damit über das jeweils anwendbare Verfahren.

a) Delegierte Rechtsakte

22 Das Europäische Parlament und der Rat können gemäß Art. 290 AEUV der Kommission die Befugnis zum Erlass allgemeiner Regeln zur Ergänzung oder Änderung bestimmter nicht wesentlicher Vorschriften eines zuvor beschlossenen Gesetzgebungsakts übertragen und diese Übertragung an bestimmte Bedingungen knüpfen. Diese Bedingungen sind im Rahmen der in Art. 290 Abs. 2 bezeichneten Möglichkeiten in dem jeweiligen Rechtsakt festzulegen. Als einzige zulässige Bedingungen nennt Art. 290 Abs. 2 den jederzeitigen Widerruf durch EP oder Rat und die Schaffung eines Einspruchsrechts für Rat oder EP vor Inkrafttreten des delegierten Rechtsakts. Wie der Widerruf oder das Einspruchsrecht im Einzelnen ausgestaltet werden, steht im Ermessen des Gesetzgebers.³⁵ So können Einspruch und Widerruf kombiniert oder einzeln vorgesehen werden.³⁶ Der delegierte Rechtsakt muss nicht notwendigerweise dieselbe Form wie der Gesetzgebungsakt annehmen. So kann z.B. eine RL durch eine VO ergänzt werden.³⁷

b) Durchführungsrecht

23 Die Durchführung des Rechts der Union obliegt **grundsätzlich den Mitgliedstaaten** (Art. 291 Abs. 1 AEUV). Diese legen die entsprechenden Maßnahmen allgemeiner oder individueller Art gemäß ihren innerstaatlichen Bedingungen fest, sie sind dabei allerdings verpflichtet, die volle Wirksamkeit de Rechts der Union zu gewährleisten (§ 8 Rn. 18). **Soweit jedoch einheitliche Bedingungen für die Durchführung erforderlich sind**, werden diese im Regelfall **von der Kommission, ausnahmsweise vom Rat** erlassen (Art. 291 Abs. 2 AEUV). Erfolgt die Durchführung durch die Kommission, können die Mitgliedstaaten darüber eine Kontrolle ausüben. Zu diesem Zweck sind im Wege der ordentlichen Gesetzgebung „allgemeine Regeln und Grundsätze" festzulegen, auf welche Weise diese Kontrolle ausgeübt wird. Im Jahre 2011 wurde ein entsprechender Rechtsakt zur Ausführung von Art. 291 Abs. 2 verabschiedet.³⁸ Er knüpft an das zuvor geltende, auf (alt) Art. 202 EGV gestützte, Regelungssystem (**„Ausschussverfahren"**) an.

---

33 EuGH, Rs. 303/94, (EP./. Rat), Slg. 1996, I – 2943, Rn. 23 ff.; Rs. C – 14/ 06 und C – 295 / 06 (EP, Dänemark./.Kommission), Slg. 2008, I – 1649.
34 Dazu EuGH, Rs. C – 427/12 (Kommission/EP, Rat), U. v. 18. März 2014, Rn. 33 ff. S.a. *Stelkens*, EuR 2012, Nr. 5, 511–545.
35 Zu den Einzelheiten der möglichen Rechtsfolgen eines Einspruchs bzw. Widerrufs *Fabricius* (F.), 586 ff.
36 Beispiel für die Verbindung von Einspruch und Widerruf: VO 1173/2011 (haushaltspolitische Überwachung), Art. 8 Abs. 3; Abs. 5, ABl. L 306/2011, 1 = *HER I A* 53/5.2.
37 Beispiel: Ermächtigung in Art. 5, RL 2010/31, ABl. L 153/2010, 13, ausgeführt durch die Delegierte VO 244/2012, ABl. L 81/2012, 18.
38 VO 182/2011, ABl. L 55/ 2011, 13 = *HER I A* 82/ 21.

Danach steht dem Gesetzgeber die Wahl zwischen vier Verfahren offen. Gemeinsamer Nenner dieser Verfahren ist die Beteiligung eines Ausschusses staatlicher Beamter an der Entscheidung über die Durchführungsmaßnahme.[39] Die Intensität der Beteiligung des jeweiligen Ausschusses unterscheidet die Verfahren voneinander. Sie kann sich auf Beratung beschränken oder Mitentscheidungsrechte über den weiteren Verfahrensgang umfassen.

- Bei dem **Beratungsverfahren** hört die Kommission den Ausschuss und fasst dann einen Beschluss unter Berücksichtigung von dessen Stellungnahme (Art. 4, VO 182/2011).
- Bei dem **Prüfverfahren** (Art. 5, VO 182/2011) bedarf der Vorschlag der Kommission im Regelfall der Zustimmung des Ausschusses, doch kann ein Rechtsakt auch erlassen werden, wenn der Ausschuss keine Stellungnahme abgibt (Art. 5 Abs. 2 und 4 Unterabs. 1). In bestimmten Fällen muss diese Zustimmung ausdrücklich erklärt werden (Art. 5 Abs. 4 Unterabs. 2).
- Außerdem wird ein **Berufungsverfahren** vorgesehen (Art. 6 VO 182/2011). Bei dessen Anwendbarkeit (z.B. bei Anti-Dumping-Maßnahmen, Art. 5 Abs. 5 der VO) befindet ein „Berufungsausschuss" über die geplante Maßnahme der Kommission. Wenn er diese ausdrücklich ablehnt, dann kann die Kommission den Durchführungsakt nicht erlassen.
- Weiterhin sind vereinfachte Verfahren für Ausnahmefälle und für besondere Dringlichkeiten vorgesehen (Art. 7, 8, VO 182/2011).

Bei der Entscheidung über den konkreten Einsatz eines der Verfahren ist der Gesetzgeber an bestimmte, in Art. 2 der VO bezeichnete Kriterien insoweit gebunden, als er Abweichungen von diesen Kriterien begründen muss.[40] Die Regelung begründet ein Informationsverfahren zur kontinuierlichen Unterrichtung von Rat und EP über die Tätigkeit der Ausschüsse (Art. 11).

6. Sonstige außerordentliche Verfahren

Für den Erlass einzelner Rechtsakte sieht der AEUV besondere Verfahren vor. So gilt z.B. im Bereich der justiziellen Zusammenarbeit in Strafsachen zwar das ordentliche Gesetzgebungsverfahren (Art. 82 AEUV), doch besteht insoweit eine Besonderheit, als ein Mitgliedstaat die Befassung des Europäischen Rates verlangen kann, wenn die geplante Maßnahme Grundfragen seines Strafrechtssystems berührt. Wird in diesem Rahmen kein Einvernehmen erzielt, kann eine Gruppe von mindestens neun Staaten in einem vereinfachten Verfahren eine verstärkte Zusammenarbeit (*Rn. 35*) beschließen (Art. 82, 83, 87 AEUV). Weitere Sonderverfahren gelten u.a. für das Zustandekommen des Haushaltsplans (*Rn. 20 ff.*), den Abschluss internationaler Abkommen (*§ 33 Rn. 21 ff.*); den Beschluss über die Direktwahl (*§ 4 Rn. 31*); Beschlüsse über die Schaffung eigener Mittel (*Rn. 31*); die WWU (*§ 21 Rn. 18 ff.*); Handlungen der EZB (Art. 132 AEUV); die Durchführung von Vereinbarungen der Sozialpartner (Art. 154, 155 AEUV); die Wahrnehmung der Aufgaben der EP-Mitglieder (Art. 223 AEUV); Regeln über das parlamentarische Untersuchungsrecht (Art. 226 AEUV); Regeln über die Tätigkeit des Bürgerbeauftragten (Art. 228 Abs. 4 AEUV); den Erlass einzelner Geschäftsordnungen sowie bei autonom zu erlassenden Rechtsakten.

Diese Verfahren bewirken je nach Materie eine verstärkte Rolle des EP (Bürgerbeauftragter, Untersuchungsrecht, Statut der Abgeordneten), eine Verknüpfung mitgliedstaatlicher Beschlussfassung mit der Union (eigene Einnahmen, Direktwahl) oder eine

---

[39] Daher die Terminologie „Ausschussverfahren" oder „Komitologie", zur gesamten Thematik: *Adenas/Türk, Joerges/Falke, Töller* (7. F).
[40] EuGH, Rs. C-378/00 (Kommission./.Rat – „LIFE"), Slg. 2003, I-937, Rn. 47, 48.

Aufsicht des Rates über andere Organe und Hilfsorgane (Genehmigung der Verfahrens- bzw. Geschäftsordnung von EuGH und Rechnungshof). Soweit es sich um die Annahme von Gesetzgebungsakten handelt, sind diese Verfahren gemäß Art. 289 Abs. 2 AEUV als „besondere Gesetzgebungsverfahren" zu bezeichnen.

7. Verfahren im Bereich der Außen- und Sicherheitspolitik

25 Die zur Verwirklichung der **gemeinsamen Außen- und Sicherheitspolitik (GASP)** in Art. 25 EUV vorgesehenen Handlungsformen (*§ 35 Rn. 3*) stehen hinsichtlich der „Leitlinien" dem *Europäischen Rat*, hinsichtlich der übrigen Handlungsformen dem *Rat* zur Verfügung. **Das Initiativrecht** für Maßnahmen des Rates liegt gemäß Art. 30 EUV bei den Mitgliedstaaten und dem Hohen Vertreter für die Außen- und Sicherheitspolitik (gegebenenfalls unterstützt von der Kommission). Im Gegensatz zu Art. 293 AEUV ist der Rat in seinem Recht, von diesen Vorschlägen abzuweichen, nicht beschränkt. An der **Vorbereitung** der Beschlüsse des Rates sind das Politische Komitee (Art. 38 EUV) und der Hohe Vertreter für die GASP (Art. 27 EUV) beteiligt. Auch die Kommission wirkt an den Arbeiten des Rates mit. Das EP wird nicht zu jeder Maßnahme, sondern nur „zu den wichtigsten Aspekten und den grundlegenden Weichenstellungen" der GASP gehört. Diese Anhörung erfolgt durch den Hohen Vertreter (Art. 36 EUV).

26 Beschlüsse des Rates zur GASP ergehen gemäß Art. 31 Abs. 1 EUV grundsätzlich **einstimmig**. Werden Maßnahmen u.a. auf der Grundlage eines zuvor (einstimmig) angenommenen Beschlusses des Europäischen Rates oder zur Durchführung einer „Gemeinsamen Aktion" beschlossen und hat die Maßnahme keine militärischen oder verteidigungspolitischen Bezüge (Art. 31 Abs. 4 EUV), so genügt die **qualifizierte Mehrheit**.

> Bei **einstimmig** zu treffenden Beschlüssen kann sich ein Mitgliedstaat der Stimme enthalten und erklären, er werde an der Ausführung des Beschlusses nicht mitwirken. Eine derartige Erklärung hindert die Rechtswirkung des Akts **für die gesamte Union** nicht. Wenn allerdings mehr als ein Drittel der für eine qualifizierte Mehrheit zu wiegenden Stimmen eine derartige Erklärung abgibt, dann kommt der Beschluss nicht zustande (Art. 31 Abs. 1 Uabs. 2 EUV).
> Bei Beschlüssen, die mit **qualifizierter** Mehrheit zu treffen sind, führt die Ablehnung eines Staates unter Berufung auf (näher zu bezeichnende) „wichtige Gründe der nationalen Politik" zur Aussetzung der Abstimmung. Eine qualifizierte Mehrheit kann den Europäischen Rat befassen, der dann einstimmig entscheidet (Art. 31 Abs. 2 EUV).

C. Allgemeine verfassungsrechtliche Verfahren

I. Vertragsänderung gemäß dem ordentlichen Verfahren (Art. 48 Abs. 2–5 EUV)

27 Unter den Begriff „allgemeine verfassungsrechtliche Verfahren" werden jene Regeln gefasst, die bei **Änderung** und **Ergänzung** der Verträge einzuhalten sind. Sie sind von den „**besonderen** verfassungsrechtlichen Verfahren" zu unterscheiden, die zu beachten sind, wenn für einzelne Mitgliedstaaten ein vertraglich vorgesehener **Sonderstatus** geschaffen werden soll (*7.D*). Das allgemeine Verfahren vereint unionsspezifische- und völkerrechtliche Elemente. Mitgliedstaaten und EU-Organe sind an diese Verfahrensregeln gebunden. Jedenfalls aus der Sicht des EU-Rechts sind die Mitgliedstaaten nicht befugt, unter Verletzung der entsprechenden Verfahrensregeln die Verträge zu än-

dern.⁴¹ Allerdings sind die Änderungsregeln selbst einer Änderung zugänglich. Gemeinsames Kennzeichen der Änderungsbestimmungen ist das obligatorische Zusammenwirken von EU-Organen und staatlichen Organen (Regierungen und Parlamente). Allerdings zeigt sich immer deutlicher, zuletzt bei der Vertragsrevision des Jahres 2007 in Lissabon, dass die tragende Rolle der mitgliedstaatlichen Regierungen in der Phase der Vorbereitung von Vertragsänderungen die Effizienz der Beschlussfassung und die Qualität der jeweiligen Änderungen ernstlich beeinträchtigen kann. Aus dieser Erfahrung speiste sich die Einberufung des *Europäischen Konvents* zur Vorbereitung einer umfassenden Vertragsreform (*§ 1 Rn. 29*). Tatsächlich vermochte der Konvent, einen weitgehend in sich stimmigen Text zu erarbeiten, der wegen seiner sachlichen Qualität und politischen Legitimation auch ohne formellen Rechtsstatus zum Gegenstand der nachfolgenden Regierungskonferenz gemacht wurde und der in seinen wesentlichen Elementen den Vertrag von Lissabon bestimmte.

Die bei einer Änderung aller Verträge (einschließlich der Änderungen von Protokollen und sonstigen Anhängen der Verträge) einzuhaltenden Verfahren ergeben sich aus Art. 48 und 49 EUV sowie aus Ermächtigungen für punktuelle Maßnahmen. Der EuGH ist für die Kontrolle ihrer Einhaltung zuständig.⁴² Gemäß Art. 48 Abs. 1 EUV liegt das **Initiativrecht** für Änderungen bei den Mitgliedstaaten, der Kommission und dem EP. In der Praxis wird dieses Recht nicht in gleicher Weise wie bei der EU-Gesetzgebung ausgeübt. Die „Initiative" besteht zumeist nur in einer allgemeinen thematischen Vorgabe, die vom Europäischen Rat beschlossen wird.⁴³ Zu dem Vorschlag werden das EP und die Kommission (sofern die Initiative nicht von ihnen unterbreitet wurde) angehört. Ist der Währungsbereich betroffen, muss auch die EZB angehört werden. Danach entscheidet der Europäische Rat (mit einfacher Mehrheit) über die Prüfung der vorgeschlagenen Änderungen. Dann beginnt eine vielfach als „völkerrechtlich" bezeichnete Phase multilateraler Verhandlung. Allerdings sind auch bei dieser Regierungskonferenz die Mitgliedstaaten an die Pflicht zu loyaler Mitwirkung an den Verhandlungen unter Berücksichtigung ihrer Verpflichtungen gegenüber der Union gebunden. Die Verhandlungsergebnisse bedürfen vor ihrem Inkrafttreten der Zustimmung aller Mitgliedstaaten gemäß den Regeln des jeweiligen Verfassungsrechts. Im Allgemeinen ist eine Zustimmung der Parlamente erforderlich. In einzelnen Mitgliedstaaten können auch Referenden und/oder Verfassungsänderungen erforderlich sein.

28

Ein Grundproblem des Änderungsverfahrens nach Art. 48 EUV besteht in der geforderten Einstimmigkeit bei Beschlussfassung und bei der Zustimmung gemäß innerstaatlichem Verfassungsrecht. Dies zeigte sich z.B. beim zeitweiligen Scheitern des Vertrages von Nizza an einem negativen Referendum in Irland (*§ 1 Rn. 27*), bei den Schwierigkeiten der Inkraftsetzung der Verfassung nach den negativen Referenden in Frankreich und den Niederlanden im Jahr 2005 sowie bei dem ersten negativen Referendum in Irland zum Vertrag von Lissabon im Jahre 2008 (*§ 1 Rn. 30*).

29

Nach der gegenwärtigen Konstruktion kann eine kleine Zahl von Bürgern nur eines Staates mit Wirkung für das gesamte Gebiet der Union das Inkrafttreten einer von der

---

41 Die Ansicht von *König/Haratsch/Pechstein*, (Ziff. 95), Art. 48 sei nicht zwingend, verkennt die eigenständige Rolle der Institutionen und die daraus erwachsene spezielle Legitimation des Änderungsverfahrens, an das die Mitgliedstaaten auch bei einer völkerrechtlichen Sichtweise gebunden sind.
42 EuGH Rs. C – 370/12 (Pringle), U. v. 27. November 2012.
43 Beispiel: Beschluss des Europäischen Rates v. 20. Juni 2003 zur Einberufung der Regierungskonferenz, GB 2003, Ziff. 6.

ganz überwiegenden Mehrheit der übrigen Bürger und Staaten gewünschten Verfassungsänderung verhindern. Notwendig wäre daher eine Ersetzung des Einstimmigkeitsprinzips oder jedenfalls die Beseitigung des in Art. 48 geschaffenen „Alles oder Nichts"-Prinzips. Dies könnte z.b. durch die Einführung einer besonderen qualifizierten Mehrheit oder durch eine Regelung geschehen, die einen *modus vivendi* für einen ablehnenden Staat vorsieht (z.B. orientiert an Art. 31 Abs. 1 EUV).[44]

II. Vereinfachte Änderungsverfahren (Art. 48 Abs. 6, 7 EUV)

30 Der Vertrag von Lissabon schafft zusätzlich Verfahren der **vereinfachten Vertragsänderung**. Diese sind entweder allgemein anwendbar (Art. 48 Abs. 6, 7 EUV) oder betreffen nur einzelne Vertragsbestimmungen (z.B. Art. 17 Abs. 5 EUV; Art. 281 AEUV). Das in Art. 48 Abs. 6 und 7 EUV vorgesehene Verfahren bezieht sich auf Änderungen des dritten Teils des Vertrages über die Arbeitsweise der Union (interne Politikbereiche, Art. 26–197 AEUV). Danach kann der Europäische Rat aufgrund von im ordentlichen Änderungsverfahren vorgelegten Initiativen und nach Anhörung des EP sowie der Kommission (und gegebenenfalls der EZB) einstimmig einen entsprechenden Beschluss fassen. Die so beschlossenen Änderungen treten in Kraft, wenn sie von allen Mitgliedstaaten gemäß ihren verfassungsrechtlichen Vorschriften gebilligt wurden (Art. 48 Abs. 6 EUV).[45]

Ein noch weiter vereinfachtes und erleichtertes Änderungsverfahren gilt für Übergänge von einstimmiger Beschlussfassung zu (qualifizierter) Mehrheitsentscheidung im Rat und für die Anwendung des ordentlichen Gesetzgebungsverfahrens in Fällen, in denen zuvor ein besonderes Gesetzgebungsverfahren (*Rn. 24*) anwendbar war. Für diese Sachverhalte kann der Europäische Rat einstimmig und mit Zustimmung des EP einen entsprechenden Beschluss fassen, sofern kein Parlament eines Mitgliedstaates innerhalb von sechs Monaten nach einer Befassung durch den Europäischen Rat den Vorschlag abgelehnt hat (Art. 48 Abs. 7 EUV). Für diese Fälle der vereinfachten Vertragsänderung ist in Deutschland das Integrationsverantwortungsgesetz v. 22. September 2009 zu beachten. Es begründet besondere Bedingungen, in der Regel vorherige gesetzliche Zustimmung, bevor der deutsche Vertreter im Rat einer entsprechenden Änderung zustimmen darf.

31 **Nicht** zu den verfassungsrechtlichen Änderungen gehören einzelne Beschlüsse, die **zur Durchführung** des EU-Vertrages ergehen und die wegen ihrer politischen Bedeutung der Zustimmung der staatlichen Parlamente bedürfen (einheitliches Wahlverfahren, Art. 223 Abs. 1 AEUV; eigene Mittel, Art. 311 AEUV).

III. Vertragsänderungen im Zusammenhang mit Beitritten neuer Mitgliedstaaten

32 Ein besonderes Verfahren gilt bei Vertragsänderungen im Zusammenhang mit **Beitritten neuer Mitgliedstaaten** gemäß Art. 49 EUV. Danach werden die durch einen Beitritt **erforderlichen** Änderungen durch ein Abkommen zwischen den Mitgliedstaaten und dem Beitrittsstaat geregelt (*§ 1 Rn. 34 ff., § 6 Rn. 10*).

---

44 S. dazu das in Art. 14 des Vertrages über Stabilität, Koordinierung und Steuerung („Fiskalpakt") v. 2. März 2012 vorgesehene Verfahren (Inkrafttreten nach Ratifizierung durch 12 (von 17) Euro-Staaten (*§ 21 Rn.* 11).
45 Erstmals wurde diese Bestimmung durch Beschluss des Europäischen Rates v. 25. März 2011 zur Änderung von Art. 136 AEUV angewandt, ABl. L 91/2011, 1.

D. Suspendierung von Mitgliedschaftsrechten und „Verstärkte Zusammenarbeit" (besondere verfassungsrechtliche Verfahren)

Die **Suspendierung von Rechten**, die aus der Mitgliedschaft erwachsen gemäß Art. 7 EUV und die Genehmigung zu einer **verstärkten Zusammenarbeit der Mitgliedstaaten** gemäß Art. 20 EUV ändern den Status eines oder mehrerer Mitgliedstaaten im Rahmen der Verträge. Die hierbei einzuhaltenden Verfahren bilden **verfassungsrechtliche Verfahren eigener Art**, die von den Verfahren zur **Vertragsänderung** einerseits (*Rn. 27–30*) und von den Vertragsverletzungsverfahren gemäß Art. 258 und 260 AEUV (*§ 9 Rn. 24 ff.*) anderseits zu unterscheiden sind.

33

I. Suspendierung von Mitgliedschaftsrechten

Ein Drittel der Mitgliedstaaten, das Europäische Parlament oder die Kommission können gemäß Art. 7 EUV dem Rat die Feststellung vorschlagen, dass in einem Mitgliedstaat die **eindeutige Gefahr** einer „schwerwiegenden Verletzung" der in Art. 2 EUV genannten Grundsätze besteht. Bevor der Rat eine Entscheidung trifft, muss er den betroffenen Staat anhören.

34

Die Entscheidung des Rates bedarf einer **Zustimmung des EP**. Diese Zustimmung erfordert eine parlamentarische Mehrheit von zwei Dritteln der abgegebenen Stimmen, die eine Mehrheit der Mitglieder des EP umfassen muss (Art. 7 Abs. 6 EUV). Der **Rat** entscheidet mit einer Mehrheit von vier Fünfteln seiner Mitglieder.

Mit den gleichen Mehrheiten kann auch das **tatsächliche Vorliegen** einer „schwerwiegenden und anhaltenden Verletzung" festgestellt werden. Allerdings muss diese Feststellung vom **Europäischen Rat** getroffen werden (Art. 7 Abs. 2 EUV). Nachdem ein derartiger Beschluss ergangen ist, kann der Rat bestimmte Rechte des betreffenden Mitgliedstaates aussetzen. Diese Entscheidung ergeht mit qualifizierter Mehrheit. Der betreffende Mitgliedstaat wird bei der Berechnung der Mehrheit nicht berücksichtigt.

Das Verfahren wurde bis 2014 noch nie angewandt.

II. Verstärkte Zusammenarbeit der Mitgliedstaaten

Der Vertrag von Amsterdam führte förmliche Regeln zur engeren Zusammenarbeit einzelner Mitgliedstaaten unter dem Dach des EUV ein. Ziel dieser Verfahren ist das Bemühen, einzelnen Mitgliedstaaten raschere Integrationsschritte zu ermöglichen, doch dafür von vornherein den Einsatz von Institutionen und Verfahren der Union vorzusehen (*§ 3 Rn. 43–48*).

35

Die Möglichkeit der Zusammenarbeit erstreckt sich auf den gesamten Bereich der Verträge mit Ausnahme der ausschließlichen EU-Zuständigkeiten. Das Verfahren zur Begründung der verstärkten Zusammenarbeit ist in Art. 329 AEUV geregelt. Für die GASP (Art. 21–46 EUV) gelten Besonderheiten.

- Das Verfahren erfordert eine **Ermächtigung,** die vom Rat auf Vorschlag der Kommission nach Zustimmung des EP erteilt wird.
- Ein **Antrag** zu einer derartigen Ermächtigung ist von den interessierten Mitgliedstaaten (mindestens neun) für den im Regelfall an die **Kommission**, für den Bereich der GASP an den **Rat** zu richten. Die Kommission **kann** dem Rat einen entsprechenden Vorschlag unterbreiten, für den Bereich des AEUV ist also die Haltung der

Kommission für das weitere Verfahren maßgeblich, bei GASP können die Mitgliedstaaten trotz Ablehnung durch die Kommission den Rat befassen. Der **Rat** entscheidet in allen Fällen einstimmig über die Ermächtigung.[46]

36 Zur **Durchführung der verstärkten Zusammenarbeit** können gemäß Art. 20 EUV die in EUV und AEUV vorgesehenen Organe, Verfahren und Mechanismen in Anspruch genommen werden. Alle Mitglieder des Rates können an den **Beratungen** teilnehmen. An **Entscheidungen** wirken nur die Vertreter der beteiligten Mitgliedstaaten mit (Art. 330 AEUV). Die übrigen Organe handeln in unveränderter Zusammensetzung.

III. Austritt

37 Der Vertrag von Lissabon führt eine besondere **Austrittsregelung** in die Verträge ein (Art. 50 EUV). Nach Befassung durch den interessierten Staat beschließt danach der Europäische Rat „Leitlinien" zu Verhandlungen zwischen der Union und dem austrittswilligen Staat. Ein entsprechendes Abkommen wird nach Zustimmung des EP durch den Rat geschlossen. Der Rat entscheidet mit qualifizierter Mehrheit. Kommen die im EP oder Rat erforderlichen Mehrheiten nicht zustande, wird der Austritt dennoch zwei Jahre nach der Befassung des Europäischen Rates wirksam. Obwohl ein Austritt notwendigerweise die Anpassung einzelner Vertragsbestimmungen erfordert, ist ein gesondertes Vertragsänderungsverfahren nicht vorgesehen *(§ 2 Rn. 68)*. Die Regelung ist nicht ausgewogen, da die Regierungen der Mitgliedstaaten es unterlassen haben, gleichzeitig das logische Pendant, den **Ausschluss** vorzusehen. So entsteht eine Asymmetrie zwischen der unbedingten Bindung der Union an die Verträge und dem Recht einzelner Mitgliedstaaten, sich von dieser Bindung einseitig zu lösen. Modell für eine sachgerechte Vertragsfassung könnten das Ausschluss- und Austrittsrecht in Art. 7 und 8 der Satzung des Europarates sein.

Ein Austritt beendet sämtliche mit der Union bestehenden mitgliedschaftlichen Beziehungen. Nach dem Verfahren des Art. 50 EUV ist also **kein „teilweises Ausscheiden"** aus der Union (z.B. beschränkt auf die gemeinsame Währung) möglich. Ein derartiges Ziel könnte nur im Rahmen des ordentlichen Vertragsänderungsverfahrens nach Art. 48 EUV erreicht werden *(Rn. 27 ff.)*.

Bis 2009 war der Austritt einzelner Mitgliedstaaten nicht ausdrücklich in den Verträgen geregelt. In der Form und nach den Verfahren der allgemeinen Vertragsänderung, die den Regeln des Art. 48 EUV folgt, wäre er gleichwohl (mit Zustimmung der übrigen Mitgliedstaaten) möglich gewesen.

E. Form und Inkrafttreten von Rechtsakten

I. Normenqualität, Gesetzgebungstechnik

38 **Klarheit** und **Zugänglichkeit** der Normen gehört zu den unabdingbaren Funktionsbedingungen jeder rechtsstaatlich verfassten Ordnung. Sie tragen wesentlich zur **Legitimation** des Rechtssystems bei. Das EU-Recht weist in dieser Hinsicht Schwächen auf, die unter anderem durch die Mehrsprachigkeit der Normsetzung bedingt sind. Zur Form der Gesetzgebung enthalten die Verträge im Wesentlichen nur Vorschriften über die **Begründung** (Art. 296 AEUV) und **Veröffentlichung von Rechtsakten** (Art. 15, 297

---

46 Beispiel: BRat 2013/52, ABl. L 22/2013, 11 (Ermächtigung zu einer verstärkten Zusammenarbeit im Bereich der Finanztransaktionssteuer).

AEUV). Die Geschäftsordnung des Rates bezeichnet die Grundelemente einer formalen Struktur der Rechtsakte.[47] Die Gesetzgebungstechnik der Union ist im Gefolge allgemeiner Überlegungen zur Gesetzgebungslehre Gegenstand verstärkter Reformbemühungen geworden. Dabei steht das Eindämmen der Flut von Rechtsakten und eine stärkere Normenklarheit im Mittelpunkt der vom Ziel einer bürgernäheren Union geleiteten Bemühungen.[48] Besondere Aufmerksamkeit verdient insoweit die **Kodifizierung** der durch eine große Anzahl von Änderungen unklar gewordenen Grundverordnungen.[49]

Unter dem Aspekt der **Subsidiarität** (*§ 3 Rn. 31 ff.*) wird die Gesetzgebungstätigkeit in jüngerer Zeit von dem Bemühen geprägt, die Intensität einer Regelung („**Normsetzungsdichte**") zu begrenzen.[50] Diese Beschränkung wirkt sich nicht nur zugunsten der **staatlichen Normsetzung** aus, sondern begünstigt auch Regelungen durch Private („Normung", „Selbstregulierung", „Ko-Regulierung") auf der Ebene der Union (dazu *§ 14 Rn. 30 ff.*).[51]

39

II. Begründung der Akte

Gemäß Art. 296 AEUV sind Verordnungen, Richtlinien und Entscheidungen mit Gründen zu versehen. Dies soll dem EuGH die Ausübung seiner Kontrollbefugnis ermöglichen, den von den Rechtsakten Betroffenen die Möglichkeit effektiven Rechtsschutzes eröffnen und die Transparenz der gemeinschaftlichen Rechtsetzung oder Verwaltungstätigkeit gewährleisten, wie dies auch im nationalen Bereich Aufgabe der Begründungspflicht ist. Einen entsprechenden allgemeinen Grundsatz „guter Verwaltung" postuliert Art. 41 der Grundrechtecharta (*§ 2 Rn. 13*) sowie Art. 15 AEUV. Um diesen Zwecken zu genügen, muss der betreffende Rechtsakt die wichtigsten rechtlichen und tatsächlichen Erwägungen darlegen, auf denen er beruht und die das verantwortliche Organ zum Erlass des Rechtsaktes geführt haben.[52]

40

Eine Begründung, die den an Vollständigkeit und Schlüssigkeit zu stellenden Anforderungen nicht genügt, bewirkt die Fehlerhaftigkeit des Rechtsaktes und kann somit zu dessen Aufhebung wegen Verletzung wesentlicher Formvorschriften führen.[53]

III. Öffentlichkeit der Rechtsetzungsverfahren, Veröffentlichung und Inkrafttreten der Rechtsakte, zeitliche Wirkung

Die Öffentlichkeit des Handelns (**Transparenz**) gehört zu den grundlegenden, jedoch besonders schwierig zu erreichenden Legitimationsvoraussetzungen der Union.[54]

41

Die **Gesetzgebungstätigkeit** von EP und Rat erfolgt **grundsätzlich öffentlich** (Art. 15 AEUV). Der öffentliche Zugang zu den EU-Datenbanken ermöglicht es, die einzelnen

---

47 Anhang VI zur GO-Rat v. 1. Dezember 2009, ABl. L 325/2009, 35 = *HER I A 81/1*.
48 Vgl. Interinstitutionelle Vereinbarung v. 22. Dezember 1998, ABl. C 73/1999, 1.
49 Vgl. Interinstitutionelle Vereinbarung v. 28 November 2001, ABl. C 77/2002, 1.
50 Vgl. Protokoll Nr. 2 zum EUV „über die Anwendung der Grundsätze der Subsidiarität".
51 VO 1025/2012, ABl. L 316/2012, 12 = *HER I A 63/1.37*. S.a. *Wolf* in: *Joerges/Falke (7. F)*, 329–348.
52 EuG Rs. T – 300/10 (Internationaler Hilfsfonds/Kommission), U. v. 22. Mai 2012, Rn. 176 ff.; EuGH, Rs. C-378/00 (Kommission./.EP, Rat = „LIFE"), Slg. 2003, I – 937, Rn. 50–68; EuGH Rs. C-121/91 und C-122/91 (CT Control und JCT Benelux./.Kommission), Slg. 1993, I – 3873, Ziff. 31; EuG Rs. T-290/97 (Mehibas./.Kommission), Slg. 2000, II – 15, Rn. 92.
53 Beispiel: EuGH Rs. C-325/91 (Frankreich./.Kommission), Slg. 1993, I – 3283; Rs. C-41/93 (Frankreich./.Kommission), Slg. 1994, I – 1829.
54 Dazu *Bröhmer, Jürgen*, Transparenz als Verfassungsprinzip (7. F), 319 ff.

Phasen der Gesetzgebung mithilfe des Internets zu verfolgen. Seit 2013 besitzt nur das in elektronischer Form veröffentlichte **Amtsblatt** Echtheit und entfaltet Rechtswirkung.[55]

42 Art. 297 AEUV bezeichnet diejenigen Rechtsakte, zu deren Wirksamkeit eine Veröffentlichung im **Amtsblatt der EU** erforderlich ist. Dies gilt für sämtliche **Verordnungen** sowie einzelne RL und Entscheidungen (nach Art. 297 Abs. 1 AEUV „Gesetzgebungsakte"). Diese treten zu dem durch sie festgelegten Zeitpunkt oder andernfalls am 20. Tag nach ihrer Veröffentlichung in Kraft.[56] In der Regel muss zwischen Veröffentlichung und Inkrafttreten der Verordnung ein für die Unterrichtung der Betroffenen ausreichender Zeitraum liegen. Ein sofortiges Inkrafttreten oder gar ein Inkrafttreten zu einem vor der Veröffentlichung liegenden Zeitpunkt, ist nach dem Wortlaut von Art. 297 nicht ausgeschlossen. Im Interesse der Rechtssicherheit und des Vertrauensschutzes darf dies aber nur bei Maßnahmen geschehen, die Betroffene begünstigen, oder ausnahmsweise dann, wenn das Vertrauen der Betroffenen in den Bestand einer Rechtsposition nicht schutzwürdig ist. Dies gilt bei Rechtspositionen, deren Veränderung vorausgesehen werden musste (etwa weil eine Gesetzeslücke bestand) oder wenn vorrangige Interessen der Union zu schützen sind.[57] Entsprechende Grundsätze müssen auch für die in der Praxis häufigere Form der **Rückwirkung** gelten, bei der die Verordnung zwar nicht rückwirkend in Kraft gesetzt wird, wohl aber für Vorgänge für anwendbar erklärt wird, die sich während eines vorhergehenden Zeitraumes abgespielt haben. Die Einwirkung neuen Rechts auf noch nicht abgeschlossene Sachverhalte ist hingegen zulässig, sofern nicht ausnahmsweise der Vertrauensschutz entgegensteht.[58]

Die **Richtlinien** und **Entscheidungen** sind denjenigen, für die sie bestimmt sind, bekannt zu geben und werden durch diese Bekanntgabe wirksam (Art. 297 Abs. 2 AEUV).[59] Zu Informationszwecken werden zudem regelmäßig die Richtlinien und Entscheidungen von allgemeinem Interesse im Amtsblatt der EU veröffentlicht. Auch die sonstigen Beschlüsse und Entschließungen der Unionsorgane werden zumeist im ABl. veröffentlicht, obwohl dies keine Wirksamkeitsvoraussetzung ist.

IV. Sprachen

43 Die **Verträge** sind in allen Sprachfassungen authentisch (Art. 55 EUV).

Die **Rechtsetzung** erfolgt in den **Amtssprachen** der EU (*§ 4 Rn. 115*).[60] Ein Rechtsakt ist in jeder der Amtssprachen gleichermaßen verbindlich. Das Amtsblatt erscheint in allen Amtssprachen. In juristischer Hinsicht ist bedeutsam, dass bei Unklarheiten über die Auslegung des Textes alle Sprachfassungen zu berücksichtigen sind (*§ 9 Rn. 14*).[61]

---

55 VO 216/2013, Art. 1, ABl. L 69/2013, 1.
56 Es besteht eine Vermutung dafür, dass das Datum des Amtsblattes Zeitpunkt der Veröffentlichung ist. EuGH Rs 98/78 (Decker), Slg. 1979, 101.
57 EuGH Rs. C-260/91 und C-261/91 (Diversinite SA), Slg. 1993, I-1885.
58 EuGH Rs. 1/73 (Westzucker), Slg. 1973, 723.
59 Zur Mitteilungspflicht gegenüber Personen, gegen die Sanktionen verhängt wurden s. EuGH Rs. C-548/09P (Bank Melli), Slg. 2011, I-11381 und EuG Rs. T–86/11 (Bamba), Slg. 2011, II-2749.
60 VO Nr. 1, ABl. Nr. 17/1958, 1, (letzte Änderung: VO 517/2013, ABl. L158/2013) = *HER I A 93/2.1*.
61 EuGH Rs. 80/76 (North Kerry Milk./.Kommission), Slg. 1977, 425.

V. Änderung oder Berichtigung der Rechtsakte

Ein Rechtsakt kann in seinen **wesentlichen Elementen** nur unter Einhaltung der für seinen Erlass maßgeblichen Bestimmungen geändert werden. „Nicht wesentliche" Teile des Rechtsakts können dagegen von der Kommission geändert werden, wenn ihr dafür gemäß Art. 290 AEUV eine Ermächtigung zum Erlass „delegierter Rechtsakte" erteilt wurde.

44

Darüber hinaus verbietet es der Grundsatz des Vertrauensschutzes, einen Rechtsakt zu ändern, ohne gleichzeitig Übergangsmaßnahmen für unter der Geltung des bisherigen Rechtszustandes eingeleitete und noch nicht abgeschlossene Sachverhalte zu erlassen, es sei denn, dass dem ein zwingendes Interesse des Gemeinwohls entgegensteht.[62]

Die nachträgliche Änderung eines Rechtsaktes ist von der Beseitigung redaktioneller Irrtümer im veröffentlichten Text zu unterscheiden. Diese braucht nicht nach dem Verfahren für den Erlass des betreffenden Rechtsaktes vorgenommen zu werden, sondern kann durch einfache Berichtigung des im Amtsblatt veröffentlichten Textes (oder der Bekanntgabe an den Adressaten) erfolgen. Allerdings weist die Trennlinie zwischen „Änderung" und „Korrektur" noch Unschärfen auf.[63]

F. Literatur

Andenas, Mads/Türk, Alexander, (Hg.), Delegated Legislation and the Role of Committees in the EC, Den Haag/London/Boston, 2000; *Bieber, Roland*, Das Verfahrensrecht von Verfassungsorganen, Baden-Baden 1992; *ders./Maiani, Francesco*, Bringing the Union Closer to its Citizens, „Participatory Democracy" and the Potential Contributions of the Lisbon Treaty, in: Epiney/Gammenthaler (Hg.), Schweizerisches Jahrbuch für Europarecht 2009/2010, Bern/Zürich 2010, 229–247; *Braams, Beate*, Koordinierung als Kompetenzkategorie, Tübingen 2013; *Bradley, Kieran St. C.*, La transparence de l'Union européenne: une évidence ou un trompe l'oeil? Cahiers de droit européen 1999, Nr. 3–4, 283–362; *ders.*, Delegated Legislation and Parliamentary Supervision, in: Epiney/Haag/Heinemann (Hg.) Die Herausforderung von Grenzen, FS Roland Bieber, Baden-Baden/Zürich 2007, 286–301; *ders.*, Powers and Procedures in the EU Constitution: Legal Bases and the Court, in: Craig/de Burca (Hg.), The Evolution of EU – Law, 2. Aufl., Oxford 2011, 85–109; *Britz, Gabriele/Schmidt, Marlene*, Die institutionelle Mitwirkung der Sozialpartner an der Rechtsetzung der Europäischen Gemeinschaft, EuR Nr. 4/1999, 467–498; *Bröhmer, Jürgen*, Transparenz als Verfassungsprinzip, Tübingen 2004; *De la Rosa, Stéphane*, La méthode ouverte de coordination dans le système juridique communautaire, Brüssel 2007; *Fabricius, Constantin*, Abgeleitete Rechtsetzung nach dem Vertrag von Lissabon – Überlegungen zu Delegierten Rechtsakten und Durchführungsrechtsakten, ZeuS 2011, Nr. 4, 567–605; *Feldmann, Martin*, Die offene Koordinierung im EU – Rechtssystem, Düsseldorf 2009; *Gadbin, Daniel*, L'association des partenaires économiques et sociaux organisés aux procédures de décision en droit communautaire, RTDE Nr. 36 (1), 2000, 1–46; *Görisch, Christoph*, Einheitlichkeit und Erkennbarkeit der Vertragsgrundlagen beim Erlass und bei Änderung sekundärrechtlicher Vorschriften, EuR 2007, Nr. 1, 103 ff.; *Härtel, Ines*, Handbuch Europäische Rechtsetzung, Heidelberg 2006; *Hatzopoulos, Vassilis*, Why the open method of coordination is bad for you: A letter to the EU, ELJ Vol. 13 / 2007, 309–342; *Hofmann, Herwig/Türk, Alexander* (Hg.), EU Administrative Governance, Cheltenham 2006; *Joerges, Christian/Falke, Josef*, (Hg.), Das Ausschusswesen der Europäischen Union, Baden-Baden 2000; *Möllers, Christoph/von Achenbach, Jelena*, Die Mitwirkung des Europäischen Parlaments an der abgeleiteten Rechtsetzung der Europäischen Kommission nach dem Lis-

---

[62] EuGH Rs, 74/74 (CNTA), Slg. 1975, 533, 549; Rs. 84/78 (Tomadini), Slg. 1979, 1801, 1814. Eine Befugnis zum Erlass von Übergangsmaßnahmen kann sich auch implizit aus einem Rechtsakt ergeben. EuGH Rs. 782/79 (Geeraerd./.Kommission), Slg. 1982, 3651.
[63] Dazu *Pernice, Ingolf*, Einigungsmängel im EU-Mitentscheidungsverfahren, EuZW 2004, Nr. 24, 743–748.

saboner Vertrag, EuR 2011, Nr. 1, 39–60; *Schorn, Ruth,* Der Grundsatz der Diskontinuität im europäischen Gemeinschaftsrecht, Frankfurt/M. 2000; *Schwartz, Christina,* Die Wahl der Rechtsgrundlage im Recht der Europäischen Union, Baden – Baden 2013; *Schwarze, Jürgen,* Ungeschriebene Gesetzgebungsbefugnisse für die Kommission bei Untätigkeit des Rates? EuR 1982, 133 ff.; *Töller, Annette Elisabeth,* Die Reform der Komitologie mit und nach dem Vertrag von Lissabon, integration Nr. 3/2013, 213–232.

§ 8 Rechtsanwendung und Europäisches Verwaltungsrecht

A. Grundlagen und Überblick

Die Durchführung von Rechtsnormen gehört zu den **Funktionsbedingungen** jeder **rechtsstaatlich konzipierten Ordnung**. In der Union ist die **Durchführung** (bzw. der **Vollzug**)[1] deswegen von besonderer Bedeutung, weil ihre Existenz in erster Linie auf Rechtsnormen beruht. Ohne einen effektiven Vollzug kann weder die einheitliche Wirkung des Unionsrechts noch die tatsächliche Durchsetzung seines Vorrangs gewährleistet werden. Weiter stößt die Durchsetzung des EU-Rechts mitunter deshalb auf besondere Schwierigkeiten, weil die Union dabei auf die Mitwirkung der Mitgliedstaaten angewiesen ist.

Der **Begriff der Durchführung** wird im Vertrag insbesondere in den durch den Vertrag von Lissabon neu eingeführten bzw. neu formulierten Art. 197 AEUV (wonach die effektive Durchführung des Unionsrechts durch die Mitgliedstaaten eine Frage von gemeinsamem Interesse darstellt) und Art. 291 AEUV (der die Pflicht zur Durchführung des Unionsrechts durch die Mitgliedstaaten sowie den Erlass von Durchführungsrechtsakten durch die Union betrifft), aber auch z.B. in Art. 192 Abs. 4 AEUV verwandt. Der Begriff umfasst alle **Maßnahmen, die zur effektiven Anwendung der jeweiligen Unionsvorschriften** notwendig oder sachdienlich sind. Dabei kann es sich sowohl um Maßnahmen der **legislativen Konkretisierung** als auch um solche des **administrativen Vollzugs** handeln. Gemäß Art. 290, 291 AEUV ist zwischen der delegierten Rechtsetzung (Art. 290 AEUV) und der Ausübung von Durchführungsbefugnissen (Art. 291 AEUV) zu unterscheiden: Während erstere die Delegation von Rechtsetzungsbefugnissen erfasst, geht es bei der Durchführung um Maßnahmen im Hinblick auf die effektive Anwendung und den Vollzug der entsprechenden Maßnahme. Die Abgrenzung beider Kategorien kann jedoch Schwierigkeiten bereiten.[2] Jedenfalls gehören zum Vollzug bzw. zur Durchführung in diesem Sinn auch der Erlass von ergänzenden oder „flankierenden" Maßnahmen, die rechtsetzender Natur sein können.[3] Elemente jeden administrativen Vollzugs sind die **Organisation und Bereitstellung der zuständigen Verwaltung** und die Entscheidung über das **anwendbare Verfahren**. Die im Hinblick auf den Vollzug zu ergreifenden Maßnahmen können verschiedene Formen annehmen. Zu unterscheiden sind insbesondere der Erlass von Verwaltungsakten, die Vornahme von Realakten und sonstige ergänzende Maßnahmen.

> Dieses Kapitel ist ausschließlich der so definierten Durchführung gewidmet. Die Umsetzung von Richtlinien (§ 6 Rn. 29 ff.) bleibt damit ausgespart, ebenso wie die spezifische Frage des Erlasses von Durchführungsmaßnahmen oder der delegierten Rechtsetzung auf EU-Ebene (§ 7 Rn. 21 ff.).

---

[1] Diese Begriffe werden hier synonym gebraucht.
[2] Vgl. zur Problematik *Hofmann/Rowe/Türk*, Administrative Law (*E.*), 236 ff., 524 ff., die ebenfalls die Notwendigkeit dieser Abgrenzung betonen. Zu den möglichen Abgrenzungsproblemen § 6 Rn. 39; zum Verfahren § 7 Rn. 21ff. Zu den Begrifflichkeiten auch bereits *Möllers*, Durchführung des Gemeinschaftsrechts – vertragliche Dogmatik und theoretische Implikationen, EuR 2002, 483 ff.
[3] So auch EuGH, Rs. C-122/04 (Kommission/EP und Rat), Slg. 2006, I-2001. *Hofmann*, Legislation, Delegation and Implementation under the Treaty of Lisbon: Typologie Meets Reality, ELJ 2009, 488 (495); a.A. *Stelkens*, EuR 2012 (*E.*), 511 (531 ff.).

3   Im Einzelnen können in der Europäischen Union verschiedene **Arten des Vollzugs** unterschieden werden:

- Unter **direktem Vollzug** versteht man die Anwendung des Unionsrechts unmittelbar durch die Behörden der Union.
- Mit dem Begriff **indirekter Vollzug** wird der Vollzug des Unionsrechts durch die Mitgliedstaaten bezeichnet. Hier kann zusätzlich zwischen **unmittelbarem** und **mittelbarem Vollzug** unterschieden werden. Im ersten Fall wenden die nationalen Behörden „unmittelbar" unionsrechtliche Bestimmungen, z.B. eine Verordnung, an, während sie im zweiten Fall nationales Recht anwenden, das aber auf Unionsrecht beruht (etwa, wenn ein in Umsetzung einer Richtlinie erlassenes nationales Gesetz vollzogen wird).
- Daneben, und dies ist charakteristisch für die Union, gibt es noch den **gemischten Vollzug,** bei dem Unionsbehörden und mitgliedstaatliche Behörden zusammenwirken. Die zuständigen Stellen auf Unionsebene und in den Mitgliedstaaten behalten zwar ihre Kompetenzen, sind jedoch zur Zusammenarbeit verpflichtet.

4   Die **Zuständigkeit** zum Vollzug und die diesen beherrschenden **Regeln** in der Union beruhen auf folgenden Prinzipien:

- In der Union besteht **keine zwingende Verbindung** zwischen Gesetzgebungs- und Vollzugskompetenzen. Insbesondere begründet die Einräumung einer Gesetzgebungskompetenz nicht automatisch auch die Kompetenz zur Regelung von Fragen der Durchführung. Insofern lassen sich den Verträgen auch **keine abschließenden Regelungen** über die Zuständigkeit zum Vollzug und die dabei anwendbaren Regeln entnehmen; vielmehr werden lediglich Einzelfragen geregelt.
- Der **mitgliedstaatliche Vollzug** ist in der Union die **Regel**. Die **Zuständigkeit bzw. die Verpflichtung der Mitgliedstaaten** zum Vollzug von Unionsrecht folgt zum einen aus Spezialvorschriften wie Art. 299 AEUV, der den mitgliedstaatlichen Behörden die Vollstreckung von Entscheidungen des Rates und der Kommission zuweist, und zum anderen aus Art. 291 Abs. 1 AEUV, der die Mitgliedstaaten ausdrücklich verpflichtet, alle zur Durchführung des Unionsrechts erforderlichen Maßnahmen zu ergreifen, eine Pflicht, die sich vor der Einführung dieser Bestimmung durch den Vertrag von Lissabon aus Art. 4 Abs. 3 EUV ergab (*§ 2 Rn. 66*). Aus diesen Bestimmungen ergibt sich auch, dass die Mitgliedstaaten ihren Verwaltungsapparat zur Durchführung des Unionsrechts zur Verfügung stellen müssen,[4] so wie dies auch tatsächlich in den zentralen Tätigkeitsbereichen der Union geschieht.
- Eine **Kompetenz der Union** zum Vollzug ergibt sich nur in Einzelfällen direkt aus dem Vertrag. Beispiele hierfür sind die Regelungen im **Wettbewerbsrecht** (Art. 103, 105 AEUV) und die **Beihilfenaufsicht** (Art. 108 AEUV). Über die ausdrückliche Zuweisung einer Vollzugskompetenz hinaus kann eine Kompetenz zur Regelung von Fragen der Durchführung und des Vollzugs auch aus **allgemeinen Ermächtigungsgrundlagen** der Verträge folgen. So hat die Union auf der Grundlage des Art. 352 AEUV – oder auch von Rechtsgrundlagen in spezifischen Politiken oder des Art. 114 AEUV[5] – die Befugnis, unter bestimmten Voraussetzungen eine Organisati-

---

4   EuGH, Rs. 205 bis 215/82 (Deutsche Milchkontor), Slg. 1983, 2633, Rn. 17 ff. (ständige Rspr.).
5   Vgl. EuGH, Rs. C-217/04 (Vereinigtes Königreich/EP und Rat), Slg. 2006, I-3771.

onsstruktur zur Wahrnehmung (auch) von Verwaltungsaufgaben zu schaffen.[6] Die materiellen Handlungsermächtigungen umfassen auch die Befugnis zur Errichtung der erforderlichen Organisationsstrukturen (vgl. *§ 4 Rn. 104 ff.* zu den Agenturen). Zudem kann die Kommission nach **Art. 291 Abs. 2 AEUV** unter bestimmten Voraussetzungen Durchführungsrechtsakte erlassen (*§ 7 Rn. 21 ff.*). **Art. 197 Abs. 2 AEUV** enthält darüber hinaus eine ausdrückliche **Kompetenz der Union, Maßnahmen zur Unterstützung der Mitgliedstaaten** bei der Verbesserung der Fähigkeit ihrer Verwaltung zur Durchführung des Unionsrechts zu erlassen (wobei hiermit keine Harmonisierung der Rechtsvorschriften der Mitgliedstaaten einhergehen darf). Im Übrigen lässt Art. 197 AEUV die Kompetenzverteilung zwischen Union und Mitgliedstaaten und die jeweiligen Verpflichtungen unberührt (Art. 197 Abs. 3 AEUV).

Eigentliche **Vollzugskompetenzen der Union** bilden die **Ausnahme**. Das Wettbewerbsrecht stellt den wichtigsten Bereich des (weitgehend) direkten Vollzugs durch die Union dar, eine Kompetenz, die sich durch die große Bedeutung einer einheitlichen Anwendung der einschlägigen Vorschriften für ihre Effektivität erklärt.

Soweit die Union Vollzugskompetenzen wahrnimmt, ist im Regelfall die **Kommission** zuständig.

■ In jedem Fall ist der „**Grundsatz der loyalen Zusammenarbeit**" (**Art. 4 Abs. 3 AEUV**) zu beachten (*§ 2 Rn. 66*). Dieses Prinzip verpflichtet sowohl die Mitgliedstaaten als auch die Union, so dass es eine gegenseitige Beachtungs- und Rücksichtnahmepflicht vorsieht. Für die Mitgliedstaaten ergibt sich aus Art. 4 Abs. 3 AEUV – neben und in Ergänzung zu der schon erwähnten grundsätzlichen Verpflichtung zum Vollzug des Unionsrechts – in erster Linie die Pflicht, den Vollzug des Unionsrechts so auszugestalten, dass seine effektive Anwendung und Wirksamkeit ermöglicht wird.

Konkretisierung erfährt der Grundsatz der loyalen Zusammenarbeit in der **gegenseitigen Amtshilfe** der Behörden der Mitgliedstaaten. Hier wurden bereits in verschiedenen Bereichen Vorschriften erlassen,[7] und Art. 325 AEUV sieht zum Schutz der Union gegen finanzielle Betrügereien eine enge und regelmäßige Zusammenarbeit der Dienststellen der Mitgliedstaaten ausdrücklich vor.

„Hindernisse" bei der Zusammenarbeit können sich (auch) daraus ergeben, dass das rechtliche Gehör der Betroffenen möglicherweise nicht ausreichend gewährleistet ist oder der Datenaustausch die Privatsphäre berührt, für deren Schutz in den Mitgliedstaaten ein jeweils unterschiedlicher Standard angewandt wird. Durch den Erlass der RL 95/46[8] werden die Mitgliedstaaten verpflichtet – auch als Korrelat zur grenzüberschreitenden Amtshilfe –, Bestimmungen zu erlassen, die den Schutz der Persönlichkeit und der Grundrechte vor der Speicherung, dem Gebrauch und der Übermittlung (auch elektronisch gespeicherter) Daten zum Gegenstand haben.

Ein **bereichsübergreifendes „einheitliches" Verwaltungs(verfahrens)recht der Europäischen Union** gibt es bislang nicht. Dies hängt insbesondere damit zusammen, dass die

---

6 Hierzu grundlegend *Hilf*, Die Organisationsstruktur der Europäischen Gemeinschaften, 1982. Zu den Agenturen *Kirste*, Das System der Europäischen Agenturen, VerwArch 2011, 268 ff.
7 Z.B. RL 77/799 über die gegenseitige Amtshilfe im Bereich der direkten Steuern, bestimmter Verbrauchsteuern und der Steuern auf Versicherungsprämien, ABl. L 336/1977, 15 = HER I A 51/4.4; VO 515/97 über die Zusammenarbeit der Verwaltungsbehörden in Zoll- und Agrarfragen, ABl. L 82/1997, 1 = HER I A 21/6.4; RL 2010/24 über die Amtshilfe bei der Beitreibung von Forderungen in Bezug auf bestimmte Steuern, Abgaben und sonstige Maßnahmen, ABl. L 84/2010, 1 = HER I A 51/4.5.
8 ABl. L 281/1995, 31 = HER I A 12/3.1. Diese Richtlinie soll in Kürze revidiert bzw. durch eine Verordnung ersetzt werden, vgl. den Vorschlag der Kommission für eine „Datenschutzgrundverordnung" in KOM (2012) 11 endg.

im Regelfall zuständigen nationalen Behörden jeweils eigene Prinzipien und Rechtsordnungen anwenden. Auch hat die Union im Bereich des direkten Vollzugs keine allgemeinen, für alle Sachgebiete geltenden Verwaltungsvorschriften erlassen (*Rn. 7*). Die für die Durchführung des Unionsrechts – sowohl im Rahmen des direkten als auch des indirekten Vollzugs – maßgeblichen Grundsätze lassen sich jedoch der Rechtsprechung des EuGH, die von der Literatur analysiert und systematisiert wurde, entnehmen.[9]

> Immer wieder wird diskutiert, ob es zweckmäßig ist, zumindest für den direkten Vollzug in einem verbindlichen Rechtsakt bereichsübergreifende Grundsätze des Verwaltungs(verfahrens)rechts der Union festzuschreiben. Es ist aber – trotz einer diesbezüglichen Aufforderung der Kommission durch das Parlament (das insbesondere die Rechtssicherheit stärken möchte) auf der Grundlage des Art. 255 AEUV[10] – nicht zu erwarten, dass ein solcher Rechtsakt in absehbarer Zeit erlassen wird.
> Im Bereich des indirekten Vollzugs – für den das Sekundärrecht diverse bereichsspezifische, jedoch keine bereichsübergreifenden Vorgaben formuliert (*Rn. 15*) – ist zu beachten, dass für die praktische Wirksamkeit des Unionsrechts in den Mitgliedstaaten vor allem die Ausstattung und die Qualität der nationalen Verwaltungsorganisation von Bedeutung sind, während es weniger darauf ankommt, wie die zuständigen Beamten zur europäischen Integration stehen und ob ihnen der europäische Bezug der von ihnen zu vollziehenden Vorschriften überhaupt bewusst ist.[11] Im Übrigen muss bei jeder Formulierung von Vorgaben für die Verwaltungsstrukturen der Mitgliedstaaten, die mit einer entsprechenden unionsrechtlichen Vorschrift einhergeht, abgewogen werden, ob die Gefahr des uneinheitlichen Vollzugs des Unionsrechts, die sich aus der Diversität der mitgliedstaatlichen Verfahrensrechte und -praktiken ergibt, einen Eingriff in die Autonomie der Mitgliedstaaten zu rechtfertigen vermag. Zu berücksichtigen ist hierbei auch, dass ein Rückgriff auf erfahrene nationale Verwaltungsorganisationen und deren Verfahrensrecht einen Gewinn an Effizienz und Effektivität mit sich bringen kann.

Im Übrigen ist im Zuge der „Europäisierung" auch der Verwaltungsrechtsordnungen (unter Einbezug des Rechtsschutzes) eine gewisse Tendenz zur Konvergenz in den mitgliedstaatlichen Rechtsordnungen festzustellen.[12] Diese beruht wohl in erster Linie auf den Einflüssen des Unionsrechts und auch der EMRK.

B. Direkter Vollzug

7 Das Unionsrecht wird nur in wenigen Bereichen von den Behörden der Union – in der Regel der Kommission – auf Einzelfälle angewandt (*Rn. 4*). In direkter Unionsverwaltung stehen u.a. die Kartellaufsicht, die Beihilfenaufsicht, die Verwaltung der Unions-

---

9 S. etwa die Zusammenstellung von *Schwarze*, Europäisches Verwaltungsrecht (E.). S. sodann *Kadelbach*, Allgemeines Verwaltungsrecht unter europäischem Einfluss (E.); *von Danwitz*, Europäisches Verwaltungsrecht (E.); *Terhechte* (Hrsg.), Verwaltungsrecht der EU (E.); *Hofmann/Rowe/Türk*, Administrative Law (E.).
10 Vgl. Entschließung des EP vom 15.1.2013 mit Empfehlungen an die Kommission zu einem Verwaltungsverfahrensrecht der EU, 2012/2024 (INI). S. hierzu auch *Guckelberger*, Gibt es bald ein unionsrechtliches Verwaltungsverfahrensgesetz?, NVwZ 2013, 601 ff.
11 Vgl. grundlegend *Siedentopf* (Hg.), Making European Policies Work. The Implementation of Community Legislation in the Member States, 2 Bde, 1988. S. auch *Engelsberger*, Der Vollzug europarechtlicher Vorschriften auf dem Gebiet des Umweltschutzes, 1998, insbesondere 145 ff.; *Albin*, Vollzugskontrolle des europäischen Umweltrechts, 1999, insbesondere 110 ff., 321 ff. S. in diesem Zusammenhang auch die Verbesserungsvorschläge der Kommission in Mitteilung der Kommission zur besseren Kontrolle der Anwendung des Gemeinschaftsrechts, KOM (2002) 725 endg.
12 Vgl. hierzu *von Danwitz*, Europäisches Verwaltungsrecht (E.), 128 ff.; *Würtenberger/Neidhardt*, Distanz und Annäherung zwischen deutschem und französischem Verwaltungsrecht im Zeichen europäischer Integration, in: Schwarze (Hrsg.), L'état actuel et les perspectives du droit administrative européen. Analyses de droit comparé, 2010, 271 ff.; *Knill*, Konvergenz oder Divergenz nationaler Rechts- und Verwaltungsstrukturen?, VerwArch 2007, 1 ff.; *Kugelmann*, Wirkungen des EU-Rechts auf die Verwaltungsorganisation der Mitgliedstaaten, VerwArch 2007, 78 ff.; s. auch schon *Groß*, Konvergenzen des Verwaltungsrechtsschutzes in der Europäischen Union, Verw 2000, 415 ff.

§ 8 Rechtsanwendung und Europäisches Verwaltungsrecht

fonds und die Wissenschafts- und Forschungsförderung. Dabei kann der **„interne"** **Vollzug** (Personalangelegenheiten oder Haushalt) vom **„externen"** Vollzug (gegenüber Mitgliedstaaten und Individuen, wie z.b. im Wettbewerbsrecht) unterschieden werden. Das geschriebene Unionsrecht enthält für die direkte Unionsverwaltung nur **wenige sachgebietsübergreifende verfahrensrelevante Vorschriften**.

> So sind Beschlüsse gemäß Art. 296 AEUV mit Gründen zu versehen; sie werden nach Art. 297 AEUV durch Bekanntgabe an den Adressaten wirksam und sind nach Art. 299 Abs. 1 AEUV vollstreckbare Titel. Die Kommission hat nach Art. 337 AEUV Auskunfts- und Nachprüfungsrechte; die Unionsbediensteten unterliegen nach Art. 339 AEUV und Art. 17 des Beamtenstatuts der Amtsverschwiegenheit. Zwar verweist Art. 340 Abs. 2 AEUV in Bezug auf die außervertragliche Haftung der Union auf die den Rechtsordnungen der Mitgliedstaaten gemeinsamen Grundsätze (*§ 9 Rn. 66 ff.*); jedoch sieht Art. 43 der Satzung des Gerichtshofs für derartige Ansprüche eine fünfjährige Verjährungsfrist vor. Darüber hinaus ist auch das allgemeine Diskriminierungsverbot des Art. 18 AEUV zu beachten.
> Soweit die Union in den Formen des **Verwaltungsprivatrechts** tätig wird, findet Art. 335 AEUV Anwendung, wonach die Union, vertreten durch die Kommission, in jedem Mitgliedstaat die weitestgehende Rechts- und Geschäftsfähigkeit besitzt, die juristischen Personen zuerkannt wird. Bei der Verletzung von Vertragspflichten haftet die Union gemäß dem auf den Vertrag anwendbaren Recht (Art. 340 Abs. 1 AEUV). Für die Vergabe von Aufträgen gilt die Haushaltsordnung,[13] die in den Artikeln 101 ff. allgemeine Ausschreibungen vorsieht und Auswahlkriterien definiert.

Daneben gibt es allerdings **sachgebietsspezifische Verfahrensordnungen**,[14] so etwa die VO 1/2003[15] zur Regelung des Kartellverfahrens, oder die VO 1225/2009[16] im Bereich des Antidumpingrechts.

Im Übrigen – d.h. insbesondere in den Sachgebieten, für die keine spezifische Verfahrensordnung besteht sowie für diejenigen Fragen, die nicht durch das geschriebene Unionsrecht geregelt sind – ergibt sich die rechtliche Bindung des Verwaltungshandelns vor allem aus den vom Gerichtshof der EU entwickelten **allgemeinen Rechtsgrundsätzen** (*§ 6 Rn. 16 ff.*). Diese wurden durch die Rechtsprechung in erster Linie im Rahmen der Kontrolle der Rechtsakte der Union soweit konkretisiert, dass sie in der Verwaltungspraxis operationell werden.

BEISPIELE:

- Die **Rechtmäßigkeit der Verwaltung** ist zu beachten, so dass insbesondere Eingriffe in die Privatsphäre dem **Grundsatz des Gesetzesvorbehalts**[17] und, als Ausfluss des Verhältnismäßigkeitsprinzips, dem **Verbot willkürlicher und unverhältnismäßiger Eingriffe** unterliegen.[18] Weiter ist bei belastenden hoheitlichen Maßnahmen das **Gebot der hinreichenden Bestimmtheit** zu beachten.[19]

---

13 VO 966/2012 über die Haushaltsordnung für den Gesamthaushaltsplan der Union, ABl. L 298/2012, 1 = *HER I A* 90/1.15.
14 Allgemein zur „Vereinheitlichung" des Verwaltungsrechts in der EU *Kadelbach*, Allgemeines Verwaltungsrecht (E.); *Terhechte* (Hrsg.), Verwaltungsrecht der EU (E.); von *Danwitz*, Europäisches Verwaltungsrecht (E.).
15 VO Nr. 1/2003, ABl. L 1/2003, 1 = *HER I A* 50/1.10. Hierzu *§ 12 Rn.* 3.
16 VO 1225/2009, ABl. L 343/2009, 51 = *HER I A* 55/9.13. Hierzu *§ 34 Rn.* 18.
17 EuGH, Rs. C-269/90 (TU München), Slg. 1991, I-5469, Rn. 19; EuGH, Rs. C-94/00 (Roquette frères), Slg. 2002, I-9011, Rn. 27, 36 f.; EuGH, verb. Rs. 46/87 und 227/88 (Hoechst), Slg. 1989, 2859, Rn. 19.
18 Vgl. etwa EuGH, Rs. C-126/91 (Yves Rocher), Slg. 1993, I-2361; EuG, Rs. T-125/96 (Boehringer Ingelheim), Slg. 1999, II-3427, Rn. 73 ff.
19 Vgl. etwa EuGH, Rs. 169/80 (Gondrand Frères), Slg. 1981, 1931, Rn. 17.

Epiney

- Der **Grundsatz der Rechtssicherheit**[20] und der aus ihm abzuleitende Grundsatz des **Vertrauensschutzes**[21] ist bei der Rückwirkung von Beschlüssen[22] und dem Widerruf sowie der Rücknahme rechtswidriger und rechtmäßiger Beschlüsse[23] zu beachten. Auch kann eine längere Verwaltungspraxis der Kommission zu einer Ermessensbindung führen.[24]
- Der Grundsatz der **Verhältnismäßigkeit** ist auch bei Einzelmaßnahmen zu beachten[25] und ausdrücklich in Art. 5 Abs. 4 EUV verankert (*§ 3 Rn. 34*).
- In zahlreichen Urteilen sind die rechtsstaatlichen Anforderungen an die Durchführung förmlicher Verwaltungsverfahren, insbesondere die Tragweite der **Grundsätze des rechtlichen Gehörs**[26] und des **Schutzes des Privat- und Geschäftsgeheimnisses**, konkretisiert worden. Diese sind mit ebenfalls zu berücksichtigenden und ggf. vorrangigen Erfordernissen der Verwaltungseffizienz abzuwägen.
- Grundsätzlich sind **Verletzungen von Verfahrensgarantien**, insbesondere soweit sie das **rechtliche Gehör** betreffen, ein Grund zur Aufhebung von Beschlüssen. Allerdings erfolgt die Aufhebung, wenn es sich nicht um besonders schwerwiegende Verfahrensfehler handelt, nur dann, wenn die unterlassenen Verfahrensschritte entscheidungsrelevant hätten sein können.
- Darüber hinaus ist (selbstverständlich) die Gesamtheit der **unionsrechtlichen Grundrechte** zu beachten (*§ 2 Rn. 8 ff.*).

    Eine Reihe dieser Gewährleistungen ist nunmehr in der **Grundrechtecharta** (*§ 2 Rn. 13 f.*) enthalten, so neben den „klassischen" Grundrechten (wie der Achtung des Privat- und Familienlebens, Art. 7) insbesondere das rechtliche Gehör (Art. 41 Abs. 2) und die Rechtsgleichheit (Art. 20).

    Weiter ist auf die – allerdings rechtlich unverbindlichen – **Kodizes für eine gute Verwaltungspraxis** hinzuweisen. Neben den Kodizes von Kommission und Parlament[27] hat der Bürgerbeauftragte einen entsprechenden Musterentwurf formuliert, der von zahlreichen Einrichtungen aufgegriffen wurde. Diese Kodizes fassen die beim Vollzug zu beachtenden Grundsätze zusammen, wobei sich die verschiedenen Kodizes aber auch inhaltlich unterscheiden.[28]

11 Die **Mitgliedstaaten** trifft im Bereich des direkten Vollzugs ggf. die sich aus Art. 4 Abs. 3 EUV ergebende Pflicht der **Zusammenarbeit** mit der Union, insbesondere mit der Europäischen Kommission. Diese allgemeine Pflicht ist in verschiedenen primär- und sekundärrechtlichen Bestimmungen für spezifische Bereiche konkretisiert worden.

C. Indirekter Vollzug

12 Im Regelfall sind die Mitgliedstaaten für den Vollzug des Unionsrechts zuständig. Insoweit gilt der Grundsatz der **Maßgeblichkeit der nationalen Verfahrens- und Prozessordnungen**, der nunmehr auch in Art. 291 Abs. 1 AEUV verankert ist, wonach die Durchführungsmaßnahmen der Mitgliedstaaten „nach innerstaatlichem Recht" zu er-

---

20 Zu diesem Grundsatz EuGH, verb. Rs. C-387/02, 391/02, 403/02 (Berlusconi), Slg. 2005, I-3565.
21 Zu diesem EuGH, verb. Rs. C-104/89 und C-37/99 (Mulder), Slg. 1992, 3061; EuG, Rs. T-380/06 (Vischim/Kommission), Slg. 2009, II-3841, Rn. 81 ff.
22 Zu Zulässigkeit und Voraussetzungen der Rückwirkung EuGH, Rs. C-331/88 (Fedesa), Slg. 1990, I-4023, Rn. 6.
23 Vgl. z.B. EuGH, verb. Rs. 205–215/82 (Deutsche Milchkontor), Slg. 1983, 2633, Rn. 30 ff.; EuGH, Rs. 14/81 (Alpha Steel), Slg. 1982, 749, Rn. 10 ff.; EuG, Rs. T-459/93 (Siemens), Slg. 1995, II-1675, Rn. 24 ff., 79 ff.
24 EuGH, Rs. 344/85 (Ferriere San Carlo), Slg. 1987, 4435, Rn. 9 ff.; EuGH, Rs. 152/88 R (Sofrimport), Slg. 1988, 2931, Rn. 18 ff.
25 Z.B. EuGH, Rs. 46/87 und 227/88 (Hoechst), Slg. 1989, 2859, Rn. 10 ff.; EuGH, Rs. C-390/95 P (Antillean Rice), Slg. 1999, I-769, Rn. 52.
26 EuGH, Rs. C-269/90 (TU München), Slg. 1991, I-5469, Rn. 13 ff.; EuGH, Rs. C-288/96 (Deutschland/Kommission), Slg. 2000, I-8237, Rn. 99.
27 Vgl. ABl. Nr. L 267/2000, 63 ff.; ABl. Nr. C 97/2000, 1 ff.
28 Vgl. ausführlich hierzu *Martinez Soria*, Die Kodizes für gute Verwaltungspraxis – ein Beitrag zur Kodifikation des Verwaltungsverfahrensrechts der EG, EuR 2001, 682 ff.

greifen sind.[29] Die Mitgliedstaaten führen das Unionsrecht im eigenen Namen durch, ohne an Weisungen der Unionsbehörden gebunden zu sein, und bestimmen selbstständig die zuständigen Behörden und das anzuwendende Verfahren. Die jeweiligen, unterschiedlich ausgestalteten internen Vorschriften der Mitgliedstaaten über das **Verfahren** (Beweis- und Antragserfordernisse usw.), das **materielle Verwaltungsrecht** (Zinsansprüche, Verjährung, Aufrechnungsmöglichkeiten usw.) und schließlich das **System des Verwaltungsrechtsschutzes** führen notwendigerweise zu **unterschiedlichen Modalitäten der Abwicklung dem Unionsrecht unterworfener Rechtsverhältnisse**.

> Da die mitgliedstaatlichen Verwaltungsstrukturen sehr unterschiedlich sind, weist die Art und Weise der Durchführung des Unionsrechts in den verschiedenen Mitgliedstaaten erhebliche Unterschiede auf. Diese beeinträchtigen teilweise die Effektivität des Vollzugs, so dass der Erlass unionsrechtlicher Vorschriften erforderlich oder sinnvoll sein kann (*Rn. 6*).

Das nationale Verfahrens- und Prozessrecht kann jedoch nur insoweit zum Zuge kommen, als ihm keine **unionsrechtlichen Vorgaben** entgegenstehen. Diese können sich aus primärem oder sekundärem Recht ergeben. Im Einzelnen ist der Gestaltungsspielraum der Mitgliedstaaten durch folgende Normkategorien, Grundsätze oder Mechanismen beschränkt:[30]

13

1. Verfahrensrechtliche Vorgaben können sich zunächst aus der **unmittelbaren Anwendbarkeit** primär- und sekundärrechtlicher Bestimmungen ergeben, auch wenn diese an sich nicht die Regelung des Vollzuges beabsichtigen. Denn sie bestimmen ggf., auf welche Weise bestimmte öffentliche Aufgaben wahrzunehmen bzw. zu regeln sind oder wirken über die Festlegung der Rechtsfolgen auf den verfahrensmäßigen Vollzug ein.

14

> Beispiele hierfür sind die Gewährleistung des freien Personenverkehrs oder die Pflicht zur Rücknahme von Verwaltungsakten, die das den Behörden ggf. zustehende Ermessen entfallen lassen.[31]

2. Sodann kann der Unionsgesetzgeber in einzelnen **Sekundärrechtsakten** verwaltungsrechtliche Fragen des Vollzuges des Unionsrechts einheitlich regeln.

15

> So enthält der Zollkodex[32] Vorschriften über Erlass, Gültigkeit und Rücknahme von Verwaltungsakten sowie ein Widerspruchsverfahren. Ebenso formuliert die Dienstleistungsrichtlinie[33] Vorgaben für den mitgliedstaatlichen Vollzug, etwa die Pflicht sog. „einheitlicher Ansprechpartner". Zahlreiche Beispiele finden sich in neuerer Zeit – neben dem Lebensmittel- und Gentechnikrecht[34] – im Bereich der Umweltpolitik (§ 32), in dem durch die verstärkte Einbeziehung verfahrensrechtlicher Komponenten die Effektivität der Umweltpolitik der Union verstärkt werden soll und zudem neue Instrumente das „traditionelle" ordnungsrechtliche Instrumentarium ergänzen sollen. Stichworte in diesem Zusammenhang sind die Umweltinformationsrichtlinie, die Richtlinie zur Umweltverträglichkeitsprüfung oder die Umweltzeichenverordnung.

---

29 Vgl. aus der Rechtsprechung etwa EuGH, verb. Rs. C-392/04, C-422/04 (Germany und Arcor), Slg. 2006, I-8559, Rn. 57, der vom „Grundsatz der Verfahrensautonomie der Mitgliedstaaten" spricht. Vgl. diesen Ausdruck auch bei *Kahl*, in: Calliess/Ruffert (Hg.), EUV/AEUV, 4. Aufl., 2011, Art. 4 EUV, Rn. 61. Dieser Begriff ist jedoch weniger präzise und missverständlich, da er letztlich eine Art Immunität gegenüber unionsrechtlichen Vorgaben suggeriert, die es so nicht gibt, da diese jedenfalls zu beachten sind.
30 S. auch die weitgehend parallele Unterteilung bei *Klein*, Der Einfluss des europäischen Gemeinschaftsrechts auf das Verwaltungsrecht der Mitgliedstaaten, Der Staat 1994, 39 (42 ff.).
31 Vgl. EuGH, Rs. C-224/97 (Ciola), Slg. 1999, I-2517.
32 VO 450/2008, ABl. L 145/2008, 1 = HER I A 21/1.19.
33 RL 2006/123 über Dienstleistungen im Binnenmarkt, ABl. L 376/2006, 36 = HER I A 28/1.22.
34 Hierzu insbesondere *Caspar*, Zur Vergemeinschaftung von Verwaltungsverfahren am Beispiel von Gentechnik- und reformiertem Lebensmittelrecht, DVBl. 2002, 1437 ff.

16 3. Der aus dem Vorrang des Unionsrechts fließende primärrechtliche Grundsatz der **unionsrechtskonformen Auslegung** nationalen Rechts[35] wirkt auch auf verfahrensrechtliche Vorschriften ein.

Beispiele hierfür finden sich etwa im Lebensmittelrecht[36] oder im Gleichstellungsrecht.[37]

17 4. Bei der Anwendung und Durchführung des Unionsrechts sind darüber hinaus die **Grundrechte der Union** zu beachten. Diese stellen einen integralen Bestandteil der Unionsrechtsordnung dar, so dass sie diese insgesamt prägen. Wenn daher die Mitgliedstaaten das Unionsrecht anwenden, umfasst die damit implizierte Bindung an die unionsrechtlichen Vorgaben auch und gerade die Beachtung der Grundrechte der Union (*§ 2 Rn. 8 ff.*).[38]

18 5. Aus Art. 4 Abs. 3 EUV in Verbindung mit dem Vorrang des Unionsrechts ergibt sich ein unionsrechtlicher Grundsatz, dass auch im Gefolge mitgliedstaatlichen Vollzugs die **effektive Anwendung des Unionsrechts** gewährleistet sein muss. Dieses Prinzip findet seine Grundlage auch in der Funktionsfähigkeit der Union, ist doch nur unter dieser Voraussetzung eine Rechtsgemeinschaft denkbar. Letztlich steht dieser Grundsatz aber mit dem Prinzip der **Anwendung nationaler Verfahrens- und Prozessordnungen** bei der Durchführung des Unionsrechts in einem **Spannungsverhältnis**, dem bei seiner Anwendung Rechnung getragen werden muss.

> Jedenfalls schließt es das Unionsrecht nicht aus, auch **Private** in den Vollzug einzubeziehen, kann damit die Effektivität der Anwendung des Unionsrechts ebenso, in gewissen Bereichen u.U. sogar besser, gewährleistet werden wie bei einem Vollzug allein durch Behörden; der „Vollzug durch Private" ist damit unter der Voraussetzung möglich, dass die Durchführung des Unionsrechts und seine Wirksamkeit – einschließlich des allgemeinen Rechtsgrundsätze und der Grundrechte – nicht beeinträchtigt werden.[39] M.a.W. muss sichergestellt werden, dass die Privaten die unionsrechtlichen Vorgaben in vollem Umfang zu beachten haben und auch tatsächlich beachten.

Der Gerichtshof hat das Erfordernis der effektiven Anwendung des Unionsrechts – an dem sich auch bei „administrativen Schwierigkeiten" nichts ändert[40] – mit der Formel zusammengefasst, dass das nationale Recht dann nicht herangezogen werden darf, wenn es die Verwirklichung der Unionsregelung **praktisch unmöglich** macht (**Effektivitätsprinzip**) oder wenn es im Vergleich zu den Verfahren, in denen über gleichartige, rein nationale Sachverhalte entschieden wird, zu Ungleichbehandlungen führt (**Äquivalenzprinzip**).[41] Diese Formel hat die Rechtsprechung im Zusammenhang mit der Rückforderung zu Unrecht gezahlter Unionsbeihilfen entwickelt; sie gilt aber auch allgemein

---

35 Vgl. schon EuGH, Rs. 31/87 (Beentjes), Slg. 1988, 4635, Rn. 39. Hierzu *Rodriguez Iglesias/Riechenberg*, Zur richtlinienkonformen Auslegung des nationalen Rechts, FS Ulrich Everling, 1995, 1213 ff.; *Jarass/Beljin*, Unmittelbare Anwendung des EG-Rechts und EG-rechtskonforme Auslegung, JZ 2003, 768 (774 ff.); *Kaiser*, Richtlinienkonforme Rechtsfortbildung – unionsrechtliche und nationale Methodik der Rechtsfindung, ZEuS 2010, 219 ff.; *Herrestahl*, Voraussetzungen und Grenzen der gemeinschaftsrechtskonformen Rechtsfortbildung, EuZW 2007, 496 ff.

36 Vgl. hierzu *Pagenkopf*, Zum Einfluss des Gemeinschaftsrechts auf nationales Wirtschaftsverwaltungsrecht – Versuch einer praktischen Einführung, NVwZ 1993, 216 ff.

37 Vgl. EuGH, Rs. C-78/98 (Preston), Slg. 2000, I-3201.

38 Zur Bindung der Mitgliedstaaten an die Grundrechte Art. 51 GRCh sowie § 2 Rn. 20.

39 Vgl. aus der Rechtsprechung EuGH, Rs. C-336/00 (Österreich/Huber), Slg. 2002, I-7699, Rn. 61.

40 Vgl. EuGH, Rs. C-378/98 (Kommission/Belgien), Slg. 2001, I-5107. Vgl. auch EuGH, Rs. C-404/97 (Kommission/Portugal), Slg. 2000, I-4897, Rn. 52 f. Eine (allerdings in der Praxis wohl kaum vorkommende) objektive Unmöglichkeit des effektiven Vollzugs bleibt aber wohl vorbehalten.

41 S. nur EuGH, Rs. 205–215/82 (Deutsche Milchkontor), Slg. 1983, 2633, Rn. 22 f.; EuGH, Rs. 210/87 (Padovani), Slg. 1988, 6177, Rn. 22; EuGH, Rs. C-24/95 (Alcan), Slg. 1997, I-1591, Rn. 24; EuGH, Rs. C-231/96 (Edilizia Industriale Siderurgica), Slg. 1998, I-4951, Rn. 19; EuGH, verb. Rs. C-317/08 u.a. (Alassini), Slg. 2010, I-2213.

für den Vollzug unionsrechtlicher Vorgaben, so auch dann, wenn innerstaatliche Stellen unmittelbar aus dem Unionsrecht fließende Rechte zu verwirklichen haben. Darüber hinaus bildet sie einen Rahmen für die Entwicklung von Grundsätzen, nach denen sich der mitgliedstaatliche Vollzug dann richten soll, wenn das mitgliedstaatliche Recht nur eine unzulängliche Durchsetzung des Unionsrechts erlaubt. Leitmotiv ist in jedem Fall, dass die mitgliedstaatlichen Regelungen immer nur soweit angewandt werden dürfen, als die effektive und diskriminierungsfreie Anwendung des Unionsrechts nicht unterlaufen wird.

Im Zusammenhang mit der **Rückforderung zu Unrecht gewährter Beihilfen aus dem Unionshaushalt** geht der Gerichtshof davon aus, dass das Unionsrecht der Anwendung innerstaatlichen Rechts nicht entgegenstehe, das eine Rückforderung zu Unrecht gezahlter Beihilfen aus Gründen wie denjenigen des Vertrauensschutzes ausschließe, soweit bei der vorgesehenen Interessenabwägung den Interessen der Union in vollem Umfang Rechnung getragen werde.[42] Daher könne ein innerstaatlich vorgesehener Vertrauensschutz dann nicht durchgreifen, wenn bei seiner Berücksichtigung unionsrechtlich begründete Rückforderungsansprüche von vornherein unrealisiert blieben.[43]

Auch die **Rückforderung von zu Unrecht gewährten Beiträgen aus EU-Fonds** von Endbegünstigten durch die zuständige mitgliedstaatliche Stelle habe grundsätzlich nach den einschlägigen nationalen Regeln zu erfolgen, wobei die Mitgliedstaaten den Grundsatz der Rechtssicherheit berücksichtigen könnten. Dieser könne jedenfalls dann zum Zuge kommen, wenn ein gutgläubiger Endbegünstigter keine (rechtzeitige) Kenntnis von Bedingungen für die Zuschüsse hatte, die in einem an den Mitgliedstaat gerichteten Beschluss enthalten waren. Da in einem solchen Fall die Verunmöglichung der Rückzahlung der Zuschüsse auf ein Versäumnis der nationalen Behörden zurückzuführen sei, hafte der Mitgliedstaat in Anwendung des Art. 4 Abs. 3 EUV für diese Beträge.[44]

In Bezug auf die **Rückforderung zu Unrecht gewährter staatlicher Beihilfen**[45] hielt der EuGH im Urteil *Alcan*[46] fest, dass nationale Ausschlussgründe – wie insbesondere zeitliche Befristung, Wegfall der Bereicherung und der Grundsatz von Treu und Glauben – der Rückforderung zu Unrecht gewährter Beihilfen zwar entgegenstehen könnten. In diesem Rahmen dürfe das nationale Recht durchaus das berechtigte Vertrauen und die Rechtssicherheit schützen, dies allerdings immer nur dann, wenn diese Rechtsgüter auch tatsächlich betroffen seien. Da nationalen Behörden bei der bedingungslosen Anordnung der Rückforderung von Beihilfen kein Ermessen zustehe, weil mit dem entsprechenden Beschluss der Kommission die Rechtsla-

---

42 EuGH, Rs. 205–215/82 (Deutsche Milchkontor), Slg. 1983, 2633, Rn. 30 ff. S. auch EuGH, Rs. C-298/96 (Oelmühle Hamburg), Slg. 1998, I-4767. EuGH, Rs. C-366/95 (Steff-Houlberg Export), Slg. 1998, I-2661.
43 EuGH, Rs. 94/87 (Kommission/Deutschland), Slg. 1989, 175, Rn. 12; EuGH, Rs. 205–215/82 (Deutsche Milchkontor), Slg. 1983, 2633, Rn. 32; s. auch EuGH, Rs. C-350/93 (Kommission/Italien), Slg. 1995, I-699, Rn. 13 ff.
44 EuGH, Rs. C-158/06 (Stichting ROM-Projecten), Slg. 2007, I-5557. S. auch EuGH, verb. Rs. C-383/06-C-385/06 (Vereniging Nationaal Overlegorgaan), Slg. 2008, I-1561.
45 Dabei muss das nationale Recht grundsätzlich jedenfalls eine Rückforderung gegen das Unionsrecht verstoßender Beihilfen ermöglichen, vgl. ausdrücklich EuGH, Rs. C-119/05 (Lucchini), Slg. 2007, I-6199; EuGH, Rs. C-331/09 (Kommission/Polen), Slg. 2011, I-2933 (der die Fälle einer absoluten Unmöglichkeit der Rückforderung ausnimmt).
46 EuGH, Rs. C-24/95 (Alcan), Slg. 1997, I-1591, Rn. 30 ff. S. aus der Folgerechtsprechung etwa EuGH, Rs. C-304/09 (Kommission/Italien), Slg. 2010, I-13903 (wobei der Gerichtshof hier auch darauf einging, dass die italienischen Gerichte, die die Anwendung des entsprechenden Beschlusses der Kommission ausgesetzt hatten, gegen das Unionsrecht verstoßen hatten, da keine Begründung für die geltend gemachte Ungültigkeit des Kommissionsbeschlusses gegeben wurde); EuGH, Rs. C-210/09 (Scott und Kimberley Clark), Slg. 2010, I-4613 (Vereinbarkeit der Aufhebung eines nationalen Bescheids, mit dem eine mit dem Unionsrecht unvereinbare Beihilfe zurückgefordert wird, wegen eines Formfehlers mit dem EU-Recht, wobei diese Aufhebung aber nicht dazu führen dürfe, dass die von den Beihilfeempfängern bereits zurückgezahlte Beihilfe wieder ausgezahlt wird, würde dies doch das Effektivitätsprinzip beeinträchtigen); EuGH, Rs. C-344/12 (Kommission/Italien), Urt. v. 17.10.2013, Rn. 37 ff.: Eine mit dem Unionsrecht unvereinbare staatliche Beihilfe ist innerhalb vernünftiger Fristen zurückzuerlangen; ein Versäumnis solcher Fristen kann nicht durch praktische, politische oder wirtschaftliche Schwierigkeiten gerechtfertigt werden, sondern nur eine „absolute Unmöglichkeit" könne hier relevant sein.

ge abschließend festgestellt sei, sei diese Voraussetzung aber dann nicht erfüllt. Ebensowenig könne der Beihilfeempfänger sich auf die Grundsätze von Treu und Glauben und den Wegfall der Bereicherung berufen, wenn das Verfahren des Art. 108 AEUV nicht beachtet worden war, da dieses Erfordernis jedem sorgfältigen Gewerbetreibenden bekannt sei. Gegen den Grundsatz der Effektivität verstoße weiter, wenn ein mit einem Antrag auf Rückforderung einer rechtswidrigen nationalen Beihilfe befasstes nationales Gericht die Entscheidung über diesen Antrag solange aussetzen kann, bis die Kommission – nach einer Nichtigerklärung ihres die Unionskonformität bestätigenden Beschlusses durch das EuG – einen erneuten Beschluss über die Vereinbarkeit der Beihilfe mit dem Binnenmarkt erlässt. Denn ein derartiger Ansatz führe dazu, dass der Vorteil der Beihilfe während des grundsätzlich bestehenden Durchführungsverbots aufrechterhalten bliebe, was mit den Zielen des Art. 108 Abs. 3 AEUV unvereinbar sei und diese Bestimmung, wonach die Mitgliedstaaten die Maßnahme vor einer abschließenden Entscheidung der Kommission nicht durchführen dürfen, ihrer praktischen Wirksamkeit beraube.[47]

22 Unionsrechtliche Vorgaben sind auch bei der **Rückerstattung von unter Verletzung des Unionsrechts erhobener Abgaben** zu beachten. Der EuGH geht aber von der grundsätzlichen Zulässigkeit nicht diskriminierender **nationaler Ausschlussfristen** (etwa für die Rückforderung einer unionsrechtswidrigen nationalen Abgabe) aus; insbesondere führten derartige Fristen nicht dazu, dass der Anspruch selbst relativiert werde, so dass die Effektivität des Unionsrechts nicht beeinträchtigt werde.[48] Aber auch hier ist das Effektivitätsprinzip zu beachten, wie am Beispiel einer italienischen Regelung aufgezeigt werden kann: Nach dieser war die Erstattung solcher zu Unrecht erhobener Abgaben nur dann möglich, wenn die **Belastung nicht auf andere Personen abgewälzt** worden war, wobei diese Bestimmung durch die italienischen Behörden und Gerichte im Ergebnis so ausgelegt wurde, dass sich die Verwaltung, wenn sie die Erstattung zu Unrecht gezahlter Abgaben ablehnte, in der Regel (insbesondere bei Handelsunternehmen) auf die Vermutung stützen konnte, dass diese Abgaben auf Dritte abgewälzt würden. Der Gerichtshof hielt fest, dass es den Mitgliedstaaten zwar freistehe, eine erfolgte Abwälzung einer zu Unrecht gezahlten Abgabe auf Dritte zu berücksichtigen, da hierdurch einer ungerechtfertigten Bereicherung vorgebeugt werde. Allerdings laufe es dem Effektivitätsgrundsatz zuwider, wenn ausdrücklich oder *de facto* eine Vermutung der Überwälzung der Abgaben auf Dritte aufgestellt wird, die der Antragsteller zu widerlegen hat. Im Übrigen dürfe dem Antragsteller die Ausübung seines Rechts auf Erstattung auch nicht übermäßig erschwert werden, etwa durch bestimmte Vorlagepflichten.[49]

23 Die Berufung auf durch Unionsrecht eingeräumte Rechte oder die Anwendung unionsrechtlicher Bestimmungen darf nicht durch die Art und Weise der **staatlichen Organisation der Ver-**

---

47 EuGH, Rs. C-1/09 (CELF), Slg. 2010, I-2099.
48 EuGH, Rs. C-231/96 (Edilizia Industriale Siderurgica), Slg. 1998, I-4951; ähnlich EuGH, Rs. C-228/96, (Aprile Srl), Slg. 1998, I-7141; EuGH, Rs. C-260/96, (Spac SpA), Slg. 1998, I-4997; EuGH, verb. Rs. C-279/96, C-280/96, C-281/96, (Ansaldo Energia), Slg. 1998, I-5025. S. auch EuGH, verb. Rs. C-10/97 bis C-22/97 (IN.CO.GE. '90 Srl u.a.), Slg. 1998, I-6307. In Bezug auf eine Verjährungsfrist für die Geltendmachung von Dienstalterszulagen, die nach dem Unionsrecht verlangt werden können, EuGH, Rs. C-542/08 (Barth), Slg. 2010, I-3189; die Zulässigkeit einer Frist von zwei Monaten, innerhalb derer Ansprüche wegen der Verletzung des Grundsatzes der Nichtdiskriminierung aus Altersgründen geltend zu machen sind, mit dem Unionsrecht grundsätzlich bejahend EuGH, Rs. C-246/09 (Bulicke), Slg. 2010, I-7003; die Vereinbarkeit einer rückwirkenden Verkürzung einer Verjährungsfrist mit dem Unionsrecht verneinend EuGH, Rs. C-362/12 (Test Claimants), Urt. v. 12.12.2013.
49 EuGH, Rs. C-129/00 (Kommission/Italien), Slg. 2003, I-14637. S. ähnlich auch EuGH, Rs. C-147/01 (Weber's Wine World Handels-GmbH), Slg. 2003, I-11365. S. zur Zulässigkeit des Absehens von der Rückerstattung rechtsgrundlos bzw. unter Verstoß gegen das Unionsrecht erhobener staatlicher Abgaben wegen ungerechtfertigter Bereicherung EuGH, Rs. C-398/09 (Lady & Kid), Slg. 2011, I-7375. S. sodann EuGH, Rs. C-94/10 (Danfoss), Slg. 2011, I-9963 (Möglichkeit, die Erstattung einer nicht geschuldeten Abgabe abzulehnen, weil der Abnehmer, auf den die Abgabe abgewälzt worden war, gegen den Abgabepflichtigen eine zivilrechtliche Klage auf Rückzahlung erheben kann, sofern hierdurch die Erstattung nicht praktisch unmöglich gemacht oder übermäßig erschwert wird; Möglichkeit der Zurückweisung einer Schadensersatzforderung desselben Abnehmers gegen den Mitgliedstaat wegen fehlender Kausalität aus denselben Gründen); EuGH, verb. Rs. C-89/10, C-96/10 (Q-Beef), Slg. 2011, I-7819 (Vereinbarkeit einer differenziert ausgestalteten Verjährungsfrist für die Geltendmachung der Rückerstattung von unter Verstoß gegen das EU-Recht erhobener Abgaben mit dem EU-Recht).

waltung und der Verwaltungstätigkeit verhindert werden.⁵⁰ So impliziert der Vorrang des Unionsrechts (und damit die Effektivität seiner Anwendung), dass jeder dem Unionsrecht zuwiderlaufende nationale Rechtsakt außer Anwendung bleiben muss; dies gilt nicht nur für generell-abstrakte, sondern auch für individuell-konkrete Rechtsakte. Daher sind auch bestandskräftige, aber unionsrechtswidrige **Verwaltungsakte** jedenfalls bei der Beurteilung einer Geldstrafe nicht anzuwenden.⁵¹ Weiter bejaht der EuGH grundsätzlich eine unionsrechtliche Pflicht zur nochmaligen Überprüfung einer nach nationalem Recht **bestandskräftigen Verwaltungsentscheidung**,⁵² formulierte jedoch eher restriktive (kumulativ zu verstehende) Voraussetzungen (so dass es gerade keine generelle Pflicht zur Zurücknahme unionsrechtswidriger bestandskräftiger Verwaltungsakte gibt):⁵³ Die entsprechende Behörde muss nach nationalem Recht befugt sein, die Verwaltungsentscheidung zurückzunehmen, die Bestandskraft der Entscheidung muss auf einem nationalen Gerichtsurteil letzter Instanz beruhen, das nationale Urteil ist unter Verstoß gegen die Vorlagepflicht nach Art. 267 Abs. 3 AEUV erfolgt, und der Betroffene hat sich unmittelbar nach Kenntniserlangung von der Entwicklung der EuGH-Rechtsprechung an die Verwaltungsbehörde gewandt. Damit ist die Bestandskraft von Verwaltungsentscheidungen in dem durch den Gerichtshof formulierten Ausmaß zu durchbrechen. Der Gerichtshof folgerte also aus dem Vorrang des Unionsrechts – wobei er diesen Grundsatz nicht erwähnt, sondern die Argumentation auf Art. 4 Abs. 3 AEUV abstützt – gerade nicht, dass bestandskräftige, unionsrechtswidrige Verwaltungsentscheidungen ganz allgemein keine Wirkungen entfalten, sondern nimmt hier in der Sache eine Abwägung zwischen Aspekten der Rechtssicherheit (die auch ein im Unionsrecht anerkannter Grundsatz ist) und dem Vorrang des Unionsrechts vor. Diese Abwägung findet zwischen unionsrechtlichen Prinzipien untereinander und nicht etwa zwischen dem Vorrang und mitgliedstaatlichem Recht statt, denn der Vorrang des Unionsrechts kann nicht durch mitgliedstaatliche Grundsätze infrage gestellt werden. Vor diesem Hintergrund dürfte die Bedeutung dieser Rechtsprechung – entgegen dem ersten Anschein – weniger in der grundsätzlichen Infragestellung des Instituts der Bestandskraft (auch wenn dieses betroffen ist), denn in der Eröffnung einer Art „Kontroll- bzw. Sanktionsmechanismus" für die Einhaltung der in Art. 267 AEUV vorgesehenen Vorlagepflicht letztinstanzlicher nationaler Gerichte liegen, der durch Einzelne in Gang gesetzt wird.

In einem späteren Urteil⁵⁴ präzisierte der EuGH, dass eine Pflicht zur Überprüfung bestandskräftiger, jedoch gegen Unionsrecht verstoßende Verwaltungsentscheidungen nach den genannten Voraussetzungen auch dann bestehe, wenn sich die Parteien des Ausgangsverfahrens nicht auf die betreffende unionsrechtliche Bestimmung berufen hatten. Vielmehr reiche es aus, wenn das nationale Gericht diese Frage geprüft hatte oder von Amts wegen hätte prüfen können. Zwar verlange das Unionsrecht nicht, dass in jedem Fall ein Verstoß gegen das Unionsrecht von Amts wegen zu prüfen ist; jedoch müssten die mitgliedstaatlichen Gerichte eine zwingende Unionsrechtsvorschrift jedenfalls immer dann berücksichtigen, wenn sie nach nationalem Recht verpflichtet oder berechtigt sind, eine entsprechende nationale Vorschrift heranzuziehen. Der Ansatz des EuGH dürfte in der Regel dazu führen, dass in verwaltungsgerichtlichen Verfahren die Unionsrechtskonformität grundsätzlich umfassend zu prüfen ist, unabhängig von einer Geltendmachung durch die Parteien. Denn die Gerichte sind – was nach dem Urteil in der Rs. C-2/06 offenbar ausreicht – in der Regel zumindest berechtigt, von Amts wegen zwingende Vorschriften des nationalen Rechts zu berücksichtigen.

In der jüngsten Weiterentwicklung der Rechtsprechung betonte der EuGH einerseits, es bestehe keine allgemeine Pflicht, eine unionsrechtswidrige, bestandskräftig gewordene Verwaltungsentscheidung aufzuheben. Jedoch sei von diesem Grundsatz bei Vorliegen besonderer

---

50 S. z.B. EuGH, Rs. C-128/89 (Kommission/Italien), Slg. 1990, I-3239, Rn. 24.
51 EuGH, Rs. C-224/97 (Ciola), Slg. 1999, I-2517.
52 EuGH, Rs. C-453/00 (Kühne & Heitz), Slg. 2004, I-837. S. auch EuGH, verb. Rs. C-392/04, C-422/04 (Germany Actor), Slg. 2006, I-8559, wo der EuGH die Tragweite des Urteils Kühne & Heitz ausdrücklich auf die engen, in den gegebenen Voraussetzungen beschränkt, woraus man folgern kann, dass im Falle des Fehlens einer dieser Voraussetzungen keine Pflicht zur Rücknahme bestandskräftiger Entscheidungen besteht. In diesem Fall hatten die Kläger nicht von ihrem Recht Gebrauch gemacht, die an sie gerichteten unionsrechtswidrigen Gebührenbescheide anzufechten, womit die vierte im Text genannte Voraussetzung nicht vorlag.
53 Ebensowenig gibt es eine generelle Pflicht zur Überprüfung und Aufhebung von rechtskräftigen Gerichtsurteilen, die (möglicherweise) gegen das Unionsrecht verstoßen, vgl. EuGH, Rs. C-234/04 (Kapferer), Slg. 2006, I-2585.
54 EuGH, Rs. C-2/06 (Kempter), Slg. 2008, I-411.

Umstände aufgrund des Art. 4 Abs. 3 EUV sowie des Effektivitätsprinzips abzuweichen, wobei ein Ausgleich zwischen dem Erfordernis der Rechtssicherheit und demjenigen der Rechtmäßigkeit zu suchen sei. In der Konstellation eines Ausreiseverbots, das eindeutig gegen Unionsrecht verstieß und unbegrenzt aufrechterhalten werden konnte, sei zu berücksichtigen, dass eine Nichtüberprüfung der bestandskräftigen Verwaltungsentscheidung geradezu eine Negation des Freizügigkeitsrechts des Unionsbürgers nach sich ziehe, so dass eine Wiederaufnahme des Verwaltungsverfahrens möglich sein müsse.[55] Damit kann allgemein festgehalten werden, dass eine Überprüfung eines bestandskräftigen Verwaltungsakts jedenfalls dann zu erfolgen hat, wenn es um eine gravierende Einschränkung von Rechten der Unionsbürger und eine eindeutige Verletzung des Unionsrechts geht, wobei wohl die Umstände des Einzelfalls maßgeblich sind.

24 Wenn es einem **nationalen Gericht verwehrt** ist, in einem konkreten Fall **Unionsrecht anzuwenden**, ist die Effektivität des Unionsrechts beeinträchtigt. Daher sind mitgliedstaatliche Verfahrensvorschriften, die es nationalen Gerichten verbieten, von Amts wegen die Vereinbarkeit eines innerstaatlichen Rechtsakts mit einer unionsrechtlichen Vorschrift zu überprüfen, nicht mit den unionsrechtlichen Anforderungen vereinbar.[56] Ebenso verstößt es gegen den Grundsatz der Effektivität, wenn ein rechtskräftiges Urteil es verhindert, anlässlich einer anderen behördlichen Entscheidung, die einen anderen Sachverhalt (wenn auch denselben Adressaten) betrifft, die in diesem Urteil getroffenen Feststellungen zu überprüfen, so dass sich die **Unionsrechtswidrigkeit des rechtskräftigen Urteils bzw. von Teilen desselben in anderen Sachverhalten perpetuiere**. Damit ist eine nationale Bestimmung, wonach eine (nach Ausschöpfung des vorgesehenen Rechtswegs oder nach Ablauf der Rechtsmittelfristen) in Rechtskraft erwachsene Gerichtsentscheidung nicht nur für das entsprechende Verfahren, sondern auch für (bestimmte) gleichartige andere Verfahren Bindungswirkung entfaltet, insoweit nicht anzuwenden.[57] Das diesem Grundsatz zugrunde liegende Urteil des EuGH betrifft zwar den speziellen Fall der Mehrwertsteuer, so dass sich ein Steuerpflichtiger in diesem Bereich nicht auf die in einem rechtskräftigen Urteil enthaltenen Feststellungen berufen kann, wenn diese ein anderes Steuerjahr betreffen. Der Grundgedanke der Ausführungen des Gerichtshofs dürfte aber verallgemeinerungsfähig sein. Die im nationalen Recht vorgesehene Rechtskraft von Gerichtsurteilen (und *a fortiori* von Verwaltungsentscheidungen) darf also nicht dazu führen, dass eine in einer solchen Entscheidung enthaltene Unionsrechtswidrigkeit über diesen Einzelfall hinaus „festgeschrieben" wird.

25 Die effektive Anwendung des Unionsrechts gibt den Mitgliedstaaten – in Verbindung mit dem einschlägigen Sekundärrecht – auch auf, alle wirksamen Maßnahmen zu ergreifen, um **Verhaltensweisen zu ahnden**, die gegen unionsrechtliche Vorgaben verstoßen, insbesondere die finanziellen Interessen der Union verletzen. Dies kann auch strafrechtliche Sanktionen einschließen.[58] Sanktionen müssen wirksam, verhältnismäßig und abschreckend sein.[59]

26 6. Unabdingbare Voraussetzung der tatsächlichen und effektiven Durchführung des Unionsrechts ist schließlich die Gewährleistung eines **effektiven Rechtsschutzes**. Daher müssen nationale Vorschriften, die den diesbezüglichen Anforderungen nicht entsprechen, außer Anwendung gelassen werden.[60]

Dieser Grundsatz entfaltet auf verschiedenen Ebenen Auswirkungen:
- Im Rahmen des **Vorabentscheidungsverfahrens** (*§ 9 Rn. 81 ff.*) kann ein innerstaatliches Gericht nicht durch eine nationale Vorschrift, die die unterinstanzlichen Gerichte an das Urteil eines höheren Gerichts bindet, gehindert werden, dem EuGH eine Vorlagefrage nach Art. 267 AEUV vorzulegen.[61]

---

55 EuGH, Rs. C-249/11 (Byankov), Urt. v. 4.1.2012.
56 EuGH, Rs. C-312/93 (Peterbroeck), Slg. 1995, I-4599, Rn. 6 ff.
57 EuGH, Rs. C-2/08 (Fallimento Olimpiclub), Slg. 2009, I-7501.
58 EuGH, Rs. C-186/98 (Maria Amélia Nunes), Slg. 1999, I-4883.
59 EuGH, Rs. C-230/01 (Penycoed), Slg. 2004, I-937, Rn. 36; EuGH, verb. Rs. C-387/02, 391/02, 403/02 (Berlusconi), Slg. 2005, I-3565.
60 EuGH, Rs. C-13/01 (Sfalero), Slg. 2003, I-8679.
61 EuGH, Rs. 146/73 (Rheinmühlen), Slg. 1974, 139, Leitsatz 1.

§ 8 Rechtsanwendung und Europäisches Verwaltungsrecht § 8

- Die nationalen Gerichte[62] dürfen den **Vollzug** eines auf einer EU-Verordnung beruhenden nationalen Verwaltungsakts **nur unter engen Voraussetzungen aussetzen:** Das Gericht muss erhebliche Zweifel an der Gültigkeit des unionsrechtlichen Rechtsaktes hegen, die Frage muss dem EuGH vorliegen und ggf. vorgelegt werden, die Entscheidung muss dringlich sein, dem Antragsteller muss ein schwerer, nicht wiedergutzumachender Schaden drohen und die Interessen der Union müssen ausreichend berücksichtigt werden.[63] Später hat der EuGH dem das Erfordernis hinzugefügt, dass die Rechtsprechung des EuGH „beachtet" worden sein müsse.[64]
- Bei **Ausschlussfristen** ist ebenfalls der Grundsatz der Effektivität zu wahren. Daher verstößt z.B. eine nationale Regelung, wonach bei einer ununterbrochenen Kette befristeter Arbeitsverträge zur Geltendmachung eines ggf. aus Art. 157 AEUV folgenden Anspruchs auf Anschluss zum Betriebsrentensystem für den Beginn der Ausschlussfrist das Ende des jeweiligen Arbeitsvertrages maßgeblich ist, gegen die unionsrechtlichen Anforderungen.[65]
- Ggf. muss die **Gewährung vorläufigen Rechtsschutzes** möglich sein, damit eine spätere gerichtliche Entscheidung über aus dem Unionsrecht fließende Rechte und Pflichten auch tatsächlich die (korrekte) Anwendung des Unionsrechts sicherstellen kann.[66] Andererseits kann es notwendig sein, Maßnahmen des vorläufigen Rechtsschutzes zu ergreifen, damit der tatsächliche Vollzug einer unionsrechtlichen Vorschrift nicht durch den **Suspensiveffekt** der Einleitung eines gerichtlichen Verfahrens dauerhaft verhindert wird.[67]
- Allerdings verlangt der Grundsatz effektiven gerichtlichen Rechtsschutzes nicht, dass es in den Mitgliedstaaten ein **eigenständiges Verfahren** gibt, mit dem die **Prüfung der Vereinbarkeit nationaler Vorschriften mit unionsrechtlichen Vorgaben** geltend gemacht werden kann, sofern das nationale Recht andere Rechtsbehelfe kennt, die eine inzidente Prüfung dieser Frage ermöglichen sowie dem Diskriminierungs- und Äquivalenzprinzip genügen. Den Anforderungen des Unionsrechts würde jedoch dann nicht Rechnung getragen, wenn ein solcher Rechtsschutz erst im Gefolge eines mit Sanktionen bewehrten Verstoßes gegen Straf- oder Verwaltungsvorschriften eröffnet ist.[68]
- Errichtet der nationale Gesetzgeber im Zuge der Umsetzung einer Richtlinie (z.B. die RL 1999/70 über befristete Arbeitsverträge)[69] **spezialisierte Gerichte,** widerspräche es der Effektivität des Rechtsschutzes, Einzelne für die Geltendmachung seiner nach der Umsetzung entstandenen Rechte an ein solches spezialisiertes Gericht zu verweisen, während er sich für diejenigen Rechte, die er für die Zeit zwischen dem Ablauf der Umsetzungsfrist und dem Inkrafttreten des Umsetzungsgesetzes geltend macht, an ordentliche Gerichte zu wenden hat, dies insoweit, als sich daraus für den Einzelnen Verfahrensnachteile (etwa in Bezug auf Kosten, Verfahrensdauer und Vertretungsregelungen) ergeben, die geeignet sind, die Ausübung der aus der Richtlinie erwachsenden Rechte übermäßig zu erschweren.[70] Hingegen verstößt es weder gegen den Grundsatz des effektiven gerichtlichen Rechtsschutzes noch gegen den Äquivalenz- und Effektivitätsgrundsatz, wenn bei bestimmten Klagen der **vorgängige obligatorische Versuch der außergerichtlichen Streitbeilegung** verlangt wird.[71]
- Schließlich ist der **gerichtliche Zugang** immer dann zu gewähren, wenn die einschlägigen unionsrechtlichen Vorschriften den Einzelnen entsprechende Rechte einräumen. Ausgehend

---

62 Nationale Behörden dürfen den Vollzug nicht aussetzen, sondern dies ist nationalen Gerichten vorbehalten. Vgl. EuGH, verb. Rs. C-354/03 u.a. (Abna), Slg. 2005, I-10423.
63 EuGH, Rs. C-143/88, C-92/89 (Zuckerfabrik Süderdithmarschen), Slg. 1991, I-415, Rn. 17 ff.
64 EuGH, Rs. C-465/93 (Atlanta Fruchthandelsgesellschaft), Slg. 1995, I-3761, Rn. 51.
65 EuGH, Rs. C-78/98 (Preston), Slg. 2000, I-3201.
66 EuGH, Rs. C-213/89 (Factortame), Slg. 1990, I-2433, Rn. 19 ff.; EuGH, Rs. C-432/05 (Unibet), Slg. 2007, I-2271.
67 EuGH, Rs. C-271/88 (Kommission/Deutschland), Slg. 1990, I-2879, Rn. 14 ff. (Tafelwein); EuGH, Rs. C-232/05 (Kommission/Frankreich), Slg. 2006, I-10071. S. zur Zulässigkeit mitgliedstaatlichen einstweiligen Rechtsschutzes auch EuGH, Rs. C-68/95 (T. Port), Slg. 1996, I-6065, Rn. 52 ff.
68 EuGH, Rs. C-432/05 (Unibet), Slg. 2007, I-2271.
69 ABl. 1999 L 175, 43.
70 EuGH, Rs. C-268/06 (Impact), Slg. 2008, I-2483.
71 EuGH, verb. Rs. C-317/08 u.a. (Alassini), Slg. 2010, I-2213.

von der Rechtsprechung des EuGH[72] liegen solche immer bereits dann vor, wenn die entsprechenden unionsrechtlichen Bestimmungen **Interessen Einzelner** schützen sollen, wobei keine Unterscheidung zwischen „Individualinteressen" und „Allgemeinwohlinteressen" getroffen wird.[73]

27 7. Ein Verstoß gegen unionsrechtliche Vorgaben liegt auch dann vor, wenn zwar der gesetzliche Rahmen in dem jeweiligen Mitgliedstaat mit den unionsrechtlichen Vorgaben vereinbar ist, jedoch das Unionsrecht bzw. das Unionsrecht umsetzende nationale Recht **tatsächlich nicht angewandt** wird.[74] Die Kommission veröffentlicht regelmäßig **Berichte über die Kontrolle der Anwendung des Unionsrechts**, aus denen sich Schlüsse über die tatsächliche Anwendung in den Mitgliedstaaten ziehen lassen.[75]

28 Insgesamt erscheint diese Rechtsprechung den Anliegen einer effektiven Anwendung des Unionsrechts auf der einen und der Autonomie der Mitgliedstaaten auf der anderen Seite Rechnung zu tragen. Allerdings kann die Anwendung dieser Grundsätze insofern zu Unsicherheiten führen, als nicht immer klar ist, welche Regeln des nationalen Verwaltungsrechts verdrängt werden. Gleichwohl ist es unentbehrlich, der Anwendung mitgliedstaatlicher Regelungen immer dann Grenzen zu setzen, wenn die effektive Anwendung des Unionsrechts berührt wird. Daran können im Interesse des *effet utile* (§ 9 *Rn. 18*) unionsrechtlicher Vorschriften auch sich im Einzelfall ergebende Anwendungsschwierigkeiten nichts ändern, zumal die hier maßgeblichen Grundsätze inzwischen durch die Rechtsprechung recht weitgehend konkretisiert wurden. Jedenfalls führen die dargestellten unionsrechtlichen Vorgaben aber zu einer **Europäisierung des nationalen Verwaltungs(prozess)rechts**, die durchaus auch gewachsene Strukturen betreffen kann, wobei Unionsrecht und nationales Recht als komplementäre, ineinander greifende Systeme zu verstehen sind.

D. Gemischter Vollzug

29 Bei den **Mischformen des Vollzugs** des Unionsrechts werden zwar der Kommission und den zuständigen innerstaatlichen Stellen ihre jeweiligen Entscheidungskompetenzen belassen; durch die Zuweisung von internen Mitwirkungs- und Zustimmungserfordernissen werden aber die nationalen Behörden am direkten und die Unionsbehörden am indirekten Vollzug des Unionsrechts beteiligt. Sie sind pragmatischer Ausdruck der gegenseitigen Durchdringung von Unionsrecht und innerstaatlichem Recht.

So ist die Kommission in ihrer Verwaltungstätigkeit auf die Hilfe innerstaatlicher Stellen angewiesen, die über einen Verwaltungsunterbau verfügen, ortsnah operieren können und Vollzugsbefugnisse haben.[76] Sie muss andererseits ihre Aktivitäten mit denen der mitgliedstaatlichen Behörden, die den gleichen Sachbereich zu regeln haben, koordinieren.

---

72 S. insbesondere EuGH, Rs. C-131/88 (Kommission/Deutschland), Slg. 1991, I-825; EuGH, Rs. C-361/88 (Kommission/Deutschland), Slg. 1991, I-2567; EuGH, Rs. C-59/89 (Kommission/Deutschland), Slg. 1991, I-2607; EuGH, Rs. C-298/95 (Kommission/Deutschland), Slg. 1996, I-6747, Rn. 16; EuGH, Rs. C-237/07 (Janecek/Bayern), Slg. 2008, I-6221.
73 Ausführlich zum Problemkreis m.w.N. *Epiney*, Primär- und Sekundärrechtsschutz im Öffentlichen Recht, VVDStRL 61 (2002), 362 (386 ff.).
74 Vgl. zum Beispiel EuGH, Rs. C-135/05 (Kommission/Italien), Slg. 2007, I-3475.
75 S. den aktuellen 30. Jahresbericht über die ordnungsgemäße Anwendung und Durchführung des EU-Rechts (2012), KOM (2013) 726 endg. S. auch KOM (2007) 502 endg. Dieser formuliert auch Vorschläge für eine bessere Anwendung des Unionsrechts (mehr präventive Maßnahmen, bessere Information und Problemlösung, mehr Transparenz, effizientere Prioritätensetzung bei Vertragsverletzungsverfahren).
76 Vgl. in diesem Zusammenhang den Sachverhalt in EuGH, verb. Rs. 46/87 und 227/88 (Hoechst), Slg. 1989, 2859.

Im Kartellverfahren arbeiten Kommission und Mitgliedstaaten nach Art. 11 ff. 1/2003[77] zusammen, was insbesondere auch einen Informationsaustausch einschließt. Auf Sachgebieten, die von den Mitgliedstaaten verwaltungsmäßig durchgeführt werden, stehen der Kommission zum Teil Mitwirkungsbefugnisse im Einzelfall zu, so wenn sie der Erstattung von Einfuhrabgaben gemäß dem einschlägigen Sekundärrecht zuzustimmen hat.[78]

Bei der Kontrolle der Außengrenzen wird eine Zusammenarbeit zwischen Union und Mitgliedstaaten sowie zwischen den Mitgliedstaaten untereinander durch eine Agentur sichergestellt.[79]

Im Übrigen hat die Kommission auf vielen Sachgebieten faktische Verwaltungsbefugnisse, die zwar in der Rechtsform der Verordnung oder staatengerichteter Beschlüsse ausgeübt werden, der Sache nach aber Einzelfälle oder Fallgruppen regeln, so wenn Verkäufe von landwirtschaftlichen Erzeugnissen aus Interventionsbeständen angeordnet bzw. genehmigt werden[80] oder die Zollbefreiung bestimmter Gegenstände wissenschaftlichen Charakters in einem staatengerichteten Beschluss festgestellt[81] wird. Ihre Wahrnehmung ist aber insofern an den innerstaatlichen Verwaltungsvollzug zurückgekoppelt, als die Kommission in der Regel an die Stellungnahme eines aus Vertretern der Mitgliedstaaten zusammengesetzten Ausschusses gebunden ist (§ 7 Rn. 21 ff.).

E. Literatur

Auby, Jean-Bernard/Dutheil de la Rochère, Jacqueline (Hg.), Traité de droit administratif européen, 2. Aufl., Brüssel 2014; *Axer, Peter u.a.* (Hg.), Das Europäische Verwaltungsrecht in der Konsolidierungsphase, Berlin 2010; *Baumann, Johannes Maria*, Die Rechtsprechung des EuGH zum Vorrang von Gemeinschaftsrecht vor mitgliedstaatlichen Verwaltungsakten und Gerichtsurteilen, Frankfurt/M. u.a. 2010; *Becker, Florian*, Application of Community law by Member States' public authorities: Between autonomy and effectiveness, CMLRev. 2007, 1035 ff.; *Bülow, Elena*, Die Relativierung von Verfahrensfehlern im Europäischen Verwaltungsverfahren und nach §§ 45, 46 VwVfG, Baden-Baden 2007; *Burger, Simon*, Die administrative Nichtanwendung unionsrechtswidriger Normen, DVBl. 2011, 985 ff.; *Burgi, Martin*, Verwaltungsverfahrensrecht zwischen europäischem Umsetzungsdruck und nationalem Gestaltungswillen, JZ 2010, 105 ff.; *Classen, Claus Dieter/Biaggini, Giovanni*, Die Entwicklung eines internationalen Verwaltungsrechts als Aufgabe der Rechtswissenschaft, VVDStRL 67 (2008), 365 ff.; *Couronne, Vincent*, L'autonomie procédurale des Etats membres de l'Union européenne à l'épreuve du temps, CDE 2010, 273 ff.; *Craig, Paul*, EU Administrative Law, 2. Aufl., Oxford 2012; *von Danwitz, Thomas*, Europäisches Verwaltungsrecht, Berlin 2008; *Epiney, Astrid/Sollberger, Kaspar*, Zugang zu Gerichten und gerichtliche Kontrolle im Umweltrecht. Rechtsvergleich, völker- und europarechtliche Vorgaben und Perspektiven für das deutsche Recht, Berlin 2002; *Frenz, Walter*, Subjektive Rechte aus Unionsrecht vor den nationalen Verwaltungsgerichten, VerwArch 2011, 134 ff.; *Glaser, Andreas*, Die Entwicklung des Europäischen Verwaltungsrechts aus der Perspektive der Handlungsformenlehre, Tübingen 2013; *Gerontas, Angelos S.*, Europäisierung und Internationalisierung des Verwaltungshandelns, Baden-Baden 2011; *Hatje, Armin*, Gemeinschaftsrechtliche Grenzen der Rechtskraft gerichtlicher Entscheidungen, EuR 2007, 654 ff.; *Hofmann, Herwig/Rowe, Gerard C./Türk, Alexander H.*, Administrative Law and Policy of the European Union, Oxford 2011; *Huerkamp, Florian/Kühling, Jürgen*, Primärrechtsschutz für Unterschwellenvergaben aus Luxemburg? Von den Folgen des Äquivalenz- und Effektivitätsanforderungen des EuGH, NVwZ 2011, 1409 ff.; *Jans, Jan/de Lange, Roel/Prechal, Sacha/Widdershoven, Rob*, Europeanisation of Public Law, Groningen 2007; *Kahl, Wolfgang*, 35 Jahre Verwaltungsverfahrensgesetz – 35 Jahre Europäisierung des Verwaltungsverfahrensrechts, NVwZ 2011, 449 ff.; *Ka-*

---

[77] VO Nr. 1/2003 zur Durchführung der in den Artikeln 81 und 82 des Vertrags niedergelegten Wettbewerbsregeln, ABl. L 1/2003, 1 = HER I A 50/1.10.
[78] S. den Sachverhalt in EuGH, Rs. 283/82 (Schoellershammer), Slg. 1983, 4219.
[79] Vgl. VO 2007/2004 zur Errichtung einer Europäischen Agentur für die operative Zusammenarbeit an den Außengrenzen, ABl. L 349/2004, 1 = HER I A 29a/4.2.
[80] S. den Sachverhalt in EuGH, Rs. 264/81 (SAVMA), Slg. 1984, 3915.
[81] S. den Sachverhalt in EuGH, Rs. 294/81 (Control Data Belgium), Slg. 1983, 911.

delbach, Stefan, Allgemeines Verwaltungsrecht unter europäischem Einfluss, Tübingen 1999; *Kremer, Carsten,* Gemeinschaftsrechtliche Grenzen der Rechtskraft, EuR 2007, 470 ff.; *Krönke, Christoph,* Die Verfahrensautonomie der Mitgliedstaaten der EU, Tübingen 2013; *Kovar, Robert,* L'incidence du droit communautaire sur l'intangibilité des décisions nationales définitives, Mélanges Georges Vandersanden, Brüssel 2008, 203 ff.; *Lafarge, François,* Administrative Cooperation between Member States and Implementation of EU Law, EPL 2010, 597 ff.; *Neidhardt, Stephan,* Nationale Rechtsinstitute als Bausteine europäischen Verwaltungsrechts, Tübingen 2008; *Nicolaides, Phedon/Geilmann, Maria,* What is Effective Implementation of EU Law?, MJ 2012, 383 ff.; *von Oettingen, Anna,* Effet utile und individuelle Rechte im Recht der Europäischen Union, Baden-Baden 2010; *Ruffert, Matthias (Hg.),* The Transformation of Administrative Law in Europe / La mutation du droit administratif en Europe, 2007; *Schwarze, Jürgen,* Droit administratif européen, 2. Aufl., Brüssel 2009; *Schwarze, Jürgen,* Europäisches Verwaltungsrecht, 2, Aufl., Baden-Baden 2005; *Schwarze, Jürgen (Hg.),* Bestand und Perspektiven des Europäischen Verwaltungsrechts. Rechtsvergleichende Analysen, Baden-Baden 2008; *Stelkens, Ulrich,* Art. 291 AEUV, das Unionsverwaltungsrecht und die Verwaltungsautonomie der Mitgliedstaaten – zugleich zur Begrenzung der Anwendungsbereiche von Art. 290 und Art. 291 AEUV -, EuR 2012, 511 ff.; *Terhechte, Jörg Philipp (Hg.),* Verwaltungsrecht der EU, Baden-Baden 2011; *Wegener, Bernhard,* Rechte des Einzelnen. Die Interessentenklage im europäischen Umweltrecht, Baden-Baden 1998; *Wettner, Florian,* Die Amtshilfe im Europäischen Verwaltungsrecht, Tübingen 2005; *Ziekow, Jan,* Europa und der deutsche Verwaltungsprozess – Schlaglichter auf eine unendliche Geschichte, NVwZ 2010, 793 ff.

§ 9 Rechtsschutzsystem

A. Grundlagen

Die Europäische Union ist eine **Rechtsgemeinschaft**; sie beruht auf rechtlichen Grundlagen und handelt mit rechtlichen Instrumenten. Daher kommt der (einheitlichen) Auslegung und Anwendung des Unionsrechts besondere Bedeutung zu. Darüber hinaus muss aber auch die Beachtung der rechtlichen Vorgaben durch die Unionsorgane sichergestellt werden. In der Union werden diese Aufgaben von **staatlichen Gerichten und vom EuGH** wahrgenommen. Soweit die staatlichen Gerichte primär mit einer Rechtssache befasst werden, arbeiten sie eng mit dem EuGH zusammen. Insofern beruht die Union auf einem „zusammengesetzten" Rechtsschutzsystem. Dies ermöglicht die Beachtung der gewachsenen staatlichen Strukturen, stößt aber auch auf die Schwierigkeit, dass die nationalen Rechtsschutzsysteme unterschiedlich ausgestaltet sind, womit auch die Effektivität des Schutzes beeinflusst wird. 1

Daneben erfolgt **innerhalb der Union** zunehmend eine **Differenzierung** des Rechtsschutzsystems. Zu erwähnen ist in diesem Zusammenhang die Schaffung des Gerichts erster Instanz (1989) – seit dem Lissabonner Vertrag als „Gericht" bezeichnet – und die Möglichkeit der Einrichtung von „Fachgerichten" als einer neuen ersten Instanz (*§ 4 Rn. 86 f.*). 2

Andererseits wurde mit dem Vertrag von Lissabon die „Abstufung" der gerichtlichen Kontrolle zwischen der bis dahin bestehenden sog. Dritten Säule und der „Ersten Säule" (*§ 1 Rn. 24 ff.*) aufgehoben. Nunmehr ist der Gerichtshof **grundsätzlich für alle Tätigkeitsbereiche der Union umfassend zuständig**. Die Rechtsschutzverfahren sind parallel ausgestaltet. Nach einer Übergangsfrist von fünf Jahren[1] entfallen die zuvor bestehenden Sonderregelungen für die polizeiliche und justizielle Zusammenarbeit in Strafsachen (bisherige Dritte Säule).[2] Allerdings bezeichnet auch der AEUV einige Bereiche, in denen die **Gerichtsbarkeit des EuGH eingeschränkt** wird: 3

- Nach **Art. 269 AEUV** besteht eine beschränkte Zuständigkeit für Fragen bezüglich des Erlasses eines Rechtsakts nach **Art. 7 EUV** (*§ 2 Rn. 67*).
- Von besonderer Bedeutung ist der grundsätzliche Ausschluss der Zuständigkeit des EuGH für den Bereich der **Außen- und Sicherheitspolitik**, mit Ausnahme der Frage nach der Abgrenzung der Rechtsgrundlagen (vgl. auch Art. 40 EUV) sowie von Nichtigkeitsklagen natürlicher oder juristischer Personen im Zusammenhang mit der Rechtmäßigkeitskontrolle von Beschlüssen über restriktive Maßnahmen, die auf der Grundlage der Art. 23 ff. EUV erlassen wurden (**Art. 275 AEUV**).
- Schließlich ist die Überprüfung der Gültigkeit oder der Verhältnismäßigkeit von **Maßnahmen der Polizei oder anderer Strafverfolgungsbehörden der Mitgliedstaaten** oder der **Wahrnehmung der Zuständigkeiten der Mitgliedstaaten** für die **Aufrechterhaltung der öffentlichen Ordnung und den Schutz der inneren Sicherheit** im Rah-

---

1 Vgl. Art. 10 des Protokolls zum EUV (Nr. 36) über die Übergangsbestimmungen.
2 Dazu die 8. Aufl. dieses Lehrbuchs, § 9 Rn. 105 ff. Zu diesen Neuerungen *Carruthers*, The Treaty of Lisbon and the Reformed Jurisdictional Powers of the European Court of Justice in the Field of Justice and Home Affairs, European Human Rights Law Review 2009, 784 ff. Im Übrigen beruht das heute geltende Gerichtsverfassungsrecht der EU im Wesentlichen auf dem Vertrag von Nizza. Vgl. zu den Entwicklungen *Rengeling/Kotzur*, in: Rengeling/Middeke/Gellermann (Hg.), Handbuch des Rechtsschutzes in der EU (E.III.), § 1, Rn. 1 ff., 15 f. Spezifisch zu den mit dem Vertrag von Lissabon bewirkten Änderungen *Nehl*, Das EU-Rechtsschutzsystem, in: Fastenrath/Nowak (Hg.), Der Lissabonner Reformvertrag, 2009, 149 ff.

men des Dritten Teils Titel V Kap. 4 und 5 (**Raum der Freiheit, der Sicherheit und des Rechts: justizielle Zusammenarbeit in Strafsachen und polizeiliche Zusammenarbeit**) von der Gerichtsbarkeit des EuGH ausgeschlossen (**Art. 276 AEUV**).

B. Strukturmerkmale des Rechtsschutzes in der EU und der Rechtsprechung des EuGH

I. Zuständigkeiten, Charakteristika und Funktionen des EuGH

4   Ausgangspunkt für die Zuständigkeiten des EuGH sind Art. 19 Abs. 1 S. 2 EUV und Art. 344 AEUV: Art. 19 EUV überträgt dem Gerichtshof die Befugnis zur **Wahrung des Rechts bei der Auslegung und Anwendung der Verträge** und der auf seiner Grundlage erlassenen Vorschriften. Komplementär hierzu verpflichtet Art. 344 AEUV die Mitgliedstaaten, Streitigkeiten über die Auslegung oder Anwendung der Verträge nicht auf eine andere Weise als in diesem vorgesehen zu regeln. Diese knappen Formulierungen lassen schon die wichtigsten Charakteristika des EuGH und seiner Rechtsprechung erkennen:

5   ■ Die Bezugnahme in Art. 19 EUV auf die Wahrung des „Rechts" unterstreicht die Bedeutung des Rechts für den europäischen Integrationsprozess und weist auf den Charakter der Union als „**Rechtsgemeinschaft**" hin.

Unter „Recht" ist dabei nicht nur das geschriebene primäre und sekundäre Unionsrecht zu verstehen. Dieser Begriff umfasst vielmehr die Gesamtheit des Rechts, das bei der Wahrnehmung seiner Aufgabe für den Gerichtshof relevant werden kann, so dass insbesondere auch ungeschriebene Grundsätze darunter fallen. Insgesamt enthalten die Verträge – als Verfassungsurkunden einer Rechtsgemeinschaft – ein umfassendes Rechtsschutzsystem, in dem die Handlungen der Unionsorgane und der Mitgliedstaaten grundsätzlich einer gerichtlichen Kontrolle zugänglich sein müssen.[3]

■ Für die **letztverbindliche Auslegung und Anwendung** des Rechts in der Union ist allein der EuGH zuständig; seine Urteile entfalten Bindungswirkung für die EU-Institutionen, die Mitgliedstaaten und ihre Organe.

Dem trägt der Ansatz des Bundesverfassungsgerichts in seinem **Maastricht**-Urteil, bestätigt durch das **Lissabon**-Urteil,[4] nicht Rechnung: Das Gericht hält eine Überprüfung der Frage, ob sich Rechtsakte der europäischen Organe in den Grenzen der ihnen eingeräumten Hoheitsrechte halten oder aus ihnen „herausbrechen", durch nationale Gerichte für möglich bzw. in Deutschland gar geboten.[5] Mit Art. 19 EUV, Art. 344 AEUV steht diese Sicht nicht in Einklang, folgt aus diesen Vorschriften doch gerade die Verbindlichkeit der Auslegung des Unionsrechts durch den EuGH. Aber auch auf der Grundlage deutschen Verfassungsrechts stößt

---

3   EuGH, Rs. 294/83 (Les Verts), Slg. 1986, 1339, Rn. 23; EuGH, Rs. C-97/91 (Borelli/Kommission), Slg. 1992, I.6313, Rn. 14.

4   BVerfGE 123, 267, Rn. 238 ff. Dieses Urteil bestätigt die *Maastricht*-Entscheidung, ist jedoch tendenziell schärfer formuliert. U.a. ist der Hinweis auf das Kooperationsverhältnis zwischen BVerfG und EuGH weggefallen. Vgl. zu diesem Urteil des BVerfG aus den zahlreichen Besprechungen *Bieber*, ,An Association of Sovereign States', European Constitutional Law Review 2009, 391 ff.; *Giegerich*, The Federal Constitutional Court's Judgment on the Treaty of Lisbon – The Last Word (German) Wisdom Ever Has to Say on a United Europe?, GYIL 2009, 9 ff.; *Ziller*, The German Constitutional Court's Friendliness towards European Law: On the Judgment of *Bundesverfassungsgericht* over the Ratification of the Treaty of Lisbon, EPL 2010, 53 ff.; *von Bogdandy*, Prinzipien der Rechtsfortbildung im europäischen Rechtsraum. Überlegungen zum Lissabon-Urteil des BVerfG, NJW 2010, 1 ff.; *Classen*, Legitime Stärkung des Bundestages oder verfassungsrechtliches Prokrustesbett?, JZ 2009, 881 ff. In seinem Honeywell/Mangold-Urteil (BVerfG, Beschluss v. 6.7.2010, 2 BvR 2661/06, NJW 2010, 3422) relativierte das Bundesverfassungsgericht diesen Ansatz jedoch etwas, indem es darauf abstellt, dass ein „hinreichend qualifizierter Kompetenzverstoß" der EU-Organe vorliegen müsse, damit mit das BVerfG seine „ultra vires-Kontrolle" ausüben könne. Zur Problematik bereits *§ 2 Rn. 84*.

5   BVerfGE 89, 155 (188).

dieser Ansatz auf Bedenken: Die Übertragung von Hoheitsgewalt auf die Europäische Union umfasst die Schaffung einer Gerichtsbarkeit, die zur Auslegung des Unionsrechts zuständig ist. Soll diese Kompetenz des EuGH und damit die Übertragung von Hoheitsrechten nicht obsolet werden, muss sie grundsätzlich eine ausschließliche sein. Diese Grundsätze müssen auch dann gelten, wenn sich der EuGH bei der ihm übertragenen Aufgabe „irrt", da sich die Übertragung der Hoheitsgewalt auf die Jurisdiktionskompetenz als solche bezieht. Etwas anderes gilt allenfalls, wenn der verfassungsrechtlich nicht übertragbare Bereich (also heute Art. 79 Abs. 3 GG) betroffen ist. Dies dürfte aber in der Praxis kaum jemals relevant werden.[6] In seinem Urteil zum sog. „Euro-Rettungsschirm"[7] relativierte das Gericht allerdings seinen Ansatz, indem es (insoweit im Einklang mit der hier vertretenen Meinung) betont, der Prüfungsmaßstab der für zulässig erachteten Verfassungsbeschwerden bestimme sich nach Art. 20 Abs. 1, 2 i.V.m. Art. 79 Abs. 3 GG. Im Zusammenhang mit der Reichweite des Anwendungsbereichs der Grundrechtecharta wählte das Gericht aber jüngst wieder eine schärfere Formulierung und scheint sich vorzubehalten, gewisse Aussagen des EuGH nicht beachten zu wollen.[8]

Die vom BVerfG in seinem Maastricht-Urteil eingeschlagene Richtung blieb in der Bundesrepublik nicht ohne Auswirkungen: So meldete der Bundesfinanzhof[9] Bedenken gegen die GATT-Konformität der EU-Bananenmarktordnung[10] an und zog in Betracht, dass die Verordnung in der Bundesrepublik auf jeden Fall unanwendbar sei. Dieser Ansatz gefährdet ganz offensichtlich die Einheit der Rechtsordnung in der Union. Immerhin hat das BVerfG die Anforderungen an die Darlegung, dass der Grundrechtsschutz in der Union nicht ausreichend gewährleistet sei, präzisiert und dürfte hier einen relativ strengen Standard anlegen,[11] was in Bezug auf die Kompetenzfrage auch durch die Honeywell/Mangold-Entscheidung[12] bestätigt wird. Aber auch dies ändert nichts daran, dass schon der grundlegende Ansatz des Gerichts Sprengstoff birgt, wie etwa die Debatte über die Frage, ob das Mangold-Urteil[13] ein „ausbrechender Rechtsakt" ist, illustriert.[14]

- Aus Art. 344 AEUV folgt darüber hinaus, dass die **Mitgliedstaaten Streitigkeiten untereinander** in den Bereichen, die Teil der Unionsrechtsordnung sind, über die vertragsrechtlich vorgesehenen Mechanismen austragen müssen, auch dann, wenn völkerrechtliche Verträge eigene gerichtliche Streitbeilegungsmechanismen vorsehen. Nur auf diese Weise kann die Autonomie des Unionsrechts und des Rechtsschutzsystems gewahrt werden (s. auch Rn. 13).

So erachtete der EuGH in der Rs. C-459/03[15] die Anrufung des im Seerechtsübereinkommen der Vereinten Nationen vorgesehenen Schiedsgerichts durch Irland wegen der in Sellafield (Großbritannien) betriebenen „MOX-Anlage", eine Nuklearanlage, die nach dem Vorbringen Irlands zu radioaktiven Belastungen im irischen Hoheitsgebiet führt und entgegen den Vorgaben des Übereinkommens genehmigt wurde, für mit Art. 344 AEUV unvereinbar, gehe es doch *in concreto* um in der Zuständigkeit der Union liegende Fragen.[16]

- Art. 19 Abs. 1 S. 2 EUV enthält (nur) eine allgemeine Aufgabenzuweisung an den EuGH. Für sich genommen begründet diese Vorschrift keine Zuständigkeiten. Viel-

---

6 Vgl. *Klein*, Der Verfassungsstaat als Glied einer europäischen Gemeinschaft, VVDStRL 50 (1991), 56 ff.
7 BVerfG, Beschluss v. 7.9.2011, 2 BvR 987/10 u.a., EuZW 2011, 920.
8 BVerfG, 1 BvR 1215/07, Urt. v. 24.4.2013.
9 BFH, Beschluss vom 9.1.1996 – VII B 225/95, EuZW 1996, 126 ff.
10 VO 404/93, ABl. L 47/1993, 1, diese durchgeführt durch VO 1750/99, ABl. L 214/1999, 31.
11 Vgl. BVerfG, Beschl. vom 7.6.2000 – 2 BvL 1/97, NJW 2000, 3124. Vgl. hierzu *Elbers/Urban*, The Order of the German Federal Constitutional Court of 7 June 2000 and the Kompetenz – Kompetenz in the European Judicial System, EPL 2001, 21 ff.; sehr instruktiv in Bezug auf diese Problematik in Deutschland, mit ausführlicher Darstellung der Rechtsprechung, *Haltern*, Europarecht, 455 ff.
12 BVerfG, Beschluss v. 6.7.2010, 2 BvR 2661/06, NJW 2010, 3422.
13 EuGH, Rs. C-144/04, Mangold, Slg. 2005, I-9981.
14 Für diesen Ansatz *Gerken/Rieble/Roth/Stein/Streinz*, „Mangold" als ausbrechender Rechtsakt, 2009.
15 EuGH, Rs. C-459/03 (Kommission/Irland), Slg. 2006, I-4721.
16 Zu diesem Urteil instruktiv *Oen*, Streitschlichtung zwischen EG-Mitgliedstaaten im Rahmen gemischter Verträge. Der MOX Plant-Fall und seine Folgen, ArchVR 2007, 136 ff.; zur Problematik insgesamt etwa *Lavranos*, Das Rechtsprechungsmonopol des EuGH im Lichte der Proliferation internationaler Gerichte, EuR 2007, 440 ff.; *Haltern*, Europarecht, Rn. 553 ff.

mehr muss eine im Vertrag vorgesehene Verfahrensart (Art. 258 ff. AEUV) eröffnet sein. Dem EuGH kommen nur **enumerative Zuständigkeiten** zu (Art. 13, 19 EUV, Art. 274 AEUV).

Bei der Wahrnehmung seiner ihm durch den Vertrag übertragenen Aufgaben erfüllt der EuGH eine Reihe von Funktionen, die verschiedene Bereiche der Gerichtsbarkeit berühren:[17] **internationale Gerichtsbarkeit** (z.b. bei Streitigkeiten zwischen Mitgliedstaaten), **Verfassungsgerichtsbarkeit** (u.a. bei Kompetenzstreitigkeiten), **Verwaltungsgerichtsbarkeit** (z.b. bei Konflikten zwischen Privaten und Unionsorganen), **Arbeits- und Sozialgerichtsbarkeit** (in erster Linie im Bereich des Rechts der Freizügigkeit) und **Zivilgerichtsbarkeit** (insbesondere im Rahmen der Auslegung verschiedener Gerichtsstandsabkommen).

II. Bedeutung des EuGH für die Entwicklung des Unionsrechts

6   Der EuGH spielt für die (Weiter-)Entwicklung des Unionsrechts und den Erfolg des Integrationsprozesses in der Union eine herausragende Rolle. Seine Funktion geht weit über die Streitentscheidung hinaus; seine Rechtsprechung stellt vielmehr Weichen für die **Entwicklung der Integration** und weist daher einen besonderen Charakter auf. Inzwischen haben sich auf der Grundlage seiner Rechtsprechung eine Reihe verfahrens- und materiellrechtlicher Grundsätze herausgebildet, die im Wesentlichen nicht mehr infrage gestellt werden. Auch in den Phasen der Stagnation der europäischen Einigung hat sich der Gerichtshof als „**Integrationsfaktor**" erwiesen, von dem nachhaltige Impulse für die europäische Integration ausgegangen sind und der im Übrigen die Rechtseinheit in der EU zu gewährleisten vermag.

Beispiele für die innovative und integrationsfördernde Auslegung des Unionsrechts durch den EuGH sind die Entwicklung der Grundsätze der unmittelbaren Wirkung des Unionsrechts im innerstaatlichen Bereich und des Vorrangs des Unionsrechts, die Auslegung der Grundfreiheiten, die Weiterentwicklung des in Art. 157 AEUV niedergelegten Grundsatzes des gleichen Entgelts für Mann und Frau und die Entwicklung ungeschriebener allgemeiner Rechtsgrundsätze.

7   Die Gründe für die wichtige Rolle des EuGH und seiner Rechtsprechung sind auf mehreren Ebenen anzusiedeln:

- Die Verträge zeichnen sich durch ihren Charakter als „**Planverfassung**" aus. Sie legen im Wesentlichen keine statischen Verpflichtungen der Mitgliedstaaten fest, sondern sind auf die Verwirklichung umfassender Ziele – wie z.B. den Binnenmarkt – ausgerichtet. Dieser in den Zielbestimmungen angelegte **dynamische Charakter** muss bei der Auslegung vertraglicher Normen berücksichtigt werden.

- Vor diesem Hintergrund ist das Unionsrecht von einer gewissen **Lückenhaftigkeit** gekennzeichnet, können doch nicht alle zur Verwirklichung von Zielvorgaben notwendigen Maßnahmen im Voraus genau bestimmt werden. Hieran hat sich auch nach mehreren Vertragsänderungen nichts geändert.

- Auf der Grundlage der Konzeption der Union als „**Rechtsgemeinschaft**" besteht eine enge Wechselwirkung zwischen der Auslegung des materiellen Rechts und verfahrensrechtlichen Aspekten. Eine effektive Anwendung des materiellen Unionsrechts kann so auch und gerade verfahrensrechtliche Konsequenzen nach sich ziehen.

Ein Beispiel hierfür bietet die Rechtsprechung zur unmittelbaren Wirkung des Unionsrechts, die unter Rückgriff auf teleologische Gesichtspunkte und die Eigenart des Unionsrechts die

---

17 Hierzu *Rengeling/Kotzur*, in: Rengeling/Middeke/Gellermann (Hg.), Handbuch des Rechtsschutzes in der EU (*E.III.*), § 4, Rn. 18 ff.

materielle Reichweite unionsrechtlicher Bestimmungen berührt; gleichzeitig kommt ihr auch eine praktische, verfahrensmäßige Bedeutung zu, da sie weite Bereiche des Unionsrechts der Anwendung durch den innerstaatlichen Richter eröffnet. Dies führt zur Aktivierung des Vorabentscheidungsverfahrens nach Art. 267 AEUV, das dem EuGH vielfältige Möglichkeiten zur Präzisierung des Unionsrechts gibt.

- Schließlich mögen auch **institutionelle Aspekte** eine gewisse Rolle spielen: Der Gerichtshof erfüllt seine Aufgabe unabhängig von den Regierungen und Parlamenten der Mitgliedstaaten und orientiert sich in erster Linie am Unionsinteresse.

Insgesamt trägt der Gerichtshof in entscheidender Weise zum Gelingen der europäischen Integration bei und hat sich als unabdinglicher Faktor derselben erwiesen. Gleichwohl wird seine Rechtsprechung mitunter als zu weitgehend kritisiert. Dem EuGH als sehr indirekt demokratisch legitimiertes Organ komme eine zu große Bedeutung zu; er nehme auf Entwicklungen Einfluss, die der Entscheidung des demokratischen Gesetzgebers vorbehalten sein müssten.[18] Zudem beachte die Rechtsprechung des EuGH nicht die Grenzen zwischen Rechtsauslegung und Rechtsfortbildung, so dass der Gerichtshof seine Kompetenzen als judikatives Organ überschreite.[19] Auch wenn man über Begründungen und Ergebnisse bestimmter Aspekte der Rechtsprechung des Gerichtshofs mit guten Gründen streiten mag, trägt es den Eigenarten des Unionsrechts und der skizzierten Funktion des EuGH jedenfalls nicht Rechnung, die in einzelnen Staaten zu einzelnen Rechtsgebieten (z.B. im Verwaltungsrecht) herrschende Methodenlehre auf die ganz anders gelagerte Problematik des Unionsrechts zu übertragen. Vielmehr ist es ebenso sinnvoll wie notwendig, die der europäischen Rechtsordnung eigenen Grundsätze zu berücksichtigen. Diese aber erfordern eine im Vergleich zum nationalen Recht differenzierende Betrachtungsweise: Die erwähnten Charakteristika des Unionsrechts implizieren eine Kompetenz des EuGH – in den Schranken des Vertrages – (auch) zur **rechtsfortbildenden Auslegung**.[20] Vor diesem Hintergrund gehen jedenfalls die grundsätzlichen Einwände gegen die Auslegungspraxis des Gerichtshofs an der Sache vorbei.

8

III. Die Rolle der staatlichen Gerichte

Neben dem EuGH erfüllen die **staatlichen Gerichte** wichtige Rechtsschutzaufgaben. Diese sind häufig zuerst aufgerufen, das Unionsrecht anzuwenden oder zu berücksichtigen; sie sind befugt und verpflichtet, unionsrechtliche Vorgaben zu beachten. So haben die Mitgliedstaaten nach Art. 19 Abs. 1 Uabs. 2 EUV diejenigen Rechtsbehelfe zu schaffen, die einen effektiven Rechtsschutz in den vom Unionsrecht erfassten Bereichen zu gewährleisten vermögen.[21] Der EuGH ist vor diesem Hintergrund auch auf die Akzeptanz seiner Rechtsprechung durch die nationalen Gerichte angewiesen.

9

Die nationalen Gerichte wenden das Unionsrecht grundsätzlich selbstständig auf der Grundlage des einschlägigen nationalen Rechts – nach dem sich die gerichtliche Zu-

---

18 In diese Richtung insbesondere *Rasmussen*, On law and policy in the European Court of Justice *(E.II.)*.
19 Besonders prononciert in diese Richtung *Dänzer-Vanotti*, Unzulässige Rechtsfortbildung des Europäischen Gerichtshofs, RIW 1992, 733 ff.; s. auch *Nessler*, Richterrecht wandelt EG-Richtlinien, RIW 1993, 206 ff.; *Scholz*, Zum Verhältnis von europäischem Gemeinschaftsrecht und nationalem Verwaltungsverfahrensrecht, DÖV 1998, 261 ff.; *Gerken/Rieble/Roth/Stein/Streinz*, „Mangold" als ausbrechender Rechtsakt, 2009, 17 ff. Auch die Stellungnahmen des BVerfG im *Maastricht*-Urteil und im *Lissabon*-Urteil (Rn. 5) gehen in diese Richtung.
20 S. die Ausführungen von *Zuleeg*, Die Rolle der rechtsprechenden Gewalt in der europäischen Integration, JZ 1994, 1 ff.
21 S. auch schon EuGH, Rs. C-50/00 (UPA), Slg. 2002, I-6677.

ständigkeit, das anzuwendende Verfahren und die maßgeblichen Fristen bestimmen – an. Bei der Auslegung des Unionsrechts handeln die nationalen Gerichte aus unionsrechtlicher Sicht jedoch nicht „autonom"; sie können, und die letztinstanzlichen Gerichte müssen, Fragen der Auslegung oder der Gültigkeit des Unionsrechts im Wege des **Vorabentscheidungsverfahrens** nach Art. 267 AEUV (*Rn. 81 ff.*) vom EuGH klären lassen.

10 Der Einsatz der dritten Gewalt der Mitgliedstaaten zur Verwirklichung des Unionsrechts ist für seine Entwicklung sowie für den Zusammenhalt der Union in Krisensituationen von großer Bedeutung. Dem EU-Recht kann die Unabhängigkeit der Judikative zugutekommen, wenn sie ein Gegengewicht zu von der Exekutive ausgehenden Tendenzen zur verzögernden Ausführung oder Umgehung unionsrechtlicher Verpflichtungen schafft. Dieses System birgt allerdings die Gefahr unterschiedlicher Effektivität des Unionsrechts in den einzelnen Mitgliedstaaten, die durch die Anwendung des Vorabentscheidungsverfahrens nicht völlig beseitigt wird. Denn Aufgaben, die in einzelnen Mitgliedstaaten funktionell der Rechtsprechung zugerechnet werden, obliegen in anderen der Verwaltung und können dann möglicherweise nicht zu gerichtlichen Entscheidungen unionsrechtlicher Fragen führen. Darüber hinaus kann die Ausgestaltung des gerichtlichen Verfahrens zu Unterschieden bei der Durchsetzung des Unionsrechts führen. Diese sind aber in den unionsrechtlichen Grenzen (*§ 8 Rn. 12 ff., 26*) hinzunehmen, da eine rasche Harmonisierung der in Jahrhunderten in Europa gewachsenen Rechtskulturen weder möglich noch angesichts des vom Unionsrecht vorausgesetzten Fortbestands der nationalen Rechtsordnungen wünschenswert wäre.

IV. Auslegung des Unionsrechts

1. Grundlagen

11 Jede gerichtliche Tätigkeit erfordert eine **Auslegung** des geschriebenen Rechts. Dabei ist auch im Unionsrecht die allgemeine Methodenlehre zugrunde zu legen. Allerdings sind bei ihrer Heranziehung auf der Grundlage der aufgezeigten Besonderheiten des Unionsrechts (*Rn. 4 ff.*) andere Akzente zu setzen, womit auch andere Ergebnisse einhergehen können. Von Bedeutung ist vor allem die **Gewichtung der verschiedenen Kriterien**, die unter Rückgriff auf die Charakteristika des Unionsrechts zu entwickeln ist. Hier hat der Gerichtshof Pionierarbeit geleistet.[22]

12 Der Ausgangspunkt dieser besonderen Gewichtung der Auslegungskriterien – die bei der Auslegung von Sekundärrecht nur eingeschränkt zum Zuge kommt (*Rn. 19*) – bildet aus konzeptioneller Sicht die Eigenart des Unionsrechts als eine Rechtsordnung *sui generis*, die sich von staatlichen Rechtsordnungen und vom Völkerrecht unterscheidet und insofern einen **autonomen Charakter** aufweist.[23]

Trotz seiner völkerrechtlichen Entstehung können die völkerrechtlichen Auslegungsgrundsätze der Art. 31 bis 33 Wiener Vertragsrechtskonvention von 1969 auf das Vertragsrecht nur unter der Voraussetzung ihrer Vereinbarkeit mit den „unionsautonomen" Auslegungskriterien herangezogen werden.[24] Dagegen sind bei der Auslegung der von der EU mit Drittstaaten abgeschlossenen völkerrechtlichen Abkommen die völkerrechtlichen Auslegungsregeln zu zugrunde

---

22 Instruktiv in diesem Zusammenhang etwa *Grimmel*, Judicial Interpretation or Judicial Activism? The Legacy of Rationalism in the Studies of the European Court of Justice, ELJ 2012, 518 ff.
23 Grundlegend EuGH, Rs. 26/62 (van Gend & Loos), Slg. 1963, 1 (25).
24 So ist etwa bei der Auslegung im Lichte der gemeinsamen Praxis der Vertragspartner nach Vertragsabschluss angesichts des zwingenden Charakters der Verträge und der Unmöglichkeit ihrer Abänderung durch eine nachfolgende Praxis der Mitgliedstaaten größte Zurückhaltung zu üben. Vgl. zur Problematik *Ress*, Die Bedeutung der nachfolgenden Praxis für die Vertragsinterpretation nach der Wiener Vertragsrechtskonvention (WVRK), in: Bieber/Ress (Hrsg.), Die Dynamik des Europäischen Gemeinschaftsrechts (E.I.), 49 (70 ff.); *Slynn*, The use of subsequent practice as an aid to interpretation by the Court of Justice of the European Communities, in: ebd., 137 ff.

zu legen,[25] da die Union als Subjekt des Völkerrechts an diese Regeln gebunden ist.[26] Völkerrechtliche Verträge der EU sind daher im Lichte ihrer eigenen spezifischen Zielsetzung auszulegen.[27] Dies kann z.b. dazu führen, dass Bestimmungen eines Handelsabkommens anders auszulegen sind als gleichlautende Bestimmungen des internen Rechts der EU. Allerdings kann Sinn und Zweck eines völkerrechtlichen Vertrages (vgl. Art. 31 WVK) auch eine stärkere Anlehnung an unionsrechtliche Konzepte verlangen, wie dies etwa bei „Integrationsverträgen" der Fall sein kann.[28]

Die Eigenständigkeit der EU-Rechtsordnung entfaltet noch auf einer weiteren Ebene Auswirkungen: Der EuGH betonte in seinen Gutachten zum Abkommen zur Schaffung des Europäischen Wirtschaftsraums (EWR) (*§ 36 Rn. 9 f.*) vom 14. Dezember 1991[29] und vom 10. April 1992,[30] dass der Autonomie der Rechtsordnung der EU (auch) eine **Autonomie des Systems der gerichtlichen Kontrolle** entsprechen müsse. In ihrer Rechtsfindung müssen die Richter des EuGH also frei sein, womit insbesondere eine (implizite) Bindung des EuGH an die Rechtsprechung anderer (nicht-unionsrechtlicher) Gerichte oder Instanzen nicht in Einklang stehe. In seinem Gutachten 1/09[31] bestätigte der Gerichtshof diesen Ansatz im Zusammenhang mit dem Entwurf des Übereinkommens über das sog. Europäische Patentgericht, das für eine Reihe von Klagen Einzelner im Zusammenhang mit Patenten ausschließlich zuständig sein und hierbei auch Unionsrecht auslegen und anwenden soll. Zudem hält der EuGH hier noch fest, das geplante Gericht träte für die Anwendung des Unionsrechts an die Stelle nationaler Gerichte, die dem Gerichtshof keine Vorabentscheidungsersuchen mehr unterbreiten könnten, so dass es das durch die Unionsverträge geschaffene System der gerichtlichen Kontrolle und die Zuständigkeiten der Unionsorgane und der Mitgliedstaaten in diesem Zusammenhang, die für die Wahrung der Natur des Unionsrechts wesentlich seien, verfälschte. An diesem Schluss ändere auch die vorgesehene Möglichkeit des Patentgerichts, dem EuGH Vorabentscheidungsersuchen zu unterbreiten, nichts, da das Patentgericht als internationales Gericht nicht den Kontrollmechanismen des Unionsrechts (Möglichkeit Einzelner, ggf. Schadensersatz aufgrund einer Verletzung des EU-Rechts durch ein mitgliedstaatliches Gericht zu erlangen, und die Vertragsverletzungsklage) unterliege.

13

---

25 Ausführlich zur Thematik *Klein*, Zur Auslegung von völkerrechtlichen Verträgen der Europäischen Gemeinschaft mit Drittstaaten, in: Epiney/Rivière (Hrsg.), Auslegung und Anwendung von „Integrationsverträgen", 2006, 1 ff.; *Bieber*, Die Bedeutung der Rechtsprechung des Gerichtshofs der Europäischen Union für die Auslegung völkerrechtlicher Verträge, in: Epiney/Metz/Mosters (Hrsg.), Das Personenfreizügigkeitsabkommen Schweiz – EU: Auslegung und Anwendung in der Praxis, 2011, 1 ff.
26 EuGH, Rs. C-386/08 (Brita), Slg. 2010, I-1289, Rn. 41.
27 Vgl. EuGH, Rs. 270/80 (Polydor), Slg. 1982, 329, Rn. 15; EuGH, Rs. 104/81 (Kupferberg), Slg. 1982, 3641, Rn. 30; Gutachten 1/91 (EWR), Slg. 1991, I-6079, Rn. 30; EuGH, Rs. C-149/96 (Portugal/Rat), Slg. 1999, I-8395; EuGH, Rs. C-351/08 (Grimme), Slg. 2009, I-10777; EuGH, Rs. C-506/10 (Graf), Slg. 2011, I-9345; EuGH, Rs. C-70/09 (Hengartner), Slg. 2010, I-7233.
28 Zur Problematik *Epiney/Metz/Pirker*, Zur Parallelität der Rechtsentwicklung in der EU und in der Schweiz. Ein Beitrag zur rechtlichen Tragweite der „Bilateralen Abkommen", 2012, insbesondere 5 ff., 103 ff., 155 ff., 203 ff.
29 Gutachten 1/91, Slg. 1991, I-6079 (EWR I), Rn. 30 ff.
30 Gutachten 2/92, Slg. 1992, I-2821 (EWR II), Rn. 21 ff. Vgl. zu beiden Gutachten teilweise kritisch *Epiney*, La Cour de justice des Communautés européennes et l'Espace économique européen, SZIER 1992, 275 ff.
31 Gutachten 1/09 (Europäisches Patentgericht), Slg. 2011, I-1137. Zu diesem etwa *Delile*, La délimitation du champ de compétence de la juridiction des brevets – Réflexions autour de l'avis 1/09 de la Cour de justice, RMCUE 2011, 642 ff.; *Müller*, Begrenzte Möglichkeit der Gründung eines Europäischen Patentgerichts – Anmerkung zum Gutachten 1/09 des EuGH vom 8.3.2011 –, EuR 2011, 575 ff.

2. Auslegungsmethoden

a) Wortlaut

14 Der **Wortlaut** der jeweiligen Vorschrift bildet auch im Unionsrecht den (ersten) Ansatzpunkt für die Auslegung. Dabei sind die **verschiedenen sprachlichen Fassungen** des Unionsrechts zu berücksichtigen,[32] was – zumindest in dieser Vielfalt – im Verhältnis zu anderen Rechtsordnungen eine Besonderheit darstellt.

Ein (ausschließlicher) Rückgriff auf den aus dem nationalen Recht vertrauten Begriffsinhalt ist damit ausgeschlossen, denn häufig kommt einem Begriff je nach Rechtsordnung ein unterschiedlicher Inhalt zu. Außerdem verwendet das Unionsrecht zwar eine Terminologie, die vielfach mit aus dem staatlichen Recht bekannten Begriffen übereinstimmt, jedoch einen eigenständigen und damit oft abweichenden Inhalt aufweist. Beispiele sind die Begriffe „Arbeitnehmer" (Recht der sozialen Sicherheit), „Einfuhr" (Zoll- und Agrarrecht), „Beschäftigung in der öffentlichen Verwaltung" (Recht der Freizügigkeit der Arbeitnehmer) und „juristische Person" (Klagebefugnis nach Art. 263 Abs. 4 AEUV).

b) Historische Auslegung

15 Die **historische Auslegung** im Sinne der Ermittlung des subjektiv-historischen Willens der Vertragsschöpfer oder des Unionsgesetzgebers ist im Wesentlichen im Rahmen der Auslegung des **sekundären Unionsrechts** von Bedeutung.[33]

Die Pflicht zur Begründung von Rechtsakten (Art. 296 AEUV) dient (auch) der Ermittlung von Motiven und Zielsetzungen des Gesetzgebers (zur Bedeutung von Erklärungen der Mitglieder des Rates oder der Organe § 6 Rn. 9).

Hingegen spielt die Entstehungsgeschichte für die Auslegung des **Primärrechts** eine **untergeordnete Rolle**.

Die Verträge bilden das Ergebnis eines aus Verhandlungen hervorgegangenen Kompromisses. Daher ist die Ermittlung einer bestimmten inhaltlichen Absicht der Vertragsautoren oft unmöglich. Auch sind die Materialien der Gründungsverträge nicht veröffentlicht. Dagegen sind die Vorarbeiten zu den Verträgen von Maastricht, Amsterdam, Nizza und Lissabon weitgehend bekannt. Vereinzelt hat der EuGH daher (ergänzend) auf diese Vorarbeiten zurückgegriffen, so im Zusammenhang mit der Auslegung des Begriffs „Rechtsakte mit Verordnungscharakter" in Art. 263 Abs. 4 AEUV, die u.a. unter Bezugnahme auf die Entstehungsgeschichte der heutigen Fassung dieser Vorschrift präzisiert wurde.[34]

c) Systematische Auslegung

16 Bei der **systematischen Auslegung** können verschiedene Ebenen relevant werden: So können sich systematische Aspekte auf die **Struktur der einzelnen Vorschrift,** diejenige des jeweiligen **Abschnitts** oder diejenige des gesamten **Rechtsgebiets** beziehen.

---

32 Vgl. EuGH, Rs. 283/81 (CILFIT), Slg. 1982, 3415, Rn. 17 ff.; EuGH, Rs. C-338/90 (Hamlin), Slg. 1992, I-2333, Rn. 10 f.; EuGH, Rs. C-149/97 (Institute of the Motor Industrie), Slg. 1998, I-7053, Rn. 14 ff.; EuGH, verb. Rs. C-261/08, C-348/08 (Garcia und Cabrera), Slg. 2009, I-10143, Rn. 54 f.; EuGH, Rs. C-188/03, Junk, Slg. 2005, I-885, Rn. 33; EuGH, Rs. C-239/07, Sabatauskas, Slg. 2008, I-7523, Rn. 38. Vgl. auch EuGH, Rs. C-263/08 (Djurgarden-Lilla), Slg. 2009, I-9967, 65, Rn. 25 ff.: Wegen der Notwendigkeit einer einheitlichen Auslegung muss die fragliche Bestimmung, falls die verschiedenen Sprachfassungen voneinander abweichen, anhand der allgemeinen Systematik und des Zwecks der Regelung ausgelegt werden, zu der sie gehört. Umfassend zur Problematik *Schübler-Pfister*, Sprache und Gemeinschaftsrecht, 2004; *Schilling*, Beyond Multilingualism: On Different Approaches to the Handling of Diverging Language Versions of a Community Law, EIJ 2010, 47 ff.; *Weiler*, Grammatikalische Auslegung des vielsprachigen Unionsrechts, ZEuP 2010, 861 ff.

33 EuGH, Rs. 29/69 (Stauder/Stadt Ulm), Slg. 1969, 419, Rn. 3 ff.; EuGH, Rs. 70/74 (Kommission/Rat), Slg. 1975, 795, Rn. 20/23.

34 EuGH, Rs. C-583/11 P (Inuit), Urt. v. 3.10.2013. Hierzu noch *Rn. 48*.

Im Unionsrecht bestehen aufgrund der Koexistenz der Verträge und der Vielfalt des Primärrechts (§ 6 Rn. 10) weitere Ansätze für eine systematische Auslegung, insbesondere die Auslegung eines Vertrags durch Vergleich mit einem anderen.[35]
Eine besondere Rolle spielt die Auslegung vertraglicher und sekundärrechtlicher Bestimmungen im Zusammenhang mit den **Vertragszielen**. Die Leitmotive in diesem Zusammenhang sind die Grundsätze der Nichtdiskriminierung aus Gründen der Staatsangehörigkeit, der Freiheit (des Waren-, Personen-, Dienstleistungs- und Kapitalverkehrs), der Solidarität und der Einheit (wirtschaftliche Einheit und Rechtseinheit).[36] Im Laufe der Entwicklung des Unionsrechts sind neue Ziele hinzugekommen, wie beispielsweise der Umweltschutz.[37]
Die Ziele der Union sind in Art. 3 EUV formuliert (§ 3 Rn. 5). Weiter figuriert in Titel II AEUV (Art. 7 ff. AEUV) ein Kapitel „allgemein geltende Bestimmungen", in dem teilweise auch Zielsetzungen der EU aufgegriffen, teilweise allgemein geltende Grundsätze formuliert werden. Diese Bestimmungen sind bei der Auslegung der übrigen vertraglichen Bestimmungen zu berücksichtigen.

d) Teleologische Auslegung

Die **teleologische Auslegung** stellt auf den (**objektiven**) **Sinn und Zweck** der betreffenden Bestimmungen ab. Wie die systematische kann auch die teleologische Auslegungsmethode einzelne Bestimmungen, den gesamten Rechtsakt oder dessen Abschnitte als Bezugseinheiten verwenden, deren Zweck zu ermitteln ist. Ihr kommt im Unionsrecht – insbesondere im **Primärrecht** – eine hervorragende Bedeutung zu. Hintergrund dieses besonderen Gewichts der teleologischen Methode ist in erster Linie der gleichzeitig unvollständige und zielgerichtete Charakter des Unionsrechts (*Rn. 4 ff.*). Nur durch eine (verstärkte) Beachtung des teleologischen Elements kann dem Charakter der Verträge als (dynamische) „Planverfassung" Rechnung getragen werden und damit die gebotene Verwirklichung der Vertragsziele in die Auslegung der verschiedenen Vorschriften einfließen.[38] Teleologische (mitunter verbunden mit systematischen) Elemente tragen denn auch wegweisende Grundsatzentscheidungen des Gerichtshofs.

17

So begründete der EuGH den Vorrang des Unionsrechts (§ 3 Rn. 35 ff.), die Möglichkeit der unmittelbaren Wirkung von Richtlinien (§ 6 Rn. 29 ff.) und die unter bestimmten Voraussetzungen eintretende Verpflichtung der Mitgliedstaaten zur Leistung von Schadensersatz im Falle der Verletzung des Unionsrechts (§ 2 Rn. 71 ff.) mit der vom Unionsrecht angestrebten Verbindlichkeit und dem Sinn und Zweck der jeweiligen Bestimmungen im Gesamtsystem des Vertrages.[39]

Im Rahmen der teleologischen Auslegung stellt der EuGH auch auf die **Funktionsfähigkeit** der Union und den „*effet utile*" ab. Nach dem Effektivitätsgrundsatz sind die

18

---

35 Vgl. EuGH, Rs. 266/82 (Turner), Slg. 1984, 1, Rn. 5; EuGH, Rs. 221/88 (Busseni), Slg. 1990, I-495, Rn. 10 ff. Zu der „vertragskonformen" Auslegung des Beitrittsvertrags (Beitrittsakte 1972) EuGH, Rs. 231/78 (Kommission/Großbritannien und Nordirland), Slg. 1979, 1447, Rn. 9 ff.
36 Die Beispiele in der Rechtsprechung sind zahlreich: S. schon EuGH, Rs. 26/62 (van Gend & Loos), Slg. 1963, 1 (24), wo der EuGH zur Begründung der unmittelbaren Anwendbarkeit einer primärrechtlichen Norm auf das Vertragsziel der Schaffung eines Marktes, dessen Funktionieren die Einzelnen unmittelbar betrifft, Bezug nimmt; s. sodann die Begründung der unmittelbaren Anwendbarkeit des Art. 157 AEUV unter Bezugnahme auf die sozialen Ziele der Union in EuGH, Rs. 43/75 (Defrenne), Slg. 1976, 455, Rn. 7 ff.
37 EuGH, Rs. 302/86 (Kommission/Dänemark), Slg. 1988, 4607, Rn. 8 ff.
38 Zum Gesichtspunkt der dynamischen Auslegung *Klein*, Der Verfassungsstaat als Glied einer europäischen Gemeinschaft, VVDStRL 50 (1991), 56 (62).
39 EuGH, Rs. 6/64 (Costa/ENEL), Slg. 1964, 1251 (1269 ff.), EuGH, Rs. 148/78 (Ratti), Slg. 1979, 1629, Rn. 18 ff.; EuGH, verb. Rs. C-6/90 und 9/90 (Francovich), Slg. 1991, I-5357, Rn. 31 ff. Vgl. die Betrachtung der Rechtsprechung unter diesem Gesichtspunkt bei *Kutscher*, Über den Gerichtshof der Europäischen Gemeinschaften, EuR 1981, 392 (401 ff.); *Groux*, FS Pescatore (E.I.), 275 (278 ff.).

einzelnen Normen so auszulegen, dass sie eine möglichst große Wirkung entfalten.[40] Insoweit kann auch der Grundsatz der engen Auslegung von Ausnahmebestimmungen[41] als Ausprägung der teleologischen Auslegung angesehen werden. Die Berücksichtigung der größtmöglichen Nutzwirkung vertraglicher Vorschriften ermöglicht die tatsächliche Entfaltung der Zielsetzung einer Bestimmung[42] und dürfte daher in besonderem Maße den aufgezeigten Charakteristika der Unionsrechtsordnung Rechnung tragen.

Das BVerfG verkennt bei seiner Kritik an der Heranziehung des Grundsatzes des *effet utile* durch den EuGH diese Zusammenhänge: Denn das von ihm angeführte Argument, die Abgrenzung (zulässiger) Vertragsauslegung und (unzulässiger) Vertragserweiterung verlange einen Verzicht auf den Rückgriff auf den Grundsatz des *effet utile*, da dieses Prinzip letztlich Vertragserweiterungen begründe,[43] trägt den geschilderten Charakteristika des Unionsrechts gerade nicht Rechnung. Auch diese hatten Teil an der Übertragung von Hoheitsrechten, auf der die Ausübung von Hoheitsgewalt durch die Union auf der Grundlage der Vertragsauslegung beruht. Daher müssen die sich aus diesen Besonderheiten des Unionsrechts ergebenden Auslegungsgrundsätze beachtet werden, womit der Rückgriff auf den *effet utile* erfasst wird.

19 Für das **Sekundärrecht** ist diese spezifische Gewichtung der Auslegungsmethoden zu relativieren, denn hier gelten die erwähnten Besonderheiten nur eingeschränkt. Die Auslegung des Sekundärrechts ist daher stärker am Wortlaut und der Entstehungsgeschichte einer Norm zu orientieren. Allerdings wirken die spezifischen Charakteristika des Unionsrechts insofern auf die Auslegung des Sekundärrechts ein, als das **Sekundärrecht im Lichte des Primärrechts** auszulegen ist. Ein Beispiel ist die Auslegung der sekundärrechtlichen Vorschriften im Bereich der Freizügigkeit und der Koordinierung der Sozialvorschriften der Mitgliedstaaten im Lichte des Ziels der Herstellung der Freizügigkeit der Arbeitnehmer (§ 11 Rn. 105 ff.).

e) Präjudizien als Auslegungsgrundsätze

20 Ein weiteres wichtiges Auslegungselement ist die Berücksichtigung der bisherigen **Rechtsprechung**. Diese entfaltet eine gewisse tatsächliche rechtsfortbildende Kraft über die beteiligten Parteien hinaus.[44] Auch wenn den Urteilen keine präjudizielle Wirkung zukommt, stellt der EuGH seine Urteile in den Zusammenhang der bereits vorhandenen Rechtsprechung, ohne jedoch von einer Bindung auszugehen. So gibt er auch mitunter – jedoch nur selten – ausdrücklich eine vorher festgelegte Position auf.[45]

C. Verfahrensarten

I. Überblick

21 Da dem EuGH nur ausdrücklich zugewiesene Befugnisse zukommen, ergibt sich aus den in den Verträgen vorgesehenen Verfahren die Reichweite des in der Union gewähr-

---

40 Vgl. EuGH, Rs. 792/79 (Camera Care), Slg. 1980, 119, Rn. 17 f.; EuGH, Rs. 246/80 (Broekmeulen), Slg. 1981, 2311, Rn. 16; EuGH, verb. Rs. C-6 und 9/90 (Francovich), Slg. 1991, 5357, Rn. 32. Aus der Literatur umfassend *Seyr*, Der *effet utile* in der Rechtsprechung des EuGH, 2008; *Potacs*, EuR 2009 (E.I.), 465 ff.; *Kulms*, Der Effektivitätsgrundsatz, 2013.
41 Vgl. z.B. EuGH, Rs. 149/79 (Kommission/Belgien), Slg. 1980, 3881, Rn. 18 f.
42 So hat der EuGH die Möglichkeit der unmittelbaren Wirkung einzelner Richtlinienbestimmungen auch mit dem „*effet utile*" begründet, vgl. EuGH, Rs. 9/70 (Grad), Slg. 1970, 825, Rn. 5; EuGH, Rs. 41/74 (van Duyn), Slg. 1974, 1337, Rn. 12; EuGH, Rs. 70/72 (Kommission/Deutschland), Slg. 1973, 813, Rn. 13.
43 BVerfGE 89, 155, 210.
44 S. schon *Bleckmann*, in: Bieber/Ress (Hg.), Dynamik des Europäischen Gemeinschaftsrechts (E.I.), 161 (206 f.); *Everling*, Rechtsanwendungs- und Auslegungsgrundsätze des Gerichtshofs der Europäischen Gemeinschaften, in: Kruse (Hg.), Zölle, Verbrauchsteuern, europäisches Marktordnungsrecht, 1988, 51 (69 ff.).
45 S. als Beispiele für eine Änderung der Rspr. EuGH, Rs. C-10/89 (Hag), Slg. 1990, I-3711, Rn. 10 ff.; EuGH, Rs.C-70/88 (Parlament/Rat), Slg. 1990, I-2041, Rn. 15 ff.; EuGH, Rs. C-267, 268/91 (Keck), Slg. 1993, I-6097.

ten Rechtsschutzes. Die Konzeption des Vertrages geht dabei grundsätzlich – trotz gewisser Einschränkungen der Zuständigkeit des EuGH *(Rn. 3)* – von der Garantie eines **umfassenden Rechtsschutzes** aus.

Im AEUV ist eine Reihe unterschiedlicher Verfahren[46] vorgesehen: 22

- Das **Vertragsverletzungsverfahren** (Art. 258–260 AEUV) ermöglicht es der Kommission oder einem Mitgliedstaat, vor dem EuGH gegen einen Mitgliedstaat vorzugehen, der seine vertraglichen Pflichten verletzt hat *(Rn. 24 ff.).*
- Mit der **Nichtigkeitsklage** (Art. 263 AEUV) können die Handlungen der Unionsorgane auf ihre Übereinstimmung mit den vertraglichen Anforderungen überprüft werden *(Rn. 36 ff.).*
- Die **Untätigkeitsklage** (Art. 265 AEUV) soll für den Fall einen Rechtsbehelf zur Verfügung stellen, dass ein Unionsorgan einer ihm obliegenden Pflicht zum Tätigwerden nicht nachgekommen ist *(Rn. 55 ff.).*
- Das **inzidente Normenkontrollverfahren** (Art. 277 AEUV) ermöglicht die Geltendmachung der Rechtswidrigkeit eines EU-Rechtsaktes trotz des Ablaufs der Klagefrist zur Erhebung einer Nichtigkeitsklage *(Rn. 63 ff.).*
- Gegenstand der **Schadensersatzklage** (Art. 340 AEUV) ist die Geltendmachung des infolge einer Handlung eines Unionsorgans entstandenen Schadens *(Rn. 66 ff.).*
- Unter bestimmten Voraussetzungen (Art. 218 Abs. 11 AEUV) kann der Gerichtshof zur Abgabe von **Gutachten** aufgefordert werden *(Rn. 79 f.).*
- Das **Vorabentscheidungsverfahren** (Art. 267 AEUV) eröffnet den nationalen Gerichten die Möglichkeit bzw. verpflichtet sie, dem EuGH Fragen zur Auslegung oder Gültigkeit von Unionsrecht vorzulegen *(Rn. 81 ff.).*

Diese Verfahren verfolgen jeweils unterschiedliche Zielsetzungen und differieren insbesondere 23
im Hinblick auf **Klagebefugnis, Klagegegenstand** und **Passivlegitimation.** Unter systematischen Gesichtspunkten lassen sich die Verfahrensarten wie folgt kategorisieren.

- **objektive und subjektive Verfahren:** Hier wird an die Aktivlegitimation angeknüpft. Objektive Verfahren erfordern kein spezifisches Rechtsschutzbedürfnis, um Klage erheben zu können, während bei subjektiven Verfahren ein solches nachgewiesen werden muss.
- **direkte und indirekte Verfahren:** Direkte Klagen eröffnen einen unmittelbaren Zugang zum EuGH, während bei indirekten Verfahren der Weg zum EuGH nur mittelbar über eine andere Instanz oder ein anderes Verfahren möglich ist.
- **verfassungs-, verwaltungsrechtliche und sonstige Verfahren:** Eine dritte Unterscheidung knüpft an die Beteiligten und die Funktion der Verfahren an: Während bei verfassungsrechtlichen Verfahren nur Mitgliedstaaten und/oder Unionsorgane beteiligt sind, sind bei verwaltungsrechtlichen Streitigkeiten auch Einzelne beteiligt. Alle übrigen Verfahren werden unter dem Stichwort „sonstige Verfahren" zusammengefasst.

II. Vertragsverletzungsverfahren

Das **Vertragsverletzungsverfahren**[47] (auch als Aufsichtsklage bezeichnet) soll die gerichtliche Klärung und Durchsetzung der **Beachtung des Unionsrechts durch die Mitgliedstaaten** sicherstellen. Nach Art. 258, 259 AEUV können die Kommission und je- 24

---

46 Hier werden nur die wichtigsten Verfahrensarten dargestellt. Für eine detaillierte Darstellung aller Verfahrensarten s. *Rengeling/Middeke/Gellermann* (Hg.), Handbuch des Rechtsschutzes in der EU *(E.III.).*
47 Im Folgenden wird nur das Verfahren nach den Art. 258 ff. AEUV behandelt. Zu den speziellen Vertragsverletzungsklagen – bei denen es letztlich nur um Modifikationen der Zulässigkeitsvoraussetzungen geht – *Burgi,* in: Rengeling/Middeke/Gellermann (Hg.), Handbuch des Rechtsschutzes in der EU *(E.III.),* § 6, Rn. 32.

Epiney

der Mitgliedstaat nach Beendigung eines Vorverfahrens den EuGH anrufen, wenn sie der Meinung sind, dass ein Mitgliedstaat gegen eine Verpflichtung aus den Verträgen verstoßen hat.[48] Klagen von Mitgliedstaaten kommen in der Praxis selten vor.[49] Die Vertragsverletzungsklage ist ein direktes verfassungsrechtliches Verfahren und kann unabhängig von einem Rechtsschutzbedürfnis in Gang gesetzt werden. Für die Kommission ist dieses Verfahren ein unabdingliches Instrument, um ihre Aufgabe der Kontrolle der Einhaltung des Unionsrechts (Art. 17 EUV) wahrzunehmen. Da die Kommission aufgrund ihrer begrenzten personellen und finanziellen Ressourcen nicht in der Lage ist, die Vertragstreue aller Mitgliedstaaten umfassend zu überwachen, ist sie auf Hinweise **Einzelner** über mögliche Vertragsverstöße (sog. Beschwerden)[50] angewiesen.

25 Die Unterwerfung der Mitgliedstaaten unter ein **obligatorisches gerichtliches Verfahren** mit dem damit implizierten Risiko einer Verurteilung – der bisher kaum ein Mitgliedstaat entgangen ist – und sein systematischer Einsatz gegenüber Verstößen der Mitgliedstaaten charakterisieren die Union als Rechtsgemeinschaft. Entscheidend sind damit nicht die nationalen Interessen oder Eigenarten, sondern die Beachtung des objektiven Rechts. Letztlich stellen die Existenz und das tatsächliche Funktionieren des Vertragsverletzungsverfahrens – die meisten Staaten fügen sich in der Regel, wenn auch teilweise mit Verzögerungen, den Urteilen des Gerichtshofs[51] – eine *conditio sine qua non* für die Vorherrschaft des Rechts in der Union dar, kann doch nur auf diese Weise die Wirksamkeit des Unionsrechts gesichert werden. Gleichwohl ist nicht zu verkennen, dass die gerichtliche Auseinandersetzung über Vertragspflichten in einer auf Zusammenarbeit angewiesenen Organisation nur eine *ultima ratio* sein kann. In der Tat erledigen sich die meisten von der Kommission förmlich eingeleiteten Verfahren in der Phase des Vorverfahrens bzw. nach Abgabe der mit Gründen versehenen Stellungnahme (Rn. 26). Nur in 10–20 % der Fälle wird der EuGH angerufen. Zudem werden Streitigkeiten häufig bereits vor dem eigentlichen Beginn eines Vertragsverletzungsverfahrens im Rahmen eines dem förmlichen Verfahren in aller Regel vorgelagerten informellen Vorverfahrens, durch das eine gütliche Klärung und Beilegung der Differenzen angestrebt wird, beigelegt.[52]

1. Zulässigkeit

26 **Aktivlegitimiert** nach Art. 258, 259 AEUV sind die Kommission und jeder Mitgliedstaat.[53]

Weiter muss das **Vorverfahren** ordnungsgemäß durchgeführt worden sein,[54] und die Klage muss – ebenso wie die begründete Stellungnahme – eine zusammenhängende

---

48 Zu den Gründen der Vertragsverstöße der Mitgliedstaaten sowie zur Häufigkeit (nicht) erfolgreicher Verfahren gegen die einzelnen Mitgliedstaaten die Jahresberichte der Kommission über die Kontrolle der Anwendung des Unionsrechts (zuletzt der 30. Jahresbericht über das Jahr 2012 in KOM (2013) 726 endg.).
49 S. z.B. EuGH, Rs. C-388/95 (Belgien/Spanien), Slg. 2000, I-3123.
50 Zur großen Bedeutung dieser Beschwerden *Burgi*, in: Rengeling/Middeke/Gellermann (Hg.), Handbuch des Rechtsschutzes in der EU *(E.III.)*, § 6, Rn. 2, m.w.N.
51 Vgl. auch die Statistiken in den im Amtsblatt C jeweils veröffentlichten Jahresberichten der Kommission über die Kontrolle der Anwendung des Unionsrechts bezüglich der durch die Mitgliedstaaten (noch) nicht befolgten Urteile des EuGH, zuletzt der 28. Jahresbericht über das Jahr 2012 in KOM (2013) 726 endg.
52 Vgl. hierzu, m.w.N., *Burgi*, in: Rengeling/Middeke/Gellermann (Hg.), Handbuch des Rechtsschutzes in der EU *(E.III.)*, § 6, Rn. 3.
53 Auch im Verfahren des Art. 259 AEUV muss die Kommission eingeschaltet werden; s. sodann noch Art. 271 lit. a, d AEUV, wonach auch der Verwaltungsrat der EIB und der Rat der EZB den EuGH anrufen können.
54 Ausführlich hierzu *Burgi*, in: Rengeling/Middeke/Gellermann (Hg.), Handbuch des Rechtsschutzes in der EU *(E.III.)*, § 6, Rn. 10 ff.; EuGH, Rs. C-456/03 (Kommission/Italien), Slg. 2005, I-5335. Der Vertrag enthält einige besondere Regelungen, die das Vorverfahren modifizieren (z.B. Art. IX, Art. 108 Abs. 2 AEUV).

und genaue Darstellung der geltend gemachten Vertragsverletzungen enthalten.⁵⁵ Folgende Anforderungen sind im Rahmen des Vorverfahrens zu beachten:

- Die Kommission hat dem **Mitgliedstaat** für jede geltend gemachte Vertragsverletzung **Gelegenheit zur Stellungnahme** zu geben (Art. 258 Abs. 1 a.E. AEUV). Dem kommt sie in der Regel mit einem **Mahnschreiben** nach, das eine Schilderung des Sachverhalts, der einschlägigen Vorschriften, die Gründe der Unionsrechtswidrigkeit sowie eine Aufforderung zur Stellungnahme innerhalb einer bestimmten Frist (in der Regel zwei Monate) enthält.⁵⁶ Der Mitgliedstaat ist nicht verpflichtet, dieser Aufforderung Folge zu leisten.

- Daran anschließend muss die **Kommission**⁵⁷ eine begründete Stellungnahme abgeben, in der sie die Vertragsverletzung des Mitgliedstaates bezeichnet und begründet.⁵⁸ Gegenstand einer Vertragsverletzungsklage und damit der begründeten Stellungnahme kann auch eine Verwaltungspraxis sein, wenn es sich um eine in bestimmtem Grad verfestigte und allgemeine Praxis handelt.⁵⁹ Die Stellungnahme ist streitbegrenzend, d.h., die Klage muss denselben Gegenstand wie die mit Gründen versehene Stellungnahme haben.⁶⁰ Die Stellungnahme bildet jedoch keine selbstständige Rechtshandlung; sie kann daher nicht selbstständig angefochten werden.

- Die Kommission muss dem Mitgliedstaat eine **angemessene Frist** zur Behebung der Vertragsverletzung gesetzt haben und diese **Frist** muss **abgelaufen** sein (Art. 258 Abs. 2 AEUV).

Verfahrensfehler im Vorverfahren stellen eine Verletzung wesentlicher Formvorschriften dar, die die Unzulässigkeit der Klage nach sich ziehen,⁶¹ wobei die Zulässigkeit einer Klage nach Art. 258 AEUV vom EuGH von Amts wegen zu prüfen ist.⁶² Mängel im Vorverfahren werden

27

---

55 Vgl. EuGH, Rs. C-199/04 (Kommission/Großbritannien), Slg. 2007, I-1221; EuGH, Rs. C-195/04 (Kommission/Finnland), Slg. 2007, I-3351. S. auch EuGH, Rs. C-507/03 (Kommission/Irland), Slg. 2007, I-9777 (Verpflichtung der Kommission, dem Gerichtshof die erforderlichen Anhaltspunkte zu liefern, die es ihm ermöglichen, das Vorliegen der Vertragsverletzung zu prüfen, wobei sie sich nicht auf irgendeine Vermutung stützen könne). Ebenso EuGH, Rs. C-532/03 (Kommission/Irland), Slg. 2007, I-11353.
56 Ergreift der betroffene Mitgliedstaat nach dem Mahnschreiben Maßnahmen, um den Beanstandungen der Kommission nachzukommen, ist ihm vor der Formulierung der mit Gründen versehenen Stellungnahme erneut Gelegenheit zur Stellungnahme zu geben, um sich zu den Vorwürfen zu äußern, vgl. EuGH, Rs. C-522/09 (Kommission/Rumänien), Slg. 2011, I-2963.
57 Zwar muss die Kommission als Kollegium über die mit Gründen versehene Stellungnahme sowie die Klageerhebung beraten; jedoch braucht sie nicht als Kollegium über den Wortlaut und die endgültige Klage zu entscheiden, vgl. EuGH, Rs. C-191/95 (Kommission/Deutschland), Slg. 1998, I-5449, Rn. 33 ff.; EuGH, Rs. C-198/97 (Kommission/Deutschland), Slg. 1999, I-3257, Rn. 19 f.
58 Zu den Anforderungen an die Stellungnahme, die die im Mahnschreiben geltend gemachten Vertragsverstöße lediglich präzisieren, jedoch nicht durch zusätzliche Aspekte ergänzen darf, EuGH, Rs. 274/83 (Kommission/Italien), Slg. 1985, 1077, Rn. 21; EuGH, Rs. C-317/88 (Kommission/Griechenland), Slg. 1990, I-4747, Rn. 28 f.
59 EuGH, Rs. C-88/07 (Kommission/Spanien), Slg. 2009, I-1353, Rn. 54; EuGH, Rs. C-416/07 (Kommission/Griechenland), Slg. 2009, I-7883, Rn. 24.
60 EuGH, Rs. C-279/94 (Kommission/Italien), Slg. 1997, I-4743; EuGH, Rs. C-159/94 (Kommission/Frankreich), Slg. 1997, I-5815; EuGH, Rs. C-328/96 (Kommission/Österreich), Slg. 1999, I-7479; EuGH, Rs. C-145/01 (Kommission/Italien), Slg. 2003, I-5581 (in Bezug auf die Geltendmachung neuer Mängel der Richtlinienumsetzung nach der Modifikation des einschlägigen Unionsrechts); EuGH, Rs. C-416/07 (Kommission/Griechenland), Slg. 2009, I-7883 (in Bezug auf eine zwischenzeitlich eingetretene Modifikation des Unionsrechts). In EuGH, Rs. C-32/05 (Kommission/Luxemburg), Slg. 2006, I-11323, Rn. 56, präzisiert der EuGH, dass die Rüge einer unvollständigen Umsetzung zwangsläufig in der des Fehlens jeglicher Umsetzung enthalten und subsidiär sei.
61 S. z.B. EuGH, Rs. C-266/94 (Kommission/Spanien), Slg. 1995, I-1975, Rn. 12 ff.
62 EuGH, Rs. C-34/11 (Kommission/Portugal), Urt. v. 15.11.2012, Rn. 42.

nicht dadurch „geheilt", dass der betroffene Mitgliedstaat später, d. h. im Verlauf des weiteren Verfahrens, zu den Vorwürfen Stellung nimmt.[63] Weiter steht der Grundsatz der Rechtskraft der Zulässigkeit einer Vertragsverletzungsklage der Kommission ggf. entgegen, so dass die Kommission nicht nochmals wegen derselben Sache Klage erheben darf und eine Klage dann unzulässig ist, wenn ihr Gegenstand derselbe ist wie derjenige einer bereits erhobenen und rechtskräftig entschiedenen Klage.[64]

28 Weitere Zulässigkeitsvoraussetzungen bestehen nicht:

- Die **Klageerhebung** selbst ist **keiner Frist** unterworfen. Die Kommission kann grundsätzlich[65] also auch geraume Zeit nach Beginn des inkriminierten Verhaltens des betreffenden Mitgliedstaates den EuGH anrufen.[66]

- Die Beseitigung des vertragswidrigen Zustandes durch den Mitgliedstaat nach Ablauf der ihm in der Stellungnahme der Kommission gesetzten Frist – und damit das Wegfallen des Grundes der Einleitung des Verfahrens – steht einer Klageerhebung nicht entgegen.[67] Ohne dass die Kommission dies nachweisen müsste, kann die Feststellung der Vertragswidrigkeit des mitgliedstaatlichen Verhaltens notwendig oder zumindest sachdienlich im Hinblick auf die Klarstellung der Unionsrechtswidrigkeit eines bestimmten Verhaltens sein.[68] Auch kann ein **Interesse an der Feststellung der Vertragsverletzung** bestehen. Ebensowenig steht eine schon erfolgte, ggf. implizite Feststellung der beanstandeten Vertragsverletzung in einem Vorabentscheidungsverfahren einer nochmaligen Verurteilung nach Art. 258, 260 AEUV entgegen, handelt es sich doch um zwei verschiedene, voneinander unabhängige und unterschiedliche Zielsetzungen verfolgende Verfahren.[69]

- Die Klage ist auch zulässig, wenn dem Mitgliedstaat die Nichtbefolgung **unmittelbar wirksamen Unionsrechts** vorgeworfen wird, derentwegen Privatpersonen vor den innerstaatlichen Gerichten hätten Klage erheben können.[70] Denn die *ratio* des Art. 258 AEUV geht allgemein dahin, (auch) eine objektive Kontrolle der Einhaltung des Unionsrechts durch die Mitgliedstaaten zu ermöglichen.

- Der Kommission steht hinsichtlich der Einleitung des Verfahrens und der Klageerhebung ein **Ermessen** zu;[71] der **Einzelne** hat also keinen Anspruch auf die Einleitung des Vertragsverletzungsverfahrens, wenn ein Mitgliedstaat seine Rechte verletzt.[72]

---

63 EuGH, Rs. C-217/89 (Kommission/Deutschland), Slg. 1990, I-2879, Rn. 10.
64 EuGH, Rs. C-529/09 (Kommission/Spanien) Urt. v. 24.1.2013, Rn. 64 ff.
65 Allerdings kann eine Vertragsverletzungsklage ausnahmsweise durch die überlange Dauer des Vorverfahrens unzulässig werden, wenn das Verhalten der Kommission die Widerlegung ihrer Argumente erschwert und damit die Verteidigungsrechte des Mitgliedstaats verletzt, was dieser zu beweisen hat, EuGH, Rs. C-287/03 (Kommission/Belgien), Slg. 2005, I-3761; EuGH, Rs. C-523/04 (Kommission/Niederlande), Slg. 2007, I-3267.
66 EuGH, Rs. 422/92 (Kommission/Deutschland), Slg. 1995, I-1097, Rn. 17 f. Allerdings könnte eine zu lange Verzögerung der Klageerhebung Probleme im Hinblick auf die einheitliche Anwendung und Beachtung des Unionsrechts aufwerfen. Vgl. etwa die Kritik des EP in seiner Resolution zum Bericht der Kommission über die Kontrolle der Anwendung des Unionsrechts, ABl. C 65/1996, 38.
67 EuGH, Rs. C-60/96 (Kommission/Frankreich), Slg. 1997, I-3827, Rn. 15; EuGH, Rs. C-519/03 (Kommission/Luxemburg), Slg. 2005, I-3067, Rn. 19. Ebensowenig führt der Umstand, dass der Mitgliedstaat die Vertragsverletzung nicht (mehr) bestreitet, zur Unzulässigkeit der Klage, vgl. EuGH, Rs. C-125/03 (Kommission/Deutschland), Urt. v. 9.9.2004, ABl. C 262 vom 23.10.2004, 10 (nicht in amtl. Sammlung publiziert).
68 Etwa im Hinblick auf die Haftung eines Mitgliedstaates gegenüber einem anderen Mitgliedstaat, der Union oder Einzelnen. Vgl. EuGH, Rs. C-353/89 (Kommission/Niederlande), Slg. 1991, I-4069, Rn. 28.
69 EuGH, Rs. C-301/95, (Kommission/Deutschland), Slg. 1998, I-6135, Rn. 11 ff.
70 EuGH, Rs. C-290/94 (Kommission/Griechenland), Slg. 1996, I-3285, Rn. 29.
71 EuGH, Rs. C-422/95 (Kommission/Deutschland), Slg. 1995, I-1124, Rn. 18; EuGH, Rs. C-422/97 P (Sateba), Slg. 1998, I-4913.
72 EuGH, Rs. C-107/95 P (Bilanzbuchhalter), Slg. 1997, I-947, Rn. 19.

Zwar kann sich das der Kommission durch Art. 258 AEUV eingeräumte Ermessen[73] im Hinblick auf ihre Pflicht zur Kontrolle der Anwendung des Unionsrechts (Art. 17 Abs. 1 EUV) zu einer Rechtspflicht verdichten. Eine solche Verdichtung dürfte jedoch angesichts ihres weiten Ermessens die Ausnahme darstellen. In der Praxis bringt die Kommission zahlreiche Verstöße der Mitgliedstaaten, darunter auch viele von politischer Brisanz, vor den EuGH. Doch verzichtet sie gelegentlich aus legitimen Erwägungen politischer Zweckmäßigkeit auf die gerichtliche Auseinandersetzung. Sie will damit eine Überforderung der Integrationskraft des EuGH und damit eine Gefährdung der Funktion dieses Verfahrens für die Integration in Fällen vermeiden, in denen die Befolgung eines Urteils durch die Mitgliedstaaten nicht oder nur erschwert gewährleistet erscheint (z.b. bei von Gerichten ausgehenden Vertragsverletzungen).[74] Insgesamt dürfte das Absehen von einer Klageerhebung jedoch die Ausnahme darstellen. Jedenfalls würde die Kommission ihrer Kontrollfunktion nicht gerecht, wenn sie allgemein aus Furcht vor politischen Schwierigkeiten den Gang vor den EuGH scheute.

29

2. Begründetheit

Die Klage ist begründet, wenn dem Mitgliedstaat die ihm vorgeworfene Vertragsverletzung zum Zeitpunkt des Ablaufs der in der begründeten Stellungnahme gesetzten Frist[75] zur Last gelegt werden kann und keine Rechtfertigungsgründe vorliegen. Der Kommission obliegt die Beweispflicht.[76] Der EuGH äußert sich nur zur Klageschrift.[77]

30

Gegenstand der Vertragsverletzung kann die Beibehaltung unionsrechtswidriger Bestimmungen oder auch nur eine entsprechende Praxis sein.[78] Eine Vertragsverletzung liegt nicht vor, wenn die beanstandete Vorschrift des staatlichen Rechts auf Sekundärrecht der EU beruht, dies gilt selbst dann, wenn dieses gegen Primärrecht verstoßen könnte.[79]

Die Pflichtverletzung kann auf das Tun oder Unterlassen **aller staatlicher Organe** zurückgehen, so dass auch das Verhalten von Gliedstaaten oder unabhängigen Organen, wie etwa Gerichten oder Parlamenten, erfasst wird.[80] Ein **schuldhaftes Verhalten** ist nicht erforderlich; die Mitgliedstaaten können sich insbesondere nicht auf technische, institutionelle oder politische Schwierigkeiten berufen. Maßgeblich ist allein der objektive Vertragsverstoß.[81] Weiter stellt bereits die bloße **Weitergeltung** von dem Unionsrecht widersprechendem nationalem Recht – auch wenn es in der Praxis nicht ange-

31

---

73 Ausdrücklich EuGH, Rs. 247/81 (Star Fruit Company), Slg. 1989, 291, Rn. 11.
74 Hierzu *Cremer*, in: Calliess/Ruffert (Hg.), EUV/AEUV, 4. Aufl., 2011, Art. 258, Rn. 28; *Taborowski*, Infringement proceedings and non-complaint national courts, CMLrev. 2012, 1881 ff.
75 EuGH, Rs. C-377/03, Kommission/Belgien, Slg. 2006, I-9733, Rn. 33; EuGH, Rs. C-88/07 (Kommission/Spanien), Slg. 2009, I-1353, Rn. 27. Eine Beseitigung der Pflichtverletzung nach Fristablauf, aber vor der Klageerhebung durch den Mitgliedstaat ist unerheblich. Vgl. EuGH, Rs. C-302/95 (Kommission/Italien), Slg. 1996, I-6765; EuGH, Rs. C-60/97 (Kommission/Frankreich), Slg. 1997, I-3827, Rn. 15.
76 EuGH, Rs. C-160/94 (Kommission/Spanien), Slg. 1997, I-5851, Rn. 17; EuGH, Rs. C-494/01 (Kommission/Irland), Slg. 2005, I-3331, Rn. 41; EuGH, Rs. C-88/07 (Kommission/Spanien), Slg. 2009, I-1353, Rn. 32 f.: Sofern die Kommission genügend Anhaltspunkte für den Sachverhalt beigebracht hat, der sich im Hoheitsgebiet des beklagten Mitgliedstaates zugetragen hat, obliegt es Letzterem, die Angaben und deren Folgen substanziiert und im Einzelnen zu bestreiten.
77 Der EuGH entscheidet nicht über Rügen, die zwar in der Stellungnahme, nicht jedoch in der Klage vorgebracht werden, EuGH, Rs. C-279/94 (Kommission/Italien), Slg. 1997, I-4743; EuGH, Rs. C-191/95 (Kommission/Deutschland), Slg. 1998, I-5449.
78 EuGH, Rs. C-212/99 (Kommission/Italien), Slg. 2001, I-4923, Rn. 31.
79 EuGH, Rs. C-475/01 (Kommission/Griechenland), Slg. 2004, I-8923. Zur Bedeutung des Urteils *Epiney*, NVwZ 2006, 407 (409).
80 EuGH, verb. Rs. 227–230/85 (Kommission/Belgien), Slg. 1988, 1, Rn. 9; EuGH, Rs. C-8/88 (Deutschland/Kommission), Slg. 1990, I-2355, Rn. 13.
81 Vgl. z.B. EuGH, Rs. C-297/95 (Kommission/Deutschland), Slg. 1996, I-6739, Rn. 9; EuGH, Rs. C-71/97 (Kommission/Spanien), Slg. 1998, I-5991. Nur eine in der Praxis kaum vorkommende objektive Unmöglichkeit kann einem Vertragsverstoß entgegen stehen, vgl. EuGH, Rs. C-280/95 (Kommission/Italien), Slg. 1998, I-259.

wandt wird – eine Vertragsverletzung dar, da sie zu Rechtsunsicherheit führt oder führen kann.[82] Ebensowenig kann geltend gemacht werden, die Vertragsverletzung habe der effektiven Anwendung des Unionsrechts gar nicht geschadet.[83] Schließlich ist auch die **Pflichtverletzung eines anderen Mitgliedstaates** für die Feststellung der Vertragsverletzung unerheblich.[84]

> Ein Rechtsakt der EU entfaltet – auch für die Mitgliedstaaten – solange seine verbindlichen Wirkungen, wie er nicht vom Unionsgesetzgeber aufgehoben oder vom EuGH für nichtig erklärt wurde. Daher können die Mitgliedstaaten einem EU-Rechtsakt nicht mit der Begründung die Anwendung versagen, er sei **rechtswidrig**. Ein derartiges Verhalten gefährdete die Rechtseinheit und stellte das Monopol des EuGH zur Feststellung der Ungültigkeit von EU-Rechtsakten infrage. Als „Kompensation" steht den Mitgliedstaaten eine eigene Klagemöglichkeit nach Art. 263 AEUV (*Rn. 36 ff.*) zu. Etwas anderes gilt nur dann, wenn ein Rechtsakt mit besonders schweren und offensichtlichen Mängeln behaftet und daher inexistent ist.[85]

3. Wirkungen des Urteils

32 Wenn der EuGH eine Vertragsverletzung festgestellt hat, muss der betroffene Mitgliedstaat die Maßnahmen ergreifen, die sich aus dem Urteil des Gerichtshofs ergeben (Art. 260 Abs. 1 AEUV). Das Urteil entfaltet sowohl eine **Verpflichtungs-** als auch eine **Feststellungswirkung**, deren Nichtbeachtung wiederum eine (andere) Vertragsverletzung darstellt, die Gegenstand eines Verfahrens nach Art. 258 AEUV sein kann. Die Mitgliedstaaten verfügen über ein **Ermessen** hinsichtlich der zu ergreifenden Maßnahmen, soweit verschiedene Wege bestehen, um die Vertragsverletzung zu beseitigen. Zwar ist Art. 260 AEUV keine Frist zur Einleitung der notwendigen Maßnahmen zu entnehmen; doch sind diese im Interesse der effektiven Anwendung des Unionsrechts **unverzüglich** zu ergreifen.[86]

33 Wenn das Urteil nationale Vorschriften für mit dem Vertrag für unvereinbar erklärt, ist es den nationalen Behörden verboten, sie weiter anzuwenden.[87] Auch die mitgliedstaatlichen Gerichte sind verpflichtet, das Urteil zu beachten, unabhängig davon, ob der Mitgliedstaat seine Gesetzgebung diesem bereits angepasst hat. Der EuGH kann jedoch nicht selbst mitgliedstaatliche Hoheitsakte, die gegen Unionsrecht verstoßen, aufheben; eine irgendwie geartete Vollstreckung ist im Vertrag nicht vorgesehen und stieße auch insofern auf Schwierigkeiten, als die Verpflichtungen der Mitgliedstaaten häufig nicht bestimmt genug sind.

4. Verhängung finanzieller Sanktionen

34 Die Kommission kann gemäß Art. 260 Abs. 2 AEUV nach der Durchführung eines Vorverfahrens,[88] das dem des Art. 258 AEUV ähnelt, beim EuGH die Verhängung ei-

---

[82] EuGH, Rs. C-290/94 (Kommission/Griechenland), Slg. 1996, I-3285, Rn. 29.
[83] EuGH, Rs. C-263/96 (Kommission/Belgien), Slg. 1997, I-7453, Rn. 30.
[84] EuGH, Rs. C-146/89 (Kommission/Vereinigtes Königreich), Slg. 1991, I-3533, Rn. 47.
[85] Vgl. EuGH, Rs. 226/87 (Kommission/Griechenland), Slg. 1988, 3611, Rn. 16. Zu den Voraussetzungen der Inexistenz eines Rechtsakts EuGH, Rs. C-137/92 P, Slg. 1994, I-2555, Rn. 15 ff.
[86] EuGH, Rs. C-328/90 (Kommission/Griechenland), Slg. 1992, I-434, Rn. 6; EuGH, Rs. C-109/08 (Kommission/Griechenland), Slg. 2009, I-4657, Rn. 14 f. Zur Reichweite der Pflicht, die sich aus einem Vertragsverletzungsurteil ergebenden Maßnahmen zu ergreifen, EuGH, Rs. C-503/04 (Kommission/Deutschland), Slg. 2007, I-6153.
[87] EuGH, Rs. 48/71 (Kommission/Italien), Slg. 1972, 529, Rn. 5/10; EuGH, Rs. 24 und 97/80 R (Kommission/Frankreich), Slg. 1980, 1319, Rn. 16 (Schafffleisch).
[88] Zu den Anforderungen an dieses EuGH, Rs. C-457/07 (Kommission/Portugal), Slg. 2009, I-8091, Rn. 53 f.

nes Pauschalbetrages oder eines Zwangsgeldes beantragen.[89] Während ein **Zwangsgeld** (ein für eine bestimmte Zeitperiode immer wieder zu entrichtender Betrag, solange die Unionsrechtsverletzung fortbesteht) insbesondere bezweckt, einen Mitgliedstaat zur schnellen Beseitigung der Vertragsverletzung zu bewegen, soll die Verhängung eines **Pauschalbetrags** (ein einmalig zu zahlender Betrag) insbesondere den Folgen der Vertragsverletzung für die privaten und öffentlichen Interessen Rechnung tragen. Daher können beide Maßnahmen kumuliert werden.[90]

Der EuGH verhängte bereits mehrfach Zwangsgelder bzw. Pauschalbeträge. Als Kriterien der **Berechnung** bezeichnete er die Dauer des Verstoßes, den Grad der Schwere, die Zahlungsfähigkeit des betreffenden Mitgliedstaates sowie die Dringlichkeit der Erfüllung der vertraglichen Verpflichtung,[91] wobei er das ihm hier eingeräumte weite Ermessen betont.[92] Speziell in Bezug auf das Pauschalgeld präzisierte er, dass die Höhe des Betrags in jedem Einzelfall von der Gesamtheit der maßgebenden Aspekte abhängig sei, sowohl in Bezug auf die Merkmale der Vertragsverletzung als auch die Haltung des betreffenden Mitgliedstaats. Der Betrag müsse den Umständen angemessen und sowohl angesichts des festgestellten Verstoßes als auch in Bezug auf die Zahlungsfähigkeit des betreffenden Mitgliedstaats verhältnismäßig sein.[93] Die Festlegung des Zwangsgelds muss es ermöglichen, Fortschritte bei der Umsetzung der Urteile des EuGH zu berücksichtigen, so dass eine periodische Zahlung (etwa halbjährlich) festzulegen ist; bei der Höhe ist (ebenfalls) auf Dauer und Schwere des Verstoßes gegen EU-Recht sowie die Zahlungsfähigkeit des Mitgliedstaates als Grundkriterien abzustellen, wobei auch zu berücksichtigen ist, welche Folgen die Nichterfüllung der Verpflichtungen für die öffentlichen und die privaten Interessen hat und wie dringend es ist, dass der Mitgliedstaat seinen Verpflichtungen nachkommt.[94]

Mehrere Verfahren wurden eingestellt, da die Mitgliedstaaten in der Zwischenzeit ihren Verpflichtungen nachgekommen waren. Damit dürfte Art. 260 Abs. 2 AEUV – trotz anfänglicher gegenteiliger Befürchtungen – insgesamt ein effektives Instrument darstellen.[95]

---

89 Zum Verfahren und den Kriterien für die Berechnung der Höhe der finanziellen Sanktionen Mitteilung der Kommission zur Anwendung von Art. 228 EGV: SEK (2005) 1658. Zur Berechnung und den hierbei heranzuziehenden Kriterien *Thiele*, Europäisches Prozessrecht *(E.III.)*, § 5, Rn. 47 ff.; *Gazin*, L'étendue du versement des sommes dues par les Etats en violation du droit de l'Union européenne : le beurre et l'argent du beurre, RMCUE 2013, 475 ff.
90 EuGH, Rs. C-304/02 (Kommission/Frankreich), Slg. 2005, I-6263.
91 EuGH, Rs. C-177/04 (Kommission/Frankreich), Slg. 2006, I-2561; EuGH, Rs. C-369/07 (Kommission/Griechenland), Slg. 2009, I-5703.
92 Z.B. EuGH, Rs. C-241/11 (Kommission/Tschechien), Urt. v. 25.6.2013, Rn. 42.
93 EuGH, Rs. C-407/09 (Kommission/Griechenland), Slg. 2011, I-2467. Im konkreten Fall stellte der Gerichtshof eine wenig kooperative Haltung Griechenlands, eine lange Dauer der Vertragsverletzung sowie eine relative Schwere des Verstoßes fest, berücksichtigte jedoch bei der Höhe die (beschränkte) Zahlungsfähigkeit Griechenlands. S. zur Berechnung des Pauschalbetrags auch EuGH, Rs. C-496/09 (Kommission/Italien), Slg. 2011, I-11483; EuGH, Rs. C-270/11 (Kommission/Schweden), Urt. v. 30.5.2013, Rn. 40 ff. Weiter zur Festlegung der Höhe eines Pauschalbetrags und / oder eines Zwangsgelds EuGH, Rs. C-533/11 (Kommission/Belgien), Urt. v. 17.10.2013; EuGH, Rs. C-576/11 (Kommission/Luxemburg), Urt. v. 30.5.2013; EuGH, Rs. C-241/11 (Kommission/Tschechien), Urt. v. 25.6.2013.
94 EuGH, Rs. C-496/09 (Kommission/Italien), Slg. 2011, I-11483.
95 Hierzu *Jack*, Article 260(2) TFEU : An Effective Judicial Procedure for the Enforcement of Judgments?, ELJ 2013, 404 ff.

35   Ein vom Gerichtshof verhängtes Zwangsgeld kann nicht vollstreckt werden, da Art. 280, 299 AEUV die Vollstreckung gegenüber Mitgliedstaaten ausschließen.[96] Eine Verrechnung mit Ansprüchen der Mitgliedstaaten gegen die Union dürfte hingegen möglich sein. Allerdings ist dabei die Schwierigkeit zu beachten, dass solche Aufrechnungen die Durchführung von im Unionsinteresse liegenden Maßnahmen gefährden können.[97]
Das in Art. 260 Abs. 2 AEUV vorgesehene Verfahren ist als spezielles gerichtliches Verfahren zur Durchführung der Urteile des Gerichtshofs anzusehen. Daher können in seinem Rahmen nur Verstöße gegen Verpflichtungen eines Mitgliedstaats aus den Verträgen behandelt werden, die der Gerichtshof auf der Grundlage von Art. 258 AEUV als begründet angesehen hat.[98]
Der durch den Vertrag von Lissabon neu eingeführte Art. 260 Abs. 3 AEUV ermöglicht es dem EuGH, bei der Nichtumsetzung von im Gesetzgebungsverfahren beschlossenen Richtlinien Sanktionen schon im ersten Urteil zu verhängen, so dass das spezielle Verfahren des Art. 260 Abs. 2 AEUV dann nicht zu durchlaufen ist.[99]

III. Nichtigkeitsklage

36   Art. 263 AEUV ermöglicht die Prüfung der Rechtmäßigkeit der **Handlungen der Unionsorgane**. Die Mitgliedstaaten, der Rat, die Kommission, das Europäische Parlament, die Europäische Zentralbank, der Rechnungshof, der Ausschuss der Regionen und Einzelne können direkt vor dem EuGH bzw. dem Gericht[100] Nichtigkeitsklage gegen Handlungen der Unionsorgane mit Rechtswirkung erheben. Für Mitgliedstaaten, Rat, Kommission und Parlament ist diese Klageart als objektives Verfahren, für die anderen Klagebefugten als subjektives Verfahren, in dessen Rahmen ein Rechtsschutzinteresse darzulegen ist, ausgestaltet. Ziel der Klage ist die Aufhebung der Handlungen. Das Verfahren dient einerseits der objektiven Rechtmäßigkeitskontrolle, andererseits der Gewährung ausreichenden Rechtsschutzes.

---

96 Ebenso *Teske*, Die Sanktionen von Vertragsverstößen im Gemeinschaftsrecht, EuR 1992, 265 (285); *Heidig*, Die Verhängung von Zwangsgeldern nach Art. 228 Abs. 2 EGV, EuR 2000, 782 (790); a.A. *Middeke/Szczekalla*, Änderungen im europäischen Rechtsschutzsystem, JZ 1993, 284 (288); zur Problematik m.w.N. *Thiele*, Europäisches Prozessrecht *(E.III.)*, § 5, Rn. 63, der ebenfalls von der Vollstreckbarkeit ausgeht, aber deren praktische Umsetzung infrage stellt; ebenfalls unter ausführlicher Erörterung des Problems, aber mit anderem Ergebnis *Schweitzer*, Art. 228 Abs. 2 EGV: Schnittstelle von Souveränität und Supranationalität, FS Rengeling, 2008, 437 (442 ff.).
97 Zur Effektivität und rechtlichen Zulässigkeit solcher Verrechnungen etwa *Albin*, Zwangsgelder, Mittelkürzung und Umweltinspektionen – neueste Entwicklungen bei der Vollzugskontrolle von EG-Umweltrecht, DVBl. 2000, 1483 (1491 f.).
98 EuGH, Rs. C-457/07 (Kommission/Portugal), Slg. 2009, I-8091, Rn. 47; EuGH, Rs. C-304/02 (Kommission/Frankreich), Slg. 2005, I-6263, Rn. 92. Zu Fragen der Beweislast EuGH, Rs. C-369/07 (Kommission/Griechenland), Slg. 2009, I-5703; EuGH, Rs. C-95/12 (Kommission/Deutschland), Urt. v. 22.10.2013 (letzteres in Bezug auf das „VW-Gesetz" und die Satzung von VW). Im Übrigen hat die Kommission im Rahmen dieses Verfahrens die Kompetenzen des EuGH zu beachten: Die Frage nach der Vereinbarkeit einer nationalen Regelung mit dem Unionsrecht ist allein vom EuGH zu beurteilen, sodass die Kommission im Zuge der Erhebung von durch den EuGH auferlegten Zwangsgeldern von den Mitgliedstaaten die für diese maßgeblichen Daten nicht so festlegen darf, dass sie in diese Zuständigkeit eingreift (z.B. dadurch, dass sie das Ende der Vertragsverletzung an das Außerkrafttreten eines nationalen Gesetzes knüpft, das als solches nicht Gegenstand des ursprünglichen EuGH-Urteils war), vgl. EuGH, Rs. C-292/11 P (Portugal/Kommission), Urt. v. 15.1.2014.
99 Hierzu *Peers*, Sanctions for Infringement of EU Law after the Treaty of Lisbon, EPL 2012, 33 ff.
100 Nach Art. 256 Abs. 1 AEUV ist das Gericht grundsätzlich für sämtliche Nichtigkeits- und Untätigkeitsklagen sowie für Schadensersatzklagen gegen die Union erstinstanzlich zuständig, es sei denn, die Satzung behält bestimmte Arten von Klagen dem Gerichtshof vor. Dies ist in Art. 51 Satzung für Klagen der Unionsorgane, der Mitgliedstaaten und der EZB geschehen (hier ist nach wie vor der EuGH zuständig).

§ 9 Rechtsschutzsystem

1. Zulässigkeit

a) Passivlegitimation

Als **passiv legitimiert** bezeichnet Art. 263 Abs. 1 AEUV folgende Organe: **Rat und Parlament gemeinsam** (da sie die in Art. 263 Abs. 1 AEUV genannten „Gesetzgebungsakte" verabschieden, vgl. Art. 289 AEUV), **Rat, Kommission** und **Europäische Zentralbank**. Das **Parlament** und der **Europäische Rat** sind in Bezug auf Handlungen mit Rechtswirkungen gegenüber Dritten passiv legitimiert. Weiter überwacht der Gerichtshof die Rechtmäßigkeit der Handlungen der „**Einrichtungen und sonstigen Stellen der Union**" (von besonderer Bedeutung sind hier die Agenturen), soweit es um Handlungen mit Rechtswirkung gegenüber Dritten geht.[101] Nach Art. 263 Abs. 5 AEUV können besondere Bedingungen und Einzelheiten für die Erhebung von Klagen natürlicher oder juristischer Personen gegen Handlungen dieser Einrichtungen oder sonstiger Stellen festgelegt werden.

37

Durch die Anerkennung der Passivlegitimation des Parlaments im Vertrag wurde die Rechtsprechung des EuGH[102] kodifiziert. Diese bleibt aber insofern aktuell, als die dort angeführte Begründung einer erweiterten Auslegung der passiv legitimierten Organe über die ausdrücklich in Art. 263 Abs. 1 AEUV genannten auch für andere Organe als das Parlament herangezogen werden kann. Bedeutsam ist dies für den Rechnungshof.[103]

b) Klagegegenstand

Die Klage ist nur gegen **Handlungen mit Rechtswirkung** zulässig, so dass Empfehlungen oder Stellungnahmen nicht Gegenstand einer Klage nach Art. 263 AEUV sein können.[104] Gleiches gilt für rein verwaltungsinterne Maßnahmen.[105] Der Klagegegenstand ist nicht auf Verordnungen, Richtlinien und Beschlüsse beschränkt. Nichtigkeitsklage kann auch **gegen andere Handlungen**, „die dazu bestimmt sind, Rechtswirkungen zu

38

---

101 Diese Bestimmung wurde durch den Vertrag von Lissabon eingeführt. Das Gericht stellte jedoch bereits vor seinem Inkrafttreten fest, dass das Verhalten der Agenturen unter bestimmten Voraussetzungen vom EuGH auf seine Rechtmäßigkeit überwacht wird, vgl. EuG, Rs. T-411/06 (Sogelma), Slg. 2008, II-2771. Hierzu etwa *Gundel*, Der Rechtsschutz gegen Handlungen der EG-Agenturen – endlich geklärt?, EuR 2009, 383 ff.; *Saurer*, Der Rechtsschutz gegen Entscheidungen und Fachgutachten der Europäischen Agenturen nach dem Sogelma-Urteil des EuG, DVBl. 2009, 1021 ff.; *Riedel*, Rechtsschutz gegen Akte Europäischer Agenturen, EuZW 2009, 565 ff.
102 EuGH, Rs. 294/83 (Les Verts/EP), Slg. 1986, 1357, Rn. 24 f.
103 S. in diesem Zusammenhang auch EuG, Rs. T-117/08 (Italien/WSA), Urt. v. 31.3.2011, wo die Nichtigkeitsklage gegen eine Stellenausschreibung durch den WSA für zulässig erklärt wurde.
104 Vgl. zu den ggf. schwierigen Abgrenzungsproblemen *Dervisopoulos*, in: Rengeling/Middeke/Gellermann (Hg.), Handbuch des Rechtsschutzes in der EU *(E.III.)*, § 7, Rn. 30 f.
105 EuGH, Rs. C-314/11 P (Kommission/Planet), Urt. v. 19.12.2012 (wo es um eine als unzulässig erachtete Nichtigkeitsklage gegen den Antrag von OLAF auf Eintragung eines Unternehmens in das sog. EU-Frühwarnsystem ging).

erzeugen, ohne Unterschied ihrer Rechtsnatur oder Form",[106] erhoben werden, so dass entscheidend auf den Inhalt einer bestimmten Handlung abzustellen ist.[107]

Primärrechtliche Bestimmungen oder Handlungen der im Rat vereinigten Vertreter der Regierungen der Mitgliedstaaten können **nicht Gegenstand einer Klage** nach Art. 263 AEUV sein.[108]

> Unzulässig ist die Klage gegen Handlungen, die einen besonders schweren und zudem offenkundigen Fehler aufweisen und damit **rechtlich inexistent** sind,[109] so dass sie *ipso iure* nichtig sind und nicht erst für nichtig erklärt werden müssen. Zur Vermeidung von Rechtsschutzlücken und im Hinblick auf die Wahrung der Rechtssicherheit ist eine Nichtexistenz jedoch nur in Ausnahmefällen anzunehmen.[110]

c) Aktivlegitimation

aa) Organe und Mitgliedstaaten

39 **Mitgliedstaaten, Europäisches Parlament, Rat und Kommission** können Nichtigkeitsklage erheben, ohne von dem angegriffenen Rechtsakt in besonderer Weise betroffen zu sein und ohne ein Rechtsschutzinteresse nachweisen zu müssen (Art. 263 Abs. 2 AEUV). Soweit sich ihre Klagen gegen Rechtsvorschriften richten, führen diese zu einer **abstrakten Normenkontrolle**.

> Die Klagebefugnis der Mitgliedstaaten wird von den jeweiligen Regierungen wahrgenommen. Dies gilt auch im Fall der sog. Subsidiaritätsklage, die es nationalen Parlamenten ermöglicht, über „ihren" Mitgliedstaat eine Nichtigkeitsklage zu erzwingen (Art. 8 Protokoll Nr. 2 zum EUV, dazu *§ 2 Rn. 64*).

40 Die **Europäische Zentralbank** und der **Rechnungshof** sowie der **Ausschuss der Regionen** können Nichtigkeitsklage erheben, soweit diese auf die Wahrung ihrer Rechte – z.B. den Schutz der Befugnisse des Organs[111] – abzielt (Art. 263 Abs. 3 AEUV). Der Vertrag kodifiziert damit die Rechtsprechung des EuGH bezüglich der Klagebefugnis des EP vor der ausdrücklichen Einführung von dessen Aktivlegitimation.[112]

---

106 EuGH, Rs. 22/70 (Kommission/Rat), Slg. 1971, 263, Rn. 38/42 (AETR); EuGH, Rs. C-303/90 (Frankreich/Kommission), Slg. 1991, I-5315, Rn. 8; EuGH, Rs. C-57/95 (Frankreich/Kommission), Slg. 1997, I-1627, Rn. 6 ff.; EuG, Rs. T-351/02 (Deutsche Bahn/Kommission), Slg. 2006, II-1047, Rn. 35; EuG, Rs. T-152/06 (NDSHT/Kommission), Slg. 2009, II-1517, Rn. 36; EuG, Rs. T-117/08 (Italien/WSA), Urt. v. 31.3.2011, wo das Gericht präzisierte, auch eine Stellenausschreibung erzeuge Rechtswirkungen, da sie dazu bestimmt sei, Rechtswirkungen gegenüber allen Bewerbern zu erzeugen, deren Bewerbung wegen Nichterfüllung der in der Ausschreibung genannten Voraussetzungen nicht berücksichtigt wird. Hingegen kann die Entscheidung über die weitere Behandlung einer für zulässig erklärten Petition nicht Gegenstand einer Nichtigkeitsklage sein, da sie nicht die Rechtsstellung des Klägers zu verändern vermag, vgl. EuG, Rs. T-186/11 (Scjänberger), Urt. v. 7.3.2013. Hingegen kann die Unzulässigerklärung einer Petition durch eine Nichtigkeitsklage angefochten werden, vgl. EuG, Urt. v. 14.9.2011 (Tegebauer), Urt. v. 14.9.2011.
107 Zu Klagen im Zusammenhang mit völkerrechtlichen Verträgen bzw. den diesbezüglichen Genehmigungsschlüssen die Ausführungen *Rn. 95*.
108 Vgl. z.B. EuGH, Rs. C-313/89 (Kommission/Spanien), Slg. 1991, I-5231, Rn. 10; EuGH, verb. Rs. C-181 und C-248/91 (Parlament/Rat, Kommission), Slg. 1993, I-3685, Rn. 12 ff.; EuGH, Rs. C-253/94 P (Roujansky), Slg. 1995, I-7, Rn. 9 ff.
109 EuGH, Rs. C-137/92 P (BASF), Slg. 1994, I-2555, Rn. 49.
110 EuGH, Rs. C-137/92 P (BASF), Slg. 1994, I-2555, Rn. 50; EuGH, Rs. C-475/01 (Kommission/Griechenland), Slg. 2004, I-8923, Rn. 19.
111 EuGH, Rs. C-316/91 (EP/Rat), Slg. 1994, I-625, Rn. 12 ff.; EuGH, Rs. C-187/93 (EP/Rat), Slg. 1994, I-2857, Rn. 14.
112 EuGH, Rs. C-70/88 (EP/Rat), Slg. 1990, I-2041, Rn. 27.

bb) Natürliche und juristische Personen

In Bezug auf die Klagen **natürlicher oder juristischer**[113] **Personen** – die unabhängig von ihrem Wohnsitz bzw. Geschäftssitz oder Aufenthaltsort unter den Voraussetzungen des Art. 263 Abs. 4 AEUV Klage erheben können[114] – unterscheidet **Art. 263 Abs. 4 AEUV** zwischen **drei Konstellationen.**

(1) An den Kläger gerichtete Beschlüsse

Natürliche und juristische Personen können gegen **an sie ergangene Beschlüsse** Nichtigkeitsklage erheben (Art. 263 Abs. 4 AEUV). Diese Anfechtungsmöglichkeit ist insbesondere im Wettbewerbsrecht von Bedeutung, wo die Kommission befugt ist, an Einzelne gerichtete Beschlüsse zu erlassen (§ 12).

(2) Den Kläger unmittelbar und individuell betreffende Handlungen

Weiter können Einzelne gegen sie **unmittelbar und individuell betreffende Handlungen** klagen. Damit ist eine Nichtigkeitsklage natürlicher oder juristischer Personen gegen **normative Rechtsakte** oder an **andere Personen gerichtete Beschlüsse** dann zulässig, wenn Verordnungen, Richtlinien oder an eine andere Person ergangene Beschlüsse den Kläger **unmittelbar und individuell betreffen** (Art. 263 Abs. 4 AEUV).

Hintergrund dieser Einschränkung dürfte die Annahme sein, dass die generelle Eröffnung des Rechtsweges Einzelner gegen die genannten Rechtsakte im Interesse eines effektiven Rechtsschutzes nicht notwendig ist, da der Einzelne bei fehlender unmittelbarer und individueller Betroffenheit in der Regel erst durch einen (weiteren) meist nationalen Ausführungsakt betroffen wird. Allerdings kann es in Ausnahmefällen vorkommen, dass bereits allgemeine Rechtsakte oder an andere Personen gerichtete Beschlüsse den Einzelnen direkt betreffen. Daher muss er die Möglichkeit haben, gegen diese Akte vorzugehen, soll er in seinen Rechten geschützt werden. Letztlich geht es damit in dieser Konstellation darum, dem Einzelnen einen effektiven Rechtsschutz gegen „verkappte" an ihn gerichtete Beschlüsse, d.h. in der Form von allgemein verbindlichen Rechtsakten oder an andere Personen ergangene Beschlüsse, zu gewähren.[115]

Mit dem Erfordernis der **unmittelbaren Betroffenheit** soll verhindert werden, dass Einzelne auch gegen solche Rechtsakte direkt vorgehen können, die noch eines Umsetzungs-, Durchführungs- oder Anwendungsakts bedürfen. Der Kläger ist daher immer dann unmittelbar betroffen, wenn ihn eine vollständige und erschöpfende Regelung

---

113 Zum (weiten) Begriff der juristischen Person, der alle öffentlich-rechtlichen Körperschaften, Anstalten und Stiftungen sowie alle juristischen Personen des Privatrechts und die rechtsfähigen Personengesellschaften erfasst, wobei es nicht auf eine formelle Anerkennung der Rechtsfähigkeit ankommt, sondern eine Handlungsfähigkeit ausreicht, m.w.N. Thiele, Europäisches Prozessrecht (E.III.), § 7, Rn. 16 ff.
114 Art. 263 Abs. 4 AEUV spricht denn auch von „jeder" natürlichen oder juristischen Person. Vgl. aus der Rechtsprechung EuGH, Rs. C-135/92 (Fiskano), Slg. 1994, I-2885, Rn. 21 ff.
115 Entscheidend ist nicht die rechtstechnische Einordnung im Sinne des Art. 288 AEUV, sondern das Wesen des infrage stehenden Rechtsaktes, EuGH, Rs. 114/86 (Vereinigtes Königreich/Kommission), Slg. 1988, 5289, Rn. 12; EuGH, Rs. C-395/95 P (Geotronics SA), Slg. 1997, I-2271, Rn. 14 ff. Der Vertrag von Lissabon spricht nunmehr klar von „Handlungen", womit deutlich wird, dass im Falle einer unmittelbaren und individuellen Betroffenheit eines Einzelnen durch eine Handlung eines Unionsorgans in jedem Fall, unabhängig von der Form des Rechtsakts, eine Klage eröffnet ist. Die zuvor gültige Fassung nannte lediglich Verordnungen oder an andere Personen ergangene Beschlüsse, wobei der EuGH davon ausging, dass auch sonstige Rechtshandlungen (z.B. eine Richtlinie) Klagegegenstand im Rahmen der Nichtigkeitsklage Einzelner sein konnten. Vgl. EuGH, Rs. C-10/95 P (Asocame), Slg. 1995, I-4149, Rn. 28 ff.; s. auch EuG, Rs. T-135/96 (UEAPME/Rat), Slg. 1998, II-2335, Rn. 68 f.

Epiney

trifft, die „automatisch" wirkt und kein Ermessen einräumt, so dass keine weitere Durchführungsbestimmung notwendig ist.[116]

In den Fällen allerdings, in denen der Rechtsakt **hinreichend konkret** in die **Rechtssphäre des Einzelnen** eingreift und den Vollziehungsbehörden kein Ermessensspielraum eingeräumt ist, schließt auch die Notwendigkeit eines staatlichen Durchführungsaktes die unmittelbare Betroffenheit nicht aus.[117] Denn hier steht die Beeinträchtigung des Einzelnen bereits bei Erlass des betreffenden Rechtsaktes fest, so dass das Hinzutreten eines Durchführungsakts keine Voraussetzung mehr für die unmittelbare Betroffenheit sein kann.[118] Ein Indiz für das Vorliegen der unmittelbaren Betroffenheit kann darin bestehen, dass die Aufhebung des angegriffenen Aktes dem Kläger ohne Weiteres den angestrebten Erfolg brächte.[119] Bei **staatengerichteten Beschlüssen** kommt es darauf an, ob dem Mitgliedstaat in seinem Verhalten gegenüber Privatpersonen nach dem Beschluss ein Handlungsspielraum bleibt oder nicht.[120]

45 Der Hintergrund des Erfordernisses der **individuellen Betroffenheit** ist darin zu sehen, dass ein Individuum nur dann gegen einen Gesetzgebungsakt oder einen an andere Personen gerichteten Beschluss vorgehen können soll, wenn es im Vergleich zu anderen Personen in besonderer Weise betroffen ist. Nach ständiger Rechtsprechung ist dies der Fall, wenn eine Person **wegen bestimmter persönlicher Eigenschaften oder besonderer, sie aus dem Kreis aller übrigen Personen heraushebender Umstände berührt ist**, so dass der beanstandete Rechtsakt sie in ähnlicher Weise individualisiert wie den Adressaten eines Beschlusses (sog. **Plaumann-Formel**).[121] Damit knüpft der EuGH an die **Bestimmtheit** oder **Bestimmbarkeit der Adressaten** an: In den Fällen, in denen der Adressatenkreis nicht nur zum Zeitpunkt des Erlasses des entsprechenden Rechtsakts, sondern auch für die Zukunft abschließend bestimmt werden kann, sind die jeweiligen Personen ebenso betroffen wie durch einen an sie gerichteten Beschluss.

Es kommt also nicht darauf an, ob es aus tatsächlichen Gründen möglich ist, die Betroffenen zu einem bestimmten Zeitpunkt individuell abschließend zu benennen, selbst dann nicht, wenn der Kläger von einer in der gesamten Union geltenden Maßnahme in seinem Mitgliedstaat der einzige Betroffene ist.[122] Eine individuelle Betroffenheit liegt daher z.B. dann vor, wenn objektiv erkennbar von vornherein nur die Regelung bestimmter konkreter Fälle beabsichtigt ist, etwa wenn nur Lizenznehmer betroffen sind, die zu einem bestimmten Zeitpunkt bereits eine Vorausfestsetzung erhalten haben, oder wenn Betroffene im Anhang genannt werden.[123] Ebenso ist die individuelle Betroffenheit in Bezug auf einen Beschluss der Kommission zu bejahen, durch den ein Mitgliedstaat zur Einführung von Schutzmaßnahmen gegen die Einfuhr eines Erzeugnisses ermächtigt worden war, und Nichtigkeitsklage von Klägern erhoben wird, die vor Erlass dieses Beschlusses Verträge über den Verkauf des betreffenden Erzeugnisses geschlossen hatten, deren Erfüllung durch den Beschluss ganz oder teilweise unmöglich

---

116 EuGH, Rs. 294/83 (Les Verts/Parlament), Slg. 1986, 1339, Rn. 31; EuGH, Rs. C-386/96 P (Dreyfus), Slg. 1998, I-2309, Rn. 43; EuGH, verb. Rs. C-445/07 P, C-455/07 P (Kommission/Ente per le Ville), Slg. 2009, I-7993.
117 EuGH, Rs. 222/83 (Differdange), Slg. 1984, 2889, Rn. 9 ff., wo allerdings im konkreten Fall ein Ermessensspielraum angenommen wurde.
118 S. etwa auch EuGH, Rs. C-386/96 P (Dreyfus), Slg. 1998, I-2309, Rn. 43 ff.
119 Vgl. die Beispiele aus der Rspr.: EuGH, Rs. C-386/96 P (Dreyfus), Slg. 1998, I-2309, Rn. 43 ff.; EuGH, Rs. C-404/96 P (Glencore Grain), Slg. 1998, I-2435; EuGH, Rs. C-391/96 P (Compagnie Continentale), Slg. 1998, I-2377; EuGH, Rs. C-403/96 P (Glencore Grain), Slg. 1998, I-2405.
120 EuGH, Rs. 207/86 (APESCO), Slg. 1988, 2151, Rn. 12; EuGH, Rs. 11/82 (Piraiki-Patraiki), Slg. 1985, 207, Rn. 9 f.; EuG, Rs. T-380/94 (AIUFFASS und AKT), Slg. 1996, II-2169, Rn. 46 f.
121 EuGH, Rs. 25/62 (Plaumann), Slg. 1963, 213 (283 f.). S. auch etwa EuGH, Rs. C-321/95 P (Greenpeace), Slg. 1998, I-1651, Rn. 7; EuGH, Rs. C-70/97 P (Kruidvat), Slg. 1998, I-7183, Rn. 18 ff.; EuG, Rs. T-40/04 (Bonino), Slg. 2005, II-2685; EuG, Rs. T-229/02 (PKK, KNK), Slg. 2005, II-539; EuG, Rs. C-170/04 (Federdoc), Slg. 2005, II-2503.; EuGH, verb. Rs. C-182/03, C-217/03 (Belgien und Forum 187/Kommission), Slg. 2006, I-5479, Rn. 60.
122 EuGH, Rs. 307/81 (Alusuisse), Slg. 1982, 3463, Rn. 11; EuGH, Rs. C-152/88 (Sofrimport), Slg. 1990, I-2477, Rn. 10 ff.
123 EuGH, Rs. 307/81 (Alusuisse), Slg. 1982, 3463, Rn. 9; EuGH, Rs. 207/86 (Apesco), Slg. 1988, 2151, Rn. 12; s. auch EuGH, Rs. 239 und 275/82 (Allied Corporation), Slg. 1984, 1005, Rn. 12.

wird.¹²⁴ An der individuellen Betroffenheit fehlt es, wenn der Kläger in dem Rechtsakt durch die Zugehörigkeit zu einer Gruppe gekennzeichnet und im Hinblick auf seine Gruppeneigenschaft von der Maßnahme betroffen ist.¹²⁵ Hingegen ist eine individuelle Betroffenheit zu bejahen, wenn die natürliche oder juristische Person in ihren Beteiligungs-, Informations- oder Mitwirkungsrechten im Rahmen von Verwaltungsverfahren betroffen ist.¹²⁶ Auch kann der Umstand, dass ein Unionsorgan aufgrund spezifischer Bestimmungen verpflichtet ist, den Auswirkungen einer von ihm beabsichtigten Maßnahme auf die Lage bestimmter Personen Rechnung zu tragen, diese Personen individualisieren;¹²⁷ Gleiches gilt für die Konstellation, dass aufgrund von Kriterien, die vor der Entscheidung bereits feststanden, ein (abschließend) beschränkter Kreis von Personen betroffen ist, insbesondere, wenn in ihre vor dem Erlass der Entscheidung erworbenen Rechte eingegriffen wird.¹²⁸ Ein Beschluss, der einem Mitgliedstaat ein bestimmtes Verhalten, z.B. die Festlegung auf Höhe eines Mindestpreises für Reis, gebietet, betrifft die entsprechenden Unternehmen individuell,¹²⁹ während durch das Verbot von Subventionen, die ein objektiv bestimmter Empfängerkreis beanspruchen kann, einzelne Empfänger nicht individuell betroffen sind.¹³⁰ Im Falle einer Beihilfe an bestimmte Unternehmen können andere Unternehmen von einer solchen Entscheidung individuell betroffen sein, sofern ihre Marktstellung spürbar beeinträchtigt wird.¹³¹

Die vom EuGH aufgestellten Voraussetzungen der Klagebefugnis Einzelner sind insgesamt sehr **eng**.¹³² Die Entwicklung der Rechtsprechung deutet aber bei der Betroffenheit **individueller „egoistischer" Interessen** auf eine gewisse Öffnung hin.

So wurde die Klage einer in Spanien ansässigen Herstellerin von Schaumweinen wegen einer Verordnungsvorschrift, die den Begriff „crémant" ausschließlich in Frankreich und Luxemburg produzierten Schaumweinen vorbehält, für zulässig erachtet, da die Klägerin das Warenzeichen „Gran Cremant" bereits seit 1924 gebrauche und daher im Vergleich zu allen anderen Herstellern von Schaumweinen wegen bestimmter persönlicher Eigenschaften betroffen sei, so dass sie sich von allen übrigen Personen abhebe.¹³³ Dies überzeugt vor dem Hintergrund, dass die Verordnung für die Klägerin die Konsequenz nach sich zieht, die Bezeichnung „crémant" nicht verwenden und ihr vor dem Erlass der Verordnung entstandenes Markenzeichen nicht nutzen zu dürfen.

Allerdings fällt die Anwendung der Kriterien der unmittelbaren und individuellen Betroffenheit bei **„Allgemeininteressen"** allzu einschränkend aus und dürfte teilweise deren Eigenarten verkennen.

---

124 EuGH, Rs. 11/82 (Piraiki-Patraiki), Slg. 1985, 207. Zur individuellen Betroffenheit bei Beschlüssen, die Beihilfen als mit dem Binnenmarkt unvereinbar erklären, EuG, Rs. T-309/02 (Acegas-APS/Kommission), Slg. 2009, II-1809; EuG, Rs. T-300/02 (Azienda Mediterranea/Kommission), Slg. 2009, II-1737.
125 EuGH, Rs. 67/85 u.a. (van der Kooy), Slg. 1988, 219, Rn. 15; EuGH, Rs. C-276/93 (Chiquita), Slg. 1993, I-3345, Rn. 7 ff., in Bezug auf die Klagebefugnis von mit Bananen handelnden Gesellschaften gegen die Verordnung zur Schaffung einer gemeinsamen Marktorganisation für Bananen. S. auch EuGH, Rs. C-106/98 P (Société française de production), Slg. 2000, I-3659, Rn. 39 ff.
126 EuGH, Rs. C-156/87 (Gestetner), Slg. 1990, I-781, Rn. 11 ff.; EuGH, Rs. C-198/91 (Cook), Slg. 1993, I-2487, Rn. 22 ff.; EuGH, verb. Rs. C-75/05, 80/05 P (Glunz-AG u.a./Kommission), Slg. 2008, I-6619.
127 EuGH, Rs. C-390/95 P (Antillean Rice Mills), Slg. 1999, I-769, Rn. 25 ff.; EuG, Rs. T-47/00 (Rica Foods), Slg. 2002, II-113, Rn. 41. S. auch EuG, Rs. T-222/99 u.a. (Martinez, Front National), Slg. 2001, II-2823.
128 EuGH, Rs. C-132/12 P (Stichting Woonpunt/Kommission), Urt. v. 27.2.2014, Rn. 57 ff.
129 S. EuGH, Rs. T-480/93, 483/93 (Antillean), Slg. 1995, II-2305, Rn. 62 ff.; s. auch EuG, Rs. T-447/93, 448/93, 449/93 (Associazione Italiana Tecnico), Slg. 1995, II-1971, Rn. 33 ff.
130 EuGH, Rs. 67/85 u.a. (van der Kooy), Slg. 1988, 219, Rn. 15.
131 EuG, Rs. T-182/10 (Aiscat/Kommission), Urt. v. 15.1.2013, Rn. 59 ff.
132 Ausführlich zur Problematik Arnull, Privat Applicants and the action for Annulment since Codorniu, CML Rev 2001, 112 ff.
133 EuGH, Rs. C-309/89 (Codorniu), Slg. 1994, I-1853, Rn. 21 ff.; s. auch EuGH, Rs. C-135/92 (Fiskano), Slg. 1994, I-2885, Rn. 24 ff.; EuGH, Rs. C-39/93 P (SFEI), Slg. 1994, I-2681, Rn. 27 ff.; EuG, Rs. T-114/99 (CSR Panpryl), Slg. 1999, II-333, wonach es nicht genüge, dass man in tatsächlicher Hinsicht besonders betroffen sei, sondern notwendig sei – für den Bereich der Ursprungsbezeichnungen –, dass man ein Recht bereits vor Inkrafttreten des EU-Rechtsakts erworben habe.

So verneinte der EuGH die Zulässigkeit der Klagen von Umweltorganisationen und Einzelnen gegen Subventionsentscheidungen aus dem Strukturfonds für den Bau von Elektrizitätswerken auf Gran Canaria und Teneriffa, die ohne vorherige Umweltverträglichkeitsprüfung genehmigt worden waren.[134] Die Kläger seien von den erwähnten Entscheidung der Kommission wie „jeder andere" betroffen. Es liege keine besondere Situation vor, die eine andere Auslegung rechtfertige; Rechtsschutz sei durch die nationalen Gerichte zu gewähren.[135] Mit diesem Abstellen auf eine spezifische und besondere Betroffenheit wird faktisch nur die Verteidigung eigener „egoistischer" Interessen ermöglicht, da bei Allgemeinwohlinteressen – wie Belangen des Umweltschutzes – regelmäßig ein weiter Kreis von Personen betroffen ist. Die Begründung des EuGH erscheint denn auch in einigen Punkten zumindest angreifbar: So wird nicht ganz deutlich, warum die nach der RL 85/337 bzw. der RL 2011/92 (UVP-Richtlinie) der „Öffentlichkeit" zustehenden Beteiligungsrechte keine individuellen Rechte einräumen sollen, auch wenn es eine Reihe von „Betroffenen" gibt. Schließlich findet hier eine gewisse Individualisierung statt. Diese Rechte können auch im Zusammenhang mit der Entscheidung über die Mittelvergabe geltend gemacht werden. Insofern besteht die Möglichkeit einer „Durchgriffswirkung" in dem Sinn, dass eine Verletzung der Beteiligungsrechte im Genehmigungsverfahren auf die Entscheidung der Kommission über die Mittelvergabe „durchschlägt" und diese beeinflusst.[136] Zudem lässt sich Art. 7 VO 2081/93 (Strukturfondsverordnung)[137] durchaus in dem Sinn interpretieren, dass er Einzelnen unter bestimmten Voraussetzungen individuelle Rechte einräumt, die eine unmittelbare und individuelle Betroffenheit zur Folge hätten. Schließlich geht der Hinweis des EuGH auf die nationalen Rechtsmittel insofern fehl, als diese gegen die Entscheidung der Kommission über die Mittelvergabe gerade nicht greifen. Da die Subventionsentscheidung der Kommission auch das Ob und Wie der Durchführung eines Projekts beeinflussen (können), geht es bei der Kommissionsentscheidung einerseits und der (Nicht-)Durchführung der UVP durch die nationalen Behörden andererseits auch nicht um das gleiche rechtliche Interesse.

Der **EuGH lehnte** im Übrigen eine **Modifikation dieser engen Auslegung des Kriteriums der individuellen Betroffenheit** ausdrücklich **ab**, dies im Gegensatz zum Gericht, das zuvor entschieden hatte, dass eine unzweifelhafte und gegenwärtige Beeinträchtigung der Rechtsposition der klagenden Person ausreiche.[138] Der EuGH hob diese Entscheidung mit der Begründung auf, der Vertrag stelle ein vollständiges System von Rechtsbehelfen auf, und Einzelne könnten im Rahmen der Art. 267, 268 und 340 Abs. 2 AEUV effektiven Rechtsschutz gegen das Handeln der Union erlangen. Zudem bedinge eine weitere Auslegung des Begriffs der individuellen Betroffenheit eine Modifikation des Vertrages.[139]

Zu überzeugen vermag diese Argumentation nicht: Neben dem nicht stichhaltigen Hinweis auf den Wortlaut (der ja auch sonst für die Auslegung von Vertragsbestimmungen nicht allein ausschlaggebend ist, zumal er hier auch nicht eindeutig sein dürfte) ist darauf hinzuweisen, dass der EuGH nicht wirklich die Vollständigkeit eines effektiven Rechtsschutzes Einzelner erörtert: Schadensersatz kann man nur dann erlangen, wenn ein Schaden und die entsprechende

---

134 EuGH, Rs. C-321/95 P (Greenpeace), Slg. 1998, I-1651. Zu Verbandsklagen auch EuGH, Rs. 60/79 (Producteurs de Vins de Table), Slg. 1979, 2429 (2432); EuGH, Beschluss vom 5. November 1986, Rs. 117/86 (UFADE), Slg. 1986, 3255, Rn. 12; EuG, Rs. T-12/93 (Perrier/Nestlé), Slg. 1995, II-1247; in EuGH, Rs. C-106/98 P (Comité d'entreprise), Slg. 2000, I-3659, verneinte der Gerichtshof die Zulässigkeit der Klage eines Verbandes, der im Zusammenhang mit einer „Beihilfeentscheidung" der Kommission nur die sozialen Belange des Unternehmens vertrat.
135 Vgl. zu dieser Entscheidung *Wegener*, Keine Klagebefugnis für Greenpeace und 18 andere, ZUR 1998, 131; *Deimann*, ECJ decides on Standing in Environmental Matters, ELNI 1998, 39 ff.
136 *Krämer*, Vom Rechte, das mit uns geboren – Der Einzelne im gemeinschaftsrechtlichen Umweltrecht, in: Krämer/Micklitz/Tonnes (Hrsg.), Liber amicorum Reich, 1997, 741 (750).
137 ABl. L 1993/193, 5. Diese Verordnung wurde inzwischen abgelöst, vgl. § 27 Rn. 9 ff.
138 Vgl. EuG, Rs. T-177/01 (Jégo-Quéré), Slg. 2002, II-2365.
139 Vgl. EuGH, Rs. C-50/00 P (Union de Peqeuonos), Slg. 2002, I-6677. Zu dieser Entwicklung der Rechtsprechung *Braun/Kettner*, Die Absage des EuGH an eine richterrechtliche Reform des EG-Rechtsschutzsystems – „Plaumann" auf immer und ewig?, DÖV 2003, 58 ff.; *Gilliaux*, L'arrêt Union de Pequenos agricultores: entre subsidiarité juridictionnelle et effectivité, CDE 2003, 177 ff.

Kausalität nachgewiesen werden; bei normativem Unrecht ist weiter eine qualifizierte Verletzung des Unionsrechts notwendig, so dass jedenfalls für die nicht qualifizierte Verletzung eine Rechtsschutzlücke besteht. Art. 267 AEUV ist schon deshalb nicht ausreichend, weil es bei zahlreichen Konstellationen an einem angreifbaren nationalen Rechtsakt fehlt, so dass zumindest teilweise ein effektiver Rechtsschutz nur unter der Voraussetzung eines vorherigen Rechtsbruches erlangt werden kann, was den Rechtsunterworfenen nicht zumutbar ist.[140]

(3) Rechtsakte mit Verordnungscharakter

Der Vertrag von Lissabon schließt teilweise die aufgezeigten Lücken des Rechtsschutzes Einzelner aufgrund der sehr engen Auslegung des Erfordernisses der individuellen Betroffenheit, indem er Art. 263 Abs. 4 AEUV um eine dritte Konstellation ergänzte: Danach können Einzelne (auch) gegen „**Rechtsakte mit Verordnungscharakter, die sie unmittelbar betreffen und keine Durchführungsmaßnahmen nach sich ziehen**", Klage erheben. Die Rechtsprechung des Gerichtshofs geht davon aus, dass unter „Rechtsakten mit Verordnungscharakter" nur solche Rechtsakte zu verstehen sind, die nicht in einem Gesetzgebungsverfahren erlassen wurden, so dass eigentliche Gesetzgebungsakte nicht erfasst sind. Der EuGH begründet dies im Wesentlichen mit der Systematik des Art. 263 Abs. 4 AUEV bzw. seinem Wortlaut, müsse der Begriff der Rechtsakte mit Verordnungscharakter doch enger sein als derjenige der „Handlungen" (gegen die im Falle der individuellen und unmittelbaren Betroffenheit vorgegangen werden kann), sowie der Entstehungsgeschichte der durch den Lissabonner Vertrag neu eingeführten Klagemöglichkeit gegen Rechtsakte mit Verordnungscharakter (die auf den Verfassungsvertrag und die dort getroffene Unterscheidung zwischen Gesetzgebungsakten und eben Rechtsakten mit Verordnungscharakter zurückgehe). Die Aufrechterhaltung der „Plaumann-Formel" verstoße auch nicht gegen Art. 47 GRCh, denn durch das Zusammenwirken der Nichtigkeitsklage, der inzidenten Normenkontrolle und des Vorabentscheidungsverfahrens sei ein vollständiges System von Rechtsbehelfen und Verfahren geschaffen worden, das die Rechtmäßigkeitskontrolle der Unionshandlungen gewährleisten könne.[141]

Damit dürfte die grundsätzliche Reichweite – oder besser: die grundsätzliche Beschränktheit – des Individualrechtsschutzes gegen gesetzgebende Akte der Union bis auf weiteres geklärt sein. Allerdings kann man den Ansatz des EuGH mit guten Gründen kritisieren, insbesondere weil es bei den verschiedenen Klagearten mitnichten immer um dasselbe rechtliche Interesse geht und der Ansatz des EuGH eine sehr weitgehende Verantwortung der nationalen Gerichte – auch in den Konstellationen möglicher Verstöße gegen Unionsgrundrechte – impliziert, und es sich fragt, ob damit tatsächlich ein effektiver Grundrechtsschutz gewährleistet werden kann. Auch die grundsätzlich geringe Bedeutung der Entstehungsgeschichte primärrechtlicher Normen *(Rn. 11 ff.)*, die in den verschiedenen Sprachfassungen variierende Terminologie und die Effektivität des Rechtsschutzes im Allgemeinen sprechen eher gegen den formalen

---

140 S. die Schlussanträge von GA *Jacobs* in der Rs. C-50/00 P, Slg. 2002, I-6677.
141 EuGH, Rs. C-583/11 P (Inuit), Urt. v. 3.10.2013. Zu diesem Urteil z.B. *Arnull*, La recevabilité des recours en annulation introduits par des particuliers contre des actes réglementaires, Journal de droit européen 2014, janvier, 14 ff.; *Triantafyllou*, Nouveaux éclaircissements sur la notion d'acte réglementaire ne comportant pas de mesures d'exécution (articles 263, 4ᵉ alinéa TFUE), RDUE 2013, 491 ff.

Ansatz des Gerichtshofs. Eine Erfassung aller Gesetzgebungsakte vom Begriff der „Rechtsakte mit Verordnungscharakter" wäre daher überzeugender.[142]

d) Klagegründe und Frist

49 Mit der Klage muss einer der in Art. 263 Abs. 2 AEUV genannten **Klagegründe** (Unzuständigkeit, Verletzung wesentlicher Formvorschriften, Verletzung der Verträge bzw. einer bei seiner Durchführung anzuwendenden Rechtsnormen und Ermessensmissbrauch) geltend gemacht werden. Diese lassen jedoch insgesamt eine **weite Rechtmäßigkeitskontrolle** zu (Rn. 52), die auch die Überprüfung offensichtlicher Fehler bei der Tatsachenfeststellung umfasst.

50 Darüber hinaus wird dem EuGH bei der Prüfung von in Verordnungen vorgesehenen Zwangsmaßnahmen die Befugnis zu unbeschränkter Ermessensüberprüfung und zur Änderung oder Verhängung solcher Maßnahmen eingeräumt (Art. 261 AEUV). Dieser dem französischen Recht entlehnte „recours de pleine jurisdiction", der sich nach französischem Verständnis grundsätzlich von der Nichtigkeitsklage, dem „recours pour excès de pouvoir", unterscheidet, spielt vor allem bei der Überprüfung von Zwangsmaßnahmen auf dem Gebiet des Wettbewerbsrechts eine Rolle.

51 Die Klage muss innerhalb einer **Frist** von **zwei Monaten** seit Bekanntgabe bzw. der Kenntnisnahme des Klägers von der betreffenden Handlung erhoben werden (Art. 263 Abs. 6 AEUV).[143] Eine Klage kann – obwohl der Rechtsakt grundsätzlich erst mit der Veröffentlichung wirksam wird – aber auch bereits vor der Veröffentlichung erhoben werden.[144]

2. Begründetheit

52 Die Klage nach Art. 263 AEUV ist begründet, wenn das beanstandete Verhalten des betreffenden Organs **rechtswidrig** war.

> **Unzuständigkeit** liegt insbesondere dann vor, wenn keine Zuständigkeit der Union besteht oder aber ein Organ seine Befugnisse überschritten oder eine nicht zutreffende Rechtsgrundlage gewählt hat.
> Als **Verletzung wesentlicher Formvorschriften** sind sowohl Form- als auch Verfahrensfehler anzusehen.[145] Auch die Verletzung der Begründungspflicht (Art. 296 AEUV) kann auf diese Weise geltend gemacht werden.
> Ein **Ermessensmissbrauch** liegt vor, wenn der Autor des Rechtsaktes aus einem schwerwiegenden, einer Verkennung des gesetzlichen Zwecks gleichkommenden Mangel an Voraussicht oder Umsicht andere Ziele als diejenigen verfolgt hat, zu deren Erreichung ihm die im Vertrag vorgesehenen Befugnisse verliehen sind.[146] In der Praxis des EuGH spielt dieser Nichtigkeitsgrund nur eine untergeordnete Rolle.

---

142 Vgl. zum Problemkreis *Herrmann*, Individualrechtsschutz gegen Rechtsakte der EU „mit Verordnungscharakter" nach dem Vertrag von Lissabon, NVwZ 2011, 1352 ff.; *Balthasar*, Locus Standi Rules for Challenges to Regulatory Acts by Private Applicants: The New Article 263/4 TFEU, ELR 2010, 542 ff.; *Pötters/Werkmeister/Traut*, Rechtsakte mit Verordnungscharakter nach Art. 263 Abs. 4 AEUV – eine passgenaue Ausweitung des Individualrechtsschutzes?, EuR 2012, 546 ff.

143 Zum Beginn der Frist vgl. Art. 263 Abs. 6 AEUV. Eine Fristversäumnis aufgrund eines entschuldbaren Irrtums muss nicht zur Unzulässigkeit der Klage führen, vgl. EuGH, Rs. C-193/01 (Pitsiorlas), Slg. 2003, I-4837. Zu den Besonderheiten im Falle einer auf der Grundlage eines Beitrittsvertrags, aber von dem Beitritt des betreffenden Mitgliedstaats, erlassenen Verordnung EuGH, Rs. C-335/09 (Polen/Kommission), Urt. v. 26.6.2012, wonach in einer solchen Konstellation die Frist vor dem Hintergrund eines effektiven gerichtlichen Rechtsschutzes erst mit dem Beitritt beginnt.

144 EuGH, Rs. C-626/11 P (PPG und SNF), Urt. v. 26.9.2013, Rn. 29 ff.

145 Vgl. auch § 7 Rn. 3.

146 Vgl. hierzu z.B. EuGH, Rs. C-331/88 (Fedesa), Slg. 1990, I-4023, Rn. 22 ff.

Eine **Verletzung der Verträge** oder einer bei seiner Durchführung anzuwendenden Rechtsnormen umfasst alle Verstöße gegen das geschriebene und ungeschriebene primäre und sekundäre Unionsrecht, die nicht unter die anderen Nichtigkeitsgründe fallen, so dass unter Rückgriff auf diesen generalklauselartigen Tatbestand eine umfassende Prüfung der Rechtmäßigkeit der EU-Rechtsakte ermöglicht wird.

3. Wirkungen des Urteils

Ist die Nichtigkeitsklage begründet, so erklärt der EuGH die angefochtene Handlung für **nichtig** (Art. 264 Abs. 1 AEUV). Dieses Urteil wirkt *ex tunc* und *erga omnes*, so dass der angefochtene Akt und die darauf gestützten Handlungen rückwirkend inexistent werden.[147] Gemäß Art. 266 AEUV hat das Organ, dem das für nichtig erklärte Handeln zur Last gelegt wird, die sich aus dem Urteil ergebenden Maßnahmen zu ergreifen.[148]

53

Der EuGH kann gemäß Art. 264 Abs. 2 AEUV ganz oder teilweise die **weitere Wirkung** einer für nichtig erklärten Maßnahme[149] anordnen.[150] Damit wird dem EuGH die Möglichkeit eröffnet, Grundsätze wie Vertrauensschutz und Rechtssicherheit zu berücksichtigen und mit den Konsequenzen abzuwägen, die sich aus der Logik der Nichtigerklärung (eigentlich) ergäben.[151]

54

IV. Untätigkeitsklage

Die Nichtigkeitsklage wird durch die Untätigkeitsklage nach Art. 265 AEUV ergänzt. Diese kommt dann infrage, wenn Parlament, Europäischer Rat, Rat, Kommission oder die Europäische Zentralbank eine (sich aus den Verträgen ergebende) Rechtspflicht zum Handeln haben, dieser jedoch nicht nachgekommen sind. Die Nichtigkeitsklage könnte hier schon deshalb nicht erhoben werden, weil **keine Handlung** eines Organs vorliegt. Die Klage ist auf die Feststellung der Rechtswidrigkeit der Unterlassung gerichtet (Art. 265 Abs. 1 AEUV). In der Praxis spielt die Untätigkeitsklage eine geringe Rolle, da nur selten Konstellationen auftreten, bei denen eine entsprechende Rechtspflicht besteht.

55

1. Zulässigkeit[152]

Klagegegenstand ist das Unterlassen eines „Beschlusses". Im Hinblick auf einen effektiven Rechtsschutz und in Anbetracht des in Art. 263 Abs. 1 AEUV erfolgten ausdrücklichen Ausschlusses unverbindlicher Akte ist die Bezugnahme auf einen „Beschluss"[153] weit auszulegen. Daher kann nicht nur der Erlass von Rechtsakten, sondern auch die Abgabe einer Empfehlung oder Stellungnahme Gegenstand des Verfah-

56

---

[147] S. etwa EuGH, 21/86 (Samara/Kommission), Slg. 1987, 795, Rn. 7 ff.
[148] Vgl. im Einzelnen EuGH, Rs. 97/86 u.a. (Asteris), Slg. 1988, 2181, Rn. 30.
[149] Vor dem Inkrafttreten des Vertrages von Lissabon bezog sich diese Möglichkeit nur auf „Verordnungen", wurde aber von der Rechtsprechung analog auf alle Handlungen angewandt.
[150] EuGH, Rs. 45/86 (Kommission/Rat), Slg. 1987, 1493, Rn. 23; EuGH, Rs. 20/88 (Roquette Frères), Slg. 1989, 1553, Rn. 19.
[151] S. etwa die Begrenzung der Folgen eines Nichtigkeitsurteils in EuGH, Rs. C-106/96 (Vereinigtes Königreich/Kommission), Slg. 1998, I-2729, Rn. 39 ff.
[152] Zur Zulässigkeit insbesondere EuGH, Rs. C-179/02 P (Moser), Slg. 2003, I-9889.
[153] Wobei die Klage auch gegen das Unterlassen eines „Bündels" von Beschlüssen gerichtet sein kann, EuGH, Rs. 13/83 (Parlament/Rat), Slg. 1985, 1513, Rn. 34 (Verkehrspolitik).

rens sein.¹⁵⁴ „**Beschlüsse**" im Sinne des Art. 265 AEUV sind somit alle Maßnahmen, deren **Tragweite sich hinreichend bestimmen** lässt, so dass sie **konkretisiert** und damit **vollzogen** werden können (vgl. Art. 266 Abs. 1 AEUV).

Das ist z.b. nicht der Fall, wenn dem Rat vorgeworfen wird, keine gemeinsame Verkehrspolitik eingeführt zu haben, denn hinsichtlich der Ziele und Mittel dieser Politik und der zu setzenden Prioritäten steht ihm ein weites Ermessen zu.¹⁵⁵

57 **Aktiv legitimiert** sind zunächst die **Mitgliedstaaten** und die **Organe** der Union (und damit auch der Rechnungshof, vgl. Art. 13 Abs. 1 EUV), ohne dass sie ein irgendwie geartetes Rechtsschutzinteresse nachweisen müssten.

Natürliche und juristische Personen können Klage erheben, wenn ein Organ es unterlassen hat, an sie einen rechtsverbindlichen Akt zu richten (Art. 265 Abs. 3 AEUV). Über den Wortlaut des Art. 265 AEUV hinaus können Einzelne auch gegen ein Organ Klage erheben, das es unterlassen hat, einen Beschluss zu erlassen, der sie unmittelbar und individuell betroffen hätte.¹⁵⁶ Da Art. 263, 265 AEUV dasselbe Interesse schützen, kann ein umfassender und effektiver Rechtsschutz nur über diese Erstreckung der Klagebefugnis über den Wortlaut des Art. 265 Abs. 3 AEUV hinaus sichergestellt werden. Andernfalls hinge die Klagebefugnis des Einzelnen davon ab, ob das Unionsorgan tätig geworden ist oder nicht.

58 **Passiv legitimiert** sind das **Parlament**, der **Europäische Rat**, der **Rat**, die **Kommission** und die **Europäische Zentralbank** (Art. 265 Abs. 1 S. 1 AEUV). Weiter dürften Klagen auch gegen den nicht ausdrücklich in Art. 265 AEUV aufgeführten **Rechnungshof** zulässig sein, ist dieser doch ein vollwertiges Organ (Art. 13 Abs. 1 EUV).¹⁵⁷ Schließlich dehnt der mit dem Vertrag von Lissabon eingeführte Art. 265 Abs. 1 S. 2 AEUV die Untätigkeitsklage parallel zur Nichtigkeitsklage auf **Einrichtungen und sonstige Stellen der Union** aus.

59 Der Klage muss eine **Aufforderung** an das entsprechende Organ zum Tätigwerden vorausgegangen sein (Art. 265 Abs. 2 S. 1 AEUV).¹⁵⁸ Bleibt das Organ während zwei Monaten weiterhin untätig, kann innerhalb einer (erneuten) **Zweimonatsfrist** geklagt werden. Der Kläger muss dieses vorprozessuale Verfahren innerhalb einer angemessenen Frist, nachdem er von dem Unterlassen des Organs erfahren hat, einleiten.¹⁵⁹

60 Die Klage ist nur bei **Ausbleiben jeglicher Stellungnahme** oder aber einer ausdrücklichen **Weigerung**, tätig zu werden,¹⁶⁰ durch das betroffene Organ zulässig. Das Organ hat dann nicht Stellung genommen, wenn es keine verbindliche Entscheidung getroffen hat; eine Stellungnahme in diesem Sinn muss gewisse inhaltliche Mindestanforderun-

---

154 Vgl. *Dervisopoulos*, in: Rengeling/Middeke/Gellermann (Hg.), Handbuch des Rechtsschutzes in der EU (E.III.), § 8, Rn. 20 f., m.w.N. auch auf abweichende Ansichten; auch die Rechtsprechung dürfte in diese Richtung gehen, vgl. EuGH, Rs. 13/83 (Parlament/Rat), Slg. 1985, 1513, Rn. 34 ff. (Verkehrspolitik); EuGH, Rs. 302/87 (Parlament/Rat), Slg. 1988, 5615, Rn. 16.
155 EuGH, Rs. 13/83 (Parlament/Rat), Slg. 1985, 1513, Rn. 49 ff. (Verkehrspolitik).
156 EuGH, Rs. C- 68/95 (T. Port), Slg. 1996, I-6065, Rn. 59; s. auch EuG, Rs. T-95/96 (Gestevision Telecinco), Slg. 1998, II-3407. Ausdrücklich auch EuG, Rs. T-167/04 (Asklepios Kliniken/Kommission und Deutschland), Slg. 2007, II-2379.
157 Zum Problem (m.w.N.), in der Sache aber unentschieden *Dervisopoulos*, in: Rengeling/Middeke/Gellermann (Hg.), Handbuch des Rechtsschutzes in der EU (E.III.), § 8, Rn. 16.
158 Zu den Anforderungen an die Stellungnahme EuGH, Rs. C-294/99 P (Pescados), Slg. 1999, I-8333, Rn. 18 (hinreichende Präzision).
159 EuGH, Rs. 59/70 (Niederlande/Kommission), Slg. 1971, 639, Rn. 20/22.
160 EuGH, Rs. 302/87 (Parlament/Rat), Slg. 1988, 5615, Rn. 17; EuG, Rs. T-28/90 (Asia Motor France), Slg. 1992, II-2285.

gen erfüllen. So schließt eine negative Stellungnahme im Sinne einer Festlegung in der Sache, z.B. die Ablehnung eines Antrags oder der Erlass eines anderen Aktes als den vom Kläger gewünschten Akt, die Untätigkeitsklage aus.[161] Da in einem solchen Fall eine rechtsverbindliche Handlung eines Organs vorliegt, kann gegen einen derartigen Bescheid auf dem Wege der **Nichtigkeitsklage** vorgegangen werden.[162]

> Für die **Abgrenzung der Untätigkeitsklage zur Nichtigkeitsklage** ist daher die Bedeutung des Begriffs „Stellungnahme" im Sinne von Art. 265 Abs. 2 AEUV ausschlaggebend. Diese ist so vorzunehmen, dass – entsprechend der Funktion des Art. 265 AEUV als notwendige Ergänzung zu Art. 263 AEUV[163] – keine Rechtsschutzlücke zwischen beiden Verfahren entsteht. Unter einer Stellungnahme ist daher nur die verbindliche und endgültige Festlegung des Organs in der Sache zu verstehen. Trotz des wenig präzisen Wortlauts schließt also ein bloßer, den Kläger auf später vertröstender Zwischenbescheid die Zulässigkeit der Klage nicht aus,[164] da andernfalls das Organ den Kläger durch solche Bescheide rechtsweglos stellen könnte.

61

2. Begründetheit und Wirkungen des Urteils

Die Untätigkeitsklage ist begründet, wenn das beklagte Organ aufgrund primär- oder sekundärrechtlicher Vorschriften zum Handeln verpflichtet war. Keine Rolle spielt hierbei das Ausmaß der Schwierigkeiten, die mit der Erfüllung dieser Verpflichtungen verbunden sein können.[165] Eine „objektive Untätigkeit" genügt also. Im Falle der Begründetheit der Klage muss das unterlegene Organ die sich aus dem Urteil ergebenden Maßnahmen innerhalb eines angemessenen Zeitraums ergreifen (Art. 266 Abs. 1 AEUV). Das Urteil selbst ist damit **feststellender Natur**.

62

V. Inzidentes Normenkontrollverfahren

Nach Art. 277 AEUV kann auch nach Ablauf der Anfechtungsfrist des Art. 263 Abs. 6 AEUV jede Partei die Unanwendbarkeit eines von einem EU-Organ oder einer Einrichtung oder sonstigen EU-Stelle erlassenen Rechtsakts mit allgemeiner Geltung[166] in einem Rechtsstreit, in dem es auf deren Geltung ankommt, geltend machen. Hingegen können bestandsfähige Beschlüsse nicht auf der Grundlage von Art. 277 AEUV überprüft werden.[167] Praktische Bedeutung entfaltet die inzidente Normenkontrolle vor allem bei Schadensersatzklagen (*Rn. 66ff.*). Dagegen können sich Mitgliedstaaten im Vertragsverletzungsverfahren nicht auf die Rechtswidrigkeit der Rechtsakte berufen, die die Kommission ihnen gegenüber durchsetzen will (*Rn. 31*).[168]

63

---

161 EuGH, Rs. 97/86 u.a. (Asteris), Slg. 1988, 2181, Rn. 17 f.; EuGH, Rs. C-107/91 (Empresa Nacional), Slg. 1993, I-599; EuGH, Rs. C-294/99 P (Pescados), Slg. 1999, I-8333, Rn. 59 ff.
162 EuGH, Rs. 97/86 u.a. (Asteris), Slg. 1988, 2181, Rn. 21 ff.; EuGH, verb. Rs. C-15, 108/91 (Buckl & Söhne OHG), Slg. 1992, I-6061.
163 Vgl. etwa EuGH, Rs. C-68/95 R (T. Port), Slg. 1996, I-6065; EuG, Rs. T-17/96 (TF 1), Slg. 1999, II-1757.
164 EuGH, Rs. 134/73 (Holtz), Slg. 1974, 1, Rn. 3 ff.
165 EuGH, Rs. 13/83 (Parlament/Rat), Slg. 1985, 1513, Rn. 48 (Verkehrspolitik).
166 Vor dem Vertrag von Lissabon bezog sich die inzidente Normenkontrolle nach dem Wortlaut der Bestimmung nur auf Verordnungen, wobei die Rechtsprechung sie aber auch auf sonstige Rechtsakte (insbesondere Richtlinien) ausdehnte, vgl. EuGH, Rs. 92/78 (Simmenthal), Slg. 1979, 777, Rn. 35 ff.; EuG, Rs. T-6/92, T-52/92 (Reinarz), Slg. 1993, II-1047, Rn. 56. Art. 277 AEUV stellt die Anwendbarkeit des Art. 277 AEUV auf alle Rechtsakte mit allgemeiner Geltung klar. Die Einbezug der Rechtsakte von Einrichtungen und sonstigen EU-Stellen beruht ebenfalls auf dem Vertrag von Lissabon.
167 EuGH, Rs. C-135/93 (Spanien/Kommission), Slg. 1995, I-1651, Rn. 17.
168 EuGH, Rs. 226/87 (Kommission/Griechenland), Slg. 1988, 3611, Rn. 14; EuGH, Rs. C-74/91 (Kommission/Deutschland), Slg. 1992, I-5437, Rn. 10. Zu der davon zu unterscheidenden Frage, ob sich allgemein Unionsorgane und Mitgliedstaaten auf Art. 277 AEUV berufen können, *Cremer*, in: Calliess/Ruffert (Hg.), EUV/AEUV, 4. Aufl., 2011, Art. 277, Rn. 7, jeweils m.w.N.

64 Das inzidente Normenkontrollverfahren oder die Einrede der Rechtswidrigkeit stellt also **kein selbstständiges Verfahren** dar, sondern eröffnet Verteidigungsmittel im Rahmen anderer Verfahren und ergänzt das Verfahren des Art. 263 AEUV. Sein Grundgedanke besteht darin, dass ein Verfahrensbeteiligter nicht deshalb abgewiesen werden soll, weil er gegen einen grundsätzlich in Anwendung des Art. 263 AEUV angreifbaren Rechtsakt nicht vorgehen kann (mangels Aktivlegitimation, Art. 263 Abs. 4 AEUV). Auf diese Weise soll die Anwendung rechtswidriger Akte verhindert werden.

> Eine Berufung auf Art. 277 AEUV ist allerdings dann nicht möglich, wenn die betreffende Partei die Möglichkeit gehabt hätte, nach Art. 263 AEUV Klage zu erheben, hierzu aber die Frist (Art. 263 Abs. 6 AEUV) versäumt hat; diese Einschränkung gilt jedoch dann nicht, wenn die Zulässigkeit einer Nichtigkeitsklage (also das Vorliegen einer unmittelbaren und/oder individuellen Betroffenheit) zweifelhaft war.[169]

65 Im Falle der Begründetheit der Einrede der Rechtswidrigkeit wird (nur) die Unanwendbarkeit des jeweiligen Rechtsakts in dem konkreten Rechtsstreit festgestellt, so dass der Bestand des Rechtsakts nicht berührt wird. Aus der Bindungswirkung der Urteile des EuGH folgt aber eine Verpflichtung des Organs, die für unanwendbar erklärte Vorschrift im Sinne des Urteils des Gerichtshofs aufzuheben oder zu ändern.

VI. Schadensersatzklage

66 Nach Art. 268 AEUV ist der EuGH für Streitsachen zuständig, die die **außervertragliche Haftung** der Union[170] nach Art. 340 Abs. 2, 3 AEUV betreffen.

Art. 340 Abs. 2 AEUV bildet die Rechtsgrundlage der Pflicht der Union zur Leistung des Ersatzes derjenigen Schäden, die durch die Organe oder Bediensteten der Union in **Ausübung ihrer Amtstätigkeit** verursacht werden. Die grundsätzlich bestehende Pflicht der Union zu Schadensersatz ist ein Element der Rechtsstaatlichkeit in dem Sinn, dass ein Gemeinwesen für den von ihm rechtswidrig verursachten Schaden einzustehen hat. Im Rechtsschutzsystem der EU kompensiert sie darüber hinaus in gewisser Weise auch den nur begrenzten Rechtsschutz Einzelner gegen Hoheitsakte der Union (*Rn. 41 ff.*).[171]

67 Für Schadensersatzansprüche aus **vertraglichen Rechtsbeziehungen** der Union kann – was in der Praxis häufig geschieht – eine Zuständigkeit des EuGH gemäß Art. 272 AEUV vereinbart werden. Soweit dies nicht erfolgt, richtet sich die Zuständigkeit nach den jeweils anzuwendenden Grundsätzen des IPR (Art. 340 Abs. 1 AEUV). Solche vertraglichen Rechtsbeziehungen liegen auch dann vor, wenn es um Ansprüche aus einem Vertrag geht, der auf den Vorgaben von EU-Sekundärrecht beruht.[172]

---

169 Vgl. EuGH, Rs. C-188/92 (TWD Textilwerke), Slg. 1994, I-833, Rn. 21; EuGH, Rs. C-441/05 (Roquette Frères), Slg. 2007, I-1993, wo der EuGH betont, Art. 277 AEUV könne immer schon dann zum Zuge kommen, wenn die jeweilige Person nicht ohne jeden Zweifel berechtigt gewesen wäre, auf der Grundlage von Art. 263 AEUV Nichtigkeitsklage zu erheben. Zum Problemkreis z.B. *Schwensfeier*, The TWD principle post-Lisbon, ELR 2012, 156 ff.
170 Einschließlich der EZB, vgl. Art. 340 Abs. 3 AEUV.
171 Die praktische Bedeutung der Schadensersatzklage hat mit der Anerkennung der grundsätzlichen Haftung auch für normatives Unrecht zugenommen. Dagegen ist der EuGH – abgesehen von beamtenrechtlichen Streitigkeiten – nur selten mit Klagen wegen von Bediensteten in Ausübung einer nicht den normativen Bereich betreffenden Amtstätigkeit verursachten Schäden befasst worden, s. z.B. EuGH, Rs. 308/87 (Grifoni/EURATOM), Slg. 1990, I-1203, Rn. 5 ff.
172 EuGH, verb. Rs. C-80–82/99 (Fléemmer), Slg. 2001, I-7211. Zur Abgrenzung zwischen vertraglicher und außervertraglicher Haftung auch EuGH, Rs. C-103/11 P (Kommission/Systran), Urt. v. 18.4.2013.

§ 9 Rechtsschutzsystem

1. Zulässigkeit

Die **Aktivlegitimation** ist nicht beschränkt: **Jedermann**, der in substanziierter Weise glaubhaft machen kann, einen Schaden durch ein Organ[173] oder einen Bediensteten der Union in Ausübung ihrer Amtstätigkeit erlitten zu haben, kann eine Schadensersatzklage erheben. **Passivlegitimiert** ist das Organ, dem der Bedienstete angehört bzw. das den Rechtsakt erlassen hat. 68

> Der Begriff des Organs in diesem Sinn erfasst – über die in Art. 13 EUV genannten Organe (§ 4) hinaus – alle Einrichtungen der Union, die durch den Vertrag geschaffen wurden und zur Verwirklichung der Ziele der Union beitragen, so dass die von diesen Einrichtungen in Ausübung ihrer Befugnisse getätigten Handlungen der Union zuzurechnen sind. Angesichts der Regelung in Art. 228 Abs. 1 AEUV und des Umstandes, dass das Recht der Bürger, sich an den Bürgerbeauftragten zu wenden, eines der grundlegenden Elemente der Unionsbürgerschaft ist, liegen diese Voraussetzungen im Falle des Bürgerbeauftragten vor.[174]

Nachdem der EuGH zunächst Klagen wegen **normativen Unrechts** für unzulässig erklärt hatte,[175] ließ er später auch Klagen wegen fehlerhafter Rechtsvorschriften zu, da die Schadensersatzklage ein **selbstständiger Rechtsbehelf** sei, dem im vertraglichen System der Klagemöglichkeiten eine eigenständige Funktion zukomme.[176] Daher wird die Zulässigkeit auch nicht dadurch ausgeschlossen, dass der Geschädigte nach Art. 263 Abs. 4 AEUV gegen das beanstandete Verhalten hätte vorgehen können. Ebensowenig gibt es eine irgendwie geartete Subsidiarität zu den Klagen nach Art. 263, 265 AEUV.[177] 69

> Allerdings ist die Schadensersatzklage dann unzulässig, wenn sie nicht eigentlich auf den Ersatz eines Schadens, sondern auf die Aufhebung einer rechtskräftigen Einzelentscheidung gerichtet ist, könnten doch ansonsten die Zulässigkeitsvoraussetzungen der Nichtigkeitsklage umgangen werden.[178]
> Der geltend gemachte Schaden muss nicht immer beziffert werden. So kann davon in den Fällen, in denen das genaue Ausmaß des Schadens noch nicht feststeht, wie etwa bei der Geltendmachung eines künftigen Schadens,[179] abgesehen werden. Der EuGH erlässt dann ggf. ein Zwischenurteil zum Grunde des Anspruchs.[180]

Nach Art. 46 EuGH-Satzung unterliegt die Schadensersatzklage einer **Verjährungsfrist** von fünf Jahren.

2. Begründetheit

Art. 340 Abs. 2 AEUV ist nur ein „**Rumpftatbestand**", sieht er doch nur die Rechtsfolge (Leistung von Schadensersatz) und einen Teil der Haftungsvoraussetzungen vor. Für die übrigen tatbestandlichen Voraussetzungen verweist er auf die **allgemeinen Rechtsgrundsätze** (§ 6 Rn. 16 ff.). Der EuGH hat daran anknüpfend **vier Voraussetzungen** 70

---

[173] Handlungen einer Fraktion des Europäischen Parlaments sind diesem jedoch nicht zuzurechnen, vgl. EuGH, Rs. C-201/89 (Le Pen), Slg. 1990, I-1183, Rn. 14.
[174] EuGH, Rs. C-234/02 P (Lamberts), Slg. 2004, I-2803. Zum Bürgerbeauftragten im EU-Rechtsschutzsystem Tsadiras, The position of the European Ombudsman in the Community system of judicial remedies, ELR 2007, 607 ff. S. auch § 4 Rn. 100.
[175] EuGH, Rs. 25/62 (Plaumann), Slg. 1963, 215 (240).
[176] Erstmals EuGH, Rs. 5/71 (Zuckerfabrik Schöppenstedt/Rat), Slg. 1971, 975, Rn. 3. Zum selbstständigen Charakter des Rechtsbehelfs des Art. 268 AEUV auch EuG, Rs. T-514/93 (Cobrecaf), Slg. 1995, II-621, Rn. 58.
[177] EuG, Rs. T-514/93 (Cobrecaf), Slg. 1995, II-621, Rn. 58.
[178] EuG, Rs. T-514/93 (Cobrecaf), Slg. 1995, II-621, Rn. 59.
[179] EuGH, Rs. 56–60/74 (Kampffmeyer), Slg. 1976, 711, Rn. 6; EuGH, Rs. 59/83 (Biovilac), Slg. 1984, 4057, Rn. 9; EuGH, Rs. 281/84 (Zuckerfabrik Bedburg), Slg. 1987, 49, Rn. 14.
[180] S. z.B. EuGH, Rs. 74/74 (CNTA), Slg. 1975, 533, Rn. 47.

entwickelt, unter denen eine Schadensersatzklage begründet ist:[181] Amtstätigkeit, Rechtswidrigkeit des Verhaltens, Vorliegen eines Schadens und ein Kausalzusammenhang zwischen der rechtswidrigen Amtstätigkeit und dem Schadenseintritt.

71   1. Die Union haftet nur für das im Dienst, in der Ausübung hoheitlicher Tätigkeit begangene Unrecht ihrer Organe oder Bediensteten (**Amtstätigkeit**). Das relevante Verhalten muss daher im Zusammenhang mit den Aufgaben der Union und ihrer Wahrnehmung durch die EU-Organe stehen.

72   2. Das Verhalten des jeweiligen Organs oder des Bediensteten muss grundsätzlich **rechtswidrig** sein.[182]

Allerdings haben EuG und EuGH zunächst – nachdem der Gerichtshof diese Frage lange Zeit offengelassen hatte[183] – den Grundsatz der Haftung der Union für **rechtmäßiges Handeln** ebenfalls anerkannt, jedoch nur im Falle außergewöhnlicher und besonderer Schäden.[184] Die jüngere Rechtsprechung steht der Haftung für rechtmäßiges Verhalten zumindest bei rechtsetzenden Tätigkeiten jedoch eher ablehnend gegenüber.[185] Dies ist vor dem Hintergrund zu sehen, dass nicht alle Mitgliedstaaten solche Schadensersatzansprüche kennen, so dass es schwierig ist, einen derartigen allgemeinen Rechtsgrundsatz auf der Grundlage wertender Rechtsvergleichung nachzuweisen.[186]

Ausreichend ist grundsätzlich eine objektive Rechtswidrigkeit. Es kommt also nicht auf das Vorliegen eines Verschuldens der handelnden Person an, doch können subjektive Elemente – wie z.B. die Voraussehbarkeit wirtschaftlicher Entwicklungen oder auch der den Unionsorganen eingeräumte Beurteilungsspielraum – im Rahmen der Prüfung des Vorliegens einer hinreichend qualifizierten Verletzung einer Schutznorm (*Rn. 73 f.*) relevant werden.[187]

73   Bei der Haftung für **normatives Unrecht** ist zu beachten, dass die Aussicht zukünftiger Schadensersatzforderungen die Legislative in ihrer Entscheidungsfindung behindern und Entscheidungen im Allgemeininteresse, die aber individuelle Interessen beeinträchtigen (können), hemmen können.[188] Der EuGH hat diesem Umstand dadurch Rechnung getragen, dass er bei der Haftung für normatives Unrecht einen strengeren Maßstab anlegt:

„Die bloße Feststellung, dass eine Rechtsnorm (...) ungültig ist, genügt für sich genommen noch nicht, um eine außervertragliche Haftung der Gemeinschaft (...) auszulösen.

---

181 Vgl. etwa die Formulierung in EuGH, Rs. 56–60/74 (Kampffmeyer), Slg. 1976, 711, Rn. 13 ff.
182 Ein Unterlassen ist dann rechtswidrig, wenn eine Pflicht zum Handeln besteht, vgl. EuGH, Rs. C-146/91 (Kydep), Slg. 1994, I-4199, Rn. 58; EuG, Rs. T-267/94 (Oleifici Italiani), Slg. 1997, II-1239, Rn. 21.
183 Vgl. EuG, Rs. T-184/95 (Dorsch Consult), Slg. 1998, II-667, Rn. 59 ff., wo das Gericht die Anerkennung einer Haftung für rechtmäßiges Verhalten im Konjunktiv formuliert.
184 EuGH, Rs. C-237/98 P (Dorsch Consult), Slg. 2000, I-4549; EuGH, Rs. C-95/98 P (Dubois), Slg. 1999, I-4835, Rn. 21; EuG, Rs. T-196/99 (Area Coa), Slg. 2001, II-3597, Rn. 171; EuG, Rs. T-69/00 (FIAMM), Slg. 2005, II-5393; EuG, Rs. T-383/00 (Beamglow), Slg. 2005, II-5459.
185 EuGH, verb. Rs. C-120/06 P und C-121/06 P (FIAMM), Slg. 2008, I-6513, Rn. 168.
186 Vgl. den Hinweis in EuGH, verb. Rs. C-120/06 P und C-121/06 P (FIAMM), Slg. 2008, I-6513, Rn. 170 f. Zur Problematik ausführlich *Haack*, Luxemburg locuta, causa finita: Außervertragliche Haftung der EG für rechtmäßiges Verhalten nach Art. 288 Abs. 2 EGV (= Art. 340 Abs. 2 AEUV) ade?, EuR 2009, 667 ff.
187 Vgl. *Gellermann*, in: Rengeling/Middeke/Gellermann (Hg.), Handbuch des Rechtsschutzes in der EU *(E.III.)*, § 9, Rn. 37 f., 40. Aus der Rspr. EuGH, Rs. 56–60/74 (Kampffmeyer), Slg. 1976, 711, Rn. 21 (Feststellung eines „willkürlichen" Vorgehens); s. auch EuG, Rs. T-390/94 (Schröder), Slg. 1997, II-501, Rn. 53 ff., wo das Gericht auch auf den Beurteilungsspielraum der Organe und die in diesem Rahmen getroffenen Entscheidungen abstellt. S. auch EuG, Rs. T-429/05 (Artegodan), Slg. 2010, II-491, Rn. 62.
188 Vgl. EuG, Rs. T-429/05 (Artegodan), Slg. 2010, II-491, Rn. 55; EuG, Rs. T-341/07 (Sison/Rat), Slg. 2011, II-7915, Rn. 34.

Diese Haftung kann nur durch eine hinreichend schwerwiegende Verletzung einer höherrangigen, dem Schutz des Einzelnen dienenden Rechtsnorm ausgelöst werden."[189]

In der wegweisenden Entscheidung *Quellmehl*[190] betont der Gerichtshof, dass bei der Prüfung des Vorliegens einer **hinreichend qualifizierten Verletzung** die (besondere) Bedeutung der verletzten Norm, der (begrenzte) Kreis der betroffenen Personen, das Ausmaß des Schadens (das über die Grenzen der „normalen" wirtschaftlichen Risiken hinausgehen müsse) und die nicht vorliegende hinreichende Begründung der Verletzung zu berücksichtigen seien.

Dabei spielen die Größe der Gruppe, die von der rechtswidrigen Verordnung betroffen wurde, und der Umfang des eingetretenen Schadens, der die Grenzen der für den betroffenen Wirtschaftszweig normalen wirtschaftlichen Risiken übersteigen muss,[191] eine bedeutende Rolle.

Ein hinreichend qualifizierter Verstoß wird auch bei Einzelfallentscheidungen vorausgesetzt.[192] Die Anforderungen an die Qualifiziertheit sind hier jedoch weniger streng.

Bei der Frage, ob die Verletzung hinreichend qualifiziert ist, sind auch die den Organen zustehenden Ermessensspielräume und die tatsächlichen Schwierigkeiten zu berücksichtigen.[193] Von einem qualifizierten Verstoß ist jedenfalls dann auszugehen, wenn das Unionsorgan die Grenzen seines Ermessens überschreitet.[194]

74

Bei der Prüfung der Rechtmäßigkeit der VO 404/93 zur Einführung der gemeinsamen Bananenmarktordnung[195] berücksichtigte das Gericht, dass die Gestaltung einer gemeinsamen Politik im Bananensektor erheblichen Schwierigkeiten unterworfen ist, so dass der Kommission jedenfalls kein gewichtiger und offenkundiger Ermessensmissbrauch in Bezug auf den Zeitpunkt der Vorlage des entsprechenden Vorschlags vorgeworfen werden könne.[196] Ebenso verfüge die Kommission bei komplexen wirtschaftlichen Sachverhalten über einen großen Ermessensspielraum, der nur auf offenkundigen Irrtum oder Missbrauch überprüft werden könne.[197] Letztlich beschränkt sich das EuG (und auch der EuGH) bei normativen Entscheidungen damit auf eine Willkürprüfung. Eine hinreichend qualifizierte Verletzung des Unionsrechts liegt aber jedenfalls dann vor, wenn der Unionsgesetzgeber die Grenzen seiner Befugnisse ganz offensichtlich und in gravierender Weise überschritten hat.[198]

Insgesamt hat der EuGH Klagen wegen normativen Unrechts bisher eher restriktiv behandelt und nur in wenigen Fällen eine Haftung der Union bejaht.[199]

---

189 EuGH, Rs. C-282/90 (Vreugdenhil), Slg. 1992, I-1937, Rn. 19. S. auch EuGH, Rs. C-104/89 und C-37/90 (Mulder), Slg. 1992, I-3061, Rn. 12; EuGH, Rs. 281/84 (Zuckerfabrik Bedburg), Slg. 1987, 49, Rn. 18; EuG, Rs. T-571/93 (Lefebvre), Slg. 1995, II-2379, Rn. 32; EuGH, Rs. C-64/98 P (Petrides), Slg. 1999, I-5187.
190 EuGH, Rs. 238/78 (Ireks-Arkady), Slg. 1979, 2955, Rn. 11. Dort ging es um die Einstellung der Zahlung von Produktionserstattungen für Quellmehl und Maisgritz, nicht aber für das Konkurrenzprodukt Maisstärke.
191 So etwa auch EuGH, Rs. 59/83 (Biovilac), Slg. 1984, 4057, Rn. 28; EuGH, Rs. C-152/88 (Sofrimport), Slg. 1990, I-2477, Rn. 28.
192 EuGH, Rs. C-282/05 P (Holcim/Kommission), Slg. 2007, I-2941, Rn. 46 ff.; EuG, Rs. T-238/07 (Ristic/Kommission), Urt. v. 9.7.2009 (nicht in der amtl. Slg. veröffentlicht), Rn. 55.
193 Vgl. hierzu etwa EuG, Rs. T-113/96 (Dubois et Fils), Slg. 1998, II-125, Rn. 41 ff. Vgl. die ausführliche Prüfung des hinreichend qualifizierten Verstoßes in EuG, Rs. T-351/03 (Schneider/Kommission), Slg. 2007, I-2237; EuG, Rs. T-341/07 (Sison/Rat), Slg. 2011, II 7915.
194 EuGH, R. C-352/98 P (Bergaderm und Goupil/Kommission), Slg. 2000, I-5291, Rn. 42 f.; EuG, Rs. T-271/04 (Citymo/Kommission), Slg. 2007, II-1375, Rn. 105; EuG, Rs. T-238/07 (Ristic/Kommission), Urt. v. 9.7.2009 (nicht in der amtl. Slg. veröffentlicht), Rn. 55.
195 ABl. L 47/1993, 1.
196 EuG, Rs. T-571/93 (Lefebvre), Slg. 1995, II-2379, Rn. 34 ff.
197 EuG, Rs. T-571/93 (Lefebvre), Slg. 1995, II-2379, Rn. 51 ff.; s. auch EuGH, Rs. C-352/98 P (Laboratoires pharmaceutiques Bergadern), Slg. 2000, I-5291, Rn. 43 ff.; EuG, Rs. T-429/05 (Artegodan), Slg. 2010, II-491.
198 S. etwa EuGH, Rs. C-104/89 und 37/90 (Mulder), Slg. 1992, I-3061, Rn. 12 ff.
199 Vgl. z.B. EuGH, Rs. 238/78 (Ireks-Arkady), Slg. 1979, 2955, Rn. 10 ff.; EuGH, Rs. 74/74 (CNTA), Slg. 1975, 533, Rn. 16; EuGH, Rs. C-152/88 (Sofrimport), Slg. 1990, I-2477, Rn. 25 ff.; s. auch EuGH, Rs. C-104/89 und 37/90 (Mulder), Slg. 1992, I-3061, Rn. 12 ff.

Im Einzelnen fehlt es diesen Abgrenzungskriterien an Deutlichkeit, so dass die Erfolgsaussichten von Klagen auf Schadensersatz jedenfalls bei legislativem Unrecht im Allgemeinen schwer voraussehbar sind.[200]

75 Der verletzten Norm muss ein „**Schutznormcharakter**" zukommen, der vom EuGH dann bejaht wird, wenn die Norm im Allgemeininteresse liegt, gewisse Reflexwirkungen zugunsten Einzelner entfaltet und der Kläger zu diesem geschützten Personenkreis gehört.[201]

> Bestimmungen über die Verteilung der Zuständigkeiten zwischen den Organen der Union kommt dieser Schutznormcharakter nicht zu,[202] ebensowenig der Begründungspflicht nach Art. 296 AEUV.[203] Dagegen wurde dieser etwa bei Grundrechten, dem Verhältnismäßigkeitsgrundsatz oder den agrarpolitischen Zielen des Art. 39 AEUV bejaht.[204]

76 3. Die rechtswidrige Handlung muss zu einem **Schaden** geführt haben. Dieser ist in der Regel materieller Natur; ersetzbar sind grundsätzlich aber auch immaterielle Schäden.[205] Auch ein zukünftiger Schaden reicht aus, wenn er sicher bzw. mit großer Wahrscheinlichkeit eingetreten wäre.[206] Der Schaden muss außerhalb des vom Kläger selbst zu tragenden (wirtschaftlichen) Risikos liegen.[207]

77 4. Zwischen der rechtswidrigen Handlung und dem Schaden muss ein **Kausalzusammenhang** bestehen.[208] Der Gerichtshof zieht hier die **Adäquanztheorie** heran, so dass der Kausalzusammenhang immer dann gegeben ist, wenn das Organhandeln nach der allgemeinen Lebenserfahrung normalerweise einen solchen Schaden wie den eingetretenen bewirkt.[209]

---

200 Zur Problematik *Schermers/Waelbroeck*, Judicial Protection *(E.III.)*, 546 ff.
201 Vgl. schon EuGH, Rs. 5, 7, 13–24/66 (Kampffmeyer), Slg. 1967, 331 (354). S. sodann EuG, Rs. T-415/03 (Cofradia de pescadores), Slg. 2005, II-4355.
202 EuGH, Rs. C-282/90 (Vreugdenhil), Slg. 1992, I-1937, Rn. 20. Allerdings kann ein Verstoß gegen die Zuständigkeit der Unionsorgane betreffende Bestimmungen mit der Missachtung einer höherrangigen, den Schutz Einzelner bezweckenden Bestimmung einhergehen, vgl. EuGH, Rs. C-221/10 P (Artegodan), Urt. v. 19.4.2012.
203 EuGH, Rs. 106/81 (Kind), Slg. 1982, 2885, Rn. 14.
204 EuGH, Rs. 281/84 (Zuckerfabrik Bedburg), Slg. 1987, 49, Rn. 21 ff. Keine Schutznormen stellen aber Art. 38 Abs. 4, 42 Abs. 2 AEUV dar, EuG, Rs. T-571/93 (Lefebvre), Slg. 1995, II-2379, Rn. 41.
205 Die Rechtsprechung legt hier einen strengen Maßstab an. Vgl. EuG, verb. Rs. T-3/00 und T-337/04 (Pitsiorlas/Rat und EZB), Slg. 2007, I-4779, Rn. 323 ff. (Verneinung des Vorliegens eines immateriellen Schadens im Falle einer jahrelangen Verschleppung eines Antrags auf Zugang zu Dokumenten, die zu „psychischer Zermürbung" und zur Nichtfertigstellung einer Dissertation führte); s. auch EuG, Rs. T-48/05 (Franchet und Byk/Kommission), Slg. 2008, II-1585: Hier bejahte das Gericht einen Schadensersatzanspruch der Kläger gegen die Kommission, da diese durch die Veröffentlichung von Anschuldigungen gegen Beamte im Zusammenhang mit Betrugsvermutungen bei Eurostat gegen deren Unschuldsvermutung verstoßen habe und zudem ein Disziplinarverfahren vor dem Abschluss von Untersuchungen durch OLAF eröffnete. Weiter habe OLAF durch die Übermittlung von Informationen an die luxemburgischen und französischen Justizbehörden ohne vorherige Anhörung der Kläger und durch gewisse Indiskretionen die Rechte der Kläger verletzt, wobei das Gericht jedoch bei der Bemessung des immateriellen Schadens sehr zurückhaltend war und die Verteidigungskosten wegen mangelnder Kausalität nicht als materiellen Schaden, sondern als Prozesskosten ansah. S. sodann EuG, Rs. T-88/09 (Idromacchine), Urt. v. 8.11.2011 (Bejahung eines immateriellen Schadens im Falle einer Rufschädigung).
206 Verneint wurden diese Voraussetzungen aber z.B. in EuGH, Rs. C-237/98 P (Dorsch Consult), Slg. 2000, I-4549, Rn. 20 ff.
207 EuGH, Rs. 267/82 (Développement), Slg. 1986, 1907, Rn. 33.
208 EuG, Rs. T-54/96 (Oleifici Italiani), Slg. 1998, II-3377.
209 Hierzu *Gellermann*, in: Rengeling/Middeke/Gellermann (Hg.), Handbuch des Rechtsschutzes in der EU *(E.III.)*, § 9, Rn. 43.

Der Kausalzusammenhang ist ausgeschlossen, wenn der Schaden auch ohne das Verhalten des Amtsträgers eingetreten wäre, etwa durch eigenes Verschulden oder unabhängiges mitgliedstaatliches Verhalten.[210]

Sind diese Voraussetzungen kumulativ gegeben, ist der Schadensersatzanspruch begründet. Die Rechtsfolge ist ausschließlich die Leistung von Schadensersatz; jede Form von Naturalrestitution ist ausgeschlossen. Es ist der volle Schaden zu ersetzen; hierzu wird der reale Zustand mit dem verglichen, der ohne das schädigende Ereignis eingetreten wäre. Auf diese Weise wird insbesondere auch der entgangene Gewinn erfasst. 78

Nach der Rechtsprechung des EuGH kann über die Schadensersatzklage auch ein Anspruch aus ungerechtfertigter Bereicherung geltend gemacht werden. Dieser wird aber nur dann bejaht, wenn der Bereicherung jede wirksame Rechtsgrundlage fehlt. Denn die ungerechtfertigte Bereicherung begründe ein den Rechtsordnungen der Mitgliedstaaten gemeinsames außervertragliches Schuldverhältnis. Daher könne sich die EU der Anwendung dieser Grundsätze nicht entziehen, auch wenn kein rechtswidriges Verhalten vorliege. Zudem stünde ein gegenteiliges Ergebnis nicht im Einklang mit Art. 47 Grundrechtecharta.[211]

VII. Gutachten

Neben seinen Zuständigkeiten zur Streitentscheidung ist der EuGH auch befugt, unter bestimmten Voraussetzungen (verbindliche) **Gutachten** zu erstellen: Nach Art. 218 Abs. 11 AEUV können das Europäische Parlament, der Rat, die Kommission oder ein Mitgliedstaat im Vorfeld des Abschlusses eines völkerrechtlichen Übereinkommens ein Gutachten über die Vereinbarkeit des geplanten Vertrages mit den Verträgen einholen. Sinn dieses Verfahrens ist es, einen Widerspruch zwischen völkerrechtlichen Verpflichtungen der Union und primärrechtlichen Grundsätzen zu vermeiden. Ein derartiger Antrag kann **vor Abschluss** des Abkommens gestellt werden. 79

Der Gegenstand des Abkommens muss insoweit konkretisiert sein, dass der EuGH über eine hinreichende Grundlage zur Beantwortung der ihm gestellten Fragen verfügt. Hierfür ist es nicht zwingend notwendig (auch wenn dies häufig der Fall ist), dass bereits ein ausformulierter Abkommensentwurf vorliegt. So hielt der Gerichtshof den Antrag des Rates über die Vorfrage der **Zuständigkeit** der damaligen EG für einen Beitritt zur EMRK für zulässig. Es handele sich um ein „geplantes" Abkommen im Sinne des Art. 218 Abs. 11 AEUV, da schon verschiedene diesbezügliche Vorstöße der Kommission vorlägen und die Tragweite des Gutachtensantrags hinreichend klar gewesen sei.[212] Dagegen verneinte er die Zulässigkeit eines Antrags zur Vereinbarkeit eines Beitritts zur EMRK mit dem Vertrag, da die Beitrittsbedingungen noch nicht bekannt seien.[213]

Wird ein Gutachten des EuGH verlangt, darf das Abkommen erst nach seiner Erstellung abgeschlossen werden. Der Inhalt des Gutachtens ist für die Unionsorgane verbindlich. Ein dem Vertrag widersprechendes Abkommen darf daher nicht (mit diesem Inhalt) abgeschlossen werden bzw. erst nach Änderung der entsprechenden vertraglichen Vorschriften (Art. 216 Abs. 11 S. 2 AEUV). 80

---

210 Der unionsrechtliche Anspruch greift also von vornherein nicht, wenn der Schaden durch mitgliedstaatliche Behörden verursacht worden ist. Die Abgrenzung kann hier ggf. schwierig sein. Vgl. z.B. EuGH, Rs. 175/84 (Krohn), Slg. 1986, 753, Rn. 18 ff. Die Kausalität kann auch teilweise bejaht werden, vgl. z.B. EuGH, Rs. C-308/87 (Grifoni), Slg. 1990, I-1203, Rn. 17.
211 EuGH, Rs. C-47/07 P (Masdar/Kommission), Slg. 2008, I-9761.
212 Gutachten 2/94, Slg. 1996, I-1759, Rn. 2 ff.
213 Gutachten 2/94, Slg. 1996, I-1759, Rn. 22.

Auf dieses Verfahren wird in der Praxis zwar nicht allzu häufig zurückgegriffen; die bislang vom EuGH erstatteten Gutachten trugen aber regelmäßig zur Klärung der offenen Rechtsfragen bei und entfalteten eine erhebliche Bedeutung für die Fortbildung des Unionsrechts.[214]

VIII. Vorabentscheidungsverfahren

81 Die Anwendung des Unionsrechts obliegt grundsätzlich den staatlichen Behörden (§ 8 Rn. 4). Im Streitfall können daher auch die Gerichte der Mitgliedstaaten mit unionsrechtlichen Fragen befasst werden. Damit einher geht allerdings die Gefahr divergierender Entscheidungen. Zudem können die mitgliedstaatlichen Gerichte auf dieser Grundlage auch mit für die Entwicklung des Unionsrechts wesentlichen Fragen befasst werden. Vor diesem Hintergrund dient das Vorabentscheidungsverfahren des Art. 267 AEUV dazu, die Homogenität der Auslegung und Anwendung des Unionsrechts zu sichern. Es handelt sich dabei **nicht um ein Rechtsbehelfsverfahren** in dem Sinn, dass der EuGH als letzte Instanz für die Entscheidung einer Streitfrage zuständig wäre, sondern um ein **objektives Zwischenverfahren** im Rahmen der staatlichen Verfahren, das von den staatlichen Gerichten in Gang gesetzt wird. Der EuGH entscheidet auf eine entsprechende Vorlage über die Auslegung oder die Gültigkeit einer Vorschrift des Unionsrechts, während die nationalen Gerichte auf der Grundlage dieses Urteils die Sache selbst (endgültig) beurteilen.

82 In Art. 107 des Abkommens über den Europäischen Wirtschaftsraum[215] ist vorgesehen, dass die EFTA-Staaten ihre Gerichte ermächtigen können, Vorabentscheidungsersuchen zur Auslegung des EWR-Vertrags dem EuGH zu unterbreiten. Die Antworten des EuGH sind für die Gerichte der EWR-Staaten verbindlich.[216]

83 Der Gerichtshof darf **nur Unionsrecht** anwenden und auslegen.[217] Eine Auslegung oder Anwendung **nationalen Rechts ist ausgeschlossen**. Die Kompetenz der Mitgliedstaaten für die Auslegung und Anwendung der in Ausführung des Unionsrechts erlassenen nationalen Vorschriften bleibt unberührt. Im Vorabentscheidungsverfahren ist es daher nicht Aufgabe des EuGH, die Vereinbarkeit nationaler Vorschriften mit Unionsrecht zu beurteilen. Auch wenn Begriffe und Institute des nationalen Rechts zu den tatbestandlichen Voraussetzungen einer unionsrechtlichen Bestimmung gehören (z.B. „Staatsangehörigkeit eines Mitgliedstaates" in Art. 49 AEUV), dürfen die Organe der Union das nationale Recht nicht interpretieren, sondern müssen es in der Ausprägung, die es durch die innerstaatliche Rechtsprechung und Lehre erfahren hat, als Rechtstatsache hinnehmen.

---

214 Vgl. z.B. EuGH, Gutachten 1/75 (Lokale Kosten), Slg. 1975, 1355; EuGH, Gutachten 1/91 (EWR-Gericht), Slg. 1991, I-6079; EuGH, Gutachten 1/94, Slg. 1994, I-5267 (WTO); Gutachten 2/94, Slg. 1996, I-1759 (EMRK); Gutachten 1/09 (Europäisches Patentgericht), Slg. 2011, I-1137.
215 BGBl. II 1993 in der Fassung des Anpassungsprotokolls vom 17.3.1993, BGBl. 1993 II, 1294.
216 Wie dies in EuGH, Gutachten 1/91, Slg. 1991, I-6079, Rn. 61, gefordert wurde.
217 EuGH, Rs. C-346/93 (Kleinwort Benson), Slg. 1995, I-615, Rn. 14 ff.; EuGH, Rs. C-137/08 (VB Penzügyi Lizing), Slg. 2010, I-10847, Rn. 36 ff. Allerdings formuliert der EuGH ungenau oder inexakt formulierte Vorlagefragen um, EuGH, Rs. 6/64 (Costa/ENEL), Slg. 1964, 1141, Leitsatz 1. Der EuGH ist jedoch nicht befugt, den Gehalt der Vorabentscheidungsfragen zu modifizieren (etwa auf Antrag einer am Ausgangsverfahren Beteiligten), die Fragen sind allein Sache des nationalen Gerichts, vgl. EuGH, Rs. C-316/10 (Danske Svineproducenter), Slg. 2011, I-13721, Rn. 29 ff. Hingegen ist es Aufgabe des Gerichtshofs, dem nationalen Gericht eine für die Entscheidung des anhängigen Verfahrens sachdienliche Antwort zu geben, so dass der Gerichtshof alle Hinweise zur Auslegung des Unionsrechts zu geben hat, die diesbezüglich von Nutzen sein können, unabhängig davon, ob das nationale Gericht auf die betreffenden Aspekte Bezug genommen hat, EuGH, Rs. C-243/09 (Fuß), Slg. 2010, I-9849, Rn. 39 f.; EuGH, Rs. C-45/12 (Hadj Ahmed), Urt. v. 13.6.2013, Rn. 42.

Die **Wirksamkeit des Vorabentscheidungsverfahrens** hängt vor allem von einer vertrauensvollen Zusammenarbeit zwischen nationalen Gerichten und EuGH ab. Die große Zahl der Urteile in Vorabentscheidungssachen, die weit mehr als die Hälfte der Rechtsprechung des EuGH ausmachen,[218] belegt die Effektivität des „Dialogs" der Gerichtsbarkeiten. Doch gibt es weiterhin (wenige) Fälle, in denen sich innerstaatliche Gerichte den Urteilen des EuGH nicht fügen bzw., soweit sie vorlagepflichtig sind, der Vorlagepflicht nicht nachkommen.[219] Die Möglichkeit der Eröffnung eines Vertragsverletzungsverfahrens gegen den Mitgliedstaat, dem das Gericht angehört, ist hier kaum praktikabel (*Rn. 29*), und die Einführung eines Rechtsmittels zum EuGH, das die Parteien des innerstaatlichen Verfahrens bei Verletzung der Vorlagepflicht einlegen könnten, steht nicht zur Diskussion. Weiter ist der EuGH mit einer steigenden Zahl von Auslegungsfragen (auch eher technischer Natur belastet), so dass die Verfahrensdauer relativ lange ist.[220] Das bringt die Gefahr mit sich, dass innerstaatliche Gerichte auf die Vorlage verzichten, um eine übermäßige Verzögerung des Rechtsstreites zu vermeiden. Der durch den Vertrag von Lissabon eingeführte **Art. 267 Abs. 4 AEUV** soll das Verfahren beschleunigen, wenn eine Vorlagefrage in einem Verfahren gestellt wird, das eine **inhaftierte Person** betrifft.[221] Diese Bestimmung ist vor dem Hintergrund der durch den Vertrag von Lissabon verankerten umfassenden Zuständigkeit des EuGH auch für den Raum der Freiheit, der Sicherheit und des Rechts (*Rn. 3*) zu sehen.

84

Gemäß Art. 256 Abs. 3 AEUV kann dem Gericht in „besonderen Sachgebieten", die in der Satzung festzulegen sind, eine Zuständigkeit für Vorabentscheidungen übertragen werden. Eine entsprechende Bestimmung wurde bisher nicht in die Satzung aufgenommen. Jedenfalls kann das Gericht in einem solchen Fall eine Rechtssache an den Gerichtshof zur Entscheidung weiterverweisen, wenn es zu der Auffassung gelangt, dass eine „Grundsatzentscheidung" erforderlich ist, die die Einheit oder Kohärenz des Unionsrechts berühren könnte (Art. 256 Abs. 3 Uabs. 2 AEUV). Ausnahmsweise können die Entscheidungen des EuG zudem durch den EuGH überprüft werden (Art. 256 Abs. 3 Uabs. 3 AEUV).[222]

85

1. Zulässigkeit der Vorlage

a) Die vorlageberechtigten und -verpflichteten Spruchkörper

Die Vorlageberechtigung bzw. -pflicht liegt bei den **Gerichten der Mitgliedstaaten**:[223]

86

- Der Begriff des **Gerichts** ist unionsrechtlich zu definieren, stimmt also nicht notwendig mit dem der nationalen Rechtssysteme überein. Es muss sich um einen Spruch-

---

218 Vgl. die Statistiken in den jeweiligen Jahresberichten des EuGH, verfügbar auf www.curia.eu.int.
219 Aus einigen Mitgliedstaaten kommen denn auch nur sehr wenige Vorlagen. Vgl. hierzu *Broberg/Fenger*, Variations in Member States' Preliminary References to the Court of Justice – Are Structural Factors (Part of) the Explanation?, ELJ 2013, 488 ff.; *Rösler*, Die Vorlagepraxis der EU-Mitgliedstaaten – eine statistische Analyse zur Nutzung des Vorabentscheidungsverfahrens, EuR 2012, 392 ff..
220 Durchschnittlich etwa 18–22 Monate.
221 Hierzu *Dörr*, Das beschleunigte Vorabentscheidungsverfahren im Raum der Freiheit, der Sicherheit und des Rechts, EuGRZ 2008, 349 ff.; *Richter*, Schnell und effektiv: Zwei Jahre Eilvorlageverfahren vor dem Europäischen Gerichtshof, ZfRV 2010, 148 ff.; *Tizzano/Gencarelli*, La procédure préjudicielle d'urgence devant la Cour de justice de l'Union européenne, Mélanges Jean-Paul Jacqué, 2010, 639 ff.; *Clément-Wilz*, La procédure préjudicielle d'urgence, nouveau théâtre du procès européen?, CDE 2012, 135 ff. Vgl. für ein Beispiel der Anwendung: EuGH, verb. Rs. C-188/10, C-189/10 (Melki und Abdeli), Slg. 2010, I-5817 (= innerhalb von vier Monaten).
222 Vgl. zu dieser Regelung und den damit aufgeworfenen Fragen *Epiney/Freiermuth Abt/Mosters*, Der Vertrag von Nizza, DVBl. 2001, 941 (950). S. auch *Sack*, Zur künftigen europäischen Gerichtsbarkeit nach Nizza, EuZW 2001, 77 (78).
223 Allein dem Gericht obliegt die Entscheidung über die Vorlage und die genaue Formulierung der Vorlagefragen, so dass es keinesfalls an entsprechende Anträge der Parteien gebunden ist und entgegenstehende nationale Verfahrensvorschriften ggf. außer Anwendung zu lassen sind, vgl. EuGH, Rs. C-136/12 (Consiglio Naitonale Dei Geologi), Urt. v. 18.7.2013.

körper handelt, der auf **gesetzlicher bzw. hoheitlicher Grundlage** beruht, **sachlich unabhängig** ist, nach **Verfahrensvorschriften** entscheidet, die herkömmlicherweise in **Gerichten** angewendet werden, das **Recht**, d.h. nicht etwa (nur) Billigkeit, als **Entscheidungsmaßstab** verwendet und dessen **Entscheidungen verbindlich** sind.[224]

- Ein Gericht der **Mitgliedstaaten** ist gegeben, wenn das Gericht durch einen Mitgliedstaat eingerichtet wurde, wobei auch eine Einrichtung durch **mehrere Mitgliedstaaten** möglich ist.[225] Dies ist etwa beim Benelux-Gerichtshof der Fall, der in das Gerichtssystem der beteiligten Mitgliedstaaten eingebunden ist, nicht hingegen bei einem Gericht, das durch ein Abkommen zwischen den Mitgliedstaaten und der Union geschaffen wurde (wie das Abkommen über die Europäischen Schulen) und nicht quasi an die Stelle mitgliedstaatlicher Gerichte tritt, woran auch der Umstand nichts ändert, dass ein solches Gericht ggf. allgemeine Grundsätze des Unionsrechts anzuwenden hat.[226] Ebensowenig stellt ein durch ein Abkommen der Union und ihrer Mitgliedstaaten mit Drittstaaten geschaffenes Gericht ein mitgliedstaatliches Gericht dar.[227]

87 Die **Vorlageberechtigung** kann grundsätzlich in nationalen Verfahren jeder Art entstehen, also außer in zivil-, straf- oder öffentlich-rechtlichen Hauptverfahren auch in Beschlussverfahren oder Verfahren des einstweiligen Rechtsschutzes.[228] Das Gericht entscheidet nach Ermessen über die Vorlage und formuliert die Fragen. Dem Einzelnen steht aufgrund der unionsrechtlichen Vorgaben kein formelles Antragsrecht zu, weder an das nationale Gericht noch an den EuGH. Vorlageberechtigt sind nur solche Gerichte, vor denen tatsächlich zum Zeitpunkt des Vorabentscheidungsersuchens die entsprechende Rechtssache anhängig ist.[229]

88 Das Vorlagerecht kann weder durch Vereinbarungen der Parteien noch durch Bestimmungen der nationalen Verfahrensordnungen eingeschränkt werden.[230] Ebensowenig ist ein Gericht an die diesbezügliche Beurteilung übergeordneter Gerichte gebunden, selbst wenn innerstaatliche Rechtsvorschriften eine solche Bindung vorsehen.[231] Weiter darf eine nationale Verfahrensvor-

---

224 Grundlegend EuGH, Rs. 61/65 (Vaassen-Göbbels), Slg. 1966, 583, Rn. 2 ff. S. sodann etwa EuGH, Rs. C-111/94 (Job Centre Coop), Slg. 1995, I-3361, Rn. 9 ff.; EuGH, Rs. C-54/96 (Dorsch), Slg. 1997, I-4961, Rn. 22 ff.; EuGH, Rs. C-407/98 (Abrahamsson), Slg. 2000, I-5539, in Bezug auf einen hochschulinternen Beschwerdeausschuss, der aufgrund der Erfüllung der genannten Kriterien als Gericht im Sinne des Art. 267 AEUV anzusehen sei; s. auch EuGH, Rs. C-393/92 (Gemeinde Almelo), Slg. 1994, I-1477, Rn. 22 f., wonach ein nationales Gericht, das aufgrund der nationalen Rechtsvorschriften mit einem Einspruch gegen einen Schiedsspruch befasst ist, auch dann ein Gericht im Sinne des Art. 267 AEUV sei, wenn es nach billigem Ermessen entscheidet, ändere dies doch nichts an seiner Verpflichtung, das Unionsrecht anzuwenden. S. sodann zum Begriff des Gerichts EuGH, Rs. C-447/00 (Holto), Slg. 2002, I-735, wonach ein Gericht bei der Wahrnehmung von Verwaltungskompetenzen mangels eines Rechtsstreits nicht vorlageberechtigt sei; EuGH, Rs. C-516/99 (Walter Schmid), Slg. 2002, I-4573, in Bezug auf das Erfordernis der Unabhängigkeit. Zur Gerichtseigenschaft einer nationalen Wettbewerbsbehörde (die verneint wurde) EuGH, Rs. C-53/03 (Synetairismos), Slg. 2005, I-4609; s. auch EuGH, Rs. C-125/04 (Denuit), Slg. 2005, I-923 (Schiedsgerichte sind grundsätzlich keine Gerichte i.S.d. Art. 267 AEUV); EuGH, Rs. C-210/06 (Cartesio), Slg. 2008, I-9641 (die Gerichtseigenschaft setzt nicht voraus, dass es um ein streitiges Verfahren geht); EuGH, Rs. C-394/11 (Valeri Hariev), Urt. v. 31.1.2013 (Verneinung der Gerichtseigenschaft der bulgarischen Kommission für den Schutz vor Diskriminierung).
225 EuGH, Rs. C-337/95 (Dior), Slg. 1997, I-6013, Rn. 20 ff.
226 EuGH, Rs. C-196/09 (Miles), Slg. 2011, I-5105.
227 EuGH, Gutachten 1/09 (Europäisches Patentgericht), Slg. 2011, I-1137.
228 EuGH, Rs. 82/71 (SAIL), Slg. 1972, 119, Rn. 5; EuGH, Rs. 43/71 (Politi), Slg. 1971, 1039, Rn. 4 f., zu einem dem deutschen Mahnverfahren vergleichbaren summarischen italienischen Verfahren.
229 EuGH, Rs. 338/85 (Pardini), Slg. 1988, 2041, Rn. 11 ff.
230 EuGH, Rs. 146/73 (Rheinmühlen), Slg. 1974, 139, Rn. 3 f.; EuGH, verb. Rs. C-188/10, C-189/10 (Melki und Abdeli), Slg. 2010, I-5667.
231 EuGH, Rs. 166/73 (Rheinmühlen I), Slg. 1974, 33, Rn. 3 ff.; EuGH, Rs. C-210/06 (Cartesio), Slg. 2008, I-9641.

schrift, die es einem Gericht verbietet, von Amts wegen die Vereinbarkeit eines innerstaatlichen Rechtsakts mit einer unionsrechtlichen Vorschrift zu überprüfen, nicht angewandt werden.[232] Dies ergibt sich unmittelbar aus dem Vorrang des Unionsrechts. Eine andere Sicht verhinderte die tatsächliche Durchsetzung dieses Vorrangs zwar nicht aus materiellrechtlichen, aber aus verfahrensrechtlichen Gründen.

Vorlagepflichtig sind diejenigen Gerichte, deren Entscheidungen nicht mehr mit Rechtsmitteln des staatlichen Rechts angefochten werden können, d.h. die im Einzelfall zur letztinstanzlichen Entscheidung berufenen Gerichte (konkrete Theorie).[233] Dabei ist auch dann von der Möglichkeit der Einlegung eines Rechtsmittels auszugehen, wenn dieses durch das oberste Gericht erst noch zugelassen werden muss, wobei ggf. im Rahmen dieses Zulassungsverfahrens ein Vorabentscheidungsersuchen zu stellen ist.[234] Außer Betracht bleiben auf jeden Fall die außerordentlichen Rechtsbehelfe, also in Deutschland insbesondere die Verfassungsbeschwerde.[235]

89

> In **Eilverfahren** besteht grundsätzlich keine Vorlagepflicht. Dies ergibt sich nicht schon aus dem Zweck dieser Verfahren, dem es widersprechen könnte, ihre Dauer durch eine Vorlage zu verlängern, wohl aber daraus, dass ihnen ein obligatorisches oder auf Betreiben der Parteien einzuleitendes Hauptverfahren folgt, so dass die Entscheidung keine letztinstanzliche im Sinne des Art. 267 Abs. 3 AEUV ist. Allerdings muss im Eilverfahren die Frage der **Gültigkeit** eines Rechtsakts der Union vorgelegt werden, wenn der Richter die Vollziehung des auf diesem beruhenden nationalen Verwaltungsakts aussetzen will.[236]
> **Einstweilige Anordnungen** zur Aussetzung der Anwendung eines EU-Rechtsakts darf der staatliche Richter nur unter engen Voraussetzungen erlassen (§ 8 Rn. 26).

Obwohl der Wortlaut des Art. 267 Abs. 3 AEUV dies nicht vorsieht, sind – in Anbetracht der Einheitlichkeit der Anwendung des Unionsrechts, der Rechtssicherheit und des „Verwerfungsmonopols" des EuGH – auch **Untergerichte vorlagepflichtig**, wenn sie eine Vorschrift des Unionsrechts für ungültig halten und deshalb nicht anwenden wollen.[237]

Im Falle der Verletzung der Vorlagepflicht kann grundsätzlich ein Vertragsverletzungsverfahren (Art. 258 ff. AEUV) eingeleitet werden (*Rn. 24 ff.*). Ansonsten ist es den Mitgliedstaaten unbenommen, in ihrem innerstaatlichen Recht Sanktionen vorzusehen. In der Bundesrepublik ist hier grundsätzlich eine Verfassungsbeschwerde unter Berufung auf das Prinzip des gesetzlichen Richters möglich.[238]

90

---

232 EuGH, Rs. 312/93 (Peterbroeck), Slg. 1995, I-4599, Rn. 12 ff. S. auch EuGH, Rs. C-416/10 (Krizan), Urt. v. 15.1.2013, wonach ein Vorlagerecht nationaler Gerichte auch dann bestehe, wenn die Parteien des Ausgangsverfahrens vor dem vorlegenden Gericht ein unionsrechtliches Problem nicht aufgeworfen haben, woran auch eine ggf. entgegenstehende nationale Verfahrensvorschrift nichts ändere.
233 EuGH, Rs. 107/76 (Hoffmann-La Roche), Slg. 1977, 957, Rn. 4 ff.; EuGH, Rs. 35–36/82 (Morson und Jhanjan), Slg. 1982, 3723, Rn. 10; EuGH, Rs. C-99/00 (Kenny Roland), Slg. 2002, I-4839, Rn. 14 f.
234 EuGH, Rs. C-99/00 (Lyckeskog), Slg. 2002, I-4839.
235 Hingegen sei eine Revision als Rechtsmittel im Sinne des Art. 267 AEUV anzusehen, auch wenn sie nach nationalem Recht ein außerordentliches Rechtsmittel darstellt, das Beschränkungen (insbesondere hinsichtlich der Art der Rechtsmittelgründe) vorsieht, EuGH, Rs. C-210/06 (Cartesio), Slg. 2008, I-9641.
236 EuGH, Rs. C-143/88 u.a. (Zuckerfabrik Süderdithmarschen), Slg. 1991, I-415, Rn. 23.
237 EuGH, Rs. 314/85 (Foto-Frost), Slg. 1987, 4199, Rn. 13 ff.; EuGH, Rs. C-6/99 (Greenpeace), Slg. 2000, I-1651; EuGH, Rs. C-461/03 (Gaston Schul), Slg. 2005, I-10513; EuGH, Rs. C-344/04 (International Air Transport Association), Slg. 2006, I-403, Rn. 27 ff.
238 BVerfG, EuGRZ 1988, 113; BVerfG, EuGRZ 1988, 120; BVerfGE 82, 159, 195; BVerfG, NJW 2001, 1267, 1268; hierzu *Roth*, Verfassungsrechtliche Kontrolle der Vorlagepflicht an den EuGH, NVwZ 2009, 345 ff.; *Bäcker*, Altes und Neues zum EuGH als gesetzlicher Richter, NJW 2011, 270 ff.; *Calliess*, Der EuGH als gesetzlicher Richter im Sinne des Grundgesetzes, NJW 2013, 1905 ff.

b) Gegenstand der Vorlage

91 Gegenstand der Vorlage ist nach Art. 267 Abs. 1 AEUV die **Auslegung** der Verträge und der Handlungen der Unionsorgane (insbesondere des EU-Sekundärrechts), unter Einschluss der Handlungen der Einrichtungen und sonstigen Stellen der EU (also insbesondere der Agenturen), sowie die **Gültigkeit** der Handlungen der Unionsorgane sowie der Einrichtungen und sonstigen Stellen der EU.[239]

> Auslegungs- und Gültigkeitsfragen lassen sich allerdings nicht immer scharf voneinander abgrenzen, da der EuGH ggf. auf eine Gültigkeitsfrage hin dem nationalen Gericht eine Auslegung mitteilt, nach der die ausgelegte Vorschrift nicht ungültig ist, und auch Vorabentscheidungsersuchen beantwortet, die auf die Auslegung, hilfsweise die Prüfung der Gültigkeit einer Vorschrift, gerichtet sind.

92 **Auslegen** kann und muss der Gerichtshof das gesamte Unionsrecht.[240] Das Auslegungsersuchen kann sich auf die **Verträge** und das sonstige Primärrecht, auf die **Handlungen der Organe** der Union sowie auf die Handlungen der Einrichtungen und sonstigen Stellen der Union beziehen (Art. 267 Abs. 1 lit. a-b AEUV). „Handlungen der Organe" sind neben den in Art. 288 AEUV aufgeführten auch sonstige Handlungen, die Rechtswirkungen erzeugen können, ohne Unterschied ihrer Rechtsnatur oder -form. Obwohl **völkerrechtliche Verträge** nicht (nur) „Handlungen der Organe der Union" sind – kommen sie doch erst durch eine übereinstimmende Willenserklärung von mindestens zwei Völkerrechtssubjekten zustande –, sind sie gleichwohl im Rahmen der Anwendung der prozessrechtlichen Voraussetzungen als solche zu betrachten, so dass auch diesbezügliche Auslegungsfragen Gegenstand einer Vorlagefrage sein können.[241]

> Ebenso können Empfehlungen Gegenstand einer Vorlagefrage sein, denn Art. 267 Abs. 1 AEUV enthält insoweit keinerlei Einschränkung.[242] Dagegen unterliegen **Handlungen der Vertreter der Regierungen der Mitgliedstaaten** nicht dem Verfahren des Art. 267 AEUV. Bi- oder multilaterale Abkommen der Mitgliedstaaten sind ebenfalls keine Handlungen der Organe der Union.

93 In der **Gültigkeitsprüfung** wird die formelle und materielle Rechtmäßigkeit der „Handlungen der Organe, Einrichtungen oder sonstigen Stellen der Union" (Art. 267 Abs. 1 lit. b AEUV) im Rahmen der vom nationalen Richter gestellten Vorlagefrage kontrolliert. Die Prüfung besteht darin, die Rechtshandlung an höherrangigem abgeleitetem Unionsrecht und am Vertragsrecht zu messen; doch dienen als Prüfungsmaßstab auch

---

239 Die ausdrückliche Bezugnahme auf die Einrichtungen und sonstigen Stellen der Union wurde durch den Vertrag von Lissabon hinzugefügt.
240 Vgl. EuGH, Rs. 2/67 (De Moor), Slg. 1967, 255 (267 f.). Vgl. aber zu den Einschränkungen der Zuständigkeit des EuGH *Rn.* 3. Der EuGH ist auch dann nicht zuständig, wenn es um die Auslegung einer Richtlinie im Hinblick auf ihre Anwendung in einem neuen Mitgliedstaat vor dessen Beitritt geht, vgl. EuGH, Rs. C-302/04 (Ynos/Varga), Slg. 2006, I-371, Rn. 34 ff. Eine Auslegung von Unionsrecht liegt auch dann vor, wenn in rein innerstaatlichen Sachverhalten unionsrechtliche Vorschriften vom nationalen Recht unmittelbar und unbedingt für anwendbar erklärt worden sind, um zu gewährleisten, dass innerstaatliche und durch das EU-Recht geregelte Sachverhalte gleich behandelt werden, EuGH, Rs. C-482/10 (Cicala), Slg. 2011, I-14139, Rn. 16 ff.; EuGH, Rs. C-583/10 (USA), Urt. v. 18.10.2012, Rn. 45 ff.; EuGH, Rs. C-313/12 (Romeo), Urt. v. 7.11.2013 (im zuletzt genannten Urteil wurde die Vorlage jedoch für unzulässig erklärt, da nicht klar dargelegt worden sei, dass nicht das nationale Recht, sondern die Grundsätze des Unionsrechts anzuwenden seien, da einerseits auf das nationale Recht, andererseits auf nicht näher spezifizierte Grundsätze des Unionsrechts verwiesen worden sei).
241 EuGH, Rs. 181/73 (Haegmann), Slg. 1974, 449, Rn. 2/6; EuGH, Rs. 12/86 (Demirel), Slg. 1987, 3719, Rn. 7 ff.; EuGH, Rs. C-368/08 (Brita), Slg. 2010, I-1289. Vgl. zur Auslegung von Bestimmungen sog. „gemischter Abkommen" EuGH, Rs. C-53/96 (Hermès), Slg. 1998, I-3603, Rn. 22 ff.; EuGH, Rs. C-431/05 (Merck Genercis), Slg. 2007, I-7001; s. auch *Epiney*, Zur Stellung des Völkerrechts in der EU, EuZW 1999, 5 (8 f.), m.w.N.
242 EuGH, Rs. C-322/88 (Grimaldi), Slg. 1989, 4407, Rn. 8. Zur Problematik *Knauff*, Europäisches Soft Law als Gegenstand des Vorabentscheidungsverfahrens, EuR 2011, 735 ff.

allgemeine Rechtsgrundsätze, allgemeine Grundsätze des Völkerrechts[243] und völkerrechtliche Verträge, die die Union binden.

Der EuGH hat allerdings insbesondere im Zusammenhang mit seiner „GATT-Rechtsprechung" den Grundsatz entwickelt, dass eine Prüfung der **Gültigkeit des EU-Sekundärrechts am Maßstab des Völkerrechts** nur unter der Voraussetzung der unmittelbaren Wirkung der entsprechenden völkervertragsrechtlichen Bestimmungen infrage komme.[244] Dieser Ansatz dürfte jedoch dem Umstand, dass es bei der Frage nach der Vereinbarkeit eines Sekundärrechtsakts mit Vorgaben des Völkerrechts und der unmittelbaren Wirksamkeit der jeweiligen Bestimmung um konzeptionell zu unterscheidende Problemkreise geht, nicht Rechnung tragen.[245]

94

Besondere Fragen wirft die Überprüfung der **Gültigkeit von Unionsrechtsakten** (insbesondere Verordnungen) auf, die in Umsetzung von **Resolutionen des UN-Sicherheitsrats** ergangen sind. Die Thematik erlangte Bedeutung im Zusammenhang mit der Überprüfung der in einer EU-Verordnung enthaltenen Liste von Terrorverdächtigen, gegen die bestimmte Maßnahmen ergriffen wurden und welche die entsprechende UNO-Resolution umsetzte.[246] Der Gerichtshof entschied (insoweit im Gegensatz zum Gericht, das als materiellen Prüfungsmaßstab Normen des völkerrechtlichen *ius cogens* heranzog),[247] dass auch solche Rechtsakte umfassend auf ihre Vereinbarkeit mit den Unionsgrundrechten zu prüfen seien. Denn mit dem Vertrag sei ein umfassendes System von Rechtsbehelfen geschaffen worden, mittels derer der Gerichtshof die Rechtmäßigkeit der Handlungen der Organe zu überprüfen habe. Weiter könnten internationale Verträge nicht die „Autonomie des Rechtssystems" der Union beeinträchtigen, deren Wahrung ausschließlich dem Gerichtshof übertragen sei. Auch seien die Grundrechte integraler Bestandteil der Unionsrechtsordnung, so dass Maßnahmen, die mit der Achtung dieser Rechte unvereinbar sind, in der EU nicht als rechtens anerkannt werden könnten. Diese Verfassungsgrundsätze des Vertrages könnten nicht durch eine internationale Übereinkunft infrage gestellt werden. Die völkerrechtlichen Grundsätze im Rahmen der Vereinten Nationen implizierten zudem nicht, dass eine gerichtliche Kontrolle der materiellen Rechtmäßigkeit der streitigen Verordnung ausgeschlossen sein müsse, schreibe die UN-Charta doch kein bestimmtes Modell für die Umsetzung der Resolutionen vor. Für eine (teilweise) Nichtjustiziabilität eines Unionsrechtsakts gebe es auch keine Anhaltspunkte im Vertrag; insbesondere gehe auch Art. 218 Abs. 11 AEUV davon aus, dass sich eine Vorrang völkerrechtlicher Verträge nur auf das Sekundärrecht, nicht jedoch auf das Primärrecht, erstrecke. Im Übrigen bestünden auf der Ebene der Vereinten Nationen keine Verfahren, die die Garantien eines gerichtlichen Rechtsschutzes bieten. Das Urteil verdeutlicht (einmal mehr) die „Autonomie" des Rechtsschutzsystems des Vertrages sowie die Komplexität des Verhältnisses zwischen Völkerrecht und europäischem Unionsrecht. Im Ergebnis ausführlich und überzeugend begründet, zieht das Urteil (auch) die Konsequenz nach sich, dass eine Einbindung der Union in ein völkerrechtliches Vertragswerk, das ein abschließendes und für die Vertragsparteien verbindliches Streitbeilegungssystem kennt, jedenfalls im Falle der Betroffenheit von Grundrechten nicht mit den Verträgen vereinbar ist, wobei der EuGH die Frage offengelassen hat, ob sich sein Ansatz modifizieren könnte, er also seine Gerichtsbarkeit (entsprechend der „Solange"-Rechtsprechung des

---

243 Vgl. hier aus der Rechtsprechung EuGH, Rs. C-162/96 (Racke), Slg. 1998, I-3655, Rn. 25 ff.; s. auch EuGH, Rs. C-308/06 (Intertanko), Slg. 2008, I-4057.
244 EuGH, Rs. C-280/93 (Deutschland/Rat), Slg. 1994, I-4973, Rn. 109 ff.; EuGH, Rs. C-469/93 (Chiquita Italia), Slg. 1995, I-4533, Rn. 26 ff.; s. auch schon EuGH, Rs. 21–24/72 (International Fruit Company), Slg. 1972, 1219, Rn. 19/20 ff.
245 Vgl. auch *Ott*, GATT und WTO im Gemeinschaftsrecht, 1997, 254 ff.; *Hahn/Schuster*, L'invocabilité du GATT dans l'affaire République fédérale d'Allemagne contre Conseil de l'Union européenne, RGDIP 1995, 369 (371 ff.); *Berrod*, La Cour de justice refuse l'invocabilité des accords OMC: essai de régulation de la mondialisation, RTDE 2000, 419 ff.
246 EuGH, verb. Rs. C-402/05 P, C-415/05 P (Kadi), Slg. 2008, I-6351. S. aus der Folgerechtsprechung insbesondere EuGH, verb. Rs. C-399/06 P, C-403/06 P (Hassan), Slg. 2009, I-11393; EuGH, Rs. 380/09 (Bank Melli), Urt. v. 13.3.2012; EuGH, Rs. C-376/10 (Tay Za), Urt. v. 13.3.2012; EuGH, verb. Rs. C-584/10 P, C-593/10 P, C-595/10 P (Kadi II), Urt. v. 18.7.2013; EuGH, Rs. C-300/11 (ZZ), Urt. v. 4.6.2013; EuGH, Rs. C-239/12 P (Abdulrahim), Urt. v. 28.5.2013.
247 EuG, verb. Rs. T-315/01, T-306/01 (Kadi), Slg. 2005, II-3533 ff.

BVerfG) zurücknehmen könnte, wenn es mindestens äquivalente (Grundrechts-)Garantien auf völkerrechtlicher Ebene gäbe.[248]

95 Die Frage der Gültigkeit bezieht sich grundsätzlich auf das **gesamte abgeleitete Unionsrecht**.

Eine Sonderstellung nehmen hier jedoch die von der Union abgeschlossenen **völkerrechtlichen Verträge** ein: Zwar kann der Beschluss zum Abschluss eines Vertrages unter den Begriff der „Handlungen der Organe" subsumiert werden; die Vertragsbestimmungen selbst stellen jedoch keine einseitigen Handlungen der Unionsorgane dar. Gleichwohl ist grundsätzlich von der Zulässigkeit auch von Vorlagefragen nach der Gültigkeit des Beschlusses zum Abschluss völkerrechtlicher Verträge auszugehen: Eine Verneinung der Kontrollmöglichkeit der Gültigkeit völkerrechtlicher Verträge bzw. der Genehmigungsbeschlüsse durch den EuGH implizierte nämlich, dass ein Teil der Handlungen der Unionsorgane keiner gerichtlichen Kontrolle unterläge. Dies steht aber im Gegensatz zu dem vertraglichen Grundsatz – wie er auch in Art. 267 AEUV zum Ausdruck gekommen ist[249] –, dass die Unionsorgane ihre Tätigkeiten nur unter Beachtung der vertraglichen Vorgaben ausüben können sollen und dies durch den Gerichtshof überprüft werden kann.[250]

c) Erforderlichkeit der Vorlage

96 Nach Art. 267 Abs. 2 AEUV ist ein Vorabentscheidungsersuchen immer dann zulässig bzw. obligatorisch, wenn das nationale Gericht ein Urteil des EuGH für seine Entscheidung für **erforderlich** hält. Grundsätzlich entscheidet damit das **nationale Gericht** selbstständig sowohl über die **Entscheidungserheblichkeit** als auch über die **Auslegungsbedürftigkeit**. Der EuGH darf das Vorliegen der Entscheidungserheblichkeit grundsätzlich nicht nachprüfen und zwar schon deshalb nicht, weil diese Prüfung in der Regel nur nach Anwendung oder Auslegung des innerstaatlichen Rechts möglich ist, zu der er nicht befugt ist. Allerdings kann das Kriterium der Erforderlichkeit vor dem Hintergrund von Sinn und Zweck des Vorabentscheidungsverfahrens durchaus präzisiert werden:[251]

97 Eine **Auslegungsfrage**, die Grundbedingung für die Erforderlichkeit einer Vorlage über die Auslegung von Unionsrecht, liegt nur vor, wenn eine Vorschrift nicht klar ist. Das ist sowohl im Falle einer „subjektiven Ungewissheit" des Richters über die richtige Auslegung als auch im Falle objektiver Auslegungsprobleme gegeben.

Die entgegengesetzte Auffassung, die nur auf die subjektive Auffassung des Richters abstellt, machte die Vorlageberechtigung und -pflicht von „Entscheidungsfreudigkeit" und Selbstver-

---

248 Vgl. aus der umfangreichen Literatur zu dieser Rechtsprechung etwa *Novic*, La Cour de justice face aux carences de l'ordre juridique international, CDE 2009, 375 ff.; *Tridimas*, Terrorism and the ECJ: Empowerment and democrazy in the EC legal order, ELR 2009, 103 ff.; *Kotzur*, Kooperativer Grundrechtsschutz in der Völkerrechtsgemeinschaft, EuGRZ 2008, 673 ff.; *Eeckhout*, Community Terrorism Listings, Fundamental Rights, and UN Security Council Resolutions. In Search of the Right Fit, ECLR 2007, 183 ff.; *Neudorfer*, Antiterrormaßnahmen der Vereinten Nationen und Grundrechtsschutz in der Union – Die Zuständigkeit der Gemeinschaftsgerichte zur Kontrolle gemeinschaftsrechtlicher Umsetzungsakte von UN-Maßnahmen gegen die Taliban und Al Qaida, ZaöRV 2009, 979 ff.; *de Sena/Vitucci*, The European Courts and the Security Council: Between Dédoublement Fonctionnel and Balancing of Values, EJIL 2009, 193 ff.; zu den neueren Entwicklungen *Al Rikabi, Kadi II* : the Right to Effective Judicial Review triumphs yet again, European Human Rights Law Review 2013, 631 ff.
249 Parallele Erwägungen können auch in Bezug auf die Zulässigkeit der Nichtigkeitsklage geltend gemacht werden.
250 Aus der Rechtsprechung in Bezug auf die Nichtigkeitsklage insbesondere EuGH, Rs. C-327/91 (Frankreich/Kommission), Slg. 1994, I-3641, Rn. 13 ff. Zu der Frage der völkerrechtlichen Wirkungen und der Wirkung ggf. erfolgender Nichtigerklärungen *Epiney*, Zur Stellung des Völkerrechts in der EU, EuZW 1999, 5 (9 ff.).
251 Vgl. darüber hinaus zum Verhältnis von Art. 267 AEUV zu Art. 263 Abs. 6 AEUV EuGH, Rs. C-188/92 (Textilwerke Deggendorf), Slg. 1994, I-833, Rn. 15 ff.; *Pache*, Keine Vorlage ohne Anfechtung, EuZW 1994, 615 ff.

trauen des nationalen Richters abhängig und gefährdete damit die Einheitlichkeit der Anwendung des Unionsrechts und die Funktion des Vorabentscheidungsverfahrens. Objektive Unklarheit ist besonders dann anzunehmen, wenn die verschiedenen sprachlichen Fassungen einer Vorschrift des Unionsrechts nicht übereinstimmen und wenn divergierende Auffassungen innerhalb eines Spruchkörpers, zwischen nationalen Gerichten und/oder beachtlichen Vertretern der Literatur bestehen. Dabei sind auch Urteile und Literatur aus anderen Mitgliedstaaten zu berücksichtigen, weil es dort aufgrund unterschiedlicher rechtlicher Traditionen zu Auslegungen gekommen sein kann, die im eigenen Land nicht vertreten werden. In den Worten des EuGH ist eine Vorschrift klar, wenn „die richtige Anwendung des Gemeinschaftsrechts derart offenkundig (ist), dass keinerlei Raum für einen vernünftigen Zweifel (…) bleibt".[252]

Während bei Auslegungsfragen somit auch die objektive Unklarheit zur Vorlage berechtigt bzw. verpflichtet, kommt eine Vorlage zur **Gültigkeitskontrolle** nur dann in Betracht, wenn das Gericht subjektive Zweifel an der Gültigkeit der Vorschrift hat. Da nämlich eine Vermutung für die Gültigkeit des Unionsrechts besteht, kann der Umstand allein, dass etwa in der Literatur die Gültigkeit einer Norm umstritten ist, das Vorlagerecht bzw. die Vorlagepflicht nicht auslösen.

98

Eine Auslegungsfrage besteht auch dann, wenn der EuGH über eine Rechtsfrage bereits entschieden hat und ein Gericht von dessen Urteil abweichen will; eine **erneute Vorlage** eines anderen Gerichts über dieselbe Frage ist also regelmäßig möglich[253] bzw. – falls das nationale Gericht von der Auslegung des EuGH abweichen will – verpflichtend, würde doch ansonsten die Befugnis des EuGH zur letztverbindlichen Auslegung des Unionsrechts infrage gestellt.

99

Möglich ist auch eine Zweitvorlage innerhalb desselben Verfahrens durch die nächsthöhere Instanz, falls das Gericht dem EuGH zur Präzisierung bestimmter Gesichtspunkte erneut Fragen vorlegt oder neue Gesichtspunkte auftreten, die eine andere Beurteilung durch den Gerichtshof rechtfertigen könnten.[254] Wegen der Bindungswirkung der Vorabentscheidungen (*Rn. 102 ff.*) ist eine Zweitvorlage auch unzulässig, wenn die nächsthöhere Instanz die Rechtsauffassung des EuGH nicht teilt, aber keine neuen Argumente unterbreitet.

Auch wenn die **Erheblichkeit** der Fragestellung für den konkreten Fall von den nationalen Gerichten zu beurteilen ist, kann sie schon aus unionsrechtlichen Gründen zu verneinen sein, nämlich immer dann, wenn die unionsrechtliche Norm offensichtlich nicht für die **Entscheidung des konkreten Streitfalls relevant** ist.[255] Im Rahmen des Art. 267 AEUV soll der Gerichtshof nämlich nur über praktisch bedeutsame Fragen entscheiden, nicht jedoch mit fingierten oder hypothetischen Problemen befasst werden.

100

So hält der EuGH Vorlagen z.B. dann für unzulässig, wenn der vorlegende Richter mit ihnen die Übereinstimmung von Vorschriften eines anderen Mitgliedstaates als des seinen mit dem Unionsrecht überprüfen lassen will und der Rechtsstreit zu diesem Zweck fingiert worden ist.[256] Aber auch fingierte Rechtsstreitigkeiten, die Vorschriften des Staates des vorlegenden

---

252 EuGH, Rs. 283/81 (CILFIT), Slg. 1982, 3415, Rn. 16. Zur Problematik z.B. *Broberg/Fenger*, Theorie und Praxis der Acte-clair-Doktrin des EuGH, EuR 2010, 835 ff.
253 S. nur EuGH, Rs. 69/85 (Wünsche Handelsgesellschaft/Deutschland), Slg. 1986, 947, Rn. 15.
254 EuGH, Rs. C-206/94 (Paletta), Slg. 1996, I-2357, Rn. 1 ff.
255 Vgl. etwa EuGH, Rs. C-291/96 (Grado und Bashir), Slg. 1997, I-5531, Rn. 12 ff.; s. auch EuGH, Rs. C-27/11 (Vinkov), Urt. v. 7.6.2012: Unzulässigkeit eines Vorabentscheidungsersuchens, weil kein Zusammenhang der auszulegenden unionsrechtlichen Normen mit dem Ausgangsrechtsstreit besteht bzw. ein rein innerstaatlicher Sachverhalt vorliegt.
256 EuGH, Rs. 104/79 (Foglia/Novello), Slg. 1980, 745, Rn. 9 ff.; EuGH, Rs. 244/80 (Foglia/Novello), Slg. 1981, 3045, Rn. 30 f.; EuGH, Rs. C-412/93 (Leclerc-Siplec), Slg. 1995, I-179, Rn. 12; EuGH, Rs. C-318/00 (Bacardi-Martini), Slg. 2003, I-905.

Gerichts infrage stellen, sind unzulässig.[257] Andererseits macht der Umstand allein, dass die Konformität von Rechtsvorschriften eines anderen Mitgliedstaates mit dem Unionsrecht infrage steht, die Vorlage nicht unzulässig.[258] Eine Vorlagefrage ist auch dann zulässig, wenn der Ausgangsrechtsstreit als solcher nicht durch die entsprechenden unionsrechtlichen Vorschriften erfasst wird, diese aber insofern von (mittelbarer) Bedeutung sind, als das nationale Recht (oder auch eine Vertragsbestimmung) auf sie verweist.[259] Unzulässig ist eine Vorlage aber, wenn die unionsrechtliche Vorschrift nach dem Sachverhalt „offensichtlich irrtümlich" herangezogen wurde.[260] Im Übrigen kann die Entscheidungserheblichkeit auch wegfallen, womit sich ein Vorabentscheidungsersuchen erledigt.[261]

Eine Vorlage kann grundsätzlich auch dann zulässig sein, wenn der **Sachverhalt** noch nicht so weit **aufgeklärt** ist, dass feststeht, ob es auf die unionsrechtliche Frage ankommen wird.[262] Zwar wird in Art. 267 Abs. 2 AEUV auf die Erforderlichkeit zum Erlass des Urteils abgestellt, die in diesem Stadium noch nicht feststellbar ist. Doch entspricht eine weite Auslegung der Erforderlichkeit, die auf die zweckmäßige Weiterführung des gerichtlichen Verfahrens abstellt, der Kooperationsfunktion des Vorabentscheidungsverfahrens. Allerdings muss im innerstaatlichen Verfahren der tatsächliche und rechtliche Rahmen soweit aufgeklärt sein, dass klar wird, im Hinblick auf welche Situation das Unionsrecht auszulegen ist.[263]

101 Damit der EuGH die Erforderlichkeit der Vorlage beurteilen kann, hat das vorlegende Gericht zumindest in groben Umrissen den **tatsächlichen und rechtlichen Rahmen des Rechtsstreits zu erläutern**.[264] Denn der Gerichtshof muss in die Lage versetzt werden, über die Wahrnehmung seiner eigenen Aufgabe zu urteilen und insbesondere die Zulässigkeit einer Klage bzw. einer Vorlagefrage zu bewerten.[265]

Dabei betont die jüngere Rechtsprechung, es spreche eine Vermutung für die Entscheidungserheblichkeit der Vorlagefragen des nationalen Gerichts, die es zur Auslegung des EU-Rechts in den rechtlichen und sachlichen Rahmen stellt, den es in eigener Verantwortung festgelegt und dessen Richtigkeit der EuGH nicht zu prüfen habe. Unzulässig sei eine Vorlage daher nur, wenn die erbetene Auslegung des Unionsrechts offensichtlich in keinem Zusammenhang mit der Realität oder dem Gegenstand des Ausgangsrechtsstreits steht, wenn das Problem hypothetischer Natur ist oder wenn er nicht über die tatsächlichen und rechtlichen Angaben verfügt, die für eine zweckdienliche Beantwortung der Vorlagefragen erforderlich sind.[266]

---

257 EuGH, Rs. 140/79 (Chemial Farmaceutici), Slg. 1981, 1, Rn. 7 ff.; EuGH, Rs. 46/80 (Vinal/Orbat), Slg. 1981, 77, Rn. 5 ff.; s. auch EuGH, Rs. 93/78 (Mattheus/Doego), Slg. 1978, 2203, Rn. 1 ff.; EuGH, Rs. C-310/10 (Ministerul Justitiei), Slg. 2011, I-5989: Unzulässigkeit eines Vorabentscheidungsersuchens, da es nur darum gehe, den Gerichtshof um eine Art Gutachten über die Auslegung unionsrechtlicher Vorschriften zu ersuchen, obwohl die genannten Vorschriften des EU-Rechts offensichtlich weder unmittelbar noch mittelbar auf die Umstände des Ausgangsfalls anwendbar seien.
258 EuGH, Rs. C-150/88 (Parfümerie-Fabrik 4711/Provide SRL), Slg. 1989, 3891, Rn. 11 f.
259 EuGH, Rs. C-130/95 (Giloy), Slg. 1997, I-4291, Rn. 23 ff.; EuGH, Rs. C-28/95 (Bloem), Slg. 1997, I-4161, Rn. 27. S. auch schon *Rn.* 92.
260 EuGH, Rs. C-231/89 (Gmurzynska-Bscher), Slg. 1990, I-4003, Rn. 23; EuGH, Rs. C-286/88 (Falciola), Slg. 1990, I-191, Rn. 8.
261 Für ein Beispiel: EuGH, Rs. C-180/12 (Stoilov), Urt. v. 24.10.2013.
262 EuGH, Rs. 72/83 (Campus Oil), Slg. 1984, S. 2727, Rn. 10; EuGH, Rs. 14/86 (Pretore di Salò/X), Slg. 1987, S. 2545, Rn. 11.
263 EuGH, Rs. C-83/91 (Meilicke), Slg. 1992, I-4871, Rn. 26; EuGH, Rs. C-320–322/90 (Telemarsicabruzzo), Slg. 1993, S. I-393, Rn. 6; EuGH, Rs. C-157/92 (Banchero), Slg. 1993, I-1085, Rn. 4.
264 EuGH, Rs. C-83/91 (Meilicke), Slg. 1992, I-4871, Rn. 26; EuGH, Beschluss vom 19. März 1993, Rs. C-157/92 (Banchero), Slg. 1993, I-1085, Rn. 4; EuGH, Rs. C-458/93 (Saddik), Slg. 1995, I-511, Rn. 12; EuGH, Rs. C-167/94 (Grau Gomis), Slg. 1995, I-1023, Rn. 8; EuGH, Rs. C-422–424/93 (Zabala Erasun), Slg. 1995, I-1567, Rn. 17.
265 EuGH, verb. Rs. C-422–424/93 (Teresa Zabala Erasum), Slg. 1995, I-1567, Rn. 15 f.
266 EuGH, Rs. C-290/12 (Rocca), Urt. v. 11.4.2013, Rn. 29; EuGH, Rs. C-188/10 (Melki und Abdeli), Slg. 2010, I-5667, Rn. 27.

2. Wirkung der Urteile des EuGH

Der AEUV enthält keine ausdrückliche Regelung der Wirkung der im Verfahren nach Art. 267 AEUV ergangenen Urteile. Doch folgt aus Art. 4 Abs. 3 EUV und dem Zweck des Verfahrens, dass das Urteil für das vorlegende Gericht und für diejenigen Gerichte, die im Rahmen von Rechtsmitteln und Rückverweisungen mit demselben Streitgegenstand befasst werden, **bindend** ist.[267] Es verpflichtet die nationalen Gerichte, die unionsrechtliche Frage gemäß der Auffassung des EuGH zu entscheiden.[268] Dabei muss das nationale Gericht bei der Entscheidung des Ausgangsverfahrens ggf. von der rechtlichen Beurteilung eines übergeordneten Gerichts abweichen, wenn es aufgrund des Urteils des Gerichtshofs der Auffassung ist, diese Beurteilung entspreche nicht dem Unionsrecht; eine entgegenstehende nationale Verfahrensvorschrift ist vor diesem Hintergrund ggf. unangewandt zu lassen.[269]

102

> Über diese *inter-partes*-Wirkung hinaus entfalten die Urteile eine **tatsächlich rechtsbildende** Kraft; dabei handelt es sich nicht um eine Bindungswirkung *erga omnes*, sondern um eine Präjudizwirkung, die den Urteilen des EuGH kraft seines Rangs und Ansehens in besonderem Maße zukommt, und zwar auch denjenigen, die nicht im Vorabentscheidungsverfahren ergangen sind.[270] Besondere Bedeutung hat diese Bindungswirkung für die Mitgliedstaaten, die nach Art. 4 Abs. 3 EUV zur einheitlichen und gleichmäßigen Anwendung des Unionsrechts verpflichtet sind und gegebenenfalls ihr Recht anpassen müssen, wenn sich aus einem (Vorlage-)Urteil seine Unvereinbarkeit mit dem Unionsrecht ergeben hat.

Im Unterschied zu Auslegungsurteilen und Urteilen, mit denen die Gültigkeit einer Vorschrift bejaht wird, entfalten Urteile, die die **Ungültigkeit** einer Vorschrift feststellen, eine **allgemeine Bindungswirkung**,[271] die sie aus den sonstigen Vorabentscheidungen heraushebt.

103

> Zwar gebraucht der EuGH den Begriff der allgemeinen Bindung oder gleichbedeutende Ausdrücke nicht, sondern formuliert, dass sein Urteil für jedes Gericht ein „ausreichender Grund" sei, die Vorschrift bei den von ihm zu erlassenden Entscheidungen als ungültig anzusehen.[272] Doch hat er durch die analoge Anwendung von Art. 266 AEUV, wonach die Organe der EU die sich aus den Nichtigkeitsurteilen ergebenden Folgen ziehen müssen, und Art. 264 Abs. 2 AEUV, der die zeitliche Wirkung von Nichtigkeitsurteilen zu nuancieren erlaubt, zu erkennen gegeben, dass er zwischen Nichtigkeitsurteilen und Vorabentscheidungsurteilen, mit denen eine Vorschrift für ungültig erklärt wird, keinen grundsätzlichen Unterschied macht.

Die Bindungswirkung der Vorabentscheidungsurteile gilt – mangels einer vertraglich vorgesehenen Möglichkeit der Beschränkung der zeitlichen Wirkung der Urteile nach Art. 267 AEUV – grundsätzlich auch für die Entscheidung in der Vergangenheit bereits **abgeschlossener Sachverhalte**.[273] Allerdings hat der EuGH in Anlehnung an den Rechtsgedanken der Art. 264 Abs. 2, 266 AEUV, die **zeitliche Wirkung** der Urteile gleichwohl **ausnahmsweise** beschränkt,[274] dies vor dem Hintergrund, das Interesse an der Wahrung des objektiven Rechts mit den Erfordernissen der Rechtssicherheit zu verbinden.

104

---

267 EuGH, Gutachten 1/91 (EWR), Slg. 1991, I-6079, Rn. 54 ff.
268 EuGH, Rs. 69/85 (Wünsche), Slg. 1986, 947, Rn. 13.
269 EuGH, Rs. C-173/09 (Elchinov), Slg. 2010, I-8889; EuGH, Rs. C-396/09 (Interedil), Slg. 2011, I-9915.
270 EuGH, Rs. 283/81 (CILFIT), Slg. 1982, 3415, Rn. 14, in dem hinsichtlich des Konzepts der „gesicherten Rechtsprechung" des EuGH nicht nach der Verfahrensart unterschieden wird.
271 EuGH, Rs. 112/83 (Produits de maïs), Slg. 1985, 719, Rn. 16.
272 EuGH, Rs. 66/80 (International Chemical Corporation), Slg. 1981, 1215, Rn. 13.
273 EuGH, Rs. 210/87 (Padovani), Slg. 1988, 6177, Rn. 12.
274 EuGH, Rs. C-262/88 (Barber), Slg. 1990, I-1889, Rn. 41; EuGH, Rs. C-228/92 (Roquettes Frères), Slg. 1994, I-1445, Rn. 19 ff.; EuGH, Rs. C-163/90 (Legros), Slg. 1992, I-4625, Rn. 30.

D. Der Ablauf des Verfahrens vor dem EuGH und dem EuG – ein Überblick

105 Das Verfahren vor dem EuGH[275] ist in den **Gründungsverträgen** (Art. 251 ff. AEUV, Art. 136 ff. EAGV), in der diesen als Protokoll beigefügten **Satzung des EuGH**[276] und in der **Verfahrensordnung** (VfO)[277] des EuGH niedergelegt.[278] Das **Verfahren vor dem EuG**[279] ergibt sich auf dieser Grundlage aus der Satzung des Gerichtshofs und der Verfahrensordnung des EuG.[280]

> Nach Art. Art. 253 Abs. 6, 254 Abs. 5 AEUV erlassen der Gerichtshof und das Gericht – als Ausfluss ihres Selbstorganisationsrechts – selbst die Verfahrensordnungen; sie bedürfen allerdings der Genehmigung durch den Rat.
> Die Grundzüge und hauptsächlichen Charakteristika des Verfahrens sind in den primärrechtlichen Bestimmungen enthalten und für die beiden Gerichte im Wesentlichen identisch,[281] so dass im Folgenden nur auf die VfO des EuGH Bezug genommen wird.

106 Das Verfahren – das sich in einen **schriftlichen** und einen **mündlichen** Teil gliedert – zeichnet sich dadurch aus, dass weitgehend die **Offizialmaxime** Anwendung findet. Die Parteien – abgesehen von den Mitgliedstaaten und den Unionsorganen, die von Bevollmächtigten vertreten sind, Art. 19 Abs. 1 EuGH-Satzung – müssen durch einen **Anwalt** vertreten sein,[282] der in einem Mitgliedstaat zugelassen ist (Art. 19 Abs. 3, 4 EuGH-Satzung). Bei Vorabentscheidungsverfahren wird aber den vor den nationalen Gerichten geltenden Verfahrensvorschriften Rechnung getragen, so dass diese in der Sache auch für die Vertretung vor dem EuGH Anwendung finden (Art. 97 Abs. 3 VfO). Der Kläger bzw. das vorlegende Gericht wählt die **Sprache** unter den zugelassenen (24) Sprachen, soweit nichts anderes bestimmt ist (Art. 37 VfO).

> Bei Klagen gegen einen Mitgliedstaat oder eine Person aus einem Mitgliedstaat ist die Amtssprache dieses Staates Verfahrenssprache (Art. 37 Abs. 1 VfO). Für den internen Verfahrensablauf bedient sich der Gerichtshof der französischen Sprache.

107 Das **schriftliche Verfahren** (Art. 20 ff. EuGH-Satzung, Art. 57 f., 120 ff. VerfO) wird durch eine Klageschrift oder durch die Übermittlung der Vorlageentscheidung eines nationalen Gerichts eingeleitet. Danach hat der Beklagte die Klage innerhalb von zwei Monaten nach Zustellung zu beantworten (Art. 124 VerfO); innerhalb vom Präsidenten festgelegter Fristen können eine Erwiderung des Klägers und eine Gegenerwiderung des Beklagten erfolgen (Art. 126 VerfO). Im Vorabentscheidungsverfahren darf jeder Beteiligte allerdings nur einen Schriftsatz vorlegen (Art. 23 Abs. 2 EuGH-Satzung).

---

[275] Ausführlich hierzu etwa die Beiträge in: *Rengeling/Middeke/Gellermann* (Hg.), Handbuch des Rechtsschutzes in der EU *(E.III.)*, §§ 21 ff.; *Pechstein*, EU-/EG-Prozessrecht *(E.III.)*, Rn. 121 ff. S. im Übrigen den Kommentar der EuGH-Satzung und der Verfahrensordnungen von *Wägenbaur (E.V.)*.
[276] Protokoll über die Satzung des Gerichtshofs, ABl. L 80/2001, 53 = HER I A 83/1.
[277] Verfahrensordnung des Gerichtshofs vom 25.9.2012, ABl. L 265/2012, 1= HER I A 83/2. Zu dieser *Dittert*, Die neue Verfahrensordnung des EuGH, EuZW 2013, 726 ff.; *Gaudissart*, La refonte du règlement de procédure de la Cour de justice, CDE 2012, 603 ff.
[278] Von Bedeutung ist darüber hinaus noch die „Zusätzliche Verfahrensordnung" vom 4.12.1974, ABl. L 350/1974, 29 = HER I A 83/3, die einige verfahrensrechtliche Besonderheiten betrifft.
[279] Der Beschluss zur Errichtung eines Gerichtes erster Instanz (ABl. L 319/1988, 1) wurde mit dem Vertrag von Nizza aufgehoben.
[280] ABl. L 136/1991, 1, kodifizierte Fassung in ABl. C 177/2010, 37 = HER I A 84/2.
[281] S. auch Art. 53 Abs. 1 EuGH-Satzung, der für das Verfahren vor dem Gericht ausdrücklich auf die für den EuGH anwendbaren Vorschriften verweist.
[282] Zur anwaltlichen Vertretung vor den Unionsgerichten (insbesondere den Anforderungen an die Unabhängigkeit des Anwalts, die das Fehlen jedes Beschäftigungsverhältnisses zwischen dem Anwalt und seinem Mandanten impliziere) EuGH, verb. Rs. C-422/11 P, C-423/11 P (PUKE und Polen/Kommission), Urt. v. 6.9.2012.

Nach Eingang einer Klage oder eines Vorabentscheidungsersuchens bestimmt der Präsident einen Berichterstatter (Art. 15 Abs. 1 VfO). Auf der Grundlage des Vorberichts des Berichterstatters verweist die Generalversammlung des Gerichtshofs die Rechtssache an eine Kammer oder an das Plenum (Art. 60 VerfO). Sämtliche Rechtsmittelverfahren gegen Entscheidungen des EuG, die Vorabentscheidungsersuchen und Direktklagen können an die Kammern verwiesen werden. Es bestehen Kammern zu drei und fünf Richtern sowie eine Große Kammer mit 13 Richtern (Art. 16 Abs. 1, 2 EuGH-Satzung). Letztere wird nur dann mit einer Sache befasst, wenn ein am Verfahren beteiligter Mitgliedstaat oder Unionsorgan dies beantragt (Art. 16 Abs. 3 EuGH-Satzung). Das Plenum wird nur ausnahmsweise in abschließend aufgezählten Fällen sowie bei einer außergewöhnlichen Bedeutung einer Rechtssache tätig (Art. 16 Abs. 4, 5 EuGH-Satzung).

Dem Gerichtshof wird damit in Bezug auf die Kammerzuweisung ein gewisser Ermessensspielraum eingeräumt. Dies wird insbesondere in Deutschland teilweise unter dem Gesichtspunkt des „gesetzlichen Richters" kritisiert. Die Unionsrechtsordnung sieht aber die Neutralität der Rechtsprechung in erster Linie durch die Unparteilichkeit und Unabhängigkeit der Richter garantiert, so dass der Ansatz des Art. 101 Abs. 1 S. 2 GG nicht unbesehen auf die EU-Rechtsordnung übertragen werden kann.[283]

Das **mündliche Verfahren** umfasst die Anhörung der Bevollmächtigten, Beistände und Anwälte und (grundsätzlich[284]) der Schlussanträge des Generalanwalts (Art. 20 Abs. 4 EuGH-Satzung). Grundsätzlich besteht eine Pflicht zur Durchführung eines mündlichen Verfahrens, von der jedoch Ausnahmen vorgesehen sind.[285] Das mündliche Verfahren dient in erster Linie der Gewährung des rechtlichen Gehörs, bietet aber auch den Richtern die Gelegenheit, sich durch direkte Fragen an die Parteien Klarheit über komplexe, häufig in eine den Richtern nicht vertraute Rechtsordnung eingebundene Rechts- und Sachfragen zu verschaffen.

108

Einige Verfahrensvorschriften tragen der über die Parteien hinausgehenden **Bedeutung der Rechtsstreitigkeiten** Rechnung. So können die Mitgliedstaaten und die Organe der Union jedem Rechtsstreit beitreten (Art. 40 Abs. 1 EuGH-Satzung). Andere Personen können grundsätzlich beitreten, wenn sie ein berechtigtes Interesse am Ausgang des Rechtsstreits glaubhaft machen (Art. 40 Abs. 2 EuGH-Satzung).

109

Das Interesse von Wirtschafts- und sonstigen Verbänden an der Interessenwahrung ihrer Mitglieder genügt hierfür.[286] Es muss allerdings ein Interesse am Streitausgang bestehen; ein bloßes Interesse an der Bestätigung bestimmter Rechtsauffassungen genügt nicht;[287] auch das Interesse von Gewerkschaften am wirtschaftlichen Wohlergehen von Unternehmen und damit am Erhalt von Arbeitsplätzen reicht nicht ausreichend.[288] Die Mitgliedstaaten und die Organe sowie nach Maßgabe der Verfahrensordnung auch natürliche und juristische Personen können gegen Entscheidungen des EuG, mit Ausnahme von Fällen, die sich auf Streitsachen zwischen der Union und ihren Bediensteten beziehen, auch dann ein Rechtsmittel einlegen, wenn sie dem Rechtsstreit nicht beigetreten waren, Art. 42 EuGH-Satzung.
Bei Vorabentscheidungsverfahren ist der Beitritt nicht zulässig; doch können Intervenienten des nationalen Ausgangsverfahrens zum Verfahren Stellung nehmen.

---

283 Vgl. zum Problemkreis *Wichard*, Erwiderung auf Mößlang, EuZW 1996, 305 f.; s. auch EuGH, Rs. C-7/94 (Gaal), Slg. 2005, I-1031.
284 Seit dem Vertrag von Nizza sind Schlussanträge eines Generalanwalts nicht mehr in jedem Fall gefordert, sondern nur in den von der Satzung vorgesehenen Konstellationen. Nach Art. 20 Abs. 5 EuGH-Satzung kann der Gerichtshof beschließen, dass eine Rechtssache, die keine neue Rechtsfrage aufwirft, ohne Schlussanträge des Generalanwalts entschieden wird.
285 Vgl. nur *Tichadou*, in: Rengeling/Middeke/Gellermann (Hg.), Handbuch des Rechtsschutzes in der EU (E.III.), § 25, Rn. 1.
286 EuGH, Rs. 41/73 u.a. (Générale Sucrière), Slg. 1973, 1465, Rn. 2 ff. (Verbraucherverband); vgl. auch EuGH, Rs. 175/73 (Gewerkschaftsbund, Massa und Kortner), Slg. 1974, 917, Rn. 21 (Beamtengewerkschaft); EuG, Rs. T-138/98 (ACAV u.a./Rat), Slg. 1999, II-1797, Rn. 12 ff.
287 EuGH, Rs. 116, 124 und 143/77 (Amylum), Slg. 1978, 893, Rn. 6/7 ff.
288 EuGH, Rs. 197/80 u.a. (Walzmühle), Slg. 1981, 1041, Rn. 8 f.

110 Klagen und Rechtsmittel gegen Urteile des EuG an den EuGH haben **keine aufschiebende Wirkung** (Art. 278 AEUV, Art. 60 Abs. 1 EuGH-Satzung). Das Gericht kann jedoch auf Antrag des Klägers, wenn es dies den Umständen nach für nötig hält, die Durchführung der angefochtenen Handlung aussetzen (Art. 278 AEUV) oder den Vollzug nur unter bestimmten Bedingungen zulassen.[289] Auch sonstige **einstweilige Anordnungen** sind zulässig bzw. möglich (Art. 279 AEUV).

In Abweichung von diesen Grundsätzen wird ein erstinstanzliches Urteil, das eine Verordnung für nichtig erklärt, erst nach Zurückweisung des Rechtsmittels wirksam, es sei denn, der EuGH setzt auf Antrag die Wirkung dieser Verordnung aus (Art. 60 Abs. 2 EuGH-Satzung).

Der Erlass von Maßnahmen des vorläufigen Rechtsschutzes durch die Unionsgerichtsbarkeit[290] setzt insbesondere voraus, dass die Klage in der Hauptsache nicht offensichtlich unbegründet ist und rechtliche und tatsächliche Fragen aufwirft, die dem Verfahren in der Hauptsache vorbehalten bleiben müssen. Weiter muss ein schwerer und nicht wiedergutzumachender Schaden drohen,[291] und das Interesse des Antragstellers muss schwerer wiegen als dasjenige der Union und möglicherweise betroffener Dritter.[292]

111 Das Verfahren ist grundsätzlich **kostenfrei** (Art. 143 VfO). Das Gericht entscheidet über die Übernahme der den Parteien entstandenen Kosten im Endurteil oder in dem Beschluss, der das Verfahren beendet. Grundsätzlich hat die unterliegende Partei die Kosten zu tragen (Art. 137 ff. VfO).

112 Gegen Endentscheidungen und Entscheidungen des EuG, die einen Zwischenstreit beenden, kann innerhalb von zwei Monaten nach Zustellung ein auf Rechtsfragen beschränktes **Rechtsmittel** beim EuGH eingelegt werden (Art. 56, 58 EuGH-Satzung). Ist das Rechtsmittel begründet, hebt der EuGH die Entscheidung auf. Er kann selbst entscheiden, ob die Sache zur Entscheidung reif oder an das Gericht zurückzuweisen ist (Art. 61 EuGH-Satzung).

Werden Fachgerichte gebildet, so muss gegen deren Urteile ein Rechtsmittel vor dem Gericht eröffnet sein (Art. 257 AEUV).

113 Die auf Zahlung lautenden Urteile sind gemäß Art. 280, 299 AEUV mit Ausnahme derjenigen, die gegen Mitgliedstaaten ergangen sind, vollstreckbar. Die **Zwangsvollstreckung** erfolgt nach den Vorschriften des Zivilprozessrechts des Staates, in dem sie stattfindet.

Zur Erteilung der Vollstreckungsklausel ist von der Regierung jedes Mitgliedstaates eine staatliche Behörde zu bestimmen,[293] die lediglich die Echtheit des Titels nachprüfen darf.[294] Die Zwangsvollstreckung kann nur durch eine Entscheidung des EuGH ausgesetzt werden (Art. 299 Abs. 4 AEUV). Von praktischer Bedeutung ist die Vollstreckungsmöglichkeit vor allem bei Kostenentscheidungen.

---

289 EuGH, Beschluss, Rs. 3/75 R (Johnson & Firth Brown), Slg. 1975, 1, Rn. 2/5.
290 Zu den unionsrechtlichen Vorgaben in Bezug auf den vorläufigen Rechtsschutz vor nationalen Gerichten § 8 Rn. 26.
291 Hierzu EuG, Rs. T-291/04 R (Enviro Tech Europe), Slg. 2005, II-475; EuG, Rs. T-85/05 R (Dimos), Slg. 2005, II-1721; EuG, Rs. T-195/05 R (Deloitte Business), Slg. 2005, II-3485.
292 EuGH, Rs. C-195/90 R (Kommission/Deutschland), Slg. 1990, I-3351; EuGH, Rs. C-320/03 R (Kommission/Österreich), Slg. 2003, I-11665 (Fahrverbot auf der Inntalautobahn; als Beispiel einer ausführlichen Interessenabwägung vgl. EuG, Rs. T-346/06 R (Industria Masetto/Kommission), Slg. 2007, II-1781. Zu Fragen der Beweislast EuG, Rs. T-120/07 R (MB Immobilien VerwaltungsGmbH/Kommission), Urt. v. 11.10.2007. Zum einstweiligen Rechtsschutz vor dem EuGH etwa *Thiele*, Europäisches Prozessrecht *(E.III.)*, § 11, Rn. 1 ff.; ausführlich *Sladic*, Einstweiliger Rechtsschutz im Gemeinschaftsprozessrecht, 2008.
293 In Deutschland das BMJ, Bekanntmachung vom 3.2.1961, BGBl. II 50.
294 Beschluss des BVerfG, 10.4.87, EuR 1987, 269. Zu den diesbezüglichen praktischen Schwierigkeiten *Scheuing*, Rechtsprobleme bei der Durchsetzung des Gemeinschaftsrechts in der Bundesrepublik Deutschland, EuR 1985, 229 (251).

E. Literatur

(Zur Organisation des EuGH auch die Literaturhinweise bei *Kap. 4*)

I. Auslegung

Accetto, Matej/Zleptnig, Stefan, The Principle of Effectiveness: Rethinking Its Role in Community Law, EPL 2005, 375 ff.; *Bernhardt, Rudolf*, Zur Auslegung des europäischen Gemeinschaftsrechts, FS Hans Kutscher, Baden-Baden 1981, 17–24; *Bieber, Roland/Ress, Georg* (Hg.), Die Dynamik des Europäischen Gemeinschaftsrecht/The Dynamics of EC-Law, Baden-Baden 1987; *Carpano, Eric* (Hg.), Le revirement de jurisprudence en droit européen, Brüssel 2012; *Colneric, Ninon*, Auslegung des Gemeinschaftsrechts und gemeinschaftsrechtskonforme Auslegung, ZEuP 2005, 225 ff.; *von Danwitz, Thomas*, Der Einfluss des nationalen Rechts und der Rechtsprechung der Gerichte der Mitgliedstaaten auf die Auslegung des Gemeinschaftsrechts, ZESAR 2008, 57 ff.; *von Danwitz, Thomas*, Funktionsbedingungen der Rechtsprechung des Europäischen Gerichtshofs, EuR 2008, 769 ff.; *Dederichs, Mariele*, Die Methodik des EuGH, Baden-Baden 2004; *Everling, Ulrich*, Richterliche Rechtsfortbildung in der EG, JZ 2000, 217 ff.; *Gänswein, Olivier Rolf*, Der Grundsatz unionsrechtskonformer Auslegung nationalen Rechts – Erscheinungsformen und dogmatische Grundlage eines Rechtsprinzips des Unionsrechts, St. Gallen 2009; *Grosche, Nils*, Rechtsfortbildung im Unionsrecht, Tüingen 2011; *Groux, Jean*, Divergences et conflits, dans l'interprétation du traité CEE, entre la pratique suivie par les Etats membres et la jurisprudence de la Cour de justice des Communautés européennes, in: LA Pierre Pescatore, Baden-Baden 1987, 275–286; *Kutscher, Hans*, Thesen zu den Methoden der Auslegung des Gemeinschaftsrechts aus der Sicht eines Richters, in: Gerichtshof der EG, Begegnung von Justiz und Hochschule 27./28. September 1976, Luxemburg 1976; *Leisner, Walter Georg*, Die subjektiv-historische Auslegung des Gemeinschaftsrechts – Der „Wille des Gesetzgebers" in der Judikatur des EuGH, EuR 2007, 689 ff.; *Potacs, Michael*, Auslegung im öffentlichen Recht – Eine vergleichende Untersuchung der Auslegungspraxis des Europäischen Gerichtshofs und der österreichischen Gerichtshöfe des öffentlichen Rechts, Baden-Baden 1994; *Potacs, Michael*, Effet utile als Auslegungsgrundsatz, EuR 2009, 465 ff.; *Roth, Günter H./Hilpold, Peter* (Hg.), Der EuGH und die Souveränität der Mitgliedstaaten. Eine kritische Analyse richterlicher Rechtsschöpfung auf ausgewählten Rechtsgebieten, 2008; *Seyr, Sibylle*, Der *effet utile* in der Rechtsprechung des EuGH, 2008; *Streinz, Rudolf*, Die Auslegung des Gemeinschaftsrechts durch den EuGH – eine kritische Betrachtung, ZEuS 2004, 387 ff.; *Tinç, Mehmet Rifat*, L'interprétation « contra legem » devant les Cours européennes des Droits de l'homme et de la Justice, RDUE 2009, 493 ff.; *Walter, Konrad*, Rechtsfortbildung durch den EuGH, Berlin 2009.

II. Rolle des EuGH

Azoulai, Loic, Le rôle constitutionnel de la Cour de justice des Communautés européennes tel qu'il se dégage de sa jurisprudence, RTDE 2008, 29 ff.; *Calliess, Christian*, Grundlagen, Grenzen und Perspektiven europäischen Richterrechts, NJW 2005, 929 ff.; *von Danwitz, Thomas*, Verfassungsrechtliche Herausforderungen in der jüngeren Rechtsprechung des Gerichtshofs der Europäischen Union, EuGRZ 2013, 253 ff.; *Everling, Ulrich*, Zur Gerichtsbarkeit der Europäischen Union, FS Hans-Werner Rengeling, Köln 2008, 527 ff.; *Horsley, Thomas*, Reflections on the role of the Court of Justice as the « motor » of European integration : Legal limits to judicial lawmaking, CMLRev. 2013, 931 ff.; *Kokott, Juliane*, Der pouvoir neutre im Recht der Europäischen Union, ZaöRV 2009, 275 ff.; *Mayer, Franz C.*, Kompetenzüberschreitung und Letztentscheidung. Das Maastricht-Urteil des Bundesverfassungsgerichts und die Letztentscheidung über Ultra vires-Akte in Mehrebenensystemen, München 2000; *Müller-Graff, Peter-Christian/Scheuing, Dieter H.* (Hg.), Gemeinschaftsgerichtsbarkeit und Rechtsstaatlichkeit, EuR 2008, Beiheft 2; *Rasmussen, Hjalte*, On law and policy in the European Court of Justice: a comparative study in judicial policy making, Dordrecht/Boston u.a. 1986; *Rasmussen, Hjalte*, Present and future European judicial problems after enlargement and the post-2005 ideological revolt, CMLRev. 2007, 1661 ff.; *Skou-*

ris, Vassilios, Entwicklungsperspektiven der europäischen Gerichtsbarkeit. Bemerkungen aus Anlass des fünfzigjährigen Bestehens der Römischen Verträge, FS D. Merten, 2007, 383 ff.; *Tohidipur, Timo,* Europäische Gerichtsbarkeit im Institutionensystem der EU. Zu Genese und Zustand justizieller Konstitutionalisierung, Baden-Baden 2008; *Voßkuhle, Andreas,* Der europäische Verfassungsgerichtsverbund, NVwZ 2010, 1 ff.

III. EuGH – Rechtsschutz und Verfahren allgemein

Barents, René, The Court of Justice after the Treaty of Lisbon, CMLRev. 2010, 709 ff.; *Dörr, Oliver/Lenz, Christofer,* Europäischer Verwaltungsrechtsschutz, Baden-Baden 2006; *Everling, Ulrich,* Rechtsschutz in der EU nach dem Vertrag von Lissabon, EuR Beiheft 1/2009, 71 ff.; *Frenz, Walter,* Handbuch Europarecht. Bd. 5: Wirkungen und Rechtsschutz, Heidelberg u.a. 2010; *Haltern, Ulrich,* Verschiebungen im europäischen Rechtsschutzsystem, VerwArch 2005, 311 ff.; *Hofstötter, Bernhard,* Non-Compliance of National Courts: Remedies in European Community Law and Beyond, Den Haag 2005; *Kokott, Juliane/Dervisopoulos, Ioanna/Henze, Thomas,* Aktuelle Fragen des effektiven Rechtsschutzes durch die Gemeinschaftsgerichte, EuGRZ 2008, 10 ff.; *Komarek, Jan,* Federal Elements in the Community Judicial System: Building Coherence in the Community Legal Order, CMLRev. 2005, 9 ff.; *Lenaerts, Koen,* The rule of law and the coherence of the judicial system of the European Union, CMLRev. 2007, 1625 ff.; *Lenaerts, Koen,* La systématique des voies de recours dans l'ordre juridique de l'Union européenne, Mélanges Georges Vandersanden, Brüssel 2008, 257 ff.; *Müller-Graff, Peter-Christian/Scheuing, Dieter* (Hg.), Gemeinschaftsgerichtsbarkeit und Rechtsstaatlichkeit, EuR Beiheft 3/2008; *Pechstein, Matthias,* EU-/EG-Prozessrecht, 4. Aufl., Tübingen 2011; *Pernice, Ingolf,* Die Zukunft der Unionsgerichtsbarkeit. Zu den Bedingungen einer nachhaltigen Sicherung effektiven Rechtsschutzes im Europäischen Verfassungsverbund, EuR 2011, 151 ff.; *Rengeling, Hans-Werner/Middeke, Andreas/Gellermann, Martin* (Hg.), Handbuch des Rechtsschutzes in der Europäischen Union, 3. Aufl., München 2014; *Thiele, Alexander,* Europäisches Prozessrecht, München 2007; *Türk, Alexander H.,* Judicial Review in EU Law, Cheltenham 2009; *Vandersanden, Geroges,* Le système juridictionnel communautaire après Nice, CDE 2003, 3 ff.; *Wathelet, Melchior,* Contentieux européen, Brüssel 2010; *Wegener, Bernhard W.,* Der Numerus Clausus der Klagearten – eine Gefahr für die Effektivität des Rechtsschutzes im Gemeinschaftsrecht?, EuGRZ 2008, 354 ff.; *de Wet, Erika,* The Role of European Courts in the Development of a Hierarchy of Norms within International Law: Evidence of Constitutionalisation?, ECLRev. 2009, 284 ff.

IV. Vorabentscheidungsverfahren

Anagnostaras, Georgios, Preliminary problems and jurisdiction uncertainties: the admissibility of Questions referred by bodies performing quasi-judicial functions, ELR 2005, 878 ff.; *Barents, René,* Directory of EU Case Law on the Preliminary Ruling Procedure, Austin u.a. 2009; *Bobek, Michal,* Learning to talk: Preliminary rulings, the courts of the new Member States and the Court of Justice, CMLRev. 2008, 1611 ff.; *Broberg, Morten, Acte clair* revisited: Adapting the *acte clair* criteria to the demands of the times, CMLRev. 2008, 1383 ff.; *Broberg, Morten,* Preliminary References by Public Administrative Bodies: When Are Public Administrative Bodies Competent to Make Preliminary References to the European Court of Justice?, EPL 2009, 207 ff.; *Broberg, Morten/Fenger, Niels,* Le renvoi préjudiciel à la Cour de justice de l'Union européenne, Brüssel 2013; *Foerster, Max,* Vorabentscheidungsersuchen nach Art. 267 AEUV und Anhängigkeit derselben Rechtsfrage am EuGH, EuZW 2011, 901 ff.; *Germelmann, Claas Friedrich,* Wie weit reicht die Wirkung von Ungültigerklärungen im Vorabentscheidungsverfahren?, EuR 2009, 254 ff.; *Hummert, Katharina,* Neubestimmung der acte-clair-Doktrin im Kooperationsverhältnis zwischen EG und Mitgliedstaat, Berlin 2006; *Hüßtege, Rainer,* The ECJ and the national courts – The acte-clair-doctrine in the German judicial practice, ELF 2010, 250 ff.; *Kastelik-Smaza, Agnieszka,* Das Vorabentscheidungsverfahren aus der Sicht des individuellen Rechtsschutzes, Baden-Baden 2010; *Komarek, Jan,* In the Court(s) we trust? On the need for hierarchy and differentiation in the preliminary ruling procedure, ELR 2007, 467 ff.; *Naômé, Caroline,* Le renvoi préjudiciel en droit européen, 2. Aufl., Brüssel 2010; *Pertek, Jacques,* Coopération entre juges nationaux et Cour de justice de l'UE. Le renvoi préjudiciel, Brüssel 2013; *Poltorak, Nina,* Ratione temporis application of the preliminary rulings procedure, CMLRev. 2008, 1357 ff.; *Rennert, Klaus,* Effektivität des Rechtsschutzes und Vorabentscheidungsverfahren – Die Perspektive der nationalen Gerichtsbarkeit, EuGRZ 2008, 385 ff.; *Schröder, Meinhard,* Die Vorlagepflicht zum EuGH aus europarechtlicher und nationaler Perspektive, EuR 2011, 808 ff.; *Skouris, Vassilios,* Stellung und Bedeutung des Vorabentscheidungsverfahrens im europäischen Rechtsschutzsystem, EuGRZ 2008, 341 ff.; *Thomy, Patricia,* Individualrechtsschutz durch das Vorabentscheidungsverfahren, Baden-Baden 2009.

V. EuGH – Sonstige Verfahrensarten und -aspekte

Adam, Stanislas, La procédure d'avis devant la Cour de justice de l'UE, Brüssel 2011; *Andersen, Stine,* Procedural Overview and Substantive Comments on Articles 226 and 228 EC, YEL 2008, 121 ff.; *Arnull, Anthony,* The Principle of Effective Judicial Protection in EU Law: An Unruly Horse?, ELR 2011, 51 ff.; *Baumeister, Bruno Walter Martin,* Das Klagerecht regionaler Gebietskörperschaften im Europarecht, Baden-Baden 2010; *Bitter, Stephan,* Die Sanktion im Recht der Europäischen Union. Der Begriff und seine Funktion im europäischen Rechtsschutzsystem, Heidelberg 2011; *Burrows, Noreen/Greaves, Rosa,* The Advocate General and EC Law, 2007; *Castillo de la Torre, Fernando,* Interim measures in Community courts: Recent trends, CMLRev. 2007, 273 ff.; *Cazet, Safia,* Le recours en carence en droit de l'UE, Brüssel 2012; *Coutron, Laurent,* La contestation incidente des actes de l'Union européenne, Brüssel 2008; *Everling, Ulrich,* Die Mitgliedstaaten der Europäischen Union unter der Aufsicht von Kommission und Gerichtshof, FS Josef Isensee, 2007, 773 ff.; *Gänser, Christian/Stanescu, Ruxandra,* La protection juridictionnelle des particuliers au sein de l'Union europénne, RDUE 2013, 747 ff.; *Germelmann, Claas Friedrich,* Die Rechtskraft von Gerichtsentscheidungen in der Europäischen Union, Tübingen 2009; *Grimmel, Andreas,* Der Kontext als Schlüssel für ein angemessenes Verständnis der Integration durch Recht in Europa – am Beispiel der aktuellen Grundrechtsrechtsprechung des EuGH, EuR 2013, 146 ff.; *Houppermans, Valérie-Anne/Pecho, Peter,* L'inflation des désistements et le pouvoir de la Commission européenne dans le cadre de l'article 226 CE, RTDE 2006, 289 ff.; *Kilbey, Ian,* The Interpretation of Article 260 TFEU (ex 228 EC), ELR 2010, 370 ff.; *Krämer, Hannes,* Individualrechtsschutz gegen die Versagung der Vornahme nicht-klägergerichteter Hoheitsakte im System des Gemeinschaftsprozessrechts, EuR 2008, 104 ff.; *Last, Christina,* Garantie wirksamen Rechtsschutzes gegen Maßnahmen der Europäischen Union, Tübingen 2008; *Lenaerts, Koen,* Le traité de Lisbonne et la protection juridictionnelle des particuliers en droit de l'Union, CDE 2009, 711 ff.; *Ottaviano, Marco,* Der Anspruch auf rechtzeitigen Rechtsschutz im Gemeinschaftsprozessrecht, Tübingen 2009; *Peers, Steve,* Sanctions for Infringement of EU Law after the Treaty of Lisbon, EPL 2012, 33 ff.; *Säuberlich, Uwe,* Die außervertragliche Haftung im Gemeinschaftsrecht, Berlin 2005; *Schröder, Jan,* Rechtsschutz gegenüber rechtmäßigem Handeln der Europäischen Union, Berlin 2005; *de Schutter, Olivier,* Public Interest Litigation Before the European Court of Justice, MJ 2006, 9 ff.; *Smith, Melanie,* Inter-institutional Dialogue and the Establishment of Enforcement Norms: A Decade of Financial Penalties under Article 228 EC (now Article 260 TFEU), EPL 2010, 547 ff.; *Thiele, Carmen,* Sanktionen gegen EG-Mitgliedstaaten zur Durchsetzung von Europäischem Gemeinschaftsrecht – Das Sanktionsverfahren nach Art. 228 Abs. 2 EG, EuR 2008, 320 ff.; *Varju, Marton,* The Shaping of Infringement Procedures in European Union Law: The Rights and Safeguards of the Defendant Member State, MJ 2012, 400 ff.; *Wägenbaur, Bertrand,* EuGH VerfO. Satzung und Verfahrensordnungen EuGH/EuG, Kommentar, München 2008; *Wägenbaur, Bertrand,* Court of Justice oft he European Union. Commentary on statute and rules of procedure, München 2013; *Ward, Angela,* Judicial Review and the Rights of Private Parties in EC Law, 2. Aufl., Oxford 2007.

VI. Verhältnis zu anderen internationalen Gerichtsbarkeiten

Berramdane, Abdelkhaleq, La CJCE au Carrefour des systèmes juridiques, Mélanges Georges Vandersanden, Brüssel 2008, 227 ff.; *Bronckers, Marco*, The relationship of the EC courts with other international tribunals: Non-committal, respectful or submissive?, CMLRev. 2007, 601 ff.; *Lavranos, Nikolaos*, Das Rechtsprechungsmonopol des EuGH im Lichte der Proliferation internationaler Gerichte, EuR 2007, 440 ff.; *Lock, Tobias*, Das Verhältnis zwischen dem EuGH und internationalen Gerichten, Tübingen 2010; *Ullrich, Gerhard*, Internationale Gerichte bzw. Beschwerdeausschüsse und das Vorlageverfahren an den EuGH nach Art. 267 AEUV, EuR 2010, 573 ff.

Teil B Grundfreiheiten und Politikbereiche

§ 10 Diskriminierungsverbot aus Gründen der Staatsangehörigkeit und allgemeine Prinzipien der Grundfreiheiten

A. Grundlagen

Das Vertragsziel der Errichtung eines **Binnenmarktes** (Art. 3 Abs. 3 EUV, Art. 26 AEUV) umfasst nach Art. 26 Abs. 2 AEUV einen Raum ohne Binnengrenzen, in dem der freie Verkehr von Waren, Personen, Dienstleistungen und Kapital auf der Grundlage eines unverfälschten Wettbewerbs gewährleistet ist. Er wird in erster Linie durch die sog. **Grundfreiheiten** garantiert. 1

> Aus **ökonomischer Sicht** sollen die Grundfreiheiten die möglichst effiziente Allokation der wirtschaftlichen Ressourcen gewährleisten. Insofern liegt ihnen ein liberales Marktverständnis zugrunde, das im Übrigen auch in anderen vertraglichen Bestimmungen – insbesondere im Wettbewerbsrecht (§ 12) – zum Ausdruck kommt. Wenn damit das „Wirtschaftsmodell" des Vertrages auch auf marktwirtschaftlichen Grundlagen beruht, sind den Verträgen doch auch (gewichtige) Anhaltspunkte dafür zu entnehmen, dass unerwünschte „Nebenwirkungen" der Liberalisierung durch entsprechende Unionsmaßnahmen abgefedert werden sollen und die Union darüber hinaus weitere eigenständige Zielsetzungen in anderen Politikbereichen verfolgt. Zu erwähnen sind in diesem Zusammenhang insbesondere die Sozial- und die Regionalpolitik (§ 22, 27).[1]

Die Grundfreiheiten werden entsprechend der Gliederung des Vertrages in vier Kategorien eingeteilt: der freie **Warenverkehr** (Art. 28 ff. AEUV), der freie **Personenverkehr** von Selbstständigen und Unselbstständigen (Art. 45 ff., 49 ff. AEUV), der freie **Dienstleistungsverkehr** (Art. 56 ff. AEUV) und der freie **Kapitalverkehr** (Art. 63 ff. AEUV). Hinzu kommt als notwendige „Annexfreiheit" der **freie Zahlungsverkehr**.

Trotz dieser **primärrechtlichen Gewährleistung der Grundfreiheiten** können diese allein das Ziel der Verwirklichung eines Binnenmarktes nicht erreichen. Denn sie führen als solche nicht zu einem Abbau von Grenzkontrollen. Auch können unterschiedliche Rechtsvorschriften der Mitgliedstaaten zu Marktzutrittsschranken und damit zu Behinderungen des Binnenmarktes selbst dann führen, wenn sie den Anforderungen der Grundfreiheiten entsprechen. Vor diesem Hintergrund und um die Hindernisse bei der Verwirklichung des Binnenmarktes abzubauen, setzte die Kommission 1985 ein umfangreiches Gesetzgebungsprogramm („Weißbuch")[2] in Gang. Es umfasste Vorschläge zur **Rechtsangleichung** und zum Erlass von **Sekundärrecht** (§ 14). In der Folgezeit konnte der Binnenmarkt weitgehend verwirklicht werden. 2

> Das Programm wurde bis 1992 im Wesentlichen umgesetzt. Zum 1. Januar 1993 konnten die Grenzkontrollen für den Warenverkehr entfallen und die noch notwendigen Kontrollen ins Landesinnere verlagert werden.
> Mit dem Vertrag von Lissabon wurde ein neuer Titel „Binnenmarkt" in den AEUV (Dritter Teil, Titel I) eingeführt. Damit sind zwar keine materiellrechtlichen Modifikationen verbun-

---

1 Zur „Wirtschaftsverfassung" der EU z.B. *Busch*, Zur Wirtschaftsverfassung der EU, 2008; *Schwarze*, Das wirtschaftsverfassungsrechtliche Konzept des Verfassungsentwurfs des Europäischen Konvents, EuZW 2004, 288 ff.; *Müller-Graff*, Das wirtschaftsverfassungsrechtliche Profil der EU nach Lissabon, in: Fastenrath/Nowak (Hg.), Der Lissabonner Reformvertrag, 2009, 173 ff.; *Nowak*, Binnenmarktziel und Wirtschaftsverfassung der EU vor und nach dem Reformvertrag von Lissabon, EuR Beiheft 1/2009, 129 ff.
2 KOM (85) 310 endg., abgedruckt und kommentiert bei *Bieber/Dehousse/Pinder/Weiler* (Hg.), 1992: One European Market?, 1988.

den; jedoch wird auf diese Weise die herausragende Stellung der Verwirklichung des Binnenmarktes im Vertrag betont. Der ursprüngliche Begriff des „Gemeinsamen Marktes", der parallel zu dem 1986 eingeführten Begriff des Binnenmarktes zunächst weiterbestanden hatte, entfiel damit bzw. wurde durch denjenigen des Binnenmarktes ersetzt.[3]
Sowohl im Rahmen der Grundfreiheiten (dort im Zusammenhang mit dem Vorliegen einer Beschränkung (*Rn. 13*) und der Rechtfertigung von Beschränkungen derselben (*Rn. 15 ff.*)) als auch im Rahmen des Sekundärrechts spielt der **Grundsatz der gegenseitigen Anerkennung** eine wichtige Rolle: Dieser geht davon aus, dass die Mitgliedstaaten grundsätzlich in anderen Mitgliedstaaten bestehende Vorschriften, Überprüfungen usw. als den nationalen Vorschriften bzw. Anforderungen **gleichwertig** anzuerkennen haben.[4] Dieser genuin im Zusammenhang mit dem Binnenmarkt entwickelte Grundsatz (*Rn. 13*) wird mittlerweile auch im Rahmen des Raums der Freiheit, der Sicherheit und des Rechts herangezogen (vgl. nunmehr auch die ausdrückliche Bezugnahme auf dieses Prinzip in Art. 82 Abs. 1 AEUV), was nicht immer unproblematisch ist (*§ 16 Rn. 2*).

3 Die Grundfreiheiten sind in den verschiedenen vertraglichen Bestimmungen jeweils separat geregelt, und die Regelungssystematik der entsprechenden Abschnitte im Vertrag variiert teilweise beträchtlich. Gleichwohl hat sich – nicht zuletzt im Zuge der Rechtsprechung des EuGH – im Laufe der Zeit gezeigt, dass die Grundfreiheiten auf weitgehend parallelen dogmatischen Grundsätzen beruhen („**Konvergenz der Grundfreiheiten**"). Vor diesem Hintergrund sollen im Folgenden die bereichsübergreifenden Anwendungs- und Auslegungsgrundsätze der Grundfreiheiten behandelt werden (C.), dies auf der Grundlage der Erörterung des allgemeinen Diskriminierungsverbots aus Gründen der Staatsangehörigkeit, Art. 18 AEUV (B.).

B. Das Verbot der Diskriminierung aus Gründen der Staatsangehörigkeit

4 Art. 18 Abs. 1 AEUV enthält das **allgemeine Diskriminierungsverbot aus Gründen der Staatsangehörigkeit**. Es wird in anderen vertraglichen Bestimmungen – so insbesondere den Grundfreiheiten – für spezifische Bereiche aufgegriffen und konkretisiert, so dass es insgesamt als „Leitmotiv" des Vertrages anzusehen ist.[5] Erfasst wird nur ein bestimmtes Unterscheidungsmerkmal, nämlich die **Staatsangehörigkeit**. Differenzierungen aus anderen Gründen – etwa Rasse, Religion oder sexuelle Orientierung – fallen nicht in den Anwendungsbereich dieser Bestimmung (dazu *§ 22 Rn. 25*). Allerdings gehört auch die Bekämpfung von sozialer Ausgrenzung und Diskriminierung zu den durch Gesetzgebung zu verwirklichenden Zielen der Union (Art. 3 Abs. 3 EUV, dazu *§ 22 Rn. 2 f.*).

Art. 18 AEUV kommt von vornherein nur unter der Voraussetzung zum Zuge, dass eine Ungleichbehandlung vorliegt, so dass der jeweilige Sachverhalt auf Maßnahmen eines Hoheitsträgers zurückzuführen sein muss. Hingegen kann Art. 18 AEUV nicht

---

3 Der Streit um das Verhältnis der Begriffe Gemeinsamer Markt/Binnenmarkt (vgl. z.B. *Epiney/Möllers*, Freier Warenverkehr und nationaler Umweltschutz, 1992, 5 ff.; aus der Rechtsprechung EuGH, Rs. C-300/89 (Kommission/Rat), Slg. 1991, I-2867, Rn. 11 ff., Titandioxid) ist damit hinfällig.

4 Vgl. aus dem Sekundärrecht z.B. die Regelungen in der RL 2005/36 über die Anerkennung der Berufsqualifikationen, ABl. L 2005/255, 22, oder in der RL 2006/123 über Dienstleistungen im Binnenmarkt, ABl. L 2006/376, 36. Aus der Literatur zu diesem Grundsatz instruktiv *Mattera*, La reconnaissance mutuelle: une valeur historique ancienne, un principe juridique intégrationniste, l'assise politique d'un modèle de société humaniste, Mélanges Jean-Paul Jacqué 2010, 463 ff.

5 Der EuGH spricht auch vom „Grundsatz der Nichtdiskriminierung", EuGH, verb. Rs. 185–204/78 (van Dam en Zonen), Slg. 1979, 2345, Rn. 10. In EuGH, Rs. C-115/08 (Land Oberösterreich/CEZ), Slg. 2009, I-10265, bezeichnet der Gerichtshof das Verbot der Diskriminierung aus Gründen der Staatsangehörigkeit als ein „Grundprinzip" des Unionsrechts.

im Falle des (bloßen) **Bestehens von Unterschieden nationaler Rechtsordnungen** herangezogen werden.[6]

Art. 18 AEUV – der alle **Unionsbürger**[7] berechtigt und insbesondere die **Mitgliedstaaten**, aber auch die Union sowie (in Parallelität zu den Grundfreiheiten, *Rn. 23*) kollektiv handelnde Private **verpflichtet** – findet nur „unbeschadet besonderer Bestimmungen" Anwendung. Als solche sind im Ergebnis all diejenigen Bestimmungen anzusehen, die das Kriterium der Staatsangehörigkeit aufgreifen und ein entsprechendes Diskriminierungsverbot enthalten. Insbesondere die Grundfreiheiten sind als derartige besondere Bestimmungen anzusehen. Ist der Schutzbereich einer besonderen Bestimmung eröffnet, erübrigt sich ein Rückgriff auf die Grundfreiheiten, soll Art. 18 AEUV doch „unbeschadet" derartiger Bestimmungen zum Zuge kommen, was im Sinne von „gilt nur" auszulegen ist.[8]

> Die Frage nach der Zulässigkeit der parallelen Heranziehung des Art. 18 AEUV und der Grundfreiheiten kann insofern von praktischer Bedeutung sein, als Art. 18 AEUV – im Gegensatz zu den Personenverkehrsfreiheiten und zur Dienstleistungsfreiheit – keine „Bereichsausnahmen" für Beschäftigungen in der öffentlichen Verwaltung (Art. 45 Abs. 4 AEUV) bzw. für Tätigkeiten, die mit der Ausübung öffentlicher Gewalt (Art. 51 AEUV) verbunden sind, kennt.

Eine verbotene „**Diskriminierung aus Gründen der Staatsangehörigkeit**" liegt vor, wenn eine Regelung ausdrücklich an das Kriterium der Staatsangehörigkeit anknüpft („**formelle Diskriminierung**") und damit etwa eigene Staatsangehörige besser als EU-Ausländer behandelt.[9] Darüber hinaus steht Art. 18 AEUV auch „**materiellen Diskriminierungen**" aus Gründen der Staatsangehörigkeit entgegen; eine solche liegt immer dann vor, wenn die Regelung zwar nach einem anderen Kriterium (wie z.B. Wohnsitz

---

6 EuGH, Rs. 155/80 (Oebel), Slg. 1981, 1993 (Nachtbackverbot); EuGH, Rs. C-403/03 (Schempp), Slg. 2005, I-6421. Ausführlich hierzu *Epiney*, Umgekehrte Diskriminierungen *(D.I.)*, 22 ff., 189 ff.

7 Die Frage, ob und inwieweit sich auch Drittstaatsangehörige auf Art. 18 AEUV berufen können, ist umstritten. Vgl. hierzu *Epiney*, FS Bieber *(D.I.)*, 661 (670); *Hublet*, The Scope of Article 12 of the Treaty of the European Communities vis-à-vis Third-Country Nationals: Evolution at Last?, ELJ 2009, 757 ff. Der EuGH dürfte davon ausgehen, dass sich auch Drittstaatsangehörige grundsätzlich auf Art. 18 AEUV berufen können, wobei nicht ganz klar wird, unter welchen Voraussetzungen dies möglich sein soll. Vgl. EuGH, Rs. C-45/12 (HadjAhmed), Urt. v. 13.6.2013, wo der EuGH die Möglichkeit einer Drittstaatsangehörigen (die über kein Aufenthaltsrecht aufgrund des Unionsrechts verfügte), Art. 18 AEUV geltend zu machen, verneint, da die Rechtsprechung des EuGH zur Eröffnung des Anwendungsbereich des Vertrages in Bezug auf Unionsbürger (der auch dann eröffnet ist, wenn der Unionsbürger im Aufnahmestaat lediglich über einen nationalen Aufenthaltstitel verfügt) nicht „ohne Weiteres" auf Drittstaatsangehörige übertragen werden könne. Im Gegenschluss impliziert dieser Ansatz, dass es durchaus Konstellationen geben kann, in denen sich Drittstaatsangehörige auf Art. 18 AEUV berufen können. Dies dürfte dann der Fall sein, wenn den Drittstaatsangehörigen ein durch das Unionsrecht eingeräumtes Aufenthaltsrecht zusteht (wie z.B. Familienangehörigen von Unionsbürgern auf der Grundlage der RL 2004/38): Denn in einer solchen Konstellation wäre der Anwendungsbereich der Verträge im Sinne des Art. 18 AEUV und damit der sachliche Anwendungsbereich dieser Bestimmung grundsätzlich eröffnet. Ein solcher Ansatz implizierte, dass der persönliche Anwendungsbereich des Art. 18 AEUV letztlich in Abhängigkeit von seinem sachlichen Anwendungsbereich (der seinerseits an den Anwendungsbereich der Verträge anknüpft) zu bestimmen wäre, ein Ansatz, der sich durchaus in die bisherige Rechtsprechung zu Art. 18 AEUV einfügte.

8 So auch die überwiegende neuere Rechtsprechung, die ausdrücklich darauf hinweist, dass im Verhältnis zu den Grundfreiheiten spezielle Vertragsnormen vorrangig bzw. ausschließlich anzuwenden sind und der Rückgriff auf Art. 18 AEUV insoweit nicht nur unnötig, sondern unzulässig sei. Vgl. EuGH, Rs. C-175/88 (Biehl), Slg. 1990, I-1779, Rn. 19; EuGH, Rs. 305/87 (Griechenland/Kommission), Slg. 1989, 1461, Rn. 12 f.; EuGH, Rs. C-176/96 (Lehtonen), Slg. 2000, I-2681; EuGH, Rs. C-40/95 (Lyyski), Slg. 2007, I-99; EuGH, Rs. C-137/09 (Josemans), Slg. 2010, I-13019, Rn. 52 f.; s. aber auch EuGH, Rs. 59/85 (Reed), Slg. 1986, 1283, Rn. 29; EuGH, Rs. C-388/01 (Kommission/Italien), Slg. 2003, I-721, wo der EuGH Art. 18 AEUV neben Grundfreiheiten herangezieht.

9 Aus der Rechtsprechung z.B. EuGH, Rs. C-184/99 (Grzelczyk), Slg. 2001, I-6193, Rn. 29.

oder Ausbildungsort) differenziert, jedoch typischerweise Personen bestimmter Nationalitäten bevorzugt bzw. benachteiligt werden.[10]

Unerheblich ist für das Vorliegen einer materiellen Diskriminierung, ob neben EU-Ausländern auch Inländer typischerweise von der fraglichen Regelung betroffen sind. Daher stellen z.B. kommunale Regeln über Vorzugspreise in Museen, die nur für in der jeweiligen Gemeinde wohnhafte Personen zur Anwendung kommen, materielle Diskriminierungen dar.[11]

7 Art. 18 Abs. 1 AEUV kommt weiter nur unter der Voraussetzung zum Zug, dass der **Anwendungsbereich der Verträge** eröffnet ist. Im Einzelnen sind die Voraussetzungen, unter denen die Eröffnung des Anwendungsbereichs der Verträge zu bejahen ist, umstritten.[12] Der EuGH stellt auf den Einzelfall ab und bezieht sich auf den gegenwärtigen Stand des Unionsrechts, wobei er im Wesentlichen drei Fallgruppen unterscheidet:

- Erstens erachtet er den Anwendungsbereich der Verträge als eröffnet, wenn ein (mittelbarer) Zusammenhang mit der **Ausübung oder tatsächlichen Verwirklichung der Grundfreiheiten** vorliegt.

  So bestehe beim Zugang zum Universitätsstudium und zu sonstigen Berufsausbildungen ein enger Zusammenhang mit der Ausübung der (Arbeitnehmer-)Freizügigkeit.[13] Aber auch die Möglichkeit, mit Behörden in einer bestimmten Sprache zu kommunizieren, weise einen Zusammenhang mit der Wahrnehmung der Grundfreiheiten auf.[14]

- Zweitens ist der Anwendungsbereich der Verträge im Falle der **Durchführung, der Umsetzung oder des Vollzuges des Unionsrechts** eröffnet, so dass die Mitgliedstaaten insoweit an Art. 18 AEUV gebunden sind.

  Daher ist das Diskriminierungsverbot aus Gründen der Staatsangehörigkeit z.B. im Falle des Erlasses mitgliedstaatlicher Durchführungsvorschriften für eine Verordnung zu beachten.[15]

- Drittens kann sich ein **Unionsbürger, der sich rechtmäßig in dem Gebiet eines anderen Mitgliedstaates aufhält**, in allen vom sachlichen Anwendungsbereich des Unionsrechts erfassten Fällen auf Art. 18 AEUV berufen. Der Gerichtshof dürfte insbesondere in seiner jüngeren Rechtsprechung davon ausgehen, dass der sachliche Anwendungsbereich der Verträge grundsätzlich allein im Zuge bzw. aufgrund des rechtmäßigen Aufenthalts eines Unionsbürgers in einem anderen Mitgliedstaat eröffnet ist, ohne dass darüber hinaus noch eigens geprüft werden muss, ob der Bereich, in dem nach der Staatsangehörigkeit unterschieden wird, selbst in einem irgendwie gearteten Bezug zu diesem Aufenthalt steht oder selbst in den sachlichen

---

10 Aus der Rechtsprechung z.B. EuGH, Rs. C-29/95 (Pastoors), Slg. 1997, I-285, Rn. 17. Im Sekundärrecht finden sich teilweise Definitionen des Begriffs der materiellen Diskriminierung, so in Bezug auf die Geschlechtergleichstellung in Art. 2 Abs. 1 lit. b RL 2006/54 zur Verwirklichung des Grundsatzes der Chancengleichheit und Gleichbehandlung von Männern und Frauen in Arbeits- und Beschäftigungsfragen, ABl. L 2006/204, 23 = *HER I A* 56/6.16.
11 EuGH, Rs. C-388/01 (Kommission/Italien), Slg. 2003, I-721.
12 Hierzu m.w.N. *Epiney*, in: Calliess/Ruffert (Hg.), EUV/AEUV, 4. Aufl., Art. 18 AEUV, Rn. 15 ff.; *Epiney*, FS Bieber (D.I.), 661 ff.
13 EuGH, Rs. C-293/83 (Gravier), Slg. 1985, 593, Rn. 21 ff.; EuGH, Rs. C-147/03 (Kommission/Österreich), Slg. 2005, I-5969, Rn. 31 ff.; EuGH, Rs. C-73/08 (Bressol), Slg. 2010, I-2735.
14 EuGH, Rs. C-274/96 (Bickel), Slg. 1998, I-7637; EuGH, Rs. C-322/13 (Rüffer), Urt. v. 27.3.2014.
15 EuGH, Rs. C-29/95 (Pastoors), Slg. 1997, I-285.

Anwendungsbereich der Verträge fällt.[16] Dieser Ansatz impliziert, dass das Verbot der Diskriminierung aus Gründen der Staatsangehörigkeit umfassend in Bezug auf alle Lebensbereiche von sich rechtmäßig in einem anderen Mitgliedstaat aufhaltenden Unionsbürgern geltend gemacht werden kann, auch in Bereichen, die in der mitgliedstaatlichen Zuständigkeit liegen und in denen (ansonsten) keine unionsrechtlichen Vorgaben bestehen. Selbst wenn man gleichwohl noch eigens verlangte, dass die jeweilige Regelung selbst auch in den sachlichen Anwendungsbereich der Verträge fallen muss, wäre diese Voraussetzung doch in aller Regel schon deshalb gegeben, weil ein untrennbarer Zusammenhang mit dem Aufenthalt bestünde.

So bejahte der Gerichtshof z.B. die Anwendbarkeit des Art. 18 AEUV in Bezug auf den Anspruch auf Erziehungsgeld[17] oder auf eine beitragsunabhängige Sozialleistung wie das belgische Existenzminimum,[18] jeweils unter der Voraussetzung eines (vorherigen) rechtmäßigen Aufenthalts in dem betreffenden Mitgliedstaat.

Die Rechtsprechung ist teilweise – wohl auch aufgrund der eher knappen und nicht immer in sich vollständig schlüssigen Argumentation des EuGH – sehr umstritten;[19] gleichwohl vermag sie im Grundsatz zu überzeugen. Denn sie dürfte aus der primärrechtlichen Verankerung der Freizügigkeit der Unionsbürger – im Zusammenspiel mit Art. 18 AEUV – folgen: Haben die Unionsbürger nämlich einmal von ihrer Freizügigkeit Gebrauch gemacht und halten sich daher in einem anderen Mitgliedstaat auf, so geht das Anliegen der Freizügigkeit dahin, dass sie grundsätzlich (mit Ausnahme der aufgrund des Vertrages klar nicht in ihren Anwendungsbereich fallenden Bereiche, wie etwa die Wahlen zu nationalen Parlamenten) ebenso wie die eigenen Staatsangehörigen zu behandeln sind, würde doch ansonsten das Recht auf Freizügigkeit teilweise leerlaufen.

Ist der Anwendungsbereich des Vertrages eröffnet, können (formelle und materielle)[20] Diskriminierungen aus Gründen der Staatsangehörigkeit durch zwingende Interessen des Allgemeinwohls **gerechtfertigt** werden,[21] wobei der Grundsatz der Verhältnismäßigkeit zu beachten ist. Im Übrigen scheint der EuGH davon auszugehen, dass die Mitgliedstaaten aufgrund des allgemeinen Interesses des finanziellen Gleichgewichts der Systeme sozialer Sicherheit den Kreis der Berechtigten aus sachlichen Gründen – zu denen auch die Verbundenheit des (potenziell) Begünstigten mit dem jeweiligen Mitgliedstaat gehört – einschränken können.[22]

8

---

16 EuGH, Rs. C-164/07 (Wood), Slg. 2008, I-4143 in Bezug auf das französische Opferhilfegesetz; EuGH, Rs. C-158/07 (Förster), Slg. 2008, I-8507 (in Bezug auf einen „Teilhabeanspruch" auf die Gewährung von Unterhaltsbeihilfen für Studierende); EuGH, Rs. C-524/06 (Huber), Slg. 2008, I-9705 (in Bezug auf die Speicherung bestimmter personenbezogener Daten mit dem Ziel der Kriminalitätsbekämpfung); EuGH, Rs. C-103/08 (Gottwald), Slg. 2009, I-9117 (in Bezug auf die Zurverfügungstellung einer Jahresvignette für Straßen für behinderte Personen). S. aber auch die etwas andere Akzentsetzung in EuGH, Rs. C-75/11 (Kommission/Österreich), Urt. v. 4.10.2012, wo der Gerichtshof auch prüft, ob die in Frage stehende Regelung selbst (in casu eine Fahrpreisreduktion für Studierende) in den sachlichen Anwendungsbereich der Verträge fällt, was mit sehr knapper Begründung bejaht wird.
17 EuGH, Rs. C-85/96 (Martinez Sala), Slg. 1998, I-2691, Rn. 52 ff.
18 EuGH, Rs. C-184/99 (Grzelczyk), Slg. 2001, I-6193, Rn. 30 ff. S. auch EuGH, Rs. C-456/02 (Trojani), Slg. 2004, I-7573; EuGH, Rs. C-209/03 (Bidar), Slg. 2005, I-2057; EuGH, Rs. C-158/07 (Förster), Slg. 2008, I-8507.
19 Vgl. die Kritik bei *Sander*, Die Unionsbürgerschaft als Türöffner zu mitgliedstaatlichen Sozialversicherungssystemen? – Überlegungen anlässlich des Trojani-Urteils des EuGH –, DVBl. 2005, 1014 ff.; *Hailbronner*, Die Unionsbürgerschaft und das Ende rationaler Jurisprudenz durch den EuGH?, NJW 2004, 2185 ff. Ausführlich zur Problematik *Epiney*, FS Bieber (D.I.), 661 ff.
20 Die Frage, ob auch formelle Diskriminierungen gerechtfertigt werden können, ist umstritten. Die Rechtsprechung erweckte bis vor Kurzem den Anschein, diese Frage verneinen zu wollen, vgl. EuGH, Rs. 172/98 (Kommission/Belgien), Slg. 1999, I-3999, Rn. 13 f. In einem neueren Urteil – EuGH, Rs. C-524/06 (Huber), Slg. 2008, I-9705 – prüfte der Gerichtshof aber ausführlich die Rechtfertigung einer formellen Diskriminierung; zum Problemkreis m.w.N. *Epiney*, in: Calliess/Ruffert (Hg.), EUV/AEUV, 4. Aufl., Art. 18 AEUV, Rn. 38 ff.
21 EuGH, Rs. C-224/98 (D'Hoop), Slg. 2002, I-6191; EuGH, Rs. C-274/96 (Bickel und Franz), Slg. 1998, I-7637.
22 Vgl. z.B. EuGH, Rs. C-209/03 (Bidar), Slg. 2005, I-2119.

Epiney

So könne eine österreichische Regelung, wonach lediglich behinderten Personen mit Wohnsitz oder gewöhnlichem Aufenthalt in Österreich eine kostenlose Jahresvignette für Straßen zur Verfügung gestellt wird, während diese Vergünstigung behinderten Personen aus anderen Mitgliedstaaten nicht zuteil wird, im Hinblick auf die Förderung der Mobilität Behinderter und ihrer Integration gerechtfertigt werden, wobei die Mitgliedstaaten bei den Voraussetzungen für die Gewährung einer solchen Leistung eine gewisse Verbindung zwischen der Gesellschaft des betroffenen Mitgliedstaats und dem Empfänger der Leistung verlangen dürfen. Den Mitgliedstaaten stehe hier ein weiter Gestaltungsspielraum zu, und Wohnsitz und gewöhnlicher Aufenthalt erschienen grundsätzlich als geeignete Kriterien für den Nachweis einer gewissen Verbindung zu dem betreffenden Mitgliedstaat, zumal die Vignette auch solchen Personen zur Verfügung gestellt werde, die sich aus beruflichen oder persönlichen Gründen regelmäßig nach Österreich begeben.[23] Dabei bleibt die genaue dogmatische Konstruktion dieses „Verbundenheitserfordernisses" undeutlich. Die Formulierungen in dem erwähnten (und anderen) Urteil(en) legen einerseits nahe, dass es sich um einen eigenen Rechtfertigungsgrund handeln könnte, wird die Verbindung zwischen der Gesellschaft des Mitgliedstaats und dem Leistungsempfänger doch als objektive Erwägung des Allgemeininteresses bezeichnet. Andererseits deuten andere Passagen des Urteils darauf hin, dass das Erfordernis der Verbundenheit in einem Zusammenhang mit dem primär mit einer solchen staatlichen Leistung verfolgten Ziel zu sehen sein könnte, so dass es zu seiner Verfolgung naheliegen müsse, eine solche Verbundenheit zu verlangen. Jedenfalls fragt es sich, ob eine solche Verbundenheit bei allen staatlichen Leistungen gefordert werden kann und wie ggf. hier abzugrenzen ist. Die bisherige Rechtsprechung dürfte zumindest die Annahme nahelegen, dass es neben der Verbundenheit noch eines weiteren öffentlichen Interesses zur Rechtfertigung bedarf, das nicht allein wirtschaftlichen Charakters (wie insbesondere die Finanzierung gewisser Leistungen durch Steuern) sein darf. In der Rs. C-158/07[24] stellte der *EuGH* – in Anknüpfung an das Urteil in der Rs. C-209/03[25] – im Anschluss an die Bejahung der Eröffnung des Anwendungsbereichs der Verträge im Falle eines Studierenden, der sich zu Studienzwecken in einen anderen Mitgliedstaat begibt, fest, dass sich aus Art. 18 AEUV auch ein Teilhabeanspruch auf die Gewährung von Unterhaltsstipendien ergeben könne, woran der Umstand nichts ändere, dass das einschlägige Sekundärrecht keinen solchen Anspruch kennt. Allerdings könne dieser Eingriff in Art. 18 AEUV durch das Ziel der Vermeidung einer übermäßigen Belastung des betreffenden Mitgliedstaats, die Auswirkungen auf das gesamte Beihilfenniveau haben könnte, gerechtfertigt werden. Insofern sei es „legitim", von den Studierenden einen gewissen Grad der Integration in die Gesellschaft des betreffenden Staates zu verlangen; diese Integration könne insbesondere durch eine gewisse Aufenthaltsdauer als nachgewiesen angesehen werden, wobei ein fünfjähriger ununterbrochener Aufenthalt als erforderlich erachtet wird.

Das Urteil wiederholt in weiten Teilen die Ausführungen in der Rs. C-209/03, klärt aber zumindest teilweise die sich auf der Rechtfertigungsebene stellenden Fragen. So darf der Zugang zu Unterhaltsbeihilfen in solchen Konstellationen von einer Mindestaufenthaltsdauer von fünf Jahren abhängig gemacht werden, da hiermit eine „Integrationsvermutung" verbunden werden darf. Allerdings ist es überraschend, dass der Gerichtshof den Nachweis einer ausreichenden Integration vor Ablauf dieser fünf Jahre (ein doch langer Zeitraum für Studierende) nicht als mildere Maßnahme anzusehen scheint bzw. die Mitgliedstaaten nicht verpflichtet werden, einen solchen Nachweis zuzulassen. In anderen (neueren) Urteilen hat der Gerichtshof denn auch „starre" Kriterien, die allein die Verbundenheit zu dem betreffenden Mitgliedstaat nachzuweisen vermögen, als unzulässig erachtet.[26] Der Hinweis auf die „Legitimität" dieses Erfordernisses darf wohl so verstanden werden, dass damit ein sachlicher Grund für die vorgenom-

---

23 EuGH, Rs. C-103/08 (Gottwald), Slg. 2009, I-9117.
24 EuGH, Rs. C-158/07 (Förster), Slg. 2008, I-8507.
25 EuGH, Rs. C-209/03 (Bidar), Slg. 2005, I-2119.
26 S. EuGH, Rs. C-503/09 (Stewart), Slg. 2011, I-6797, wo der Gerichtshof im Zusammenhang mit einer Beschränkung des Freizügigkeitsrechts aus Art. 21 AEUV festhält, es sei zwar „legitim", wenn ein Mitgliedstaat eine beitragsunabhängige Sozialleistung vom Bestehen einer realen Verbindung des Antragstellers zu dem jeweiligen Staat abhängig macht; allerdings sei ein „starres" Aufenthaltserfordernis nicht erforderlich, da nicht ausgeschlossen sei, dass diese Verbundenheit durch andere repräsentative Umstände nachgewiesen werden könne. In Bezug auf den Zugang zu Stipendien EuGH, verb. Rs. C-523/11, C-585/11 (Prinz und Seeberger), Urt. v. 18.7.2013; EuGH, Rs. C-220/12 (Thiele Meneses), Urt. v. 24.10.2013. Im Zusammenhang mit Art. 45 AEUV EuGH, Rs. C-367/11 (Prete), Urt. v. 25.10.2012.

mene Differenzierung vorausgesetzt wird, wenn auch die genaue dogmatische Einordnung dieses „Legitimitätskriteriums" und sein Verhältnis zu dem eigentlichen Rechtfertigungsgrund (Wahrung des finanziellen Gleichgewichts des Stipendiumssystems) auch hier undeutlich bleibt.

Eine nationale Regelung, die die Zahl der nicht im Inland ansässigen Studierenden bei der Ersteinschreibung zum Medizinstudium beschränkt, ist nach der Rechtsprechung des EuGH grundsätzlich nicht mit Art. 18, 21 AEUV vereinbar, es sei denn, es könne nachgewiesen werden, dass eine solche Regelung im Hinblick auf den Gesundheitsschutz erforderlich sei (etwa, weil die Studierenden aus anderen Mitgliedstaaten dazu neigten, wieder in ihren Heimatstaat zurückzukehren, ein Nachweis, der im konkreten Fall nicht erbracht wurde).[27]

C. Allgemeine Prinzipien der Grundfreiheiten

Die Grundfreiheiten weisen eine **gemeinsame dogmatische Grundstruktur** auf. Dies betrifft den **Schutzbereich**, die Art und den Umfang des **Eingriffs** sowie seine mögliche **Rechtfertigung**. In Rechtsprechung und Praxis entwickelt sich eine **Konvergenz** der Grundfreiheiten.

9

Ausgangspunkt der Anwendung der Grundfreiheiten ist ihre Funktion zur Begründung von Rechten Einzelner, auf die sich diese unmittelbar vor nationalen Gerichten und vor Unionsgerichten berufen können.[28]

I. Schutzbereich

Der Schutzbereich ist zunächst – neben dem hier nicht näher zu problematisierenden räumlichen Anwendungsbereich der Verträge – im Hinblick auf seine **sachliche und persönliche Dimension** zu bestimmen. Diese variiert zwischen den einzelnen Freiheiten und ist deswegen jeweils dort zu erörtern *(§ 11)*. Abgesehen von der Frage der „Drittwirkung" der Grundfreiheiten *(Rn. 23)* kommt allerdings zwei Aspekten eine bereichsübergreifende Bedeutung zu, dem grenzüberschreitenden Bezug und dem Fehlen einer gesetzlichen Regelung auf der Ebene der EU.

10

1. Der grenzüberschreitende Bezug

Für die Anwendbarkeit der Grundfreiheiten (und auch des Art. 18 AEUV) setzt der EuGH das Vorliegen eines **grenzüberschreitenden Bezugs** voraus. Sachverhalte, die kein grenzüberschreitendes Element aufweisen, fallen nicht in den sachlichen Anwendungsbereich der Grundfreiheiten. Daher finden diese keine Anwendung auf sog. „**umgekehrte Diskriminierungen**", d.h. solche Fälle, in denen inländische Erzeugnisse oder Inländer im Gefolge der Anwendung der Grundfreiheiten oder von Sekundärrecht schlechter gestellt sind als aus dem EU-Ausland eingeführte Waren oder EU-Ausländer.[29] Die Anwendung des Unionsrechts kann nämlich dazu führen, dass ein EU-Ausländer oder eine eingeführte Ware besser gestellt ist als ein sich in vergleichbarer Lage befindlicher Inländer oder eine im Inland produzierte Ware.

11

---

27 EuGH, Rs. C-73/08 (Bressol), Slg. 2010, I-2735.
28 Vgl. für Art. 34 AEUV EuGH, Rs. 83/74 (Pigs Marketing Board), Slg. 1978, 2347, Rn. 66/67; für Art. 45 AEUV EuGH, Rs. 48/75 (Royer), Slg. 1976, 497, Rn. 19/23; für Art. 49 AEUV EuGH, Rs. 2/74 (Reyners), Slg. 1974, 631, Rn. 24/28; für Art. 56 AEUV EuGH, Rs. 33/74 (van Binsbergen), Slg. 1974, 1299, Rn. 24/26 ff.
29 Vgl. EuGH, Rs. 98/86 (Mathot), Slg. 1987, 809, Rn. 12; EuGH, Rs. 168/86 (Rousseau), Slg. 1987, 995, Rn. 7; EuGH, Rs. 35, 36/82 u.a. (Morson), Slg. 1982, 3723, Rn. 15 f.; EuGH, Rs. C-332/90 (Steen I), Slg. 1992, I-341, Rn. 9; EuGH, Rs. C-29-35/94 (Aubertin), Slg. 1995, I-301, Rn. 9 ff.; EuGH, Rs. C-64/96, C-65/96 (Uecker und Jacquet), Slg. 1997, I-3171, Rn. 16; EuGH, Rs. C-459/99 (MRAX), Slg. 2002, I-6591, Rn. 39; EuGH, verb. Rs. C-95–98/99, C-180/99 (Khalil u.a.), Slg. 2001, I-7413, Rn. 69.

So können für einen EU-Ausländer aufgrund des einschlägigen Unionsrechts (vgl. Art. 2 Nr. 2, 3 Abs. 1, 7 RL 2004/38)[30] weitergehende Familiennachzugsmöglichkeiten bestehen (insbesondere für Familienangehörige, die die Staatsangehörigkeit eines Drittstaates haben) als auf der Grundlage des nationalen Rechts, oder er kann durch die Zusammenrechnung von sozialen Versicherungszeiten besser gestellt sein als ein Inländer, der immer im eigenen Land gearbeitet hat.

Allerdings können sich aus dem **innerstaatlichen Recht** Grenzen für umgekehrte Diskriminierungen ergeben.[31] Von Bedeutung ist hier in der Bundesrepublik neben Art. 12 GG insbesondere Art. 3 GG. Die entscheidende Frage geht dann dahin, ob ein sachlicher Grund für die Ungleichbehandlung vorliegt.[32] Häufig wird in den Mitgliedstaaten auch ein politischer Druck entstehen, die Unionsregelung ins interne Recht zu übernehmen.[33]

Die Bestimmung, wann ein **grenzüberschreitender Sachverhalt** vorliegt, kann ggf. problematisch sein. Entscheidend sollte hier die grenzüberschreitende Wahrnehmung oder Ausübung der von der jeweiligen Grundfreiheit geschützten Tätigkeit oder die Existenz einer eingrenzbaren und konkretisierbaren Chance[34] hierfür sein.[35] Dies ist jedenfalls dann der Fall, wenn ein Inländer in ähnlicher Weise wie ein EU-Ausländer von seinen Grundfreiheiten Gebrauch gemacht hat.[36] Ein grenzüberschreitender Sachverhalt liegt aber auch dann vor, wenn im Anschluss an eine Heirat die Staatsangehörigkeit eines Aufnahmestaates erworben wird und danach eine Umsiedlung in dieses Land erfolgt.[37] Dies überzeugt insofern, als es darauf ankommt, ob aus tatsächlicher Sicht von den Grundfreiheiten Gebrauch gemacht wurde. In jüngerer Zeit hat der EuGH das Vorliegen eines grenzüberschreitenden Bezugs aber noch weiter ausgedehnt, so wenn er davon ausgeht, dass bereits die formelle Staatsangehörigkeit eines anderen als des Aufenthaltsstaats oder der bloß gelegentliche Aufenthalt in einem anderen Mitgliedstaat, der im Zusammenhang mit der ausgeübten Tätigkeit steht, genügt.[38] Damit wird einmal mehr die Frage aufgeworfen, ob die Aufrechterhaltung des Kriteriums des grenzüberschreitenden Bezugs als Voraussetzung für die Anwendbarkeit der Grundfreiheiten noch sinnvoll sein kann. Denn das ausschließliche Abstellen auf ein grenzüberschreitendes Element in diesem Zusammenhang dürfte dem Stand des Unionsrechts nicht mehr Rechnung tragen. Angemessener wäre hier eine differenziertere Betrachtungsweise, so dass das Fehlen eines solchen Bezugs zwar für die Art und Weise der Prüfung der Grundfreiheiten (insbesondere auf der Rechtfertigungsebene) von Bedeutung sein kann, nicht jedoch schon von vornherein ihre Anwendung ausschließt.[39]

---

30 Sog. Unionsbürgerrichtlinie, ABl. L 158/2004, 77 = HER I A 19/3.2. Zu dieser § 11 Rn. 107.
31 So auch ausdrücklich EuGH, Rs. C-132/93 (Steen II), Slg. 1994, I-2715, Leitsatz.
32 Ausführlich hierzu m.w.N. *Epiney*, Umgekehrte Diskriminierungen (D.I.), 359 ff. Unter Bezugnahme auf die neuere Rechtsprechung (vgl. insbesondere BVerwGE 123, 82) auch *Riese/Noll*, Europarechtliche und verfassungsrechtliche Aspekte der Inländerdiskriminierung, NVwZ 2007, 516 ff.; *Gundel*, Die Inländerdiskriminierung zwischen Verfassungs- und Europarecht: Neue Ansätze in der deutschen Rechtsprechung, DVBl. 2007, 269 ff.
33 Beispiel für diesen „Harmonisierungsdruck": Ein belgisches Gesetz stellt aufenthaltsrechtlich Ehegatten eines Belgiers denen eines EU-Ausländers gleich, vgl. EuGH, Rs. 297/88 (Dzodzi), Slg. 1990, I-3763.
34 Dies war etwa in EuGH, Rs. 180/83 (Moser), Slg. 1984, 2539, Rn. 17 ff., nicht der Fall.
35 Ausführlich *Epiney*, Umgekehrte Diskriminierungen (D.I.), 272 ff.
36 EuGH, Rs. 115/78 (Knoors), Slg. 1979, 399, Rn. 24/26; EuGH, Rs. C-370/90 (Singh), Slg. 1992, I-4265, Rn. 16 ff.; EuGH, Rs. C-19/92 (Kraus), Slg. 1993, I-1663, Rn. 15 ff.; EuGH, Rs. C-234/97 (Fernandez de Bobadilla), Slg. 1999, I-4773, Rn. 30; EuGH, Rs. C-302/98 (Sehrer), Slg. 2000, I-4585, Rn. 29; EuGH, Rs. C-224/98 (d'Hoop), Slg. 2002, I-6191.
37 EuGH, Rs. C-419/92 (Scholz), Slg. 1994, I-505, Rn. 9.
38 EuGH, Rs. C-60/00 (Carpenter), Slg. 2002, I-6279, Rn. 28; EuGH, Rs. C-148/02 (Garcia Avello), Slg. 2003–11613; EuGH, Rs. C-200/02 (Zhu, Chen), Slg. 2004, I-9925. s. aber auch EuGH, Rs. C-434/09 (McCarthy), Slg. 2011, I-3375, wo der Gerichtshof festhält, der bloße Umstand, dass eine Person neben der Staatsangehörigkeit des Wohnsitzstaates noch die Staatsangehörigkeit eines weiteren Mitgliedstaats besitzt, reiche nicht aus, um ihre Situation als von Art. 21 AEUV (Freizügigkeit der Unionsbürger) erfasst anzusehen. Vgl. die überzeugende Analyse der Rechtsprechung bei *Lach*, Umgekehrte Diskriminierungen (D.I.), 107 ff.; *Lippert*, Der grenzüberschreitende Sachverhalt im Unionsrecht, 2013, insbes. S. 25 ff.
39 Ausführlich zum Problemkreis und zu diesem Ansatz *Epiney*, Umgekehrte Diskriminierungen (D.I.), 200 ff.; s. zur Thematik auch *Hammerl*, Inländerdiskriminierung, 1997; *Lach*, Umgekehrte Diskriminierungen (D.I.); *Hanf*, "Reverse Discrimination" in EU Law: Constitutional Aberration, Constitutional Necessity, or Judicial Choise?, MJ 2011, 29 ff.

Im Übrigen muss – entgegen manchen Äußerungen des EuGH[40] – irrelevant sein, ob ein „Missbrauch" der durch das Unionsrecht eingeräumten Rechte vorliegt, kann doch die Wahrnehmung vertraglich gewährter Rechte nicht als Missbrauch bezeichnet werden. Zudem wird damit ein kaum voraussehbares zusätzliches Kriterium eingeführt. Bemerkenswert ist denn auch, dass der EuGH bei der Annahme eines Missbrauchs äußerst zurückhaltend ist und das Vorliegen der diesbezüglichen Voraussetzungen regelmäßig verneint,[41] so dass man (mittlerweile) davon ausgehen kann, dass der EuGH einen Missbrauch lediglich im Falle des Täuschens über das Vorliegen für die Einschlägigkeit der Grundfreiheit konstitutiver Umstände bejahen dürfte. In einer solchen Konstellation geht es aber nicht um einen Missbrauch, sondern um das Fehlen der tatbestandlichen Voraussetzungen für die Anwendbarkeit der Grundfreiheiten.

2. Fehlende gesetzliche Regelung

Die vertraglich gewährleisteten Grundfreiheiten können nach ständiger Rechtsprechung nur dann greifen, wenn der entsprechende Sachverhalt nicht (abschließend) durch **Sekundärrecht** geregelt ist.[42] Denn in einem solchen Fall kommt dem Sekundärrecht als der spezielleren Norm Vorrang zu und nur diese kann herangezogen werden. Die primärrechtlichen Garantien können in diesem Rahmen aber insofern eine Rolle spielen, als diese bei der Auslegung des Sekundärrechts zu berücksichtigen sind.

II. Eingriff

Die Grundfreiheiten stehen sowohl (formellen und materiellen) Diskriminierungen (*Rn. 6*) als auch sog. **Beschränkungen** entgegen: Hierunter sind solche Maßnahmen zu verstehen, die die Wahrnehmung der jeweiligen Grundfreiheit behindern, wobei diese Beeinträchtigung tatsächlich oder potenziell, mittelbar oder unmittelbar erfolgen kann. Damit kommt es nicht auf die Finalität, die Vorhersehbarkeit oder die rechtliche Qualität der jeweiligen Maßnahme an. Entscheidend ist allein deren (mögliche) Wirkung in dem Sinn, dass sie in irgendeiner Weise die (grenzüberschreitende) Wahrnehmung der jeweiligen Grundfreiheit behindert oder weniger attraktiv macht. Damit einher geht der Grundsatz, dass in einem Mitgliedstaat rechtmäßig in Verkehr gebrachte Waren oder rechtmäßig angebotene Dienstleistungen auch in anderen Mitgliedstaaten verkehrsfähig sind bzw. dass Maßnahmen, die dies verhindern, als Beschränkungen der Grundfreiheiten anzusehen sind; Entsprechendes gilt im Grundsatz auch für die Personenverkehrsfreiheiten. Insofern ist den Grundfreiheiten ein **„Grundsatz der gegenseitigen Anerkennung"** zu entnehmen (wobei allerdings Rechtfertigungen möglich sind, *Rn. 15 ff.*).

Dieser sehr **weite Beschränkungsbegriff** wurde vom EuGH in verschiedener Hinsicht **eingeschränkt**, wobei er insbesondere im Bereich des freien Warenverkehrs bestimmte **Verkaufsmodalitäten** aus dem Anwendungsbereich des Art. 34 AEUV ausschließt (sog. Keck-Rechtsprechung, *§ 11 Rn. 40 ff.*). Im Bereich der Freizügigkeit weist er darauf hin, dass die Regelung geeignet sein müsse, tatsächlich die Ausübung der Freizügigkeit zu beschränken, wobei rein **hypothetische Ereignisse** nicht berücksichtigt werden dür-

---

40 Vgl. in Bezug auf Art. 56 AEUV EuGH, Rs. 115/78 (Knoors), Slg. 1979, 399, Rn. 25 f.
41 Vgl. etwa EuGH, Rs. C-147/03 (Kommission/Österreich), Slg. 2005, I-5969, wo der EuGH klarstellt, dass die Ausübung eines durch den Vertrag garantierten Rechts von vornherein keinen Missbrauch darstellen könne, da die tatbestandlichen Voraussetzungen für die Wahrnehmung des Rechts vorlägen. S. auch EuGH, Rs. C-176/01 (Inspire Act), Slg. 2003, I-10155.
42 EuGH, Rs. C-120/95 (Decker), Slg. 1995, I-1831, Rn. 42 f.

fen.[43] Ob und inwieweit die „Keck-Rechtsprechung" vor diesem Hintergrund auf die anderen Grundfreiheiten übertragen werden kann, ist bislang noch nicht abschließend geklärt (vgl. noch *Rn. 22*).

Jedenfalls kommt es darüber hinaus nicht auf eine irgendwie geartete „Spürbarkeit" der Maßnahme oder eine Art „Nähebeziehung" zwischen der Maßnahme und der beeinträchtigenden Wirkung an.[44]

III. Rechtfertigung

15 Ist der Schutzbereich einer Grundfreiheit eröffnet und liegt ein Eingriff vor, so kann dieser möglicherweise **gerechtfertigt** werden. Dabei ist zu unterscheiden:

- Das Unionsrecht kennt zunächst **geschriebene Rechtfertigungsgründe** (Art. 36, 45 Abs. 3; 52 AEUV). Diese sind nach der Rechtsprechung als Ausnahmetatbestände eng auszulegen[45] und erfassen nur eine begrenzte Bandbreite von Rechtsgütern. Die Rechtsprechung dürfte davon ausgehen, dass formell diskriminierende Maßnahmen nur durch diese geschriebenen Gründe gerechtfertigt werden können,[46] wenn hier auch – insbesondere im Bereich des freien Warenverkehrs – gewisse Relativierungen zu verzeichnen sind *(§ 11, Rn. 58 f.)*.[47]

- Im Zuge der Entwicklung des weiten Beschränkungsbegriffs *(Rn. 13 f.)* erkannte der EuGH darüber hinaus **ungeschriebene Rechtfertigungsgründe** an: Danach können auch zwingende Erfordernisse des Allgemeinwohls – unter die letztlich alle Allgemeinwohlinteressen fallen (können), sofern sie nicht wirtschaftlicher Natur sind *(Rn. 16)* – einen Eingriff in die Grundfreiheiten rechtfertigen. Diese Rechtfertigungsgründe greifen sowohl in Bezug auf formelle Diskriminierungen als auch in Bezug auf materielle Diskriminierungen und sonstige Beschränkungen.

16 **Wirtschaftliche Gründe** können einen Eingriff in die Grundfreiheiten von vornherein nicht rechtfertigen.[48] Hierunter sind solche Gründe zu verstehen, die letztlich auf die Wirtschaftslenkung oder die Verfolgung sonstiger wirtschaftspolitischer Anliegen abzielen. Wirtschaftliche Störungen, auch schwerer Art, können daher keinen Grund für Einschränkungen der Grundfreiheiten darstellen. Wirtschaftliche Gründe liegen auch dann vor, wenn es (lediglich) um Erwägungen der verwaltungsmäßigen Vereinfachung, etwa im Hinblick auf die Erhebung von Sozialversicherungsbeiträgen, geht.[49] Ebenso

---

43 EuGH, Rs. C-190/98 (Graf), Slg. 2000, I-493, Rn. 24 f.
44 Vgl. unter Berücksichtigung der Rechtsprechung *Epiney*, Neuere Rechtsprechung des EuGH in den Bereichen des institutionellen Rechts und der Grundfreiheiten, NVwZ 1999, 1072 (1076 f.). S. auch EuGH, Rs. C-212/06 (Gouvernement de la Communauté française und Gouvernement wallon), Slg. 2008, I-1683, wo der Gerichtshof betont, der Umstand, dass die infrage stehende Regelung nur marginale Auswirkungen auf die Freizügigkeit haben könne, sei irrelevant, da die Grundfreiheiten grundlegende Bestimmungen für die Union darstellten und jede Beeinträchtigung dieser Freiheiten, sei sie noch so unbedeutend, verboten sei. Ähnlich EuGH, Rs. C-514/12 (Zentralbetriebsrat der Gemeinnützigen Salzburger Landeskliniken), Urt. v. 5.12.2013, wo der Gerichtshof festhält, der Umstand, dass eine Beeinträchtigung der Freizügigkeit unbedeutend sei, ändere nichts am Vorliegen einer Beschränkung, da aufgrund des grundlegenden Charakters der Grundfreiheiten (der Gerichtshof verweist hier auf alle Grundfreiheiten) jede auch noch so unbedeutende Beeinträchtigung der Freiheit verboten sei.
45 Vgl. etwa EuGH, Rs. 149/79 (Kommission/Belgien), Slg. 1980, 3881, Rn. 18 f.; EuGH, Rs. C-205/89 (Kommission/Griechenland), Slg. 1991, I-1361, Rn. 9.
46 Vgl. EuGH, Rs. C-388/01 (Kommission/Italien), Slg. 2003, I-721.
47 Vgl. EuGH, Rs. C-379/98 (Preussen Elektra), Slg. 2001, I-2099; EuGH, Rs. C-2/90 (Kommission/Belgien), Slg. 1992, I-4431.
48 EuGH, Rs. C-324/93 (Evans), Slg. 1995 I-563, Rn. 36; EuGH, Rs. C-398/95 (Syndesmos ton Elladi Touristikon), Slg. 1997, I-3091, Rn. 22 f.; EuGH, Rs. C-220/12 (Thiele Meneses), Urt. v. 24.10.2013.
49 EuGH, Rs. C-18/95 (Terhoeve), Slg. 1999, I-345, Rn. 45.

sind das Anliegen der Kostendeckung öffentlicher Einrichtungen oder Haushaltserwägungen allein als wirtschaftliche Gründe anzusehen.[50] Hingegen stellen Erwägungen der Kohärenz des Steuersystems[51] oder des finanziellen Gleichgewichts der Systeme sozialer Sicherheit[52] zwingende Gründe des Allgemeininteresses dar, die Eingriffe in die Grundfreiheiten rechtfertigen können.

Es fragt sich aber, ob eine Rechtfertigung auch dann ausgeschlossen ist, wenn die wirtschaftlichen Schwierigkeiten zu Störungen der öffentlichen Ordnung führen, etwa zu Unruhen oder wilden Streiks. Das war z.B. der Fall, als südfranzösische Weinbauern 1975 die Einfuhr billiger italienischer Weine durch Straßensperren und Angriffe auf Behörden („Weinkrieg") verhindern wollten. Bei derartigen Fällen erscheint auf den ersten Blick die Möglichkeit einer Rechtfertigung der Einschränkung von Grundfreiheiten plausibel, da Störungen der öffentlichen Ordnung, die wirtschaftliche Ursachen haben, nicht ausdrücklich ausgeschlossen sind; jedenfalls wäre aber zu prüfen, ob Einfuhrbeschränkungen die geeigneten und erforderlichen Mittel sind, um die Ordnung wieder herzustellen. Dieser Ansatz ist jedoch von vornherein abzulehnen, da es der vertraglichen Systematik widerspricht, das Funktionieren der Grundfreiheiten als Störung der öffentlichen Ordnung zu qualifizieren und somit letztlich unter den Vorbehalt der polizeilichen Generalklausel zu stellen.

Jedenfalls haben die (mitgliedstaatlichen) Maßnahmen, die einen Eingriff in die Grundfreiheiten darstellen, den Anforderungen des **Verhältnismäßigkeitsgrundsatzes** zu genügen. Sie müssen insbesondere geeignet sein, das angestrebte Ziel zu verfolgen, und im Hinblick auf dieses im Verhältnis zu der Einschränkung der betreffenden Grundfreiheit das mildeste Mittel darstellen (Erforderlichkeit),[53] wobei gerade im Rahmen der Erforderlichkeit der Grundsatz der gegenseitigen Anerkennung (*Rn. 2*) eine wichtige Rolle spielt, sind doch Anforderungen, denen bereits in einem anderen Mitgliedstaat entsprochen wurde, grundsätzlich zur Verfolgung des angestrebten Ziels („Verbot der Doppelbelastung") nicht erforderlich.[54] Die Verhältnismäßigkeit i.e.S. spielt in der Rechtsprechung des EuGH eine geringe Rolle.[55]

17

Letztlich dürfte gerade in der Verhältnismäßigkeitsprüfung eine der wichtigsten Auswirkungen der Abgrenzung des Anwendungsbereichs der Grundfreiheiten zu sehen sein: Denn vieles deutet darauf hin, dass die Kontrolldichte des EuGH hier je nach einschlägiger Grundfreiheit variiert, insbesondere im Verhältnis der Dienstleistungs- zur Niederlassungsfreiheit.[56]
Maßnahmen zum Schutz zwingender Interessen des Allgemeinwohls können auch **grundrechtlich geschützte Rechtspositionen** berühren. Die Rechtsprechung[57] betont in diesem Zusammenhang, dass die durch das Unionsrecht insbesondere den Mitgliedstaaten eröffnete Rechtfertigungsmöglichkeit im „Lichte der Grundrechte" auszulegen und zu prüfen sei. Dies

---

50 EuGH, Rs. C-388/01 (Kommission/Italien), Slg. 2003, I-721; EuGH, Rs. C-220/12 (Thiele Meneses), Urt. v. 24.10.2013.
51 EuGH, Rs. C-336/96 (Gilly), Slg. 1998, I-2793.
52 EuGH, Rs. C-158/96 (Kohll), Slg. 1998, I-1931.
53 Vgl. etwa die Prüfung der Verhältnismäßigkeit in EuGH, Rs. 178/84 (Kommission/Deutschland), Slg. 1987, 1227 (Reinheitsgebot für Bier); EuGH, Rs. C-315/92 (Verband sozialer Wettbewerb), Slg. 1994, I-317; EuGH, Rs. C-272/94 (Guiot), Slg. 1996, I-1905; EuGH, verb. Rs. C-197/11, C-203/11(Libert u.a.), Urt. v. 8.5.2013.
54 Vgl. aus der Rechtsprechung z.B. EuGH, Rs. C-439/99 (Kommission/Italien), Slg. 2002, I-305, Rn. 27; EuGH, Rs. C-319/06 (Kommission/Luxemburg), Slg. 2008, I-4323; EuGH, verb. Rs. C-369/96, C-376/96 (Arblade), Slg. 1999, I-8453.
55 Zum Grundsatz der Verhältnismäßigkeit im Unionsrecht aus jüngerer Zeit etwa *Schwarze*, Dimensionen des Rechtsgrundsatzes der Verhältnismäßigkeit, FS Rengeling, 2008, 633 ff.; *Trstenjak/Beyen*, Das Prinzip der Verhältnismäßigkeit in der Unionsrechtsordnung, EuR 2012, 265 ff.
56 S. in diesem Zusammenhang auch die Formulierung von GA *Léger*, Rs. C-55/94 (Gebhard), Slg. 1995, I-4165, Rn. 24 f.: „Die Voraussetzungen für die Niederlassung sind (...) natürlich viel strenger als die für die bloße Erbringung von Dienstleistungen. Das zeigt, wie wichtig es ist, zwischen der Niederlassung und der Erbringung von Dienstleistungen zu unterscheiden.".
57 Vgl. insbesondere EuGH, Rs. C-368/95 (Familiapress), Slg. 1997, I-3709; EuGH, Rs. C-112/00 (Schmidberger), Slg. 2003, I-5659; EuGH, Rs. C-36/02 (Omega), Slg. 2004, I-9609.

hat in erster Linie im Rahmen der Verhältnismäßigkeitsprüfung zu erfolgen. Dabei können die Grundrechte die Garantien der Grundfreiheiten – je nach Fallkonstellation bzw. Ausgestaltung der Beschränkung der Grundfreiheiten – verstärken oder auch beschränken: Soweit ein EU-Grundrecht einer Grundfreiheit gegenübersteht, handelt es sich um eine Normenkollision zwischen zwei Bestimmungen des Primärrechts, die im Sinne einer praktischen Konkordanz zum Ausgleich zu bringen sind. Mitgliedstaatliche Grundrechte dürften als zwingende Erfordernisse des Allgemeinwohls einen Eingriff in die Grundfreiheiten rechtfertigen können, wenn sie im Lichte des Unionsrechts als legitimes Ziel anzusehen sind, selbst wenn das Grundrecht nicht als solches auf Unionsebene anerkannt ist. Soweit hingegen der infrage stehende Eingriff in die Grundfreiheit gleichzeitig einen Eingriff in ein EU-Grundrecht impliziert, „verstärkt" das Grundrecht letztlich das Gewicht der Grundfreiheit, was im Rahmen der Verhältnismäßigkeitsprüfung zu berücksichtigen ist.

IV. Zur Konvergenz der Grundfreiheiten

18 Die vier Grundfreiheiten verfolgen ein parallel angelegtes Ziel: Es geht um die Liberalisierung des Verkehrs der Produktionsfaktoren zwischen den EU-Mitgliedstaaten, ohne dadurch die mitgliedstaatlichen Kompetenzen bei der Verfolgung der in ihrer Zuständigkeit stehenden Politiken übermäßig zu beeinträchtigen *(Rn. 1)*. Unter diesen Voraussetzungen ist zu fragen, ob und ggf. inwieweit die Grundfreiheiten strukturell parallel auszulegen sind, ob also eine **Konvergenz der Grundfreiheiten** festzustellen ist.

19 In der **Rechtsprechung**[58] gibt es zahlreiche Anhaltspunkte dafür, dass der EuGH weitgehend von einer parallelen Konzeption der Grundfreiheiten – dies jedenfalls soweit der Waren-, Dienstleistungs- und Personenverkehr betroffen ist – ausgeht. Allerdings hat sich der EuGH nicht ausdrücklich zu dieser Frage geäußert (wenn er auch häufig auf „die" Grundfreiheiten Bezug nimmt)[59], sondern vielmehr jeweils die sich im konkreten Fall stellenden Fragen beantwortet. Im Übrigen sind noch nicht alle hier relevanten Probleme in der Rechtsprechung aufgegriffen worden. Im Einzelnen ist auf folgende, für die Struktur der Grundfreiheiten zentrale Aspekte hinzuweisen:

20 ■ Die Auslegung der Grundfreiheiten als **Beschränkungsverbote** ist – neben Art. 34 AEUV (Warenverkehrsfreiheit)[60] – jedenfalls für Art. 56 AEUV (Dienstleistungsfreiheit) seit Langem anerkannt.[61] Soweit die Arbeitnehmerfreizügigkeit und die Niederlassungsfreiheit betroffen sind, war die Rechtsprechung lange nicht ganz deutlich. Inzwischen fasst die Rechtsprechung auch diese Freiheiten jedenfalls insoweit als Beschränkungsverbote auf, als die infrage stehenden Maßnahmen den Zugang

---

58 Aus der Literatur eher für eine „Konvergenz" etwa *Behrens*, Die Konvergenz der wirtschaftlichen Freiheiten im europäischen Gemeinschaftsrecht, EuR 1992, 145 ff.; *Classen*, Auf dem Weg zu einer einheitlichen Dogmatik der EG-Grundfreiheiten?, EWS 1995, 97 ff.; *Eberhartinger*, Konvergenz und Neustrukturierung der Grundfreiheiten, EWS 1997, 43 ff.; *H.D. Jarass*, Elemente einer Dogmatik der Grundfreiheiten II, EuR 2000, 705 ff.; *Steinberg*, Zur Konvergenz der Grundfreiheiten auf der Tatbestands- und der Rechtfertigungsebene, EuGRZ 2002, 13 ff.; zur Problematik auch *Streinz*, Konvergenz der Grundfreiheiten. Aufgabe der Differenzierungen des EG-Vertrages und der Unterscheidung zwischen unterschiedlichen und unterschiedslosen Maßnahmen?, FS Walter Rudolf, 2001, 199 ff.
59 S. z.B. (im Zusammenhang mit dem Vorliegen einer Beschränkung) EuGH, Rs. C-514/12 (Zentralbetriebsrat der Gemeinnützigen Salzburger Landeskliniken), Urt. v. 5.12.2013.
60 Grundlegend EuGH, Rs. 8/74 (Dassonville), Slg. 1974, 837; EuGH, Rs. 120/78 (Rewe), Slg. 1979, 649, Rn. 8, 14 (Cassis de Dijon).
61 Grundlegend EuGH, Rs. 36/74 (van Binsbergen), Slg. 1974, 1299, Rn. 10/12; s. auch etwa EuGH, Rs. C-3/95 (Broede/Sandker), Slg. 1996, I-6511, Rn. 23 ff.; EuGH, Rs. C-275/92 (Schindler), Slg. 1994, I-1039; EuGH, Rs. C-384/93 (Alpine Investments), Slg. 1995, I-1141, Rn. 32 ff.

zum Markt eines anderen Staates betreffen.[62] Soweit die Modalitäten der Ausübung der Tätigkeiten betroffen sind, lässt sich allerdings noch keine sichere Tendenz in diese Richtung feststellen (s. auch Rn. 14, 22).

- Bei den **Rechtfertigungsgründen für Eingriffe** im Rahmen der Art. 45, 49, 56 AEUV erschließt sich aus der Rechtsprechung noch keine einheitliche Systematik. Die überwiegende Kasuistik geht allerdings in eine ähnliche Richtung wie im Rahmen des Art. 34 AEUV: So sollen jedenfalls formell diskriminierende Maßnahmen nur durch die geschriebenen Ausnahmetatbestände (Art. 36, 39 Abs. 3, 52, 62 i.V.m. 52 AEUV) gerechtfertigt werden können, während bei materiell diskriminierenden und beschränkenden Maßnahmen vieles darauf hindeutet, dass diese insofern parallel zu behandeln sind, als sie darüber hinaus allgemein durch Interessen des Allgemeinwohls gerechtfertigt werden können.[63] Ebenso findet sich im Rahmen der Rechtfertigung jeweils der Gedanke, dass den verfolgten Schutzinteressen ein nicht wirtschaftlicher Charakter zukommen müsse *(Rn. 16)*.

21

Der in der Rechtsprechung offenbar vorherrschende Grundsatz, dass formell diskriminierende Maßnahmen nur durch die geschriebenen Gründe gerechtfertigt werden können, vermag jedoch kaum zu überzeugen: Denn er ermöglicht nicht immer einen ausreichenden Schutz der betroffenen Rechtsgüter, und im Übrigen ist die unterschiedliche Behandlung der verschiedenen Rechtfertigungsgründe – erfüllen sie doch letztlich alle denselben Zweck – nicht einsichtig. So überrascht es denn auch nicht, dass der EuGH diesen Grundsatz in den problematischen Fallgestaltungen jeweils relativiert *(§ 11 Rn. 59)*.

- Die Frage nach der Übertragbarkeit der „**Keck-Rechtsprechung**" *(Rn. 14, § 11 Rn. 40 ff.)* auf die anderen Grundfreiheiten ist in der Rechtsprechung noch nicht endgültig bzw. eindeutig beantwortet. Es gibt allerdings Anhaltspunkte, die darauf hindeuten, dass der EuGH den Grundgedanken der Keck-Rechtsprechung auch im Rahmen der übrigen Grundfreiheiten heranziehen möchte. So dürften die Äußerungen des EuGH im Urteil *Alpine Investments*, in dem der Gerichtshof das Vorliegen einer „Dienstleistungsmodalität" wegen der Tangierung des Marktzugangs verneinte,[64] so auszulegen sein, dass grundsätzlich eine Übertragung des „*Keck*-Gedankens" auch im Rahmen der Dienstleistungsfreiheit in Betracht kommt. Ähnlich argumentierte der EuGH in Bezug auf Art. 45 AEUV.[65] Auch ist auf die Rs. C-190/98 (*Graf*)[66] hinzuweisen, in der der EuGH betonte, dass bei unterschiedslos anwendbaren Regelungen Art. 45 AEUV nur eingreifen könne, wenn die nationale Regelung den „Zugang der Arbeitnehmer zum Arbeitsmarkt" beeinflusst, eine Formulierung, die stark an die Keck-Formel erinnert. Bemerkenswert ist schließlich, dass der EuGH im Urteil *Mobistar*[67] – in dem es u.a. um die Vereinbarkeit von Abgaben auf

22

---

62 Vgl. insbesondere mit jeweils weiteren Nachweisen aus der Rechtsprechung EuGH, Rs. C-415/93 (Bosman), Slg. 1995, I-4921, Rn. 89 ff.; EuGH, Rs. C-55/94 (Gebhard), Slg. 1995, I-4165, Rn. 35 ff.; EuGH, Rs. C-255/97 (Pfeiffer), Slg. 1999, I-2835, Rn. 19; EuGH, Rs. C-340/89 (Vlassopoulou), Slg. 1991, I-2357, Rn. 15 ff.; EuGH, Rs. C-19/92 (Kraus), Slg. 1993, I-1663, Rn. 32; EuGH, Rs. C-106/91 (Ramrath), Slg. 1992, I-3351, Rn. 29 f.; EuGH, Rs. C-439/99 (Kommission/Italien), Slg. 2002, I-305, Rn. 22.
63 EuGH, Rs. C-76/90 (Säger), Slg. 1991, I-4221, Rn. 15; EuGH, Rs. C-55/94 (Gebhard), Slg. 1995, I-4165, Rn. 35 ff.; EuGH, Rs. C-3/95 (Broede/Sandker), Slg. 1996, I-6511, Rn. 38; s. aber auch die in dieser Beziehung zumindest missverständlichen Äußerungen etwa in EuGH, Rs. 352/85 (Bond van Adverteerders), Slg. 1988, 2085, Rn. 32 f.; EuGH, Rs. C-275/92 (Schindler), Slg. 1994, I-1039, Rn. 46 ff.; s. auch EuGH, Rs. C-34–36/95 (de Agostini), Slg. 1997, I-3843, Rn. 52.
64 EuGH, Rs. C-384/93 (Alpine Investments), Slg. 1995, I-1141, Rn. 36.
65 EuGH, Rs. C-415/93 (Bosman), Slg. 1995, I-4921, Rn. 103.
66 EuGH, Rs. C-190/98 (Graf), Slg. 2000, I-493.
67 EuGH, verb. Rs. C-544/03, 545/03 (Mobistar), Slg. 2005, I-7723.

Antennen sowie Sendemasten und -türmen für den Mobilfunk mit Art. 56 AEUV ging – die Anwendbarkeit des Art. 56 AEUV mit der Begründung ablehnte, dass diese Bestimmung nicht Maßnahmen erfasse, deren einzige Wirkung es sei, zusätzliche Kosten für die betreffende Leistung zu verursachen, und die die Erbringung von Dienstleistungen zwischen Mitgliedstaaten in gleicher Weise wie deren Erbringung innerhalb eines einzigen Mitgliedstaates berühren. Auch wenn der EuGH nicht ausdrücklich an die *Keck*-Rechtsprechung anknüpft, dürfte das Urteil – in dem der Gerichtshof auf parallele Kriterien wie im Rahmen des *Keck*-Urteils abstellte – im Ergebnis die Übertragung des Grundgedankens dieser Rechtsprechung auf Art. 56 AEUV mit sich bringen. Hinzu kommt, dass der Gerichtshof in seiner neueren Rechtsprechung zum freien Warenverkehr (auch) bei nicht produktbezogenen Maßnahmen mitunter auf eine eigentliche Prüfung des Vorliegens der Voraussetzungen der *Keck*-Rechtsprechung verzichtet, sondern die Prüfung der *Dassonville*-Formel neben die Verpflichtung stellt, die Grundsätze der Nichtdiskriminierung und der gegenseitigen Anerkennung von in anderen Mitgliedstaaten rechtmäßig hergestellten und in den Verkehr gebrachten Erzeugnissen zu beachten sowie den Erzeugnissen aus anderen Mitgliedstaaten den freien Marktzugang zu gewährleisten.[68] Möglicherweise deutet dies bei allen Grundfreiheiten auf eine verstärkte Berücksichtigung des Marktzugangs als entscheidendes Kriterium für das Vorliegen einer Beschränkung hin.

23 ■ Noch weitgehend ungeklärt ist in der Rechtsprechung die Frage der parallelen Erfassung der Adressaten der Grundfreiheiten, wobei hier im Wesentlichen die **Drittwirkung** der Grundfreiheiten im Sinne ihres Wirkens auch zwischen Privaten problematisch ist:[69] Im Rahmen des Art. 45 AEUV wird mittlerweile eine umfassende Drittwirkung angenommen wird, jedenfalls soweit es um diskriminierende Regelungen geht.[70] Bei Art. 56 AEUV soll dies zumindest im Falle von kollektiven Regelungen autonom handelnder Verbände gelten.[71] Auch für Art. 49 AEUV wird von einer Drittwirkung in Bezug auf die Verpflichtung (privater) Gewerkschaften ausgegangen.[72] Dagegen hat sich die Rechtsprechung im Rahmen des Art. 34 AEUV noch nicht ausdrücklich zu diesem Problemkreis geäußert;[73] sie dürfte aber davon ausgehen, dass die Vorschrift Privaten nur dann entgegengehalten werden kann, wenn sie

---

68 Vgl. z.B. EuGH, Rs. C-385/10 (Elenca), Urt v 18.10.2012 (in Bezug auf ein Verbot der Vermarktung von aus einem anderen Mitgliedstaat stammenden Bauprodukten, die nicht mit dem CE-Zeichen versehen sind); EuGH, Rs. C-456/10 (ANETT), Urt v 26.4.2012 (in Bezug auf die Pflicht, Tabakerzeugnisse durch Tabakeinzelhändler nur über gewisse zugelassene Großhändler zu beziehen, so dass die direkte Einfuhr aus anderen Mitgliedstaaten verboten war).
69 Aus der Literatur zu dieser Frage jüngst, mit ausführlichen weiteren Nachweisen, *Müller-Graff*, EuR 2014 (D.II.), 3 ff.
70 EuGH, Rs. C-281/98 (Angonese), Slg. 2000, I-4161, Rn. 30 ff.; EuGH, Rs. C-94/07 (Raccanelli), Slg. 2008, I-5939.
71 EuGH, Rs. 36/74 (Walrave), Slg. 1974, 1405, Rn. 16/19; EuGH, Rs. 13/76 (Donà/Mantero), Slg. 1976, 1333, Rn. 17/18.
72 EuGH, Rs. C-438/05 (Viking), Slg. 2007, I-10779. S. auch EuGH, Rs. C-341/05 (Laval UN Partneri), Slg. 2007, I-11767, in dem der EuGH die Einschlägigkeit des Art. 56 AEUV für kollektive Maßnahmen von Gewerkschaften bejaht.
73 Aus EuGH, Rs. C-265/95 (Kommission/Frankreich), Slg. 1997, I-6959, wo der EuGH letztlich eine staatliche Schutzpflicht bejaht, dürfte sich jedenfalls nicht zwingend eine Drittwirkung ergeben, in der Tendenz anders aber wohl EuGH, Rs. C-438/05 (International Transport Workers Federation), Slg. 2007, I-10779. Jedenfalls werden private Verhaltensweisen im Übrigen durch die vertraglichen Wettbewerbsvorschriften (Art. 101 ff. AEUV) erfasst, was auch gegen eine Drittwirkung des Art. 34 AEUV spricht.

mit besonderen Befugnissen ausgestattet sind oder ihre Tätigkeit eine besondere, gesetzlich vorgesehene Wirkung entfaltet.[74]

Im Ergebnis sprechen die besseren Gründe gegen eine umfassende Drittwirkung der Grundfreiheiten, die auch nicht kollektiv handelnde Private verpflichtete: Denn eine solche schränkte die Privatautonomie und die Vertragsfreiheit beträchtlich ein und dürfte auch kaum vom „ursprünglichen" Sinn und Zweck der Grundfreiheiten erfasst sein, sind diese doch sichtlich auf staatliches Handeln zugeschnitten. Ein „Analogieschluss" von Art. 157 AEUV (Entgeltgleichheit) auf die Grundfreiheiten erscheint keineswegs zwingend, und es fragt sich, ob die praktische Wirksamkeit der Grundfreiheiten nicht systemgerechter gewährleistet werden könnte, wenn man eine staatliche Schutzpflicht aus den Grundfreiheiten i.V.m. Art. 4 Abs. 3 EUV ableitet, die die Staaten verpflichtet, in bestimmten Fällen private Diskriminierungen bzw. Beschränkungen zu verbieten.[75]

In den Fällen jedoch, in denen sich der Einzelne autonom und kollektiv handelnden (privaten) Verbänden gegenüber sieht, sprechen die besseren Gründe für eine Drittwirkung: Denn in einem solchen Fall besteht ein gewisses „Machtgefälle" im Verhältnis zu den Verbänden (die häufig eine Art Monopolstellung innehaben), so dass sich diese dem Einzelnen einem Eingriff in ihre grundfreiheitlichen Rechte kaum entziehen können. Damit erfordert die Effektivität derselben eine Drittwirkung, könnten doch die Grundfreiheiten ansonsten in den betreffenden Bereichen nicht bzw. nur sehr erschwert zum Zuge kommen. Der zunächst in der Rechtsprechung vorherrschende Ansatz der Beschränkung der Drittwirkung auf Regelungswerke, die eine ähnliche rechtliche oder faktische Bindungswirkung entfalten wie staatliche Normen,[76] erscheint daher überzeugender als eine (selbst auf diskriminierende Regelungen beschränkte) umfassende Drittwirkung: Er erlaubt die effektive Durchsetzung der Grundfreiheiten in den problematischen Bereichen und ist auch ausreichend, da bei sonstigen wirklichen Störungen des Funktionierens der Grundfreiheiten durch Private die erwähnte staatliche Schutzpflicht (s. auch § 11 Rn. 29 ff.) greift. Im Übrigen könnte noch in Betracht gezogen werden, die Grundfreiheiten insofern mittelbar zwischen Privaten zur Anwendung kommen zu lassen, als sie Verbotsnormen etwa im Sinne einschlägiger Vorschriften des (nationalen) Zivilrechts darstellen könnten.

Ausgangspunkt für die Beantwortung der Frage nach der Konvergenz der Grundfreiheiten soll und muss ihre parallel gelagerte Funktion sein: Die Grundfreiheiten sind auf die Integration der nationalen Märkte bezogen und sollen verhindern, dass allein der Umstand, dass eine bestimmte Ware, Person oder Tätigkeit zunächst einer bestimmten Rechtsordnung und nicht einer anderen unterworfen ist, zu Behinderungen der Ausübung der jeweils geschützten Tätigkeit führt. An dieser Parallelität ändert auch der Umstand nichts, dass die verschiedenen Grundfreiheiten im Vertrag unterschiedlich formuliert und ausgestaltet sind. Vor diesem Hintergrund sprechen die besseren Gründe für eine strukturell parallele Auslegung der Grundfreiheiten, so dass es durchaus gerechtfertigt erscheint, von einer **Konvergenz der Grundfreiheiten** auszugehen. Von Bedeutung ist dieser Ansatz in erster Linie für die Definition des Tatbestandes und die Ausgestaltung der Rechtfertigungsebene: Alle Grundfreiheiten sind als Diskriminierungs- und Beschränkungsverbote auszulegen, der Gedanke der *Keck*-Rechtsprechung bzw. der Notwendigkeit einer Marktzugangsbeschränkung ist auf die anderen Grundfreiheiten zu übertragen und die Möglichkeit der Rechtfertigung richtet sich nach parallelen Grundsätzen.

24

---

[74] EuGH, Rs. C-325/00 (Kommission/Deutschland), Slg. 2002, I-9977; EuGH, Rs. C-171/11 (Fra.bo/DVGW), Urt. v. 12.7.2012. S. hierzu § 11 Rn. 32 f.
[75] Vgl. so für Art. 34 AEUV EuGH, Rs. C-265/95 (Kommission/Frankreich), Slg. 1997, I-6959; EuGH, Rs. C-112/00 (Schmidberger), Slg. 2003, I-5659.
[76] Vgl. im Zusammenhang mit dem Verhalten von Sportverbänden und in Bezug auf Tarifverträge EuGH, Rs. C-415/93 (Bosman), Slg. 1995, I-4921; EuGH, Rs. C-15/96 (Kalliope Schöning-Kougebetopoulou), Slg. 1998, I-47; in Bezug auf das Verhalten von Gewerkschaften: EuGH, Rs. C-438/05 (Viking), Slg. 2007, I-10779; EuGH, Rs. C-341/05 (Laval UN Partneri), Slg. 2007, I-11767.

Diese Konvergenz ändert nichts daran, dass die Abgrenzung zwischen den Anwendungsbereichen der einzelnen Grundfreiheiten von Bedeutung sein kann, etwa bei den Bereichsausnahmen oder dem den Mitgliedstaaten im Rahmen der Rechtfertigungsprüfung bei der Verhältnismäßigkeit einzuräumenden Spielraum.

25 Nach der hier vertretenen Ansicht zeichnen sich die Grundfreiheiten damit zusammengefasst durch folgende Struktur aus, die auch der Prüfung der Vereinbarkeit nationaler oder auch von EU-Maßnahmen mit den vertraglichen Vorgaben zugrunde zu legen ist:

- Ist der sachliche und persönliche Anwendungsbereich der Grundfreiheit betroffen?
- Besteht keine spezielle primär- oder sekundärrechtliche Regelung?
- Liegt eine Beschränkung der geschützten Tätigkeit vor?
- Betrifft die Maßnahme eine Verkaufsmodalität oder eine Modalität der Ausübung der geschützten Tätigkeit bzw. wird der Marktzugang nicht beschränkt oder weniger attraktiv gestaltet?
- Wenn nein: Ist eine Rechtfertigung nach den geschriebenen Rechtfertigungsgründen (Art. 36, 39 Abs. 3, 52, 62 i.V.m. 52 AEUV) oder durch andere öffentliche Interessen möglich?
- Wird dabei – unter Berücksichtigung der (Unions-)Grundrechte – den Anforderungen des Verhältnismäßigkeitsgrundsatzes entsprochen?

D. Literatur

I. Diskriminierungsverbot aus Gründen der Staatsangehörigkeit

Bode, Stephanie, Europarechtliche Gleichbehandlungsgebote Studierender und ihre Auswirkungen in den Mitgliedstaaten. Zur Reichweite des Diskriminierungsverbots im Hochschulbereich unter besonderer Berücksichtigung der Unionsbürgerschaft, Baden-Baden 2005; *Cousins, Mel*, Citizenship, residence and social security, ELR 2007, 386 ff.; *Epiney, Astrid*, Umgekehrte Diskriminierungen, Köln u.a. 1995; *Epiney, Astrid*, Zum „Anwendungsbereich des Vertrages" in Art. 12 EGV – einige Gedanken zu den Implikationen der Freizügigkeitsrechte der Unionsbürger –, FS Roland Bieber, Baden-Baden 2007, 661 ff.; *Hatje, Armin/Huber, Peter M.*, Unionsbürgerschaft und soziale Rechte, EuR Beiheft 1/2007; *Heinig, Hans Michael*, Art. 18 i.v.m. Art. 12 EG als Schlüssel zur Teilhabe von arbeitsuchenden Unionsbürgern aus anderen Mitgliedstaaten an steuerfinanzierten Sozialleistungen in Deutschland, ZESAR 2008, 465 ff.; *Hilpold, Peter*, Unterhaltsstipendien für Unionsbürger – Die Rechtssache „Förster" und die Grenzen mitgliedstaatlicher Solidarität, EuZW 2009, 40 ff.; *Höfler, Rosemarie*, Die Unionsbürgerfreiheit, Berlin 2009; *Hornburg, Helge*, Transnationales Minderheitenrecht im Lichte des gemeinschaftsrechtlichen Diskriminierungsverbots, Baden-Baden 2009; *Hublet, Chloé*, The Scope of Article 12 of the Treaty of the European Communities vis-à-vis Third-Country Nationals: Evolution at Last?, ELJ 2009, 757 ff.; *Jesse, Moritz*, The Value of "Integration" in European Law – The Implications of the *Förster* Case on Legal Assessment of Integration Conditions for Third-Country Nationals, ELJ 2011, 172 ff.; *Lach, Andreas*, Umgekehrte Diskriminierungen im Gemeinschaftsrecht, Frankfurt/M. u.a. 2008; *van der Mei, Anne Pieter*, The Outer Limits of the Prohibition of Discrimination on Grounds of Nationality: A Look Through the Lens of Union Citizenship, MJ 2011, 62 ff.; *O'Leary, Siofra*, Equal treatment and EU citizens: A new chapter on cross-border educational mobility and access and access to student financial assistance, ELR 2009, 612 ff.; *Plötscher, Stefan*, Der Begriff der Diskriminierung im Europäischen Gemeinschaftsrecht, Berlin 2003; *Potvin-Solis, Laurence* (Hg.), Le principe de non-discrimination face aux inégalités de traitement entre les personnes dans l'Union européenne, Brüssel 2010; *Raschka, Johannes*, Freizügigkeit von Unionsbürgern und Zugang zu sozialen Leistungen, EuR 2013, 116 ff.; *Skovgaard-Petersen, Henrik*, There and Back Again: Portability of Student Loans, Grants and Fee Support in a Free Movement Perspective, ELR 2013, 783 ff.; *de Witte, Floris*, The End of EU Citizenship and the Means of

Non-Discrimination, MJ 2011, 86 ff.; *Wollenschläger, Ferdinand*, Grundfreiheit ohne Markt. Die Herausbildung der Unionsbürgerschaft im unionsrechtlichen Freizügigkeitsregime, Tübingen 2007; *Wollenschläger, Ferdinand,* Die Unionsbürgerschaft und ihre Dynamik für den Integrationsprozess jenseits des Marktes, ZEuS 2009, 1 ff.

II. Dogmatik der Grundfreiheiten

Barnard, Catherine, The Substantive Law of the EU. The Four Freedoms, 3. Aufl., Oxford 2010; *Bailleux, Antoine,* Les interactions entre libre circulation et droits fondamentaux dans la jurisprudence communautaire, Brüssel 2009; *Bertrand, Brunessen,* Que reste-t-il des exigences impératives d'intérêt général?, Europe 2012, 6 ff.; *Brigola, Alexander,* Das System der EG-Grundfreiheiten. Vom Diskriminierungsverbot zum spezifischen Beschränkungsverbot, München 2004; *von Danwitz, Thomas,* Grundfreiheiten und Kollektivautonomie, EuZA 2010, 6 ff.; *Dautricourt, Camille/Thomas, Sébastien,* Reverse discrimination and free movement of persons under Community law: All for Ulysses, nothing for Penelope?, ELR 2009, 433 ff.; *De Vries, Sybe Alexander,* Tensions within the Internal Market. The Functioning of the Internal Market and the Development of Horizontal and Flanking Policies, Groningen 2006; *Dubouis, Louis/Blumann, Claude,* Droit matériel de l'UE, 6. Aufl., Paris 2012; *Ehlers, Dirk* (Hg.), Europäische Grundrechte und Grundfreiheiten, 3. Aufl., Berlin 2009 (4. Aufl. im Erscheinen); *Frenz, Walter,* Annäherung von europäischen Grundrechten und Grundfreiheiten, NVwZ 2011, 961 ff.; *Gebauer, Jochen,* Die Grundfreiheiten des EG-Vertrages als Gemeinschaftsgrundrechte, Berlin 2004; *Görlitz, Niklas,* Struktur und Bedeutung der Rechtsfigur der mittelbaren Diskriminierung im System der Grundfreiheiten. Zugleich der Versuch einer Abgrenzung zwischen mittelbaren Diskriminierungen und allgemeinen Beschränkungen, Baden-Baden 2005; *Karayigit, Mustafa T.,* The Horizontal Effect of the Free Movement Provisions, MJ 2011, 303 ff.; *Lohse, Eva Julia,* Fundamental Freedoms and Private Actors – towards an „Indirect Horizontal Effect" –, EPL 2007, 159 ff.; *Matz-Lück, Nele/Hong, Mathias* (Hrsg.), Grundrechte und Grundfreiheiten im Mehrebenensystem – Konkurrenzen und Interferenzen, Heidelberg 2012; *Mühl, Axel,* Diskriminierung und Beschränkung. Grundansätze einer einheitlichen Dogmatik der wirtschaftlichen Grundfreiheiten des EG-Vertrages, Berlin 2004; *Müller-Graff, Peter-Christian,* Die horizontale Direktwirkung der Grundfreiheiten, EuR 2014, 3 ff.; *Rifat Tinç, Mehmet,* Le contrôle de proportionnalité des mesures nationales restrictives des échanges, RDUE 2010, 791 ff.; *Schultz, Alexander,* Das Verhältnis von Gemeinschaftsgrundrechten und Grundfreiheiten des EGV, Berlin 2005; *Skouris, Vassilios,* Das Verhältnis von Grundfreiheiten und Grundrechten im europäischen Gemeinschaftsrecht, DÖV 2006, 89 ff.; *Sorensen, Karsten Engsig,* Abuse of rights in Community law: a principle of substance or merely rhetoric?, CMLR 2006, 423 ff.; *Stachel, Claudia,* Schutzpflichten der Mitgliedstaaten für die Grundfreiheiten des EG-Vertrags unter besonderer Berücksichtigung des Grundrechtsschutzes in der Gemeinschaft, Berlin 2006; *Thomas, Stefan,* Die Relevanzregel in der europäischen Grundfreiheitendogmatik, NVwZ 2009, 1202 ff.; *Trstenjak, Verica/Beysen, Erwin,* The Growing Overlap of Fundamental Freedoms and Fundamental Rights in the Case Law of the CJEU, ELR 2013, 293 ff.; *Tryfonidou, Alina,* Reverse Discrimination in EC Law, 2009; *Tryfonidou, Alina,* Further steps on the road to convergence among the market freedoms, ELR 2010, 36 ff.; *Wilsher, Daniel,* Does Keck discrimination make any sense? An assessment of the non-discrimination principle within the European Single Market, ELR 2008, 3 ff.

§ 11 Grundfreiheiten

A. Freier Warenverkehr

I. Überblick

1 Der freie Warenverkehr (Art. 28 ff. AEUV) bildet ein zentrales Element bei der Verwirklichung des Vertragsziels der Errichtung des Binnenmarktes, in dem Waren, Personen, Dienstleistungen und Kapital auf der Grundlage eines unverfälschten Wettbewerbs frei zirkulieren können (Art. 26 Abs. 2 AEUV, dazu *§ 10 Rn. 1 ff.*). Er wird einerseits durch Verbote bestimmter, an die Staatsgrenzen anknüpfender bzw. einen grenzüberschreitenden Bezug aufweisender Praktiken und Regeln (z.B. Zölle) und andererseits durch EU-Gesetzgebung verwirklicht. Gemäß Art. 4 Abs. 2 lit. a AEUV ist die Zuständigkeit für die auf den Binnenmarkt bezogene Gesetzgebung grundsätzlich mit den Mitgliedstaaten geteilt. Davon ausgenommen sind die Regeln über die Zollunion, insbesondere über die Festlegung des Gemeinsamen Zolltarifs und darauf bezogene Abkommen mit Drittstaaten. Insoweit besteht eine ausschließliche Zuständigkeit der Union (Art. 3 Abs. 1 lit. a), e) AEUV).

Mit den anderen Grundfreiheiten wird der freie Warenverkehr seit dem Vertrag von Lissabon dem Dritten Teil des AEUV „Die internen Politiken und Maßnahmen der Union" zugeordnet. Damit wird klargestellt, dass auch die Grundfreiheiten zu den „Politiken" gehören.

2 Die Garantie des freien Warenverkehrs umfasst drei Elemente:

- die **Zollunion** (Art. 30 ff. AEUV), die sich wiederum in die Bestandteile des **internen Zollabbaus** (Art. 30 AEUV) und der Aufstellung des **gemeinsamen Außenzolltarifs** (Art. 31 AEUV) unterteilen lässt (*Rn. 11 ff.*);

  Im Verhältnis zu Drittstaaten wird die Einführung eines gemeinsamen Zolltarifs durch die Vorschriften über die **gemeinsame Handelspolitik** in Art. 206 f. AEUV (*§§ 33, 34*) ergänzt, die es u.a. erlauben, die Politik der Mitgliedstaaten gegenüber Drittstaaten auf dem Gebiet der Kontingente zu vereinheitlichen.

- das **Verbot der mengenmäßigen Ein- und Ausfuhrbeschränkungen** und der **Maßnahmen gleicher Wirkung** (Art. 34–36 AEUV) (*Rn. 28 ff.*);

- die **Umformung staatlicher Handelsmonopole** (Art. 37 AEUV), die den Abbau diskriminierender Praktiken beinhaltet (*Rn. 72 ff.*).

Sonderbestimmungen gelten für landwirtschaftliche Erzeugnisse (*§ 23*).

3 Die Bestimmungen über den freien Warenverkehr entsprechen weitgehend jenen, die bereits im ursprünglichen EWG-Vertrag enthalten waren. Der Vertrag von Amsterdam hatte insofern eine Straffung des Titels über den freien Warenverkehr bewirkt, als er Bestimmungen, die – insbesondere durch Ablauf der Übergangszeit – hinfällig geworden waren, aufhob;[1] andere Bestimmungen – wie insbesondere Art. 30 AEUV – wurden in ihrer Formulierung entsprechend ihrer tatsächlichen Funktion angepasst. Weder der Vertrag von Nizza noch der Vertrag von Lissabon brachten weitere inhaltliche Modifikationen dieses Kapitels.[2]

4 Die Herstellung eines Binnenmarktes für Waren war eine der ersten bedeutenden Leistungen der Union. Sie wurde unter Verkürzung der vorgesehenen Übergangsfristen und abgesichert durch die Rechtsprechung des EuGH zur unmittelbaren Wirkung der für den freien Warenverkehr grundlegenden Verbote der Art. 30 und 34 AEUV (*Rn. 11 ff.*) mit dem schrittweisen Ab-

---

[1] So insbesondere die Art. 11, 13–27, 31–35 EGV in der Fassung des Maastrichter Vertrags.
[2] Sieht man von Art. 33 AEUV (Zusammenarbeit im Zollwesen) ab, der den bisherigen Art. 135 EGV in den systematischen Zusammenhang des Titels über den freien Warenverkehr überführte.

bau der Zölle und mengenmäßigen Beschränkungen zwischen den Mitgliedstaaten und dem Inkraftsetzen des Gemeinsamen Zolltarifs (VO 950/68, ABl. L 172/1968, S, 1) zum 1. Juli 1968 verwirklicht.

II. Anwendungsbereich der Vorschriften

Der **räumliche Anwendungsbereich** der Vorschriften über den freien Warenverkehr entspricht dem Geltungsbereich der Verträge (Art. 52 EUV, *§ 3 Rn. 53 ff.*), der – mit leichten Abweichungen (vgl. Art. 4 Zollkodex, VO 952/2013)[3] – auch das Zollgebiet der EU bestimmt.

Der **sachliche Anwendungsbereich** der Vorschriften über den freien Warenverkehr ergibt sich aus Art. 28 Abs. 2 und 29 AEUV:

- Es muss sich um **aus den Mitgliedstaaten stammende** Waren oder um Waren aus dritten Ländern, die sich in den Mitgliedstaaten im freien Verkehr befinden, handeln. Damit werden nicht nur in der Union erzeugte Waren, sondern auch diejenigen Waren, für die in dem betreffenden Mitgliedstaat die Einfuhrförmlichkeiten erfüllt sowie die vorgeschriebenen Zölle und Abgaben gleicher Wirkung erhoben und nicht ganz oder teilweise rückvergütet worden sind (Art. 29 AEUV), erfasst.[4]

  Die Bestimmung der Herkunft kann ggf. schwierig sein. Die hierfür maßgeblichen Ursprungsregeln finden sich in Art. 59 ff. VO 952/2013 (Zollkodex).

- Sodann finden Art. 28 ff. AEUV nur auf **Waren** Anwendung. Der Begriff der Ware wird im Vertrag nicht definiert. Nach ständiger Rechtsprechung zeichnet er sich durch zwei Merkmale aus:[5]
  - Es handelt sich um eine **bewegliche, körperliche Sache**.
  - Ihr kommt ein **Geldwert** zu, so dass sie **Gegenstand von Handelsgeschäften** sein kann.

  Gleichwohl bleiben noch **Abgrenzungsprobleme**.[6] So ist etwa die Einordnung von elektrischem Strom als „bewegliche Sache" zumindest nicht eindeutig. Angesichts der Handelsfähigkeit von Elektrizität und ihrer praktischen Handhabung als geldwertes Gut sprechen die besseren Gründe dafür, sie als Ware anzusehen.[7] Auch die Warenqualität von Abfall wurde für die Praxis erst durch das Urteil des EuGH in der Rs. 2/90 geklärt.[8] Der EuGH stellte hier im Wesentlichen auf praktische Erwägungen ab und bejahte die Warenqualität wegen der ansonsten auftretenden Abgrenzungsschwierigkeiten. Ausschlaggebend dürfte also regelmäßig eine wirtschaftliche und praxisnahe Betrachtungsweise sein. Die Wareneigenschaft ist auch dann zu bejahen, wenn ein Produkt als Speicherungsmedium dient, wie etwa bei Schallplatten.

Auch wenn es sich um bewegliche Sachen mit Geldwert handelt, sind die Art. 28 ff. AEUV dann nicht einschlägig, wenn sie lediglich im Zusammenhang mit einer anderen wirtschaftlichen Tätigkeit zu sehen sind, die ihrerseits nicht den Vorschriften über den freien Warenverkehr unterfällt. Ausschlaggebend ist hier, dass die beweglichen Sachen

---

3 VO 952/2013 zur Festlegung des Zollkodex der Union, ABl. L 269/2013, 1 = *HER I A* 21/1.23. Diese Verordnung kodifizierte die VO 250/2008.
4 Zur Problematik *Ankersmit*, What if Cassis de Dijon were Cassis de Quebec? The assimilation of goods of third country origin in the internal market, CMLRev. 2013, 1387 ff.
5 S. schon EuGH, Rs. 17/68 (Kommission/Italien), Slg. 1968, 633. S. sodann EuGH, Rs. C-2/90 (Kommission/Belgien), Slg. 1992, I-4431, Rn. 22 ff.; EuGH, Rs. C-97/98 (Jägerskiöld), Slg. 1999, I-7319, Rn. 30 ff.
6 Vgl. zu den Abgrenzungsproblemen ausführlich m.w.N. *Frenz*, Handbuch Europarecht, Bd. 1 (2012), Rn. 791 ff.
7 So wohl auch der EuGH, vgl. EuGH, Rs. C-393/92 (Almelo), Slg. 1994, I-1477, Rn. 28; EuGH, Rs. C-379/98 (Preussen Elektra), Slg. 2001, I-2099, Rn. 68 ff.
8 EuGH, Rs. C-2/90 (Kommission/Belgien), Slg. 1992, I-4431, Rn. 22 ff.

als solche keinen Handelswert besitzen, sondern dieser erst im Zusammenhang mit einer anderen Tätigkeit gegeben ist.

8 So prüfte der EuGH das Verbot von Lotterieveranstaltungen und die darauf beruhende Beschlagnahmung von Losen und des diesbezüglichen Werbematerials ausschließlich am Maßstab des Art. 56 AEUV, da die Versendung der Lose und des Werbematerials in untrennbarem Zusammenhang mit der Durchführung von Lotterieveranstaltungen stehe.[9] Ebenso steht nach Ansicht des EuGH bei der Lieferung eines Laserspiels die Dienstleistungsfreiheit dann im Vordergrund, wenn die Einfuhr von Waren nur hinsichtlich der speziell für die untersagte Laserspielvariante entwickelten Ausrüstung beschränkt und dies eine zwangsläufige Folge der Beschränkung der erbrachten Dienstleistung ist.[10] Hingegen berühre ein nationales Verbot des „ambulanten" Verkaufs von Zeitschriftenabonnementen ohne Genehmigung schwerpunktmäßig Art. 34 AEUV, während die Dienstleistungsfreiheit nach Art. 56 AEUV zurücktrete.[11]

Die praktische Relevanz dieser Abgrenzungsfragen wird aber in der Regel begrenzt sein, kommt doch im Falle der Verneinung der Anwendbarkeit der Warenverkehrsfreiheit regelmäßig Art. 56 AEUV zum Zuge, dessen rechtliche Tragweite parallel zu derjenigen des Art. 34 AEUV ausgestaltet ist (§ 10 Rn. 20).

9 Die Wareneigenschaft ist auch dann zu bejahen, wenn aus ethischen Gründen möglicherweise eine Einschränkung des Warenverkehrs begründet erscheint, wie etwa bei Embryonen oder Organen. Denn eine Verneinung der Wareneigenschaft in solchen Fällen führte nicht nur zwangsläufig zu wohl kaum lösbaren Abgrenzungsschwierigkeiten, sondern würde auch die dogmatische Verortung des hier eigentlich relevanten Problems, das auf der Rechtfertigungsebene liegt, verkennen.[12]

Allerdings ist die Eröffnung des Schutzbereichs des freien Warenverkehrs dann zu verneinen, wenn es um **Produkte** geht, mit denen der **Handel grundsätzlich aufgrund völker- und unionsrechtlicher Vorgaben verboten** ist. So hielt der Gerichtshof in Bezug auf Betäubungsmittel fest, diese fielen (abgesehen von engen Ausnahmen) „ihrem Wesen nach" unter ein Einfuhr- und Verkehrsverbot, so dass eine Berufung auf die Grundfreiheiten (oder auch das Diskriminierungsverbot aus Gründen der Staatsangehörigkeit) nicht möglich sei. Hieran ändere auch der Umstand nichts, dass die Niederlande (es ging um eine Regelung der Stadt Maastricht, wonach nicht in den Niederlanden ansässigen Personen der Zutritt zu sog. Coffeeshops, in denen nur oder u.a. Cannabis verkauft wird, zu verweigern ist) eine „Politik der Toleranz" gegenüber dem Verkauf von Cannabis verfolgen, denn der Handel mit Betäubungsmitteln sei gleichwohl verboten, und es handle sich hier letztlich um eine Prioritätensetzung der Behörden bei der Bekämpfung des Drogenhandels.[13] Entscheidend war für den Gerichtshof hier offenbar, dass der Handel mit Betäubungsmitteln aufgrund von Völker- und Unionsrecht zu verbieten ist, so dass aus der Rechtsprechung nicht abgeleitet werden kann, die Grundfreiheiten fänden in Bezug auf bestimmte (national) verbotene Verhaltensweisen keine Anwendung. Im Umkehrschluss bedeutet dies dann auch, dass z.B. auch Suchtstoffe in den Schutzbereich des freien Warenverkehrs fallen, soweit sie im Einklang mit den einschlägigen unions- und völkerrechtlichen Vorgaben gehandelt und vermarktet werden.[14]

---

9 EuGH, Rs. C-275/92 (Schindler), Slg. 1994, I-1039, Rn. 22 f.
10 EuGH, Rs. C-36/02 (Omega), Slg. 2004, I-9609, Rn. 26 f.
11 EuGH, Rs. C-20/03 (Burmanjer), Slg. 2005, I-4133.
12 Zur Problematik *Frenz*, Handbuch Europarecht, Bd. 1 (2012), Rn. 870 ff.; im Zusammenhang mit Suchtstoffen EuGH, Rs. C-324/93 (Evans Medical), Slg. 1995, I-563.
13 EuGH, Rs. C-137/09 (Josemans), Slg. 2010, I-13019.
14 EuGH, Rs. C-324/93 (Evans Medical), Slg. 1995, I-563.

Bereichsausnahmen bestehen darüber hinaus hinsichtlich der dem EAG-Vertrag unterfallenden Waren, für die aber in Art. 93 EAGV ebenfalls der Abbau der Binnenschranken vorgesehen ist. Auf die Landwirtschaft finden die Vorschriften über den freien Warenverkehr gemäß Art. 38 Abs. 2 AEUV nur Anwendung, soweit die Art. 38 ff. AEUV nichts anderes bestimmen. Der Handel mit Waffen, Munition und Kriegsmaterial kann von den Mitgliedstaaten nach Art. 346 Abs. 1 lit. b AEUV eingeschränkt werden.

10

III. Zollunion

Die Zollunion besteht aus zwei Elementen (Art. 28 Abs. 1 AEUV):

11

- dem **Verbot von Ein- und Ausfuhrzöllen** sowie **Abgaben gleicher Wirkung** zwischen den Mitgliedstaaten (Art. 30 AEUV) und
- der Einführung eines **Gemeinsamen Zolltarifs** gegenüber Drittstaaten (Art. 31 AEUV).

Die Zollunion beinhaltet auch den Grundsatz der freien Durchfahrt von Waren in einen anderen Mitgliedstaat, so dass auf Transitwaren keine Abgaben erhoben werden dürfen.[15]

Der Begriff der **Zollunion** ist von dem der **Freihandelszone** zu unterscheiden. Diese ist ein Gebiet, in dem zwar der interne Warenverkehr liberalisiert ist, im Verhältnis zu Drittstaaten aber weiterhin unterschiedliche Zollsätze Anwendung finden. In Freihandelszonen sind komplizierte Ursprungsregelungen notwendig, nach denen an den Binnengrenzen Waren mit Ursprung aus den Mitgliedstaaten von denjenigen aus Drittstaaten unterschieden werden; solche Regelungen sind etwa im Übereinkommen zur Errichtung der europäischen Freihandelsassoziation (EFTA) enthalten.

12

Die aufgrund des Vertrages geschaffene Zollunion steht nicht im Widerspruch zu dem Gebot der Meistbegünstigung des GATT, das grundsätzlich die Anwendung der von einem Mitgliedstaat gewährten Zollvergünstigungen auf alle Mitgliedstaaten des GATT verlangt. Denn Art. XXIV GATT nimmt unter gewissen, vom Vertrag erfüllten Voraussetzungen, Zollunionen von dem Gebot der Meistbegünstigung aus.

13

1. Verbot von Zöllen und Abgaben gleicher Wirkung

Art. 30 AEUV sieht ein Verbot der Erhebung von **Zöllen** und **zollgleichen Abgaben** vor. Diese Bestimmung entfaltet **unmittelbare Wirkung**, so dass dem Einzelnen entsprechende Rechte eingeräumt werden, die er gegenüber staatlichen Behörden geltend machen kann.[16] Art. 30 AEUV ist insofern als „absolutes" Verbot ausgestaltet, als Verstöße **keiner Rechtfertigung** zugänglich sind.[17]

14

Der Begriff der **Abgaben gleicher Wirkung wie Ein- oder Ausfuhrzölle** wird im Vertrag nicht definiert. Vor dem Hintergrund, dass durch ihren Einbezug in den Verbotstatbestand des Art. 30 AEUV Umgehungen des Verbots der Erhebung von Zöllen vermieden werden sollen, zeichnen sich Abgaben gleicher Wirkung in Anknüpfung an die Merkmale von Zöllen durch zwei Elemente aus:[18]

15

---

15 EuGH, Rs. 266/81 (SIOT), Slg. 1983, 731, Rn. 19.
16 Grundlegend EuGH, Rs. 26/62 (van Gend&Loos), Slg. 1963, 1 (25 f.).
17 EuGH, Rs. 33/70 (SACE), Slg. 1970, 1213, Rn. 10.
18 Vgl. z.B. EuGH, Rs. C-426/92 (Deutsche Milchkontor), Slg. 1994, I-2757, Rn. 50 ff.; EuGH, Rs. C-389/00 (Kommission/Deutschland), Slg. 2003, I-2001, in Bezug auf die Qualifizierung des Beitrags zum Solidarfonds, der bei der Ausfuhr von Abfällen fällig wird, als Abgabe zollgleicher Wirkung.

16 ■ Die Abgabe wird **wegen des Grenzübertritts** erhoben. Nicht notwendig ist es allerdings, dass der Abgabentatbestand an die Einfuhr anknüpft; es genügt vielmehr, dass die Abgabe die eingeführte Ware spezifisch trifft.[19]

Der Umstand, dass bei Grenzübertritt erhobene Abgaben auch auf aus einer anderen Region des betreffenden Mitgliedstaates stammende Waren erhoben werden, ändert nichts an ihrer Qualifikation als Abgabe gleicher Wirkung.[20]

■ Es handelt sich um eine **einseitige finanzielle Belastung**. Belastungen, die ein Entgelt für einen dem Importeur tatsächlich geleisteten Dienst darstellen und deren Höhe den jeweiligen tatsächlichen Kosten konkret entspricht, stellen hingegen keine zollgleichen Abgaben dar.[21] Allerdings bilden Gebühren, die für Tätigkeiten erhoben werden, die im Allgemeinwohl liegen, keine Gegenleistung für eine tatsächlich erbrachte Leistung. Insoweit werden allgemeine öffentliche Aufgaben wahrgenommen, so dass es nicht um einen im Interesse des Importeurs geleisteten tatsächlichen Dienst geht. Daher können insbesondere gesundheitspolizeiliche Grenzkontrollen, die zu der allgemeinen verwaltenden Tätigkeit des Staates gehören, nicht als dem Importeur erbrachte Dienstleistungen qualifiziert werden.[22] Ebensowenig stellen Gebühren für systematische Kontrollen bei der Ausfuhr von Magermilchpulver zur Sicherstellung der Einhaltung der vorgeschriebenen Zusammensetzung eine Gegenleistung für tatsächlich erbrachte Dienste dar.[23]

Etwas anderes gilt jedoch, wenn unionsrechtliche Bestimmungen derartige Kontrollen vorsehen und damit eine unionsrechtliche Grundlage für die Erhebung der Gebühren vorliegt.[24]

Angesichts dieser Rechtsprechung sind in erster Linie Gebühren für vom **Importeur freiwillig in Anspruch genommene Dienstleistungen**, die ihm einen besonderen individuellen Vorteil bringen, vom Abgabenverbot ausgenommen.[25]

17 Art. 28, 30 AEUV finden auch auf Gebühren Anwendung, die dem Ausgleich der Übernahme von Kosten, die sich aus der Erfüllung öffentlicher Aufgaben durch ein Privatunternehmen ergeben, dienen, auch wenn die Gebühr nicht vom Staat eingeführt wurde, sondern auf einer vertraglichen Vereinbarung zwischen diesem Privatunternehmen und seinem Kunden beruht.[26] Maßgeblich ist also die Erfüllung öffentlicher Aufgaben, auch wenn sie durch Private erfolgt.

18 Nicht als zollgleiche Abgaben sind solche Abgaben anzusehen, die zwar an den Grenzübertritt der Waren anknüpfen, aber Bestandteil eines allgemeinen inländischen Abgabensystems sind, das systematisch einheimische und eingeführte Erzeugnisse nach denselben Merkmalen erfasst.[27] Denn hier handelt es sich um nach **Art. 110 AEUV zu beurteilende inländische Abgaben** (§ 19 Rn. 3 ff.). Art. 30 AEUV und nicht Art. 110 AEUV ist aber anzuwenden, wenn die Berechnung der Abgaben für einheimische und eingeführte Erzeugnisse an unterschiedliche

---

19 EuGH, Rs. 314/82 (Kommission/Belgien), Slg. 1984, 1543, Rn. 11 ff.; EuGH, Rs. C-126/94 (Cadi Surgelés), Slg. 1996, I-5647, Rn. 31 ff.
20 EuGH, Rs. C-485, 486/93 (Simitzi/Kos), Slg. 1995, I-2655, Rn. 20.
21 EuGH, Rs. 340/87 (Kommission/Italien), Slg. 1989, 1483, Rn. 15; EuGH, Rs. C-111/89 (Bakker Hillegom), Slg. 1990, I-1735, Rn. 10.
22 EuGH, Rs. 132/78 (Denkavit), Slg. 1979, 1923, Rn. 7 ff.; EuGH, Rs. 314/82 (Kommission/Belgien), Slg. 1984, 1543, Rn. 12.
23 EuGH, Rs. C-426/92 (Deutsche Milchkontor), Slg. 1994, I-2757, Rn. 50 ff.
24 Vgl. im Einzelnen EuGH, Rs. 18/87 (Kommission/Deutschland), Slg. 1988, 5427, Rn. 8; EuGH, Rs. C-426/92 (Deutsche Milchkontor), Slg. 1994, I-2757, Rn. 53.
25 S. etwa EuGH, Rs. 132/82 (Kommission/Belgien), Slg. 1983, 1649, Rn. 8 ff.; EuGH, Rs. 133/82 (Kommission/Luxemburg), Slg. 1983, 1669, Rn. 14 f.; EuGH, Rs. 39/82 (Donner), Slg. 1983, 19, Rn. 8 ff., das Vorliegen dieser Voraussetzungen wurde dabei verneint oder nicht eindeutig festgestellt.
26 EuGH, Rs. C-16/94 (Dubois), Slg. 1995, I-2421, Rn. 21.
27 EuGH, Rs. 314/82 (Kommission/Belgien), Slg. 1984, 1543, Rn. 13 ff.

Merkmale anknüpft[28] oder wenn sie einen Ausgleich für eine inländische Abgabe darstellen, die auf einer früheren Produktions- oder Handelsstufe erhoben wurde.[29] Als zollgleiche Abgaben qualifiziert der EuGH auch Abgaben parafiskalischer Art, die zwar einheimische und eingeführte Erzeugnisse nach denselben Merkmalen erfassen, aber Tätigkeiten finanzieren, die den einheimischen Erzeugnissen in spezifischer Weise zugutekommen und dadurch die auf dem einheimischen Erzeugnis ruhende Belastung ausgleichen.[30] Diese Abgrenzung zu Art. 110 AEUV ist deswegen von Bedeutung, weil im Rahmen des Art. 110 AEUV eine Rechtfertigung möglich ist,[31] während Art. 30 AEUV ein „absolutes" Verbot enthält (*Rn. 14*).[32]

Art. 30 AEUV steht ausdrücklich nur Zöllen und Abgaben gleicher Wirkung zwischen den Mitgliedstaaten entgegen. Die Vorschriften über die Einführung des GZT sehen, anders als diejenigen über den Binnenhandel, ein Verbot zollgleicher Abgaben im Verhältnis zu Drittstaaten nicht vor. Gleichwohl sind die Mitgliedstaaten nicht befugt, **zollgleiche Abgaben im Handel mit Drittstaaten** zu erheben, da Art. 3 Abs. 1 lit. a) und e) AEUV der Union eine ausschließliche Zuständigkeit für die Zollunion und für die gemeinsame Handelspolitik zuweist. Dieses Ergebnis entspricht dem Zweck der Einführung des GZT und der Funktionsfähigkeit der gemeinsamen Handelspolitik.[33] 19

Die Gemeinsamen Agrarmarktorganisationen und die Assoziierungs- und Handelsabkommen der EU sehen in der Regel ein Verbot zollgleicher Abgaben im Drittlandverkehr vor. Doch auch unabhängig von dieser Regelung können im Drittlandshandel kostendeckende Gebühren erhoben werden. Das gilt jedenfalls dann, wenn die gleichen Waren im Handel innerhalb der Union solche Gebühren zu tragen haben.[34] 20

2. Der Gemeinsame Zolltarif (GZT)

Die **Sätze des Gemeinsamen Zolltarifs** werden vom Rat (auf Vorschlag der Kommission) festgelegt (Art. 31 AEUV). 21

Der Gemeinsame Zolltarif ergibt sich aus der durch die **VO 2658/87 über die zolltarifliche und statistische Nomenklatur sowie den Gemeinsamen Zolltarif**[35] eingeführten **Kombinierten Nomenklatur (KN)**, die auf dem **Internationalen Übereinkommen über das Harmonisierte System zur Bezeichnung und Codierung der Waren**, mit dem Waren sowohl für zolltarifliche wie für statistische Zwecke eingeordnet werden können,[36] beruht. Sie wird durch den von der Kommission verwalteten, den aktuellen Stand der Zollpolitik der EU enthaltenden und ebenfalls durch die VO 2658/87 über die zolltarifliche Nomenklatur eingeführten **Integrierten Tarif der Europäischen Union (TARIC)** ergänzt. Dieser enthält zusätzliche Unterteilungen der Positionen der KN und die jeweiligen Zollsätze, die sich für bestimmte Waren und/oder Herkunftsländer aufgrund autonomer und vertraglicher Regelungen der Union, insbesondere Aus- 22

---

28 EuGH, Rs. 314/82 (Kommission/Belgien), Slg. 1984, 1543, Rn. 11 ff.
29 EuGH, Rs. 132/78 (Denkavit), Slg. 1979, 1923, Rn. 7 ff.; EuGH, Rs. C-72/92 (Scharbatke), Slg. 1993, I-5509, Rn. 10 ff.
30 EuGH, Rs. C-17/91 (Lornoy u.a.), Slg. 1992, I-6523, Rn. 21.
31 Vgl. EuGH, Rs. C-213/96 (Outokumpu), Slg. 1998, I-1777, Rn. 30 ff.
32 Eine Kumulierung beider Vorschriften ist daher nicht möglich, vgl. EuGH, Rs. C-383/01 (De Danske Bilimportorer), Slg. 2003, I-6065, Rn. 33; EuGH, Rs. C-355/00 (Freskot), Slg. 2003, I-5263, Rn. 39.
33 Und zwar unabhängig davon, ob die Zollunion schon durch eine gemeinsame Handelspolitik auf dem jeweiligen Gebiet ergänzt wurde oder nicht. Vgl. EuGH, Rs. 266/81 (SIOT), Slg. 1983, 731, Rn. 18 ff.; EuGH, Rs. 267–269/81 u.a. (SPI und SAMI), Slg. 1983, 801, Rn. 21 ff.; EuGH, Rs. 290, 291/81 (Singer und Geigy), Slg. 1983, 847, Rn. 7. Bei Abgaben, die schon vor der Einführung des GZT erhoben wurden, ist es Sache der Unionsbehörden, im Rahmen der gemeinsamen Handelspolitik ihre Senkung oder Abschaffung zu veranlassen.
34 EuGH, Rs. 1/83 (Interkontinentale Fleischhandelsgesellschaft), Slg. 1984, 349, Rn. 21; EuGH, Rs. 214/88 (Politi), Slg. 1989, 2785.
35 ABl. L 256/1987, 1 = *HER I A 21/3.16*.
36 ABl. L 198/1987, 3; vom Rat genehmigt mit Beschluss 87/369, ABl. L 198/1987, 1 = *HER I A 21/8.11*.

setzungen der autonomen Zollsätze, Zollpräferenzen, Zollkontingente und Antidumpingzölle, ergeben.

23 Mit dem Inkrafttreten des GZT im Jahr 1968[37] haben die Mitgliedstaaten ihre Rechtsetzungszuständigkeit für die Festlegung von Zolltarifen verloren.[38]

24 In der Praxis bedeutsam sind die Erläuterungen zum Zolltarif, die nach der Rechtsprechung des EuGH zwar nicht verbindlich, wohl aber **maßgebliche Erkenntnismittel** für die Auslegung der Positionen des GZT sind.[39] Es handelt sich zum einen um die Erläuterungen und Tarifanweisungen des Ausschusses für das Harmonisierte System und zum anderen um die Stellungnahmen des EU-Ausschusses für die Nomenklatur.[40] Nationalen Stellen ist es grundsätzlich nicht erlaubt, für die Anwendung des GZT verbindliche Auslegungsregeln zu erlassen.[41]

25 Soweit Änderungen des GZT auf **vertraglichem Wege mit Drittstaaten** vereinbart werden, verfügt die Union gemäß Art. 3 Abs. 1 lit a) und e) AEUV ebenfalls über eine ausschließliche Zuständigkeit. In der Praxis wird die Zollpolitik der Union maßgeblich von den in völkerrechtlichen Verträgen vorgesehenen Zollsenkungen geprägt. Eine besondere Rolle kommt den im Rahmen der WTO getroffenen Vereinbarungen zu (§§ 33, 34).

26 Mit der Einführung des GZT war eine einheitliche Praxis der Zollverwaltungen der Mitgliedstaaten noch nicht gewährleistet, da das **Zollrecht**, d.h. die Zollverfahren und die Regeln, nach denen sich die Anwendung des GZT auf Waren richtet, weiterhin nationales Recht blieben. Dies konnte zu Verkehrsverlagerungen und Wettbewerbsverzerrungen führen, wenn Importe in Abweichung von den natürlichen Handelswegen zu den Außengrenzen der Mitgliedstaaten mit den für den Importeur günstigsten Zollvorschriften dirigiert wurden.

Besonders dringend war die Vereinheitlichung des Zollrechts für die Zollwertbestimmung: Da nach dem GZT die Zollfestsetzung in der Regel auf der Grundlage des Wertes einer Ware geschieht, müssen Regeln dafür bestehen, wie dieser Wert bestimmt wird, so insbesondere, welches der maßgebliche Zeitpunkt ist und ob Nebenkosten für Fracht und Versicherung bei der Wertermittlung zu berücksichtigen sind.

Vor diesem Hintergrund harmonisiert der **Zollkodex**[42] – der das gesamte Zollrecht der Union in einem Rechtsakt zusammenfasst – die entsprechenden Vorgaben.

27 Art. 33 AEUV sieht den Erlass von Gesetzgebungsakten zur Förderung der Zusammenarbeit der Verwaltungen der Mitgliedstaaten bei der Anwendung des Zollrechts vor. Konkrete Projekte (z.B. gemeinsame Fortbildungsmaßnahmen) enthält das Aktionsprogramm „Zoll 2013".[43]

IV. Das Verbot mengenmäßiger Ein- und Ausfuhrbeschränkungen und Maßnahmen gleicher Wirkung

1. Grundlagen

28 Während sich die Zollunion auf den Abbau finanzieller Barrieren des Warenaustausches zwischen den Mitgliedstaaten bezieht, erfassen Art. 34, 35 AEUV sonstige Be-

---

[37] Mit der VO 950/68; heute gilt die VO 2658/87 (Fn. 32).
[38] EuGH, Rs. 8/73 (Massey-Ferguson), Slg. 1973, 897, Rn. 4.
[39] EuGH, Rs. 167/84 (Drünert), Slg. 1985, 2235, Rn. 14 ff.
[40] S. z.B. EuGH, Rs. 798/79 (Chem-Tec), Slg. 1980, 2639, Rn. 6 ff.
[41] EuGH, Rs. 74/69 (Krohn), Slg. 1970, 451, Rn. 10.
[42] VO 952/2013 zur Festlegung des Zollkodex der Union, ABl. L 269/2013, 1 = *HER I A* 21/1.23. Diese Verordnung kodifizierte die VO 450/2008.
[43] Entscheidung 524/2007 zur Einrichtung eines Aktionsprogramms für das Zollwesen in der Union („Zoll 2013"), ABl. L 154/2007, 25 = *HER I A* 18/2.8.

schränkungen des freien Warenverkehrs zwischen den Mitgliedstaaten. Art. 34, 35 AEUV sind seit Ablauf der Übergangszeit **unmittelbar wirksam,** so dass sich Einzelne auf diese Bestimmungen auch vor nationalen Behörden berufen können.[44] Art. 34, 35 AEUV verbieten mengenmäßige Ein- und Ausfuhrbeschränkungen (Kontingente) sowie Maßnahmen gleicher Wirkung. Von diesen Verboten dürfen die Mitgliedstaaten nur in Ausnahmefällen und unter engen Voraussetzungen abweichen *(Rn. 50 ff.).*

Normadressaten der Art. 34 ff. AEUV sind in erster Linie die **Mitgliedstaaten,** welche die Beschränkungen des Handels abzubauen haben und keine neuen Handelshemmnisse einführen dürfen.

29

Eine staatliche Maßnahme liegt auch dann vor, wenn Private ihre gewerblichen Schutzrechte geltend machen, da die letztlich einfuhrbeschränkende Maßnahme von staatlichen Organen ausgeht (Gerichten oder Behörden).[45] Weiter ist unerheblich, ob die staatliche Maßnahme zwingenden Charakters ist oder nicht; entscheidend ist allein ihre einfuhrbeschränkende Wirkung.[46]

Aus Art. 4 Abs. 3 EUV ist darüber hinaus eine **Verpflichtung der Mitgliedstaaten** abzuleiten, auch gegen die **Handelshindernisse einzuschreiten,** die von **Privaten** verursacht werden (z.B. Boykottmaßnahmen).[47]

Dies betonte der Gerichtshof ausdrücklich in der Rs. C-265/95:[48] In Bezug auf Behinderungen des freien Warenverkehrs durch französische Landwirte stellte der Gerichtshof fest, dass Art. 34 AEUV auch dann Anwendung finden könne, wenn es um nicht auf den Staat zurückgehende Beeinträchtigungen des Handels in der EU geht, dieser aber keine Maßnahmen zu deren Verhinderung ergreift. Durch eine derartige Untätigkeit könne der Handel zwischen den Mitgliedstaaten ebenso beeinträchtigt werden wie positive staatliche Maßnahmen, so dass Art. 34 AEUV in Verbindung mit Art. 4 Abs. 3 EUV die Mitgliedstaaten dazu verpflichte, alle erforderlichen und geeigneten Maßnahmen zu ergreifen, um die Beachtung dieser Grundfreiheit sicherzustellen. Hieran änderten auch die ggf. bestehenden schwierigen wirtschaftlichen und sozialen Verhältnisse nichts. Nach einer eingehenden Würdigung des Sachverhalts kam der EuGH zum Ergebnis, dass Frankreich gerade nicht die den Umständen nach notwendigen Schutzmaßnahmen getroffen habe. Dieses Urteil des Gerichtshofs ist insbesondere in zweierlei Hinsicht interessant: Einmal könnte es einen (weiteren) Anhaltspunkt dafür darstellen, dass Art. 34 AEUV gerade keine Drittwirkung entfaltet;[49] gegenüber den „Unruhestiftern" selbst hätte diese Vorschrift daher nicht greifen können. Darüber hinaus und vor allem aber entwickelt der EuGH in Bezug auf die Grundfreiheiten positive Handlungspflichten des Staates, der alles zu unternehmen habe, um die tatsächliche Wahrnehmung der Grundfreiheiten durch die Wirtschaftsteilnehmer zu schützen. Dies erinnert an die aus der deutschen Grundrechtsdogmatik bekannte grundrechtliche Schutzpflicht. Allerdings bleibt die dogmatische Grundlage dieser Konstruktion des Gerichtshofs noch etwas im Dunkeln: Der EuGH lässt nämlich offen, ob diese Pflicht in erster Linie aus der Grundfreiheit selbst oder aber aus Art. 4 Abs. 3 EUV, eine Bestimmung, die nach ständiger Rechtsprechung den Staat auch zu positiven Maßnahmen verpflichten kann *(§ 2 Rn. 66 ff.),* folgt. Jedenfalls dürfte der Grundgedanke dieses Urteils auch auf die übrigen Grundfreiheiten übertragen werden können.

30

---

44 St. Rspr., z.B. EuGH, Rs. 83/78 (Pigs Marketing Board), Slg. 1978, 2347, Rn. 66/67; EuGH, Rs. C-46/93, C-48/93 (Brasserie du pêcheur), Slg. 1996, I-1029, Rn. 54.
45 Vgl. etwa EuGH, Rs. C-9/93 (IdealStandard), Slg. 1994, I-2789, Rn. 33 f.
46 Vgl. EuGH, Rs. 249/81 (Kommission/Irland), Slg. 1981, 1625, Rn. 12, wo eine staatlich finanzierte Werbekampagne zum vermehrten Kauf einheimischer Produkte („buy irish") zur Debatte stand.
47 Vgl. schon *Donner,* Articles 30–36 EEC in general, Dutch national report, FIDE Congress Dublin 1982, SEW 1982, 362 (373). Ausführlich zu dieser Dimension der Grundfreiheiten *Koch,* Die Gewährleistungspflicht der Mitgliedstaaten zur Aufrechterhaltung des Binnenmarktes. Unter besonderer Berücksichtigung der Handelshemmnisse durch Private, 2003; *Kreun,* Mitgliedstaatliche Handlungspflichten bei Beeinträchtigungen des freien Warenverkehrs durch Private, 2006.
48 EuGH, Rs. C-265/95 (Kommission/Frankreich), Slg. 1997, I-6959, Rn. 24 ff.
49 In der Tendenz anders EuGH, Rs. C-438/05 (International Transport Workers Federation), Slg. 2007, I-10779.

31 Der Rs. C-112/00[50] lag die Klage eines Spediteurs zugrunde, der Schadensersatz für den Verdienstausfall beantragte, der ihm durch eine zeitweiligen Blockade der Brenner-Autobahn im Zuge einer genehmigten Demonstration gegen das Verkehrsaufkommen an dieser Transitachse entstanden war. Der EuGH bestätigte hier den Grundsatz, dass Art. 34 AEUV i.V.m. Art. 4 Abs. 3 EUV die Mitgliedstaaten dazu verpflichte, die erforderlichen Maßnahmen zu treffen, damit die Verwirklichung der Grundfreiheit nicht durch Private beeinträchtigt wird. Dies gelte auch dann, wenn sich Waren nur auf der Durchfahrt durch einen Staat befinden. Daher stelle die Genehmigung der besagten Demonstration eine Maßnahme gleicher Wirkung wie eine mengenmäßige Einfuhrbeschränkung dar. Allerdings könne diese Einschränkung des freien Warenverkehrs durch den Schutz der Grundrechte, namentlich der in Art. 10, 11 EMRK garantierten Meinungsäußerungs- und Versammlungsfreiheit, gerechtfertigt werden. Damit stünden sich zwei Interessen – die Verwirklichung der Freiheit des Warenverkehrs auf der einen und der genannten Grundrechte auf der anderen Seite – gegenüber, die abzuwägen seien. Unter Heranziehung aller Umstände des Einzelfalls kam der EuGH zu dem Ergebnis, dass im konkreten Fall diese Abwägung nicht unvertretbar gewesen sei, so dass keine Verletzung des Vertrages angenommen wurde. Die Formulierungen des EuGH deuten darauf hin, dass die Mitgliedstaaten umfassend allen Behinderungen des freien Warenverkehrs entgegenzutreten haben, die durch nicht dem Staat zurechenbare Umstände entstehen. Eine derart weite Auslegung des Art. 34 AEUV umfasste auch jegliches Verhalten Privater, so etwa Boykottaufrufe gegen ausländische Produkte, aber auch diverse an sich legale Geschäftspraktiken (z.B. in der Werbung), die sich zum Nachteil eingeführter Produkte auswirken können. Es ist zweifelhaft, ob es angemessen ist, dass alle Verhaltensweisen oder Umstände, die sich in irgendeiner Form auf die Einfuhr von Produkten auswirken, eine solche Schutzpflicht des Staates auslösen können oder ob man nicht vielmehr eine bestimmte Beeinträchtigungsschwelle annehmen sollte. Vieles spricht für eine solche „Korrektur" einer zu weiten Auslegung des Tatbestands des Art. 34 AEUV i.V.m. Art. 4 Abs. 3 EUV.

32 Art. 34 AEUV bindet auch die **Unionsorgane**.[51] **Privatpersonen** (unter Einschluss von Drittstaatsangehörigen) sind insoweit Adressaten der Art. 34 ff. AEUV, als sie sich gegenüber staatlichen Maßnahmen auf die unmittelbare Wirkung des Verbots von Handelsbeschränkungen berufen können. Dagegen kann das Verbot der Errichtung von Handelsbarrieren ihnen gegenüber nicht geltend gemacht werden, sondern abzustellen ist immer auf die jeweilige staatliche Maßnahme. Art. 34 ff. AEUV entfalten also **keine Drittwirkung**.[52] Private Verhaltensweisen werden durch die wettbewerbsrechtlichen Bestimmungen des Vertrages (§ 12) erfasst (zur Problematik der Drittwirkung auch § 10 Rn. 23).

33 Der Grund für diesen Ansatz dürfte letztlich zum einen in der Funktion der Art. 34, 35 AEUV, das Verbot von Zöllen und Abgaben gleicher Wirkung auch durch die Unterbindung nicht tarifärer Handelshemmnisse zu ergänzen, zu sehen sein. Zum anderen ist es für die effektive Verwirklichung des Grundsatzes des freien Warenverkehrs nicht unbedingt notwendig, auch private Verhaltensweisen zu erfassen, so dass sich hier die Übernahme der (üblichen) Beschränkung auf eine staatliche Inpflichtnahme rechtfertigen lässt. Dies gilt jedenfalls für nicht kollektiv handelnde Private.
Allerdings betont der EuGH auch, dass formal private Gesellschaften, die im Zuge gesetzlicher Vorgaben errichtet worden sind, aufgrund gesetzlicher Zuweisungen bestimmte Zielsetzungen zu verfolgen haben, bestimmte öffentlich-rechtliche Vorgaben bei der Tätigkeit zu beachten haben und durch Pflichtbeiträge bestimmter Personen finanziert sind, die Vorgaben des Art. 34 AEUV beachten müssen, wenn sie eine allen Betrieben der betreffenden Wirtschaftszweige zugängliche Regelung einführen, die sich wie eine staatliche Regelung auf den Handel innerhalb der EU auswirken kann.[53] Bei Vorliegen einer solchen Konstellation geht der EuGH

---

50 EuGH, Rs. C-112/00 (Schmidberger), Slg. 2003, I-5659.
51 EuGH, Rs. 80, 81/77 u.a. (Société les Commissionaires Réunis), Slg. 1978, 927, Rn. 35/36; EuGH, Rs. C-51/93 (Meyhui), Slg. 1994, I-3879, Rn. 11; EuGH, Rs. C-59/11 (Association Kokopelli), Urt. v. 12.7.2012, Rn. 80.
52 EuGH, Rs. 249/81 (Kommission/Irland), Slg. 1982, 4005, Rn. 6 ff.; EuGH, Rs. 65/86 (Bayer u.a./Süllhöfer), Slg. 1988, 5249, Rn. 11; wohl auch EuGH, Rs. C-265/95 (Kommission/Frankreich), Slg. 1997, I-6959, Rn. 24 ff.
53 EuGH, Rs. C-325/00 (Kommission/Deutschland), Slg. 2002, I-9977 (CMA-Gütezeichen).

offenbar von einer Zurechnung des Verhaltens der privaten Gesellschaft zum Staat aus. Weiter bejahte der Gerichtshof die Anwendbarkeit des Art. 34 AEUV auf Handlungen der Deutschen Zertifizierungsstelle des Gas- und Wasserfachs (DVGW), eine private Einrichtung ohne Gewinnzweck, auf deren Tätigkeit der Staat keinen maßgebenden Einfluss hat, im Zusammenhang mit dem Entzug des Konformitätszertifikats für bestimmte Produkte. Denn der Gesetzgeber habe eine Vermutung aufgestellt, dass die von der DVGW zertifizierten Produkte den Anforderungen des nationalen Rechts entsprechen und die DVGW sei die einzige Einrichtung, die solche Konformitätszertifikate ausstelle. Das Fehlen einer Zertifizierung erschwere daher den Vertrieb der entsprechenden Produkte erheblich, woran auch der Umstand nichts ändere, dass es ein anderes Verfahren gebe, im Rahmen desselben die Konformität des betreffenden Produkts mit den gesetzlichen Vorgaben festgestellt werden könne, denn dieses sei erheblich aufwändiger.[54] Man wird damit insgesamt schließen können, dass der Gerichtshof Art. 34 AEUV keine grundsätzliche Drittwirkung zuerkennen möchte, sondern davon ausgeht, dass diese Vorschrift Privaten nur dann entgegengehalten werden kann, wenn sie mit besonderen Befugnissen ausgestattet sind oder ihre Tätigkeit eine besondere, gesetzlich vorgesehene Wirkung entfaltet, so dass sich der einzelne Wirtschaftsteilnehmer solchen Privaten letztlich nicht oder nur unter Inkaufnahme erheblicher Nachteile entziehen kann.[55]

2. Einfuhrbeschränkungen und Maßnahmen gleicher Wirkung (Art. 34 AEUV)

a) Mengenmäßige Beschränkungen

Mengenmäßige Beschränkungen sind alle Maßnahmen, die die Einfuhr einer Ware der Menge oder dem Wert nach begrenzen.[56] Die Beschränkung nimmt regelmäßig die Form eines **bilateralen oder globalen Kontingents** an, durch das die Ein- oder Ausfuhr einer quantitativ oder wertmäßig bestimmten Warenmenge während eines bestimmten Zeitraums zugelassen wird. Der Begriff der mengenmäßigen Beschränkung umfasst aber auch **Einfuhrverbote**, die das stärkste quantitative Handelshindernis darstellen.[57] Allgemein geltende Absatzverbote hingegen stellen grundsätzlich Maßnahmen gleicher Wirkung wie Einfuhrbeschränkungen dar, da sie nicht die Einfuhr als solche verbieten, sondern in der Sache Anforderungen an die entsprechenden Produkte stellen. Gleiches gilt für Anforderungen an die Produktbeschaffenheit. Deutlich wird damit auch, dass Einfuhrbeschränkungen *per definitionem* offen diskriminierend sind.

34

In der Praxis kommen mengenmäßige Beschränkungen heute nur noch in Ausnahmefällen (etwa bei umweltpolitisch motivierten Maßnahmen zum Artenschutz) vor,[58] so dass der Schwerpunkt von Anwendung und Wirkung des Art. 34 AEUV auf dem Verbot der Maßnahmen gleicher Wirkung liegt.

b) Maßnahmen gleicher Wirkung

Der Warenverkehr zwischen den Mitgliedstaaten kann ganz erheblich durch – im Vergleich zu Einfuhrbeschränkungen – weniger sichtbare und nicht quantifizierbare, gleichwohl aber sehr „wirkungsvolle" Maßnahmen behindert werden. Diese können

35

---

54 Vgl. EuGH, Rs. C-171/11 (Fra.bo/DVGW), Urt. v. 12.7.2012.
55 Zur Problematik *Schmahl/Jung*, Horizontale Drittwirkung der Warenverkehrsfreiheit?, NVwZ 2013, 607 ff.; *Kloepfer/Greve*, Zur Drittwirkung der Warenverkehrsfreiheit, DVBl. 2013, 1148 ff.
56 Vgl. die Definition in EuGH, Rs. 2/73 (Geddo), Slg. 1973, 865, Rn. 7, wonach unter mengenmäßigen Beschränkungen „sämtliche Maßnahmen, die sich (...) als eine gänzliche oder teilweise Untersagung der Einfuhr, Ausfuhr oder Durchfuhr darstellen" zu verstehen sind. S. auch EuGH, Rs. 124/85 (Kommission/Griechenland), Slg. 1986, 3935, Rn. 3 ff.
57 EuGH, Rs. C-131/93 (Kommission/Deutschland), Slg. 1994, I-3303, Rn. 19 f.; EuGH, Rs. C-324/93 (Evans), Slg. 1995, I-563, Rn. 22; EuGH, Rs. C-67/97 (Bluhme), Slg. 1998, I-8033, Rn. 19 f.
58 S. die Beispiele aus der Rechtsprechung in EuGH, Rs. 169/89 (Gourmetterie van den Burg), Slg. 1990, I-2143 (Einfuhrverbot für schottische Moorschneehühner); EuGH, Rs. C-170/04 (Rosengren), Slg. 2007, I-4071 (Verbot, für Private, Alkohol einzuführen).

aufgrund des Einbezugs von Maßnahmen gleicher Wirkung wie Einfuhrbeschränkungen in den Tatbestand des Art. 34 AEUV ebenfalls verboten sein. Maßgeblich für die Bestimmung des Begriffs der Maßnahmen gleicher Wirkung sind vor diesem Hintergrund die **Wirkungen** einer Maßnahme: Es kommt darauf an, ob sie gleiche oder vergleichbare Folgen für die Einfuhr von Waren aus anderen Mitgliedstaaten entfaltet wie mengenmäßige Einfuhrbeschränkungen.

36 Dies ist zunächst dann der Fall, wenn es sich um in irgendeiner Form **diskriminierende Maßnahmen** handelt. Hierunter fallen etwa staatliche Maßnahmen, die die physische Einfuhr von Waren behindern, z.B. durch schikanöse Ausgestaltung und Verzögerung der Grenzabfertigung[59] oder (sonstige) Erfordernisse, die eine offene Diskriminierung von Importgütern beinhalten. So können gesundheitspolizeiliche Untersuchungen,[60] Nachweiserfordernisse hinsichtlich Ursprung und Echtheit von Waren[61] und Lizenzsysteme bei der Einfuhr,[62] aber auch Vermarktungsregeln, die in- und ausländische Waren ungleich behandeln,[63] unter das Verbot des Art. 34 AEUV fallen. Ebenso werden materiell diskriminierende Maßnahmen – also solche, die zwar nicht an die Herkunft der Ware, sondern an ein „neutrales" Kriterium anknüpfen, jedoch im Ergebnis dazu führen (können), dass im Wesentlichen eingeführte Produkte benachteiligt werden (*§ 10 Rn. 6*) – vom Begriff der Maßnahmen gleicher Wirkung wie Einfuhrbeschränkungen erfasst.[64]

37 Der freie Warenverkehr kann aber auch durch Maßnahmen beeinträchtigt werden, denen nicht der „Makel" der Diskriminierung anhaftet. Auch solche **nicht diskriminierenden Maßnahmen** fallen unter den sehr weit gefassten Wortlaut des Art. 34 AEUV, können doch auch diese ähnliche Wirkungen wie Einfuhrbeschränkungen entfalten. So können z.B. die meisten Regelungen zur Festlegung der Produktbeschaffenheit die Konsequenz nach sich ziehen, dass in anderen Mitgliedstaaten hergestellte Produkte, die anderen Anforderungen genügen (müssen), nicht eingeführt bzw. nicht vermarktet werden können. Ausschlaggebend für die Definition des Begriffs der Maßnahmen gleicher Wirkung ist daher die **beschränkende Wirkung**. Insofern geht Art. 34 AEUV über ein Diskriminierungsverbot hinaus und ist als **Beschränkungsverbot** aufzufassen. In diesem Sinne definiert der EuGH als Maßnahme gleicher Wirkung jede staatliche Regelung, „die geeignet ist, den innergemeinschaftlichen Handel unmittelbar oder mittelbar, tatsächlich oder potenziell zu behindern"[65] (sog. *Dassonville*-**Formel**). Ausreichend ist danach die **Eignung** einer Maßnahme, handelsbeschränkende Wirkungen zu entfalten; ihr tatsächlicher Eintritt ist dagegen nicht erforderlich.[66] Ebensowenig wird ein irgendwie geartetes „**Spürbarkeitserfordernis**" – dessen genaue Umrisse auch nur

---

59 Vgl. z.B. EuGH, Rs. C-128/89 (Kommission/Italien), Slg. 1990, I-3239, Rn. 11.
60 Z.B. EuGH, Rs. 251/78 (Denkavit), Slg. 1979, 3369, Rn. 11; EuGH, Rs. 186/88 (Kommission/Deutschland), Slg. 1989, 3997, Rn. 9 ff.
61 Z.B. EuGH, Rs. 8/74 (Dassonville), Slg. 1974, 837, Rn. 2/4 ff.; EuGH, Rs. 41/76 (Donckerwolcke), Slg. 1976, 1921, Rn. 14/21; EuGH, Rs. 25/88 (Wurmser), Slg. 1989, 1105, Rn. 8 ff.
62 Z.B. EuGH, Rs. 51–54/71 (International Fruit), Slg. 1971, 1107, Rn. 5 ff.; EuGH, Rs. 68/76, (Kommission/Frankreich), Slg. 1977, 515, Rn. 14/16 ff.
63 EuGH, Rs. 59/82 (Schutzverband/Weinvertriebs-GmbH), Slg. 1983, 1217, Rn. 8 (Mindestalkoholgehaltsregelung, die nur für eingeführten Wermut gilt).
64 EuGH, Rs. 261/81 (Rau), Slg. 1982, 3961, Rn. 10 ff.; EuGH, Rs. 247/81 (Kommission/Deutschland), Slg. 1984, 111.
65 EuGH, Rs. 8/74 (Dassonville), Slg. 1974, 837, Rn. 5.
66 Ausdrücklich EuGH, Rs. 16/83 (Prantl), Slg. 1984, 1299, Rn. 20.

sehr schwer zu bestimmen sein dürften – vorausgesetzt.⁶⁷ Allerdings darf die Maßnahme im Hinblick auf ihre Eignung, den Handel innerhalb der Union zu behindern, nicht zu „ungewiss" und „mittelbar" sein.⁶⁸

Diese weite Auslegung des Begriffs der Maßnahmen gleicher Wirkung hat zur Folge, dass Waren, die in einem Mitgliedstaat **rechtmäßig hergestellt** worden sind, grundsätzlich in die anderen Mitgliedstaaten **eingeführt** werden und dort (grundsätzlich ohne ein irgendwie geartetes Zulassungserfordernis) frei zirkulieren können müssen, auch wenn sie nicht den nationalen Produktnormen entsprechen.⁶⁹ Aber auch sonstige, die **Produktmobilität beeinträchtigende Maßnahmen**, wie z.B. ein Fahrverbot für Lastwagen mit bestimmten Gütern auf der Inntalautobahn (Brennerstrecke) oder Teilen derselben,⁷⁰ stellen grundsätzlich Maßnahmen gleicher Wirkung wie Einfuhrbeschränkungen dar. Darüber hinaus können aber auch zahlreiche nationale **Produktions- und Vermarktungsregelungen** unter den so definierten Begriff der Maßnahme gleicher Wirkung fallen. Denn auch sie werden häufig zumindest mittelbar und potenziell einen Einfluss auf die Menge der eingeführten Produkte entfalten. Die konsequente und strikte Anwendung der *Dassonville*-Formel führte somit dazu, dass der Tatbestand des Art. 34 AEUV sehr weit ausgedehnt würde, ziehen doch zahlreiche, auch eher allgemeine (wirtschaftspolitische oder gar kulturelle) Maßnahmen in irgendeiner Form mittelbar Auswirkungen auf den Handel innerhalb der EU nach sich mit der Folge, dass sie an unionsrechtlichen Maßstäben gemessen werden könnten. 38

Vor diesem Hintergrund hat die **Rechtsprechung** die tatbestandlichen Voraussetzungen für das Vorliegen von Maßnahmen gleicher Wirkung im Vergleich zu der weiten Fassung der *Dassonville*-Formel schrittweise **eingegrenzt**: Zunächst verneinte der EuGH in mehreren Urteilen den Tatbestand des Art. 34 AEUV mangels eines hinreichenden Bezugs zum freien Warenverkehr,⁷¹ so etwa in seiner Entscheidung zum deutschen *Nachtbackverbot* (wonach Brötchen nicht vor 6 Uhr morgens ausgeliefert werden durften): Dieses stelle eine nationale Verkaufsregelung dar, die keinen grenzüberschreitenden Bezug aufweise und deshalb den Handel zwischen den Mitgliedstaaten nicht beeinträchtigen könne.⁷² Auf potenzielle Markteinbußen durch diese Regulierung des deutschen Marktes kam es also offensichtlich nicht an. In Bezug auf das belgische *Nachtausschankverbot* für Alkoholika verneinte der EuGH die Eignung, den Handel zwischen den Mitgliedstaaten zu beeinträchtigen, mit der Begründung, diese Maßnahme stehe in keinem Zusammenhang mit der Einfuhr von Waren.⁷³ Diese Erwägung 39

---

67 So wohl auch EuGH, Rs. C-184/96 (Kommission/Frankreich), Slg. 1998, I-6197, Rn. 16 ff.; EuGH, Rs. C-166/03 (Kommission/Frankreich), Slg. 2004, I-6535; s. auch EuGH, Rs. C-254/98 (TK-Heimdienst Sass), Slg. 2000, I-151, Rn. 25 ff., wo der EuGH bei der Frage des Vorliegens beschränkender Wirkungen der Regelung allein auf ihren rechtlichen Gehalt, nicht jedoch auf das Erfordernis einer irgendwie gearteten Spürbarkeit abstellte; das Spürbarkeitserfordernis ablehnend (sei doch allein die Eignung der Auswirkungen der streitigen Maßnahme auf den Handel zwischen den Mitgliedstaaten entscheidend) auch EuGH, Rs. C-141/07 (Kommission/Deutschland), Slg. 2008, I-6935.
68 EuGH, Rs. C-291/09 (Guarnieri), Slg. 2011, I-2685 in Bezug auf eine Verpflichtung zur Leistung einer Prozesskostensicherheit.
69 S. etwa EuGH, Rs. 178/84 (Kommission/Deutschland), Slg. 1987, 1227, Rn. 37 (Reinheitsgebot für Bier); EuGH, Rs. 407/85 (Glocken GmbH), Slg. 1988, 4233, Rn. 11; EuGH, Rs. C-400/96 (Harpegnies), Slg. 1998, I-5121.
70 EuGH, Rs. C-320/03 (Kommission, Deutschland u.a./Österreich), Slg. 2005, I-9871; EuGH, Rs. C-28/09 (Kommission/Österreich), Slg. 2011, I-13525.
71 Vgl. in diesem Zusammenhang insbesondere die instruktiven Erläuterungen des Generalanwalts *Tesauro* im Verfahren *Hünermund*, EuGH, Slg. 1993, I-6787.
72 EuGH, Rs. 155/80 (Oebel), Slg. 1981, 1993, Rn. 20.
73 EuGH, Rs. 75/81 (Blesgen), Slg. 1982, 1211, Rn. 9; s. auch EuGH, Rs. 145/88 (Torfaen Borough), Slg. 1989, 3851, Rn. 14 in Bezug auf Sonntagsverkaufsverbote.

überrascht insbesondere deshalb, weil das Ausschankverbot gerade nachfrage- und damit auch einfuhrhemmend wirkt und auch wirken soll.[74]

40   Eine gewisse dogmatische Klarstellung erfuhr diese eher punktuelle und einzelfallbezogene Rechtsprechung durch das *Keck-Urteil*,[75] in dem es um das französische Verbot des Verkaufs bestimmter Waren unter dem Einkaufspreis ging. Der Gerichtshof stellte hier fest, dass „bestimmte **Verkaufsmodalitäten**" nicht in den Anwendungsbereich des Art. 34 AEUV fallen, sofern sie zwei Voraussetzungen erfüllen: Zum einen müssen sie für alle betroffenen Wirtschaftsteilnehmer gelten, die ihre Tätigkeit im Inland ausüben, und zum anderen müssen sie den Absatz der inländischen und der aus anderen Mitgliedstaaten eingeführten Erzeugnisse rechtlich wie tatsächlich in der gleichen Weise berühren.[76] Entsprechen nationale Maßnahmen diesen Voraussetzungen, fallen sie schon aus dem Tatbestand des Art. 34 AEUV heraus, so dass sie von vornherein nicht am Maßstab des EU-Rechts überprüft werden können; auf das Vorliegen von Rechtfertigungsgründen *(Rn. 50 ff.)* kommt es dann nicht mehr an. Die *Keck*-Rechtsprechung dürfte weniger eine „Kehrtwende" denn eine teleologisch und systematisch begründete **Einschränkung des Tatbestandes des Art. 34 AEUV** darstellen, die jedoch den Charakter dieser Vorschrift als Beschränkungsverbot nicht infrage stellt. Denn sie hat (nur) zur Folge, dass bestimmte staatliche Maßnahmen nicht am Maßstab des Art. 34 AEUV geprüft werden können. Für die weiterhin unter Art. 34 AEUV fallenden (in erster Linie produktbezogenen) Regelungen jedoch sind die bisher entwickelten Grundsätze in jeder Beziehung heranzuziehen, so dass auch nicht diskriminierende Maßnahmen grundsätzlich in den (Verbots-)Tatbestand des Art. 34 AEUV einbezogen werden.

> Die *Keck*-Rechtsprechung ist auch vor dem Hintergrund von Sinn und Funktion des Art. 34 AEUV zu sehen: Diese Grundfreiheit soll nämlich nicht allgemein Schutz vor staatlichen Einschränkungen wirtschaftlicher oder sonstiger Tätigkeiten gewähren, so dass sie sich insoweit von „echten" Grundrechten (§ 2 Rn. 10 ff.) unterscheidet. Vielmehr geht der Vertrag davon aus, dass der Union (nur) punktuelle Kompetenzen zustehen und darüber hinaus die Zuständigkeit der Mitgliedstaaten erhalten bleibt. Dann können aber die Grundfreiheiten nicht so weit ausgelegt werden, dass kaum mehr überschaubare Teile des nationalen Rechts an ihrem Maßstab überprüft werden können. Die Grenzziehung ist hier allerdings insofern schwierig, als einerseits die tatsächlichen Handelshemmnisse abgebaut werden sollen, andererseits aber auch der Kompetenz- und Handlungsspielraum der Mitgliedstaaten angemessen gewahrt bleiben soll.

41   Zwar definierte der Gerichtshof den Begriff der „Verkaufsmodalitäten" nicht, so dass die genaue Reichweite der tatbestandlichen Einschränkung des Art. 34 AEUV umstritten bleibt; doch lassen sich der Rechtsprechung gewisse Anhaltspunkte für ihre Präzisierung entnehmen:

42   ■ **Produktbezogene Maßnahmen** – also solche, die an die Beschaffenheit oder die Aufmachung eines Produkts anknüpfen – stellen als nicht vertriebsbezogene Maßnahmen keine Verkaufsmodalitäten dar und fallen daher in den Anwendungsbereich des Art. 34 AEUV.

---

[74] Weitere Nachweise von in diese Richtung gehender Rechtsprechung bei *Middeke*, Nationaler Umweltschutz (E.I.), 132 f., der auch zu den verschiedenen Ansätzen zu ihrer dogmatischen Einordnung eingeht (132 ff.); ausführlich zu den verschiedenen Urteilen auch *Hammer*, Handbuch zum freien Warenverkehr, 1998, 35 ff.
[75] EuGH, Rs. C-267, 268/91 (Keck/Mithouard), Slg. 1993, I-6097.
[76] EuGH, Rs. C-267, 268/91 (Keck/Mithouard), Slg. 1993, I-6097, Rn. 15. S. auch das „Prüfungsschema" der *Keck*-Formel in EuGH, Rs. C-20/03 (Burmanjer), Slg. 2005, I-4133.

So sind etwa Etikettierungsvorschriften für die Verpackung eines Schokoladenriegels an Art. 34 AEUV zu messen.[77] Gleiches gilt für das Verbot, bestimmte Erzeugnisse unter einer gewissen Bezeichnung zu vermarkten,[78] und das Verbot, in Zeitschriften Gewinnspiele anzubieten.[79]

- Maßnahmen, die die **Vermarktung eines Produkts** betreffen, ohne mit diesem „verbunden" zu sein, stellen hingegen grundsätzlich – wenn sie nicht diskriminierend ausgestaltet sind *(Rn. 45)* – bestimmte Verkaufsmodalitäten dar und werden daher nicht vom Tatbestand des Art. 34 AEUV erfasst.

43

Daher war das griechische Gebot, Säuglingsmilch ausschließlich in Apotheken zu verkaufen,[80] als Verkaufsmodalität anzusehen und fiel nicht in den Anwendungsbereich des Art. 34 AEUV.[81] Ebenso stellt ein mitgliedstaatliches Verbot des „ambulanten" Verkaufs von Zeitschriftenabonnements ohne Genehmigung eine vertriebsbezogene Maßnahme dar.[82]
In der Rs. C-244/06[83] relativierte der EuGH diesen Ansatz: Hier stand eine Bestimmung des deutschen Jugendschutzgesetzes zur Debatte, wonach Bildträger (Videokassetten u.a.) nur dann im Versandhandel oder an Kiosken angeboten werden dürfen, wenn die Inhalte von der obersten Landesbehörde oder einer Organisation der freiwilligen Selbstkontrolle für die entsprechende Altersstufe freigegeben und entsprechend gekennzeichnet worden sind. Diese Maßnahme sei nicht als bestimmte Verkaufsmodalität im Sinne der sog. Keck-Rechtsprechung anzusehen: Denn es gehe hier nicht um ein Verbot des Vertriebs von Bildträgern im Versandhandel, sondern um die Pflicht, bestimmte Produkte einem nationalen Prüf- und Einstufungsverfahren zu unterziehen, wenn sie auf diesem Weg vertrieben werden sollen; zudem seien gewisse Kennzeichnungsvorschriften formuliert. Daher könne eine solche Regelung die Einfuhr von aus anderen Mitgliedstaaten stammenden Bildträgern erschweren und verteuren, so dass sie geeignet sei, bestimmte Beteiligte vom Vertrieb solcher Bildträger in Deutschland abzuhalten. Eine Einschränkung des Versandhandels für bestimmte Produkte soll damit zumindest dann unter den Tatbestand des Art. 34 AEUV fallen, wenn sie mit einem Prüf- und Einstufungsverfahren einhergeht, wobei der EuGH offenbar die mit einer solchen Regelung einhergehende Erschwerung der Einfuhr für ausschlaggebend hält. Diese Argumentation erscheint nicht zwingend, denn die Frage der Erschwerung der Einfuhr ist ja bereits Gegenstand der (der Prüfung der Einschlägigkeit der *Keck*-Rechtsprechung vorgelagerten) *Dassonville*-Formel. Weiter bleibt der Unterschied zwischen der in der Rs. C-244/06 zur Debatte stehenden Regelung und einer allgemeinen Verpflichtung des Vertriebs bestimmter Produkte an definierten Verkaufsstellen unklar: Denn letztlich geht es auch bei der erwähnten Maßnahme des Jugendschutzgesetzes um eine Pflicht, nicht „jugendfreie" Bildträger nur über bestimmte Verkaufswege zu vertreiben, woran auch das Prüfungsverfahren wenig ändert. Das Urteil bzw. die ihm zugrunde liegende Fallgestaltung illustriert damit auch, dass die Abgrenzung von vertriebs- und produktbezogenen Maßnahmen (u.a.) dann Probleme aufwirft, wenn bestimmte (Vermarktungs-)Regelungen für bestimmte Produktkategorien gelten, was nichts daran ändert, dass das Ergebnis – die Eröffnung des Tatbestands des Art. 34 AEUV – durchaus überzeugt.

---

77 EuGH, Rs. C-470/93 (Mars), Slg. 1995, I-1923, Rn. 12 f. S. auch EuGH, Rs. C-12/00 (Kommission/Spanien), Slg. 2003, I-459 (Verbot Kakao- und Schokoladeerzeugnisse, die andere pflanzliche Fette als Kakaobutter enthalten, unter der Bezeichnung „Schokolade" in den Verkehr zu bringen).
78 So etwa das Verbot, ein kosmetisches Mittel unter dem Namen „Clinique" zu vermarkten, EuGH, Rs. C-315/92 (Clinique), Slg. 1994, I-317; s. auch EuGH, Rs. C-313/94 (Graffione), Slg. 1996, I-6039.
79 EuGH, Rs. C-368/95 (Familiapress), Slg. 1997, I-3689, Rn. 19 ff.
80 Ähnlich in Bezug auf diesen Aspekt auch EuGH, Rs. C-387/93 (Banchero), Slg. 1995, I-4663, Rn. 35 f., in dem der EuGH betonte, dass eine nationale Regelung, wonach der Vertrieb von Tabakwaren zugelassenen Einzelhändlern vorbehalten ist, nicht in den Anwendungsbereich des Art. 34 AEUV falle. In Rs. C-69/93, C-258/93 (Punto casa), Slg. 1994, I-2355, Rn. 11 f., nahm der EuGH die allgemeine Beschränkung von Öffnungszeiten aus dem Tatbestand des Art. 34 AEUV aus; ebenso EuGH, verb. Rs. C-418/93 u.a. (Smeraro Casa Uno u.a.), Slg. 1996, I-2975, Rn. 23 ff.
81 EuGH, Rs. C-391/92 (Kommission/Griechenland), Slg. 1995, I-1621, Rn. 13 f.
82 EuGH, Rs. C-20/03 (Burmanjer), Slg. 2005, I-4133.
83 EuGH, Rs. C-244/06 (Dynamics Medien Vertriebs GmbH), Slg. 2008, I-505.

44 ■ Die entsprechende Maßnahme muss auf **alle im Inland eine entsprechende Tätigkeit ausübenden Wirtschaftsteilnehmer anwendbar** sein, damit die Keck-Rechtsprechung zum Zuge kommen kann.[84]

45 ■ Der Tatbestand des Art. 34 AEUV ist dann erfüllt, wenn eine Maßnahme unterschiedliche Wirkungen für einheimische und eingeführte Produkte entfaltet, Letztere also **offen oder versteckt diskriminiert**. Insgesamt ist in der Rechtsprechung eine Tendenz festzustellen, all solche Vermarktungs- oder Werberegelungen, die den Bekanntheitsgrad der betreffenden Produkte merklich beeinflussen bzw. beeinträchtigen (können), als diskriminierend anzusehen, da sie aufgrund der grundsätzlich besseren Markteinführung nationaler Produkte die eingeführten Produkte stärker treffen (können) und daher (materiell) diskriminierend sind.

So stelle eine nationale Regelung, die es Lebensmittelhändlern nur dann erlaubt, im Umherziehen ihre Ware feilzubieten, wenn sie in dem entsprechenden Verwaltungsbezirk auch eine ortsfeste Betriebsstätte haben, zwar grundsätzlich eine Verkaufsmodalität dar, betreffe jedoch das Inverkehrbringen inländischer und aus anderen Mitgliedstaaten stammender Erzeugnisse nicht in gleicher Weise, so dass Art. 34 AEUV anzuwenden sei.[85]

Das schwedische Werbeverbot für alkoholische Getränke in Zeitungen, Zeitschriften sowie Rundfunk und Fernsehen sah der EuGH zwar als vertriebsbezogene Maßnahme bzw. Verkaufsmodalität an, bejahte aber eine diskriminierende Wirkung, da die Hersteller und Importeure an nahezu jeder Verbreitung von an die Verbraucher gerichteter Werbung gehindert seien. Gerade bei Genussmitteln wie dem Alkohol spielten herkömmliche gesellschaftliche Gebräuche bei der Auswahl eine wichtige Rolle, so dass das infrage stehende umfassende Werbeverbot stärkere Auswirkungen auf Erzeugnisse aus anderen Mitgliedstaaten als auf einheimische Erzeugnisse entfalte; ein Hemmnis für den freien Warenverkehr liege damit vor, und der Anwendungsbereich des Art. 34 AEUV sei eröffnet.[86]

Auch das deutsche Verbot des Versandhandels mit Arzneimitteln fällt nach Ansicht des EuGH unter den Tatbestand des Art. 34 AEUV, da es die ausländischen Apotheken (und damit die eingeführten Produkte), die als solche auf dem deutschen Markt nicht tätig sind, stärker betreffe als die inländischen; für Erstere sei das Internet als Zugang zum deutschen Markt von ungleich größerer Bedeutung als für Letztere.[87]

Ein absolutes Verbot der Werbung mit bestimmten Eigenschaften eines Erzeugnisses sei geeignet, den Marktzugang für Produkte aus anderen Mitgliedstaaten stärker zu behindern als für inländische Erzeugnisse.[88]

Im Falle des Verbots der Herkunftsangabe auf einer Ware hingegen werde nicht jede Form der Absatzförderung verboten, so dass keinerlei Anhaltspunkte für eine unterschiedliche Wirkung für in- und ausländische Produkte ersichtlich seien.[89]

---

84 So schon EuGH, Rs. C-267, 268/91 (Keck/Mithouard), Slg. 1993, I-6097, Rn. 15. Ausdrücklich dieses Kriterium separat prüfend EuGH, Rs. C-71/92 (Karner), Slg. 2004, I-3025; EuGH, Rs. C-20/03 (Burmanjer), Slg. 2005, I-4133.
85 EuGH, Rs. C-254/98 (TK-Heimdienst Sass), Slg. 2000, I-151, Rn. 24 ff.
86 EuGH, Rs. C-405/98 (Gourmet International), Slg. 2001, I-1795.
87 EuGH, Rs. C-322/01 (Doc Morris), Slg. 2003, I-14887. S. auch EuGH, Rs. C-141/07 (Kommission/Deutschland), Slg. 2008, I-6935, betreffend eine Regelung zur Übertragung der Medikamentenversorgung von Krankenhäusern an eine (externe) Apotheke: Diese muss sich verpflichten, sämtliche Aufgaben der Arzneimittelversorgung zu erfüllen. Nach Ansicht des EuGH bezieht sich diese Regelung nicht auf „Merkmale der Arzneimittel", sondern betrifft lediglich die „Modalitäten für deren Verkauf". Die Keck-Rechtsprechung sei aber schon deshalb nicht einschlägig, weil die erwähnten Regelungen eine gewisse räumliche Nähe der Apotheke zu dem Krankenhaus erforderten, womit die Versorgung von Krankenhäusern durch im Ausland niedergelassene Apotheken grundsätzlich schwieriger und kostspieliger sei als für im Inland niedergelassene Apotheken. Daran ändere auch der Umstand nichts, dass auch im Inland gelegene, aber von dem jeweiligen Krankenhaus weit entfernte Apotheken benachteiligt sind. S. sodann EuGH, Rs. C-108/09 (Ker-Optika), Slg. 2010, I-12213, in Bezug auf eine Regelung, wonach Kontaktlinsen nur in Fachgeschäften vertrieben werden dürfen.
88 EuGH, Rs. C-239/02 (Douwe Egberts), Slg. 2004, I-7007.
89 EuGH, Rs. C-71/92 (Karner), Slg. 2004, I-3025.

Epiney

Auch beim Verbot des „ambulanten" Verkaufs von Zeitschriftenabonnementen ohne Genehmigung sei nicht nachgewiesen, dass der Absatz von Erzeugnissen aus anderen Mitgliedstaaten stärker beeinträchtigt werde als derjenige von Erzeugnissen aus dem Inland.[90]

■ Weiter und teilweise im Zusammenhang mit dem erwähnten Kriterium des Vorliegens einer (materiellen) Diskriminierung stellt der EuGH darauf ab, ob eine bestimmte Maßnahme bereits den **Marktzugang** eines Produkts verhindert oder einschränkt, also m.a.W. zur Folge hat, dass das jeweilige Produkt erst gar nicht auf den Markt des betroffenen Mitgliedstaates gelangen kann oder der Marktzugang behindert wird und daher eine diesbezügliche unterschiedliche Wirkung der Maßnahme auf einheimische und eingeführte Produkte zu bejahen ist,[91] wobei der Gerichtshof (darüber hinaus) das Kriterium des Marktzugangs teilweise auch und gerade dann heranzieht, wenn die Abgrenzung zwischen produkt- und vertriebsbezogenen Maßnahmen nicht klar ist oder Zweifel am Vorliegen einer Diskriminierung bestehen.

46

Bei einem Verbot für Fernsehwerbung für bestimmte Erzeugnisse handele es sich daher grundsätzlich um eine aus dem Tatbestand des Art. 34 EUV herausfallende bestimmte Verkaufsmodalität, da der Marktzugang für eingeführte Produkte nicht (stärker) behindert werde, es sei denn, ein solches Verbot entfalte stärkere Auswirkungen auf Erzeugnisse aus anderen Mitgliedstaaten. Ein vollständiges Verbot einer Form der Absatzförderung könne jedoch dann in den Anwendungsbereich des Art. 34 AEUV fallen, wenn es den Marktteilnehmern die einzig wirksame Form der Absatzförderung nehme, welche den Zugang zum nationalen Markt ermöglicht.[92]

In den verb. Rs. C-158, 159/04[93] stand die griechische Regelung, den Verkauf von „Bake-off"-Erzeugnissen[94] von denselben Voraussetzungen abhängig zu machen, wie sie für herkömmliche Backwaren gelten[95] (was zur Stilllegung der Verkaufsstellen dieser Erzeugnisse in Supermärkten führte), zur Debatte. Der EuGH erachtete den Tatbestand des Art. 34 AEUV als gegeben: Die Voraussetzungen der „Dassonville-Formel" seien erfüllt, und eine Anwendung der „Keck-Rechtsprechung" komme schon deshalb nicht in Betracht, weil die fraglichen nationalen Bestimmungen die Herstellungsbedingungen für Backwaren regelten; diese implizierten aber Einfuhrhindernisse, da es um zusätzliche, das Inverkehrbringen der Backwaren erschwerende Erfordernisse gehe. Eine Rechtfertigung aus Gründen des Verbraucher- und/oder Gesundheitsschutzes scheide mangels Erforderlichkeit der Maßnahme aus. Es fällt schwer, hier den Unterschied zu dem griechischen Gebot, Säuglingsmilch ausschließlich in Apotheken zu

---

90 EuGH, Rs. C-20/03 (Burmanjer), Slg. 2005, I-4133. Der EuGH weist hier noch darauf hin, dass eine möglicherweise bestehende diskriminierende Wirkung jedenfalls zu unbedeutend und letztlich zufällig wäre, als dass sie für geeignet gehalten werden könnte, den Handel zwischen den Mitgliedstaaten zu behindern oder sonstwie zu stören.
91 Vgl. EuGH, Rs. C-391/92 (Kommission/Griechenland), Slg. 1995, I-1621; s. auch EuGH, Rs. C-384/93 (Alpine Investments BV), Slg. 1995, I-1141, Rn. 37. Ausdrücklich EuGH, Rs. C-405/98 (Gourmet International), Slg. 2001, I-1795, Rn. 18.
92 EuGH, Rs. C-412/93 (Leclerc), Slg. 1995, I-179, Rn. 20 ff.; EuGH, verb. Rs. C-34–36/95 (de Agostini), Slg. 1997, I-3843; EuGH, Rs. C-405/98 (Gourmet International), Slg. 2001, I-1795. S. auch EuGH, Rs. C-71/92 (Karner), Slg. 2004, I-3025, wo der EuGH in Bezug auf eine Vorschrift, die die Veröffentlichung der Herkunft von Waren aus einer Konkursmasse in bestimmten Fallkonstellationen verbietet, festhält, dass hier weder ein totales Werbeverbot noch ein vollständiges Verbot einer Form der Absatzförderung vorliege. Daher werde weder der Marktzugang behindert, noch liege eine ungünstigere Behandlung eingeführter Produkte vor.
93 EuGH, verb. Rs. C-158, 159/04 (Alfa Vita Vassilopoulos), Slg. 2006, I-8135.
94 Backwaren, die vollständig oder teilweise vorgebacken, anschließend tiefgefroren und nach schnellem Auftauen oder Aufwärmen konsumiert werden.
95 Hierbei ging es insbesondere um das Genehmigungserfordernis für den Betrieb von Bäckereien sowie die erforderlichen städtebaulichen Anforderungen für ihre Erteilung, etwa in Bezug auf Mindestgröße, Belüftungs- und Beleuchtungsbedingungen sowie die vorgeschriebenen Geräte.

verkaufen *(Rn. 43)*, zu sehen, dürfte doch auch die Beschränkung der Verkaufsstellen für Babynahrung zu einer Erschwerung des Marktzugangs führen.[96]
In den Rs. C-142/05[97] und C-110/05[98] präzisierte der Gerichtshof seine Rechtsprechung in Bezug auf die Tragweite der *Keck*-Formel für Verwendungsbeschränkungen.[99] Ausgangspunkt seiner Erwägungen ist dabei, dass nationale Maßnahmen, die den Zugang eines Produkts zum Markt eines Mitgliedstaats behindern, unabhängig von der Frage, ob und inwieweit die Voraussetzungen der *Keck*-Rechtsprechung zu bejahen sind, als Maßnahmen gleicher Wirkung anzusehen seien. In Bezug auf Verwendungsbeschränkungen impliziere dies, dass zwischen solchen, die keine wirkliche Behinderung des Marktzugangs nach sich ziehen, da sie die Verwendung des betreffenden Produkts in dem jeweiligen Mitgliedstaat nur teilweise oder gar marginal beschränken, und denjenigen, die dazu führen, dass die tatsächlichen Möglichkeiten, das betreffende Produkt zu verwenden, unbedeutend sind, zu unterscheiden sei. Im zuletzt genannten Fall könnten nämlich die Verwendungsbeschränkungen einen erheblichen Einfluss auf das Verhalten der Verbraucher entfalten, das sich wiederum auf den Zugang des Erzeugnisses zum Markt des Mitgliedstaats auswirken könne. Die Formulierungen des Gerichtshofs lassen damit erkennen, dass Art. 34 AEUV bei Verwendungsbeschränkungen offenbar nur in denjenigen Fallgestaltungen einschlägig sein soll, bei denen die Verwendung des betreffenden Produkts verhindert oder stark behindert wird.

47 Allerdings bleiben – trotz der Entwicklung der Rechtsprechung – nach wie vor **Abgrenzungsprobleme** bestehen, so dass die genaue Reichweite der tatbestandlichen Einschränkung des Art. 34 AEUV umstritten bleibt und insbesondere auch nicht immer voraussehbar ist. Dabei ist schon die **Abgrenzung zwischen produktbezogenen und vertriebsbezogenen Maßnahmen** unklar, so etwa in Bezug auf die Reglementierung von nicht direkt mit dem Produkt verbundenen Verpackungen.[100]

Weiter dürften durch die Praxis des EuGH, die Feststellung des Vorliegens einer diskriminierenden Wirkung gelegentlich an das nationale Gericht zurückzuweisen, die zumindest teilweise auch in der Funktion des Vorabentscheidungsverfahrens begründet ist *(§ 9 Rn. 81 ff.)*, Unschärfen in Bezug auf die Anwendbarkeit des Art. 34 AEUV auftreten. So stellt nach Ansicht des EuGH ein Verbot des Vertriebs von Silberschmuck und des Sammelns von Bestellungen auf Silberschmuck jedenfalls eine vertriebsbezogene Regelung dar; allerdings sei noch zu prü-

---

96 So überrascht es nicht, dass GA *Maduro* in seinen Schlussanträgen zu EuGH, verb. Rs. C-158, 159/04 (Alfa Vita Vassilopoulos), Slg. 2006, I-8135, die Schwierigkeiten der Anwendung der „Keck"-Formel aufzeigte und einen eigenen Lösungsansatz entwickelte, der auf eine Art materielle Prüfung abstellt. Danach soll der Tatbestand des Art. 34 AEUV erfüllt sein, wenn eines der drei folgenden Kriterien erfüllt ist: formelle oder materielle Diskriminierung, Auferlegung zusätzlicher Kosten anlässlich der Grenzüberschreitung, Erschwerung des Marktzugangs. Der EuGH nahm diesen Vorschlag – der sich jedenfalls teilweise auch mit der Rechtsprechung überschneidet – jedoch nicht (ausdrücklich) auf.
97 EuGH, Rs. C-142/05 (Mickelsson), Slg. 2009, I-4273.
98 EuGH, Rs. C-110/05 (Kommission/Italien), Slg. 2009, I-519. S. auch EuGH, Rs. C-433/05 (Sandström), Slg. 2010, I-2885, wo der EuGH feststellte, dass eine nationale Regelung, die den Benutzung von Wassermotorrädern außerhalb der bezeichneten Wasserstraßen untersagt, grundsätzlich mit Art. 34 AEUV in Einklang stehe, da diese Maßnahme durch Erwägungen des Umweltschutzes gerechtfertigt werden könne (die Mitgliedstaaten hätten allerdings gewisse, in erster Linie verfahrensrechtliche Voraussetzungen zu beachten).
99 Bis dahin war die Rechtsprechung in Bezug auf diese Frage nicht klar: Auf der einen Seite wurden sie als Maßnahmen gleicher Wirkung angesehen (unabhängig von der Frage des Vorliegens einer diskriminierenden Wirkung), während andere Urteile bei derartigen Maßnahmen den Tatbestand des Art. 34 AEUV als nicht eröffnet erachteten. So stellte nach Ansicht des EuGH das allgemeine Verbot der industriellen Verwendung von Trichlorethylen eine Maßnahme gleicher Wirkung wie eine Einfuhrbeschränkung dar, vgl. EuGH, Rs. C-473/98 (Kemikalieninspektionen/Tooloex), Slg. 2000, I-5681. Auch das Verbot, bestimmte Bienenarten auf der dänischen Insel Laeso zu halten, wurde als Maßnahme gleicher Wirkung im Sinn des Art. 34 AEUV angesehen, wobei hier allerdings zu bemerken ist, dass es nicht nur um ein Verwendungsverbot, sondern um ein Einfuhrverbot der betroffenen Bienen in die bezeichnete Region ging, EuGH, Rs. C-67/97 (Bluhme), Slg. 1998, I-8033.
100 S. etwa EuGH, Rs. C-416/00 (Morellato), Slg. 2003, I-9343, wo der EuGH offenbar davon ausgeht, dass eine nationale Regelung, die die Verpackung von vorgebackenem Brot vor dem Verkauf vorschreibt, als vertriebsbezogen anzusehen ist.

fen, ob diese sich gleichermaßen auf einheimische und eingeführte Produkte auswirkt, was durch das nationale Gericht zu geschehen habe.[101]

Auch das Vorliegen der **diskriminierenden Wirkung** einer vertriebsbezogenen Maßnahme ist auf der Grundlage der Rechtsprechung nur schwer vorauszusehen. Dies zeigt sich am Beispiel von die Werbung betreffenden Maßnahmen: Hier geht der EuGH – wie erwähnt *(Rn. 45 f.)* – davon aus, dass ein Werbeverbot für bestimmte Produkte im Fernsehen grundsätzlich nicht unter den Tatbestand des Art. 34 AEUV fällt, da es sich um eine vertriebsbezogene und grundsätzlich nicht diskriminierende Maßnahme handele. Andererseits aber nimmt der EuGH bei den Bekanntheitsgrad eines Produkts merklich beeinflussenden Maßnahmen häufig eine diskriminierende Wirkung an. Es bleibt unklar, nach welchen Kriterien hier die Abgrenzung getroffen wird. Auch fragt es sich, ob die gewählten Vergleichsgruppen zutreffend gewählt wurden: Denn ein Werbeverbot wirkt sich an sich nicht für einheimische und eingeführte Produkte, sondern für schon etablierte und (noch) nicht etablierte Produkte unterschiedlich aus. Dann aber stellt sich die Frage, ob für die Feststellung einer diskriminierenden Wirkung nicht (auch) danach gefragt werden sollte, ob die Maßnahme die Neueinführung einheimischer Produkte weniger stark betrifft.

Hinzu kommt, dass der Gerichtshof in seiner neueren Rechtsprechung auch bei nicht produktbezogenen Maßnahmen mitunter auf eine eigentliche Prüfung des Vorliegens der Voraussetzungen der *Keck*-Rechtsprechung verzichtet, sondern die Prüfung der *Dassonville*-Fomel neben die Verpflichtung stellt, die Grundsätze der Nichtdiskriminierung und der gegenseitigen Anerkennung von in anderen Mitgliedstaaten rechtmäßig hergestellten und in den Verkehr gebrachten Erzeugnissen zu beachten sowie den Erzeugnissen aus anderen Mitgliedstaaten den **freien Marktzugang** zu gewährleisten.[102] Nicht ganz klar wird aus diesen Formulierungen, in welchem Verhältnis die *Dassonville*-Formel bzw. deren Prüfung zu dieser dreigliedrigen Prüfungsreihenfolge steht. Vieles dürfte hier dafür sprechen, dass es sich nicht nur um eine Präzisierung, sondern um eine Weiterentwicklung der Voraussetzungen für die tatbestandliche Einschlägigkeit des Art. 34 AEUV handelt, soll doch offenbar die *Keck*-Rechtsprechung grundsätzlich bei Maßnahmen, die den Marktzugang (oder eine der beiden anderen Konstellationen) betreffen, nicht zum Zuge kommen können. Daraus wird man folgern können, dass in all denjenigen Fällen, in denen bereits der Marktzugang als solcher beschränkt wird, Art. 34 AEUV jedenfalls einschlägig ist und sich letztlich eine Prüfung der *Keck*-Kriterien erübrigt. Allerdings bleibt unklar, ab wann nun die Verwendung wirklich stark behindert ist, was offenbar bei Verwendungsbeschränkungen gefordert wird. In anderen Konstellationen erachtet der Gerichtshof jedoch eine (offenbar „normale") Behinderung des Marktzugangs für ausreichend – so wenn er annimmt, eine nationale Regelung, wonach Tabakerzeugnisse durch Tabakeinzelhändler nur über gewisse zugelassene Großhändler bezogen und somit nicht direkt aus anderen Mitgliedstaaten eingeführt werden dürfen, stelle eine Marktzugangsbeschränkung dar[103] –, ein Ansatz, der auch in einem gewissen Spannungsverhältnis zu dem Urteil steht, in dem der Gerichtshof das Gebot, Säuglingsnahrung nur in Apotheken zu ver-

---

101 EuGH, Rs. C-441/04 (A-Punkt Schmuckhandel), Slg. 2006, I-2093.
102 Vgl z.B. EuGH, Rs. C-385/10 (Elenca), Urt. v. 18.10.2012 (in Bezug auf ein Verbot der Vermarktung von aus einem anderen Mitgliedstaat stammenden Bauprodukten, die nicht mit dem CE-Zeichen versehen sind); EuGH, Rs. C-456/10 (ANETT), Urt. v. 26.4.2012 (in Bezug auf die Pflicht, Tabakerzeugnisse durch Tabakeinzelhändler nur über gewisse zugelassene Großhändler zu beziehen, so dass die direkte Einfuhr aus anderen Mitgliedstaaten verboten war).
103 EuGH, Rs. C-456/10 (ANETT), Urt. v. 26.4.2012.

kaufen, als Verkaufsmodalität im Sinne der *Keck*-Rechtsprechung ansieht (*Rn. 43*), dies obwohl hierdurch auch der Marktzugang behindert sein dürfte.

48 Vor dem Hintergrund und angesichts des Sinns und Zwecks des Art. 34 AEUV könnte sich eine im Vergleich zur „Keck-Folgerechtsprechung" etwas andere Eingrenzung des Tatbestandes des Art. 34 AEUV aufdrängen:[104] Diese Vorschrift soll den freien Verkehr der in den verschiedenen Mitgliedstaaten hergestellten Waren auf dem gesamten Gebiet der Union ermöglichen und garantieren. Die Tatsache allein, dass ein Produkt in einem anderen Mitgliedstaat produziert worden ist, soll seine Vermarktung in den übrigen Mitgliedstaaten nicht behindern dürfen. Daher ist diese Vorschrift im Zusammenhang mit dem Fortbestehen verschiedener Rechtsordnungen und damit verschiedener Rechtsordnungen in der Union zu sehen: In den Fällen, in denen gerade die **Koexistenz** unterschiedlicher Staaten und Rechtsordnungen zu Problemen für den freien Warenverkehr führt, soll der staatlichen Hoheitsgewalt eine (durch unionsrechtliche Grundsätze definierte) Schranke gesetzt werden, um die Ziele der Verträge zu verwirklichen. Daher können nur solche Beschränkungen vom Tatbestand der Grundfreiheiten erfasst werden, die unter direkter oder mittelbarer Anknüpfung an die Existenz verschiedener staatlicher Rechtsordnungen entstehen oder aufgestellt werden. Der jeweilige Wirtschaftsteilnehmer ist in der Ausübung der von Art. 34 AEUV erfassten Aktivitäten gerade deshalb beschränkt, weil er oder die von ihm ausgeübte Tätigkeit (zunächst) einer bestimmten nationalen Rechtsordnung und nicht einer anderen unterworfen sind; ein Vergleichbarkeitsmoment spielt hier also eine Rolle. Dies ist aber nur unter der Voraussetzung der Fall, dass sich eine bestimmte staatliche Maßnahme auf **eine eingrenzbare Produktgruppe** bezieht und diese einer Regelung unterwirft oder an diese bestimmte Anforderungen stellt. Erfasst werden damit auch nicht unmittelbar an Produkte gestellte, sondern etwa an Vermarktungsmodalitäten anknüpfende Anforderungen. Durch diese Einschränkung schon des Begriffs der Beschränkung bei der Umschreibung des Tatbestandes des Art. 34 AEUV kann erreicht werden, dass solche mitgliedstaatlichen Hoheitsakte, die **allgemein wirtschaftliche Tätigkeiten und Rahmenbedingungen** regeln, ohne dass dadurch bestimmte, eingrenzbare Produkte (aus anderen Mitgliedstaaten) betroffen sind, von vornherein aus dem Tatbestand des Art. 34 AEUV herausfallen und daher nicht an seinem Maßstab gemessen werden können. Gleichzeitig ermöglicht diese Sicht – gemäß den Zielsetzungen des Art. 34 AEUV – eine Überprüfung solcher mitgliedstaatlicher Maßnahmen, die in Anknüpfung an die Unterworfenheit unter verschiedene nationale Rechtsordnungen Beschränkungen der Tätigkeiten der betroffenen Wirtschaftsteilnehmer oder der von ihnen ausgeübten Tätigkeiten zur Folge haben. Dieser Ansatz liegt auch nahe, weil – wie das Beispiel der Beschränkung des Verkaufs bestimmter Produkte auf bestimmte spezialisierte Stellen zeigt – zahlreiche an sich den Marktzugang nicht berührende und auch nicht diskriminierende Regelungen für die Wirtschaftsteilnehmer ggf. recht weitgehende Markteinbußen zur Folge haben können und insofern in ihren Auswirkungen mit unmittelbar produktbezogenen Regelungen vergleichbar sind. Im Übrigen würde ein solcher Ansatz die aufgezeigten Anwendungs- und Abgrenzungsprobleme der *Keck*-Rechtsprechung vermeiden.

49 Nach ständiger Rechtsprechung des EuGH findet Art. 34 AEUV – ebenso wenig wie die anderen Grundfreiheiten – keine Anwendung auf sog. **„umgekehrte Diskriminierungen"**, d.h. solche Fälle, in denen inländische Erzeugnisse im Gefolge der Anwendung des Unionsrechts (etwa des Art. 34 AEUV) schlechter gestellt sind als aus dem EU-Ausland eingeführte Waren *(§ 10 Rn. 11)*.[105]

c) Rechtfertigung der Beschränkung

50 Erfüllt eine bestimmte Maßnahme die dargestellten Voraussetzungen für das Vorliegen einer mengenmäßigen Beschränkung oder einer Maßnahme gleicher Wirkung, so fällt sie unter den Tatbestand des Art. 34 AEUV und ist damit **grundsätzlich verboten**. Da jedoch nicht alle Produkt- und Vermarktungsregeln auf Unionsebene harmonisiert

---

104 Vgl. zu diesen Überlegungen ausführlich *Epiney*, Die Maßstabsfunktion des Art. 30 EGV für nationale umweltpolitische Maßnahmen, ZUR 1995, 24 ff.
105 Vgl. nur EuGH, Rs. 98/86 (Mathot), Slg. 1987, 809, Rn. 12; EuGH, Rs. 168/86 (Rousseau), Slg. 1987, 995, Rn. 7.

sind, erlaubt es das Unionsrecht den Mitgliedstaaten gleichwohl, zum **Schutz bestimmter Rechtsgüter** unter den Tatbestand des Art. 34 AEUV fallende Maßnahmen aufrechtzuerhalten, die aber den Anforderungen des Verhältnismäßigkeitsgrundsatzes entsprechen müssen.

Eine Rechtfertigung ist jedoch grundsätzlich von vornherein ausgeschlossen, soweit die entsprechenden innerstaatlichen Vorschriften der Mitgliedstaaten im Wege der **Rechtsangleichung** auf der Ebene der Union (abschließend) harmonisiert worden sind *(§ 10 Rn. 12)*.[106] Allerdings erlauben Art. 114 Abs. 4–6 AEUV den Mitgliedstaaten, auch nach erfolgter Harmonisierung unter bestimmten Voraussetzungen autonome nationale Maßnahmen zu ergreifen oder aufrechtzuerhalten *(§ 32 Rn. 33 ff.)*.

51

aa) Rechtfertigungsgründe

Zunächst muss ein Rechtfertigungsgrund vorliegen, wobei die geschriebenen (Art. 36 AEUV) von den ungeschriebenen Rechtfertigungsgründen („zwingende Erfordernisse") unterschieden werden können *(§ 10 Rn. 15)*. Diese Schutzgüter sind als **unionsrechtliche Begriffe** nach unionsrechtlichen Grundsätzen auszulegen; allerdings verweisen die verwandten Begriffe teilweise wiederum auf mitgliedstaatliche Konzepte, so z.B. diejenigen der öffentlichen Ordnung und der öffentlichen Sicherheit, so dass das Unionsrecht den Mitgliedstaaten hier einen gewissen Beurteilungsspielraum bei der Ausfüllung der Begriffsinhalte einräumt. Jedenfalls muss den vorgebrachten Gründen ein **„nicht-wirtschaftlicher" Charakter** zukommen *(§ 10 Rn. 16)*.

52

Grundsätzlich ist eine Rechtfertigung auch dann möglich, wenn es um die Beeinträchtigung von Rechtsgütern geht, die nicht innerhalb des Territoriums des betreffenden Staates liegen.[107] Denn da es auch in einer solchen Konstellation um den Schutz der betreffenden Rechtsgüter geht, ist kein Grund ersichtlich, warum nationale Maßnahmen zum Schutz dieser Rechtsgüter bei Fehlen eines „territorialen Anknüpfungspunktes" generell ausgeschlossen sein sollen.[108] Allerdings sind solche Maßnahmen dann unzulässig, wenn sie Bereiche betreffen, deren Regelung in der Kompetenz eines anderen Mitgliedstaates liegt. M.a.W. können nationale Maßnahmen grundsätzlich auch außerhalb des jeweiligen Territoriums „befindliche" Schutzgüter zum Gegenstand haben; für deren Regelung bzw. Schutz muss dem betreffenden Mitgliedstaat aber eine Kompetenz zukommen. Daher müssen die Mitgliedstaaten auch tatsächlich ein „eigenes" Schutzinteresse darlegen, so dass es auf eine (auch) rechtlich begründbare eigene Verantwortung für das Schutzgut ankommt, die sich auch aufgrund internationaler Verflechtungen bzw. Interdependenzen ergeben kann, wie sie insbesondere im Bereich des Umweltschutzes bestehen.

Nach **Art. 36 AEUV** verstößt eine nach Art. 34 AEUV verbotene Maßnahme dann nicht gegen den Vertrag, wenn sie aus Gründen der öffentlichen Sittlichkeit,[109] Ord-

53

---

[106] EuGH, Rs. C-128/89 (Kommission/Italien), Slg. 1990, I-3239, Rn. 15; EuGH, Rs. C-1/96 (Compassion in World Farming Ltd), Slg. 1998, I-1251, Rn. 38 ff. Zu der komplexen Frage, wann ein Gebiet (abschließend) durch Sekundärrecht geregelt ist, umfassend *Furrer*, Die Sperrwirkung des sekundären Gemeinschaftsrechts auf die nationalen Rechtsordnungen, 1994.
[107] Zum Problemkreis *Middeke*, Nationaler Umweltschutz (E.I.), 164 ff. m.w.N.
[108] Der EuGH konnte dieser Frage in EuGH, Rs. C-5/94 (Hedley Lomas), Slg. 1996, I-2553, ausweichen, da eine Harmonisierung durch Sekundärrecht angenommen wurde.
[109] Womit Bezug auf Moralvorstellungen, nach denen sich das Zusammenleben der Menschen richten soll, genommen wird. Hierzu aus der Rspr. etwa EuGH, Rs. 34/79 (Henn und Darby), Slg. 1979, 3795, Rn. 15 ff.

nung[110] und Sicherheit,[111] zum Schutz der Gesundheit und des Lebens von Menschen, Tieren oder Pflanzen,[112] des nationalen Kulturguts von künstlerischem, geschichtlichem oder archäologischem Wert oder des gewerblichen und kommerziellen Eigentums[113] gerechtfertigt ist. Trotz des nicht eindeutigen Wortlauts kann es sich bei den verbotenen Maßnahmen um mengenmäßige Beschränkungen und Maßnahmen gleicher Wirkung handeln. Der Gerichtshof hat diese Gründe anhand der ihm unterbreiteten Fallgestaltungen konkretisiert, dabei allerdings eine enge Auslegung des Art. 36 AEUV als einer Ausnahmebestimmung zu dem Grundsatz der Freiheit des Warenverkehrs des Art. 34 AEUV vorgenommen. Nicht direkt unter die in Art. 36 AEUV aufgeführten Begriffe fallende Rechtfertigungsgründe werden damit nicht von dieser Vorschrift erfasst. Dies ist z.B. beim Umweltschutz von Bedeutung.

54 Von besonderer praktischer Bedeutung sind im Rahmen des Art. 36 AEUV die verschiedenen **gewerblichen Schutzrechte**. Insbesondere das Patent-, Marken- und Urheberrecht können eine Abschottung der nationalen Märkte nach sich ziehen. Die Rechtsprechung stellt hier – ausgehend von den Besonderheiten dieser Rechte[114]– im Ergebnis entscheidend darauf ab, ob die einschränkende Maßnahme zur Wahrung derjenigen Rechte erforderlich ist, die den spezifischen Gegenstand des jeweiligen gewerblichen Schutzrechts darstellen.[115] Diese Gegenstände variieren je nach der Ausgestaltung des infrage stehenden gewerblichen und kommerziellen Schutzrechts in dem betreffenden Mitgliedstaat.
Geht es um ein **Warenzeichen**, dürfte der EuGH[116] davon ausgehen, dass eine für den spezifischen Gegenstand dieses Rechts – das bezwecke sicherzustellen bzw. nach außen kundzutun, dass die mit dem Zeichen versehenen Produkte tatsächlich durch einen bestimmten Produzenten hergestellt worden sind, so dass der Verbraucher von einer gewissen Qualität des Produkts ausgehen kann – maßgebliche Ursprungsgleichheit eines Produkts auch dann nicht vorliege, wenn die Übertragung des Warenzeichenrechts für das Gebiet eines Mitgliedstaats durch Rechtsgeschäft erfolgte. Daher ist die fehlende Verbindung verschiedener Inhaber einer Marke entscheidend, mit der Folge, dass sich der Inhaber des Warenzeichenrechts gegen eine Einfuhr der mit demselben Zeichen gekennzeichneten Ware auf das gewerbliche und kommerzielle Schutzrecht berufen kann.
Im Übrigen ist der Inhalt eines Schutzrechts, dessen Bedeutung darin besteht, über das erstmalige Inverkehrbringen eines Produkts zu entscheiden, erschöpft, wenn das betreffende Produkt mit Zustimmung des Rechteinhabers in einem (anderen) Mitgliedstaat in Verkehr gebracht

---

110 Hier geht es letztlich um die Beachtung der wesentlichen Grundregeln eines Gemeinwesens. Hierzu aus der Rspr. etwa EuGH, Rs. C-426/92 (Deutsche Milchkontor), Slg. 1994, I-2757, Rn. 44. Auch der Schutz von Grundrechten kann im Rahmen der öffentlichen Ordnung geltend gemacht werden, vgl. EuGH, Rs. C-36/02 (Omega), Slg. 2004, I-9609.
111 Die öffentliche Sicherheit betrifft das Schutzsystem des Staates zur Erhaltung seines Gewaltmonopols sowie den Schutz seiner Existenz und seiner zentralen Einrichtungen. Hierzu aus der Rspr. etwa EuGH, Rs. C-367/89 (Richardt), Slg. 1991, I-4621, Rn. 19 ff.; EuGH, Rs. 72/83 (Campus Oil), Slg. 1984, 2727, Leitsatz 7; EuGH, Rs. C-398/98 (Kommission/Griechenland), Slg. 2001, I-7915.
112 Hierzu aus der Rspr. etwa EuGH, Rs. C-67/97 (Bluhme), Slg. 1998, I-8033; EuGH, Rs. C-400/96 (van Harpegnies), Slg. 1998, I-5121; EuGH, Rs. C-473/98 (Toolex Alpha), Slg. 2000, I-5671; EuGH, Rs. C-192/01 (Kommission/Dänemark), Slg. 2003, I-9693.
113 Hierzu aus der Rspr. etwa EuGH, Rs. 35/87 (Thetford), Slg. 1988, 3585, Rn. 14 f.; EuGH, Rs. C-47/90 (Delhaize), Slg. 1992, I-3669, Rn. 10; EuGH, Rs. C-388/95 (Belgien/Spanien), Slg. 2000, I-3123, Rn. 50.
114 Vgl. z.B. EuGH, verb. Rs. C-71/94, C-72/94, C-73/94 (Eurim-Pharm), Slg. 1996, I-3603; EuGH, Rs. C-232/94 (MPA Pharma), Slg. 1996, I-3671; EuGH, verb. Rs. C-427/93, C-429/93, C-436/93 (Bristol-Myers Squibb), Slg. 1996, I-3457; EuGH, verb. Rs. C-267/95, C-268/95 (Merck & Co.), Slg. 1996, I-6285, Rn. 31; EuGH, Rs. C-316/95 (Generics), Slg. 1997, I-3929, Rn. 14 ff.; EuGH, verb. Rs. C-267/95, C-268/95 (Merck & Co. Inc. u.a./Primecrown u.a.), Slg. 1996, I-6285, Rn. 31 ff. Zum Werbeverbot mit bestimmten Marken EuGH, Rs. C-337/95 (Christian Dior), Slg. 1997, I-6013.
115 S. etwa EuGH, Rs. C-10/89 (Hag), Slg. 1990, I-3711, Rn. 12; EuGH, Rs. C-61/97 (FDV), Slg. 1998, I-5171, Rn. 13; EuGH, Rs. C-23/99 (Kommission/Frankreich), Slg. 2000, I-7653, Rn. 37.
116 Vgl. EuGH, Rs. C-9/93 (Ideal Standard), Slg. 1994, I-2789; s. auch EuGH, Rs. C-313/94 (Filli Graffione), Slg. 1996, I-6039, wo es um das Verbot der Benutzung eingeführter Marken in einem anderen Mitgliedstaat ging.

worden ist und hierfür ein finanzieller Ausgleich geleistet wurde (**Erschöpfungsgrundsatz**). Diese Problematik wird vor allem im Zusammenhang mit dem sog. Parallelimport[117] relevant. So kann sich ein Markeninhaber nicht gegen Parallelimporte wenden, wenn er dem erstmaligen Inverkehrbringen in dem betreffenden EU-Mitgliedstaat zugestimmt und hierfür eine Vergütung erhalten hat, ist damit doch der spezifische Gegenstand des Schutzrechts erschöpft. Im Übrigen wird auch nicht über die Herkunft des Produkts getäuscht. Daher können solche Produkte auch im Inland unter dem entsprechenden Markennamen vertrieben werden. Diese Grundsätze finden auch im Falle des Umverpackens Anwendung, es sei denn, dadurch werde der Originalzustand der Ware berührt oder die Präsentation des Produkts könne dem guten Ruf der Marke schaden.[118]

Vor dem Hintergrund des *numerus clausus* der Rechtfertigungsgründe in Art. 36 AEUV und ihrer engen Auslegung hat der EuGH in seiner sog. *Cassis de Dijon*-Rechtsprechung im Anschluss an seine weite Fassung der Maßnahmen gleicher Wirkung durch die *Dassonville*-Formel die sog. **zwingenden Erfordernisse** entwickelt, die die Verbotswirkung des Art. 34 AEUV (wieder) einschränken. Damit wird den Mitgliedstaaten der Schutz solcher Rechtsgüter ermöglicht, die nicht unter den Katalog des Art. 36 AEUV fallen, wie etwa Umwelt- oder Verbraucherschutz: Auf innerstaatlichen Rechtsvorschriften beruhende Handelshemmnisse seien dann hinzunehmen, wenn sie „notwendig sind, um zwingenden Erfordernissen gerecht zu werden, insbesondere den Erfordernissen einer wirksamen steuerlichen Kontrolle, des Schutzes der öffentlichen Gesundheit, der Lauterkeit des Handelsverkehrs und des Verbraucherschutzes", und mit denen ein „im allgemeinen Interesse liegendes Ziel, das den Erfordernissen des freien Warenverkehrs, der eine der Grundlagen der Gemeinschaft darstellt", vorgehe, verfolgt wird.[119]

In concreto war über eine deutsche Vorschrift zu befinden, wonach Fruchtsaftliköre wie „Cassis de Dijon" nur dann verkehrsfähig sind, wenn sie einen Mindestalkoholgehalt von 25 % aufweisen. Der EuGH kam zu dem Ergebnis, dass diese Regelung aus Gründen des Gesundheitsschutzes und der Aufrechterhaltung des lauteren Wettbewerbs nicht gerechtfertigt werden könne. Insbesondere könne die Transparenz des Alkoholangebotes statt durch die Standardisierung der Produkte ebenso wirksam durch die Angabe von Herkunft und Alkoholgehalt auf der Verpackung gesichert werden.[120]

Der EuGH hat die *Cassis de Dijon*-Rechtsprechung in zahlreichen Urteilen angewandt und weiterentwickelt[121] und zahlreiche Anliegen als zwingende Erfordernisse aner-

---

117 Hierunter ist der Import von im EU-Ausland hergestellten Produkten, die auch im Inland hergestellt werden, zu verstehen, und zwar gegen den Willen des inländischen Herstellers. Ein Interesse am Parallelimport kann insbesondere bei Produkten bestehen, für die in den verschiedenen Mitgliedstaaten unterschiedliche Preise bestehen, wie etwa bei Arzneimitteln.
118 Vgl. aus der Rechtsprechung EuGH, Rs. C-94/98 (Rhône Poulenc), Slg. 1999, I-8789, Rn. 40; EuGH, verb. Rs. C-427, 429, 436/93 (Bristol-Myers Squibb), Slg. 1996, I-3457, Rn. 45; EuGH, Rs. C-15/01 (Paranova), Slg. 2003, I-4175; zur Problematik *Walter*, Parallelhandel mit Arzneimitteln, ZESAR 2010, 361 ff. Speziell zur Frage der Zulässigkeit von Neu- und Umverpackungen sowie Umetikettierungen EuGH, Rs. C-349/95 (Frits Loendersloot), Slg. 1997, I-6227, Rn. 21 ff., 50. S. auch EuGH, Rs. C-337/95 (Christian Dior), Slg. 1997, I-6013, Rn. 49 ff. (Vereinbarkeit der Möglichkeit, mit einer Marke zu werben, mit Art. 34, 36 AEUV, wenn eine Schädigung des guten Rufes der Waren nicht erwiesen ist). Aus der Literatur zur Problematik *Fuhrmeister*, Das Umpacken von Arzneimitteln im Spannungsverhältnis zwischen Markenrecht und Warenverkehrsfreiheit, 2008.
119 EuGH, Rs. 120/78 (Rewe), Slg. 1979, 649, Rn. 8, 14 (Cassis de Dijon).
120 EuGH, Rs. 120/78 (Rewe), Slg. 1979, 649, Rn. 13 (Cassis de Dijon).
121 S. etwa EuGH, Rs. 407/85 (Drei Glocken), Slg. 1988, 4233, Rn. 15 ff. (Zusammensetzung von Nudeln; EuGH, Rs. C-39/90 (Denkavit), Slg. 1991, I-3069, Rn. 16 ff.; EuGH, Rs. C-62/90 (Kommission/Deutschland), Slg. 1992, I-2575, Rn. 10 ff.; EuGH, Rs. C-120/95 (Decker), Slg. 1998, I-1831, Rn. 39 ff.; EuGH, Rs. C-205/07 (Gybrechts), Slg. 2009, I-9947.

kannt, die den freien Warenverkehr beschränken können, so z.b. den Umweltschutz[122] oder die kulturellen Besonderheiten eines Mitgliedstaates.[123] *A priori* können alle öffentlichen Interessen – ebenso wie im Rahmen des Art. 36 AEUV aber mit Ausnahme „wirtschaftlicher Interessen" – auch als zwingende Erfordernisse qualifiziert werden.

57 Aus der Rechtsprechung geht nicht eindeutig hervor, ob die zwingenden Erfordernisse **tatbestandsausschließende Gründe** oder **Rechtfertigungsgründe** (entsprechend Art. 36 AEUV) darstellen sollen. Der Gerichtshof ging zunächst angesichts der traditionell engen Auslegung von rechtfertigenden Ausnahmetatbeständen und der sehr weiten Auslegung des Tatbestandes des Art. 34 AEUV, dem eine Einschränkung entsprechen müsse, wohl von tatbestandsausschließenden Gründen aus, während sich in der Rechtsprechung inzwischen auch Anhaltspunkte für eine Einordnung als Rechtfertigungsgründe finden lassen.[124] Da die einfuhrbeschränkende Wirkung auch im Falle des Vorliegens zwingender Erfordernisse aufrechterhalten bleibt, der Tatbestand des Art. 34 AEUV also erfüllt ist, sind die zwingenden Erfordernisse funktional jedenfalls als Rechtfertigungsgründe zu betrachten.

58 Der EuGH geht wohl davon aus, dass die zwingenden Erfordernisse ausschließlich auf **nicht diskriminierende Maßnahmen** Anwendung finden können,[125] so dass etwa rein umweltpolitische Gesichtspunkte diskriminierende Maßnahmen von vornherein nicht rechtfertigen könnten. Dabei dürfte die in der Rechtsprechung häufig verwandte Formulierung „unterschiedslos anwendbare Maßnahmen" in dem Sinn zu verstehen sein, dass nur formell diskriminierende Maßnahmen gemeint sind; materiell diskriminierende Maßnahmen können also durch die zwingenden Erfordernisse gerechtfertigt werden.[126]

59 Es ist zweifelhaft, ob dieser Grundsatz immer einen ausreichenden Schutz der betroffenen Rechtsgüter ermöglicht. Denn es ist möglich, dass die unter die zwingenden Erfordernisse fallenden Gründe des Allgemeinwohls auch bei (formell) diskriminierenden Maßnahmen eine Rolle spielen können und ihre Berücksichtigung die Maßnahme zu rechtfertigen vermag. Möglichen Missbräuchen könnte man jedenfalls über die Prüfung der Verhältnismäßigkeit begegnen.
Der EuGH verfolgt bei der Lösung dieses Problems eine pragmatische Linie: Im Fall des wallonischen Einfuhrverbots für Abfälle war über eine formell diskriminierende Regelung zu entscheiden, so dass nach der Rechtsprechung der Rückgriff auf zwingende Erfordernisse und damit Erfordernisse des Umweltschutzes ausgeschlossen gewesen wäre. Der EuGH umging diese Schlussfolgerung durch die Heranziehung des Ursprungsprinzips (Art. 191 Abs. 2 S. 2 AEUV): Dieses bringe es mit sich, dass es grundsätzlich Sache jeder Region sei, für die Beseitigung der

---

122 EuGH, Rs. 302/86 (Kommission/Dänemark), Slg. 1988, 4607, Rn. 8 f.; EuGH, Rs. C-2/90 (Kommission/Belgien), Slg. 1992, I-4431, Rn. 22 ff. (Abfalltransport); EuGH, Rs. C-309/02 (Radlberger und Spitz), Slg. 2004, I-11763 (Dosenpfand).
123 Vgl. z.B. EuGH, Rs. 60, 61/84 (Cinéthèque), Slg. 1985, 2605, Rn. 23; EuGH, Rs. C-288/89 (Gouda), Slg. 1991, I-4007, Rn. 3 („Mediawet"); EuGH, Rs. C-353/89 (Kommission/Niederlande), Slg. 1991, I-4069, Rn. 29 f. („Mediawet"); EuGH, Rs. C-148/91 (Veronica Omroep), Slg. 1993, I-487, Rn. 9 f. („Mediawet").
124 Vgl. z.B. EuGH, Rs. C-443/02 (Schreiber), Slg. 2004, I-7275, Rn. 42, wo der EuGH davon spricht, dass die zwingenden Erfordernisse Beschränkungen des freien Warenverkehrs rechtfertigen könnten. Ebenso EuGH, Rs. C-484/10 (Ascafor), Urt. v. 1.3.2012.
125 EuGH, Rs. 113/80 (Kommission/Irland), Slg. 1981, 1625, Rn. 11; EuGH, Rs. 59/82 (Schutzverband), Slg. 1983, 1217, Rn. 11.
126 Vgl. EuGH, Rs. C-254/98 (TK-Heimdienst Sass), Slg. 2000, I-151, Rn. 25 ff., wo es um eine materiell diskriminierende Maßnahme ging, der EuGH aber grundsätzlich den Rückgriff auf die Sicherstellung der Nahversorgung zugunsten ortsansässiger Unternehmen nicht ausschloss. In der Sache ähnlich EuGH, verb. Rs. C-34–36/95 (de Agostini), Slg. 1997, I-3843, Rn. 44 f. S. auch schon in diese Richtung EuGH, Rs. 113/90 (Kommission/Irland), Slg. 1981, 1625, Rn. 11 ff. Die Rechtsprechung des EuGH war hier jedoch nicht immer ganz klar. Vgl. etwa EuGH, Rs. 231/83 (Cullet), Slg. 1985, 305, Rn. 27 ff., wo die Formulierung des EuGH darauf hindeuten könnte, dass auch bei materiellen Diskriminierungen eine Rechtfertigung durch zwingende Erfordernisse ausgeschlossen sei.

Abfälle zu sorgen; daher sei eine Differenzierung zwischen den Abfällen je nach dem Ort ihrer Erzeugung nicht diskriminierend.[127] In seinem Urteil zum deutschen Stromeinspeisungsgesetz hielt der EuGH eine diskriminierende Regelung – die Pflicht privater Elektrizitätsversorgungsunternehmen, den in ihrem Versorgungsgebiet aus erneuerbaren Energien erzeugten Strom zu Mindestpreisen abzunehmen – für mit Art. 34 AEUV vereinbar, da sie durch Gründe des Umweltschutzes gerechtfertigt werden könne.[128] Aus dem Urteil geht nicht eindeutig hervor, ob der EuGH nunmehr auch allgemein die zwingenden Erfordernisse auf diskriminierende Maßnahmen anwenden will, da sich das Urteil ausdrücklich auf die Gründe des Umweltschutzes, deren besonderer Charakter hervorgehoben wird, beschränkt.[129]

bb) Verhältnismäßigkeit

Sowohl im Rahmen des Art. 36 AEUV – wonach die ergriffenen Verbote oder Beschränkungen weder ein Mittel zur **willkürlichen Diskriminierung** noch eine **verschleierte Beschränkung des Handels** zwischen den Mitgliedstaaten darstellen dürfen – als auch bei der Heranziehung der zwingenden Erfordernisse müssen die (nationalen) Maßnahmen den Vorgaben des **Verhältnismäßigkeitsgrundsatzes** entsprechen.[130] In der Rechtsprechung des EuGH kommen dabei den Anforderungen der **Geeignetheit** und **Erforderlichkeit** eine entscheidende Rolle zu, während die Angemessenheit (Verhältnismäßigkeit i.e.S.) eine zu vernachlässigende Rolle spielt. 60

Die **Geeignetheit** ist immer dann zu verneinen, wenn die betreffende Maßnahme nicht zur Förderung des angestrebten Ziels beiträgt, wobei jedoch der Umstand, dass die Maßnahme allein das Ziel nicht vollumfänglich zu erreichen vermag, nichts an ihrer Geeignetheit ändert. So wurde z.B. ein Fahrverbot auf einer Teilstrecke der Brenner-Autobahn für LkW, die bestimmte Güter befördern, als geeignet zur Verfolgung von gesundheits- und umweltpolitischen Zielen angesehen.[131] Hingegen könne ein Verbot, Blut oder Blutbestandteile entgegenzunehmen, das von Spendern stammt, die für ihre Aktion Geld erhalten haben, wobei auch die Erstattung von Aufwendungen ausgeschlossen ist, nicht mit dem Anliegen hoher Qualitäts- und Sicherheitsstandards (die durch unentgeltliche Blutspenden gefördert würden) gerechtfertigt werden, da das Verbot auch der Erstattung von Aufwendungen zur Förderung dieses Ziels nicht geeignet sei.[132] Im Übrigen müssen die ergriffenen Maßnahmen die angestrebten Ziele auch in 61

---

127 EuGH, Rs. C-2/90 (Kommission/Belgien), Slg. 1992, I-4431, Rn. 36. Ausführlich zu diesem Urteil *Epiney*, Einbeziehung gemeinschaftlicher Umweltschutzprinzipien in die Bestimmung mitgliedstaatlichen Handlungsspielraums, DVBl. 1993, 93 ff.; v. *Wilmowsky*, Abfall und freier Warenverkehr: Bestandsaufnahme nach dem EuGH-Urteil zum wallonischen Einfuhrverbot, EuR 1992, 414 ff.
128 EuGH, Rs. C-379/98 (Preussen Elektra), Slg. 2001, I-2099.
129 Zum Problemkreis etwa *Heselhaus*, Rechtfertigung unmittelbar diskriminierender Eingriffe in die Warenverkehrsfreiheit, EuZW 2001, 645 ff.
130 Vgl. zu der Verhältnismäßigkeitsprüfung aus der Rechtsprechung etwa EuGH, Rs. 153/78 (Kommission/Deutschland), Slg. 1979, 2555, Rn. 15; EuGH, Rs. 302/86 (Kommission/Dänemark), Slg. 1988, 4607, Rn. 11 ff.; EuGH, Rs. C-368/95 (Familiapress), Slg. 1997, I-3689, Rn. 19 ff.; EuGH, Rs. C-358/95 (Morellato), Slg. 1997, I-1431; EuGH, Rs. C-120/95 (Decker), Slg. 1998, I-1831, Rn. 39 ff.; EuGH, Rs. C-390/99 (Canal Satélite), Slg. 2002, I-607 in Bezug auf die Genehmigungspflicht; EuGH, Rs. C-320/03 (Kommission, Deutschland u.a./Österreich), Slg. 2005, I-9871, in Bezug auf ein Fahrverbot für Lastwagen mit bestimmten Gütern auf einer Autobahnstrecke; EuGH, Rs. C-484/10 (Ascafor), Urt. v. 1.3.2012.
131 EuGH, Rs. C-28/09 (Kommission/Österreich), Slg. 2011, I-13525. Der Gerichtshof verneinte in diesem Urteil aber die Erforderlichkeit dieser Maßnahme, da nicht hinreichend dargetan worden sei, warum andere, den Warenverkehr weniger beschränkende Maßnahmen (wie z.B. eine Generalisierung von Geschwindigkeitsbeschränkungen) das Ziel nicht ebenso wirksam hätten erreichen können.
132 EuGH, Rs. C-421/09 (Humanplasma), Slg. 2010, I-12869.

kohärenter und damit den Gleichheitssatz beachtender Weise erreichen,[133] ein Erfordernis, das der Gerichtshof im Zusammenhang mit der Geeignetheit einer Maßnahme prüft.

Nationale Vorschriften halten dem **Erforderlichkeitskriterium** nicht stand, wenn technisch nicht erforderliche Sicherheitsvorschriften (Übernormung) ein technisches Handelshindernis für Waren aus anderen Mitgliedstaaten darstellen, oder wenn ein Verbot von Zusatzstoffen keinerlei Ausnahmen zulässt, und zwar auch nicht bei wissenschaftlich nachgewiesener Ungefährlichkeit.[134] Grundsätzlich ist bei Vermarktungsverboten von Produkten unter einer bestimmten Bezeichnung eine Etikettierungspflicht die mildere Maßnahme.[135] Aber auch das Erfordernis neuer technischer Analysen – sofern diese schon im Herkunftsstaat durchgeführt worden waren und deren Ergebnisse zugänglich sind – hält dem Gebot der Verhältnismäßigkeit nicht stand.[136] Bei der Prüfung der Zulässigkeit gesundheitspolizeilicher Kontrollen ist davon auszugehen, dass man den in einem Mitgliedstaat durchgeführten Kontrollen grundsätzlich vertrauen kann. Daher dürfen die im Ausfuhrstaat bereits erfolgten Kontrollen in der Regel nicht im Staat der Einfuhr wiederholt werden bzw. müssen auf die Risiken beschränkt werden, die der Transport der Ware mit sich bringt.[137] Insbesondere systematische Kontrollen sind unzulässig.[138] Weiter leitet der EuGH aus dem Grundsatz der Verhältnismäßigkeit ab, dass grundsätzlich Alternativen zur getroffenen Maßnahme in Erwägung zu ziehen und zu prüfen sind;[139] andernfalls wird die Erforderlichkeit verneint. Insofern beinhaltet der Verhältnismäßigkeitsgrundsatz auch eine gewisse verfahrensrechtliche Komponente.

62 Im Rahmen der Verhältnismäßigkeitsprüfung ist ggf. die **Grundrechtsrelevanz** der entsprechenden Maßnahme zu berücksichtigen (s. auch schon *§ 10 Rn. 17)*: So kann eine mitgliedstaatliche Maßnahme zum Schutz der Rechtsgüter des Art. 36 AEUV oder der zwingenden Erfordernisse gleichzeitig auch grundrechtlich geschützte Positionen berühren, z.B. wenn eine Maßnahme zur Aufrechterhaltung der Pressevielfalt gleichzeitig die Meinungsäußerungs- und/oder die Berufsfreiheit beeinträchtigt.[140] Da die EU-Grundrechte durch die Mitgliedstaaten (auch) dann zu beachten sind, wenn sie Unionsrecht anwenden oder durchführen,[141] müssen die entsprechenden nationalen Maß-

---

133 S. z.B. EuGH, Rs. 121/85 (Conegate), Slg. 1985, 1007, Rn. 15; EuGH, Rs. C-161/09 (Kakavetsos-Fragkopoulos), Slg. 2011, I-915.
134 EuGH, Rs. 178/84 (Kommission/Deutschland), Slg. 1987, 1227, Rn. 44 ff. (Reinheitsgebot für Bier).
135 EuGH, Rs. C-12/00 (Kommission/Spanien), Slg. 2003. I-459; EuGH, Rs. C-319/05 (Kommission/Deutschland), Slg. 2007, I-9811: Die Verpflichtung, ein Knoblauchpräparat vor dem Inverkehrbringen einem Genehmigungsverfahren zu unterwerfen, sei nicht mit Art. 34 AEUV vereinbar, da die Gesundheitsgefahren nicht hinreichend nachgewiesen worden seien und jedenfalls eine geeignete Etikettierungspflicht ein milderes Mittel darstelle.
136 S. EuGH, Rs. C-400/96 (Harpegnies), Slg. 1998, I-5121. In diesem Urteil fasst der Gerichtshof auch seine Rechtsprechung in Bezug auf die Zulässigkeit nationaler Zulassungsregelungen zusammen. S. zu diesem Problemkreis auch EuGH, Rs. C-254/05 (Kommission/Belgien), Slg. 2007, I-4269.
137 EuGH, Rs. 132/80 (United Foods), Slg. 1981, 995, Rn. 25 ff.; EuGH, Rs. 406/85 (Gofette), Slg. 1987, 2525, Rn. 10 f.
138 S. z.B. EuGH, Rs. 186/88 (Kommission/Deutschland), Slg. 1989, 3997, Rn. 8 ff. S. die ausführliche Prüfung der Erforderlichkeit in Bezug auf das Verbot bestimmter Verarbeitungshilfsstoffe für Lebensmittel in EuGH, Rs. C-333/08 (Kommission/Frankreich), Slg. 2010, I-757, Rn. 91 ff.; s. sodann EuGH, Rs. C-484/10 (Ascafor), Urt. v. 1.3.2012.
139 EuGH, Rs. C-320/03 (Kommission/Österreich), Slg. 2005, I-9871, Rn. 86 ff., in Bezug auf ein Fahrverbot auf einer wichtigen Verkehrsverbindung im Hinblick auf die Reduktion von Schadstoffemissionen.
140 Vgl. die Fallkonstellation in EuGH, Rs. C-368/95 (Familiapress), Slg. 1997, I-3689. S. auch EuGH, Rs. C-112/00 (Schmidberger), Slg. 2003, I-5659.
141 Art. 51 Grundrechtecharta (*§ 2 Rn. 20*).

nahmen auch die Grundrechtseingriffe rechtfertigen können, was insbesondere im Rahmen der Verhältnismäßigkeitsprüfung zu berücksichtigen ist. Andererseits kann ein Eingriff in die Warenverkehrsfreiheit auch dem Schutz von Grundrechten dienen, welche bei der Rechtfertigungsprüfung dann ebenfalls zu beachten sind.[142]

Die Mitgliedstaaten sind grundsätzlich in der Ausgestaltung des Schutzes der Rechtsgüter des Art. 36 AEUV und der zwingenden Erfordernisse frei und haben insbesondere einen **Beurteilungsspielraum** hinsichtlich des von ihnen für erforderlich gehaltenen Schutzniveaus,[143] der sich auch auf tatbestandliche Unsicherheiten, z.b. über die Schädlichkeit von Farb- und sonstigen Zusatzstoffen, bezieht.[144] Auf diese Weise können auch Ernährungsgewohnheiten und Gesundheitszustand der jeweiligen Bevölkerung berücksichtigt werden.[145] Unzulässig sind jedenfalls Maßnahmen, die nur dazu dienen, die Belastung der Verwaltung oder die öffentlichen Ausgaben zu vermindern.[146]

63

In Bezug auf die Vereinbarkeit eines dänischen Verbots, mit bestimmten Vitaminen und Mineralstoffen angereicherte Lebensmittel in den Verkehr zu bringen, mit Art. 34 AEUV hielt der EuGH fest, dass es bei wissenschaftlichen Unsicherheiten in Bezug auf die mögliche schädliche Wirkung von Zusatzstoffen in Lebensmitteln den Mitgliedstaaten obliege zu entscheiden, in welchem Umfang sie den Schutz der Gesundheit der Bevölkerung gewährleisten wollen. Allerdings müsse die Existenz einer Gesundheitsgefahr durch eine eingehende Prüfung des entsprechenden Risikos gestützt werden können; ein Vermarktungsverbot könne nur erlassen werden, wenn die geltend gemachte Gefahr für die öffentliche Gesundheit auf der Grundlage der verfügbaren wissenschaftlichen Informationen als hinreichend nachgewiesen anzusehen ist. Dabei seien der Wahrscheinlichkeitsgrad der schädlichen Auswirkungen sowie die potenzielle Schwere zu berücksichtigen.[147]

Ein Werbeverbot für in einem Mitgliedstaat grundsätzlich nicht zugelassene Arzneimittel, die dennoch über Einzelbestellungen der Apotheker vertrieben werden dürfen, könne grundsätzlich aus Gründen des Schutzes von Leben und Gesundheit von Menschen gerechtfertigt werden, da auf diese Weise der Ausnahmecharakter der vorgesehenen Genehmigung gestärkt werden; allerdings sei eine Erstreckung des Verbots auf die Übermittlung von Listen, aus denen sich keine Informationen über die therapeutische Wirkung von Medikamenten ergeben, nicht erforderlich, da damit nicht geworben werden könne und eine Steigerung der Einfuhren daher unwahrscheinlich sei.[148]

Eine Genehmigungs- und Kennzeichnungspflicht für Bildträger könne durch Erwägungen des Jugendschutzes gerechtfertigt werden. Denn mangels einer Harmonisierung auf EU-Ebene sei dessen genaues Niveau durch die Mitgliedstaaten zu definieren, so dass unterschiedliche Auffassungen zwischen den Mitgliedstaaten fortdauern dürften. Dabei sei allerdings der Grundsatz der Verhältnismäßigkeit zu beachten, so dass das Verfahren leicht zugänglich sein und innerhalb eines angemessenen Zeitraums durchgeführt werden müsse; weiter müsse eine ableh-

---

142 EuGH, Rs. C-112/00 (Schmidberger), Slg. 2003, I-5659. S. auch EuGH, Rs. C-36/02 (Omega), Slg. 2004, I-9609.
143 Vgl. schon EuGH, Rs. 34/79 (Henn und Darby), Slg. 1979, 3795, Rn. 15 ff.; EuGH, Rs. 272/80 (Biologische Producten), Slg. 1981, 3277, Rn. 12; s. sodann z.B. EuGH, Rs. C-293/94 (Brandsma), Slg. 1996, I-3159, Rn. 11 ff.; EuGH, Rs. C-67/97 (Bluhme), Slg. 1998, I-8033; EuGH, Rs. C-443/02 (Schreiber), Slg. 2004, I-7275; EuGH, Rs. C-434/04 (Ahokainen und Leppik), Slg. 2006, I-9171; EuGH, Rs. C-333/08 (Kommission/Frankreich), Slg. 2010, I-757, Rn. 85.
144 EuGH, Rs. 174/82 (Sandoz), Slg. 1983, 2445, Rn. 19 (Vitamine); EuGH, Rs. 227/82 (van Bennekom), Slg. 1983, 3883, Leitsatz 6; s. auch EuGH, Rs. 304/84 (Muller), Slg. 1986, 1511, Rn. 20.
145 EuGH, Rs. 94/83 (Heijn), Slg. 1984, 3263, Rn. 16; EuGH, Rs. 304/84 (Muller), Slg. 1986, 1511, Rn. 20.
146 EuGH, Rs. 104/75 (de Peijper), Slg. 1976, 613, Rn. 14/18; EuGH, Rs. C-128/89 (Kommission/Italien), Slg. 1990, I-3239, Rn. 22.
147 EuGH, Rs. C-192/01 (Kommission/Dänemark) Slg. 2003, I-9693. S. auch EuGH, Rs. C-434/97 (Kommission/Frankreich), Slg. 2000, I-1129, wo der EuGH betont, dass die Mitgliedstaaten das anzulegende Schutzniveau im Bereich des Gesundheitsschutzes bestimmen können. S. auch die Fortführung der Rechtsprechung in EuGH, Rs. C-95/01 (Greenham), Slg. 2004, I-1333; EuGH, Rs. C-41/02 (Kommission/Niederlande), Slg. 2004, I-11375. S. aber auch EuGH, Rs. C-150/00 (Kommission/Österreich), Slg. 2004, I-2887 (Unvereinbarkeit der allgemeinen Einstufung von mit bestimmten Vitaminen angereicherten Lebensmitteln als Arzneimittel mit Art. 34 AEUV).
148 EuGH, Rs. C-143/06 (Ludwigs-Apotheke München), Slg. 2007, I-9623.

nende Entscheidung gerichtlich angefochten werden können (zu diesem Urteil in anderem Zusammenhang bereits *Rn. 43*).[149]
Anforderungen an (externe) Apotheken, die mit der Medikamentenversorgung von Krankenhäusern betraut werden, könnten aus Gründen des Gesundheitsschutzes (die es durchaus begründen könnten, dass eine Apotheke entweder im Krankenhaus selbst oder in seiner Nähe angesiedelt ist) gerechtfertigt werden. Dabei betont der Gerichtshof, dass es den Mitgliedstaaten obliege, das genaue Niveau des Gesundheitsschutzes zu bestimmen und sich die Verhältnismäßigkeitsprüfung an diesen Zielsetzungen auszurichten habe. Zu berücksichtigen sei auch, dass eine vertragliche Verpflichtung mehrerer Apotheken zusätzliche Kosten mit sich bringe; wenn auch wirtschaftliche Ziele eine Beeinträchtigung der Grundfreiheiten nicht zu begründen vermögen, gehe es hier jedoch um die Aufrechterhaltung einer ausgewogenen und allen zugänglichen ärztlichen Versorgung, so dass letztlich der Schutz der Gesundheit betroffen sei (zu diesem Urteil in anderem Zusammenhang bereits *Rn. 45*).[150]
Im Übrigen weist der EuGH häufig darauf hin, dass bei Zweifeln hinsichtlich der Wirksamkeit der Maßnahmen darauf abzustellen sei, dass (keine) Anhaltspunkte ersichtlich sein dürften, wonach die nationale Regelung über das hinausgeht, was zur Erreichung des Zweckes erforderlich ist.[151]

64 Allerdings wird dieser den Mitgliedstaaten grundsätzlich zugestandene Gestaltungsspielraum durch den Rückgriff auf **unionsrechtliche Konzepte** bei der Prüfung der **Verhältnismäßigkeit** in einigen Bereichen relativiert. So geht der EuGH von dem Leitbild des „mündigen" Verbrauchers aus, nach dem z.B. Bedürfnissen des Gesundheitsschutzes statt durch Vermarktungsverbote durch Vorschriften über die Etikettierung der Erzeugnisse Rechnung getragen werden könne.[152]
Auch in der Rs. C-170/04[153] legte der EuGH eine relativ engmaschige Verhältnismäßigkeitsprüfung an: Hier ging es um die Vereinbarkeit des schwedischen Verbots für Private, Alkoholika einzuführen, mit Art. 34 AEUV, eine Regelung, die im Zusammenhang mit dem in Schweden geltenden Einzelhandelsmonopol für Alkoholika zu sehen ist (das mit Art. 37 AEUV in Einklang steht, *Rn. 76*).[154] Nachdem der EuGH festgestellt hatte, dass diese Regelung – da sie nicht das Bestehen oder die Funktionsweise des Monopols betreffe – am Maßstab des Art. 34 AEUV, und nicht des Art. 37 AEUV, zu prüfen sei, verneinte er eine Rechtfertigung dieser als eine Beschränkung des freien Warenverkehrs anzusehenden Maßnahme: Denn sie sei weder geeignet noch erforderlich, um die Ziele des Gesundheits- und Jugendschutzes zu verfolgen. Zwar könne eine solche Maßnahme eine gewisse Reduktion des Alkoholkonsums aufgrund geringerer Verfügbarkeit nach sich ziehen; doch stelle die Maßnahme letztlich eine Begünstigung des Vertriebskanals des Monopolbetriebs (Systembolag) dar, da dieser die Lieferung von Alkoholika aus nicht näher spezifizierten Gründen ablehnen könne und von dieser Ablehnungsmöglichkeit nicht wegen einer bestimmten Obergrenze für die bestellte Alkoholmenge Gebrauch gemacht werde. Die Auswirkungen dieser Maßnahme auf den Alkoholkonsum seien eher beiläufig. In Bezug auf den Jugendschutz gehe die Maßnahme schon deshalb über das zur Verfolgung des angestrebten Zwecks Erforderliche hinaus, weil allen Personen die Einfuhr verboten werde; auch sei die Identitätskontrolle beim Vertrieb durch das Systembolag nicht in allen Fällen lückenlos gewährleistet, so dass auch für die Einfuhr ein mindestens ebenso wirksames Mittel gefunden werden könne.
In der Rs. C-108/09[155] stellte der Gerichtshof fest, eine Pflicht, Kontaktlinsen nur in Fachgeschäften zu vertreiben, könne mangels Erforderlichkeit nicht aus Gründen des Gesundheits-

---

149 EuGH, Rs. C-244/06 (Dynamics Medien Vertriebs GmbH), Slg. 2008, I-505.
150 EuGH, Rs. C-141/07 (Kommission/Deutschland), Slg. 2008, I-6935.
151 S. etwa EuGH, Rs. C-473/98 (Toolex Alpha), Slg. 2000, I-5671, Rn. 40 ff.; EuGH, Rs. C-394/97 (Heinonen), Slg. 1999, I-3599, Rn. 36 ff.
152 EuGH, Rs. 120/78 (Rewe), Slg. 1979, 649, Rn. 13 (Cassis de Dijon); EuGH, Rs. 178/84 (Kommission/Deutschland), Slg. 1987, 1227, Rn. 35; EuGH, Rs. 407/85 (Drei Glocken), Slg. 1988, 4233, Rn. 12 ff.; EuGH, Rs. C-14/00 (Kommission/Italien), Slg. 2003, I-513 (Unzulässigkeit der italienischen Regelung, wonach ein Produkt nur dann als „Schokolade" bezeichnet werden darf, wenn es bestimmte Mindestgehalte an Kakaobutter enthält); zum Leitbild des „verständigen Verbrauchers" auch EuGH, Rs. C-220/98 (Lauder Cosmetics), Slg. 2000, I-117, Rn. 27 ff.
153 EuGH, Rs. C-170/04 (Rosengren), Slg. 2007, I-4071.
154 EuGH, Rs. C-189/95 (Franzén), Slg. 1997, I-5909.
155 EuGH, Rs. C-108/09 (Ker-Optika), Slg. 2010, I-12213.

schutzes gerechtfertigt werden: Zwar könne das Tragen von Kontaktlinsen zu gesundheitlichen Problemen führen, so dass ein Mitgliedstaat die Aushändigung solcher Linsen durch Fachpersonal verlangen dürfe. Allerdings sei dies nur bei der ersten Lieferung notwendig; bei den Folgelieferungen genüge es, auf den bereits benutzten Kontaktlinsentyp hinzuweisen, und zusätzliche Informationen könnten den Kunden auch durch interaktive Elemente über das Internet zur Verfügung gestellt werden, ganz abgesehen davon, dass es möglich sei, die Wirtschaftsteilnehmer dazu zu verpflichten, einen sachkundigen Optiker als Auskunftsperson zur Verfügung stellen. Damit schränkt der Gerichtshof den Gestaltungsspielraum der Mitgliedstaaten in Bezug auf die Festlegung des Schutzniveaus sowie die Wahl der Maßnahme recht weitgehend ein, was nicht wirklich überzeugt: Denn die Behauptung, die Kunden müssten lediglich bei der Erstanpassung untersucht und kontrolliert werden, dürfte dem Umstand nicht Rechnung tragen, dass durch spätere Untersuchungen möglicherweise festgestellt werden kann, dass die ursprüngliche Linse doch nicht die für den Kunden optimale Linse war, ganz abgesehen davon, dass auf diese Weise möglicherweise durch (nicht optimal angepasste) Kontaktlinsen entstehende Schäden am Auge erkannt werden könnten. Im Übrigen dürften nicht alle Kunden in der Lage sein, sich über das Internet hinreichend zu informieren, so dass der EuGH letztlich bereits die Festlegung des (sicherlich sehr hohen) Schutzniveaus infrage stellt, worum es aber bei der Verhältnismäßigkeit nicht geht.[156]

Andererseits nimmt der EuGH in Einzelfällen eine nur zurückhaltende Kontrolle vor,[157] so zum Beispiel in der Rs. C-388/95:[158] Hier ging es um eine spanische Regelung, wonach die Zulässigkeit des Führens einer Ursprungsbezeichnung („Rioja" für den aus der gleichnamigen Region stammenden Wein) u.a. davon abhängig ist, dass der Wein in der Anbauregion abgefüllt wird. Der EuGH nahm hier eine Rechtfertigung aus Gründen der gewerblichen Schutzrechte an und hielt auch die Erforderlichkeit der Maßnahme für gegeben. Denn der Abfüllvorgang sei schwierig und könne nur von Personen mit großer Sachkenntnis durchgeführt werden; Gleiches gelte für die Beförderung in nicht abgefülltem Zustand. Diese Sachkenntnis sei in erster Linie in der Herstellungsregion vorhanden. Das Urteil steht nicht nur in einem Gegensatz zu dem strengen Maßstab, den der EuGH (sonst) in Bezug auf den Verbraucherschutz anlegt, sondern lässt auch einige Fragen offen, so insbesondere diejenigen danach, ob wirklich alle Unternehmen in der Region über das nötige *Know-how* verfügen, warum die Abfüllung und der Transport von Rioja schwieriger sein soll als von anderem Qualitätswein und warum die Erhaltung der Qualität des Weins nicht durch mildere Mittel (Prüfungen für abfüllende Unternehmen, Anforderungen an den Transport o.ä.) hätten sichergestellt werden können.[159]

65

---

156 S. sodann EuGH, Rs. C-531/07 (Fachverband der Buch- und Medienwirtschaft/LIBRO), Slg. 2009 I-3717, wo der Gerichtshof aufgrund fehlender Erforderlichkeit die Unvereinbarkeit der österreichischen Buchpreisbindung mit Art. 34 AEUV feststellte.
157 S. auch EuGH, Rs. C-220/98 (Lauder Cosmetics), Slg. 2000, I-117, wo der EuGH in Bezug auf die Frage, ob eine nationale Regelung, die es verbietet, eine Creme unter der Bezeichnung „Lifting" zu verkaufen, weil sie beim Verbraucher den Eindruck einer dauerhaften Wirkung – dem operativen „Liftung" vergleichbar – hervorrufen könnte, mit Art. 34 AEUV in Einklang steht, nicht abschließend beantwortet, sondern nur abstrakt die für die Prüfung maßgeblichen Kriterien nennt.
158 EuGH, Rs. C-388/95 (Belgien/Spanien), Slg. 2000, I-3123, Rn. 61ff.; im Ansatz parallel in Bezug auf Parmaschinken EuGH, Rs. C-108/01 (Prosciutto di Parma), Slg. 2003, I-5121; in Bezug auf Reiben und Packen von Parmesan EuGH, Rs. C-469/00 (Ravi), Slg. 2003, I-5053.
159 Insofern erscheint die Abweichung zum Urteil Delhaize (EuGH, Rs. C-47/90, Slg. 1992, I-3669 (Delhaize)) nicht ganz überzeugend.

d) Prüfungsschema

Prüfungsschema zu Art. 34 AEUV

„Ware" i.S.d. Art. 28, 29 AEUV

⬇ Ja

staatliche Maßnahme?

⬇ Ja

sekundärrechtliche Regelung?

Nein ⬅ ➡ Ja

| „Dassonville"-Formel: unmittelbare oder mittelbare, tatsächliche oder potentielle Ein- oder Ausfuhrbeschränkung | - diese anwendbar
- Auslegung unter Beachtung primärrechtlicher Grundsätze
- „nationaler Alleingang" nach Art. 114 IV-VI, 193 AEUV |

⬇ Ja

formelle Diskriminierung

⬇ Nein ———————————— Ja ➡

bestimmte Verkaufsmodalitäten

⬅ Nein   Ja ➡

| Rechtfertigung nach Art. 36 AEUV | Tatbestand des Art. 34 AEUV ausgeschlossen → *zulässig* |

Rechtfertigung nach Art. 36 AEUV
Verhältnismäßigkeit
nicht-wirtschaftlicher Charakter

Nein ⬇

zwingende Erfordernisse „Cassis de Dijon"-Formel: Verhältnismäßigkeit

Ja ↙   ↘ Nein

zulässig   *unzulässig*

3. Ausfuhrbeschränkungen und Maßnahmen gleicher Wirkung (Art. 35 AEUV)

Art. 35 AEUV verbietet mengenmäßige Ausfuhrbeschränkungen und Maßnahmen gleicher Wirkung. Damit soll verhindert werden, dass die Mitgliedstaaten durch Ausfuhrbeschränkungen die Nachfrage auf dem innerstaatlichen Markt befriedigen und damit den freien Warenverkehr behindern. Der Verbotszweck des Art. 34 AEUV stimmt also mit demjenigen des Art. 35 AEUV überein. Daher können angesichts der **parallelen Ausgestaltung beider Tatbestände** die Ausführungen bezüglich Art. 34 AEUV grundsätzlich entsprechend herangezogen werden.[160]

67

Einige Besonderheiten sind jedoch bei der Auslegung des Begriffs der „**Maßnahmen gleicher Wirkung wie Ausfuhrbeschränkungen**" zu beachten. Zwar ist aufgrund der skizzierten Überlegungen zunächst von der *Dassonville*-Formel (*Rn. 37*) auszugehen,[161] wonach darunter jede mitgliedstaatliche Regelung fällt, die geeignet ist, den Handel in der EU unmittelbar oder mittelbar, tatsächlich oder potenziell zu behindern. Ihre uneingeschränkte Heranziehung hätte allerdings zur Folge, dass nahezu jede Produktions- oder Vertriebsregelung gegen Art. 35 AEUV verstieße, kann doch der Handel zwischen den Mitgliedstaaten durch derartige Maßnahmen regelmäßig zumindest potenziell oder mittelbar betroffen sein. Damit wird die Notwendigkeit einer Einschränkung dieser weiten Definition der Maßnahmen gleicher Wirkung deutlich.

68

Die Rechtsprechung des EuGH geht denn auch von der **funktionalen Beschränkung** der Kompetenzen der Union und grundsätzlich auch des Anwendungsbereichs der Grundfreiheiten aus: Sachverhalte ohne Bezug zum Handel in der EU und zum grenzüberschreitenden Verkehr sollen in der Kompetenz der Mitgliedstaaten bleiben und aus dem Anwendungsbereich des Unionsrechts herausfallen. Darauf aufbauend führte der EuGH das Kriterium der „**spezifischen Beschränkung der Ausfuhrströme**" ein und bezieht Art. 35 AEUV nur auf solche Maßnahmen, die „spezifische Beschränkungen der Ausfuhrströme bezwecken oder bewirken und damit unterschiedliche Bedingungen für den Binnenhandel innerhalb eines Mitgliedstaates und seinen Außenhandel schaffen, so dass die nationale Produktion oder der Binnenmarkt des betroffenen Staates zum Nachteil der Produktion oder des Handels anderer Mitgliedstaaten einen besonderen Vorteil erlangt".[162] Diese Rechtsprechung wurde in der Folge bestätigt und fortgeführt,[163] wobei nicht mehr verlangt wird, dass der Vorteil auf der Seite des ausfuhrbeschränkenden Staates mit einem Nachteil auf derjenigen der anderen Mitgliedstaaten einhergeht.

69

Diese Einschränkung des Tatbestandes des Art. 35 AEUV ist vor dem Hintergrund des Zwecks der Art. 34, 35 AEUV und der (teilweise) unterschiedlichen Auswirkungen von Aus- und Einfuhrbeschränkungen auf den Handel in der EU zu sehen: **Einfuhrbeschränkungen** behindern den Handel zwischen den Mitgliedstaaten insoweit, als sie den Zugang einer Ware zum innerstaatlichen Markt eines Landes wegen deren Herkunft aus einem anderen Mitgliedstaat erschweren können. Dies kann auch bei unterschiedslos und (scheinbar) „neutralen" Maßnahmen der Fall sein (*Rn. 37*). Dagegen

70

---

160 von der Groeben/Schwarze-*Müller-Graff*, Art. 29, Rn. 1 ff.
161 Vgl. in Bezug auf Art. 35 AEUV EuGH, Rs. 53/76 (Bouhelier), Slg. 1977, 197, Rn. 16.
162 EuGH, Rs. 15/79 (Groenveld), Slg. 1979, 3409, Rn. 7.
163 EuGH, Rs. 155/80 (Oebel), Slg. 1981, 1993, Rn. 15; s. auch etwa EuGH, Rs. C-412/97 (EDSrl), Slg. 1999, I-3845; EuGH, Rs. C-388/95 (Belgien/Spanien), Slg. 2000, I-3123, Rn. 36 ff.; EuGH, Rs. C-12/02 (Grilli), Slg. 2003, I-11585, Rn. 42; EuGH, Rs. C-205/07 (Gybrechts), Slg. 2008, I-9947; EuGH, Rs. C-161/09 (Kakavetsos-Fragkopoulos), Slg. 2011, I-915.

beziehen sich **Ausfuhrbeschränkungen** auf Waren derselben Herkunft, d.h., sie können den Handel in der EU wegen der Herkunft gerade aus demselben Mitgliedstaat beeinträchtigen. Hier geht es also nicht darum, ob nationalen Waren ein Vorzug eingeräumt wird, sondern darum, ob der **Absatz** auf dem innerstaatlichen Markt gegenüber der Ausfuhr der jeweiligen Erzeugnisse begünstigt wird. Dies kann aber nur durch solche Vorschriften geschehen, die für die Ausfuhr von bestimmten Produkten im Verhältnis zum Absatz im Inland besondere Regeln[164] vorsehen.[165] Bei dem Erfordernis einer „spezifischen Beschränkung der Ausfuhrströme" handelt es sich also um eine aus dem Zweck des Art. 35 AEUV folgende Einschränkung schon des Begriffs der Maßnahme gleicher Wirkung, der damit abweichend von Art. 34 AEUV definiert wird. Art. 36 AEUV und die zwingenden Erfordernisse können erst dann relevant werden, wenn eine solche Maßnahme gleicher Wirkung vorliegt. Damit findet Art. 35 AEUV von vornherein nur auf solche Maßnahmen Anwendung, die gerade die Ausfuhr erschweren, nicht aber etwa auf allgemein die Produktion oder den Vertrieb regelnde Vorschriften.

71 Auch bei den Ausfuhrbeschränkungen des Art. 35 AEUV können die **Rechtfertigungsgründe** des Art. 36 AEUV sowie die zwingenden Erfordernisse greifen (*Rn. 50 ff.*).

V. Umformung staatlicher Handelsmonopole

72 Nach Art. 37 Abs. 1 UAbs. 1 AEUV formen die Mitgliedstaaten „ihre staatlichen Handelsmonopole derart um, dass jede Diskriminierung in den Versorgungs- und Absatzbedingungen zwischen den Angehörigen der Mitgliedstaaten ausgeschlossen ist". Mit dieser Vorschrift soll verhindert werden, dass das Verhalten staatlicher Handelsmonopole die Wirksamkeit der Regeln über den freien Warenverkehr einschränkt. Allerdings werden **staatliche Handelsmonopole nicht verboten,** sondern lediglich (auch) den **Regeln des freien Warenverkehrs unterstellt.**

73 Das **Umformungsgebot** gilt „für alle Einrichtungen, durch die ein Mitgliedstaat unmittelbar oder mittelbar die Einfuhr oder die Ausfuhr zwischen den Mitgliedstaaten rechtlich oder tatsächlich kontrolliert, lenkt oder merklich beeinflusst" (Art. 37 Abs. 1 UAbs. 2 AEUV). Der **Monopolbegriff** des Art. 37 AEUV[166] und damit der Anwendungsbereich dieser Bestimmung ist also durch drei Elemente gekennzeichnet:

- Es muss sich um ein staatliches oder staatlich konzessioniertes Monopol handeln.
- Es bezieht sich auf den Handel zwischen den Mitgliedstaaten.
- Es kontrolliert rechtlich oder tatsächlich den Handel, lenkend oder merklich beeinflussend.

74 Art. 37 Abs. 2 AEUV enthält eine **Stillstand-Klausel,** nach der die Mitgliedstaaten jede neue Maßnahme, die den genannten Grundsätzen widerspricht, zu unterlassen haben.

Die Kommission hat zahlreiche **Empfehlungen** an die Mitgliedstaaten gerichtet, aufgrund derer u.a. das deutsche Branntweinmonopol mehrere Umgestaltungen erfahren und sein aus-

---

164 Wie z.B. Ausfuhrkontrollen, gesonderte Hygienevorschriften oder Ausfuhrgenehmigungen, vgl. etwa EuGH, Rs. C-203/96 (Dusseldorp), Slg. 1998, I-4075, Rn. 39 ff..
165 Vgl. ausführlich m.w.N. von der Groeben/Schwarze-*Müller-Graff*, Art. 29, Rn. 14 ff.
166 Aus der Rechtsprechung EuGH, Rs. 30/87 (Bodson), Slg. 1988, 2479, Rn. 10 ff.; EuGH, Rs. C-393/92 (Almelo), Slg. 1994, I-1477, Rn. 29.

schließliches Einfuhrrecht verloren hat.[167] An Portugal sind Empfehlungen zur Umformung seines Alkohol- und seines Erdölmonopols gerichtet worden.[168]
Sowohl die Stillstand-Klausel des Art. 37 Abs. 2 AEUV[169] als auch das Umgestaltungsgebot des Art. 37 Abs. 1 AEUV[170] sind **unmittelbar wirksam**.

Nach der Rechtsprechung ist mit dem Ende der Übergangszeit jedes **ausschließliche Einfuhrrecht** unzulässig geworden.[171] Das Verbot des Art. 37 Abs. 1 AEUV zielt danach auf alle Fälle, in denen ein Mitgliedstaat in der Lage ist, den Handel über eine von ihm geschaffene Einrichtung oder ein Monopol zu kontrollieren oder merklich zu beeinflussen.[172] Von Monopolen, denen ein ausschließliches Einfuhrrecht zusteht, kann nämlich, insbesondere wenn sie – wie etwa das italienische Tabakmonopol – auch über ein Herstellungsmonopol verfügen, eine nicht diskriminierende Handhabung der Einfuhren kaum erwartet werden.[173]

75

Auch nach Beseitigung des ausschließlichen Einfuhrrechts greift Art. 37 AEUV noch ein, wenn ein Handelsmonopol einheimische Erzeugnisse zu einem Verkaufspreis vermarktet, der im Vergleich zu dem Preis importierter Erzeugnisse anormal niedrig ist,[174] den Ankauf einheimischer Erzeugnisse davon abhängig macht, dass sie ohne Verwendung ausländischer Ausgangsstoffe hergestellt worden sind,[175] oder wenn ein Einfuhrrecht eines Monopols zwar quotenmäßig beschränkt ist, ihm aber weiterhin ein spürbarer Einfluss auf die Gesamtheit der Einfuhren verbleibt.[176]

76

Verkaufsmonopole müssen so ausgestaltet sein, dass der Handel mit Waren aus anderen Mitgliedstaaten nicht gegenüber dem Handel mit einheimischen Waren rechtlich oder tatsächlich benachteiligt wird. Dies impliziert auch, dass eine Pflicht zur Begründung von Entscheidungen und ein unabhängiges Kontrollverfahren vorgesehen sind. Weiter müssen die Verkaufsnetze so ausgestaltet sein, dass die Belieferung der Verbraucher sichergestellt ist, und die Vertriebs- und Werbemaßnahmen müssen unabhängig sein.[177]

Das schwedische Alkoholmonopol im Einzelhandel entspricht nach der Rechtsprechung den Anforderungen des Art. 37 AEUV: Denn die Sortimente der Einzelhandelsgeschäfte werden nach nicht von der Herkunft der Produkte abhängigen Kriterien zusammengestellt. Die begrenzte Zahl der Alkohol führenden Geschäfte beeinträchtige auch nicht die Versorgung der Verbraucher; zumindest werden hierdurch die eingeführten Alkoholika nicht stärker betroffen als die im Inland hergestellten.[178]

---

167 Vor allem die Empfehlungen vom November und Dezember 1969, darunter eine zum deutschen Branntweinmonopol vom 22.12.1969, ABl. L 31/20; s. eine Liste sämtlicher Empfehlungen bei GTE-*Hochbaum* (5. Aufl.), Art. 37, Rn. 76.
168 ABl. L 1987/203, 30, 32; dazu EuGH, Rs. C-361/90 (Kommission/Portugal), Slg. 1993, I-95.
169 EuGH, Rs. 6/64 (Costa/ENEL), Slg. 1964, 1251; EuGH, Rs. 13/70 (Cinzano), Slg. 1970, 1089, Rn. 3 ff.
170 EuGH, Rs. 59/75 (Manghera), Slg. 1976, 91, Rn. 15/12 ff.; EuGH, Rs. 45/75 (Rewe), Slg. 1976, 181, Rn. 24.
171 EuGH, Rs. 59/75 (Manghera), Slg. 1976, 91, Rn. 13.
172 EuGH, Rs. 30/87 (Bodson), Slg. 1988, 2479, Rn. 11; EuGH, Rs. C-157/94 (Kommission/Niederlande), Slg. 1997, I-5699, Rn. 13 ff. (Verstoß eines Einfuhrmonopols für Elektrizität gegen Art. 37 AEUV).
173 Da Art. 37 Abs. 1 AEUV nur von einer „Umformung" der Handelsmonopole spricht, sehen die Beitrittsakte Griechenland (Art. 40), Spanien (Art. 48) und Portugal (Art. 208) ausdrücklich die Aufhebung der in diesen Ländern bestehenden ausschließlichen Einfuhr- und Ausfuhrrechte vor. Vgl. ABl. L 291/1979; ABl. L 302/1985. Schweden und Finnland mussten ebenfalls mit ihrem Beitritt zur EU das Alkoholmonopol im Bereich der Einfuhr, der Herstellung und des Großhandels abschaffen; aufrechterhalten können sie dagegen das Monopol im Einzelhandel, vgl. Agence Europe Nr. 6134 vom 22.12.1993, 7 f. Der Beitrittsvertrag enthält keinerlei Übergangsvorschriften, so dass in jedem Fall die rechtlichen Vorgaben des Art. 37 AEUV maßgeblich sind. Zur Situation der neuen Mitgliedstaaten (ab 2004) von der Groeben/Schwarze-*Hochbaum/Berg*, Art. 31, Rn. 25 ff.
174 EuGH, Rs. 91/78 (Hansen), Slg. 1979, 935, Rn 13 ff.
175 EuGH, Rs. 119/78 (Peureux II), Slg. 1979, 975, Rn. 27 ff.
176 EuGH, Rs. 347/88 (Kommission/Griechenland), Slg. 1990, I-4747, Rn. 39 ff.
177 EuGH, Rs. C-438/02 (Hanner), Slg. 2005, I-4551, Rn. 36 ff.
178 EuGH, Rs. C-189/95 (Franzén), Slg. 1997, I-5909, Rn. 44 ff.; s. a. EuGH, Rs. C-159/94 (Kommission/Frankreich), Slg. 1997, I-5815 (Zulässigkeit eines Ein- und Ausfuhrmonopols für Gas und Elektrizität).

Nach der Rechtsprechung verbietet Art. 37 AEUV nicht die umgekehrten Diskriminierungen, mit denen einheimische gegenüber importierten Waren benachteiligt werden.[179] Auch eine Handelsspannenregelung eines Handelsmonopols ist zulässig, und zwar selbst dann, wenn sie auch von ausländischen Herstellern zu respektieren ist.[180]

77 Zum Verhältnis von Art. 37 AEUV zu Art. 106 Abs. 2 AEUV, der für Finanzmonopole eine Regelung vorsieht, die sie den Wettbewerbsvorschriften entzieht, soweit dies die Erfüllung ihrer Fiskalaufgabe erfordert, hat der EuGH ausdrücklich nicht Stellung genommen. Doch kann man dem Umstand, dass er im Urteil *Manghera*[181] auf das Vorbringen der italienischen Regierung, das italienische Tabakmonopol sei ein Finanzmonopol, auf das Art. 37 AEUV keine Anwendung finde, nicht eingeht, entnehmen, dass seiner Ansicht nach Art. 37 AEUV auch für Finanzmonopole gilt. Dies entspricht der Überlegung, dass die Aufhebung von Diskriminierungen in den Versorgungs- und Absatzbedingungen nach Art. 37 Abs. 1 AEUV nicht zwangsläufig den fiskalischen Zweck des Monopols vereitelt. Art. 37 AEUV ist *lex specialis* zu Art. 107 AEUV, wenn ein Monopol durch hohe Ankaufspreise einheimische Erzeuger subventioniert[182] und kann neben Art. 34 AEUV[183] und Art. 110 AEUV[184] auf den gleichen Sachkomplex angewandt werden.

B. Arbeitnehmerfreizügigkeit

I. Überblick

78 Gemäß Art. 15 Abs. 2 der Charta der Grundrechte haben alle Unionsbürger die Freiheit, in jedem Mitgliedstaat Arbeit zu suchen, zu arbeiten, sich niederzulassen oder Dienstleistungen zu erbringen. Die konkrete Ausgestaltung der **Freizügigkeit der Arbeitnehmer** ist in Art. 45 ff. AEUV geregelt: Art. 45 AEUV – der (abgesehen von Art. 45 Abs. 3 d) AEUV) **unmittelbar wirksam** ist[185] – formuliert den Grundsatz der Freizügigkeit der Arbeitnehmer, konkretisiert einige der ihnen zustehenden Rechte und sieht (explizit) Schranken für die Ausübung dieses Rechts vor. Inhaltlich ist die Arbeitnehmerfreizügigkeit weitgehend parallel zu den anderen Grundfreiheiten ausgestaltet: So wird im Grundsatz das Recht auf Freizügigkeit garantiert; dieses lässt aber gewisse Ausnahmen zu und seine tatsächliche Verwirklichung erfordert eine Ergänzung durch den Erlass von Sekundärrecht.

Zur Herstellung der Freizügigkeit sieht der Vertrag nicht nur die Einräumung von Individualrechten für die Arbeitnehmer vor, sondern auch ihre verwaltungsmäßige Absicherung durch die Abschaffung diskriminierender Verwaltungsverfahren und -praktiken bei der Arbeitsvermittlung (Art. 46 lit. b, c AEUV), die Schaffung internationaler Arbeitsvermittlungsverfahren (Art. 46 lit. d AEUV) und den Austausch junger Arbeitskräfte (Art. 47 AEUV). Nach Art. 48 AEUV sollen die für die Herstellung der Freizügigkeit erforderlichen Maßnahmen auf dem Gebiet der sozialen Sicherheit getroffen werden.

79 Die im Rahmen der Art. 45 ff. AEUV garantierte Freizügigkeit gilt nach ihrem Wortlaut nur für die **Arbeitnehmer** (aus den EU-Staaten); ihre Garantien bzw. Teile derselben wurden jedoch im Laufe der Zeit durch **Sekundärrecht auf weitere Personengruppen** ausgedehnt (*Rn. 81 f., 85 f.*).

---

[179] EuGH, Rs. 86/78 (Peureux I), Slg. 1979, 897, Rn. 34 ff.
[180] EuGH, Rs. 78/82 (Kommission/Italien) Slg. 1983, 1955, Rn. 11 ff. (Tabakmonopol).
[181] EuGH, Rs. 59/75 (Manghera), Slg. 1976, 91.
[182] EuGH, Rs. 91/78 (Hansen), Slg. 1979, 935, Rn. 10.
[183] EuGH, Rs. 119/78 (Peureux II), Slg. 1979, 975, Rn. 17 ff.; EuGH, Rs. C-170/04 (Rosengren), Slg. 2007, I-4071 (Bestimmungen der nationalen Regelung, die sich vom Bestehen und der Funktionsweise des Monopols trennen lassen).
[184] EuGH, Rs. 45/75 (Rewe), Slg. 1976, 181, Rn. 6.
[185] EuGH, Rs. 118/75 (Watson und Belmann), Slg. 1976, 1185, Rn. 11/12.

Die Freizügigkeit der Personen war zwar zunächst in erster Linie im Hinblick auf die   80
Verwirklichung eines liberalen Wirtschaftsmodells, das die freie Zirkulation von Produkten und Produktionsfaktoren garantiert, konzipiert. Im Laufe der Entwicklung der Integration in der EU gewinnen jedoch auch die soziale und persönliche Dimension der Menschen an Bedeutung; diese Entwicklung wird häufig als Entstehung eines „europäischen Bürgerrechts" umschrieben (*Rn. 113*) und ist inzwischen durch die grundsätzliche Garantie einer allgemeinen **Freizügigkeit für alle Unionsbürger** verwirklicht (Art. 21 AEUV, hierzu *§ 2 Rn. 23 ff.*). Im Übrigen garantieren Art. 45 ff. AEUV zwar bestimmte Rechte; doch bleiben die Grenzen zwischen den Mitgliedstaaten und die Grenzkontrollen davon zunächst grundsätzlich unberührt. Nachdem deren Abbau – der seit der Einheitlichen Europäischen Akte in Art. 26 Abs. 2 AEUV ausdrücklich vorgesehen war – zunächst durch den Abschluss der Schengener Abkommen auf zwischenstaatlicher Ebene erreicht worden war, wurde dieser Besitzstand durch den Vertrag von Amsterdam in das Recht der Union übernommen (*§ 17 Rn. 1 ff., 13 ff.*).

II. Anwendungsbereich der Arbeitnehmerfreizügigkeit

1. In persönlicher Hinsicht

Der persönliche Anwendungsbereich der Vorschriften über den freien Personenverkehr   81
beschränkt sich grundsätzlich auf die **Staatsangehörigen der Mitgliedstaaten**.[186]

> Das Modell, das den Regeln über den freien Warenverkehr zugrunde liegt, die auf Waren aus Drittstaaten nach ihrer Überführung in den Freiverkehr eines Mitgliedstaates die Vertragsregeln in gleicher Weise anwenden wie auf Waren mit Ursprung in der EU (*Rn. 6*), ist nicht verwendet worden. Ihm hätte es entsprochen, wenn die Zulassung eines Gastarbeiters aus einem Drittstaat in einem Mitgliedstaat für ihn die Möglichkeit eröffnet hätte, in Anwendung der vertraglichen Freizügigkeitsregeln seine Tätigkeit in allen Mitgliedstaaten auszuüben. Allerdings kann das **Sekundärrecht** (*Rn. 105 ff.*) Staatsangehörige von Drittstaaten begünstigen. So haben die Familienangehörigen von EU-Arbeitnehmern, die selbst die Nationalität eines Drittstaates besitzen, ein Einreise- und Aufenthaltsrecht und können in dem betreffenden Mitgliedstaat eine Tätigkeit im Lohn- oder Gehaltsverhältnis ausüben. Staatenlose und Flüchtlinge, die im Gebiet eines Mitgliedstaates wohnen, werden von der VO über die soziale Sicherheit der Wanderarbeitnehmer[187] erfasst. Weiter gleicht die RL 2003/109 (Daueraufenthaltsrichtlinie)[188] die Rechtsstellung bestimmter Drittstaatsangehöriger in gewissen Bereichen an diejenige der Unionsbürger an, und die RL 2003/86 (Familiennachzugsrichtlinie)[189] regelt die Familienzusammenführung durch Drittstaatsangehörige.

---

[186] Von der Groeben/Schwarze-*Wölker/Grill*, Vorbemerkung zu Art. 39–41, Rn. 46, m.w.N.; EuGH, Rs. C-230/94 (Ibiyinka Awoyemi), Slg. 1998, I-6781, Rn. 29. Zur relevanten Staatsangehörigkeit bei doppelter Staatsangehörigkeit EuGH, Rs. C-369/90 (Micheletti), Slg. 1992, I-4239, Rn. 10 ff.
[187] Art. 2 VO 883/2004, ABl. L 166/2004, 1 = HER I A 27/2.8.
[188] ABl. L 16/2004, 44 = HER I A 29a/2.36. Zu dieser Richtlinie etwa *Boelaert-Suominen*, Non-EU nationals and Council Directive 2003/109/EC on the status of third country nationals who are long-term residents: Five paces forward and possibly three paces back, CMLR 2005, 1011 ff.
[189] ABl. L 251/2003, 12 = HER I A 29a/2.35. Zu dieser Richtlinie etwa *Peers*, Family Reunion and Community Law, in: Walker (Hg.), Europe's Area of Freedom, Security and Justice, 2004, 143 ff.

82 Auch können **Abkommen mit Drittstaaten** oder Beschlüsse von Assoziationsräten Drittstaatsangehörigen bestimmte Rechte gewähren.[190] Ein Beispiel aus der jüngeren Zeit ist das sog. **Personenfreizügigkeitsabkommen der EU und ihrer Mitgliedstaaten mit der Schweiz** vom 21. Juni 1999 (FZA).[191] Ziel des Abkommens ist die Verwirklichung der Personenfreizügigkeit zwischen der Schweiz und der EU „auf der Grundlage der in der Europäischen Gemeinschaft geltenden Bestimmungen" (Präambel des Abkommens). Vor diesem Hintergrund dehnt das Abkommen in der Sache die Arbeitnehmerfreizügigkeit und die Niederlassungsfreiheit weitgehend auf die Schweiz und ihre Staatsangehörigen aus.[192] Darüber hinaus genießen auch Nichterwerbstätige Freizügigkeit entsprechend den (im Wesentlichen sekundärrechtlichen) Gewährleistungen im Unionsrecht. Dagegen wird die Dienstleistungsfreiheit nur partiell übernommen, indem lediglich die Erbringung kurzfristiger Dienstleistungen liberalisiert wird. Das Konzept der Unionsbürgerschaft und die damit verbundenen Rechte haben keinen Eingang in das Abkommen gefunden. Dagegen wird das allgemeine Diskriminierungsverbot aus Gründen der Staatsangehörigkeit in Art. 2 FZA aufgegriffen. Grundsätzlich wird damit im Verhältnis zur Schweiz die entsprechende Rechtslage in der EU auf der Grundlage von Rechtsetzung und Rechtsprechung zum Zeitpunkt der Unterzeichnung übernommen. Im Falle der Weiterentwicklung des Unionsrechts obliegt es einem „Gemischten Ausschuss", die Implikationen für die Funktionsweise des Abkommens zu ermitteln. Sofern die EU die in den entsprechenden Anhängen zu dem Abkommen aufgeführten Sekundärrechtsakte modifiziert oder ersetzt, kann der Gemischte Ausschuss eine entsprechende Modifikation der Anhänge und damit des Abkommens beschließen. Eine Weiterentwicklung der Rechtsprechung des EuGH ist zwar nicht obligatorisch durch die Schweiz zu übernehmen; in vielen Fällen wird die Rechtsprechung jedoch einen erheblichen praktischen Einfluss entfalten.[193] Das Abkommen wirft komplexe Fragen der Auslegung auf, insbesondere in Bezug auf die genaue Reichweite des „übernommenen Unionsrechts" und die bei der Auslegung zu berücksichtigenden Rechtsprechung des EuGH.[194] Durch die Annahme der „Zuwanderungsinitiative" durch Volk und Stände (Kantone) in der Schweiz (Art. 121a BV), nach deren Wortlaut für neue ausländerrechtliche Bewilligungen Höchstzahlen und Kontingente vorzusehen sind, wird der Grundsatz des FZA in Frage gestellt. Es ist derzeit noch nicht abzusehen, wie diese Verfassungsbestimmung umgesetzt wird und insbesondere, ob die Umsetzung Auswirkungen auf das FZA entfalten wird.

---

190 Ein Beispiel bildet das Assoziierungsabkommen mit der Türkei, vgl. EuGH, Rs. 12/86 (Demirel), Slg. 1987, 3719, Rn. 19 ff.; EuGH, Rs. C-192/89 (Sevince), Slg. 1990, I-3461, Rn. 15 ff. Zu diesem etwa *Hailbronner*, Einreise und Aufenthalt türkischer Staatsangehöriger im Assoziationsrecht EWG-Türkei, ZAR 2011, 322 ff. S. auch das EWR-Abkommen, das die Freizügigkeitsregeln übernimmt. Zur Freizügigkeit von Drittstaatsangehörigen, unter besonderer Berücksichtigung der Familienangehörigen, *Epiney/Faeh*, Zum Aufenthaltsrecht von Familienangehörigen im europäischen Gemeinschaftsrecht, Jahrbuch für Migrationsrecht 2005/2006, 2006, 49 ff.; *Barrett*, Family matters: European Community law and third-country family members, CMLRev 2003, 369 ff.; *Hailbronner*, in: Dauses (Hg.), Hb. EU-Wirtschaftsrecht, D.I., Rn. 15 ff., 183 ff.; *Brechmann*, in: Calliess/Ruffert (Hg.), EUV/AEUV, 4. Aufl., 2011, Art. 45 AEUV, Rn. 29 ff.; *Peers*, EC immigration law and EC association agreements: fragmentation or integration?, ELR 2009, 628 ff.; *Wiesbrock*, Legal Migration to the EU, 2010.
191 Abkommen zwischen der Europäischen Union und ihren Mitgliedstaaten einerseits und der Schweizerischen Eidgenossenschaft andererseits über die Freizügigkeit, ABl. L 114/2002, 6 ff. = HER I A 27/1.11.
192 Vgl. zur Auslegung solcher Abkommen EuGH, Rs. C-465/01 (Kommission/Österreich), Slg. 2004, I-8291. Danach besteht kein Grund, das in Abkommen mit Drittstaaten enthaltene Diskriminierungsverbot aus Gründen der Staatsangehörigkeit im Bereich der Arbeitsbedingungen anders auszulegen als im Rahmen des Vertrages, wobei der EuGH insbesondere auf die übereinstimmenden Zielsetzungen abstellt. S. aber auch teilweise relativierend in Bezug auf das FZA EuGH, Rs. C-351/08 (Grimme), Slg. 2009, I-10777; EuGH, Rs. C-70/09 (Hengartner), Slg. 2010, I-7233; mehr die Parallelität der Rechtslage unter dem Abkommen mit derjenigen im EU-Recht betonend EuGH, Rs. C-506/10 (Graf), Slg. 2011, I-9265. Eher zurückhaltend in Bezug auf das Assoziierungsabkommen EU-Türkei EuGH, Rs. C-221/11 (Demirkan), Urt. v. 24.9.2013 (restriktive Auslegung des Begriffs „freier Dienstleistungsverkehr" in Art. 14 Abs. 1 des Zusatzprotokolls).
193 Das schweizerische Bundesgericht übernimmt Weiterentwicklungen der Rechtsprechung des Gerichtshofs grundsätzlich, vgl. das Grundsatzurteil in BGE 136 II 5.
194 Im Einzelnen hierzu *Epiney/Metz/Mosters* (Hg.), Das Personenfreizügigkeitsabkommen Schweiz – EU, Auslegung und Anwendung in der Praxis, 2010; *Epiney/Metz/Pirker*, Zur Parallelität der Rechtsentwicklung in der EU und in der Schweiz. Ein Beitrag zur rechtlichen Tragweite der „Bilateralen Abkommen", 2012, insbesondere 103 ff., 155 ff., 203 ff.

Die Freizügigkeitsregeln des Art. 45 AEUV gelten für **Arbeitnehmer**. Der Begriff des Arbeitnehmers ist ein **Begriff des Unionsrechts**, so dass entsprechende Begriffe des Rechts der Mitgliedstaaten für die Auslegung unerheblich sind. Insgesamt legt der EuGH den Begriff des Arbeitnehmers unter Berufung auf die praktische Wirksamkeit der Vorschriften (*effet utile*) weit aus.[195] Ausschlaggebend für das Vorliegen der Arbeitnehmereigenschaft sind folgende Kriterien:

83

- Es handelt sich um eine **weisungsgebundene und zeitlich definierte Tätigkeit**. Auf die Art des Rechtsverhältnisses kommt es nicht an.

  Dieses Kriterium ist für die Abgrenzung zur Niederlassungs- und Dienstleistungsfreiheit häufig entscheidend. Der Gerichtshof stellt allgemein auf die „Gesamtheit der jeweiligen Faktoren und Umstände ab, die die Beziehungen zwischen den Parteien charakterisieren, wie etwa die Beteiligung an den geschäftlichen Risiken des Unternehmens, die freie Gestaltung der Arbeitszeit und der freie Einsatz eigener Hilfskräfte".[196] Damit dürften die Umstände des Einzelfalls in einer Art Gesamtwertung entscheidend sein.
  So betonte der EuGH im Zusammenhang mit der Arbeitnehmereigenschaft eines bei der Max-Planck-Gesellschaft (MPG) „angestellten" Forschers, der im Rahmen eines Stipendienvertrags eine Promotion vorbereitete, dass ein Stipendiat nur dann als Arbeitnehmer i.S.d. Art. 45 AEUV anzusehen sei, wenn er seine Tätigkeit während einer bestimmten Zeit nach Weisungen ausübt und als Gegenleistung hierfür eine Vergütung erhält. Es sei Sache des vorlegenden Gerichts, diese Frage in Bezug auf den konkreten Fall zu beurteilen.[197] Entscheidend dürfte hier sein, inwieweit der Stipendiat wirklich weisungsabhängig ist, was jedenfalls dann zu verneinen ist, wenn er (lediglich) eine Dissertation verfassen soll, hierbei jedoch völlig frei ist und auch sonst keine Leistungen für die MPG zu erbringen hat. Wenn er hingegen z.B. in ein Forschungsteam eingebettet ist, im Rahmen desselben verschiedene Doktoranden unter genauer Anleitung des Dissertationsleiters bestimmte Fragen zu bearbeiten haben, dürfte die Arbeitnehmereigenschaft zu bejahen sein.

- Der Arbeitsleistung steht eine **Gegenleistung** gegenüber, so dass der Tätigkeit insgesamt ein **wirtschaftlicher Charakter** zukommt.[198]

  Daher sind etwa auch Studienreferendare Arbeitnehmer im Sinne der Art. 45 ff. AEUV, obwohl die sog. Referendarzeit im Rahmen der deutschen Lehrerausbildung im Beamtenverhältnis geleistet wird und Teil der Ausbildung ist. Denn insoweit geht es um die Erbringung einer Arbeitsleistung, der ein wirtschaftlicher Wert zukommt.[199] Gleiches gilt für Rechtsreferendare.[200]
  Da eine wirtschaftliche Tätigkeit immer zu bejahen ist, wenn eine Leistung gegen ein Entgelt erbracht wird, ist auch ein ggf. vorliegender künstlerischer, religiöser oder sportlicher Charakter der Aktivität für die Qualifizierung der betroffenen Person als Arbeitnehmer irrelevant, auch wenn deshalb ihre wirtschaftliche Natur gemeinhin häufig verneint wird.[201] Unerheblich ist auch die Art der Beschränkung bei der Berufsaufnahme oder -ausübung, insbesondere ob sie wirtschaftlichen oder sonstigen Zwecken dient.

---

195 Vgl. EuGH, Rs. C-337/97 (Meeusen), Slg. 1999, I-3289, Rn. 13 ff.; EuGH, Rs. C-413/01 (Ninni-Orasche), Slg. 2003, I-13187, Rn. 23. Auch bei internationalen Organisationen angestellte Personen sind als Wanderarbeitnehmer anzusehen, EuGH, Rs. C-137/04 (Rockler), Slg. 2006, I-1441.
196 EuGH, Rs. 3/87 (Agegate), Slg. 1989, 4459, Rn. 36 ff.; EuGH, Rs. C-337/97 (Meeusen), Slg. 1999, I-3289, Rn. 15 ff.
197 EuGH, Rs. C-94/07 (Raccanelli/Max-Planck-Gesellschaft), Slg. 2008, I-5939.
198 Vgl. EuGH, Rs. 53/81 (Levin), Slg. 1982, 1035, Rn. 17.
199 EuGH, Rs. 66/85 (Lawrie Blum), Slg. 1986, 2121, Rn. 16 ff.; s. auch EuGH, Rs. C-40/05 (Lyyski), Slg. 2007, I-99 (Weiterbildung bereits angestellter Lehrer); EuGH, Rs. C-10/05 (Mattern), Slg. 2006, I-3145 (Berufspraktikum als Krankenpflegerin).
200 EuGH, Rs. C-109/04 (Kranemann), Slg. 2005, I-2421.
201 EuGH, Rs. 36/74 (Walrave), Slg. 1974, 1405, Rn. 4; EuGH, Rs. 13/76 (Dona/Mantelo), Slg. 1976, 1333, Rn. 12; EuGH, Rs. 222/86 (Heylens/Unectef), Slg. 1987, 4097, Rn. 10 ff. (Berufssport); EuGH, Rs. 300/84 (van Roosmalen), Slg. 1986, 3097, Rn. 18 ff. (Missionar); EuGH, Rs. C-415/93 (Bosman), Slg. 1995, I-4921, Rn. 73; EuGH, Rs. C-325/08 (Olympique Lyonnais), Slg. 2010, I-2177 (die beiden letzten Urteile zum Profifußballsport).

Vor dem Hintergrund der weiten Auslegung der Arbeitnehmereigenschaft ist es nicht notwendig, dass die Beschäftigung zur Bestreitung des Lebensunterhalts ausreicht, so dass auch diejenigen Personen erfasst werden, die im Gastland nur eine Teilzeitarbeit ausüben und Einkünfte haben, die unter dem gesetzlichen Mindestlohn liegen.[202]

Eine Person ist grundsätzlich auch dann als Arbeitnehmerin anzusehen, wenn ihre Tätigkeit als sittenwidrig betrachtet werden kann und durch die Mitgliedstaaten (teilweise) verboten wird.[203] Eine andere Frage ist diejenige nach der Rechtfertigungsmöglichkeit von Verboten solcher Tätigkeiten *(Rn. 100 ff.)*.

- Es muss eine **echte und tatsächliche Tätigkeit** vorliegen.

Daher sind völlig unwesentliche Tätigkeiten vom Arbeitnehmerbegriff ausgenommen, wobei die Unwesentlichkeit insbesondere in Anknüpfung an die Dauer und Regelmäßigkeit der Tätigkeit zu bestimmen ist.[204] Eine echte und tatsächliche Tätigkeit liegt regelmäßig vor, wenn im Rahmen von Maßnahmen sozialer Arbeitsbeschaffung eine Arbeitsleistung erbracht wird, wobei die tatsächlich erbrachten Leistungen als auf dem Beschäftigungsmarkt üblich angesehen[205] oder auf Beteiligungs- bzw. Ertragsbasis entlohnt werden müssen.[206] Jedenfalls schließt eine kurze Dauer der Tätigkeit und/oder eine begrenzte Höhe der Vergütung die Arbeitnehmereigenschaft nicht von vornherein aus.[207]

84 Die **Geltendmachung** der aus der Arbeitnehmerfreizügigkeit fließenden Rechte ist nicht allein auf den **Arbeitnehmer** beschränkt; auch der **Arbeitgeber** kann sich auf die aus Art. 45 ff. AEUV folgenden Rechte berufen.[208]

85 Art. 45 ff. AEUV finden nur auf Arbeitnehmer Anwendung. Die Wahrnehmung des Rechts auf Freizügigkeit – das sekundärrechtlich präzisiert ist *(Rn. 86)* – auf dieser Grundlage setzt daher die Bejahung der Arbeitnehmereigenschaft voraus. **Sekundärrechtliche Bestimmungen**[209] erstrecken bestimmte Rechte aber auch auf infolge Alters oder Invalidität aus dem Erwerbsleben ausgeschiedene Arbeitnehmer und auf Familienangehörige. Zudem haben Unionsbürger nach Art. 21 AEUV – der unmittelbar anwendbar ist[210] – ein Recht auf Freizügigkeit *(§ 2 Rn. 23 ff.)*. Dieses ergibt sich somit schon aus dem Primärrecht, wobei seine genaue Tragweite aber durch sekundärrechtliche Bestimmungen präzisiert wird.

86 Die sekundärrechtlichen Gewährleistungen des Aufenthaltsrechts wurden 2004 durch den Erlass der **RL 2004/38 über das Recht der Unionsbürger und ihrer Familienangehörigen, sich im Hoheitsgebiet der Mitgliedstaaten frei zu bewegen und aufzuhalten**,[211] revidiert *(Rn. 107)*. Diese regelt umfassend die Freizügigkeit der Unionsbürger. Bei diesem Erlass standen zwei Aspekte im Vordergrund: Einerseits sollten die das Aufenthaltsrecht regelnden sekundärrechtlichen Bestimmungen in einem einzigen Rechtsakt zusammengeführt werden.[212] Andererseits sollte die tatsächliche Ausübung des Freizügigkeitsrechts erleichtert werden, indem adminis-

---

202 EuGH, Rs. 53/81 (Levin), Slg. 1982, 1035, Rn. 11 ff.; EuGH, Rs. 139/85 (Kempf), Slg. 1986, 1741, Rn. 14. S. auch EuGH, Rs. C-14/09 (Genc), Slg. 2010, I-931 (grundsätzliche Bejahung, im Zusammenhang mit dem Assoziierungsabkommen EU-Türkei und dem Beschluss 1/80, der Arbeitnehmereigenschaft einer Person, die lediglich 5,5 Stunden pro Woche arbeitet).
203 EuGH, Rs. C-268/99 (Jany), Slg. 2001, I-8015, in Bezug auf die Prostitution.
204 EuGH, Rs. C-357/89 (Raulin), Slg. 1992, I-1027, Rn. 12 ff.
205 EuGH, Rs. 344/87 (Bettray), Slg. 1989, 1621, Rn. 11 ff.; EuGH, Rs. C-456/02 (Trojani), Slg. 2004, I-7573, Rn. 24.
206 EuGH, Rs. 3/87 (Agegate), Slg. 1989, 4459, Rn. 33 ff.
207 EuGH, verb. Rs. C-22, 23/08 (Vatsouras), Slg. 2009, I-4585.
208 EuGH, Rs. C-350/96 (Clean Car Autoservice), Slg. 1998, I-2521, Rn. 16 ff.; EuGH, Rs. C-208/05 (ITC), Slg. 2007, I-181; EuGH, Rs. C-379/11 (Caves Krier Frères), Urt. v. 13.12.2012.
209 Vgl. RL 2004/38 über das Recht der Unionsbürger und ihrer Familienangehörigen, sich im Hoheitsgebiet der Mitgliedstaaten frei zu bewegen und aufzuhalten, ABl. L 158/2004, 77 = HER I A 19/3.2.
210 EuGH, Rs. C-413/99 (Baumbast), Slg. 2002, I-7091.
211 ABl. L 158/2004, 77 = HER I A 19/3.2.
212 So löste die RL 2004/38 insbesondere folgende Aufenthaltsrichtlinien ab: RL 90/364/EWG (allg. Aufenthaltsrecht), ABl. L 180/1990, 26; RL 93/96/EG (Studenten), ABl. L 317/1993, 59; RL 90/365/EWG (Rentner), ABl. L 180/1990, 28.

trative Hürden verringert werden, der Status von Familienangehörigen möglichst umfassend definiert wird, ein Recht auf Daueraufenthalt für die Unionsbürger eingeführt wird und die Möglichkeiten der Verweigerung des Aufenthalts aus Gründen der öffentlichen Ordnung und Sicherheit eingeschränkt werden.

Voraussetzung des **allgemeinen Aufenthaltsrechts der Unionsbürger** ist, dass sie über eine ausreichende Existenzgrundlage und eine Krankenversicherung verfügen (Art. 7 RL 2004/38).[213] Soweit und solange dies der Fall ist, sind sie Arbeitnehmern im Wesentlichen gleichgestellt. Sie haben Anspruch auf die Erteilung einer Aufenthaltserlaubnis. Die bei ihnen wohnenden Familienmitglieder verfügen ebenfalls über ein Aufenthaltsrecht und das Recht zur Aufnahme einer selbstständigen oder unselbstständigen Tätigkeit. Für Studenten ist das Aufenthaltsrecht an die Dauer der Ausbildung geknüpft. Nach deren Ende richtet sich ihr Aufenthaltsrecht nach den Bestimmungen für sonstige Personen. Bemerkenswert ist sodann, dass nach Art. 16 RL 2004/38 jedem Unionsbürger, der sich rechtmäßig fünf Jahre lang ununterbrochen im Aufnahmemitgliedstaat aufgehalten hat, ein Daueraufenthaltsrecht einzuräumen ist.

Über die Einräumung eines allgemeinen Aufenthaltsrechts hinaus und unabhängig von diesem legt der EuGH in seiner *Gravier*-Rechtsprechung den Anwendungsbereich des Vertrages und damit das **allgemeine Diskriminierungsverbot** des **Art. 18 AEUV** in einer Weise aus, die die Freizügigkeit fördert (*§ 10 Rn. 4 ff.*).

87

In Bezug auf die durch **Art. 45 AEUV Verpflichteten** ist unbestritten, dass die Arbeitnehmerfreizügigkeit nicht nur gegenüber dem Mitgliedstaat, sondern jedenfalls auch gegenüber **Verbänden** geltend gemacht werden kann, die diskriminierende oder beschränkende Regeln aufgestellt[214] oder die entsprechende **Tarifverträge** abgeschlossen haben.[215] Im Übrigen geht die Rechtsprechung jedenfalls bei diskriminierenden Regelungen von einer **umfassenden Drittwirkung** derartiger Bestimmungen aus, so dass die aus ihnen fließenden Rechte auch direkt gegenüber Privaten geltend gemacht werden könnten.

88

In der Rs. C-281/98[216] ging es um die Weigerung einer Sparkasse in Südtirol, eine Person einzustellen, die ihre Zweisprachigkeit (italienisch/deutsch) nicht mittels eines von der Bank geforderten besonderen Zeugnisses, das nur in Bozen ausgestellt wird, sondern auf andere Weise nachweisen wollte. Der EuGH bejahte die Möglichkeit der Berufung auf Art. 45 AEUV unter Bezugnahme auf die Effektivität des Art. 45 AEUV sowie die ebenfalls angenommene unmittelbare Drittwirkung des Art. 157 AEUV (Gleichheit des Entgelts für Männer und Frauen).

Damit können sich Arbeitnehmer nicht nur bei gesetzlichen, tarifvertraglichen oder von Verbänden erlassenen Regelungen, sondern auch in Bezug auf in einzelnen Arbeitsverträgen vorgesehene Klauseln oder in Bezug auf sonstige die Freizügigkeitsrechte einschränkende Verhaltensweisen (etwa bei der Einstellung) auf Art. 45 AEUV berufen (jedenfalls soweit es um diskriminierende Regelungen geht). Dieser Ansatz dürfte vor dem Hintergrund zu sehen sein, dass Arbeitsverhältnisse zu einem erheblichen Teil von privaten Verträgen bestimmt werden, so dass eine Erweiterung des Anwendungsbereichs des Art. 45 AEUV in diesem Sinne im Interesse der tatsächlichen Wirksamkeit der Arbeitnehmerfreizügigkeit liegt. Er stößt jedoch aufgrund der Beeinträchtigung der Privatautonomie auch auf nachhaltige Bedenken (*§ 10 Rn. 23*). Im Übrigen lässt die Rechtsprechung noch eine Reihe von Fragen offen, z.B. ob die Drittwirkung umfassend auch bei Beschränkungen gelten soll, diejenige nach den Rechtfertigungsgründen,

89

---

213 Zur Auslegung der (alten) Richtlinien in Bezug auf Beweisfragen EuGH, Rs. C-424/98 (Kommission/Italien), Slg. 2000, I-4001.
214 EuGH, Rs. 36/74 (Walrave und Koch), Slg. 1974, 1405, Rn. 14/15 ff.; EuGH, Rs. C-415/93 (Bosman), Slg. 1995, I-4921, Rn. 74 ff.
215 EuGH, Rs. C-15/96 (Kalliope Schöning), Slg. 1998, I-47, Rn. 12.
216 EuGH, Rs. C-281/98 (Angonese), Slg. 2000, I-4139, Rn. 30 ff. In EuGH, Rs. C-94/07 (Raccanelli/Max-Planck-Gesellschaft), Slg. 2008, I-5939, bestätigte der Gerichtshof ausdrücklich diesen Ansatz.

die von Privaten geltend gemacht werden können, oder diejenige nach der Anerkennung einer solchen umfassenden Drittwirkung auch im Rahmen der anderen Grundfreiheiten (vor dem Hintergrund der sich abzeichnenden Konvergenz der Grundfreiheiten, *§ 10 Rn. 23*).

Jedenfalls dürfte die vom EuGH im Zusammenhang mit der Warenverkehrsfreiheit entwickelte Schutzpflicht der Mitgliedstaaten im Falle der Beeinträchtigung der Grundfreiheit durch Private *(Rn. 30 f.)* auch im Rahmen des Art. 45 AEUV herangezogen werden können.

2. In sachlicher Hinsicht

90 Gemäß Art. 45 Abs. 4 AEUV finden die in Art. 45 Abs. 1, 2, 3 AEUV gewährten Rechte auf die Beschäftigung in der **öffentlichen Verwaltung** keine Anwendung. Es handelt sich hierbei um einen **Begriff des Unionsrechts**, könnten doch ansonsten die Mitgliedstaaten die Reichweite der Freizügigkeit bestimmen. Bei der Begriffsbestimmung ist an einen funktionalen Verwaltungsbegriff anzuknüpfen, so dass es nicht darauf ankommt, was innerstaatlich Tätigkeit der Verwaltung ist, sondern eine Teilnahme an der Ausübung **hoheitlicher Befugnisse** und an der Wahrnehmung allgemeiner Belange des Staates vorausgesetzt wird.[217] So wird z.B. die Justiz- und Polizeiverwaltung generell erfasst, während etwa Lehrtätigkeiten regelmäßig nicht darunter fallen;[218] Gleiches gilt für den juristischen Vorbereitungsdienst, seien die Referendare doch nach den Weisungen und unter der Aufsicht eines Ausbilders tätig, so dass der hoheitliche Charakter ihrer Tätigkeiten zu verneinen sei.[219]

Gegebenenfalls müssen daher EU-Ausländer als Angestellte für Tätigkeiten eingestellt werden, für die ein Mitgliedstaat seine eigenen Angehörigen nur im Beamtenverhältnis beschäftigt,[220] oder EU-Ausländern muss der Zugang zum Beamtenstatus gewährt werden.

91 Öffentliche Aufgaben können von Privaten wahrgenommen werden, wenn sie mit solchen betraut sind. Entsprechend kann Art. 45 Abs. 4 AEUV auch bei „Privaten" zum Zuge kommen. Art. 45 Abs. 4 AEUV ist jedoch dann nicht einschlägig, wenn die infrage stehenden Aufgaben, die als hoheitliche Befugnisse zur Wahrung der allgemeinen Belange des jeweiligen Staats anzusehen sind, nicht regelmäßig ausgeübt werden und nur einen sehr geringen Teil der Tätigkeit der jeweiligen Personen ausmachen. Denn die allgemeinen Belange und Interessen des Staates sind gerade nicht gefährdet, wenn die Hoheitsbefugnisse nur ausnahmsweise und sporadisch von Staatsangehörigen anderer Mitgliedstaaten ausgeübt werden.[221] Damit dürfte der EuGH auch bei der Bestimmung der Bereichsausnahme des Art. 45 Abs. 4 AEUV zumindest teilweise auf der Verhältnismäßigkeit zuzuordnende Kriterien zurückgreifen.

92 Auch im Rahmen des Art. 45 AEUV setzt der EuGH für die Anwendbarkeit dieser Bestimmung das Vorliegen eines grenzüberschreitenden Bezugs voraus, so dass „**umge-**

---

[217] EuGH, Rs. C-473/93 (Kommission/Luxemburg), Slg. 1996, I-3207, Rn. 25 ff.; EuGH, Rs. C-290/94 (Kommission/Griechenland), Slg. 1996, I-3285, Rn. 32 ff.; EuGH, Rs. C-173/94 (Kommission/Belgien), Slg. 1996, I-3265, Rn. 17 f.
[218] EuGH, Rs. 66/85 (Lawrie-Blum), Slg. 1986, 2121, Rn. 26 ff.; EuGH, Rs. 33/88 (Allué), Slg. 1989, 1591, Rn. 6 ff.
[219] EuGH, Rs. C-345/08 (Pesla), Slg. 2009, I-11677.
[220] EuGH, Rs. 307/84 (Kommission/Frankreich), Slg. 1986, 1725, Rn. 11 ff.; i. Erg. auch EuGH, Rs. 66/85 (Lawrie-Blum), Slg. 1986, 2121, Rn. 26 ff.
[221] EuGH, Rs. C-47/02 (Anker u.a.), Slg. 2003, I-10447; EuGH, Rs. C-405/01 (Collegio de Oficiales de la Marina Espanola), Slg. 2003, I-10391.

kehrte Diskriminierungen" nicht von dieser Bestimmung erfasst werden (zum Problemkreis § 10 Rn. 11).²²²

3. In räumlicher Hinsicht

Der **räumliche Anwendungsbereich** der Vorschriften über die Personen- und Dienstleistungsfreiheit bestimmt sich grundsätzlich nach dem allgemeinen Anwendungsbereich der Verträge (vgl. Art. 52 EUV). Erfasst werden auch Rechtsbeziehungen, „die aufgrund des Ortes, an dem sie entstanden sind oder an dem sie ihre Wirkungen entfalten, einen räumlichen Bezug zum Gebiet der Gemeinschaft aufweisen".²²³

> Ein solcher Bezug besteht etwa auch dann, wenn eine Staatsangehörige eines Mitgliedstaates bei der Botschaft eines anderen Mitgliedstaates außerhalb des räumlichen Geltungsbereichs des Unionsrechts beschäftigt ist und der Arbeitsvertrag nach dem Recht des betreffenden Mitgliedstaates abgeschlossen worden ist.²²⁴

III. Tragweite der Arbeitnehmerfreizügigkeit

1. Primärrechtliche Gewährleistungen

a) Tatbestand des Art. 45 AEUV

Art. 45 Abs. 1 AEUV ist der Grundsatz der Garantie der Freizügigkeit zu entnehmen, der in Art. 45 Abs. 2, 3 AEUV konkretisiert wird. Damit können in Bezug auf den Inhalt der Freizügigkeit verschiedene Regelungen bzw. Grundsätze unterschieden werden:

- Art. 45 Abs. 1 AEUV schreibt in allgemeiner Form die Verwirklichung der „**Freizügigkeit der Arbeitnehmer**" in der Form einer Grundfreiheit als ein Prinzip des Vertrages und des Binnenmarktes fest.
- Art. 45 Abs. 2 AEUV enthält als zentrale Regelung das **Verbot der auf der Staatsangehörigkeit beruhenden ungleichen Behandlung** in Bezug auf Arbeitsbedingungen. Dieses ist eine Konkretisierung des Art. 18 AEUV, der „unbeschadet besonderer Bestimmungen dieses Vertrages" in seinem Anwendungsbereich jede Diskriminierung aus Gründen der Staatsangehörigkeit verbietet. Diese Vorschrift kann daher nicht neben Art. 45 AEUV angewandt werden (§ 10 Rn. 5).²²⁵
- Art. 45 Abs. 3 AEUV umschreibt einige den **Arbeitnehmern zustehende Rechte**, die auch nicht den Arbeitsbedingungen zuzurechnende Bereiche umfassen. So haben die Arbeitnehmer das Recht, sich um tatsächlich angebotene Stellen zu bewerben; ihnen steht ein Aufenthaltsrecht für die Arbeitssuche,²²⁶ die Ausübung der Beschäftigung und – nach Maßgabe des Sekundärrechts (Art. 45 Abs. 3 lit. d) AEUV) – auch für die Zeit nach der Beendigung der Beschäftigung zu.

---

222 EuGH, Rs. C-212/06 (Gouvernement de la Communauté française und Gouvernement wallon), Slg. 2008, I-1683.
223 EuGH, Rs. 36/74 (Walrave und Koch), Slg. 1974, 1405, Rn. 28/29, in Bezug auf einen weltweit tätigen Sportverband, dessen Wettkämpfe auch außerhalb der Union stattfinden. S. auch EuGH, Rs. 9/88 (Lopes da Veiga), Slg. 1989, 2989, Rn. 9 ff.; EuGH, Rs. 3/87 (Agegate), Slg. 1989, 4459, Rn. 20 ff.
224 Vgl. die Konstellation in EuGH, Rs. C-214/94 (Boukhalfa), Slg. 1996, I-2253.
225 EuGH, Rs. 305/87 (Kommission/Griechenland), Slg. 1989, 1461, Rn. 12 f.; EuGH, Rs. C-175/88 (Biehl), Slg. 1990, I-1779, Rn. 19; anders aber noch EuGH, Rs. 59/85 (Reed), Slg. 1986, 1283, Rn. 29.
226 EuGH, Rs. C-292/89 (Antonissen), Slg. 1991, I-745, Rn. 13; das Aufenthaltsrecht für die Arbeitssuche kann allerdings zeitlich beschränkt werden; diese Beschränkung darf jedoch nicht zu kurz sein, vgl. EuGH, Rs. C-344/95 (Kommission/Belgien), Slg. 1997, I-1035, Rn. 14 ff. Art. 6 RL 2004/38 sieht ein Aufenthaltsrecht von bis zu drei Monaten vor.

Epiney

▪ Da Art. 45 Abs. 1 AEUV aus systematischer Sicht den Grundsatz formuliert, dessen inhaltliche Reichweite durch Art. 45 Abs. 2, 3 AEUV (nur) konkretisiert wird, kann sich die durch Art. 45 Abs. 1 AEUV garantierte Freizügigkeit nicht auf die ausdrücklich in Art. 45 Abs. 2, 3 AEUV erwähnten Rechte beschränken; vielmehr kann insbesondere ein Rückgriff auf die Vertragsziele eine über den Wortlaut der Art. 45 Abs. 2, 3 AEUV hinausgehende Auslegung des Art. 45 Abs. 1 AEUV nahelegen und begründen. So werden durch Art. 45 Abs. 1 AEUV auch „untypische" Beschränkungen der Freizügigkeit, die weder durch Sekundärrecht noch durch Art. 45 Abs. 2, 3 AEUV ausdrücklich erfasst werden,[227] verboten.

95 Der Begriff der Freizügigkeit wird im Vertrag nicht definiert. Sein Inhalt erschließt sich aber aus den in Art. 45 Abs. 2, 3 AEUV umschriebenen konkretisierenden Tatbeständen: Verallgemeinert man diese, so umfasst die Freizügigkeit das Recht, in einem anderen Mitgliedstaat eine Arbeit aufzunehmen, ohne daran durch innerstaatliche Vorschriften oder (ggf.) sonstige Regeln (zur „Drittwirkung" *Rn. 88 f.*) gehindert zu werden. Art. 45 Abs. 1 AEUV verbietet auf dieser Grundlage zunächst (formelle oder materielle) **Diskriminierungen** aufgrund der Staatsangehörigkeit in Bereichen, die für die Ausübung der Freizügigkeit relevant sind.[228]

Der EuGH[229] leitet aus Art. 45 AEUV auch ein Teilhaberecht in dem Sinn ab, dass ein Unionsbürger, der sich rechtmäßig in einem anderen Mitgliedstaat aufhält, beim Zugang zu einer „Beihilfe für Arbeitssuchende" nicht diskriminiert werden dürfe. Denn Art. 45 AEUV sei als Ausprägung des allgemeinen Diskriminierungsverbots des Art. 18 AEUV auch im Lichte der letzteren Bestimmung auszulegen; angesichts der Rechtsprechung zu Art. 18 AEUV (*§ 10 Rn. 4 ff.*) könne eine finanzielle Leistung, die den Zugang zum Arbeitsmarkt eines Mitgliedstaats erleichtern soll, nicht (mehr)[230] vom Anwendungsbereich des Art. 45 AEUV ausgenommen werden, so dass in Bezug auf solche finanziellen Leistungen aus Art. 45 AEUV ein Verbot der Diskriminierung aus Gründen der Staatsangehörigkeit abzuleiten sei. Fraglich ist die genaue Tragweite dieser Rechtsprechung: So bleibt insbesondere offen, ob auch diese Bedeu-

---

227 EuGH, Rs. 13/76 (Dona/Montero), Slg. 1976, 1333, Rn. 12/13 ff. (Beschränkungen, die sich aus dem Reglement eines Sportverbandes ergeben); EuGH, Rs. 137/84 (Mutsch), Slg. 1985, 2681, Leitsatz 2 (Sprachregelung vor belgischen Strafgerichten); EuGH, Rs. C-336/94 (Dafeki), Slg. 1997, I-6761, Rn. 16 ff. (allgemeiner Ausschluss der Anerkennung von Personenstandsurkunden); EuGH, Rs. C-291/05 (Eind), Slg. 2007, I-10719 (Beschränkung des „Rückkehrrechts" eines (ehemaligen) Wanderarbeitnehmers); EuGH, Rs. C-346/05 (Chateignier), Slg. 2006, I-10951 (Gewährung von Leistungen bei Arbeitslosigkeit für Angehörige anderer Mitgliedstaaten nur im Falle einer bestimmten Beschäftigungsdauer im Wohnsitzstaat); EuGH, Rs. C-371/04 (Kommission/Italien), Slg. 2006, I-10257 (frühere Berufstätigkeiten in der öffentlichen Verwaltung eines anderen Mitgliedstaates sind ebenso wie diejenigen im eigenen Staat zu berücksichtigen, etwa im Hinblick auf das maßgebliche Dienstalter; EuGH, Rs. C-137/04 (Rockler), Slg. 2006, I-1441 (Nichtberücksichtigung der Versicherung bei einer Internationalen Organisation).
228 Vgl. nur EuGH, Rs. 41/74 (van Duyn), Slg. 1974, 1337, Rn. 5/7; EuGH, Rs. 167/73 (Kommission/Frankreich), Slg. 1974, 631, Rn. 45/47; EuGH, Rs. C-276/07 (Delay), Slg. 2007, I-3635 (Bejahung einer Pflicht zur Anerkennung der ab der ersten Einstellung als Austauschlektor erworbenen Rechte, wenn ein befristeter Arbeitsvertrag in dieser Stellung durch einen unbefristeten Arbeitsvertrag als muttersprachlicher sprachwissenschaftlicher Mitarbeiter ersetzt wird, soweit bei einem inländischen Arbeitnehmer in einer vergleichbaren Situation eine solche Anerkennung erfolgt wäre); EuGH, verb. Rs. C-611/10, C-612/10 (Hudzinski), Urt. v. 12.6.2012 (Ausschluss des Anspruchs auf Kindergeld für Grenzgänger); EuGH, Rs. C-172/11 (Erny), Urt. v. 28.6.2012 (materielle Diskriminierung im Falle eines Lohnabzugs). Das Diskriminierungsverbot ist auch in Bezug auf steuerliche Regelungen von Bedeutung, vgl. z.B. EuGH, Rs. C-52/03 (Ritter-Coulais), Slg. 2006, I-7; EuGH, Rs. C-329/05 (Meindl), Slg. 2007, I-1113; EuGH, Rs. C-544/11 (Petersen), Urt. v. 28.2.2013.
229 EuGH, Rs. C-138/02 (Collins), Slg. 2004, I-2703. S. auch EuGH, Rs. C-258/04 (Ioannidis), Slg. 2005, I-8275. Vgl. sodann EuGH, verb. Rs. C-22, 23/08 (Vatsouras), Slg. 2009, I-4585, wonach finanzielle Leistungen, die den Zugang zum Arbeitsmarkt erleichtern sollen, nicht als Sozialhilfeleistungen im Sinne des Art. 24 Abs. 2 RL 2004/38 angesehen werden könnten, da Art. 24 Abs. 2 RL 2004/38 (der Arbeitssuchende im Aufnahmemitgliedstaat grundsätzlich von der Sozialhilfe ausschließt) im Einklang mit Art. 45 AEUV auszulegen sei.
230 Anders noch EuGH, Rs. 39/86 (Lair), Slg. 1988, 3161; EuGH, Rs. 197/86 (Brown), Slg. 1988, 3205.

tungsschicht des Art. 45 AEUV umfassende Drittwirkung (*Rn. 88 f.*) entfaltet und ob ein entsprechender Ansatz auch im Rahmen des Beschränkungsverbots (*Rn. 96*) zum Zuge kommen kann.[231] Jedenfalls kann ein solcher Zugang zu staatlichen Leistungen aber beschränkt werden, insbesondere durch das Anliegen sicherzustellen, dass eine tatsächliche Verbindung zwischen der Person, die eine die betreffende Leistung beantragt, und dem jeweiligen räumlichen Arbeitsmarkt besteht. Die hierfür vorgesehenen Anforderungen müssen jedoch die Berücksichtigung repräsentativer Gesichtspunkte ermöglichen, die geeignet sind, das Bestehen einer tatsächlichen Verbindung der betreffenden Person zum Arbeitsmarkt zu belegen.[232]

Darüber hinaus ist aber auch Art. 45 AEUV (ähnlich wie Art. 34 AEUV) als **Beschränkungsverbot** auszulegen, was (inzwischen) auch von der Rechtsprechung bejaht wird.[233] Danach ist also nicht nur eine Ungleichbehandlung von In- und Ausländern, sondern jede Beschränkung des Rechts auf Freizügigkeit erfasst, worunter auch nicht diskriminierende Maßnahmen fallen.[234] Dieser Ansatz entspricht Sinn und Zweck der Vorschrift und trägt der effektiven Verwirklichung der Freizügigkeit Rechnung, kann diese doch auch – wie die Beispiele aus der Rechtsprechung zeigen – durch nicht diskriminierende Maßnahmen betroffen sein.

96

Allerdings ging der EuGH im Einklang mit einem Großteil des Schrifttums lange Zeit davon aus, dass Art. 45 AEUV nur ein Diskriminierungsverbot darstelle, das allerdings aufgrund des Einbezugs auch sog. materieller oder versteckter Diskriminierungen (zur Definition *§ 10 Rn. 6*) weit verstanden wurde. So wurde die „Gefahr", dass „oft" Ausländer betroffen sind, als ausreichend erachtet, womit kaum eine eigentliche Abgrenzung zu Beschränkungen möglich war und letztlich die Rechtfertigung ausschlaggebend war,[235] so dass der Gerichtshof im Ergebnis schon in seiner früheren Rechtsprechung eine ähnliche Prüfung wie im Rahmen der Art. 34, 56 AEUV zugrundelegte.

97

Um eine nicht beschränkende Maßnahme ging es z.B. in der Rs. C-109/04:[236] Hier stellte der EuGH die Unvereinbarkeit einer nationalen Maßnahme mit Art. 45 AEUV fest, die einem Rechtsreferendar – der als Arbeitnehmer im Sinne des Art. 45 AEUV anzusehen sei – einen Anspruch auf Erstattung der Reisekosten bei Ableistung eines Teils seines Dienstes in einem anderen Mitgliedstaat nur in der Höhe gewährt, die auf den inländischen Teil der Reise fällt, während im Falle der Ausübung der Tätigkeit im Inland sämtliche Reisekosten erstattet werden. Interessant ist an diesem Urteil insbesondere die Annahme einer Beschränkung der Arbeitnehmerfreizügigkeit bzw. die Begründung derselben: Aus der sich auf der Linie der bisherigen Rechtsprechung befindenden Feststellung, dass nationale Bestimmungen, die einen Arbeitnehmer daran hindern oder davon abhalten, sein Herkunftsland zwecks Ausübung der Freizügigkeit zu verlassen, Beeinträchtigungen des Art. 45 AEUV darstellten, schließt der EuGH, dass ein Mitgliedstaat immer dann, wenn er den Vorbereitungsdienst auch in einem anderen Staat erlaubt, dafür Sorge zu tragen habe, dass die Modalitäten der Organisation dieses Vor-

98

---

231 Vgl. zu diesen Fragen *Epiney*, NVwZ 2006, 407 (413 f.).
232 EuGH, Rs. C-367/11 (Prete), Urt. v. 25.10.2012.
233 Dieser Ansatz wurde spätestens mit dem Urteil Bosman (EuGH, Rs. C-415/93 (Bosman), Slg. 1995, I-4921) deutlich, in dem der EuGH die zur Debatte stehende nicht diskriminierende Regelung allgemein am Maßstab des Art. 45 AEUV prüfte.
234 Allerdings muss die Regelung auch geeignet sein, tatsächlich die Ausübung der Freizügigkeit zu beschränken, wobei rein hypothetische Ereignisse nicht berücksichtigt werden dürfen, vgl. EuGH, Rs. C-190/98 (Graf), Slg. 2000, I-493, Rn. 24 f.
235 S. aus der Rechtsprechung z.B. EuGH, Rs. C-175/88 (Biehl), Slg. 1991, I-1779; EuGH, Rs. C-151/94 (Kommission/Luxemburg), Slg. 1995, I-3685; EuGH, Rs. C-279/93 (Schumacker), Slg. 1995, I-225; EuGH, Rs. 33/88 (Allué), Slg. 1989, 1591; EuGH, Rs. C-15/96 (Kalliope Schöning), Slg. 1998, I-47, Rn. 25 ff.; EuGH, Rs. C-187/96 (Kommission/Griechenland), Slg. 1998, I-1095, Rn. 18 ff.
236 EuGH, Rs. C-109/04 (Kranemann), Slg. 2005, I-2421. S. auch EuGH, Rs. C-228/07 (Petersen), Slg. 2008, I-6989 (Unvereinbarkeit, mit Art. 45 AEUV, einer nationalen Regelung, wonach eine Leistung bei Arbeitslosigkeit im Sinne der VO 1408/71 von der Bedingung abhängig gemacht wird, dass der Empfänger seinen Wohnort im Hoheitsgebiet des leistenden Mitgliedstaats hat, wodurch die Exportierbarkeit einer solchen Leistung in einen anderen Mitgliedstaat ausgeschlossen wird, es sei denn, der betreffende Mitgliedstaat weise nach, dass ein solches Erfordernis objektiv gerechtfertigt und verhältnismäßig ist); für ein weiteres Beispiel für eine „Wegzugsbeschränkung" EuGH, Rs. C-461/11 (Radziejewski), Urt. v. 8.11.2012.

bereitungsdienstes Art. 45 AEUV nicht beeinträchtigen. Gerade dies sei aber hier der Fall, da eine finanzielle Hürde auch und gerade im Vergleich zu inländischen Ausbildungsorten errichtet werde. Verallgemeinert man diese Schlussfolgerungen des EuGH, so ist den Grundfreiheiten auch eine Art **Teilhabeanspruch** zu entnehmen: Zwar kann man aus dem Unionsrecht weder ableiten, dass ein Teil des juristischen Vorbereitungsdienstes im Ausland abgeleistet werden können muss, noch dass Reisekosten erstattet werden; entscheidet sich der Mitgliedstaat aber für solche Regelungen, sind sie so auszugestalten, dass die Freizügigkeit nicht behindert wird. Eine andere, in diesem Urteil nicht zur Debatte stehende Frage ist diejenige, ob sich aus Art. 45 AEUV zumindest in anderen als den juristischen Berufen auch ein Recht ableiten lässt, Teile einer praktischen Ausbildung im Ausland absolvieren zu können. Diese Frage ist grundsätzlich zu bejahen, wenn auch dieses Recht durch zwingende Erfordernisse des Allgemeinwohls (zu denen die Garantie einer hochstehenden Ausbildung zählt) eingeschränkt werden kann.

Auch in der Rs. C-212/06[237] stand eine „Wegzugsbeschränkung" zur Debatte: Es ging um die Zulässigkeit der in Flandern geltenden Beschränkung der Möglichkeit des Anschlusses an eine sog. Pflegeversicherung, die ausschließlich solchen Personen zugänglich ist, die in Flandern oder Brüssel wohnen oder die in diesen Gebieten arbeiten, aber in einem anderen EU-Mitgliedstaat wohnen, während die in Wallonien wohnhaften Personen, die in Flandern oder Brüssel arbeiten, keinen Zugang zu dieser Versicherung haben. Der Gerichtshof stellte zunächst fest, dass in Bezug auf die in Wallonien wohnhaften Personen, die nie von ihrer Freizügigkeit Gebrauch gemacht haben, ein rein interner Sachverhalt vorliege. Soweit in Wallonien wohnhafte Personen jedoch von ihrer Freizügigkeit Gebrauch gemacht haben und/oder Staatsangehörige anderer Mitgliedstaaten sind, liege ein grenzüberschreitender Bezug vor. Die streitige Regelung sei auch geeignet, die Freizügigkeit von Arbeitnehmern (oder Selbstständigen) zu beschränken, da diese davon abgehalten werden könnten, ihren Herkunftsmitgliedstaat zu verlassen, um sich in Belgien aufzuhalten, weil eine Wohnsitznahme in bestimmten Teilen Belgiens den Verlust der Möglichkeit des Anschlusses an die Pflegeversicherung mit sich bringen könnte. Der Umstand, dass die Regelung nur marginale Auswirkungen auf die Freizügigkeit haben könne, sei irrelevant, da die Grundfreiheiten grundlegende Bestimmungen für die Union darstellten und jede Beeinträchtigung dieser Freiheiten, sei sie noch so unbedeutend, verboten sei. Eine Rechtfertigung für eine solche Beschränkung sei nicht ersichtlich; insbesondere sei die Aufteilung der Befugnisse innerhalb der föderalen Struktur Belgiens irrelevant, da die interne Rechtsordnung eines Staates nicht die Nichteinhaltung der sich aus dem Unionsrecht ergebenden Verpflichtungen rechtfertigen könne.

99 Ob und inwieweit die im Zusammenhang mit Art. 34 AEUV entwickelten Grundsätze der „***Keck***-Rechtsprechung" (*Rn. 40 ff.*) auf Art. 45 AEUV übertragen werden können, ist noch nicht abschließend geklärt; gewisse Ansätze zu einer solchen Übertragung dürften aber bestehen, so wenn der EuGH betont, dass nicht diskriminierende Maßnahmen nur dann von Art. 45 AEUV erfasst seien, wenn sie „den Zugang der Arbeitnehmer zum Arbeitsmarkt beeinflussen" und rein hypothetische Ereignisse nicht zu berücksichtigen seien.[238] Der Grundgedanke der *Keck*-Rechtsprechung sowie der Folgeurteile lässt sich durchaus auf die Arbeitnehmerfreizügigkeit übertragen. Denn auch hier sind Regelungen vorstellbar, die sich zwar mittelbar oder potenziell auf die Wahrnehmung der durch die Freizügigkeit gewährten Rechte auswirken können, die aber letztlich nur Modalitäten der Tätigkeit eines Arbeitnehmers (das „Wie" und nicht das „Ob" der Ausübung einer Erwerbstätigkeit) betreffen bzw. den Marktzugang nicht behindern, so dass sich auch hier – aus ähnlichen Gründen wie im Rahmen des Art. 34 AEUV – eine Einschränkung des weiten Beschränkungsbegriffs aufdrängen könnte. Entscheidend für das Vorliegen einer „**Beschäftigungsmodalität**" wäre dann die Frage, ob der Zugang zur Beschäftigung betroffen ist oder nicht, abgesehen von dem Erfor-

---

237 EuGH, Rs. C-212/06 (Gouvernement de la Communauté française und Gouvernement wallon), Slg. 2008, I-1683.
238 Vgl. EuGH, Rs. C-190/98 (Graf), Slg. 2000, I-493, Rn. 23.

dernis, dass von vornherein nur nicht diskriminierende Maßnahmen aus dem Tatbestand des Art. 45 AEUV herausfallen können.[239]

b) Rechtfertigung von Beschränkungen

Eingriffe in die durch Art. 45 Abs. 1, 2, 3 AEUV gewährten Rechte können aufgrund **geschriebener Rechtfertigungsgründe** (öffentliche Ordnung, Sicherheit und Gesundheit, Art. 45 Abs. 3 AEUV) oder aufgrund **ungeschriebener Rechtfertigungsgründe** (zwingende Interessen des Allgemeinwohls) gerechtfertigt werden, wobei auch hier keine wirtschaftlichen Gründe – als solche sind auch Anliegen der Verwaltungsvereinfachung oder der Kosteneinsparung anzusehen – angeführt werden dürfen.[240] Jedenfalls muss die Maßnahme aber den Anforderungen der **Verhältnismäßigkeit** genügen.

100

aa) Ausdrückliche Schranken

Die in Art. 45 Abs. 3 AEUV genannten Schranken der **öffentlichen Ordnung, Sicherheit und Gesundheit** sind **Begriffe des Unionsrechts** – so dass ihre Tragweite nicht von jedem Mitgliedstaat einseitig bestimmt werden kann – und als Ausnahmen zur Grundfreiheit grundsätzlich eng auszulegen.[241] Sie können alle Beschränkungen der Freizügigkeit – also sowohl nicht diskriminierende als auch (formell oder materiell) diskriminierende Maßnahmen – rechtfertigen.

101

> Nicht zutreffend ist die teilweise[242] vertretene Beschränkung des Anwendungsbereichs dieses Vorbehalts auf die in Art. 45 Abs. 3 AEUV genannten Rechte: Auch wenn systematische Erwägungen auf den ersten Blick für diesen Ansatz sprechen mögen, ist er schon insofern nicht überzeugend, als ansonsten ohnedies die ungeschriebenen Rechtfertigungsgründe eingriffen und es sich hier im Übrigen um fundamentale Interessen der Mitgliedstaaten handelt, die grundsätzlich – auch im Rahmen der anderen Grundfreiheiten – jegliche Einschränkung der Grundfreiheiten zu rechtfertigen vermögen.

Das Unionsrecht räumt den Mitgliedstaaten allerdings bei der Ausfüllung der Begriffe der öffentlichen Ordnung, Sicherheit und Gesundheit einen gewissen **Gestaltungsspielraum** ein. Daher können nationale Bedürfnisse, Wertvorstellungen und Gepflogenheiten berücksichtigt werden.[243] Dabei ist dieser Spielraum in Bezug auf die **öffentliche Ordnung** – deren Bedeutung wohl am meisten Fragen aufwirft – jedoch dahin gehend zu präzisieren, dass Beschränkungen der Freizügigkeit nur dann gerechtfertigt werden können, wenn über die Störung der öffentlichen Ordnung hinaus, die jede Gesetzesverletzung darstellt, eine tatsächliche und hinreichend schwere Gefährdung vorliegt, die ein Grundinteresse der Gesellschaft berührt.[244]

Der Gerichtshof hat diese allgemeinen Kriterien in zahlreichen Urteilen in Bezug auf spezifische Beschränkungen präzisiert:
- So sind Beschränkungen des Einreise- und Aufenthaltsrechts nicht gerechtfertigt, wenn gegenüber dem **gleichen Verhalten der eigenen Staatsangehörigen** von dem betreffenden Mit-

102

---

239 Ausführlich zur Problematik *Schulte Westenberg*, Zur Bedeutung der Keck-Rechtsprechung (E.II.1.).
240 EuGH, Rs. C-514/12 (Zentralbetriebsrat der Gemeinnützigen Salzburger Landeskliniken), Urt. v. 5.12.2013.
241 EuGH, Rs. C-348/96 (Calfa), Slg. 1999, I-11, Rn. 20; EuGH, Rs. C-355/98 (Kommission/Belgien), Slg. 2000, I-1221, Rn. 28.
242 Vgl. *Brechmann*, in: Calliess/Ruffert (Hg.), EUV/AEUV, 4. Aufl., 2011, Art. 45, Rn. 95, der offenbar von einer Art „mittelbarer" Anwendung ausgeht.
243 EuGH, Rs. 36/75 (Rutili), Slg. 1975, 1219, Rn. 26/28.
244 EuGH, Rs. 30/77 (Bouchereau), Slg. 1977, 1999, Leitsatz 4; EuGH, Rs. 249/86 (Kommission/Deutschland), Slg. 1989, 1263, Rn. 17; EuGH, Rs. C-268/99 (Jany), Slg. 2001, I-8615, Rn. 59 f.; EuGH, Rs. C-100/01 (Olazabal), Slg. 2002, I-10981, Rn. 40 ff.

gliedstaat keine oder (klar) weniger weitgehende Zwangsmaßnahmen ergriffen werden.[245] Dieser Grundsatz schließt es jedoch nicht aus, dass ein Ausländer, der grundsätzlich wegen des Verstoßes gegen den *ordre public* ausgewiesen werden könnte, in seinem Aufenthaltsrecht auf einen Teil des Staatsterritoriums beschränkt wird, sofern gegen die eigenen Staatsangehörigen bei vergleichbaren Gefährdungen auch wirksame Maßnahmen ergriffen werden.[246]

- Erwägungen der **verwaltungsmäßigen Vereinfachung** der Erhebung von Sozialversicherungsbeiträgen oder diesbezügliche technische Schwierigkeiten können kein öffentliches Interesse im Sinne des Vertrages darstellen,[247] geht es hier doch letztlich um wirtschaftliche Gründe.
- Jedenfalls dürfen ausländerpolizeiliche Maßnahmen nicht wegen der **Zugehörigkeit zu einer Gewerkschaft und der Ausübung gewerkschaftlicher Rechte** erfolgen.[248] Diese Rechtsprechung ist (nunmehr) auch vor dem Hintergrund der Bedeutung der EU-Grundrechte bei der Anwendung der Grundfreiheiten zu sehen (*§ 10 Rn. 17*).
- Art. 45 Abs. 3 AEUV kann im Ergebnis nicht herangezogen werden, wenn Ausländer bei Verstößen gegen **nationale Meldepflichten** oder bei der Verletzung der Verpflichtung zum Besitze eines Reisepasses oder eines Personalausweises härter bestraft werden als Inländer oder wenn beim Verstoß gegen die Pflicht zur Einholung der Aufenthaltsbescheinigung für EU-Angehörige unverhältnismäßige Sanktionen, insbesondere Freiheitsstrafen, verhängt werden.[249]
- Jedenfalls kann eine Nichtbeachtung nationaler Verfahrensvorschriften das **Recht auf Einreise und Aufenthalt** nicht grundsätzlich einschränken, ergibt sich dieses doch unmittelbar aus den einschlägigen unionsrechtlichen Bestimmungen (*Rn. 94 ff.*). Einer allenfalls erforderlichen Aufenthaltserlaubnis kann daher nur deklaratorische Wirkung zukommen.[250]
- Selbst grundsätzlich zulässige mitgliedstaatliche Entscheidungen zur **Ausweisung** von EU-Bürgern dürfen nicht auf unbegrenzte Zeit und in unwiderruflicher Form ausgesprochen werden, stünde dies doch dem Grundprinzip der Freizügigkeit entgegen, welches eben die Regel, die Einreiseverweigerung aber die Ausnahme darstellt.[251] Weiter ist zu beachten, dass die Gefahr für die öffentliche Ordnung und Sicherheit jeweils in Bezug auf das konkrete Verhalten der entsprechenden Personen vorliegen muss. Stets ist auf das persönliche Verhalten des Betroffenen und die von ihm ausgehende konkrete Gefährdung abzustellen.[252] Daher muss bei der gerichtlichen Prüfung der Ausweisung eine Verbesserung des Verhaltens der betreffenden Person in der Zeit zwischen dem Erlass der Ausweisungsverfügung und der Gerichtsentscheidung berücksichtigt werden.[253]

---

245 EuGH, Rs. 115 und 116/81 (Adoui), Slg. 1982, 1665, Rn. 8; EuGH, Rs. 249/86 (Kommission/Deutschland), Slg. 1989, 1263, Rn. 19 ff. (unzureichender Wohnraum kein Grund der Nichtverlängerung einer Aufenthaltserlaubnis); EuGH, Rs. C-24/97 (Kommission/Deutschland), Slg. 1998, I-2133, Rn. 11 ff. (in Bezug auf eine gestaffelte Geldbuße im Falle des Verstoßes gegen die Auswespflicht bei Deutschen einerseits und Ausländern andererseits). S. aber auch EuGH, Rs. 41/74 (van Duyn), Slg. 1974, 1337, Rn. 21/23, wo die Mitgliedschaft eines Ausländers in einer unerwünschten, aber nicht verbotenen Organisation als Ausweisungsgrund akzeptiert wurde. Dieses Urteil dürfte durch die nachfolgende Rechtsprechung überholt sein.
246 EuGH, Rs. C-100/01 (Olazabal), Slg. 2002, I-10981, Rn. 40 ff.
247 EuGH, Rs. C-18/95 (Terhoeve), Slg. 1999, I-345, Rn. 45.
248 EuGH, Rs. 36/75 (Rutili), Slg. 1975, 1219, Rn. 29/31.
249 EuGH, Rs. 118/75 (Watson und Belmann), Slg. 1976, 1185, Rn. 21/22; EuGH, Rs. 8/77 (Sagulo), Slg. 1977, 1495, Rn. 12; EuGH, Rs. 265/88 (Messner), Slg. 1989, 4209, Rn. 14; EuGH, Rs. C-344/95 (Kommission/Belgien), Slg. 1997, I-1035, Rn. 14 ff.; EuGH, Rs. C-459/99 (MRAX), Slg. 2002, I-6591, Rn. 77 f.; EuGH, Rs. C-378/97 (Wijsenbeek), Slg. 1999, I-6207, Rn. 4; EuGH, Rs. C-24/97 (Kommission/Deutschland), Slg. 1998, I-2133.
250 EuGH, Rs. 157/79 (Pieck), Slg. 1980, 2171, Rn. 13; EuGH, Rs. C-363/89 (Roux), Slg. 1991, I-273, Rn. 12; EuGH, Rs. C-344/95 (Kommission/Belgien), Slg. 1997, I-1035, Rn. 14 ff.
251 EuGH, Rs. C-65/95, C-111/95 (Singh), Slg. 1997, I-3343, Rn. 39 ff.; EuGH, Rs. C-348/96 (Calfa), Slg. 1999, I-11, Rn. 20 ff.
252 EuGH, Rs. C-348/96 (Calfa,), Slg. 1999, I-11, Rn. 20 ff. S. auch EuGH, Rs. C-503/03 (Kommission/Spanien), Slg. 2006, I-1097, im Zusammenhang mit dem in Art. 5, 15 Schengener Abkommen vorgesehenen „Automatismus" der Einreiseverweigerung.
253 EuGH, verb. Rs. C-482/01 und C-493/01 (Orfanopoulos), Slg. 2004, I-5257.

Die Problematik der Auslegung des Vorbehalts des Art. 45 Abs. 3 AEUV ist dadurch entschärft, dass die **RL 2004/38** *(Rn. 107)* die Voraussetzungen präzisiert, unter denen nationale Vorschriften aus Gründen der öffentlichen Ordnung, Sicherheit oder Gesundheit ein ausländerpolizeiliches Vorgehen erlauben dürfen. Sie löste die Richtlinie 64/221[254] ab, wobei in weiten Teilen an deren Regelungen und die Rechtsprechung angeknüpft wird.[255]

103

So darf sich der *ordre public*-Vorbehalt nicht auf „wirtschaftliche Zwecke" beziehen (Art. 27 Abs. 1), die Berufung auf die öffentliche Ordnung und Sicherheit setzt ein Anknüpfen an das persönliche Verhalten der jeweiligen Person voraus, und generalpräventive Begründungen sind ausgeschlossen (Art. 27 Abs. 2). Bei der Entscheidung über die Ausweisung ist der Situation des Unionsbürgers Rechnung zu tragen (Art. 28 Abs. 1), und für Unionsbürger, die bereits längere Zeit im Aufenthaltsstaat sind, gelten erschwerte Voraussetzungen (Art. 28 Abs. 2). Schließlich darf eine Ausweisung nach Art. 28 Abs. 3 RL 2004/38 nicht verfügt werden, wenn ein Unionsbürger die letzten zehn Jahre im Aufnahmemitgliedstaat gelebt hat oder minderjährig ist (abgesehen von den Fällen, in denen die Ausweisung zum Wohl des Kindes notwendig ist), es sei denn, die Entscheidung beruht auf zwingenden Gründen der öffentlichen Sicherheit.[256] Art. 29 nimmt Bezug auf die Krankheiten, die die öffentliche Gesundheit gefährden können. Entscheidungen sind zu begründen (Art. 30), und der Rechtsweg ist zu gewährleisten (Art. 31).[257] Eine Ausweisung ist jedenfalls zeitlich zu beschränken und das Vorliegen der Voraussetzungen für eine Ausweisung ist nach angemessenem Zeitablauf, ggf. auf Antrag, wieder zu prüfen (Art. 32, 33).

bb) Ungeschriebene Schranken

Neben den geschriebenen Rechtfertigungsgründen des Art. 45 Abs. 3 AEUV können nach der Rechtsprechung des EuGH bei nicht diskriminierenden Beschränkungen – bzw. bei materiellen Diskriminierungen[258] – auch **zwingende Erfordernisse des Allgemeinwohls** eine Einschränkung der Freizügigkeit rechtfertigen,[259] wobei dem Grundsatz der **Verhältnismäßigkeit** Rechnung zu tragen ist. Insgesamt ist die Garantie des Art. 45 AEUV damit weitgehend parallelen Schranken wie Art. 34, 49, 56 AEUV unterworfen (zur Konvergenz der Grundfreiheiten *§ 10 Rn. 18 ff.*).

104

---

254 ABl. 1964, 850.
255 S. etwa EuGH, Rs. C-441/02, (Kommission/Deutschland), Slg. 2006, I-3449: Nicht hinreichend klare Umsetzung der RL 64/221 in § 12 Abs. 1 AufenthG/EWG, da nur in Bezug auf EU-Ausländer mit unbefristeter Aufenthaltserlaubnis klargestellt wird, dass diese nur aus „schwerwiegenden" Gründen der öffentlichen Sicherheit und Ordnung ausgewiesen werden dürfen, womit unklar sei, wie mit EU-Ausländern mit nur befristeter Aufenthaltserlaubnis verfahren werden kann. Vgl. sodann EuGH, Rs. C-50/06 (Kommission/Niederlande), Slg. 2007, I-4383: Die RL 64/221 sei auch auf Unionsbürger, die sich nicht rechtmäßig in einem (anderen) Mitgliedstaat aufhalten, anzuwenden, ein Grundsatz, der sich auf die RL 2004/38 übertragen lässt.
256 Zu dieser „dritten Stufe" der Einschränkungen des Aufenthaltsrechts EuGH, Rs. C-145/09 (Tsakouridis), Slg. 2010, I-11979, wo es maßgeblich um die Berechnung des zehnjährigen Aufenthalts ging und auf die im Vergleich zu Art. 28 Abs. 2 RL 2004/38 erheblich höhere „Hürde" der Ausweisung hingewiesen wurde. S. auch EuGH, Rs. C-348/09 (P.I.), Urt. v. 22.5.2012.
257 Zur Auslegung der Art. 30, 31 RL 2004/38 im Lichte der Grundrechte EuGH, Rs. C-300/11 (ZZ), Urt. v. 4.6.2013.
258 Die Rechtsprechung legt den Schluss nahe, dass diese ungeschriebenen Rechtfertigungsgründe nicht bei direkt diskriminierenden Maßnahmen zum Zuge kommen können, vgl. EuGH, Rs. C-10/90 (Masgio), Slg. 1991, I-1119, Rn. 24; EuGH, Rs. C-311/97 (Royal Bank of Scotland), Slg. 1999, I-2451. Zur Problematik von der *Groeben/Schwarze-Wölker/Grill*, Art. 39, Rn. 154.
259 S. etwa EuGH, Rs. C-90/96 (Petrie), Slg. 1997, I-6527, Rn. 47 ff.; EuGH, Rs. C-350/96 (Clean Car Autoservice), Slg. 1998, I-2521, Rn. 26 ff.; EuGH, Rs. C-124/99 (Borawitz), Slg. 2000, I-7293, Rn. 26; EuGH, Rs. C-336/96 (Gilly), Slg. 1998, I-2793, Rn. 23 ff.; EuGH, Rs. C-18/95 (Terhoeve), Slg. 1999, I-345, Rn. 43 ff.; EuGH, Rs. C-202/11 (Las), Urt. v. 16.4.2013 (Achtung der nationalen Identität als zwingendes Erfordernis des Allgemeinwohls).

Ein Beispiel in diesem Zusammenhang bilden Transferregelungen und Ausländerklauseln, die im Berufsfußball von den Verbänden praktiziert wurden. Der EuGH prüfte hier die in Betracht kommenden Rechtfertigungsgründe (Interesse an der Aufrechterhaltung des finanziellen und sportlichen Gleichgewichts, Suche nach jungen Talenten, Ausbildung von jungen Spielern), verneinte aber ihre Verhältnismäßigkeit.[260] Hingegen bejahte er die Rechtfertigung einer Regelung, wonach ein Nachwuchsspieler im Falle einer Anstellung bei einem Verein eines anderen Mitgliedstaats eine Entschädigung des Vereins für die Ausbildungskosten gewährleisten muss, während ein eigentlicher Schadensersatzanspruch – dessen genaue Höhe nicht wirklich voraussehbar war – als nicht erforderlich angesehen wurde.[261]

Auch das Anliegen, möglichst geeignete Bewerber für eine Stelle auszuwählen, ist ein zwingendes Erfordernis; allerdings müssen die hier herangezogenen Maßnahmen – wie auch in anderen Fällen der Rechtfertigung – dem Verhältnismäßigkeitsprinzip entsprechen. Daher stellt die „Vorverlagerung" des Auswahlverfahrens für eine Einstellung auf den Zeitpunkt des Beginns der entsprechenden Ausbildung einen Verstoß gegen Art. 45 AEUV dar, da eine ggf. bereits im Ausland erworbene gleichwertige Ausbildung nicht berücksichtigt werden kann und für die Auswahl geeigneter Bewerber mildere Maßnahmen zur Verfügung stehen.[262]

Weiter können die Anliegen der Verringerung der Arbeitslosigkeit, des Schutzes der nationalen Sozialversicherungssysteme oder der Schutz des nationalen Arbeitsmarktes vor Verlust von Fachkräften solche zwingenden Erfordernisse darstellen. Beispielhaft sei auf die Rs. C-208/05[263] hingewiesen. In dieser ging es um eine Beschränkung der Erstattung einer Vermittlungsgebühr für eine private Arbeitsvermittlung durch eine nationale Behörde für die Fälle, in denen die vermittelte Stelle in dem betreffenden Mitgliedstaat sozialversicherungspflichtig ist (was jedenfalls Beschäftigungen in anderen Mitgliedstaaten ausschließt). Der EuGH bejahte eine Beschränkung des Art. 45 AEUV aufgrund der „abschreckenden" Wirkung der fehlenden Erstattung in Bezug auf das Antreten einer Stelle im Ausland und verneinte im Rahmen der Rechtfertigungsprüfung die Verhältnismäßigkeit der Maßnahme: Eine Gefährdung der erwähnten Interessen bzw. die Eignung der Maßnahme zu ihrem Schutz sei nicht dargetan worden, und jedenfalls sei die Erforderlichkeit zu verneinen, da eine solche Maßnahme letztlich zur „Negierung" der in Art. 45 AEUV verankerten Freizügigkeit führe. Bei letzterer Erwägung dürfte es hingegen weniger um die Erforderlichkeit der Maßnahme, denn um die Frage, ob der „Wesensgehalt" einer Grundfreiheit ausgehöhlt werden darf, gehen; jedenfalls legen die Erwägungen des EuGH nahe, dass diesem Gesichtspunkt eine gewisse Bedeutung zukommt und jeweils bei der Frage nach der Vereinbarkeit einer nationalen Maßnahme mit den Grundfreiheiten zu prüfen ist, wobei es hier wohl weniger um eine „absolute" Schranke denn um eine Ausprägung einer Prüfung der Verhältnismäßigkeit i.e.S. gehen dürfte.

2. Sekundärrechtliche Präzisierungen und Ausgestaltungen

105   Art. 45 AEUV bildet eine notwendige, jedoch nicht hinreichende Voraussetzung für die tatsächliche Gewährleistung der Freizügigkeit. Zahlreiche **Unterschiede in den nationalen Rechtsordnungen**, die als solche nicht vom Tatbestand des Art. 45 AEUV erfasst werden, führen dazu, dass die Wahrnehmung der grundsätzlich garantierten Freizügigkeitsrechte auf Schwierigkeiten stößt oder Nachteile mit sich bringt, die ihre Ausübung erschweren oder gar verhindern. Beispiele in diesem Zusammenhang sind die durch das nationale Recht nicht gewährte Familiennachzugsmöglichkeit oder die unterschiedlichen Systeme sozialer Sicherheit. Diese Hindernisse werden in der Union auf dem Weg der **Rechtsetzung** beseitigt bzw. gemildert. Darüber hinaus präzisieren die sekundärrechtlichen Vorschriften aber auch die sich schon aus dem Primärrecht ergebenden Rechte und gehen teilweise über die Vertragsbestimmungen hinaus. Der EuGH legt diese sekundärrechtlichen Bestimmungen regelmäßig vor dem Hintergrund des *ef-*

---

260 EuGH, Rs. C-415/93 (Bosman), Slg. 1995, I-4921, Rn. 105 ff., 121 ff.; s. auch EuGH, Rs. C-176/96 (Lehtonen), Slg. 2000, I-2681.
261 EuGH, Rs. C-325/08 (Olympique Lyonnais), Slg. 2010, I-2177.
262 EuGH, Rs. C-285/01 (Burbaud), Slg. 2003, I-8219.
263 EuGH, Rs. C-208/05 (ITC), Slg. 2007, I-181.

fet utile der primärrechtlichen Regelungen der Freizügigkeit aus.[264] Zu erwähnen sind insbesondere folgende Regelungen und Bereiche:[265]

- Kernelement der Unionsvorschriften für den Bereich **Arbeitnehmerfreizügigkeit** ist die **VO 492/2011** über die Freizügigkeit der Arbeitnehmer innerhalb der Union.[266] Sie regelt umfassend die Einzelheiten des Freizügigkeitsrechts der Arbeitnehmer sowie diverse Begleitrechte, so insbesondere gewisse Rechte von Familienangehörigen der Arbeitnehmer. Diese Verordnung trat an die Stelle der VO 1612/68,[267] die im Laufe der Jahre häufig und erheblich modifiziert wurde, so dass eine Kodifikation dieses Rechtsakts aus Gründen der Übersichtlichkeit und Klarheit als sachdienlich erachtet wurde (Erw. 1 Präambel VO 482/2011). Die den Aufenthalt von Familienangehörigen und ihre Beschäftigung betreffenden Art. 10, 11 VO 1612/68 waren bereits durch die RL 2004/38 (*Rn. 107*) aufgehoben worden, die diese Fragen umfassend regelt. Da es sich bei der neuen Verordnung um eine Kodifikation der bereits vorher erfolgten Modifikationen handelt, bleibt die zur Vorgängerverordnung ergangene Rechtsprechung grundsätzlich relevant.

106

Das **erste Kapitel** der VO 492/2011 („Die Beschäftigung, die Gleichbehandlung und die Familienangehörigen der Arbeitnehmer", Art. 1–10) konkretisiert die sich letztlich bereits aus dem Primärrecht ergebenden Rechte der Arbeitnehmer (und Arbeitgeber) auf Gleichbehandlung beim Zugang zur Beschäftigung und ihrer Ausübung und verankert den Grundsatz der Gleichbehandlung der Kinder der Arbeitnehmer in Bezug auf den Zugang zum Schulunterricht und die Lehrlings- und Berufsausbildung.

Das **zweite Kapitel** der VO 492/2011 (Art. 11–20, „Zusammenführung und Ausgleich von Stellenangeboten und Arbeitsgesuchen") sieht ein Arbeitsvermittlungsverfahren, das „Ausgleichsverfahren", vor. Die Arbeitsverwaltungen haben Stellenangebote, die sich dazu eignen, an die Arbeitsverwaltungen der anderen Mitgliedstaaten weiterzuleiten und müssen bei der Vermittlung den Angehörigen der anderen Mitgliedstaaten die gleiche Priorität wie den eigenen einräumen.

Das **dritte Kapitel** („Organe zur Herbeiführung einer engen Zusammenarbeit zwischen den Mitgliedstaaten auf dem Gebiet der Freizügigkeit und der Beschäftigung der Arbeitnehmer", Art. 21–34) schafft den institutionellen Rahmen für eine Koordinierung der Gastarbeiter- und Arbeitsmarktpolitik der Mitgliedstaaten.

Der Gerichtshof hat die verschiedenen Bestimmungen der VO 492/2011 bzw. der Vorgängerverordnung in zahlreichen Urteilen ausgelegt und geht insgesamt davon aus, dass der Zweck der Vertragsvorschriften über die Freizügigkeit grundsätzlich für eine weite Auslegung der Verordnung spreche:

- So betreffe die Gleichstellung auf dem Gebiet der Beschäftigungs- und Arbeitsbedingungen im Sinne des Art. 7 Abs. 1 VO 492/2011(auch) den Arbeitsplatzschutz für Wehrpflichtige,[268] den Kündigungsschutz für Schwerbehinderte,[269] Maßnahmen zur sozialen Eingliederung behinderter Arbeitnehmer[270] und Ausbildungsförderung, die zur beruflichen Qualifizierung des Arbeitnehmers beiträgt.[271]

---

264 Vgl. etwa EuGH, Rs. C-459/99 (MRAX), Slg. 2002, I-6591: Hier hielt der EuGH fest, dass es mit den einschlägigen Bestimmungen des im Bereich der Freizügigkeit erlassenen Sekundärrechts nicht in Einklang stehe, wenn ein Mitgliedstaat die Einreise des Ehegatten eines Unionsbürgers nur wegen fehlender Papiere verweigert oder den Aufenthalt nur deshalb nicht gestattet, weil die betreffende Person illegal eingereist war oder ihr Visum nicht mehr gültig war. S. auch schon EuGH, Rs. 48/75 (Royer), Slg. 1976, 497, Rn. 24 ff.
265 Soweit die Aufnahme der Tätigkeit von einem Befähigungsnachweis abhängig ist, sehen die u.a. auf Art. 46 AEUV gestützten Richtlinien zu verschiedenen Berufen unter bestimmten Voraussetzungen eine Rechtspflicht zur Anerkennung bzw. zum Marktzugang vor (hierzu *Rn. 132 ff.*).
266 ABl L 141/2011, 1 = *HER I A 27/1.14*.
267 ABl. L 157/1968, 12.
268 EuGH, Rs. 15/69 (Ugliola), Slg. 1969, 363, Leitsätze.
269 EuGH, Rs. 44/72 (Marsman), Slg. 1972, 1243, Rn. 2 ff.
270 EuGH, Rs. 76/72 (Michel), Slg. 1973, 457, Rn. 6/10 ff.
271 EuGH, Rs. 39/86 (Lair), Slg. 1988, 3161, Rn. 17 ff.

- Die Gleichbehandlung hinsichtlich sozialer Vergünstigungen nach Art. 7 Abs. 2 VO 492/2011 sei nicht nur für Vorteile, die an den Arbeitsvertrag, sondern auch für solche Rechte des Arbeitnehmers oder seiner Angehörigen zu gewähren, die an den Wohnsitz im Inland oder andere Kriterien anknüpfen, wenn diese Gleichstellung geeignet ist, die Mobilität innerhalb der EU zu fördern,[272] so für das gesetzlich garantierte Mindesteinkommen, das einige Mitgliedstaaten kennen,[273] Arbeitslosenunterstützung für Schulabgänger[274] und hinsichtlich der Möglichkeit, in Strafverfahren vor bestimmten Gerichten die deutsche Sprache zu verwenden (diese Möglichkeit war nach den einschlägigen Vorschriften belgischen Staatsangehörigen vorbehalten).[275] Allerdings können die Mitgliedstaaten einer Person eine soziale Vergünstigung wie das deutsche Erziehungsgeld dann nicht gewähren, wenn diese lediglich eine sehr geringfügige Tätigkeit in dem jeweiligen Mitgliedstaat ausübt, den Wohnsitz und gewöhnlichen Aufenthalt aber in einem anderen Mitgliedstaat hat. Denn die zwar gegebene mittelbare Diskriminierung sei aufgrund des Fehlens einer ausreichend ins Gewicht fallenden Erwerbstätigkeit und einer damit einhergehenden fehlenden hinreichend engen Bindung zur deutschen Gesellschaft gerechtfertigt.[276] Hingegen sei bei einem „echten" Grenzgänger – der also im Aufnahmestaat einer ins Gewicht fallenden Erwerbstätigkeit nachgeht, aber in einem anderen Mitgliedstaat wohnt – eine soziale Vergünstigung wie das Erziehungsgeld auszurichten, liege hier doch ein maßgeblicher Beitrag zum deutschen Arbeitsmarkt vor.[277]

- Art. 10 VO 492/2011, wonach Kinder „unter den gleichen Bedingungen wie die Staatsangehörigen [des Mitgliedstaates, in dem sie wohnen] am allgemeinen Unterricht sowie an der Lehrlings- und Berufsausbildung teilnehmen", gelte auch für Maßnahmen der Behindertenhilfe und für die Gleichstellung bei der individuellen Ausbildungsförderung (Bafög),[278] auch wenn die Ausbildung im Ausland stattfindet.[279] Weiter könne aus dieser Bestimmung auch ein Aufenthaltsrecht von Kindern von Arbeitnehmern sowie dem Elternteil, der die elterliche Sorge tatsächlich wahrnimmt, abgeleitet werden, dies selbst dann, wenn der Arbeitnehmerstatus des betreffenden Elternteils nicht mehr gegeben ist. Das Aufenthaltsrecht des Elternteils sei vom Aufenthaltsrecht des Kindes abzuleiten, das seiner effektiven Wirkung beraubt werden könnte, wenn der für das Kind sorgende Elternteil selbst kein Aufenthaltsrecht (mehr) genießt.[280] Ein solches Aufenthaltsrecht der Eltern bestehe auch dann, wenn diese sozialhilfeabhängig sind. Denn Art. 10 VO 492/2011 verlange lediglich, dass das Kind mit mindestens einem Elternteil, der einmal als Arbeitnehmer tätig war, im Aufenthaltsstaat gewohnt habe. Das unter dieser Voraussetzung aus Art. 10 VO 492/2011 fließende Aufenthaltsrecht des Kindes sei ein eigenständiges, ihm zustehendes Recht. Das aus diesem abgeleitete Aufenthaltsrecht des für ihn sorgenden Elternteils ende allerdings grundsätzlich mit der Volljährigkeit des Kindes, es sei denn, die Anwesenheit des Elternteils sei notwendig, damit das Kind seine Ausbildung abschließen kann.[281]

---

272 EuGH, Rs. 32/75 (Cristini), Slg. 1975, 1085, Leitsätze; EuGH, Rs. 207/78 (Even), Slg. 1979, 2019, Rn. 22 ff.; s. auch EuGH, Rs. C-20/12 (Giersch), Urt. v. 20.6.2013 (in Bezug auf eine mittelbar diskriminierende Regelung beim Zugang zu einer Ausbildungsförderung).
273 EuGH, Rs. 122/84 (Scrivner), Slg. 1985, 1027, Rn. 24 ff.; EuGH, Rs. 157/84 (Frascogna), Slg. 1985, 1739, Rn. 20 ff.; s. auch EuGH, Rs. C-287/05 (Hendrix), Slg. 2007, I-6909, in Bezug auf eine staatliche Sozialleistung, die unter einem Schwellenwert liegende Einkommen ergänzen.
274 EuGH, Rs. 94/84 (Deak), Slg. 1985, 1873, Leitsätze.
275 EuGH, Rs. 137/84 (Mutsch), Slg. 1985, 1681, Leitsatz 2. Zu diesem Problemkreis auch EuGH, Rs. C-274/96 (Bickel und Franz), Slg. 1998, I-7637, Rn. 14 ff., in Bezug auf die allgemeine Anwendbarkeit des Art. 18 AEUV.
276 EuGH, Rs. C-213/05 (Wendy Geven), Slg. 2007, I-6347.
277 EuGH, Rs. C-212/05 (Hartmann), Slg. 2007, I-6303.
278 EuGH, Rs. 9/74 (Casagrande), Slg. 1974, 773, Rn. 3 ff.
279 EuGH, Rs. C-309/89 (di Leo), Slg. 1990, I-4185, Rn. 8 ff.; s. auch EuGH, Rs. 7/94 (Lubor Gaal), Slg. 1995, I-1031, Rn. 18 ff.
280 EuGH, Rs. C-310/08 (Baumbast), Slg. 2002, I-7091.
281 Vgl. zur Auslegung der zuletzt genannten Bestimmung bzw. der Vorgängerregelung (Art. 12 VO 1612/68) EuGH, Rs. C-310/08 (Ibrahim), Slg. 2010, I-1065; EuGH, Rs. C-480/08 (Teixeira), Slg. 2010, I-1107 (Reichweite des Aufenthaltsrechts der Kinder eines Unionsbürgers und ihres drittstaatsangehörigen Elternteils aufgrund von Art. 12 VO 1612/68 im Falle der Sozialhilfebedürftigkeit des betreffenden Elternteils); s. auch EuGH, Rs. C-529/11 (Alarape und Tijani), Urt. v. 8.5.2013.

■ Die allgemeinen Grundsätze der Ausübung der Freizügigkeit werden in der RL 2004/38 über das Recht der Unionsbürger und ihrer Familienangehörigen, sich im Hoheitsgebiet der Mitgliedstaaten frei zu bewegen und aufzuhalten[282] geregelt (vgl. schon *Rn. 86*).

107

Die Richtlinie regelt insbesondere das Recht auf Ein- und Ausreise und die hierfür zulässigen Formalitäten (Art. 4, 5), das Aufenthaltsrecht für erwerbstätige Unionsbürger und ihre Familienangehörigen, inklusive der entsprechenden Verwaltungsformalitäten und der Aufrechterhaltung des Aufenthaltsrechts im Falle der Modifikation bestimmter Umstände (Art. 6 ff.), das Recht auf Daueraufenthalt für Unionsbürger und ihre Familienangehörigen unter bestimmten Voraussetzungen (Art. 16 ff.),[283] die Rechte der Aufenthaltsberechtigen (insbesondere das Recht, erwerbstätig zu sein oder eine selbstständige Tätigkeit aufzunehmen, sowie das Diskriminierungsverbot, Art. 22 ff.) und die Beschränkungen des Einreise- und Aufenthaltsrechts (Art. 27 ff., *Rn. 103*). Darüber hinaus bleiben die besonderen Regeln der VO 492/2011 über die Rechtsstellung der Arbeitnehmer (*Rn. 106*) anwendbar, die spezifische Rechte vorsehen. So ist in Bezug auf die Kinder von Arbeitnehmern Art. 10 VO 492/2011 maßgeblich, und der Zugang zu sozialen Vergünstigungen für Arbeitnehmende richtet sich nach Art. 7 Abs. 2 VO 492/2011, *Rn. 106*).[284]

Obwohl der Titel der Richtlinie dies nahelegen könnte, werden durch die RL 2004/38 die Unterschiede zwischen erwerbstätigen und nicht erwerbstätigen Unionsbürgern nicht völlig im Sinne der Schaffung eines einheitlichen „Unionsbürgerstatus" aufgehoben. Vielmehr unterscheiden zahlreiche Rechte nach wie vor zwischen diesen beiden Kategorien von Personen: So gilt für Arbeitnehmer – abgesehen von den durch die RL 2004/38 implizierten Modifikationen – weiterhin die spezifische und teilweise weitergehende VO 492/2011 (*Rn. 106*); weiter differenziert auch die RL 2004/38 zwischen erwerbstätigen und nicht erwerbstätigen Unionsbürgern. Nur für einen Aufenthalt unter drei Monaten gilt für alle Unionsbürger ein ohne weitere Bedingungen und Formalitäten bestehendes Aufenthaltsrecht (unter der Voraussetzung des Besitzes eines gültigen Ausweises).

Nach der Rechtsprechung[285] finden die in der RL 2004/38 enthaltenen Rechte der Familienangehörigen (insbesondere auf Einreise und Aufenthalt) unabhängig davon Anwendung, dass sich das betreffende drittstaatsangehörige Familienmitglied bereits vorher rechtmäßig in einem

---

[282] ABl. L 158/2004, 77 = HER I A 19/3.2. Zu dieser Richtlinie *Iliopoulou*, Le nouveau droit de séjour des citoyens de l'Union et des membres de leur famille: la directive 2004/38/CE, RDUE 2004, 523 ff.; *Epiney/Faeh*, Zum Aufenthaltsrecht von Familienangehörigen im europäischen Gemeinschaftsrecht, Jahrbuch für Migrationsrecht 2005/2006, 2006, 49 (59 ff.); *Hailbronner*, Neue Richtlinie zur Freizügigkeit der Unionsbürger, ZAR 2004, 259 ff.; *Fischer*, Die Freizügigkeitsverordnung/EG – zum allgemeinen Aufenthaltsrecht von Unionsbürgern in der Bundesrepublik Deutschland, ZAR 1998, 159 ff.

[283] Zum Daueraufenthaltsrecht aus der Rechtsprechung EuGH, Rs. C-162/09 (Lassal), Slg. 2010, I-9217, wo der Gerichtshof insbesondere betont, dass die RL 2004/38 in Anbetracht ihres Kontexts und ihrer Ziele nicht eng auszulegen sei und keinesfalls ihrer praktischen Wirksamkeit beraubt werden dürfte; das Recht auf Daueraufenthalt trage entscheidend zum sozialen Zusammenhalt bei und sei (auch) vorgesehen worden, um das „Gefühl der Unionsbürgerschaft" zu verstärken. Vor diesem Hintergrund seien bei der Berechnung der Dauer des Aufenthalts in einem anderen Mitgliedstaat auch die vor dem Ablauf der Umsetzungsfrist der RL 2004/38 absolvierten Aufenthaltszeiten zu berücksichtigen. S. auch EuGH, verb. Rs. C-147/11, C-148/11 (Czop und Punakova), Urt. v. 6.9.2012; EuGH, Rs. C-378/12 (Onuekwere), Urt. v. 16.1.2014.

[284] Vgl. ausführlich zum Verhältnis der verschiedenen sekundärrechtlichen Regelungen nach Erlass der RL 2004/38 *Epiney*, Rechtsgrundlagen der Migration in Europa. Zur Regelung eines „Anspruchs auf Aufenthalt" im Völker- und Europarecht, in: Bauer/Cruz Villalon/Iliopoulos-Strangas (Hg.), Die neuen Europäer – Migration und Integration in Europa, 2009, 115 ff.; s. auch, mit Akzent auf dem Recht auf Familiennachzug, *Epiney/Faeh*, Zum Aufenthaltsrecht von Familienangehörigen im europäischen Gemeinschaftsrecht, Jahrbuch für Migrationsrecht 2005/2006 2006, 49 ff.

[285] EuGH, Rs. C-127/08 (Metock), Slg. 2008, I-6241; in Bezug auf die entsprechenden Bestimmungen der VO 1612/68 hatte der Gerichtshof hingegen noch betont, die Familiennachzugsregeln regelten lediglich die Freizügigkeit innerhalb der Union, so dass ihr keine Hinweise darauf entnommen werden könnten, welche Rechte ein Drittstaatsangehöriger im Hinblick auf den Zugang zum Unionsgebiet hat. Entsprechend müssten sich Familienangehörige von Unionsbürgern bereits rechtmäßig im Unionsgebiet aufhalten, um in den Genuss der Familiennachzugsrechte zu kommen, vgl. EuGH, Rs. C-109/01 (Akrich), Slg. 2003, I-9607. In EuGH, Rs. C-1/05 (Jia), Slg. 2007, I-1, schwächte der EuGH diese Aussage bereits ab.

Mitgliedstaat aufgehalten hat. Allerdings könne sich der Familienangehörige nur dann auf die in der RL 2004/38 formulierten Rechte berufen, wenn der Unionsbürger, dessen Familienangehöriger er ist, von seinem Freizügigkeitsrecht Gebrauch gemacht hat bzw. sich in einem Mitgliedstaat aufhält, dessen Staatsangehörigkeit er nicht besitzt und der Familienangehörige ihn dorthin begleiten oder ihm nachziehen will.[286] Auch insoweit wird also für die Anwendung der RL 2004/38 ein grenzüberschreitender Bezug vorausgesetzt (hierzu bereits § 10 Rn. 11). Weiter bejaht der Gerichtshof die Anwendbarkeit der Familiennachzugsregeln für den Fall, dass der Unionsbürger die Familie, die er nachziehen möchte, erst nach Ausübung seines Freizügigkeitsrechts gegründet hat. Auch sei die Richtlinie auf die Drittstaatsangehörigen anwendbar, die nach dem Unionsbürger in den Aufnahmemitgliedstaat nachziehen. Ganz allgemein weist der Gerichtshof darauf hin, dass die RL 2004/38 in Anbetracht ihres Kontexts und ihrer Ziele – insbesondere des Umstandes, dass die Freizügigkeit der Unionsbürger und ihrer Familienangehörigen ein elementares und persönliches Recht sei und dass es unter objektiven Bedingungen in Freiheit und Würde ausgeübt werden solle – grundsätzlich nicht eng ausgelegt und keinesfalls ihrer praktischen Wirksamkeit beraubt werden dürfe. Letztlich dürfte sich damit aus der RL 2004/38 ein über die Tragweite des Art. 8 EMRK hinausgehendes Individualrecht auf Familienzusammenführung an dem Ort, an dem sich der zusammenführende Unionsbürger niedergelassen hat, ergeben, ohne dass es notwendig ist, dass die Familienzusammenführung in irgendeiner Weise die Ausübung der Freizügigkeit der Unionsbürger erleichtert, so dass diesem Individualrecht auf Familienzusammenführung nicht notwendigerweise ein akzessorischer Charakter zukommt.[287] So überrascht es denn auch nicht, dass der EuGH die einschlägigen Bestimmungen der RL 2004/38 so auslegt, dass sie auch Familienangehörige von Unionsbürgern erfassen, die unabhängig vom Unionsbürger in den Aufnahmemitgliedstaat gelangt sind und erst dort die Angehörigeneigenschaft erworben oder das Familienleben mit dem Unionsbürger begründet haben. Auch stehe die Richtlinie einer nationalen Regelung entgegen, wonach Familienangehörige eines Unionsbürgers aus Drittstaaten allein deshalb keine Aufenthaltskarte für Familienangehörige erhalten können, weil sie nach den einschlägigen asylgesetzlichen Bestimmungen im Aufnahmemitgliedstaat nur vorläufig zum Aufenthalt berechtigt sind.[288] Im Übrigen sind die Familiennachzugsrechte der RL 2004/38 auch auf die Konstellation entsprechend anwendbar, in denen ein Unionsbürger mit seinen Familienangehörigen in seinen Heimatstaat zurückkehren möchte, dies letztlich auf der Grundlage des Art. 21 AEUV.[289]

108 ■ Kernstück der Regelung der Stellung der Arbeitnehmer in den Systemen der **sozialen Sicherheit** ist die **VO 883/2004**.[290] Sie ersetzt die **VO 1408/71** und ist nach dem Erlass der Durchführungsverordnung (VO 987/2009)[291] seit dem 1. Mai 2010 in Kraft (vgl. Art. 91 VO 883/2004). Die VO 883/2004 ist vor dem Hintergrund des Auftrags des Art. 48 AEUV zu sehen, der die Einführung eines Systems vorsieht, das den Wanderarbeitnehmern die **Zusammenrechnung** der nach den verschiedenen innerstaatlichen Rechtsvorschriften berücksichtigten Sozialversicherungszeiten für den Erwerb des Leistungsanspruchs erlaubt und sie in die Lage versetzt, die Zahlung der Leistungen der sozialen Sicherheit in einem anderen Mitgliedstaat als demjenigen, wo sie gearbeitet haben, zu erhalten. Die Verordnung **koordiniert** die nationalen Rechtsvorschriften, verschmilzt sie aber nicht zu einem einheitlichen Sozial-

---

286 So auch ausdrücklich z.B. EuGH, Rs. C-87/12 (Ymeraga), Urt. v. 8.5.2013.
287 Vgl. zur Bedeutung des Urteils und seine Einordnung in die bisherige Rechtsprechung *Epiney*, Von Akrich über Jia bis Metock: zur Anwendbarkeit der gemeinschaftlichen Regeln über den Familiennachzug, EuR 2008, 840 ff.
288 EuGH, Rs. C-551/07 (Sahin), Slg. 2008, I-10453.
289 EuGH, Rs. C-456/12 (O. und B.), Urt. v. 12.3.2014. S. auch EuGH, Rs. C-457/12 (S. und G.), Urt. v. 12.3.2014 (keine Anwendung der Familiennachzugsgrundsätze der RL 2004/38 auf Grenzgänger, die in ihrem Heimatstaat wohnen, wobei jedoch Art. 45 AEUV einschlägig sein könne).
290 VO 883/2004 zur Koordinierung der Systeme der sozialen Sicherheit, ABl. L 166/2004, 1 = *HER I A* 27/2.8.
291 VO 987/2009 zur Festlegung der Modalitäten für die Durchführung der Verordnung 883/2004 über die Koordinierung der Systeme sozialer Sicherheit, ABl. L 284/2009, 1 = *HER I A* 27/2.9.

versicherungssystem.²⁹² Dies zeigt sich daran, dass sie dem Leistungsempfänger, der in verschiedenen Mitgliedstaaten gearbeitet hat, keinen einheitlichen Anspruch gewährt. Er hat vielmehr **selbstständige Leistungsansprüche** gegen die Versicherungsträger der Mitgliedstaaten. Doch müssen die Träger bei der Bestimmung des Grundes und/oder der Höhe des Anspruchs ggf. Unionsrecht neben den innerstaatlichen Rechtsvorschriften anwenden und insbesondere, wenn die in einem Mitgliedstaat zurückgelegten Versicherungszeiten nicht ausreichen, um einen Leistungsanspruch entstehen zu lassen, in Anwendung der Verordnungen auch die in anderen Mitgliedstaaten zurückgelegten Versicherungszeiten berücksichtigen.

Die **VO 883/2004** – in deren persönlichen Anwendungsbereich auch Staatenlose und Flüchtlinge fallen²⁹³ – enthält in den Art. 1–10 (Titel I) allgemeine Vorschriften, so in Art. 4 eine Konkretisierung des Gleichbehandlungsgebots für den Bereich der sozialen Sicherheit; Art. 11–16 (Titel II) sehen Kollisionsnormen zur Bestimmung der anwendbaren Rechtsordnung vor (grundsätzlich unterliegt ein Arbeitnehmer den Rechtsvorschriften des Beschäftigungsstaates); Art. 17 ff. (Titel III) enthalten Sondervorschriften für die einzelnen Leistungsarten, insbesondere zur Durchführung der Zusammenrechnung und des Leistungsexportes (erfasst werden u.a. Leistungen bei Krankheit und Mutterschaft bzw. gleichgestellte Leistungen bei Vaterschaft, Invalidität, Alter und Tod, Unfall und Arbeitslosigkeit sowie Familienleistungen und Sterbegeld). Titel IV regelt die Ausschüsse, und Titel V enthält verschiedene Bestimmungen (Unterrichtungspflichten, Schutz personenbezogener Daten usw.).
In sachlicher Hinsicht sieht das System der VO 883/2004 – ohne dass hier auf Einzelheiten eingegangen werden kann²⁹⁴ – die Zusammenrechnung von Versicherungszeiten, die weitgehende Gleichstellung von Auslandssachverhalten und den Grundsatz des Leistungsexports vor.

109

Der EuGH hat in zahlreichen Vorabentscheidungen die Verordnungen – insbesondere die VO 1408/71 – ausgelegt.²⁹⁵ Dabei ist die Rechtsprechung zur VO 1408/71 nach wie vor in Bezug auf die Methode der Ermittlung des sachlichen Aussagegehalts der Rechtsakte aufschlussreich und in Bezug auf die zahlreichen Vorschriften und Grundsätze der VO 883/2004, die bereits in der VO 1408/71 figurierten, relevant. Der Gerichtshof hat seine Auslegung vielfach an den Vertragsvorschriften über die Freizügig-

110

---

292 Vgl. die Ausführungen in EuGH, Rs. C-227/89 (Rönfeldt), Slg. 1991, I-323, Rn. 13 ff.; s. in diesem Zusammenhang auch EuGH, Rs. C-33/99 (Fahmi), Slg. 2001, I-2415, wo der EuGH festhält, dass die VO 1408/71 nur dann zur Anwendung komme, wenn es tatsächlich um die Ausübung der Freizügigkeit geht; im Übrigen stehe es den Mitgliedstaaten frei, ihre Systeme der sozialen Sicherheit nach ihrem Belieben auszugestalten, sofern die unionsrechtlichen Vorgaben eingehalten werden. Ausdrücklich in Bezug auf die VO 883/2004 EuGH, Rs. C140/12 (Brey), Urt. v. 19.9.2013.
293 Vgl. ausdrücklich Art. 2 VO 883/2004. Vgl. in Bezug auf die VO 1408/71 EuGH, verb. Rs. C-95–98/99, C-180/99 (Khalil u.a.), Slg. 2001, I-7413.
294 Vgl. die Nachweise unter E.II.2.
295 S. etwa EuGH, Rs. C-131/96 (Romero), Slg. 1996, I-3659 (Gleichstellung des in einem anderen Mitgliedstaat geleisteten Wehrdienstes in Bezug auf die Voraussetzungen zum Bezug einer Waisenrente); EuGH, Rs. C-322/95 (Emanuele Iurlaro), Slg. 1997, I-4881; EuGH, Rs. C-442/97 (Coile), Slg. 1999, I-8093; EuGH, Rs. C-202/97 (Fitzwilliam Executive Search), Slg. 2000, I-883; EuGH, Rs. C-211/97 (Gomez Rivero), Slg. 1999, I-3219; EuGH, Rs. C-215/99 (Jauch), Slg. 2001, I-1901; EuGH, Rs. C-85/99 (Offermanns), Slg. 2001, I-2261; EuGH, verb. Rs. C-4, 5/95 (Stöber und Pereira), Slg. 1997, I-511; EuGH, Rs. C-15/96 (Schöning-Kougebetopoulou), Slg. 1998, I-47; EuGH, Rs. C-326/00 (IKA/Ioannidis), Slg. 2003, I-1703 (Verpflichtung der Übernahme der Kosten für eine Krankenhausbehandlung in einem anderen Mitgliedstaat); EuGH, Rs. C-290/00 (Duchon), Slg. 2002, I-3567 (Leistungen im Gefolge eines Arbeitsunfalls in einem anderen Mitgliedstaat vor Inkrafttreten der Verordnung im Herkunftsmitgliedstaat); EuGH, verb. Rs. C-393/99, 394/99 (Inasti), Slg. 2002, I-2829 (anwendbare Vorschriften bei Personen, die gleichzeitig eine Tätigkeit in verschiedenen Mitgliedstaaten ausüben); EuGH, Rs. C-145/03 (Keller), Slg. 2005, I-2529 (Übernahme von Kosten bei einem Krankenhausaufenthalt in einem anderen als dem zuständigen Mitgliedstaat und einer Verlegung in ein Krankenhaus eines Drittstaates wegen einer lebensnotwendigen Behandlung); EuGH, Rs. C.265/05 (José Perez Naranjo), Slg. 2007, I-349 (Einordnung einer zusätzlichen Altersbeihilfe als beitragsunabhängige Leistung); EuGH, Rs. C-542/09 (Kommission/Niederlande), Urt. v. 14.6.2012 (Zugang zu einer staatlichen Studienfinanzierung für ein Studium außerhalb der Niederlande).

keit orientiert, da die Art. 45–48 AEUV Grundlage, Rahmen und Grenze der Verordnung über die soziale Sicherheit bilden.[296] Damit konnte er vermeiden, den Schutz der Wanderarbeitnehmer an organisatorischen Besonderheiten der nationalen Systeme scheitern zu lassen, und der Herausbildung neuer Formen des sozialen Schutzes Rechnung tragen, die sich in die Kategorien der Verordnungen nicht ohne Weiteres einordnen ließen. So war es etwa möglich, den sachlichen Anwendungsbereich der Verordnungen hinsichtlich Leistungen wie das „belgische garantierte Mindesteinkommen", das eine Mischform zwischen sozialer Sicherheit und – von der Verordnung nicht erfasster – Sozialhilfe darstellt,[297] das „Erziehungsgeld"[298] oder das „Pflegegeld"[299] zu qualifizieren.

111 Die insgesamt sehr integrations- und wanderarbeitnehmerfreundliche Rechtsprechung des EuGH ist in mehreren Mitgliedstaaten, insbesondere in Deutschland, mit der Begründung kritisiert worden, sie gehe im einseitigen Interesse der Wanderarbeitnehmer über den Wortlaut der Verordnung hinaus und ziehe eine Überbeanspruchung der nationalen Sicherungssysteme nach sich, indem sie ihnen unkalkulierbare Leistungsverpflichtungen auferlege. In zunehmendem Maße würden Sachverhalte und Umstände, die außerhalb Deutschlands lokalisiert sind, zur Begründung von Leistungsansprüchen herangezogen.[300] Diese mittlerweile etwas leiser gewordene Kritik weist in erster Linie[301] auf die Rechtsprechung *Rindone*,[302] wonach die Krankenversicherungsträger Arbeitsunfähigkeitsbescheinigungen aus anderen Mitgliedstaaten anerkennen müssen, auf das Urteil *Roviello*,[303] wonach bei der Gewährung von Berufsunfähigkeitsrenten ggf. auch ein in einem anderen Mitgliedstaat ausgeübter Beruf zu berücksichtigen ist, der höher qualifiziert ist als der in Deutschland innegehabte, und auf das Urteil *Bronzino*,[304] nach dem in Deutschland Kindergeldleistungen für arbeitslose Jugendliche auch dann zu erbringen sind, wenn diese nicht der deutschen Arbeitsverwaltung zur Vermittlung zur Verfügung stehen, sondern derjenigen eines anderen Mitgliedstaates, hin. Viel Aufsehen hat aber auch der Fall *Paletta*[305] erregt. Hier ging es um die Frage, ob ein in einem anderen Mitgliedstaat ausgestelltes ärztliches Attest, mit dem die Arbeitsunfähigkeit bescheinigt wird, vom Arbeitgeber anerkannt werden muss (mit der Folge der Entstehung des Anspruchs auf Lohnfortzahlung), auch wenn Hinweise auf einen Missbrauch bestehen. Angesichts der in dieser Hinsicht klaren Regelung des Art. 18 Abs. 1–4 VO 574/72 (die Durchführungsverordnung der VO 1408/71), die keine Ausnahmen vorsieht, bejahte der EuGH diese Frage.[306] Allerdings stellte

---

296 S. z.B. EuGH, Rs. C-117/89 (Kracht), Slg. 1990, I-2781, Rn. 14.
297 EuGH, Rs. 1/72 (Frilli), Slg. 1972, 457, Rn. 11/13 ff.; inzwischen beurteilt der EuGH den Anspruch auf solche Leistungen eher nach Art. 7 der VO Nr. 1612/68 bzw. der Nachfolgeregelung in der VO 492/2011, s. EuGH, Rs. 249/83 (Hoeckx), Slg. 1985, 973, Rn. 21 ff.; EuGH, Rs. 122/84 (Scrivner), Slg. 1985, 1027, Rn. 24 ff.; EuGH, Rs. 157/84 (Frascogna), Slg. 1985, 1739, Rn. 20 ff.
298 EuGH, Rs. C-245/94 (Hoever und Zachow), Slg. 1996, I-4895, Rn. 16 ff.; s. auch EuGH, Rs. C-43/99 (Leclerc), Slg. 2001, I-4265, wo es um luxemburgische Mutterschafts-, Geburts- und Erziehungsbeihilfen ging.
299 EuGH, Rs. C-160/96 (Molenaar), Slg. 1998, I-843, Rn. 20 ff.; EuGH, Rs. C-215/99 (Jauch), Slg. 2001, I-1933; EuGH, verb. Rs. C-502/01, C-31/02 (Gaumain-Cerri), Slg. 2004, I-6483.
300 S. hierzu, m.w.N., *Schulte*, ZESAR 2010 (E.II.2.), 143 (150 f.). Vgl. auch *Junker*, Arbeits- und Sozialrecht in der Europäischen Union, JZ 1994, 277 (283 ff.).
301 S. aber auch EuGH, Rs. C-227/89 (Rönfeldt), Slg. 1991, I-323.
302 EuGH, Rs. 22/86 (Rindone), Slg. 1987, 1339, Rn. 15.
303 Die (zunächst) anderslautende Bestimmung der VO 1408/71 wurde vom EuGH als ungültig angesehen, EuGH, Rs. 20/85 (Roviello), Slg. 1988, 2805, Rn. 17 f.; s. auch EuGH, Rs. 24/75 (Petroni), Slg. 1975, 1149 in Bezug auf die Zusammenrechnung von Versicherungsleistungen, hierzu ausführlich *Bokeloh*, Das Petroni-Prinzip des Europäischen Gerichtshofes – Inhalt, Entstehungsgeschichte, heutige Bedeutung –, ZESAR 2012, 121 ff.
304 EuGH, Rs. 228/88 (Bronzino), Slg. 1990, I-531, Rn. 12.
305 EuGH, Rs. C-45/90 (Paletta I), Slg. 1992, I-3423, Rn. 20 ff.
306 S. auch EuGH, Rs. C-451/93 (Delavant), Slg. 1995, I-1545 zur Auslegung von Art. 19 Abs. 2 VO 1408/71 im Zusammenhang mit der Erstattung von Kosten für einen Krankenhausaufenthalt von minderjährigen Kindern, deren Eltern in einem anderen Mitgliedstaat als dem ihres Wohnsitzes arbeiten.

er in der Rs. C-206/94³⁰⁷ klar, dass der Arbeitgeber Nachweise erbringen könne, die die Missbräuchlichkeit der Berufung auf die Arbeitsunfähigkeit beweisen.³⁰⁸ Ohne dass dieser Problematik hier auch nur annähernd nachgegangen werden kann, sei festgehalten, dass sich die Rechtsprechung in der Regel eng an den Wortlaut der jeweiligen Rechtsakte anlehnt und daher eine Kritik regelmäßig in erster Linie den Gesetzgeber treffen müsste, zumal der Unionsgesetzgeber die entsprechenden Regelungen nicht geändert bzw. mitunter die Rechtsprechung des EuGH nachvollzogen hat, wie in Art. 5, 27 Abs. 3 VO 987/2009 für die gegenseitige Anerkennung von in einem anderen Mitgliedstaat ausgestellten Dokumenten und Belegen. Darüber hinaus kann das Risiko eines betrügerischen Verhaltens und etwaiger praktischer Schwierigkeiten der Versicherungsträger nicht zur Begründung einer engen, die Interessen der Träger einseitig begünstigenden Auslegung der Verordnungen zur sozialen Sicherheit angeführt werden. Zudem entspricht die Berücksichtigung von Sachverhalten und amtlichen Handlungen, die in anderen Mitgliedstaaten erfolgt sind, der Logik des sich vertiefenden Binnenmarktes.

In einem Binnenmarkt stellt sich zudem die Frage, ob über die **Koordinierung** der sozialen Sicherungssysteme hinaus eine **Angleichung ihrer Strukturen und des Leistungsniveaus** erfolgen sollte. Die im Hinblick auf eine gewisse Klarstellung der Leistungsansprüche, womit eine Erleichterung der Freizügigkeit einhergehe, wünschenswerte Angleichung der Strukturen dürfte jedoch wegen der damit verbundenen Eingriffe in gewachsene nationale Sozialversicherungsorganisationen mittelfristig nicht realisierbar sein und wird auch im Rahmen der Union nicht ernsthaft angestrebt. Allerdings erscheint eine teilweise Harmonisierung möglich. So würde eine den Mitgliedstaaten gemeinsame Definition der im Rahmen der Sicherungssysteme gedeckten Risiken die Anwendung der Koordinierungsregeln deutlich erleichtern, da gegenwärtig häufig unterschiedlich definierte Risiken (z.B. bei Invalidität) aufeinanderstoßen. Art. 153 Abs. 1, 2 AEUV enthält eine Rechtsgrundlage zur Angleichung des materiellen Rechts der sozialen Sicherheit; ein Rückgriff auf diese erfordert jedoch einen einstimmigen Ratsbeschluss (*§ 22 Rn. 13 ff.*).

112

Eine Angleichung des Niveaus der Leistung muss sich in der Logik des Binnenmarktes aus der gewachsenen Leistungskraft der ärmeren Mitgliedstaaten, nicht aus Angleichungsmaßnahmen ergeben. Andernfalls wären hohe Transferzahlungen von den reicheren an die ärmeren Mitgliedstaaten notwendig, die für andere Zwecke, etwa die Ausstattung der Strukturfonds, nicht zur Verfügung stünden. Daher sieht auch die **Charta der sozialen Grundrechte von Dezember 1989** zwar für alle Arbeitnehmer der Union (also nicht nur für die von der VO 883/2004 erfassten Wanderarbeitnehmer) das Recht auf einen „angemessenen sozialen Schutz und Leistungen der sozialen Sicherheit auf einem genügenden Niveau" vor, doch nur „nach den jedem Staat eigenen Modalitäten".

IV. Vom freien Personenverkehr zum europäischen Bürgerrecht

Der EWG-Vertrag in seiner Fassung von 1957 sah die vier Grundfreiheiten in erster Linie unter dem Blickwinkel eines liberalen Wirtschaftsmodells, in dem die Wirtschaftssubjekte – von staatlichen Zwängen befreit – aufgrund der wirtschaftlichen Daten ihre Entscheidungen treffen (z.B. Standortwahl und Wahl des Arbeitsplatzes) und damit eine an den Marktgesetzen orientierte, optimale gesamtwirtschaftliche Entwicklung fördern. Zunächst durch sekundärrechtliche Garantien und dann durch Modifikationen des Primärrechts entwickelte sich der freie Personenverkehr jedoch mehr und mehr auch zu einem grundrechtsähnlichen Recht, das den Unionsbürgern und ihren

113

---

307 EuGH, Rs. C-206/94 (Paletta II), Slg. 1996, I-2357, Rn. 23 ff.
308 S. nunmehr auch Art. 5 VO 987/2009, der eine gegenseitige Anerkennung der in einem anderen Mitgliedstaat ausgestellten Dokumente und Belege vorsieht. Eine ähnliche Vorschrift enthält Art. 27 Abs. 8 VO 987/2009 für den speziellen Fall der Arbeitsunfähigkeit aufgrund von Krankheit.

Familienangehörigen – unter bestimmten Voraussetzungen – losgelöst von einer wirtschaftlichen Tätigkeit eingeräumt wird. Eine besondere Bedeutung kommt hier der Unionsbürgerschaft (Art. 20 ff. AEUV) zu, die u.a. ein Recht auf Freizügigkeit beinhaltet (zu diesem *§ 2 Rn. 23 ff.*). Der Gerichtshof hat die **Unionsbürgerschaft** denn auch als grundlegenden Status der Angehörigen der Mitgliedstaaten bezeichnet, dessen Kernbestand – zu dem das Recht auf Aufenthalt im Unionsgebiet zähle – nicht angetastet werden dürfe.[309] Damit sind die Grundlagen eines **europäischen Bürgerrechts** gelegt, und dieser grundlegende Status der Unionsbürger überlagert seine Stellung als Marktbürger.

C. Niederlassungs- und Dienstleistungsfreiheit

I. Überblick

114 Das Recht zur freien Niederlassung, der freie Dienstleistungsverkehr und die Freiheit des Kapital- und Zahlungsverkehrs sind in den Art. 49 ff., 56 ff. und 63 ff. AEUV geregelt. Die **Niederlassungsfreiheit** bezieht sich auf die Aufnahme und Ausübung einer selbstständigen Erwerbstätigkeit (*Rn. 117 ff.*) und ist somit der Personenfreizügigkeit zuzuordnen. Dagegen ist die **Dienstleistungsfreiheit** tätigkeitsbezogen und betrifft die Aufnahme und Ausübung einer Erwerbstätigkeit ohne Verlegung des Wohnsitzes (*Rn. 122 ff.*). Die **Kapitalverkehrsfreiheit** erfasst den Produktionsfaktor Kapital und erstreckt sich auf einseitige grenzüberschreitende Kapitalbewegungen (*Rn. 144 ff.*). Dieser weitgehend gleichgestellt ist inzwischen die **Freiheit des Zahlungsverkehrs**, welche die vier Grundfreiheiten (Waren, Personen, Dienstleistungen und Kapital) ergänzt (*Rn. 150*). Die Grundfreiheiten gewährleisten komplementäre Kernelemente des Binnenmarkts und sind insoweit ähnlich strukturiert, als sie grundsätzlich die Verwirklichung des Rechts garantieren, dabei aber Ausnahmen zulassen, die im sekundären Unionsrecht und in der Rechtsprechung näher ausgestaltet werden. Gemeinsam ist den Grundfreiheiten auch, dass sie **unmittelbare Wirkung** haben, also individuelle Rechte begründen, auf die sich die Marktteilnehmer unmittelbar vor den Behörden und Gerichten der Mitgliedstaaten und der Union berufen können (*§ 10 Rn. 9*).

II. Niederlassungs- und Dienstleistungsfreiheit

1. Vertragliche Grundlagen

115 Nach Art. 49 und 56 AEUV sind die Beschränkungen der freien Niederlassung und der freien Dienstleistung für **Staatsangehörige der Mitgliedstaaten** verboten. Die nach den Rechtsvorschriften eines Mitgliedstaates gegründeten **Gesellschaften**, die ihren satzungsmäßigen Sitz oder ihre Hauptniederlassung innerhalb der Union haben, sind natürlichen Personen gleichgestellt (Art. 54 AEUV). Zur Verwirklichung der Niederlassungs- und der Dienstleistungsfreiheit werden **Richtlinien** erlassen (Art. 50, 59 AEUV). Einige der im Bereich der Niederlassungsfreiheit vorzunehmenden Maßnahmen werden in Art. 50 Abs. 2 AEUV beispielhaft genannt, so diejenigen, die „den Erwerb und die Nutzung von Grundbesitz" betreffen (Art. 50 Abs. 2 lit. e) AEUV) und die Koordinierung der Schutzbestimmungen des Gesellschaftsrechts (Art. 50 lit. g) AEUV). Letzte-

---

[309] S. schon EuGH, Rs. C-184/99 (Grzelczyk), Slg. 2001, I-6193, Rn. 31; EuGH, Rs. C-413/99 (Baumbast), Slg. 2002, I-7091; s. sodann EuGH, Rs. C-34/09 (Ruiz Zambrano), Urt. v. Slg. 2011, I-1177; EuGH, Rs. C-434/09 (McCarthy), Slg. 2011, I-3375; EuGH, Rs. C-256/11 (Dereci), Slg. 2011, I-11315; EuGH, Rs. C-40/11 (Iida), Urt. v. 8.11.2012; EuGH, verb. Rs. C-356/11, C-357/11 (O. und S.), Urt. v. 6.12.2012.

re Vorschrift hat sich zu einer eigenständigen Rechtsgrundlage für die Angleichung des Gesellschaftsrechts entwickelt, mit der nicht nur die Niederlassung und die freie Dienstleistung erleichtert werden, sondern auch der freie Waren- und Kapitalverkehr (§ 18).

Während Art. 50 AEUV im Wesentlichen der **Beseitigung von Beschränkungen** dient, sieht Art. 53 AEUV Maßnahmen zur **praktischen Erleichterung** der Aufnahme und Ausübung selbstständiger Tätigkeiten vor: Nach Art. 53 Abs. 1 AEUV sind „Richtlinien für die gegenseitige Anerkennung der Diplome, Prüfungszeugnisse und sonstigen Befähigungsnachweise" und „Richtlinien zur Koordinierung der Rechts- und Verwaltungsvorschriften der Mitgliedstaaten über die Aufnahme und Ausübung selbstständiger Tätigkeiten" zu erlassen. Damit soll, wie es der EuGH in dem Urteil **Reyners**[310] ausgedrückt hat, „**die wirtschaftliche und soziale Durchdringung auf dem Gebiet der selbstständigen Erwerbstätigkeit in der Gemeinschaft**" gefördert werden. Der Niederlassungswillige soll seinen Beruf in dem Aufnahmestaat möglichst unter den Bedingungen ausüben können, die ihm von seinem Heimatstaat her vertraut sind.

Nach Art. 47 Abs. 1 AEUV erfolgt der Erlass der Richtlinien im nunmehr vorbehaltlos anwendbaren ordentlichen Gesetzgebungsverfahren.

Art. 51 AEUV nimmt von der Liberalisierung diejenigen Tätigkeiten aus, die dauernd oder zeitweise mit der **Ausübung öffentlicher Gewalt** verbunden sind. Diese eng auszulegende Ausnahmeregelung ist auf die Tätigkeiten beschränkt, die als solche eine unmittelbare und spezifische Teilnahme an der Ausübung öffentlicher Gewalt darstellen.[311] Die Liberalisierung steht darüber hinaus unter dem Vorbehalt von **Sonderregelungen für Ausländer, die aus Gründen der öffentlichen Ordnung, Sicherheit oder Gesundheit** gerechtfertigt sind. Diese Vorschriften sind nach Art. 52 Abs. 2 AEUV durch Richtlinien zu koordinieren. Entsprechende Bestimmungen sind in der Richtlinie 2004/38 über das Bewegungs- und Aufenthaltsrecht der Unionsbürger enthalten.[312]

Sowohl die Niederlassungsfreiheit[313] als auch die Dienstleistungsfreiheit[314] entfalten **unmittelbare Wirkung**.

2. Inhalt der Niederlassungsfreiheit

Die Niederlassungsfreiheit umfasst

„die Aufnahme und Ausübung selbstständiger Erwerbstätigkeit sowie die Gründung und Leitung von Unternehmen, insbesondere von Gesellschaften im Sinne des Artikels 54 Absatz 2, nach den Bestimmungen des Aufnahmestaates für seine eigenen Angehörigen" (Art. 49 Abs. 2 AEUV).

Sie erstreckt sich auf **natürliche Personen**, welche die **Staatsangehörigkeit eines Mitgliedstaates** besitzen,[315] und auf **Gesellschaften** (Art. 54 AEUV). Erfasst wird auch die sogenannte **sekundäre Niederlassung**, d.h. die Gründung von Agenturen, Zweigniederlassungen und Tochtergesellschaften (Art. 49 Abs. 1 S. 2 AEUV).

---

310 EuGH, Rs. 2/74, Slg. 1974, 631.
311 EuGH, Rs. C-355/98 (Kommission./.Belgien), Slg. 2000, I-1221, Rn. 25; C-465/05 (Kommission./. Italien), Slg. 2007, I-11091, Rn. 32.
312 ABl. L 158/2004, 77 = *HER I A* 19/3.2.
313 EuGH, Rs. 2/74 (Reyners), Slg. 1974, 631, Rn. 32.
314 EuGH, Rs. 33/74 (van Binsbergen), Slg. 1974, 1299, Rn. 24–26.
315 EuGH, Rs. C-369/90 (Micheletti), Slg. 1992, I-4239, Rn. 9 ff.

Auch ein **Inländer** kann sich gegenüber seinem Heimatstaat bei **Sachverhalten mit grenzüberschreitendem Bezug** auf die Niederlassungsfreiheit berufen (z.b. Erwerb einer beruflichen Qualifikation in einem anderen Mitgliedstaat, Gründung einer inländischen Zweigniederlassung einer in einem anderen Mitgliedstaat gegründeten Gesellschaft).[316] Insbesondere verbietet Art. 49 AEUV auch, dass der Herkunftsmitgliedstaat die Niederlassung seiner Staatsangehörigen in einem anderen Mitgliedstaat behindert.[317] Auf **rein interne Sachverhalte** ist Art. 49 AEUV nicht anwendbar.[318] Die Vorschrift steht deshalb auch einer umgekehrten Diskriminierung (Schlechterstellung) von Inländern in solchen Fällen nicht entgegen.[319]

Adressaten der Niederlassungsfreiheit sind in erster Linie die Mitgliedstaaten. Nach der Rechtsprechung des EuGH kann die Niederlassungsfreiheit aber auch Rechte gegenüber Gewerkschaften und Gewerkschaftsverbänden verleihen.[320]

118 Art. 49 AEUV verbietet zunächst jede Beschränkung und jede Behinderung der Ausübung einer selbstständigen Tätigkeit von Angehörigen anderer Mitgliedstaaten, die sich daraus ergibt, dass ein Mitgliedstaat die Staatsangehörigen anderer Mitgliedstaaten anders behandelt als die eigenen Staatsangehörigen. Das Verbot erstreckt sich sowohl **auf diskriminierende Rechtsvorschriften** als auch auf **diskriminierende Verwaltungspraktiken**. Auf Staatsangehörige der Mitgliedstaaten unanwendbar sind danach sowohl Vorschriften, die speziell für Ausländer die Aufnahme oder Ausübung einer selbstständigen Tätigkeit von besonderen Bedingungen abhängig machen, etwa von einer Genehmigung, als auch Regelungen, die allein für Ausländer die Befugnis zur Ausübung der normalerweise mit einer selbstständigen Tätigkeit verbundenen Rechte ausschließen oder beschränken.[321] Dazu gehören z.B. fremdenrechtliche Sondervorschriften im privatrechtlichen Bereich, etwa im Vertrags- und Immaterialgüterrecht, sowie Ungleichbehandlungen bei der Inanspruchnahme von Krediten oder von staatlichen Beihilfen, beim Beitritt zu Berufsvereinigungen, bei der Teilnahme an der von einer Stadt vorgenommenen öffentlichen Ausschreibung[322] und bei der Einräumung von Steuervorteilen für Gesellschaften.[323]

119 Außer offenen Diskriminierungen sind nach Art. 49 AEUV auch sog. **versteckte Diskriminierungen** verboten (s. auch *oben Rn. 45*).[324] Darunter sind Vorschriften und Verwaltungspraktiken zu verstehen, welche die Aufnahme oder Ausübung einer selbstständigen Tätigkeit von Voraussetzungen abhängig machen, die zwar unabhängig von der Staatsangehörigkeit gelten, aber ausschließlich oder vorwiegend Ausländer bei der Aufnahme oder Ausübung dieser Tätigkeit behindern.[325] Bei diesen Voraussetzungen

---

316 EuGH, Rs. 115/78 (Knoors), Slg. 1979, 399; Rs. C-212/97 (Centros), Slg. 1999, I-1459.
317 EuGH, Rs. 81/87 (Daily Mail and General Trust), Slg. 1988, 5483, Rn. 16; Rs. C-251/98 (C. Baars), Slg. 2000, I-2787, Rn. 28.
318 EuGH, Rs. 20/87 (Gauchard), Slg. 1987, 4879, Rn. 11; verb. Rs. C-29 bis 35/94 (Aubertin u.a.), Slg. 1995, I-301; Rs. C-134/95 (USSL), Slg 1997, I-195.
319 Ausf. *Tiedje/Troberg*, in: G/S, Art. 43 Rn. 109 f. mit Beispielen.
320 EuGH, Rs.C-438/05 (Viking), Slg. 2007, I-779.
321 Allgemeines Programm zur Aufhebung der Beschränkungen der Niederlassungsfreiheit v. 18.12.1961, ABl. 1962, 36 = *HER I A 28/1.1*, Abschnitt III A.
322 EuGH, Rs. 197/84 (Steinhauser), Slg. 1985, 1819 (Verpachtung eines Künstlerateliers).
323 EuGH, Rs. 270/83 (Frankreich./.Kommission), Slg. 1986, 273 (Steuergutschrift zur Anrechnung der Körperschaftssteuer bei der Einkommensteuer).
324 EuGH, Rs. C-370/90 (Surinder Singh), Slg. 1992, I-4265; Rs. 63/86 (Kommission./.Italien), Slg. 1988, 29; Rs. 79/85 (Segers), Slg. 1986, 2375.
325 Allgemeines Programm zur Aufhebung der Beschränkungen der Niederlassungsfreiheit v. 18.12.1961, ABl. 1962, 36 = *HER I A 28/1.1*, Abschnitt III B.

handelt es sich meist um solche, die von den Staatsangehörigen eines Mitgliedstaates ohne Weiteres erfüllt werden, wie etwa das Erfordernis eines längeren Aufenthaltes im Mitgliedstaat vor der Aufnahme der selbstständigen Tätigkeit.

Der EuGH entnimmt der Niederlassungsfreiheit über das Verbot direkter und indirekter Diskriminierungen hinaus auch ein **allgemeines Beschränkungsverbot** (*§ 10 Rn. 13 f., oben Rn. 46 ff., 96 ff.*). Danach ist, auch wenn keine offene oder versteckte Diskriminierung vorliegt, eine Verletzung des Art. 49 AEUV anzunehmen, wenn staatliche Maßnahmen zwar gleichermaßen auf Inländer und niederlassungswillige Ausländer anzuwenden sind, doch daraus ein Niederlassungshindernis resultiert, das durch schutzwürdige Allgemeininteressen nicht gedeckt ist. Nationale Maßnahmen, welche die Ausübung der durch den AEUV garantierten Niederlassungsfreiheit behindern oder weniger attraktiv machen können, sind nach der Rechtsprechung des EuGH nur zulässig, wenn sie (1) in nicht diskriminierender Weise angewandt werden, (2) zwingenden Gründen des Allgemeininteresses entsprechen, (3) zur Erreichung des verfolgten Zieles geeignet sind, und (4) nicht über das hinausgehen, was zur Erreichung dieses Zieles erforderlich ist.[326]

120

Das Erfordernis einer vorherigen behördlichen Genehmigung, die in die Niederlassungsfreiheit eingreift, ist nur dann gerechtfertigt, wenn es auf im Voraus bekannten, objektiven und nichtdiskriminierenden Kriterien beruht, die das Ermessen der nationalen Behörden einschränken und einen Missbrauch ausschließen.[327]

In jüngerer Zeit haben eine Reihe wichtiger Urteile des EuGH im Bereich der Niederlassungsfreiheit insbesondere die Prüfung steuerrechtlicher und gesellschaftsrechtlicher Vorschriften der Mitgliedstaaten zum Gegenstand. Beispiele:

121

Im Urteil **Futura**[328] stellte der EuGH einen Verstoß gegen Art. 49 AEUV fest, wenn die Geltendmachung von steuerlichen Verlustvorträgen für die Zweigniederlassung einer in einem anderen Mitgliedstaat ansässigen Gesellschaft an Voraussetzungen geknüpft wird, die nicht durch zwingende Gründe des Allgemeininteresses, wie z.B. die Wirksamkeit der Steueraufsicht gerechtfertigt werden können.

Das Urteil **Centros**[329] betraf die Verweigerung der Eintragung einer Zweigniederlassung einer Gesellschaft, die in einem anderen Mitgliedstaat rechtmäßig errichtet worden war. Die Gesellschaft entfaltete im Sitzstaat keine Geschäftstätigkeit, und die Zweigniederlassung sollte zu dem Zweck eingetragen werden, die gesamte Geschäftstätigkeit im Staat der Zweigniederlassung auszuüben, ohne dort eine Gesellschaft zu errichten. Auf diese Weise sollte das dortige Recht über die Errichtung von Gesellschaften umgangen werden, das höhere Anforderungen an die Einzahlung des Mindestkapitals stellte. Der Gerichtshof entschied, dass ein Mitgliedstaat auch dann gegen die Art. 49, 54 AEUV verstößt, wenn er unter diesen Umständen eine Eintragung ablehnt. Er hob hervor, dass es für sich allein keine missbräuchliche Ausnutzung des Niederlassungsrechts darstellen kann, wenn ein Staatsangehöriger eines Mitgliedstaats, der eine Gesellschaft gründen möchte, diese in dem Mitgliedstaat errichtet, dessen gesellschaftsrechtlichen Vorschriften ihm die größte Freiheit lassen, und er in anderen Mitgliedstaaten Zweigniederlassungen gründet.[330]

Im Urteil **Überseering**[331] stellte der EuGH fest, dass ein Mitgliedstaat gegen Art. 49, 54 AEUV verstößt, wenn er einer in einem anderen Mitgliedstaat gegründeten Gesellschaft, die ihren Sitz verlegt, die Rechts- und Parteifähigkeit verweigert.

---

326 EuGH, Rs. C-19/92 (Kraus), Slg. 1993, I-1663, Rn. 32; Rs. C-55/94 (Gebhard), Slg. 1995, I-4165, Rn. 37; Rs. C-212/97 (Centros), Slg. 1999, I-1459, Rn. 34; Rs. 167/01 (Inspire Art), Slg. 2003, I-10155, Rn. 133.
327 EuGH, Rs. C-169/07 (Hartlauer), Slg. 2009, I-1721; Rs. C-367/2012 (Sokoll-Seebacher), Urteil v. 13.2.2014.
328 EuGH, Rs. C-250/95 (Futura Participations), Slg. 1997, I-2471.
329 EuGH, Rs. C-212/97 (Centros), Slg. 1999, I-1459. I. auch EuGH, Rs. C- 167/01 (Inspire Art), Slg. 2003, I-10155.
330 A.a.O., Rn. 17.
331 EuGH, Rs. C-208/00 (Überseering), Slg. 2002, I-9919.

In der Sache **de Lasteyrie du Saillant**[332] hatte der EuGH eine nationale Regelung zu prüfen, nach der ein Steuerpflichtiger zur Besteuerung latenter Wertsteigerungen von Wertpapieren herangezogen wird, wenn er seinen Wohnsitz ins Ausland verlegt. Wegen der abschreckenden Wirkung, die diese Regelung haben kann, sah der Gerichtshof sie als eine Beschränkung der Niederlassungsfreiheit an. Die beschränkende Maßnahme könne auch nicht damit gerechtfertigt werden, dass sie der Vorbeugung der Steuerflucht diene. Es wäre unverhältnismäßig, alle Fälle zu erfassen, in denen ein Steuerpflichtiger seinen Wohnsitz ins Ausland verlegen möchte. Der Umstand, dass eine natürliche Person ihren Wohnsitz in einen anderen Mitgliedstaat verlegt hat, könne nämlich eine allgemeine Vermutung von Steuerflucht oder Steuerhinterziehung nicht rechtfertigen.

Im Urteil **Marks & Spencer**[333] hielt der EuGH eine Regelung für mit der Niederlassungsfreiheit vereinbar, die es einer gebietsansässigen Muttergesellschaft allgemein verwehrt, von ihrem steuerpflichtigen Gewinn Verluste abzuziehen, die einer in einem anderen Mitgliedstaat ansässigen Tochtergesellschaft dort entstanden sind, während sie einen solchen Abzug für Verluste einer gebietsansässigen Tochtergesellschaft zulässt. Er sah einen Verstoß gegen Art. 49, 54 AEUV aber dann als gegeben an, wenn der gebietsansässigen Muttergesellschaft eine solche Möglichkeit auch dann verwehrt ist, wenn die gebietsfremde Tochtergesellschaft im Sitzstaat alle Abzugsmöglichkeiten ausgeschöpft hat und auch sonst keine Möglichkeiten bestehen, dass die Verluste im Staat ihres Sitzes künftig berücksichtigt werden.

Im Urteil **SEVIC**[334] sah der EuGH es als einen Verstoß gegen die Art. 49, 54 AEUV an, wenn ein Mitgliedstaat, der eine Regelung über die Verschmelzung von Unternehmen mit Sitz im Inland vorsieht, die Möglichkeit einer grenzüberschreitenden Unternehmensverschmelzung generell ausschließt.

Im Urteil **CLT-UFA**[335] entschied der EuGH, dass eine steuerrechtliche Regelung, nach der die Gewinne einer Zweigniederlassung einer in einem anderen Mitgliedstaat ansässigen Kapitalgesellschaft höher besteuert werden als die Gewinne einer Tochterkapitalgesellschaft, die ihre Gewinne voll an ihre in einem anderen Mitgliedstaat ansässige Muttergesellschaft abführt, gegen das Recht auf freie Niederlassung verstößt. Der Gerichtshof hat dazu festgestellt, dass das Recht auf freie Niederlassung insbesondere auch die Freiheit der Wahl der geeigneten Rechtsform für die Ausübung von Tätigkeiten in einem anderen Mitgliedstaat umfasst.

Im Urteil **VALE**[336] entschied der EuGH, dass ein Mitgliedstaat gegen Art. 49, 54 AEUV verstößt, wenn nationales Recht für inländische Gesellschaften die Möglichkeit einer Umwandlung vorsieht, die Umwandlung einer dem Recht eines anderen Mitgliedstaates unterliegenden Gesellschaft in eine inländische Gesellschaft aber generell ausschließt.

3. Inhalt der Dienstleistungsfreiheit

122 Dienstleistungen sind **Leistungen, die in der Regel gegen Entgelt erbracht werden**, soweit sie **nicht** den Vorschriften über den **freien Waren- und Kapitalverkehr** und über die **Freizügigkeit** der Personen unterliegen (Art. 57 Abs. 1 AEUV). Insbesondere fallen **gewerbliche, kaufmännische, handwerkliche und freiberufliche Tätigkeiten** unter den Begriff der Dienstleistungen (Art. 57 Abs. 2 AEUV).[337] Der Dienstleistende darf zum Zwecke der Erbringung seiner Leistung vorübergehend in dem Mitgliedstaat tätig werden, in dem die Leistung erbracht werden soll, und zwar unter den Voraussetzungen, die dieser Staat für seine Staatsangehörigen vorschreibt (sog. **aktive Dienstleistungsfreiheit**). So darf etwa ein Bauunternehmer für einen Bauherrn in einem anderen Mitgliedstaat Bauarbeiten durchführen.[338] Auch wenn der Empfänger der Leistung sich zu

---

[332] EuGH, Rs. C-9/02 (de Lasteyrie du Saillant),Slg. 2004, I-2409.
[333] EuGH, Rs. C-466/03 (Marks & Spencer), Slg. 2005, I-10737.
[334] EuGH, Rs. C-411/03 (SEVIC), Slg. 2005, I-10805.
[335] EuGH, Rs. C-253/03 (CLT-UFA), Slg. 2006, I-1831.
[336] EuGH, Rs. C-378/10 (VALE Építési kft), Urteil v. 12.7.2012.
[337] Auch Fernsehsendungen (EuGH, Rs. 155/73 (Sacchi), Slg. 1974, 409), Kabelfernsehen (EuGH, Rs. 52/79 (Debauve), Slg. 1980, 833) und Börsengeschäfte einschließlich damit zusammenhängender Kontokorrentgeschäfte (EuGH, Rs. 15/78 (Köstler), Slg. 1978, 1971) sind Dienstleistungen im Sinne des AEUV.
[338] EuGH, Rs. C-113/89 (Rush Portuguesa), Slg. 1990, I-1417.

ihrem Erbringer in einen anderen Mitgliedstaat begibt, findet Art. 57 AEUV Anwendung (sog. **passive Dienstleistungsfreiheit**). So kann ein Patient einen Arzt, der in einem anderen Mitgliedstaat niedergelassen ist, zur Konsultation aufsuchen.[339] Art. 57 AEUV erfasst aber auch die Dienstleistungen, die – wie Beratungsleistungen oder Versicherungs- und Bankdienste – nicht notwendig mit einem Ortswechsel in den Empfängerstaat verbunden sind.[340] Die Dienstleistungsfreiheit gilt damit auch für Dienstleistungen, die ein Leistungserbringer in anderen Mitgliedstaaten ansässigen Leistungsempfängern ohne Ortswechsel von dem Mitgliedstaat aus erbringt, in dem er ansässig ist (sog. **Korrespondenzdienstleistung**).[341] Auch der Fall, dass Leistungserbringer und -empfänger im gleichen Mitgliedstaat ansässig sind, die Leistung aber in einem anderen Mitgliedstaat erbracht wird, so wenn ein Fremdenführer eine Reisegruppe in einen anderen Mitgliedstaat begleitet, ist von Art. 57 AEUV erfasst.[342]

Auf dem Gebiet des **Verkehrs** wird die Dienstleistungsfreiheit nach den Regeln des AEUV über die Verkehrspolitik verwirklicht (Art. 58 Abs. 1 AEUV) (*§ 24*). Die Liberalisierung der mit dem **Kapitalverkehr** verbundenen Dienstleistungen geschieht im Einklang mit der Liberalisierung des Kapitalverkehrs (Art. 57 Abs. 2 AEUV; *Rn. 141 ff.*).

123

Nicht unter den Begriff der Dienstleistungen fallen gemäß Art. 57 AEUV solche Leistungen, die in der Regel nicht gegen **Entgelt** erbracht werden. Unter Entgelt im Sinne von Art. 57 Abs. 1 AEUV ist die Erbringung einer wirtschaftlichen Gegenleistung für die betreffende Leistung zu verstehen.[343] Die Gegenleistung muss dabei nicht unbedingt von dem Empfänger der Leistung an den Leistungserbringer erbracht werden,[344] auch wenn dies regelmäßig der Fall sein wird.[345] Die Absicht der Gewinnerzielung kann ein Indiz für die Entgeltlichkeit darstellen.[346] Eine entgeltliche Leistung liegt z.B. nicht vor beim staatlichen Schulunterricht, auch wenn ein Teil der Kosten den Schülern oder ihren Eltern in Form von Schulgeld auferlegt wird.[347] Eine Diskriminierung in diesem Bereich kann jedoch gegen das allgemeine Diskriminierungsverbot des Art. 18 AEUV verstoßen. Die Veranstaltung von Lotterien ist dagegen als eine entgeltliche Leistung und damit als Dienstleistung anzusehen, obwohl die Gegenleistung des Glücksspielveranstalters vom Zufall abhängig ist und der Unterhaltungscharakter der Leistung im Vordergrund steht.[348]

Die **Abgrenzung der Dienstleistung von der Niederlassung** kann Schwierigkeiten bereiten, wenn beispielsweise der Geschäftsbetrieb eines Gewerbeunternehmens oder eine freiberufliche Praxis, etwa eines Arztes, gerade darauf ausgerichtet ist, Leistungen in einem anderen Mitgliedstaat als demjenigen der Niederlassung zu erbringen. Eine Niederlassung setzt voraus, dass sich der Leistungserbringer in dem Niederlassungsstaat materiell fixiert. Ob dies der Fall ist, bestimmt sich nach den Kriterien der „festen Einrichtung", „Dauer" sowie „Umfang und Schwerpunkt der Tätigkeit".[349]

124

---

339 EuGH, Rs. 286/82 (Luisi/Carbone), Slg. 1984, 377.
340 S. z.B. EuGH, Rs. C-76/90 (Säger./.Dennemeyer), Slg. 1991, I-4221.
341 EuGH, Rs. C-384/93 (Alpine Investments), Slg. 1995, I-1141, Rn. 22.
342 EuGH, Rs. C-154/89 (Kommission./.Frankreich), Slg. 1991, I-659; Rs. C-180/89 (Kommission./.Italien), Slg. 1991, I-709; Rs. C-198/89 (Kommission./.Griechenland), Slg. 1991, I-727.
343 EuGH, Rs. 263/86 (Humbel), Slg. 1988, 5365, Rn. 17.
344 EuGH, Rs. 352/85 (Bond van Adverteerders), Slg. 1988, 2085.
345 EuGH, Rs. 263/86 (Humbel), Slg. 1988, 5365, Rn. 17.
346 EuGH, Rs. 263/86 (Humbel), Slg. 1988, 5365, Rn. 18.
347 EuGH, Rs. 263/86 (Humbel), Slg. 1988, 5365, Rn. 18–20.
348 EuGH, Rs. C-275/92 (Schindler), Slg. 1994, I-1039, Rn. 33 f.
349 EuGH, Rs. C-55/94 (Gebhard), Slg. 1995, I-4165; *Tiedje/Troberg*, in: G/S, Art. 43 Rn. 5 ff.

Auch die **Abgrenzung zwischen Dienstleistungen und Warenverkehr** kann Probleme aufwerfen. Wenn zum Beispiel Dienstleistungen mit Warenleistungen verbunden werden – etwa bei der Verbringung der zu bearbeitenden Waren in einen anderen Mitgliedstaat im Rahmen einer Lohnveredelung oder bei der Ausführung von Montageleistungen an einer Warenlieferung –, sind nach dem Schwerpunkt der jeweiligen Tätigkeit entweder die Vorschriften über die Dienstleistungsfreiheit oder über den freien Warenverkehr anwendbar.[350]

125 Art. 56 ff. AEUV schützen den Erbringer einer Dienstleistung in erster Linie vor einer diskriminierenden Behandlung. Nur Gründe der öffentlichen Sicherheit, Ordnung und Gesundheit können nach Art. 52 i.V.m. Art. 62 AEUV eine Ungleichbehandlung rechtfertigen. Dabei zählen wirtschaftliche Gründe nicht zu den Rechtfertigungsgründen der öffentlichen Ordnung.[351]

Adressaten der Dienstleistungsfreiheit sind in erster Linie die Mitgliedstaaten, nach der Rechtsprechung des EuGH aber auch private Verbände, die durch Verbandsvorschriften auf die Betätigung von Dienstleistern einwirken.[352]

126 Die Verwirklichung der Dienstleistungsfreiheit erfordert mehr als eine nur formale Gleichbehandlung. Zur materiellen Gleichbehandlung reicht es nicht aus, dass ein Mitgliedstaat Ausländer unter den gleichen Voraussetzungen auf seinem Hoheitsgebiet Dienstleistungen erbringen lässt, die auch für die Staatsangehörigen dieses Mitgliedstaates gelten. Beispielsweise nimmt eine – in formaler Hinsicht unterschiedslos auf In- und Ausländer anwendbare – Vorschrift, die für die Ausübung einer bestimmten Tätigkeit den ständigen Aufenthalt des Leistungserbringers voraussetzt, der Dienstleistungsfreiheit jede Wirksamkeit, denn diese schützt gerade die freie Leistungserbringung über die Grenzen eines Mitgliedstaates hinaus.[353] Da der Dienstleistungserbringer auch die Berufszulassungs- und Berufsausübungsregeln sowohl des Gastlandes als auch seines Herkunftsstaates beachten muss, können auch diese Vorschriften zu einer Beschränkung der Dienstleistungsfreiheit führen. Dies ist etwa dann der Fall, wenn eine Verpflichtung in beiden Mitgliedstaaten besteht, Berufsorganisationen mit unterschiedlichen Standesregeln anzugehören.

127 Nach ständiger Rechtsprechung verlangt die Dienstleistungsfreiheit deshalb **nicht nur die Beseitigung von direkten und indirekten Diskriminierungen**, sondern auch die **Aufhebung aller Beschränkungen**, selbst wenn sie unterschiedslos für einheimische Dienstleistungserbringer wie für Dienstleistungserbringer anderer Mitgliedstaaten gelten, wenn sie **geeignet sind, die Tätigkeit des Dienstleistungserbringers, der in einem anderen Mitgliedstaat ansässig ist und dort rechtmäßig ähnliche Dienstleistungen erbringt, zu unterbinden, zu behindern oder weniger attraktiv zu machen.**[354]

128 Der Erbringer der Dienstleistung in einem anderen Mitgliedstaat hat daher die auf die dort niedergelassenen Personen anwendbaren Vorschriften nur dann zu beachten,

---

350 Vgl. zur Abgrenzung zum Warenverkehr EuGH, Rs. 155/73 (Sacchi), Slg. 1974, 409; Rs. C-275/92 (Schindler), Slg. 1994, I-1039.
351 EuGH, Rs. 325/85 (Bond van Adverteeders), Slg. 1988, 2085.
352 EuGH, Rs. 36/74 (Walrave), Slg. 1974, 1405, Rn. 16, 19; Rs. 13/76 (Dona), Slg. 1976, 1333, Rn. 17 f.
353 EuGH, Rs. 33/74 (Van Binsbergen), Slg. 1974, 1299.
354 EuGH, C-76/90 (Säger), Slg. 1991, I-4221, Rn. 12; Rs. C-43/93 (Vander Elst), Slg. 1994, I-3803, Rn. 14; Rs. C-272/94 (Guiot), Slg. 1996, I-1905, Rn. 10; Rs. C-3/95 (Reisebüro Broede), Slg. 1996, I-6511, Rn. 25; Rs. C-222/95 (Parodi), Slg. 1997, I-3899, Rn. 18; Rs. C-369 und 376/96 (Arblade), Slg. 1999, I-8453, Rn. 33; Rs. C-514/03 (Kommission./.Spanien), Slg. 2006, I-963, Rn. 24: Rs. C-330/07 (Jobra), Slg. 2008, I-9099 Rn. 19; Rs. C-287/10 (Tankreederei I), Slg. 2010, I-14235.

wenn sie durch **zwingende Gründe des Allgemeininteresses** gerechtfertigt sind, und dies nur insoweit, als dem Allgemeininteresse nicht bereits schon durch die Rechtsvorschriften Genüge getan wurde, denen der Leistungserbringer in seinem Herkunftsland unterliegt. Dies ist anhand einer an den Grundsätzen der Erforderlichkeit und der Verhältnismäßigkeit orientierten Abwägung zu beurteilen.[355] Damit wendet der EuGH die gleichen Kriterien an, wie bei der Zulässigkeitsprüfung von Einschränkungen des freien Warenverkehrs (oben *Rn. 35 ff.*). In Bereichen, in denen beträchtliche sittliche, religiöse und kulturelle Unterschiede zwischen den Mitgliedstaaten bestehen, wie etwa im Hinblick auf Glücksspiele, räumt der EuGH den Mitgliedstaaten einen weiten Spielraum bei der Beurteilung der Erforderlichkeit und Verhältnismäßigkeit der zur Erreichung des angestrebten Schutzziels zu treffenden Maßnahmen ein.[356]

Die im Rahmen der Anwendung von Art. 36 AEUV entwickelten Maßstäbe werden etwa bei der Beurteilung der Zulässigkeit von Beschränkungen der grenzüberschreitenden Ausstrahlung von Fernsehsendungen, die sich aus den nationalen Urheberrechtsvorschriften ergeben (territoriale Beschränkung von Lizenzen) angewendet. Dabei wird unterschieden zwischen dem vom AEUV nicht erfassten Bestand des geistigen Eigentumsrechts und den Modalitäten seiner Ausübung, die den freien Warenverkehr nicht beeinträchtigen dürfen. Auch das in Art. 36 AEUV konkretisierte Erfordernis der Verhältnismäßigkeit, nach dem die Ausnahmen zum Freihandel kein Instrument zur willkürlichen Diskriminierung und keine verschleierte Beschränkung des Handels darstellen dürfen, ist auf den Dienstleistungsbereich zu übertragen.[357] Desgleichen findet hier das Prinzip der grundsätzlichen Gleichwertigkeit der in den Mitgliedstaaten erteilten behördlichen Genehmigungen Anwendung: So wie im Herkunftsstaat bereits (z.B. durch die Gesundheitsbehörden) geprüfte Waren nur „soweit erforderlich" einer erneuten Kontrolle unterworfen werden dürfen, darf der Gewerbetreibende, der im Herkunftsstaat eine Genehmigung erhalten hat, im Gastland nicht einem erneuten Genehmigungsverfahren unterworfen werden.[358] Gegebenenfalls müssen im Rahmen des Kontrollverfahrens im Gaststaat die Nachweise und Sicherheiten berücksichtigt werden, die der Dienstleistungserbringer bereits im Herkunftsstaat erbracht hat.[359]

129

Die Rechtsprechung zu Berufszulassungs- und Berufsausübungsregeln beruht auf einer eingehenden Prüfung der Natur der jeweiligen Tätigkeit. In sensiblen Bereichen kann sie zu dem Ergebnis führen, dass der notwendige Schutz des Allgemeininteresses nur durch eine Niederlassung des Erbringers der Dienstleistung in dem Mitgliedstaat, in dem die Dienstleistung erbracht werden soll, erreicht werden kann. Da dies im Ergebnis allerdings dazu führt, dass der Dienstleistungsfreiheit die praktische Wirksamkeit genommen und der Betroffene auf die Ausübung der Niederlassungsfreiheit verwiesen wird, muss für die Zulässigkeit eines solchen Erfordernisses der Nachweis erbracht werden, dass es eine unerlässliche Voraussetzung für die Erreichung des verfolgten Zieles ist.[360]

130

---

355 EuGH, Rs. C-154/89 (Kommission./.Frankreich), Slg. 1991, I-659; Rs. C-180/89 (Kommission./.Italien), Slg. 1991, I-709; Rs. C-198/89 (Kommission./.Griechenland), Slg. 1991, I-727.
356 S. EuGH, verb. Rs. C-447, 448/08 (Sjöberg), Slg. 2010, I-6921.
357 EuGH, Rs. 62/79 (Coditel I), Slg. 1980, 881.
358 EuGH, Rs. 110/78 u.a. (Van Wesemael), Slg. 1979, 35 m.Anm. Streil, EuGRZ 1979, 617 (Künstlervermittlung).
359 EuGH, Rs. 279/80 (Webb), Slg. 1981, 3305.
360 EuGH, Rs. 205/84 (Kommission./.Deutschland), Slg. 1986, 3755, Rn. 52; Rs. C-101/94 (Kommission./.Italien), Slg. 1996, I-2691, Rn. 31; Rs. C-222/95 (Parodi), Slg. 1997, I-3899, Rn. 32.

Auch kann dem Erbringer der Dienstleistung im Allgemeininteresse eine andere, für Inländer nicht bestehende, für ihn aber leichter als der nationale Standard zu erfüllende Verpflichtung auferlegt werden.[361] Demgegenüber kann eine Vorschrift, nach der eine in einem Mitgliedstaat freie Tätigkeit in einem anderen Mitgliedstaat nur den Inhabern bestimmter Befähigungsnachweise vorbehalten bleiben soll, unter Umständen als nicht durch das Allgemeininteresse gerechtfertigt angesehen werden.[362]

Weiterhin können zum Beispiel auch steuerliche Interessen,[363] kulturelle und rundfunkpolitische Gründe[364] oder eine erhebliche Gefährdung des finanziellen Gleichgewichts des Systems der sozialen Sicherheit[365] eine Einschränkung der Dienstleistungsfreiheit im Allgemeininteresse rechtfertigen.[366]

4. Stand der Marktöffnung

131 Bevor die Kommission 1985 ihr Weißbuch zur Vollendung des Binnenmarktes, dessen Konzept von den Mitgliedstaaten im Rahmen der Verabschiedung der EEA gebilligt wurde, vorgelegt hatte, waren nur wenige Maßnahmen verabschiedet worden, die in den Anwendungsbereich der Art. 49 ff. und 56 ff. AEUV fielen. Insbesondere auf dem Gebiet der Dienstleistungen ist seitdem die Angleichung und Koordinierung der mitgliedstaatlichen Regeln entscheidend vorangebracht worden. Mit dieser Entwicklung wird auch der zunehmenden volkswirtschaftlichen Bedeutung des Dienstleistungssektors Rechnung getragen.[367] Im Folgenden können nur einige Bereiche exemplarisch genannt werden:[368]

132 Im Bereich der **Anerkennung von Berufsqualifikationen** hat die RL 2005/36 ein allgemeines System für den Zugang zu reglementierten Berufen und zu Tätigkeiten, für deren Ausübung bestimmte Berufsqualifikationen erforderlich sind, geschaffen.[369] Diese Richtlinie gilt unter anderem auch für Ärzte und Zahnärzte sowie für eine Reihe weiterer medizinischer und pharmazeutischer Berufe und für Architekten.

133 Für den **Rechtsanwaltsberuf** sind zwei Richtlinien ergangen. Zunächst wurde 1977 eine Richtlinie zur Erleichterung des freien Dienstleistungsverkehrs erlassen.[370] Sie enthielt sowohl Anerkennungsregeln – wer in einem der Mitgliedstaaten den Beruf eines Rechtsanwaltes ausübt, wird auch in anderen Mitgliedstaaten als solcher anerkannt – als auch Koordinierungselemente: Der Rechtsanwalt, der Dienstleistungen in einem anderen Mitgliedstaat erbringt, hat bei der gerichtlichen Vertretung oder Verteidigung die im jeweiligen Aufnahmestaat vorgesehenen Bedingungen einschließlich des geltenden Standesrechts zu beachten. Hingegen ist er bei anderen Tätigkeiten, insbesondere bei der Beratung, den im Herkunftsstaat geltenden Vorschriften unterworfen. 1998 wurde eine weitere Richtlinie erlassen, welche die ständige Ausübung des

---

361 EuGH, Rs. 33/74 (van Binsbergen), Slg. 1974, 1299.
362 EuGH, Rs. C-154/89 (Kommission./.Frankreich), Slg. 1991, I-659; Rs. C-180/89 (Kommission./.Italien), Slg. 1991, I-709; Rs. C-198/89 (Kommission./.Griechenland), Slg. 1991, I-727; Rs. C-76/90 (Säger), Slg. 1991, I-4221.
363 EuGH, Rs. C-204/90 (Bachmann), Slg. 1992, I-249; Rs. C-300/90 (Kommission./.Belgien), Slg. 1992, I-305.
364 EuGH, Rs. 352/85 (Bond van Adverteerders), Slg. 1988, 2085; Rs. C-154/89 (Kommission./.Frankreich), Slg. 1991, I-659; Rs. C-23/93 (TV 10), Slg. 1994, I-4795.
365 EuGH, Rs. 158/96 (Kohll), Slg. 1998, I-1931.
366 Vgl. die ausführliche Übersicht zur Rspr. bei *Seyr*, in: Lenz/Borchardt, Art. 56/57 Rn. 23.
367 Weißbuch, KOM (85) 310, 14. 6. 1985, Rn. 95 ff.
368 S. auch die Übersicht bei *Seyr*, in : Lenz/Borchardt, Anh. zu Art. 49–62 Rn. 1 ff.
369 RL 2005/36, ABl. L 255/2005, 22 = HER I A 28/1.20.
370 RL 77/249, ABl. L 78/1977, 17 = HER I A 28/12.1. Dazu *J. Kranz*, Die Entwicklung der Dienstleistungs- und Niederlassungsfreiheit der Rechtsanwälte innerhalb der Europäischen Gemeinschaften, RIW 1978, 160. Zur Umsetzung der RL in Deutschland: EuGH, Rs. 427/85 (Kommission./.Deutschland), Slg. 1988, 1123.

Rechtsanwaltsberufes in einem anderen Mitgliedstaat regelt.[371] Sie erlaubt insbesondere die Niederlassung eines Rechtsanwaltes unter seiner ursprünglichen Berufsbezeichnung. Der niederlassungswillige Anwalt darf uneingeschränkt in Rechtsfragen, die das Recht des Herkunftslandes oder das des Aufnahmestaates betreffen, und in internationalen Rechtsfragen beraten.

Die Schaffung der Währungsunion gab einen wichtigen Impuls für die Vollendung des **Binnenmarktes für Finanzdienstleistungen**. Die Kommission hat deshalb 1999 einen **Aktionsplan**[372] zur Schaffung eines einheitlichen Finanzmarktes vorgelegt. Als Folge der globalen Finanzkrise ist die Finanzmarktregulierung zu einer der wichtigsten politischen Prioritäten der Union geworden. *(Rn. 151 ff.).* 134

Die Liberalisierung des **öffentlichen Auftragswesens** stellte wegen seiner großen volkswirtschaftlichen Bedeutung ein bedeutendes Anliegen der Binnenmarktinitiative der Kommission von 1985 dar.[373] Die anfänglich nur sehr geringe Internationalisierung dieses Bereiches lag vor allem an der mangelnden Transparenz der nationalen Auftragsvergabesysteme und der einseitigen Auftragsvergabe zugunsten inländischer Unternehmen. Im Rahmen der Umsetzung des Binnenmarktprogrammes wurde das öffentliche Auftragswesen umfassend unionsrechtlich geregelt. Die Richtlinie 2014/24 regelt die Vergabe öffentlicher Bau-, Liefer- und Dienstleistungsverträge.[374] Eine weitere Richtlinie (2014/25) betrifft die Auftragsvergabe durch Auftraggeber aus den Bereichen der Wasser-, Energie- und Verkehrsversorgung sowie der Postdienste, die von der Anwendung der allgemeinen Richtlinie ausgenommen sind.[375] Die Richtlinie 2014/23 enthält Vorschriften für den sekundärrechtlich bisher nur unvollständig erfassten Bereich der Bau- und Dienstleistungskonzessionen.[376] Die Richtlinie 2009/81 regelt zudem die Vergabe bestimmter Aufträge in den Bereichen Verteidigung und Sicherheit.[377] In den Richtlinien werden transparente Vergabeverfahren eingeführt, die insbesondere vorsehen, dass Aufträge ab bestimmten Schwellenwerten im Amtsblatt der EU veröffentlicht werden müssen. Des Weiteren wurden Sanktionsregeln geschaffen, die eine Aussetzung des Verfahrens und gegebenenfalls Schadensersatzleistungen erlauben.[378] Die Rechtslage bei öffentlichen Aufträgen, die nicht oder nur teilweise unter die Vergaberichtlinien fallen, hat die Kommission in einer interpretativen Mitteilung erläutert.[379] 135

Nach ständiger Rechtsprechung des EuGH stellen die **Ausstrahlung von Fernsehen**, seine **Produktion** und seine **Verbreitung durch Kabelnetze** Dienstleistungen im Sinne der Art. 56 ff. AEUV dar. Dennoch sind innerstaatliche Vorschriften zum Verbot bzw. zur Reglementierung der Werbung und zum Schutz des (jeweils auf das Gebiet eines Mitgliedstaats beschränkten) Urheberrechts) gegenüber in einem anderen Mitgliedstaat ausgestrahlten Sendungen zulässig.[380] Um die Entwicklung des Fernsehens zu einem internationalen Kommunikationsmittel nicht zu gefährden, hat der Rat 1989 eine **Fernsehrichtlinie** („Fernsehen ohne Grenzen") erlassen, die insbesondere die Zulässigkeit von Werbung einschränkt und Regeln des Jugendschutzes enthält.[381] Zudem wurden in der Richtlinie Mindestsätze für den Anteil europäischer Werke am Programm festgeschrieben. Diese waren während des Rechtsetzungsverfahrens insbesondere von den deutschen Bundesländern als Eingriff in ihre Kulturhoheit heftig kritisiert worden. Zwar scheiterte der Versuch Bayerns, durch einstweilige Anordnung des BVerfG die Zustimmung der Bundesregierung im Rat zu verhindern,[382] doch wurde in der endgültigen Fassung der Richtlinie der verbindliche Charakter der Programmquoten gemildert.[383] Die 136

---

371 RL 98/5, ABl. 77/1998, 36 = *HER I A 28/12.8.* Dazu *C. Sobotta/C. Kleinschnittger,* Freizügigkeit für Anwälte in der EU nach der Richtlinie 98/5/EG, EuZW 1998, 645 ff.
372 KOM (1999) 232, 11.5.1999.
373 Weißbuch, KOM (85) 310, 14.6.1985, Ziff. 81 ff.
374 RL 2014/24, ABl. L 94/2014, 65.
375 RL 2014/25, ABl. L 94/2014, 243.
376 RL 2014/23, ABl. L 94/2014, 1.
377 RL 2009/81, ABl. L 216/2009, 76 = *HER I A 28/5.21.*
378 RL 89/665, ABl. L 34/1990, 30 = *HER I A 28/5.8*; RL 92/13, ABl. L 76/1992, 14 = *HER I A 28/5.10.*
379 ABl. C 179/2006, 2. Dazu EuG, Rs. T-258/06 (Deutschland./.Kommission), Slg. 2010, II-2027.
380 EuGH, Rs. 52/79 (Debauve), Slg. 1980, 833; Rs. 62/79 (Coditel I), Slg. 1980, 881.
381 RL 89/552, ABl. L 298/1989, 23.
382 BVerfG, Urteil v. 11.4.1989, EuR 1989, 266.
383 S. zu Art. 4 der RL 89/552 auch EuGH, Rs. C-14/96 (Denuit), Slg. 1997, I-2785.

Fernsehrichtlinie wurde 1997 novelliert.³⁸⁴ Dabei wurde insbesondere eine Vorschrift eingeführt, die es den Mitgliedstaaten gestattet, für **Ereignisse von großer gesellschaftlicher Bedeutung** festzulegen, dass über diese in frei zugänglichen Fernsehsendungen berichtet wird.³⁸⁵ In der Richtlinie 2010/13 wurde die Fernsehrichtlinie überarbeitet und ihr Anwendungsbereich auf die Bereitstellung aller **audiovisueller Mediendienste** erweitert.³⁸⁶ Zugleich wurde die Richtlinie 89/552 aufgehoben. Zum Schutz insbesondere von Pay-TV-Anbietern erging 1998 eine Richtlinie, welche die Mitgliedstaaten zur Einführung von Maßnahmen gegen die Verbreitung und Nutzung illegaler Vorrichtungen zur Umgehung der **Zugangskontrollsysteme** verpflichtet.³⁸⁷ Entsprechend den im Grünbuch „Fernsehen ohne Grenzen"³⁸⁸ 1984 enthaltenen Anregungen der Kommission erfolgt außerdem eine Angleichung des für das Fernsehen relevanten **Urheberrechts** (§ 20).

137 Im Bereich der **Telekommunikation** wurde die schrittweise Aufhebung der staatlichen Fernmeldemonopole bis zum 1. Januar 2000 durch mehrere auf Art. 106 Abs. 3 AEUV gestützte Richtlinien der Kommission vorgeschrieben (§ 30 Rn. 10). In einer Richtlinie vom 8. Juni 2000 werden zudem die rechtlichen Rahmenbedingungen für den **elektronischen Geschäftsverkehr** angeglichen.³⁸⁹ Die grenzüberschreitende Erbringung von Zertifizierungsdiensten für **elektronische Signaturen** wird durch eine Richtlinie aus dem Jahr 1999 erleichtert.³⁹⁰

138 Die Liberalisierung der **Postdienste** wird ebenfalls schrittweise verwirklicht. Die **Postrichtlinie** aus dem Jahr 1997, die in den Jahren 2002 und 2008 geändert wurde, ermöglicht den Mitgliedstaaten grundsätzlich noch die Beibehaltung eines Briefmonopols bis zum 31. Dezember 2010, wobei einigen Mitgliedstaaten eine zusätzliche Frist von zwei Jahren eingeräumt wurde.³⁹¹

139 Die Hemmnisse für den grenzüberschreitenden Verkehr personenbezogener Daten im Binnenmarkt wurden durch eine Angleichung des **Datenschutzrechts** der Mitgliedstaaten beseitigt.³⁹² Besondere Vorschriften bestehen für den Datenschutz im Bereich der elektronischen Kommunikation (§ 30 Rn. 9).

140 Die **Richtlinie über Dienstleistungen im Binnenmarkt** vom 12. Dezember 2006 soll sektorübergreifend den freien Dienstleistungsverkehr und die freie Niederlassung für Anbieter von Dienstleistungen erleichtern.³⁹³ Als Teil der Umsetzung der Richtlinie waren die Mitgliedstaaten zur systematischen Überprüfung der an die Erbringung von Dienstleistungen geknüpften rechtlichen Anforderungen verpflichtet.³⁹⁴

D. Freiheit des Kapital- und Zahlungsverkehrs

I. Grundlagen

141 Die Freiheit des Kapitalverkehrs und die Freiheit des Zahlungsverkehrs wurden im Zusammenhang mit der Einführung der Währungsunion durch den Vertrag von Maastricht in den Art. 63–66 AEUV neu geregelt. Art. 63 AEUV sieht ein **Verbot aller Beschränkungen** des freien Kapital- und Zahlungsverkehrs sowohl **zwischen den Mit-**

---

384 RL 97/36, ABl. L 202/1997, 60.
385 Vgl. dazu z.B. die von der italienischen Kommunikationsregulierungsbehörde festgelegte Liste von Ereignissen, ABl. C 277/1999, 3.
386 RL 2010/13, ABl. L 95/2010, 1 = HER I A 28/22.14.
387 RL 98/84, ABl. L 320/1998, 54 = HER I A 28/22.10.
388 Fernsehen ohne Grenzen. Grünbuch über die Errichtung des Gemeinsamen Marktes für den Rundfunk, insbesondere über Satellit und Kabel, Bull. EG Beil. 5/1984. Auszugsweise abgedruckt in *Schwarze* (Hg.), Fernsehen ohne Grenzen, Baden-Baden 1985, 206. Dazu *Jarass*, EuR 1986, 75 ff.
389 RL 2000/31, ABl. L 178/2000, 1 = HER I A 28/1.16.
390 RL 1999/93, ABl. L 13/2000, 12 = HER I A 28/22.14.
391 RL 97/67, ABl. L 15/1998, 14 = HER I A 28/23.1; RL 2008/6, ABl. L 52/2008, 1.
392 RL 95/46, ABl. L 281/1995, 31 = HER I A 12/3.2.
393 RL 2006/123, ABl. L 376/2006, 36 = HER I A 28/1.22.
394 Dazu *Europäische Kommission*, Mitteilung: Auf dem Weg zu einem besser funktionierenden Binnenmarkt für Dienstleistungen, KOM(2011) 20, 27.1.2011.

gliedstaaten als auch zwischen den Mitgliedstaaten und dritten Ländern vor. Allerdings kann der Rat weiterhin **einschränkende Maßnahmen** für den Kapitalverkehr mit Drittstaaten treffen (Art. 64 Abs. 3 AEUV). Darüber hinaus sind gemäß Art. 66 und 75 AEUV unter bestimmten Voraussetzungen auch **Schutzmaßnahmen** auf dem Gebiet des Kapital- und Zahlungsverkehrs mit Drittstaaten zulässig. Die Vorschriften des Kapitels über den Kapital- und Zahlungsverkehr sind mit dem Beginn der zweiten Stufe der Wirtschafts- und Währungsunion (*§ 21 Rn. 17*) zum 1. Januar 1994 in Kraft getreten (Art. 73a EGV a.F.).

Bei Abschluss des EWGV waren die Strukturen der Kapitalmärkte der Mitgliedstaaten sehr unterschiedlich. Kontrollen der internationalen Kapital- und Zahlungsströme waren damals ein wichtiges Instrument der staatlichen Wirtschaftspolitik. Im EWGV wurde dieser besonderen Sensibilität des Kapitalmarktgeschehens durch eine nuancierte Liberalisierungsverpflichtung und durch ein System von Schutzklauseln Rechnung getragen. Bis zum Inkrafttreten des Vertrags von Maastricht waren die Mitgliedstaaten verpflichtet (Art. 67 EGV a.F.), während der Übergangszeit schrittweise alle **Beschränkungen des Kapitalverkehrs** in Bezug auf Berechtigte, die in den Mitgliedstaaten ansässig sind, zu beseitigen und alle Diskriminierungen aufgrund der Staatsangehörigkeit oder des Anlageortes aufzuheben, soweit es für das Funktionieren des Gemeinsamen Marktes notwendig war. Die Vorschrift war nicht unmittelbar wirksam.[395] Die Liberalisierung erfolgte schrittweise durch Richtlinien des Rates (Art. 69 a.F.). Eine Harmonisierung des Kapitalmarktrechts war nur in Bezug auf die Devisenpolitik gegenüber Drittstaaten vorgesehen (Art. 70 Abs. 1 EGV a.F.). Darüber hinaus bestanden Schutzklauseln für die Fälle von Funktionsstörungen des Kapitalmarktes oder der Umgehung von Vorschriften für den Kapitalverkehr mit Drittstaaten.

142

Die Liberalisierung des **Zahlungsverkehrs** war zunächst nicht im Zusammenhang mit der Kapitalverkehrsfreiheit, sondern mit den Vorschriften über die Zahlungsbilanz geregelt (Art. 106 EWGV) und insbesondere auf Zahlungen im Zusammenhang mit der Ausübung der vier Grundfreiheiten beschränkt. Im Vertrag von Maastricht wurde die Zahlungsverkehrsfreiheit erweitert und sachgerechter zusammen mit dem freien Kapitalverkehr geregelt.

143

II. Freier Kapitalverkehr

1. Die Regelung des EGV

Art. 63 Abs. 1 AEUV **liberalisiert** mit **unmittelbarer Wirksamkeit** den **Kapitalverkehr zwischen Mitgliedstaaten sowie zwischen Mitgliedstaaten und Drittstaaten**.[396] Der Begriff Kapitalverkehr erfasst die einseitige Übertragung von Werten. Er bezieht sich nicht nur auf den Verkehr von **Sachkapital** (z.B. Immobilien,[397] Beteiligungen an Unternehmen), sondern auch auf denjenigen von **Geldkapital** (z.B. Wertpapiere, mittel- und langfristige Kredite, Kontokorrent und Termingeschäfte usw.).[398]

144

Unter das Verbot der Beschränkungen des Kapitalverkehrs aus Art. 63 Abs. 1 AEUV fallen sowohl **devisenrechtliche Beschränkungen**, d.h. diejenigen, die den Zahlungsverkehr mit dem Ausland direkt regulieren, als auch solche, die auf **Anlagevorschriften** oder **steuerlichen Regelungen** beruhen.[399] Sie können sich aus Vorschriften ergeben, die speziell internationale Kapitalflüsse zum Gegenstand haben, oder aus denjenigen,

---

395 EuGH, Rs. 203/80 (Casati), Slg. 1980, 2595.
396 EuGH, verb. Rs. C-163, 165, 250/94 (Sanz de Lera), Slg. 1995, I-4821, Rn. 48; *Schürmann*, in: Lenz/Borchardt Art. 63 Rn. 20; *Kiemel*, in: G/S, Art. 56 Rn. 35.
397 EuGH, Rs. C-302/97 (Konle), Slg. 1999, I-3099, Rn. 22.
398 Der Transfer von gesetzlichen Zahlungsmitteln sowie von auf den Währungsmärkten der Mitgliedstaaten gehandelten Goldmünzen fällt unter die Bestimmungen über den freien Zahlungs- und Kapitalverkehr und nicht unter diejenigen über den Warenverkehr, EuGH, Rs. 7/78 (Thompson), Slg. 1978, 2247.
399 Beispiel: obligatorische Hinterlegung ausländischer Wertpapiere bei einer inländischen Bank, EuGH, Rs. 157/85 (Brugnoni u.a.), Slg. 1986, 2013.

die allgemein den nationalen Kapitalmarkt betreffen, wie z.b. Genehmigungserfordernisse für die Zulassung von Wertpapieren zum Börsenhandel oder für die Ausgabe von Schuldverschreibungen. Auch Sonderaktien („Golden shares") und andere, vom allgemeinen Gesellschaftsrecht abweichende Sonderrechte und Beschränkungen, stellen eine Einschränkung der Kapitalverkehrsfreiheit dar.[400] Für die Auslegung des Begriffs Kapitalverkehr kommt der Nomenklatur der Richtlinie 88/361[401] nach der Rechtsprechung des EuGH weiterhin Hinweischarakter zu.[402]

Art. 64 AEUV regelt **Ausnahmen** vom Grundsatz des freien Kapitalverkehrs mit Drittländern: Zum einen dürfen die Mitgliedstaaten diejenigen Beschränkungen aufrechterhalten, die aufgrund nationaler oder unionsrechtlicher Bestimmungen am 1. Dezember 1993[403] in den Bereichen der Direktinvestitionen einschließlich Anlagen in Immobilien, der Niederlassung, der Erbringung von Finanzdienstleistungen und der Zulassung von Wertpapieren zu den Kapitalmärkten bestanden haben (Art. 64 Abs. 1 AEUV).[404] Zum anderen können der Rat und das EP im ordentlichen Gesetzgebungsverfahren Maßnahmen in diesen Bereichen beschließen (Art. 64 Abs. 2 AEUV). Diese Befugnis steht allerdings unter dem Vorbehalt, dass solche Maßnahmen „unbeschadet der anderen Kapitel dieses Vertrages" ergehen, also mit den übrigen Bestimmungen des Vertrages vereinbar sind. Maßnahmen, die einen Rückschritt in bezug auf den bisher erreichten Stand der Liberalisierung des Kapitalverkehrs mit Drittstaaten darstellen, können vom Rat nur einstimmig nach Anhörung des EP beschlossen werden (Art. 64 Abs. 3 AEUV).

145 **Art. 65 AEUV** legt die den Mitgliedstaaten im Bereich des freien Kapital- und Zahlungsverkehrs verbliebenen **Regelungsbefugnisse** fest: Danach sind steuerrechtliche Vorschriften, die Steuerpflichtige mit unterschiedlichem Wohn- oder Kapitalanlageort unterschiedlich behandeln, zulässig (Art. 65 Abs. 1 lit. a) AEUV). Zudem dürfen die Mitgliedstaaten Maßnahmen zur Verhinderung von Rechtsverstößen, insbesondere auf dem Gebiet des Steuerrechts und der Aufsicht über Finanzinstitute, treffen und Meldeverfahren für den Kapitalverkehr vorsehen sowie Maßnahmen zum Schutz der öffentlichen Sicherheit und Ordnung ergreifen (Art. 65 Abs. 1 lit. b) AEUV). Schließlich können die Mitgliedstaaten auch die mit dem Vertrag vereinbarten Beschränkungen der Niederlassungsfreiheit anwenden (Art. 65 Abs. 2 AEUV). Die gemäß Art. 65 Abs. 1 und Abs. 2 AEUV getroffenen Maßnahmen dürfen jedoch weder zu willkürlichen Diskriminierungen führen, noch eine verschleierte Beschränkung des freien Kapital- und Zahlungsverkehr darstellen (Art. 65 Abs. 3 AEUV).[405] Gemäß Art. 65 Abs. 4 AEUV können die Kommission oder der Rat restriktive steuerliche Maßnahmen eines Mit-

---

[400] EuGH, Rs. C-367/98 (Kommission./.Portugal), Slg. 2002, I-4731; Rs. C-483/99 (Kommission./.Frankreich), Slg. 2002, I-4781; Rs. C-503/99 (Kommission./.Belgien), Slg. 2002, I-4809; Rs. C-98/01 (Kommission./.Vereinigtes Königreich), Slg. 2003, I-4641; Rs. 174/04 (Kommission./.Italien), Slg. 2005, I-4933; Rs. C-282 und 283/04 (Kommission./.Niederlande), Slg. 2006, I-9141; Rs. C-112/05 (Kommission./.Deutschland), Slg. 2007, I-8995; Rs. C-171/08 (Kommission./.Portugal), Slg. 2010, I-6817; Rs. C-543/08 (Kommission./.Portugal), Slg. 2010, I-11241; Rs. C-212/09 (Kommission./.Portugal), Slg. 2011, I-10889; Rs. C-95/12 (Kommission./.Deutschland), Urteil v. 22.10.2013.; verb. Rs. C-105–107/12 (Essent u.a), Urteil v. 22. 10. 2013.
[401] ABl. L 178/1988, 5 = *HER I A* 29/2.
[402] EuGH, Rs. C-452/01 (Ospelt), Slg. 2003, I-9743, Rn. 7Rs. C-376/03 (D.), Slg. 2005, I-5821, Rn. 24.
[403] Für Bulgarien, Estland und Ungarn: 1. Dezember 1999.
[404] Näher zu den Maßnahmen *Kiemel*, in: G/S, Art. 57 Rn. 7 ff. Eine allgemeine Genehmigungspflicht für die Ausfuhr von Hartgeld, Banknoten und Inhaberschecks fällt nicht unter Art. 64 Abs. 1 AEUV. S. EuGH, verb. Rs. C-163, 165, 250/94 (Sanz de Lera), Slg. 1995, I-4821, Rn. 33 ff.
[405] EuGH, Rs. C-35/98 (Verkooijen), Slg. 2000, I-4071, Rn. 43; Rs. C-265/04 (Bouanich), Slg. 2006, I-923, Rn. 38.

gliedstaates genehmigen, die dieser gegenüber einem oder mehreren Drittstaaten getroffen hat.

Artikel 65 Abs. 1 lit. b) AEUV gestattet nur „unerlässliche Maßnahmen" zur Verhinderung von Rechtsverstößen. Ein generelles Genehmigungserfordernis für die Ausfuhr von Hartgeld, Banknoten und Inhaberschecks ist nicht unerlässlich, da ein sachgerechtes Anmeldesystem ausreichend ist, um Verstöße gegen Rechtsvorschriften zu verhindern. Eine entsprechende Genehmigungspflicht verstößt deshalb gegen Art. 63 Abs. 1 AEUV.[406]

Außer aus den in Art. 65 Abs. 1 AEUV genannten Gründen kann der freie Kapitalverkehr nach der Rechtsprechung des EuGH auch dann durch eine Regelung eines Mitgliedstaats beschränkt werden, wenn diese durch **zwingende Gründe des Allgemeinwohls** gerechtfertigt ist und für alle im Hoheitsgebiet dieses Mitgliedstaats tätigen Personen und Unternehmen gilt. Die Regelung muss zudem geeignet sein, das mit ihr verfolgte Ziel zu verwirklichen und darf nicht über das hinausgehen, was zur Erreichung dieses Ziels erforderlich ist.[407] Außerdem darf keine Harmonisierungsmaßnahme auf EU-Ebene vorliegen, die bereits die zur Gewährleistung des Schutzes dieser Allgemeinwohlinteressen erforderlichen Maßnahmen vorsieht.[408]

Die **Schutzklausel** des Art. 66 AEUV bestimmt, dass der Rat Beschränkungen des Kapital- und Zahlungsverkehrs mit Drittstaaten für eine Dauer von höchstens sechs Monaten beschließen kann. Der Erlass von Schutzmaßnahmen setzt allerdings voraus, dass diese wegen einer schwerwiegenden Störung oder der Gefahr einer schwerwiegenden Störung des Funktionierens der Wirtschafts- und Währungsunion „unbedingt erforderlich" sind.

146

Art. 75 AEUV schafft die Grundlage für den Erlass eines gesetzlichen Rahmens für Maßnahmen im Bereich des Kapital- und Zahlungsverkehrs zum Zwecke der **Terrorismusbekämpfung**. Kapital- und zahlungsverkehrsbeschränkende **Wirtschaftssanktionen** im Rahmen der Umsetzung der Gemeinsamen Außen- und Sicherheitspolitik können vom Rat gemäß **Art. 215 AEUV** erlassen werden.

2. Der Stand der Verwirklichung der Kapitalverkehrsfreiheit

Nachdem über ein Vierteljahrhundert hinweg der freie Kapitalverkehr eine Schwachstelle des Binnenmarkts gebildet hatte, ist aufgrund der Richtlinie 88/361[409] vom 24. Juni 1988 und der auf ihrer Grundlage getroffenen Maßnahmen[410] der **freie Kapitalverkehr innerhalb der Union bereits vor der Einführung der Regelung des Art. 63 AEUV durch den Vertrag von Maastricht im Wesentlichen erreicht worden.**

147

Neben der schon vorher vollzogenen Liberalisierung der Direktinvestitionen, des persönlichen Kapitalverkehrs (z.B. Transfer von Arbeitsentgelten) und bestimmter Wertpapiertransaktionen sieht die Richtlinie von 1988 die Liberalisierung aller, auch der kurzfristigen, monetären Geschäfte vor. Allerdings gebietet die Richtlinie die Liberalisierung des Kapitalverkehrs mit Drittstaaten noch nicht verbindlich; diese wurde des-

---

406 EuGH, verb. Rs. C-163, 165, 250/94 (Sanz de Lera), Slg. 1995, I-4821.
407 EuGH, Rs. C- 503/99 (Kommission./.Belgien), Slg. 2002, I-4809, Rn. 45 m.w.N.; Rs. C- 213/04 (Burtscher), Slg. 2005, I-10309, Rn. 44.
408 EuGH, Rs. C-112/05 (Kommission./.Deutschland), Slg. 2007, I-8995, Rn. 72.
409 ABl. L 178/1988, 5 = *HER I A 29/2.*
410 24. Gesamtbericht EG (1990), 91.

halb erst mit dem Inkrafttreten der Regelung aus Art. 63 AEUV unionsrechtlich verankert. Nach der Änderung des Vertrags wurde die Richtlinie nicht förmlich aufgehoben, sie ist deshalb nach wie vor ergänzend zu den vertraglichen Vorschriften anwendbar.[411]

148 Vor der Realisierung des Binnenmarktprogramms war durch die Richtlinien von 1960 und 1962[412] der damals bestehende Liberalisierungsstand der Mitgliedstaaten im Wesentlichen festgeschrieben worden. Die Mitgliedstaaten hatten im Einklang mit den Richtlinien internationale Kapital- und Devisenbewegungen durchaus unterschiedlich gehandhabt. Während in Deutschland der Kapitalverkehr grundsätzlich frei gewesen war, hatten Italien und Frankreich bis in die 1980er-Jahre hinein eine überaus restriktive Devisenbewirtschaftung. Die Richtlinien hatten für kurzfristige grenzüberschreitende Geldanlagen eine bindende Liberalisierung nicht vorgesehen. Geschäfte reinen oder überwiegenden Finanzcharakters, z.b. mittel- und langfristige Kredite, waren zwar grundsätzlich frei, doch durften die Mitgliedstaaten devisenrechtliche Beschränkungen aufrechterhalten oder wiedereinführen.

149 Die praktische Durchführung finanzieller Operationen innerhalb der Union und damit die Schaffung eines **europäischen Finanzraums** ist erleichtert worden durch die weitgehende Angleichung des Bankrechts und des Börsenrechts der Mitgliedstaaten (*Rn. 152 f.*), durch die fortschreitende Angleichung der indirekten Steuern (*§ 19 Rn. 10 ff.*) sowie durch Maßnahmen, welche die Doppelbesteuerung im Bereich der direkten Steuern verhindern sollen (*§ 19 Rn. 19*). Auch die Wirtschafts- und Währungsunion und die Ablösung der nationalen Währungen durch den Euro haben zu einer stärkeren Integration der nationalen Finanzmärkte beigetragen.[413]

Die Richtlinie 98/26 regelt die Wirksamkeit von Aufträgen und Aufrechnungen im Fall der Insolvenz von Finanzinstituten, die an einem Zahlungs- oder Wertpapierlieferungssystem teilnehmen.[414] Eine Verordnung und eine Richtlinie aus dem Jahr 2005 sollen zudem sicherstellen, dass die Kapitalverkehrsfreiheit nicht zum Zwecke der Geldwäsche oder der Finanzierung von Terrorismus ausgenutzt wird.[415]

Der Rat hat zudem eine Verordnung erlassen, die insbesondere dem Schutz des freien Kapitalverkehrs zwischen den Mitgliedstaaten und Drittländern gegen die extraterritorialen Auswirkungen der von den USA gegen Kuba, Iran und Libyen beschlossenen Wirtschaftssanktionen dienen sollte.[416]

III. Freier Zahlungsverkehr

150 Art. 63 Abs. 2 AEUV sieht ein **Verbot aller Beschränkungen des Zahlungsverkehrs zwischen den Mitgliedstaaten** sowie **zwischen den Mitgliedstaaten und dritten Staaten** vor. Nachdem die Freiheit des Zahlungsverkehrs in Art. 63 Abs. 2 AEUV nicht mehr wie zuvor in Art. 106 EWGV ausdrücklich an die Ausübung der vier Grundfreiheiten geknüpft ist, gilt sie auch für Zahlungen im Zusammenhang mit Grundgeschäften, die

---

411 *Kiemel*, in: G/S, Art. 56 Rn. 3; vgl. auch EuGH, Rs. C-302/97 (Konle), Slg. 1999, I-3099, Rn. 22; verb. Rs. C-163, 165, 250/94 (Sanz de Lera), Slg. 1995, I-4821, Rn. 33.
412 ABl. 1960, 921 und ABl. 1962, 62.
413 *A.Gamble*, EMU and European capital markets: towards a unified financial market, CMLR 1991, S. 319 ff.; *Ress/Ukrow*, in: G/H/N, Art. 63 Rn. 11.
414 RL 98/26, ABl. L 166/1998, 45 = *HER I A 29/5*.
415 VO 1889/2005; RL 2005/60, ABl. L 309/2005, 9, 15 = *HER I A 28/19.27, 28*.
416 VO 2271/96, ABl. L 309/1996, 1. = *HER I A 55/1.7*.

nicht in den Anwendungsbereich der Grundfreiheiten fallen. Gleichwohl ist der freie Zahlungsverkehr nach wie vor auch eine unerlässliche Ergänzung der Vorschriften über die Freiheit des Waren-, Personen- und Dienstleistungsverkehrs, deren Ausübung ohne freien Zahlungsverkehr in der Praxis sehr erschwert wäre. Die Vorschrift ist, ebenso wie bereits Art. 106 Abs. 1 EWGV, unmittelbar wirksam,[417] begründet also Rechte des Einzelnen, welche die staatlichen Gerichte zu beachten haben.

Die Beschränkungsgründe des Art. 65 AEUV sowie die Vorschriften über Maßnahmen zur Terrorismusbekämpfung, über Schutzmaßnahmen und über Embargomaßnahmen gegenüber Drittländern (Art. 75, 66, 215 AEUV) beziehen sich auch auf den freien Zahlungsverkehr.

Die Form, in der der Zahlungsverkehr abgewickelt wird, ist für die Anwendung des Art. 63 Abs. 2 AEUV unerheblich. Die Freiheit des Zahlungsverkehrs erfasst auch den Transfer von Banknoten.[418]

Der Erleichterung der grenzüberschreitenden Erbringung von Zahlungsdienstleistungen dient eine Richtlinie aus dem Jahre 2007.[419] Dem gleichen Ziel dient eine VO von 2009, welche die Finanzinstitute verpflichtet, für grenzüberschreitende elektronische Zahlungsvorgänge und Überweisungen in Euro bis zu einem Betrag von 50.000 Euro Inlandsgebühren zu erheben.[420]

IV. Schaffung eines europäischen Finanzraums

Über die Liberalisierung des Kapital- und Zahlungsverkehrs hinaus strebt die Union auch die Schaffung eines **integrierten europäischen Kapitalmarktes** an. Das Ziel der Finanzmarktintegration ist in Art. 26 AEUV vorausgesetzt, der den Binnenmarkt ausdrücklich auch auf Kapital erstreckt. Es wird im Wesentlichen durch die Verwirklichung der Dienstleistungs-, der Niederlassungs- und der Kapitalverkehrsfreiheit geprägt. Inhaltlich setzt ein europäischer Finanzraum die Schaffung vergleichbarer rechtlicher Rahmenbedingungen für die Marktteilnehmer auf den Finanzmärkten voraus.

151

Erste Initiativen zur Entwicklung eines europäischen Kapitalmarktes reichen bis in die 1960er-Jahre zurück. Die Schaffung eines europäischen Finanzraums wurde später zu einer zentralen Komponente der Vollendung des Binnenmarktes und eine wichtige Ergänzung der dritten Stufe der Währungsunion und der Einführung des Euro.[421] In einem Aktionsplan aus dem Jahr 1999 hat die Kommission die für die Schaffung eines Binnenmarktes für Finanzdienstleistungen erforderlichen Maßnahmen aufgeführt.[422] Der Aktionsplan verfolgt die strategischen Ziele der Schaffung eines **einheitlichen Marktes für Firmenkunden**, der **Gewährleistung offener und sicherer Privatkundenmärkte** und der Einführung moderner **Aufsichts- und Überwachungsregeln**. Darüber hinaus wird die Beseitigung von steuerlichen Hindernissen und die Einführung eines effizienten und transparenten Unternehmensverfassungsrechts angestrebt. Auf der Grundlage des Aktionsplans wurden bei der Verwirklichung des Binnenmarktes für Finanzdienste in den vergangenen Jahren erhebliche Fortschritte erzielt. Die Kommission hat die mit dem Aktionsplan eingeleitete Initiative im Jahr 2005 auf der Grundlage eines Weißbuchs bis 2010 fortgeschrieben.[423] Als Reaktion auf die Finanzkrise hat die Kommission eine umfassende Reform der europäischen Finanzmarktregulierung einge-

---

417 *Schürmann*, in: Lenz/Borchardt, Art. 63 Rn. 20; *Kiemel*, in: G/S, Art. 56 Rn. 35.
418 EuGH, Rs. 203/81 (Casati), Slg. 1981, 2595.
419 RL 2007/64, ABl. L 319/2007, 1 = HER I A 28/19.35.
420 VO 924/2009, ABl. L 266/2009, 11 = HER I A 29/17.
421 Zu den ersten Initiativen auf europäischer Ebene vgl. *Kiemel*, in: G/S, Art. 56 Rn. 60.
422 Finanzdienstleistungen – Umsetzung des Finanzmarktrahmens: Aktionsplan, KOM(1999) 232, 11.5.1999.
423 Weißbuch zur Finanzdienstleistungspolitik für die Jahre 2005–2010, KOM(2005) 629, 5.12.2005.

leitet, insbesondere mit dem Ziel einer **Stärkung der europäischen Finanzmarktaufsicht und der Schließung von Regulierungslücken**.[424]

Zur institutionellen Stärkung der Finanzmarktaufsicht auf EU-Ebene[425] wurden zum 1. Januar 2011 eine **Europäische Bankaufsichtsbehörde**[426] mit Sitz in London, eine **Europäische Behörde für das Versicherungswesen**[427] mit Sitz in Frankfurt/M. und eine **Europäische Wertpapieraufsichtsbehörde**[428] mit Sitz in Paris errichtet. Zugleich wurde ein Europäischer Ausschuss für Systemrisiken (European Systemic Risk Board – ESRB) eingerichtet, der systemische Risiken für die Finanzstabilität in der EU untersucht und erforderlichenfalls Warnungen und Empfehlungen ausspricht. Das Sekretariat des ESRB wird von der EZB gestellt.[429] Eine weitere Vertiefung der Finanzmarktintegration erfolgt durch die Schaffung einer **Bankenunion**, zu der neben einer stärkeren Integration der Bankenaufsicht unter Einbeziehung der EZB auch die umfassende Angleichung des Aufsichtsrechts, einschliesslich der Schaffung eines einheitlichen Bankenabwicklungsmechanismus, gehört.[430]

1. Wertpapier- und Börsenrecht

152 Die Unterschiede bei den Bedingungen für die Börsenzulassung von Wertpapieren in den Mitgliedstaaten behindern den grenzüberschreitenden Zugang von Gesellschaften und anderen Emittenten von Wertpapieren zu den Börsen in der Union. Die Union hat deshalb Vorschriften zur Harmonisierung des Börsenrechts angenommen, die wesentlich auch zur Schaffung der Rahmenbedingungen für einen Binnenmarkt für Finanzdienstleistungen beitragen.

Die Voraussetzungen für die **Börsenzulassung von Wertpapieren** sowie die Anforderungen an die für diese Wertpapiere zu veröffentlichenden **Informationen** sind in einer auf die Art. 50 und 114 AEUV gestützten Richtlinie aus dem Jahr 2001 geregelt,[431] die an die Stelle mehrerer älterer Richtlinien getreten ist. Weitere Regelungen betreffen die Bereitstellung eines **Emissionsprospekts** für öffentlich angebotene Wertpapiere.[432] Darüber hinaus bestehen Vorschriften insbesondere für die **Märkte für Finanzinstrumente**,[433] für **Insidergeschäfte und Marktmanipulation**,[434] für die an **Wertpapieremittenten** zu stellenden **Transparenzanforderungen**,[435] für **Organismen für gemeinsame Anlagen in Wertpapieren**,[436] für **alternative Investmentfonds**,[437] für **Ratingagenturen**,[438] für

---

424 S. dazu die beiden Mitteilungen der Kommission, Impulse für den Aufschwung in Europa, KOM (2009) 114, 4.3.2009, und Europäische Finanzaufsicht, KOM(2009) 252, 27.5.2009.
425 Vgl. auch *Weber/Lezzi*, Neues Europäisches Finanzmarktaufsichtssystem, in: Epiney/Fastnacht (Hg.), Schweizerisches Jahrbuch für Europarecht 2010/2011, Bern 2011, 251 ff.
426 VO 1093/2010, ABl. L 331/2010, 12 = HER I A 28/19.42.
427 VO 1093/2010, ABl. L 331/2010, 48 = HER I A 28/20.36.
428 VO 1095/2010, ABl. L 331/2010, 84 = HER I A 28/21.34.
429 VO 1096/2010, ABl. L 331/2010, 162 = HER I A 28/19.43.
430 *Europäische Kommission*, Im Fokus: Die Bankenunion, MEMO/12/478, 22.6.2012; Umfassende Reaktion der EU auf die Finanzkrise: Wichtige Schritte in Richtung solider Rahmenbestimmungen für den Finanzsektor in Europa und einer Bankenunion für den Euroraum, MEMO/14/244, 28/03/2014.
431 RL 2001/34, ABl. L 217/2001, 1= HER I A 28/21.9.
432 RL 2003/71, ABl. L 345/2003, 64 = HER I A 28/21.16.
433 RL 2004/39, ABl. L 145/2004, 1 = HER I A 28/19.26.
434 RL 2003/6, ABl. L 96/2003, 16 = HER I A 28/21.12.
435 RL 2004/109, ABl. L 390/2004, 38 = HER I A 28/21.22.
436 RL 2009/65, ABl. L 302/2009, 32 = HER I A 28/21.32.
437 RL 2011/61, ABl. L 174/2011, 1 = HER I A 28/21.39.
438 VO 1060/2009, ABl. L 302/2009, 1 = HER I A 28/21.33.

Leerverkäufe,⁴³⁹ und für bestimmte Derivatemärkte.⁴⁴⁰ In zwei Verordnungen werden überdies **Europäische Risikokapitalfonds**⁴⁴¹ und **Europäische Fonds für soziales Unternehmertum**⁴⁴² geregelt. Durch diese Maßnahmen sollen zugleich auch der Anlegerschutz verbessert und der unionsweite Wertpapierhandel erleichtert werden.

2. Bankrecht

Der **Bankensektor** war ebenso wie der **Versicherungssektor** gemäß Art. 58 Abs. 2 AEUV im Einklang mit dem Kapitalverkehr zu liberalisieren. Für die Banken hat sich inzwischen ein weitgehend harmonisiertes Rechtsgebiet entwickelt, das zu einer verstärkten Internationalisierung der Finanzdienste beigetragen hat. Das Aufsichtsrecht für Banken und Wertpapierinstitute ist umfassend unionsrechtlich geregelt, wodurch zugleich eine effektive Ausübung der Dienstleistungsfreiheit erleichtert wird.⁴⁴³ Zur Finanzaufsicht wurde ein **einheitlicher Finanzaufsichtsmechanismus** geschaffen, dem die Europäische Zentralbank und die nationalen Finanzaufsichtsbehörden angehören.⁴⁴⁴ Im Juli 2014 haben der Rat und das EP gemeinsame Regeln für einen **einheitlichen Mechanismus zur Bankenabwicklung** angenommen,⁴⁴⁵ welche die bestehende Regelung für die Sanierung und Liquidation von Kreditinstituten⁴⁴⁶ ändern und ergänzen. Weitere Vorschriften bestehen etwa für die Tätigkeit von **E-Geld-Instituten,**⁴⁴⁷ und die Beaufsichtigung von **Finanzkonglomeraten.**⁴⁴⁸

153

3. Schutz der Verbraucher

Eine Reihe von Maßnahmen wurden zudem im Bereich des Verbraucherschutzes getroffen. So bestehen etwa besondere Schutzbestimmungen für **Verbraucherkredite**⁴⁴⁹ und für den **Fernabsatz von Finanzdienstleistungen.**⁴⁵⁰ Entsprechend einer Empfehlung der Kommission sollen die Mitgliedstaaten dafür sorgen, dass alle Verbraucher Zugang zu einem einfachen Bankkonto haben.⁴⁵¹ Die Kommission hat zudem eine Richtlinie vorgeschlagen, mit der die Transparenz bei Kontogebühren verbessert, der Kontenwechsel erleichtert und der Zugang zu einem einfachen Bankkonto gewährleistet werden soll.⁴⁵²

154

4. Versicherungen

Im Versicherungssektor wurde das **Versicherungsaufsichtsrecht** zur Erleichterung der freien Niederlassung durch die Richtlinie 2009/138 („Solvabilität II") umfassend neu

155

---

439 VO 236/2012, ABl. L 86/2012, 1 = *HER I A* 28/21.40.
440 VO 648/2012, ABl. L 201/2012, 1 =*HER I A* 28/21.46.
441 VO 345/2013, ABl. L 115/2013, 1 = *HER I A* 28/21.62.
442 VO 346/2013, ABl. L 115/2013, 18 = *HER I A* 28/21.63.
443 Siehe insbesondere RL 2013/36, ABl. L 176/2013, 338 = *HER I A* 28/19.47; VO 575/2013, ABl. L 176/2013, 1 = *HER I A* 28/28/19.46.
444 VO 1024/2013, ABl. L 287/2013, 63 = *HER I A* 28/19.48.
445 VO 806/2014, ABl. L 225,1.
446 RL 2001/24, ABl. L 125/2001, 15 = *HER I A* 28/19.22.
447 RL 2009/110, ABl. L 275/2009, 7 = *HER I A* 28/19.40.
448 RL 2002/87, ABl. L 35/2003, 1 = *HER I A* 28/19.23.
449 RL 2008/48, ABl. L 133/2008, 66 = *HER I A* 61/9.27.
450 RL 2002/65, ABl. L 271/2002, 16 = *HER I A* 28/1.18.
451 Empfehlung 2011/442, ABl. L 190/2011, 87 = *HER I A* 28/19.44.
452 KOM(2013) 266, 8.5.2013.

geregelt.[453] Bereits 1986 hatte der EuGH in mehreren Urteilen von 1986 entschieden, dass nationale Vorschriften grundsätzlich die grenzüberschreitende Tätigkeit ausländischer Versicherer nicht mehr von der Niederlassung in diesem Mitgliedstaat abhängig machen dürfen.[454]

Weitere Bestimmungen bestehen etwa für die **Versicherungsvermittlung**.[455] 2009 wurden die Vorschriften über die Kraftfahrzeug-Haftpflichtversicherung[456] und die Bestimmungen über die Aufnahme und Ausübung des Versicherungs- und Rückversicherungsgeschäfts[457] neu gefasst.

E. Literatur

S. auch die Angaben zu §§ 10, 22.

I. Warenverkehr

Büchele, Manfred, Diskriminierung, Beschränkung und Keck-Mithouard – die Warenverkehrsfreiheit, in: Roth/Hilpold (Hg.), Der EuGH und die Souveränität der Mitgliedstaaten, 2008, 335 ff.; *Classen, Claus Dieter*, Vorfahrt für den Marktzugang?, EuR 2009, 555 ff.; *Dawes, Anthony*, A freedom reborn? The new yet unclear scope of Article 29 EC, ELR 2009, 639 ff.; *Defossez, Alexandre*, L'article 29 TCE. Histoire d'une divergence et d'une possible réconciliation, CDE 2009, 409 ff.; *Fabio, Massimo*, Customs law of the European Union, 4. Aufl., Alphen aa den Rijn 2012; *Fremuth, Michael*, „Cassis de Dijon" – Zu der dogmatischen Einordnung zwingender Erfordernisse, EuR 2006, 855 ff.; *Giffoni, Mauro*, La réglementation douanière de l'UE, Limal 2012; *Gormley, Laurence*, EU Law of Free Movement of Goods and Customs Union, Oxford 2009; *Jensch, Olaf*, Die Warenausfuhrfreiheit des EG-Vertrages, Berlin 2005; *Kovar, Robert*, Dassonville, Keck et les autres: de la mesure avant toute chose, RTDE 2006, 213 ff.; *Laboux, Marie-Françoise*, La jurisprudence Keck et Mithouard revisitée en doctrine, Mélanges Jean-Paul Jacqué, Paris 2010, 397 ff.; *Oliver, Peter* (Hg.), Oliver on Free Movement of Goods in the European Union, 5. Aufl., London 2010; *Perisin, Tamara*, Free Movement of Goods and Limits of Regulatory Autonomy in the EU and WTO, Den Haag 2008; *Rauber, Markus*, Quo vadis „Keck"? – zum Problem von Verwendungsbeschränkungen im freien Warenverkehr –, ZEuS 2010, 15 ff.; *Sack, Rolf*, Die Warenverkehrsfreiheit nach Art. 34 AEUV und die Ungleichbehandlung von Inlands- und Importware, EWS 2011, 265 ff.; *de Sadeleer, Nicolas*, Restrictions of the Sale of Pharmaceuticals and Medical Devices such as Contact Lenses over the Internet and the Free Movement of Goods, European Journal of Health Law 2012, 3 ff.; *Schorkopf, Frank*, Beweislast im Recht des freien Warenverkehrs. Die erneuerte Cassis-Formel als Schnittmenge von Binnenmarktrecht und GATT, EuR 2009, 645 ff.; *Schwarz, Otfried/Wockenforth, Kurt*, Zollrecht. Kommentar, Loseblattsammlung, Köln u.a. 1994 ff. (neubearbeitet von Helmut Friedl, Klaus Friedrich, Hinrich Glashoff, Roger Schwarz, Hans-Joachim Stiehle); *Spaventa, Eleanor*, Leaving Keck behind? The free movement of goods after the rulings in Commission v Italy and Mickelsson and Roos, ELR 2009, 914 ff.; *Wenneras, Pal/Moen, Ketil Boe*, Selling Arrangements, Keeping Keck, ELR 2010, 387 ff.; *Witte, Peter*, Zollkodex, 6. Aufl., München 2013.

---

453 RL 2009/138, ABl. L 335/2009, 1 = HER I A 28/20.35.
454 EuGH, Rs. 220/83 (Kommission./.Frankreich), Slg. 1986, 3663; Rs. 252/83 (Kommission./.Dänemark), Slg. 1986, 3713; Rs. 205/84 (Kommission./.Deutschland), Slg. 1986, 3755; Rs. 206/84 (Kommission./.Irland), Slg. 1986, 3817.
455 RL 2002/92, ABl. L 9/2003, 3 = HER I A 28/20.27.
456 RL 2009/103, ABl. L 263/2009, 11 = HER I A 28/20.34.
457 ABl. L 335 /2009, 1 = HER I A 28/20.35.

II. Arbeitnehmerfreizügigkeit

1. Allgemeines

Broberg, Morten/Holst-Christensen, Nina, Free Movement in the European Union, Kopenhagen 2007; *Demmke, Christoph/Haritz, Miriam,* Unterschiedliche Definitionen des Arbeitnehmerbegriffs im Gemeinschaftsrecht und die Auswirkungen auf den öffentlichen Dienst, ZEuS 2004, 625 ff.; *Fischer-Lescano, Andreas,* Nachzugsrechte von drittstaatsangehörigen Familienmitgliedern deutscher Unionsbürger, ZAR 2005, 288 ff.; *Fuchs, Maximilian,* Freizügiger Sozialtourismus?, ZESAR 2014, 103 ff.; *Hanf, Dominik/Munoz, Rodolphe* (Hg.), La libre circulation des personnes. Etats des lieux et perspectives, Brüssel 2007; *Gilliaux, Pascal,* Les entraves à la liberté de circulation des personnes, CDE 2008, 407 ff.; *Iglesias Sanchez, Sara,* Free Movement of Third Country Nationals in the European Union? Main Features, Deficiencies and Challenges of the new Mobility Rights in the Area of Freedom, Security and Justice, ELJ 2009, 791 ff.; *Muresan, Remus,* Ausnahmen von den EU-Grundfreiheiten im Bereich des Sports nach der „Deliège"-Konzeption, Basel 2010; *Néreaudau-d'Unienville, Emmanuelle,* Ordre public et droit des étrangers en Europe, Brüssel 2006; *Nienhaus, Walter Siegfried/Depel, Michael/Raif, Alexander/Renke, Ilona,* Praxishandbuch Zuwanderung und Arbeitsmarkt, München 2006; *O'Leary, Siofra,* Developing an Ever Closer Union between the Peoples of Europe? A Reappraisal of the Case Law of the Court of Justice on the Free Movement of Persons and EU Citizenship, YEL 2008, 167 ff.; *Rebhahn, Robert,* Die Arbeitnehmerbegriffe des Unionsrechts in der neueren Judikatur, EuZA 2012, 3 ff.; *Schlachter, Monika,* Die Freizügigkeit der Arbeitnehmer in der Europäischen Union – Wer ist Träger dieses Rechts?, ZESAR 2011, 156 ff.; *Schulte Westenberg, Hendrik,* Zur Bedeutung der Keck-Rechtsprechung für die Arbeitnehmerfreizügigkeit, Tübingen 2009; *Spaventa, Eleanor,* Free Movement of Persons in the European Union, Den Haag u.a. 2007; *Van den Bogaert, Stefaan,* Practical Regulation of the Mobility of Sportsmen in the EU Post Bosman, Den Haag u.a. 2005; *Welte, Hans-Peter,* Das Einreiseverbot – ein Instrument zur Beschränkung der Freizügigkeit, ZAR 2013, 330 ff.; *Wienbracke, Mike,* „Innerhalb der Union ist die Freizügigkeit der Arbeitnehmer gewährleistet" – eine aktuelle Bestandsaufnahme zu Art. 45 AEUV, EuR 2012, 483 ff.

2. Soziale Sicherheit

de Burca, Grainne (Hg.), EU Law and the Welfare State. In Search of Solidarity, Oxford 2005; *Eichenhofer, Eberhard* (Hg.), Sozialrecht in Europa, Berlin 2010; *Eichenhofer, Eberhard* (Hg.), 50 Jahre nach ihrem Beginn – Neue Regeln für die Koordinierung sozialer Sicherheit, Berlin 2009; *Eichenhofer, Eberhard,* 50 Jahre nach dem Anfang – neue Regeln über die Koordination sozialer Sicherheit, ZESAR 2009, 339 ff.; *Giubboni, Stefano,* Free Movement of Persons and European Solidarity, ELJ 2007, 360 ff.; *Höller, Edlyn,* Soziale Rechte Drittstaatsangehöriger nach europäischem Gemeinschaftsrecht, Baden-Baden 2005; *Paskalia, Vicki,* Free Movement, Social Security and Gender in the EU, Oxford 2007; *Pennings, Frans,* European Social Security Law, 5. Aufl., Antwerpen 2010; *Schepel, Harm,* Constitutionalising the Market, Marketising the Constitution, and to Tell the Difference : On the Horizontal Application of the Free Movement Provisions in EU Law, ELJ 2012, 177 ff.; *Schulte, Bernd,* Die neue europäische Sozialrechtskoordinierung – die Verordnungen (EG) Nr. 883/04 und Nr. 987/09, ZESAR 2010, 143 ff.; *Schulte, Bernd,* Politik der Aktivierung, Recht auf Teilhabe und das „EU-Recht auf Jobsuche im Ausland": Herausforderungen für das Europäische Koordinierungsrecht, ZESAR 2014, 58 ff., 112 ff.; *Schumacher, Christoph,* Die externe Dimension der EU – Stellung der Drittstaatsangehörigen in der Sozialen Sicherheit, ZESAR 2011, 368 ff.; *Temming, Felipe,* Unbegrenzter Rentenexport und die Berücksichtigung von Reichsbeitragszeiten zugunsten von Unionsbürgern, ZESAR 2011, 117 ff.

III. Niederlassungs- und Dienstleistungsfreiheit

Andenas, Mads/Hopt, Klaus/Wymeersch, Eddy, Free movement of companies in EC law, Oxford 2003; *Barnard, Catherine,* Unravelling the Services Directive, CMLR 2008, 323 ff.; *Bergmann, Nina,* Wegzug und Zuzug von Gesellschaften in der EU, ZeuS 2012, 233 ff.; *Calliess, Christian/*

Korte, Stefan, Die Dienstleistungsrichtlinie und ihre Umsetzung in Deutschland, EuR Beiheft 2/2009, 65 ff.; *Everling, Ulrich,* Das Niederlassungsrecht in der EG als Beschränkungsverbot, in: GS Knobbe-Keuk, Köln 1997, 607 ff.; *Forsthoff, Ulrich,* Niederlassungsfreiheit für Gesellschaften, Baden-Baden 2006; *Horn, Norbert,* Deutsches und europäisches Gesellschaftsrecht und die EuGH Rechtssprechung zur Niederlassungsfreiheit: Inspire Art, NJW 2004, 893 ff.; *Jestädt, Guido,* Niederlassungsfreiheit und Gesellschaftskollisionsrecht, Baden-Baden 2005; *Kern, Konrad,* Überseering − Rechtsangleichung und gegenseitige Anerkennung, Berlin 2004; *Knobbe-Keuk, Brigitte,* Niederlassungsfreiheit: Diskriminierungs- oder Beschränkungsverbot?, DB 1990, 2573 ff.; *Kort, Michael,* Schranken der Dienstleistungsfreiheit im europäischen Recht, JZ 1996, 132 ff.; *Lackhoff, Klaus,* Die Niederlassungsfreiheit des EGV − nur ein Gleichheits- oder auch ein Freiheitsrecht, Berlin 2004; *Leible, Stefan/Hoffmann, Jochen,* Grenzüberschreitende Verschmelzungen im Binnenmarkt nach „Sevic", RIW 2006, 161 ff.; *Müller-Graff, Peter-Christian,* Dienstleistungsfreiheit und Erscheinungsformen grenzüberschreitender Dienstleistungen, in: FS Lukes, Köln u.a. 1989, 471 ff.; *Nachbaur, Andreas,* Niederlassungsfreiheit: Geltungsbereich und Reichweite des Art. 52 EGV im Binnenmarkt, Baden-Baden 1999; *Parlow, Daniel,* Die EG-Dienstleistungsrichtlinie: Stärkung der Dienstleistungs- und Niederlassungsfreiheit durch mitgliedstaatliche Verwaltungsmodernisierung und gegenseitige Normanerkennung?, Hamburg 2010; *Prieto, Cathérine,* Liberté d'établissement et de prestation de services, RTDE 2003, 489 ff.; *Reich, Norbert,* Die Freiheit des Dienstleistungsverkehrs als Grundfreiheit, ZHR 1989, 571 ff.; *Rolshoven, Michael,* „Beschränkungen" des freien Dienstleistungsverkehrs, Berlin 2002; *Roth, Wulf-Henning,* Die Harmonisierung des Dienstleistungsrechts in der EWG, EuR 1986, 340 ff. und EuR 1987, 7 ff.; *Ruge, Reinhard,* Goldene Aktien und EG-Recht, EuZW 2002, 421 ff.; *Sattler, Denis,* Die nationale Rechtsprechung zur Niederlassungsfreiheit, ZfRV 2010, 52 ff.; *Schlachter, Monika/ Ohler, Christoph,* Europäische Dienstleistungsrichtlinie, Handkommentar, Baden-Baden 2008; *Schnichels, Dominik,* Die Reichweite der Dienstleistungsfreiheit, Baden-Baden 1995; *Schön, Wolfgang,* Das System der gesellschaftsrechtlichen Niederlassungsfreiheit nach VALE, ZGR 2013, 333 ff.; *Schöne, Franz-Josef,* Dienstleistungsfreiheit in der EG und deutsche Wirtschaftsaufsicht, Köln u.a. 1989; *Steindorff, Ernst,* Reichweite der Niederlassungsfreiheit, EuR 1988, 19 ff.; *Stelkens, Ulrich/Weiß, Wolfgang/Mirschberger, Michael* (Hg.), The Implementation of the EU Services Directive, Den Haag 2012; *Teichmann, Christoph,* Gesellschaftsrecht im System der Europäischen Niederlassungsfreiheit, ZGR 2011, 639 ff.; *Weber, Claus,* Die Dienstleistungsfreiheit nach den Art. 59 ff. EG-Vertrag − einheitliche Schranken für alle Formen?, EWS 1995, 292 ff.

IV. Freiheit des Kapital- und Zahlungsverkehrs

Haferkamp, Ute, Die Kapitalverkehrsfreiheit im System der Grundfreiheiten des EG-Vertrags, Baden-Baden 2003; *Hindelang, Steffen,* Direktinvestitionen und die Europäische Kapitalverkehrsfreiheit im Drittstaatenverhältnis, JZ 2009, 829 ff.; *Kimms, Frank,* Die Kapitalverkehrsfreiheit in der Europäischen Union, Frankfurt/M. u.a. 1996; *Korthaus, Justin,* Binnenmarktrecht und externe Kapitalverkehrsfreiheit, Baden-Baden 2012; *Martini, Mario,* Zu Gast bei Freunden: Staatsfonds als Herausforderung and das europäische und internationale Recht, DöV 2008, 314 ff.; *Moloney, Niamh,* New frontiers in EC capital markets law: from market construction to market regulation, CMLR 2003, 809 ff.; *Müller, Johannes,* Kapitalverkehrsfreiheit in der Europäischen Union, Berlin 2000; *Oliver, Peter,* Free Movement of Capital between Member States, ELR 1984, S. 401 ff.; *Pipkorn, Jörn,* Legal Arrangements in the Treaty of Maastricht for the Effectiveness of the Economic and Monetary Union, CMLR 1994, 263 ff.; *Schnyder, Anton,* Europäisches Banken- und Versicherungsrecht, Heidelberg 2005; *Seidel, Martin,* Recht und Verfassung des Kapitalmarktes als Grundlage der Währungsunion, in: GS Grabitz, München 1995, 763 ff.; *Servais, Dominique* (Hg.), Intégration des marchés financiers, Commentaire J. Mégret, 3. Aufl., Brüssel 2007; *Smits, René,* Freedom of payments and capital movements under EMU, in: FS H. Hahn, Baden-Baden 1997, 247 ff.; *Snell, Jukka,* Free movement of capital: Evolution as a nonlinear process, in: Craig, Paul/de Búrca, Gráinne (Hg.), The Evolution of EU Law, 2. Aufl., Oxford 2011, 547 ff.; *Trimidas, Takis,* EU Financial Regulation: Federalization, Crisis Management, and Law Reform, in: Craig, Paul/de Búrca, Gráinne (Hg.), The Evolution of EU Law, 2. Aufl., Oxford 2011; 783 ff.; *Vigneron, Philippe,* La libre circulation des capitaux, in: Defalcque, Lucette/Pertek, Jacques/Steinfeld, Philippe/ Vigneron, Philippe, Libre circulation des personnes et des capitaux, Rapprochement des législations, Commentaire J. Mégret, 3. Aufl., Brüssel 2006, 147 ff.;

§ 12 Wettbewerbspolitik

A. Grundlagen

1 Das den Verträgen beigefügte Protokoll Nr. 27 über den Binnenmarkt und den Wettbewerb stellt klar, dass der Binnenmarkt ein „**System umfasst, das den Wettbewerb vor Verfälschungen schützt**". Das Protokoll stellt damit klar, dass die Verträge auch nach dem Wegfall der entsprechenden Bestimmung in Art. 3 Abs. 1 lit. g EGV durch Inkrafttreten des Vertrags von Lissabon den Wettbewerb als ein **grundlegendes Ordnungsprinzip** mit **rechtlicher Verbindlichkeit** vorgeben. Mit der vertraglichen Verankerung des Wettbewerbsprinzips als konstituierenden Bestandteil des Binnenmarkts legen die Verträge die Union auf das ordnungspolitische **Leitbild** einer **Marktwirtschaft mit freiem Wettbewerb** fest.[1]

Das dem Binnenmarktziel immanente **System zum Schutz unverfälschten Wettbewerbs** wird in dem Vertragskapitel über die Wettbewerbsregeln konkretisiert. Die in diesem Kapitel niedergelegten Bestimmungen sollen, wie auch die Vorschriften über die Grundfreiheiten, die Vollendung des Binnenmarktes und die Gewährleistung seines Funktionierens gewährleisten. Da das Funktionieren des Binnenmarktes nicht nur durch staatliche Maßnahmen, sondern auch durch **wettbewerbswidriges Handeln Privater** beeinträchtigt werden kann, enthält der AEUV einen Abschnitt mit Wettbewerbsregeln für Unternehmen (Art. 101–106 AEUV), welche die Grundlage für das **EU-Wettbewerbsrecht im engeren Sinne** bilden. Das **EU-Wettbewerbsrecht im weiteren Sinne** umfasst auch die Kontrolle über **staatliche Beihilfen**, die im zweiten Abschnitt des Kapitels über die Wettbewerbsregeln geregelt ist (Art. 107–109 AEUV). Da sich die Beihilfenaufsicht jedoch materiell und verfahrensmäßig grundlegend von den für Unternehmen geltenden Wettbewerbsregeln unterscheidet und ein eigenständiges Rechtsgebiet bildet, wird diese hier in einem eigenen Kapitel behandelt (§ 13).

2 Die Wettbewerbsregeln des AEUV für Unternehmen umfassen ein unmittelbar wirksames **Kartellverbot** (Art. 101 AEUV) und das **Verbot der missbräuchlichen Ausnutzung einer marktbeherrschenden Stellung** (Art. 102 AEUV), dem ebenfalls unmittelbare Wirksamkeit zukommt. Art. 103 AEUV ermächtigt den Rat zum Erlass der Verordnungen und Richtlinien, die zur Verwirklichung der in Art. 101 und 102 AEUV enthaltenen Grundsätze erforderlich sind. Für den Zeitraum bis zum Erlass dieser Durchführungsbestimmungen enthalten die Art. 104 und 105 AEUV Übergangsvorschriften. Spezielle Regeln für öffentliche Unternehmen und für Unternehmen mit besonderen oder ausschließlichen Rechten sind in Art. 106 AEUV vorgesehen.

3 Die wichtigsten **Durchführungsbestimmungen** zu den Wettbewerbsregeln des AEUV sind in der **Verordnung 1/2003**,[2] welche die Verordnung Nr. 17 aus dem im Jahr 1962[3] mit Wirkung vom 1. Mai 2004 abgelöst hat, und in der auf die Art. 103 und 352 AEUV gestützten **Verordnung 139/2004 zur Fusionskontrolle**[4] enthalten. Durch die Verwendung von Verordnungen als Instrument der Konkretisierung der Wettbewerbsregeln wird ein Höchstmaß an normativer Einheitlichkeit im EU-Wettbewerbsrecht erzielt.

---

[1] Vgl. bes. Art. 3 Abs. 3 EUV: „eine in hohem Maße wettbewerbsfähige soziale Marktwirtschaft", Art. 120 AEUV: „einer offenen Marktwirtschaft mit freiem Wettbewerb".
[2] ABl. L 1/2003, 1 = HER I A 50/1.10. Die wichtigsten Wettbewerbsvorschriften sind abgedruckt in: HER I A 50.
[3] VO Nr. 17 (Rat), ABl. 13/1962, 204.
[4] VO 139/2004 über die Kontrolle von Unternehmenszusammenschlüssen, ABl. L 24/2004,1 = HER I A 50/1.11.

Die Wettbewerbspolitik ist neben der Beihilfenaufsicht der einzige bedeutende Tätigkeitsbereich der Union, in dem nicht nur die Konzeption der Politik und der Gesetzgebung, sondern auch die Verwaltung weitgehend der Union übertragen ist. Die weitreichenden Zuständigkeiten der Kommission im Rahmen der Wettbewerbsaufsicht, die insoweit der gerichtlichen Kontrolle des EuG und des EuGH unterliegt, stellen sicher, dass das Wettbewerbsrecht im Rahmen einer kohärenten Wettbewerbspolitik einheitlich angewandt wird. Inzwischen hat sich aus Verordnungen, Mitteilungen, Verwaltungspraxis und Rechtsprechung ein detailliertes **System des EU-Wettbewerbsrechts** gebildet, das von der Kommission seit 1972 in jährlichen Berichten zur Wettbewerbspolitik dokumentiert wird.[5]

Angesichts der weitgehenden Konsolidierung der Anwendung des Wettbewerbsrechts ist die Union inzwischen zu einer stärker dezentralen Anwendung der Wettbewerbsregeln übergegangen, insbesondere indem sie mit der VO 1/2003 ein Legalausnahmesystem für die Freistellung vom Kartellverbot nach Art. 101 Abs. 3 AEUV eingeführt hat.[6]

B. Der Anwendungsbereich der Wettbewerbsregeln

I. Sachlicher Anwendungsbereich

Die Wettbewerbsregeln sind **grundsätzlich auf alle Wirtschaftszweige anwendbar**, soweit der AEUV nicht ausdrücklich eine Ausnahme vorsieht.[7] Eine vertragliche Sonderregelung besteht insbesondere für den Bereich der **Landwirtschaft**. Auf **militärische Erzeugnisse** finden die Wettbewerbsregeln nur mit den in Art. 346 AEUV vorgesehenen Vorbehalten Anwendung. Nach dem Auslaufen des EGKSV sind auch auf die **Kohle- und Stahlindustrie** die allgemeinen Regeln des AEUV anwendbar.[8] Der **EAGV** enthält keine Wettbewerbsvorschriften. Die Wettbewerbsregeln des EGV sind deshalb im Bereich des EAGV anwendbar, soweit die Vorschriften dieses Vertrages dadurch nicht beeinträchtigt werden.[9]

4

1. Landwirtschaft

Die **Landwirtschaft** ist nach **Art. 42 AEUV** den Wettbewerbsregeln nur insoweit unterworfen, als dies vom Rat bestimmt wird. Der Agrarpolitik ist damit Vorrang gegenüber wettbewerbsrechtlichen Grundsätzen eingeräumt.[10] Der Rat hat durch die **VO 1184/2006**,[11] welche die VO Nr. 26[12] aus dem Jahr 1962 kodifiziert und ersetzt, die Wettbewerbsregeln der Art. 101–106 AEUV auf die Produktion landwirtschaftlicher Erzeugnisse und deren Handel **grundsätzlich für anwendbar** erklärt. Die Geltung des Art. 101 AEUV darf jedoch die Ziele der Gemeinsamen Agrarpolitik nicht gefährden. Neben dieser pauschalen Ausnahmebestimmung enthält Art. 2 Abs. 1 der VO

5

---

5 Vgl. zuletzt den Bericht über die Wettbewerbspolitik 2012, KOM(2013) 257 endg., 7.5.2013; SWD(2013) 159, 7.5.2013.
6 Vgl. dazu auch die Mitteilung der Kommission, Zehn Jahre Kartellrechtsdurchsetzung auf der Grundlage der Verordnung (EG) 1/2003 – Ergebnisse und Ausblick, KOM(2014) 453, 9.7.2014.
7 EuGH, Rs. 209–213/84 (Asjes u.a.), Slg. 1986, 1425, Rn. 40.
8 S. dazu im Einzelnen die Mitteilung der Kommission über bestimmte Aspekte der Behandlung von Wettbewerbsfällen nach Auslaufen des EGKS-Vertrags, ABl. C 152/2002, 5.
9 *Schröter*, in: Schröter/Jakob/Klotz/Mederer, Grundlagen, Rn. 3.
10 EuGH Rs. 138 u. 139/79 (Roquette, Maizena./.Rat), Slg. 1980, 3333 = EuR 1981, 49 m.Anm. *Beutler*.
11 ABl. L 214/2006, 7 = HER I A 50/2.6.
12 ABl. 30/1962, 993.

1184/2006 eine grundsätzliche Freistellung vom Kartellverbot des Art. 101 Abs. 1 AEUV für Vereinbarungen zwischen landwirtschaftlichen Erzeugerbetrieben, soweit diese ohne Preisbindung die Erzeugung oder den Absatz landwirtschaftlicher Erzeugnisse oder die Benutzung gemeinschaftlicher Einrichtungen für die Lagerung, Be- oder Verarbeitung landwirtschaftlicher Erzeugnisse betreffen.[13] Wettbewerbliche Sonderregelungen ergeben sich zudem aus der Verordnung über die Gemeinsame Marktorganisation[14] (§ 23 Rn. 16 ff.). Das Missbrauchsverbot aus Art. 102 AEUV ist dagegen uneingeschränkt im Bereich der Landwirtschaft anwendbar.[15]

2. Verkehr

6   Da eine Ausnahmevorschrift wie zu Art. 42 AEUV fehlt, gelten die Wettbewerbsregeln **grundsätzlich auch für den Verkehr**.[16] Allerdings war die Anwendung der allgemeinen Durchführungsbestimmungen zu den Art. 101 und 102 AEUV auf den Verkehrssektor zunächst ausgesetzt worden.[17] Dies hatte freilich nicht die gänzliche Unanwendbarkeit der vertraglichen Wettbewerbsregeln zur Folge, da insoweit die Übergangsregelungen der Art. 108, 109 AEUV einschließlich der in diesen vorgesehen Aufsichtsbefugnisse der Kommission eingriffen.[18] Später wurden schrittweise besondere Vorschriften für die Anwendung der Art. 101, 102 AEUV auf die verschiedenen Verkehrszweige eingeführt.[19] Durch die VO 1/2003 ist nunmehr auch der Verkehr in den Anwendungsbereich der allgemeinen Durchführungsbestimmungen einbezogen. Auch die Fusionskontrollverordnung gilt ohne Weiteres auch im Verkehrssektor.

II. Territorialer Anwendungsbereich der EU-Wettbewerbsregeln

7   Der **territoriale Anwendungsbereich** der Wettbewerbsregeln entspricht dem in Art. 52 EUV, 355 AEUV geregelten räumlichen Geltungsbereich der Verträge. Allerdings enthält diese Bestimmung keine ausdrückliche Regelung über die Art des Bezugs, den ein Sachverhalt zum räumlichen Geltungsbereich der Verträge aufweisen muss, um den Wettbewerbsregeln der EU zu unterfallen. **Unproblematisch** anwendbar sind die Wettbewerbsregeln nach dem sog. „**Territorialitätsprinzip**", wenn wenigstens Teilhandlungen des wettbewerbsrechtlich relevanten Verhaltens innerhalb der EU verwirklicht worden sind. Dem Wortlaut von Art. 101 und 102 AEUV ist darüber hinaus jedoch zu entnehmen, dass von dem Verbot alle wettbewerbswidrigen Handlungen erfasst sind, die sich im Binnenmarkt auswirken oder die eine derartige Wirkung bezwecken. Damit kann grundsätzlich auch ein Verhalten den EU-Wettbewerbsregeln unterfallen, das Unternehmen mit Sitz in Drittstaaten zuzurechnen ist oder das außerhalb der EU vereinbart wurde. Die Anwendung des „**Wirkungsprinzips**" findet ihre Grenze in der völkerrechtlichen Pflicht zur Achtung der Souveränität anderer Staaten.[20] Mit Anwendung des Wirkungsprinzips verstößt die EU jedoch solange nicht gegen das Völker-

---

13 Zur Abgrenzung s. EuGH Rs. 61/80 (Cooperatieve./.Kommission), Slg. 1981, 851.
14 VO 1308/2013, ABl. L 347/2013, 671 = HER I A 25/1.
15 E Kommission v. 14.5.1997 („Irish Sugar"), ABl. L 258/1997, 1, Rn. 115 a.E.
16 EuGH, Rs. 209–213/84 (Asjes u.a.), Slg. 1986, 1425, Rn. 42.
17 VO Nr. 141, ABl. 1962, 2751.
18 EuGH Rs. 209–213/84 (Asjes u.a.), Slg. 1986, 1425; Rs. 66/86 (Ahmed Saeed./.Zentrale zur Bekämpfung des unlauteren Wettbewerbs), Slg. 1989, 803.
19 VO Nr. 169/2009, ABl. L 61/2009, 1 = HER I A 50/2.8 (Eisenbahn-, Straßen- und Binnenschiffsverkehr); VO 3975/87, ABl. 374/1987, 1 = HER I A 50/2.5 (Luftverkehr).
20 Ausf. zu dieser Pflicht K. M. Meessen, Völkerrechtliche Grundsätze des internationalen Kartellrechts, Baden-Baden 1975, 173 ff. S. auch EuG, Rs. T-102/96 (Gencor./.Kommission), Slg. 1999, II-753, Rn. 90.

recht, als sie nicht Hoheitsmaßnahmen im Gebiet von Drittstaaten trifft (sog. „enforcement jurisdiction"), etwa Verbotsentscheidungen im Ausland förmlich zustellt oder dort ein Bußgeld vollstreckt.

Während die Kommission in ihrer Entscheidungspraxis ausdrücklich auf die Auswirkungen eines Verhaltens abstellt,[21] stützte der EuGH seine Entscheidungen bislang vorzugsweise auf das **Territorialitätsprinzip**. So kann nach der Rechtsprechung des EuGH einem Unternehmen mit Sitz außerhalb der EU das Verhalten seiner in der EU ansässigen Tochtergesellschaft zugerechnet werden, wenn Mutter- und Tochtergesellschaft eine wirtschaftliche Einheit bilden.[22] Im Zellstoff-Fall erklärte das Gericht den „Ort, an dem das Kartell durchgeführt wird" zum maßgeblichen Kriterium und definierte dieses Vorgehen als eine Anwendung des Territorialprinzips.[23] In dieser weiten Auslegung nähert sich die Anwendung Territorialprinzips im Ergebnis weitgehend derjenigen des Wirkungsprinzips an.

Um eine effiziente Bearbeitung von Wettbewerbsfällen mit Bezug zu Drittstaaten zu gewährleisten, bemüht sich die Kommission um eine Zusammenarbeit mit den Wettbewerbsbehörden der wichtigsten Handelspartner der EU.[24] Insbesondere kann die Union zu diesem Zweck auch Vereinbarungen mit dritten Staaten abschließen.[25] Entsprechende bilaterale Abkommen hat die Union bisher mit den USA,[26] mit Kanada,[27] mit Japan[28] und mit Südkorea[29] geschlossen. Darüber hinaus enthalten auch zahlreiche von der Union geschlossene Handels- und Assoziationsabkommen, wie etwa das Abkommen über den EWR, wettbewerbsrechtliche Bestimmungen.[30]

III. Das Verhältnis zwischen europäischem und nationalem Wettbewerbsrecht

Auch im Verhältnis zwischen dem europäischen Wettbewerbsrecht und dem Wettbewerbsrecht der Mitgliedstaaten gilt der Grundsatz des Anwendungsvorrangs des Rechts der EU. Ganz allgemein dürfen die Mitgliedstaaten deshalb aufgrund der Art. 101 und 102 AEUV in Verbindung mit dem Grundsatz der loyalen Zusammenarbeit (Art. 4 Abs. 3 EUV) keine Maßnahmen, und zwar auch nicht in Form von Gesetzen oder Verordnungen, treffen oder beibehalten, welche die praktische Wirksamkeit der für die Unternehmen geltenden Wettbewerbsregeln des AEUV aufheben könnten.[31] Staatliches Wettbewerbsrecht darf mithin nur soweit und solange auf Sachverhalte angewandt werden, die auch dem Recht der Union unterfallen, als damit der grundsätzli-

---

21 E Kommission v. 19.12. 1984 (Ahlström u.a.), ABl. L 85/1985, 1, Rn. 79. GA *Darmon* schlägt in seinen Schlussanträgen im Zellstoff-Fall vor, das Kriterium der unmittelbaren, wesentlichen und vorhersehbaren Auswirkung anzuwenden, verb. Rs. 89, 104, 114, 116, 117, 125–129/85 (Ahlström u.a../.Kommission), Slg. 1988, 5193, Rn. 57 f.
22 EuGH, Rs. 6,7/73 (Commercial Solvents./.Kommission), Slg. 1974, 223. Vgl. auch EuGH, Rs. 48/69 (Imperial Chemical Industries./.Kommission), Slg. 1972, 619.
23 EuGH, verb. Rs. 89, 104, 114, 116, 117, 125–129/85 (Ahlström u.a../.Kommission), Slg. 1988, 5193, Rn. 17 f.
24 Vgl. Wettbewerbsbericht 2011 – Begleitunterlage, Rn. 18 f; Wettbewerbsbericht 2012 – Begleitunterlage, 17 f.
25 Dazu EuGH, Rs. C-327/91 (Frankreich./.Kommission), Slg. 1994, I-3641; *W. Hummer*, Enge und Weite der „treaty making power" der Kommission der EG nach dem EWG-Vertrag, in: GS Grabitz (1995), 195 ff.
26 ABl. L 95/1995, 1; ABl. L 131/1995, 38; ergänzt durch ein Abkommen von 1998, ABl. L 173/1998, 26 = HER I A 50/9.1, 9.1a.
27 ABl. L 175/1999, 49 = HER I A 50/9.2, 9.2a.
28 ABl. L 183/2003, 11 = HER I A 50/9.3, 9.3a.
29 ABl. L 202/2009, 36 = HER I A 50/9.4, 9.4a.
30 Vgl. die Zusammenstellung in *European Commission*, Provisions on international relations in EU competition policy, Brüssel u.a. 2008.
31 Vgl. etwa EuGH, Rs. 267/86 (Van Eycke), Slg. 1988, 4769, Rn. 16.

che Vorrang des Unionsrechts, seine Effizienz und einheitliche Wirkung in der gesamten Union nicht gefährdet wird.[32]

10 Art. 103 Abs. 2 lit. e) AEUV sieht vor, dass das Verhältnis zwischen europäischen Wettbewerbsregeln und staatlichen Rechtsvorschriften in Verordnungen oder Richtlinien näher geregelt werden kann. Eine entsprechende Konkretisierung des Verhältnisses von Art. 101 und 102 AEUV und dem nationalen Wettbewerbsrecht ist in Art. 3 der VO 1/2003 erfolgt. Danach gelten die folgenden Grundsätze:

- Nationale Wettbewerbsbehörden und Gerichte müssen stets zugleich **auch Art. 101 AEUV anwenden**, wenn sie nationales Wettbewerbsrecht auf Vereinbarungen, Beschlüsse oder abgestimmte Verhaltensweisen im Sinne des Art. 101 Abs. 1 AEUV anwenden, die den Handel zwischen Mitgliedstaaten beeinträchtigen können (Art. 3 Abs. 1 S. 1 VO 1/2003). Dabei sind sie an Entscheidungen der Kommission gebunden (Art. 16 VO 1/2003).

- Nationale Wettbewerbsbehörden und Gerichte müssen stets zugleich **auch Art. 102 AEUV anwenden**, wenn sie die nationalen Wettbewerbsregeln auf einen nach Art. 102 AEUV verbotenen Missbrauch anwenden (Art. 3 Abs. 1 S. 1 VO 1/2003). Sie können aber nicht abschließend feststellen, dass kein Verstoß gegen Art. 102 AEUV vorliegt.[33] Auch bei der Anwendung von Art. 102 AEUV sind nationale Gerichte und Behörden an die Entscheidungen der Kommission gebunden (Art. 16 VO 1/2003).

- **Vereinbarungen**, Beschlüsse oder abgestimmte Verhaltensweisen im Sinne des Art. 101 Abs. 1 AEUV, die den **Handel zwischen Mitgliedstaaten beeinträchtigen** können, aber den **Wettbewerb nicht** im Sinne des Art. 101 Abs. 1 AEUV **einschränken, dürfen nicht** aufgrund von nationalen Wettbewerbsvorschriften **verboten werden**. Gleiches gilt für Vereinbarungen, welche die Bedingungen für die **Freistellung** nach Art. 101 Abs. 3 AEUV im Einzelfall erfüllen oder die unter eine Gruppenfreistellungsverordnung fallen (Art. 3 Abs. 2 S. 1 VO 1/2003). Die Wettbewerbsregeln des Vertrags stehen der Anwendung **strengerer nationaler Vorschriften zum Verbot oder der Ahndung einseitiger Handlungen** von Unternehmen nicht entgegen. Die Mitgliedstaaten können deshalb eine strengere Missbrauchskontrolle vorsehen (Art. 3 Abs. 2 S. 2 VO 1/2003).

- Soweit nationale Wettbewerbsbehörden und Gerichte **nationales Fusionskontrollrecht** anwenden, besteht keine Verpflichtung zur gleichzeitigen Anwendung der Art. 101 und 102 AEUV. Auch können nach nationalem Fusionskontrollrecht Zusammenschlüsse untersagt werden, welche den zwischenstaatlichen Handel zu beeinträchtigen geeignet sind, aber den Wettbewerb nicht im Sinne des Art. 101 Abs. 1 AEUV einschränken oder nach Art. 101 Abs. 3 AEUV freigestellt werden können (Art. 3 Abs. 3 S. 1 VO 1/2003).

- Die europäischen Wettbewerbsregeln stehen auch nicht der Anwendung von nationalen Vorschriften entgegen, die **überwiegend ein von den Art. 101 und 102 AEUV abweichendes Ziel** verfolgen (Art. 3 Abs. 3 S. 2 VO 1/2003). So dürfen zum Beispiel nationale Vorschriften zum Schutz gegen unlauteren Wettbewerb oder zur Verhinderung der Medienkonzentration weiterhin in vollem Umfang angewendet werden.

---

32 EuGH Rs. 14/68 (Walt Wilhelm u.a../.Bundeskartellamt), Slg. 1969, 1; verb. Rs. 253/78 und 1–3/79 (Procureur de la République./.Givenchy und Guerlain), Slg. 1980, 2327; Rs. C-439/08 (VEBIC), Slg. 2010, I-12500; Rs. C-360/09 (Pfleiderer), Slg. 2011, I-5186.
33 EuGH, Rs. C-375/09 (Tele2 Polska), Slg. 2011, I-3055.

Für den Bereich der europäischen **Fusionskontrolle** bestimmt Art. 21 Abs. 3 der VO 139/2004, dass die Mitgliedstaaten innerstaatliches Wettbewerbsrecht nicht auf Zusammenschlüsse von unionsweiter Bedeutung anwenden. Unter den Voraussetzungen des Art. 21 Abs. 4 der VO 139/2004 dürfen die Mitgliedstaaten aber weiterhin Maßnahmen zum Schutz von öffentlichen Interessen treffen, die von der europäischen Fusionskontrolle nicht berücksichtigt werden.

11

Grundsätzlich gilt die den Behörden der Union und der Mitgliedstaaten obliegende **Pflicht zur Zusammenarbeit** auch im Bereich des Wettbewerbsrechts.[34] Sie wird in sekundärrechtlichen Vorschriften konkretisiert (*Rn. 39*).

12

C. Das Kartellverbot

I. Allgemeines

Art. 101 AEUV enthält eine umfassende **materiellrechtliche Regelung für Kartelle** auf der Grundlage des **Verbotsprinzips**. Die Bestimmung ist **dreistufig** aufgebaut: Art. 101 Abs. 1 AEUV regelt ein weitgefasstes Verbot wettbewerbsbeschränkender Absprachen, die zur Beeinträchtigung des Handels zwischen den Mitgliedstaaten geeignet sind. Art. 101 Abs. 2 AEUV bestimmt, dass die unter das Verbot fallenden Vereinbarungen und Beschlüsse nichtig sind. Art. 101 Abs. 3 AEUV legt die materiellrechtlichen Voraussetzungen fest, unter denen Absprachen vom Verbot und der Nichtigkeitsfolge freigestellt sind.

13

II. Verbotstatbestand (Art. 101 Abs. 1 AEUV)

1. Adressaten des Kartellverbots

Das Kartellverbot richtet sich an **Unternehmen** und **Unternehmensvereinigungen**. Der Begriff des **Unternehmens** wird in der Rechtsprechung **funktional** definiert. Er erstreckt sich auf „jede eine wirtschaftliche Tätigkeit ausübende Einheit, unabhängig von ihrer Rechtsform und der Art ihrer Finanzierung".[35] Als wirtschaftliche Tätigkeit ist dabei jede Tätigkeit anzusehen, die darin besteht, Güter oder Dienstleistungen auf einem bestimmten Markt anzubieten.[36] Auch öffentliche Unternehmen fallen unter den Begriff des Unternehmens im Sinne des Art. 101 AEUV. Der Staat selbst kann als Unternehmen anzusehen sein, wenn er eine wirtschaftliche Tätigkeit ausübt. Nicht unter den Unternehmensbegriff fallen dagegen rein hoheitliche Tätigkeiten[37] oder die ausschließlich sozialen Zwecken dienende Tätigkeit des Trägers einer gesetzlichen Sozialversicherung.[38]

14

Obwohl Art. 101 und 102 AEUV sich an Unternehmen richtet, ergibt sich nach der Rechtsprechung des EuGH aus der Regelung des Art. 4 Abs. 3 EUV in Verbindung mit den Art. 101 und 102 AEUV für die Mitgliedstaaten die Verpflichtung, keine Maßnah-

---

34 Vgl. auch. EuGH, Rs. C-67/91 (Dirección General de Defensa de la Competencia./.AEB u.a.), Slg. 1992, 4785.
35 EuGH, Rs. C-41/90 (Höfner und Elser), Slg. 1991, I-1979, Rn. 21.
36 EuGH, Rs. C-35/96 (Kommission./.Italien), Slg. 1998, I-3851, Rn. 36; Rs. C-49/07 (MOTOE./.Elliniko Dimosio), Slg. 2008, I-4863, Rn. 22.
37 EuGH, Rs. 30/87 (Bodson), Slg. 1988, 2479; Rs. C-364/92 (SAT./.Eurocontrol), Slg. 1994, I-43.
38 EuGH, Rs. C-159, 160/91 (Poucet und Pistre), Slg. 1993, I-637.

men zu treffen oder beizubehalten, welche die praktische Wirksamkeit der Wettbewerbsregeln ausschalten könnten.[39]

2. Handlung

15 Das wettbewerbswidrige Verhalten kann nach Art. 101 Abs. 1 AEUV durch Vereinbarungen zwischen Unternehmen, durch Beschlüsse von Unternehmensvereinigungen oder durch aufeinander abgestimmte Verhaltensweisen verwirklicht werden.

Vereinbarungen zwischen Unternehmen bestehen in der Regel in einem rechtsgeschäftlichen Handeln: übereinstimmende Willenserklärungen, die einen Rechtsfolge- und Bindungswillen enthalten, werden ausgetauscht. Auch Absprachen, die lediglich gesellschaftlich-moralisch oder faktisch bindend sind („gentlemen's agreement"), werden als Vereinbarungen qualifiziert.[40] Eine bestimmte Form ist für den Abschluss einer Vereinbarung nicht erforderlich. Vom Begriff der Vereinbarung erfasst werden nicht nur **horizontale Absprachen**, also solche zwischen Unternehmen der gleichen Wirtschaftsstufe, sondern auch **vertikale Absprachen** zwischen Unternehmen verschiedener Wirtschaftsstufen, also etwa solche zwischen Herstellern und Händlern (Beispiele: Bierlieferungs-[41] und Franchise-Verträge[42]).[43] Von Vereinbarungen zu unterscheiden sind rein einseitige Maßnahmen, die sich nicht in ein Vertragsverhältnis einordnen lassen.[44]

Beschlüsse von Unternehmensvereinigungen beruhen auf gleichgerichteten Willensäußerungen ihrer Mitglieder oder der Mitglieder der zuständigen Organe der Vereinigung.

Daneben werden auch **aufeinander abgestimmte Verhaltensweisen** als wettbewerbswidrig angesehen, die trotz ihrer Formlosigkeit und Unverbindlichkeit ökonomisch die gleiche Wirkung haben wie eine vertragliche Absprache oder ein Beschluss. Eine abgestimmte Verhaltensweise liegt vor, wenn Unternehmen, ohne eine Absprache getroffen zu haben, ein Verhalten anstreben, das subjektiv zu einer bewussten, freiwilligen Willensübereinstimmung führt und das sich objektiv als einheitliches Verhalten darstellt. Erkennbar ist ein abgestimmtes Verhalten insbesondere daran, dass sich Wettbewerber im Markt nicht so verhalten, wie es die Marktlage oder das Verhalten der Konkurrenz erfordern, sondern ihr Marktverhalten nach Informationen ihrer Konkurrenten über deren künftiges Verhalten ausrichten.[45]

16 Von abgestimmten Verhaltensweisen ist das freiwillige oder erzwungene bloße Parallelverhalten abzugrenzen. Insbesondere gilt für oligopolistische Märkte, dass paralleles Preisverhalten kein Indiz einer abgestimmten Verhaltensweise ist:[46] In einem reinen Oligopol ist eine Preiserhöhung Folge von gleichen Marktbedingungen für wenige Unternehmen. Wenn sämtliche Un-

---

[39] St. Rspr. S. z.B. EuGH, Rs. 13/77 (GB-INNO-BM./.ATAB), Slg. 1977, 2115, Rn. 30/35; Rs. C-2/91 (Meng), Slg. 1993, I-5751, Rn. 14; Rs. C-446/05 (Doulamis), Slg. 2008, I-1377, Rn. 19.
[40] *Schröter/Voet van Vormizeele*, in: /Schröter/Jakob/Klotz/Mederer, Art. 101 Rn. 40.
[41] EuGH, Rs. C-234/89 (Delimitis./.Henninger Bräu), Slg. 1991, I-935.
[42] EuGH, Rs. 161/84 (Pronuptia./.Pronuptia), Slg. 1986, 353.
[43] Vgl. dazu die Leitlinien der Kommission zu Vereinbarungen über horizontale Zusammenarbeit, ABl. C 11/2011, 1 = *HER I A* 50/4.62, und die Leitlinien der Kommission für vertikale Beschränkungen, ABl. C 130/2010, 1 = *HER I A* 50/4.58.
[44] *SchröterVoet van Vormizeele*, in: Schröter/Jakob/Klotz/Mederer, Art. 101 Rn. 47.
[45] EuGH verb. Rs. 40–48/73 (Suiker Unie u.a./.Kommission), Slg. 1975, 1934; EuG, verb. Rs. T-1–4/89 und T-6–15/89 (Rhône Poulenc u.a./.Kommission), Slg. 1992, II-499. S. auch *Schröter/Voet van Vormizeele*, in: Schröter/Jakob/Klotz/Mederer, Art. 101 Rn. 53 ff.
[46] Zur Qualifizierung parallelen Verhaltens EuGH 48, 49, 51–57/69 (ICI u.a./.Kommission), Slg. 1972, 619. S. a. Rs. 172/80 (Züchner./.Bayerische Vereinsbank), Slg. 1981, 2021.

ternehmen übereinstimmende Kostenstrukturen, Produktions- und Absatzbedingungen aufweisen, dann ist auch ihre Preisgestaltung zwangsläufig gleichartig. Es besteht zwischen den Unternehmen eine so hohe Interdependenz, dass keines von ihnen eine Maßnahme treffen kann, ohne dass seine Wettbewerber davon betroffen werden und entsprechend reagieren. Rein oligopolistische Märkte sind in der Praxis jedoch sehr selten: Die Marktstrukturen (Produktionsbedingungen, Kostenfaktoren, Kapazitäten, Produktvielfalt usw.) sind in der Regel so unterschiedlich, dass jedes Unternehmen seine eigene Preispolitik betreiben kann.

So argumentierten die Kläger in den Farbstoff-Entscheidungen, ihre übereinstimmenden Preiserhöhungen seien keine abgestimmten Verhaltensweisen, sondern Folge der Marktstruktur. Dem hat die beklagte Kommission entgegengehalten, dass dem Farbstoffsektor wesentliche Züge eines oligopolistischen Marktes fehlten: u.a. Homogenität der Erzeugnisse, stagnierender Markt mit geringer Anzahl von Anbietern, hohe Fixkosten, Preistransparenz. Der EuGH bestätigte diese Beurteilung des Marktes durch die Kommission.[47]

3. Wettbewerbsbeschränkung

Die Handlung der Wettbewerbspartner (Vereinbarung oder abgestimmte Verhaltensweise) muss eine Wettbewerbsbeschränkung, -verhinderung oder -verfälschung bezwecken oder bewirken.

17

Durch das Kartellverbot soll der Wettbewerb im Binnenmarkt in allen seinen Elementen und auf allen Stufen einschließlich des potenziellen Wettbewerbs geschützt werden. Ausreichend ist das Ziel, wettbewerbsbeschränkende Wirkungen herbeizuführen, selbst wenn es nicht erreicht wird (Tatbestandsmerkmal: „bezwecken"). Es genügt auch, wenn die Wettbewerbsbeschränkung absichtslos bewirkt wurde (Tatbestandsmerkmal: „bewirken").

Eine Wettbewerbsbeschränkung liegt bereits dann vor, wenn die **Handlungsfreiheit von Wirtschaftsteilnehmern** in einer Weise beschränkt wird, die geeignet ist, die **Marktverhältnisse zu ändern**.[48] Zur Feststellung einer Wettbewerbsbeschränkung ist im Einzelfall zu prüfen, welche Wettbewerbssituation gegeben wäre, wenn die fragliche Vereinbarung nicht bestünde.[49]

Beispielhaft bezeichnet Art. 101 Abs. 1 lit. a)–e) AEUV als rechtswidrig:

- die gemeinsame Festsetzung von Preisen und/oder Geschäftsbedingungen, (Praxis: „Farbenkartell",[50] „Polypropylenkartell"),[51]
- Vereinbarungen über die Kontrolle von Erzeugung oder Absatz, (Praxis: „Chininkartell",[52] „Flachglaskartell"),[53]
- Marktaufteilung, (Praxis: „Zuckerkartell",[54] „Parallelimporte"),[55]
- Diskriminierung von Handelspartnern, (Praxis: „Rabattkartelle"),[56]

---

47 EuGH Rs. 48, 49, 51–57/69 (ICI u.a./.Kommission), Slg. 1972, 619.
48 Dazu *Schröter/Voet van Vormizeele*, in: Schröter/Jakob/Klotz/Mederer, Art. 101 Rn. 74 f.S. auch EuGH, Rs. C-266/93 (Bundeskartellamt./.Volkswagen), Slg. 1995, I-3447.
49 EuGH, Rs. 31/80 (L'Oréal), Slg. 1980, 3775, Rn. 19; Rs. 7/95 (John Deere./.Kommission), Slg. 1998, I-3111, Rn. 76.
50 EuGH, verb. Rs. 48, 49, 51–57/69 (ICI u.a./.Kommission), Slg. 1972, 619.
51 EuG, verb. Rs. T-1 bis 4/89 und T-6 bis 15/89 (Rhône Poulenc u.a./.Kommission), Slg. 1992, II-499.
52 E Kommission, ABl. L 192/1969, 5.
53 E Kommission, ABl. L 212/1984, 13.
54 EuGH, verb. Rs. 40–48/73 (Suiker Unie u.a./.Kommission), Slg. 1975, 1934.
55 EuGH, verb. Rs. 56, 58/64 (Grundig, Consten./.Kommission), Slg. 1966, 322; Rs. 279/87 (Tipp Ex./.Kommission), Slg. 1990, I-261.
56 EuGH, Rs. 73/74 (Papier peints), Slg. 1975, 1493.

■ Kopplungsgeschäfte (Praxis: „Tetra Pak II").[57]
Bei Bestehen einer Vielzahl gleichartiger Verträge (z.b. Bierlieferungsverträge) ist nach der **Bündeltheorie** des EuGH die kumulative Wirkung dieser Verträge bei der Beurteilung der möglichen wettbewerbsbeschränkenden Wirkung des einzelnen Vertrags zu berücksichtigen.[58] Bei der Veräußerung von Immaterialgüterrechten oder der Erteilung von Lizenzen ist im Einzelfall zu prüfen, ob die Vereinbarung als wettbewerbsbeschränkend im Sinne von Art. 101 Abs. 1 AEUV anzusehen ist.[59] Für die Beurteilung der wettbewerbsbeschränkenden Wirkung kann auch die Bestimmung des relevanten Marktes (*Rn. 28*) erforderlich sein.[60]

4. Beeinträchtigung des Handels zwischen Mitgliedstaaten

18 Den Tatbestand des Art. 101 Abs. 1 AEUV erfüllen nur solche Vereinbarungen, Beschlüsse und abgestimmten Verhaltensweisen, die geeignet sind, den Handel zwischen den Mitgliedstaaten zu beeinträchtigen.[61] Die **Zwischenstaatlichkeitsklausel** hat die Funktion, den Geltungsbereich des Wettbewerbsrechts der Union von dem des innerstaatlichen Rechts abzugrenzen.[62]

Der Begriff umfasst nicht nur den Warenverkehr, sondern den gesamten Wirtschaftsverkehr zwischen den Mitgliedstaaten.[63] Nach der Rechtsprechung des EuGH, der die Zwischenstaatlichkeitsklausel weit auslegt, ist bereits ausreichend, dass sich anhand einer Gesamtheit objektiver rechtlicher und tatsächlicher Umstände mit hinreichender Wahrscheinlichkeit voraussehen lässt, dass sie unmittelbar oder mittelbar, tatsächlich oder potenziell den Handel zwischen Mitgliedstaaten in einer Weise beeinflussen können, die die Verwirklichung eines einheitlichen Marktes der Mitgliedstaaten hemmen könnte"[64]

Auch Absprachen, die sich nur auf den Markt eines Mitgliedstaates beziehen, können danach Auswirkungen auf den zwischenstaatlichen Handel haben, wenn sie die Importchancen von Wettbewerbern aus anderen Mitgliedstaaten beeinflussen.[65]

5. Spürbarkeit

19 Aus dem Schutzzweck des europäischen Wettbewerbsrechts folgt, dass der Tatbestand des Art. 101 Abs. 1 AEUV nur erfüllt ist, wenn sowohl die Wettbewerbsbeschränkung als auch die Beeinträchtigung des Handels zwischen Mitgliedstaaten „spürbar" sind.[66] Das Spürbarkeitserfordernis bildet ein ungeschriebenes Tatbestandsmerkmal des Kartellverbots.

---

57 E Kommission, ABl. L 72/1992, 1; EuG, T-83/91 (Tetra Pak./.Kommission), Slg. 1994, II-755; EuGH, Rs. C-333/94 (Tetra Pak./.Kommission), Slg. 1996, I-5951.
58 EuGH, Rs. C-234/89 (Delimitis), Slg. 1991, I-935; EuG, Rs. T-25/99 (Roberts./.Kommission), Slg. 2001, II-1881.
59 Vgl. etwa EuGH, verb. Rs. 56, 58/64 (Grundig, Consten./.Kommission), Slg. 1966, 322.
60 Vgl. Rn. 27 der Leitlinien der Kommission zur Anwendung von Art. 81 Abs. 3 EGV, ABl. C 101/2004, 81 = *HER I A* 50/4.49.
61 Vgl. dazu die Leitlinien der Kommission, ABl. C 101/2004, 81 = *HER I A* 50/4.49.
62 EuGH, Rs. 22/78 (Hugin), Slg. 1979, 1869, Rn. 17; Rn. 12 der Leitlinien, ABl. C 101/2004, 81 = *HER I A* 50/4.49.
63 *Schröter/Voet van Vormizeele*, in: Schröter/Jakob/Klotz/Mederer, Art. 101 Rn. 192.
64 EuGH, verb. Rs. C-295–298/04 (Manfredi u.a.), Slg. 2006, I-6619, Rn. 42; Rs. 31/80 (L'Oréal), Slg. 1980, 3775, Rn. 18, st. Rspr.
65 Z.B. EuGH Rs. 246/86 (Belasco./.Kommission), Slg. 1989, 2117, 2191.
66 Vgl. dazu EuGH, Rs. 5/69 (Völk./.Vervaecke), Slg. 1969, 295.

Die Kommission hat das Merkmal der „**Spürbarkeit**" der Wettbewerbsbeschränkung in einer Bekanntmachung über Vereinbarungen von geringer Bedeutung (sog. **Bagatellbekanntmachung**) konkretisiert.[67] Nach Auffassung der Kommission fallen Vereinbarungen zwischen Unternehmen, deren Geschäftsbetrieb auf die Erzeugung oder den Absatz von Waren oder auf die Erbringung von Dienstleistungen gerichtet ist, nicht unter das Kartellverbot, wenn die von den beteiligten Unternehmen gehaltenen **Marktanteile** auf keinem der betroffenen Märkte einen bestimmten Schwellenwert übersteigt. Diesen Wert setzt die Bekanntmachung auf **10 %** für Vereinbarungen zwischen Wettbewerbern und auf **15 %** für Vereinbarungen zwischen **Nichtwettbewerbern** fest. An dieser Beurteilung soll sich auch dann nichts ändern, wenn diese Marktanteile in zwei aufeinanderfolgenden Geschäftsjahren um nicht mehr als 2 % überschritten werden. Besondere Regeln finden Anwendung, wenn sich die Wettbewerbsbeschränkung aus der kumulativen Wirkung nebeneinander bestehender Netze gleichartiger Vereinbarungen ergibt. Vereinbarungen, die bestimmte Kernbeschränkungen (z.B. Preisfestsetzung, Marktaufteilung) enthalten, können nicht unter die „de minimis"-Regelung fallen. Vereinbarungen, die eine **Wettbewerbsbeschränkung bezwecken**, erfüllen ihrer Natur nach und unabhängig von ihren konkreten Auswirkungen das Merkmal der Spürbarkeit[68] und werden von der Bekanntmachung nicht erfasst.

Die „**Spürbarkeit**" der **Handelsbeeinträchtigung** wurde in der **Bagatellbekanntmachung** nicht konkretisiert. Für Vereinbarungen zwischen kleinen und mittleren Unternehmen geht die Bekanntmachung allerdings davon aus, dass diese regelmäßig nicht geeignet sind, den zwischenstaatlichen Handel spürbar zu beeinträchtigen und deshalb nicht unter Art. 101 Abs. 1 AEUV fallen. In den **Leitlinien über den Begriff der Beeinträchtigung des zwischenstaatlichen Handels**[69] nimmt die Kommission an, dass es grundsätzlich an der Spürbarkeit der Handelsbeeinträchtigung fehlt, wenn bestimmte Schwellenwerte sowohl bei den Marktanteilen als auch bei den Umsätzen der beteiligten Unternehmen nicht überschritten werden. Der gemeinsame **Marktanteil** der Parteien darf auf keinem der von der Vereinbarung betroffenen Märkte innerhalb der Union **5 %** überschreiten. Zugleich darf im Falle **horizontaler Vereinbarungen** der **gesamte Jahresumsatz der beteiligten Unternehmen** mit den von der Vereinbarung erfassten Waren in der Union und **im Falle vertikaler Vereinbarungen der Jahresumsatz des Lieferanten** mit den von der Vereinbarung erfassten Waren in der Union den Betrag von **40 Mio.** Euro nicht übersteigen. Die Vermutung bleibt auch dann bestehen, wenn in zwei aufeinanderfolgenden Geschäftsjahren der Schwellenwert für den Marktanteil um nicht mehr als 2 % und der Schwellenwert für den Jahresumsatz um nicht mehr als 10 % überschritten wird.

III. Rechtsfolgen des Kartellverbots (Art. 101 Abs. 2 AEUV)

Nach Art. 101 AEUV verbotene Vereinbarungen und Beschlüsse sind gemäß Art. 101 Abs. 2 **nichtig**. Diese Rechtsfolge tritt von Vertrags wegen ein, ohne dass es zu dieser Wirkung einer Entscheidung der Behörden oder Gerichte eines Mitgliedstaates oder der Union bedürfte („**Direktwirkung**").[70] Solche Entscheidungen bestätigen nur die jeweilige Rechtslage, sind also deklaratorischer Natur. Als ohne Weiteres nichtig anzusehen sind dabei nur die Teile der Vereinbarung, die unter das Verbot fallen. Die gesamte Vereinbarung ist nur dann nichtig, wenn sich die vom Verbot betroffenen Teile nicht von den anderen Teilen der Vereinbarung trennen lassen.[71]

Überdies ergibt sich nach der Rechtsprechung des EuGH aus den Grundsätzen der Effektivität und der Äquivalenz des Rechtsschutzes (*§ 8 Rn. 18*), dass jeder die Nichtigkeit eines nach Art. 101 Abs. 2 AEUV verbotenen Kartells oder Verhaltens geltend machen und Ersatz des ihm entstandenen Schadens verlangen kann, wenn zwischen die-

20

---

67 Bekanntmachung über Vereinbarungen von geringer Bedeutung, die im Sinne des Artikels 101 Absatz 1 des Vertrags über die Arbeitsweise der Europäischen Union den Wettbewerb nicht spürbar beschränken (De minimis-Bekanntmachung), C(2014) 4136, 25.6.2014.
68 EuGH, Rs. C-226/11 (Expedia), Urteil v. 13.12. 2012.
69 ABl. C 101/2004, 81 = *HER I A* 50/4.48.
70 EuGH, Rs. 13/61 (De Geus./.Bosch), Slg. 1962, 97; Rs. 127/73 (BRT-I./.Sabam), Slg. 1974, 51, 62.
71 EuGH, Rs. 56/65 (Société Technique Minière), Slg. 1966, 282.

sem und dem Kartell oder Verhalten ein ursächlicher Zusammenhang besteht. In Ermangelung einer unionsrechtlichen Regelung richtet sich die Ausgestaltung der entsprechenden Rechtsbehelfe nach dem jeweiligen staatlichen Recht, wobei diese Verfahren nicht weniger günstig ausgestaltet werden dürfen als bei entsprechenden Rechtsbehelfen, die nur innerstaatliches Recht betreffen, und die Ausübung der durch die Rechtsordnung der Union verliehenen Rechte nicht praktisch unmöglich machen oder übermäßig erschweren dürfen.[72] Im deutschen Recht sind Unterlassungs- und Schadenersatzansprüche in § 33 GWB geregelt.[73]

IV. Freistellung vom Kartellverbot (Art. 101 Abs. 3 AEUV)

1. Voraussetzungen

21 Gemäß Art. 101 Abs. 3 AEUV sind Kartelle unter bestimmten Voraussetzungen vom Verbot des Art. 101 Abs. 1 AEUV **freigestellt**.[74] Tatbestandsvoraussetzung ist zunächst, dass ein gemäß Art. 101 Abs. 1 AEUV verbotenes Kartell vorliegt. Die Freistellung gemäß Art. 101 Abs. 3 AEUV ist also von der Feststellung zu unterscheiden, dass eine Vereinbarung oder ein abgestimmtes Verhalten kein verbotenes Kartell im Sinne des Art. 101 Abs. 1 AEUV bildet.

Ein Kartell ist nur dann vom Verbot des Art. 101 Abs. 1 AEUV freigestellt, wenn es zur Verbesserung der Warenproduktion oder -verteilung oder der Förderung des technischen oder wirtschaftlichen Fortschritts beiträgt.[75] An diesen Zielsetzungen müssen gemäß Art. 101 Abs. 3 AEUV die Verbraucher durch „angemessene" Gewinnbeteiligung partizipieren. Der Begriff „Gewinn" umfasst jeden wirtschaftlichen Vorteil, kann also auch in Preissenkungen oder Qualitätssteigerungen liegen. Negative Voraussetzung der Freistellung ist der Nachweis der „Unerlässlichkeit" der Wettbewerbsbeschränkung, um die genannten Ziele zu verwirklichen. Die Beweislast dafür tragen die beteiligten Unternehmen.[76] Zudem darf den Unternehmen nicht ermöglicht werden, für einen wesentlichen Teil der betroffenen Waren den Wettbewerb auszuschalten.

> Die Kommission hat z.B. eine Vereinbarung zwischen 16 europäischen Postunternehmen über die Vergütungen im grenzüberschreitenden Postverkehr (Endvergütungen) zunächst als Preiskartell und damit als gegen Art. 101 Abs. 1 AEUV verstoßend beurteilt. Gleichzeitig hat sie anerkannt, dass die Regelung zu einer deutlichen Steigerung der Qualität bei grenzüberschreitenden Postdiensten führt. Da auch die übrigen Voraussetzungen des Art. 101 Abs. 3 AEUV erfüllt waren, erging eine Freistellungsentscheidung.[77]

2. Unmittelbare Anwendung

22 Art. 1 Abs. 2 VO 1/2003 ordnet an, dass die Freistellungsvoraussetzungen nach Art. 101 Abs. 3 AEUV als Legalausnahme vom Kartellverbot des Art. 101 Abs. 1 AEUV gelten. Vereinbarungen, Beschlüsse und abgestimmte Verhaltensweisen, die den

---

72 EuGH, Rs. C-453/99 (Courage./.Crehan), Slg. 2001, I-6297, Rn. 25 ff.; verb. Rs. C-295–298/04 (Manfredi u.a.), Slg. 2006, I-6619, Rn. 60 ff. S. dazu auch A. *Heinemann*, Interferenzen zwischen öffentlichem Recht und Privatrecht in der Wettbewerbspolitik, in: FS Bieber (2007), S. 681 ff.
73 *Eilmansberger*, in: Streinz, Art. 101 Rn. 129 ff.
74 Vgl. dazu auch die Leitlinien der Kommission zur Anwendung von Art. 81 Abs. 3 EGV, ABl. C 101/2004, 97 = HER I A 50/4.49.
75 Beispiele: E Kommission 15.12.1975 (Bayer/Gist-Brocades), ABl. L 30/1976, 13 (Spezialisierungsvereinbarungen im Penicillin-Sektor).
76 EuGH Rs. 258/78 (Nungesser./.Kommission), Slg. 1982, 2015; Rs. 45/85 (Verband der Sachversicherer./.Kommission), Slg. 1987, 405.
77 E Kommission v. 15.9.1999 (REIMS II), ABl. L 275/1999, 17.

Tatbestand des Art. 101 Abs. 1 AEUV erfüllen, sind danach nicht verboten, wenn sie die Voraussetzungen des Art. 101 Abs. 3 AEUV erfüllen, und zwar ohne dass dies in einer besonderen Entscheidung festgestellt werden müsste. Wenn eine Vereinbarung oder ein Beschluss die Voraussetzungen für eine Freistellung erfüllt, ist diese auch ohne Weiteres von der Nichtigkeit gemäß Art. 101 Abs. 2 AEUV ausgenommen. Im Unterschied zu der nach der VO Nr. 17 bestehenden Rechtslage müssen jetzt auch nationale Gerichte und die Wettbewerbsbehörden der Mitgliedstaaten im Rahmen der Anwendung des Art. 101 AEUV das Vorliegen der Voraussetzungen von Art. 101 Abs. 3 AEUV prüfen (*Rn. 10*).

> Die VO Nr. 17 sah vor, dass Vereinbarungen, Beschlüsse und abgestimmte Verhaltensweisen, für die eine Freistellung nach Art. 101 Abs. 3 AEUV in Anspruch genommen werden sollte, bei der Kommission angemeldet werden mussten. Bei Vorliegen der Voraussetzungen erteilte die Kommission eine Einzelfreistellung im Wege eines Beschlusses im Sinne des Art. 288 AEUV, der konstitutive Wirkung zukam.
>
> Die mit der Einführung des Legalsystems verbundene Aufgabe des Freistellungsmonopols soll die Kommission von Routineaufgaben entlasten und ihr die Möglichkeit geben, neue Schwerpunkte im Bereich der Durchsetzung des Kartellrechts zu setzen. Darüber hinaus sollten die Unternehmen von den Kosten entlastet werden, die durch das System der obligatorischen Notifizierung entstanden.

3. Gruppenweise Freistellung

Gemäß Art. 101 Abs. 3 AEUV können nicht nur einzelne Vereinbarungen, sondern auch Gruppen von Vereinbarungen, Beschlüssen und abgestimmten Verhaltensweisen freigestellt werden. Die Gruppenfreistellungen ergehen als Verordnungen im Sinne von Art. 288 Abs. 2 AEUV. Sie können unmittelbar durch den Rat erteilt werden (Art. 103 Abs. 2 lit b) AEUV). Der Rat ermächtigt jedoch regelmäßig die Kommission dazu,[78] bestimmte Gruppen von Vereinbarungen in Durchführungsverordnungen freizustellen. Die Befugnis der Kommission zum Erlass solcher Verordnungen ist nunmehr ausdrücklich vertraglich vorgesehen (Art. 105 Abs. 3 AEUV).

Im Bereich vertikaler Vereinbarungen ist eine Gruppenfreistellungsverordnung der Kommission für Gruppen von **vertikalen Vereinbarungen** und aufeinander abgestimmten Verhaltensweisen[79] anwendbar. Daneben besteht eine spezielle Gruppenfreistellungsverordnung für vertikale Vereinbarungen und abgestimmte Verhaltensweisen im **Kraftfahrzeugsektor**.[80]

Weitere Gruppenfreistellungsverordnungen betreffen **Technologietransfer-Vereinbarungen**,[81] **Spezialisierungsvereinbarungen**,[82] Vereinbarungen über **Forschung und Entwicklung**,[83] Vereinbarungen im Bereich der **Versicherungswirtschaft**,[84] abgestimmte Verhaltensweisen zwischen **Schifffahrtsunternehmen**[85] und Vereinbarungen im Bereich

---

78 Siehe etwa VO 19/65, ABl. 36/1965, 533 = *HER I A 50/4.2*; VO 2821/71, ABl. L 285/1971, 4 = *HER I A 50/4.4*; VO 1534/91, ABl. L 143/1991, 1 = *HER I A 50/4.20*; VO 246/2009, ABl. L 79/2009, 1 = *HER I A 50/4.53*; VO 487/2009, ABl. L 148/2009, 1 = *HER I A 50/4.54*.
79 ABl. L 102/2010, 1 = *HER I A 50/4.57*. S. dazu auch die Leitlinien für vertikale Beschränkungen, ABl. C 130/2010, 1, Rn. 23 ff. = *HER I A 50/4.58*.
80 VO 461/2010, ABl. L 129/2010, 52 = *HER I A 50/4.59*.
81 VO 772/2004, ABl. L 123/2004, 11 = *HER I A 50/4.50*.
82 VO 1218/2010, ABl. L 335/2010, 43 = *HER I A 50/4.61*.
83 VO 1217/2010, ABl. L 335/2010, 36 = *HER I A 50/4.60*.
84 VO 267/2010, ABl. L 83/2010, 1 = *HER I A 50/4.56*.
85 VO 906/2009, ABl. L 256/2009, 31 = *HER I A 50/4.55*.

der **Konsultation über Flugtarife** sowie Vereinbarungen über **Zeitnischen auf Flughäfen**.[86]

Die von einer Gruppenfreistellungsverordnung erfassten Vereinbarungen und Verhaltensweisen sind ohne Weiteres freigestellt. Staatliche Behörden und Gerichte sind bei der Beurteilung eines kartellrechtlich relevanten Sachverhalts, der in den Anwendungsbereich einer Gruppenfreistellungverordnung fällt, an diese gebunden. Ausnahmsweise können nationale Wettbewerbsbehörden unter den Voraussetzungen des Art. 29 Abs. 2 VO 1/2004 den Rechtsvorteil der Gruppenfreistellungsverordnung entziehen.

D. Verbot des Missbrauchs einer marktbeherrschenden Stellung

I. Allgemeines

25 Gemäß **Art. 102 AEUV** ist die missbräuchliche Ausnutzung einer beherrschenden Stellung im Binnenmarkt oder einem wesentlichen Teil des Binnenmarkts verboten, soweit sie den Handel zwischen den Mitgliedstaaten beeinträchtigen kann. Art. 102 AEUV hat – wie auch Art. 101 AEUV – den Zweck, den Wettbewerb innerhalb des Binnenmarkts vor Verfälschungen zu schützen. Im Unterschied zu Art. 101 AEUV, der stets ein Zusammenwirken von Unternehmen voraussetzt, richtet sich Art. 102 AEUV auch und gerade gegen ein einseitiges missbräuchliches Vorgehen marktmächtiger Unternehmen. Die Vorschrift des Art. 102 AEUV ist neben Art. 101 AEUV anwendbar.[87] Insbesondere steht auch eine Freistellung gemäß Art. 101 Abs. 3 AEUV der Anwendung von Art. 102 AEUV nicht entgegen.[88]

> Exemplarisch für die Tragweite von Art. 102 AEUV ist der Fall „United Brands": Die Kommission leitete im März 1975 ein Verfahren nach Art. 102 AEUV gegen die United Brands Company (U.B.C) mit Sitz in New York und deren Tochtergesellschaft in Rotterdam ein. Bei der U.B.C. handelte es sich um die bedeutendste Gruppe im Bananengeschäft; sie tätigte etwa 40 % des Umsatzes an Bananen in der EG und besaß aufgrund ihrer vertikalen Struktur (von eigenen Plantagen bis hin zur Absatzförderung) eine starke wirtschaftliche Stellung. In einer Entscheidung vom 17. Dezember 1975 warf die Kommission dem Unternehmen vor, durch folgende Maßnahmen gegen Art. 102 AEUV verstoßen zu haben:
> - es habe unabhängigen Vertriebshändlern und Reifereien verboten, die Bananen im grünen Zustand weiterzuverkaufen;
> - es habe seinen Kunden gegenüber – je nach Mitgliedstaat – eine Politik ungleicher Preise betrieben, ohne dass dies objektiv begründet gewesen wäre;
> - es habe von seinen Kunden unangemessene Preise verlangt;
> - es habe zwei Jahre lang einer dänischen Gesellschaft die Belieferung mit Bananen verweigert.
>
> Der EuGH hat die Entscheidung weitgehend (Ausnahme: der Vorwurf unangemessener Preise und die Höhe der Geldbuße) bestätigt.[89]

II. Tatbestand des Art. 102 AEUV

26 Der **Tatbestand** des Missbrauchs einer marktbeherrschenden Stellung im Sinne des Art. 102 AEUV setzt voraus, dass **drei Voraussetzungen** vorliegen: die beherrschende

---

86 VO 1459/2006, ABl. L 272/2006, 1 = *HER I A* 50/4.51.
87 Vgl. EuGH, verb. Rs. 40–48, 50, 54–56, 111, 113, 114/73 (Suiker Unie), Slg. 1975, 1663; Rs. 66/86 (Ahmed Saeed), Slg. 1989, 803, Rn. 37.
88 EuG, Rs. T-51/89 (Tetra Pak./.Kommission), Slg. 1990, II-309, Rn. 25 f.; Rs. T-65/89 (BPB Industries und British Gypsum./.Kommission), Slg. 1993, II-389, Rn. 75.
89 E Kommission v. 17.12.1975 (United Brands), ABl. L 95/1976, 1; EuGH Rs. 27/76 (United Brands), Slg. 1978, 207.

Stellung eines oder mehrerer Unternehmen auf dem Binnenmarkt, die missbräuchliche Ausnutzung dieser Stellung und die Möglichkeit einer Beeinträchtigung des Handels zwischen den Mitgliedstaaten.[90]

1. Begriff der beherrschenden Stellung

Das Tatbestandsmerkmal der beherrschenden Stellung wird in Art. 102 Abs. 1 AEUV nicht definiert. Nach der Rechtsprechung des EuGH ist mit der beherrschenden Stellung im Sinne des Art. 102 AEUV „die **wirtschaftliche Machtstellung eines Unternehmens** gemeint, die dieses in die Lage versetzt, die **Aufrechterhaltung eines wirksamen Wettbewerbs auf dem relevanten Markt zu verhindern**, indem sie ihm die Möglichkeit verschafft, sich seinen **Wettbewerbern**, seinen **Abnehmern** und letztlich den **Verbrauchern** gegenüber **in einem nennenswerten Umfang unabhängig** zu verhalten."[91]

27

Der Inhaber der marktbeherrschenden Stellung muss ein **Unternehmen** sein (*Rn. 14*). Aus dem Wortlaut von Art. 102 AEUV ergibt sich zudem, dass **auch mehrere Unternehmen** gemeinsam eine marktbeherrschende Stellung einnehmen können (kollektive Marktbeherrschung).

Bei der Prüfung, ob einem Unternehmen eine beherrschende Stellung zukommt, sind insbesondere die **Marktanteile** des Unternehmens und die **Marktstruktur** zu berücksichtigen. Aber auch **weitere Umstände**, wie der Umfang des potenziellen Wettbewerbs, das Vorhandensein von Marktzutrittsschranken, der Grad der vertikalen Integration des Unternehmens, oder ein technischer oder kommerzieller Vorsprung vor den Wettbewerbern sind gegebenenfalls in die Beurteilung einzubeziehen.[92]

2. Relevanter Markt

Die Anwendung des Tatbestandsmerkmals der beherrschenden Stellung setzt die Bestimmung des relevanten Marktes voraus. Dieser ist sowohl in sachlicher als auch in räumlicher Hinsicht abzugrenzen. Die Kommission hat die Begriffe in einer Bekanntmachung über die Definition des relevanten Marktes erläutert.[93]

28

Der **sachlich relevante Markt** umfasst sämtliche Erzeugnisse oder Dienstleistungen, die von den Verbrauchern hinsichtlich ihrer Eigenschaften, Preise und ihres vorgesehenen Verwendungszweck als austauschbar oder substituierbar angesehen werden.[94] Die Marktabgrenzung hat also nach dem Prinzip der funktionellen Äquivalenz aus der Sicht der Marktgegenseite zu erfolgen.

> Ein wichtiges Instrument zur Bestimmung des sachlich relevanten Marktes ist die Untersuchung der **Kreuzpreiselastizität**. Dabei ist zu prüfen, auf welche Weise die Kunden wahrscheinlich auf einen kleinen, aber signifikanten Preisanstieg des fraglichen Produkts oder der fraglichen Dienstleistung reagieren würden.[95] Nach der Bekanntmachung der Kommission gehören zwei Produkte zum gleichen sachlichen Markt, wenn die Kunden als Reaktion auf eine kleine, bleibende Erhöhung der relativen Preise im Bereich zwischen 5 und 10 % für ein Pro-

---

90 EuGH, Rs. 24/67 (Parke Davis), Slg. 1968, 86, 112; *Schröter*, in: G/S, Art. 82 Rn. 1.
91 EuGH, Rs. 27/76 (United Brands), Slg. 1978, 207, Rn. 63/66; Rs. 85/76 (Hoffmann-La Roche), Slg. 1979, 461, Rn. 38 (st. Rspr.).
92 Eingehend zum Nachweis der beherrschenden Stellung *Schröter/Bartl*, in: /Schröter/Jakob/Klotz/Mederer, Art. 102 Rn. 64 ff.
93 ABl. C 372/1997, 5 = HER I A 50/1.6.
94 Bekanntmachung, ABl. C 372/1997, 5, Rn. 7 = HER I A 50/1.6; EuG, Rs. T-340/03 (France Télécom./.Kommission), Slg. 2007, II-107, Rn. 78 ff.
95 E Kommission v. 20.7.1999 (Fussballweltmeisterschaft 1998), ABl. L 5/2000, 55, Rn. 69.

dukt in einem Umfang auf das andere Produkt ausweichen würden, dass durch den Absatzrückgang die Preiserhöhung nicht mehr einträglich wäre.[96]

Der **räumlich relevante Markt** umfasst das Gebiet, in dem die beteiligten Unternehmen die relevanten Produkte oder Dienstleistungen anbieten, in dem die Wettbewerbsbedingungen hinreichend homogen sind und das sich von benachbarten Gebieten durch spürbar unterschiedliche Wettbewerbsbedingungen unterscheidet.[97]

Der räumlich relevante Markt muss zudem wenigstens einen **wesentlichen Teil des Binnenmarkts** ausmachen. Ein geografisch relevanter Markt, der sich auf das gesamte Territorium eines Mitgliedstaats erstreckt, ist als wesentlicher Teil des Binnenmarkts anzusehen. Auch größere Regionen, die entweder innerhalb eines Mitgliedstaates liegen oder sich grenzüberschreitend auf Teile mehrerer Mitgliedstaaten erstrecken können, erfüllen diese Voraussetzung.[98] Maßgebliches Kriterium ist die wirtschaftliche Bedeutung des Gebietes für den Binnenmarkt, an die der Gerichtshof jedoch keine sehr hohen Anforderungen stellt. Im Fall „Suiker Unie" sah der EuGH ein Gebiet, auf das ein Anteil von 7,5 % der gesamten Zuckerproduktion und ein Anteil von 5 % am gesamten Zuckerverbrauch der Union entfiel, wesentlichen Teil des Binnenmarkts an.[99] Aufgrund ihrer überregionalen wirtschaftlichen Bedeutung können auch wichtige Seehäfen und Flughäfen entsprechend zu qualifizieren sein.[100]

3. Missbräuchliche Ausnutzung

29   Ein **Missbrauch** im Sinne von Art. 102 AEUV bildet kein sittlich missbilligtes subjektiv vorwerfbares Verhalten, sondern einen von der Wettbewerbsordnung missbilligten Erfolg. Art. 102 AEUV enthält also keine Deliktsnorm. Seine Anwendung ist nicht vom Verschulden abhängig.[101] Aus dem Wortlaut der Wortschrift ergibt sich, dass nicht bereits das bloße Innehaben oder Anstreben einer marktbeherrschenden Stellung einen Verstoß gegen Art. 102 AEUV begründet, sondern erst das missbräuchliche Ausnutzen einer solchen Stellung. Nach der Rechtsprechung erfasst der Begriff der missbräuchlichen Ausnutzung „die Verhaltensweisen eines Unternehmens in beherrschender Stellung, die die Struktur eines Marktes beeinflussen können, auf dem der Wettbewerb gerade wegen der Anwesenheit des fraglichen Unternehmens bereits geschwächt ist, und die die Aufrechterhaltung des auf dem Markt noch bestehenden Wettbewerbs oder dessen Entwicklung durch die Verwendung von Mitteln behindern, welche von den Mitteln eines normalen Produkt- oder Dienstleistungswettbewerbs auf der Grundlage der Leistungen der Marktbürger abweichen."[102]

---

96 Bekanntmachung, ABl. C 372/1997, 5, Rn. 17 = HER I A 50/1.6. S. auch das Beispiel in Rn. 18 der Bekanntmachung.
97 Bekanntmachung, ABl. C 372/1997, 5, Rn. 8 = HER I A 50/1.6.
98 *Schröter/Bartl*, in: Schröter/Jakob/Klotz/Mederer, Art. 102 Rn. 159 ff. m.w.N.
99 EuGH, verb. Rs. 40–48, 50, 54–56, 111, 113, 114/73 (Suiker Unie), Slg. 1975, 1663.
100 EuGH, Rs. C-179/90 (Porto di Genova), Slg. 1991, I-5889, Rn. 15; E Kommission v. 14.1.1998 (Flughafen Frankfurt/Main), ABl. L 72/1998, 30, Rn. 57 f.
101 Ein Verschulden ist nur für die Verhängung einer Geldbuße erforderlich (Art. 23 VO Nr. 1/2003).
102 EuGH, Rs. 85/76 (Hoffmann-La Roche), Slg. 1979, 461, Rn. 91; Rs. C-62/86 (AKZO), Slg. 1991, I-3359, Rn. 69; EuG, Rs. T-65/89 (BPB Industries und British Gypsum), Slg. 1993, II-389, Rn. 118.

Art. 102 Abs. 2 AEUV enthält einen nicht abschließenden[103] **Beispielskatalog** von missbräuchlichen Verhaltensweisen marktbeherrschender Unternehmen.[104] Unter die **Erzwingung unangemessener Preis- und Geschäftsbedingungen** (Art. 102 Abs. 2 lit. a) AEUV) fallen etwa die Anwendung überhöhter Preise und die Anwendung unangemessen niedriger Preise zum Zwecke der Verdrängung von Wettbewerbern oder die Auferlegung von Verwendungsbeschränkungen. Eine **Einschränkung der Erzeugung**, des **Absatzes** oder der **technischen Entwicklung zum Schaden der Verbraucher** (Art. 102 Abs. 2 lit. b) AEUV) kann zum Beispiel durch Wettbewerbsverbote, Exportverbote oder auch durch die Anwendung von Treuerabatten erfolgen. Art. 102 Abs. 2 lit. c) und d) AEUV nennen als weitere Beispiele die **Diskriminierung**, d.h. die Anwendung unterschiedlicher Bedingungen auf gleichwertige Leistungen, sowie **Kopplungsgeschäfte**, bei denen unzusammenhängende Bedingungen oder Leistungen miteinander verknüpft werden.

Eine wichtige Fallgruppe von Missbräuchen, die nicht vollständig von den Beispielstatbeständen erfasst wird, bildet die ungerechtfertigte **Geschäftsverweigerung**.[105] Die Kommission geht, in Anlehnung an die im amerikanischen Antitrustrecht entwickelte „essential facilities"-Doktrin,[106] davon aus, dass ein Unternehmen seine beherrschende Stellung auch dadurch missbrauchen kann, dass es seinen Wettbewerbern den Zugang zu einer ihr gehörenden und selbstgenutzten wichtigen Anlage oder Infrastruktur, ohne die seine Wettbewerber ihren Kunden keine Dienstleistungen anbieten können, verweigert.[107] Ausnahmsweise kann auch die Weigerung des Inhabers eines Immaterialgüterrechts, einem Dritten eine Lizenz zu erteilen, einen Missbrauch darstellen.[108]

Grundsätzlich setzt Art. 102 AEUV voraus, dass sich das **missbräuchliche Verhalten auf dem beherrschten Markt auswirkt**, auch wenn beide nicht völlig identisch sein müssen.[109] Art. 102 AEUV kann aber auch dann anwendbar sein, wenn der Markt, auf den sich das Verhalten auswirkt, zwar von dem beherrschten Markt verschieden ist, zwischen beiden aber ein ausreichend enger Zusammenhang besteht.[110] Ein besonderer Zusammenhang zwischen der marktbeherrschenden Stellung und dem missbräuchlichen Verhalten, etwa eine Kausalität zwischen Marktbeherrschung und Marktmissbrauch, ist dagegen nicht erforderlich.[111] So hat die Kommission etwa den Tatbestand des Art. 102 AEUV in einem Fall als erfüllt angesehen, in dem ein marktbeherrschendes Unternehmen unzutreffende Angaben bei der Patentanmeldung gemacht hat.[112]

---

103 EuGH, Rs. 6/72 (Europemballage u. Continental Can./.Kommission), Slg. 1973, 215, Rn. 26; Rs. C-333/94 P (Tetra Pak./.Kommission), Slg. 1996, I-5951, Rn. 37; Rs. C-95/04 P (British Airways./.Kommission), Slg. 2007, I-2331, Rn. 57.
104 Ausführlich zu den Beispielen *Schröter/Bartl*, in: Schröter/Jakob/Klotz/Mederer, Art. 102 Rn. 190 ff.
105 Dazu *Schröter/Bartl*, in: Schröter/Jakob/Klotz/Mederer, Art. 102 Rn. 273 ff.
106 Vgl. *Markert, K.*, Die Anwendung des US-amerikanischen Monopolisierungsverbots auf Verweigerungen des Zugangs zu „wesentlichen Einrichtungen", in: FS Mestmäcker (1996), 661 ff.
107 E Kommission v. 21.12.1993 (Hafen von Rødby), ABl. L 55/1994, 52, Rn. 12; S. auch E Kommission v. 21.12.1993 (Sea Containers), ABl. L 15/1994, 8; E Kommission v. 11.6.1992 (B&I), Wettbewerbsbericht 1992, Ziff. 219. Vgl. aber auch EuGH Rs. C-7/97 (Oscar Bronner), Slg. 1998, I-7791.
108 E Kommission v. 21.12.1988 (Magill TV Guide), ABl. L 78/1989, 43; EuGH, verb. Rs. C-241, 242/91 P (RTE, ITP./.Kommission), Slg. 1995, I-743; Rs. C-418/01 (IMS Health./.NDC), Slg. 2004, I-5039, Rn. 34 ff.
109 EuGH, Rs. C62/86 (AKZO), Slg. 1991, 3359, Rn. 45.
110 EuGH, Rs. C-333/94 P (Tetra Pak), Slg. 1996, I-5951, Rn. 27 ff.
111 EuGH, Rs. 85/76 (Hoffmann-La Roche), Slg. 1979, 461, Rn. 91.
112 E Kommission v. 15.6.2005 (AstraZeneca).; EuG, Rs. T-321/05 (AstraZeneca), Slg. 2010, II-2805. Dazu *Berg/Brankin*, EuZW 2011, 91 ff.

4. Beeinträchtigung des Handels zwischen Mitgliedstaaten

31   Der Missbrauch der marktbeherrschenden Stellung muss schließlich auch geeignet sein, den Handel zwischen den Mitgliedstaaten zu beeinträchtigen.[113] Diese Voraussetzung ist trotz anderer sprachlicher Fassung mit der **Zwischenstaatlichkeitsklausel** in Art. 101 Abs. 1 AEUV identisch (*Rn. 18*).

III. Rechtsfolgen

32   Ist der Tatbestand erfüllt, so ergeben sich die zivilrechtlichen Folgen aus den nationalen Vorschriften, die verwaltungsrechtlichen Folgen aus dem Unionsrecht.

Eine ausdrückliche Regelung der Nichtigkeit aufgezwungener Verträge, wie sie Art. 101 Abs. 2 AEUV für Vereinbarungen trifft, sieht Art. 102 AEUV nicht vor. Diese Folge ergibt sich ggf. aus staatlichem Recht,[114] nach deutschem Recht aus § 134 BGB, da Art. 102 AEUV ein gesetzliches Verbot enthält.[115] Beseitigungs-, Unterlassungs- und Schadensersatzansprüche ergeben sich aus § 33 Abs. 1, 3 GWB.[116]

Aus Art. 1 Abs. 3 VO 1/2003 ergibt sich, dass Art. 102 AEUV – ebenso wie Art. 101 AEUV – ein unmittelbar wirkendes Verbot enthält, einer Entscheidung der Kommission insoweit also nur deklaratorische Bedeutung zukommt. Eine Freistellung kommt für ein missbräuchliches Verhalten naturgemäß nicht in Betracht.

E. Das Verfahren in Kartell- und Missbrauchsfällen

I. Verfahren bei der Kommission

33   Der Kommission obliegt die Prüfung und Ahndung vertragswidriger Verhaltensweisen. Zu diesem Zweck verleiht ihr die VO 1/2003 umfassende Untersuchungs- und Sanktionsrechte bei der Anwendung der Art. 101 und 102 AEUV.[117] Neben der Kommission sind aber auch die Wettbewerbsbehörden der Mitgliedstaaten und die staatlichen Gerichte für die Anwendung dieser Vorschriften zuständig.

34   Die Kommission kann aus eigener Initiative oder auf Antrag **Untersuchungen** über mögliche **Zuwiderhandlungen** durchführen (Art. 7 VO 1/2003).[118] Zu diesem Zweck darf sie insbesondere Auskünfte verlangen, Befragungen durchführen und Nachprüfungen in Räumlichkeiten (Geschäftsräumen, Privatwohnungen, Fahrzeugen) durchführen (Art. 18 ff. VO 1/2003). Die Nachprüfungen erfolgen i.d.R. in Zusammenarbeit mit den zuständigen Behörden der Mitgliedstaaten. Bei Nachprüfungen, die nicht auf der Mitwirkung der betroffenen Unternehmen beruhen, hat die Kommission die im staatlichen Recht vorgesehenen Verfahrensgarantien zu beachten.[119] Die Kommission kann schuldhafte Verstöße von Unternehmen gegen Mitwirkungspflichten bei der Un-

---

113   Der EuGH hob z.B. in der Rs. 22/78 (Hugin./.Kommission), Slg. 1979, 1869, den Beschluss der Kommission (ABl. L 22/1978, 23) auf, da dieses Kriterium nicht erfüllt war.
114   EuGH, Rs. 22/79 (Greenwich Film./.Kommission), Slg. 1979, 3275.
115   *Schröter*, in: Schröter/Jakob/Klotz/Mederer, Art. 102 Rn. 56; *Grill*, in: Lenz/Borchardt, Art. 102 Rn. 44; *Eilmansberger*, in: Streinz, Art. 102 Rn. 126.
116   *Eilmansberger*, in: Streinz, Art. 102 Rn. 131.
117   Ausführungsbestimmungen enthält die VO 733/2004 der Kommission, ABl. L 123/2004, 18 = HER I A 50/3.20.
118   Zur Behandlung von Beschwerden s. die Bekanntmachung der Kommission ABl. C 101/2004, 65 = HER I A 50/3.18.
119   EuGH, verb. Rs. 46/87 und 277/88 (Hoechst./.Kommission), Slg. 1989, 2859. Vgl. auch Art. 20 Abs. 7 VO 1/2003.

tersuchung von Zuwiderhandlungen mit Geldbußen in Höhe von bis zu 1 % des im Vorjahr erzielten Gesamtumsatzes ahnden (Art. 23 VO 1/2003).

Ausnahmsweise kann die Kommission auch, soweit sie dies aus Gründen des öffentlichen Interesses für erforderlich hält, durch Entscheidung feststellen, dass ein Verhalten nicht gemäß Art. 101 AEUV verboten ist oder die Voraussetzungen des Art. 102 AEUV nicht erfüllt (**Feststellung der Nichtanwendbarkeit** – Art. 10 VO 1/2003).[120]

Die verwaltungsrechtlichen **Sanktionen**, die die Kommission aussprechen kann, wenn sie eine Zuwiderhandlung feststellt, stehen im pflichtgemäßen Ermessen der Behörde. Gegen ein verbotenes Verhalten kann die Kommission zunächst eine Abstellungsanordnung treffen (Art. 7 Abs. 1 VO 1/2003), die wegen der Direktwirkung rein deklaratorisch ist. Sie kann sich – je nach Art des Verstoßes und den Bedingungen des Marktes – mit einer Unterlassungsverpflichtung begnügen oder aber bestimmte Handlungen anordnen (z.B. Streichung von Klauseln aus Satzungen, AGB),[121] oder gewisse Tätigkeiten verbieten (z.B. Beschränkungen von Weiterverkäufen).[122] Die Befugnisse der Kommission umfassen auch den Erlass derjenigen einstweiligen Maßnahmen, die erforderlich sind, um die praktische Wirksamkeit der Entscheidungen, die die Kommission möglicherweise treffen wird, zu gewährleisten.[123] Die Abstellungsanordnung kann mit der Verhängung eines Zwangsgeldes verbunden werden (Art. 24 VO 1/2003), damit die Entscheidung in der Zukunft beachtet und die getroffenen Anordnungen umgehend befolgt werden. Bei einem schuldhaften Verstoß gegen Art. 101 oder 102 AEUV kann die Kommission auch Geldbußen verhängen (Art. 23 VO 1/2003).[124] Die Mitwirkung von an einem Verstoß gegen Art. 101 AEUV beteiligten Unternehmen am Verfahren der Kommission kann die Herabsetzung oder den Erlass der Geldbuße rechtfertigen.[125] Die Geldbußen können bis zu 10 % des Jahresumsatzes des betreffenden Unternehmens betragen.[126]

Die VO 1/2003 regelt auch die **Verfolgungs- und Vollstreckungsverjährung** für die Befugnis der Kommission, Geldbußen oder sonstige Sanktionen wegen Zuwiderhandlungen gegen die Wettbewerbsvorschriften zu verhängen. Sie sieht vor, dass die Verjährung im Allgemeinen nach fünf Jahren, hinsichtlich formeller Vergehen bereits nach drei Jahren eintritt (Art. 25 f. VO 1/2003).

Im Rahmen ihrer Untersuchungsbefugnisse kann die Kommission auch die Untersuchung einzelner Wirtschaftszweige oder – Sektor übergreifend – bestimmter Arten von Vereinbarungen durchführen, wenn Anhaltspunkte dafür bestehen, dass der Wettbewerb im Binnenmarkt eingeschränkt oder verfälscht ist (Art. 17 VO 1/2003).

---

120 Zur informellen Beratung von Unternehmen durch die Kommission mithilfe von Beratungsschreiben s. die Bekanntmachung der Kommission ABl. C 101/2004, 78 = HER I A 50/3.19.
121 E Kommission v. 2.6.1971 (GEMA), ABl. L 166/1971, 15.
122 E Kommisson v. 23.9.1964 (Grundig-Consten), ABl. L 161/1964, 2545, 2553.
123 Art. 8 VO 1/2003. Vgl. auch EuGH, Rs. 792/79 (Camera Care), Slg. 1980, 119. Zu den Grenzen der Befugnisse der Kommission: EuGH, Rs. 228, 229/82 (Ford), Slg. 1984, 1129.
124 S. dazu auch die Leitlinien der Kommission für das Verfahren zur Festsetzung von Geldbußen, ABl. C 210/2006, 2 = HER I A 50/1.14.
125 S. dazu auch die Mitteilung der Kommission über den Erlass und die Ermäßigung von Geldbußen in Kartellsachen, ABl. C 298/2006, 17 = HER I A 50/1.12. Zu nationalen Kronzeugenregelungen s. EuGH, Rs. C-360/09 (Pfleiderer), Slg. 2011, I-5186.
126 Beispiel: In einem Beschluss v. 24.3.2004 hat die Kommission eine Geldbuße von 497.196.304 Euro wegen Verstößen gegen Art. 102 AEUV gegen Microsoft verhängt. E Kommission (Microsoft) v. 24.3.2004, WuW 2004, 673, in Bezug auf die Höhe der Geldbuße bestätigt durch EuG, Rs. T-201/04, Slg. 2007, I-3601.

So hat die Kommission etwa im Juni 2005 Untersuchungen im Bereich von Finanzdienstleistungen (Privatkundenbankgeschäfte und Unternehmensversicherungen) und im Energiesektor (Gas- und Strommärkte) und im Januar 2008 eine Untersuchung im Bereich der pharmazeutischen Industrie eingeleitet.[127]

38 Im Kartellverfahren muss das Erfordernis der effektiven Realisierung der Wettbewerbsfähigkeit mit Prinzipen der **Rechtsstaatlichkeit** und des **Grundrechtsschutzes** in Einklang gebracht werden. Die Rechtsprechung betont deshalb die Verpflichtung der Kommission zur besonderen Beachtung des Schutzes privater Interessen.[128] Die VO 1/2003 enthält Vorschriften zum Schutz der Verfahrensrechte der Beteiligten und zum Schutz vertraulicher Informationen. Auch besteht bei der Kommission die Einrichtung eines **Anhörungsbeauftragten,** der die ordnungsgemäße Gewährung rechtlichen Gehörs bei Anhörungen im Rahmen des Wettbewerbsverfahrens sicherstellen soll.[129]

II. Zusammenarbeit von Behörden und Gerichten

39 Die allgemeine Pflicht zur Zusammenarbeit[130] zwischen Kommission und den Mitgliedstaaten wird in der VO 1/2003 für den Bereich der Anwendung der Art. 101 und 102 AEUV konkretisiert.[131] Die VO sieht insbesondere vor, dass die **Kommission und die nationalen Wettbewerbsbehörden** eng zusammenarbeiten und sich umfassend unterrichten. Nationale Wettbewerbsbehörden und die Kommission können die Befassung mit einem Sachverhalt ablehnen, wenn dieser bereits Gegenstand eines Verfahrens vor einer anderen nationalen Wettbewerbsbehörde ist (Art. 13 VO 1/2003). Wenn die Kommission ein Verfahren zur Anwendung der Art. 101 oder 102 AEUV einleitet, entfällt die Zuständigkeit der Wettbewerbsbehörden der Mitgliedstaaten (Art. 11 Abs. 6 VO 1/2003). Die Kommission kann auch bereits bei einer nationalen Behörde anhängige Verfahren an sich ziehen, sie muss diese zuvor allerdings konsultieren (Art. 11 Abs. 6 VO 1/2003). Die Zusammenarbeit zwischen der Kommission und den nationalen Kartellbehörden wird im Rahmen eines „Europäischen Wettbewerbsnetzes" organisiert.[132] Das Netz dient insbesondere dem Informationsaustausch, der effizienten Organisation der Fallverteilung zwischen den Behörden und der gegenseitigen Unterstützung bei Ermittlungen. Die Mitgliedstaaten wirken zudem im Rahmen eines Beratenden Ausschusses für Monopol- und Kartellfragen an der Vorbereitung von Entscheidungen der Kommission mit.

Die **Gerichte der Mitgliedstaaten** können die Kommission um Informationen und Stellungnahmen ersuchen. Die Kommission ist zudem berechtigt, auch aus eigener Initiative den Gerichten schriftliche Stellungnahmen zu übermitteln. Die Mitgliedstaaten sind außerdem verpflichtet, der Kommission eine Kopie jedes Urteils eines nationalen Ge-

---

127 Zu den Einzelheiten dieser Untersuchungen s.: http://ec.europa.eu/competition/antitrust/sector_inquiries.html.
128 EuGH, Rs. 53/85 (AKZO./.Kommission), Slg. 1986, 1965; Rs. 145/83 (Adams./.Kommission), Slg. 1985, 3539; Rs. 60/81 (IBM), Slg. 1981, 2639; Rs. 155/79 (AM u. S), Slg. 1982, 1575; verb. Rs. 46/87 und 227/88 (Hoechst./.Kommission), Slg. 1989, 2859.
129 Beschluss 695/2011 des Präsidenten der Europäischen Kommission v. 13.10. 2011 über Funktion und Mandat des Anhörungsbeauftragten in bestimmten Wettbewerbsverfahren, ABl. L 275/2011, 29 = HER I A 50/3.23.
130 Konkretisiert z.B. durch Artikel 9, 12, 19 der VO über die Fusionskontrolle. Zu den Schranken s. EuGH, Rs. C-67/91 (Dirección General de Defensa de la Competencia./.AEB u.a.), Slg. 1992, 4785. Dazu näher *Mailänder*, FS Steindorff, 1021 ff.
131 EuG, Rs. T-339/04 (France Télécom./.Kommission), Slg. 2007, II-521.
132 Vgl. dazu die Bekanntmachung der Kommission über die Zusammenarbeit innerhalb des Netzes der Wettbewerbsbehörden, ABl. C 101/2004, 43 = HER I A 50/3.16.

richts, das die Anwendung der Art. 101 und 102 AEUV betrifft, zu übermitteln (Art. 15 VO 1/2003).[133]

F. Fusionskontrolle

I. Allgemeines

Unternehmenszusammenschlüsse führen in vielen Fällen zu Kostenvorteilen und Synergien, die es den beteiligten Unternehmen erlauben, sich im Wettbewerb zu behaupten, und können damit zur Aufrechterhaltung wettbewerblicher Strukturen beitragen. Jedoch können sich Zusammenschlüsse auch nachteilig auf den Wettbewerb auswirken, etwa dann, wenn durch den Zusammenschluss von Konkurrenten auf einem Markt der Wettbewerb ausgeschaltet wird. 40

Angesichts des **Fehlens einer ausdrücklichen Regelung der Fusionskontrolle in den Verträgen** hat die Kommission zunächst versucht, mithilfe der **Art. 101** und **Art. 102 AEUV** wenigstens eine nachträgliche Kontrolle von Zusammenschlüssen auszuüben.

In seinem Urteil im Fall „Continental Can" bestätigte der EuGH im Jahr 1973 die Auffassung der Kommission, dass ein Verstoß gegen Art. 102 AEUV vorliegen kann, wenn ein Unternehmen in beherrschender Stellung diese durch einen Konzentrationsvorgang dergestalt verstärkt, dass der erreichte Beherrschungsgrad den Wettbewerb wesentlich behindert, weil nur noch Unternehmen auf dem Markt bleiben, die in ihrem Marktverhalten von dem beherrschenden Unternehmen abhängen.[134]

Im Fall „**Philip Morris**" stellte der Gerichtshof im Jahr 1987 zudem fest, dass der Erwerb einer Beteiligung am Kapital eines Wettbewerbers gegen **Art. 101 AEUV** verstoßen kann.[135]

Nach langen Vorarbeiten, deren Dauer auch unterschiedliche Vorstellungen der Mitgliedstaaten über das Ausmaß hoheitlicher Eingriffe in den Wettbewerb widerspiegelte,[136] verabschiedete der Rat **1989** die auf die Art. 103 und 352 AEUV gestützte Fusionskontrollverordnung 4064/89, die eine umfassende präventive Kontrolle von Unternehmenszusammenschlüssen erlaubte.[137] Die ursprüngliche Verordnung wurde durch die **Verordnung 139/2004** ersetzt, die am 1. Mai 2004 in Kraft getreten ist.[138] Zur Durchführung des Fusionskontrollrechts hat die Kommission Ausführungsbestimmungen erlassen[139] und die Verordnung in einer Reihe von Bekanntmachungen konkretisiert.[140] 41

Nach Wortlaut und Zweck enthält die Verordnung über die Fusionskontrolle eine **abschließende Regelung allgemeiner Art** für die in ihr festgelegten Zusammenschlusstatbestände. Die VO 139/2004 sieht deshalb in Art. 21 Abs. 1 vor, dass nur die VO auf Zusammenschlüsse im Sinne des Art. 3 der VO Anwendung findet. Als nachrangiger Rechtsakt kann die VO die Anwendbarkeit der Art. 101 und 102 AEUV auf Zusammenschlüsse allerdings nicht allgemein

---

133 Vgl. allg. zur Zusammenarbeit zwischen der Kommission und den Gerichten der Mitgliedstaaten die Bekanntmachung der Kommission ABl. C 101/2004, 54 = HER I A 50/3.17.
134 EuGH, Rs. 6/72 (Europemballage, Continental Can./.Kommission), Slg. 1973, 215.
135 EuGH verb., Rs. 142, 156/84 (BAT, Reynolds./.Kommission), Slg. 1987, 4487.
136 Dazu *Winckler/Gerondeau*, Etude critique du Règlement CEE sur le contrôle des concentrations d'entreprises, RMC 1990, 541–549.
137 VO 4064/89, ABl. L 395/1989, 1.
138 VO 139/2004, ABl. L 24/2004, 1 = HER I A 50/1.11. Im Juli 2014 hat die Kommission ein Weissbuch veröffentlicht, in dem sie eine Überarbeitung der Verordnung insbesondere im Hinblick auf die Einbeziehung des Erwerbs nichtkontrollierender Minderheitsbeteiligungen und auf eine Reform der Verweisungsregeln zur Diskussion stellt, KOM(2014) 449, 9.7.2014.
139 VO 802/2004 (Kommission), ABl. L 133/2004, 1 = HER I A 50/3.21.
140 S. z.B. die Leitlinien zur Bewertung horizontaler Zusammenschlüsse ABl. C 31/2004, 5, Leitlinien zur Bewertung nicht horizontaler Zusammenschlüsse, ABl. C 265/2008, 7 = HER I A 50/1.15.

ausschließen.[141] Bei der Annahme der VO 4064/89 durch den Rat hat die Kommission jedoch erklärt, dass sie „normalerweise" nicht beabsichtige, die Art. 101 und 102 AEUV auf Zusammenschlüsse im Sinne von Art. 3 der VO anzuwenden.[142]

II. Anwendungsbereich

42 Die Verordnung findet gemäß Art. 1 Abs. 1 der VO auf „**Zusammenschlüsse von unionsweiter Bedeutung**" Anwendung.

Als „**Zusammenschluss**" definiert Art. 3 der VO:

- Fusionen von zwei oder mehr bisher voneinander unabhängigen Unternehmen

oder

- den Erwerb der unmittelbaren oder mittelbaren Kontrolle über die Gesamtheit oder über Teile eines oder mehrerer anderer Unternehmen.

Die Gründung von Gemeinschaftsunternehmen gilt nur dann als Zusammenschluss, wenn es auf Dauer alle Funktionen einer selbstständigen wirtschaftlichen Einheit erfüllt.[143] Ein Zusammenschluss im Sinne der VO liegt nicht vor bei bestimmten Erwerbsvorgängen durch Banken und Versicherungen oder durch Beteiligungsgesellschaften sowie beim Kontrollerwerb durch den Träger eines öffentlichen Mandats im Rahmen von Insolvenzverfahren (Art. 3 Abs. 5 VO).

Von „**unionsweiter Bedeutung**" ist ein Zusammenschluss, der entweder den Kriterien des Art. 1 Abs. 2 VO oder denjenigen des Art. 1 Abs. 3 VO genügt. Gemäß **Art. 1 Abs. 2 VO** hat ein Zusammenschluss unionsweite Bedeutung, wenn kumulativ **drei Kriterien** erfüllt sind:

- der weltweite Gesamtumsatz aller beteiligten Unternehmen beträgt mehr als 5 Mrd. Euro,
- der unionsweite Gesamtumsatz von mindestens zwei beteiligten Unternehmen beträgt jeweils mehr als 250 Mio. Euro,
- die beteiligten Unternehmen erzielen jeweils nicht mehr als zwei Drittel ihres unionsweiten Gesamtumsatzes in ein und demselben Mitgliedstaat.[144]

43 Nach der Regelung des **Art. 1 Abs. 3 VO** hat ein Zusammenschluss auch dann unionsweite Bedeutung, wenn zwar die in Art. 1 Abs. 2 VO genannten Schwellenwerte nicht erreicht werden, jedoch kumulativ die folgenden **fünf Kriterien** erfüllt sind:

- der weltweite Gesamtumsatz aller beteiligten Unternehmen beträgt mehr als 2,5 Mrd. Euro,
- der Gesamtumsatz aller beteiligten Unternehmen übersteigt in mindestens drei Mitgliedstaaten jeweils 100 Mio. Euro,
- in jedem von mindestens drei der vom vorstehenden Kriterium erfassten Mitgliedstaaten beträgt der Gesamtumsatz von mindestens zwei beteiligten Unternehmen jeweils mehr als 25 Mio. Euro,
- der unionsweite Gesamtumsatz von mindestens zwei beteiligten Unternehmen übersteigt jeweils 100 Mio. Euro,

---

141 Siehe dazu im Einzelnen *Dittert*, in: Schröter/Jakob/Klotz/Mederer, Art. 21 FusionskontrollVO, Rn. 14 ff.
142 Abgedruckt in: Wettbewerbsbericht 1989, 278.
143 Dazu näher: Mitteilung der Kommission, ABl. C 95/2008, 1. = HER I A 50/4.52.
144 Zu den Einzelheiten der Berechnung des Umsatzes s. Art. 5 der VO.

- die beteiligten Unternehmen erzielen jeweils nicht mehr als zwei Drittel ihres unionsweiten Gesamtumsatzes in ein und demselben Mitgliedstaat.

III. Materieller Prüfungsmaßstab

Alle Zusammenschlüsse, die in den Anwendungsbereich der VO fallen, sind von der Kommission auf ihre Vereinbarkeit mit dem Binnenmarkt zu prüfen. Maßgebliches materielles Prüfungskriterium ist gemäß Art. 2 Abs. 2 und 3 VO, ob ein Zusammenschluss **wirksamen Wettbewerb im Binnenmarkt oder in einem wesentlichen Teil desselben erheblich behindern** würde, insbesondere durch Begründung oder Verstärkung einer beherrschenden Stellung. 44

> Das materielle Prüfkriterium wurde durch die VO 139/2004 neu gefasst. Zuvor war zu prüfen, ob ein Zusammenschluss eine beherrschende Stellung begründet oder verstärkt, durch die wirksamer Wettbewerb im Binnenmarkt oder in einem wesentlichen Teil desselben erheblich behindert würde. Mit der Neufassung des Kriteriums sollen **auch Zusammenschlüsse auf oligopolistischen Märkten erfasst werden, die sich wettbewerbsschädigend auswirken**, ohne dass das fusionierende Unternehmen eine marktbeherrschende Stellung einnimmt.

Ist das materielle Kriterium nicht erfüllt, so hat die Kommission den Zusammenschluss für vereinbar mit dem Binnenmarkt zu erklären. Führt das Vorhaben zu einer erheblichen Behinderung wirksamen Wettbewerbs, ist es für mit dem Binnenmarkt unvereinbar zu erklären. Andernfalls ist es, gegebenenfalls unter Auflagen und Bedingungen, für mit dem Binnenmarkt vereinbar zu erklären. Aus Art. 2 Abs. 1 VO ergibt sich, dass die Prüfung auf der Grundlage einer **umfassenden Bewertung** der für die **Struktur der betroffenen Märkte** und die **Marktstellung der beteiligten Unternehmen** erheblichen Umstände zu erfolgen hat. Darüber hinaus sind auch die „**Interessen der Zwischen- und Endverbraucher**" sowie die **Entwicklung des technischen und wirtschaftlichen Fortschritts**, soweit diese dem Verbraucher dient und den Wettbewerb nicht behindert", zu berücksichtigen.

Die Prüfung des Entstehens oder der Verstärkung einer beherrschenden Stellung setzt die **Bestimmung des sachlich und räumlich relevanten Marktes** voraus (*Rn. 28*). In der Entscheidungspraxis der Kommission wird auf eine genaue Marktdefinition vielfach verzichtet, wenn alle infrage kommenden Marktabgrenzungen zum gleichen Ergebnis führen.

Die **Begründung einer beherrschenden Stellung** setzt voraus, dass ein Unternehmen dazu in die Lage versetzt wird, auf einem Markt in spürbarem Maße unabhängig von Wettbewerbern und Kunden zu handeln.[145] Eine **Verstärkung einer beherrschenden Stellung** tritt ein, wenn ein Unternehmen, das bereits über einen unabhängigen Verhaltensspielraum verfügt, einen weiteren signifikanten Vorteil erhält, der den Marktzutritt oder den Ausbau der Marktstellung tatsächlicher oder potenzieller Wettbewerber künftig schwieriger machen würde.[146] Art. 2 VO erfasst, wie Art. 102 AEUV, auch den Fall der **oligopolistischen Marktbeherrschung**, d.h. den Fall einer kollektiven Marktbeherrschung durch mehrere Unternehmen in einem oligopolistischen Markt.[147] Im Fall „Airtours/First Choice" hat die Kommission 1999 erstmals einen Zusammenschluss 45

---

[145] E Kommission v. 2.10.1991 (Aerospatiale-Alenia/de Havilland), ABl. L 334/1991, 42, Rn. 51, 72.
[146] E Kommission v. 19.7.1991 (Tetra Pak/Alfa-Laval), ABl. L 290/1991, 35 (Abschnitt 4).
[147] E Kommission v. 22.7.1992 (Nestlé/Perrier), ABl. L 356/1992, 1; EuGH, verb. Rs. C-68/94 und C-30/95 (Frankreich u.a./.Kommission), Slg. 1998, I-1375 (Kali und Salz); EuG, Rs. T-102/96 (Gencor./.Kommission), Slg. 1999, II-753.

wegen der Gefahr einer oligopolistischen Marktbeherrschung durch mehr als zwei Unternehmen untersagt.[148]

Der Zusammenschluss muss überdies **kausal** für die Begründung oder Verstärkung der beherrschenden Stellung sein. An dieser Kausalität für die Verschlechterung der Wettbewerbsstruktur fehlt es, wenn feststeht, dass die Fusion **Effizienzvorteile** mit sich bringt, welche die negativen Auswirkungen auf den Wettbewerb und insbesondere potenzielle Nachteile für Verbraucher ausgleichen.[149] An der erforderlichen Kausalität fehlt es zudem im Fall einer **Sanierungsfusion**. Voraussetzung für die Annahme einer solchen ist:

- dass das erworbene Unternehmen ohne die Übernahme durch ein anderes Unternehmen kurzfristig aus dem Markt ausscheiden würde,
- dass die Marktposition des erworbenen Unternehmens im Falle seines Ausscheidens aus dem Markt dem erwerbenden Unternehmen zuwachsen würde und
- dass es keine weniger wettbewerbsschädliche Erwerbsalternative gibt (sog. „failing company defence").[150]

Auch wenn ein Zusammenschluss nicht zum Entstehen einer marktbeherrschenden Stellung führt, ist er für mit dem Binnenmarkt unvereinbar zu erklären, wenn er in sonstiger Weise zu einer erheblichen Behinderung des Wettbewerbs führt, wie dies insbesondere in oligopolistischen Märkten der Fall sein kann.

Zusätzlich zur Prüfung des Kriteriums der erheblichen Behinderung wirksamen Wettbewerbs hat die Kommission gemäß **Art. 2 Abs. 4, 5 VO** im Falle der Gründung eines kooperativen Vollfunktions-Gemeinschaftsunternehmens eine durch den Zusammenschluss verursachte **Koordinierung des Wettbewerbsverhaltens** nach den **Kriterien von Art. 101 Abs. 1 und 3 AEUV** zu prüfen.[151]

IV. Fusionskontrollverfahren

46   Zusammenschlüsse sind gemäß Art. 4 Abs. 1 der VO 139/2004 nach Vertragsschluss oder sonstiger den Tatbestand der Fusion begründender Handlungen bei der Kommission anzumelden. Die **Notifizierungspflicht** wird ergänzt durch ein **Vollzugsverbot**. Gemäß Art. 7 Abs. 1 der VO darf ein Zusammenschluss so lange nicht vollzogen werden, bis er für mit dem Binnenmarkt vereinbar erklärt worden ist. Ein unter Verstoß gegen das Verbot abgeschlossenes Rechtsgeschäft wird erst wirksam, wenn der Zusammenschluss für mit dem Binnenmarkt vereinbar erklärt wurde (Art. 7 Abs. 4 VO). Verletzungen des Vollzugsverbots können gemäß Art. 14 der VO mit Geldbußen geahndet werden. Auf Antrag kann die Kommission eine Befreiung vom Vollzugsverbot erteilen (Art. 7 Abs. 3 VO).

Mit der Anmeldung des Vorhabens beginnt ein **zweistufiges Verfahren**. In einer **ersten Prüfungsphase** hat die Kommission binnen 25 Arbeitstagen zu entscheiden, ob der Tatbestand eines relevanten Zusammenschlusses erfüllt ist und ob ernsthafte Bedenken

---

[148] E Kommission v. 22.9.1999, ABl. L 93/2000, 1 (Airtours/First Choice); wegen Beurteilungsfehlern für nichtig erklärt durch EuG, Rs. T-342/99 (Airtours./.Kommission), Slg. 2002, II-2585.
[149] Dazu im Einzelnen die Leitlinien der Kommission zur Bewertung horizontaler Zusammenschlüsse, ABl. C 31/2004, 5, Rn. 76 ff. = *HER IA* 50/1.17.
[150] EuGH, verb. Rs. C-68/94 und C-30/95 (Frankreich u.a./.Kommission), Slg. 1998, I-1375, Rn. 111 ff. (Kali und Salz). Vgl. auch E Kommission (M. 2314 – BASF/Pantochim/Eurodiol), ABl. L 132/2002, 45 und die Leitlinien der Kommission, ABl. C 31/2004, 5, Rn. 89 ff. = *HER I A* 50/1.17.
[151] *Hirsbrunner*, in: Schröter/Jakob/Klotz/Mederer, Art. 2 FusionskontrollVO, Rn. 513 ff.

hinsichtlich der Vereinbarkeit mit dem Binnenmarkt bestehen (Art. 6, 10 Abs. 1 VO). Für unproblematische Anmeldungen ist ein vereinfachtes Verfahren vorgesehen.[152] Die Frist verlängert sich auf 35 Arbeitstage, wenn ein Mitgliedstaat einen Verweisungsantrag stellt oder die Parteien Zusagen machen (Art. 10 Abs. 1 UAbs. 2 VO).

Bestehen Bedenken gegen die Vereinbarkeit des Vorhabens mit dem Binnenmarkt, dann wird durch förmliche Entscheidung das **Hauptprüfungsverfahren** eröffnet. Das Hauptverfahren ist binnen 90 Arbeitstagen durchzuführen. Die Frist verlängert sich um 15 Arbeitstage (auf 105 Arbeitstage), wenn die Parteien nach dem 54. Arbeitstag des Hauptprüfungsverfahrens Zusagen anbieten. Eine Fristverlängerung um höchstens 20 Arbeitstage kann zudem auf Antrag der Parteien oder auf Initiative der Kommission mit Zustimmung der Parteien erfolgen. Am Ende des Verfahrens stellt die Kommission entweder die Vereinbarkeit oder Unvereinbarkeit des Zusammenschlusses mit dem Binnenmarkt fest. Die Vereinbarkeitserklärung kann mit Bedingungen und Auflagen für den Zusammenschluss verbunden werden (Art. 8 VO).

Wenn die Kommission innerhalb der für die erste Prüfungsphase und das Hauptprüfungsverfahren geltenden Fristen keine Entscheidung trifft, gilt der Zusammenschluss als mit dem Binnenmarkt vereinbar erklärt (**Vereinbarkeitsfiktion**, Art. 10 Abs. 6 VO).

Auf Antrag eines Mitgliedstaates kann die Kommission ein Zusammenschlussvorhaben unter bestimmten Voraussetzungen auch ganz oder teilweise zur Prüfung **an die nationale Kartellbehörde verweisen** (Art. 9 VO). Umgekehrt können auf Antrag der Parteien oder eines Mitgliedstaats Zusammenschlussvorhaben, die keine unionsweite Bedeutung haben, unter bestimmten Voraussetzungen **an die Kommission zur Prüfung verwiesen** werden (Art. 4, 22 VO).

Die Zahl der Verfahren ist nach der Einführung der europäischen Fusionskontrolle in der VO 4064/89 zunächst stark gestiegen, später infolge der gesamtwirtschaftlichen Entwicklung jedoch etwas zurückgegangen. Im **Jahr 2013** wurden insgesamt 277 neue Zusammenschlussvorhaben bei der Kommission angemeldet. In sechs Fällen entschied die Kommission nach Durchführung des förmlichen Hauptprüfverfahrens. In zwei Fällen wurde 2013 ein Zusammenschluss untersagt. Seit dem Inkrafttreten der VO 4064/89 im Jahre 1990 wurden bei der Kommission bis Ende März 2014 insgesamt 5.486 Vorhaben angemeldet, von denen die Kommission 24 untersagt hat.[153] Die bisher letzte Untersagung betraf den geplanten Zusammenschluss von Ryanair und Air Lingus.[154]

G. Öffentliche Unternehmen und Unternehmen mit besonderen Rechten

Art. 106 AEUV enthält besondere Bestimmungen für **öffentliche Unternehmen**, **Unternehmen mit besonderen oder ausschließlichen Rechten** und **Finanzmonopole**. Die Vorschrift soll sicherstellen, dass die Mitgliedstaaten ihren besonderen Einfluss auf diese staatsnahen Unternehmen nicht für mit dem Vertrag unvereinbare Zwecke nutzen. Sie weist gegenüber den anderen Vorschriften des Kapitels über die Wettbewerbsregeln im Wesentlichen drei Besonderheiten auf: Die Regelung bezieht sich auf die Anwendung des Vertrags allgemein und nicht nur auf die der Wettbewerbsregeln, auch wenn sie

47

---

152 Vgl. die Bekanntmachung der Kommission über ein vereinfachtes Verfahren, ABl. C 217/2000, 32 = *HER I A* 50/1.9.
153 S. zu weiteren statistischen Angaben: http://ec.europa.eu/competition/mergers/statistics.pdf.
154 Beschluss der Kommission v. 27.2.2013 (Sache COMP/M.6663), Zusammenfassung, ABl. C 216/2013, 22.

für diese besonders bedeutsam ist. Ferner gewährt sie gegenüber Finanzmonopolen und Unternehmen, die mit Dienstleistungen von allgemeinem wirtschaftlichen Interesse betraut sind, eine Legalausnahme und räumt überdies der Kommission besondere, gegen die Mitgliedstaaten gerichtete Befugnisse ein. Sie wird ergänzt durch Art. 14 AEUV und das Protokoll Nr. 26 über Dienste von allgemeinem Interesse, welche die Anwendbarkeit der Vorschrift jedoch nicht einschränken.

Art. 106 Abs. 1 AEUV verpflichtet die Mitgliedstaaten, in Bezug auf öffentliche Unternehmen und Unternehmen mit besonderen oder ausschließlichen Rechten keine dem Vertrag und insbesondere den Wettbewerbsregeln widersprechenden Maßnahmen zu treffen. Die Vorschrift setzt damit voraus, dass der AEUV sowohl auf öffentliche wie auf private Unternehmen Anwendung findet.

Was unter einem „**öffentlichen**" **Unternehmen** zu verstehen ist, wird weder vom Vertrag definiert noch in den Mitgliedstaaten einheitlich bestimmt. Hierzu gehören jedenfalls die Unternehmen, auf deren Geschäftspolitik der Staat aufgrund unmittelbarer oder mittelbarer Einwirkungsmöglichkeiten einen beherrschenden Einfluss ausüben kann.[155] Auf die Rechtsform des Unternehmens kommt es hingegen nicht an. Sowohl Unternehmen des öffentlichen Rechts wie auch solche des Privatrechts können deshalb als „öffentliche Unternehmen" im Sinne dieser Vorschrift anzusehen sein. Zu den Unternehmen mit **besonderen und ausschließlichen Rechten** zählen diejenigen, denen der Staat eine besondere Rechtsstellung eingeräumt hat.[156]

> Art. 2 der aufgrund von Art. 106 Abs. 3 AEUV erlassenen RL 2006/111 („Transparenz-RL")[157] definiert als öffentliches Unternehmen „jedes Unternehmen, auf das die öffentliche Hand aufgrund Eigentums, finanzieller Beteiligung, Satzung oder sonstiger Bestimmungen, die die Tätigkeit des Unternehmens regeln, unmittelbar oder mittelbar einen beherrschenden Einfluss ausüben kann." Die Vorschrift bestimmt den Begriff allerdings nur für den Anwendungsbereich der Richtlinie und nicht allgemein für Art. 106 AEUV.[158]

48 Die Mitgliedstaaten dürfen nach Art. 106 Abs. 1 AEUV gegenüber diesen Unternehmen keine vertragswidrigen Maßnahmen treffen oder beibehalten. Sie müssen insbesondere jeden Eingriff in das Unternehmen unterlassen, der zu einem Wettbewerbsverstoß dieses Unternehmens führt. So liegt etwa ein Verstoß gegen Art. 106 Abs. 1 in Verbindung mit Art. 102 AEUV vor, wenn ein Mitgliedstaat ein Unternehmen, dem er ausschließliche Rechte gewährt, zu einem mit Art. 102 AEUV unvereinbaren Verhalten zwingt.[159] Ebenso verstößt ein Mitgliedstaat gegen Art. 106 Abs. 1 in Verbindung mit Art. 102 AEUV, wenn bereits die Übertragung eines ausschließlichen Rechts eine Lage schafft, in der das Unternehmen zwangsläufig gegen Art. 102 AEUV verstößt.[160] Art. 106 Abs. 1 AEUV ist jedenfalls dann **unmittelbar wirksam**, wenn die Vertragsbestimmung, auf die er verweist, unmittelbar wirksam ist.[161] Dies hat der EuGH insbesondere im Hinblick auf die Art. 28, 48 und 102 AEUV bejaht.[162]

---

155 EuGH, Rs. 188–190/80 (Frankreich u.a./.Kommission), Slg. 1982, 2545, Rn. 26.
156 Näher *Klotz*, in: Schröter/Jakob/Klotz/Mederer, Art. 106 Rn. 21 ff.; *Grill*, in: Lenz/Borchardt, Art. 106 Rn. 7 ff.; *Kühling*, in: Streinz, Art. 106 Rn. 19 ff.
157 ABl. L 318/2006, 17 = HER I A 50/5.3.
158 EuGH, Rs. 188–190/80 (Frankreich u.a./.Kommission), Slg. 1982, 2545, Rn. 22 ff.
159 EuGH, Rs. 30/87 (Bodson), Slg. 1988, 2479.
160 EuGH, Rs. C-41/90 (Höfner und Elser./.Macrotron), Slg. 1991, I-1979, Rn. 34.
161 EuGH, Rs. 155/73 (Sacchi), Slg. 1974, 409; Rs. 179/90 (Merci convenzionali porto di Genova), Slg. 1991, I-5923; *Klotz*, in: Schröter/Jakob/Klotz/Mederer, Art. 106 Rn. 90; *Grill*, in: Lenz/Borchardt, Art. 106 Rn. 21; *Kühling*, in: Streinz, Art. 106 Rn. 5.
162 EuGH, Rs. 179/90 (Merci convenzionali porto di Genova), Slg. 1991, I-5923, Rn. 24.

Art. 106 Abs. 2 AEUV nimmt Unternehmen, die mit Dienstleistungen von „allgemeinem wirtschaftlichen Interesse" betraut sind, und Finanzmonopole insoweit von der Anwendung des Vertrages aus, als sonst die Erfüllung der ihnen übertragenen besonderen Aufgaben verhindert würde. Als **Dienstleistungen von allgemeinem wirtschaftlichen Interesse** kommen insbesondere Dienstleistungen der Daseinsvorsorge in Betracht (z.B. Rundfunk und Fernsehen, Postdienstleistungen, Verkehr).[163] Erforderlich ist, dass der Mitgliedstaat dem Unternehmen die Erbringung der Dienstleistung durch einen formalen Akt ausdrücklich übertragen hat. **Finanzmonopole** sind Unternehmen, die durch Übertragung ausschließlicher Rechte staatliche Einnahmen erzielen und zu diesem Zweck geschaffen worden sind.

49

Aus der Vorschrift ergibt sich zunächst, dass die vertraglichen Bestimmungen, einschließlich der Wettbewerbsregeln, grundsätzlich auch auf die in Art. 106 Abs. 2 AEUV genannten Unternehmen in vollem Umfang Anwendung finden. Nur insoweit, als die Anwendung vertraglicher Bestimmungen die Erfüllung der ihnen übertragenen besonderen Aufgaben „rechtlich oder tatsächlich verhindert", sind diese Unternehmen von den vertraglichen Regeln ausgenommen. Die Vorschrift ist als Ausnahmebestimmung eng auszulegen.[164] Eine Grenze findet die Ausnahme zudem in der Bestimmung des Art. 106 Abs. 2 S. 2 AEUV, derzufolge die Entwicklung des Handelsverkehrs durch sie nicht in einem dem Unionsinteresse zuwiderlaufenden Ausmaß beeinträchtigt werden darf. Art. 106 Abs. 2 AEUV ist unmittelbar wirksam.[165]

Nach Art. 106 Abs. 3 AEUV hat die Kommission auf die Anwendung von Art. 106 AEUV zu achten. Sie kann dazu geeignete Richtlinien oder Beschlüsse an die Mitgliedstaaten richten. In diesen RL und Beschlüssen darf die Kommission die gemäß Art. 106 AEUV bestehenden Pflichten der Mitgliedstaaten präzisieren.[166]

50

> Die Kommission ist also bei einem vertragswidrigen Verhalten der Mitgliedstaaten im Anwendungsbereich des Art. 106 AEUV nicht allein auf das langwierige Vertragsverletzungsverfahren nach Art. 258 AEUV angewiesen. Daneben bleibt es der Kommission überlassen, sich im Rahmen des allgemeinen Kartellverfahrens unmittelbar an das Unternehmen zu wenden, falls dieses sich selbst wettbewerbswidrig verhält.

Auf Art. 106 Abs. 3 AEUV gestützte Richtlinien hat die Kommission nur zur Gewährleistung der Transparenz der finanziellen Beziehungen zwischen den Mitgliedstaaten und den öffentlichen Unternehmen sowie zur Liberalisierung des Telekommunikationssektors erlassen.

> Die erste auf der Grundlage von Art. 106 Abs. 3 AEUV erlassene Richtlinie war die sog. Transparenz-Richtlinie aus dem Jahr 1980,[167] die inzwischen durch die Richtlinie 2006/111 ersetzt wurde.[168] Die Richtlinie soll der Kommission die effiziente Anwendung der Beihilferegeln auf öffentliche Unternehmen ermöglichen.

---

163 S. dazu die beiden Mitteilungen der Kommission, Leistungen der Daseinsvorsorge in Europa, ABl. C 281/1996, 3 und ABl. C 17/2001, 4. Vgl. auch das Grünbuch, KOM(2003) 270, 21.5.2003, das Weißbuch, KOM(2004) 374, 12.5.2004, und die Mitteilungen, KOM(2007) 725, 20.11.2007, und KOM(2011) 900, 20.12.2011, der Kommission zu Dienstleistungen von allgemeinem Interesse.
164 EuGH, Rs. 127–73 (BRT./.SABAM und Fonior), Slg. 1974, 313, Rn. 19/22; Rs. C-242/95 (GT-Link), Slg. 1997, I-4449, Rn. 50; Rs. C-159/94 (Kommission./.Frankreich), Slg. 1997, I-5815, Rn. 53.
165 *Grill*, in: Lenz/Borchardt, Art. 106 Rn. 30; *Klotz*, in: Schröter/Jakob/Klotz/Mederer, Art. 106 Rn. 91 ff.; *Wernicke*, in: G/H/N, Art. 106 Rn. 13, jeweils m.w.N.
166 EuGH, Rs. C-202/88 (Frankreich./.Kommission), Slg. 1991, I-1223; Rs. C-163/99 (Portugal./.Kommission), Slg. 2001, I-2613, Rn. 19, 33.
167 RL 80/723/EWG, ABl. L 195/1980, S. 35. Siehe dazu auch EuGH verb. Rs. 188–190 (Frankreich u.a./.Kommission), Slg. 1982, 2545, und Rs. C-325/91(Frankreich./.Kommission), Slg. 1993, I-3283.
168 RL 2006/111, ABl. L 318/2006, 17 = *HER I A 50/5.3*.

Die größte Bedeutung erlangte die Befugnis der Kommission zum Erlass von Richtlinien auf der Grundlage von Art. 106 Abs. 3 AEUV bisher im Bereich der Telekommunikation (*§ 30 Rn. 10, 12*). Obwohl Art. 106 Abs. 3 AEUV die Kommission dazu ermächtigt, Richtlinien ohne die Beteiligung des EP und des Rates zu erlassen, werden diese von der Kommission in der Praxis vor der Annahme einer Richtlinie auf der Grundlage eines veröffentlichten Entwurfs informell konsultiert.[169]

Auch von ihrer Befugnis zum Erlass von Beschlüssen hat die Kommission in einer Reihe von Fällen Gebrauch gemacht.[170]

H. Literatur

Bechtold, Rainer/Bosch, Wolfgang/Brinker, Ingo/Hirsbrunner, Simon, EG-Kartellrecht, Kommentar, 2. Aufl., München 2009; *Bellamy, C. W./Child, Graham D./Bailey, David/Rose, Vivien* (Hg.), European Union Law of Competition, 7. Aufl., London 2013; *Benesch, Rudolf*, Die Kompetenzen der EG-Kommission aus Art. 90 Abs. 3 EWG-V, Köln u.a. 1993; *Berlin, Dominique*, Contrôle des concentrations, Commentaire J. Mégret, 3. Aufl., Brüssel 2009; *Cook, John/Kerse, Christopher*, EC Merger Control, 5. Aufl., London 2009; *Emmerich, Volker*, Kartellrecht, 12. Aufl., München 2012; *Faull, Jonathan/Nikpay Ali* (Hg.), The EU Law of Competition, 3. Aufl., Oxford 2014; *Gleiss, Alfred/Hirsch, M.*, Kommentar zum EG-Kartellrecht, Bd. 1, 4. Aufl., Heidelberg 1994; *Goyder, Daniel G./Goyder, Joanna/Albors-Llorens, Albertina*, EC Competition Law, 5. Aufl., Oxford 2009; *Hirsch, Günter/Montag, Frank/Säcker, Franz Jürgen* (Hg.), Deutsches und Europäisches Wettbewerbsrecht (Kartellrecht), Münchener Kommentar, Band 1: EU-Wettbewerbsrecht, München 2007; *Immenga, Ulrich/Mestmäcker, Ernst-Joachim*, Wettbewerbsrecht, Band 1, Teil 1 und 2: EG, Kommentar zum Europäischen Kartellrecht, 4. Aufl., München 2007; *Kerse, Christopher/Khan, Nicholas*, EC Antitrust Procedure, 6. Aufl., London 2013; *Korah, Valentine*, An Introductory Guide to EC Competition Law and Practice, 9. Aufl., Oxford 2007; *Krajewski, Markus*, Grundstrukturen des Rechts öffentlicher Dienstleistungen, Heidelberg 2011; *Langen, Eugen/Bunte, Hermann-Josef* (Hg.), Kommentar zum deutschen und europäischen Kartellrecht, Band 2: Europäisches Kartellrecht, 12. Aufl., Neuwied 2014; *Loewenheim, Ulrich/Messen, Karl M./Riesenkampff, Alexander*, Kartellrecht: Deutsches und Europäisches Recht, Kommentar, 2. Aufl., München 2009; *Mercier, Pierre/Mach, Oliver/Gilliéron, Hubert/Affolter, Simon*, Grands principes du droit de la concurrence, Basel/Brüssel 1999; *Mestmäcker, Ernst-Joachim/Schweitzer, Heike*, Europäisches Wettbewerbsrecht, 2. Aufl., München 2004; *Pitsos, Nikolaos*, Die erhebliche Behinderung wirksamen Wettbewerbs (SIEC-Test) im Fusionskontrollrecht, Frankfurt/M. 2013; *Ritter, Lennart/Braun, W. David*, European Competition Law: A Practitioner's Guide, 3. Aufl., Den Haag u.a. 2005; *Rittner, Fritz/Dreher, Meinrad/Kulka, Michael*, Wettbewerbs- und Kartellrecht, 8. Aufl., Heidelberg 2014; *Sauter, Wolf*, Competition Law and Industrial Policy in the EU, Oxford 1997; *Schröter, Helmuth/Jakob, Thinam/Klotz, Robert/Mederer, Wolfgang* (Hg.), Kommentar zum Europäisches Wettbewerbsrecht, 2. Aufl., Baden-Baden 2014; *Schulze, Reiner/Hoeren, Thomas* (Hg.), Dokumente zum Europäischen Recht, Band 3: Kartellrecht (bis 1957), Berlin u.a. 2000; *Van Bael, Ivo/Bellis, Jean-François*, Competition Law of the European Community, 5. Aufl., New York u.a. 2009; *Van Der Woude, Marc/Jones, Christopher*, EC Competition Law Handbook: 2014, London 2013; *Vives, Xavier* (Hg.), Competition Policy in the EU, Fifty Years on from the Treaty of Rome, Oxford 2009; *Weiß, Wolfgang*, Die Verteidigungsrechte im EG-Kartellverfahren, Köln u.a. 1996; *Whish, Richard/Bailey, David*, Competition Law, 7. Aufl., Oxford 2012; *Wiedemann, Gerhard u.a.* (Hg.), Handbuch des Kartellrechts, 2. Aufl., München 2009.

---

169 Eingehend zur Praxis Wettbewerbsbericht 1995, Rn. 100.
170 S. z.B. Beschluss 2012/21 der Kommission, ABl. L 7/2012, 3. Vgl. auch die Übersichten bei *Klotz*, in: Schröter/Jakob/Klotz/Mederer, Art. 106 Rn. 171 ff.; *Kühling*, in: Streinz, Art. 106 Rn. 99.

§ 13 Staatliche Beihilfen

A. Grundlagen

Nicht nur durch Kartelle und Missbrauch wirtschaftlicher Macht durch Private kann der Wettbewerb verfälscht werden. Auch Subventionen und sonstige Förderungsmaßnahmen staatlicher Stellen können die Marktstellung von einzelnen Unternehmen und ganzen Wirtschaftszweigen eines Mitgliedstaates gegenüber Anbietern aus anderen Mitgliedstaaten in wettbewerbsverzerrender Weise verbessern. Daher erstreckt der AEUV das vom Binnenmarkt umfasste „System [...], das den Wettbewerb vor Verfälschungen schützt"[1] auch auf staatliche Beihilfen an Unternehmen.[2] Der zweite Abschnitt des Kapitels „Wettbewerbsregeln" (Art. 107–109 AEUV) enthält Vorschriften, welche die Beseitigung wettbewerbsbeeinträchtigender **staatlicher Subventionen und sonstiger staatlicher finanzieller Begünstigungen** zum Ziel haben.

Art. 107 Abs. 1 AEUV bestimmt, dass wettbewerbsverfälschende staatliche Beihilfen grundsätzlich mit dem Vertrag unvereinbar sind, soweit sie den Handel zwischen Mitgliedstaaten beeinträchtigen. Allerdings begründen die Beihilferegeln kein absolutes Beihilfenverbot, sondern belassen den Mitgliedstaaten die Möglichkeit, in gewissen Fällen durch Beihilfen die Entwicklung der Wirtschaftsstrukturen zu beeinflussen. Der AEUV geht nämlich davon aus, dass die Gewährung von Subventionen und sonstigen Beihilfen durch die Mitgliedstaaten auch im Binnenmarkt unter bestimmten Voraussetzungen strukturpolitisch notwendig sein kann.[3] Die vertragliche Regelung trägt damit dem Umstand Rechnung, dass in einigen Fällen, in denen die Marktkräfte allein ein politisch angestrebtes Ziel nicht verwirklichen, Beihilfen ein effizientes wirtschaftspolitisches Steuerungsinstrument sein können. Sie berücksichtigt überdies, dass der Vertrag, obwohl er die Grundlage für eine nicht unerhebliche Subventionstätigkeit der Union selbst bildet, eine vollständige Vergemeinschaftung aller binnenmarktwirksamen Beihilfen nicht vorgesehen hat. Art. 107 Abs. 2 AEUV erklärt bestimmte Beihilfen, nämlich soziale Beihilfen an einzelne Verbraucher, Beihilfen bei Naturkatastrophen und für durch die Teilung Deutschlands betroffene Gebiete der Bundesrepublik Deutschland für grundsätzlich mit dem Vertrag vereinbar. Zudem können nach Art. 107 Abs. 3 AEUV gewisse weitere Arten von Beihilfen als mit dem Binnenmarkt vereinbar angesehen werden (*Rn. 15 ff.*).

Die Entscheidung, dass eine Beihilfe mit Art. 107 Abs. 1 AEUV nicht vereinbar ist und auch nicht nach Art. 107 Abs. 2, 3 AEUV als mit dem Binnenmarkt vereinbar angesehen werden kann, obliegt nach Maßgabe des in Art. 108 AEUV vorgesehenen Verfahrens der Kommission, doch kann der Rat beim Vorliegen außergewöhnlicher Umstände auf Antrag eines Mitgliedstaats die Entscheidung an sich ziehen (Art. 108 Abs. 2, UAbs. 2–3 AEUV) (*Rn. 30*). Aufgrund von Art. 109 AEUV kann der Rat Durchführungsbestimmungen erlassen. Insbesondere kann der Rat nach dieser Vorschrift auch bestimmte Arten von Beihilfen festlegen, die von der Anwendung des Beihilfeverfahrens ausgenommen werden. Art. 108 Abs. 4 AEUV präzisiert, dass die Kommission zu den vom Rat bestimmten Arten von Beihilfen Freistellungsverordnungen erlassen kann.

---

1 Protokoll (Nr. 27) über den Binnenmarkt und den Wettbewerb = *HER I A1/3*.
2 EuGH, Rs. 171/83R (Kommission./.Frankreich), Slg. 1983, 2621, Rn. 9.
3 Erster Wettbewerbsbericht (1971), 126, Rn. 132.

4   Die Vorschriften der Beihilfenkontrolle gelten, soweit keine Sonderregeln bestehen, für alle Wirtschaftsbereiche.

   Gemäß **Art. 42 Abs.** 1 AEUV sind die die Beihilferegeln im Bereich der **Landwirtschaft** nur insoweit anwendbar, als dies der Rat bestimmt. Art. 4 der VO 1184/2006[4] sieht die Anwendung der Art. 108 Abs. 1, 3 S. 1 AEUV, nicht aber die des Art. 108 Abs. 2 AEUV vor, der es der Kommission erlaubt, Beihilfen zu untersagen. Doch hat die Einschränkung nur geringe praktische Bedeutung, da die gemeinsamen Marktordnungen die Anwendung der Art. 107–109 AEUV ausdrücklich anordnen und damit der Kommission eine Verbotsbefugnis einräumen.[5]
   Art. 107 Abs. 1 AEUV gilt auch auf dem **Verkehrssektor**,[6] doch sind nach **Art. 93 AEUV** Beihilfen zulässig, mit denen von Verkehrsunternehmen erbrachte Leistungen des öffentlichen Dienstes abgegolten werden.[7]
   Tätigkeiten von Unternehmen, die mit **Dienstleistungen von allgemeinem Interesse** betraut sind, können gemäß **Art. 106 Abs.** 2 AEUV von der Anwendung des Beihilfeverbots ausgenommen sein, soweit dies zur Erfüllung der ihnen übertragenen besonderen Aufgabe erforderlich ist.[8]
   Als Folge des Auslaufens des EGKSV am 23. Juli 2002 sind die Beihilfen im **Kohle- und Stahlsektor** nunmehr nach den Regeln des AEUV zu beurteilen.[9] Da der EAGV keine besonderen Beihilfevorschriften enthält, sind die Beihilferegeln des AEUV grundsätzlich auch auf Beihilfen im Bereich der Kernenergie ergänzend anwendbar.[10]

5   Das **Ziel** der EU-Beihilfenkontrolle ist nicht die globale Reduzierung der Subventionsausgaben in den Mitgliedstaaten, sondern die **Verhinderung und Beseitigung von Wettbewerbsverzerrungen im Binnenmarkt**. Bei der Anwendung des Beihilfenrechts sind die übrigen Ziele der Union allerdings mit zu berücksichtigen. Die Kommission versucht, die allgemeine Beihilfendisziplin der Mitgliedstaaten auch durch die Schaffung größerer Transparenz bei der Kontrolle und Verwendung staatlicher Fördermittel zu unterstützen.

   Die Bedeutung der Beihilfenkontrolle ist mit der Vertiefung des Binnenmarkts und der zunehmenden Liberalisierung öffentlicher Dienstleistungen gestiegen, da steuerliche, administrative und sonstige Hindernisse für den freien Verkehr von Waren, Personen, Dienstleistungen und Kapital fortschreitend wegfallen und sich damit die wettbewerbsverzerrenden Auswirkungen von Beihilfen verstärken können. Der Beihilfenaufsicht kommt überdies bei der wirtschaftlichen Integration neuer Mitgliedstaaten eine zentrale Funktion zu. Das sekundäre Beihilfenrecht wird seit 2012 umfassend modernisiert und stärker auf die wirtschafts- und finanzpolitischen Ziele der Union ausgerichtet.[11]

B. Das Beihilfeverbot

6   Nach **Art. 107 Abs.** 1 AEUV sind „staatliche oder aus staatlichen Mitteln gewährte Beihilfen gleich welcher Art, die durch die Begünstigung bestimmter Unternehmen oder Produktionszweige den Wettbewerb verfälschen oder zu verfälschen drohen" und die zugleich „den Handel zwischen Mitgliedstaaten beeinträchtigen" mit dem Binnen-

---

4   ABl. L 214/2006, 7 = HER I A 50/2.6.
5   Näher v. Rintelen, in: G/H/N, Art. 42 Rn. 50 ff.; Busse, in: Lenz/Borchardt, Art. 42 Rn. 10 ff.; Kühling, in: Streinz, Art. 107 Rn. 13
6   EuGH Rs. 156/77 (Kommission./.Belgien), Slg. 1978, 1881, Rn. 9–13.
7   S. dazu VO 1370/2007, ABl. L 315/2007, 1 = HER I A 50/8.68.
8   EuGH, Rs. 78/76 (Steinike und Weinlig), Slg. 1977, 595, Rn. 18; Rs. C-387/92 (Banco de Crédito Industrial), Slg. 1994, I-877, Rn. 11; EuG, T-106/95 (Fédération française des sociétés d'assurances u.a./.Kommission), Slg. 1997, II-229, Rn. 172. S. dazu auch Beschluss 2012/21 der Kommission, ABl. L 7/2012, 3.
9   EuG, Rs. T-25/04 (Gonzalez y Diez./.Kommission), Slg 2007, II-3121.
10 Kühling, in: Streinz, Art. 107 Rn. 16; Kreuschitz, in: Lenz/Borchardt, Art. 107 Rn. 12 f.
11 Europäische Kommission, Modernisierung des EU-Beihilfenrechts, KOM(2012) 209, 8.5.2012.

markt grundsätzlich unvereinbar. Die mit dem Binnenmarkt unvereinbaren Beihilfen sind unionsrechtswidrig. Das Beihilfeverbot des Art. 107 Abs. 1 AEUV hat allerdings, wie die übrigen vertraglichen Beihilferegeln mit Ausnahme des Durchführungsverbots aus Art. 108 Abs. 3, S. 3 AEUV, **keine unmittelbare Wirkung.**[12]

I. Begriff der Beihilfe

Der Begriff der Beihilfe ist, wie der Wortlaut von Art. 107 Abs. 1 AEUV („gleich welcher Art") nahelegt, **weit auszulegen.** Er umfasst neben **positiven Leistungen** auch Maßnahmen, die zu einer **Verminderung** der von einem Unternehmen normalerweise zu tragenden **Belastungen** führen.[13] Als Beihilfen gelten deshalb „staatliche Maßnahmen gleich welcher Art, die unmittelbar oder mittelbar Unternehmen begünstigen oder als ein wirtschaftlicher Vorteil anzusehen sind, den das begünstigte Unternehmen unter normalen Marktbedingungen nicht erhalten hätte".[14] Praktisch bedeutsam sind neben direkten Investitionshilfen, Kreditvergünstigungen, Zinsvergütungen, Steuer- und Abgabenerleichterungen, die Gewährung von Abschlägen auf die Sozialabgaben für bestimmte Wirtschaftszweige oder Regionen, die Übernahme von Bürgschaften und Haftungsverpflichtungen,[15] Sondertarife für die Lieferung von Waren und Dienstleistungen und die unentgeltliche oder besonders preiswerte Überlassung von Gebäuden und Grundstücken.[16] Direkte Kapitalzuführungen der öffentlichen Hand an ein Unternehmen haben Beihilfecharakter, sofern ein marktwirtschaftlich handelnder privater Investor die Mittel nicht bereitgestellt hätte, das Unternehmen die Mittel also nicht auf dem Kapitalmarkt hätte aufbringen können („**Grundsatz des marktwirtschaftlich handelnden Kapitalgebers**" – „**Private-Investor-Test**").[17] Langfristige Rentabilitätsaussichten sind dabei zu berücksichtigen, wenn diese einen privaten Kapitalgeber dazu veranlassen könnten, vorübergehende Verluste in Kauf zu nehmen.[18]

7

Eine Beihilfe ist stets durch die Gewährung eines **unentgeltlichen wirtschaftlichen Vorteils** durch den Staat **an Unternehmen** oder Produktionszweige gekennzeichnet. Die Unterscheidung zwischen „Unternehmen" und „Produktionszweigen" in Art. 107 Abs. 1 AEUV stellt klar, dass nicht nur individuelle Vergünstigungen, sondern auch solche, die bestimmten Kategorien von Unternehmen gewährt werden, unter den Beihilfenbegriff fallen können. Begünstigte einer Beihilfe müssen jedoch stets Unternehmen sein, wobei der für die Art. 101 und 102 AEUV geltende **funktionale Unternehmensbegriff** (*§ 12 Rn. 14*) auch im Beihilfenrecht anwendbar ist. Insbesondere ist dabei

8

---

12 EuGH, Rs. 77/72 (Capolongo./.Maya), Slg. 1973, 611, Rn. 6; Rs. 78/76 (Steinike und Weinlig), Slg. 1977, 595, Rn. 8–10.
13 EuGH Rs. 30/59 (Steenkolenmijnen in Limburg./.Hohe Behörde), Slg. 1961, 3, 42; Rs. C-501/00 (Spanien./.Kommission), Slg. 2004, I-6717, Rn. 90; verb. Rs.C-182, 217/03 (Belgien u.a./.Kommission), Slg. 2006, I-5479, Rn. 86; Rs. C-559/12 P (Frankreich./.Kommission), Urteil v. 3.4.2014, Rn. 94.
14 EuGH, Rs. C-559/12 P (Frankreich./.Kommission), Urteil v. 3.4.2014, Rn. 94. Vgl auch EuGH, C-280/00 (Altmark Trans) Slg. 2003, I-7747, Rn. 84; C-279/08 P (Kommission./.Niederlande), Slg. 2011, I-7671, Rn. 87. S. auch den Entwurf einer Bekanntmachung der Kommission zum Begriff der staatlichen Beihilfe, der am 17.1.2014 zur Konsultation veröffentlicht wurde: http://ec.europa.eu/competition/consultations/2014_state_aid_no tion/draft_guidance_de.pdf.
15 Dazu Mitteilung der Kommission, ABl. C 155/2008, 10.
16 Eine Übersicht über Einzelfälle gibt *Kreuschitz*, in: Lenz/Borchardt, Art. 107 Rn. 34 ff.
17 Dreizehnter Wettbewerbsbericht (1983), 144 (Ziff. 222); EuGH Rs. 40/85 (Belgien./.Kommission), Slg. 1986, 2321, Rn. 13; Rs. C-301/87 (Frankreich./.Kommission), Slg. 1990, I-307, Rn. 39 f. Vgl. auch *Kliemann/Segura*, in: Schröter/Jakob/Klotz/Mederer, Art. 107 AEUV Rn. 92 ff.
18 EuGH, Rs. C-305/89 (Italien./.Kommission), Slg. 1991, I-1603, Rn. 19 f.; Rs. C-303/88 (Italien./.Kommission), Slg. 1991, I-1433, Rn. 21 f.

unerheblich, ob es sich um öffentliche oder private Unternehmen handelt. Da die finanziellen Beziehungen zwischen dem Staat und den von ihm kontrollierten **öffentlichen Unternehmen** vielfach nur schwer zu überschauen sind, hat die Kommission auf der Grundlage von Art. 106 Abs. 3 AEUV die sog. „**Transparenzrichtlinie**"[19] erlassen, um die Beihilfenaufsicht in diesem Bereich zu erleichtern. Die Richtlinie verpflichtet die Mitgliedstaaten, dafür zu sorgen, dass die Gewährung öffentlicher Mittel an solche Unternehmen und die Verwendung dieser Mittel offengelegt werden.

Nach dem **Grundsatz der Selektivität** muss die Vergünstigung zudem einzelnen Unternehmen oder abgrenzbaren Kategorien von Unternehmen zugutekommen.[20] Allgemeine Maßnahmen zur Förderung der Wirtschaftstätigkeit sind deshalb keine Beihilfen.[21] Für die Beurteilung der Selektivität einer von einer lokalen oder regionalen Körperschaft getroffenen Regelung, die sich auf die in ihrem Zuständigkeitsgebiet ansässigen Unternehmen beschränkt, stellt der EuGH auf den Grad der dieser Körperschaft eingeräumten Autonomie ab.[22]

9   Der wirtschaftliche Vorteil muss den begünstigten Unternehmen überdies **unter Einsatz staatlicher Mittel** gewährt werden. Es kommt allerdings nicht darauf an, ob der Staat die Beihilfe selbst gewährt oder über eine damit beauftragte öffentliche oder private Einrichtung,[23] etwa ein Kreditinstitut.[24] Erfasst werden auch bestimmte Begünstigungen, die Absatzförderungsfonds leisten, selbst wenn sie ganz oder teilweise durch Beiträge der betreffenden Unternehmen finanziert werden.[25] Quersubventionen, die ein öffentliches Unternehmen seinen sich im Wettbewerb betätigenden Tochtergesellschaften gewährt, können als Beihilfen anzusehen sein.[26] Dagegen sind etwa die staatliche Festsetzung von Mindestpreisen,[27] die Aufteilung eines Zollkontingents,[28] die Einrichtung eines internationalen Schifffahrtsregisters[29] oder die Freistellung bestimmter Unternehmen von Kündigungsschutzbestimmungen[30] keine Beihilfen, weil ein möglicher wirtschaftlicher Vorteil für die begünstigten Unternehmen nicht aus staatlichen Mitteln finanziert wird. Auch eine gesetzliche Abnahmeverpflichtung zu Mindestpreisen stellt keine unmittelbare oder mittelbare Übertragung staatlicher Mittel auf die von der Regelung begünstigten Unternehmen und damit keine Beihilfe dar.[31] Eine staatliche Maßnahme fällt auch dann nicht unter den Beihilfenbegriff, soweit mit ihr nur die Mehrkosten ausgeglichen werden, welche einem mit gemeinwirtschaftlichen Verpflichtungen betrauten Unternehmen durch die Erfüllung der ihm übertragenen besonderen

---

[19] RL 2006/111/EG, ABl. L 318/2006, 17 = HER I A 50/5.3. Siehe dazu auch EuGH verb. Rs. 188–190 (Frankreich u.a./.Kommission), Slg. 1982, 2545, und Rs. C-325/91 (Frankreich./.Kommission), Slg. 1993, I-3283.
[20] Ausführlich *Kliemann*, in: Schröter/Jakob/Klotz/Mederer, Art. 107 AEUV Rn. 44 ff.
[21] v. *Wallenberg/Schütte*, in: G/H/N, Art. 107 Rn. 41 ff.
[22] EuGH, verb. Rs. C-428–434/06 (UGT Rioja), Slg. 2008, I-6747.
[23] EuGH Rs. 78/76 (Steinike und Weinlig), Slg. 1977, 595, Rn. 21; Rs. C-303/88 (Italien./.Kommission), Slg. 1991, I-1433, Rn. 11.
[24] EuGH, Rs. 290/83 (Kommission./.Frankreich), Slg. 1985, 439, Rn. 12–15.
[25] EuGH, Rs. 47/69 (Frankreich./.Kommission), Slg. 1970, 487, Rn. 11–14; Rs. 78/76 (Steinike und Weinlig), Slg. 1977, 595, Rn. 22; Rs. 259/85 (Frankreich./.Kommission), Slg. 1987, 4393, Rn. 23. S. aber auch EuGH, Rs. C-345/02 (Pearle), Slg. 2004, I-7139.
[26] EuGH, Rs. C-39/94 (SFIE u.a./.La Poste u.a.), Slg. 1996, I-3547, Rn. 57 ff.
[27] EuGH, Rs. 82/77 (Van Tiggele), Slg. 1978, 25, Rn. 23–26.
[28] EuGH, verb. Rs. 213–215/81 (Norddeutsches Vieh- und Fleischkontor u.a.), Slg. 1982, 3582, Rn. 22 f.
[29] EuGH Rs. C-72, 73/91 (Sloman Neptun), Slg. 1993, I-887, Rn. 21 f.
[30] EuGH, Rs. C-189/91 (Kirsammer-Hack), Slg. 1993, I-6185, Rn. 16–18.
[31] EuGH, Rs. C-379/98 (PreussenElektra), Slg. 2001, I-2099, Rn. 59 ff.

Aufgabe entstehen.³² An die Feststellung, dass lediglich ein Ausgleich der Mehrkosten stattfindet, stellt der Gerichtshof jedoch hohe Anforderungen.³³

> Da nur die aus *staatlichen* Mitteln gewährten Beihilfen unter die vertraglichen Beihilfebestimmungen fallen, unterliegen die von der EU in nicht unerheblichem Umfang gewährten Zuwendungen nicht der Beihilfenaufsicht. Jedoch ist auch die Union verpflichtet, keine Vergünstigungen zu gewähren, welche den Wettbewerb verfälschen und den Handel zwischen Mitgliedstaaten beeinträchtigen könnten.³⁴

Die Qualifizierung einer Maßnahme als Beihilfe schließt nicht aus, dass sie auch gegen das unmittelbar wirkende Verbot der Maßnahmen gleicher Wirkung nach Art. 34 AEUV³⁵ oder das Verbot der Abgabendiskriminierung nach Art. 110 AEUV³⁶ verstoßen kann. Auch die Art. 101 ff. AEUV können neben den Beihilfevorschriften auf einen Sachverhalt angewandt werden.³⁷

10

II. Wettbewerbsverfälschung

Als **Verfälschung des Wettbewerbs** im Sinne des Art. 107 Abs. 1 AEUV ist jede durch die Beihilfe herbeigeführte **Veränderung der Marktbedingungen** anzusehen, die in ein **Wettbewerbsverhältnis zwischen Unternehmen eingreift**.³⁸ Die Feststellung einer Wettbewerbsverfälschung bedarf deshalb der Abgrenzung des sachlich und geografisch relevanten Marktes (*§ 12 Rn. 28*). Aus dem Wortlaut der Vorschrift („zu verfälschen drohen") ergibt sich, dass sich der Tatbestand des Art. 107 Abs. 1 AEUV nicht nur auf **tatsächliche** Wettbewerbsverfälschungen, sondern auch auf **potenzielle Wettbewerbsverfälschungen** erstreckt. Eine solche kann insbesondere dann vorliegen, wenn durch eine Beihilfe der Marktzutritt neuer Wettbewerber erschwert wird. Soweit auf ein potenzielles Wettbewerbsverhältnis abgestellt wird, muss jedoch dessen Eintritt in absehbarer Zukunft hinreichend wahrscheinlich sein.

11

> Eine Beihilfe, die in ein Wettbewerbsverhältnis eingreift, verliert insbesondere nicht deshalb ihren wettbewerbsverfälschenden Charakter, weil sie dem Ausgleich der wettbewerbsverzerrenden Effekte einer von einem anderen Mitgliedstaat gewährten Beihilfe dienen soll.³⁹

12

III. Beeinträchtigung des zwischenstaatlichen Handels

Ebenso wie das Kartell- und das Missbrauchsverbot aus Art. 101 und 102 AEUV enthält auch Art. 107 Abs. 1 AEUV eine **Zwischenstaatlichkeitsklausel**, derzufolge wettbewerbsverfälschende Beihilfen nur insoweit mit dem Binnenmarkt unvereinbar sind, als sie den Handel zwischen Mitgliedstaaten beeinträchtigen. Die Klausel hat auch im Rahmen des Art. 107 Abs. 1 AEUV die Funktion einer Zuständigkeitsbegrenzung, welche die Zuständigkeit der Union für Beihilfen ohne Einfluss auf den zwischenstaatlichen Handel ausschließt. Eine **Beeinträchtigung des Handels zwischen den Mitglied-**

13

---

32 EuGH, Rs. C-280/00 (Altmark Trans), Slg. 2003, I-7747, Rn. 87; Rs. C-53/00 (Ferring), Slg. 2001, I-9067, Rn. 26 ff.
33 EuGH, Rs. C-280/00 (Altmark Trans), Slg. 2003, I-7747, Rn. 89 ff.Vgl. auch verb. Rs. C-34–38/01 (Enirisorse), Slg. 2003, I-14243, Rn. 31 ff. und EuG, Rs. T-289/03 (BUPA./.Kommission), Slg. 2008, II-81; Rs. T-266/02 (Deutsche Post./.Kommission), Slg. 2008, II-1233; Rs.T-189/03 (ASM Brescia./.Kommission), Slg. 2009, II-1831. S. dazu auch den Gemeinschaftsrahmen (2011) der Kommission, ABl. C 8/2012, 15, die Mitteilung der Kommission, ABl. C 8/2012, 4 und den Beschluss 2012/21 der Kommission, ABl. L 7/2012, 3 = HER 50/8.76.
34 *Mederer*, in: Schröter/Jakob/Klotz/Mederer, Vorbem. zu den Art. 107 bis 109 AEUV, Rn. 17.
35 EuGH, Rs. 21/88 (Du Pont de Nemours Italiana), Slg. 1990, I-889, Rn. 20.
36 EuGH, Rs. 73/79 (Kommission./.Italien), Slg. 1980, 1533, Rn. 9.
37 EuGH, Rs. C-225/91 (Matra./.Kommission), Slg. 1993, I-3203, Rn. 41 ff.
38 Vgl. ausf. *Kliemann/Mederer*, in: Schröter/Jakob/Klotz/Mederer, Art. 107 AEUV, Rn. 56 ff.
39 EuGH, Rs. 78/76 (Steinike und Weinlig), Slg. 1977, 612, Rn. 24.

staaten entsteht allerdings immer schon dann, wenn sich die Beihilfe auf den Waren- und Dienstleistungsverkehr zwischen Mitgliedstaaten **auswirkt**, sich der Handelsverkehr ohne die Beihilfe also anders entwickelt hätte (*§ 12 Rn. 18, 31*). Ausreichend ist bereits die **Eignung** der Beihilfe **zur Beeinträchtigung des Handels**.[40]

> Beihilfen an Unternehmen, die nur für den Heimatmarkt produzieren, können den zwischenstaatlichen Handel beeinträchtigen, wenn sie die Chancen der in anderen Mitgliedstaaten niedergelassenen Wettbewerber verringern, ihre Erzeugnisse auf den Heimatmarkt des begünstigten Unternehmens auszuführen.[41] Auch Beihilfen, die für die Ausfuhr in Drittländer gewährt werden, können den Handel zwischen den Mitgliedstaaten beeinträchtigen. Dies gilt selbst dann, wenn das begünstigte Unternehmen fast seine gesamte Produktion außerhalb der EU absetzt.[42]

IV. Spürbarkeit

14   Ob Art. 107 Abs. 1 AEUV nur spürbare Verfälschungen des Wettbewerbs und spürbare Beeinträchtigungen des Handels innerhalb der EU erfasst, ist in der Rechtsprechung des Gerichtshofs nicht eindeutig geklärt. Aus der Rechtsprechung ergibt sich aber, dass auch Beihilfen von geringem Umfang unter den Tatbestand des Art. 107 Abs. 1 AEUV fallen können.[43] Gleichwohl geht die Kommission davon aus, dass Beihilfen, die nicht zu einer spürbaren Wettbewerbsverfälschung und Handelsbeeinträchtigung führen, den Tatbestand des Art. 107 Abs. 1 AEUV nicht erfüllen. Für die Berücksichtigung eines Spürbarkeitskriteriums spricht insbesondere, dass die Verhinderung nicht spürbarer Beihilfen zum Schutz eines funktionierenden Binnenmarkts nicht erforderlich ist.

> Die Kommission hat eine Gruppenfreistellungsverordnung für „De-minimis"-Beihilfen erlassen.[44] Danach werden Beihilfen bis zu einer Höhe von insgesamt höchstens 200.000 Euro innerhalb von drei Jahren grundsätzlich als „de-minimis" und damit als nicht unter Art. 107 Abs. 1 AEUV fallend angesehen. Diese Beihilfen unterliegen somit auch nicht der Anmeldepflicht nach Art. 108 Abs. 3 AEUV. Besondere Regeln gelten nach der VO 1407/2013 für im Straßentransport tätige Unternehmen und für Darlehens- und Bürgschaftsbeihilfen.

C. Ausnahmen vom Beihilfenverbot (Art. 107 Abs. 2 und 3 AEUV)

15   Ausnahmen vom Verbot der Beihilfengewährung sind in Art. 107 Abs. 2 und 3 AEUV geregelt. Darüber hinaus kann der Rat gemäß Art. 108 Abs. 2 UAbs. 3 AEUV eine Beihilfe unter bestimmten Voraussetzungen vom Verbot des Art. 107 Abs. 1 AEUV ausnehmen.

I. Die Legalausnahmen gemäß Art. 107 Abs. 2 AEUV

16   Art. 107 Abs. 2 AEUV führt drei Kategorien von Beihilfen auf, die vom Beihilfeverbot ausgenommen sind. Es handelt sich um:

---

40   EuGH, Rs. 730/79 (Philip Morris), Slg. 1980, 2671, Rn. 11; Rs. C-66/02 (Italien./.Kommission), Slg. 2005, I-10901, Rn. 111 f.
41   EuGH, Rs. 102/87 (Frankreich./.Kommission), Slg. 1988, 4067, Rn. 19.
42   EuGH, Rs. 142/87 (Belgien./.Kommission), Slg. 1990, I-959, Rn. 32, 35; C-71/04 (Administración del Estado./.Xunta de Galicia), Slg. 2005, I-7419, Rn. 41 ff.; EuG, verb. Rs. T-298, 312, 313, 315, 600–607/97, 1, 3–6/ und 23/98 (Alzetta Mauro u.a.), Slg. 2000, II-2319, Rn. 91.
43   S. etwa EuGH, Rs. 142/87 (Belgien./.Kommission), Slg. 1990, I-959, Rn. 43; EuG, verb. Rs. T-298, 312, 313, 315, 600–607/97, 1, 3–6/ und 23/98 (Alzetta Mauro u.a.), Slg. 2000, II-2319, Rn. 84.
44   VO 1407/2013, ABl. L 352/2013, 1 = HER I A 50/8.80. Zu sektoriellen „De minimis"-Gruppenfreistellungsverordnungen s. unten *Rn.* 33.

- Beihilfen sozialer Art an einzelne Verbraucher (lit. a),
- Beihilfen bei Naturkatastrophen und sonstigen außergewöhnlichen Ereignissen (lit. b),
- Beihilfen zum Ausgleich von durch die Teilung Deutschlands verursachter Nachteile (lit. c).

Diese Ausnahmen gelten **von Vertrags wegen**. Die Kommission hat im Beihilfeverfahren lediglich zu prüfen, ob die Tatsachen vorliegen, die den Ausnahmetatbestand erfüllen. Ein Ermessen hat sie bei der Prüfung nicht.[45]

Die Legalausnahme für **Verbraucherbeihilfen** ist von geringer praktischer Bedeutung, da nach dem Selektivitätsgrundsatz nur solche Vergünstigungen überhaupt unter den Tatbestand des Art. 107 Abs. 1 AEUV fallen, die bestimmten Unternehmen einen Kostenvorteil gegenüber Wettbewerbern verschaffen. Die Beihilfe muss „einzelnen" Verbrauchern, also einer abgrenzbaren Gruppe von Verbrauchern und nicht allgemein allen Verbraucher gewährt werden.[46] Da die Beihilfe aus sozialen Gründen gewährt werden muss, ist die Ausnahme nicht auf Verbraucherbeihilfen zur Förderung des Erwerbs umweltfreundlicher Erzeugnisse anwendbar.[47]

Die Ausnahme für Beihilfen bei **Naturkatastrophen** setzt ein außergewöhnliches Naturereignis, das ungewöhnlich große Schäden verursacht, voraus. Als **sonstige außergewöhnliche Ereignisse** kommen etwa Kriege, Terroranschläge oder schwere Industrieunfälle in Betracht. Die Folgen von Arbeitskonflikten oder unternehmenspolitischen Fehlentscheidungen fallen dagegen nicht unter die Ausnahme.

Die Ausnahme für **Beihilfen aus Gründen der Teilung Deutschlands** wird mit der fortschreitenden Überwindung der teilungsbedingten Folgen nach der deutschen Wiedervereinigung allmählich ihre Bedeutung verlieren. Die Vorschrift ist allerdings nicht implizit außer Kraft getreten oder gegenstandslos geworden.[48] Art. 107 Abs. 2 lit. c), Satz 2 AEUV sieht jetzt allerdings vor, dass der Rat fünf Jahre nach dem Inkrafttreten des Vertrags von Lissabon auf Vorschlag der Kommission die Aufhebung der Bestimmung beschließen kann. Da als „durch die Teilung verursachte wirtschaftliche Nachteile" nur diejenigen wirtschaftlichen Nachteile anzusehen sind, die die Isolierung aufgrund der Errichtung oder Aufrechterhaltung dieser Grenze verursacht hat (z.B. die Umschließung bestimmter Regionen, die Unterbrechung der Verkehrswege oder für einige Unternehmen der Verlust ihrer natürlichen Absatzgebiete),[49] sind **Beihilfen für Neuinvestitionen in den neuen Bundesländern nicht** nach Art. 107 Abs. 2 lit. c) AEUV, sondern nach Art. 107 Abs. 3 AEUV zu beurteilen.[50] Diese Beihilfen dienen nämlich dem Ausgleich von Benachteiligungen, die nicht unmittelbar auf die Teilung Deutschlands, sondern auf das in der DDR bestehende politisch-wirtschaftliche System zurückzuführen sind.[51]

---

45 *Martenczuk*, in: Schröter/Jakob/Klotz/Mederer, Art. 107 AEUV Rn. 197; *Kreuschitz*, in: Lenz/Borchardt, Art. 107 Rn. 44 f.
46 *Martenczuk*, in: Schröter/Jakob/Klotz/Mederer, Art. 107 AEUV Rn. 200; v. *Wallenberg/Schütte*, in: G/H/N, Art. 107 Rn. 132.
47 Vgl. dazu die Leitlinien für staatliche Umweltschutz und Energiebeihilfen, ABl. C 200/2014, 1.
48 EuG, verb. Rs. T-132 und 143/96 (Freistaat Sachsen u.a./.Kommission), Slg. 1999, II-3663, Rn. 130 f.
49 EuGH, Rs. C-156/98 (Deutschland./.Kommission), Slg. 2000, I-6857, Rn. 52; EuG, verb. Rs. T-132 und 143/96 (Freistaat Sachsen u.a./.Kommission), Slg. 1999, II-3663, Rn. 134, bestätigt in: EuGH, verb. Rs. C-57 und 61/00 P, Slg. 2003, I-9975, Rn. 22 ff.
50 EuG, a.a.O., Rn. 138.
51 EuG, a.a.O., Rn. 136 f.

II. Die Ermessensausnahmen gemäß Art. 107 Abs. 3 AEUV

19 In Art. 107 Abs. 3 AEUV werden fünf Kategorien von Beihilfen aufgeführt, die vom Beihilfenverbot aus Art. 107 Abs. 1 AEUV ausgenommen werden können. Es handelt sich um:

- Beihilfen zur Förderung der wirtschaftlichen Entwicklung von Gebieten mit niedriger Lebenshaltung oder erheblicher Unterbeschäftigung sowie für Gebiete in äußerster Randlage (Art. 349 AEUV) (lit. a),
- Beihilfen zur Förderung wichtiger Vorhaben von gemeinsamem europäischen Interesse oder zur Behebung einer beträchtlichen Störung im Wirtschaftsleben (lit. b),
- Beihilfen zur Entwicklung gewisser Wirtschaftszweige und Wirtschaftsgebiete (lit. c),
- Beihilfen zur Förderung der Kultur und des kulturellen Erbes (lit. d),
- sonstige, vom Rat bestimmte Arten von Beihilfen (lit. e).

Die Kommission verfügt bei der Anwendung dieser Ausnahmen über ein **weites Ermessen** auf der Rechtsfolgenseite, aber auch über einen **Beurteilungsspielraum** bei der Feststellung des Vorliegens der Voraussetzungen eines Ausnahmetatbestands.[52] Sie hat bei der Entscheidung über die Freistellung die Verhältnisse in der gesamten EU zu berücksichtigen.[53] Grundsätzlich dürfen Beihilfen nur freigestellt werden, wenn ihre wettbewerbsverzerrenden Wirkungen von einer im Unionsinteresse liegenden Gegenleistung kompensiert werden.[54]

Die Kommission hat eine Reihe von **Mitteilungen, Leitlinien** und **Gemeinschaftsrahmen** veröffentlicht, in denen sie die Grundsätze und Kriterien erläutert, die sie bei der Anwendung der Ausnahmebestimmungen zugrundelegt[55] und denen eine ermessensbindende Wirkung beizumessen ist.[56]

Gemeinschaftsrahmen können überdies zweckdienliche Maßnahmen im Sinne von Art. 108 Abs. 1 AEUV, 18 VO 659/1999 in Bezug auf bestehende Beihilfen enthalten, die nach Zustimmung eines Mitgliedstaats für diesen verbindlich sind (Art. 19 VO 659/1999).[57]

20 Art. 107 Abs. 3 lit. a) und c) AEUV sehen die Möglichkeit der Gewährung von Ausnahmen für **regionale Beihilfen** vor. Die Kriterien für die Anwendung dieser beiden Freistellungsbestimmungen auf Regionalbeihilfen hat die Kommission in Leitlinien konkretisiert.[58] Darüber hinaus können Ausnahmen für **sektorale Beihilfen** auf die Vorschrift des Art. 107 Abs. 3 lit. c) AEUV gestützt werden. Neben den regionalen und sektoralen Beihilfen spielen in der Praxis auch **allgemeine horizontale Beihilfesysteme**, so etwa Beihilfen für Forschung und Entwicklung, Beschäftigungsbeihilfen und Förderungsmaßnahmen für kleinere und mittlere Unternehmen eine große Rolle.[59] Auch diese sind im Allgemeinen am Tatbestand des Art. 107 Abs. 3 lit. c) AEUV zu messen, der

---

52 *Mederer*, in: Schröter/Jakob/Klotz/Mederer, Art. 107 AEUV Rn. 214.
53 EuGH Rs. 730/79 (Philip Morris./.Kommission), Slg. 1980, 2671, Rn. 24.
54 Dreizehnter Wettbewerbsbericht (1983), 148, Rn. 229; Vierzehnter Wettbewerbsbericht (1984), 190, Rn. 261.
55 Siehe etwa die Zusammenstellung in HER I A 50.8.
56 EuGH, Rs. C-288/96 (Deutschland./.Kommission), Slg. 2000, I-8237, Rn. 96; EuG, Rs. T-214/95 (Het Vlaamse Gewest./.Kommission, Slg. 1998, II-717, Rn. 79; T-171/02 (Regione autonoma della Sardegna./.Kommission), Slg. 2005, II-2123; T-349/03 (Corsica Ferries France./.Kommission), Slg. 2005, II-2197.
57 Näher *Mederer*, in: Schröter/Jakob/Klotz/Mederer, Art. 107 AEUV Rn. 220; v. *Wallenberg/Schütte*, in: G/H/N, Art. 107 Rn. 146.
58 ABl. C 209/2013, 1 = HER I A 50/8.79.
59 *Mederer*, in: Schröter/Jalob/Klotz/Mederer, Art. 107 AEUV Rn. 404 ff.

damit die in der Praxis weitaus wichtigste Ausnahmevorschrift bildet. Im Prinzip werden horizontale Beihilfen von der Kommission im Rahmen bestimmter Kriterien wohlwollend betrachtet, soweit es sich nicht um Investitionsbeihilfen handelt.

Im Rahmen der Anwendung von Art. 107 Abs. 3 lit. b) AEUV sind die Ziele der Union bei der Auslegung des Begriffs „**Vorhaben von gemeinsamen europäischem Interesse**" zu berücksichtigen.[60] Ein Vorhaben kann überdies nur dann als von „gemeinsamem europäischem Interesse" qualifiziert werden, wenn es Teil eines von den Regierungen verschiedener Mitgliedstaaten unterstützten zwischenstaatlichen Programms ist oder zu einer zwischen den verschiedenen Mitgliedstaaten abgestimmten Unternehmung gehört.[61] Eine „**beträchtliche Störung im Wirtschaftsleben eines Mitgliedstaates**" liegt erst vor, wenn sich eine Störung im gesamten Mitgliedstaat auswirkt. In der Praxis wurde insbesondere die Genehmigung von Maßnahmen zur Konjunkturbelebung auf die Vorschrift gestützt.[62] Gegenwärtig kann die Bestimmung auch für die Genehmigung zeitlich begrenzter Beihilfen zur Bewältigung der Finanz- und Wirtschaftskrise herangezogen werden.[63] 21

Die Ausnahmevorschrift zugunsten von **Beihilfen zur Kulturförderung** wurde durch den Vertrag von Maastricht in Art. 107 Abs. 3 lit d) AEUV eingefügt.[64] Zuvor waren Kulturbeihilfen im Rahmen der Ausnahme nach Art. 107 Abs. 3 lit. c) AEUV geprüft worden. Die Kommission hat die Vorschrift etwa zur Genehmigung von Beihilfen zur Filmförderung und zur Förderung des Exports von Büchern in französischer Sprache herangezogen.[65] 22

Gemäß **Art. 107 Abs. 3 lit. e) AEUV** kann der Rat **weitere Ausnahmen** festlegen. Auf diese Vorschrift wurden zum Beispiel Regelungen über Beihilfen im Schiffbau[66] und, nach dem Auslaufen des EGKSV, eine Regelung über staatliche Beihilfen für die Stilllegung von Steinkohlebergwerken gestützt.[67] 23

D. Verfahren bei der Überprüfung staatlicher Beihilfen

I. Überprüfung von Beihilfen und Beihilferegelungen

Die Kommission überwacht die Einhaltung der Beihilfevorschriften und überprüft eine eventuelle Freistellung im Rahmen des in Art. 108 AEUV nur summarisch geregelten Verfahrens. Eine **Verfahrensverordnung**, in der die Einzelheiten des Beihilfeverfahrens geregelt sind, hat der Rat erst 1999 auf der Grundlage von Art. 109 AEUV angenom- 24

---

60 EuG, verb. Rs. T-132 und 143/96 (Freistaat Sachsen u.a./.Kommission), Slg. 1999, II-3663, Rn. 166 ff.; *v. Wallenberg/Schütte*, in: G/H/N, Art. 107 Rn. 150.
61 EuGH verb. Rs 62, 72/87 (Exécutif Régional Wallon u.a./.Kommission), Slg. 1988, 1573, Rn. 22. Zur Genehmigungspraxis der Kommission s. *Martenczuk*, in: Schröter/Jakob/Klotz/Mederer, Art. 107 AEUV Rn. 371.
62 Fünfter Wettbewerbsbericht (1975), 113 ff., Rn. 130 ff.
63 S. etwa Mitteilung der Kommission über die Anwendung der Vorschriften für staatliche Beihilfen ab dem 1. August 2013 auf Maßnahmen zur Stützung von Banken im Kontext der Finanzkrise („Bankenmitteilung"), ABl. C 216/2013, 1.
64 Die Vorschrift kann deshalb nicht auf die Zeit vor dem 1.11.2003 angewandt werden. Vgl. EuG, Rs. T-348/04 (SIDE./.Kommission), Slg. 2008, II-625.
65 XXV. Wettbewerbsbericht (1998), 115 f., Rn. 274 f. S. auch EuGH, Rs. C-332/98 (Frankreich./.Kommission), Slg. 2000, I-4837.
66 Siehe VO 3094/95 des Rates, ABl. L 332/1995, 1 = *HER I A* 50/8.32.
67 Siehe Beschluss 2010/787 des Rates, ABl. L 336/2010, 24 = *HER I A* 50/8.74.

men und 2013 grundlegend überarbeitet.[68] Die Verordnung kodifiziert in weitem Umfang die Rechtsprechung des EuGH zum Beihilfeverfahren.

Art. 108 AEUV unterscheidet zwischen **geplanten Beihilfen**, von denen die Kommission nach Art. 108 Abs. 3 AEUV rechtzeitig zu unterrichten ist, und den **bestehenden Beihilfen**, d.h. denjenigen, die schon bei Inkrafttreten des EWGV bzw. zum Zeitpunkt des Wirksamwerdens des Beitrittsvertrags bestanden haben oder die später rechtmäßig, also unter Einhaltung der Beihilferegeln, eingeführt oder umgestaltet worden sind.

25 Im Falle der **geplanten Beihilfen**, in der Verfahrensverordnung als **neue Beihilfen** bezeichnet, wird durch die **Notifizierung** der beabsichtigten Einführung oder Umgestaltung einer Beihilfe ein **Vorprüfungsverfahren** ausgelöst. Wenn sich bei diesem Zweifel an der Vereinbarkeit der geplanten Regelung mit Art. 107 AEUV ergeben, entscheidet die Kommission, das in Art. 108 Abs. 2 AEUV vorgesehene, förmliche Hauptprüfungsverfahren einzuleiten.[69]

Art. 4 VO 659/1999 sieht vor, dass die Beihilfe als genehmigt gilt, wenn die Kommission innerhalb von **zwei Monaten** seit der vollständigen Anmeldung keine Entscheidung getroffen hat. In diesem Fall darf der Mitgliedstaat die Maßnahme durchführen, wenn er die Kommission zuvor von seiner Absicht unterrichtet hat und diese nicht innerhalb von 15 Arbeitstagen die Entscheidung zur Eröffnung des förmlichen Prüfverfahrens trifft. Die Zweimonatsfrist kann gemäß Art. 4 Abs. 5 S. 4 VO 659/1999 von der Kommission im Einvernehmen mit dem betroffenen Mitgliedstaat verlängert werden. Die Fristenregelung ist auf die sog „Lorenz-Rechtsprechung" des EuGH gestützt, die auf einer rechtsschöpferischen Analogie zu der in den Art. 263 und 265 AEUV für Nichtigkeits- und Untätigkeitsklagen vor dem EuGH getroffenen Regelung beruht.[70]

26 Die **Entscheidung zur Eröffnung des förmlichen Prüfverfahrens** wird in der jeweiligen verbindlichen Sprachfassung im Amtsblatt der EU veröffentlicht. In den anderen Amtssprachen wird lediglich eine Zusammenfassung publiziert (Art. 26 Abs. 2 VO 659/1999). In der Entscheidung fordert die Kommission den betroffenen Mitgliedstaat und die anderen Beteiligten zu einer Stellungnahme binnen einer Frist von regelmäßig nicht mehr als einem Monat auf (Art. 6 Abs. 1 VO 659/1999). Beteiligte sind dabei nicht nur der Mitgliedstaat, der die Beihilfe gewähren will, und die von ihr begünstigten Unternehmen, sondern auch diejenigen Mitgliedstaaten, Personen, Unternehmen, und Unternehmensvereinigungen, denen aus der Beihilfe Wettbewerbsnachteile erwachsen können (Art. 1 lit. h) VO 659/1999). Im Rahmen des förmlichen Prüfverfahrens kann die Kommission zur Aufklärung des Sachverhalts Auskunftsersuchen an andere Mitgliedstaaten, an Unternehmen oder Unternehmensvereinigungen richten (Art. 6a VO 659/1999). Verstößt ein Unternehmen oder eine Unternehmensvereinigung gegen die Auskunftspflicht kann die Kommission eine Geldbuße oder ein Zwangsgeld verhängen (Art. 6b VO 659/1999).

Auch das förmliche Prüfverfahren muss wegen der Vielzahl der betroffenen privaten und öffentlichen Interessen zügig durchgeführt werden. Art. 7 Abs. 6 VO 659/1999 sieht vor, dass sich die Kommission bemühen muss, das Prüfverfahren innerhalb von 18 Monaten abzuschließen. Das Verfahren endet entweder mit einer **Entscheidung**, in der die Kommission feststellt, dass die geplante Maßnahme **keine Beihilfe** darstellt, oder mit einer, erforderlichenfalls mit Bedingungen und Auflagen versehenen, **Positiventscheidung**, in der sie die Vereinbarkeit der Beihilfe mit dem Binnenmarkt feststellt, oder aber mit einer **Negativentscheidung**, in der die Kommission die Beihilfe untersagt. Das Verfahren wird eingestellt, wenn der Mitgliedstaat die Anmeldung zurücknimmt.

---

68 VO 659/1999 des Rates, ABl. L 83/1999, 1 = HER I A 50/3.14, zuletzt geändert durch VO 734/2013, ABl. L 204/2013, 15.
69 EuGH Rs. C-390/06 (Nuova Agricast), Slg. 2008, I-2577.
70 EuGH Rs. 120/73 (Gebr. Lorenz), Rs. 121/73 (Markmann), Rs. 122/73 (Nordsee), Rs. 141/73 (Lohrey), Slg. 1973, 1471, 1495, 1511, 1527. Vgl. auch *Lessenich*, in: Schröter/Jakob/Klotz/Mederer, Art. 107 Rn. 27.

§ 13 Staatliche Beihilfen

Eine Entscheidung, mit der die Kommission feststellt, dass keine Beihilfe vorliegt oder die Beihilfe mit dem Binnenmarkt vereinbar ist, kann nicht nur von Mitgliedstaaten,[71] sondern auch von Konkurrenzunternehmen angefochten werden. Voraussetzung ist, dass sie sich im Aufsichtsverfahren geäußert haben und darlegen können, durch die Entscheidung in ihren berechtigten Interessen beeinträchtigt zu sein.[72] Gegen eine Negativentscheidung oder eine mit Auflagen oder Bedingungen versehene Entscheidung kann auch ein Unternehmen, das durch eine geplante Einzelbeihilfe unmittelbar begünstigt wäre, gemäß Art. 263 Abs. 4 AEUV Nichtigkeitsklage erheben.[73] Ein Bundesland kann gemäß Art. 263 Abs. 4 AEUV klagebefugt sein, wenn die angegriffene Entscheidung eine wenigstens teilweise aus eigenen Mitteln gewährte Beihilfe betrifft.[74]

27

Während der Vorprüfungsphase und während der förmlichen Prüfung, aber auch dann, wenn der Mitgliedstaat vertragswidrig die Unterrichtung der Kommission von seinen Beihilfeplänen unterlassen hat, ist dem Mitgliedstaat die geplante Einführung oder Umgestaltung der Beihilfe verboten (**Durchführungsverbot**, Art. 108 Abs. 3 S. 3 AEUV, Art. 3 VO 659/1999), und zwar mit unmittelbarer Wirkung. Einzelne können sich deshalb, etwa im Rahmen einer Konkurrentenklage vor den staatlichen Gerichten, auf die Unwirksamkeit der unter Missachtung der Sperrwirkung eingeführten Beihilferegelung berufen.[75] Wegen dieser Rechtswirkungen ist die Eröffnung des Hauptprüfungsverfahrens ein Rechtsakt, der mit der Anfechtungsklage angegriffen werden kann.[76]

Wenn ein Mitgliedstaat **Beihilfemaßnahmen unter Verstoß gegen das Durchführungsverbot** aus Art. 108 Abs. 3 AEUV praktiziert („rechtswidrige Beihilfen" im Sinne von Art. 1 lit. f VO 659/1999), kann die Kommission diesem gegenüber eine **Anordnung zur Auskunftserteilung** und eine **Aussetzungsanordnung** erlassen (Art. 10 Abs. 3; 11 Abs. 1 VO 659/1999). Auch kann gemäß Art. 11 Abs. 2 VO 659/1999 eine einstweilige **Rückforderungsanordnung** ergehen. In einer Negativentscheidung zu rechtswidrigen Beihilfen wird dem betreffenden Mitgliedstaat gemäß Art. 14 VO 659/1999 auferlegt, die bereits gezahlten Beihilfen zurückzufordern (**Rückforderungsentscheidung**).[77] Eine Rückforderungsentscheidung kann die Kommission darüber hinaus auch im Fall einer **missbräuchlichen Anwendung von Beihilfen** erlassen (Art. 16 VO 659/1999). Für die Rückforderung gilt eine unionsrechtlich geregelte Verjährungsfrist von 10 Jahren (Art. 15 VO 659/1999). Gegen die Rückforderungsentscheidung kann der Mitgliedstaat nur die objektive Unmöglichkeit ihrer Durchsetzung einwenden, nicht aber andere Gründe wie etwa finanzielle Schwierigkeiten des betroffenen Unternehmens.[78] Gegebenenfalls muss er bei einem nicht überlebensfähigen Unternehmen die Befriedigung der Rückzahlungsansprüche im Rahmen eines Konkursverfahrens betreiben. Auf die Rückforderung findet auch nach Erlass der VO 659/1999 nationales Recht Anwendung. Doch ist bei der – nach deutschem Recht etwa aufgrund von Art. 48 VwVfG –

28

---

71 Beispiel: EuGH, Rs. 84/82 (Deutschland./.Kommission), Slg. 1984, 1451 (belgische Textilindustrie).
72 EuGH, Rs.169/84 (COFAZ u.a./.Kommission), Slg.1985, 391, Rn. 24 f.; Rs. C- 525/04 P (Spanien./.Lenzing), Slg. 2007, I-9947; EuG, Rs. T-27/02 (Kronofrance./.Kommission), Slg. 2004, II-4171; T-88/01 (Sniace./.Kommission), Slg. 2005, II-1197.
73 EuGH, Rs.730/79 (Philip Morris), Slg.1980, 2671, Rn. 5; Rs. C-188/92 (TWD Textilwerke Deggendorf), Slg. 1994, I-833, Rn. 14.
74 EuG, verb. Rs. T-132 und 143/96 (Freistaat Sachsen u.a./.Kommission), Slg. 1999, II-3663, Rn. 84 ff.
75 EuGH, Rs. 6/64 (Costa./. ENEL), Slg. 1964, 1252 (1273); Rs. 120/73 (Gebr. Lorenz), Slg. 1973, 1471, Rn. 8.
76 EuGH, Rs. C-312/90 (Spanien./.Kommission), Slg. 1992, I-4117, Rn. 20, 23.
77 S. dazu auch die Bekanntmachung der Kommission, ABl. C 272/2007, 4.
78 S. etwa EuGH, Rs. 63/87 (Kommission./.Griechenland), Slg. 1988, 2875, Rn. 14.

vorzunehmenden Abwägung zwischen dem Vertrauensschutz des Empfängers der Zuwendung und dem öffentlichen Interesse das Unionsinteresse in vollem Umfang zu berücksichtigen.[79]

29 Die Kommission ist gemäß Art. 108 Abs. 1 AEUV verpflichtet, die **bestehenden Beihilferegelungen** in Zusammenarbeit mit den Mitgliedstaaten fortlaufend zu überwachen.[80] Die Überwachung, die auch die Vergabe von Beihilfen im Einzelfall erfasst, ist von großer praktischer Bedeutung, da sich die wirtschaftliche Lage seit der Genehmigung geändert haben kann.[81] Für die Prüfung bestehender Beihilferegelungen sieht die VO 659/1999 in Art. 17 ff. ein **zweistufiges Verfahren** vor: Wenn die Kommission aufgrund ihrer Prüfung zu dem Schluss gelangt, dass die Regelung nicht oder nicht mehr mit dem Binnenmarkt vereinbar ist, schlägt sie dem Mitgliedstaat **zweckdienliche Maßnahmen** vor, die insbesondere in einer inhaltlichen Änderung der überprüften Regelung, in der Einführung von Verfahrensvorschriften oder in der Abschaffung der Regelung bestehen können. Wenn der Mitgliedstaat den vorgeschlagenen Maßnahmen zustimmt, ist er verpflichtet, die Maßnahmen durchzuführen. Stimmt er den Maßnahmen nicht zu, kann die Kommission das **förmliche Prüfverfahren** einleiten, das also sowohl auf geplante als auch auf schon bestehende Beihilfen anwendbar ist. Allerdings entfaltet das Verfahren gegenüber schon bestehenden Beihilfen keine Sperrwirkung, so dass Dritte aus dem bloßen Umstand, dass ein solches Verfahren durchgeführt wird, noch keine Rechte ableiten können.

Um die Überwachung bestehender Beihilferegelungen durch die Kommission zu erleichtern, sind die Mitgliedstaaten zur Vorlage von **Jahresberichten** verpflichtet (Art. 21 VO 659/1999). Zudem kann die Kommission in bestimmten Fällen **Untersuchungen einzelner Wirtschaftszweige** und Beihilfeninstrumente durchführen (Art. 20a VO 659/1999). Die Kommission kann überdies **Nachprüfungen vor Ort** vornehmen, wenn die Einhaltung einer Entscheidung zweifelhaft ist (Art. 22 VO 659/1999). Wenn ein Mitgliedstaat sich einer Negativentscheidung oder einer mit Bedingungen oder Auflagen versehen Entscheidung nicht fügt, kann die Kommission den Gerichtshof nach Art. 108 Abs. 2 UAbs. 2 AEUV direkt anrufen, ohne erst gemäß Art. 258 AEUV ein Vorverfahren durchführen zu müssen.

30 Gemäß Art. 108 Abs. 2 S. 3 AEUV kann der **Rat** einstimmig auf Antrag eines Mitgliedstaates entscheiden, dass eine von diesem Staat gewährte oder geplante Beihilfe in Abweichung von Art. 107 AEUV als mit dem Binnenmarkt vereinbar gilt, wenn außergewöhnliche Umstände eine solche Entscheidung rechtfertigen. Die Einleitung des Verfahrens vor dem Rat bewirkt die Aussetzung des Kommissionsverfahrens. Doch fällt die Entscheidungsbefugnis an die Kommission zurück, wenn der Rat innerhalb von drei Monaten keine Entscheidung getroffen hat (Art. 108 Abs. 2 S. 4 AEUV). Von diesem Erlaubnisvorbehalt hat der Rat nur bei wenigen nationalen Agrarbeihilfen Gebrauch gemacht.[82]

> Der Rat darf nur innerhalb der Dreimonatsfrist nach Antragstellung, in der das Kommissionsverfahren ausgesetzt ist, eine Regelung treffen. Er kann die ihm in Art. 108 Abs. 2 S. 3 AEUV übertragene Befugnis deshalb nur ausüben, wenn der betroffene Mitgliedstaat seinen Antrag

---

79 EuGH, Rs. 94/87 (Kommission./.Deutschland), Slg. 1989, 175, Rn. 12.
80 Zum Begriff s. die Definition in Art. 1 lit. b) VO 659/1999.
81 XX. Wettbewerbsbericht (1990), 146 f., Rn. 171.
82 Beispiele: EuGH, Rs. C-111/10 (Kommission/Rat), Rs. C-117/10 (Kommission/Rat), Rs. C-118/10 (Kommission/Rat), Rs. C-121/10 (Kommission/Rat), Urteile v. 4.12.2013..

stellt, bevor die Kommission die betreffende Beihilfe für mit dem Binnenmarkt unvereinbar erklärt hat.[83]

II. Gruppenfreistellungsverordnungen

In einer auf der Grundlage von Art. 109 AEUV erlassenen Verordnung des Rates von 1998 wird die Kommission ermächtigt, bestimmte **Gruppen von Beihilfen** (kleine und mittlere Unternehmen, Forschung und Entwicklung, Umweltschutzmaßnahmen, Beschäftigung und Ausbildung sowie Regionalbeihilfen im Einklang mit den für jeden Mitgliedstaat genehmigten Fördergebieten) durch Verordnung für mit dem Binnenmarkt **vereinbar zu erklären** und von der Anmeldepflicht nach Art. 108 Abs. 3 AEUV **freizustellen**.[84] Darüber hinaus sieht die Ratsverordnung auch eine Ermächtigung zum Erlass einer Verordnung über „De minimis"-Beihilfen vor.

31

Auf der Grundlage der Ratsverordnung hat die Kommission eine **allgemeine Gruppenfreistellungsverordnung** erlassen, die für Regionalbeihilfen, Investitions-, Betriebs- und Finanzierungsbeihilfen für KMU, Umweltschutzbeihilfen, Forschungs-, Entwicklungs- und Innovationsbeihilfen, Ausbildungsbeihilfen, Beihilfen für benachteiligte oder behinderte Arbeitnehmer, Beihilfen bei Naturkatastrophen, Sozialbeihilfen für die Beförderung von Einwohnern entlegener Gebiete, Beihilfen für Breitbandinfrastrukturen, Kulturbeihilfen, Beihilfen für Sport- und Freizeitinfrastrukturen sowie für Behilfen für lokale Infrastrukturen gilt.[85] Weitere Freistellungsverordnungen bestehen für **„De-minimis"**-Beihilfen, für „De-minimis"-Beihilfen im Agrarsektor, für „De-minimis"-Beihilfen im Fischereisektor, für Beihilfen an kleine und mittlere Unternehmen in der Landwirtschaft und für „De-minimis"-Beihilfen an Unternehmen, die öffentlichen Dienstleistungen von allgemeinem wirtschaftlichen Interesse erbringen.[86] Im Fall einer Überschneidung gehen die Bestimmungen der Verordnungen den von der Kommission erlassenen Gemeinschaftsrahmen und Leitlinien vor.[87]

E. Literatur

Arhold, Christoph, Globale Finanzkrise und europäisches Beihilfenrecht: die neuen Spielregeln für Beihilfen an Finanzinstitute und ihre praktische Anwendung, EuZW 2008, 713 ff.; *Bacon, Kelyn* (Hg.), European Community Law of State Aids, Oxford 2009; *Bartosch, Andreas*, EU-Beihilfenrecht, Kommentar, München 2009; *Biodi, Andrea/Eeckhout, Piet/Flynn, James* (Hg.), The Law of State Aid in the European Union, Oxford 2004; *Flett, James* (Hg.), EC State Aid Law/Le droit des aides d'Etat dans le CE: liber amicorum Francisco Santaolalla Gadea, Den Haag 2008; *Frenz, Walter*, Handbuch Europarecht, Band 3: Beihilfe- und Vergaberecht, Berlin u.a. 2007; *Heidenhain, Martin* (Hg.), Handbuch des Europäischen Beihilfenrechts, München 2003; *ders.*, European State Aid Law, München 2009; *Hancher, Leigh/Slot, Piet J./Ottervanger, Tom*, EC State Aids, 4. Aufl., London u.a. 2012; *Hirsch, Günter/Montag, Frank/Säcker, Franz Jürgen* (Hg.), Deutsches und Europäisches Wettbewerbsrecht (Kartellrecht), Münchener Kommentar, Band 3: Beihilfenrecht und Vergaberecht, München 2011; *Koenig, Christian/Kühling, Jürgen/Ritter, Nicolai*, EG-Beihilfenrecht, 2. Aufl., Heidelberg 2004; *Lübbi/Thomas/Martin-Ehlers, Andrés*, Beihilfen-

---

83 EuGH, Rs. C-110/02 (Kommission./.Rat), Slg. 2004, I-6333, Rn. 32 f.; Rs. C-399/03 (Kommission./. Rat), Slg. 2006, I-5629, Rn. 24 ff.
84 VO 994/1998 des Rates, ABl. L 142/1998, 1 = HER I A 50/8.44.
85 VO 651/2014, ABl. L 187/2014, 1.
86 VO 1407/2013, ABl. L 352/2013, 1 = HER I A 50/8.80; VO 1408/2013, ABl. L 352/2013, 9 = HER I A 50/8.81; VO 875/2007, ABl. 193/2007, 6 = HER I A 50/8.67; VO 1857/2006, ABl. L 358/2006, 3 = HER I A 50/8.63; VO 360/2012, ABl. L 114/2012, 8 = HER I A 50/8.77.
87 EuGH, Rs. C-110/03 (Belgien./.Kommission), Slg. 2005, I-2801, Rn. 33.

recht der EU, 2. Aufl., München 2009; *Quigley, Conor,* European State Aid Law, 2. Aufl., Oxford 2009; *Sanchez Rydelski, Michael,* Handbuch EU-Beihilfenrecht, Baden-Baden 2003; *Schröter, Helmuth/Jakob, Thinam/Klotz, Robert/Mederer, Wolfgang,* Europäisches Wettbewerbsrecht, 2. Aufl., Baden-Baden 2014; *Schubert, Jens,* Beihilfen im Agrarsektor, EuZW 2010, 92 ff.; *Sinnaeve, Adinda,* Die Rückforderung gemeinschaftsrechtswidriger Beihilfen, Berlin 1997.; *Soltész, Ulrich/von Köckritz, Christian,* Der „vorübergehende Gemeinschaftsrahmen" für staatliche Beihilfen: die Antwort der Kommission auf die Krise in der Realwirtschaft, EuZW 2010, 167 ff.; *Soltész, Ulrich,* Die Rechtsprechung der Unionsgerichte zum Beihilferecht im Jahr 2012, EuZW 2013, 134 ff.; *Szyszczak, Erika* (Hg.), Research Handbook on European State Aid Law, Cheltenham 2011; *Werner, Michael Jürgen/Quante, Peter,* Altmark Trans: Wendepunkt im Beihilfenrecht der nationalen Daseinsvorsorge?, ZEUS 2004, 83 ff.

§ 14 Angleichung der Rechtsordnungen

A. Grundlagen

Zu den Zielen der Union gehört gemäß Art. 3 EUV die **Entwicklung eines Raumes der Freiheit, der Sicherheit und des Rechts ohne Binnengrenzen** (Europäischer Rechtsraum). Nach Art. 67 AEUV umfasst der Europäische Rechtsraum neben den Regelungen zur Herstellung der Freizügigkeit von Personen, der Einwanderung und des Asyls (dazu im Einzelnen § 17), Maßnahmen im Bereich des Strafrechts und der polizeilichen Zusammenarbeit (dazu näher § 16) sowie Maßnahmen der justiziellen Zusammenarbeit im Bereich des Zivilrechts (§ 15) und der Zusammenarbeit der Verwaltungen. Das Kernstück des Rechtsraumes besteht aber noch immer in der **Herstellung des Binnenmarkts**, also eines „Raum(s) ohne Binnengrenzen, in dem der freie Verkehr von Waren, Personen, Dienstleistungen und Kapital gemäß den Bestimmungen der Verträge gewährleistet ist" (Art. 26 Abs. 2 AEUV).

Die Schaffung des Binnenmarktes erfolgt durch unmittelbar wirksame Vorschriften der Verträge, insbesondere die Grundfreiheiten, und zudem durch die Angleichung der Rechtsordnungen der Mitgliedstaaten in von der EU erlassenen Rechtsakten. Art. 114 AEUV sieht deshalb vor, dass die Union

> „Maßnahmen zur Angleichung der Rechts- und Verwaltungsvorschriften der Mitgliedstaaten, welche die Errichtung und das Funktionieren des Binnenmarkts zum Gegenstand haben"

erlässt.

Damit werden jene Probleme angesprochen, die sich in der zu einem einheitlichen Wirtschaftsraum zusammenwachsenden Union ergeben können, weil das Wirtschaftsleben durch unterschiedliche, territorial beschränkt geltende nationale Rechtsordnungen geregelt wird.

Die Beseitigung dieser Funktionsstörungen stellt der Rechtsangleichung in der Union drei Aufgaben: die **Ermöglichung und Erleichterung der Ausübung der Grundfreiheiten des Binnenmarkts**, die **Beseitigung** und **Verhinderung** der durch Rechtsunterschiede in der Union hervorgerufenen **Wettbewerbsverzerrungen** und Produktionsverlagerungen und schließlich die **Schaffung solider Rechtsstrukturen** als Grundlage für die wirtschaftliche und institutionelle Verfestigung der Union. Während die beiden ersten Aufgabenbereiche dem klassischen Verständnis der Rechtsangleichung als einem Instrument zur Schaffung von wettbewerbsgerechten Rahmenbedingungen entsprechen, entsteht der dritte Aufgabenbereich erst aus einem dynamischeren Verständnis der Integrationsziele und der dafür zu verwirklichenden Aufgaben; er weist der Rechtsangleichung sehr viel weiterreichende wirtschafts- und gesellschaftspolitische Funktionen zu.

Die Rechtsangleichung mit ihren verschiedenen Aspekten ist eine weitgespannte Aufgabe, deren Erfüllung die vom AEUV verfasste Funktionsweise des Binnenmarkts als Wirtschaftsraum ohne Binnengrenzen maßgeblich mitprägt. Soweit der Union die Rechtsangleichung vertraglich aufgegeben ist, können nichtlegislative Verfahren, wie die „offene Koordinierung" der Politiken der Mitgliedstaaten (z.B. Art. 149 AEUV), allenfalls eine ergänzende oder vorbereitende Funktion haben.

Der AEUV regelt die Angleichung der Rechtsvorschriften allgemein in den **Art. 114 bis 118**. Nach der allgemeinen Angleichungsermächtigung in Art. 114 AEUV können

Vorschriften aus allen Rechtsgebieten angeglichen werden, soweit sie die Errichtung und das Funktionieren des Binnenmarkts betreffen. In einer Vielzahl von Bereichen, wie etwa dem Gesellschaftsrecht (Art. 44 Abs. 2 lit. g) AEUV), dem Berufs- und Gewerberecht (Art. 53 AEUV) oder dem Steuerrecht (Art. 113 AEUV), hat der Vertrag selbst einen Funktionszusammenhang mit dem Binnenmarkt anerkannt und besondere Angleichungskompetenzen vorgesehen. Art. 115 AEUV enthält zudem eine Auffangklausel, welche die Angleichung von Vorschriften ermöglicht, die sich „unmittelbar" auf den Binnenmarkt beziehen. Andererseits wurden auch Kompetenzzuweisungen in den Vertrag aufgenommen, die den Erlass von Rechtsangleichungsmaßnahmen ausdrücklich ausschließen.[1]

4 Im **EAGV** wird der Rechtsangleichung keine vergleichbar zentrale Rolle zugewiesen. Der EAGV sieht in Art. 30 und 31 Regelungen vor, auf deren Grundlage Maßnahmen zur Rechtsangleichung im Bereich des Strahlenschutzes erlassen werden können (*Rn. 27*).

In den nachfolgenden Abschnitten werden die Grundprinzipien der Rechtsangleichung näher dargestellt. Spezifische Angleichungsmaßnahmen im Rahmen zusammenhängender Regelungskomplexe werden hingegen in den Kapiteln über die jeweiligen Regelungsbereiche in ihrem besonderen Sachzusammenhang behandelt.

B. Grundsätze und Ziele

I. Grundsätze der Rechtsangleichung

5 Die **Beseitigung von Rechtsunterschieden** wird umso notwendiger empfunden, je mehr sich die internationalen Wirtschaftsbeziehungen ausweiten. Seit Langem wurden deshalb von verschiedenen internationalen Organisationen Bemühungen zur Rechtsvereinheitlichung unternommen, so von der Haager Konferenz für internationales Privatrecht, vom Ausschuss der Vereinten Nationen für internationales Handelsrecht (UNCITRAL), von der Internationalen Arbeitsorganisation und vom Europarat.

Die Angleichung von Rechtsvorschriften nach Maßgabe des im AEUV niedergelegten Tätigkeitsprogramms weist gegenüber dieser Rechtsvereinheitlichung nach klassischem Muster erhebliche strukturelle Unterschiede auf. Während die internationalen Organisationen in aller Regel über einen breiten Gestaltungsspielraum verfügen, um den Bereich einer nützlichen Rechtsvereinheitlichung abzustecken, ist die Rechtsangleichung in der EU nicht als Selbstzweck zur Erleichterung und Rationalisierung der zwischenstaatlichen Rechtsbeziehungen vorgesehen, sondern der Union nur **zur Behebung unionsspezifischer Funktionsstörungen und Probleme** aufgegeben.

Die Rechtsvereinheitlichung in internationalen Organisationen erfolgt aufgrund von Übereinkommen, die den Mitgliedstaaten zur Annahme vorgeschlagen werden und in der Regel im Einvernehmen aller Mitgliedstaaten der betreffenden Organisation ausgearbeitet worden sind. Nur sehr selten gibt es eine Instanz, die eine einheitliche Auslegung des vereinheitlichten Rechts sicherstellen und damit eine später auseinandergehende Anwendungspraxis verhindern kann. In der Europäischen Union hingegen fällt

---

1 Vgl. Art. 2 Abs. 5 i.V.m. 6 AEUV, Art. 165 Abs. 4 AEUV (Bildungspolitische Zusammenarbeit, Jugend, Sport), Art. 166 Abs. 4 AEUV (Berufliche Bildung), Art. 167 Abs. 5 AEUV (Kultur), Art. 168 Abs. 5 AEUV (Gesundheitswesen), Art. 173 Abs. 3 AEUV (Industrie), Art. 195 Abs. 2 AEUV (Tourismus), Art. 196 Abs. 2 AEUV (Katastrophenschutz), Art. 197 Abs. 2 AEUV (Verwaltungszusammenarbeit).

die Rechtsangleichung in die Kompetenz der Unionsorgane. Sie wird nach dem im AEUV vorgesehenen Verfahren mittels der Rechtsakte des Art. 288 AEUV durchgeführt.

Die Unionsorgane verfügen grundsätzlich über **zwei Instrumente der Rechtsangleichung:** 6

- Durch **Verordnungen** kann ein einheitliches, unmittelbar anwendbares Unionsrecht geschaffen werden, das für ihren Anwendungsbereich entgegenstehendes nationales Recht verdrängt (§ 6 Rn. 27 f.).
- Durch **Richtlinien** können die Mitgliedstaaten verpflichtet werden, ihre Rechtsordnungen so umzuformen, dass die auftretende Funktionsstörung (z.b. Wettbewerbsverzerrung) nach Maßgabe des angegebenen Richtlinienzieles beseitigt oder verringert wird (§ 6 Rn. 29 ff.).

Die Vertragsbestimmungen sehen vorzugsweise diesen zweiten Weg vor. Falls erforderlich, kann jedoch auch durch eine Verordnung eine einheitliche Regelung getroffen werden. Durch den Erlass von Verordnungen (§ 6 Rn. 27 f.) kann die territoriale Abschirmungswirkung der nationalen Rechtsordnung überwunden und die bei Richtlinien erforderliche, oft sehr langwierige und problembehaftete Umsetzung in nationales Recht vermieden werden. Für eine punktuelle Angleichung von Vorschriften kommt auch der Erlass eines **Beschlusses** (§ 6 Rn. 37) in Betracht.[2] Daneben besteht die Möglichkeit, durch rechtlich unverbindliche **Empfehlungen** und Stellungnahmen die Mitgliedstaaten zur Angleichung ihrer Rechtsordnungen zu bewegen (§ 6 Rn. 38).

Der traditionelle Weg der Rechtsangleichung ist die **Beseitigung der Unterschiede des materiellen Rechts** der Mitgliedstaaten. Doch stößt dies in einer inzwischen auf 28 Mitgliedstaaten angewachsenen Union zunehmend auf Schwierigkeiten und Grenzen. Demgemäß suchen die Unionsorgane nunmehr vordringlich, die **gegenseitige Anerkennung** der Gleichwertigkeit der Regelungen der Mitgliedstaaten trotz ihrer ganz oder teilweise fortbestehenden Unterschiedlichkeit sicherzustellen.

Die Rechtsangleichung führt in dem Maße, in dem sie neue Regelungsgegenstände erfasst, zu einer **Einschränkung der Zuständigkeit der Mitgliedstaaten** zur autonomen Rechtsetzung. Die nationalen Rechtsvorschriften, die zur Erreichung eines in einer Richtlinie niedergelegten Angleichungszieles erlassen wurden, dürfen nämlich nicht mehr in einem Sinn abgeändert werden, der diesem Ziel widerspricht (§ 6 Rn. 32). Dies ist nur aufgrund einer Änderung der Richtlinie oder nach einem in der Richtlinie vorzusehenden vereinfachten Anpassungsverfahren zulässig. Damit erschließt die Durchführung der Rechtsangleichung für die Union Kompetenzen zu einer gestaltenden Reformpolitik auf dem angeglichenen Rechtsgebiet, die über den ursprünglichen instrumentalen Einsatz der Rechtsangleichung hinausweisen. 7

Die Mitgliedstaaten können jedoch ihre Rechtsordnung frei gestalten, solange ein Rechtsgebiet nicht in die ausschließliche Zuständigkeit der Union fällt (Art. 2 Abs. 1 und 3 AEUV) und noch nicht Gegenstand von Angleichungsmaßnahmen ist. Sind als Angleichungsziele, wie sehr häufig, nur gemeinsame Mindeststandards vorgeschrieben (Rn. 29), so können die Mitgliedstaaten weitergehende Vorschriften einführen. Stillhalteverpflichtungen bestehen nur in den vertraglich vorgesehenen Fällen (Art. 92

---

[2] *Pipkorn/Bardenhewer-Rating/Taschner*, in: G/S, Art. 95 Rn. 67; *Herrnfeld*, in: Schwarze (Hg.), EU-Kommentar, Art. 114 Rn. 56; *Defalque*, Commenaire J. Mégret, 241 f.

AEUV),³ aufgrund von Rechtsakten des EP und des Rates⁴ oder aufgrund besonderer Vereinbarungen der Mitgliedstaaten.⁵ Die Mitgliedstaaten haben jedoch aus Gründen der Verfahrensökonomie und nach Art. 4 Abs. 3 EUV (*§ 2 Rn. 62 f.*) die Pflicht, auf die Vorarbeiten der Unionsorgane zur Angleichung eines Rechtsgebiets Rücksicht zu nehmen und deren Erfolg nicht zu gefährden.⁶

8 Eine andere Frage ist, ob die Mitgliedstaaten noch befugt sind, ihre **Rechtsetzungsbefugnisse gemeinsam auszuüben und völkerrechtliche Abkommen zu schließen**, die mit Angleichungsbemühungen der Union konkurrieren. Aus dem System der Verträge ergibt sich ein grundsätzlicher Vorrang für die Verwirklichung der Rechtsangleichung mit den Mitteln des Unionsrechts, wenn die Voraussetzungen für ein Tätigwerden der Unionsorgane gegeben sind (Art. 3, 4 Abs. 4, 5 EUV, 2 ff., 352 AEUV).⁷

II. Ziele der Rechtsangleichung

9 Nachdem die Rechtsangleichung zunächst insbesondere auf die Errichtung und das Funktionieren eines „Gemeinsamen Marktes" bezogen war (Art. 3 lit. h EGV), kommt der Rechtsangleichung inzwischen allgemein die Aufgabe zu, einen **Beitrag zur Erreichung der Unionsziele** des Art. 3 EUV zu leisten. Die Reichweite der Rechtsangleichungszuständigkeiten wird nicht nur in den Art. 114 bis 117 AEUV, sondern auch durch zahlreiche spezifische Handlungsermächtigungen im Zusammenhang mit den einzelnen Vertragsgegenständen konkretisiert. So ist insbesondere auch die – früher umstrittene – Zuständigkeit der Union für rechtsangleichende Maßnahmen in den Bereichen der Sozialpolitik, der Umwelt- und Verbraucherschutzpolitik inzwischen vertraglich klargestellt. Ausgeschlossen sind rechtsangleichende Maßnahmen gemäß Art. 2 Abs. 5 AEUV aber in den Bereichen, in denen die Union nur unterstützend, koordinierend oder ergänzend tätig werden darf.⁸

Schwerpunkte der Rechtsangleichung bilden die Errichtung eines **Binnenmarkts** und die Schaffung eines **Raums der Freiheit, der Sicherheit und des Rechts** ohne Binnengrenzen. Der Rechtsangleichung kommt dabei die Aufgabe zu, die Hindernisse aufzuheben, die nicht bereits durch unmittelbar wirksame Vertragsvorschriften, insbesondere die Grundfreiheiten (§§ 10, 11), beseitigt wurden. Art. 26 AEUV definiert den Binnenmarkt als „einen Raum ohne Binnengrenzen, in dem der freie Verkehr von Waren, Personen, Dienstleistungen und Kapital gemäß den Bestimmungen dieses Vertrages gewährleistet ist". Die Rechtsangleichung muss in diesem Zusammenhang zunächst dafür Sorge tragen, dass Bürger und Unternehmen den Wirtschaftsraum nutzen können, ohne durch die von den Mitgliedstaaten errichteten Rechtsschranken daran gehindert zu werden. Durch die Vergemeinschaftung der Maßnahmen zum Aufbau eines Raums

---

3 Die meisten vertraglichen Stillhalteverpflichtungen wurden durch Vertragsänderungen gestrichen, da sie inzwischen gegenstandslos geworden sind.
4 Vgl. die durch RL 98/34 über ein Informationsverfahren auf dem Gebiet der Normen und technischen Vorschriften begründete Stillhalteverpflichtung vor der Einführung neuer Normen, ABl. L 204/1998, S. 37 = HER I A 61/1.31, zuletzt geändert durch VO 1025/2012, ABl. L 316/2012, 12.
5 Vgl. die durch die Vereinbarung der im Rat vereinigten Vertreter der Regierungen der Mitgliedstaaten eingeführte Stillhalteregelung auf dem Gebiet der technischen Handelshemmnisse, ABl. C 76/1969, 9, geändert durch die Vereinbarung v. 5.3.1973, ABl. C 9/1973, 3, sowie die Vereinbarung der im Rat vereinigten Vertreter der Regierungen der Mitgliedstaaten im Bereich des Umweltschutzes, die bestimmte Stillhaltefristen bei Umweltschutzmaßnahmen vorsieht, ABl. C 9/1973, 1.
6 S. auch *Pipkorn/Bardenhewer-Rating/Taschner*, in: G/S, Art. 95 Rn. 24; *Schmeder*, Rechtsangleichung, 61 f.
7 *Schwartz*, in: G/S, Art. 308 Rn. 186 f.; *Constantinesco*, 272 f., Rn. 188.
8 S. oben Fn. 1.

der Freiheit, der Sicherheit und des Rechts (Art. 67 ff. AEUV) wurden zudem auch eine Reihe von Aufgaben aus der Justiz- und Innenpolitik, die in einem engen Funktionszusammenhang mit der vollen Gewährleistung des freien Personenverkehrs stehen, in den vertraglichen Rechtsangleichungsauftrag einbezogen (*§ 17 Rn. 18*).

Zahlreiche Vorschriften, die speziell dem Schutz der Wirtschaft der Mitgliedstaaten dienen, wie Zölle oder Beschränkungen des Berufszugangs auf eigene Staatsangehörige, wurden bereits durch unmittelbar wirksame Vertragsbestimmungen abgebaut, ohne dass es spezifischer Rechtsangleichungsmaßnahmen bedurfte. Doch können die allgemeinen Vorschriften, die sich die Mitgliedstaaten zur Ordnung ihres Wirtschaftslebens gegeben haben, die nationalen Märkte häufig fast genauso wirksam abschirmen, wie Vorschriften mit speziellem Schutzcharakter. Sicherheitsvorschriften und Kontrollmaßnahmen zur Überwachung ihrer Einhaltung beispielsweise können die Einfuhr von Waren aus Mitgliedstaaten mit andersartigen Sicherheitsvorschriften erheblich behindern. 10

Der EuGH ist dieser **Abschirmungswirkung der Rechtsordnungen der Mitgliedstaaten** durch eine extensive Auslegung der vertraglichen Verbürgungen der **Grundfreiheiten** und insbesondere des Verbots von Maßnahmen gleicher Wirkung wie mengenmäßige Beschränkungen (*§ 11 Rn. 35 ff.*) begegnet. Der AEUV erkennt den Mitgliedstaaten aber auch die Befugnis zu, zum Schutz von Allgemeinwohlinteressen (vgl. Art. 36, 52 AEUV, *§ 10 Rn. 15 ff.*) Maßnahmen zu ergreifen, die sich als Beschränkungen der Grundfreiheiten auswirken. Die in dieser Weise wirkenden Rechtsvorschriften müssen einander so angeglichen werden, dass sie die Ausübung der Grundfreiheiten möglichst nicht behindern. So sehen Art. 53 und 57 AEUV ausdrücklich die Koordinierung der Berufszulassungs- und Berufsausübungsvorschriften zur Erleichterung der Wahrnehmung des Niederlassungsrechts und der Dienstleistungsfreiheit vor (*§ 11 Rn. 115 ff.*). Die Erleichterung des freien Warenverkehrs durch Abbau der aus unterschiedlichen Sicherheitsvorschriften herrührenden Einfuhrschranken (sog. „technische Handelshemmnisse") ist einer der Schwerpunkte der Rechtsangleichung auf der Grundlage von Art. 114 AEUV, der für seinen Anwendungsbereich den zuvor anwendbaren Art. 115 AEUV verdrängt hat.[9]

> Die Mitgliedstaaten dürfen keine einseitigen Maßnahmen zum Schutz der in Art. 36 AEUV genannten Rechtsgüter mehr treffen, wenn die betreffenden Schutzvorschriften unter eine aufgrund von Art. 115 AEUV erlassene Richtlinie fällt. Sie müssen dann die in der Richtlinie vorgesehenen oder ihnen vorbehaltenen Verfahren anwenden. Hingegen behalten Art. 114 Abs. 4–7 AEUV den Mitgliedstaaten in bestimmten Grenzen die Befugnis zur Beibehaltung oder Einführung einseitiger Schutzbestimmungen trotz des Erlasses von Angleichungsmaßnahmen vor.

Darüber hinaus muss die Rechtsangleichung verhindern, dass der durch den Fortfall der Binnengrenzen in der Union geförderte **Systemwettbewerb**[10] zwischen den Mitgliedstaaten politisch oder wirtschaftlich unerwünschte Folgen hat. 11

Da die Rechtsangleichung Teil eines dynamischen, auf die Verwirklichung der Vertragsziele angelegten Prozesses ist, kommt es bei der Festlegung von Angleichungszie- 12

---

9 Vgl. bereits EuGH, Rs. 5/77 (Tedeschi/Denkavit), Slg. 1977, 1555; Rs. 148/78 (Ratti), Slg. 1979, 1629.
10 Dazu *Streit*, Systemwettbewerb im europäischen Integrationsprozess, in: FS Mestmäcker, 521 ff.; *Tietje* in: G/H/N, Art. 114 Rn. 25 ff.

len nicht darauf an, mechanisch den Durchschnitt zu bilden, sondern die im Hinblick auf den jeweiligen Integrationsstand sachlich beste Lösung anzustreben.[11]

C. Rechtsgrundlagen und Methoden

I. Handlungsermächtigungen der Union

1. Allgemeine Angleichungsermächtigungen (Art. 114–118 AEUV)

a) Allgemeine Angleichungsermächtigung für den Binnenmarkt (Art. 114 AEUV)

13 Die Bestimmung des Art. 114 AEUV wurde durch die EEA in die Verträge aufgenommen, um die der angestrebten Verwirklichung des Binnenmarkts entgegenstehenden Rechtsunterschiede auf flexible Weise ausräumen zu können. Die bei Angleichungsmaßnahmen aufgrund der Regelung von Art. 115 AEUV gebotene Einstimmigkeit im Rat hatte zuvor den Angleichungsprozess erheblich verzögert. Art. 114 AEUV sieht vor, dass die für die Verwirklichung der Ziele in Art. 26 AEUV erforderliche Einebnung von Rechtsunterschieden nach besonderen Regeln vorgenommen werden soll. Dabei bleibt jedoch die Anwendung anderer Vertragsbestimmungen vorbehalten. Spezielle Vorschriften, welche den Erlass von Rechtsangleichungsmaßnahmen im Bereich des Binnenmarkts ermöglichen, haben gegenüber Art. 114 AEUV Vorrang.

Vorbehaltlich dieser Einschränkung hat **Art. 114 AEUV ein sehr weites Anwendungsfeld,** das auf die in Art. 26 AEUV gesteckten Ziele ausgerichtet ist. Ihrer größeren Bedeutung entsprechend wurde die Regelung im Vertrag von Lissabon vor die Auffangermächtigung aus Art. 115 AEUV gestellt. Art. 114 AEUV ermächtigt die Unionsorgane zu „Maßnahmen zur Angleichung der Rechts- und Verwaltungsvorschriften, die die Schaffung und das Funktionieren des Binnenmarkts zum Gegenstand haben" (Art. 114 Abs. 1 AEUV). Diese Maßnahmen müssen **allerdings tatsächlich den Zweck haben, die Voraussetzungen für die Errichtung und das Funktionieren des Binnenmarkts zu verbessern.**[12] Die bloße Feststellung von Unterschieden zwischen den nationalen Vorschriften und die abstrakte Gefahr von Beeinträchtigungen der Grundfreiheiten oder daraus möglicherweise entstehenden Wettbewerbsverzerrungen reicht nicht aus, um eine Maßnahme auf Art. 114 AEUV stützen zu können.[13] Die zu beseitigenden oder zu verhindernden Wettbewerbsverzerrungen müssen zudem spürbar sein.[14]

Die Rechtsangleichung nach Art. 114 AEUV umfasst nicht nur die Beseitigung von materiellen Rechtsunterschieden. Das Funktionieren des Binnenmarktes kann auch erforderlich machen, dass inhaltlich gleichwertige Normen umgestaltet werden, damit etwa die im Staat A für ein Produkt durchgeführten Gesundheitskontrollen bei dessen Einfuhr in den Staat B nicht wiederholt zu werden brauchen, sondern dort voll ihre Wirkung entfalten können. Dies setzt die **Anerkennung ausländischer Verwaltungsakte**

---

11 Zu dieser auf den Zweck der Rechtsangleichung abstellenden Auslegung: *Ipsen*, 694; *Taschner*, in: G/S, Art. 94 Rn. 22; *Seidl-Hohenveldern*, Rechtsakte der Organe der EWG als Mittel der Angleichung, in: Angleichung usw., 170, 178.
12 EuGH, Rs. C-66/04 (Vereinigtes Königreich./.EP, Rat), Slg. 2005, I-10553, Rn. 44; Rs. C-217/04 (Vereinigtes Königreich./.EP, Rat), Slg. 2006, I-3771, Rn. 42; Rs. C-58/08 (Vodafone u.a.), Slg. 2010, I-5026 Rn. 32.
13 EuGH, Rs. C-376/98 (Deutschland./.EP u. Rat), Slg. 2000, I-8498, Rn. 84; Rs. C-58/08 (Vodafone u.a.), Slg. 2010, I-5026 Rn. 32.
14 EuGH, C-300/89 (Kommission./.Rat), Slg. 1991, I-2867, Rn. 23; Rs. C-376/98 (Deutschland./.EP u. Rat), Slg. 2000, I-8498, Rn. 106.

voraus, die selbst dann problematisch ist, wenn die materiellen Vorschriften, die sie ausweisen sollen, inhaltlich weitgehend übereinstimmen.

Eine Umgestaltung der nationalen Rechtsordnungen nach Maßgabe der Funktionsinteressen des Binnenmarktes setzt nicht voraus, dass das betreffende Rechtsgebiet in allen Mitgliedstaaten durch Rechts- oder Verwaltungsvorschriften geregelt ist. Es wäre für das Funktionieren des Binnenmarktes abträglich, wenn mit der Umgestaltung der nationalen Rechtsnormen im Hinblick auf neuartige Anforderungen wie die des Umweltschutzes oder als Folge technischer Entwicklungen gewartet werden müsste, bis die Mitgliedstaaten eigene, wegen der wirtschaftlichen Verflechtung in der Union nur beschränkt wirksame Lösungen durchsetzen.[15] Art. 114 AEUV kann auch als Rechtsgrundlage herangezogen werden, um der **Entstehung neuer Hindernisse** für den Handel infolge einer heterogenen Entwicklung der nationalen Rechtsvorschriften **vorzubeugen**. Allerdings muss das Entstehen solcher Hindernisse wahrscheinlich sein und die fragliche Maßnahme ihre Vermeidung bezwecken.[16] Der Aufgabe der Rechtsangleichung, eine im Hinblick auf die Erreichung der Vertragsziele sachlich vernünftige Lösung zu verwirklichen, entspricht es in einem solchen Fall, eine gemeinsame Rechtsfortbildung in Richtung auf unionsgerechte Ziele zu unternehmen.

Bei der Wahl der zur Erreichung des Angleichungsziels am besten geeigneten Technik (*dazu Rn. 29 ff.*) hat der Unionsgesetzgeber einen Ermessensspielraum, insbesondere in technisch komplexen Bereichen.[17]

Auf der Grundlage von Art. 114 AEUV erlassene Maßnahmen brauchen sich auch nicht notwendig an die Mitgliedstaaten zu richten. Auch die Errichtung einer Einrichtung der EU kann auf Art. 114 AEUV gestützt werden, wenn die von dieser wahrgenommenen Aufgaben in einem engen Zusammenhang mit der Angleichung der Rechts- und Verwaltungsvorschriften der Mitgliedstaaten stehen (Beispiel: Europäische Agentur für Netz- und Informationssicherheit, *§ 30 Rn. 14*).[18]

Art. 114 AEUV gilt nach seinem Abs. 2 nicht für die Bestimmungen über die Steuern, die Freizügigkeit und die Rechte und Interessen der Arbeitnehmer. Soweit es für die Angleichung dieser Bestimmungen keine besondere Handlungsermächtigung (z.B. Art. 21, 113 AEUV) gibt, muss also weiter auf Art. 115 AEUV zurückgegriffen werden (z.B. für die direkten Steuern – *§ 19 Rn. 2, 16*).

Die derart abgesteckten Angleichungsmaßnahmen nach Art. 114 AEUV werden im ordentlichen Gesetzgebungsverfahren nach Anhörung des EWSA erlassen. Angleichungsmaßnahmen auf der Grundlage von Art. 114 AEUV können in allen vom Unionsrecht zur Verfügung gestellten Rechtsformen, insbesondere in Form von Verordnungen, Richtlinien und Beschlüssen (Art. 288 Abs. 2, 4 AEUV) getroffen werden.

14

Art. 114 Abs. 3 AEUV gibt für den Inhalt der zu erlassenden Angleichungsmaßnahmen vor, dass die Kommission in ihren Vorschlägen in den Bereichen Gesundheit, Sicherheit, Umweltschutz und Verbraucherschutz von einem **hohen Schutzniveau** auszugehen hat. Sie wird überdies verpflichtet, alle auf wissenschaftliche Ergebnisse gestützten

15

---

15 *Ipsen*, S. 694; *Taschner*, in: G/S, Art. 94 Rn. 33 f.; *Leible/Schröder*, in: Streinz, Art. 114 Rn. 21.
16 EuGH, C-350/92 (Spanien./.Rat), Slg. 1995, I-1985, Rn. 35; Rs. C-377/98 (Niederlande./.EP u. Rat), Slg. 2001, I-7079, Rn. 15; Rs. C-380/03 (Deutschland./.EP u. Rat), Slg 2006, I-11573, Rn. 38; Rs. C-301/06 (Irland./.EP u. Rat), Slg. 2009, I-593, Rn. 64; Rs. C-58/08 (Vodafone u.a.), Slg. 2010, I-5026 Rn. 33.
17 EuGH, Rs. C-66/04 (Vereinigtes Königreich./.EP, Rat), Slg. 2005, I-10553, Rn. 45; Rs. C-217/04 (Vereinigtes Königreich./.EP, Rat), Slg. 2006, I-3771, Rn. 43; Rs. C-58/08 (Vodafone u.a.), Slg. 2010, I-5026 Rn. 35.
18 EuGH, Rs. C-217/04 (Vereinigtes Königreich./.EP, Rat), Slg. 2006, I-3771, Rn. 44 f.

16 neuen Entwicklungen in ihren Vorschlägen zu berücksichtigen. Mit dieser Regelung wird das Vorsorgeprinzip im Bereich der Rechtsangleichung konkretisiert.[19]

16 Ferner hat die Kommission gemäß Art. 27 AEUV bei ihren Angleichungsvorschlägen nach Art. 114 AEUV sowie bei den anderen zur Verwirklichung des Binnenmarktes vorgelegten Vorschlägen dem **unterschiedlichen Entwicklungsstand der Volkswirtschaften der Mitgliedstaaten** Rechnung zu tragen. Dies kann dazu führen, dass einzelnen Mitgliedstaaten lange Fristen für die Anpassung ihrer Rechtsordnung an die auf Unionsebene festgesetzten Angleichungsziele oder Ausnahmen hiervon eingeräumt werden müssen, wenn dies im Hinblick auf für die angestrebte Regelung relevante objektive Unterschiede gerechtfertigt ist.[20] Art. 27 Abs. 2 AEUV schränkt diese bei einer auf 27 Mitgliedstaaten angewachsenen Union wohl unvermeidlichen Differenzierungen für seinen Anwendungsbereich ein, damit eine Abstufung nicht dauerhaft festgeschrieben wird.[21] Ausnahmeregelungen müssen danach vorübergehender Art sein und dürfen das Funktionieren des Binnenmarkts so wenig wie möglich stören.

17 Nach Art. 114 Abs. 10 AEUV sind die Angleichungsmaßnahmen ferner in geeigneten Fällen mit einer **Schutzklausel** zu versehen, welche die Mitgliedstaaten zum Schutze der in Art. 36 AEUV genannten „nichtwirtschaftlichen Gründe" zu vorläufigen Maßnahmen ermächtigen. Durch diese Bestimmung sollte der Befürchtung einiger Mitgliedstaaten entgegengewirkt werden, die Aufhebung des Einstimmigkeitserfordernisses bei Angleichungsmaßnahmen zur Herstellung des freien Warenverkehrs werde die Hersteller in Mitgliedstaaten mit hohem Schutzniveau benachteiligen und die Verbraucher in diesen Ländern gefährden, sofern das unionsweit festgesetzte Schutzniveau zu niedrig ist.

18 Wenn entsprechend diesen Grundsätzen auf der Grundlage von Art. 114 AEUV eine Angleichungsmaßnahme ergangen ist, eröffnen die Vorschriften der Art. 114 Abs. 4–7 AEUV einem Mitgliedstaat die Möglichkeit, unter bestimmten Voraussetzungen entgegenstehende nationale Rechtsvorschriften aufrechtzuerhalten oder einzuführen.

Die **Beibehaltung einzelstaatlicher Bestimmungen** kommt gemäß Art. 114 Abs. 4 AEUV in Betracht, wenn diese durch „wichtige Erfordernisse im Sinne des Art. 36 oder in Bezug auf den Schutz der Arbeitsumwelt oder den Umweltschutz" gerechtfertigt sind (*§ 32 Rn. 32 ff.*). Sowohl aus dem Wortlaut der Regelung („beizubehalten") als auch aus ihrem systematischen Zusammenhang mit Art. 114 Abs. 5 AEUV folgt, dass nur solche nationalen Vorschriften unter die Bestimmung fallen, die bei Erlass der Harmonisierungsmaßnahme bereits bestanden haben.[22]

19 Die **Einführung neuer nationaler Sonderregeln** nach Erlass der Harmonisierungsmaßnahme setzt gemäß Art. 114 Abs. 5 AEUV voraus, dass diese zum Schutz der Umwelt oder der Arbeitsumwelt aufgrund eines spezifischen Problems für diesen Mitgliedstaat, das sich nach dem Erlass der Harmonisierungsmaßnahme ergibt, erforderlich sein müssen. Zudem müssen die Sonderregeln auf neue wissenschaftliche Erkenntnisse gestützt sein. Wenn ein Mitgliedstaat Sonderregeln gemäß Art. 114 Abs. 4 AEUV beizu-

---

[19] *Tietje*, in: G/H/N, Art. 114 Rn. 145.
[20] Beispiele bei *Pipkorn/Bardenhewer-Rating/Taschner*, in: G/S, Art. 15 Rn. 24 ff.; *Schröder*, in: Streinz, Art. 27 Rn. 18. Die Regelung hat bei den Übergangsmaßnahmen zur Anpassung des EU-Rechts im Hinblick auf die Vereinigung Deutschlands eine wichtige Rolle gespielt. Dazu *Pipkorn/Bardenhewer-Rating/Taschner*, in: G/S, Art. 15 Rn. 27 ff.
[21] *De Ruyt*, L'Acte unique européen, 161 f.; *Durand*, in: Commentaire Mégret, 2. Aufl., Band 1, 24, Rn. 25 ff.
[22] *Tietje*, in: G/H/N, Art. 114 Rn. 166 f.; *Leible/Schröder*, in: Streinz, Art. 114 Rn. 88.

behalten oder gemäß Art. 114 Abs. 5 AEUV einzuführen beabsichtigt, ist er verpflichtet, dies der Kommission unter Angabe der maßgeblichen Gründe mitzuteilen. Die Kommission prüft gemäß Art. 114 Abs. 6 AEUV binnen einer Frist von sechs Monaten, ob sie die Sonderregeln billigt oder ablehnt. Die Kommission kann diese Frist um bis zu sechs Monate, d.h., auf insgesamt ein Jahr verlängern, wenn dies durch die Komplexität des Sachverhalts gerechtfertigt ist und keine Gefahr für die menschliche Gesundheit besteht. Wenn die Kommission innerhalb der Frist keine Entscheidung trifft, gilt die Beibehaltung oder Einführung der Sonderregeln als gebilligt (Art. 114 Abs. 6 UAbs. 2 AEUV). Im Rahmen ihrer Entscheidung prüft die Kommission, ob die mitgeteilten Sonderregeln ein Mittel zur willkürlichen Diskriminierung oder eine verschleierte Beschränkung des Handels zwischen den Mitgliedstaaten darstellen und ob sie das Funktionieren des Binnenmarktes behindern.

Stimmt die Kommission der Beibehaltung oder Einführung von Sonderregeln zu, hat sie gemäß Art. 114 Abs. 7 AEUV zu prüfen, ob sie einen Vorschlag zur Änderung der Harmonisierungsmaßnahme vorschlägt, von der die Sonderregeln abweichen. Da den Angleichungsmaßnahmen die Wirkung genommen würde, wenn die Mitgliedstaaten die Möglichkeit behielten, einseitig eine davon abweichende einzelstaatliche Regelung beizubehalten oder einzuführen, ist ein Mitgliedstaat daher erst dann befugt, die mitgeteilten einzelstaatlichen Bestimmungen anzuwenden oder, im Falle von neuen Bestimmungen, zu erlassen, wenn die Kommission die Beibehaltung oder Einführung der Vorschriften gebilligt hat.[23]

Schließlich verpflichtet Art. 114 Abs. 8 AEUV die Mitgliedstaaten darauf, die Kommission zu informieren, wenn sich in einem Bereich, der bereits Gegenstand von Harmonisierungsmaßnahmen ist, ein Gesundheitsproblem ergibt. Die Kommission ist nach dieser Bestimmung gehalten, auf der Grundlage dieser Information zu prüfen, ob sie Vorschläge für Maßnahmen vorlegt.

Art. 114 Abs. 9 AEUV sieht vor, dass die Kommission oder ein Mitgliedstaat in Abweichung von Art. 258 und 259 AEUV **unmittelbar Klage vor dem EuGH** erheben können, wenn ein Mitgliedstaat seine Befugnisse missbraucht, also insbesondere dann, wenn ein Mitgliedstaat Sonderregeln ohne die erforderliche Zustimmung der Kommission anwendet.

20

b) Auffangermächtigung (Art. 115 AEUV)

Art. 115 AEUV ist auch nach der Einführung der Regelung des Art. 114 durch die EEA als **allgemeine Handlungsermächtigung der Rechtsangleichung** bestehen geblieben. Da Art. 114 AEUV die gegenüber Art. 115 AEUV speziellere Vorschrift ist, kommt Art. 115 AEUV als Rechtsgrundlage nur für Angleichungsmaßnahmen in den aus dem Anwendungsbereich dieser Vorschrift ausgenommenen Bereichen (Art. 114 Abs. 2 AEUV) in Betracht, soweit für diese keine besonderen Bestimmungen bestehen. Den praktisch wichtigsten Anwendungsfall des Art. 115 AEUV bildet deshalb die Angleichung der direkten Steuern (*§ 19 Rn. 2, 16*).

21

Nach Art. 115 AEUV erlässt der Rat Richtlinien für die Angleichung derjenigen Rechts- und Verwaltungsvorschriften der Mitgliedstaaten, die sich unmittelbar auf die Errichtung und das Funktionieren des Binnenmarkts auswirken. Als Rechtsvorschrif-

22

---

23 EuGH, Rs. C-41/93 (Frankreich./.Kommission), Slg. 1994, I-1829, Rn. 28 ff.; Rs. C-319/97 (Antoine Kortas), Slg. 1999, I-3143, Rn. 27 f. zu Art. 100a Abs. 4 EGV a.F.

ten der Mitgliedstaaten sind alle Normen anzusehen, welche die Rechtsordnungen der Mitgliedstaaten prägen (geschriebenes, ungeschriebenes Recht, Rechtssätze der Mitgliedstaaten, ihrer Gebietskörperschaften und Selbstverwaltungseinrichtungen, allgemeinverbindliche Kollektivverträge). Zu den „Verwaltungsvorschriften" im Sinne des Art. 115 AEUV gehören alle allgemeinen Anweisungen an die Verwaltungsbehörden in den Mitgliedstaaten.[24] Inhaltlich ist der Bereich der angleichungsfähigen Rechtsnormen nicht beschränkt; es genügt, dass sie „unmittelbare Auswirkungen" auf Errichtung oder Funktionieren des Binnenmarkts haben.

23 Entscheidendes Interpretationskriterium für die „unmittelbare Auswirkung" von Rechtsnormen im Sinne des Art. 115 AEUV ist die **„Spürbarkeit" von Rechtsgegensätzen** aufgrund der Unterschiedlichkeit oder der territorialen Beschränkung der nationalen Rechtssysteme.[25] Art. 115 AEUV hat damit einen sehr weiten Anwendungsbereich, der den Unionsorganen viel Freiheit bei der Bewertung der nach dem jeweiligen Integrationsstand gebotenen Angleichungsziele belässt.

Im Unterschied zu Art. 114 AEUV, der den Erlass von Angleichungsmaßnahmen im ordentlichen Gesetzgebungsverfahren vorsieht (Art. 294 AEUV), werden Angleichungsrichtlinien nach Art. 115 AEUV in einem besonderen Gesetzgebungsverfahren vom Rat mit Einstimmigkeit und nach Anhörung des Europäischen Parlaments und des Wirtschafts- und Sozialausschusses erlassen.

c) Beseitigung und Vermeidung von Wettbewerbsverzerrungen (Art. 116, 117 AEUV)

24 Ein besonderer Fall der unmittelbaren Beeinträchtigung des Binnenmarkts durch nationale Rechtsvorschriften ist in den **Art. 116 und 117 AEUV** geregelt. Diese Artikel beziehen sich auf **Rechtsunterschiede**, welche „**die Wettbewerbsbedingungen auf dem Binnenmarkt verfälschen und dadurch eine Verzerrung hervorrufen**" (Art. 116 Abs. 1 AEUV). Gemeint sind nicht jene rechtlichen Situationen, die die Wettbewerbsbedingungen der Wirtschaft eines Mitgliedstaates insgesamt berühren (z.B. Steuern), sondern Fälle, in denen bestimmte Wirtschaftszweige in bestimmten Mitgliedstaaten durch Rechtsunterschiede so erheblich bevorteilt oder benachteiligt werden, dass im Interesse des Funktionierens des Binnenmarkts ein rasches Einschreiten, gegebenenfalls auch im Vorgriff auf Maßnahmen der allgemeinen Rechtsangleichung (Art. 114, 115 AEUV), geboten ist.[26] In der Praxis haben die Art. 116 und 117 AEUV bisher keine große Rolle gespielt, da sich die Vorschriften wegen ihrer komplexen Tatbestandsvoraussetzungen als schwer anwendbar erwiesen.[27]

d) Schaffung von Rechtstiteln im Bereich des geistigen Eigentums (Art. 118 AEUV)

25 Art. 118 AEUV enthält eine Rechtsgrundlage für die Schaffung europäischer Rechtstitel zum Schutz geistigen Eigentums. Die Vorschrift ist durch den Lissabon-Vertrag neu in den AEUV aufgenommen worden. Da es sich bei der Schaffung einheitlicher europäischer Rechtstitel nicht um eine Angleichung von Vorschriften der Mitgliedstaaten handelt, wurde die Einführung solcher Titel bisher auf die Kompetenzabrundungszuständigkeit aus Art. 352 AEUV gestützt (§ 20 Rn. 1). Die Aufnahme der Regelung in das Kapitel über die Rechtsangleichung kann aus dem engen sachlichen Zusammenhang der Regelung mit der Binnenmarktgesetzgebung erklärt werden.

---

24 *Taschner*, in: G/S, Art. 94 Rn. 29; *Tietje*, in: G/H/N, Art. 115 Rn. 10.
25 *Leible/Schröder*, in: Streinz, Art. 115 Rn. 4; *Fischer*, in: Lenz/Borchardt, Art. 115 Rn. 2.
26 *Pipkorn/Bardenhewer-Rating*, in: G/S Art. 96 Rn. 6–16; *Tietje*, in: G/H/N, Art. 116 Rn. 13; *Leible/Schröder*, in: Streinz, Art. 116, Rn. 8.
27 *Vignes*, in: Commentaire Mégret, 2. Aufl., Band 5, 335, Rn. 42, nennt drei Anwendungsfälle aus den Jahren 1966–1968. Vgl. zur Praxis auch *Pipkorn/Bardenhewer-Rating*, in: G/S, Art. 96 Rn. 22–24, Art. 97 Rn. 11–13.

2. Sonstige Handlungsermächtigungen

Eine Reihe von Vorschriften des AEUV (vgl. z.B. Art. 50, 52, 53, 113 AEUV) betreffen spezielle Aspekte der in Art. 26 AEUV angeführten Ziele. In diesen Vorschriften ist die Notwendigkeit von Angleichungsmaßnahmen für das ordnungsgemäße Funktionieren des Binnenmarkts für **bestimmte Normenkomplexe** (z.B. indirekte Steuern, Art. 113 AEUV) bereits von Vertrags wegen anerkannt. Sie gehen Art. 114 und 115 AEUV vor, soweit sie nicht nur weniger weitreichende Maßnahmen zulassen oder ausdrücklich etwas anderes bestimmen.

Weiterhin können Angleichungsmaßnahmen auch auf Vorschriften gestützt werden, die Befugnisse zur Verwirklichung gemeinsamer Politiken verleihen (z.B. Art. 43, 91, 207 AEUV). Bei der Angleichung dieser Vorschriften sind ebenfalls die allgemeinen Ziele der Rechtsangleichung zu beachten. Sie haben Vorrang vor den allgemeinen Rechtsgrundlagen der Rechtsangleichung.[28]

Im Verhältnis zu Art. 114 AEUV ist Art. 192 AEUV die speziellere Norm und deshalb als Rechtsgrundlage heranzuziehen, wenn eine Angleichungsmaßnahme hauptsächlich aus Gründen des Umweltschutzes erlassen wird. Steht dagegen die Angleichung der Marktbedingungen mit dem Ziel der Beseitigung von Wettbewerbsbedingungen im Vordergrund, so ist Art. 114 AEUV lex specialis im Verhältnis zu Art. 192 AEUV, auch wenn die Angleichungsmaßnahme Vorschriften zum Schutz der Umwelt umfasst.[29]

Die **Kompetenzabrundungszuständigkeit** aus Art. 352 AEUV kann als Rechtsgrundlage herangezogen werden, wenn die aufgrund von Art. 114 ff. AEUV oder speziellerer Angleichungskompetenzen verliehenen Zuständigkeiten keine wirksame Handhabe bieten, um für die Verwirklichung der Vertragsziele notwendige Rechtsangleichung zu erreichen.[30]

Seit der Pariser Gipfelkonferenz vom Oktober 1972 wurde die Regelung des Art. 352 AEUV zeitweilig verstärkt als Rechtsgrundlage für rechtsangleichende Richtlinien in den Bereichen des Sozialrechts, des Umweltschutzes und des Verbraucherschutzes herangezogen, wenn die „unmittelbare Auswirkung" der zu beseitigenden Rechtsunterschiede auf das Wirtschaftsleben in der Union nicht offen zutage lag, aber gleichwohl ein Tätigwerden der Union zur Verwirklichung der Vertragsziele geboten erschien. Nach der Einführung einer Reihe spezifischer Rechtsgrundlagen für Angleichungsmaßnahmen in diesen Bereichen durch die EEA und den Vertrag von Maastricht hat die Regelung des Art. 352 AEUV für Angleichungsmaßnahmen an Bedeutung verloren.

Nach dem Reaktorunfall von Tschernobyl im April 1986 sind die Art. 30, 31 EAGV als Rechtsgrundlage für Angleichungsmaßnahmen verstärkt bewusst geworden.[31] Danach muss der Rat gemäß dem in Art. 3 lit. b) EAGV festgelegten Ziel „Grundnormen" für die höchstzulässigen Dosen radioaktiver Strahlung festsetzen, die „ausreichende Sicherheit" gewähren sollen (Art. 30 lit. a) EAGV). Diese Vorschrift erstreckt sich auch auf Gefahren, die von durch radioaktive Strahlung kontaminierten Nah-

---

28 EuGH, Rs. 68/86 (Vereinigtes Königreich./.Rat), Slg. 1988, 855, Rn. 14 ff.
29 EuGH, Rs. C-300/89 (Kommission./.Rat), Slg. 1991, I-2867; Rs. C-155/91 (Kommission./.Rat), Slg. 1993, I-939; Rs. C-187/93 (EP./.Rat), Slg. 1994, I-2857.
30 EuGH, Rs. 45/86 (Kommission./.Rat), Slg. 1987, 1493, Rn. 13; Rs. C-22/96 (EP./.Rat), Slg. 1998, I-3231, Rn. 22.
31 *Grunwald*, Tschernobyl und das Gemeinschaftsrecht, EuR 1986, 315 ff.

rungs- und Futtermitteln ausgehen.³² Diese Vorschriften haben Vorrang vor der allgemeinen Regelung der Rechtsangleichung in Art. 114 AEUV.

II. Vertragsschließungskompetenz der Mitgliedstaaten

28   Darüber hinaus kann eine Rechtsangleichung in der EU auch im Wege des Abschlusses von **Übereinkommen** erfolgen, welche die Mitgliedstaaten aufgrund ihrer völkerrechtlichen Vertragsschlusskompetenz untereinander schließen können, wenn sie dies für die Verwirklichung der Vertragsziele für nützlich halten, es sei denn, die Union ist auf dem betreffenden Sachgebiet schon rechtsangleichend tätig geworden. (*§ 6 Rn. 45 f.*).

Die bisher in den Verträgen vorgesehenen speziellen Handlungsaufträge für den Abschluss von Übereinkommen zwischen den Mitgliedstaaten im Bereich des internationalen Privatrechts und im Rahmen der polizeilichen und justiziellen Zusammenarbeit in Strafsachen (Art. 293 EGV und Art. 34 Abs. 2 lit.d EUV a.F.) sind durch den Lissabon-Vertrag entfallen.

III. Methoden der Rechtsangleichung

29   Die Angleichungsziele können durch verschiedene Techniken verwirklicht werden,³³ die sowohl die Eigenarten der Regelungsmaterie als auch die jeweiligen politischen Rahmenbedingungen berücksichtigen müssen. So können rechtliche Hindernisse (z.B. Einfuhrverbote im Sinne des Art. 36 AEUV) dadurch beseitigt werden, dass die rechtlichen Bedingungen für das Inverkehrbringen eines Erzeugnisses unionsweit durch Richtlinien vereinheitlicht und entgegenstehendes Recht ausgeschlossen wird (**totale Angleichung**). Die Regelung kann es den Mitgliedstaaten aber auch freistellen, das Inverkehrbringen der auf ihrem Hoheitsgebiet erzeugten Produkte zu regeln und ihnen nur aufgeben, die Einfuhr solcher Produkte ungehindert zuzulassen, die den unionsrechtlich festgesetzten Bedingungen entsprechen (**optionelle Angleichung**).

Um das anzustrebende Angleichungsziel zu erreichen, müssen die entsprechenden Richtlinien oft – insbesondere bei technischen Regelungsgegenständen – sehr detaillierte Regelungen treffen (Sicherheitsabstände usw.). Dies ist mit dem Charakter der Richtlinie vereinbar, denn das nach Art. 288 Abs. 3 AEUV verbindliche Richtlinienziel verlangt keineswegs einen Freiraum für nationale gesetzgeberische Gestaltungsmöglichkeiten (*§ 6 Rn. 33*). Außerhalb der technischen Harmonisierung besteht die Angleichung allerdings meist in der Schaffung eines flexiblen Rahmens, der es erlaubt, den durch unterschiedliche geschichtliche Entwicklungen und abweichende Denktraditionen geprägten Gegebenheiten Rechnung zu tragen. Dies führt zu Angleichungstechniken wie der **Festlegung von Mindestnormen** oder von **Mindest- und Höchstnormen** für die nationale Gestaltung. Auch können dem nationalen Gesetzgeber **alternative Lösungen** zur Auswahl gestellt oder verschiedene dieser Techniken miteinander verknüpft werden. Darüber hinaus besteht die Möglichkeit, bestimmte Regelungen für eine Vielzahl von Bereichen oder Produkten zu harmonisieren (**horizontale Angleichung**)³⁴ oder die Regelungen für ein Produkt oder einen Sektor mit einer gewissen Regelungstiefe anzugleichen (**vertikale Angleichung**).³⁵

---

32   EuGH, Rs. 70/88 (EP./.Rat), Slg. 1991, I-4529, Rn. 9 ff. (Tschernobyl).
33   Vgl. *Bruha*, Rechtsangleichung in der Europäischen Wirtschaftsgemeinschaft, Deregulierung durch „neue Strategie"?, ZaöRV 46 (1986), 1 ff.; *Schmeder*, a.a.O., 69 ff.
34   Beispiel: ProdukthaftungsRL 85/374, ABl. L 210/1985, 29 = *HER I A 61/9.3*.
35   Beispiel: TabakwerbeRL 2003/33, ABl. L 152/2003, 16 = *HER I A 28/24.2*.

Schließlich können im Hinblick auf die besonderen Umstände in einem Mitgliedstaat Ausnahmen von Angleichungsmaßnahmen zugelassen werden, die aber durch die Festsetzung eines Enddatums oder in anderer Weise objektiv befristet sein müssen, damit das gesteckte Angleichungsziel erreicht wird (Art. 27 AEUV).

Diese Techniken erlauben es auch, erste Angleichungsfortschritte zu machen und auf der Grundlage der dabei gesammelten Erfahrungen später weitere Angleichungsschritte in Richtung auf eine größere Gleichwertigkeit der Lösungen zu unternehmen.

Die gesetzten Angleichungsziele brauchen in der Angleichungsmaßnahme nicht in allen Einzelheiten ausgeführt zu werden. Mit der für elektrische Haushaltsgeräte bedeutsamen sog. „Niederspannungsrichtlinie" von 1973 (kodifiziert in der RL 2006/95),[36] wurde der Weg einer **Verweisung auf die technischen Normen** von Normungsstellen beschritten. Im Anschluss an eine Entschließung des Rates von 1985,[37] in der dieser „neue Ansatz" verallgemeinert wurde, ist er seither in geeigneten Fällen zugrunde gelegt worden.[38] Die Richtlinien beschränken sich auf die Festlegung grundlegender Sicherheitsanforderungen. Die europäischen oder nationalen Normungsstellen werden mit der Aufgabe betraut, die hierfür erforderlichen technischen Normen zu erarbeiten. Stimmt ein Erzeugnis, das unter eine solche Richtlinie fällt, mit der einschlägigen Norm überein, besteht die Vermutung, dass es den Sicherheitsanforderungen genügt.

Für die Ausarbeitung von europäischen Normen kann die Kommission nach Maßgabe der VO 1025/2012[39] Aufträge an die europäischen Normungsgremien[40] erteilen.

Ein Hindernis für die Rechtsentwicklung ist die Starrheit des angeglichenen Rechts. Die Mitgliedstaaten dürfen die angeglichenen Rechtsvorschriften nur noch insoweit ändern, wie die EU-Richtlinien ihnen hierzu noch Freiheit belassen (*Rn. 6 f.*). Im Übrigen müssen sie versuchen, auf EU-Ebene eine Änderung der Richtlinie anzuregen.

Um der Schwerfälligkeit und Langsamkeit eines solchen Vorgehens zu begegnen, hat sich ein Verfahren weitgehend durchgesetzt, nach welchem die Anpassung der Bestimmungen des Normungsrahmens im Wege der in Art. 290, 291 AEUV vorgesehenen Verfahren zum Erlass delegierter Rechtsakte und Durchführungsmaßnahmen erfolgt (*§ 7 Rn. 21 ff.*).

D. Literatur

Angleichung des Rechts der Wirtschaft in Europa/Le rapprochement du droit de l'économie en Europe, Internationaler Kongress vom 18.–20. März 1969, Kölner Schriften zum Europarecht, Band 11, Köln u.a. 1971; *Bock, Yves*, Rechtsangleichung und Regulierung im Binnenmarkt, Baden-Baden 2005; *Defalque, Lucette*, Théorie générale du rapprochement des législations, in: Defalque, Lucette/Pertek, Jacques/Steinfeld, Philippe/Vigneron, Philippe, Commentaire J. Mégret, Marché intérieur: Libre circulation des personnes et des capitaux, Rapprochement des législations, 3. Aufl., Brüssel 2006, 193 ff.; *Eiden, Ch.*, Die Rechtsangleichung nach Art. 100 des EWG-Vertrages, Berlin 1984; *Hayder, Roberto*, Neue Wege zur europäischen Rechtsangleichung? Die

---

36 RL 2006/95, ABl. L 374/2006, 10= HER I A 61/8.35. Vgl. auch *Schmeder*, a.a.O., 78–90.
37 ABl. C 136/1985, 1. Siehe auch die Entschließung des Rates v. 18.6.1992, ABl. C 173/1992, 1.
38 Übersicht bei *Langner*, in: Dauses, Handbuch des EU-Wirtschaftsrechts, Abschnitt C.VI, Rn. 55 ff.
39 ABl. L 316/2012, 12 = HER I A 63/1.37, Ergänzend zur Ausarbeitung der Normen tritt die Konformitätsbewertung. S. hierzu Entschließungen des Rates v. 21.12.1989, ABl. C 10/1990, 1 und v. 28.10.1999, ABl. C 141/2000, 1, sowie den Beschluss 768/2008 Rat v. 9.7.2008, ABl. L 218/2008, 82.
40 CEN (Europäisches Komitee für Normung), CENELEC (Europäisches Komitee für Elektrotechnische Normung) und ETSI (Europäisches Institut für Telekommunikationsstandards).

Auswirkungen der EEA, RabelsZ 1989, 622 ff.; *Kort, Michael*, Zur europarechtlichen Zulässigkeit von Abkommen der Mitgliedstaaten untereinander, JZ 1998, 640 ff.; *Ludwigs, Markus*, Rechtsangleichung nach Artikel 94, 95 EG-Vertrag, Eine kompetenzrechtliche Untersuchung unter besonderer Berücksichtigung des Europäischen Privatrechts, Baden-Baden 2004; *Marx, Friedhelm*, Funktion und Grenzen der Rechtsangleichung nach Art. 100 EWGV, Köln u.a. 1976; *Möllers, Thomas*, Die Rolle des Rechts im Rahmen der europäischen Integration, Tübingen 1999; *Pipkorn, Jörn*, Les méthodes de rapprochement des législations à l'intérieur de la CEE, in: Collected Courses of the Academy of European Law (EUI), 1990, Vol. I-1, 190 ff.; *Schmeder, Winfried*, Die Rechtsangleichung als Integrationsmittel der EG, Köln 1978; *Schwartz, Ivo*, Rechtsangleichung und Rechtswettbewerb im Binnenmarkt: zum europäischen Modell, EuR 2007, 194 ff.; *Wagner, Matthias*, Das Konzept der Mindestharmonisierung, Berlin 2000.

§ 15 Justizielle Zusammenarbeit in Zivilsachen

A. Grundlagen

Die der Union gemäß Art. 3 Abs. 2 und 3 EUV als Ziel auferlegte Schaffung eines **Raums der Freiheit, der Sicherheit und des Rechts** und eines **Binnenmarktes** erfordert nicht nur die Angleichung materieller Rechtsnormen, sondern auch die Ermöglichung der **effektiven Anwendung und Durchsetzung des Rechts**. Die Zuständigkeit der Union im Rahmen der Errichtung dieses Raums wird deshalb in den Art. 67 Abs. 4 und 81 AEUV auch auf Maßnahmen im Bereich der **justiziellen Zusammenarbeit in Zivilsachen** erstreckt. Der sachliche Anwendungsbereich der Zusammenarbeit ist in Art. 81 AEUV festgelegt. Art. 74 AEUV erstreckt die Zuständigkeit der Union auch auf Maßnahmen der Verwaltungszusammenarbeit der Behörden der Mitgliedstaaten untereinander und mit der Kommission. Gemäß den Protokollen Nr. 21 und 22 zu den Verträgen bestehen Sonderregeln für die Beteiligung Großbritanniens, Irlands und Dänemarks.

Die Zusammenarbeit in Zivilsachen gehört zu den ursprünglich im **EUV** geregelten (ex-Art. K.1 Nr. 6 EUV) Bereichen der Justiz- und Innenpolitik. Nach der Übernahme des Regelungsbereichs in den EGV durch den Vertrag von Amsterdam ist seine Bezeichnung als „Zusammenarbeit" allerdings nicht mehr ganz sachgemäß, da der Begriff unzutreffend auf eine intergouvernementale Regelung der Materie hindeutet.

Die Zusammenarbeit in Zivilsachen erstreckt sich gemäß Art. 81 AEUV auf **zivilprozessuale und international-privatrechtliche Fragen**. Das **materielle Privatrecht** ist dagegen nicht Gegenstand der Bestimmungen über die justizielle Zusammenarbeit. In Bezug auf materielle privatrechtliche Regelungen bestehen aufgrund der allgemeinen Rechtsangleichungsvorschriften sowie insbesondere auch der Bestimmungen über die Niederlassungs- und Dienstleistungsfreiheit weitreichende Angleichungsbefugnisse der Union, auf deren Grundlage sich bereits ein umfangreiches **Unionsprivatrecht** entwickelt hat.[1] Art. 81 AEUV ergänzt diese Harmonisierungszuständigkeiten. Die Vorschrift stellt zudem klar, dass die Zusammenarbeit auf dem **Grundsatz der gegenseitigen Anerkennung gerichtlicher und außergerichtlicher Entscheidungen** beruht, nachdem bereits der Europäische Rat von Tampere vom 16./17. Oktober 1999 diesen Grundsatz zu einem Eckstein der justiziellen Zusammenarbeit der Union erklärt hatte.[2]

B. Die vertragliche Regelung

I. Sachlicher Anwendungsbereich der Zusammenarbeit

Auf der Grundlage von Art. 81 AEUV können Maßnahmen im Bereich „**der justiziellen Zusammenarbeit in Zivilsachen mit grenzüberschreitendem Bezug**" getroffen wer-

---

[1] Dazu etwa *Langenbucher, Katja* (Hg.), Europarechtliche Bezüge des Privatrechts, Baden-Baden 2006; *Bron, Christian*, Rechtsangleichung des Privatrechts auf der Ebene der Europäischen Union, Baden-Baden 2011. Gegenwärtig prüft die Kommission insbesondere auch die Möglichkeiten der Angleichung bestimmter Aspekte des Schuldrechts. Im Jahr 2011 legte sie einen auf Art. 114 AEUV gestützten Vorschlag für eine VO über ein gemeinsames europäisches Kaufrecht vor, KOM (2011) 635, 11.10.2011. Siehe auch das Grünbuch der Kommission Optionen für die Einführung eines Europäischen Vertragsrechts für Verbraucher und Unternehmen, KOM(2010) 348, 1.7.2010.

[2] Schlussfolgerungen des Vorsitzes zum Europäischen Rat von Tampere vom 15./16. 10. 1999, Rn. 34 = HER I A 100/1.4.

den. Als Regelungsgegenstände werden in Art. 81 Abs. 2 AEUV ausdrücklich genannt: die **gegenseitige Anerkennung und Vollstreckung** gerichtlicher und außergerichtlicher Entscheidungen zwischen den Mitgliedstaaten (lit. a), die grenzüberschreitende **Zustellung** gerichtlicher und außergerichtlicher Schriftstücke (lit. b), die Vereinbarkeit der in den Mitgliedstaaten geltenden **Kollisionsnormen** und Vorschriften zur Vermeidung von Kompetenzkonflikten (lit. c), die Zusammenarbeit bei der **Erhebung von Beweismitteln** (lit. d), den **effektiven Zugang zum Recht** (lit. e), das **Zivilverfahren** (lit. f), die Entwicklung von **alternativen Methoden für die Streitbeilegung** (lit. g) sowie die Förderung der **Weiterbildung** im Bereich der Justiz (lit. h). Artikel 81 AEUV ermöglicht deshalb grundsätzlich die **Angleichung von Rechtsvorschriften** in allen Bereichen **des Zivilprozessrechts und des internationalen Privatrechts**. Während Art. 81 Abs. 1 AEUV aber nach wie vor einen **grenzüberschreitenden Bezug** der zu regelnden Materie fordert, ist mit dem Lissabon-Vertrag die Voraussetzung entfallen, dass die zu treffenden Maßnahmen auch für das reibungslose Funktionieren des Binnenmarktes erforderlich sein müssen (Art. 81 Abs. 2 AEUV: „insbesondere").

5   Die Rechtsetzungsbefugnisse des Art. 81 AEUV werden ergänzt durch die in **Art. 74 AEUV** geregelte Zuständigkeit für Maßnahmen zur **Verbesserung der Zusammenarbeit zwischen den zuständigen Dienststellen** der Mitgliedstaaten sowie zwischen diesen und der Kommission.

II. Instrumente und Verfahren, Rechtsschutz

6   Art. 68 AEUV sieht vor, dass der Europäische Rat **strategische Leitlinien** für das Tätigwerden der Union zur Bildung eines Raumes der Freiheit, der Sicherheit und des Rechts festlegt. Mit der Vorschrift wird die bisherige Praxis[3] vertraglich festgeschrieben. Auf der Grundlage von Art. 68 AEUV nahm der Europäische Rat im Dezember 2009 das **Stockholmer Programm** für den Zeitraum 2010–2014 an.[4] Zur Umsetzung des Programms hat die Kommission einen Aktionsplan vorgelegt.[5]

Die **Maßnahmen** im Bereich der justiziellen Zusammenarbeit in Zivilsachen sind **in den in Art. 288 AEUV geregelten Rechtsformen**, also insbesondere als **Verordnung** oder **Richtlinie** zu erlassen. In der Praxis erfolgt die Rechtsangleichung im Bereich der justiziellen Zusammenarbeit in Zivilsachen in erster Linie durch Verordnungen und nur ausnahmsweise in der Form der Richtlinie.

Für im Rahmen der justiziellen Zusammenarbeit in Zivilsachen getroffene Maßnahmen gilt gemäß Art. 81 Abs. 2 AEUV das **ordentliche Gesetzgebungsverfahren** (Art. 294 AEUV). Für Rechtsetzungsakte im Bereich des **Familienrechts** bleibt es aber gemäß Art. 81 Abs. 3 AEUV auch nach dem Inkrafttreten des Lissabon-Vertrags dabei, dass der Rat einstimmig nach Anhörung des EP entscheidet. Der Rat kann jedoch durch einstimmigen Beschluss das ordentliche Gesetzgebungsverfahren für anwendbar erklären, soweit ein entsprechender Vorschlag der Kommission nicht von einem nationalen Parlament eines der Mitgliedstaaten abgelehnt wird (Art. 81 Abs. 3 AEUV).

---

3   Schlussfolgerungen des Vorsitzes zum Europäischen Rat von Tampere vom 15./16. 10. 1999, Rn. 34 = *HER I A* 100/1.4; Haager Programm zur Stärkung von Freiheit, Sicherheit und Recht in der Europäischen Union, ABl. C 53/2005, 1 = *HER I A* 1000/1.5.
4   Das Stockholmer Programm – ein offenes und sicheres Europa im Dienste und zum Schutz der Bürger, ABl. C 115/2010, 1 = *HER I A* 100/1.8.
5   Mitteilung der Kommission, Ein Raum der Freiheit, der Sicherheit und des Rechts für die Bürger Europas, Aktionsplan zur Umsetzung des Stockholmer Programms, KOM(2010) 171, 20.4.2010.

Gemäß den Protokollen Nr. 21 und 22 gelten die im Bereich der justiziellen Zusammenarbeit in Zivilsachen angenommenen Maßnahmen grundsätzlich nicht für **Dänemark, Irland und Großbritannien**, wobei die beiden letztgenannten Mitgliedstaaten in diesem Bereich regelmäßig von ihrem Recht Gebrauch machen, sich an der Annahme und Anwendung der Maßnahmen zu beteiligen.[6] Auch Dänemark ist in die Anwendung einzelner Maßnahmen einbezogen.[7]

Die bisher im Hinblick auf den **Rechtsschutz** vorgesehenen Besonderheiten (Art. 68 Abs. 1 und 3 EGV a.F.) sind mit dem Inkrafttreten des Vertrags von Lissabon entfallen.

C. Stand der Verwirklichung des europäischen Rechtsraums in Zivilsachen

Seit der Aufnahme von Bestimmungen über die justizielle Zusammenarbeit in Zivilsachen in den EGV (1999) hat die Union bereits eine erhebliche Zahl von Maßnahmen getroffen. Die Politik der Union in diesem Bereich richtete sich zunächst insbesondere auf die Schaffung von Rechtssicherheit und die Gewährleistung gleichen Zugangs zum Recht, die unproblematische Feststellung des zuständigen Gerichts, die eindeutige Festlegung des anwendbaren Rechts, die gegenseitige Anerkennung gerichtlicher Entscheidungen, die Erleichterung grenzüberschreitender Verfahren, die Gewährleistung einer wirksamen Vollstreckung und die Verbesserung der Qualität der Rechtsinstrumente für die Zusammenarbeit in Zivilsachen sowie die Gewährleistung ihrer Kohärenz mit der internationalen Rechtsordnung.[8] Die aktuellen Schwerpunkte liegen insbesondere auf der Abschaffung der Exequaturverfahren, der Ausweitung des Grundsatzes der gegenseitigen Anerkennung, der weiteren Angleichung des Kollisionsrechts und der weiteren Erleichterung der Vollstreckung von Entscheidungen.[9]

Im Einzelnen wurden insbesondere die folgenden Maßnahmen getroffen:

Die **Verordnung über die gerichtliche Zuständigkeit und die Anerkennung von Entscheidungen in Zivil- und Handelssachen** ersetzt das entsprechende Übereinkommen von Brüssel.[10] Weitere Verordnungen betreffen das **Insolvenzverfahren**,[11] die **Zustellung gerichtlicher und außergerichtlicher Schriftstücke** in Zivil- und Handelssachen,[12] die gerichtliche Zuständigkeit und die Anerkennung und Vollstreckung von **Entscheidungen in Ehesachen** und in **Verfahren betreffend die elterliche Verantwortung**,[13] die gerichtliche Zuständigkeit und die Anerkennung und Vollstreckung von **Entscheidungen in Zivil- und Handelssachen**,[14] die gerichtliche Zusammenarbeit bei der **Beweisaufnahme** in Zivil- und Handelssachen,[15] die Einführung eines

---

6 Vgl. näher zu den für Dänemark, Irland und Großbritannien geltenden Sonderregeln § 17 Rn. 8 ff.
7 Vgl. die Abkommen EG-Dänemark über die gerichtliche Zuständigkeit und die Anerkennung und Vollstreckung von Entscheidungen in Zivil- und Handelssachen und über die Zustellung gerichtlicher und außergerichtlicher Schriftstücke in Zivil- und Handelssachen, ABl. L 299/2005, 62 = HER I A 100/7.29a; ABl. L 300/2005, 55 = HER I A 100/7/30.a.
8 Aktionsplan des Rates und der Kommission über den Aufbau eines Raums der Freiheit, der Sicherheit und des Rechts, ABl. C 19/1999, 1; Haager Programm zur Stärkung von Freiheit, Sicherheit und Recht in der Europäischen Union, ABl. C 53/2005, 1 = HER I A 1000/1.5.
9 Mitteilung der Kommission, Ein Raum der Freiheit, der Sicherheit und des Rechts für die Bürger Europas, Aktionsplan zur Umsetzung des Stockholmer Programms, KOM(2010) 171, 20.4.2010.
10 VO 44/2001, ABl. L 12/2001, 1 = HER I A 100/7.12; s. dazu auch den Bericht und das Grünbuch der Kommission, KOM(2009) 174 und 175, 21.4.2009.
11 VO 1346/2000, ABl. L 160/2000, 1 = HER I A 100/7.8.
12 VO 1393/2007, ABl. L 324/2007, 79 = HER I A 100/7.37.
13 VO 2201/2003, ABl. L 338/2003, 1 = HER I A 100/7.23.
14 VO 1215/2012, ABl. L 351/2012, 1 = HER I A 100/7.52.
15 VO 1206/2001, ABl. L 174/2001, 1 = HER I A 100/7.14.

europäischen **Vollstreckungstitels für unbestrittene Forderungen**,[16] die Einführung eines europäischen **Mahnverfahrens**,[17] die Einführung eines europäischen **Verfahrens für geringfügige Forderungen**,[18] das auf **vertragliche Schuldverhältnisse anzuwendende Recht**,[19] das auf **außervertragliche Schuldverhältnisse anzuwendende Recht**,[20] die **Zuständigkeit, das anwendbare Recht, die Anerkennung und Vollstreckung von Entscheidungen und die Zusammenarbeit in Unterhaltssachen**,[21] und in **Erbsachen**[22] sowie die gegenseitige Anerkennung von **Schutzmaßnahmen in Zivilsachen**. [23]

Eine Richtlinie aus dem Jahr 2003 verpflichtet die Mitgliedstaaten zur Gewährung einer angemessenen **Prozesskostenhilfe in grenzüberschreitenden Streitsachen**, um den effektiven Zugang zum Recht in diesen Streitsachen zu erleichtern.[24] Eine Richtlinie aus dem Jahr 2008 regelt bestimmte Aspekte der **Mediation in Zivil- und Handelssachen**.[25]

Mehrere Beschlüsse des Rates ermächtigen zur Unterzeichnung, Ratifizierung oder zum Beitritt der Union zu **internationalen Übereinkommen**.[26] Daneben regeln zwei Verordnungen das Verfahren für die Aushandlung von **Abkommen zwischen Mitgliedstaaten und Drittstaaten** zur Regelung spezifischer Fragen des auf vertragliche und außervertragliche Schuldverhältnisse anzuwendenden Rechts und zur Regelung von Fragen betreffend die Zuständigkeit, die Anerkennung und Vollstreckung von Urteilen und Entscheidungen in Ehesachen, die elterliche Verantwortung oder Unterhaltssachen sowie das auf Unterhaltssachen anwendbare Recht.[27]

Mit einer Entscheidung des Rates wurde zudem ein „**Europäisches Justizielles Netz für Zivil- und Handelssachen**" eingerichtet, das zur Vereinfachung und Beschleunigung der Zusammenarbeit der Justizbehörden der Mitgliedstaaten beitragen soll.[28] Die Förderung von Aktionen im Bereich der justiziellen Zusammenarbeit in Zivilsachen, unter anderem auf den Gebieten der **Aus- und Fortbildung** und **der Verbreitung von Informationen**, ist ebenfalls Gegenstand eines Ratsbeschlusses.[29] Aufgrund einer Entschließung aus dem Jahr 2008 wurde zudem ein Netz für die legislative Zusammenarbeit der Justizministerien der Mitgliedstaaten errichtet,

---

16 VO 805/2004, ABl. L 143/2004, 15 = *HER I A* 100/7.25.
17 VO 1896/2006, ABl. L 399/2006, 1 = *HER I A* 100/7.32.
18 VO 861/2007, ABl. L 199/2007, 1 = *HER I A* 100/7.33.
19 VO 593/2008, ABl. L 177/2008, 6 = *HER I A* 100/7.40.
20 VO 864/2007, ABl. L 199/2007, 40 = *HER I A* 100/7.34.
21 VO 4/2009, ABl. L 7/2009, 1 = *HER I A* 100/7.41.
22 VO 650/2012, ABl. L 201/2012, 107 = *HER I A* 100/7.51.
23 VO 606/2013, ABl. L 181/2013, 4 = *HER I A* 100/7.53.
24 RL 2003/8, ABl. L 26/2003, 41 = *HER I A* 100/7.20.
25 RL 2008/52, ABl. L 136/2008, 3 = *HER I A* 100/7.38.
26 E Rat 2002/762, ABl. L 256/2002, 7 = *HER I A* 100/7.18 (Bunkeröl-Übereinkommen); Beschluss Rat 2002/971, ABl. L 337/2002, 55 = *HER I A* 100/7.19 (HNS-Übereinkommen); E Rat 2003/93, ABl. L 48/2003, 1 = *HER I A* 100/7.21 (Haager Übereinkommen über die Zuständigkeit, das anzuwendende Recht, die Anerkennung, Vollstreckung und Zusammenarbeit auf dem Gebiet der elterlichen Verantwortung und der Maßnahmen zum Schutz von Kindern); Beschluss Rat 2003/882, ABl. L 338/2003, 30 (Änderungsprotokoll zum Pariser Übereinkommen über die Haftung gegenüber Dritten auf dem Gebiet der Kernenergie). E Rat 2004/246, ABl. L 78/2004, 22 = *HER I A* 100/7.26 (Protokoll 2003 – internationaler Fonds zur Entschädigung für Ölverschmutzungsschäden); E Rat 2004/294, ABl. L 97/2004, 53 (Änderungsprotokoll zum Pariser Übereinkommen über die Haftung gegenüber Dritten auf dem Gebiet der Kernenergie); Beschluss Rat 2006/719, ABl. L 297/2006, 1 = *HER I A* 100/7.31 (Haager Konferenz für Internationales Privatrecht); Beschluss Rat 2007/712, ABl. L 339/2007, 1 = *HER I A* 100/7.36 (Übereinkommen über die gerichtliche Zuständigkeit und die Anerkennung und Vollstreckung von Entscheidungen in Zivil- und Handelssachen zur Ersetzung des Übereinkommens von Lugano), s. dazu EuGH, Gutachten 1/03, Slg. 2006, I-1145; E Rat 2008/431, ABl. L 151/2008, 36 = *HER I A* 100/7.39 (Haager Übereinkommen über die Zuständigkeit, das anzuwende Recht, die Anerkennung, Vollstreckung und Zusammenarbeit auf dem Gebiet der elterlichen Verantwortung und der Maßnahmen zum Schutz von Kindern); Beschluss Rat 2009/370, ABl. L 121/2009, 1 = *HER I A* 100/7.42 (Übereinkommen über internationale Sicherungsrechte an beweglicher Ausrüstung und zu dem zugehörigen Protokoll über Luftfahrtausrüstung); Beschluss Rat 2009/397, ABl. L 133/2009, 1 = *HER I A* 100/7.43 (Übereinkommen über Gerichtsstandsvereinbarungen); Beschluss Rat 2009/941, ABl. L 331/2009, 17 = *HER I A* 100/7.46 (Haager Protokoll über das auf Unterhaltspflichten anzuwendende Recht); Beschluss Rat 2011/432, ABl. L 192/2011, 39 = *HER I A* 100/7.50 (Haager Übereinkommen über die internationale Geltendmachung der Unterhaltsansprüche von Kindern und anderen Familienangehörigen).
27 VO 662/2010, ABl. L 200/2009, 25 = *HER I A* 100/7.44; VO 664/2010, ABl. L 200/2009, 46 = *HER I A* 100/7.45.
28 E 2001/470, ABl. L 174/2001, 25 = *HER I A* 100/7.15, geändert durch E 568/2009, ABl. 168/2009, 35.
29 Beschluss 1149/2007, ABl. L 257/2007, 16 = *HER I A* 100/7.35.

das dem Austausch von Informationen dient und derzeit vom französischen Justizministerium verwaltet wird.[30]

Nachdem sich der Rat nicht über einen entsprechenden Verordnungsvorschlag aus dem Jahr 2006[31] einigen konnte, nahm er auf Vorschlag der Kommission im Oktober 2010 einen Beschluss über die **Ermächtigung zu einer verstärkten Zusammenarbeit** im Bereich des auf **Ehescheidung und Trennung ohne Auflösung der Ehe** anzuwendenden Rechts[32] und im Dezember 2010 eine **Verordnung zur Begründung einer verstärkten Zusammenarbeit** in diesem Bereich[33] an. Die Verordnung gilt nur in den derzeit 14 teilnehmenden Mitgliedstaaten (Belgien, Bulgarien, Deutschland, Frankreich, Italien, Lettland, Luxemburg, Malta, Österreich, Portugal, Rumänien, Slowenien, Spanien und Ungarn). Es handelt sich um den ersten Fall einer verstärkten Zusammenarbeit. 10

Ferner hat die Kommission zwei **Vorschläge** für Verordnungen über die Zuständigkeit, das anzuwendende Recht, die **Anerkennung und Vollstreckung von Entscheidungen im Bereich des Ehegüterrechts**[34] und im Bereich des Güterrechts eingetragener Partnerschaften[35] und einen Vorschlag für eine Verordnung zur Einführung eines **Europäischen Beschlusses zur vorläufigen Kontenpfändung**[36] vorgelegt. 11

D. Literatur

Adolphsen, Jens, Europäisches Zivilverfahrensrecht, Heidelberg 2011; *Basedow, Jürgen*, The Communitarization of the Conflict of Laws under the Treaty of Amsterdam, CMLR 2000, 687 ff.; *Besse, Dirk*, Die justitielle Zusammenarbeit in Zivilsachen nach dem Vertrag von Amsterdam und das EuGVÜ, ZEuP 1999, 107 ff.; *Geimer, Reinhold/Schütze, Rolf*, Europäisches Zivilverfahrensrecht, Kommentar, 3. Aufl., München 2010; *Gottwald, Peter*, Perspektiven einer justiziellen Zusammenarbeit in Zivilsachen, Bielefeld 2004; *Grundmann, Stefan*, Binnenmarktkollisionsrecht – vom klassischen IPR zur Integrationsordnung, RabelsZ 2000, 457 ff.; *Heß, Burkhardt*, Europäisches Zivilprozessrecht, Heidelberg 2010; *Magnus, Ulrich*, Die Rom-I-Verordnung, IPRax 2010, 27 ff.; *Schlosser, Peter*, EU-Zivilprozessrecht, 3. Aufl., München 2009; *Schurig, Klaus*, Das internationale Erbrecht wird europäisch – Bemerkungen zur kommenden Europäischen Verordnung, FS Ulrich Spellenberg, München 2010, 343 ff.; *Tschäpe, Philipp/Kramer, Robert/Glück, Oliver*, Die Rom-II-Verordnung: endlich ein einheitliches Kollisionsrecht für die gesetzliche Prospekthaftung?, RIW 2008, 657 ff.; *Wagner, Gerhard*, Die neue Rom-II-Verordnung, IPRax 2008, 1 ff.; *Wagner, R.*, Die politischen Leitlinien zur justiziellen Zusammenarbeit in Zivilsachen im Stockholmer Programm, IPRax 2010, 97 ff.

---

30 ABl. C 326/2008, 1 = *HER I A* 14/2.37. S. auch Ratsdok. 15729/11 v. 20.10.2011: http://register.consilium.europa.eu/pdf/de/11/st15/st15729.de11.pdf
31 KOM (2006) 399, 17.7.2006.
32 Beschluss Rat 2010/405, ABl. L 189/2010, 12 = *HER I A* 100/7.47.
33 VO 1259/2010, ABl. L 343/2010, 10 = *HER I A* 7.49.
34 KOM (2011) 126, 16.3.2011.
35 KOM (2011) 127, 16.3.2011.
36 KOM (2011) 445, 25.7.2011.

§ 16 Strafrecht, polizeiliche und justizielle Zusammenarbeit in Strafsachen

A. Grundlagen

1   Strafrechtspflege und polizeiliche Tätigkeit bilden traditionell die wesentlichen Ausprägungen des **staatlichen** Gewaltmonopols. Die Existenz der Union schien diesen Kernbereich staatlicher Funktionen zunächst nicht zu berühren. Parallel zur Verwirklichung des Binnenmarktes verbreitete sich jedoch in den europäischen Staaten während der letzten 25 Jahre die Erkenntnis, dass eine rein nationale Konzeption die Wirkung von Kriminalitätsprävention und -bekämpfung erheblich beeinträchtigt. Gleichzeitig wuchs in dieser Zeit die Sensibilität der Bürger gegenüber echten oder vermeintlichen Bedrohungen ihrer Sicherheit. Auch wurden Lücken im strafrechtlichen Schutz der Werte und Interessen der Union spürbar. Nach einer Erprobungsphase im Rahmen des Vertrags von Maastricht (*Rn.* 3) konsolidiert der Vertrag von Lissabon ein neues Konzept der zwischen Union und Mitgliedstaaten geteilten Zuständigkeit für den gesamten Bereich des Strafrechts (Art. 4 Abs. 2 lit. j) AEUV). Der als Ziel der Union in Art. 3 EUV postulierte „**Raum der Freiheit, der Sicherheit und des Rechts**" umfasst unter anderem Maßnahmen zur „Verhütung und Bekämpfung der Kriminalität". Die Einzelheiten ergeben sich aus Art. 67–76, 82–89 und 325 AEUV. Darin wird die ursprüngliche Sonderstellung dieser zuvor als „dritte Säule" bezeichneten Tätigkeit der EU aufgegeben. Allerdings galten dafür Übergangsfristen bis zum Jahre 2014.[1]

Zum Recht der Union gehören weiterhin jene Vereinbarungen und Durchführungsakte, die gemäß Protokoll Nr. 19 zum EUV als „**Schengen-Besitzstand**" bezeichnet werden (dazu unten *Rn.* 4 sowie § 1 *Rn.* 32; § 3 *Rn.* 47; § 17 *Rn.* 12, 14).

2   Die strafrechtlichen Zuständigkeiten der Union dienen zum einen der Durchsetzung des von ihr selbst in den anderen Vertragsgebieten gesetzten Rechts (*Rn.* 10), zum Schutz ihrer finanziellen Interessen (*Rn.* 11) und insgesamt zur Stärkung ihrer Werte.

Zum anderen trägt die Union zur Steigerung der Wirksamkeit des Strafrechts der Mitgliedstaaten, u.a. durch die Festlegung von gemeinsamen Mindeststandards, durch gegenseitige Anerkennung und durch Förderung der grenzüberschreitenden Kooperation auf allen Ebenen bei. Zu diesem Zweck kann sie Maßnahmen zur gegenseitigen Anerkennung strafrechtlicher Entscheidungen (Art. 82 AEUV) und Mindestvorschriften für einzelne Bereiche des Strafrechts (schwere Kriminalität) erlassen (Art. 83 AEUV, *Rn.* 12, 14). Auch kann sie die Kriminalprävention unterstützen (Art. 84 AEUV), die grenzüberschreitende Zusammenarbeit der verschiedenen staatlichen Polizeibehörden fördern und zu Aus- und Weiterbildung beitragen (Art. 87 AEUV, *Rn.* 21). Zu diesen Zwecken sieht der AEUV verschiedene Einrichtungen vor (Art. 85, 86, 88 u.a. eine Europäische Staatsanwaltschaft und eine Europäische Polizeibehörde „Europol", *Rn.* 19, 20).

3   Die konzeptionelle Grundlegung der Tätigkeit der Union in diesem Bereich wird von den Institutionen gleichartig formuliert. Nach Auffassung des Europäischen Parlaments gewinnt „der Grundsatz der gegenseitigen Anerkennung in einer wachsenden Zahl von Politikbereichen an Akzeptanz (...), insbesondere bezüglich Urteilen und gerichtlichen Entscheidungen und in der Erwägung, dass dieser Grundsatz auf *gegenseiti-*

---

[1] Art. 10 des Protokolls Nr. 36 zum EUV.

gem Vertrauen beruht."[2] Der Europäische Rat betonte, das „gegenseitige Vertrauen (sei) die Grundlage für eine wirksame Zusammenarbeit in diesem Bereich".[3] Entsprechend entschied der EuGH:

> „Unter diesen Umständen impliziert das in Artikel 54 des Durchführungsübereinkommens aufgestellte Verbot der Doppelbestrafung ... zwingend, dass ein *gegenseitiges Vertrauen der Mitgliedstaaten in ihre jeweiligen Strafjustizsysteme besteht* und dass jeder Mitgliedstaat die Anwendung des in den anderen Mitgliedstaaten geltenden Strafrechts akzeptiert, auch wenn die Anwendung seines eigenen nationalen Rechts zu einem anderen Ergebnis führen würde."[4]

Konkretisierung erfährt dieses Konzept in Art. 82 Abs. 1 AEUV, wonach die justizielle Zusammenarbeit in Strafsachen auf dem **Grundsatz der gegenseitigen Anerkennung** gerichtlicher Urteile und Entscheidungen" beruht. Entsprechend bezeichnete der Rat den Grundsatz der gegenseitigen Anerkennung als den „Eckstein der justiziellen Zusammenarbeit sowohl in Zivil- als auch in Strafsachen innerhalb der Union".[5]

Die Gleichsetzung mit dem für den Binnenmarkt konstitutiven Prinzip der gegenseitigen Anerkennung staatlicher Verwaltungsakte *(§ 10 Rn. 2; § 14 Rn. 6)* ist allerdings nicht unproblematisch. Während sie im Bereich der Grundfreiheiten die Rechte der Einzelnen erhöht, kann sie bei strafrechtlich relevanten zwischenstaatlichen Sachverhalten zu einer Minderung von Rechten führen.[6] Auf die Dauer erfordert das „gegenseitige Vertrauen" die Verständigung auf gemeinsame materielle und prozedurale Mindeststandards. Art. 82 Abs. 2 und 83 AEUV schaffen die erforderlichen Rechtsgrundlagen.[7]

B. Entwicklung

Strafrecht und Strafverfahrensrecht gehörten nach den ursprünglichen Verträgen grundsätzlich zu den bei den Mitgliedstaaten verbliebenen Zuständigkeiten. Nur einzelne eng definierte Gegenstände waren der Regelung durch die EG zugewiesen worden (z.B. (alt) Art. 280 Abs. 4 EGV = Bekämpfung von Betrug zulasten der EG). Doch waren die strafrechtlichen Bestimmungen der Mitgliedstaaten von den Wirkungen anderer Vorschriften des EGV und EUV nicht ausgenommen. So gelten z.B. die Regeln über den freien Warenverkehr auch für Produkte, die bei der Verfolgung von Straftaten eingesetzt werden.[8] Darüber hinaus war schon bisher im Rahmen des EGV ausnahmsweise der Erlass von Harmonisierungsregeln strafrechtlicher Tatbestandsmerkmale dann zulässig, wenn diese Regeln erforderlich waren, um die volle Wirksamkeit der gemeinschaftlichen Gesetzgebung in einem der Zuständigkeitsbereiche der EG zu gewährleisten *(Rn. 10)*.[9]

4

---

2   EP – Entschließung v. 22. Mai 2012 „zum EU – Ansatz zum Strafrecht", ABl. C 264E/2013, 7 (Hervorhebung vom Verfasser).
3   Europäischer Rat, „Stockholmer Programm" v. 11. Dezember 2009, Ziff. 1.2.1, ABl. C 115/2010, 1. Dazu *Kaufhold* (§ 16 D.).
4   EuGH, verb. Rs. C-187/01 und C-385/01 (Gözütok, Brügge), Slg. 2003, I-1345, Rn. 33, (Hervorhebung vom Verfasser). S.a. Rs. C – 60/12 (Baláz), U v. 14. November 2013, Rn. 30.
5   RahmenB 2005/241, ABl. L 76/2005, 16 = HER I A 14/2.27 (über die Anwendung des Grundsatzes der gegenseitigen Anerkennung von Geldstrafen und Geldbußen).
6   Dazu BVerfGE 113, 273 (Europäischer Haftbefehl).
7   Dazu *Böse*, Der Grundsatz der gegenseitigen Anerkennung unter dem Vertrag von Lissabon, in: Ambos (Hg.), Europäisches Strafrecht post – Lissabon (§ 16 D.), 57–75.
8   EuGH, Rs. C – 226/97 (Lemmens), Slg. 1998, I-3711, Rn. 19 (Alkoholmessgeräte).
9   EuGH, Rs. C – 176/03 (Kommission/Rat), Slg. 2005, I – 7879, Rn. 47, 48. Zu den Konsequenzen dieser Entscheidung s. Mitteilung der Kommission v. 23. November 2005, KOM (2005) 583.

5 Als Vorstufe der strukturierten polizeilichen und strafrechtlichen Zusammenarbeit schlossen einige Mitgliedstaaten außerhalb des EGV die **Schengen-Abkommen** (1985/1990) (*§ 17 Rn. 11, 12*).[10] Die Titel III und IV des **Schengen-Durchführungsabkommens** sehen unter den Überschriften „Polizei und Sicherheit" sowie „Schengener Informationssystem" unter anderem vor: eine enge Zusammenarbeit der Polizei, eine Vereinfachung der Rechtshilfe in Strafsachen, Regeln über Auslieferung, Vollstreckung von Strafurteilen, Rechtsvereinheitlichung im Hinblick auf Feuerwaffen und Munition.[11] Die Abkommen wurden durch das Protokoll Nr. 19 zum EUV in den Rahmen der EU überführt („Schengen Besitzstand").

6 Der **Vertrag von Maastricht** folgte diesem Modell zunächst nur zögernd. Erst mit dem **Vertrag von Amsterdam** erfuhren Aufgaben und Ziele der polizeilichen Zusammenarbeit in Art. 30 und die justizielle Zusammenarbeit in Art. 31 EUV eine Präzisierung. Letztere umfasste die **gemeinsame Festlegung von Tatbestandsmerkmalen** bestimmter Delikte (organisierte Kriminalität, Terrorismus, Drogenhandel). Insoweit wurden Ansätze eines **europäischen Strafrechts** sichtbar. Der **Vertrag von Nizza** fügte Ermächtigungen zur Errichtung einer „Europäischen Stelle für justizielle Zusammenarbeit" (**Eurojust** *Rn. 17*) und des Europäischen Justiziellen Netzes zur Erleichterung von Rechtshilfe- und Auslieferungsersuchen (*Rn. 18*) hinzu.

7 Trotz der Distanz dieses Bereichs zu den traditionellen Feldern der Integration entwickelte die polizeiliche und strafrechtliche Zusammenarbeit eine zunehmende Dynamik. Der **Vertrag von Lissabon** bildet einen Höhepunkt dieser Entwicklung. Er erweitert und präzisiert insoweit die Zuständigkeiten der Union. Die Zusammenarbeit der Strafverfolgungsbehörden und der Polizei wird gefestigt und die Möglichkeit zur Einsetzung einer **Europäischen Staatsanwaltschaft** geschaffen (Art. 86 AEUV, *Rn. 19*). Die Sonderstellung dieses Bereichs im Bezug auf Rechtsakte, Entscheidungsverfahren und Rechtsschutz wird weitgehend beseitigt (zu den Ausnahmen: *§ 6 Rn. 73; § 7 Rn. 24*).

8 Außerhalb des vertraglichen Rahmens stand zunächst die von einigen Mitgliedstaaten im **Abkommen von Prüm** vereinbarte engere polizeiliche Zusammenarbeit (*§ 1 Rn. 33*).[12] Im Jahre 2008 wurden wesentliche Teile dieser Zusammenarbeit in die EU-Gesetzgebung überführt.[13]

C. Verwirklichung der Zusammenarbeit

I. Programme

9 Eine erste Konkretisierung der vertraglichen Zielvorgaben erfolgte durch umfangreiche Programme (Entschließung des Rates vom 18. Dezember 1997[14] und Erklärung des Europäischen Rates von Tampere am 16. Oktober 1999[15], aktualisiert durch das vom Europäischen Rat am 4./5. November 2004 gebilligte „Haager Programm zur Stärkung von Freiheit Sicherheit und Recht").[16]

---

10 Übereinkommen zwischen den BENELUX-Staaten, Deutschland und Frankreich über den schrittweisen Abbau der Kontrollen an den gemeinsamen Grenzen v. 14. Juni 1985 = *HER* 100/11.1.
11 Abgedruckt in *HER* 100/11.2. Dazu *Achermann/Bieber/Epiney/Wehner* (§ 16 D.)
12 BGBl 2006 II 626; Dokument des Rates Nr. 10900/05.
13 Beschlüsse Rat (2008), ABl. L 210/ 2008, S. 1, 12, 73, s. unten *Rn. 16, Anm. 56*.
14 ABl. C 11/1998, 1 = *HER I A* 100/ 1.2.
15 Bull. EG Nr. 10/1999, Ziff. I. 1 – I.16 = *HER I A* 13/1.3.
16 ABl. C 53/2005, 1 = *HER I A* 100/1.5.

Die Programme wurden ergänzt durch „spezifische Programme" für den Zeitraum 2007–2013.[17] Eines dieser Programme (zur Terrorismusbekämpfung) war nicht auf die strafrechtlichen Handlungsermächtigungen, sondern auf Art. 308 EGV (= Art. 352 AEUV) gestützt.

Nach Inkrafttreten des Vertrags von Lissabon verabschiedete der Europäische Rat, gestützt auf Art. 68 AEUV, das umfangreiche „Stockholmer Programm" für den Zeitraum 2010-2015. Darin werden für den Bereich des Strafrechts u.a. Maßnahmen zur weiteren Umsetzung des Grundsatzes der gegenseitigen Anerkennung und der Schaffung eines Sockels gemeinsamer Mindestnormen (vgl. Art. 82 Abs. 2 AEUV) angekündigt.[18]

II. Rechtsetzung

1. Durchsetzung des Rechts der EU und Schutz ihrer finanziellen Interessen

Die Union ist nunmehr allgemein ermächtigt, in ihre Maßnahmen zur Harmonisierung des materiellen Rechts in den verschiedenen Bereichen des Vertrages Mindestvorschriften für die Festlegung von Straftaten und Strafen aufzunehmen und dadurch die Effizienz ihres Handelns wesentlich zu steigern (Art. 83 Abs. 2 AEUV). Vor 2009 war diese Kompetenz umstritten, der EuGH hatte allerdings eine entsprechende Befugnis bejaht.[19] Danach konnten z.B. Maßnahmen zur Harmonisierung Umwelt schützender Straftatbestände auf (alt) Art. 175 EGV gestützt werden. Seither wurden mehrere RL erlassen, davon zwei im Bereich des Umweltschutzes. Darin werden die Mitgliedstaaten verpflichtet, Verstöße gegen die jeweiligen Verbote mit Strafe zu ahnden.[20] Die Kommission skizzierte 2011 ein Gesamtkonzept zur Einführung eines kohärenten Systems strafrechtlicher Sanktionen auf der Ebene der Union. Darin werden die Grundsätze und der Regelungsgehalt strafrechtlicher Mindestvorschriften definiert und es werden Bereiche möglicher Gesetzgebung bezeichnet.[21]

10

Zum Schutz ihrer finanziellen Interessen kann die EU gemäß Art. 325 AEUV Maßnahmen zur Verhütung und zur Bekämpfung von Betrügereien, die sich gegen ihre finanziellen Interessen richten, im ordentlichen Gesetzgebungsverfahren beschließen. Die dazu bisher geschaffenen Bestimmungen beruhen noch auf einem Übereinkommen der Mitgliedstaaten über die **Bekämpfung der Bestechung**, an der Beamte der EU oder der Mitgliedstaaten beteiligt sind (1997).[22] Das Abkommen soll durch eine auf Art. 325 Abs. 4 gestützte RL ersetzt werden.[23]

11

2. Gegenseitige Anerkennung und Angleichung des Strafrechts

Gemäß Art. 82 AEUV kann die Union Maßnahmen zur Gewährleistung der gegenseitigen Anerkennung treffen und dabei auch Mindestvorschriften festlegen. Teilweise ge-

12

---

17 ABl. L 58/2007, 1, 7, 13 = *HER I A* 14/ 1.11; 1.12; 1.13.
18 ABl. C 115/2010, 1–38 = *HER I A* 100/ 1.8.
19 EuGH. Rs. C – 176/ 03 (Kommission/Rat), Slg. 2005, I – 7879 und Rs. C – 440 / 2005 (Kommission/Rat), Slg. 2007, I – 9097.
20 RL 2008/99, ABl. L 328/2008,28; RL 2009/123, ABl. L 280/2009, 52; RL 2009/52, ABl. L 168/ 2009,24. S.a. RL 2008/106, ABl. L 323/2008, 33.
21 Mitteilung der Kommission „Auf dem Weg zu einer europäischen Strafrechtspolitik", KOM (2011) 573 v. 20. September 2011.
22 ABl. C 195/1997, 2 = *HER I A* 14/5.2.5.
23 Vorschlag der Kommission KOM (2012) 363 v. 17. Juli 2012.

stützt auf die bis 2009 bestehenden Rechtsgrundlagen wurden folgende Maßnahmen beschlossen: Übereinkommen über den **Entzug der Fahrerlaubnis** (1998),[24] die **Rechtshilfe in Strafsachen** (2000),[25] Entschließung über den **Schutz von Zeugen** (1995),[26] Gemeinsame Maßnahme über **Methoden bei der Rechtshilfe** (1998),[27] Rahmenbeschlüsse über: **Terrorismusbekämpfung,**[28] gegenseitige Anerkennung von **Geldstrafen und Geldbußen** (2005),[29] **Informationsaustausch zum Strafregister** (2005),[30] die Anwendung des Grundsatzes der gegenseitigen **Anerkennung von Einziehungsentscheidungen** (von Tatwerkzeugen und Erträgen von Straftaten (2006),[31] Berücksichtigung in Strafverfahren der **in einem anderen Staat ergangenen Verurteilungen** (2008),[32] gegenseitige Anerkennung von Urteilen für die Zwecke der **Vollstreckung** (2008),[33] **Vermeidung von Kompetenzkonflikten** in Strafverfahren (2009),[34] **Europäische Ermittlungsanordnung** (2014),[35] **Sicherstellung und Einziehung von Tatwerkzeugen** und Erträgen aus Straftaten (2014).[36]

13 Eine neue Qualität erreicht die gegenseitige Unterstützung bei der Strafverfolgung durch die Einführung des **Europäischen Haftbefehls**.[37] Bei bestimmten, in Art. 2 Abs. 2 des Rahmenbeschlusses bezeichneten (insgesamt 32) Straftaten erfolgt danach die Festnahme und Übergabe auf der Grundlage des in einem Staat ausgestellten Haftbefehls unabhängig von der Staatsangehörigkeit und ohne Prüfung des Vorliegens der beiderseitigen Strafbarkeit (u.a. Beteiligung an einer kriminellen Vereinigung, Terrorismus, Menschenhandel, Kinderpornografie, illegaler Drogenhandel). Der Rahmenbeschluss bezeichnet **Ablehnungsgründe** (Art. 3, 4), zulässige **Bedingungen** (Art. 5), Regelungen über **Form, Fristen** und **Verfahren der** Übergabe sowie über die **Rechte der Betroffenen** (Art. 9–25) und die **Wirkung** der Übergabe (Art. 26–30).

Das in Deutschland zur Ausführung des Rahmenbeschlusses vom 21. Juli 2004 angenommene Europäische Haftbefehlsgesetz wurde vom BVerfG für nichtig erklärt, da das Gesetz die ihm durch den Rahmenbeschluss eröffneten Spielräume für eine möglichst grundrechtsschonende Umsetzung nicht ausgeschöpft habe. Die nach dem Rahmenbeschluss mögliche Auslieferung eigener Staatsangehöriger beanstandete das BverfG nicht.[38] Das im Jahre 2006 erlassene Nachfolgegesetz trug dieser Kritik Rechnung.[39] Auch in Polen wurde die entsprechende Bestimmung des Strafverfahrensgesetzes zunächst vom Verfassungsgericht aufgehoben.[40]

---

24 ABl. C 216/1998, 2 = HER I A 14/2.9a.
25 ABl. C 197/2000, 3 = HER I A 14/ 2.12 und 2.16 sowie 2.12a u. 2.20 (erläuternde Berichte).
26 ABl. C 327/1995, 5 = HER I A 14/2.2.
27 ABl. L 191/1998, 1 = HER I A 14/2.7.
28 Rahmenbeschlusss 2002/475, ABl. L 164/2002, 3 = HER I A 14/5.4.3.
29 RahmenB 2005/214, ABl. L 76/ 2005, 16 = HER I A 14/2.27.
30 RahmenB 2009/315, ABl. L 93/2009, 23 = HER I A 14/2.40.
31 RahmenB 2006/783, ABl. L 328 /2006, 59 = HER I A 14 / 2.31.
32 RahmenB 2008/675, ABl. L 220/2008, 32 = HER I A 14/2.34.
33 RahmenB 2008/909, ABl. L 327/2008, 27 = HER I A 14/2.35.
34 RahmenB 2009/948, ABl. L 328/2009, 42= HER I A 14/ 2.44.
35 RL 2014/41, ABl. L 130/2014, 1.
36 RL 2014/42, ABl. L 127/2014, 39.
37 RahmenB 2002/584, ABl. L 190/2002, 1 = HER I A 14/2.19.
38 BverfGE 113, 273.
39 BGBl 2006 I 1721.
40 Polnisches Verfassungsgericht, Nr. P1/ 05, englische Fassung in CMLR 2006 Nr. 1, 36.

Zur **Harmonisierung** des materiellen Strafrechts und des Strafverfahrensrechts wurden u.a. beschlossen:

Rahmenbeschlüsse zur **Bekämpfung von Kreditkartenbetrug** u.a. (2001),[41] über die Einstufung der **Bestechung im privaten Sektor** als Straftat (2003),[42] über die Mindestvorschriften für Strafen im Bereich des **illegalen Drogenhandels** (2004),[43] **Terrorismusbekämpfung**,[44] Angriffe auf **Informationssysteme** (2013)[45], Bekämpfung der **organisierten Kriminalität** (2008),[46] RL (2012) über den **Schutz der Opfer** von Straftaten,[47] strafrechtlicher **Schutz des Euro** gegen Fälschung,[48] strafrechtliche Sanktionen bei Manipulationen am Finanzmarkt (2014).[49]

Im Anschluss an einen 2009 vom Rat beschlossenen „Fahrplan zur Stärkung der Verfahrensrechte von Verdächtigen oder Beschuldigten in Strafverfahren" ergingen RL über das Recht auf **Belehrung und Unterrichtung in Strafverfahren**[50] sowie die RL über den **Zugang zu einem Rechtsbeistand und die Benachrichtigung eines Dritten bei Freiheitsentzug**.[51]

In mehreren Urteilen hat der EuGH ein weit gefasstes Grundrecht des Europäischen Strafverfahrens entwickelt. Diese Urteile ergingen vor allem im Rahmen von Vorabentscheidungsersuchen gemäß Art. 1 des Protokolls Nr. 19 zum EUV (Einbeziehung des Schengen-Besitzstands in die EU), u.a. zu dem in Art. 54 des Durchführungsabkommens von Schengen formulierten **Verbot der Doppelbestrafung**.[52]

III. Polizeiliche Zusammenarbeit

Aktivitäten der Union zur Förderung eines abgestimmten polizeilichen Vorgehens in den Mitgliedstaaten betreffen bisher insbesondere die Organisation gemeinsamer Ermittlungen,[53] den Informationsaustausch zwischen Polizeibehörden[54] sowie die Zusammenarbeit bei der Bekämpfung einzelner Straftaten (Terrorismus,[55] Geldwäsche,[56] Prävention und Bekämpfung organisierter Kriminalität,[57] Fälschung von Reisedoku-

---

41 RahmenB 2001/413, ABl. L 149/2001, 1 = HER IA 14/5.3.3.
42 RahmenB 2003/568, ABl. L 192/2003, 1 = HER I A 14/5.2.12.
43 RahmenB 2004/757, ABl. L 335/2004, 8 = HER I A 14/5. 1. 23.
44 Rahmen B 2002/475, ABl. L 164/2002, 3.
45 RL 2013/40, ABl. L 218/2013, 8 = HER I A 14/2.51.
46 RahmenB 2008/841, ABl. L 300/2008, 42 = HER I A 14/5.5.23.
47 RL 2012/29, ABl. L315/2012, 29. Zu der Vorgängernorm (RahmenB 2001/220) s. EuGH Rs. C – 105 / 2003 (Pupino), Slg. 2005, I – 5285.
48 RL 2014/62, ABl. L 151/2014, 1.
49 RL 2014/57, ABl. L 173, 179.
50 RL 2012/13, ABl. L 142/2012, 1 = HER I A 14/2.49. S.a. Entschl. v. 30 November 2009, ABl. C 295/ 2009, 1 = HER I A 14/ 2.43.
51 RL 2013/48, ABl. L 294/2013, 1.
52 EuGH Rs. C – 187/2001 (Gözutok, Brügge), Slg. 2003, I – 1345; Rs. C – 436 / 2004 (Esbroeck), Slg. 2006, I – 2333; Rs. C – 129/14 (Spasic), U. v. 27. Mai 2014. S.a. Grünbuch der Kommission KOM (2005) 696 endg.
53 Vgl. Art. 6, Europol-Beschluss, ABl. L 121/2009, 37
54 RahmenB 2006/960, ABl. L 386/2006, 89 = HER IA 14/3.60.
55 Beschlüsse 2008/615 und 2008/616, ABl. L 210/2008, 1, 12 = HER I A 14/3.56 und 3.57.
56 Beschluss 2000/642, ABl. L 271/2000, 4 = HER I A 14/2.13, s.a. VO 1781 / 2006, ABl. L 345 / 2006, 1 = HER I A 14 / 5.2.13.
57 Allgemein: Beschluss 2009/902, ABl. L 321/2009, 44 = HER I A 14/3.63 (Europäisches Netz für Kriminalprävention); Spezielle Tatbestände: u.a. Beschluss v. 22. Dezember 2004, ABl. L 389/2004, 28 = HER I A 14/5.5.16 (Kfz.-Kriminalität).

menten,[58] Geldfälschung[59]). Dagegen ist Art. 87 Abs. 2 AEUV nicht als Rechtsgrundlage geeignet ist, um einen polizeilichen Informationsaustausch über Ordnungswidrigkeiten zum Zweck der Erhöhung der Verkehrssicherheit zu regeln. Die ursprünglich auf Art. 87 AEUV gestützte RL 2011/82 über den Informationsaustausch bei Straßenverkehrsdelikten[60] wurde daher aufgehoben.[61] Sie ist auf der Grundlage des Art. 91, Abs. 1 AEUV neu zu erlassen.

Über die internationale Zusammenarbeit im Rahmen von Europol hinaus (*Rn.* 20) schließt die EU im Rahmen ihrer strafrechtlichen Zuständigkeiten **Abkommen mit Drittstaaten.** Mit den **USA** vereinbarte die EU zwei Abkommen über die Rechtshilfe in Strafsachen[62] und über die Auslieferung[63] sowie ein Abkommen zur Übermittlung von Daten des Zahlungsverkehrs zum Zwecke der Terrorismusfahndung („SWIFT-Abkommen").[64] **Norwegen, Island**[65] und die **Schweiz**[66] wurden in den Schengen-Besitzstand einbezogen. In der Folge erfuhren Teile der strafrechtlichen Zusammenarbeit eine Ausdehnung auf Norwegen und Island.[67]

IV. Institutionelle Regelungen der justiziellen und polizeilichen Zusammenarbeit

1. Allgemeines

Zur Koordinierung der Maßnahmen im Bereich der inneren Sicherheit sieht Art. 71 AEUV einen **ständigen Ausschuss** vor. Dieser wurde im Jahre 2010 errichtet.[68] Er ist dem Rat zugeordnet.

2. Justizielle Zusammenarbeit

17 Zur Koordinierung der Ermittlungs- und Strafverfolgungsmaßnahmen der Mitgliedstaaten im Bereich der im Europol-Abkommen bezeichneten Straftatbestände (*Rn.* 20) hat der Rat **Eurojust** errichtet.[69] Es handelt sich um eine Einrichtung der Union mit eigener Rechtspersönlichkeit, in der von den Mitgliedstaaten abgeordnete Richter, Staatsanwälte oder Polizeibeamte zusammenarbeiten. Jeder Mitgliedstaat entsendet einen Vertreter. Eurojust soll insbesondere die Zusammenarbeit zwischen den zuständigen staatlichen Behörden verbessern, u.a. durch die Erleichterung der Rechtshilfe und der Erledigung von Auslieferungsersuchen. Eurojust kann auch Ermittlungen und Strafverfolgungsmaßnahmen unterstützen. Eurojust soll in eine **Europäische Strafrechtsagentur** umgewandelt werden.[70]

18 Die Tätigkeit von Eurojust ergänzt das **Europäische Justizielle Netz**.[71] Dieses besteht aus „Kontaktstellen", die innerhalb der Justizbehörden der einzelnen Mitgliedstaaten

---

58 Beschluss 2000/261, ABl. L 81/2000, 1 = HER I A 14/3.28.
59 RahmenB 2001/413, ABl. L 149/2001, 1 = HER I A 14/5.3.3.
60 RL 2011/82, ABl. L 288/ 1 = HER I A 14/3.76.
61 EuGH Rs. C – 43/2012 (Kommission/EP und Rat), U. v. 6. Mai 2014.
62 Abkommen v. 25. Juni 2003, ABl. L 181/2003, 34 = HER I A 14 /6.1b.
63 Abkommen v. 25. Juni 2003, ABl. L 181/2003, 27 = HER I A 14 /6.1a.
64 Abkommen v. 28. Juni 2010, ABl. L 195 / 2010, 3.
65 Übereinkommen EU/Norwegen, Island v. 18. Mai 1999, ABl. L 176/1999, 36 = HER I A 100/11.9.a.
66 Abkommen EU/Schweiz v. 26. Oktober 2004, ABl. L 53 /2008, 1= HER I A 100/ 11.32 a.
67 Übereinkommen über die Rechtshilfe in Strafsachen, ABl. L 26/2004, 1 = HER I A 14/2.25.
68 BRat 2010/ 131, ABl. L 52/ 2010, 50 = HER I A 14/ 1.15
69 Beschluss Rat 2002/187, ABl. L 63/2002, S. 1 = HER I A 14/2.17.
70 KOM (2013) 535 v. 17. Juli 2013.
71 Beschluss Rat 2008/976, ABl. L 348 / 2008, S. 130 = HER I A 14 / 2.38.

errichtet worden sind. Mithilfe dieser Kontaktstellen sollen die zwischenstaatlichen Beziehungen der Strafverfolgungsbehörden erleichtert werden. Zwischen den Kontaktstellen der einzelnen Staaten werden regelmäßige Treffen abgehalten. Auch wurde ein spezielles Telekommunikationsnetz eingerichtet.

Zwischen Eurojust, dem Justiziellen Netz und Europol bestehen enge räumliche und organisatorische Verbindungen.[72] Auf der Ebene der Ministerien wurde ein „Netz für die legislative Zusammenarbeit der Justizministerien der Mitgliedstaaten" errichtet.[73]

Zur Bekämpfung von Straftaten zum Nachteil der finanziellen Interessen der Union (*Rn. 11*) kann gemäß Art. 86 AEUV eine **Europäische Staatsanwaltschaft** eingesetzt werden. Sie ist zuständig für die strafrechtliche Untersuchung, Verfolgung und Anklageerhebung bei diesen Straftaten. Sie soll anstelle der nationalen Staatsanwaltschaften vor den Gerichten der Mitgliedstaaten auftreten können (Art. 86 Abs. 2 AEUV). Ihre Aufgaben können auf weitere Bereiche ausgedehnt werden (Art. 86 Abs. 4 AEUV: „schwere Kriminalität mit grenzüberschreitender Dimension"). Einen Vorschlag zur Errichtung der Europäischen Staatsanwaltschaft hat die Kommission im Jahre 2013 vorgelegt.[74]

3. Polizeiliche Zusammenarbeit

Zur Förderung der polizeilichen Zusammenarbeit sieht Art. 88 AEUV ein **Europäisches Polizeiamt (Europol)** vor. Europol war zunächst durch ein Abkommen (vom 26. Juli 1995) zwischen den Mitgliedstaaten errichtet worden.[75] Mit Wirkung vom 1. Januar 2010 wurde das Abkommen durch einen Beschluss des Rates ersetzt und damit vollständig in das institutionelle System der EU (unter Beibehaltung seiner Rechtspersönlichkeit) überführt.[76]

Gemäß Art. 88 AEUV soll Europol insbesondere:

- Informationen sammeln, speichern, verarbeiten, analysieren und austauschen und dazu ein spezielles automatisiertes System einsetzen (vgl. Art. 10–16 des Beschlusses),[77]
- gemeinsam mit den Behörden der Mitgliedstaaten oder im Rahmen gemeinsamer Ermittlungsgruppen Ermittlungen und operative Maßnahmen organisieren, koordinieren und durchführen.

Die Tätigkeit von Europol bezieht sich auf schwere Kriminalität, die zwei oder mehrere Mitgliedstaaten betrifft, auf Terrorismus sowie auf Kriminalitätsformen, die ein gemeinsames Interesse verletzen, das Gegenstand einer Politik der Union ist.

Europol ist befugt, Vereinbarungen mit Drittstaaten und Nicht-EU-Stellen auszuhandeln (Art. 23, B 2009/371).[78]

Zur Stärkung der Zusammenarbeit bei der Kontrolle der EU-Außengrenzen wurde die „Agentur für operationelle Zusammenarbeit an den Außengrenzen" (**Frontex**) errich-

---

72 Vgl. Art. 26, 27 des Eurojust-Beschlusses.
73 Entschließung des Rates und der im Rat vereinigten Vertreter der Mitgliedstaaten, ABl. C 326/2008, 1 = HER I A 14/ 2.37. S. dazu *Guillaume Payan*, Note, RTDE 2009 Nr. 45 (4), 844–867.
74 KOM (2013) 534 v. 17. Juli 2013.
75 ABl. C 316/1995, 2 = HER I A 14/3.2. Zur Rechtstellung und Organisation von Europol s. oben, § 4 *Rn.* 106.
76 BRat 2009/371, ABl. L 121/2009, S. 37 = HER I A 14/3.60.
77 Dieses besteht neben dem im Rahmen des Abkommens von Schengen (Art. 92 ff.) aufgebauten „Schengener Informationssystem" (SIS).
78 Beschlüsse des Rates v. 3. November 1998 und v. 27. März 2000, ABl. C 26/1999, S. 19. = HER I A 14/3.17 und ABl. C 106/2000, S. 1 = HER I A 14/3.29. Beispiel: Abkommen zwischen Europol und Russland v. 6. November 2003, GB 2003, S. 219.

Bieber

tet.[79] Sie hat u.a. die Aufgabe, die operative Zusammenarbeit der Mitgliedstaaten beim Schutz der Außengrenzen zu koordinieren, die Ausbildung von Grenzschutzbeamten zu unterstützen und „Soforteinsatzteams" für Grenzsicherungszwecke bereitzustellen (Art. 2, VO 2007/2004).

Zum Zweck der in Art. 82 Abs. 1 AEUV (= ex Art. 30 EUV) vorgesehenen polizeilichen Aus- und Weiterbildung wurde der Aufbau einer **Europäischen Polizeiakademie** beschlossen.[80]

22 Polizeilichen Maßnahmen der Fahndung nach Personen und Sachen sowie der Beweissicherung dient auch das im Rahmen des „Schengen Besitzstandes" *(Rn. 4)* errichtete „**Schengener Informationssystem**" (SIS II).[81]

D. Literatur

Ambos, Kai (Hg.), Europäisches Strafrecht post – Lissabon, Göttingen 2011; *Anderson Malcolm/ Apag, Joanna* (Hg.), Police and Justice Co-operation and the New European Borders, Den Haag/ London, 2002; *Böse, Martin* (Hg.), Europäisches Strafrecht (Enzyklopädie Europarecht, Bd. 9), Baden – Baden 2013; *Epiney, Astrid,* Rechtshilfe in Strafsachen in der EU, EuZW 2003, 421– 428; *Harings, Lothar,* Grenzüberschreitende Zusammenarbeit der Polizei- und Zollverwaltungen und Rechtsschutz in Deutschland, Berlin 1998; *Kaufhold, Ann – Katrin,* Gegenseitiges Vertrauen, Wirksamkeitsbedingung und Rechtsprinzip der justiziellen Zusammenarbeit im Raum der Freiheit, der Sicherheit und des Rechts, EuR 2012, Nr. 4, 408–431; *De Lobkowicz, Wenceslas,* L'Europe et la sécurité intérieure, Paris 2002; *Merli, Franz* (Hg.), Der Raum der Freiheit, der Sicherheit und des Rechts und die Osterweiterung der Europäischen Union, Dresden 2001; *Oberleiner, Rainer,* Schengen und Europol, Wien 1998; *Pache, Eckhard,* (Hg.), Die Europäische Union – Ein Raum der Freiheit, der Sicherheit und des Rechts? Baden-Baden 2005; *Satzger, Helmut,* Internationales und Europäisches Strafrecht, 5. Aufl., Baden-Baden 2011; *Schorkopf, Frank (Hg.),* Der Europäische Haftbefehl vor dem Bundesverfassungsgericht, Tübingen 2006

---

79 VO 2007/ 2004, ABl. L 349 / 2004, S. 1 = HER I A 29 a / 4.2.
80 Beschluss 2005/681, ABl. L 256/2005, S. 63 = HER I A 14/3.46.
81 RahmenB 2007/533, ABl. L 205/2007, S. 63 = HER I A 100/11.29 und VO 1987/2006, ABl. L 381/2006, S. 4 = HER I A 100/ 11.25.

§ 17 Visa-, Asyl- und Einwanderungspolitik

A. Grundlagen

I. Überblick

Die Union soll den gemäß **Art. 3 Abs. 2 EUV**[1] errichteten „Raum der Freiheit, der Sicherheit und des Rechts" unter anderem durch Kontrollen an den Außengrenzen sowie durch Maßnahmen in Asyl- und Einwanderungsfragen gewährleisten. Entsprechende Handlungsermächtigungen für eine jeweils „gemeinsame Politik" enthält der AEUV in Titel V, Kapitel 2 (Art. 77–80 AEUV). Die Zuständigkeiten der EU auf diesem Gebiet sind gemäß Art. 4 Abs. 2 lit. j) AEUV mit den entsprechenden Zuständigkeiten der Mitgliedstaaten geteilt.

Seit dem Vertrag von Lissabon gelten mit wenigen Besonderheiten *(§ 9 Rn. 3)* auch für diesen Bereich die ordentlichen Verfahren für Gesetzgebung und **gerichtliche Kontrolle**.[2]

Im Bereich dieses Titels gelten **Sonderregelungen für Großbritannien, Irland** und **Dänemark**: Diese Mitgliedstaaten waren mit der Überführung der in Titel V AEUV geregelten Bereiche in den Rahmen der Union nur unter der Bedingung einverstanden, dass ihre Interessen und ihre Handlungsfreiheit durch die gemeinsamen Maßnahmen nicht beeinträchtigt werden. Diesen Wünschen wurde durch die Annahme mehrerer **Protokolle** zum EUV Rechnung getragen.[3] Sie enthalten Ausnahmen von der Anwendung der Vertragsbestimmungen dieses Titels zugunsten dieser Staaten. Gleichzeitig sehen sie die Möglichkeit der Übernahme einzelner Rechtsakte vor *(Rn. 8 ff.)*.

Neben der im AEUV bezeichneten allgemeinen vertraglichen Zuständigkeit, deren Ursprünge auf den Vertrag von Maastricht (1992) zurückgehen, dauert für einen weitgehend übereinstimmenden Tätigkeitsbereich noch eine vorher im Rahmen der **Übereinkommen von Schengen** begonnene „verstärkte Zusammenarbeit" von inzwischen 26 Mitgliedstaaten fort *(Rn. 9, 11)*.[4] Dies führt zu weiteren Ausnahmen für Großbritannien und Irland sowie zu Überschneidungen, deren Konsequenzen an unterschiedlichen Entscheidungsverfahren sichtbar werden *(Rn. 11)*.

Die konzeptionelle Begründung der Zuständigkeit der Union in den von Art. 77 ff. AEUV erfassten Bereichen liegt in der Verwirklichung der vollen Freizügigkeit für Personen und dem damit verbundenen Abbau der Grenzkontrollen im Inneren der Union.[5] Damit soll auch die Einreise aus Drittstaaten im Einklang mit den gemeinsamen Werten und Interessen gestaltet werden. Diese Absicht bezog sich seit dem Vertrag von Maastricht zunächst vor allem auf einen einheitlichen Ansatz für die Visa-Erteilung, für Grenzkontrollen und für Asylverfahren. Doch erfordert eine auf das Verfahren be-

---

1 S. auch Art. 67 Abs. 1 AEUV.
2 Zu den Neuerungen des Vertrags von Lissabon *Weber*, Migration im Vertrag von Lissabon, ZAR 2008, 55 ff.; *Monar*, Die Vertragsreformen von Lissabon in den Bereichen Inneres und Justiz: verstärkte Handlungsfähigkeit, Kontrolle und Differenzierung, integration 2008, 379 ff.; *Bertrand*, Les conditions d'une politique commune de l'immigration : apport et limites du traité de Lisbonne, Europe 2/2010, 2 ff.
3 Protokolle Nr. 20, 21, 22 zum EUV. S.a. Erklärung Nr. 26 zur Schlussakte der Regierungskonferenz von Lissabon, ABl. Nr. C 306/ 2007, 249.
4 Protokoll Nr. 19 zum EUV „über den in den Rahmen der Europäischen Union einbezogenen Schengen-Besitzstand".
5 S. insoweit auch Mitteilung der Kommission vom 8. Mai 1992, BullEG 5–92, Ziff. 1.1.7, und Schlussfolgerungen des Rates vom 14. Mai 1992, Bull. EG 5–92, Ziff. 1.1.8 über die Beseitigung der Grenzkontrollen.

zogene Vereinheitlichung auf die Dauer eine Verständigung darüber, wie die Union den Bürgern dritter Staaten begegnet. Die Problematik der illegalen Einwanderung stellt sich für alle Staaten, allerdings in unterschiedlichem Ausmaß. Schlagworte wie „Festung Europa" und Besorgnisse über das Verhalten der Behörden einzelner Staaten gegenüber Asylsuchenden illustrieren die Sensibilität und die gleichzeitige Dringlichkeit des gemeinsamen Handelns. Es ist daher folgerichtig, wenn Art. 80 AEUV das allgemeine **Solidaritätsprinzip** der Union (*§ 3 Rn. 18 ff.*) für diesen Bereich gesondert hervorhebt und eine „gerechte Aufteilung der Verantwortlichkeiten unter den Mitgliedstaaten" als Grundsatz der Politik bezeichnet. Gleichzeitig betont Art. 72 AEUV die fortbestehende Verantwortung der Mitgliedstaaten für die Aufrechterhaltung der **öffentlichen Ordnung** und den **Schutz der inneren Sicherheit**.

II. Befugnisse

5 Die Maßnahmen zur effektiven **Gewährleistung des Abbaus der Grenzkontrollen im Inneren** (Art. 77 Abs. 2 AEUV) umfassen Regelungen für ein integriertes Grenzschutzsystem an den Außengrenzen und für die Kontrollen, denen Personen unterzogen werden, die diese Grenzen überschreiten (Art. 77 Abs. 2 lit. b, d AEUV), eine gemeinsame Politik zur Erteilung von Visa und zur Festlegung der Voraussetzungen, unter denen sich Drittstaatsangehörige kurzzeitig innerhalb der Union frei bewegen können (Art. 77 Abs. 2 lit. a, c AEUV) sowie den Erlass der erforderlichen Regeln, damit sämtliche Personenkontrollen an den Binnengrenzen abgeschafft werden können. Dazu gehört bei Bedarf auch der Erlass von Regeln über Pässe und Ausweise (Art. 77 Abs. 2 lit. e, Art. 77 Abs. 3 AEUV).

6 Der Vertrag sieht weiter den Aufbau eines **gemeinsamen europäischen Asylsystems** vor (Art. 78 Abs. 2 AEUV). Dieses soll unter anderem einen in der ganzen Union gültigen Asylstatus, gemeinsame Normen über die Aufnahmebedingungen von Asylsuchenden sowie Kriterien und Verfahren für die Bestimmung des für die Behandlung eines Asylantrags zuständigen Staates umfassen.

7 Die **gemeinsame Einwanderungspolitik** soll eine Steuerung der Migrationsströme, eine angemessene Behandlung von Drittstaatsangehörigen sowie die Verhütung und verstärkte Bekämpfung von illegaler Einwanderung und Menschenhandel ermöglichen. Zur Verwirklichung dieses Ziels bezeichnet Art. 79 Abs. 2 AEUV folgende Gesetzgebungsinhalte: Regelungen zu Einreise- und Aufenthaltsvoraussetzungen für einen langfristigen Aufenthalt, einschließlich von Maßnahmen der Familienzusammenführung; Rechte und Bedingungen für den Aufenthalt und die Freizügigkeit im gesamten Gebiet der Union; Maßnahmen zur Verhinderung der illegalen Einwanderung einschließlich Abschiebung und Rückführung illegal eingereister Personen; Maßnahmen zur Bekämpfung des Menschenhandels.

III. Sonderregelungen für Großbritannien, Irland und Dänemark

8 Das **Protokoll über die Anwendung bestimmter Aspekte des Artikels 26 des AEUV auf das Vereinigte Königreich und auf Irland**[6] enthält einige materielle Sonderregelungen in Bezug auf die Durchführung von Grenzkontrollen. Den beiden Staaten wird insbesondere gestattet, weiterhin an ihren Grenzen zu anderen Mitgliedstaaten (Perso-

---

6 Protokoll Nr. 20 zum EUV i.d.F. des Vertrags von Lissabon, ABl. C 115/2008, 293.

nen-)Grenzkontrollen durchzuführen. Dies gilt entsprechend für die anderen Mitgliedstaaten gegenüber Reisenden aus diesen beiden Ländern.

Damit wurde der Streit um die Auslegung des Art. 26 AEUV – die Kommission und die meisten Mitgliedstaaten erachteten (zu Recht) die Beseitigung der Grenzkontrollen als zentrales Ziel der Realisierung des Binnenmarktprogramms[7] – in Bezug auf Großbritannien und Irland vertraglich zugunsten dieser Staaten „beigelegt". Dies ist jedoch insofern problematisch, als damit die rechtliche Tragweite des Art. 26 AEUV je nach betroffenem Mitgliedstaat variiert, womit die einheitliche Auslegung und Anwendung des Unionsrechts partiell infrage gestellt wird.

Aufgrund von Art. 1 des **Protokolls über die Position des Vereinigten Königreichs und Irlands hinsichtlich des Raums der Freiheit, der Sicherheit und des Rechts**[8] beteiligen sich Großbritannien und Irland grundsätzlich nicht an auf der Grundlage des Dritten Teils, Titel V AEUV getroffenen Maßnahmen. Die entsprechenden Beschlüsse entfalten keine Bindungswirkung für diese Staaten (Art. 2 des Protokolls). Allerdings können beide Staaten dem Rat binnen drei Monaten nach Vorlage eines Vorschlags mitteilen, dass sie sich beteiligen möchten, worauf sie einzubeziehen sind. In diesem Fall ist es den übrigen Mitgliedstaaten aber unbenommen, die Maßnahmen gleichwohl ohne Beteiligung Großbritanniens oder Irlands zu beschließen, falls eine Entscheidungsfindung unter Einschluss dieser Staaten nicht möglich ist (Art. 3 des Protokolls). Falls Großbritannien oder Irland sich ex post an einer schon beschlossenen Maßnahme beteiligen wollen, findet das „Beitrittsverfahren" des Art. 331 Abs. 1 AEUV Anwendung (Art. 4 des Protokolls). Art. 8 des Protokolls räumt (nur) Irland das Recht ein, jederzeit ausdrücklich auf die Anwendung des Protokolls zu verzichten. Der durch den Vertrag von Lissabon eingeführte Art. 4a Abs. 1 des Protokolls sieht vor, dass Änderungen geltender Regelungen, an deren Erlass Großbritannien und Irland beteiligt waren, auch von dem Protokoll erfasst werden (also nicht für diese Staaten wirken). Sofern sich daraus praktische Schwierigkeiten ergeben, sieht Art. 4a Abs. 2 des Protokolls ein besonderes Verfahren zur Herbeiführung einer Einigung vor.

9

Das **Protokoll über die Position Dänemarks**[9] sieht für diesen Mitgliedstaat im Ansatz ähnliche Regelungen über Nichtteilnahme und die fehlenden Bindungswirkungen wie für Großbritannien und Irland vor (Art. 1, 2 des Protokolls). Der wesentliche Unterschied zu der britisch-irischen Regelung ist die (vorläufig) fehlende Möglichkeit Dänemarks, während oder nach der Beschlussfassung die entsprechenden auf dem Dritten Teil Titel V AEUV beruhenden Rechtsakte gleichwohl zu akzeptieren, so dass in Dänemark kein darauf gestütztes Unionsrecht entsteht, es sei denn, Dänemark würde gemäß Art. 7 des Protokolls insgesamt auf dessen Anwendung verzichten. Allerdings kann Dänemark durch eine besondere Erklärung (vgl. Art. 8 des Protokolls) die Anwendung des im Anhang zu dem Protokoll vorgesehenen Mechanismus auslösen und damit eine dem Status von Irland und Großbritannien vergleichbare Rechtslage schaffen. Bis zu dieser Erklärung können für Dänemark völkerrechtliche Verpflichtungen begründet werden, falls Dänemark beschließt, eine zur Ergänzung des Schengen-Besitzstands (*Rn. 9*) beschlossene Maßnahme umzusetzen (Art. 4 des Protokolls). Damit ist es möglich, dass bestimmte Rechtsakte, die in den anderen Mitgliedstaaten als Unionsrecht (mit allen, insbesondere institutionellen, Konsequenzen) gelten, in Dänemark dagegen (nur) als „gewöhnliche" völkerrechtliche Pflichten bestehen.

10

---

[7] S. insoweit auch Mitteilung der Kommission vom 8. Mai 1992, BullEG 5–92, Ziff. 1.1.7, und Schlussfolgerungen des Rates vom 14. Mai 1992, Bull. EG 5–92, Ziff. 1.1.8 über die Beseitigung der Grenzkontrollen. In EuGH, Rs. C-378/97 (Wijsenbeek), Slg. 1999, I-6207, Rn. 39 f., hielt der Gerichtshof fest, dass Art. 26 Abs. 2 AEUV zwar rechtlich verbindlich sei, ihm jedoch keine bereits als solche unmittelbar wirksame Pflicht der Mitgliedstaaten zur Abschaffung der Personenkontrollen an den Binnengrenzen entnommen werden könne.
[8] Protokoll Nr. 21 zum EUV i.d.F. des Vertrags von Lissabon, ABl. C 115/2008, 295.
[9] Protokoll Nr. 22 zum EUV i.d.F. des Vertrags von Lissabon, ABl. C 115/2008, 299.

Art. 6 des Protokolls stellt jedoch klar, dass sich Dänemark auch weiterhin an Maßnahmen zur Bestimmung derjenigen Drittländer, deren Staatsangehörige zur Einreise in die EU ein Visa benötigen, beteiligt.

11 Maßnahmen in den von Art. 77 ff. AEUV erfassten Bereichen wurden ursprünglich im Rahmen der **Übereinkommen von Schengen**[10] erlassen. Diese Maßnahmen sowie die materiellen Bestimmungen der Abkommen bilden den sog. „**Schengen Besitzstand**", der durch den Vertrag von Amsterdam in die Rechtsordnung der Union überführt wurde (*Rn. 17*). Die entsprechenden Bestimmungen sind weiterhin als Akte einer „verstärkten Zusammenarbeit" anwendbar (Art. 1, 2, Protokoll Nr. 19 zum EUV).[11] Sie bilden eigenständige Rechtsgrundlagen für ein Handeln von 26 Mitgliedstaaten im Rahmen der Union. Auch insoweit gelten Sonderregelungen für Großbritannien, Irland und Dänemark (Art. 3, 4 Protokoll Nr. 19). Die Abgrenzung zwischen den vertraglichen Bestimmungen und den Handlungsermächtigungen des „Schengen-Besitzstands" sowie die Reichweite des „opt in-Rechts" sind undeutlich, und der EuGH hatte sich bereits mit einigen dieser Fragen zu befassen.

12 In den Rs. C-77/05[12] und C-137/05[13] ging es um die Frage, unter welchen Voraussetzungen Großbritannien ein „Beteiligungsrecht" an auf den Dritten Teil V AEUV gestützten Rechtsakten[14] hat, die eine Weiterentwicklung des Schengen-Besitzstandes darstellen. Im Zentrum des Interesses stand dabei das Verhältnis von Art. 4 und Art. 5 **Schengen-Protokoll**: Während Ersterer vorsieht, dass die Beteiligung von Großbritannien und Irland an Teilen des bestehenden Schengen-Besitzstandes jederzeit beantragt und vom Rat einstimmig beschlossen werden kann, betrifft Art. 5 Schengen-Protokoll das Recht der genannten Staaten, sich an der Weiterentwicklung des Schengen-Besitzstandes zu beteiligen. Der EuGH hielt in Bezug auf das Verhältnis dieser beiden Bestimmungen fest, dass ein „Beteiligungsrecht" nach Art. 5 Schengen-Besitzstand nur für diejenigen „neuen" Rechtsakte in Betracht komme, die eine Weiterentwicklung solcher Teile des Schengen-Besitzstandes darstellen, an die der beteiligungswillige Staat bereits gebunden ist. Denn eine Beteiligung an einer Weiterentwicklung setze „logischerweise" die Billigung auch der Grundsätze bzw. der Rechtsakte voraus, auf denen sie beruht. Weiter entbehrte ansonsten Art. 4 Schengen-Protokoll jeglicher praktischer Wirksamkeit, da sich Großbritannien und Irland letztlich auch ohne eine Entscheidung des Rates an allen Vorschlägen und Initiativen auf der Grundlage des Schengen-Besitzstandes beteiligen könnten. In der Rs. C-482/08[15] bestätigte der Gerichtshof diesen Ansatz. Der Beschluss 2008/633 über den Zugang bestimmter Behörden der Mitgliedstaaten und von Europol zum Visa-Informationssystem (VIS) sei als eine Weiterentwicklung der Visapolitik anzusehen, an der das Vereinigte Königreich nicht beteiligt sei, so dass es auch nicht verlangen könne, an diesem Beschluss beteiligt zu werden. Die Urteile implizieren insbesondere eine Einschränkung der „**opt-in**"-Möglichkeiten von Großbritannien und Irland, was im Hinblick auf die Kohärenz des Schengen-Besitzstandes – ebenso wie die grundsätzliche Auslegung des Verhältnisses der Art. 4, 5 des Protokolls – überzeugt.

---

10 Übereinkommen zur Durchführung des Übereinkommens von Schengen vom 14. Juni 1985 zwischen den Regierungen der Staaten der Benelux-Wirtschaftsunion, der Bundesrepublik Deutschland und der Französischen Republik betreffend den schrittweisen Abbau der Kontrollen an den gemeinsamen Grenzen, BAnz Nr. 217a vom 23.11.1990. Erst dieses sog. zweite Schengener Übereinkommen sieht die eigentliche Verpflichtung zur Beseitigung der Grenzkontrollen und die entsprechenden Ausgleichsmaßnahmen vor. Vgl. zu der Entstehungsgeschichte des Abkommens und seiner Einbettung in die Europäische Union *Epiney*, Das zweite Schengener Abkommen: Entstehung, Konzept und Einbettung in die Europäische Union, in: Achermann/Bieber/Epiney/Wehner, Schengen und die Folgen, 1995, 15 ff.
11 Protokoll Nr. 19 zum EUV über den in den Rahmen der Europäischen Union einbezogenen Schengen – Besitzstand, ABl. C 115/2008, 290.
12 EuGH, Rs. C-77/05 (Großbritannien/Rat), Slg. 2007, I-11459.
13 EuGH, Rs. C-137/05 (Großbritannien/Rat), Slg. 2007, I-11593.
14 Konkret ging es einerseits um die VO 2007/2004 zur Errichtung einer Europäischen Agentur für die operative Zusammenarbeit an den Außengrenzen der EU-Mitgliedstaaten („FRONTEX"), ABl L 349/2004, 1 = *HER I A 29a*/4.2., und um die VO 2252/2004 über Normen für Sicherheitsmerkmale und biometrische Daten in Reisedokumenten, ABl. L 385/2004, 1 = *HER I A 29a*/4.3.
15 EuGH, Rs. C-482/08 (Großbritannien/Rat), Slg. 2010, I-10413.

B. Entwicklung

Im ursprünglichen EWG-Vertrag von 1957 wurden Visa-, Asyl- und Einwanderungspolitik nicht erwähnt. Allerdings entwickelte sich bereits in den 1970er-Jahren eine **intergouvernementale Zusammenarbeit** zwischen den Mitgliedstaaten zur Koordination ihrer Aktivitäten in den Bereichen Justiz und Inneres. So fanden insbesondere regelmäßige Sitzungen der für die innere Sicherheit zuständigen Minister statt (sog. **TREVI-Gruppe**). Dabei wurden in erster Linie Fragen der Terrorismusbekämpfung und der internationalen Kriminalität sowie die Polizeizusammenarbeit erörtert. Weiter wurde 1986 eine **ad hoc-Gruppe Einwanderung** eingesetzt, die im Wesentlichen mit Asylrecht, Fragen der Grenzkontrollen sowie mit verschiedenen Aspekten der Reiseformalitäten befasst war.

Mit der Einheitlichen Europäischen Akte wurde 1987 das Binnenmarktziel in den EWG-Vertrag aufgenommen, wonach ein Raum ohne Binnengrenzen zu verwirklichen ist. Damit bestand eine vertraglich verankerte Verpflichtung, die **Kontrollen an den Binnengrenzen** abzuschaffen.[16] Vor diesem Hintergrund ist der Abschluss des sog. „Schengener Abkommens" (*Rn. 11*) zu sehen: Dieses auf völkerrechtlicher Ebene geschlossene Abkommen sieht – in Verfolgung des Ziels des Art. 26 AEUV – den Abbau der Grenzkontrollen zwischen den Mitgliedstaaten sowie eine Reihe sogenannter „Ausgleichsmaßnahmen" vor.[17] Inzwischen haben alle Mitgliedstaaten bis auf Großbritannien und Irland teil am „Schengen-acquis".[18]

> Mithilfe des Abkommens soll der Abbau der Grenzkontrollen zwischen den Vertragsstaaten ermöglicht und damit die Freiheit des Personenverkehrs zwischen den Mitgliedstaaten vollständig verwirklicht werden, vgl. Art. 2 Schengen II. Das Abkommen sieht eine Reihe von „Ausgleichsmaßnahmen" vor, u.a. Regeln über die Durchführung der Kontrollen an den Außengrenzen, die Einreisevoraussetzungen für Drittausländer, die Zuständigkeit für die Behandlung von Asylbegehren und die polizeiliche Zusammenarbeit. Von erheblicher Bedeutung war der Aufbau eines Systems zum Austausch von Daten zwischen den Polizeibehörden der beteiligten Staaten (das sog. Schengener Informationssystem, SIS, vgl. *§ 16 Rn. 22*).

Der Maastrichter Vertrag (1992) begründete im Rahmen der sog. „Dritten Säule" die **Zusammenarbeit in den Bereichen Justiz und Inneres, ZBJV**, eine Formalisierung und Verrechtlichung der zuvor praktizierten Zusammenarbeit. Die „Dritte Säule" bezeichnete die Asylpolitik, Vorschriften für das Überschreiten der Außengrenzen der Mitgliedstaaten sowie die Einwanderungspolitik als „Angelegenheiten von gemeinsamem Interesse" (Art. K.1 EUV a.F.). Allerdings zeigte sich, dass die ZBJV die in sie gesetzten Erwartungen nicht wirklich erfüllen konnte, was in erster Linie darauf zurückzuführen war, dass die zur Verfügung stehenden Instrumente und Verfahren im Wesentlichen weiterhin intergouvernemental organisiert waren.

Durch den Vertrag von Amsterdam (1997) wurden weite Teile dieser bis dahin in der „Dritten Säule" der EU angesiedelten Politiken mit der Einführung eines neuen **Titels IV „Visa, Asyl, Einwanderung und andere Politiken betreffend den freien Personenverkehr"** (Art. 61 ff. EGV) in den EGV übernommen, dies allerdings zu dem „Preis" einer teilweisen „Aufweichung" einiger Charakteristika des Rechts der EG durch Sonder-

---

16 Vgl. EuGH, Rs. C-378/97 (Wijsenbeek), Slg. 1999, I-6207, Rn. 39 f.
17 Vgl. im Einzelnen zu dem Inhalt des Abkommens die Beiträge in *Achermann/Bieber/Epiney/Wehner*, Schengen und die Folgen, 1995.
18 Ursprünglich wurde das Abkommen von den BENELUX-Staaten, Deutschland und Frankreich unterzeichnet.

17 Der Amsterdamer Vertrag überführte außerdem die **Schengener Abkommen** (*Rn. 11*) in den **Rahmen der Union,** womit u.a. den gegen das Abkommen vorgebrachten rechtstechnischen und institutionellen Einwänden[20] Rechnung getragen werden sollte. Damit gibt es die Schengener Abkommen als völkerrechtliche Verträge nicht mehr. Aufgrund der zahlreichen „Sonderregelungen", die den „**Schengen-acquis**" bzw. seine Weiterentwicklung betreffen,[21] sowie der **Beteiligung von Drittstaaten** (Norwegen, Island, die Schweiz und Liechtenstein)[22] am Schengen-Besitzstand bildet dieser aber seither einen speziellen Teil des Unionsrechts.

vorschriften, die insbesondere die Entscheidungsverfahren und die gerichtliche Kontrolle betrafen.[19]

18 Der Vertrag von Nizza brachte keine wesentlichen Modifikationen der Art. 67 ff. AEUV. Dagegen ordnete und erweiterte der **Vertrag von Lissabon** (2007) die Bestimmungen über Grenzkontrollen, Visa und Einwanderung:[23]

- Dem Titel „Raum der Freiheit, der Sicherheit und des Rechts" wird ein neues Kap. 1 („Allgemeine Bestimmungen") vorangestellt, das bislang über die Verträge verstreute, auf alle Bereiche dieses Titels anwendbare Bestimmungen zusammenstellt.
- Art. 77 Abs. 1 lit. c, Abs. 2 lit. d AEUV führt eine neue ausdrückliche Kompetenz für die Schaffung eines „integrierten Grenzschutzsystems an den Außengrenzen" ein.
- Auf dem Gebiet des Asylrechts werden die bisherigen Rechtsgrundlagen ausgeweitet, indem nicht nur Mindestvorschriften erlassen werden können, sondern eine umfassende Harmonisierung ermöglicht wird (Art. 78 Abs. 2 AEUV).
- Bei der Einwanderungspolitik werden ausdrücklich Zielsetzungen formuliert (Art. 79 Abs. 1 AEUV), und für die Bekämpfung der illegalen Einwanderung und des Menschenhandels werden neue ausdrückliche Rechtsgrundlagen eingeführt (Art. 79 Abs. 2 lit. c, d AEUV). Art. 79 Abs. 5 AEUV behält den Mitgliedstaaten ausdrücklich das Recht vor, die Zahl der Drittstaatsangehörigen, die zwecks einer Erwerbstätigkeit in ihr Hoheitsgebiet einreisen dürfen, festzulegen, was einer entsprechenden Unionspolitik Grenzen setzt.
- Schließlich formuliert Art. 80 AEUV ausdrücklich den Grundsatz der Solidarität zwischen den Mitgliedstaaten.

C. Zum Stand des Sekundärrechts

19 Während der „Übergangsfrist" von fünf Jahren – die durch den Vertrag von Amsterdam als Zeitraum für den Erlass zahlreicher sekundärrechtlicher Bestimmungen im Rahmen des Dritten Teils Titel V formuliert worden war und am 1. Mai 2004 ablief – wurde eine Reihe sekundärrechtlicher Regelungen im Anwendungsbereich der Art. 77 ff. AEUV erlassen, die inzwischen auch teilweise revidiert und durch weitere Rechtsakte ergänzt wurden. Die EU-Rechtsakte konzentrieren sich auf folgende Berei-

---

19 Zu diesen die 8. Aufl. dieses Lehrbuchs, § 9 Rn. 105 ff.
20 Hierzu *Bieber,* in: Achermann/Bieber/Epiney/Wehner, Schengen und die Folgen, 1995, 179 ff.
21 Hierzu *Epiney,* Schengen, Dublin und die Schweiz, Aktuelle Juristische Praxis 2002, 300 ff.
22 Zu diesen Abkommen *Epiney/Metz/Pirker,* Zur Parallelität der Rechtsentwicklung in der EU und in der Schweiz, 2012, 128 ff., 151 ff., 175 ff.
23 Zu den Neuerungen des Vertrags von Lissabon z.B. *Picheral,* L'apport du Traité de Lisbonne aux politiques d'asile et d'immigration : de l'Européen au commun?, RMCUE 2011, 225 ff.

che: Einreise und Durchführung von Grenzkontrollen, Regelungen betreffend den Aufenthalt von Drittstaatsangehörigen und asylrechtliche Rechtsakte i.w.S.[24]

I. Grenzkontrollen

In Bezug auf Fragen der **Einreise** und der **Durchführung der Grenzkontrollen** kann zwischen folgenden Regelungen bzw. Kategorien von Regelungen unterschieden werden:

- Eine Reihe von Vorschriften betrifft verschiedene Fragen der **Visapolitik**. Von besonderer Bedeutung ist hier der **Visa-Kodex** der Union (**VO 810/2009**).[25] Dieser regelt die Voraussetzungen und das Verfahren für die Erteilung von Visa für das Hoheitsgebiet der Mitgliedstaaten (Durchreisevisa oder Visa für einen Aufenthalt von maximal drei Monaten je Sechsmonatsperiode). Die Verordnung hat eine Vielzahl von die Visapolitik betreffenden Regelungen in einem Rechtsakt zusammengefasst. Folgende Rechtsakte bestehen jedoch noch fort: VO 1683/95 über eine einheitliche Visagestaltung,[26] VO 333/2002 über die einheitliche Gestaltung des Formblatts für die Anbringung eines Visums,[27] VO 1030/2002 zur einheitlichen Gestaltung des Aufenthaltstitels für Drittstaatsangehörige[28] sowie **VO 539/2001 zur Aufstellung der Liste der Drittländer, deren Staatsangehörige beim Überschreiten der Außengrenzen im Besitz eines Visums sein müssen.**[29]
  Weiter wurden auch Regelungen eher „organisatorischer" Art erlassen, so insbesondere die VO 377/2004 zur Schaffung eines Netzes von Verbindungsbeamten für Einwanderungsfragen[30] und die **VO 767/2008 über das Visa-Informationssystem VIS**.[31]
- Die zweite Gruppe von Regelungen betrifft die **Abschaffung der Grenzkontrollen an den Binnengrenzen und die Kontrollen an den Außengrenzen sowie die Bekämpfung der illegalen Einwanderung bzw. des illegalen Aufenthalts**. So enthält der sog. **Schengener Grenzkodex (VO 562/2006)**,[32] der ebenso wie der Visa-Kodex eine Weiterentwicklung des Schengen-Besitzstandes darstellt, einerseits Vorgaben für

---

24 Vgl. für einen ausführlichen Überblick über das Sekundärrecht *Heid*, in: Dauses, Hb. EU-Wirtschaftsrecht, S, Rn. 114 ff.; *Kugelmann*, in: Schulze/Zuleeg/Kadelbach (Hg.), Europarecht, 2010, § 41, Rn. 135 ff.; s. auch *Agence de droits fondamentaux de l'UE*, Manuel de droit européen en matière d'asile, de frontières et d'immigration, 2013.
25 VO 810/2009, ABl. L 243/2009, 1 = *HER I A 29a/2.81*. Zu diesem z.B. *Westphal/Brakemeier*, Der Visakodex, NVwZ 2010, 621 ff.; *Meloni, The* Community Code on Visas: Harmonisation at last?, ELR 2009, 671 ff.; aus der Rechtsprechung im Zusammenhang mit strafrechtlichen Sanktionen wegen arglistiger Täuschung bei der Visaerlangung EuGH, Rs. C-83/12 (VO), Urt. v. 10.4.2012; EuGH, Rs. C-84/12 (Koushkaki), Urt. v. 19.12.2013 (abschließender Charakter der Verweigerungsgründe für die Ausstellung eines einheitlichen Visums, Ermessen der mitgliedstaatlichen Behörden).
26 VO 1683/95, ABl. L 164/1995, 1 = *HER I A 29a/2.2*.
27 VO 333/2002, ABl. L 53/2002, 4 = *HER I A 29a/2.28*.
28 VO 1030/2002, ABl. L 157/2002, 1 = *HER I A 29a/2.29*.
29 VO 539/2001, ABl. L 81/2001, 1 = *HER I A 29a/2.27*. In Visavereinbarungen mit Drittstaaten werden teilweise Erleichterungen oder Vereinfachungen der Anforderungen an den Erhalt eines Visums formuliert. Vgl. z.B. die Vereinbarung zwischen der Union und China, vgl. Beschluss des Rates 2004/265, ABl. L 83/2004, 12 = *HER I A 29a/2.40*.
30 VO 377/2004, ABl. L 64/2004, 1 = *HER I A 29a/2.39*.
31 , ABl. L 218/2008, 60 = *HER I A 14/3.59*.
32 ABl. L 105/2006, 1 = *HER I A 29a/2.56*. Aus der Rechtsprechung zu dieser Verordnung EuGH, verb. Rs. C-261/08, C-348/08 (Garcia), Slg. 2010, I-10143 (keine Verpflichtung der Mitgliedstaaten, einen sich illegal aufhaltenden Drittausländer auszuweisen); EuGH, Rs. C-606/10 (Anafe), Urt. v. 14.6.2012 (Anwendungsbereich und Rückreisevisum).

einheitliche Außengrenzkontrollen, wobei im Wesentlichen die bis dahin geltenden Bestimmungen des Schengener Durchführungsübereinkommens übernommen werden. Andererseits sieht er vor, dass die Binnengrenzen unabhängig von der Staatsangehörigkeit der betroffenen Personen an jeder Stelle ohne Personenkontrollen überschritten werden dürfen (Art. 20). Kontrollen im Landesinnern sind zwar weiterhin erlaubt; diese dürfen jedoch nicht (systematischen) Grenzkontrollen in ihrer Wirkung gleichkommen (Art. 21).[33] Eine vorübergehende Einführung von Binnengrenzkontrollen ist nur in abschließend vorgesehenen Konstellationen und unter strengen Voraussetzungen möglich (Art. 23 ff.). Gleichwohl kommt es immer wieder vor, dass Mitgliedstaaten – offenbar unter (teilweiser) Missachtung dieser Verpflichtungen – die Wiedereinführung von Grenzkontrollen propagieren und auch teilweise umsetzen, so z.B. Dänemark an der Grenze zu Deutschland; aber auch im französischen Präsidentschaftswahlkampf 2012 wurden entsprechende Ansinnen geäußert. Bislang gelang es jedoch, jeweils eine eigentliche Durchbrechung des im Grenzkodex vorgesehenen Regimes zu verhindern.

Ergänzend wurden einige Rechtsakte erlassen, die die Effektivität des Grenzkodex durch zusätzliche Maßnahmen erhöhen sollen bzw. auf die Bekämpfung illegaler Einwanderung und illegalen Aufenthalts abzielen:

- RL 2004/82 über die Verpflichtung von Beförderungsunternehmen, Angaben über die beförderten Personen zu übermitteln;[34]
- VO 2007/2004 zur Errichtung einer Europäischen Agentur für die operative Zusammenarbeit an den Außengrenzen der EU-Mitgliedstaaten (FRONTEX);[35]
- Entscheidung 2008/381 des Rates vom 14. Mai 2008 über das „Europäische Migrationsnetz", das verlässliche diesbezügliche Daten zur Verfügung stellen soll;[36]
- Entscheidung 575/2007 über den „Solidaritätsfonds" für die Rückkehr;[37]
- VO 2252/2004 über Normen für Sicherheitsmerkmale und biometrische Daten in von den Mitgliedstaaten ausgestellten Pässen und Reisedokumenten;[38]
- VO 1100/2008 über den Abbau von Grenzkontrollen der Mitgliedstaaten im Straßen- und Binnenschiffsverkehr.[39]

Die **RL 2008/115 zur Rückführung von Drittstaatsangehörigen mit illegalem Aufenthalt**[40] harmonisiert die entsprechenden staatlichen Regelungen. Neben die eigentliche Rückkehr betreffender Bestimmungen enthält die Richtlinie Verfahrensgarantien sowie Vorgaben für die Rechtmäßigkeit der Inhaftierung zum Zweck der Abschiebung.[41] Diese sind zumindest teilweise unmittelbar wirksam und stehen einer Inhaftnahme eines illegal aufhältigen Drittstaatsangehörigen entgegen, die allein deshalb erfolgt, weil dieser entgegen einer Anordnung, das Hoheitsgebiet des

---

33 S. insoweit auch EuGH, verb. Rs. C-188/10, C-189/10 (Melki & Abdeli), Slg. 2010, I-5667.
34 ABl. L 261/2004, 24 = HER I A 29a/2.44.
35 ABl. L 349/2004, 1 = HER I A 29a/4.2. Zu dieser Verordnung *Fischer-Lescano/Tohidipur*, Europäisches Grenzkontrollregime. Rechtsrahmen der europäischen Grenzschutzagentur FRONTEX, ZaöRV 2007, 1219 ff.
36 ABl. L 131/2008, 7 = HER I A 29a/1.11.
37 ABl. L 144/2007, 45 = HER I A 29a/1.7. S. auch die Entscheidung 2007/435 zur Einrichtung des Europäischen Fonds für die Integration von Drittstaatsangehörigen, ABl. L 168/2007, 18 = HER I A 29a/1.8.
38 ABl. L 385/2004, 1 = HER I A 29a/4.3.
39 ABl. L 304/2008, 63 = HER I A 30/1.57.
40 ABl. 348/2008, 98 = HER I A 29a/2.78. Zu dieser Richtlinie z.B. *Franßen-de la Cerda*, Die Vergemeinschaftung der Rückführungspolitik – das Inkrafttreten der EU-Rückführungsrichtlinie, ZAR 2008, 377 ff., ZAR 2009, 17 ff.; *Hörich*, Die Rückführungsrichtlinie: Entstehungsgeschichte, Regelungsgehalt und Hauptprobleme, ZAR 2011, 281 ff.
41 Vgl. zur Auslegung der die Haft betreffenden Bestimmungen EuGH, Rs. C-357/09 (Kadzoev), Slg. 2009, I-11189.

betreffenden Mitgliedstaats zu verlassen, ohne berechtigten Grund keine Folge leistet.[42]

Die VO 1931/2006[43] enthält Vorschriften über den sog. **kleinen Grenzverkehr an den Außengrenzen**, die seinen Besonderheiten Rechnung tragen sollen.

Darüber hinaus hat die Union mit verschiedenen Drittstaaten sog. **Rückübernahmeabkommen** geschlossen.[44] Diese Abkommen betreffen allgemein Personen ohne Aufenthaltsrecht, stehen aber mit dem Asylrecht (*Rn.* 22) in engem Zusammenhang, da sie auch und gerade auf Personen Anwendung finden, deren Asylantrag rechtskräftig abgewiesen wurde. Bei der Anwendung dieser Abkommen sowie der RL 2008/115 ist jeweils darauf zu achten, dass die menschenrechtlichen Verpflichtungen – insbesondere diejenigen aus Art. 3 EMRK und das in Art. 33 GFK formulierte sog. *Refoulement*-Verbot – beachtet werden: Diese Vorgaben können einer Abschiebung in den Heimatstaat entgegenstehen.

II. Einwanderung

Auch wenn die Union noch keine eigentliche eigene Einwanderungspolitik kennt,[45] können einige Rechtsakte diesem Bereich zugeordnet werden. Sie betreffen den **Aufenthalt bestimmter Gruppen von Drittstaatsangehörigen**:[46]

- Die RL 2003/109[47] soll die Rechtsstellung der **langfristig aufenthaltsberechtigten Drittstaatsangehörigen** an diejenige der Unionsbürger annähern und damit die Integration von Drittstaatsangehörigen fördern, die schon seit langer Zeit rechtmäßig in der EU leben. Die Richtlinie regelt die Voraussetzungen, bei deren Vorliegen Drittstaatsangehörigen in einem Mitgliedstaat die Rechtsstellung eines langfristig Aufenthaltsberechtigten erteilt wird (wobei diese Rechtsstellung grundsätzlich nach einem mindestens fünfjährigen rechtmäßigen Aufenthalt erworben wird) oder entzogen werden kann sowie die mit dieser Rechtsstellung verbundenen Rechte. Weiter wird die Rechtsstellung, die ein langfristig Aufenthaltsberechtigter in einem anderen

21

---

42 EuGH, Rs. C-61/11 (PPU, El Dridi), Slg. 2011, I-3011. Der Gerichtshof weist in diesem Urteil auch ausdrücklich auf die menschenrechtlichen Verpflichtungen hin, die bei der Auslegung der Richtlinie zu beachten seien (Rn. 43). Zur Vereinbarkeit nationaler Regelungen, die für den Fall des illegalen Aufenthalts strafrechtliche Sanktionen und eine Inhaftierung vorsehen, mit der RL 2008/115, EuGH, Rs. C-329/11 (Achughbabian), Slg. 2011, I-12695; zu Fragen der Inhaftierung von Asylbewerbern EuGH, Rs. C-534/11 (Arslan), Urt. v. 30.5.2013; zur Auslegung der Bestimmungen der RL 2008/115 betreffend Einreiseverbote und die mögliche Berücksichtigung strafrechtlicher Sanktionen EuGH, Rs. C-29/12 (Filev), Urt. v. 19.9.2013.
43 ABl. L 405/2006, 1 = *HER I A* 29a/4.4. Zu dieser Verordnung aus der Rechtsprechung EuGH, Rs. C-254/1 (Shomodi), Urt. v. 21.3.2013.
44 S. z.B. das Abkommen mit Albanien, vgl. Beschluss des Rates 2005/809, ABl. L 124/2005, 22. Zu diesen Abkommen u.a. *Thrun*, Quid pro quo? EU-Rückübernahmeabkommen gegen Mobilitätserleichterungen, ZEuS 2008, 699 ff.
45 S. aber die Mitteilung der Kommission im Hinblick auf die Schaffung eines europäischen Rahmens für die gemeinsame Einwanderungspolitik, KOM (2007) 780 endg., wobei die möglichen konkreten Vorhaben im Bereich der Rechtsetzung allerdings sehr vage bleiben.
46 Vgl. zu den RL 2003/109 und 2003/86 z.B. *Thiele*, Einwanderung im Europäischen Gemeinschaftsrecht – Familienzusammenführung und Daueraufenthalt von Drittstaatsangehörigen -, EuR 2007, 419 ff.
47 RL 2003/109 über die Rechtsstellung der langfristig aufenthaltsberechtigten Drittstaatsangehörigen, ABl. L 16/2003, 44 = *HER I A* 29a/2.36. Zu dieser Richtlinie z.B. *Wolff*, Stichwort: Die Richtlinie des Rates betreffend die Rechtsstellung der langfristig aufenthaltsberechtigten Drittstaatsangehörigen vom 25.12.2003, MRM 2004, 301 ff.; *Boelart-Suominen*, Non-EU nationals and Council Directive 2003/109/EC on the status of third-country nationals who are long-term residents: Five paces forward and possibly three paces back, CMLR 2005, 1011 ff. Zum Anwendungsbereich der RL 2003/109 EuGH, Rs. C-502/10 (Singh), Urt. v. 18.10.2012; zu (überhöhten) Gebühren EuGH, Rs. C-508/10 (Kommission/Niederlande), Urt. v. 26.4.2012; EuGH, Rs. C-571/10 (Kamberaj), Urt. v. 24.4.2012 (Grundsatz der Gleichbehandlung).

Mitgliedstaat als demjenigen, der ihm diese Rechtsstellung zuerkannt hat, festgelegt. Die Entscheidung über die erstmalige Erteilung der Aufenthaltsgenehmigung durch die Mitgliedstaaten wird jedoch nicht geregelt, sondern bleibt nach wie vor in der Kompetenz der Mitgliedstaaten, so dass die Richtlinie nur (aber immerhin) dann greift, wenn ein Mitgliedstatt einem Drittstaatsangehörigen einen längeren Aufenthalt erlaubt.

- Gegenstand der **RL 2003/86**[48] ist die Regelung der **Familienzusammenführung** für bzw. durch Drittstaatsangehörige (die sog. Zusammenführenden, vgl. Art. 2 lit. c) RL 2003/86), die sich rechtmäßig im Gebiet der Mitgliedstaaten aufhalten. Die Richtlinie und damit die Regelungen über die Familienzusammenführung – wobei nur der Ehegatte und minderjährige (unverheiratete) Kinder nachzugsberechtigt sind – finden nach Art. 3 Abs. 1 RL 2003/86 nur dann Anwendung, wenn der zusammenführende Drittstaatsangehörige im Besitz eines Aufenthaltstitels ist, der mindestens ein Jahr gültig ist, und eine „begründete Aussicht" auf ein „dauerhaftes Aufenthaltsrecht" besteht. Auch werden weitere Anforderungen (insbesondere genügende Existenzmittel) formuliert. Die Richtlinie sieht verschiedene „Relativierungen" des Nachzugsrechts vor, so insbesondere die Möglichkeit der Beschränkung der Familienzusammenführung bei Kindern über 12 Jahren und die Möglichkeit der Mitgliedstaaten, eine Familienzusammenführung erst nach einem zweijährigen rechtmäßigen Aufenthalt des Zusammenführenden zu gestatten. Der EuGH bejahte in der Rs. C-540/03 im Ergebnis die Vereinbarkeit dieser Regelungen mit grundrechtlichen Vorgaben.[49]

- Die **RL 2004/114**[50] und die **RL 2005/71**[51] betreffen das Aufenthaltsrecht von Drittstaatsangehörigen, die sich zu **Studienzwecken** oder für die **wissenschaftliche Forschung** in einen EU-Mitgliedstaat begeben, während die **RL 2009/50**[52] Einreise und Aufenthalt von Drittstaatsangehörigen zur Ausübung einer **hochqualifizierten Beschäftigung** regelt.

- Die **RL 2011/98**[53] formuliert einerseits Vorgaben für das **Verfahren der Zulassung von Drittstaatsangehörigen als Arbeitnehmer** in einem Mitgliedstaat der Union, andererseits eine Reihe von **Rechten**, die Drittstaatsangehörigen mindestens einzuräumen sind. Nicht Gegenstand dieses Rechtsakts (und auch keines anderen unionsrechtlichen Rechtsakts) sind hingegen die Voraussetzungen, unter denen Drittstaatsangehörigen Zugang zum Arbeitsmarkt zu gewähren ist.

- In Kürze ist mit dem Inkrafttreten einer Richtlinie über die Bedingungen für die Einreise und den Aufenthalt von Drittstaatsangehörigen zwecks **Ausübung einer saisonalen Beschäftigung**[54] zu rechnen. Auch diese Richtlinie regelt jedoch nicht die eigentlichen Voraussetzungen für einen Aufenthalt solcher Saisonniers, sondern lediglich die Modalitäten und gewisse Rechte.

---

48 RL 2003/86 betreffend das Recht auf Familienzusammenführung, ABl. L 251/2003, 12 = *HER I A* 29a/2.35. Vgl. zur Auslegung dieser Richtlinie EuGH, Rs. C-578/08 (Chakroun), Slg. 2010, I-1839 (Auslegung des Erfordernisses ausreichender fester Einkommen für den Familiennachzug).
49 EuGH, Rs. C-540/03 (Parlament/Rat), Slg. 2006, I-5769. Hierzu ausführlich *Epiney*, Zur Reichweite der Grundrechtsbindung des Gemeinschaftsgesetzgebers, ZAR 2007, 61 ff.
50 RL 2004/114, ABl. L 375/2004, 12 = *HER I A* 29a/2.47. Zu dieser Richtlinie *Kuczynski/Solka*, Die Hochqualifiziertenrichtlinie, ZAR 2009, 219 ff.
51 RL 2005/71, ABl. L 289/2005, 15 = *HER I A* 29a/2.52.
52 RL 2009/50, ABl. L 155/2009, 17 = *HER I A* 29a/2.79.
53 RL 2011/98, ABl. L 343/2011, 1 = *HER I A* 29a/2.93.
54 Vgl. den Voschlag der Kommission in KOM (2010) 379 endg.

III. Asylrecht

Relativ weit fortgeschritten ist die Ausgestaltung einer **europäischen Asylpolitik**. Erlassen wurden vor allem verfahrensrechtliche Regelungen und einige materielle Mindeststandards, die 2013 einer grundlegenden Neuregelung unterzogen wurden:[55]

22

- Die VO 604/2013 („**Dublin-Verordnung**")[56] regelt die **Zuständigkeit für die Prüfung eines Asylgesuchs**. Ziel der Verordnung ist die Ermittlung jeweils eines einzigen zuständigen Mitgliedstaats für diese Prüfung, wofür abgestufte Zuständigkeitskriterien formuliert werden. Den Mitgliedstaaten kommt aber jedenfalls ein Selbsteintrittsrecht zu.[57] Durch die **VO 603/2013** über die Einrichtung von „**Eurodac**" für den Vergleich von Fingerabdrücken[58] soll mittels der Einrichtung einer Datenbank für Fingerabdrücke von Asylbewerbern die praktische Durchführung des Systems sichergestellt werden. Eine Rückschiebung in Anwendung dieser Grundsätze hat nach der Rechtsprechung des EuGH jedoch zu unterbleiben, falls ernsthaft zu befürchten ist, dass das Asylverfahren und die Aufnahmebedingungen im zuständigen Mitgliedstaat systematische Mängel aufweisen, die eine unmenschliche oder erniedrigende Behandlung der an diesen Mitgliedstaat überstellten Asylbewerber im Sinne des Art. 4 GRCh implizieren,[59] wie sich jetzt auch ausdrücklich aus Art. 3 Abs. 2 VO 604/2013 ergibt.[60]

- Der **RL 2013/33**[61] sind **Mindestnormen** für die **Aufnahme von Asylbewerbern in den Mitgliedstaaten** zu entnehmen. Diese betreffen insbesondere die Bedingungen des Aufenthalts von Drittstaatsangehörigen und Staatenlosen, die an der Grenze oder im Hoheitsgebiet eines Mitgliedstaats Asyl beantragen, in den Mitgliedstaaten.

---

55 Zu den Neuerungen *Hruschka/Progin-Theuerkauf/Gordzielik*, Entwicklungen im Europäischen Asylrecht, Schweizerisches Jahrbuch für Europarecht 2012/2013, 2013, 183 (184 ff.); spezifisch zur neuen Zuständigkeitsregelung *Hruschka*, Klarere Abläufe und gestärkte Verfahrensrechte – eine erste Einschätzung der Neufassung der Dublin-II-Verordnung, in: Achermann u.a. (Hg.), Jahrbuch für Migrationsrecht 2012/2013, 2013, 199 ff.; *Marx*, Änderungen im Dublin-Verfahren nach der Dublin III-Verordnung, ZAR 2014, 5 ff.; zum Schutz der Familieneinheit im Dublin-Verfahren *Maiani/Hruschka*, Der Schutz der Familieneinheit in Dublin-Verfahren, ZAR 2014, 69 ff.
56 VO 604/2013, ABl. L 180/2013, 31 = HER I A 29a/3.45. Diese Verordnung löste die VO 343/2003 ab, wobei diese Thematik ursprünglich zunächst auf völkerrechtlicher Ebene (durch das sog. „Dubliner Abkommen", ABl. C 254/1997, 1, geregelt worden war). Zur VO 604/2013 bzw. der Vorgängerverordnung aus der Rechtsprechung EuGH, Rs. C-19/08 (Migrationsverket), Slg. 2009, I-495 (betreffend die Frist für die Durchführung der Überstellung im Falle der aufschiebenden Wirkung eines Rechtsbehelfs); EuGH Rs. C-620/10 (Kastrati), Urt. v. 3.5.2012 (Folgen einer Rücknahme eines Asylantrags). Zu den Zuständigkeitskriterien etwa EuGH, Rs. C-528/11 (Halaf), Urt. v. 30.5.2013; EuGH, Rs. C-648/11 (MA u.a.), Urt. v. 6.6.2013.
57 Bei dessen Ausübung sie die Unionsgrundrechte zu beachten haben, vgl. EuGH, verb. Rs. C-411/10, C-493/10 (N.S.), Slg. 2011, I-13905. Zu diesem Selbsteintrittsrecht z.B. *Lehnert/Marei Pelzer*, Der Selbsteintritt der Mitgliedstaten im Rahmen des EU-Asylzuständigkeitssystems der Dublin II-Verordnung, NVwZ 2010, 613 ff.
58 ABl. L 180/2013, 1 = HER I A 29a/3.44. Diese Verordnung löste die VO 2725/2000 ab.
59 EuGH, verb. Rs. C-411/10, C-493/10 (N.S.), Slg. 2011, I-13905. Hierbei stützte sich der Gerichtshof in Bezug auf die Situation in Griechenland auf das Urteil M.S.S. des EGMR (Urt. v. 21.1.2011) – das eine solche Überstellung für konventionswidrig erachtete – und die in diesem zu findenden Belege für die Bewertung der Situation in Griechenland. S. auch EuGH, Rs. C-394/12 (Abdullah), Urt. v. 10.12.2013 (in Bezug auf die Notwendigkeit, einem Verfahren gegen eine Überstellung im zuständigen Aufnahmemitgliedstaat systemische Mängel im Asylsystem geltend zu machen, so dass ernsthafte und durch Tatsachen bestätigte Gründe für eine menschenunwürdige Behandlung bestehen).
60 Zur Problematik z.B. *Thym*, Menschenrechtliche Feinjustierung des Dublin-Systems zur Asylzuständigkeitsabgrenzung – Zu den Folgewirkungen des Straßburger M.S.S.-Urteils, ZAR 2011, 368 ff.; *Thym*, Zulässigkeit von Dublin-Überstellungen nach Italien, ZAR 2013, 331 ff.
61 ABl. L 180/2013, 96 = HER I A 29a/3.47. Diese Richtlinie fasste die RL 2003/9 neu. Vgl. zu dieser Richtlinie bzw. der Vorgängerrichtlinie EuGH, Rs. C-79/13 (Saciri u.a.), Urt. v. 27.2.2014 (Höhe der zu gewährenden Unterstützung).

- Die **RL 2011/95** (Qualifikationsrichtlinie)[62] enthält **Mindestnormen für die Anerkennung von Drittstaatsangehörigen als Flüchtlinge oder schutzbedürftige Personen**. Im Einzelnen regelt die Richtlinie folgende Bereiche: allgemeine Vorgaben für die Prüfung von Anträgen auf internationalen Schutz, Anerkennung als Flüchtling, subsidiärer Schutz sowie den Inhalt des internationalen Schutzes. Besonders zu erwähnen ist die Schaffung eines über die Vorgaben der Genfer Flüchtlingskonvention hinausgehenden Schutzstatus des „subsidiären Schutzes", der Personen zu gewähren ist, die aus anderen als in Art. 1A GFK aufgeführten Gründen bedroht oder verfolgt werden. Weiter ist von Bedeutung, dass die Richtlinie die Einräumung eines Rechts des Einzelnen auf die Gewährung internationalen Schutzes verlangt, womit sie auch in diesem Punkt über die Vorgaben der GFK hinausgeht.
- Die **RL 2013/32** (Verfahrensrichtlinie)[63] formuliert **Mindestnormen über das Asylverfahren**. Die RL 2013/32 gilt für alle Anträge auf internationalen Schutz (nicht mehr lediglich für die Verfahren in den Mitgliedstaaten zur Zuerkennung und Aberkennung der Flüchtlingseigenschaft wie die Vorgängerrichtlinie).
- Die **RL 2001/55 über Mindestnormen für die Gewährung vorübergehenden Schutzes im Falle eines Massenzustroms von Flüchtlingen**[64] will die (Ausnahme-)Situationen regeln, in denen aufgrund besonderer Probleme in den Herkunftsländern besonders viele Personen aus einem Staat (oder mehreren Staaten) in der Europäischen Union Zuflucht suchen, so dass das „normale" Asylsystem den Zustrom nicht auffangen kann.

Darüber hinaus soll das durch die **VO 439/2010**[65] eingerichtete **Europäische Unterstützungsbüro für Asylfragen** – eine Einrichtung der Union mit Rechtspersönlichkeit und insofern den Agenturen vergleichbar – zur besseren Umsetzung des gemeinsamen europäischen Asylsystems beitragen, die praktische Zusammenarbeit zwischen den Mitgliedstaaten stärken und Mitgliedstaaten, die besonderem Druck im Asylbereich ausgesetzt sind, unterstützen. Der durch den **Beschluss 573/2007** geschaffene **Europäi-**

---

62 ABl. L 337/2011, 9 = *HER I A 29a/3.43*. Diese Richtlinie löst die RL 2004/83 ab. Zur Qualifikationsrichtlinie *Hailbronner*, Die Qualifikationsrichtlinie und ihre Umsetzung, ZAR 2008, 209 ff., 265 ff. Zur Auslegung der Richtlinie EuGH, Rs. C-465/07 (Elgafaji), Slg. 2009, I-921 (Vorliegen einer ernsthaften individuellen Bedrohung des Lebens oder der Unversehrtheit einer Person im Rahmen der Gewährung internationalen Schutzes); EuGH, verb. Rs. C-175/08 u.a. (Abdulla), Slg. 2010, I-1493 (Erlöschen der Flüchtlingseigenschaft, Aberkennung der Flüchtlingseigenschaft); EuGH, Rs. C-31/09 (Bolbol), Slg. 2010, I-5539 (Ausschluss von der Anerkennung als Flüchtling, wenn die Person den Schutz oder Beistand einer Institution der UNO mit Ausnahme des UNHCR genießt, wobei dieser Beistand tatsächlich in Anspruch genommen werden muss); EuGH, verb. Rs. C-57/09, C-101/09 (Deutschland/B und D), Slg. 2010, I-10979 (Vorgaben der Richtlinie in Bezug auf den Ausschluss der Gewährung internationalen Schutzes); EuGH, verb. Rs. C-71/11, C-99/11 (Y, Z), Urt. v. 5.9.2012 (Verfolgung wegen der Religion); EuGH, Rs. C-277/1 (M.M.), Urt. v. 22.11.2012 (zur Reichweite des rechtlichen Gehörs); EuGH, verb. Rs. C-199/12-C-201/12 (X, Y, Z), Urt. v. 7.11.2013 (Verfolgung Homosexueller); EuGH, Rs. C-285/12 (Diakité), Urt. v. 30.1.2014 (autonome Auslegung des Begriffs des innerstaatlichen bewaffneten Konflikts).
63 ABl. L 180/2013, 60 = *HER I A 29a/3.46*. Diese Richtlinie löste die RL 2005/85 ab. In EuGH, Rs. C-133/06 (EP/Rat), Slg. 2008, I-3189, hieß der EuGH eine Nichtigkeitsklage des Parlaments in Bezug auf diejenigen Bestimmungen der RL 2005/85, die das Verfahren zur Festlegung der Liste der „sicheren Drittstaaten" betreffen, wegen Verstoßes gegen Art. 67 Abs. 5 EGV gut (statt dem „Anhörungsverfahren" hätte das Mitentscheidungsverfahren vorgesehen werden müssen). Zur Auslegung der die Rechtsbehelfe betreffenden Vorgaben der RL 2005/85 EuGH, Rs. C-69/10 (Diouf), Slg. 2011, I-7151.
64 ABl. L 212/2001, 12 = *HER I A 29a/3.30*.
65 ABl. L 132/2010, 11 = *HER I A 29a/3.42*.

sche Flüchtlingsfonds[66] soll eine gerechte Lastenverteilung zwischen den Mitgliedstaaten sicherstellen.

Insgesamt wurden im Bereich des Asylrechts zwar zahlreiche Rechtsakte erlassen, so dass hier eine gewissen Annäherung der Rechtsordnungen der Mitgliedstaaten – insbesondere, soweit verfahrensrechtliche Aspekte (z.b. die Behandlung sog. „Nachfluchtgründe"), aber auch gewisse materiellrechtliche Fragen (z.b. Grundsatzfragen der Voraussetzungen der Gewährung internationalen Schutzes) betroffen sind – erfolgte. Gleichwohl sieht sich das Gemeinsame Europäische Asylsystem (GEAS) nach wie vor mit bedeutenden Herausforderungen konfrontiert, die in erster Linie einerseits die einheitliche und effektive Anwendung des geltenden unionsrechtlichen Rahmens, andererseits eine „gerechtere" Lastenverteilung (sind die Mitgliedstaaten doch mit unterschiedlich hohen Zahlen von Schutzsuchenden konfrontiert)[67] betreffen.

23

D. Literatur

Amarelle, Cesla, Le processus d'harmonisation des droits migratoires nationaux des Etats members de l'Union européenne, Zürich 2005; *Basilien-Gainche, Marie-Laure*, Regard critique sur le régime d'asile européen commun. La persistance d'une conception restrictive de la protection, Europe 2/2014, 6 ff.; *Bast, Jürgen*, Illegaler Aufenthalt und europarechtliche Gesetzgebung, ZAR 2012, 1 ff.; *Battjes, Hemme*, European Asylum Law and International Law, Leiden 2006; *de Bauche, Laurence*, Vulnerability in European Law on Asylum, Brüssel 2012; *Berramdane, Abdelkhaleq/Rossetto, Jean* (Hg.), La politique européenne d'immigration, Paris 2009; *Blumann, Claude* (Hg.), Les frontières de l'Union européenne, Brüssel 2013; *Brummund, Fabian*, Kohärenter Grundrechtsschutz im Raum der Freiheit, der Sicherheit und des Rechts, Baden-Baden 2011; *Chia, Joyce*, Immigration and its Imperatives, ELJ 2009, 683 ff.; *Cortés Martin, José Manuel*, Immigration et regroupement familial dans l'Union européenne : un droit à géométrie variable?, RDUE 2005, 721 ff.; *Dörig, Harald*, Auf dem Weg in ein Gemeinsames Europäisches Asylsystem, NVwZ 2014, 106 ff.; *Ecker, Julia*, Familienzusammenführung, Wien 2008; *Filzwieser, Christian/ Sprung, Andrea*, Dublin II-Verordnung. Das Europäische Asylzuständigkeitssystem, 3. Aufl., Wien 2010; *Flaesch-Mougin, Catherine/Rossi, Lucia Serena* (Hg.), La dimension extérieure de l'espace de liberté, de sécurité et de justice de l'UE après le Traité de Lisbonne, Brüssel 2013; *Fletcher, Maria*, Schengen, the European Court of Justice and Flexibility under the Lisbon Treaty: Balancing the United Kingdom's "ins" and "Outs", ECLR 2009, 71 ff.; *Fröhlich, Daniel*, Das Asylrecht im Rahmen des Unionsrechts, Tübingen 2010; *Goodwin-Gill, Guy S./Lambert Hélène* (Hg.), The Limits of Transnational Law. Refugee Law, Policy Harmonization and Judicial Dialogue in the EU, Cambridge 2010; *Groenendijk, Kees et al.*, The Family Reunification Directive in EU Member States, Nijmegen 2007; *Groß, Thomas/Tryjanowski, Alexandra*, Der Status von Drittstaatsangehörigen im Migrationsrecht der EU – eine kritische Analyse, Der Staat 2009, 259 ff.; *Guild, Elspeth/Minderhoud, Paul*, The First Decade of EU Migration and Asylum Law, Leiden 2012; *Hailbronner, Kay*, EU Immigration and Asylum Law – Commentary –, München u.a. 2010; *Hecker, Jan*, Zur Europäisierung des Ausländerrechts, ZAR 2011, 46 ff.; *Iglesias Sanchez, Sara*, Free Movement of Third Country Nationals in the European Union? Main Features, Deficiencies and Challenges of the new Mobility Rights in the Area of Freedom, Security and Justice, ELJ 2009, 791 ff.; *Kesby, Alison*, Internal Borders and Immigration Control: New Prospects and Challenges, European Human Rights Law Review 2010, 176 ff.; *Lehnert, Matthias/ Pelzer, Marei*, Effektiver Rechtsschutz im Rahmen des EU-Asylzuständigkeitssystems der Dublin

---

66 ABl. L 144/2007, 1 = HER I A 29a/1.5. Zu diesem Fonds *Comte*, Une nouvelle agence dans le paysage institutionnel européen : le Bureau européen d'appui en matière d'asile, RDUE 2010, 287 ff.

67 Zu diesem Aspekt spezifisch *Bieber/Maiani*, Ohne Solidarität keine Europäische Union: Über Krisenerscheinungen in der Wirtschafts- und Währungsunion und im Europäischen Asylsystem, Schweizerisches Jahrbuch für Europarecht 2011/2012, 2012, 297 ff.

II-Verordnung, ZAR 2010, 41 ff.; *Maiani, Francesco,* L'Unité familiale et le système de Dublin, Basel 2006; *Krieg, Sarah H.,* Trafficking in Human Beings: The EU Approach between Border Control, Law Enforcement and Human Rights, ELJ 2009, 775 ff.; *Marx, Reinhard,* Handbuch zum Flüchtlingsschutz. Erläuterungen zur Qualifikationsrichtlinie, 2. Aufl., Köln 2012; *Morano-Foadi, Sonia/Andreadakis, Stelios,* The Convergence of the European Legal System in the Treatment of Third Country Nationals in Europe: The ECJ and EctHR Jurisprudence, EJIL 2011, 1071 ff.; *Niessen, Jan/Huddleston, Thomas* (Hg.), Legal Frameworks for the Integration of Third-Country Nationals, Leiden 2009; *Pascounau, Yves/Strik, Tineke* (Hg.), Which Integration Policies for Migrants? Interaction between the EU and its Member States, Nijmegen 2012; *Peers, Steve,* EC immigration law and EC association agreements: fragmentation or integration?, ELR 2009, 628 ff.; *Peers, Steve,* EU Justice and Home Affairs Law, 3. Aufl., Oxford 2011; *Peers, Steve/Guid, Elspeth/Tomkin, Jonathan* (ed.), EU Immigration and Asylum Law (Text and Commentary), 2 Bde, 2. Aufl., Leiden 2012; *Schain, Martin A.,* The State Strikes Back: Immigration Policy in the European Union, EJIL 2009, 93 ff.; *Schieber, Julia,* Komplementärer Schutz. Die aufenthaltsrechtliche Stellung nicht rückführbarer Personen in der EU, Baden-Baden 2013; *Thym, Daniel,* Migrationsverwaltungsrecht, Tübingen 2010; *Thym, Daniel,* EU migration policy and its constitutional rationale: A cosmopolitan outlook, CMLR 2013, 709 ff.; *Voglrieder, Sabine,* Die Sanktionsrichtlinie: ein weiterer Schritt auf dem Weg zu einer umfassenden Migrationspolitik der EU, ZAR 2009, 168 ff.; *Walter, Anne,* Familienzusammenführung in Europa, Baden-Baden 2009; *Wiesbrock, Anja,* Legal Migration to the EU, Leiden 2010; *Wiesbrock, Anja,* Sources of Law, Regulatory Processes and Enforcement Mechanisms in EU Migration Policy: The Slow Decline of National Sovereignty, MJ 2013, 423 ff.; *Wilson, Thomas,* Die Rechte von Drittstaatsangehörigen nach Gemeinschaftsrecht, Baden-Baden 2007; *Zuleeg, Manfred* (Hg.), Europa als Raum der Freiheit, der Sicherheit und des Rechts, Baden-Baden 2007; *Zwaan, Karin* (Hg.), The Qualification Directive: Central Themes, Problem Issues and Implementation in Selected Member States, Nijmegen 2007; *Zwaan, Karin* (Hg.), The returns directive: Central Themes, Problem Issues and Implementation in Selected Member States, Nijmegen 2011.

§ 18 Gesellschafts- und Unternehmensrecht

A. Grundlagen

Entstehung und Statut juristischer Personen sind traditionell an die Rechtsordnung eines bestimmten Staates gebunden. Die Verwirklichung der Freizügigkeit im Binnenmarkt erfordert daher spezielle Maßnahmen für die nach Art. 54 AEUV den Staatsangehörigen der Mitgliedstaaten gleichgestellten Gesellschaften und juristischen Personen mit wirtschaftlicher Tätigkeit. Diese müssen ihre Strukturen an die Gegebenheiten des grenzüberschreitenden europäischen Marktes anpassen können. Die **tatsächliche Ausübung der Niederlassungsfreiheit** muss erleichtert und die **Schwierigkeiten im Rechtsverkehr** mit nach fremdem Recht gegründeten Gesellschaften und juristischen Personen müssen ausgeräumt werden. Darüber hinaus bedürfen die Möglichkeit und die Modalitäten einer **Verlegung des Sitzes** einer Gesellschaft nationalen Rechts in einen anderen Mitgliedstaat[1] oder der **Verschmelzung von Gesellschaften** aus verschiedenen Mitgliedstaaten der unionsrechtlichen Regelung.

Auf der anderen Seite muss gewährleistet werden, dass die den Unternehmen gewährte Freizügigkeit in Übereinstimmung mit den **wirtschaftlichen und sozialen Zielen** der Union ausgestaltet wird. Geschäftstätigkeit und Kapital sollen zudem nicht allein mit Rücksicht auf unterschiedliche Regelungen des Gesellschafts- und Unternehmensrechts von einem Mitgliedstaat in einen anderen verlagert werden.[2] Auch ist sicherzustellen, dass die unterschiedliche Ausgestaltung des Gesellschaftsrechts in den Mitgliedstaaten nicht zu **Wettbewerbsverzerrungen**, etwa im Hinblick auf den Zugang zu Finanzierungsmöglichkeiten, führt.

Schließlich muss auch der Entscheidungsprozess der Unternehmen den Anforderungen entsprechen, die an die Wirtschaftsstrukturen in der Union im Hinblick auf die in Art. 2 EUV und Art. 136 f. AEUV enthaltenen wirtschaftlichen und sozialen Ziele zu stellen sind.

Die auf Unionsebene getroffenen Gesetzgebungsmaßnahmen im Bereich des Unternehmensrechts betreffen in erster Linie:
- die Angleichung des nationalen Gesellschafts- und Unternehmensrechts durch Richtlinien nach Art. 50 Abs. 2 lit. g), 114 und 115 AEUV, und
- die Schaffung von Unternehmensformen des Unionsrechts auf der Grundlage von Art. 352 AEUV.

Art. 153 AEUV gestattet zudem die Annahme von Richtlinien über Mindestvorschriften im Bereich der Beteiligung von Arbeitnehmern an Unternehmensentscheidungen. Die gesellschafts- und unternehmensrechtlichen Regelungen sind eng verknüpft mit den Maßnahmen zur Schaffung eines Binnenmarktes für Finanzdienstleistungen. Diese Maßnahmen ergänzen einander bei der Verwirklichung eines europäischen Unternehmens- und Kapitalmarktrechts. Die Rechtsangleichung im Bereich des Gesellschaftsrechts hatte sich in den 1990er-Jahren erheblich verlangsamt. Die Gründe hierfür lagen insbesondere in unüberbrückbaren konzeptionellen Differenzen und in den besonders nach dem Abschluss des Vertrags von Maastricht lauter gewordenen Zweifeln an der Erforderlichkeit einer weiteren Angleichung.[3] Im Zuge weiterer Fortschritte bei der Schaffung des Binnenmarktes und insbesondere der zunehmenden Integration der Kapitalmärkte hat die Rechtsangleichung auf dem Gebiet des Gesellschaftsrechts in jüngerer Zeit aber wieder neuen Auftrieb erhalten. Die Kommission hat im Jahre 2003

---

1 EuGH, Rs. 81/87 (Daily Mail), Slg. 1988, 5483; Rs. C-210/06 (Cartesio), Slg. 2008, I-9641.
2 Vgl. aber auch EuGH, Rs. C-212/97 (Centros), Slg. 1999, I-1459.
3 Ausführlich *P. Behrens*, Krisensymptome in der Gesellschaftsrechtsangleichung, FS Mestmäcker (1996), 831 ff. Vgl. auch *W. Schön*, Gesellschaftsrecht nach Maastricht, ZGR 1995, 1 ff.

einen Aktionsplan zur Modernisierung des Gesellschaftsrechts vorgelegt, zu dessen zentralen Anliegen die Verbesserung der „**Corporate Governance**", d.h. der Regeln über die Leitung und Überwachung von Unternehmen, gehört.[4] Einen weiteren Tätigkeitsschwerpunkt im Bereich des Gesellschaftsrechts bildet die Rechtsvereinfachung und die Verringerung des Verwaltungsaufwands.[5]

3 Bis zum Inkrafttreten des Vertrags von Lissabon sah Art. 293 EGV vor, dass die Mitgliedstaaten erforderlichenfalls **Übereinkommen** betreffend die gegenseitige Anerkennung von Gesellschaften, die Beibehaltung der Rechtspersönlichkeit bei der Sitzverlegung in einen anderen Mitgliedstaat sowie die Verschmelzung von Gesellschaften aus verschiedenen Mitgliedstaaten schließen. Die Vorschrift ist mangels praktischer Bedeutung nunmehr entfallen.

Die beiden auf der Grundlage der Vorschrift vor Jahren ausgearbeiteten Übereinkommen traten nie in Kraft. Das Inkrafttreten des am 28. Februar 1968 geschlossenen Übereinkommens über die gegenseitige Anerkennung von Gesellschaften und juristischen Personen[6] scheiterte an der fehlenden Ratifizierung durch die Niederlande.[7] Der EuGH hat später festgestellt, dass der Abschluss eines entsprechenden Abkommens nicht erforderlich im Sinne des Art. 293 EGV ist.[8]

Darüber hinaus haben die Mitgliedstaaten 1972 den Entwurf eines Übereinkommens für die internationale Verschmelzung von Aktiengesellschaften ausgearbeitet.[9] Dieser Entwurf ist durch die Richtlinie 2005/56[10] überholt.

B. Angleichung des Gesellschaftsrechts in den Mitgliedstaaten

4 Die Angleichung des Gesellschaftsrechts in den Mitgliedstaaten beruht auf Art. 50 Abs. 2 lit. g) in Verbindung mit Art. 50 Abs. 1 AEUV. Sie geschieht durch Richtlinien, die „soweit erforderlich die Schutzbestimmungen koordinieren, die in den Mitgliedstaaten den Gesellschaften im Sinne des Art. 54 Abs. 2 im Interesse der Gesellschafter sowie Dritter vorgeschrieben sind, um diese Bestimmungen gleichwertig zu gestalten". Diese Richtlinien werden im ordentlichen Gesetzgebungsverfahren nach Anhörung des Wirtschafts- und Sozialausschusses erlassen.

Gegenstand der Rechtsangleichung ist das **gesamte Gesellschaftsrecht,** denn alle seine Rechtsvorschriften sind Schutzvorschriften entweder zugunsten der Gesellschafter oder zugunsten der mit der Gesellschaft in Rechtsbeziehung stehenden Dritten. Auch Vorschriften, welche die Verfügungsmacht der Gesellschaft über das Unternehmen, dessen Rechtsträger sie ist, zugunsten der dort beschäftigten Arbeiter einschränken (Mitbestimmung), können koordiniert werden.[11] Soweit die Bestimmungen des Gesellschaftsrechts der Mitgliedstaaten nicht Gegenstand der Harmonisierung sind, können sie sich insbesondere als Beschränkungen der Niederlassungsfreiheit auswirken.[12]

---

4 *Europäische Kommission,* Grünbuch Europäischer Corporate Governance-Rahmen, KOM(2011) 164, 5.4.2011; *dies.,* Aktionsplan: Europäisches Gesellschaftsrecht und Corporate Governance, KOM(2012) 740, 12.12.2012.
5 Mitteilung der Kommission über ein vereinfachtes Unternehmensumfeld in den Bereichen Gesellschaftsrecht, Rechnungslegung und Abschlussprüfung, KOM(2007) 394, 10.7.2007.
6 Bull. EG, Beil. 2/1969, S. 5 und BGBl. 1972 II, S. 370.
7 *Schwartz/Mölls,* in: G/S, Art. 293, Rn. 97 ff.
8 EuGH, Rs. C-208/00 (Überseering), Slg. 2002, I-9919, Rn. 60.
9 Bull. EG, Beil. 13/1973.
10 ABl. L 310/2005, 1 = HER I A 28/3.21.
11 *J. Bärmann,* a.a.O., 37 ff.; *J. Pipkorn,* Zur Entwicklung des europäischen Gesellschafts- und Unternehmensrechts, ZHR 1972, 499 (511 ff.); 1977, 340 (354); *K. Hopt,* ZIP 1998, 96 ff.
12 S. etwa EuGH, Rs. C-212/97 (Centros), Slg. 1999, I-1459; Rs. 208/00 (Überseering), Slg. 2002, I-9919; Rs. C-167/01 (Inspire Art), Slg. 2003, I-10155; Rs. C-411/03 (SEVIC), Slg. 2005, I-10805; Rs. C-453/04 (innoventif), Slg. 2006, I-4929.

Auf der Grundlage von Art. 50 Abs. 2 AEUV wurden bereits eine Vielzahl von Richtlinien verabschiedet und zum Teil bereits mehrfach geändert. Eine Reihe dieser Richtlinien betrifft alle Kapitalgesellschaften, während andere ausschließlich für die Aktiengesellschaft gelten. Die *erste* Richtlinie, die im Jahr 2009 kodifiziert wurde, regelt die **Offenlegung von Informationen** über Kapitalgesellschaften, die Gültigkeit der von ihnen eingegangenen Verpflichtungen und die Nichtigkeit der Gesellschaften.[13]

Die *zweite* Richtlinie wurde 2012 neu gefasst und enthält Anforderungen an die **Gründung von Aktiengesellschaften** sowie an die Erhaltung und Änderung ihres Kapitals.[14]

Die *dritte*, im Jahr 2011 kodifizierte, Richtlinie über die **Verschmelzung von Aktiengesellschaften** innerhalb eines Mitgliedstaates führt das Institut der Verschmelzung in die nationalen Rechte der Mitgliedstaaten ein und enthält Vorschriften zum Schutz von Aktionären, Arbeitnehmern und Dritten.[15]

Die Bilanzrichtlinie von 2013, mit der die vierte und siebente Richtlinie aufgehoben wurde, regelt Gliederung, Inhalt und Offenlegung der **Jahresabschlüsse** von Kapitalgesellschaften einschließlich der **konsolidierten Jahresabschlüsse** von Mutter- und Tochtergesellschaften (Konzernbilanzen).[16]

In Ergänzung dieser Vorschriften sieht die Verordnung 1606/2002 vor, dass kapitalmarktorientierte Gesellschaften ihre konsolidierten Abschlüsse nach den internationalen **Rechnungslegungsstandards** (International Accounting Standards – IAS) aufstellen müssen, soweit diese nach dem in der Verordnung vorgesehenen Verfahren von der Kommission für anwendbar erklärt wurden.[17]

Die *sechste* Richtlinie von 1982 regelt die **Spaltung von Aktiengesellschaften** innerhalb eines Mitgliedstaates.[18]

Die *achte* Richtlinie von 1984 enthielt Vorschriften betreffend die zur Prüfung von Jahresabschlüssen zugelassenen Wirtschaftsprüfer und Wirtschaftsprüfungsgesellschaften.[19] Sie wurde durch die Richtlinie 2006/43 über **Abschlussprüfungen** von Jahresabschlüssen und konsolidierten Abschlüssen aufgehoben, in der die Zulassung von Abschlussprüfern neu geregelt ist.[20]

Die *zehnte* Richtlinie 2005/56 regelt die grenzüberschreitende **Verschmelzung von Kapitalgesellschaften**.[21]

Die *elfte* Richtlinie von 1989 regelt bestimmte Offenlegungspflichten in Bezug auf **Auslandszweigniederlassungen**.[22]

Die *zwölfte* Richtlinie betrifft Gesellschaften, deren Anteile von einem einzigen Gesellschafter gehalten werden (**Einpersonengesellschaften**).[23]

Mit der *dreizehnten* Richtlinie von 2004 werden Regelungen zum Schutz von Anteilseignern im Falle von **öffentlichen Übernahmeangeboten** getroffen.[24]

Die Richtlinie 2007/36 enthält Vorschriften zur Erleichterung der **Ausübung von Aktionärsstimmrechten** in Gesellschaften, deren Aktien in einem anderen Mitgliedstaat als dem Sitzstaat zum Handel zugelassen sind.[25]

---

[13] RL 2009/101, ABl. L 258/2009, 11 = HER I A 28/2.1., zuletzt geändert durch RL 2013/24, ABl. L 158/2013, 365.
[14] RL 2012/30, ABl. L 315/2012, 74 = HER I A 28/3.33, zuletzt geändert durch RL 2013/24, ABl. L 158/2013, 365.
[15] RL 2011/35, ABl. L 110/2011, 1 = HER I A 28/3.32, zuletzt geändert durch RL 2013/24, ABl. L 158/2013, 365.
[16] RL 2013/34, ABl. L 182/2013, 19 = HER I A 28/3.34. Vgl. dazu auch die Empfehlung der Kommission zur Qualität der Berichterstattung über die Unternehmensführung („Comply or Explain"), C(2014) 2165, 9.4.2014.
[17] ABl. L 243/2002, S. 1 = HER I A 28/3.15, zuletzt geändert durch VO 297/2008, ABl. L 97/2008, 62.
[18] RL 82/891, ABl. L 378/1982, 47 = HER I A 28/3.4, geändert durch RL 2009/109, ABl. L 259/2009, 14.
[19] RL 84/253, ABl. L 126/1984, 20.
[20] RL 2006/43, ABl. L 157/2006, 87 = HER I A 28/3.23, zuletzt geändert durch RL 2013/34, ABl. L 182/2013, 19. Vgl. dazu auch die Empfehlungen 2002/590 und 2008/362 der Kommission, ABl. L 191/2002, 22 = HER I A 28/3.14 und ABl. L 120/2008, 20 = HER I A 28/3.25.
[21] ABl. L 310/2005, 1 = HER I A 28/3.21, zuletzt geändert durch RL 2012/17, ABl. L 156/2012, 1.
[22] RL 89/666, ABl. L 395/1989, 36 = HER I A 28/3.7, geändert durch RL 2012/17, ABl. L 156, 1.
[23] RL 2009/102, ABl. L 258/2009, 20 = HER I A 28/3.30, geändert durch RL 2013/24, ABl. L 158, 365.
[24] RL 2004/25, ABl. L 142/2004, 12 = HER I A 28/21.18, geändert durch VO 219/2009, ABl. L.87/2009, 109
[25] ABl. L 184/2007, S. 17 = HER I A 28/21.27.

6   Die Kommission hat zudem **Empfehlungen** zur Transparenz der **Vergütungsregelung** für Mitglieder der **Unternehmensleitung** börsennotierter Gesellschaften,[26] zu den **Aufgaben von Aufsichtsratsmitgliedern**[27] und zur **Vergütungspolitik im Finanzsektor**[28] erlassen.

7   Für eine *fünfte* Richtlinie über die Struktur der Aktiengesellschaft und die Entscheidungsbildung ihrer Organe hat die Kommission einen Vorschlag vorgelegt. Dieser blieb vor allem wegen der im Vorschlag vorgesehenen Beteiligungsregelung der Arbeitnehmer am Entscheidungsprozess der großen Aktiengesellschaften umstritten.[29]
Förmliche Vorschläge der Kommission für eine *neunte* Richtlinie, die das Konzernrecht betreffen soll,[30] und für eine *vierzehnte* Richtlinie über die Auflösung und Liquidation von Gesellschaften stehen noch aus.
Zusammen lassen diese Regelungen die Umrisse eines modernen europäischen Aktienrechts erkennen.

C. Einführung europäischer Gesellschaftsformen

8   Neben der Angleichung des Rechts der Mitgliedstaaten bildet die Schaffung eigener europäischer Gesellschaftsformen einen weiteren Schwerpunkt der EU-Gesetzgebung im Bereich des Unternehmensrechts. Eigenständige europäische Rechtsformen können zum Beispiel die Gründung von Unternehmen in anderen Mitgliedstaaten, die Sitzverlagerung in einen anderen Mitgliedstaat oder die Verschmelzung von Unternehmen aus verschiedenen Mitgliedstaaten erleichtern. Ihre Schaffung kann nicht auf die vertraglichen Vorschriften über die Rechtsangleichung gestützt werden, weil sie nicht zu einer Harmonisierung des Gesellschaftsrechts in den Mitgliedstaaten führt, sondern zu einer neuen Rechtsform, die das staatliche Recht überlagert.[31] Da der Vertrag von Lissabon, anders als für die Schaffung europäischer Rechtstitel im Bereich des geistigen Eigentums (Art. 118 AEUV) (*§ 20 Rn. 1*), keine spezielle vertragliche Rechtsgrundlage für die Schaffung europäischer Gesellschaftsformen eingeführt hat, kann diese auch weiterhin nur auf Art. 352 AEUV gestützt werden.

I. Europäische wirtschaftliche Interessenvereinigung

9   Als erste eigenständige europäische Gesellschaftsform wurde mit einer auf der Grundlage von Art. 352 AEUV erlassenen Ratsverordnung aus dem Jahre 1985 die **Europäische wirtschaftliche Interessenvereinigung** (EWIV) geschaffen.[32] Sie steht seit dem 1. Juli 1989 für die Zusammenarbeit von Unternehmen und Personen aus verschiedenen Mitgliedstaaten als flexible Rechtsform zur Verfügung. Die EWIV ist zwingend auf Hilfsfunktionen im Zusammenhang mit der wirtschaftlichen Tätigkeit ihrer Mitglieder beschränkt und soll nicht dem Zweck der Gewinnerzielung für sich selbst dienen. Sie ist geschäftsfähig; ihre Mitglieder haften unbeschränkt für ihre Verbindlichkeiten. Die Verordnung überlässt es den Mitgliedstaaten, zu bestimmen, ob die in ihren Registern eingetragenen EWIV Rechtspersönlichkeit haben. Da das deutsche

---

26 Empfehlung 2004/913, ABl. L 385/2004, S. 55 = *HER I A 28/3.19*, ergänzt durch Empfehlung 2009/385, ABl. L 120/2009, S. 28 = *HER I A 28/3.28*; zur Umsetzung s. Bericht der Kommission, KOM(2010) 285, 2.6.2010.
27 Empfehlung 2005/162, ABl. L 52/2005, S. 51 = *HER I A 28/21/23*, ergänzt durch Empfehlung 2009/385, ABl. L 120/2009, S. 28 = *HER I A 28/3.28*; zur Umsetzung s. Bericht der Kommission, KOM(2010) 286, 2.6.2010.
28 Empfehlung 2009/384, ABl. L 120/2009, S. 22 = *HER I A 28/19.39*; zur Umsetzung s. Bericht der Kommission, KOM(2010) 286, 2.6.2010.
29 ABl. C 131/1972, 49; Geänderter Vorschlag, ABl. C 240/1983, 2; Zweite Änderung, ABl. C 7/1991, 4. Vgl. dazu Troberg/Tiedje, in: G/S, Art. 44 Rn. 33f.
30 Ein Entwurf ist abgedruckt in: ZGR 1985, 444 ff.
31 EuGH, Rs. C-436/03 (EP./.Rat), Slg. 2006, I- 3733, Rn. 44 ff.
32 VO 2137/85, ABl. L 199/1985, 1 = *HER I A 28/3.9*.

§ 18 Gesellschafts- und Unternehmensrecht

Ausführungsgesetz[33] ergänzend auf das Recht der offenen Handelsgesellschaft (oHG) verweist, haben die in Deutschland eingetragenen EWIV keine Rechtspersönlichkeit. Die Verordnung schreibt vor, dass die Firmenbezeichnung die Worte „Europäische wirtschaftliche Interessenvereinigung" oder die Abkürzung „EWIV" enthalten muss, im Übrigen gilt das Firmenrecht des Sitzstaates.[34]

II. Europäische Aktiengesellschaft

Nach jahrzehntelangen Vorarbeiten erließ der Rat im Oktober 2001 auf der Grundlage von Art. 352 AEUV eine Verordnung über das Statut der **Europäischen Gesellschaft** (Societas Europaea – SE).[35]

Das Statut für Europäische Aktiengesellschaften soll Unternehmen in der EU, die grenzüberschreitend tätig sind, die Gelegenheit geben, hierfür eine einheitliche Organisationsform europäischen Rechts zu wählen und auf diese Weise ihre Strukturen ohne Rücksicht auf Rechtsgrenzen innerhalb der EU auszurichten. Die SE kann entweder monistisch (mit einem einzigen Verwaltungsorgan) oder dualistisch (mit Leitungsorgan und Aufsichtsorgan) organisiert sein. Struktur und Entscheidungsbildung richten sich nur teilweise nach Unionsrecht; subsidiär bleibt das Recht des Sitzstaats anwendbar. Das Mindestkapital einer SE beträgt 120.000 Euro. Die SE muss ihrer Firma den Zusatz „SE" hinzufügen und ihren Sitz in dem Mitgliedstaat nehmen, in dem sich ihre Hauptverwaltung befindet. Die wirtschaftliche Tätigkeit der SE unterliegt den Rechtsvorschriften des Mitgliedstaates, in dem sie ausgeübt wird. Die Bestimmungen des Statuts werden ergänzt durch eine Richtlinie über die Beteiligung der Arbeitnehmer. Von den derzeit im DAX enthaltenen Unternehmen werden drei in der Form einer SE (Allianz, BASF, E.ON) und eines in der Form einer SE & Co. KG (Fresenius) geführt.

10

Vor der Annahme des Statuts hatten sich die EU-Institutionen mehr als 30 Jahre lang mit Vorschlägen zur Schaffung der Rechtsform einer Europäischen Aktiengesellschaft befasst. Der Annahme des Statuts standen lange Zeit insbesondere die unterschiedlichen Vorstellungen der Mitgliedstaaten zur Frage der Arbeitnehmermitbestimmung entgegen.

11

III. Die europäische Genossenschaft

Als dritte europäische Gesellschaftsform wurde durch eine auf der Grundlage von Art. 352 AEUV im Jahre 2003 erlassene Verordnung die **Europäische Genossenschaft** (Societas Cooperativa Europaea – SCE) eingeführt.[36] Mit der Schaffung dieser Rechtsform soll das grenzüberschreitende Tätigwerden von Genossenschaften in der Union erleichtert werden. Hauptzweck einer SCE ist es, den Bedarf ihrer Mitglieder zu decken oder deren wirtschaftliche oder soziale Tätigkeiten zu fördern. Wie bei der SE kann auch für die SCE eine monistische oder eine dualistische Verwaltungsstruktur gewählt werden. Ebenfalls entsprechend der für die SE getroffenen Regelung ist auch bei der SCE nationales Genossenschaftsrecht ergänzend anwendbar. Das Mindestkapital einer SCE beträgt 30.000 Euro. Ihrer Firma muss der Zusatz „SCE" hinzugefügt werden. Auch das SCE-Statut wird durch eine Richtlinie über die Beteiligung der Arbeitnehmer ergänzt.

12

---

33 Gesetz zur Ausführung der EWG-Verordnung über die Europäische wirtschaftliche Interessenvereinigung (EWIV-Ausführungsgesetz) v. 14.4.1988, BGBl. I, 514.
34 EuGH, Rs. C-402/96 (European Information Technology Observatory), Slg. 1997, I-7515.
35 VO 2157/2001, ABl. L 294/2001, 1 = *HER I A* 28/3.12, zuletzt geändert durch VO 517/2013, ABl. L 158/2013, 1. Zur Anwendung der VO s. Bericht der Kommission, KOM(2010) 676, 17.11.2010.
36 VO 1435/2003, ABl. L 207/2003, 1 = *HER I A* 28/3.16. Dazu EuGH, Rs. C-436/03 (EP./.Rat), Slg. 2006, I-3733.

IV. Weitere Gesellschaftsformen

13 Neben dem Vorschlag für das SCE-Statut hatte die Kommission Vorschläge für Verordnungen zur Schaffung einer **Europäischen Gegenseitigkeitsgesellschaft**,[37] und eines **Europäischen Vereins**[38] vorgelegt, die ebenfalls durch gesonderte Richtlinienvorschläge zur Arbeitnehmermitbestimmung ergänzt wurden.[39] Die Vorschläge wurden von der Kommission später zurückgezogen.[40] Im Juli 2008 legte die Kommission einen Vorschlag zur Schaffung einer **Europäischen Privatgesellschaft** als eine insbesondere für kleine und mittlere Unternehmen geeignete Rechtsform mit eigener Rechtspersönlichkeit vor.[41] Darüber hinaus veröffentlichte die Kommission einen Vorschlag für das Statut einer **Europäischen Stiftung**[42] und einen Vorschlag für eine Richtlinie über eine **Einpersonengesellschaft** mit beschränkter Haftung (Societas Unius Personae).[43]

D. Unternehmensstruktur und Mitbestimmung der Arbeitnehmer

14 Die Form und der Umfang der Mitwirkung von Arbeitnehmern an Unternehmensentscheidungen gehören zu den umstrittensten Fragen bei der Annäherung des Unternehmensrechts in der Union. Zwar nannte die Entschließung des Rates vom 21. Januar 1974 über ein soziales Aktionsprogramm „die schrittweise Förderung der Mitwirkung der Arbeitnehmer oder ihrer Vertreter am Leben der Unternehmen und Betriebe" als Ziel gemeinschaftlicher Maßnahmen.[44] Auch die Kommission hat 1975 in einem Grünbuch über „**Mitbestimmung der Arbeitnehmer und Struktur der Gesellschaften**" die Notwendigkeit dargelegt, den Entwicklungen im Bereich der Arbeitnehmermitbestimmung einen gemeinsamen Rahmen zu geben.[45] Gleichwohl sind Regelungen in diesem Bereich immer wieder auf erhebliche politische Vorbehalte gestoßen.

Einen Durchbruch stellte deshalb die Einigung über die auf Art. 352 AEUV gestützte Richtlinie zur Ergänzung des Statuts der Europäischen Gesellschaft hinsichtlich der Beteiligung der Arbeitnehmer dar.[46] Die Richtlinie sieht vor, dass bei der Gründung einer SE ein Verhandlungsverfahren durchgeführt wird, mit dem Ziel, eine Vereinbarung über die Beteiligung der Arbeitnehmer innerhalb der SE zu treffen. Die Richtlinie enthält eine Auffangregelung, die Anwendung findet, wenn dies in den Verhandlungen vereinbart wird oder wenn die Verhandlungen zu keinem Ergebnis führen. Eine entsprechende Regelung wurde in einer Richtlinie aus dem Jahr 2003 auch für die SCE getroffen.[47]

> Punktuelle Informations- und Konsultationsverfahren sind überdies auch in der Richtlinie über Massenentlassungen,[48] der Richtlinie über die Wahrung von Arbeitnehmer-Ansprüchen[49]

---

37 ABl. C 99/1992, 40; Geänderter Vorschlag, ABl. C 236/1993, 40.
38 ABl. C 99/1992, 1; Geänderter Vorschlag, ABl. C 236/1993, 1.
39 ABl. C 99/1992, 14, 57; Geänderte Vorschläge, ABl. C 236/1993, 14, 56.
40 ABl. C 64/2006, 3.
41 KOM(2008) endg., 2.7.2008.
42 KOM(2012) 35, 8.2.2012.
43 KOM(2014) 212, 9.4.2014.
44 ABl. C 13/1974, 1.
45 Bull. EG, Beil. 6/75.
46 RL 2001/86, ABl. L 294/2001, 22 = *HER I A 28/3.13*.
47 RL 2003/72, ABl. L 207/2003, 25 = *HER I A 56/1.30*.
48 RL 98/59, ABl. L 225/1998, 16 = *HER I A 56/3.8*.
49 RL 77/187, ABl. L 61/1977, 26 = *HER I A 56/4.3*.

sowie in der Richtlinie über die Sicherheit und den Gesundheitsschutz am Arbeitsplatz[50] vorgesehen.

Art. 153 AEUV sieht vor, dass die Union zur Verwirklichung ihrer sozialpolitischen Ziele Richtlinien unter anderem auf dem Gebiet der Anhörung und Information der Arbeitnehmer sowie auf dem Gebiet der Vertretung und kollektiven Wahrnehmung der Arbeitnehmer- und Arbeitgeberinteressen, einschließlich der Mitbestimmung, erlassen kann. Gemäß Art. 153 Abs. 2 AEUV ist für den Erlass von Maßnahmen auf dem letzteren Gebiet die Einstimmigkeit im Rat erforderlich, es sei denn, der Rat hat auf Vorschlag der Kommission und nach Anhörung des EP einstimmig die Anwendung des ordentlichen Gesetzgebungsverfahrens beschlossen.

15

Auf der Grundlage von Art. 2 Abs. 2 des Abkommens über die Sozialpolitik, der erst mit dem Vertrag von Amsterdam in den Vertrag einbezogen wurde, nahm der Rat 1994 eine Richtlinie über die Einsetzung eines Europäischen Betriebsrats oder die Schaffung eines Verfahrens zur Unterrichtung und Anhörung der Arbeitnehmer in unionsweit operierenden Unternehmen und Unternehmensgruppen an, die mit der Richtlinie 2009/38 neu gefasst wurde.[51]

Im Jahr 2002 wurde auf der Grundlage von Art. 153 Abs. 2 AEUV zudem eine Richtlinie zur Festlegung eines allgemeinen Rahmens für die Unterrichtung und Anhörung der Arbeitnehmer in der EU erlassen.[52]

E. Literatur

Abeltshauser, Thomas, Strukturalternativen für eine europäische Unternehmensverfassung, Berlin 1990; *Bärmann, J.*, Europäische Integration im Gesellschaftsrecht, Köln, 1970; *Baums, Theodor*, Aktuelle Entwicklungen im Europäischen Gesellschaftsrecht, AG 2007, 57 ff.; *Grundmann, Stefan*, Europäisches Gesellschaftsrecht, 2. Aufl., Heidelberg 2011; *Habersack, Mathias/Verse, Dirk*, Europäisches Gesellschaftsrecht, 4. Aufl., München 2011; *Heinze, Meinhard*, Die Europäische Aktiengesellschaft, ZGR 2002, 65 ff.; *Lutter, Marcus/Bayer, Walter/Schmidt, Jessica*, Europäisches Unternehmens- und Kapitalmarktrecht, 5. Aufl., Berlin/New York 2011; *Mävers, Gunther*, Die Mitbestimmung der Arbeitnehmer in der Europäischen Aktiengesellschaft, Baden-Baden 2002; *Manz, Gerhard/Mayer, Barbara/Schröder, Albert* (Hg.), Europäische Aktiengesellschaft – SE, 2. Aufl., Baden-Baden 2010; *Müller-Graff, Peter-Christian/Teichmann, Christoph* (Hg.), Europäisches Gesellschaftsrecht auf neuen Wegen, Baden-Baden 2010; *Pipkorn, Jörn*, Aspekte der Informations- und Mitwirkungsrechte der Arbeitnehmer, FS U. Everling, Baden-Baden 1995, 1113 ff.; *Schulze, Rainer* (Hg.), Europäische Genossenschaft SCE, Handbuch, Baden-Baden 2004; *Schwarz, Günter Christian*, SE-VO, Kommentar, München 2005; *Theisen, Manuel Georg/Wenz, Martin* (Hg.), Die Europäische Aktiengesellschaft, Stuttgart 2002; *Van Hooghten, Paul* (Hg.), The European Takeover Directive and Its Implementation, Oxford 2009; *Van Hulle, Karel/Gesell, Harald* (Hg.), European Corporate Law, Baden-Baden 2006.

---

50 RL 89/391, ABl. L 183/1989, 1 = HER I A 56/5.9, zuletzt geändert durch VO 1137/2008, ABl. L 311/2008, 1.
51 ABl. L 122/2009, 28 = HER I A 56/8.7.
52 ABl. L 80/2002, 29 = HER I A 56/3.13.

§ 19 Steuerrecht

A. Grundlagen

1 Das Steuerwesen gehört nicht zu den in den Art. 2 bis 6 AEUV ausdrücklich aufgeführten Zuständigkeitsbereichen der Union und bleibt in der Europäischen Union grundsätzlich eine Angelegenheit der Mitgliedstaaten. Gleichwohl ist die gemeinschaftliche Steuerpolitik eine für die Verwirklichung des Binnenmarktes (Art. 4 Abs. 2 lit. a) AEUV) wesentliche komplementäre Politik. Die Steuerhoheit der Mitgliedstaaten ist durch die Verträge insoweit begrenzt, als sie nur unter Wahrung des Unionsrechts und insbesondere der Grundfreiheiten des AEUV ausgeübt werden darf.[1] So hat der EuGH in einer Reihe von neueren Urteilen bestimmte steuerliche Regelungen der Mitgliedstaaten für mit dem Recht auf freie Niederlassung und der Freizügigkeit der Arbeitnehmer unvereinbar erklärt.[2] Zudem hat der Gerichtshof im Hinblick auf bestimmte Steuervorschriften auch einen Verstoß gegen die Kapitalverkehrsfreiheit[3] oder die Rechte aus der Unionsbürgerschaft (Art. 22 AEUV)[4] festgestellt.

Die Steuerpolitiken der Mitgliedstaaten können das Funktionieren des Binnenmarktes aber nicht nur durch Eingriffe in die Grundfreiheiten behindern. Unterschiede in der Steuerbelastung können auch zu unterschiedlichen Wettbewerbsbedingungen führen und bewirken, dass unternehmerische Entscheidungen allein oder überwiegend unter dem Gesichtspunkt der Ausnutzung unterschiedlicher steuerlicher Regelungen in verschiedenen Mitgliedstaaten getroffen werden.[5] Überdies können steuerliche Regelungen in einem Mitgliedstaat die Entstehung gesamtwirtschaftlicher Ungleichgewichte begünstigen, die sich auch auf andere Mitgliedstaaten auswirken.

2 Trotz ihrer grundsätzlichen Bedeutung für die Schaffung des Binnenmarktes hat der AEUV Steuerfragen nur in wenigen Grundzügen geregelt. So enthält das Kapitel „Steuerliche Vorschriften" ein **Verbot steuerlicher Diskriminierung** sowie darüber hinaus einen **Harmonisierungsauftrag** für **indirekte Steuern**. Die Art. 110 bis 112 AEUV verbieten den Mitgliedstaaten, Waren aus anderen Mitgliedstaaten mit steuerlichen Mitteln zu diskriminieren oder den Export heimischer Waren zu subventionieren. Darüber hinaus erkennt Art. 113 AEUV die Notwendigkeit an, dass die Rechtsvorschriften der Mitgliedstaaten über die Umsatzsteuer, die Verbrauchsabgaben und die sonstigen indirekten Steuern im Interesse des Binnenmarktes harmonisiert werden müssen; die Art und Weise der Angleichung bleibt hingegen unbestimmt.

Die **direkten Steuern** sind in den Harmonisierungsauftrag des Art. 113 AEUV nicht einbezogen. Ihre Angleichung ist aber auf der Grundlage von Art. 115 AEUV mit Recht in Angriff genommen worden, da Art. 113 AEUV keine abschließende Regelung der Steuerharmonisierung treffen will.

Den vertraglichen Steuervorschriften liegt damit die Unterscheidung zwischen direkten und indirekten Steuern zugrunde. Zu den direkten Steuern werden die Steuern gezählt, die der Steu-

---

1 Vgl. zu den direkten Steuern z.B. EuGH, Rs. C-279/93 (Schumacker), Slg. 1995, I-225; Rs. C-379/05 (Amurta), Slg. 2007, I-9569; Rs. C-182/08 (Glaxo Wellcome), Slg. 2009, I-8591.
2 S. z.B. EuGH, Rs. C-9/02 (de Lasteyrie du Saillant), Slg. 2004, I-2409; Rs. C-446/03 (Marks&Spencer), Slg. 2005, I-10837; Rs. C-253/03 (CLT-UFA), Slg. 2006, I-1831; Rs. C-346/04 (Conijn), Slg. 2006, I-6137; Rs. C-345/05 (Kommission./.Portugal), Slg. 2006, I-10633; Rs. C-104/06 (Kommission./.Schweden), Slg. 2007, I-671; Rs. C-347/04 (Rewe Zentralfinanz), Slg. 2007, I-2647; Rs. C-371/10 (National Grid Indus), Urteil v. 29.11.2011; Rs. C-80/12 (Felixstowe Dock and Railway u.a.), Urteil v. 1.4.2014.
3 EuGH, Rs. C-318/07 (Persche), Slg. 2009, I-359; Rs. C-182/08 (Glaxo Wellcome), Slg. 2009, I-8591. RS. C-375/12 (Bouanich), Urteil v. 13.3.2013.
4 EuGH, Rs. C-56/09 (Zanotti), Slg. 2010, I-4517.
5 *Eilers/Bahns/Sedlaczek*, in : G/S, Vorbem. zu den Art. 95–99 Rn. 7.

erpflichtige im Regelfall effektiv selbst zu tragen hat und nicht auf einen Dritten überwälzen kann (z.b. Einkommensteuer, Körperschaftsteuer, Vermögensteuer). Indirekte Steuern sind dagegen solche, die der Steuerpflichtige regelmäßig auf einen anderen überwälzen kann (z.b. Umsatzsteuer, spezielle Verbrauchssteuern, Versicherungssteuern). Im Gegensatz zu den auf den Konsum von Waren und Dienstleistungen bezogenen indirekten Steuern stellen die direkten Steuern unmittelbar auf die wirtschaftliche Leistungsfähigkeit des Steuerschuldners ab.[6] Sowohl Art. 113 als auch Art. 115 AEUV sehen vor, dass Harmonisierungsvorschriften nur einstimmig vom Rat erlassen werden können. Der Erlass von Vorschriften auf der Grundlage von Art. 114 AEUV ist gemäß Art. 114 Abs. 2 S. 2 AEUV im Bereich der Steuern ausdrücklich ausgeschlossen. Dieser Ausschluss erfasst alle Steuerarten und erstreckt sich sowohl auf materielle als auch auf verfahrensrechtliche Bestimmungen.[7] In der Praxis hat das Erfordernis der Einstimmigkeit im Rat die Erzielung von Harmonisierungsfortschritten im Steuerbereich erheblich erschwert. Die Kommission versucht diesem Umstand dadurch Rechnung zu tragen, dass sie sich auch auf nicht legislative Maßnahmen (u.a. Mitteilungen, Berichte, Empfehlungen, Förderung des Dialogs zwischen den Mitgliedstaaten) zur Verwirklichung der Ziele der Union in diesem Bereich stützt.[8] Dabei hat sie auch darauf hingewiesen, dass die erforderliche Konsolidierung der staatlichen Haushalte in den Mitgliedstaaten, die Verbesserung der Ausgestaltung und Struktur der Steuersysteme in den Mitgliedstaaten notwendig macht, um die Einnahmenseite der Staatshaushalte zu stärken und wachstumsfreundlich auszugestalten. Die nationalen Steuerreformen sollen durch eine bessere Koordinierung auf EU-Ebene begleitet werden, um die Auswirkungen der Reformen zu optimieren.[9]

Außerhalb des Steuerkapitels enthält Art. 192 Abs. 2 AEUV eine Rechtsgrundlage zum Erlass von „**Vorschriften überwiegend steuerlicher Art**" zur Erreichung **umweltpolitischer Ziele**.[10]

B. Das Verbot steuerlicher Diskriminierung

I. Verbot diskriminierender innerstaatlicher Abgaben (Art. 110 AEUV)

1. Allgemeines

Art. 110 AEUV bestimmt in **Abs. 1**: „Die Mitgliedstaaten erheben auf Waren aus anderen Mitgliedstaaten weder unmittelbar noch mittelbar höhere inländische Abgaben gleich welcher Art, als gleichartige inländische Waren unmittelbar oder mittelbar zu tragen haben." Daneben enthält **Abs. 2** das **Verbot der Erhebung protektionistischer Abgaben auf Importgüter**, die in dem betreffenden Mitgliedstaat nicht hergestellt werden, aber dort einem Substitutionswettbewerb ausgesetzt sind.[11] Beide Bestimmungen enthalten damit spezielle Ausgestaltungen des allgemeinen Diskriminierungsverbots (Art. 18 AEUV). Für Waren, die im Inland nicht hergestellt werden und dort auch keinem Substitutionswettbewerb ausgesetzt sind, enthält Art. 110 AEUV keine Regelung.[12] Doch kann in ihrer übermäßigen Besteuerung ein Verstoß gegen das Verbot

3

---

6 *Mössner, Jörg M.*, Einwirkung des Gemeinschaftsrechts auf die direkten Steuern, in: Hans-Werner Rengeling (Hg.), Europäisierung des Rechts, Köln u.a. 1996, 113, 113f.
7 EuGH, Rs. C-338/01 (Kommission./.Rat), Slg. 2004, I-4829; Rs. C-533/03 (Kommission./.Rat), Slg. 2006, I-1025.
8 Der Beitrag der Steuer- und Zollpolitik zur Lissabon-Strategie, KOM(2005) 532, 3.11.2005; Förderung des verantwortungsvollen Handelns in Steuerbereich, KOM(2009) 201, 28.4.2009.
9 *Europäische Kommission*, Jahreswachstumsbericht 2012, KOM(2011) 815, 23.11.2011, insbesondere Anhang IV: Wachstumsfreundliche Steuerpolitik in den Mitgliedstaaten und bessere Steuerkoordinierung in der EU; Jahreswachstumsbericht 2014, KOM(2013) 800, 13.11.2013.
10 Dazu *Krämer*, in: G/S, a.a.O., Art. 175 Rn. 26 ff.; *Kahl*, in: Streinz, Art. 192 Rn. 21 ff.
11 Vgl. etwa EuGH, Rs. C-167/05 (Kommission./.Schweden), Slg. 2008, I-2127.
12 EuGH, Rs. 27/67 (Fink-Frucht), Slg. 1968, 333; Rs. 31/67 (Stier), Slg. 1968, 352; Rs. 78/76 (Steinike und Weinlig), Slg. 1977, 595 (615); Rs. 90/79 (Kommission./.Frankreich), Slg. 1981, 283; Rs. 47/88 (Kommission./.Dänemark), Slg. 1990, I-4509.

von Maßnahmen gleicher Wirkung wie Kontingente (Art. 34 AEUV) liegen.[13] Nach der Rechtsprechung sind auch umgekehrte Diskriminierungen in der Form der Schlechterstellung zur Ausfuhr bestimmter Waren verboten,[14] nicht aber sonstige Benachteiligungen der inländischen Erzeugnisse.[15] Das Diskriminierungsverbot soll verhindern, dass die Mitgliedstaaten durch steuerliche Maßnahmen die handelsfördernde Wirkung der Abschaffung von Zöllen und zollgleichen Abgaben zunichte machen. Es hat die vollkommene Wettbewerbsneutralität der Besteuerung von eingeführten und inländischen Waren zum Ziel.[16] Eine steuerliche Regelung ist deshalb nur dann mit Art. 110 AEUV vereinbar, wenn feststeht, dass ihre Ausgestaltung es unter allen Umständen ausschließt, dass eingeführte Waren höher besteuert werden als einheimische Waren.[17] Der staatliche Gesetzgeber hat auch bei der Umsetzung der unionsrechtlichen Harmonisierungsvorgaben das Diskriminierungsverbot aus Art. 110 AEUV zu beachten.

4 Bei der Anwendung des Diskriminierungsverbots sind **Vorgänge im Ausfuhrland** grundsätzlich nicht zu berücksichtigen. Der Abbau von Doppelbesteuerung ist Sache der Steuerharmonisierung.[18]

2. Tatbestände des Art. 110 AEUV

5 Art. 110 Abs. 1 AEUV enthält das unmittelbar wirksame[19] Verbot, auf Waren aus anderen Mitgliedstaaten höhere inländische Abgaben zu erheben als auf gleichartige inländische Waren. Die auf die Importware erhobene Abgabe ist mit der Gesamtbelastung der inländischen Waren zu vergleichen. Diese umfasst „alle Abgaben, die das inländische Erzeugnis auf allen Fertigungs- und Vertriebsstufen, die derjenigen der Einfuhr gleichartiger Erzeugnisse aus anderen Mitgliedstaaten vorausgehen oder entsprechen, tatsächlich und spezifisch treffen".[20] Der Begriff der Gleichartigkeit wird in der Rechtsprechung weit ausgelegt.[21] Gleichartig sind Waren, „die ähnliche Eigenschaften haben und bei den Verbrauchern den gleichen Bedürfnissen dienen, und zwar nicht anhand eines Kriteriums der strengen Identität, sondern der Ähnlichkeit und Vergleichbarkeit in der Verwendung".[22] Die diskriminierende höhere Belastung kann sich aus der Nichtbesteuerung der entsprechenden inländischen Waren,[23] einem höheren Abga-

---

13 EuGH, Rs. 47/88 (Kommission./.Dänemark), Slg. 1990, I-4509.
14 EuGH, Rs. 51/74 (van der Hulst), Slg. 1975, 79 und Rs. 142/77 (Statens Kontrol), Slg. 1978, 1543.
15 EuGH, Rs. 86/78 (Peureux I), Slg. 1979, 897.
16 EuGH, Rs. 171/78 (Kommission./.Dänemark), Slg. 1980, 447; Rs. 252/86 (Bergandi), Slg. 1988, 1343; Rs. C-402/09 (Tatu), Slg. 2011, I-2733; Rs. C-347/12 (X.), Urteil v. 19.12.2013.
17 EuGH, Rs. C-347/12 (X.), Urteil v. 19.12.2013.
18 EuGH, Rs. C-72/92 (Scharbatke), Slg. 1993, I-5509, Rn. 16.
19 EuGH, Rs. 57/65 (Lütticke), Slg. 1966, 267; Rs. 28/67 (Molkerei-Zentrale), Slg. 1968, 215.
20 EuGH, Rs. 28/67 (Molkereizentrale), Slg. 1968, 233. Abgaben, auf den erzeugenden Betrieb sowie dessen wirtschaftliche Belastungen sind nicht zu berücksichtigen, EuGH, Rs. 2 u. 3/62 (Kommission./.Belgien u. Luxemburg), Slg. 1962, 867, Rs. 45/75 (REWE), Slg. 1976, 181; Rs. 4/81 (Andresen), Slg. 1981, 2835.
21 EuGH, Rs. C-302/00 (Kommission./.Frankreich), Slg. 2002, I-2055, Rn. 23.
22 EuGH, verb. Rs. C-367–377/93 (Roders), Slg. 1995, I-2229, Rn. 27; Rs. C-302/00 (Kommission./.Frankreich), Slg. 2002, I-2055, Rn. 23.
23 EuGH, Rs. 15/81 (Schul I), Slg. 1982, 1409.

bensatz, aber auch aus den angewendeten unterschiedlichen Bemessungsgrundlagen und Erhebungsmodalitäten ergeben.[24]

Speziell auf Importwaren liegende Abgaben, die bei der Einfuhr erhoben werden, fallen unter Art. 110 AEUV, wenn sie Teil eines allgemeinen inländischen Abgabensystems sind.[25] Andernfalls fallen sie unter das Verbot von Zöllen und zollgleichen Abgaben in Art. 30 AEUV. Eine Abgabe, die sowohl auf die für das Inland als auch auf die für die Ausfuhr bestimmten Erzeugnisse erhoben wird, stellt eine durch die Art. 28, 30 AEUV verbotene Abgabe dar, wenn das Aufkommen aus dieser Abgabe dazu dient, Tätigkeiten zu finanzieren, von denen nur die für den Inlandsmarkt bestimmten inländischen Erzeugnisse profitieren und wenn die Vorteile aus der Verwendung des Abgabenaufkommens die Belastung dieser Erzeugnisse vollständig ausgleichen. Eine solche Abgabe fällt unter Art. 110 AEUV, wenn die Vorteile aus der Abgabe die Belastung nur teilweise ausgleichen.[26]

Wenn der Belastungsvergleich eine Diskriminierung ergeben hat, so ist die Erhebung der Abgabe rechtswidrig. Die Regelung der Rückerstattung bestimmt sich nach innerstaatlichem Recht.[27]

Nichtdiskriminierende, auf objektiven Kriterien beruhende steuerliche Differenzierungen sind zulässig, wenn sie mit dem AEUV vereinbare umwelt-,[28] wirtschafts-,[29] sozial-[30] oder regionalpolitische[31] Ziele verfolgen. Aber auch nicht unmittelbar diskriminierende Regelungen können aufgrund ihrer Wirkungen mittelbar diskriminierend sein.[32] Wenn etwa eine steuerliche Regelung ausschließlich oder fast ausschließlich importierte Güter trifft, liegt die Annahme nahe, dass die Steuer protektionistisch ist.[33] Steuervergünstigungen für bestimmte Kategorien von Waren sind nur zulässig, wenn sie auch für eingeführte Waren gewährt werden;[34] allerdings genügt es, wenn diese einen äquivalenten Vorteil erhalten, ohne dass alle Modalitäten der für einheimische Erzeugnisse geltenden Regelung Anwendung finden.[35]

Art. 110 Abs. 2 AEUV verbietet mit unmittelbarer Wirkung[36] Waren aus anderen Mitgliedstaaten mit Abgaben zu belegen, die geeignet sind, andere Produktionen mittelbar zu schützen. Die Vorschrift zielt auf steuerliche Maßnahmen, mit denen einheimische

6

---

24 EuGH, Rs. 47/88 (Kommission./.Dänemark), Slg. 1990, I-4509; Rs. C-345/93 (Nunes Tadeo), Slg. 1995, I-479; Rs. C-68/96 (Grundig Italiana), Slg. 1998, I-3775; Rs. C-393/98 (Ministerio Publico und Antonio Gomes Valente), Slg. 2001, I-1327; Rs. C-101/00 (Tulliasiamies), Slg. 2002, I-7487; Rs. C-387 (Weigel), Slg. 2004, I-4981; verb. Rs. C-290, 333/05 (Nádosdi u. Németh), Slg. 2006, I-10115; Rs. C-313/05 (Brzeziński), Slg 2007, I-513; Rs. C-74/06 (Kommission./.Griechenland), Slg. 2007, I-7585; Rs. C-2/09 (Kalinchev), Slg. 2010, I-4939; Rs. C-437/12 (X.), Urteil v. 19.12.1013.
25 EuGH, Rs. 57/65 (Lütticke), Slg. 1966, 267; Rs. 7/67 (Wöhrmann), Slg. 1968, 267 (278), Rs C-212/98 (Kommission./.Irland), Slg. 1999, I-8571.
26 EuGH, Rs. C-517/04 (Visserijbedrijf D. J. Koonstra), Slg. 2006, I-5015.
27 EuGH, Rs. 68/69 (Just), Slg. 1980, 501.
28 EuGH, Rs. C-213/96 (Outokumpu), Slg. 1996, I-1777; vgl. aber auch Rs. C-221/06 (Stadtgemeinde Frohnleiten), Slg. 2007, I-9643.
29 Z.B. EuGH, Rs. 140/79 (Chemical Farmaceutici), Slg. 1981, 1; Rs. 46/80 (Vinal), Slg. 1981, 77; Rs. 142 und 143/80 (Essevi/Salengo), Rs. 1981, 1413; Rs. 319/81 (Kommission./.Italien) Slg. 1983, 601; Rs. C-90/94 (Haahr Petroleum), Slg. 1997, I-4085, Rn. 29.
30 EuGH, Rs. 252/86 (Bergandi), Slg. 1988, 1343; verb. Rs. 317/86 u.a. (Lambert u.a.), Slg. 1989, 1513.
31 EuGH, Rs. 196/85 (Kommission./.Frankreich), Slg. 1987, 1597.
32 EuGH, verb. Rs. C-290, 330/05 (Nádosdi u. Németh), Slg. 2006, I-10115; Rs. 263/10 (Nisipeanu), Urteil v. 7.7.2011.
33 EuGH, Rs. 319/81 (Kommission./.Italien) Slg. 1983, 601; Rs. 112/84 (Humblot), Slg. 1985, 1367; Rs. 278/83 (Kommission./.Italien), Slg. 1985, 2503 und 106/84 (Kommission./.Dänemark), Slg. 1986, 833.
34 EuGH, Rs. 148/77 (Hansen), Slg. 1978, 1786, Rs. 38/82 (Hansen), Slg. 1983, 1271, Rs. 277/83 (Kommission./.Italien), Slg. 1985, 2049.
35 EuGH, Rs. 26/80 (Schneider-Import), Slg. 1980, 3469.
36 EuGH, Rs. 27/67 (Fink-Frucht), Slg. 1968, 334.

Güter vor einem **Substitutionswettbewerb** durch Importgüter geschützt werden sollen. Da es anders als im Fall des Art. 110 Abs. 1 AEUV an einer gleichartigen inländischen Ware fehlt, kann ein arithmetischer Vergleich der Belastung der importierten und der einheimischen Ware nicht durchgeführt werden. Es ist vielmehr im Wege wirtschaftlicher Betrachtung festzustellen, ob die fragliche Abgabe geeignet ist, eine Schutzwirkung für die nationale Produktion zu entfalten.

7 In mehreren Urteilen stellt der EuGH auf das Bestehen eines zumindest teilweisen mittelbaren oder potenziellen Wettbewerbsverhältnisses ab.[37] Er berücksichtigt, dass sich aus einem verstärkten Handel mit dem betreffenden Erzeugnis „Anreize für die Substitution" ergeben können.

Diese Rechtsprechung, die dem Grundsatz des freien Warenverkehrs entnimmt, dass „Verfestigungen der Verbrauchergewohnheiten" beseitigt werden sollten,[38] erscheint nicht unproblematisch, da es in ihrer Konsequenz läge, die Förderung des grenzüberschreitenden Handels über die Befriedigung tatsächlich bestehender Verbraucherbedürfnisse zu stellen.[39]

In seiner Rechtsprechung zu Art. 110 Abs. 1 und 2 AEUV geht der EuGH von einem **objektiven Begriff der Diskriminierung** aus. Doch lassen die Ergebnisse, zu denen er kommt, vermuten, dass er hinter steuerlichen Maßnahmen stehenden protektionistischen Absichten eine große Bedeutung bei der Feststellung des Diskriminierungstatbestands beimisst.[40]

3. Verhältnis zu anderen Vorschriften des AEUV

8 Art. 110 AEUV ist **lex specialis** im Verhältnis zu dem allgemeinen Diskriminierungsverbot aus Art. 18 AEUV. Darüber hinaus ist die Anwendung der Verbote der Art. 28 ff. AEUV und des Verbots innerstaatlicher Abgaben in Art. 110 AEUV auf denselben Sachverhalt ausgeschlossen.[41] Im Gegensatz dazu können die Art. 107 ff. (Beihilfeverbot) neben Art. 110 AEUV angewendet werden.[42]

II. Verbot überhöhter Rückvergütung inländischer Abgaben (Art. 111 und 112 AEUV)

9 Art. 111 AEUV sieht ergänzend zum steuerlichen Diskriminierungsverbot in Bezug auf eingeführte Waren vor, dass die Rückvergütungen für inländische Abgaben bei der Ausfuhr von Waren nicht höher sein dürfen als die tatsächlich erhobenen inländischen Abgaben. Die Vorschrift soll verhindern, dass es im Binnenmarkt zu Wettbewerbsverzerrungen durch überhöhte Rückerstattungen kommt. Nach der Rechtsprechung des EuGH darf ein Mitgliedstaat die Rückvergütung nach einem Pauschalsystem durchführen, wenn sichergestellt ist, dass „dieses System sowohl nach der Art der erstattungsfähigen Abgaben als nach der Höhe der Erstattung bei jedem in das System ein-

---

37 EuGH, Rs. 169/78 (Kommission./.Italien), Slg. 1980, 385, Rs. 170/78 (Kommission./.Großbritannien), Slg. 1980, 417 und Slg. 1983, 2265, Rs. 216/81 (Cogis), Slg. 1982, 2701, Rs. 319/81 (Kommission./.Italien), Slg. 1983, 601, Rs. 184/85 (Kommission./.Italien), Slg. 1987, 2013.
38 EuGH, Rs. 319/81, (Kommission./.Italien), Slg. 1983, 601.
39 Kritisch auch: *Berlin, D.*, Portée des dispositions fiscales du traité de Rome et harmonisation des fiscalités indirectes, RTDE 1980, 460 (480 f.).
40 *Danusso/Denton*, LIEI 1990, 1 ff.
41 EuGH, Rs. C-17/91 (Lornoy), Slg. 1992, I-6523; Rs. C-517/04 (Visserijbedrijf D. J. Koonstra), Slg. 2006, I-5015; Rs. C-157/05 (Holböck), Slg. 2007, I-4051; Rs. 318/07 (Persche), Slg. 2009, I-359.
42 Vgl. etwa EuGH, verb. Rs. C-149/91 und C-150/91 (Sanders Adour), Slg. 1992, I-3899; Rs. C-206/06 (Essent Netwerk Noord u. a.), Slg. 2008, I-5497.

bezogenen Erzeugnis die zwingenden Grenzen dieses Artikels einhält".[43] Die Vorschrift gilt nur für die Rückerstattung **indirekter Steuern**, da für **die sonstigen Abgaben** gemäß **Art. 112 AEUV** ein ausdrückliches Kompensationsverbot gilt, von dem nur der Rat eine zeitlich begrenzte Ausnahme erteilen kann.

C. Harmonisierung der indirekten Steuern

I. Allgemeines

In Art. 113 AEUV enthält das Steuerkapitel des AEUV eine spezielle Rechtsgrundlage für die **Harmonisierung der indirekten Steuern**. Dem Begriff der Harmonisierung kann nicht entnommen werden, dass lediglich eine Annäherung, nicht aber eine Vereinheitlichung der innerstaatlichen Vorschriften auf Art. 113 AEUV gestützt werden kann. Soweit dies für die Errichtung des Binnenmarktes erforderlich ist, kann auch eine Vereinheitlichung auf der Grundlage von Art. 113 AEUV erfolgen. Bei der Harmonisierung der indirekten Steuern hat sich das Erfordernis der einstimmigen Beschlussfassung im Rat, das auch der Vertrag von Lissabon nicht beseitigt hat, als eine erhebliche Hürde erwiesen. So bestehen auch bei der indirekten Besteuerung erhebliche Unterschiede zwischen den Steuersystemen der Mitgliedstaaten fort.

II. Umsatzsteuern

Das Schwergewicht der Steuerharmonisierung liegt, entsprechend ihrer Bedeutung für den Waren- und Dienstleistungsverkehr, bei der Umsatzsteuer. Das nach französischem Vorbild gebildete **gemeinsame Mehrwertsteuersystem** (Nettoallphasensystem) macht die effektive Steuerbelastung einer Ware transparent und erlaubt deshalb, auszuführende Waren von der heimischen Umsatzsteuer zu ent- und mit derjenigen des Einfuhrlandes zu belasten. Da auf jeder Stufe jeweils nur die zusätzliche Wertschöpfung besteuert wird, ist die Steuer in ihren Auswirkungen wettbewerbsneutral.

Die zentralen Bestimmungen über die Umsatzsteuer wurden in der **Richtlinie über das gemeinsame Mehrwertsteuersystem** vom 28. November 2006 neu gefasst, blieben aber inhaltlich im Wesentlichen unverändert.[44] Das gemeinsame Mehrwertsteuersystem harmonisiert die Begriffe des Steuerpflichtigen und des steuerbaren Umsatzes sowie den Steuertatbestand und die Besteuerungsgrundlage und schafft dadurch eine einheitliche steuerpflichtige Bemessungsgrundlage, die auch eine Voraussetzung für die Übertragung eines Anteils der Mehrwertsteuereinnahmen für die Finanzierung des EU-Haushalts in Ausführung des Beschlusses über die eigenen Mittel der EU ist (*§ 5 Rn. 11f.*). Darüber hinaus werden Anforderungen an die Struktur und Mindesthöhe der Steuersätze festgelegt. Der Normalsteuersatz muss danach bis Ende 2015 mindestens 15 % betragen. Die von den Mitgliedstaaten festgesetzten Mehrwertsteuer-Normalsätze reichen derzeit (Stand: 1.1.2014) von 15 % (Luxemburg) bis 27 % (Ungarn).

Die RL 2006/112 sieht eine Übergangsregelung vor, welche die Einführung des binnenmarktkonformen Ursprungslandprinzips vorbereiten soll.[45] Eine Ware wird danach zwar weiterhin im **Bestimmungsland** besteuert, angeknüpft wird aber nicht an die Einfuhr, sondern an den Kauf der Ware, damit Grenzkontrollen entfallen können. Eine

---

43 EuGH, Rs. 45/64 (Kommission./.Italien), Slg. 1965, 1126. Vgl. auch Rs. C-152/89 (Kommission./.Luxemburg); Slg. 1991, I-3141 Rn. 36; Rs. C-153/89 (Kommission./.Belgien), Slg. 1991, I-3171, Rn. 27.
44 RL 2006/112, ABl. L 347/2006, 1 = *HER I A* 51/1.14.
45 Art. 402 RL 2006/112, ABl. 347/2006, 1 = *HER I A* 51/1.14.

Ausnahme vom Bestimmungslandprinzip gilt für von Privatpersonen zum Zwecke des privaten Verbrauchs erworbene Waren, die im **Ursprungsland** besteuert werden. Die Kommission hält das Ziel der Ursprungslandbesteuerung inzwischen für nicht mehr realistisch und hat angeregt, dieses Ziel zugunsten einer umfassenden Reform des Mehrwertsteuersystems auf der Grundlage des Bestimmungslandprinzips fallen zu lassen.[46]

III. Verbrauchsteuern

14 Große Unterschiede zwischen den einschlägigen Regelungen der Mitgliedstaaten verhinderten lange Zeit, dass bei der Harmonisierung der besonderen Verbrauchsteuern Fortschritte erzielt wurden. Erst im Jahr 1992 erließ der Rat nach langen Beratungen ein umfangreiches Richtlinienpaket zur Harmonisierung der wichtigsten Verbrauchsteuern. In der im November 2008 neu gefassten **System-Richtlinie**[47] werden allgemeine und für alle harmonisierten Verbrauchsteuern geltende Regeln festgelegt. Die Richtlinie sieht vor, dass die besonderen Verbrauchsteuern dauerhaft nach dem **Bestimmungslandprinzip** erhoben werden. Eine **Ausnahme** gilt für Waren, die von Privatpersonen für nichtgewerbliche Zwecke erworben werden. Diese sind nach dem Ursprungslandprinzip zu besteuern. Die System-Richtlinie wird ergänzt durch eine Reihe von **Struktur-Richtlinien** und **Steuersatz-Richtlinien**, welche spezielle Harmonisierungsvorschriften für die besonderen Verbrauchsteuern auf Tabakwaren, auf Energieerzeugnisse und elektrischen Strom sowie auf Alkohol und auf alkoholische Getränke enthalten.[48] Die Kommission hat zudem einen Vorschlag für eine Richtlinie zur Angleichung der Strukturen der Steuern auf Personenkraftwagen vorgelegt.[49]

> Seit 1992 hat die Kommission zudem den Versuch unternommen, auf der Grundlage der Art. 113 und 192 AEUV eine Steuer auf Kohlendioxydemissionen (CO_2-Steuer) einzuführen und damit Umweltaspekte in das Steuersystem einzubeziehen.[50] Entsprechende Vorschläge scheiterten jedoch an der Haltung des Rates.

IV. Kapitalverkehrs- und Versicherungssteuern

15 Um den freien Kapitalverkehr in der Union zu erleichtern, wurden die **Kapitalverkehrsteuern** (Gesellschaftssteuer und Wertpapiersteuer) harmonisiert.[51]

Im Bereich der **Versicherungssteuern** sieht die dritte Schadenversicherungsrichtlinie von 1992 zur Vermeidung von Wettbewerbsverzerrungen vor, dass auf Direktversicherungen jeweils die indirekten Steuern und Abgaben des Mitgliedstaats anwendbar sind, in dem das versicherte Risiko belegen ist.[52]

> Im September 2011 hat die Kommission einen politisch kontroversen Vorschlag für eine Finanztransaktionssteuer gemacht, die auf breiter Grundlage Transaktionen mit Finanzinstrumenten erfassen soll.[53] Im Hinblick auf die grundlegenden Meinungsverschiedenheiten der Mitgliedstaaten bezüglich der Erforderlichkeit einer solchen Steuer genehmigte der Rat im Ja-

---

46 *Europäische Kommission*, Mitteilung zur Zukunft der Mehrwertsteuer, Wege zu einem einfacheren, robusteren und effizienteren MwSt-System, das auf den Binnenmarkt zugeschnitten ist, KOM(2011) 851, 6.12.2011.
47 RL 2008/118, ABl. L 9/2009, 12 = *HER I A* 51/2.24.
48 RL 2011/64, ABl. L 176/2011, 24 = *HER I A* 51/2.26; RL 92/83, ABl. L 316/1992, 21 = *HER I A* 51/2.10; RL 92/84, ABl. L 316/1992, 29 = *HER I A* 51/2.11; RL 2003/96, ABl. L.283/2003, 51 = *HER I A* 51/2.22.
49 KOM (2005), 261, 5.7.2005.
50 Vgl. *Eilers/Bahns/Sedlaczek*, in: G/S, Art. 93 Rn. 97 ff.
51 RL 2008/7, ABl. L 46/2008, 11 = *HER I A* 51/3.10.
52 RL 92/49, ABl. L 228/1992, 1 = *HER I A* 28/20.20.
53 KOM(2011) 594, 28.9.2011.

nuar 2013 eine verstärkte Zusammenarbeit von elf Mitgliedstaaten im Bereich der Schaffung eines gemeinsamen Finanztransaktionssteuersystems,[54] für welche die Kommission im Februar 2013 einen überarbeiteten Vorschlag vorgelegt hat.[55]

D. Harmonisierung direkter Steuern

Auch Unterschiede in der direkten Besteuerung, insbesondere im Bereich der Unternehmensbesteuerung, können sich auf das Funktionieren des Binnenmarktes nachteilig auswirken und zu Wettbewerbsverzerrungen führen. Da das Steuerkapitel des AEUV keine spezielle Ermächtigung zum Erlass von Unionsvorschriften im Bereich der direkten Steuern enthält, kommt eine unionsrechtliche Regelung auf diesem Gebiet, insbesondere auf der Grundlage von Art. 115 AEUV, ferner grundsätzlich aber auch aufgrund der Art. 116 und 352 AEUV in Betracht.

16

Bisher wurden bei der Harmonisierung der direkten Besteuerung in der Union nur geringe Fortschritte erzielt. Einer weitergehenden Harmonisierung standen bisher das in Art. 115 AEUV vorgesehene Erfordernis der einstimmigen Annahme durch den Rat sowie der Umstand entgegen, dass die Mitgliedstaaten die direkte Besteuerung nach wie vor als ein zentrales Instrument der staatlichen Wirtschafts- und Finanzpolitik ansehen. Unterschiede in der direkten Besteuerung können deshalb derzeit für einen gewissen steuerlichen Standortwettbewerb zwischen den Mitgliedstaaten sorgen.[56]

Der Schwerpunkt der bis in die 1960er-Jahre zurückreichenden Harmonisierungsbestrebungen im Bereich der direkten Steuern liegt bei der Unternehmensbesteuerung. Jedoch wurden bisher nur in einigen Bereichen harmonisierte Vorschriften erlassen. Mit der **Fusionsrichtlinie** 2009/113,[57] die eine Richtlinie aus dem Jahr 1990 kodifiziert, wird die Diskriminierung grenzüberschreitender Unternehmenszusammenschlüsse und -spaltungen durch eine gegenüber vergleichbaren rein nationalen Operationen erhöhte Steuerbelastung abgebaut. Die **„Mutter-Tochter"-Richtlinie**[58] regelt die steuerliche Behandlung von Gewinnausschüttungen zwischen verbundenen Unternehmen, die in verschiedenen Mitgliedstaaten ansässig sind.

17

Am 3. Juni 2003 verabschiedete der Rat eine Richtlinie über die **Besteuerung von Zahlungen von Zinsen und Lizenzgebühren zwischen verbundenen Unternehmen** verschiedener Mitgliedstaaten[59] und eine Richtlinie zur **Besteuerung von Zinserträgen**[60]. Darüber hinaus wurde 1997 ein Verhaltenskodex über die Unternehmensbesteuerung beschlossen.[61] Die Kommission hat zudem 2011 nach langjährigen Vorarbeiten einen Vorschlag zur Einführung einer gemeinsamen konsolidierten Körperschaftsteuer-Bemessungsgrundlage (GKKB) vorgelegt.[62]

---

54   Beschluss 2013/52, ABl. L 22/2013, 11.
55   KOM(2013) 71, 14.2.2013.
56   Vgl. *Wolffgang*, in: Lenz-Borchardt, Vorbem Art. 110–113, Rn. 33.
57   RL 2009/113, ABl. L 310/2009, 1 = *HER I A* 28/4.6.
58   RL 2011/96, ABl. L 345/2011, 8 = *HER I A* 28/4.7.
59   RL 2003/49, ABl. L 157/2003, 49 = *HER I A* 51/3.3.
60   RL 2003/48, ABl. L 157/2003, 38 = *HER I A* 51/3.2.
61   Entschließung des Rates und der im Rat vereinigten Vertreter der Regierungen der Mitgliedstaaten vom 1.12.1997, ABl. C 2/1998, 1 = *HER I A* 28/4.5.
62   Vgl. dazu KOM (2011) 121, 16.3.2011.

E. Zusammenarbeit der Finanzverwaltungen

18 Da sich innerstaatliche Maßnahmen mit zunehmender Wirtschaftsverflechtung oft als unzureichend erweisen, um die internationale Steuerflucht und Steuerumgehung wirksam zu bekämpfen, hat die Union Vorschriften für die Zusammenarbeit der Finanzverwaltungen der Mitgliedstaaten erlassen.

Die Richtlinie 2011/16 über die gegenseitige Amtshilfe zwischen den zuständigen Behörden der Mitgliedstaaten im Bereich der direkten Steuern und der Steuern auf Versicherungsprämien (sog. **Amtshilfe-Richtlinie**) regelt insbesondere den Informationsaustausch zwischen Finanzverwaltungen für Zwecke der Steuerfestsetzung.[63] Die Amtshilfe-Richtlinie wird ergänzt durch die Verordnung 904/2010 über die Zusammenarbeit der Verwaltungsbehörden auf dem Gebiet der Mehrwertsteuer[64] und durch die Verordnung 398/2012 über die Zusammenarbeit der Verwaltungsbehörden auf dem Gebiet der Verbrauchsteuern.[65] Zudem ermöglicht die **Beitreibungsrichtlinie** 2010/24 die Vollstreckung von Abgabenbescheiden der Behörden eines Mitgliedstaates in der gesamten Union.[66] Zur Förderung des Informations- und Erfahrungsaustauschs zwischen Finanzbehörden der Mitgliedstaaten und der Kommission wurde zudem das **Fiscalis-Programm** aufgelegt.[67]

F. Doppelbesteuerungsabkommen

19 Um eine Doppelbesteuerung zu vermeiden, haben die Mitgliedstaaten untereinander bilaterale Abkommen getroffen.[68] Darüber hinaus haben sie ein Übereinkommen vom 23. Juli 1990 über die Beseitigung der Doppelbesteuerung im Falle von Gewinnberichtigungen zwischen verbundenen Unternehmen (sog. **Schiedsverfahrenskonvention**) geschlossen.[69]

G. EU-Steuern

20 Das Steuerkapitel enthält keine Rechtsgrundlage für die Erhebung eigener Steuern zugunsten der Union. Gemäß Art. 13 des Protokolls über die Vorrechte und Befreiungen der Europäischen Union[70] erhebt die Union jedoch eine Steuer auf die Gehälter ihrer Beamten und sonstigen Beschäftigten.

Mehrere Vorschläge der Kommission, eine Steuer auf Nichtbutterfette als eigene Steuereinnahme einzuführen, wurden vom Rat nicht weiter verfolgt.[71] Im Zusammenhang mit der möglichen Einführung einer Finanztransaktionssteuer (*Rn. 15*) hat die Kom-

---

63 ABl. L 64/2011, 1 = *HER I A* 51/4.7.
64 ABl. L 268/2010, 1 = *HER I A* 51/1.18.
65 ABl. L 121/2012, 1 = *HER I A* 51/4.9.
66 RL 2010/24. ABl. L 84/2010, 28 = *HER I A* 51/4.6.
67 E 1482/2007 (Fiscalis 2013), ABl. Nr. L 330/2007, 1 = *HER I A* 51/1.15.
68 Eine Liste der von Deutschland mit den anderen Mitgliedstaaten geschlossenen Doppelbesteuerungsabkommen ist abgedruckt in: *HER I A* 51/10.1. Vgl. auch Empfehlung 2011/856 der Kommission zur Vermeidung der Doppelbesteuerung von Erbschaften, ABl. L336/2011, 81 = *HER I A* 51/10.4.
69 ABl. L 225/1990, 10 = *HER I A* 28/4.4. Dazu *Eilers/Bahns/Sedlaczek*, in: G/S, Vorbem. zu den Art. 90 bis 93, Rn. 106 ff.
70 Protokoll Nr. 7 zu EUV und AEUV.
71 S. dazu *Börner*, Unzulässigkeit; *de Clercq*, La taxe communautaire sur les matières grasses, in: *G. Isaac*, Les ressources financières de la Communauté européenne, Paris 1986, 314 ff.

mission vorgeschlagen, einen Teil der Einnahmen aus dieser Steuer dem EU-Haushalt als eigene Einnahme zufließen zu lassen.[72]

H. Literatur

Aigner, Dietmar, Die Sparzinsenrichtlinie: die Koordinierung der Besteuerung von Zinsen in Europa, Wien 2009; *Balke, Barbara,* Steuerliche Gestaltungsfreiheit der Mitgliedstaaten und freier Warenverkehr im Europäischen Binnenmarkt, Baden-Baden 1998; *Banks, Karen,* The application of the fundamental freedoms to Member State tax measures: guarding against protectionism or second-guessing national policy choices?, ELR 2008, 482 ff.; *Birk, Dieter* (Hg.), Handbuch des Europäischen Steuer- und Abgabenrechts, Herne 1995; *Börner, Bodo,* Die Unzulässigkeit einer Steuer auf Nichtbutterfette nach dem EWGV, Köln u.a. 1987; *Cloer, Adrian/Lavrelashvili, Nina,* Einführung in das Europäische Steuerrecht, Berlin 2008; *Cordewener, Axel/Kofler, Georg/Van Thiel, Servaas,* The clash between European freedoms and national direct tax law: public interest defences available to the Member States, CMLR 2009, 1951 ff.; *Deffaa, Walter,* New Impetus for EU Taxation Policy, Intereconomics 2011, 287 ff.; *Farmer, Paul/Lyal, Richard,* EC Tax Law, Oxford 1995; *Haase, Florian,* Internationales und Europäisches Steuerrecht, Heidelberg 2007; *Kingston, Suzanne,* A light in the darkness: Recent developments in the ECJ's direct tax jurisprudence, CMLR 2007, 1321 ff.; *Kruthoffer-Röwekamp, Jutta* (Hg.), Die Rechtsprechung des EuGH in ihrer Bedeutung für das nationale und internationale Recht der direkten Steuern, Baden-Baden 2008; *Lenaerts, Koen,* Die direkte Besteuerung in der EU, Baden-Baden 2007; *ders.,* Die Entwicklung der Rechtsprechung des Gerichtshofs der Europäischen Gemeinschaften auf dem Gebiet der direkten Besteuerung, EuR 2009, 728 ff.; *Schön, Wolfgang,* Tax competition in Europe – the legal perspective, EC Tax Review 2000, 90 ff.; *Terra, Ben J.M./Wattel, Peter J.,* European Tax Law, 5. Aufl., Amsterdam 2008; *Tiedtke, Klaus,* Die Grundfreiheiten als zulässiger Massstab für die indirekten Steuern, EuZW 2008, 424 ff.; *Triantafyllou, D.,* Auf dem Weg zur Koordinierung der direkten Steuern in der EG?, EuR 2007, 671 ff.; *Weber-Grellet, Heinrich,* Europäisches Steuerrecht, München 2005.

---

[72] KOM (2011) 738, 9.11.2011.

§ 20 Urheberrecht und Gewerblicher Rechtsschutz

A. Grundlagen

1 Gewerblicher Rechtsschutz und Urheberrecht sind in den Verträgen nicht speziell geregelt. Der Bestand der nach dem Recht der Mitgliedstaaten begründeten Immaterialgüterrechte ist jedoch durch die Art. 345 und 36 AEUV grundsätzlich geschützt.[1] Die Ausübung von **Urheberrechten, Patentrechten** und **verwandten Schutzrechten** kann allerdings den Verkehrsfreiheiten, insbesondere der Warenverkehrsfreiheit, zuwiderlaufen und zu einer mit den Freiheiten unvereinbaren Marktaufteilung führen oder sich als Störung des Wettbewerbs im Binnenmarkt auswirken. EuGH und EuG haben deshalb in einer umfangreichen Rechtsprechung die sich aus den Art. 34, 36 AEUV[2] und den Wettbewerbsregeln[3] ergebenden vertraglichen Grenzen der Ausübung von Immaterialgüterrechten aufgezeigt.

Obwohl die Vorschriften über den freien Warenverkehr und die Wettbewerbsregeln die Möglichkeit einer Marktaufteilung mithilfe von Immaterialgüterrechten einschränken, können sich nicht nur aus der Territorialität der Rechte, sondern auch aus der unterschiedlichen Ausgestaltung der nach dem Recht der Mitgliedstaaten begründeten Schutzrechte erhebliche Hindernisse für den Binnenmarkt ergeben. So können etwa unterschiedliche Bestimmungen bezüglich des Umfangs und der Dauer der Schutzrechte und der Voraussetzungen ihrer Begründung sowie das Erfordernis der Durchführung einer Mehrzahl von, unter Umständen aufwendigen und kostspieligen, Verfahren nach dem jeweiligen Recht der Mitgliedstaaten die Erlangung und Durchsetzung eines sich auf mehrere Mitgliedstaaten erstreckenden Schutzes erheblich erschweren. Diese Hindernisse wirken sich nicht zuletzt auch ungünstig auf die Innovationsbereitschaft der europäischen Wirtschaft aus. Sie lassen sich umfassend nur durch die Schaffung unionsweiter Rechte ausräumen.

Die Zuständigkeit der Union zur Angleichung der nationalen Rechtsvorschriften im Bereich des geistigen Eigentums besteht auf der Grundlage von Art. 114 und 115 AEUV (*§ 14 Rn. 13 ff.*). Dagegen musste die Schaffung neuer, die nationalen Rechte überlagernder Rechte bis zum Inkrafttreten des Vertrags von Lissabon auf die Grundlage der ergänzenden Zuständigkeit aus Art. 352 AEUV gestützt werden.[4] Seither sieht **Art. 118 AEUV** eine spezielle Rechtsgrundlage für die Schaffung europäischer Rechtstitel sowie für die Einführung zentralisierter Zulassungs-, Koordinierungs- und Kontrollregelungen vor. Nach Art. 118 Abs. 2 AEUV bleibt die Sprachenregelung für europäische Rechtstitel der einstimmigen Beschlussfassung des Rates vorbehalten. Die Union hat inzwischen eine Reihe von Harmonisierungsvorschriften erlassen, die sich auf zahlreiche Aspekte der geistigen Eigentumsrechte erstrecken. **Art. 262 AEUV** ermöglicht überdies die Begründung der Zuständigkeit des Gerichtshofs für Rechtsstreitigkeiten über gewerbliche Schutzrechte der Union.

---

1 *Leible/T. Streinz*, in: G/H/N, Art. 36 AEUV, Rn. 35; *Wernicke*, in: G/H/N, Art. 345 AEUV, Rn. 15.
2 Dazu *Leible/T. Streinz*, in: G/H/N, Art. 36 AEUV, Rn. 32 ff.; *W. Schroeder*: in: Streinz, Art. 36 AEUV Rn. 19 ff.; *A. Epiney*, in: Calliess/Ruffert, Art. 36 AEUV Rn. 38 ff.
3 Ausf. *K. Coates/L. Kjølbye/L. Peeperkorn*, Intellectual Property, in: Faull, Jonathan/Nikpay, Ali (Hg.), The EC Law of Competition, 2. Aufl, Oxford 2007, 1233 ff.; *Gaster*, in: Schröter/Jakob/Klotz/Mederer (Hg.), Europäisches Wettbewerbsrecht, 2. Aufl. Baden-Baden 2014, Art. 101, Fallgruppen VII.
4 EuGH, Gutachten 1/94, Slg. 1994, I-5267, Rn. 59; Rs. C-350/92 (Spanien./.Rat), Slg. 1995, I-1985, Rn. 23; Rs C-377/98 (Niederlande./.EP u. Rat), Slg. 2001, I-7079, Rn. 24.

B. Stand der Harmonisierung

I. Patentrecht

Der Abbau der Hindernisse für den Binnenmarkt im Bereich des **Patentrechts** ist das Ziel von zwei Übereinkommen: Das Übereinkommen über die Erteilung eines **europäischen Patents** wurde am 5. Oktober 1973 in München von den Mitgliedstaaten und weiteren europäischen Staaten unterzeichnet, es trat am 7. Oktober 1977 in Kraft.[5] Die europäischen Patente werden vom Europäischen Patentamt erteilt, das in München seinen Sitz hat. Ihre Rechtswirkungen bestimmen sich nach dem materiellen Patentrecht des jeweiligen Vertragsstaates.

2

Den von dem Münchener Patentamt erteilten europäischen Patenten einheitliche und autonome Wirkung zu verleihen, war das Ziel des Übereinkommens über das europäische Patent für den Gemeinsamen Markt (Gemeinschaftspatentübereinkommen) vom 15. Dezember 1975,[6] das 1989 überarbeitet wurde.[7] Dieses Übereinkommen ist jedoch nie in Kraft getreten, da seine Ratifizierung in einigen Mitgliedstaaten auf Schwierigkeiten gestoßen ist.

Nachdem der Gerichtshof die Zuständigkeit der EU zur Vereinheitlichung des Patentrechts ausdrücklich anerkannt hatte,[8] legte die Kommission im Jahr 2000 einen Vorschlag für eine Verordnung zur Schaffung eines Gemeinschaftspatents vor.[9]

> Im Februar 2009 legte die Kommission dem Rat eine Empfehlung vor, die sie zur Aufnahme von Verhandlungen über ein Übereinkommen zur Schaffung eines einheitlichen Patentgerichtssystems ermächtigt hätte, dessen Zuständigkeit sich sowohl auf Europäische Patente nach dem Europäischen Patentübereinkommen als auch auf künftige Unionspatente erstrecken würde.[10] Das vorgesehene Übereinkommen wurde vom EuGH jedoch in seinem Gutachten 1/09 für mit den Verträgen unvereinbar erklärt.[11]

Nachdem über das Gemeinschaftspatent mehr als ein Jahrzehnt beraten wurde, ohne dass es im Rat zu einer Einigung kam, erteilte der Rat im März 2011 die Ermächtigung zu einer verstärkten Zusammenarbeit, an der alle Mitgliedstaaten mit Ausnahme von Italien und Spanien teilnahmen.[12] Ein **Europäisches Patent mit einheitlicher Wirkung (EU-Patent)** wurde durch eine Verordnung im Dezember 2012 eingeführt.[13] Die Vorschrift wird ergänzt durch eine Verordnung zur Regelung von Übersetzungen[14] und durch ein Abkommen über ein Einheitliches Patentgericht.[15]

Mit dem EU-Patent wird ein eigenständiger europäischer Rechtstitel geschaffen. Das EU-Patent ist einheitlich und hat in allen teilnehmenden Mitgliedstaaten die gleiche Wirkung, d.h. es kann nur einheitlich für alle teilnehmenden Mitgliedstaaten beschränkt, übertragen, oder für nichtig erklärt werden (Grundsatz der Einheitlichkeit). Für Rechtsstreitigkeiten im Zusammenhang mit dem EU-Patent wird ein Einheitliches Patentgericht als gemeinsames Gericht der Mitgliedstaaten errichtet. Die Erteilung des

---

5 BGBl. II 1977, 792.
6 ABl. L 17/1976, 1.
7 Vereinbarung 89/695 vom 15.12.1989 über Gemeinschaftspatente, ABl. L 401/1989, 1 = *HER I A 66/2*.
8 Vgl. *oben Fn. 4*.
9 ABl. C 337 E/2000, 278.
10 SEK(2009) 330 endg., 20.3.2009.
11 EuGH, Gutachten 1/09 (Schaffung eines einheitlichen Patentgerichtssystems) v. 8.3.2011.
12 Beschluss 2011/167, ABl. L 76/2011, 53.
13 VO 1257/2012, ABl. L 361/2012, 1 = *HER I A 66/47*.
14 VO 1260/2012, ABl. L 361, 89 = *HER I A 66/48*.
15 Übereinkommen über ein Einheitliches Patentgericht, ABl. C 175/2013, 1 = *HER I A 66/50*.

EU-Patents erfolgt wie die des Europäischen Patents durch das Europäische Patentamt. Aus Kostengründen sollen nach Ablauf einer Übergangszeit die Übersetzungen von Patentanmeldungen und Patentschriften nur noch maschinell gefertigt werden.

3 Zudem wurde mit einer Ratsverordnung von 1994 ein gemeinschaftliches **Schutzrecht für Pflanzensorten** eingeführt, das einheitliche Wirkung im Gebiet der Union hat und neben die nationalen Sortenschutzrechte tritt.[16] Die Verwaltung des gemeinsamen Sortenschutzsystems obliegt dem **Gemeinschaftlichen Sortenamt** in Angers. Die Kommission hat Durchführungsvorschriften erlassen.[17]

Darüber hinaus sieht eine Ratsverordnung zum Schutze von **Arzneimitteln** ein **ergänzendes Schutzzertifikat** vor, durch das der mit dem Grundpatent gewährte Schutz um bis zu fünf Jahre verlängert werden kann, da diese erst lange nach Patentanmeldung auf den Markt kommen können.[18] Ein entsprechendes Schutzzertifikat wurde auch für **Pflanzenschutzmittel** eingeführt.[19]

Ferner regelt eine Richtlinie von 1998 die Einbeziehung **biotechnologischer Erfindungen** in die nationalen Patentrechte der Mitgliedstaaten.[20] Ein Vorschlag zur Harmonisierung der nationalen Bestimmungen über die **Patentierbarkeit von computerimplementierten Erfindungen**[21] scheiterte an der Ablehnung durch das EP.[22]

II. Markenrecht, Musterrecht

4 Grundsätzlich kann ein in einem Mitgliedstaat rechtmäßig erworbenes Warenzeichen der Einfuhr von mit diesem Zeichen versehenen Waren entgegengehalten werden (§ 11 Rn. 54). Den durch die nationalen Zeichenrechte der Mitgliedstaaten ermöglichten Marktabschottungen soll durch ein **europäisches Markenrecht** entgegengewirkt werden, das sowohl auf einer Angleichung der Markenrechte der Mitgliedstaaten als auch auf der Schaffung eines zusätzlichen Zeichens mit unionsweiter Geltung beruht.

Eine teilweise Harmonisierung der nationalen Zeichenrechte erfolgte in einer auf Art. 114 AEUV gestützten Richtlinie des Rates zur **Angleichung des Markenrechts** der Mitgliedstaaten.[23] Darüber hinaus wurde mit einer auf Art. 352 AEUV gestützten Verordnung des Rates eine **Gemeinschaftsmarke** eingeführt.[24] In der Verordnung ist ein Markensystem geregelt, das es ermöglicht, in einem einzigen Verfahren Gemeinschaftsmarken zu erwerben, die unionsweit einheitlich gelten und einen einheitlichen Schutz genießen (Grundsatz der Einheitlichkeit der Gemeinschaftsmarke). Die Gemeinschaftsmarke, die durch Eintragung in das Gemeinschaftsmarkenregister erworben wird, tritt neben die nationalen Marken. Das Recht der Gemeinschaftsmarke entspricht in einigen wichtigen Grundsätzen den für die nationalen Marken geltenden Harmonisierungsbestimmungen: So ist ein Benutzungszwang sowohl für nationale Marken als

---

16 VO 2100/94, ABl. L 227/1994, 1, = *HER I A* 66/4.
17 VO 1238/95, ABl. L 121/1995, 31 = *HER I A* 66/13; VO 1768/95, ABl. L 173/1995, 14 = *HER I A* 66/16; VO 874/2009, ABl. L 251/2009, 3, = *HER I A* 66/41.
18 VO 469/2009, ABl. L 182/1992, 1 = *HER I A* 60/2.60. S. dazu auch EuGH, Rs. C-350/92 (Spanien./.Rat), Slg. 1995, I-1985.
19 VO 1610/96, ABl. L 198/1996, 30 = *HER I A* 66/21.
20 RL 98/44, ABl. L 213/1998, 13 = *HER I A* 66/22. S. dazu auch EuGH, Rs. C-377/98 (Niederlande./.EP u. Rat), Slg. 2001, I-7079.
21 ABl. C 151 E/2002, 129.
22 ABL. C 157 E/2006, 265.
23 RL 2008/95, ABl. L 299/2008, 25, = *HER I A* 66/38.
24 VO 207/2009, ABl. L 78/2009, 1 = *HER I A* 66/39.

auch für Gemeinschaftsmarken vorgesehen, um einen Missbrauch der Markenrechte zu verhindern.[25] Auch das Prinzip der Erschöpfung des Markenrechts, das der Verhinderung von Marktabschottungen dient, gilt für Gemeinschaftsmarken ebenso wie für nationale Marken. Nach diesem Grundsatz ist es dem Rechtsinhaber verwehrt, die Benutzung der Marke für die von ihm oder mit seiner Zustimmung in der Union in Verkehr gebrachten Waren zu verbieten.[26] Nationale Vorschriften, welche die Erschöpfung des Markenrechts auch für den Fall vorsehen, dass Waren mit Zustimmung des Rechtsinhabers in einem Drittstaat in Verkehr gebracht wurden, sind mit der Richtlinie 2008/95 nicht vereinbar.[27]

Zur Verwaltung des Markensystems der EU wurde das „**Harmonisierungsamt für den Binnenmarkt (Marken, Muster und Modelle)**" mit Sitz in Alicante eingerichtet, dem zuletzt auch die Aufgaben einer „Beobachtungsstelle für Verletzungen von Rechten des geistigen Eigentums" zugewiesen wurden.[28]

Darüber hinaus haben das EP und der Rat im Jahre 1998 eine Richtlinie zur Angleichung der nationalen Vorschriften zum **Rechtsschutz für Muster und Modelle**[29] und im Dezember 2001 eine Verordnung zur Einführung eines **Gemeinschaftsgeschmacksmusters**[30] angenommen.

III. Urheberrecht

Für die Angleichung des Urheberrechts der Mitgliedstaaten liegen zwar bereits seit Langem eingehende Voruntersuchungen vor,[31] eine umfassende Harmonisierung der Urheberrechte wurde jedoch bislang nicht in Angriff genommen. Vielmehr hat sich die Union bisher auf die punktuelle Angleichung des Urheberrechts in Bereichen beschränkt, in denen sich, insbesondere aufgrund der technischen Entwicklung, ein vordringlicher Regelungsbedarf ergab.[32]

Bislang wurden für die folgenden Bereiche Harmonisierungsvorschriften erlassen:

- Topografien von **Halbleitern**,[33]
- **Computerprogramme**,[34]

---

25 Art. 15 VO 207/2009; Art. 10 RL 2008/95.
26 Art. 13 VO 207/2009; Art. 7 RL 2008/95.
27 EuGH, Rs. C-355/96 (Silhouette), Slg. 1998, I-4799 zu RL 89/104, ABl. L40/1989, 1, die mit RL 2008/95 kodifiziert wurde.
28 VO 386/2012, ABl. L 129/2012, 1 = HER I A 66/45.
29 RL 98/71, ABl. L 289/1998, 28 = HER I A 66/23.
30 VO 6/2002, ABl. L 3/2002, 1 = HER I A 66/28.
31 Vgl. *A. Dietz*, Das Urheberrecht in der Europäischen Gemeinschaft, 1978.
32 S. zu diesem Vorgehen *Europäische Kommission*, Grünbuch über Urheberrecht und die technologische Herausforderung, KOM (88) 172, 23. 8. 1988; Grünbuch über Urheberrecht und verwandte Schutzrechte in der Informationsgesellschaft, KOM (95) 382, 19.7.1995; Initiativen zum Grünbuch über Urheberrecht und verwandte Schutzrechte in der Informationsgesellschaft, Mitteilung der Kommission, KOM (96) 568, 20.11.1996; Grünbuch Urheberrechte in der wissensbestimmten Wirtschaft, KOM(2008) 466, 16.7.2008; Urheberrechte in der wissensbestimmten Wirtschaft, Mitteilung der Kommission, KOM(2009) 532, 19.10.2009; Ein Binnenmarkt für Rechte des geistigen Eigentums, Mitteilung der Kommission, KOM (2011) 287, 24.5.2011; Mitteilung der Kommission über Inhalte im digitalen Binnenmarkt, KOM(2012) 789, 18.12.2012.
33 RL 87/54, ABl. L 24/1987, 36 = HER I A 66/5. Der in der Richtlinie vorgesehene Rechtsschutz wurde später auf natürliche und juristische Personen aus den Mitgliedstaaten der Welthandelsorganisation ausgedehnt. Vgl. E 94/824, ABl. L 349/1994, 201 = HER I A 66/12.
34 RL 2009/24, ABl. L 111/2009, 16 = HER I A 66/40.

- Vermietrecht und Verleihrecht,[35]
- Satellitenrundfunk und Kabelweiterverbreitung,[36]
- **Schutzdauer** des Urheberrechts und bestimmter verwandter Schutzrechte,[37]
- Schutz von **Datenbanken**,[38]
- bestimmte **Aspekte des Urheberrechts** und der verwandten Schutzrechte in der Informationsgesellschaft,[39]
- **Folgerecht** der Künstler,[40]
- **Durchsetzung der Rechte** des geistigen Eigentums,[41]
- **Nutzung verwaister Werke**.[42]

Die Kommission hat zudem eine Empfehlung zur länderübergreifenden kollektiven **Rechteverwertung bei Online-Musikdiensten** angenommen.[43]

C. Literatur

Behrens, Peter (Hg.), Stand und Perspektiven des Schutzes Geistigen Eigentums in Europa, Baden-Baden 2004; *Dybdahl-Müller, Lise*, Europäisches Patentrecht, Köln u.a. 2009; *Jaeger, Thomas*, System einer Europäischen Gerichtsbarkeit für Immaterialgüterrechte, Heidelberg 2013; *ders.*, The EU patent: cui bono et quo vadit?, CMLR 2010, S. 63 ff.; *Kaiser, Karen*, Geistiges Eigentum und Gemeinschaftsrecht, Berlin 2005; *Leistner, Matthias*, Harmonization of Intellectual Property law in Europe: The European Court of Justice's Trade mark case law 2004–2007, CMLR 2008, S. 69 ff.; *ders.*, Copyright law in the EC: status quo, recent case law and policy perspectives, CMLR 2009, S. 847 ff.; *Michel, Walter/von Lewinski, Silke* (Hg.), European Copyright law: a commentary, Oxford 2010; *Schricker, Gerhard/Bastian, Eva-Maria/Dietz, Adolf* (Hg.), Konturen eines europäischen Urheberrechts, Baden-Baden 1996; *Schricker, Gerhard/Bastian, Eva-Maria/ Knaak, Roland* (Hg.), Gemeinschaftsmarke und Recht der EU-Mitgliedstaaten, München 2006; *Singer, Margarete/Stauder, Dieter* (Hg.), Europäisches Patentübereinkommen, Kommentar, 5. Aufl., Köln u.a. 2010; *Walter, Michel M.* (Hg.), Europäisches Urheberrecht, Kommentar, Wien/New York 2000.

---

35 RL 2006/115, ABl. L 376/2006, 28 = HER I A 28/22.13.
36 RL 93/83, ABl. L 248/1993, 15 = HER I A 28/22.8.
37 RL 2006/116, ABl. L 342/2006, 12 = HER I A 28/22.12.
38 RL 96/9, ABl. L 77/1996, 20 = HER I A 66/20.
39 RL 2001/29, ABl. L 167/2001, 10 = HER I A 66/26.
40 RL 2001/84, ABl. L 272/2001, 32 = HER I A 66/27.
41 RL 2004/48, ABl. L 195/2004, 15 = HER I A 66/33.
42 RL 2012/28, ABl. L 299/2012, 5 = HER I A 59/83.
43 Empfehlung 2005/737, ABl. L 276/2005, 54 = HER I A 66/34.

§ 21 Wirtschafts- und Währungsunion

A. Einführung

Zu den Aufgaben der Union gehört gemäß Art. 3 Abs. 4 EUV; Art. 3 Abs. 1 lit.c) AEUV die Errichtung einer **Wirtschafts- und Währungsunion** (WWU) mit einer gemeinsamen Währung, dem **Euro**. Die **Währungspolitik** liegt in der ausschließlichen Zuständigkeit der Union, soweit die Mitgliedstaaten den Euro als gemeinsame Währung eingeführt haben (Art. 3 Abs. 1 lit. c) AEUV). Dagegen üben die Union **und** die Mitgliedstaaten wirtschaftspolitische Zuständigkeiten nach besonderen Regeln über die Aufteilung der jeweiligen Verantwortung aus (Art. 2 Abs. 3 AEUV). Art. 5 AEUV sieht hierfür eine **enge Koordinierung der Wirtschaftspolitik** der Mitgliedstaaten vor, deren Grundzüge vom Rat beschlossen werden. Vorschriften zur Konkretisierung dieser allgemeinen Regelungen finden sich im Titel VIII des AEUV (Art. 119–144) sowie in mehreren **Protokollen** zum EUV:

- Protokoll Nr. 4 über die Satzung des Europäischen Systems der Zentralbanken und der Europäischen Zentralbank,
- Protokoll Nr. 12 über das Verfahren bei einem **übermäßigen Defizit**,
- Protokoll Nr. 13 über die **Konvergenzkriterien** nach Artikel 140 AEUV,
- Protokolle Nr. 15–18 zur Regelung besonderer Fragen für einzelne Staaten.

Die WWU umfasst **alle** Mitgliedstaaten. Seit dem 1. Januar 1999 verfügt die Union über eine **einheitliche Währung**. Diese wurde allerdings erst in 18 (ab 1. Januar 2015: 19) der 28 Mitgliedstaaten eingeführt. Für die übrigen 10 Staaten gelten aus unterschiedlichen Gründen Ausnahmeregeln gemäß Art. 139 AEUV (dazu *Rn. 18)*. Wegen der unerwartet langwierigen Einführung des Euro im gesamten Gebiet der Union konsolidieren sich immer stärker eigenständige Strukturen der **Euro-Gruppe** innerhalb und z.T. auch außerhalb der Rechtsgrundlagen der Union (Art. 136, 137 AEUV; Protokoll Nr. 14 zum EUV; *Rn. 13, 18).*

Mit der Errichtung der WWU ist die Verantwortung für die Geld- und Wechselkurspolitik der an der gemeinsamen Währung beteiligten Staaten auf die **Europäische Zentralbank** übergegangen. Für die Mitgliedstaaten folgte daraus eine erhebliche Verminderung ihrer traditionellen ökonomischen Steuerungsinstrumente. Andererseits verbleiben den Staaten Entscheidungsspielräume in der Sozial- und Wirtschaftspolitik, die auf die Währungspolitik zurückwirken. Auch ist das Instrumentarium zur Koordinierung der staatlichen Wirtschaftspolitik widersprüchlich. Es belässt zwar den Staaten die Autonomie der politischen Gestaltung, sieht aber gleichzeitig Druckmittel vor, um Abweichungen von den gemeinsam festgelegten Zielen zu verhindern. Die Konsequenzen des daraus erwachsenden Spannungsverhältnisses für die Legitimation politischen Handelns in den Staaten und in der Union werden erst allmählich sichtbar. Der Konflikt um die Begrenzung der öffentlichen Ausgaben in den Mitgliedstaaten im Rahmen des „Stabilitäts- und Wachstumspakts" (*Rn. 6)* und die seit 2009 wirkende Finanzkrise verdeutlichen die zwangsläufigen Grenzen autonomer staatlicher Wirtschaftspolitik in einem gemeinsamen Währungsgebiet. Forderungen nach einer „Europäischen Wirtschaftsregierung"[1] deuten auf die Notwendigkeit weiterer Integrationsschritte, um die ökonomischen, sozialen und politischen Folgen der WWU solidarisch zu bewältigen. Die bisher beispiellose Intervention des Rates der Union, der gemäß Art. 126 Abs. 9 und Art. 136 AEUV seit 2010 mit Wirkung für Griechenland mehrere außerordentlich detaillierte wirtschaftpolitische Beschlüsse getroffen und die Regierung und das Parlament Griechenlands zur Umsetzung verpflichtet hat,[2] illustriert die inzwischen weit fortgeschrittene Praxis „europäischen Regierens" in diesem Bereich (*Rn. 9*, zu ähnlichen Interventionen in Irland und Portugal *Rn. 12*).

B. Allgemeine Wirtschaftspolitik

I. Begriff und vertragliche Grundlagen

3   Die **Wirtschaftspolitik**, die Steuerung der Wirtschaftsabläufe in einem Hoheitsgebiet, umfasst ein weites Arsenal an Instrumenten. Wirtschaftswissenschaftlich werden ihr „alle gestaltenden Maßnahmen, die der Staat oder von ihm abgeleitete oder faktisch zuständige Einrichtungen im Hinblick auf Wirtschaftsprozess, Wirtschaftsstruktur und Wirtschaftsordnung treffen" zugerechnet.[3]

Die wirtschaftspolitischen Gestaltungsmittel unterscheiden sich von Mitgliedstaat zu Mitgliedstaat. Sie werden jedoch überall von gemeinsamen Erfahrungen in den Wirtschaftskrisen des vergangenen Jahrhunderts geprägt. Alle marktwirtschaftlich ausgerichteten Industriestaaten bemühen sich, die Wirtschaftsabläufe in ihrem Hoheitsgebiet im Hinblick auf ein „gesamtwirtschaftliches Gleichgewicht" zu steuern. Als Zielbündel dient dabei ein „magisches Viereck" aus **Preisstabilität, Vollbeschäftigung, außenwirtschaftlichem Gleichgewicht** und **ausgewogenem Wirtschaftswachstum**,[4] das aber nur in „Sternstunden" gleichzeitig verwirklicht werden kann. Bei der Ausgestaltung der WWU erhielt die Preisstabilität Vorrang (Art. 119 Abs. 2, 127 AEUV).

4   Wie die ursprüngliche Hervorhebung der „Annäherung der Wirtschaftspolitik der Mitgliedstaaten" in Art. 2 EWGV als Mittel zur Erreichung der Ziele des Vertrages zeigt, war man sich bei Abschluss des EWGV der Gefahren unterschiedlicher Wirtschaftspolitiken für die Integration in einem einheitlichen Wirtschaftsraum bewusst. Die Mitgliedstaaten waren aber zunächst nicht bereit, ihren wirtschaftspolitischen Aktionsradius durch weitreichende Übertragung von Zuständigkeiten auf die Gemeinschaft insbesondere auf jenen Gebieten zu schmälern, in denen eine sozialgestaltende Regierungstätigkeit besondere legitimationsverschaffende Wirksamkeit verspricht. Der ursprünglichen EWG wurden daher nur einzelne Sektoren der Wirtschaftspolitik zur Gestaltung übertragen.

Auch nach der Einführung der WWU verbleibt die Wirtschaftspolitik grundsätzlich in der Verantwortlichkeit der Mitgliedstaaten. Doch sind diese gehalten, die Wirtschaftspolitik als Angelegenheit von „**gemeinsamem Interesse**" anzusehen und eine **Koordinierung** ihrer Politik mit der Politik der anderen Staaten nach dem Verfahren des

---

[1] S. dazu Mitteilung der Kommission » Stärkung der wirtschaftspolitischen Koordinierung, für Stabilität, Wachstum und Beschäftigung – Instrumente für bessere wirtschaftspolitische Steuerung der EU «, KOM (2010) 367 v. 30. Juni 2010; *Antpöhler*, Emergenz der Europäischen Wirtschaftsregierung, ZaöRV 72 (2012), 353–393 und bereits *Glomb*, Bedarf die WWU einer gemeinsamen „Wirtschaftsregierung?", in: *Caesar/Scharrer* (21.D), 15–24.

[2] BRat 2011/734, ABl. L 296/2011, 38 i.d.F. des BRat 2012/211, ABl. L 113/2012, 8.

[3] *Schiller*, Stichwort „Wirtschaftspolitik", Handwörterbuch der Sozialwissenschaften, 1965, 210. S.a. *Holzheu/Möller*, Stichwort „Wirtschaftspolitik", EvStL, 3. Aufl. 1988.

[4] Vgl. z.B. Art. I des Abkommens über den internationalen Währungsfonds vom 22. Juli 1944 (Abkommen von Bretton Woods).

§ 21 Wirtschafts- und Währungsunion

Art. 121 AEUV zu befolgen. Dafür bezeichnet der Vertrag **gemeinsame qualitative Vorgaben**: Gemäß Art. 120 AEUV müssen die Mitgliedstaaten (und die Union) bei der Gestaltung ihrer Wirtschaftspolitik den **Grundsatz einer offenen Marktwirtschaft mit freiem Wettbewerb** beachten (ebenso Art. 119 AEUV).[5] Weiterhin müssen die Mitgliedstaaten die vom Rat nach Art. 121 Abs. 2 AEUV beschlossenen „**Grundzüge der Wirtschaftspolitik**" einhalten. Damit gewährleistet wird, dass die staatliche Wirtschaftspolitik das Funktionieren der WWU nicht beeinträchtigt, unterwerfen sich die Mitgliedstaaten gemäß Art. 121 Abs. 3–5 AEUV einer „**multilateralen Überwachung**" (*Rn. 5,6*). Weiterhin sind Staaten und Union an die Bestimmungen der Art. 122 ff. AEUV gebunden, die u.a. zur **Haushaltsdisziplin** verpflichten (*Rn. 8–11*), andererseits aber auch in besonderen Fällen **finanziellen Beistand** der Union ermöglichen (*Rn. 12, 13*).

II. Koordinierung der Wirtschaftspolitik im Rahmen der WWU

Die wirtschaftspolitische Koordinierung gemäß Art. 120 Abs. 1 AEUV umfasst insbesondere folgende Maßnahmen der Union:

- genaue Beobachtung der volkswirtschaftlichen Tendenzen in den Mitgliedstaaten zur Sicherung einer dauerhaften Konvergenz und genaue Beobachtung der Wechselkursentwicklung des Euro,
- Überwachung der Haushaltslage und -politik der Mitgliedstaaten im Einklang mit dem Vertrag und dem Stabilitäts- und Wachstumspakt,
- Beobachtung der strukturpolitischen Maßnahmen der Mitgliedstaaten in den Bereichen Arbeits-, Güter- und Dienstleistungsmarkt sowie der Kosten- und der Preisentwicklungen, insbesondere soweit dadurch die Aussichten auf dauerhaftes nichtinflationäres Wachstum und die Schaffung von Arbeitsplätzen beeinträchtigt werden und
- Förderung von Steuerreformen zur Erhöhung der Effizienz und Vermeidung eines schädlichen Steuersenkungswettlaufs.[6]

In Art. 121 Abs. 2 AEUV ist die Festlegung der „**Grundzüge der Wirtschaftspolitik**" durch die Union vorgesehen, an denen sich die Mitgliedstaaten zu orientieren haben. Sie werden von der Kommission zunächst in Form einer Empfehlung formuliert und anschließend vom Rat der Wirtschafts- bzw. Finanzminister als Entwurf verabschiedet und dem Europäischen Rat unterbreitet. Der Europäische Rat äußert sich dazu in Form von Schlussfolgerungen, die wiederum die Grundlage der abschließend vom Rat zu verabschiedenden **Empfehlungen** bilden.[7] Außerdem überwacht der Rat die nationale Wirtschaftspolitik, insbesondere im Hinblick auf ihre Vereinbarkeit mit diesen Grundzügen. Diese umfassen u.a. die Verpflichtung zur Vermeidung makroökonomischer Ungleichgewichte (z.B. von Leistungsbilanzdefiziten oder – überschüssen). Der Rat kann dem betroffenen Mitgliedstaat bei mangelnder Übereinstimmung wirtschaftspolitische **Empfehlungen** aussprechen und im Rahmen eines förmlichen Verfahrens „bei übermäßigem Ungleichgewicht",die betreffenden Mitgliedstaaten zu einem „**Korrekturmaßnahmeplan**" verpflichten („**Multilaterale Überwachung**", Art. 121

---

5 Zur rechtlichen Tragweite dieses Grundsatzes EuGH Rs. C- 9/99 (Echirolles), Slg. 2000, I – 8207, Rn. 25.
6 Entschließung des Rates v. 13. Dezember 1997, ABl. C 35/1998, S. 1 = HER I A 53/2.12.
7 Beispiel: Empfehlung „Grundzüge der Wirtschaftspolitik" v. 13. Juli 2010, ABl. L 191/ 2010, 28.

Bieber

Abs. 3, 4 AEUV).[8] Zur Erfüllung dieser Verpflichtung der Mitgliedstaaten, ihr wirtschaftspolitisches Handeln zu erläutern und im Lichte der Vertragsziele zu rechtfertigen, müssen die Mitgliedstaaten regelmäßige Berichte vorlegen (Art. 121 Abs. 3 AEUV). Die Kommission kann „Überwachungsmissionen" in den Mitgliedstaaten durchführen.[9]

Um die Koordinierung der nationalen Wirtschafts- und Haushaltspolitik besonders in Hinsicht auf übermäßige Defizite zu garantieren, schlossen die Mitgliedstaaten 1997 einen „**Stabilitäts- und Wachstumspakt**".[10] Zur Konkretisierung der sich aus diesem Pakt ergebenen Pflichten erließ der Rat eine Verordnung, die die Überwachung der Einhaltung der haushaltspolitischen Vorgaben verstärkt.[11] Danach sind die an der Währungsunion teilnehmenden Mitgliedstaaten verpflichtet, regelmäßig **Stabilitätsprogramme** vorzulegen. Die nicht teilnehmenden Mitgliedstaaten müssen dagegen **Konvergenzprogramme** von Rat und Kommission bewerten lassen.[12] Da dieses System weder eine spürbare Koordinierung der staatlichen Politiken noch ein Begrenzung der Defizite in den öffentlichen Haushalten der Mitgliedstaaten bewirkte, beschloss der EU-Gesetzgeber 2011/2013 ein Bündel von Maßnahmen zur Verstärkung der Überwachung und damit zur indirekten Erzwingung der Einhaltung der „Grundzüge der Wirtschaftspolitik". Festgelegt wurden u.a. detaillierte und regelmäßige Berichtspflichten.[13] Gegen Euro-Staaten wurde sogar die Möglichkeit von Sanktionen bei Abweichungen eingeführt.[14]

7 Angesichts der seit der Finanzkrise deutlichen Verknüpfung zwischen staatlicher Wirtschaftspolitik und dem Handeln privater Akteure im Binnenmarkt, speziell von Finanzinstituten, hat die Union in den Jahren 2010/2013 der EZB gemäß Art. 127 Abs. 6 AEUV besondere Aufsichtsbefugnisse über Kreditinstitute zugewiesen[15] und weitere Maßnahmen beschlossen, die der Finanzaufsicht und der Begrenzung von „Systemrisiken" dienen sollen. Dazu gehören die Errichtung eines **Europäischen Ausschusses für Systemrisiken**[16] sowie **Aufsichtsbehörden für Banken, Versicherungswesen** und **Wertpapierhandel** (*§ 11 Rn. 151*).

III. Einhaltung der Haushaltsdisziplin

8 Wegen der Bedeutung der Haushaltspolitik für die Geldwertstabilität liegt das Schwergewicht des Kapitels Wirtschaftspolitik des AEUV in der **Verhinderung übermäßiger Haushaltsdefizite** der Mitgliedstaaten einschließlich ihrer regionalen Gebietskörperschaften und Sozialversicherungsträger (Art. 126 i.V.m. Protokoll Nr. 12 zum EUV), der **Untersagung von Kreditfazilitäten** der öffentlichen Hand bei den Zentralbanken

---

8 Vgl. VO 1176/2011 „zur Vermeidung und Korrektur makroökonomischer Ungleichgewichte", ABl. L 306/2012, 25. S. dazu Mitteilung der Kommission „Ergebnisse der vertieften Überprüfung nach VO (EU) Nr. 1176/2011 über die Vermeidung und Korrektur makroökonomischer Ungleichgewichte", KOM (2014)150 v. 5. März 2014.
9 VO 1176/2011 (oben, Anm. 8), Art. 13.
10 Entschließung des Europäischen Rates über den Stabilitäts- und Wachstumspakt, ABl. C 236/1997, 1 = *HER I A* 53/1.2, dazu *Hahn*, JuS 1997, 113 ff.
11 VO Nr. 1466/97, ABl. L 209/1997, 1, ergänzt durch VO 1175/2011, ABl. L 306/2011, 12 = *HER I A* 53/2.10.
12 Beispiele: Stellungnahmen zu Stabilitäts- und Konvergenzprogrammen der Mitgliedstaaten, ABl. C 142/2010 – C 146/2010.
13 VO 1176/2011, ABl. L 306/2011, 25 = *HER I A* 53/5.4.
14 VO 1174/2011, ABl. L 306/2011, 8 = *HER I A* 53/5.3.
15 VO 1024/2013, ABl. L 287/2013, 63.
16 VO 1092/2010 und 1096/2010, ABl. L 331/2010, 1, 162 = *HER I A* 28/19.41 und *HER I A* 28/19.43.

(Art. 123, 124 AEUV) sowie der **Untersagung einer Haftung der Union für Verbindlichkeiten der Mitgliedstaaten** (Art. 125 AEUV, bekannt unter dem Begriff „nobailout"). Als „öffentliches Defizit" gilt gemäß Protokoll Nr. 12 zum EUV (Art. 1) ein Maximum von 3 % für das Verhältnis zwischen geplantem oder tatsächlichem öffentlichen Defizit und dem Bruttoinlandsprodukt des betreffenden Mitgliedstaats und ein Verhältnis von maximal 60 % zwischen dem Stand der öffentlichen Schulden und dem Bruttoinlandsprodukt.

Die Einzelheiten des Verfahrens zur Überwachung der Entwicklung der nationalen Haushalte und zur Korrektur übermäßiger Defizite sind durch die RL 2011/85[17] und die Verordnung Nr. 1467/97 geregelt.[18] Mitgliedstaaten des Euro – Gebietes können überdies auf der Grundlage von Art. 136 Abs. 1 AEUV zusätzliche Pflichten zur Haushaltskonsolidierung auferlegt werden.[19]

Stellt der Rat die Existenz eines übermäßigen Defizits fest, dann sieht Art. 126 Abs. 7–11 AEUV ein besonderes Verfahren zur Abhilfe vor, das bis zur Verhängung von Sanktionen gegenüber einem Mitgliedstaat gehen kann, der den Empfehlungen des Rates keine Folge leistet. Führt die staatliche Wirtschaftspolitik zu einem derartigen Defizit und gehört der Staat dem Euroraum an,[20] so kann der Rat gemäß Art. 126 Abs. 9 AEUV den betreffenden Staat „in Verzug" setzen und dazu verpflichten, die für den Defizitabbau erforderlichen „Maßnahmen" zu ergreifen.[21]
Wie detailliert diese bindenden Vorgaben sein können, illustriert ein entsprechender Beschluss des Rates v. 8. Juni 2010, der (mehrfach ergänzt) Griechenland zur Sanierung seines Haushalts verpflichtet und darin neben zahlreichen gesetzlichen Neuregelungen u.a. die Kürzung des
Oster -, Urlaubs – und Weihnachtsgeldes für Beamte, die Vergabe von Glücksspiellizenzen, Senkung der Arzneimittelausgaben sowie Kürzungen bei der Beschaffung von Militärgütern vorsieht. Diese Verpflichtungen sind zumeist zahlenmäßig präzisiert und innerhalb eines vorgegebenen Zeitraums zu erfüllen[22]

9

Ob diese – vor allem auf deutschen Wunsch – beschlossenen Mechanismen zu starr oder gar kontraproduktiv sind, wenn in Zeiten schwachen Wachstums die staatlichen Einnahmen sinken, ist umstritten. Tatsächlich vermochten im Jahre 2003 und in den Folgejahren weder Frankreich noch Deutschland ein „übermäßiges öffentliches Defizit" zu vermeiden. Ein Versuch des Rates, die vertraglich vorgesehene Anwendung des Verfahrens auf beide Staaten in diesem Fall durch eine Aussetzung zu umgehen, wurde vom EuGH aufgehoben. Zwar verfüge der Rat bei seinen Entscheidungen über Vorschläge der Kommission über ein weites Ermessen, einschließlich einer Änderungs- und Ablehnungsbefugnis, doch sei er nicht befugt, einen völlig anderen als den vorgeschlagenen Beschluss zu treffen. Insbesondere zähle die VO 1467/97 die Fälle möglicher Aussetzung eines Defizitverfahrens abschließend auf.[23] Im Jahre 2005 wurden die VO 1466/97 und 1467/97 zunächst elastischer gestaltet, um den Besonderheiten einzelner Staaten besser Rechnung tragen zu können.[24]

10

---

17 RL 2011/85, ABl. L 306/2011, 41. Dazu Empfehlung des Rates v. 10. Juli 2012, ABl. C 219/2012, 95.
18 VO Nr. 1467/97, ABl. L 209/1997, 6, ergänzt durch VO 1177/2011, ABl. L 306/2011, 33 = HER I A 53/2.11. Eine weitere Verstärkung der Haushaltsüberwachung für die Staaten des Eurogebietes folgt aus den VO 472/2013 und 473/2013, ABl. L 140/2013, 1 und ABl. L 140/2013, 11 = HER I A 53/5.6 und 5.7.
19 Beispiel: BRat 2012/443 (Stärkung der Finanzstabilität Spaniens), ABl. L 202/2012, 17.
20 Gemäß Art. 139 II lit. b) gilt Art. 126 Abs. 9 und 11 AEUV nicht für Staaten, die den Euro noch nicht eingeführt haben.
21 Beispiel: BRat v. 21. Juni 2013 „zur Inverzugsetzung Belgiens", ABl. L 190/2013, 87.
22 Art. 2, BRat 2010/320, ABl. L 145/2010, 6, i.d.F. BRat 2012/211, ABl. L 113/2012, 8.
23 EuGH, Rs. C-27/04 (Kommission/ Rat), Slg. 2004, I – 6649, Rn. 70–90.
24 VO 1055/2005 und 1056/2005, ABl. L 174/ 2005, 1, 5.

11 In der Finanzkrise des Jahres 2010 und den Folgejahren zeigten sich erneut erhebliche Schwächen dieses Systems.[25] So konnte es nicht verhindern, dass im Jahre 2013 von den 28 Mitgliedstaaten nur 15 die vorgegebenen Kriterien einhielten, also in 13 Staaten ein übermäßiges Defizit im Sinne des Vertrages besteht. Auch war die Bereitstellung vollständiger und wahrheitsgemäßer Informationen durch die Mitgliedstaaten keine Selbstverständlichkeit. So war es der Kommission (bzw. dem Statistischen Amt der EU) aus Rücksicht auf staatliche Empfindlichkeiten zunächst verwehrt, die übermittelten Daten vor Ort zu überprüfen.[26] Zwar ergingen 2011 verschiedene Maßnahmen zur Korrektur einzelner Probleme mithilfe von Informationspflichten und verstärkten Sanktionen.[27] Doch gelang es den Mitgliedstaaten bisher nicht, ein effizientes Gleichgewicht zwischen staatlicher Autonomie und gemeinsamem Interesse auf dem Gebiet der Wirtschaftspolitik zu definieren und in entsprechenden Bestimmungen des AEUV festzulegen.[28]

Stattdessen einigten sich 25 der 27 Mitgliedstaaten,[29] auf der Grundlage eines besonderen völkerrechtlichen Vertrages („**Fiskalpakt**") vom 2. März 2012 darauf, in ihr jeweiliges staatliches Recht (im Regelfall in die Verfassung) eine Bestimmung zur Begrenzung der staatlichen Schulden aufzunehmen.[30] Die Kommission und der EuGH sollen an der Ausführung dieses Vertrages beteiligt werden, seine spätere Überführung in den AEUV ist vorgesehen. Der Fiskalpakt sieht im Übrigen in Art. 12 als neue Einrichtung einen „**Euro-Gipfel**" der Staats- und Regierungschefs der Euro-Staaten mit einem eigenen Präsidenten vor.

Das BVerfG hat die Ratifizierung dieses Vertrages für vereinbar mit dem GG erklärt (BverfGE 132, 195). Er ist am 1. Januar 2013 in Kraft getreten. Sein Inhalt hätte auch auf der Grundlage des geltenden EU-Rechts beschlossen werden können.

IV. Gegenseitiger (finanzieller) Beistand

12 Zur Bekämpfung wirtschaftspolitischer Notlagen einzelner Staaten sieht Art. 122 AEUV die Möglichkeit besonderer Hilfsmaßnahmen der Union vor. Diese können auch **finanziellen Beistand** umfassen (§ 5 Rn. 13). Im Gefolge der Finanzkrise des Jahres 2010 verabschiedete der Rat erstmals einen auf Art. 122 Abs. 2 AEUV gestützten Rechtsakt. Dieser „**Europäische Finanzstabilisierungsmechanismus**" (EFSM) soll es ermöglichen, einem Mitgliedstaat finanziellen Beistand der Union zu gewähren, um „die Stabilität, Einheit und Integrität der Europäischen Union zu wahren".[31] Dieser – in erster Linie zugunsten Griechenlands, Irlands und Portugals eingeführte, aber in allgemeiner Form abgefasste – Mechanismus ist wegen des Verbots der Haftung der Union für Verbindlichkeiten der Mitgliedstaaten soweit diese den Euro eingeführt haben (Rn. 8), nicht unproblematisch (abweichendes gilt für die Staaten außerhalb des Euroraumes, vgl. Art. 143 AEUV[32]). Jedenfalls kann er nur für außergewöhnliche Situatio-

---

25 Vgl. Europäischer Rat v. 17. Juni 2010, Schlussfolgerungen des Vorsitzes, Ziff. 9.
26 Die allgemeinen Möglichkeiten der Überprüfung und deren Grenzen sind geregelt in VO 479/2009, ABl. L 145/2009, 1 = HER I A 53 / 2.34. Diese VO wurde erst 2010 verschärft, vgl. VO 679/2010, ABl. L 198/2010, 1.
27 S. die in Anm. 14, 15, 18 und 20 genannten Rechtsakte.
28 Dazu Bieber/Maiani (D.).
29 Nicht beteiligt sind das Vereinigte Königreich, Tschechien und Kroatien.
30 „Vertrag über Stabilität, Koordinierung und Steuerung in der Wirtschafts- und Währungsunion", BGBl. II, 1008 = HER I A 53/4.72.
31 VO 407/2010, ABl. L 118/2010,1; Art. 1.
32 Beispiel: BRat 2013/532, „Gegenseitiger Beistand" für Rumänien, ABl. L 286/2013, 4.

nen, nicht aber für dauerhafte Maßnahmen als Rechtsgrundlage dienen.³³ Außerdem ist strittig, ob die Notlage Griechenlands tatsächlich als „außergewöhnliches Ereignis" im Sinne von Art. 122 Abs. 2 AEUV qualifiziert werden kann. Allerdings erscheint es möglich, Art. 125 AEUV im Lichte des Verfassungsprinzips der Solidarität einschränkend auszulegen.³⁴ Beistand auf der Grundlage des Art. 122 Abs. 2 AEUV wurde bisher zugunsten Irlands und Portugals geleistet. Ähnlich wie im Fall Griechenlands (*Rn.* 9) verknüpfte der Rat die Hilfeleistung mit der Bedingung der Erfüllung detailliert bezeichneter interner Gesetzgebungs- und Verwaltungsmaßnahmen.³⁵

V. Außervertragliche Instrumente zur Finanzhilfe

Der Finanzstabilisierungsmechanismus ist Teil eines umfassenden Pakets, das zunächst außerhalb der Handlungsermächtigungen des EU-Vertrages errichtet wurde und eine **„Europäische Finanzstabilisierungsfazilität"** (EFSF) sowie den **Europäischen Stabilitätsmechanismus (ESM)** umfasst. Zur Errichtung von Letzterem ermächtigte der nachträglich in Art. 136 AEUV eingefügte Abs. Abs. 3. Die **EFSF** wurde auf der Grundlage einer zwischenstaatlichen Vereinbarung der „Eurogruppe"-Mitgliedstaaten³⁶ in der Rechtsform einer Aktiengesellschaft nach luxemburgischen Recht errichtet. Das zu einer Beteiligung Deutschlands verabschiedete Ausführungsgesetz ist mit dem GG vereinbar, sofern die Haushaltsrechte des Bundestages gewahrt bleiben.³⁷

13

Der **ESM** beruht auf einem ebenfalls von den Euro-Staaten abgeschlossenen völkerrechtlichen Vertrag v. 2. Februar 2012.³⁸ Er soll als „internationale Finanzinstitution" (Finanz-)Mittel mobilisieren, um für Mitgliedstaaten, die schwer wiegende Finanzierungsprobleme haben, eine Stabilitätshilfe bereitzustellen. Voraussetzung dafür ist die Erfüllung „strikter Auflagen". Damit soll die Finanzstabilität des Euro–Währungsgebiets insgesamt gesichert werden. Wird eine Stabilitätshilfe beschlossen, dann hat die Kommission mit dem betreffenden Staat die einzelnen damit verbundenen Auflagen auszuhandeln und deren Erfüllung zu überwachen.

Der ESM besitzt eine eigenständige, von der EU unabhängige Rechtspersönlichkeit. Sein Kapital wird von den Mitgliedstaaten aufgebracht. Leitungsorgane sind der von den Regierungen der Vertragsstaaten benannte Gouverneursrat, das Direktorium und der geschäftsführende Direktor.

Der ESM ist mit dem GG vereinbar, sofern die Rechte des BT gewahrt und die Haftungsgrenzen eingehalten werden.³⁹ Er trat am 27. September 2012 in Kraft.

---

33 EuGH Rs. C – 370/12 (Pringle), U. v. 27. November 2012 Rn. 65.
34 Vgl. *Calliess*, (D.), 270.
35 BRat 2011/344, ABl. L 159, 88 (Portugal); BRat 2011/77, ABl. L 30/2011, 34 (Irland).
36 „Beschluss der im Rat der Europäischen Union vereinigten Vertreter der Regierungen der dem Euro-Währungsgebiet angehörenden Mitgliedstaaten", veröffentlicht als Ratsdokument Nr. 9614/10 v. 10. Mai 2010.
37 BVerfG, Urteil v. 7. September 2011, 2BvR 987/10; 2BvR 1485/10; 2BvR 1099/10; EuR 2011 Nr. 6, 828 ff. mit Anm. Ruffert, 842 ff.
38 BGBl. II, 983 = *HER I A* 53/4.71.
39 S. Urteile des BverfG v. 19. Juni 2012, 2 BvE 4/11; v. 12. September 2012; BVerfGE 132, 195 sowie v. 18. März 2014 2 BvR 1390/12. Dazu u.a. *Peuker*, EuR 2013 Nr. 1, 75–86.

C. Währungspolitik

I. Vorbemerkung

14 Eine **gemeinsame Währung** gehört zu den sichtbarsten und wirksamsten Symbolen einer gemeinsamen Ordnung. Sie ist überdies unerlässlich für einen echten Binnenmarkt.

Wechselkursänderungen zwischen den Währungen der Mitgliedstaaten oder flexible Wechselkurse verhinderten in der EWG zunächst das Entstehen eines funktionsfähigen Kapitalmarktes. Sie hielten auch die Unternehmen davon ab, ihr Marktverhalten an den Wirtschaftsdaten des Gemeinsamen Marktes als gesicherte Gegebenheiten eines Binnenmarktes zu orientieren. Parallel zur Entfaltung des Binnenmarktes gilt daher die Verwirklichung einer gemeinsamen Währungspolitik als zentrale Aufgabe der Integration.

Der EUV begründete mit Wirkung vom 1. Januar 1999 eine **gemeinsame Währung, den Euro.** Seit dem 1. Januar 2002 ist der Euro allgemeines, seit dem 1. Januar 2003 ausschließliches Zahlungsmittel in den an der Währungsunion beteiligten Staaten. **Seit seiner Einführung entwickelte sich der Euro zu einer der führenden und stabilen Währungen der Welt.**

Für die beteiligten Staaten ist ausschließlich die Union zur Führung der Währungspolitik zuständig (Art. 3 Abs. 1 lit. c) AEUV). Die europäische Integration erreicht damit eine neue Qualität. Sie wird für den Einzelnen weit über die bisherige Erfahrung fassbar und sichtbar. Zur Sicherung der Stabilität dieser Währung trifft der Vertrag institutionelle und verfahrensmäßige Vorkehrungen. Insbesondere garantiert der Vertrag die Unabhängigkeit der EZB und ihre enge Verzahnung mit den ebenfalls unabhängig organisierten Zentralbanken der Mitgliedstaaten.

Die Folgen der währungspolitischen Integration für die sonstigen Politikbereiche und den weiteren Integrationsprozess waren zunächst nur in Umrissen absehbar. Fest stand jedenfalls, dass die Spielräume für autonomes staatliches Handeln in den Bereichen Wirtschafts- und Währungspolitik klein geworden sind. Allerdings hat sich die Erwartung, die gemeinsame Währung werde von allein zu einer Angleichung der Wirtschaftspolitik führen, zunächst nicht erfüllt. Stattdessen lösten unterschiedliche wirtschaftspolitische Entwicklungen in den Mitgliedstaaten währungspolitische Krisenerscheinungen aus.

II. Vorgeschichte der Währungsunion

15 Die Staats- und Regierungschefs der EG beschlossen am 1./ 2. Dezember 1969 in Den Haag, der bei einem Nebeneinander von autonomen Wirtschaftspolitiken der Mitgliedstaaten drohenden Rückentwicklung der Gemeinschaft durch deren Ausbau zur Wirtschafts- und Währungsunion vorzubeugen.

Sie bekräftigten „ihren Willen, den für die Stärkung der Gemeinschaft und für ihre Entwicklung zur Wirtschaftsunion erforderlichen weiteren Ausbau beschleunigt voranzutreiben."[40]
Als Folge beschloss der Rat im Jahre 1971 einen **Stufenplan** zur Verwirklichung der Wirtschafts- und Währungsunion bis 1980 („Werner-Plan").[41]
Dabei musste zunächst ein Kompromiss zwischen den auf französischer und belgischer Seite vertretenen „monetaristischen" Vorstellungen und der auf deutscher und niederländischer Sei-

---

[40] Kommuniqué der Konferenz, 3. EG-GB (1969), S. 527. Zu dem vorangegangenen „Barre-Plan" der Kommission u.a. *Hallstein* (1.E) 142 ff.
[41] ABl. C 28/1971, 1. Grundlage dafür war ein Bericht einer Arbeitsgruppe, die vom damaligen Luxemburgischen Ministerpräsidenten *Pierre Werner* geleitet wurde (daher: „Werner Plan").

te stark vertretenen „ökonomistischen Grundhaltung" gefunden werden. Die Monetaristen erwarten von einer beschleunigten währungspolitischen Zusammenarbeit einen ständigen Druck auf die Annäherung der wirtschaftlichen und sozialen Entwicklung in den Mitgliedstaaten und die Integration der übrigen wirtschaftspolitischen Instrumente. Die Ökonomisten hingegen befürchten, bei einer währungspolitischen Integration trotz fortbestehender Unterschiede der Wirtschaftsstrukturen und der Preisentwicklung entweder schutzlos den hohen Inflationsraten anderer Mitgliedstaaten ausgesetzt zu sein oder finanziell zu stark zur Überwindung struktureller Ungleichgewichte beitragen zu müssen. Sie forderten daher die wirksame Koordinierung der Konjunktur-, Haushalts- und Wachstumspolitik als Voraussetzung einer währungspolitischen Integration.[42]

Die Verwirklichung des Stufenplans wurde durch den Zusammenbruch der im Abkommen von Bretton Woods niedergelegten, auf festen Wechselkursen beruhenden Weltwährungsordnung infrage gestellt. In der einsetzenden Krise gelang es zunächst nicht wie vorgesehen, 1974 zur zweiten Stufe der Wirtschafts- und Währungsunion überzugehen.

Die **Einheitliche Europäische Akte** stellte im Jahre 1986 in einem neuen Art. 102 a EWGV ausdrücklich klar, dass eine Vergemeinschaftung der Währungspolitik erst nach einer entsprechenden Vertragsänderung (und damit der Zustimmung der staatlichen Parlamente) möglich sein sollte. **16**

Im Juni 1988 beauftragte der Europäische Rat in Hannover eine Gruppe von Finanz- und Wirtschaftsexperten (Vorsitz: Kommissionspräsident *Delors*) mit der Ausarbeitung eines Planes für eine gemeinsame Währung.Dieser ging über die Einführung fester Wechselkurse hinaus und sah die Einführung einer einheitlichen Währung vor, da nur so der Binnenmarkt voll verwirklicht werde, weil Transaktionskosten entfallen.[43] Der Plan wurde trotz eines Vorbehalts Großbritanniens vom Europäischen Rat in Madrid im Juni 1989 gebilligt.

Die **erste Stufe** sah die völlige Liberalisierung des Kapitalverkehrs und verstärkte Bemühungen um größere wirtschaftliche Konvergenz vor. Sie konnte noch aufgrund des geltenden EWG-Vertrages am 1.7.1990 in Kraft treten, nachdem die Freiheit des Kapital- und Zahlungsverkehrs verwirklicht worden war.[44] Die **zweite** und **dritte** Stufe des Delors-Plans sind Gegenstand des Vertrages von Maastricht. Nach Ratifizierung dieses Vertrages begann am 1. Januar 1994 die zweite Stufe, eine Übergangsphase bis zur Einführung der gemeinsamen Währung am 1. Januar 1999, der dritten – endgültigen – Stufe. Sie bezeichnet den zur Zeit gültigen Rechtszustand und umfasst – mit Ausnahme Großbritanniens und Dänemarks (*Rn. 19*) – alle Mitgliedstaaten, also auch jene, die noch nicht die gemeinsame Währung für sich eingeführt haben. **17**

III. Rechtsgrundlagen

Gemäß Art. 119 AEUV umfasst die Tätigkeit der Mitgliedstaaten und der Union: **18**

„eine einheitliche Währung, den Euro, sowie die Festlegung und Durchführung einer einheitlichen Geld-, sowie Wechselkurspolitik, die beide vorrangig das Ziel der Preisstabilität verfolgen …".

Der AEUV enthält keine Definition der Währungspolitik, sondern bezeichnet lediglich einzelne Ziele und Zuständigkeiten. Titel VIII (Wirtschafts- und Währungspolitik), Kapitel 2–5. Kapitel 2 (Art. 127–133) gilt der Rechtsstellung und den Aufgaben der **Europäischen Zentralbank** (EZB) und des **Europäischen Systems der Zentralbanken** (ESZB) (dazu *§ 4 Rn. 89 f.*), Kapitel 3 (Art. 134, 135) betrifft institutionelle Einzelfra-

---

42 Dazu *Hillenbrand, Olaf*, Europa als Wirtschafts- und Währungsunion, in: *Weidenfeld* (Hg.), Europa-Handbuch, S. 498–521 m.w.N.
43 „Delors – Plan", Text in *Europa Archiv* 1989, D 283 ff.
44 RL 88/361, ABl. L 178/1988, 5 = *HER I A 29/2 (§ 11 Rn. 142 ff.)*.

gen, insbesondere den **Wirtschafts- und Finanzausschuss**, sowie das Verhältnis von Rat und Kommission mit der EZB. Kapitel 4 regelt die besondere Stellung der Staaten, die den Euro eingeführt haben. Kapitel 5 (Art. 139–144) enthält die Übergangsregeln für jene Staaten, die noch nicht die gemeinsame Währung einführen können. Die Vertragsbestimmungen über die WWU werden durch Protokolle ergänzt, die diese entweder vervollständigen oder Ausnahmeregelungen treffen. Sie stehen zudem in engem Sachzusammenhang mit den Vorschriften des AEUV, durch die der **Grundsatz des freien Kapitalverkehrs** eingeführt wird (Art. 63–66 AEUV, hierzu § 11 Rn. 141 ff.).

19 Die Gestaltung der Währungspolitik obliegt dem **Euro-System**. Dieses umfasst die EZB und die Zentralbanken der Mitgliedstaaten, die an der gemeinsamen Währung beteiligt sind (Art. 282 Abs. 1 AEUV, § 4 Rn. 89). Es wird von der EZB geleitet. Das Euro-System betreibt die Währungspolitik der Union. Dazu gehören u.a. die Verwaltung eigener Währungsreserven und die Kontrolle der Währungsreserven der Mitgliedstaaten.[45] Daneben wickelt es Devisengeschäfte ab und fördert das reibungslose Funktionieren der Zahlungssysteme. Die EZB überwacht den **Geldumlauf** (Art. 128 AEUV, Art. 16 Satzung EZB). Ausdrücklich bezeichnetes vorrangiges Ziel ist die Gewährleistung der Preisstabilität (Art. 127 Abs. 1, 2 AEUV). In der Erfüllung ihrer Aufgaben kann die EZB gemäß Art. 132 AEUV verbindliche Rechtsakte (u.a. Verordnungen und „Leitlinien") beschließen.[46]

20 Durch Aufnahme von zwei neuen Bestimmungen (Art. 136, 137 AEUV) konsolidierte der Vertrag von Lissabon die engere Zusammenarbeit und die strengeren wirtschaftspolitischen Verpflichtungen für die Mitgliedstaaten, die den Euro eingeführt haben. Damit soll die Stabilität der gemeinsamen Währung gesichert werden (s.a. Protokoll Nr. 14 zum EUV). Ausgehend von der besonderen Struktur zur Steuerung der Währungspolitik, die nur die Staaten betrifft, die den Euro eingeführt haben (*Rn. 19*), entwickelte sich zwischen diesen Staaten auch im Rahmen des Rates eine zusätzliche politische Struktur. Die betreffenden Mitgliedstaaten werden formell als **Euro-Gruppe** bezeichnet. Diese wählt einen Präsidenten. Die Staats – und Regierungschefs der Euro – Gruppe treffen sich als « Euro – Gipfel » (*Rn. 11*).

21 Die Einführung des Euro erforderte die Feststellung, dass die in Art. 140 AEUV sowie dem Protokoll Nr. 13 näher bezeichneten **Konvergenzkriterien** zur Erreichung einer **dauerhaften Konvergenz der Volkswirtschaften** der Mitgliedstaaten erfüllt sind. Außerdem war zu prüfen, ob die Mitgliedstaaten ihre Verpflichtungen bei der Verwirklichung der WWU und bei der **Verselbstständigung der jeweiligen Zentralbank** erfüllt haben.

Die Konvergenzkriterien bestehen kumulativ aus vier Maßstäben:

- ein hoher Grad an **Preisstabilität**;
- ein öffentliches Haushaltswesen **ohne übermäßiges Defizit** (kein höherer Gesamtschuldenstand als 60 % des BIP; keine jährliche neue Nettoverschuldung über 3 % des BIP);
- Einhaltung der normalen **Bandbreite der Wechselkurse** gegenüber den Mitgliedstaaten;
- **Dauerhaftigkeit** der Konvergenz (Niveau der langfristigen Zinssätze).

---

45 Art. 30, 31, Satzung ESZB.
46 Vgl. Art. 12.1 und 14.3 Satzung ESZB/EZB.

Weiterhin muss ein Mitgliedstaat vor einem Beitritt zur Eurozone mindestens zwei Jahre dem **Europäischen Wechselkurs-Mechanismus** (ERM-2)[47] angehört und keine Abwertung gegenüber der Währung eines anderen Mitgliedstaates vorgenommen haben.

Um die dauerhafte Beachtung der Konvergenzkriterien zu gewährleisten, wurde im Jahre 1997 ein Bündel wirtschaftspolitischer Maßnahmen (**„Stabilitätspakt"**) beschlossen (dazu oben *Rn. 6*).

Diejenigen Staaten, die wegen unzureichender Konvergenzfortschritte, wegen späteren Beitritts zur Union oder in Ausübung eines Vorbehaltes die gemeinsame Währung noch nicht eingeführt haben, können dies zu einem späteren Zeitpunkt zu denselben Bedingungen wie die ersten Mitglieder nachholen. Es kommt dann darauf an, wann sie die **Konvergenzkriterien** erfüllen (vgl. z.B. Art. 4 der Beitrittsakte v. 16. April 2003).

22

Die Kommission prüft mindestens alle zwei Jahre von Amts wegen oder auf Antrag gemäß Art. 140 AEUV, ob der betreffende Staat die Voraussetzungen zur Einführung der gemeinsamen Währung erfüllt. Ist dies der Fall, dann ergeht ein entsprechender Beschluss des Rates (Art. 140 Abs. 2 AEUV). Solange kein derartiger Beschluss ergangen ist, nehmen diese Staaten nicht an den währungspolitischen Entscheidungen der EZB und des Rates teil (Artikel 139 AEUV).[48] Auch die Sanktionen im Falle von übermäßigen Defiziten gelangen nicht zur Anwendung (Art. 139 Abs. 2 lit. b) AEUV).

Besonderheiten gelten bezüglich des **Vereinigten Königreichs** und **Dänemarks**. Diese Staaten haben sich in besonderen Protokollen (Nr. 15 und 16 zum EUV) vorbehalten, nicht in die Stufe 3 der WWU einzutreten. Dänemark machte diesen Vorbehalt bereits 1992 geltend.[49] Danach können Dänemark und das Vereinigte Königreich selbst bestimmen, wann sie in die dritte Stufe der Währungsunion eintreten. In Bezug auf **Schweden** gilt keine derartige Ausnahme. Vielmehr ergab das Verfahren zunächst, dass dieser Staat die Konvergenzkriterien nicht erfüllte.[50] Diese Situation hat sich zwar verändert, doch wurde nach einer negativen Volksabstimmung in Schweden im Jahre 2003 das – grundsätzlich automatisch einzuleitende Konvergenz – Prüfungsverfahren (vgl. Art. 140 AEUV) auf unbestimmte Zeit ausgesetzt.

23

Unter den damaligen Mitgliedstaaten erfüllten im Jahre 1998 lediglich Griechenland und Schweden die Konvergenzkriterien nicht. Daraufhin bestätigte der Rat für elf Staaten den Übergang zur gemeinsamen Währung,[51] beschloss die Einführung des **Euro** ab dem 1. Januar 1999[52] und die unwiderruflich festen Kurse, zu denen die Währungen der Teilnehmerstaaten durch den Euro ersetzt wurden.[53]

24

Nach (problematischer) Erfüllung der Konvergenzkriterien konnte Griechenland am 1. Januar 2001 der gemeinsamen Währung beitreten. Der Beitritt Sloweniens erfolgte am 1. Januar 2007, Zyperns und Maltas am 1. Januar 2008, der Slowakei am 1. Janu-

---

47 Abkommen zwischen der EZB und den Zentralbanken der nicht dem Euro-Währungsgebiet angehörenden Mitgliedstaaten über die Funktionsweise eines Wechselkurs-Mechanismus in der dritten Stufe der WWU v. 16. März 2006, ABl. C 73/2006, 21 = *HER IA* 53/1.8.
48 Zur Regelung der Währungszusammenarbeit mit diesen Staaten s. Abkommen v. 16. März 2006, oben Anm. 51.
49 Vgl. Beschluss des Europäischen Rates vom 11./12. Dezember 1992, Abschnitt B, ABl. C 348/1992, 1,2.
50 E Rat 98/317, ABl. L 139/1998, 30 = *HER I A* 53/2.15; GB 2003, 68. Dazu näher *Louis (D.)*, 603–606.
51 E Rat 98/317, ABl. L 139/1998.
52 Vgl. VO 974/98, ABl. L 139/1998, 1 = *HER I A* 53/6.2.
53 VO 2866/98, ABl. L 359/1998, 1 = *HER I A* 53/6.5.

ar 2009, Estlands am 1. Januar 2011, Lettlands am 1. Januar 2014 und Litauens ab 1. Januar 2015.[54] Ab dem Jahre 2015 umfasst der Euroraum damit 19 Staaten.

25 Im System des Vertrages ist die gemeinsame Währung als **nicht reversibel** konzipiert (vgl. Art. 140 Abs. 3 AEUV : « unwiderruflich »). Ein « Ausscheiden » eines Staates aus dem Euro – Gebiet wäre allenfalls mithilfe einer einstimmigen und von allen staatlichen Parlamenten zu billigenden Vertragsänderung gemäß Art. 48 EUV möglich (s.a. *§ 7 Rn. 27 ff., 37*).[55]

IV. Ausführung der Währungspolitik

26 Grundlegend für die Durchführung der Geldpolitik und die Zusammenarbeit mit den Zentralbanken der Mitgliedstaaten ist die gemäß Art. 127 Abs. 2 AEUV erlassene **„Leitlinie über geldpolitische Instrumente und Verfahren des Eurosystems".**[56] Darin werden die zur Erreichung der Ziele des Eurosystems einsetzbaren Instrumente präzisiert („Offenmarktgeschäfte", „ständige Fazilitäten" sowie die Mindestreservepflichten für Kreditinstitute). Bereits zuvor hatte die EZB aufgrund der speziellen Ermächtigung in Art. 19.1 der Satzung eine Mindestreservepflicht für Kreditinstitute durch Verordnung festgelegt.[57] Zur Erleichterung der Abwicklung von Zahlungen im Verkehr zwischen Banken errichtete die EZB, gestützt auf Art. 22 der Satzung ein „Echtzeit-Zahlungssystem".[58]

27 Die EZB darf keine Schuldtitel staatlicher Institutionen „unmittelbar" erwerben (Art. 123 Abs. 1 AEUV). Im Rahmen der Finanzkrise Griechenlands beschloss die EZB, gestützt auf Art. 127 Abs. 2 AEUV, „temporäre Maßnahmen" zur Herabsetzung der Kriterien für die Notenbankfähigkeit der von der griechischen Regierung begebenen Schuldtitel[59] sowie ein „Programm für die Wertpapiermärkte".[60] Sie beschloss außerdem im Jahre 2012 Maßnahmen für den Ankauf von Staatsanleihen einzelner Staaten („OMT").[61] Die Vereinbarkeit dieser Maßnahme mit dem Sinn von Art. 123 AEUV ist strittig. Sie muss im Lichte der außerordentlichen Krise der Finanzmärkte seit Mai 2010 und der Aufgabe der EZB, die „allgemeine Wirtschaftspolitik in der Union" zu unterstützen (Art. 127 Abs. 1 AEUV) bewertet werden (s. a. Art. 18 ESZB-Satzung). Nach Meinung des BVerfG liegen diese Maßnahmen der EZB nur dann innerhalb des Mandats der EZB, wenn ihnen eine unionsrechtskonforme Auslegung gegeben wird. Diese müsste insbesondere in der Beachtung von Grenzen des Ankaufsprogramms bestehen.[62] Das BVerfG hat dem EuGH die Frage der Gültigkeit des Programms zur Auslegung vorgelegt und seine Sachentscheidung bis zu einer Antwort ausgesetzt.[63]

---

54 E Rat v. 19. Juni 2000, ABl. L 167/2000, 19; ERat v. 11. Juli 2006, ABl. L 195/2006, 25; ERat v. 10. Juli 2007, ABl. L 186/2007, 29, 32; B Rat v. 13. Juli 2010, ABl. L 196/2010, 24; B Rat v. 9. Juli 2013, ABl. L 195/2013, 24; BRat v. 23. Juli 2014, ABl. L 228/2014, 29.
55 Dazu *Meyer (D.)*.
56 EZB/2011/14, ABl. L 331/2011, 1 = HER I A 53/4.69.
57 VO 1745/2003, ABl. L 250/2003, 10 = HER I A 53/4.35.
58 Leitlinie 2012/27, ABl. L 30/2013, 1 = HER I A 54/56.
59 Beschluss EZB v. 6. Mai 2010, ABl. L 117/2010, 102.
60 Beschluss EZB 2010 / 281, ABl. L 124 / 2010, 8 = HER I A 53 / 4. 62.
61 Dazu Leitlinie 2012/641, ABl. L 284/2012, 14. Das EuG hat eine gegen die EZB gerichtete Klage mit dem Ziel der Aufhebung dieser Leitlinie für unzulässig erklärt. Rs. T – 492/12 (v. Storch/EZB), Beschluss v. 10. Dezember 2013.
62 BVerfG Beschluss v. 14. Januar 2014, 2 BvR 2728/13 u.a.
63 EuGH Rs. C – 62/14 (Gauweiler u.a.), ABl. C 129/2014, 11.

D. Literatur

Bark, Felix, Das gemeinschaftliche Defizitverfahren, Frankfurt/M. 2004; *Bieber, Roland/Maiani, Francesco*, Sans solidarité point d'Union européenne, RTDE 2012, Nr. 48(2), 294–324; *Brunila, A./Buti, M./Franco, D.* (Hg.), The Stability and Growth Pact – The Architecture of Fiscal Policy in EMU, Basingstoke 2002; *Caesar, Rolf/Scharrer, Hans Eckart* (Hg.), Die Europäische Wirtschafts- und Währungsunion, Bonn 1998; *Calliess, Christian*, Perspektiven des Euro zwischen Solidarität und Recht, ZeuS 2011, Nr. 4, 213–282; *Franzmeyer, Fritz* (Hg.), Das Konvergenzproblem – Wirtschaftspolitik im Europa von Maastricht, Berlin 1994; *Gaitanides, Charlotte*, Das Recht der Europäischen Zentralbank, Tübingen 2005; *de Grauwe, Paul*, economics of monetary union, 9. Aufl., Oxford 2012; *Hoffmann, Jochen*, Europäisches Währungsverwaltungsrecht, in: Terhechte (Hg.), Verwaltungsrecht der Europäischen Union, Baden – Baden 2011, 981–1000; *Louis, Jean-Victor*, The Economic and Monetary Union: Law and Institutions, CMLR 2004 (4), 575–608; ders., Guest editorial: The No – BailOut Clause and Rescue Packages, CMLR 2010 Nr. 47, 971 986; ders., L'Union européenne et sa monnaie (= Commentaire Mégret), 3. Aufl., Brüssel 2009; ders., EMU and enhanced cooperation, in: Diederichs/Faber/Tekin/Umbach (Hg.), Europe Reloaded, Baden-Baden 2011, 303–330; *Meyer, Dirk*, Rechtliche Möglichkeiten eines Ausscheidens aus dem Euro und die Rückübertragung der Währungssouveränität, EuR 2013, Nr. 3, 334–347; *Müller-Graff, Peter-Christian*, Euroraum – Budgethilfepolitik im rechtlichen Neuland, integration 2011 Nr. 4, 289–307; *Padoa-Schioppa, Tommaso*, The Road to the Monetary Union in Europe, Oxford 1994; *Pelkmans, Jacques*, European Integration, Methods and Economic Analysis, 3. Aufl., Harlow 2006, 265–306; *Schulze-Steinen, Mathias*, Rechtsfragen zur Wirtschaftsunion, Baden-Baden 1997; *Seidel, Martin*, Konstitutionelle Schwächen der Währungsunion, EuR Nr. 6/2000, 861–878; *Siekmann, Helmut*, EWU, Kommentar zur Europäischen Währungsunion, Tübingen 2013; *Stadler, Rainer*, Der rechtliche Handlungsspielraum des Europäischen Systems der Zentralbanken, Baden-Baden 1996; *Thym, Daniel*, Euro – Rettungsschirm: zwischenstaatliche Rechtskonstruktion und verfassungsgerichtliche Kontrolle, EuZW 2011, 167–169;

§ 22 Sozialpolitik

A. Grundlagen

1 Der Begriff „Sozialpolitik" erfasst die Gesamtheit der Maßnahmen zur Verbesserung der Arbeits- und Lebensbedingungen des Menschen, worunter einerseits **strukturelle Maßnahmen**, etwa auf dem Gebiet der Arbeitsvermittlung, andererseits die **materiellrechtliche Stellung** des Einzelnen betreffende Maßnahmen fallen. Die Sozialpolitik steht in engem Zusammenhang mit der Wirtschaftspolitik, und zwar sowohl wegen der gesamtwirtschaftlichen Bedeutung, die den für sozialpolitische Zwecke eingesetzten Mitteln zukommt, als auch wegen der Überschneidungen sozialpolitischer und allgemein wirtschaftspolitischer Maßnahmen, wie sie sich vor allem in der Beschäftigungspolitik zeigen.

2 In der Union sind die vertraglichen Vorschriften über die Sozialpolitik und deren (sekundärrechtliche) Ausgestaltung vor dem Hintergrund zweier unterschiedlicher Konzeptionen des Zusammenhangs zwischen der Errichtung des Binnenmarktes und der Entwicklung des sozialen Gleichgewichts zu sehen.[1] Diese unterscheiden sich in den Mitteln, die sie zur Durchführung des in der Präambel des AEUV enthaltenen Vertragsziels, „durch gemeinsames Handeln den wirtschaftlichen und sozialen Fortschritt" zu sichern, und des in Art. 3 Abs. 3 EUV formulierten Ziels der Vollbeschäftigung und des sozialen Fortschritts für notwendig halten. Während sich nach **wirtschaftsliberaler Auffassung** die angestrebte Verbesserung der Lebens- und Arbeitsbedingungen als Folge des Wirkens des Binnenmarktes und der mit ihm einhergehenden Produktivitätsverbesserungen fast automatisch ergebe, entstehe nach der Gegenauffassung gerade mit einer verstärkten wirtschaftlichen Integration die **Gefahr des sozialen Dumpings**, so dass eine Harmonisierung der Sozialvorschriften der Mitgliedstaaten notwendig sei.

> Danach sind Sozialkosten künstliche Lasten der Unternehmer, welche die Wettbewerbsgleichheit beeinträchtigen und nicht, wie es dem wirtschaftsliberalen Standpunkt entspricht, natürliche standortbedingte Kosten, die durch höhere Produktivität kompensiert werden.
> Auf der Grundlage der genannten vertraglichen Zielsetzungen dürfte es – unabhängig davon, welche der beiden erwähnten Grundkonzeptionen zugrunde gelegt wird – bei der Verwirklichung des Binnenmarktes jedenfalls nicht nur um die Stärkung des wirtschaftlichen Wachstums gehen, sondern es sollte auch eine gerechtere Verteilung der sich daraus ergebenden (Produktivitäts-)Gewinne angestrebt und eine Erhöhung der Lebensqualität der Bevölkerung in der Union insgesamt erreicht werden. Insofern ist es auch gerechtfertigt, von der **sozialen Dimension des Binnenmarktes** zu sprechen.

3 Der AEUV enthält zwar einen Beleg für die wirtschaftsliberale These, denn er weist in Art. 151 Abs. 3 AEUV auf das „eine Abstimmung der Sozialordnungen begünstigende Wirken des Binnenmarktes" hin. Doch soll die Schaffung von Beschäftigungsmöglichkeiten nicht allein den Marktkräften überlassen, sondern durch die Errichtung des Europäischen Sozialfonds verbessert werden (Art. 162 AEUV). Darüber hinaus sind in Art. 157, 158 AEUV jedenfalls hinsichtlich der Frauenarbeit und der bezahlten Freizeit Regelungen getroffen worden, die ein „soziales Dumping" gerade verhindern sollen. Im Übrigen wird in Art. 151 Abs. 3 AEUV festgehalten, dass sich die sozialpolitische Entwicklung in der Union sowohl aus „dem eine Abstimmung der Sozialordnungen

---

[1] Hierzu *Schlachter/Seifert*, in: Schulze/Zuleeg/Kadelbach (Hg.), Europarecht. Handbuch für die deutsche Rechtspraxis, 2. Aufl., 2010, § 39, Rn. 1 ff. Vgl. zur „Wirtschaftsverfassung" der EU auch die Nachweise in § 10 Fn. 1.

begünstigenden Wirken des Binnenmarktes als auch aus den in den Verträgen vorgesehenen Verfahren sowie aus der Angleichung ihrer Rechts- und Verwaltungsvorschriften ergeben wird", und Titel IX („Beschäftigung") setzt zumindest auch auf politische Impulse (*Rn. 44 ff.*). Schließlich nimmt Art. 3 Abs. 3 EUV auf die „soziale Marktwirtschaft" Bezug, und Art. 2 EUV erwähnt ausdrücklich Gleichheit und Solidarität. Darüber hinaus verankert die Charta der Grundrechte (Art. 27 ff.) umfangreiche Sozialrechte und unterstreicht damit die soziale Dimension des Binnenmarktes. Insofern beruhen die vertraglichen Regelungen und das in ihrer Ausführung ergangene Recht (*Rn. 24 ff.*) auf einem Kompromiss zwischen den beiden genannten Auffassungen. Der Vertrag lässt sich jedenfalls nicht für die eine oder andere Auffassung in Anspruch nehmen und ist für verschiedene Modelle offen.

Die **sozialpolitischen Bestimmungen des Vertrages** („Sozialpolitik i.w.S.") lassen sich in drei große Gebiete einteilen: die im Dritten Teil, Titel X AEUV bezeichnete **Sozialpolitik**, mit dem Sonderthema der **Gleichstellung von Mann und Frau**, der **Europäische Sozialfonds** (Titel XI AEUV) und die **Beschäftigung** (Titel IX AEUV).   4

Neben den Regelungen in diesen Bestimmungen finden sich **spezielle sozialpolitische Vorschriften** in Art. 45 ff. AEUV (Freizügigkeit der Wanderarbeitnehmer). Weiter erlauben die Handlungsermächtigungen auf dem Gebiet der Landwirtschaft (Art. 43 AEUV) und des Verkehrs (Art. 91 AEUV) auch den Erlass sozialer Vorschriften.[2] Bei der Schaffung gemeinsamer Agrarmarktorganisationen sind soziale Gesichtspunkte zu berücksichtigen, gemäß Art. 39 Abs. 1 lit. b AEUV die „angemessene Lebenshaltung" der landwirtschaftlichen Bevölkerung und gemäß Art. 39 Abs. 2 AEUV der „soziale Aufbau der Landwirtschaft". Aber auch die Grundfreiheiten sowie Art. 18 AEUV enthalten gewisse sozial- oder bildungspolitische Komponenten, so etwa wenn es um die Anerkennung von Berufsqualifikationen oder den Zugang zu bestimmten auf den Zugang zum Arbeitsmarkt ausgerichtete Sozialleistungen geht (*§ 11 Rn. 95*).   5

Nachdem der Vertrag von Lissabon nunmehr ausdrücklich in **Art. 9 AEUV** die Berücksichtigung sozialpolitischer Anliegen im Rahmen der Festlegung und Durchführung aller Unionspolitiken angeordnet hat, ist es auch im Bereich der Sozialpolitik gerechtfertigt, von einer „**Querschnittsaufgabe**" zu sprechen. Jedenfalls implizieren diese vertraglichen Bestimmungen, dass bei Konflikten zwischen den wirtschaftlichen und den sozialen Vertragszielen Ersteren nicht „automatisch" eine Priorität zukommt, sondern ein angemessener Ausgleich zu suchen ist.   6

B. Sozialpolitik

I. Überblick

Die vertraglichen Regelungen im Bereich der Sozialpolitik (Dritter Teil Titel X AEUV, „Sozialpolitik", Art. 151 ff. AEUV) erfuhren mit dem Vertrag von Amsterdam grundlegende Änderungen, u.a. im Gefolge der **Überführung** des auf den Vertrag von Maastricht zurückgehenden **Abkommens über die Sozialpolitik**[3] in den EG-Vertrag, was zu einer Erweiterung der Kompetenzen der Union führte.[4]   7

In der **Aufgaben- und Zielnorm** des Art. 151 AEUV bekennen sich die Mitgliedstaaten zu einigen eher allgemein formulierten sozialpolitischen Zielsetzungen, so zu den Grundsätzen der 1961 unterzeichneten Europäischen Sozialcharta und der Gemein-   8

---

2 Z.B. VO 561/2006 zur Harmonisierung bestimmter Sozialvorschriften im Straßenverkehr, ABl. L 102/2006, 1 = *HER I A* 30/2.98.
3 An dem Großbritannien nicht beteiligt war.
4 Hierzu ausführlich *Runggaldier*, in: Die EU nach dem Vertrag von Amsterdam *(F.IV.)*, 209 ff.

Epiney

schaftscharta der sozialen Grundrechte der Arbeitnehmer von 1989 (*Rn. 21*), der „Verbesserung der Lebens- und Arbeitsbedingungen der Arbeitskräfte, um dadurch auf dem Wege des Fortschritts ihre Angleichung zu ermöglichen", und der Sicherstellung eines angemessenen sozialen Schutzes" (Art. 151 Abs. 1 AEUV).

Der EuGH zog – neben der Gemeinschaftscharta der sozialen Grundrechte, der Sozialcharta und der Grundrechtecharta – Art. 151 AEUV heran, um ein **Unionsgrundrecht auf Streik** zu begründen, dessen Wahrnehmung auch Beschränkungen der Grundfreiheiten rechtfertigen könne. Dabei stellte der Gerichtshof jedoch hohe Anforderungen an die Rechtfertigung und erachtete jedenfalls das „isolierte" Ziel – im Zusammenhang mit dem Kampf gegen Billigflaggen – der Verhinderung der Registrierung von Schiffen in einem anderen Staat als in dem, in dem die wirtschaftlichen Eigentümer dieser Schiffe ansässig sind, als keiner Rechtfertigung zugänglich. Ebenso wenig könne es durch das Allgemeininteresse des Schutzes der Arbeitnehmer gerechtfertigt werden, wenn durch einen Streik die Anwendung eines Tarifvertrages durch einen in einem anderen Mitgliedstaat ansässigen Dienstleistungserbringer erzwungen werden soll, falls dieser Dienstleistungserbringer die in der RL 96/71 enthaltenen Mindestanforderungen beachtet, lege doch die RL 96/71 den Kern zwingender Bestimmungen über ein Mindestmaß an Schutz im Aufnahmemitgliedstaat fest.[5]

9   Eine Reihe weiterer Bestimmungen des Titels ist der **Rolle der Sozialpartner** und dem **sozialpolitischen Dialog** gewidmet.

Nach dem durch den Vertrag von Lissabon neu eingeführten Art. 152 AEUV erkennt die Union die Rolle der Sozialpartner auf Unionsebene an und fördert sie, dies unter Berücksichtigung der Unterschiedlichkeit der nationalen Systeme. Weiter wird der „Dreigliedrige Sozialgipfel für Wachstum und Beschäftigung" erwähnt, der zum sozialen Dialog beitragen soll. Damit wird die Rolle der Sozialpartner auf EU-Ebene auf primärrechtlicher Ebene verankert und der genannte Sozialgipfel institutionalisiert.
Der Dialog zwischen den Sozialpartnern und die darauf bezogene Rolle der Kommission ist Gegenstand der Art. 154f. AEUV. Bemerkenswert ist hier die vertragliche Festlegung der relativ weitgehenden Einflussnahme der Sozialpartner.[6]

10 Weitere Bestimmungen des Titels betreffen die Zusammenarbeit zwischen den Mitgliedstaaten, Aspekte der Gleichstellung von Mann und Frau sowie verschiedene Berichte und den Ausschuss für Sozialschutz.

Art. 156 AEUV beauftragt die Kommission, im Hinblick auf die Ziele des Art. 151 AEUV die **Zusammenarbeit zwischen den Mitgliedstaaten** in der Sozialpolitik zu fördern. In diesem Sinn kann sie insbesondere Stellungnahmen abgeben, zu denen sie den Wirtschafts- und Sozialausschuss anzuhören hat.
Art. 157 AEUV enthält den **Grundsatz des gleichen Entgelts** für Männer und Frauen (*Rn. 29ff.*), Art. 158 AEUV eine Absichtserklärung der Mitgliedstaaten, „die bestehende Gleichwertigkeit der Ordnungen über die bezahlte Freizeit beizubehalten".
Art. 159, 161 AEUV sehen Berichtspflichten der Kommission vor.
Der in Art. 160 AEUV verankerte beratende **Ausschuss für Sozialschutz** soll die Zusammenarbeit im Bereich des sozialen Schutzes zwischen den Mitgliedstaaten und mit der Kommission fördern.

11 Insgesamt geht die Systematik des Vertrages davon aus, dass die allgemeine Sozialpolitik grundsätzlich **Angelegenheit der Mitgliedstaaten** bleibt. Die Tätigkeiten der Union sollen diejenigen der Mitgliedstaaten (nur, aber immerhin) „unterstützen und ergän-

---

5   EuGH, Rs. C-438/05 (Viking), Slg. 2007, I-10779. S. auch EuGH, Rs. C-341/05 (Laval UN Partneri), Slg. 2007, I-11767. Zu dieser Rechtsprechung instruktiv *Mayer*, Der EuGH als Feind? Die Debatte um das soziale Europa in der europäischen Rechtsprechung, integration 2009, 246 ff.; *Joerges/Roedl*, Informal Politics, Formalised Law and the "Social Deficit" of European: Reflections after the Judgments of the ECJ in *Viking* and *Laval*, ELJ 2009, 1 ff.
6   Zu dieser Bestimmung und der konkreten Durchführung des „sozialen Dialogs" z.B. *Waas*, Der soziale Dialog auf europäischer Ebene, ZESAR 2004, 443 ff.

zen" (Art. 153 Abs. 1 AEUV), was nichts an einer relativ weitreichenden Zuständigkeit der Union (*Rn. 12 ff.*) und der Bedeutung ihrer Aktivitäten ändert.

II. Rechtsgrundlagen

Als **Rechtsgrundlagen** für Maßnahmen der Union im Bereich der Sozialpolitik kommen – neben den hier nicht weiter behandelten speziellen Vorschriften verschiedener Politikbereiche (*Rn. 5*) – insbesondere Art. 153, 157 Abs. 3 AEUV sowie die allgemeinen Handlungsermächtigungen der Art. 114, 115, 352 AEUV infrage:

Zur Verwirklichung der in Art. 151 AEUV genannten Zielsetzungen stehen der Union auf der Grundlage des **Art. 153 Abs. 1 AEUV** in den in dieser Bestimmung aufgezählten Bereichen Regelungskompetenzen zu. Erfasst werden neben der Verbesserung der Arbeitsumwelt und dem Schutz der Gesundheit der Arbeitnehmer ganz allgemein die Arbeitsbedingungen,[7] der soziale Schutz der Arbeitnehmer, die „Mitbestimmung" der Arbeitnehmer, die Wiedereingliederung vom Arbeitsleben ausgegrenzter Personen, die Bekämpfung der sozialen Ausgrenzung, allgemein die Modernisierung der Systeme des sozialen Schutzes und die Chancengleichheit von Mann und Frau. Ausgeschlossen sind jedoch die Bereiche des Arbeitsentgelts, des Koalitionsrechts, des Streikrechts sowie des Aussperrungsrechts (Art. 153 Abs. 5 AEUV).

> Der Anwendungsbereich des Art. 153 Abs. 1 AEUV ist in Anknüpfung an die verschiedenen in der Bestimmung genannten materiellen Bereiche zu bestimmen. Einige der genannten Gebiete verwenden den Begriff „Arbeitnehmer"; dieser Begriff ist grundsätzlich parallel zu Art. 45 AEUV auszulegen, wenn auch Besonderheiten in der Zielsetzung des Titels Sozialpolitik in Einzelbereichen einen weiteren Anwendungsbereich nahelegen können. Im Übrigen können auf diese Rechtsgrundlage auch Maßnahmen gestützt werden, die andere Personen betreffen (vgl. insbesondere lit. h), j) und k). Die genaue Inhaltsbestimmung der verschiedenen Buchstaben des Art. 153 Abs. 1 AEUV kann allerdings Schwierigkeiten begegnen. Auch sind Überschneidungen möglich. Dies hat insbesondere in Bezug auf das anwendbare Entscheidungsverfahren Bedeutung *(Rn. 15 f.)*.

Sowohl die Reichweite der Rechtsetzungskompetenzen der Union als auch das zur Anwendung kommende Verfahren unterscheiden sich je nach dem zu regelnden Gebiet:

- In den in **Art. 153 Abs. 1 lit. a), b), e), h) i)** AEUV genannten Bereichen (Arbeitsumweltschutz, Arbeitsbedingungen, Unterrichtung und Anhörung der Arbeitnehmer, berufliche Eingliederung und Chancengleichheit von Mann und Frau) findet das **ordentliche Gesetzgebungsverfahren** Anwendung. Dagegen beschließt der Rat in den in **Art. 153 Abs. 1 lit. c), d), f) und g)** AEUV genannten Bereichen (soziale Sicherheit, Arbeitnehmerschutz bei Beendigung des Arbeitsvertrages, Arbeitnehmermitbestimmung, Beschäftigungsbedingungen für Drittstaatsangehörige) nach Anhörung des Parlaments und des Wirtschafts- und Sozialausschusses sowie des Ausschusses der Regionen **einstimmig** (Art. 153 Abs. 2 Uabs. 2, 3 AEU). Außer im Bereich der sozialen Sicherheit kann der Rat aber einstimmig auf Vorschlag der Kommission und nach Anhörung des Parlaments beschließen, (auch) in diesen Bereichen das ordentliche Gesetzgebungsverfahren anzuwenden (Art. 153 Abs. 2 Uabs. 4 AEUV).

Darüber hinaus setzt der Vertrag dem Spielraum des Unionsgesetzgebers in Bezug auf die Wahl und den Inhalt der zu ergreifenden Maßnahmen in allen genannten

---

7 Vgl. das noch auf der Grundlage der Rechtslage unter dem Vertrag von Maastricht ergangene Urteil zur Reichweite der Kompetenzgrundlage des Art. 118a EGV a.F., EuGH, Rs. C-84/94 (Vereinigtes Königreich/Rat), Slg. 1996, I-5755.

Bereichen Grenzen (Art. 153 Abs. 2 lit. b) AEUV). So dürfen insbesondere nur **Mindestvorschriften** erlassen werden.

Mindestvorschriften sind jedoch nicht der kleinste gemeinsame Nenner der Vorschriften der Mitgliedstaaten, sondern implizieren (nur), dass die Mitgliedstaaten jedenfalls ein strengeres Schutzniveau als das in der EU-Vorschrift vorgesehene anlegen können.[8] Art. 153 Abs. 4 AEUV formuliert zudem allgemein, dass die auf der Grundlage dieses Artikels erlassenen Bestimmungen die Mitgliedstaaten nicht hindern, strengere Schutzmaßnahmen zu ergreifen.

Weiter darf nur die Handlungsform der **Richtlinie** gewählt werden (Art. 153 Abs. 2 Uabs. 1 lit. b) AEUV),[9] und die Befugnis der Mitgliedstaaten, die Grundprinzipien ihres Systems der sozialen Sicherheit festzulegen, nicht berührt werden (Art. 153 Abs. 4 AEUV). Schließlich sind die in den einzelnen **Mitgliedstaaten** bestehenden Bedingungen und technischen Regelungen zu „berücksichtigen", und die Richtlinien „sollen" keine Auflagen vorschreiben, die Gründung oder Entwicklung von **kleinen und mittleren Unternehmen** entgegenstünden (Art. 153 Abs. 2 Uabs. 1 lit. b) AEUV).

Die letztgenannten materiellen Anforderungen sind rechtlich verbindlich; allerdings dürften sie der Tätigkeit des Unionsgesetzgebers aufgrund ihrer geringen Bindungsintensität – es geht um Berücksichtigungspflichten – und des durch die Offenheit der Kriterien implizierten weiten Beurteilungsspielraums des Unionsgesetzgebers kaum effektiv justiziable Grenzen setzen.

■ Zur Förderung der Zusammenarbeit zwischen den Mitgliedstaaten durch Initiativen, welche die „Verbesserung des Wissensstandes, die Entwicklung des Austausches von Informationen und bewährten Verfahren, die Förderung innovativer Ansätze und die Bewertung von Erfahrungen zum Ziel haben" (**Art. 153 Abs. 2 Uabs. 1 lit. a) AEUV**), können allgemein „Maßnahmen" ergriffen werden. Allerdings ist hier die **Harmonisierung von Rechts- und Verwaltungsvorschriften ausgeschlossen**. Dies gilt auch für die in Art. 153 Abs. 1 lit. j), k) AEUV genannten Bereiche der Bekämpfung der **sozialen Ausgrenzung** und der Modernisierung der **Systeme des sozialen Schutzes,** da sich Maßnahmen der Union nur auf diese Rechtsgrundlage (unter Ausschluss des Art. 153 Abs. 2 Uabs. 1 lit. b) AEUV) stützen können. Es kommt das **ordentliche Gesetzgebungsverfahren** zur Anwendung.

17 Art. 157 Abs. 3 AEUV enthält eine besondere Rechtsgrundlage für den Bereich der Verwirklichung des Grundsatzes der Chancengleichheit von Mann und Frau und der Gleichbehandlung von Mann und Frau im Arbeitsleben. Anwendung findet das **ordentliche Gesetzgebungsverfahren**.[10]

18 Schließlich ermöglichen die allgemeinen Vorschriften der **Art. 114, 115, 352 AEUV** eine rechtsetzende Tätigkeit im Bereich der Sozialpolitik, denn Regelungen mit sozialpolitischem Gehalt können grundsätzlich auch die Verwirklichung des Binnenmarktes berühren.

Allerdings kann Art. 114 Abs. 1 AEUV, der es dem Unionsgesetzgeber ermöglicht, im Rahmen des ordentlichen Gesetzgebungsverfahrens rechtsangleichend tätig zu werden, nach Art. 114 Abs. 2 AEUV nicht für die Koordinierung und Harmonisierung von Bestimmungen über die Freizügigkeit oder die Rechte und Pflichten der Arbeitnehmer herangezogen werden.
Im Übrigen ist zu beachten, dass Art. 352 AEUV nur subsidiär angewandt werden darf; angesichts der nunmehr stark ausgeweiteten Kompetenzen im Sozialkapitel dürfte dieser Bestimmung daher im Bereich des materiellen Sozialrechts kaum noch Bedeutung zukommen. Allenfalls eine – aber wohl nur theoretische – Bedeutung könnte sie – ebenso wie die anderen allge-

---

8 EuGH, Rs. C-84/94 (Vereinigtes Königreich/Rat), Slg. 1996, I-5755, Rn. 42.
9 Die Durchführung dieser Richtlinien können die Mitgliedstaaten grundsätzlich auch den Sozialpartnern (auf deren gemeinsamen Antrag) übertragen; allerdings müssen die durch die Richtlinie angestrebten Ergebnisse tatsächlich erreicht werden können (Art. 153 Abs. 3 AEUV).
10 Zur Abgrenzung der Anwendungsbereichs des Art. 157 Abs. 3 AEUV von demjenigen des Art. 153 Abs. 1 lit. i) AEUV m.w.N. *Epiney/Freiermuth Abt*, Recht der Gleichstellung (F.III.), 47 f.

meinen Rechtsgrundlagen – für die nach Art. 153 Abs. 5 AEUV ausgeschlossenen Bereiche entfalten.
Auf der Grundlage von Art. 352 AEUV kann der Unionsgesetzgeber juristische Personen mit sozialen Aufgaben errichten. So stützen sich die Verordnungen über die „Europäische Stiftung zur Verbesserung der Lebens- und Arbeitsbedingungen"[11] und die „Europäische Agentur für Sicherheit und Gesundheitsschutz am Arbeitsplatz"[12] auf Art. 352 AEUV bzw. die Vorgängerregelung (zu den Agenturen *§ 4 Rn. 104 ff.*).

Vor diesem Hintergrund wird deutlich, dass die Definition der verschiedenen in Art. 153 Abs. 1 AEUV genannten Bereiche sowie die Abgrenzung zu Art. 114 Abs. 1 AEUV erhebliche praktische Bedeutung aufweist, variieren doch die Entscheidungsverfahren. Probleme könnte es dann geben, wenn ein Rechtsakt verschiedene Bereiche berührt, die unterschiedlichen Entscheidungsverfahren unterliegen. Sofern es nicht möglich ist, den geplanten Rechtsakt in seine Einzelteile aufzuspalten und auf das jeweils einschlägige Verfahren zurückzugreifen, bestimmt – entsprechend der Rechtsprechung des EuGH zur Frage der Abgrenzung verschiedener Kompetenzgrundlagen (*§ 7 Rn. 20*) – der Bereich, in dem der **Schwerpunkt** der Maßnahme liegt, das zu befolgende Verfahren.[13]

III. Stand der Sozialpolitik in der Union

1. Die sozialpolitischen Aktionsprogramme

Die EU-Sozialpolitik ist durch eine große Anzahl rechtlich unverbindlicher Empfehlungen und Programme charakterisiert. Diese formulieren sozialpolitische Zielsetzungen und Konzepte, die dann (punktuell) durch Rechtsetzungsakte umgesetzt bzw. aufgegriffen werden; insofern kommt diesen Programmen auch ein im Verhältnis zur Rechtsetzung vorbereitender und impulsgebender Charakter zu. Zudem können sie als Auslegungshilfe für rechtsverbindliche Bestimmungen von Bedeutung sein.[14]

Ausgangspunkt der heutigen Sozialpolitik der Union war die **Pariser Erklärung** der Gipfelkonferenz der Staats- und Regierungschefs vom 19.–20. Oktober 1972, in der „einem energischem Vorgehen im sozialpolitischen Bereich" die gleiche Bedeutung beigemessen wird wie der Wirtschafts- und Währungsunion.[15] Die Pariser Erklärung wurde in dem **Sozialpolitischen Aktionsprogramm** des Rates vom 21. Januar 1974[16] konkretisiert und führte zu unterschiedlich erfolgreichen Initiativen sowohl im arbeitsmarktpolitischem als auch im strukturpolitischem Bereich. Sodann wurde der Rahmen der sozialpolitischen Aktivitäten der EU durch die vom Europäischen Rat im Dezember 1989 gegen die Stimme des Vereinigten Königreichs angenommene **Gemeinschaftscharta der sozialen Grundrechte der Arbeitnehmer**[17] und das zu ihrer Durchführung aufgestellte **Aktionsprogramm der Kommission**[18] gesetzt.

Die Charta soll die sozialen Risiken der Errichtung eines großen europäischen Binnenmarktes vermindern. Sie formuliert sozial- und arbeitsrechtliche Mindeststandards in Anlehnung an die Konventionen der Internationalen Arbeitsorganisation und an die (rechtlich verbindliche) Europäische Sozialcharta des Europarates von 1961, insbesondere hinsichtlich der Freizügigkeit der Arbeitnehmer, der freien Berufswahl, der Lebens- und Arbeitsbedingungen, des sozialen Schutzes, der Koalitionsfreiheit und der beruflichen Fortbildung. Beide Instrumente finden in

---

11 VO 1365/75, ABl. L 135/1975, 1 = HER I A 56/1.3.
12 VO 2062/94, ABl. 216/1994, 1 = HER I A 56/5.18.
13 So wohl auch EuGH, Rs. C-84/94 (Vereinigtes Königreich/Rat), Slg. 1996, I-5755, Rn. 25 ff., noch in Bezug auf Art. 118a, 100a EGV a.F.
14 EuGH, Rs. 322/88 (Grimaldi), Slg. 1989, 4407, Rn. 18 f.
15 6. Gesamtbericht-EG, 12.
16 ABl. C 13/1974, 1.
17 KOM (89) 248 endg.
18 KOM (89) 568 endg.

Art. 151 Abs. 1 AEUV im Zusammenhang mit den Zielsetzungen der Sozialpolitik Erwähnung.[19] Gleichzeitig verankert auch die Grundrechtecharta „soziale Grundrechte" (Art. 27 ff.), die sich teilweise mit den in der Gemeinschaftscharta erwähnten Aspekten überschneiden, so dass letztere insoweit an Bedeutung verlieren dürfte.

23 Auf dieser Grundlage wurden zahlreiche sozialpolitische Aktionen ergriffen, die verschiedene Bereiche (von der allgemeinen Erhöhung des Lebensstandards, insbesondere durch die Bekämpfung der Armut, über die Beschäftigungspolitik, die berufliche Bildung, Chancengleichheit und die Arbeitsbedingungen bis zur sozialen Sicherheit) erfassen. Ein (wichtiges) Beispiel bildet das **Weißbuch über die Sozialpolitik**,[20] das den Rahmen für die Sozialpolitik in der Union darstellte. Von besonderer Bedeutung ist weiter die an der Konferenz von Nizza (2001) durch den **Europäischen Rat** angenommene „Sozialagenda".[21]

Die Sozialagenda ist schon insofern bemerkenswert, als erstmals der Europäische Rat selbst die sozialpolitischen Prioritäten definiert. Inhaltlich konzentriert sich das Programm auf die Umschreibung zentraler Zielsetzungen (insbesondere Vollbeschäftigung, Stärkung des sozialen Zusammenhalts auf der Grundlage des „europäischen Gesellschaftsmodells", Nutzung des technischen Fortschritts, Ausbau der Mobilität der Arbeitskräfte, Antwort auf die veränderte Altersstruktur der Bevölkerung) und die Skizzierung der „Modalitäten der Umsetzung", die zwar auch gewisse Prioritäten erkennen lassen, inhaltlich aber noch recht vage bleiben. Die Zielsetzungen der Agenda sollen vorab auf dem Weg der „offenen Methode der Koordinierung" erreicht werden, die in rechtlich unverbindlicher Weise eine Annäherung der durch die Mitgliedstaaten ergriffenen Maßnahmen anstrebt.

Im **EU-Programm für Beschäftigung und soziale Innovation (EaSI)**[22] wird die finanzielle Unterstützung von Maßnahmen im Hinblick auf die Verwirklichung der Ziele der Union in den Bereichen Beschäftigung und Soziales geregelt. Das Programm (mit einem Gesamtvolumen von Euro 919.469.000) fasst verschiedene bisherige Finanzierungsprogramme zusammen und gilt für die Periode von 2014–2020.

2. Zum Stand des Sekundärrechts

24 Konkrete rechtsverbindliche Maßnahmen hat die Union bisher in folgenden Bereichen ergriffen: Arbeitsrecht, soziale Sicherheit sowie Arbeitssicherheit und Gesundheitsschutz am Arbeitsplatz.[23]

a) Arbeitsrecht

25 Im Bereich des Arbeitsrechts wurden punktuell einige wichtige Aspekte einer unionsrechtlichen Regelung zugeführt:

- Die **RL 91/533** über die Verpflichtung des Arbeitgebers, den **Arbeitnehmer über die Vertragsbedingungen zu unterrichten**,[24] legt zum Schutz des Arbeitnehmers be-

---

[19] Der Gerichtshof zog die Gemeinschaftscharta, trotz ihrer Unverbindlichkeit, als Auslegungshilfe heran, vgl. EuGH, Rs. 322/88 (Grimaldi), Slg. 1989, 4407, Rn. 18 f.
[20] KOM (94) 333 endg. Vgl. hierzu auch die Resolution des EP, ABl. C 43/1995, 63. Die Kommission verabschiedete im Anschluss daran ein mittelfristiges sozialpolitisches Aktionsprogramm (1995–1997). KOM (95) 134 endg. Vgl. hierzu auch die Resolution des EP, ABl. C 32/1996, 24. S. sodann die Vorschläge der Kommission für ein sozialpolitisches Aktionsprogramm 1998–2000, KOM (98) 259 endg.
[21] ABl. C 157/2001, 4 = *HER I A* 56/1.23.
[22] VO 1296/2013, ABl. L 347/2013, 238.
[23] Vgl. für einen ausführlichen Überblick über das Sekundärrecht, jeweils m.w.N., *Eichenhofer*, in: Dauses (Hg.), Handbuch EU-Wirtschaftsrecht, D.III., Rn. 52 ff.; *Schlachter/Seifert*, in: Schulze/Zuleeg/Kadelbach (Hg.), Europarecht, 2010, § 39, Rn. 81 ff. Auf spezifische Nachweise zu einzelnen Gebieten bzw. Rechtsakten wird nachfolgend verzichtet.
[24] RL 91/533, ABl. L 288/1991, 32 = *HER I A* 56/3.4. Zum Geltungsbereich der Richtlinie EuGH, Rs. C-306/07 (Andersen), Slg. 2008, I-10279.

stimmte (Informations-)Pflichten des Arbeitgebers fest. So ist dem Arbeitnehmer u.a. ein entsprechendes Schriftstück auszustellen.

- Die **RL 96/71** („**Entsenderichtlinie**")[25] beruht auf dem Grundsatz, dass in andere Mitgliedstaaten entsandte Arbeitnehmer – deren Arbeitsverhältnis aber grundsätzlich dem Recht des Heimatstaates unterworfen ist – den Arbeitsbedingungen des Aufenthaltsstaates – d.h. des Arbeitsortes – unterworfen sind. Damit soll vermieden werden, dass für entsandte Arbeitnehmer schlechtere Arbeitsbedingungen – etwa im Hinblick auf Mindestruhezeiten, Urlaub oder Sicherheit am Arbeitsplatz – zum Zuge kommen als für einheimische Arbeitnehmer; weiter soll dem sog. „Sozialdumping" entgegengewirkt werden.[26]

- Die **RL 97/81** zu der Rahmenvereinbarung über **Teilzeitarbeit**[27] sieht die Durchführung der entsprechenden Vereinbarung zwischen den europäischen Sozialpartnern vor. Zentrales Element sind die Beseitigung der Diskriminierung von Teilzeitbeschäftigungen und die Förderung der Flexibilisierung der Arbeitszeitorganisation über die Entwicklung der Teilzeitarbeit (auf freiwilliger Basis).

- Die **RL 98/59 über Massenentlassungen**[28] verlangt zum Schutze der von einer näher definierten Massenentlassung bedrohten Arbeitnehmer, dass der Arbeitgeber mit den Vertretern der Arbeitnehmer Konsultationsverhandlungen[29] aufnehmen muss, um die Möglichkeit einer völligen oder teilweisen Vermeidung der Massenentlassung und der Herabsetzung ihrer sozialen Folgen zu erörtern. Sie verbindet Grundelemente des in Deutschland entwickelten Kündigungsschutzrechts mit dem in Frankreich und den Niederlanden vorherrschenden Schutz durch behördliche Genehmigungsvorbehalte für Kündigungen. Sie enthält aber nur Mindestregelungen, die keinen Mitgliedstaat zur völligen Rezeption eines ihm fremden Schutzsystems verpflichten.

---

25 RL 96/71, ABl. L 18/1997, 1 = HER I A 28/1.11. S. aus der Rechtsprechung EuGH, Rs. C-341/02 (Kommission/Deutschland), Slg. 2005, I-2733, Rn. 24ff.: Es verstoße gegen Art. 3 RL 96/71, wenn von Arbeitgebern aus anderen Mitgliedstaaten an ihre nach Deutschland entsandten Arbeitnehmer gezahlten Zulagen oder Zuschläge nicht bei der Berechnung des Mindestlohns berücksichtigt werden; s. sodann EuGH, Rs. C-346/06 (Rüffert), Slg. 2008, I-1989; EuGH, Rs. C-319/06 (Kommission/Luxemburg), Slg. 2008, I-4364 (eher enge Auslegung des Begriffs des Mindestlohnsatzes und des Kreises der jedenfalls zwingenden Bestimmungen des Aufnahmestaates); EuGH, Rs. C-522/12 (Tevfik Isbir), Urt. v. 7.11.2013 (für den Mindestlohn nach Art. 3 Abs. 1 Uabs. 1 lit. c RL 96/71, Entsenderichtlinie, bestimmende Bestandteile).
26 Die Bundesrepublik hat in Umsetzung der Richtlinie ein Arbeitnehmer-Entsendegesetz erlassen, BGBl. I 1996, 227 ff.
27 RL 97/81, ABl. L 128/1998, 71 = HER I A 56/8.5. Zu dieser Richtlinie aus der Rechtsprechung EuGH, verb. Rs. C-55/07, C-56/07 (Michaeler), Slg. 2008, I-3135 (Unvereinbarkeit einer Verfahrensvorschrift mit der RL 97/81); EuGH, Rs. C-486/07 (Zentralbetriebsrat der Landeskrankenhäuser Tirols), Slg. 2010, I-3527 (Berechnung des Anspruchs auf Jahresurlaub im Falle einer Änderung des Beschäftigungsgrades).
28 RL 98/59, ABl. L 225/1998, 16 = HER I A 56/3.8. Aus der Rechtsprechung EuGH, Rs. C-270/05 (Athinaiki Chartopoiia), Slg. 2007, I-1499 (Begriff des Betriebes); EuGH, Rs. C-188/03 (Junk), Slg. 2005, I-885, Rn. 31 ff.; EuGH, Rs. C-55/02 (Kommission/Portugal), Slg. 2004, I-9387, Rn. 43 ff. (Begriff der Entlassung); EuGH, verb. Rs. C-235/10-C-239/10 (Claes u.a.), Slg. 2011, I-1113 (Anwendung der Richtlinie im Rahmen der Liquidation).
29 Zur genauen Reichweite dieser Konsultationspflicht und zum zu gewährenden Rechtsschutz EuGH, Rs. C-44/08 (Computers Oy), Slg. 2009, I-8163; EuGH, Rs. C-12/08 (Mono Car Styling), Slg. 2009, I-6653.

- Der **RL 1999/70** zu der Rahmenvereinbarung über **befristete Arbeitsverträge**[30] ist eine Reihe von Vorgaben für die Ausgestaltung befristeter Arbeitsverträge oder -verhältnisse zu entnehmen.[31]

- In der **RL 2002/14** über die **Unterrichtung und Anhörung der Arbeitnehmer**[32] wird ein Rahmen für die in der Union ansässigen Unternehmen definiert. Die Richtlinie umschreibt zwar die Gegenstände der Unterrichtung und Anhörung (Art. 4 Abs. 2); jedoch bestimmen die Mitgliedstaaten im Einzelnen, „wie das Recht auf Unterrichtung und Anhörung auf der geeigneten Ebene wahrgenommen wird" (Art. 4 Abs. 1). Art. 4 Abs. 3, 4 sind allerdings einige allgemein formulierte Mindestanforderungen zu entnehmen. Weiter enthält die Richtlinie Bestimmungen über vertrauliche Informationen, den Schutz der Arbeitnehmervertreter und die Durchsetzung der Rechte (Art. 6 ff.).

- Die **RL 2003/88** über bestimmte Aspekte der **Arbeitszeitgestaltung**[33] gibt einen Rahmen für die Arbeitszeiten vor, insbesondere bezüglich Ruhepausen, Höchstwochenarbeitszeit, Nachtarbeit und Jahresurlaub.[34] Der Gerichtshof legt den Begriff der Arbeitszeit eher weit aus, indem er festhält, auch der ärztliche Bereitschaftsdienst sowie die Tätigkeit als Rettungsassistent in einem Krankenwagen seien in vollem Umfang als Arbeitszeit im Sinne der Richtlinie anzusehen.[35] Im Falle einer Nichtbeachtung der Vorgaben der Richtlinie über die Arbeitszeit und den Jahresurlaub ist grundsätzlich ein Schadensersatzanspruch des Einzelnen gegen den betreffenden Mitgliedstaat wegen einer qualifizierten Verletzung unionsrechtlicher Vorgaben eröffnet.[36]

- Nach der **RL 2008/94** über den Schutz der Arbeitnehmer bei **Zahlungsunfähigkeit des Arbeitgebers**[37] müssen die Mitgliedstaaten Garantieeinrichtungen für ausstehende Löhne schaffen, die vor dem Zugriff der Gläubiger geschützt sind. Ziel ist die

---

30 RL 1999/70, ABl. L 175/1999, 43 = HER I A 56/8.6.
31 Zur Auslegung dieser Richtlinie z.B. EuGH, verb. Rs. C-378/07-C-380/07 (Angelidaki u.a.), Slg. 2009, I-3071; EuGH, Rs. C-486/08 (Zentralbetriebsrat der Landeskrankenhäuser Tirols), Slg. 2010, I-3527 (Anwendungsbereich der Richtlinie); EuGH, Rs. C-251/11 (Huet), Urt. v. 8.3.2012 (Vorgaben für die Umwandlung eines befristeten in einen unbefristeten Arbeitsvertrag); EuGH, Rs. C-177/10 (Santana), Slg. 2011, I-7907 (Anwendbarkeit auf Berufsbeamte und Diskriminierungsverbot); EuGH, verb. Rs. C-444/09, C-456/09 (Gavieiro), Slg. 2010, I-14031 (Anwendung des Diskriminierungsverbots auf eine Dienstalterszulage); EuGH, verb. Rs. C-302/11-C-305/11 (Valenzua.a.), Urt. v. 18.10.2012 (Berücksichtigung von Dienstzeiten in befristeten Arbeitsverträgen); EuGH, Rs. C-290/12 (Oreste Della Rocca), Urt. v. 11.4.2013 (Anwendbarkeit auf Leiharbeitnehmer).
32 RL 2002/14, ABl. L 80/2002, 29 = HER I A 56/3.13. Aus der Rechtsprechung EuGH, Rs. C-385/05 (CGT u.a.), Slg. 2007, I-617 (Berechnung der Beschäftigtenzahl); EuGH, Rs. C-405/08 (Ingeniorforeningen), Slg. 2010, I-985 (Umsetzung durch Tarifvertrag, Kündigungsschutz nach Art. 7 RL 2002/14).
33 RL 2003/88, ABl. L 299/2003, 9 = HER I A 56/3.15.
34 Bei letzterem ist das gesamte Gehalt zu leisten, vgl. hierzu EuGH, Rs. C-155/10 (Williams), Slg. 2011, I-8409. S. ansonsten EuGH, Rs. C-124/05 (Federatie Nederlands Vakbeweging), Slg. 2006, I-3423 (Verneinung der Möglichkeit einer „finanziellen Abgeltung" des Jahresurlaubs); EuGH, Rs. C-277/08 (Pereda), Slg. 2009, I-8405; EuGH, verb. Rs. C-350/06, C-520/06 (Schultz-Hoff), Slg. 2009, 147, I-179; EuGH, Rs. C-337/10 (Neidel), Urt. v. 3.5.2012 (keine Anrechenbarkeit des Krankheitsurlaubs auf den Jahresurlaub); EuGH, Rs. C-214/10 (Schulte), Slg. 2011, I-11757 (Unvereinbarkeit gewisser Einschränkungen der Bezugszeiträume für den bezahlten Jahresurlaub), EuGH, verb. Rs. C-229/11, C-230/11 (Heimann), Urt. v. 8.11.2012 (Zulässigkeit einer pro rata-Berechnung des Jahresurlaubs bei Kurzarbeit).
35 EuGH, Rs. C-14/04 (Dellas), Slg. 2005, I-10253, wo auch die unmittelbare Wirkung der die Arbeitszeit betreffenden Bestimmung bejaht wurde; s. auch EuGH, Rs. C-484/04 (Kommission/Vereinigtes Königreich), Slg. 2006, I-7291; EuGH, Rs. C-428/09 (Union syndicale solidaires Isère), Slg. 2010, I-9961 (Anwendungsbereich der Richtlinie).
36 EuGH, Rs. C-429/09 (Fuß), Slg. 2010, I-12167; EuGH, Rs. C-282/10 (Dominguez), Urt. v. 24.1.2012. Zur Haftung der Mitgliedstaaten wegen Verletzung des Unionsrechts § 2 Rn. 69 ff.
37 RL 2008/94, ABl. L 283/2008, 36 = HER I A 56/3.17.

Garantie bestimmter Lohnansprüche der Arbeitnehmer. Die Richtlinie gilt für alle Arbeitnehmer, deren Arbeitgeber einem Verfahren über ihr Vermögen zur gemeinschaftlichen Befriedigung ihrer Gläubiger unterliegen können.[38]

- Die RL 2008/104 über **Leiharbeit**[39] bezweckt den Schutz der Leiharbeitnehmer und sieht insbesondere eine (begrenzte) Gleichstellung von Leiharbeitnehmern mit Arbeitnehmern des entleihenden Unternehmens vor.

- Die RL 2009/38 über die Einsetzung eines **Europäischen Betriebsrates**[40] verpflichtet die Mitgliedstaaten, dafür zu sorgen, dass unionsweit operierende Unternehmen einen Betriebsrat einrichten oder aber ein Verfahren zur Unterrichtung und Anhörung der Arbeitnehmer vorsehen.[41]

- Vorgaben für das Arbeitsrecht enthalten auch zwei auf Art. 19 AEUV gestützte Richtlinien:

  - Die RL 2000/43 zur Anwendung des **Gleichbehandlungsgrundsatzes ohne Unterschied der Rasse oder der ethnischen Herkunft**[42] verbietet grundsätzlich direkte und indirekte Diskriminierungen aus Gründen der Rasse oder der ethnischen Herkunft, und zwar sowohl in den Beziehungen Staat – Bürger als auch im Verhältnis der Bürger untereinander. Der materielle Anwendungsbereich ist sehr weit gefasst (u.a. Einstellung von Arbeitnehmern, Ausbildung und Versorgung mit Gütern und Dienstleistungen, die der Öffentlichkeit zur Verfügung stehen).

  - Die RL 2000/78 zur Verwirklichung der **Gleichbehandlung in Beschäftigung und Beruf**[43] steht grundsätzlich Diskriminierungen aus Gründen der Religion oder der Weltanschauung, einer Behinderung, des Alters oder der sexuellen Orientierung entgegen, wobei ihr sachlicher Anwendungsbereich auf das Arbeitsleben beschränkt ist. Damit werden zwar mehr Diskriminierungskriterien erfasst als in der RL 2000/43, der Anwendungsbereich ist aber wesentlich enger gefasst. Ansonsten folgt die Konzeption der RL 2000/78 im Wesentlichen der RL 2000/43. In der Rechtsprechung des EuGH ist die Richtlinie bislang in erster Linie im Zu-

---

38 EuGH, Rs. C-479/93 (Francovich), Slg. 1995, I-3843, Rn. 12 ff., 23 ff. (in Bezug auf die Vorgängerrichtlinie, RL 80/987). S. ansonsten aus der Rechtsprechung z.B. EuGH, verb. Rs. C-19/01, 50/01, 84/01 (Barsotti), Slg. 2004, I-2005 (Unzulässigkeit einer Höchstgrenze für die Zahlungsgarantie); EuGH, Rs. C-310/07 (Svenska staten/Holmqvist), Slg. 2008, I-7871 (Notwendigkeit der Ansässigkeit); EuGH, Rs. C-498/06 (Robledillo Nunez), Slg. 2007, I-921 (Möglichkeit des Ausschlusses bestimmter Entschädigungen wegen rechtswidriger Kündigung); EuGH, Rs. C-435/10 (Ardennes), Slg. 2011, I-11705 (Modalitäten der Geltendmachung des Anspruchs); EuGH, Rs. C-398/11 (Hogan u.a.), Urt. v. 25.4.2013 (Reichweite in Bezug auf Rentenansprüche); EuGH, Rs. C-247/12 (Mustafa), Urt. v. 18.4.2013; EuGH, Rs. C-309/12 (Gomes Viana Novo), Urt. v. 28.11.2013 (jeweils zur Reichweite der zu garantierenden Ansprüche).
39 RL 2008/104, ABl. L 327/2008, 9 = HER I A 56/3.18.
40 RL 2009/38, ABl. L 122/2009, 28 = HER I A 56/8.7. Diese Richtlinie löste die RL 94/45 ab, wobei die Grundkonzeption der RL 94/45 beibehalten wird.
41 Zum Anwendungsbereich und zur Tragweite dieser Verpflichtungen das wegweisende Urteil (in Bezug auf die RL 94/45) EuGH, Rs. C-440/00 (Kühne&Nagel AG), Slg. 2004, I-787; zur Reichweite des Auskunftsanspruchs in unionsweit operierenden Unternehmensgruppen EuGH, Rs. C-349/01 (ADS Anker), Slg. 2004, I-6803, Rn. 45 ff.
42 RL 2000/43, ABl. L 180/2000, 22 = HER I A 18/6.1. Zu dieser Richtlinie aus der Rechtsprechung EuGH, Rs. C-54/07 (Firma Feryn), Slg. 2008, I-5187: Die öffentliche Äußerung eines Arbeitgebers, er werde keine Arbeitnehmer einer bestimmten ethnischen Herkunft oder Rasse einstellen, sei eine unmittelbare Diskriminierung bei der Einstellung i.S.d. Art. 2 Abs. 2 lit. a) RL 2000/43; solche Äußerungen reichten aus, um eine Vermutung i.S.d. Art. 8 Abs. 1 RL 2000/43 für das Vorliegen einer unmittelbar diskriminierenden Einstellungspolitik zu begründen, sodass es Sache des Arbeitgebers sei, den Gegenbeweis zu erbringen (etwa durch den Nachweis, dass die tatsächliche Einstellungspolitik den Äußerungen nicht entspricht).
43 RL 2000/78, ABl. L 303/2000, 16 = HER I A 18/6.2.

sammenhang mit der Altersdiskriminierung,[44] der Diskriminierung aufgrund der sexuellen Orientierung[45] sowie derjenigen aufgrund einer Behinderung[46] relevant geworden.

b) Soziale Sicherheit

26 Auf dem Gebiet des **sozialen Sicherheit** ist – abgesehen von den hier nicht behandelten Maßnahmen zur Verwirklichung der Freizügigkeit (*§ 11 Rn. 108 ff.*) – nur eine Regelung zu erwähnen: Die **RL 2001/23** über die **Wahrung von Ansprüchen der Arbeitnehmer beim Übergang von Unternehmen**[47] – welche die mehrfach geänderte RL 77/187[48] neu fasst – harmonisiert die Behandlung des Arbeitsverhältnisses beim Wechsel des Arbeitgebers. Sie regelt sowohl das Konsultationsverfahren vor dem Unternehmensübergang als auch den automatischen Übergang der Arbeitsverhältnisse einschließlich der kollektivvertraglich vereinbarten Bedingungen auf den Rechtsnachfolger.[49] § 613a BGB ist entsprechend geändert worden.

Gewisse Bestimmungen der Richtlinie finden nicht zwingend auf den Übergang eines Unternehmens, der im Rahmen eines Konkurses erfolgt, Anwendung;[50] weiter steht die Richtlinie der Anwendung des Widerspruchsrechts des Arbeitnehmers gegen den Übergang, das sich aus der Rechtsprechung des Bundesarbeitsgerichts ergibt, nicht entgegen.[51]

Die Richtlinie findet nur unter der Voraussetzung Anwendung, dass tatsächlich ein **Übergang von Unternehmen, Betrieben oder Betriebsteilen** vorliegt, wobei sie die dies-

---

44 Hier gibt es bereits zahlreiche Urteile. Vgl. grundlegend EuGH, Rs. C-13/05 (Navas), Slg. 2006, I-6467; EuGH, Rs. C-411/05 (Palacios de la Villa), Slg. 2007, I-8531 (Altersgrenzen in Tarifverträgen – die von der RL 2000/78 verbotene unzulässige Diskriminierungen aus Gründen des Alters darstellen – sind einer Rechtfertigung zugänglich, wenn die Personen einen Anspruch auf Altersrenten haben, die Altersgrenze durch ein legitimes Ziel, wie z.b. Arbeitsmarktsteuerung, gerechtfertigt und im Einzelfall nicht unverhältnismäßig ist); s. sodann insbesondere EuGH, Rs. C-555/07 (Kücükdeveci), Slg. 2010, I-365 (Unvereinbarkeit der Nichtberücksichtigung der vor dem 25. Lebensjahr liegenden Beschäftigungszeiten bei der Berechnung der Kündigungsfrist mit der RL 2000/78); EuGH, Rs. C-45/09 (Rosenbladt), Slg. 2010, I-9391 (grundsätzliche Vereinbarkeit der automatischen Beendigung von Arbeitsverhältnissen bei Erreichen des Rentenalters mit der RL 2000/78).
45 EuGH, Rs. C-267/06 (Maruko), Slg. 2008, I-1757 (Verstoß des Ausschlusses gleichgeschlechtlicher Lebenspartner von der Hinterbliebenenrente gegen die RL 2000/78, da die Lebenspartnerschaft nach nationalem Recht Personen gleichen Geschlechts in eine Situation versetzt, die in Bezug auf diese Hinterbliebenenversorgung mit der Situation von Ehegatten vergleichbar ist); im Ansatz ähnlich EuGH, Rs. C-267/12 (Hay), Urt. v. 12.12.2013. S. sodann EuGH, Rs. C-147/08 (Römer), Slg. 2011, I-3591 (Ungleichbehandlung im Bereich der Alters- und Hinterbliebenenrenten); EuGH, Rs. C81/12 (Asociatia Accept), Urt. v. 25.4.2013 (Diskriminierung aufgrund der sexuellen Ausrichtung im Rahmen des Profifußballs).
46 EuGH, Rs. C-303/06 (Coleman/Attridge Law), Slg. 2008, I-5603 (Geltung des Diskriminierungsverbots der RL 2000/78 auch für Personen, die nicht behindert sind, wenn sie im Zusammenhang mit der Behinderung eines anderen, etwa des eigenen Kindes, diskriminiert werden); EuGH, verb. Rs. C-335/11, C-337/11 (Ring und Skouboe Werge), Urt. v. 11.4.2013 (Begriff der Behinderung und Reichweite der angemessenen Vorkehrungen zugunsten Behinderter).
47 RL 2001/23, ABl. 82/2001, 16 = HER I A 56/4.3. Aus der Rechtsprechung EuGH, Rs. C-561/07 (Kommission/Italien), Slg. 2009, I-4959 (Anwendbarkeit der Richtlinie auf den Übergang von Unternehmen in einer „Krisensituation"); EuGH, Rs. C-396/07 (Juuri), Slg. 2008, I-8883 (Reichweite der finanziellen Entschädigung).
48 ABl. L 61/1977, 26.
49 Zur Reichweite der beim Übergang bestehenden Rechte EuGH, Rs. C-164/00 (Beckmann), Slg. 2002, I-4893 (kein Einbezug der Leistungen einer vorgezogenen Altersrente sowie von Leistungen zur Verbesserung der Bedingungen eines solchen vorgezogenen Ruhestands). S. auch EuGH, Rs. C-313/07 (Vigano), Slg. 2008, I-7907 (ein Vertrag über die Miete eines Geschäftslokals, den der Veräußerer mit einem Dritten geschlossen hat, muss nicht fortgeführt werden, obwohl die Kündigung dieses Vertrages zur Beendigung der auf den Erwerber übergegangenen Arbeitsverträge führen könnte).
50 Art. 5 RL 2001/23. Aus der Rechtsprechung bereits EuGH, Rs. 186/83 (Botzen), Slg. 1985, 519, Rn. 9.
51 EuGH, Rs. C-132/91 (Katsikas), Slg. 1992, I-6577, Rn. 31. Dieses Urteil dürfte auch im Rahmen der neuen Richtlinie herangezogen werden können.

bezügliche Rechtsprechung des EuGH zur RL 77/187 kodifiziert. Danach gilt als Übergang die „Übertragung" einer „ihre Identität bewahrenden wirtschaftlichen Einheit im Sinne der organisierten Zusammenfassung von Ressourcen zur Verfolgung einer wirtschaftlichen Haupt- oder Nebentätigkeit" (Art. 1 Abs. 1 lit. b). Damit dürften die bislang in der Rechtsprechung bezüglich dieser Frage erfolgten Präzisierungen auch im Rahmen der RL 2001/23 herangezogen werden können.

So kann der Anwendungsbereich der Richtlinie auch bei einem Übergang[52] zwischen zwei Gesellschaften desselben Konzerns eröffnet sein.[53] Ein solcher liegt aber nicht vor, wenn es um die Übernahme von Arbeitnehmern durch ein anderes Unternehmen zwecks Fertigstellung einer Baustelle geht, da der Übergang auf Dauer angelegt sein muss.[54] Dagegen kann ein Übergang schon dann zu bejahen sein, wenn ein Unternehmen einem anderen durch Vertrag die Verantwortung für die Verrichtung früher von ihm selbst erledigter Aufgaben überträgt, soweit dies auf Dauer geschieht.[55] Entscheidend dürfte damit – wie nunmehr auch in der Formulierung des Art. 1 Abs. 1 lit. b) RL 2001/23 zum Ausdruck kommt – jedenfalls sein, ob die fragliche Einheit ihre Identität bewahrt; dies dürfte insbesondere dann der Fall sein, wenn der Betrieb tatsächlich auf Dauer weitergeführt oder wiederaufgenommen wird;[56] dagegen ist das Vorliegen einer vertraglichen Beziehung zwischen Veräußerer und Erwerber nicht notwendig (Art. 1 Abs. 1 lit. a) RL 2001/23, der von vertraglicher Übertragung oder „Verschmelzung" spricht).[57] Ein Unternehmensübergang kann auch dann vorliegen, wenn eine „strukturierte Gesamtheit" von Beschäftigten in einer Behörde von einer anderen Behörde übernommen wird.[58] Im Falle des Übergangs eines privaten Betriebs auf einen öffentlichen Arbeitgeber kann eine Kürzung der Vergütung in Betracht kommen, um den einschlägigen gesetzlichen Vorschriften nachzukommen, wobei aber soweit wie möglich die Zielsetzungen der Richtlinie zu berücksichtigen sind.[59] Falls kein Übergang im Sinne der Richtlinie vorliegt, bleibt es den Mitgliedstaaten gleichwohl unbenommen, eine Wahrung der Rechte der übertragenen Arbeitnehmer vorzusehen.[60]

c) Arbeitssicherheit, Gesundheitsschutz

Auf dem Gebiet der **Arbeitssicherheit** und des **Gesundheitsschutzes von Arbeitnehmern** sind vergleichsweise viele Rechtsakte erlassen worden.

27

Der Rat hat schon seit den siebziger Jahren, verstärkt aber, seitdem ihm Art. 118a EGV a.F. eine Entscheidung mit qualifizierter Mehrheit erlaubt, durch den Erlass von Richtlinien zur effektiven Verwirklichung europäischer Mindeststandards beigetragen.

---

52 Zum maßgeblichen Zeitpunkt für einen Übergang EuGH, Rs. C-478/03 (Celtec), Slg. 2005, I-4389, Rn. 29 ff.
53 Vgl. etwa EuGH, Rs. C-234/98 (Allen), Slg. 1999, I-8643, Rn. 15 ff.
54 EuGH, Rs. C-48/94 (Ledernes Hovedorganisation), Slg. 1995, I-2745, Rn. 20 f.
55 EuGH, Rs. 392/92 (Christel Schmidt), Slg. 1994, I-1311, Rn. 12 ff. S. auch EuGH, Rs. C-458/05 (Jouini u.a.), Slg. 2007, I-7301, wonach ein Übergang auch dann vorliegt, wenn ein Teil des Verwaltungspersonals und ein Teil der Leiharbeitnehmer zu einem anderen Leiharbeitsunternehmen wechseln, um dort die gleichen Tätigkeiten im Dienst derselben Kunden auszuüben, und wenn die vom Übergang betroffenen Mittel als solche ausreichen, um die für die fragliche wirtschaftliche Tätigkeit kennzeichnenden Leistungen ohne Inanspruchnahme anderer wichtiger Betriebsmittel ohne Inanspruchnahme anderer Unternehmensteile weiter erbringen zu können. Zum Begriff des Übergangs auch EuGH, Rs. C-466/07 (Klarenberg), Slg. 2009, I-803; EuGH, Rs. C-463/09 (CLECE), Slg. 2011, I-95.
56 EuGH, Rs. C-171/94, C-172/94 (Merckx), Slg. 1996, I-1253, Rn. 16; EuGH, verb. Rs. C-232/04 und C-233/04 (Güney-Görres), Slg. 2005, I-11237; zur Selbstständigkeit der übertragenen Einheit EuGH, Rs. C-151/09 (UGT-FSP), Slg. 2010, I-7591.
57 Aus der Rspr. ausdrücklich EuGH, Rs. C.13/95 (Ayse Süzen), Slg. 1997, I-1259, Rn. 11. S. auch EuGH, Rs. C-127/96, C-229/96, C-74/97 (Hernandez), Slg. 1998, I-8179, Rn. 26 ff.; EuGH, Rs. C-173/96, C-247/96 (Sanchez Hidalgo), Slg. 1998, I-8237, Rn. 25 ff.; EuGH, Rs. C-242/09 (Catering), Slg. 2010, I-10309.
58 EuGH, Rs. 108/10 (Scattolon), Slg. 2011, I-7491. Diesfalls ist bei der Berechnung des Gehalts das beim ursprünglichen Arbeitgeber erlangte Dienstalter zu berücksichtigen.
59 EuGH, Rs. C-425/02 (Delahaye), Slg. 2004, I-10823, Rn. 29 ff.
60 EuGH, Rs. C-458/12 (Amatoriu), Urt. v. 6.3.2014, Rn. 30 ff.

Sie betreffen insbesondere die Sicherheit und den Gesundheitsschutz am Arbeitsplatz (**RL 89/391**).[61] Diese Richtlinie stellt eine Rahmenrichtlinie dar. Die auf sie zurückgehenden Einzelrichtlinien (vgl. Art. 16 RL 89/391) zur Präzisierung der Vorgaben in Bezug auf spezielle Gefährdungsfaktoren sind ebenfalls auf der Grundlage des Art. 153 Abs. 1 AEUV zu erlassen.

Im Gefolge der RL 89/391 wurden zahlreiche Einzelrichtlinien erlassen; neben den Schutz der Arbeitnehmer bei speziellen Tätigkeiten bezweckenden Richtlinien[62] ist insbesondere die RL 92/85 zur Verbesserung der Sicherheit und des **Gesundheitsschutzes von schwangeren Arbeitnehmerinnen, Wöchnerinnen und stillenden Arbeitnehmerinnen**[63] zu erwähnen. Diese enthält neben Regeln zur Arbeitssicherheit verschiedene materiellrechtliche Vorschriften, so insbesondere einen Kündigungsschutz (Art. 10) und die Verpflichtung der Mitgliedstaaten, einen Mutterschaftsurlaub von mindestens 14 Wochen zu garantieren.[64] Die RL 92/85 soll revidiert werden,[65] wobei insbesondere eine Erhöhung des Mutterschaftsurlaubs auf 18 Wochen vorgesehen ist.[66]

Dem **Schutz von Arbeitnehmern in befristeten Arbeitsverhältnissen oder in Leiharbeitsverhältnissen** dient die RL 91/383,[67] und die RL 94/33 regelt Aspekte des **Jugendarbeitsschutzes**.[68]

d) Bewertung

28 Insgesamt beschränken sich die Maßnahmen der Union im Bereich des Arbeitsrechts zwar auf einige ausgewählte Bereiche. Allerdings existieren bei der Arbeitssicherheit im Ergebnis doch recht weitreichende (Mindest-)Vorgaben, und im Arbeitsrecht i.e.S. sind über die Regelung von Einzelfragen beachtliche Rückwirkungen auf die entsprechenden mitgliedstaatlichen Rechtsgebiete zu verzeichnen, so dass auch hier eine – trotz des punktuellen Ansatzes des Sekundärrechts – bedeutsame Europäisierung des nationalen Rechts erfolgt.

---

61 ABl. L 183/1989, 1 = *HER I A* 56/5.9. Zu dieser Richtlinie EuGH, Rs. C-127/05 (Kommission/Vereinigtes Königreich), Slg. 2007, I-4619.
62 S. z.B. RL 90/270, ABl. L 156/1990, 14 (Arbeit an Bildschirmgeräten) = *HER I A* 56/5.10; RL 92/57, ABl. L 245/1992, 6 (Arbeit auf Baustellen) = *HER I A* 56/5.13.
63 RL 92/85, ABl. L 348/1992, 1 = *HER I A* 56/5.15. Zu dieser Richtlinie aus der Rechtsprechung z.B. EuGH, Rs. C-471/08 (Parviainen), Slg. 2010, I-6533 (Höhe der Bezahlung während des Mutterschaftsurlaubs); zu den Anforderungen an den in dieser Richtlinie bei Verletzung ihrer Vorgaben vorgesehenen effektiven Rechtsbehelf EuGH, Rs. C-63/08 (Pontin), Slg. 2009, I-10467; EuGH, Rs. C-232/09 (Danosa), Slg. 2010, I-11405 (Kündigung bei Schwangerschaft).
64 Zur Auslegung der RL 92/85 z.B. EuGH, Rs. C-460/06 (Paquay), Slg. 2007, I-8511: Der Kündigungsschutz für Schwangere erstrecke sich auch auf Maßnahmen zur Vorbereitung einer Kündigung. Weiter sei eine auf der Schwangerschaft und/oder der Geburt eines Kindes beruhende Kündigungsentscheidung jedenfalls eine verbotene (unmittelbare) Diskriminierung aus Gründen des Geschlechts, auch wenn sie nach Ablauf der in der RL 92/85 vorgesehenen Schutzzeit mitgeteilt wird. Vgl. zur RL 92/85 weiter EuGH, Rs. C-116/06 (Kiiski), Slg. 2007, I-7643 (Anspruch auf eine Modifikation des Zeitraums eines bereits bewilligten Erziehungsurlaubs, wenn die Arbeitnehmerin für denselben Zeitraum aufgrund einer erneuten Schwangerschaft Mutterschaftsurlaub genießen könnte); EuGH, Rs. C-506/06 (Mayr), Slg. 2008, I-1017 (Nichtanwendbarkeit der RL 92/85 auf eine Arbeitnehmerin, die sich einer Befruchtung in vitro unterzieht, sofern die Befruchtung zwar bereits stattgefunden hat, die befruchteten Eizellen aber noch nicht in die Gebärmutter eingesetzt worden sind, wobei eine Kündigung dann nach der RL 76/207, heute RL 2006/54, vgl. *Rn.* 37, unzulässig ist, wenn sie hauptsächlich aus dem Grund erfolgt war, dass sich die Betroffene dieser Behandlung unterzogen hat, liegt diesfalls doch eine Diskriminierung aus Gründen des Geschlechts vor).
65 KOM (2008) 637 endg.
66 Zu dieser vorgesehenen Revision *Bünger/Klauk/Klempt*, Viel Lärm um nichts?! – Voraussichtliche Neuerungen und Umsetzungsforderungen durch die Änderung der Europäischen Mutterschutz-Richtlinie 92/85/EWG, EuZA 2010, 484 ff.
67 ABl. L 206/1991, 19 = *HER I A* 56/5.12.
68 ABl. L 216/1994, 12 = *HER I A* 56/5.17.

C. Gleichbehandlung von Mann und Frau
I. Der Grundsatz des gleichen Entgelts – Art. 157 Abs. 1 AEUV

Der in Art. 157 Abs. 1 AEUV enthaltene Grundsatz des gleichen Entgelts stellt das „Herzstück" des europäischen Gleichbehandlungsrechts dar. 29

> Art. 157 AEUV wurde durch den Amsterdamer Vertrag etwas umformuliert, ergänzt und präzisiert. Die bis dahin von der Rechtsprechung entwickelten tragenden Grundsätze sind aber nach wie vor relevant. Der Vertrag von Nizza brachte keine Änderungen, und Art. 157 AEUV übernimmt Art. 141 EGV unverändert.

Ursprünglich im Interesse der Garantie unverfälschter Wettbewerbsbedingungen in den Vertrag eingeführt, hat sich diese Vorschrift – insbesondere unter dem Einfluss der Rechtsprechung des EuGH – zu einem unmittelbar anwendbaren subjektiven Recht des Einzelnen entwickelt.[69] Die für ihre Tragweite ausschlaggebenden Aspekte können auf der Grundlage der Rechtsprechung des EuGH[70] wie folgt zusammengefasst werden:[71]

- Art. 157 AEUV ist **unmittelbar wirksam**; der Einzelne kann sich direkt (vor innerstaatlichen Gerichten) auf diesen Grundsatz berufen. Zudem kommt dieser Vorschrift **Drittwirkung** zu, so dass auch private Arbeitgeber sie gegen sich gelten lassen müssen. 30

- Bei den **tatbestandlichen Voraussetzungen** dieser Vorschrift sind in erster Linie drei Aspekte von Bedeutung: 31
  - Art. 157 AEUV umfasst ausschließlich den Grundsatz des **gleichen Entgelts**; er bildet keine Grundlage für die Gleichheit der übrigen Arbeitsbedingungen. Diese muss bzw. kann über sekundärrechtliche Regelungen hergestellt werden (*Rn. 36ff.*). Entgelt im Sinne des Art. 157 AEUV ist nicht nur der Lohn, sondern dieser Begriff umfasst alle gegenwärtigen und künftigen gewährten Vergütungen (unter Einschluss von Sachleistungen) unter der Voraussetzung, dass sie zumin-

---

69 Hierzu und zur Entstehungsgeschichte der Vorschrift *Langenfeld*, Gleichbehandlung *(F.III.)*, 29 ff.; *Schlachter*, Wege zur Gleichberechtigung *(F.III.)*, 123 ff. Gleichwohl sind auch damit (noch) nicht alle Lohnungleichbehandlungen beseitigt; hierfür sind vielmehr weitere Maßnahmen notwendig. Die Kommission unterbreitet sowohl in Bezug auf die Analyse der Situation als auch im Hinblick auf das Ergreifen weiterer Maßnahmen regelmäßig entsprechende Berichte. Vgl. insbesondere Strategie für die Gleichstellung von Frauen und Männern 2010–2015, KOM (2010) 491 endg., und den vom Rat angenommenen Europäischen Pakt für die Gleichstellung der Geschlechter (2011–2020), Ratsdokument 7370/11.; s. sodann die jährlichen Berichte zur Gleichstellung von Frauen und Männern, verfügbar auf europa.eu/justice/gender-equality. S. auch die „Charta für Frauen", die von der Kommission im Vorfeld des Internationalen Frauentages präsentiert wurde, KOM (2010) 78 endg., in der Maßnahmen in fünf Schlüsselbereichen vorgesehen sind: Gleichstellung auf dem Arbeitsmarkt und wirtschaftliche Unabhängigkeit für Frauen und Männer, Abbau von Lohnunterschieden zwischen Männern und Frauen, gleichberechtigte Beteiligung von Frauen und Männern an Entscheidungsprozessen, Garantie der Menschenwürde und Unverletzlichkeit der Person, Einsatz für die Gleichstellung der Geschlechter auch in den Außenbeziehungen.
70 Vgl. insbesondere EuGH, Rs. 43/75 (Defrenne II), Slg. 1976, 455; EuGH, Rs. 149/77 (Defrenne III), Slg. 1978, 1365; EuGH, Rs. 129/79 (Wendy Smith), Slg. 1980, 1275; EuGH, Rs. 157/86 (Mary Murphy), Slg. 1988, 673; EuGH, Rs. C-381/99 (Brunnhofer), Slg. 2001, I-4961; EuGH, verb. Rs. C-270, 271/97 (Sievers und Schrage), Slg. 2000, I-929; EuGH, Rs. C-366/99 (Griesmar), Slg. 2001, I-9383; EuGH, Rs. C-167/97 (Seymour Smith), Slg. 1999, I-623.
71 Ausführlich zu Art. 157 AEUV und den aufgeworfenen Problemen *Epiney/Freiermuth Abt*, Recht der Gleichstellung *(F.III.)*, 49 ff.

dest mittelbar aufgrund des Arbeitsverhältnisses gewährt werden. Hierunter fallen z. B. auch Betriebsrenten.[72]

- Art. 157 AEUV ist nicht nur der Grundsatz des gleichen Entgelts bei **gleicher**, sondern auch bei **gleichwertiger Arbeit** zu entnehmen.[73] Nicht notwendig ist, dass in dem gleichen Betrieb Frauen und Männer gleichzeitig die infrage stehende Tätigkeit ausüben.
- Art. 157 AEUV verbietet nicht nur direkte oder **unmittelbare Diskriminierungen**,[74] sondern auch indirekte oder **mittelbare Diskriminierungen**, d. h. solche, die auf ein anderes Kriterium als die Geschlechtszugehörigkeit abstellen, jedoch eine ähnliche Wirkung wie eine direkte Diskriminierung zeitigen (können). Allerdings dürfen keine sachlichen Gründe, d. h. solche, die nicht mit der Geschlechtszugehörigkeit zusammenhängen, vorliegen.[75]

Das Konzept der mittelbaren Diskriminierung ist insbesondere in Bezug auf **Teilzeitarbeitende** relevant geworden.[76] So ist nach Auffassung des EuGH der Ausschluss von Teilzeitbeschäftigten von der betrieblichen Altersversorgung, sofern davon wesentlich mehr Frauen als Männer betroffen sind, grundsätzlich nicht mit Art. 157 AEUV vereinbar, es sei denn, die Maßnahme beruhe auf objektiven Faktoren.[77] Auch eine niedrigere Bezahlung von Teilzeitarbeitskräften stelle, soweit diese vorwiegend aus Frauen bestehen, grundsätzlich eine durch Art. 157 AEUV verbotene Diskriminierung aufgrund des Geschlechts dar.[78] Weiter sei eine Vergütungsregelung, wonach Überstunden von Teilzeitangestellten im Ergebnis bis zur Erreichung einer Gesamtarbeitszeit, die 100 % entspricht, schlechter vergütet werden als Überstunden von Vollzeitangestellten, da der niedrigere Satz der Vergütung von Überstunden in jedem Fall bei Überschreiten der individuellen Arbeitszeit zur Anwendung kommt, grundsätzlich nicht mit Art. 157 AEUV vereinbar.[79] Die Implikationen dieses zuletzt genannten Urteils dürften kaum zu überschätzen sein, führt es doch dazu, dass die gerade im Schulbereich gängige Besoldungsmethode, die von Teilzeitbeschäftigten eine Art „Sonderopfer" verlangt, unzulässig sein dürfte, mit erheblichen Kostenfolgen für die öffentliche Hand. Dies ändert nichts daran, dass die (insgesamt knappe) Argumentation des EuGH im Ergebnis überzeugt, ist doch kein Grund ersichtlich, warum eine vollzeitbeschäftigte Person für die gleiche Arbeit mehr verdienen soll als eine teilzeitbeschäftigte, die aufgrund von (mitunter regelmäßigen) Überstunden auf dieselbe Stundenzahl kommt. Der EuGH stellt insofern überzeugend und anknüpfend an seine bisherige Rechtsprechung[80]

---

72 EuGH, Rs. C-262/88 (Barber), Slg. 1990, I-1889, Rn. 21 ff. Zum Begriff des Entgelts auch EuGH, Rs. C-366/99 (Griesmar), Slg. 2001, I-9383; EuGH, Rs. C-46/07 (Kommission/Italien), Urt. v. 13.11.2008 (Unvereinbarkeit eines unterschiedlichen Rentenalters für Frauen, ab 60 Jahren, und Männer, ab 65 Jahren, mit Art. 157 AEUV, da es sich nicht um ein gesetzliches System der sozialen Sicherheit, sondern um einen Teil des Gehalts der erfassten öffentlich-rechtlich Angestellten handle).
73 EuGH, Rs. C-127/92 (Enderby), Slg. 1993, I-5535, Rn. 14 ff.; s. auch EuGH, Rs. C-309/97 (Wiener Gebietskrankenkasse), Slg. 1999, I-2865.
74 Vgl. z. B. EuGH, Rs. C-66/96 (Faellesforeningen), Slg. 1998, I-7327 (Lohnfortzahlung aufgrund einer durch Schwangerschaft bedingten Krankheit).
75 Vgl. hierzu die Präzisierungen des EuGH in Bezug auf die Feststellung des Vorliegens einer indirekten Diskriminierung in EuGH, Rs. C-167/97 (Regina), Slg. 1999, I-623. S. auch EuGH, Rs. C-249/97 (Gruber), Slg. 1999, I-5295; EuGH, Rs. C-167/97 (Seymour Smith), Slg. 1999, I-623; EuGH, Rs. C-196/02 (Nikoloudi), Slg. 2005, I-1789; EuGH, Rs. C-427/11 (Kenny), Urt. v. 28.2.2013.
76 Vgl. EuGH, Rs. 170/84 (Bilka), Slg. 1986, 1607; EuGH, Rs. C-343/92 (Roks), Slg. 1994, I-571; EuGH, Rs. 96/80 (Jenkins), Slg. 1981, 911; EuGH, Rs. C-77/02 (Steinicke), Slg. 2003, I-9027; EuGH, verb. Rs. C-4/02 und C-5/02 (Schönheit und Becker), Slg. 2003, I-12575.
77 EuGH, Rs. 170/84 (Bilka), Slg. 1986, 1607; EuGH, Rs. C-343/92 (Roks), Slg. 1994, I-571.
78 EuGH, Rs. 96/80 (Jenkins), Slg. 1981, 911.
79 EuGH, Rs. C-300/06 (Voß), Slg. 2007, I-10573.
80 EuGH, verb. Rs. C-399/92, C-409/92, C-425/92, C-34/93, C-50/93 und C-78/93 (Helmig u. a.), Slg. 1994, I-5727, wonach keine Ungleichbehandlung vorliege, wenn ein Überstundenzuschlag erst bei Überschreiten der tarifvertraglich festgelegten Regelarbeitszeit gezahlt wird. S. auch EuGH, Rs. C-285/02 (Elsner-Lakeberg), Slg. 2004, I-5861.

auf die Gleichbehandlung bei gleicher Zahl geleisteter Arbeitsstunden ab, ohne dass es auf die individuelle „Regelarbeitszeit" ankommt.

- Art. 157 AEUV gibt keine Auskunft über die **Rechtsfolge** im Falle der Verletzung des Grundsatzes des gleichen Entgelts bei gleicher oder gleichwertiger Arbeit. In Betracht kommt sowohl eine Anpassung nach oben als auch eine solche nach unten. Zumindest einer rückwirkenden Anpassung nach unten wird in der Regel das Vertrauens- und Bestandsschutzprinzip entgegenstehen. Allerdings hindert Art. 157 AEUV einen Arbeitgeber nicht daran, für die Zukunft mit allen betroffenen Arbeitnehmern ein niedrigeres Entgelt zu vereinbaren. Der EuGH hat zudem die zeitliche Wirkung seiner Urteile in einigen Fällen unter Hinweis auf Erwägungen der Rechtssicherheit begrenzt.[81]

32

II. Der allgemeine Rechtsgrundsatz der Gleichbehandlung von Mann und Frau

Der EuGH erkennt in ständiger Rechtsprechung die Gleichbehandlung von Mann und Frau als **allgemeinen Rechtsgrundsatz** an.[82]

33

Diese Rechtsprechung wurde von der Lehre dogmatisch untermauert und begründet, und Art. 21 Abs. 1, 23 der Grundrechtecharta bestätigt die Existenz eines solchen Grundsatzes. Die Bedeutung des Grundsatzes der Nichtdiskriminierung wird auch durch die **Querschnittsklausel** des **Art. 10 AEUV** unterstrichen. Danach ist die Union verpflichtet, bei der Festlegung und Durchführung ihrer Politiken und Maßnahmen Diskriminierungen u.a. aus Gründen des Geschlechts zu bekämpfen.

Die materielle Reichweite des allgemeinen Rechtsgrundsatzes der Gleichbehandlung von Mann und Frau ist jedoch auf den **Anwendungsbereich der Verträge** beschränkt, und die Mitgliedstaaten sind nur bei der Durchführung des Unionsrechts (Art. 51 Abs. 1 GRCh) an Art. 21 Abs. 1, 23 GRCh gebunden.[83]

34

So bindet der allgemeine Rechtsgrundsatz der Gleichbehandlung von Männern und Frauen in erster Linie die **Unionsorgane**. Er ist damit auch und gerade vor dem Hintergrund von Bedeutung, dass sich Art. 157 Abs. 1, 2 AEUV an die Mitgliedstaaten richten und damit die Union durch diese Vorschriften nicht gebunden ist.[84] **Bedienstete der Union** können sich daher nicht auf Art. 157 AEUV stützen, sondern müssen den allgemeinen Rechtsgrundsatz der Gleichbehandlung bzw. Art. 21 Abs. 1, 23 Grundrechtecharta geltend machen.[85]

35

---

81 Vgl. insbesondere EuGH, Rs. C-262/88 (Barber), Slg. 1990, I-1889, Rn. 40 ff.; EuGH, Rs. C-110/91 (Moroni), Slg. 1993, I-6591, Rn. 28 ff.
82 Vgl. EuGH, Rs. 149/77 (Defrenne III), Slg. 1978, 1365, Rn. 26/29; EuGH, verb. Rs. C-270/97 u. C-271/97 (Sievers und Schrage), Slg. 2000, I-929, Rn. 56; EuGH, Rs. C-285/98 (Kreil), Slg. 2000, I-69, Rn. 23; EuGH, Rs. C-25/02 (Rinke), Slg. 2003, I-8349, Rn. 25. Zur Herleitung dieses Grundsatzes instruktiv *Langenfeld*, Gleichbehandlung (F.III.), 116 ff.
83 Zur Bindung der Mitgliedstaaten an die Grundrechtecharta § 2 Rn. 20.
84 Der EuGH lehnt in ständiger Rechtsprechung die Anwendung des Art. 157 AEUV auf Unionsbedienstete ab, vgl. EuGH, Rs. 20/71 (Sabbatini-Bertoni), Slg. 1972, 345, Rn. 3 ff.; EuGH, Rs. 257/78 (Devred), Slg. 1979, 3767, Rn. 9/12.
85 *Epiney/Freiermuth Abt*, Recht der Gleichstellung (F.III.), 109 f.

III. Konkretisierung und Erweiterung des Gebots der Gleichbehandlung durch Sekundärrecht

36 Die EU hat in den sog. **Gleichbehandlungsrichtlinien** sowohl den Grundsatz des gleichen Entgelts konkretisiert als auch den Grundsatz der Gleichbehandlung von Mann und Frau für zahlreiche Bereiche verwirklicht.[86]

Diese gesetzgeberische Tätigkeit der Union wurde in erster Linie aus zwei Gründen im Interesse einer rechtlichen Gleichstellung der Geschlechter notwendig: Zum einen beschränkt sich der Anwendungsbereich des Art. 157 AEUV auf den Entgeltbereich, so dass die Gleichbehandlung der Geschlechter in anderen Gebieten durch diese Vorschrift nicht erfasst wird. Zum anderen erstrecken sich zwar die allgemeine Rechtsgrundsatz der Gleichbehandlung von Mann und Frau sowie Art. 21 Abs. 1, 23 Grundrechtecharta zwar auch auf andere Bereiche der Gleichstellung der Geschlechter; sie entfalten jedoch – im Gegensatz zu Art. 157 AEUV – keine Drittwirkung, so dass sie in den Rechtsbeziehungen zwischen Privaten – also insbesondere zwischen Arbeitgeber und Arbeitnehmer – keine Anwendung finden können: im Übrigen sind sie nur beschränkt für die Mitgliedstaaten verbindlich *(Rn. 34 f.)*.

37 Das Sekundärrecht im Bereich der Gleichstellung wurde durch die **RL 2006/54 zur Verwirklichung des Grundsatzes der Chancengleichheit und Gleichbehandlung von Männern und Frauen in Arbeits- und Beschäftigungsfragen**[87] auf eine neue Grundlage gestellt: Die RL 2006/54 führte insgesamt vier Richtlinien – RL 75/117/EWG,[88] RL 76/207/EWG,[89] RL 97/80[90] und RL 86/378/EWG[91] – in einem Rechtsakt zusammen und vereinfachte, verbesserte und modernisierte insgesamt die sekundärrechtlichen Gleichstellungsregeln.[92] Die Richtlinie regelt umfassend die Gleichstellung in Bezug auf Arbeits- und Beschäftigungsfragen und enthält insbesondere Vorgaben über den Zugang zur Beschäftigung (einschließlich des beruflichen Aufstiegs und der Berufsbildung),[93] die Arbeitsbedingungen sowie die betrieblichen Systeme der sozialen Sicherheit. Weiter werden auch Beweisfragen und sonstige Verfahrensbestimmungen, welche die Effektivität der gewährleisteten Rechte sicherstellen sollen, erfasst. Ihr Anwendungsbereich erstreckt sich auf alle beruflichen Tätigkeiten, unabhängig davon, ob es sich um abhängige oder selbstständige Beschäftigungen, privatrechtliche oder öffentlich-rechtliche Dienst- oder Arbeitsverhältnisse handelt.[94] Inhaltlich knüpft die

---

86 Vgl. für einen Überblick über das Sekundärrecht *Eichenhofer*, in: Dauses (Hg.), Handbuch EU-Wirtschaftsrecht, D.III., Rn. 80 ff.
87 ABl. L 204/2006, 23 = *HER I A* 56/6.16.
88 RL 75/117 über die Anwendung des Grundsatzes des gleichen Entgelts für Männer und Frauen, ABl. L 45/1975, 19 („Entgeltrichtlinie").
89 RL 76/207 zur Verwirklichung des Grundsatzes der Gleichbehandlung von Männern und Frauen hinsichtlich des Zugangs zur Beschäftigung, zur Berufsbildung und zum beruflichen Aufstieg sowie in Bezug auf die Arbeitsbedingungen, ABl. L 39/1976 L, 40.
90 RL 97/80, ABl. L 14/1998, 6 (Beweislastrichtlinie).
91 RL 86/378 zur Verwirklichung des Grundsatzes der Gleichbehandlung von Männern und Frauen bei den betrieblichen Systemen der sozialen Sicherheit, ABl. L 225/1986, 40.
92 Bericht der Kommission zur Gleichstellung von Frauen und Männern vom 7.2.2007, KOM (2007) 49 endg.
93 Eine Ungleichbehandlung aufgrund des Geschlechts bildet keine Diskriminierung, wenn das Geschlecht aufgrund der Art einer bestimmten beruflichen Tätigkeit oder aufgrund der Umstände ihrer Ausübung eine wesentliche und entscheidende berufliche Anforderung darstellt. Der Gerichtshof bejahte diese Voraussetzung im Falle spezieller militärischer Eliteeinheiten, die Männern vorbehalten waren (EuGH, Rs. C-273/97, Sirdar, Slg. 1999, I-7403), verneinte sie jedoch für den allgemeinen Ausschluss von Frauen vom Dienst mit der Waffe (EuGH, Rs. C-285/98, Kreil, Slg. 2000, I-69).
94 S. aber auch die Begrenzung in EuGH, Rs. C-186/01 (Dory), Slg. 2003, I-2479, wo der EuGH feststellte, dass eine Benachteiligung, die Männern aufgrund des obligatorischen Wehrdienstes beim Einstieg ins Berufsleben entsteht, nicht vom Anwendungsbereich der Richtlinie (hier noch die RL 76/207) erfasst sei.

RL 2006/54 damit weitgehend an die bisherigen Richtlinien an, so dass die diesbezügliche Rechtsprechung nach wie vor relevant ist.[95]

Weiter werden gleichstellungsrelevante Aspekte in folgenden Rechtsakten geregelt: 38

- Die **RL 79/7**[96] bezweckt die Verwirklichung der Gleichbehandlung in den gesetzlichen Systemen der sozialen Sicherheit.
- Die **RL 2010/41**[97] stellt den Grundsatz der Gleichbehandlung auch im Bereich der selbstständigen Erwerbstätigkeit sicher und verbessert die rechtliche Stellung des mithelfenden Ehegatten.
- Nach der **RL 2010/18** über den Elternurlaub[98] ist ein individueller Anspruch für Männer und Frauen auf vier Monate Erziehungsurlaub anlässlich der Geburt oder Adoption eines Kindes vorzusehen. Der Anspruch muss bis zum achten Lebensjahr des Kindes eingelöst werden und ist nicht übertragbar. In Ausnahmeregelungen werden die arbeitsorganisatorischen Besonderheiten kleiner Unternehmen berücksichtigt. Darüber hinaus soll in Fällen höherer Gewalt und bei dringenden familiären Erfordernissen die Anwesenheit des Arbeitnehmers in der Familie ermöglicht werden.
- Durch die **VO 1922/2006**[99] wird ein Europäisches **Institut für Gleichstellungsfragen** errichtet. Dieses soll durch technische Unterstützung der Unionsorgane zur Gleichstellung der Geschlechter beitragen und die Unionsbürger stärker für diese Fragen sensibilisieren.
- Schließlich ist in diesem Zusammenhang auch die auf Art. 19 AEUV gestützte **RL 2004/113**[100] zur Verwirklichung der Gleichbehandlung von Männern und Frauen beim Zugang zu und bei der Versorgung mit Gütern und Dienstleistungen von Bedeutung.[101]

---

95 Vgl. zum Sekundärrecht, unter Einbezug der Rechtsprechung, *Epiney/Freiermuth Abt*, Recht der Gleichstellung *(F.III.)*, 117 ff.; zur neuen Rechtsprechung jeweils die jährlichen Rechtsprechungsberichte in der NVwZ, zuletzt *Epiney*, NVwZ 2013, 692 (698).
96 ABl. L 6/1979, 24 = HER I A 56/6.3.
97 ABl. L 180/2010, 1 = HER I A 56/6.19. Diese Richtlinie ersetzte die RL 86/613, ABl. L 359/1986, 56.
98 ABl. L 68/2010, 13 = HER I A 56/8.8. Diese Richtlinie löst die RL 96/34 (ABl. L 145/1996, 4), die auf ein Rahmenabkommen zwischen Arbeitgeberdachverbänden und dem Gewerkschaftsdachverband zurückgeht, ab. Vgl. zur RL 96/34 EuGH, Rs. C-342/01 (Merino Gomez), Slg. 2004, I-2605; EuGH, Rs. C-519/03 (Kommission/Luxemburg), Slg. 2005, I-3067; EuGH, Rs. C-537/07 (Gomez Limon Sachez-Camacho), Slg. 2009, I-6525 (unmittelbare Wirkung der Rahmenvereinbarung über den Elternurlaub, Berechnung der Rente wegen dauernder Invalidität, die während des Elternurlaubs eintritt); EuGH, Rs. C-116/08 (Christel Meerts), Slg. 2009, I-10063 (Berechnung der Abfindung bei einer einseitigen Beendigung des Arbeitsvertrags eines unbefristet und in Vollzeit angestellten Arbeitnehmers durch den Arbeitgeber ohne schwerwiegenden Grund oder ohne Einhaltung der gesetzlichen Kündigungsfrist); EuGH, Rs. C-486/08 (Zentralbetriebsrat der Landeskrankenhäuser Tirols), Slg. 2010, I-3527 (Unvereinbarkeit mit der Richtlinie einer Regelung, wonach der Arbeitnehmer im Falle der Inanspruchnahme des Elternurlaubs Urlaubsansprüche, die vor der Geburt des Kindes erworben wurden, verliert). Zu der neuen Richtlinie *Dahm*, Die neue Richtlinie zum Elternurlaub, EuZA 2011, 30 ff.
99 VO 1922/2006 zur Errichtung eines Europäischen Instituts für Gleichstellungsfragen, ABl. L 403/2006, 9 = HER I A 18/6.10.
100 RL 2004/113 zur Verwirklichung des Grundsatzes der Gleichbehandlung von Männern und Frauen beim Zugang zu und bei der Versorgung mit Gütern und Dienstleistungen, ABl. L 373/2004, 37 = HER I A 18/6.8.
101 In EuGH, Rs. C-236/09 (Test Achats ASBL), Slg. 2011, I-773, stellte der EuGH fest, Art. 5 RL 2004/113 sei ungültig. Denn diese Vorschrift – wonach für Männer und Frauen unterschiedliche Versicherungstarife zum Zuge kommen können, falls das Geschlecht als Einflussfaktor bei der Risikobewertung versicherungsmathematisch und statistisch belegt ist – stelle einen Verstoß gegen Art. 21, 23 Grundrechtecharta dar, da die RL 2004/113 grundsätzlich davon ausgehe, dass nicht geschlechtsneutrale Prämien und Leistungen die Ausnahme darstellten, Art. 5 Abs. 2 RL 2004/113 jedoch letztlich auch unbefristete Ausnahmen zulasse, was der Verwirklichung des mit der RL 2004/113 (und wohl auch primärrechtlich) verfolgten Ziels der Gleichstellung der Geschlechter nicht Rechnung trage. Zu diesem Urteil z.B. *Watson*, Equality, Fundamental Rights and the Limits of Legislative Discretion : Comment on Test-Achats, ELJ 2011, 896 ff.

Epiney

IV. Zu „positiven Maßnahmen"

39 Nach Art. 157 Abs. 4 AEUV – eine durch den Vertrag von Amsterdam eingeführte Bestimmung – hindert der Grundsatz der Gleichbehandlung die Mitgliedstaaten nicht daran,

> „zur Erleichterung der Berufstätigkeit des unterrepräsentierten Geschlechts oder zur Verhinderung bzw. zum Ausgleich von Benachteiligungen in der beruflichen Laufbahn spezifische Vergünstigungen beizubehalten oder zu beschließen" (vgl. auch Art. 23 Abs. 2 Charta der Grundrechte).

Die durch das Urteil *Kalanke*[102] des EuGH – der seine Rechtsprechung allerdings im Urteil *Marschall*[103] korrigierte bzw. zumindest präzisierte – ausgelöste Debatte erfuhr damit aus rechtlicher Sicht eine grundsätzliche Klärung: Die Zulässigkeit sog. **positiver Maßnahmen** ist auf primärrechtlicher Ebene sichergestellt; erfasst werden damit auch solche Maßnahmen, mit denen eine angemessene Vertretung von Frauen in bestimmten Berufsgruppen, Gremien o.ä. erreicht werden soll, so dass auch eine „Ergebnisgleichheit" Gegenstand solcher positiver Maßnahmen sein kann. Allerdings müssen derartige Maßnahmen jedenfalls dem Grundsatz der Verhältnismäßigkeit genügen.

Art. 157 Abs. 4 AEUV betrifft nur die mitgliedstaatliche Ebene; auf EU-Ebene können positive Maßnahmen aber durch Sekundärrecht (auf der Grundlage von Art. 157 Abs. 3 AEUV) vorgesehen werden. So hat die Kommission einen Vorschlag zur Festlegung von „Frauenquoten" in börsenkotierten Unternehmen in der EU unterbreitet,[104] der jedoch auf gewisse Widerstände stößt.

D. Der Europäische Sozialfonds

40 Der nach Art. 162 AEUV zu errichtende Europäische Sozialfonds (ESF) soll zur Verbesserung der **Beschäftigungsmöglichkeiten** der Arbeitskräfte im Binnenmarkt führen und damit zur **Hebung der Lebenshaltung** beitragen.

Nach Art. 162 AEUV verfolgt er insbesondere das Ziel, „innerhalb der Union die berufliche Verwendbarkeit und die örtliche und berufliche Mobilität der Arbeitskräfte zu fördern sowie die Anpassung an die industriellen Wandlungsprozesse und an Veränderungen der Produktionssysteme insbesondere durch berufliche Bildung und Umschulung zu erleichtern".

Zentrale Zielsetzung des Sozialfonds ist das Bestreben, die teilweise erheblichen Unterschiede in diesem Bereich zwischen den Mitgliedstaaten (etwas) auszugleichen. Allerdings sollen auch die Aktivitäten des Fonds die mitgliedstaatlichen Politiken nur unterstützen und fördern.

41 Der Sozialfonds besteht seit 1958 und ist damit der älteste der Strukturfonds (zu diesen § 27 Rn. 15 ff.). Seine Funktionsweise wurde mehrmals modifiziert.[105] Die letzte und für die derzeitige Rechtslage entscheidende Reform fand 2013 mit dem Erlass der **VO 1303/2013 über den Europäischen Fonds für regionale Entwicklung, den Europä-**

---

102 EuGH, Rs. C-450/93 (Kalanke), Slg. 1995, I-3051.
103 EuGH, Rs. C-409/95 (Marschall), Slg. 1997, I-6303; s. auch EuGH, Rs. C-158/97 (Badeck), Slg. 2000, I-1875; EuGH, Rs. C-407/98 (Abrahamsson), Slg. 2000, I-5539; EuGH, Rs. C-476/99 (Lommers), Slg. 2002, I-2891. Zur Problematik „positiver Maßnahmen" *Charpentier*, The European Court of Justice and the Rhetoric of Affirmative Action, ELJ 1998, 167 ff.; *Schiek*, Sex Equality after Kalanke and Marschall, ELJ 1998, 148 ff.; *Epiney/Freiermuth Abt*, Recht der Gleichstellung *(F.III.)*, 197 ff.
104 KOM (2012) 614 endg.
105 Zur Entwicklung den Überblick bei von der Groeben/Schwarze-*Högl*, Art. 146, Rn. 10 f.

ischen Sozialfonds, den Kohäsionsfonds, den Europäischen Landwirtschaftsfonds und den Europäischen Meeres- und Fischereifonds[106] statt (*§ 27 Rn. 6 ff.*). Diese koordiniert auf der Grundlage von Zielzuweisungen an die einzelnen Fonds deren Förderungsaktivitäten.

Die **VO 1304/2013 über den Europäischen Sozialfonds**[107] enthält auf dieser Grundlage spezifische Bestimmungen, die insbesondere festlegen, welche Arten von Maßnahmen für eine Intervention des ESF infrage kommen. Art. 2, 3 VO 1081/2006 konkretisieren die für den Sozialfonds schon in der VO 1303/2013 festgelegten Zielsetzungen durch eine Liste prioritärer Aufgaben in den Bereichen der Beschäftigung, der Chancengleichheit und der Armutsbekämpfung.

42

Die Verwaltung des Fonds obliegt der Kommission, die von einem aus Vertretern der Regierungen der Mitgliedstaaten und der Arbeitgeber- und Arbeitnehmerverbände zusammengesetzten Ausschuss unterstützt wird (Art. 163 AEUV).[108]

43

E. Titel IX AEUV „Beschäftigung"

Der Vertrag von Amsterdam (1997) führte – wohl auch angesichts der anhaltenden Beschäftigungskrise in der Union – einen **neuen Titel „Beschäftigung"** in den Vertrag ein (Art. 145 ff. AEUV). Der Titel soll in erster Linie eine bessere Annäherung an das bereits in Art. 3 Abs. 3 EUV erwähnte Ziel eines **hohen Beschäftigungsniveaus** erreichen.[109]

44

Trotz der Einführung des neuen Titels in den Vertrag bleibt die Beschäftigungspolitik aber im Grundsatz **Angelegenheit der Mitgliedstaaten**. Die Tragweite der Art. 145 ff. AEUV kann vor diesem Hintergrund durch folgende Aspekte zusammengefasst werden:

45

- Den **Mitgliedstaaten** wird eine Reihe von **Koordinationspflichten** unterschiedlichen Inhalts auferlegt: So wirken sie zusammen mit der Union auf die Entwicklung einer koordinierten Beschäftigungsstrategie hin (Art. 145 AEUV), tragen durch ihre Beschäftigungspolitik zu einem höheren Beschäftigungsniveau bei und stimmen ihre beschäftigungsrelevanten Aktivitäten aufeinander ab (Art. 146 AEUV). Diese Verpflichtungen sind allerdings so weit formuliert, dass kaum jemals ein Verstoß gegen sie nachgewiesen werden kann.
- Die **Union** ihrerseits trägt zu einem hohen Beschäftigungsniveau bei, indem sie die entsprechenden Aktivitäten der Mitgliedstaaten unterstützt und ggf. ergänzt (Art. 147 AEUV). In dieser Formulierung kommt die nach wie vor bestehende primäre Zuständigkeit der Mitgliedstaaten zum Ausdruck.
- Es wird ein **Beschäftigungsausschuss** eingesetzt, dem beratende Aufgaben zukommen (Art. 150 AEUV).[110]
- **Rechtsgrundlagen** sind Art. 148 Abs. 2, 149 AEUV. Art. 148 Abs. 2 AEUV ermächtigt und verpflichtet den Rat, auf der Grundlage einer durch den Europäischen Rat vorzunehmenden Analyse der Beschäftigungssituation **Leitlinien** festzulegen, welche

---

106 ABl. L 347/2013, 320.
107 ABl. L 347/2013, 470. Diese Verordnung ersetzte die VO 1081/2006, ABl. L 210/2006, 5.
108 Vgl. zum Verfahren EuG, Rs. T-351/05 (Provincia di Imperia/Kommission), Slg. 2008, II-241.
109 Vgl. im Einzelnen zu diesen Bestimmungen *Runggaldier*, in: Die EU nach dem Vertrag von Amsterdam (F.IV.), 200 ff.
110 Dieser Ausschuss wurde durch den Beschluss 2000/98 eingesetzt, ABl. L 29/2000, 21 = HER I A 56/2.14.

Epiney

die Mitgliedstaaten in ihrer Beschäftigungspolitik „berücksichtigen" müssen.[111] Der Rat entscheidet nach Anhörung des EP, des WSA sowie des Beschäftigungsausschusses. Eigentliche zwingende Vorgaben für die Mitgliedstaaten können auf dieser Grundlage nicht festgelegt werden.

Gemäß Art. 149 AEUV können im ordentlichen Gesetzgebungsverfahren überdies in eng umschriebenen Bereichen „**Initiativen**" beschlossen werden. Diese sind darauf beschränkt, „den Austausch von Informationen und bewährten Verfahren zu entwickeln, vergleichende Analysen und Gutachten bereitzustellen sowie innovative Ansätze zu fördern und Erfahrungen zu bewerten". Jedenfalls ausgeschlossen ist eine Harmonisierung von Rechts- und Verwaltungsvorschriften der Mitgliedstaaten (Art. 149 S. 2 AEUV).

In jedem Fall muss ein Einklang mit den nach Art. 121 Abs. 2 AEUV verabschiedeten **Grundsätzen der Wirtschaftspolitik** der Mitgliedstaaten hergestellt werden (Art. 146 Abs. 1, 148 Abs. 2 AEUV).

Das Ziel eines hohen Beschäftigungsniveaus ist im Übrigen bei der Festlegung der anderen Unionspolitiken und Maßnahmen zu berücksichtigen, Art. 147 Abs. 2 AEUV („**Querschnittsklausel**").

46 Insgesamt dürften sich die rechtlichen (und tatsächlichen) Auswirkungen dieses Titels in Grenzen halten: Die die Mitgliedstaaten treffenden Verpflichtungen sind so vage formuliert, dass sie kaum fassbar sind, und die der Union zugesprochenen Kompetenzen sind so eng eingegrenzt worden, dass Zweifel darüber bestehen, ob der Union auf der Grundlage dieses Titels im Ergebnis tatsächlich mehr Kompetenzen eingeräumt wurden.

F. Literatur

I. Sozialrecht

Arnold, Sylvia, Der soziale Dialog nach Art. 139 EG, Baden-Baden 2008; *Azoulai, Loic*, The Court of Justice and the Social Market Economy, CMLRev. 2008, 1335 ff.; *Bücker, Nadreas/ Warneck, Wiebke* (Hg.), Reconciling Fundamental Social Rights and Economic Freedoms after Viking, Laval and Rüffert, Baden-Baden 2011; *de Burca, Grainne/de Witte, Bruno* (Hg.), Social Rights in Europe, Oxford 2005; *Daly, Mary*, EU Social Policy after Lisbon, JCMS 2006, 461 ff.; *Dawson, Mark*, The Ambiguity of social Europe in the open method of co-ordination, ELR 2009, 55 ff.; *Eichenhofer, Eberhard*, Sozialrecht der Europäischen Union, 5. Aufl., Berlin 2013; *Eichenhofer, Eberhard* (Hg.), Sozialrecht in Europa, Berlin 2010; *Eichenhofer, Eberhard* (Hg.), EU-Sozialrecht. Kommentar, Berlin 2010; *Eichenhofer, Eberhard*, Der deutsche Sozialstaat und Europa, ZESAR 2011, 455 ff.; *Eilmansberger, Thomas/Herzig, Günter* (Hg.), Soziales Europa, Baden-Baden 2009; *Fuchs, Maximilian* (Hg.), Europäisches Sozialrecht, 6. Aufl., Baden-Baden 2013; *Hatzopoulos, Vassilis*, A (more) social Europe: A political crossroad or a legal one-way? Dialogues between Luxembourg and Lisbon, CMLRev 2005, 1599 ff.; *Hauck, Karl/Noftz, Wolfgang* (Hg.), EU-Sozialrecht. Kommentar (Loseblattsammlung), Berlin, ab 2010; *Höller, Edlyn*, Soziale Rechte Drittstaatsangehöriger nach europäischem Gemeinschaftsrecht, Baden-Baden 2005; *Iliopoulos-Strangas, Julia* (Hg.), Soziale Grundrechte in Europa, Baden-Baden 2010; *Kahil-Wolff, Bettina*, Droit social européen: l'UE et la Suisse, Basel u.a. 2011; *Kingreen, Thorsten*, Das Sozialstaatsprinzip im europäischen Verfassungsverbund, Tübingen 2003; *Rodière, Pierre*, Droit social de l'Union européenne, Paris 2008; *de Schutter, Olivier* (Hg.), The European Social Charter: A social constitution for Europe, Brüssel 2010; *de Schutter, Olivier/Deakin, Simon* (Hg.), Social Rights and Market Forces: Is the open coordination of employment and social policies the

---

111 S. z.B. Entscheidung 2008/618 über Leitlinien für beschäftigungspolitische Maßnahmen der Mitgliedstaaten, ABl. L 198/2008, 47 = HER I A 54a/1.13.

future of social Europe?, Brüssel 2005; *Smismans, Stijn,* The European Social dialogue between constitutional and labour law, ELR 2007, 341 ff.; *Stangos, Petros,* Les rapports entre la Charte sociale européenne et le droit de l'Union européenne. Le rôle singulier du Comité européen des droits sociax et de sa jurisprudence, CDE 2013, 319 ff.; *Watson, Philippa,* EU Social and Employment Law, Oxford 2009; *Welz, Christian,* The European Social Dialogue under Articles 138 and 139 of the EX Treaty, Austin 2008.

II. Arbeitsrecht

Barnard, Catherine, EC Employment Law, 4. Aufl., Oxford 2012; *Bercusson, Brian,* European Labour Law, 2. Aufl., Cambridge 2009; *Bercusson, Brian* (Hg.), European Labour Law and the EU Charter of Fundamental Rights, Baden-Baden 2006; *Blanpain, Roger,* European Labour Law, 13. Aufl., Austin 2012; *Böning, Marta,* Europäische Arbeitsrechtsangleichung zwischen Anspruch und Wirklichkeit, Baden-Baden 2011; *Colneric, Ninon,* Die Rolle des EuGH bei der Fortentwicklung des Arbeitsrechts, EuZA 2008, 212 ff.; *Fuchs, Maximilian/Marhold, Franz,* Europäisches Arbeitsrecht, 3. Aufl., Wien 2010; *Gehlhaar, Daniel,* Das BAG, der EuGH und der Urlaub, NJW 2012, 271 ff.; *Henssler, Martin/Braun, Axel* (Hg.), Arbeitsrecht in Europa, Köln 2011; *Kamanabrou, Sudabeh,* Arbeitsrecht im Binnenmarkt, EuZA 2010, 157 ff.; *Kenner, Jeff,* EU Employment Law: From Rome to Amsterdam and Beyond, Oxford 2003; *Linnewerber, Axel,* Aktuelle Entwicklungen im Europäischen Arbeitsrecht 2012/2013, ZESAR 2013, 442 ff.; *Pottschmidt, Daniela,* Arbeitnehmerähnliche Personen in Europa. Die Behandlung wirtschaftlich abhängiger Erwerbstätiger im Europäischen Arbeitsrecht sowie im (Arbeits-)Recht der EU-Mitgliedstaaten, Baden-Baden 2006; *Rebhahn, Robert,* Überlegungen zu weiteren europäischen Mindeststandards im Arbeitsrecht, EuZA 2011, 295 ff.; *Riesenhuber, Karl,* Europäisches Arbeitsrecht, Heidelberg u.a. 2009; *Riesenhuber, Karl,* European Employment Law, Cambridge 2012; *Schiek, Dagmar,* Europäisches Arbeitsrecht, 3. Aufl., Baden-Baden 2007; *Schiek, Dagmar* (Hg.), European Union non-discrimination law and intersectionality. Investigating the triangle of racial, gender and disability discrimination, Famham 2011; *Schlachter, Monika,* Casebook Europäisches Arbeitsrecht, Baden-Baden 2005; *Schmitt, Mélanie,* Droit du travail de l'Union Européenne, Brüssel 2012; *Teyssié, Bernard,* Droit européen du travail, 4. Aufl., Paris 2010; *Thüsing, Gregor,* Europäisches Arbeitsrecht, 2. Aufl., München 2011; *Thüsing, Gregor,* European Labour Law, München 2013; *Ziegler, Katharina,* Arbeitnehmerbegriffe im Europäischen Arbeitsrecht, Baden-Baden 2011.

III. Gleichstellung

Beck, Gunnar, The state of EC anti-sex discrimination law and the judgement in Cadman, or how the legal can become the political, ELR 2007, 549 ff.; *Beveridge, Fiona,* Building against the past: the impact of mainstreaming on EU gender law and policy, ELRev. 2007, 193 ff.; *Burg, Indra,* Positive Maßnahmen zwischen Unternehmerfreiheit und Gleichbehandlung, Berlin 2009; *Caracciolo di Torella, Eugenia,* The Principle of Gender Equality, the Goods and Services Directive and Insurance : A Conceptual Analysis, MJ 2006, 339 ff.; *Ellis, Evelyn/Watson, Philippa,* EU Anti-Discrimination Law, 2. Aufl., Oxford 2012; *Epiney, Astrid/Freiermuth Abt, Marianne,* Das Recht der Gleichstellung von Mann und Frau in der EU, Baden-Baden 2003; *Gasser, Carolin,* Diskriminierungsbekämpfung nach Art. 13 EGV, Wien 2009; *Groß, Daniela,* Die Rechtfertigung einer Altersdiskriminierung auf der Grundlage der Richtlinie 2000/78/EG, Baden-Baden 2010; *Havelkova, Barbara,* Die Anwendung des Verhältnismäßigkeitsprinzips durch den EuGH bei der Feststellung von Diskriminierungen aufgrund des Geschlechts, ZEuS 2008, 305 ff.; *Howard, Erica,* EU Equality Law: Three Recent Developments, ELJ 2011, 785 ff.; *Langenfeld, Christine,* Die Gleichbehandlung von Mann und Frau im Europäischen Gemeinschaftsrecht, Baden-Baden 1990; *Masselot, Annick,* The State of Gender Equality in the European Union, ELJ 2007, 152 ff.; *Metzger, Axel,* General Principles of Law in Europe – An Inquiry in Light of the Principle of Non-discrimination, RabelsZ 2011, 845 ff.; *O'Cinneide, Colm,* Positive Action and the Limits of Existing Law, MJ 2006, 351 ff.; *Polloczek, Tobias,* Altersdiskriminierung im Licht des Europarechts, Baden-Baden 2008; *Riesenhuber, Karl-Franck, Jens-Uwe,* Das Verbot der Geschlechtsdiskriminierung beim Zugang zu Gütern und Dienstleistungen, EWS 2005, 245 ff.; *Sargeant, Malcolm* (Hg.), The Law on Age Discrimination in the EU, Alphen 2008; *Schiek, Dagmar,* Broadening the Scope and the Norms of EU Gender Equality Law: Towards a Multidimensional Conception of Equality Law, MJ 2005, 427 ff.; *Schlachter, Monika,* Wege zur Gleichberechtigung, München 1993.

IV. Beschäftigung

Heinze, Meinhard, Rechtlicher Rahmen einer europäischen Beschäftigungspolitik, EWS 2000, 526 ff.; *Martin, Philippe,* Le traité d'Amsterdam inaugure-t-il une politique communautaire de l'emploi?, RTDE 2000, 47 ff.; *Pilz, Lars O.,* Von der Europäischen Beschäftigungsstrategie zur Integration der Beschäftigungspolitik in der Europäischen Union?, Baden-Baden 2010; *Runggaldier, Ulrich,* Der neue Beschäftigungstitel des EG-Vertrages und die Übernahme des „Sozialabkommens" in den EG-Vertrag, in: Hummer, Waldemar (Hg.), Die Europäische Union nach dem Vertrag von Amsterdam, Wien 1998, 197 ff.; *Steinle, Christoph C.,* Europäische Beschäftigungspolitik, Berlin 2001.

§ 23 Landwirtschafts- und Fischereipolitik

A. Grundlagen

„Die Union legt eine gemeinsame Agrar- und Fischereipolitik fest und führt sie durch" (Art. 38 Abs. 1 AEUV). Die Zuständigkeit für die Erfüllung dieser Aufgabe wird von der Union mit den Mitgliedstaaten geteilt (Art. 4 Abs. 2 lit. d) AEUV). In der Vorbereitungsphase des EWG-Vertrages bildete diese Zielsetzung keine Selbstverständlichkeit.[1] Denn einige Mitgliedstaaten wünschten die Beibehaltung von Instrumenten zum Schutz ihrer heimischen Landwirtschaft, vor allem gegenüber Importen aus Drittstaaten. Auch hatten alle Staaten intensive Regelungswerke und Subventionssysteme für diesen Wirtschaftsbereich geschaffen. Auf der anderen Seite zeichnete sich die Notwendigkeit zu weitreichenden Reformen der landwirtschaftlichen Strukturen ab. Diese beruhten – bedingt durch immer intensivere Bodennutzung und neue Produktionsmöglichkeiten – auf dem Übergang von einer Landwirtschaft des Familienbetriebs zu einer industriellen Produktionsweise. Im Ergebnis wurde trotz der Einfügung der Landwirtschaft in das Ziel der Errichtung des Binnenmarktes für diesen Sektor ein besonderes Regelungskonzept entwickelt, bei dem nicht die Durchsetzung des typischen Binnenmarktziels einer dem freien Wettbewerb verpflichteten offenen Marktwirtschaft (vgl. Art. 120 AEUV) im Vordergrund stand. Vielmehr wurde eine **besonders geartete Teilrechtsordnung** konzipiert. Die Gesetzgebungsorgane der EWG erhielten darin weitgehende Eingriffsbefugnisse in die landwirtschaftlichen Produktions- und Vermarktungsabläufe.

Sie wurden genutzt, um ein dichtes Regelungssystem zu schaffen. In der Aufbauphase der EG galt dieses System als Beweis für die Möglichkeit transnationalen Regierens. Die Landwirtschaftspolitik erschien als „Motor für die europäische Einigungspolitik".[2] Symbolisierte die EU-Politik damit zunächst das Kühne und Neue der Integration, so entwickelte sie sich in der Folgezeit immer stärker zu einem Synonym für übertriebenen und kostspieligen Zentralismus. Das war nicht zuletzt dadurch bedingt, dass die Regierungen der Mitgliedstaaten keine Verantwortung gegenüber der Öffentlichkeit für Agrarsubventionen und Regeln über den Krümmungsradius von Gurken übernahmen, obwohl sie selbst diese Regeln in ihrer Eigenschaft als Gesetzgeber der Union beschlossen hatten.

Erst unter dem Eindruck gestiegener Erwartungen in nachhaltige, die Verbraucher und die Umwelt schützende Produktionsweisen, unter dem Druck zur Marktöffnung gegenüber billigeren Erzeugnissen vom Weltmarkt im Rahmen der WTO-Verpflichtungen[3] und im Hinblick auf die sinkende Akzeptanz der hohen Kosten war die traditionelle Agrarpolitik der EU unter Reformdruck geraten. In mehreren Schritten wurde die Politik seit 1992 neu orientiert. Ihren Höhepunkt fanden die Reformen in dem Beschluss des Europäischen Rates zur Begrenzung der Agrarausgaben auf dem Stand von 2006[4] und in den Beschlüssen von Europäischem Parlament und Rat von 2005

---

1 Anschaulich dazu *Hallstein* (1.E.), 144 ff., s.a. *Küsters* (1.E), 173 f.; *Bitsch* (1.E), 116.
2 Hallstein (1. E), 149.
3 Vgl. WTO-Übereinkommen über die Landwirtschaft v. 15. April 1994, deutsche Übersetzung bei *Hummer/Weiss* (Hg.), Vom GATT '47 zur WTO '94, Baden-Baden/Wien 1997, 853 ff.
4 Europäischer Rat v. 24. Oktober 2002, Schlusserklärung. Dazu *Christian Lippert* in Weidenfeld/Wessels (Hg.), Jahrbuch der Europäischen Integration 2002/2003, Berlin 2003, 131–138.

und 2013 zur Förderung des ländlichen Raumes[5] (*Rn. 25*) und zur Leistung von Direktzahlungen an die Landwirte[6] (*Rn. 24*). Die problematische Kopplung der finanziellen Förderung an die Menge der Erzeugung wurde damit aufgegeben.

Die Perspektive einer weltweiten Nahrungsmittelknappheit führt neuerdings zu einer Rückbesinnung auf die Ausgangslage der gemeinsamen Agrarpolitik und damit zu einer stärkeren Gewichtung der Versorgungssicherheit.

4 Im Rahmen der Landwirtschaftspolitik sind auch Regeln zur **Fischerei** zu beschließen. Wegen der völlig anders gelagerten wirtschaftlichen Bedingungen und insbesondere wegen der Überfischung der Meere bedarf dieser Sektor allerdings eines Regelungssystems, das die Entwicklung der Fischbestände gewährleistet und die einstweilen knappen Ressourcen gerecht zwischen den Fischern der Union verteilt. Auch in diesem Bereich wurden erst in jüngerer Zeit konsequente Maßnahmen zur „Erhaltung und nachhaltigen Nutzung der Fischereiressourcen"[7] ergriffen (*Rn. 29, 30*).

5 Der **Vertrag von Lissabon** ändert den Inhalt der zuvor geltenden vertraglichen Regeln im Bereich der Landwirtschafts- und Fischereipolitik nur unwesentlich. Dagegen erfahren die Verfahrensvorschriften des Art. 43 AEUV durch die Einführung des „ordentlichen Gesetzgebungsverfahrens" für diesen Bereich eine erhebliche Umgestaltung, die sich vor allem zugunsten der Mitentscheidungsrechte des Europäischen Parlaments auswirkt (*Rn. 14*).

B. Vertragliche Regelung

I. Überblick

6 Die gemeinsame Agrar- und Fischereipolitik (GAFP) betrifft die Erzeugnisse der Urproduktion des Bodens, der Viehzucht und der Fischerei (Art. 38 Abs. 3 AEUV i.V. mit Anhang I zum AEUV)[8] sowie die damit in Verbindung stehenden Erzeugnisse der ersten Verarbeitungsstufe. Sie bezieht sich auf **Herstellung** und **Vermarktung** dieser Erzeugnisse.

7 Die GAFP entsteht gemäß Art. 38 AEUV aus der Verwirklichung eines **Gesetzgebungsprogramms**. Die **Ziele** dieses Programms werden in Art. 39, einzelne **Instrumente** in Art. 40 und 41 und das **Verfahren zu seiner Verwirklichung** in Art. 43 AEUV näher bezeichnet. Art. 38 Abs. 2 betont darüber hinaus, dass die (allgemeinen) Regeln über den Binnenmarkt auch für landwirtschaftliche Produkte gelten, soweit in Art. 39 bis 44 keine Ausnahmen aufgestellt werden. Derartige Ausnahmen bestehen zum einen in ausdrücklichen Abweichungen der Art. 42 und 44 für Wettbewerbsregeln und für staatliche Abgaben im Agrarhandel. In Ausfüllung der Ermächtigung des Art. 42 hat der Rat die vertraglichen Wettbewerbsbestimmungen (*§ 12 Rn. 5*) im Grundsatz auch auf die Landwirtschaft für anwendbar erklärt, allerdings bedeutende Ausnahmen für Vereinbarungen über die Erzeugung oder den Absatz landwirtschaftlicher Erzeugnisse zugelassen.[9] Weitere Ausnahmen können in Ausführung der agrarpolitischen Ermächtigungen zur Verwirklichung der Ziele des Art. 39 beschlossen werden (z.B. Mindest-

---

5 VO 1305/2013, ABl. L 347/2013, 487.
6 VO 1307/2013, ABl. L 347/2013, 608.
7 VO 1380/2013, ABl. L 354/2013, 22.
8 In Anhang I zum AEUV sind die betroffenen Erzeugnisse im Einzelnen aufgezählt. Zur Abgrenzung gegenüber der Forstwirtschaft, EuGH, Rs. C-165/97 (EP./.Rat), Slg. 1999, I-1139, Rn. 18.
9 VO Nr. 1184 / 2006, ABl. L 214 / 2006, 7 = *HER I A 24/2.21*.

preisregeln für einzelne Agrarerzeugnisse). Allerdings muss der Gesetzgeber dabei versuchen, so weit wie möglich dem allgemeinen Ziel des freien Warenverkehrs Rechnung zu tragen.[10]

Die Bestimmungen des Vertrages über die Pflichten der Mitgliedstaaten (Art. 4 Abs. 3 EUV), das Verbot der Diskriminierung (Art. 18 AEUV, ergänzt um das spezielle Verbot der Diskriminierung zwischen Erzeugern und Verbrauchern gemäß Art. 40 Abs. 2 AEUV) gelten auch für die GAFP. Besondere Bedeutung kommt dabei den sog. „Querschnittsklauseln" zu: Gemäß Art. 11 AEUV **müssen** die Erfordernisse des **Umweltschutzes** in die Gestaltung der Politik einbezogen werden (dazu *§ 32 Rn. 12 f.*). Ähnlich verpflichtet Art. 12 AEUV dazu, den Erfordernissen des **Verbraucherschutzes** bei der Festlegung und Durchführung der anderen Gemeinschaftspolitiken Rechnung zu tragen (dazu *§ 31 Rn. 10 f.*). Die Ziele der Sicherung landwirtschaftlicher Einkommen **und** des Verbraucherschutzes werden z.B. verfolgt in der VO 1151/2012 „über Qualitätsregelungen für Agrarerzeugnisse und Lebensmittel".[11]

8

Bei der Auswahl zwischen mehreren einschlägigen Handlungsermächtigungen aus anderen Vertragsteilen kommt es nach dem Grundsatz der Spezialität auf den **Schwerpunkt der geplanten Maßnahme** an (*§ 7 Rn. 6*).[12]

9

II. Ziele, Mittel, Methoden

Der AEUV verpflichtet in Art. 39 Abs. 1 den Gesetzgeber, sein Handeln im Rahmen der GAFP an fünf Zielen auszurichten:

10

- Steigerung der landwirtschaftlichen Produktivität;
- Sicherung einer angemessenen Lebenshaltung der Landwirte;
- Stabilisierung der Märkte;
- Sicherstellung der Versorgung und
- angemessene Verbraucherpreise.

Die Ziele stellen einen *rechtlichen* Maßstab dar, auf den sich gegebenenfalls auch der Einzelne berufen kann.[13] Wegen der Möglichkeit von Zielkonflikten (etwa zwischen Einkommenssteigerung und angemessenen Verbraucherpreisen) verfügt der EU-Gesetzgeber aber über ein weites Ermessen bei der Abwägung zwischen agrarpolitischen Maßnahmen.[14] Dabei sind auch die übrigen Vertragsziele, u.a. der Handelspolitik, zu beachten.

Weiterhin sind gemäß Art. 39 Abs. 2 AEUV bei der Verwirklichung dieser Ziele die besonderen Eigenarten der landwirtschaftlichen Tätigkeit und die enge Verflechtung zwischen Landwirtschaft und allgemeiner Volkswirtschaft zu berücksichtigen. Schließlich sollen notwendige Veränderungen nur schrittweise eingeführt werden. Damit sind Maßnahmen zur Zielverwirklichung nicht auf die in Art. 40 und 41 AEUV hervorgehobenen marktbezogenen Instrumente beschränkt, sondern können auch auf eine Ver-

11

---

10 EuGH, Rs. 80,81/77 (Commissionaires Réunis), Slg. 1978, 927 (keine Abgaben mit zollgleicher Wirkung im Rahmen von Agrarmarktorganisationen).
11 ABl. L 343/2012, 1 = HER I A 24/4.31 (Rechtsgrundlagen Art. 43 Abs. 2 und 118 Abs. 1 AEUV).
12 EuGH, Rs. 68/86 (UK./. Rat), Slg. 1988, 855, Rn. 15, s.a. EuGel Rs. T – 392/02(Solvay), Slg. 2003, II – 4555 Rn. 121.
13 St. Rspr., z.B. EuGH, Rs. C-27/95 (Woodspring), Slg. 1997, I-1847, Rn. 21.
14 EuGH, Rs. 84/87 (Erpelding), Slg. 1988, 2647, Rn. 27.

Bieber 531

änderung der landwirtschaftlichen Strukturen abzielen. Eine derartige „Politik für die Entwicklung des ländlichen Raums" gewinnt in jüngerer Zeit an Beachtung.[15]

12 In den Art. 40–44 AEUV zählt der Vertrag die *Mittel* zur Verwirklichung der gemeinschaftlichen Agrarpolitik auf. Dabei stehen Maßnahmen der Agrar**marktordnung** im Vordergrund. Die gemeinsame Organisation der Agrarmärkte soll gemäß Art. 40 Abs. 1 je nach Erzeugnis aus einer von drei Organisationsformen bestehen:

a) gemeinsamen Wettbewerbsregeln,

b) der bindende Koordinierung der verschiedenen einzelstaatlichen Marktordnungen,

c) einer europäischen Marktordnung.

Die gemeinsame Organisation kann alle zur Durchführung von Art. 39 AEUV erforderlichen Maßnahmen einschließen, insbesondere Preisregelungen, Beihilfen für die Erzeugung, Einlagerungsmaßnahmen und gemeinsame Einrichtungen zur Stabilisierung der Ein- und Ausfuhr. In der Praxis wurde nahezu ausschließlich das Instrument der **europäischen Marktordnung** eingesetzt *(Rn. 16ff.)*. Der Umstand, dass inzwischen eine „europäische Marktordnung" nahezu alle landwirtschaftlichen Erzeugnisse einschließt, bedeutet nicht notwendigerweise den Ausschluss der alternativen Regelungen des Art. 40 Abs. 1 AEUV für den jeweiligen Bereich. Es ist also durchaus möglich, für bestimmte Produkte die Intensität der gemeinschaftlichen Regelung zugunsten koordinierter staatlicher Regeln zu vermindern.

13 Zu den ungeschriebenen Mitteln der Agrarpolitik gehört der **Grundsatz der Gemeinschaftspräferenz**. Er besagt, dass – unter Wahrung rechtlicher Verpflichtungen der EU nach außen – die EU den auf ihrem Gebiet erzeugten landwirtschaftlichen Produkten eine Vorzugsbehandlung einräumt.[16]

14 Seit der Änderung durch den Vertrag von Lissabon werden die agrarpolitischen Maßnahmen von grundsätzlicher Bedeutung gemäß Art. 43 Abs. 2 AEUV im Wege des „ordentlichen" Gesetzgebungsverfahrens, also unter Mitentscheidung von EP und Rat (Art. 289, 294 AEUV) beschlossen. Allerdings schließt Art. 43 Abs. 3 AEUV das Parlament von einer Mitwirkung an der Festsetzung von landwirtschaftlichen Preisen u.a. sowie an der Festsetzung und Aufteilung von Fangquoten in der Fischerei aus.

Die Gesetzgebung beschränkt sich zumeist auf den Erlass von **Grundverordnungen**, die durch „delegierte Verordnungen" der Kommission ergänzt werden. Die entsprechende Ermächtigung und die Kontrolle der Kommission hat nach dem Verfahren des Art. 290 AEUV zu erfolgen *(§ 7 Rn. 22)*. Wird die Kommission zur Durchführung der EU-Gesetzgebung ermächtigt, so sind die Mitgliedstaaten an der Kontrolle über diese Tätigkeit mithilfe besonders eingerichteter **Ausschüsse** beteiligt *(§ 7 Rn. 23)*.[17]

C. Anwendung des Vertrages im Bereich Landwirtschaft

I. Überblick

15 In der Aufbauphase der EWG wurden Marktordnungs- und Strukturpolitik noch als gleichbedeutende Elemente einer gemeinschaftlichen Agrarpolitik genannt. Entspre-

---

15 Vgl. Agenda 2000 (Bull. EU, Beilage 5/97, 27) und VO 1257/1999, ABl. L 160/1999, 80 = *HER I A 24/4.15*.
16 Vgl. der inzwischen aufgehobene Art. 44 Abs. 2 EWGV („natürliche Präferenz zwischen den Mitgliedstaaten"). Dazu Erklärung Nr. 14 zur Schlussakte des Vertrags von Amsterdam. S.a. *Usher*, General Principles of EC Law, London 1998, 13 ff.
17 Vgl. VO 1308/2013, ABl. L 347/2013, 671, Art. 227, 229.

chend betrafen die ersten Regelungsmaßnahmen noch beide Bereiche. In der Folgezeit verlagerte sich das Schwergewicht der Agrarpolitik jedoch einseitig auf das Gebiet der Marktordnungspolitik. Nachdem sich diese als krisenanfällig erwiesen hatte, wurde dann der 2. *Mansholt*-Plan[18] 1968 zur Grundlage für den Versuch einer Neuausrichtung unter stärkerer Berücksichtigung der Agrarstrukturpolitik. Die Erweiterungen der Gemeinschaft führten aber zunächst zu einer Übernahme des bestehenden Systems der Agrarpolitik durch die beitretenden Staaten und damit zu seiner Konsolidierung. Eine neue Dimension der Landwirtschaftspolitik ergab sich mit dem Beitritt Großbritanniens aus der Notwendigkeit einer gemeinsamen Fischereipolitik (*Rn. 28 ff.*).

Grundlegende Umorientierungen der agrarpolitischen Maßnahmen erfolgten seit Beginn der 1990er-Jahre mit dem Ziel einer Kostenbegrenzung durch Abschaffung der unbegrenzten Preisgarantien und einer Begrenzung der Erzeugung. Weitere Reformen erfolgten im Lichte der WTO-Verpflichtungen zur Öffnung gegenüber Importen aus Drittstaaten, zur Verringerung der Exportsubventionen sowie zur Vorbereitung des Beitritts der mittel- und osteuropäischen Staaten („Agenda 2000"),[19] und in der Folge der BSE-Krise des Jahres 2000. Erneute Reformen erfolgten im Jahre 2013.[20]

II. Marktordnungspolitik

Marktordnungen umfassen „die Gesamtheit von rechtlichen Einrichtungen und Vorschriften, mit deren Hilfe die zuständigen Behörden versuchen, den Markt zu kontrollieren und zu lenken".[21] Das vertragliche Konzept der hoheitlichen „Marktordnung" bildet einen planwirtschaftlichen Fremdkörper in dem der Marktfreiheit verpflichteten Wirtschaftsmodell der EU. Die Vertragsautoren nahmen den Widerspruch aus Gründen der Versorgungssicherheit in Kauf. Auch wenn diese Begründung entfallen ist, könnte das vorhandene Steuerungssystem zur Verwirklichung höherrangiger Werte – insbesondere des Umwelt- und Gesundheitsschutzes – eine neue Rechtfertigung finden. 16

Bis 1966 wurden, beginnend mit dem Getreide, für die wichtigsten Grundnahrungsmittel jeweils eine **gemeinsame Marktordnung (GMO)** errichtet. Besonders umstritten war die ursprüngliche Einfuhrregelung der GMO „Bananen".[22] Seit 2007 sind die zahlreichen landwirtschaftlichen Marktordnungen in einer umfassenden Regelung zusammengeführt.[23] Damit besteht nur noch eine GMO für landwirtschaftliche Erzeugnisse und eine weitere für Erzeugnisse der Fischerei und Aquakultur (*Rn. 31*). Erstere umfasst 23 Hauptgruppen (von Getreide bis Seidenraupen) sowie eine Auffanggruppe (darin u.a. Trüffel und kandierte Früchte). Nicht erfasst sind Holz und Wolle. Inhaltlich unterscheiden sich die Regelungen für die einzelnen Produkte z.T. erheblich. Sie reichen von vollständigen Preissystemen über preisregulierende Beihilfen bis zu einfachen Handelsregelungen oder Qualitätsnormen (z.B. Blumen). Daneben enthält die Marktordnung für einzelne Erzeugnisse Ausnahmebestimmungen von den allgemeinen 17

---

18 Dok. Komm (68), 1000 = Bull. EG, Beil. 1/1969, dazu *Ipsen*, S. 841 f.
19 Bull. EG, Beil. 5/97.
20 Zu den dabei verfolgten Zielen: Mitteilung der Kommission, Die GAP bis 2020: Nahrungsmittel, natürliche Ressourcen und ländliche Gebiete – die künftigen Herausforderungen, KOM (2010) 672 v. 18. November 2010.
21 EuGH, Rs. 90, 91/63 (Kommission./.Luxemburg, Belgien), Slg. 1964, 1331.
22 VO 404/93, ABl. L 47/1993, 1. S. dazu die umfangreiche Rechtsprechung des EuGH und des EuG, insbesondere Rs. C-280/93 (Bundesrepublik./.Rat), Slg. 1994, I – 4973 und EuGH Rs. C-104/97 P (Atlanta), Slg. 1999, I – 6983.
23 VO 1308/2013, ABl. L 347/2013, 671.

Wettbewerbsregeln, Schutzklauseln und Maßnahmen zur Marktkontrolle (wie die Vergabe von Ein- und Ausfuhrlizenzen gegen Hinterlegung einer Kaution).

18 Den Schwerpunkt der GMO bilden Regeln über die

- **Marktintervention** (u.a. Preisregelungen, Bestimmungen über den Ankauf durch öffentliche Stellen, Beihilfen, Produktionsbeschränkungen, Anpflanzungs- und Rodungsregeln (z.b. bei Wein), Schaffung eines Gemeinschaftlichen Tabakfonds, Schulobstregelung);
- **Vermarktungsregeln** (u.a., Herstellungsvorschriften, Ursprungsbezeichnungen, Erzeugerorganisationen);
- **Handel mit Drittländern** (u.a. Einfuhr- u. Ausfuhrlizenzen);
- **Wettbewerbsvorschriften.**

Die einzigartig detaillierte Regelung eines Wirtschaftsbereichs mit zahlreichen unterschiedlichen Produkten bildet eine instruktive Einführung in die Anforderungen, denen europäische Rechtsetzung gerecht werden muss.

19 Wegen der wachsenden Interventionskosten haben sich bei einzelnen Erzeugnissen andere Maßnahmen zur Regulierung des Marktes, insbesondere zur Verringerung des Angebots, als erforderlich erwiesen. So wurde z.b. eine Zusatzabgabe im Milchsektor eingeführt, die das Ungleichgewicht zwischen Angebot und Nachfrage verringern soll. Diese **Überschussabgabe** wurde vom EuGH grundsätzlich gebilligt,[24] allerdings waren Einzelheiten der Nachfolge-VO vom EuGH für rechtswidrig erklärt worden.[25] Zuletzt im Jahre 2013 wurde das System der Mitverantwortungsabgabe bestätigt. Darin wird für jeden Staat eine maximale **Referenzmenge** festgelegt, bei deren Überschreitung die Staaten der Union eine Abgabe schulden, die sie dann von den Erzeugern zurückverlangen können.[26]

III. Preissysteme

20 Besondere Probleme ergaben sich bei der Einführung der GAFP wegen des unterschiedlichen Preisniveaus zwischen den Mitgliedstaaten (bei Getreide bis zu 30 % zwischen der Bundesrepublik und Frankreich). Das gewählte **einheitliche Preissystem** für die wesentlichen landwirtschaftlichen Erzeugnisse, das die doppelte Funktion haben sollte, die Einheitlichkeit des Agrarmarktes und das Einkommen der Landwirte zu garantieren, hat erheblich zur Problematik der gegenwärtigen Agrarpolitik mit ihrer Überschussproduktion beigetragen.

Soweit die Marktordnung ein einheitliches Preissystem festlegt (z.B. für Getreide, Art. 7, VO 1308/2013) soll es im Marktinneren ein einheitliches Preisniveau (unter dem doppelten Aspekt des Binnenmarktes und der Einkommenssicherung) garantieren und dieses nach außen gegenüber dem Weltmarkt schützen.

Seit dem Jahre 2004 wird zur Garantie eines stabilen Preissystems im Inneren ein sog. **Interventionspreis** festgesetzt, zu dem von den Mitgliedstaaten bestimmte Interventionsstellen in jedem Fall die Agrarerzeugnisse aufkaufen und der daher nie unterschritten werden kann. Der Interventionspreis soll das unter den Voraussetzungen eines freien Marktes angenommene Preisniveau in der Union aber nur stützen und nicht zum Verkauf der Erzeuger an die Inter-

---

24 EuGH, Rs. 138/78 (Stölting./.Hauptzollamt Hamburg), Slg. 1979, 713.
25 EuGH, Rs. C-10/89, C-37/90 (Mulder u.a../.Rat), Slg. 1992, I – 3061.
26 VO 1308/2013 ABl. L 347/2013, 671, Art. 230 Abs. 1, lit. a) (= Verweis auf die insoweit noch fortdauernde VO 1234/2007).

ventionsstellen unmittelbar zum Interventionspreis führen. Er wird daher auf der Großhandelsstufe festgesetzt, um auf diese Weise eine Preisbildung auf dem freien Markt über dem Interventionspreis nicht auszuschließen. Räumlich und zeitlich wird er je nach Anbaugebiet und Erntezeitpunkt gestaffelt, um nicht von Anfang an die Bereitschaft, über den Markt einen höheren Preis zu erzielen, zu mindern.[27]

Um das System der einheitlichen Preise durch Schwankungen der Wechselkurse zwischen dem Euro und den Währungen der Mitgliedstaaten, die nicht am Euro beteiligt sind, nicht zu gefährden, können Schutzmaßnahmen ergriffen werden.[28] Um den Export gewisser Erzeugnisse zu fördern, können in den Grenzen der von der EU geschlossenen Abkommen **Ausfuhrerstattungen** gewährt werden.[29] Das System der garantierten Preise wurde schrittweise durch Direktzahlungen an die Landwirte (Betriebsprämien) ersetzt (*Rn. 24*). 21

IV. Erlass und Durchführung der Marktordnungen

Die Marktordnungen werden gemäß Art. 43 Abs. 2 AEUV als Verordnungen erlassen. Sie enthalten nur die Grundregeln. Zum Erlass der notwendigen Detailregelungen ermächtigt der EU-Gesetzgeber die Kommission gemäß Art. 290 AEUV („delegierte Rechtsetzung")[30] (*§ 7 Rn. 22*). So werden die Interventionspreise vom Rat festgesetzt, während für die z.T. täglich zu bestimmenden zusätzlichen Einfuhrzölle im Handel mit Drittstaaten die Kommission zuständig ist, die diese Funktion auf ein Kommissionsmitglied bzw. den zuständigen Generaldirektor delegiert hat. 22

Für die organisatorische und verwaltungsmäßige Ausführung der Marktordnungen in den Mitgliedstaaten sind diese zuständig, ohne dass sie dabei die Wirksamkeit der Verordnungen einschränken dürfen.[31] In der Bundesrepublik sind zum Zweck der Ausführung der Marktordnung das Gesetz zur Durchführung der Gemeinsamen Marktorganisationen[32] und das Gesetz über die Erhebung der Abschöpfungen[33] ergangen. Zuständige Behörde in der Bundesrepublik ist die **Bundesanstalt für Landwirtschaft und Ernährung** (BLE) im Geschäftsbereich des Landwirtschaftsministeriums im Marktinnern und die Zollbehörden an der Außengrenze. Ausnahmsweise sind Länderbehörden zuständig.[34] 23

Für **Schäden bei der Anwendung der Marktordnungen** haften die Mitgliedstaaten, gegebenenfalls zusammen mit der Union. (Dazu *§ 2 Rn. 71 ff.*).

V. Direkte Subventionen

Das durch die Marktordnungen geschaffene ursprüngliche Preissystem wirkte sich in der Praxis als ein starker Anreiz aus, große Mengen unabhängig vom Bedarf am Markt zu erzeugen. Es führte zu kostspieligen Überproduktionen. Seit der Reform der Agrarpolitik im Jahre 1992 wurde daher stufenweise ein System von Beihilfen eingeführt, das unabhängig von der Menge der produzierten Güter wirken sollte („pro- 24

---

27 Vgl. VO 1308/2013, (s.o. Anm. 26), Art.12 – 16.
28 VO 1306/2013, ABl. L 347/2013, 549, Art. 107.
29 Vgl. Art. 196, VO 1308/2013 (s.o. Anm. 26).
30 Art. 227, 229, VO 1308/2013 (s.o. Anm. 26).
31 EuGH, Rs. 205–215/82 (Deutsche Milchkontor), Slg. 1983, 2633.
32 BGBl. I, 2005, 1847.
33 Seit 1968 fungiert das Hauptzollamt Hamburg Jonas als „Zentrale Ausfuhrerstattungsstelle des Bundes".
34 Dazu näher *Härtel* (§ 23 E.).

duktentkoppelte Zahlungen"). Die Beihilfen werden unter der Voraussetzung der Einhaltung von Umwelt-, Lebensmittelsicherheits- und Tierschutznormen gezahlt. Das im Jahr 2003 eingeführte und 2013 geänderte System für Direktzahlungen sieht u.a. Betriebsprämien und flächenbezogene Beihilfen vor. 30 % der für die einzelnen Mitgliedstaaten vorgesehenen Mittel sind an die Anwendung nachhaltiger Praktiken geknüpft („Ökologisierungszuschlag"). Die Direktzahlungen an größere Betriebe werden stufenweise gekürzt.[35] Die frei werdenden Mittel dienen zur Finanzierung der neuen Politik zur Entwicklung des ländlichen Raumes. Die Einführung produktunabhängiger Leistungen entspricht im Übrigen den im Rahmen der WTO eingegangenen Verpflichtungen zum Abbau von Agrarsubventionen.

VI. Agrarstrukturpolitik

25 Unter dem Begriff „**Strukturpolitik**" wurden im Bereich der Landwirtschaft zunächst jene Maßnahmen zusammengefasst, die dazu bestimmt sind, die landwirtschaftliche Produktion **unmittelbar** und **dauerhaft an der Quelle** zu beeinflussen. Seit 1992 schält sich allmählich eine ganzheitliche, nicht nur an der Produktion orientierte Betrachtung des ländlichen Raums heraus.[36] Für den Zeitraum 2014–2020 stehen im Vordergrund Maßnahmen zur Förderung von:

- Wissenstransfer und Innovation,
- Wettbewerbsfähigkeit und nachhaltige Bewirtschaftung der Wälder,
- Organisation der Lebensmittelversorgung (einschließlich Verarbeitung und Vermarktung),
- Verbesserung der Ökosysteme,
- Förderung der Ressourceneffizienz,
- soziale Eingliederung, Bekämpfung der Armut,

Zur Erreichung dieser Ziele können Beihilfen gewährt werden. Die finanzielle Beteiligung der EU richtet sich nach den allgemeinen Regeln über die **Strukturfonds** (dazu § 27 Rn. 10).

Das im Rahmen der Reform eingeführte System der direkten Subvention tritt ergänzend neben die strukturpolitischen Maßnahmen.

VII. Zulässigkeit staatlicher Regelungen im Agrarbereich

26 Die Zuständigkeit der EU zur Rechtsetzung im Agrarbereich ist konkurrierender Natur („geteilte Zuständigkeit", Art. 4 Abs. 2 lit. d) AEUV). **Soweit** und **solange** die Union keine Normen erlassen hat, dürfen die Mitgliedstaaten – in den allgemeinen Grenzen des Art. 4 EUV – weiterhin autonom handeln. Ob die Union tätig geworden ist, muss anhand einer genauen Auslegung des jeweiligen Rechtsakts ermittelt werden. So kann eine fehlende Regelung der EU auch bedeuten, dass der Gesetzgeber einen bestimmten Bereich von jeglicher hoheitlichen Intervention freihalten wollte. Die Mitgliedstaaten dürfen dann keine Regelungen erlassen. Anderes gilt, wenn der EU-Gesetzgeber eine Regelung auf der Ebene der Union nicht für erforderlich hält. Nach Ab-

---

35 VO 1307/2013, ABl. L 347/2013, 608.
36 VO 1305/2013, ABl. L 347/2013, 487 und VO 1257/1999, ABl. L 160/1999, 80 „über die Förderung der Entwicklung des ländlichen Raumes ..." = HER I A 24/4.15.

§ 23 Landwirtschafts- und Fischereipolitik

lauf einer Regelung, der auf einer Entscheidung des EU-Gesetzgebers beruht, lebt die staatliche Zuständigkeit wieder auf (Art. 2 Abs. 2 AEUV).

Eine staatliche Rechtsetzungszuständigkeit kann auch im Rahmen der wahrgenommenen EU-Zuständigkeit aus einer speziellen Handlungsermächtigung eines EU-Rechtsakts erwachsen.[37]

Eine einmal wahrgenommene Zuständigkeit muss nicht notwendigerweise dauerhaft bei der EU verbleiben. Der EU-Gesetzgeber kann, sofern dies den allgemeinen Vertragszielen nicht zuwiderläuft, durchaus einzelne, bisher gemeinschaftlich geregelte Sachbereiche den Mitgliedstaaten zur Regelung überlassen („**Rückübertragung**").[38] Für den Agrarsektor bedarf es dafür keiner besonderen vertraglichen Ermächtigung, denn gemäß Art. 40 Abs. 1 lit. b) und c) AEUV bilden (koordinierte) staatliche Marktordnungen und eine europäische Marktordnung gleichwertige Instrumente zur Verwirklichung einer gemeinsamen Agrarpolitik. Im Rahmen der **Agrarreform** 2003 hat eine derartige teilweise Rückübertragung stattgefunden. So werden die Mitgliedstaaten in der VO 1307/2013 (*Rn. 24*) ermächtigt, im Rahmen einer „nationalen Reserve" Direktzahlungen auf nationaler oder regionaler Ebene zu leisten.[39]

27

D. Fischereipolitik

I. Grundlagen

Gemäß Art. 38 Abs. 1 AEUV erstreckt sich die Tätigkeit der Union auf „eine gemeinsame Agrar- **und Fischereipolitik**". Die Definition der entsprechenden Erzeugnisse enthält Anhang I zum AEUV. Grundsätzlich gelten daher für die Nutzung der Fischbestände die gleichen vertraglichen Regeln wie für erdgebundene Erzeugnisse (s.o. *Rn. 10–14*), doch führen die abweichenden Ausgangsbedingungen zu einer grundlegend anderen Konzeption der entsprechenden EU-Politik.

28

Die Fischereipolitik steht vor der Aufgabe, bei knapper werdenden Ressourcen, den Fischern der Union angemessene Einkommen zu sichern und doch gleichzeitig die Fischbestände langfristig zu sichern. Ein besonderes Problem bildet die Nutzung der traditionell den Fischern der Anrainerstaaten vorbehaltenen küstennahen Gewässer.

II. Vertragsausführung

1. Bewirtschaftung der Ressourcen

Grundlage der gegenwärtigen Fischereipolitik der Union bildet die VO 1380/2013.[40] Diese Regelung gilt innerhalb der 200-Meilen-Küstenzonen der Mitgliedstaaten. Durch sie wird ein **EU-Meer** geschaffen, zu dem die Fischereifahrzeuge der Mitgliedstaaten freien Zugang haben. Dieser Zugang ist allerdings durch Vorbehaltszonen der Küstenstaaten eingeschränkt. Diese werden durch Art. 5 Abs. 2 der VO generell auf 12 Seemeilen ausgeweitet und lediglich durch „historische" Fangrechte anderer Mitgliedstaaten eingeschränkt.

29

---

37 Beispiel: Zahlung von Beihilfen durch die Mitgliedstaaten. S. VO 702/2014, ABl. L 193/2014, 1.
38 So ausdrücklich Art. 2 Abs. 2 AEUV.
39 VO 1307/2013, Art. 30.
40 VO 1380/2013, ABl. L 354/2013, 22.

Die VO sieht weiterhin vor, die Fangmöglichkeiten quantitativ und qualitativ zu beschränken und zwischen den Mitgliedstaaten aufzuteilen. Beschlüsse zur Festsetzung und Aufteilung der Fangmöglichkeiten werden vom Rat jährlich nach einem vereinfachten Verfahren getroffen (Art. 43 Abs. 3 AEUV). Dabei ist jedem Mitgliedstaat eine „relative Stabilität" der Fischerei garantiert.[41]

30 Sonderregeln gelten für die Fischerei im **Mittelmeer**, die der historischen Entwicklung dieses Raums Rechnung tragen soll.[42]

Die **Überwachung** der Bestandsschutz- und Erhaltungsmaßnahmen obliegt den Mitgliedstaaten im Rahmen des Rechts der Union.[43] Da jedoch die Kontrollen unterschiedlich streng ausgeführt wurden und weiterhin eine „anhaltend hohe Zahl schwerer Verstöße gegen die Regeln der gemeinsamen Fischereipolitik" festgestellt wurde, ergingen die VO 1005/ 2008, nach der u.a. Schiffsbewegungen in der EU genauer überwacht und dokumentiert werden sowie Sanktionen gegen illegale, nicht gemeldete und unregulierte Fischerei (sog. „IUU Fischerei") vorgesehen sind[44] sowie die VO 1224/2009 mit einem detaillierten Kontrollsystem, dessen Einhaltung von der Kommission überwacht werden kann.[45]

Zur Steigerung der Wirksamkeit der staatlichen Kontrollen wurde im Jahre 2005 eine **EU-Fischereiaufsichts-Agentur** errichtet. Sie hat zur Aufgabe, die Kontrolltätigkeit der Mitgliedstaaten zu organisieren und zu unterstützen.[46]

2. Vermarktungs- und Strukturregeln

31 Neben den Bewirtschaftungs- und Erhaltungsregelungen stehen die **Vermarktungsregeln** der gemeinsamen Marktorganisation für Fischereierzeugnisse und Erzeugnisse der Aquakultur.[47] Darin sind u.a. vorgesehen: gemeinsame Produktions- und Vermarktungsnormen, die Festsetzung von Orientierungs- und gemeinschaftlichen Verkaufspreisen, die Errichtung von Erzeugerorganisationen mit bestimmen Vorrechten und Ansprüchen auf Beihilfen sowie Außenzölle. Ein **Europäischer Meeres – und Fischereifonds** hat u.a. die Aufgabe, die Aquakultur zu fördern, für wirtschaftliche, ökologische und soziale Nachhaltigkeit zu sorgen und damit die Fischereiressourcen zu verbessern.[48]

3. Außenbeziehungen

32 **Drittstaaten** haben zum EU-Meer keinen freien Zugang. Eine wichtige Ergänzung der internen Fischereipolitik sind daher Verträge mit Drittstaaten über gegenseitige Fangrechte, die von der Union durch die Kommission auf der Grundlage von Art. 43 AEUV abgeschlossen werden. Für die wirksame Durchführung von Erhaltungsmaßnahmen

---

41 Art. 16, VO 1380/2013. Zur Auslegung dieses Begriffs EuGH, Rs. C-120/99 (Italien./.Rat), Slg. 2001, I-7997. S.a. EuG, Rs. T-76/11 (Spanien/Kommission), U. v. 21. November 2012.
42 VO 1967/2006, ABl. L 409/ 2006, S. 11 = HER I A 26/ 42 und VO 1343/2011, ABl. L 347/2011, 44 = HER I A 26/56.
43 VO 2847/93, ABl. L 261/1993, 1 = HER I A 26/4. S.a. VO 1005/2008, ABl. L 286/2008, 1 = HER I A 26/50.
44 VO 1005/ 2008, ABl. L 286 / 2008, S. 1 = HER I A 26/50, s. insbes. Präambel Nr. 34 und Art. 1.
45 VO 1224/2009, ABl. L 343/2009, 1 i.d.F. der VO 1379/2013, ABl. 354/2013, 1= HER I A 26/53.
46 VO 768/2005, ABl. L 128/ 2005, S. 1 = HER I A 26/35.
47 VO 1379/2013, ABl. L 354/2013, 1.
48 VO 508/2014, ABl. L 149/ 2014, 1.

beteiligt sich die EU an zahlreichen **multilateralen Abkommen**.[49] Die Zuständigkeit für den Abschluss derartiger Abkommen war ursprünglich strittig, der EuGH hat sie jedoch in der Rs. *Kramer* im Jahre 1976 bestätigt. Er stützte sich dabei vor allem auf das Argument einer notwendigen Symmetrie von Innen- und Außenkompetenzen (*§ 33 Rn. 17*).[50]

III. Das Verhältnis zwischen den Regelungszuständigkeiten der Union und der Mitgliedstaaten

Für das Verhältnis der Regelungsbefugnis von Union und Mitgliedstaaten gilt grundsätzlich wie auch im Agrarbereich (*Rn. 26, 27*), dass mitgliedstaatliche Zuständigkeiten nur bestehen, soweit die Regelungen der Union nicht abschließend sind. Dies gilt z.b. bei der internen Aufteilung der einem Mitgliedstaat insgesamt eingeräumten Fangquote, soweit dadurch nicht andere Vorschriften über den Binnenmarkt verletzt werden.[51]   33

Auch eine Verschärfung von Bestandsschutzmaßnahmen ist zulässig.[52] Für die Anwendung und Durchführung des Rechts der Union bleiben – wie im Agrarrecht insgesamt – grundsätzlich die Mitgliedstaaten weiterhin zuständig. Das gilt auch für die Überwachung der Fangbeschränkungen. Allerdings ist es Aufgabe der Kommission, die staatlichen Kontrollen zu bewerten, hinsichtlich ihrer Zuverlässigkeit zu überprüfen und auch selbst an Kontrollen mitzuwirken.[53] Für Maßnahmen zur Erhaltung der biologischen Meeresschätze im Rahmen der Fischereipolitik ist die Union ausschließlich zuständig (Art 3 Abs. 1 lit. d) AEUV).[54]

IV. Weitere Entwicklung

In der europäischen Fischwirtschaft besteht nach wie vor ein erhebliches Missverhältnis zwischen der Größe der Fangflotten und der Nachfrage einerseits und den verfügbaren Fischbeständen andererseits. Die Fischereipolitik der EU vermochte es bisher nicht, dieses Dilemma aufzulösen. In einem Grünbuch zur Reform der gemeinsamen Fischereipolitik benennt die Kommission neben der Überkapazität der Flotten vier Ursachen für den unzureichenden Erfolg der EU-Fischereipolitik: 34

- undeutliche Festlegung der Gesetzgebungsziele,
- ein Beschlussfassungssystem, das kurzfristiges Denken fördert,
- die Fischereiwirtschaft wird nicht genug in Verantwortung genommen,
- ein mangelnder Wille der staatlichen Behörden, die geltenden Vorschriften durchzusetzen.[55]

Die Herausforderung der EU – Fischereipolitik besteht weiterhin darin, den Handlungsrahmen der Union noch intensiver zu nutzen, um im Interesse einer nachhaltigen

---

49 Z.B.: Ratifikationsbeschluss des Rates v. 8. Juli 1998 zur Durchführung des Seerechtsübereinkommens v. 10. Dezember 1982 über die Erhaltung und Bewirtschaftung von Fischbeständen, ABl. L 189/1998, 14 = HER I A 26/12. Dazu Markus (*§ 23 E.*).
50 EuGH Rs. 3, 4, 7/76 (*Kramer u.a.*), Slg. 1976, 1279.
51 EuGH, Rs. 207/84 (*De Boer*), Slg. 1985, 3202.
52 EuGH, Rs. 53/86 (*Romkes II*), Slg. 1987, 2691.
53 Vgl. Art. 96 ff. VO 1224/2009, s.o. Anm. 45.
54 Rs. 804/79 (Kommission./.UK), Slg. 1981, 1045.
55 Grünbuch der Kommission „Reform der Gemeinsamen Fischereipolitik" KOM (2009)163 endg..

Versorgung den notwendigen und vielfach schmerzhaften Strukturwandel der Fischwirtschaft zu unterstützen.

E. Literatur

Blumann, Claude, Politique agricole commune, Paris 1996; *Cardwell, Michael,* The European Model of Agriculture, Oxford 2004; *Churchill, Robin/Owen, Daniel,* The EU`s Common Fisheries Policy, Oxford 2010; *Härtel, Ines,* Europäisches Agrarverwaltungsrecht in: Terhechte (Hg.), Verwaltungsrecht der Europäischen Union, Baden – Baden 2011, 1323–1368; *Markus, Till,* Wege zu einer nachhaltigen EU – Fischerei – Außenhandelspolitik, EuR 2013, Nr. 6, 697–710; *McMahon, Joseph,* EU Agricultural Law, Oxford 2007; *Mögele, Rudolf/Erlbacher, Friedrich,* Single Common Market Organisation, Article – by – Article Commentary on the Legal Framework for Agricultural Markets in the European Union, München/Oxford/ Baden- Baden 2011; *Olmi, Giancarlo,* Politique Agricole Commune = Commentaire Mégret, 2. Aufl., Bd. 2, Brüssel 1991; *Seidel, Martin,* Rückführung der Landwirtschaftspolitik in die Verantwortung der Mitgliedstaaten? Agrarrecht 2000, 381 ff.; *Thiele, Gereon,* Das Recht der Gemeinsamen Agrarpolitik der EG, Berlin 1997; *Trumm, Silke,* Das Prinzip des Weltfreihandels und der europäische Agraraußenhandel, Berlin 2001; *Usher, John A.,* EC Agricultural Law, 2. Aufl., Oxford 2002.

§ 24 Verkehrspolitik und Transeuropäische Netze

A. Grundlagen, Befugnisse

Mobilität gehört zu den Voraussetzungen der Industriegesellschaft. Entsprechend bildet der Transport von Personen und Gütern innerhalb der EU sowie von und nach Drittstaaten eine bedeutende wirtschaftliche Tätigkeit. Gleichzeitig erfüllen Transporte wichtige **Hilfsfunktionen** für die gesamte Wirtschaft. Auf der anderen Seite bringt der Verkehr erhebliche **Sekundärfolgen** und -risiken für Umwelt und Gesundheit mit sich. Hoheitliche Eingriffe zur Abwägung der beteiligten Interessen sind daher notwendig.

Nimmt man noch die **divergierenden Interessen und Prioritäten** der einzelnen Staaten hinsichtlich der verschiedenen Verkehrsträger und der entsprechenden Infrastrukturen hinzu, so wird verständlich, weshalb die Vertragsautoren den Verkehr nicht der allgemeinen Dienstleistungsfreiheit unterwarfen, sondern zwei besondere Titel über „Verkehr" und „Transeuropäische Netze" in den Vertrag einfügten. Auch erklärt die komplexe Ausgangslage die ungewöhnlich lange Dauer bis zur Verabschiedung der wesentlichen Rechtsakte durch den EU-Gesetzgeber. Gewichtige Fragen harren weiterhin einer Einigung der Mitgliedstaaten im Rahmen der Union. Dazu gehören insbesondere die Begrenzung und Lenkung des Straßengüterverkehrs, die Neuordnung des Eisenbahnwesens sowie die stärkere Berücksichtigung von Umwelt- und Gesundheitsschutz. Die Auswirkungen des Verkehrs auf die Umwelt sind offensichtlich. Daher ist für die Gestaltung der Verkehrspolitik die „Querschnittsklausel" des Art. 11 AEUV von besonderer Bedeutung. Diese verschafft dem Umweltschutz zwar kein Primat über verkehrspolitische Zielsetzungen, gebietet aber eine Abwägung der verkehrspolitischen Vorteile einer geplanten Maßnahme im Lichte ihrer Folgen für die Umwelt. Diese Abwägung muss der Gesetzgeber im Rahmen seiner Begründungspflicht (Art. 296 AEUV) offen legen.

Die Zuständigkeit der EU für **vertragliche Beziehungen mit Drittstaaten** im Bereich des Verkehrs erfordert eine Abgrenzung zur beanspruchten staatlichen Zuständigkeit (Art. 207 Abs. 5 AEUV). Wenngleich der Verkehrsbereich noch weitgehend von den Vereinbarungen über die Dienstleistungsfreiheit im Rahmen der WTO ausgenommen ist, steht auch für die Union in Zukunft insoweit eine stärkere Bindung an internationale Abkommen zu erwarten.

Gemäß Art. 90 AEUV umfasst die Tätigkeit der EU eine **gemeinsame Verkehrspolitik**. Diese Politik ist den Zielvorgaben des Art. 3 Abs. 3 EUV u.a. der Errichtung eines Binnenmarktes untergeordnet. Sie bildet in wesentlichen Elementen einen Sonderfall der allgemeinen Bestimmungen über die Freizügigkeit im Waren- und Dienstleistungsverkehr und über die Angleichung der Wirtschaftspolitik, reicht z.T. aber darüber hinaus (z.B. im Bereich der Verkehrssicherheit). Die Zuständigkeit der Union auf diesem Gebiet ist mit entsprechenden Zuständigkeiten der Mitgliedstaaten geteilt (Art. 4 Abs. 2 lit. g) AEUV, *Rn. 8*).

Soweit die Verträge keine Sonderregelungen bzw. -vorbehalte festlegen, gelten die allgemeinen Vertragsvorschriften (z.B. über die Freizügigkeit der Arbeitnehmer und das Wettbewerbsrecht) auch im Verkehrssektor (einschließlich des See- und Luftverkehrs).[1] Von der Nutzung der allgemeinen Handlungsermächtigungen können aller-

---

1 EuGH, Rs. 209–213/84 (Ministère public./.Asjes us.a.), Slg. 1986, 1425.

dings erhebliche Rückwirkungen auf den Verkehr ausgehen, z.b. im Bereich des Umweltschutzes.[2] Auch kann der EU-Gesetzgeber, gestützt auf die wettbewerbsrechtliche Ermächtigung des Art. 103 Abs. 2 lit. b) AEUV, für den Verkehr **Ausnahmen** bzw. Sonderregeln festlegen (*§ 12 Rn. 6*).

Das Verhältnis zwischen den allgemeinen Vertragsbestimmungen zu dem Titel V „Verkehr" des Vertrages war in der Aufbauphase der EG umstritten. So berief sich Frankreich in einem Rechtsstreit mit der Kommission darauf, dass gemäß Art. 71 EWGV (jetzt Art. 91 AEUV) die Ausformung einer gemeinsamen Verkehrspolitik abschließend dem Rat übertragen sei. Diese Generalzuständigkeit hindere die Anwendung der allgemeinen Vertragsvorschriften auf den Verkehr jedenfalls so lange, als der Rat von der Ermächtigung des Art. 71 (jetzt 91 AEUV) keinen Gebrauch gemacht habe. Der EuGH hat die Argumentation zu Recht zurückgewiesen.[3] Die in Art. 51 (jetzt Art. 58 AEUV) enthaltene Ausnahme von der Anwendbarkeit der Bestimmungen über den freien Dienstleistungsverkehr begründet ein argumentum a contrario zugunsten der übrigen Vertragsvorschriften mit allgemeiner Geltung für den Verkehrsbereich.

Der Gesetzgeber der Union darf mit Maßnahmen, die auf Art. 91 AEUV gestützt sind, Sachgebiete regeln, die neben verkehrspolitischen Bezügen auch andere Bereiche betreffen, z.b. Sozialpolitik und Sicherheit im Straßenverkehr.[4]

4 Die **sachlichen Grenzen** der EU-Zuständigkeiten im Bereich des Verkehrs ergeben sich aus den allgemeinen Vertragszielen in Art. 3 EUV sowie aus der in Art. 100 AEUV enthaltenen Beschreibung der Verkehrsträger. Titel VI, Art. 90–100 AEUV stellt der EU Regelungsbefugnisse für den Verkehr auf **Schiene**, **Straße** und **Binnengewässern** zur Verfügung. Die Einbeziehung von **See-** und **Luftverkehr** bedarf gemäß Art. 100 Abs. 2 AEUV eines besonderen Gesetzgebungsakts. Daher gilt die Verkehrspolitik z.B. **nicht** für den Transport durch Fernleitungen, sofern nicht die Sonderbestimmungen über **transeuropäische Netze** (Art. 170–172 AEUV) eingreifen (*Rn. 32 f.*). Auch **Seilbahnen** sind nicht erfasst.[5] Gleiches gilt für das Post- und Fernmeldewesen sowie für die **Raumfahrt**. Für diese besteht seit dem Vertrag von Lissabon eine eigene Bestimmung im Rahmen der Forschungspolitik (Art. 189 AEUV).

5 Als **Orientierung** für die im Rahmen der gemeinsamen Verkehrspolitik zu beschließenden Maßnahmen bezeichnet der Vertrag insbesondere:

- Gemeinsame Regeln für den **internationalen Verkehr** aus oder nach den Mitgliedstaaten sowie den Durchgangsverkehr (Art. 91 Abs. 1 lit. a) AEUV).
- Die Zulassung von Verkehrsunternehmen in Mitgliedstaaten, in denen sie nicht ansässig sind (Art. 91 Abs. 1 lit. b) AEUV = „**Kabotage**") und ein **Verbot neuer einzelstaatlicher diskriminierender Maßnahmen** zulasten ausländischer Verkehrsunternehmen (Art. 92 AEUV).
- Maßnahmen zur Verbesserung der **Verkehrssicherheit** (Art. 91 Abs. 1 lit. c) AEUV).

Diese Aufzählung bildet **keine abschließende Umschreibung** des Rahmens oder des konkreten Inhalts einer EU-Verkehrspolitik. Gemäß Art. 91 Abs. 1 lit. d) AEUV ist der EU-Gesetzgeber befugt, alle „**sonstigen zweckdienlichen Maßnahmen**" zu erlassen. Damit verfügt er in zeitlicher und inhaltlicher Hinsicht über ein weites Ermessen.

---

2 Beispiel: Anwendung der Vorschriften zur Begrenzung der Treibhausgas – Emissionen auf den Luftverkehr, dazu EuGH Rs. C – 366/10 (Air Transport Association of America), Slg. 2011, I – 13755.
3 EuGH, Rs. 167/73 (Kommission./.Frankreich), Slg. 1974, 359.
4 EuGH, Rs. 97/78 (Schumalla), Slg. 1978, 2311, Rn. 5. S. a. verb. Rs. C – 184/02 und C-223/02 (Spanien, Finnland./.EP, Rat), Slg. 2004, I – 7789 (betr. Arbeitszeiten für Kraftfahrer).
5 Daher wurde die RL 2000/9 („über Seilbahnen für den Personenverkehr") nicht auf Art. 71, sondern auf Art. 47 Abs. 2, 55 und 95 EGV gestützt. ABl. L 109/2000, 21 = *HER* 30/1.44.

Das Ermessen des Gesetzgebers wird inhaltlich durch das Binnenmarktkonzept sowie durch die „Querschnittsklauseln" (Art. 11, 12, 14 AEUV) determiniert. Die Herstellung freien Marktzugangs gehört daher zu den Grundlagen einer EU-Verkehrspolitik. Doch sind steuernde Eingriffe in das Marktgeschehen ebenfalls möglich. Sowohl Liberalisierung als auch Steuerung können mithilfe einer **Harmonisierung** bestehender staatlicher Normen ergänzt werden. Insbesondere die Angleichung technischer Normen auf der Grundlage von Art. 114 AEUV (*§ 14 Rn. 13 ff.*) spielt im Verkehrsbereich eine große Rolle.

6

Anders als z.b. in der Agrarpolitik (vgl. Art. 43 Abs. 1 AEUV) war der Gesetzgeber nicht verpflichtet, zunächst den Gesamtrahmen einer Verkehrspolitik festzulegen. Auch schließt seine vertraglich eingeräumte Gestaltungsfreiheit aus, den Bestimmungen über die Dienstleistungsfreiheit (Art. 56, 57 AEUV) **unmittelbare Wirkung** im Bereich des Verkehrs zuzuerkennen.[6]

7

Die Zuständigkeiten der EU im Verkehrsbereich sind mit jenen der Mitgliedstaaten geteilt.[7] Soweit der EU-Gesetzgeber Zuständigkeiten nicht wahrgenommen hat, bestehen die staatlichen Zuständigkeiten fort. Allerdings sind den Staaten gemäß Art. 92 AEUV neue diskriminierende Maßnahmen untersagt, sofern der Rat dafür keine Ausnahmegenehmigung erteilt hat.[8] Für **Beihilfen** zur Koordinierung des Verkehrs oder zur Abgeltung bestimmter, mit dem Begriff des öffentlichen Dienstes zusammenhängender Leistungen postuliert zwar Art. 93 AEUV eine Vereinbarkeit mit dem Vertrag, doch müssen die Mitgliedstaaten dabei die in der Durchführungsregelung bezeichneten Grenzen beachten (*§ 13 Rn. 19*).[9]

8

Die EU kann im Verkehrsbereich sämtliche vertraglich vorgesehenen **Handlungsinstrumente** (Art. 288 AEUV) einsetzen. Sie ist auch befugt, **internationale Abkommen** abzuschließen (Art. 216 Abs. 1; 207 Abs. 5 AEUV).[10] Die Abgrenzung der Vertragsschluss-Zuständigkeiten im Verhältnis zu den Mitgliedstaaten war allerdings lange Zeit strittig (*§ 33 Rn. 16 ff.*).[11]

9

Der nachträglich in den Vertrag eingefügte Titel XVI (Art. 170 AEUV „Transeuropäische Netze") erfasst eine spezielle, von Titel VI nicht behandelte Dimension: die Koordinierung und Förderung der **transnationalen Infrastrukturen**. Allerdings beschränken sich die dort vorgesehenen Maßnahmen nicht auf den Verkehrssektor, sondern gelten auch für Telekommunikation und Energie (*Rn. 32*).

10

In diesem Bereich wird die Union vor allem durch die **Definition von Vorhaben von gemeinsamem Interesse, Förderung der Anschlussfähigkeit** der jeweiligen staatlichen Netze (z.B. durch Harmonisierung der technischen Normen), durch **Subventionsgewährung** und durch **Vereinbarungen mit Drittstaaten** tätig.

B. Vertragsanwendung allgemein

Die Ermächtigungen des EGV für die Verkehrspolitik wurden zunächst nur zögernd und punktuell genutzt. So konnten erst im Zuge der Errichtung des Binnenmarktes vor

11

---

6 EuGH, Rs. 13/83 (EP./.Rat), Slg. 1985, 1513.
7 Zu den Rechtsfolgen s. oben § 3 Rn. 5.
8 EuGH, Rs. C-195/90 (Kommission./.Deutschland), Slg. 1992, I-3141 („Schwerverkehrsabgabe").
9 Vgl. VO 1370/2007 über Beihilfen im Schienen- und Straßenverkehr. ABl. L 315/2007, 1 = HER I A 50/8.68. Dazu EuGH, Rs. C-280/00 (Altmark Trans), Slg. 2003, I-7747.
10 So bereits EuGH, Rs. 22/70 (Kommission./.Rat), Slg. 1971, 263 (*AETR*).
11 Vgl. EuGH, Gutachten 1/2000 („Europäischer Luftraum"), Slg. 2000 I-3493 und verb. Rs. C- 466–469 und C-471, 472, 475, 476/98 (Kommission./.Vereinigtes Königreich u.a.), Slg. 2002, I – 9427 (Luftverkehr).

Bieber

Ende 1992 die wesentlichen Maßnahmen verabschiedet werden, die gemäß Art. (alt) 71 Abs. 1 lit. a) und b) EGV bereits während der Übergangszeit (also vor 1970) hätten beschlossen werden müssen.

Inzwischen lässt sich jedoch das von der EU auf diesem Gebiet gesetzte Recht als ein – zwar noch nicht vollständiges, aber in sich kohärentes – Regelungssystem einer „gemeinsamen" Verkehrspolitik bezeichnen.

12 Die Verkehrsgesetzgebung der Union weist folgende Merkmale auf:

- Sie ist vorrangig an dem Ziel der Verwirklichung der Dienstleistungsfreiheit[12] für die jeweiligen Erbringer der Transportleistung orientiert, betont aber zunehmend auch die Rechte der Verbraucher.
- Sie wurde im Wesentlichen getrennt auf die einzelnen Verkehrsträger bezogen. Für den Straßenverkehr gelten überdies unterschiedliche Regeln bei Güter- bzw. Personenverkehr.
- Die jeweiligen Regelungen zur Verwirklichung der Dienstleistungsfreiheit setzen sich zusammen aus Bestimmungen über den **Zugang** zu der jeweiligen Berufstätigkeit, die gegenseitige **Anerkennung von Zeugnissen**, die für diese Tätigkeit gefordert werden und die Erteilung einer **Gemeinschaftslizenz**, die zur Erbringung der jeweiligen Dienstleistung im gesamten Gebiet der Union berechtigt.
- Sonderregeln gelten für den Binnenschifffahrtsverkehr (wegen der internationalen Abkommen über Rhein und Donau) und für den Seeverkehr (keine Vorschriften der Union über die Voraussetzungen der Ausübung der Tätigkeit eines Seetransporteurs).

13 Nach der Verwirklichung des Binnenmarktes und der vollen Dienstleistungsfreiheit gewinnen **qualitative Merkmale** der Verkehrspolitik an Bedeutung.

Zukünftige Aufgaben bilden neben der Gewährleistung der vollen Dienstleistungsfreiheit insbesondere die Lenkung der Verkehrsnachfrage, Verkehrssicherheit sowie Infrastruktur, Umweltschutz und Energie.[13]

C. Eisenbahnverkehr

14 Im Jahre 1981 bezeichnete der Rat erste Umrisse einer **gemeinsamen Eisenbahnpolitik**.[14] Diese sollte der Stärkung der Wettbewerbsfähigkeit der Eisenbahnen und der Harmonisierung der staatlichen Eingriffe (Beihilfen und Auflagen) dienen. Erste Beschlüsse (1969–1984) betrafen die finanzielle Sanierung und genauere Definition der Beziehungen zwischen Schiene und öffentlicher Hand. Eine umfassende Richtlinie „Zur Entwicklung des Eisenbahnunternehmens der Gemeinschaft"[15] sollte den Wettbewerb zwischen den Eisenbahnunternehmen der Mitgliedstaaten durch besseren Zugang zum Netz fördern. An ihre Stelle trat im Jahre 2012 die RL 2012/34 „zur Schaffung eines einheitlichen europäischen Eisenbahnraums".[16] Diese enthält Vorschriften

---

12 Die auf (neu) Art. 53 und 62 AEUV gestützte RL 2006/123 zur *allgemeinen* Verwirklichung der Dienstleistungsfreiheit ist nicht auf den Verkehrsbereich anwendbar. Vgl. Art. 2 Abs. 2 lit. d) der RL, ABl. 376/2006, 36 = HER I A 28 /1.22.
13 S. Weißbuch der Kommission „Fahrplan zu einem einheitlichen europäischen Verkehrsraum" KOM (2011) 144.
14 Entschließung vom 15. Dezember 1981, ABl. C 157/1982, 1.
15 RL 91/440, ABl. L 237/1991, 25, wesentlich geändert in 2001 und 2007, aufgehoben in 2012.
16 ABl. L 343/2012, 32 = HER A 30/3.37.

für den **Betrieb der Infrastruktur**, die **Erbringung von Verkehrsdienstleistungen** sowie **Kriterien für die Erteilung von Genehmigungen** von Eisenbahnunternehmen. Weiterhin legt die RL Grundsätze für die **nichtdiskriminierende Festlegung von Wegeentgelten**[17] und die **Zuweisung von Fahrwerkskapazität** fest. Die Mitgliedstaaten sind verpflichtet, den Betrieb der Eisenbahn**infrastruktur** von der Erbringung der **Verkehrsleistungen** zu **trennen**[18], die **Unabhängigkeit** der Geschäftsführung von Eisenbahnunternehmen zu **gewährleisten** und grenzüberschreitende **Zugangsrechte** zur Infrastruktur einzuräumen.

Entsprechend den Regeln für die anderen Verkehrsträger (*Rn. 17, 22, 27*) ist der **Betrieb** von Eisenbahnunternehmen in der Union genehmigungspflichtig. Eine Genehmigung gilt grundsätzlich für das gesamte Territorium der EU.[19] Für alle zugelassenen Eisenbahnunternehmen besteht ein freier **Zugang zum Markt für Gütertransporte** einschließlich der rein inländischen Gütertransporte (**Kabotage**). Für den **Personenverkehr** ist dagegen nur die grenzüberschreitende Beförderungsleistung liberalisiert.[20] Inwieweit staatliche Interventionen zur Sicherstellung im **öffentlichen Interesse** liegender **Dienstleistungen** der Eisenbahnen mit dem EU-Recht vereinbar sind, bestimmt die VO 1370/2007.[21] Eine **Europäische Eisenbahnagentur**[22] soll u.a. in Fragen der Sicherheit und Interoperabilität Stellungnahmen an die Kommission und an die Behörden der Mitgliedstaaten richten. **Sitz der Agentur** ist Lille.

Entsprechend den Regelungen für andere Verkehrsträger wurden **Mindestrechte der Eisenbahnbenutzer im Personenverkehr** festgelegt.[23] Diese betreffen u.a. Fragen der Schadenshaftung und Ansprüche bei Verspätungen oder Annullierung von Beförderungen. Sie gelten auch für den Binnenverkehr in den Mitgliedstaaten und umfassen auch eine Haftung bei „höherer Gewalt".[24]

15

Für den großräumigen grenzüberschreitenden Gütertransport wurden „**Güterverkehrskorridore**" ausgewiesen, deren Nutzung einer gemeinsamen Verwaltung unterliegt.[25] Sonderregeln gelten für den **Transport gefährlicher Güter**.[26] Darin werden die in internationalen Vereinbarungen enthaltenen Regelungen zum verpflichtenden EU-Recht erhoben.

Weitere Rechtsakte betreffen Regeln über die **Harmonisierung staatlicher Sicherheitsstandards** im Eisenbahnverkehr,[27] die **Interoperabilität der Netze**[28] sowie Regeln über die Anerkennung der **Berufsqualifikationen von Lokomotivführern**.[29]

16

---

17 Dazu EuGH Rs. C-369/11 (Kommission/Italien), U. v. 3. Oktober 2013.
18 Dazu EuGH Rs. C – 483/10 (Kommission/Spanien) und C – 556/10 (Kommission/Bundesrepublik Deutschland), U. v. 28. Februar 2013.
19 RL 2012/34, Art. 23 I.
20 RL 2012/34, Art. 10 Abs. 1 (Güterverkehr), Art 10 Abs. 2 (Personenverkehr).
21 VO 1370/2007, ABl. L 315 / 2007, 1 = *HER I A* 50 / 8.68.
22 VO 881/2004, ABl. L 164/2004, 1= *HER I A* 30/3.14.
23 VO 1371 / 2007, ABl. L 315 / 2007, 14 = *HER I A* 30 / 3.17.
24 EuGH Rs. C – 509/11 (ÖBB – Personenverkehr), U. v. 26. September 2013.
25 VO 913/2010, ABl. L 276/2010, 22 = *HER I A* 30/3.23.
26 RL 2008/68, ABl. L 260/2008, 13 = *HER I A* 30/1.56.
27 RL 2004/49, ABl. L 164/2004, 44= *HER I A* 30/3.15.
28 RL 2008/57, ABl. L 191, 1 = *HER I A* 62/2.28.
29 RL 2007 / 59, ABl. L 315 / 2007, 51 = *HER I A* 30 / 3.18.

D. Straßenverkehr

17 Die Politik der EU im Bereich des Straßenverkehrs galt der Beseitigung administrativer und normativer Hindernisse für die Personen- und Güterbeförderung und einer Erhöhung der Verkehrssicherheit. Schwierigkeiten bereiteten zunächst der Abbau der Kontingente im gemeinschaftsweiten Gütertransport und die Angleichung der Rechtsvorschriften, insbesondere zur Besteuerung des Güterkraftverkehrs.

Inzwischen wurden die wesentlichen Vorschriften zur Gewährleistung der Dienstleistungsfreiheit im grenzüberschreitenden Güter- und Personentransport verabschiedet. Vor allem ist nunmehr die Zulassung von Unternehmen zur Erbringung von Beförderungsleistungen in dem Staat, in dem sie nicht ansässig sind, gesichert. Zu diesem Zweck hat der EU-Gesetzgeber ein für die verschiedenen Verkehrsträger weitgehend übereinstimmendes Konzept der Kombination aus Vereinheitlichung der Zugangsregeln zum **Beruf** des **Transporteurs**[30] und einheitlichen **Zugangsregeln** dieser **Transporteure** zum **Markt** (der jeweiligen Dienstleistung)[31] verwirklicht.

Verabschiedet wurden weiterhin

- Regeln zum Schutz der Fahrgast – Rechte im Omnibusverkehr,[32]
- Normen für Bestandteile von Kraftfahrzeugen,[33] für technische Genehmigungen[34] sowie für Gewichte und Abmessungen,[35]
- Sozialvorschriften (Ruhezeiten für Personen- und Güterbeförderung),[36]
- Liberalisierung der Preisbildung im Güterkraftverkehr,[37]
- Einführung eines EG-Führerscheins,[38]
- Zulassungsdokumente von Kraftfahrzeugen,[39]
- Maßnahmen zugunsten des kombinierten Verkehrs Schiene/Straße,[40]
- Gebühren für die Benutzung von Verkehrswegen („Maut"),[41]
- Regeln zur Koordinierung der Mautberechnungssysteme,[42]
- Regeln zur Förderung der grenzüberschreitenden Nutzung von Informations- und Kommunikationstechnologien im Straßenverkehr,[43]
- Statistik des Güterverkehrs.[44]

18 In neuer Zeit wächst das Bewusstsein für die Notwendigkeit, die intensiv angewachsenen Verkehrsströme zu kanalisieren. Instrumente dafür bilden u.a. die Förderung und Angleichung der Mautsysteme und die Förderung des multimodalen Verkehrs. Beson-

---

30 VO 1071/2009, ABl. L 300/2009, 51 = *HER I A* 30 / 2.117 (Zugang zum Beruf).
31 VO 1072/2009, ABl. 300/2009, 72 = *HER I A* 30 / 2.118 (Zugang zum Markt der internationalen Transporte und Transporte innerhalb eines Mitgliedstaates durch nicht Gebietsansässige); VO 1073/2009, ABl. L 300/2009, 88 = *HER I A* 30 / 2.119 (internationaler Omnibusverkehr nationaler Omnibusverkehr durch nicht Gebietsansässige).
32 VO 181/2011, ABl. L 55/2011, 1 = *HER I A* 30/2.126.
33 Z.B. RL 77/541 (Sicherheitsgurte), ABl. L 220/1977, 95 = *HER I A* 30/2.55. VO 165/2014, ABl. L 60/2014, 1 (Fahrtenschreiber).
34 RL 2007/46, ABl. L 263/ 2007, 1 = *HER I A* 30 / 2.106.
35 RL 96/53, ABl. L 235/1996, 59 = *HER I A* 30/2.52.
36 VO 561/2006, ABl. L 102/2006, 1 = *HER I A* 30/2.98.
37 VO 4058/89. ABl. L 390/1989, 1 = *HER I A* 30/2.22.
38 RL 2006/126, ABl. L 403 / 2006, 18 = *HER I A* 30/2.102.
39 RL 1999/37, ABl. L 138/1999, 57 = *HER I A* 30/2.68.
40 RL 92/106, ABl. L 368/1992, 38 = *HER I A* 30/1.33.
41 RL 1999/62 ABl. L 187 / 1999, 42 = *HER I A* 30/2.69.
42 RL 2004/52, ABl. L 166/2004, 1= *HER I A* 30/2.70.
43 RL 2010/40, ABl. L 207/2010, 1 = *HER I A* 30/2.123.
44 VO 70/2012, ABl. L 32/2012, 1 = *HER I A* 94/8.11.

ders schwierige Aufgaben des Ausgleichs zwischen ökonomischen und ökologischen Interessen in einer internationalen Dimension stellen sich der Union beim alpenquerenden Gütertransitverkehr.[45] Für den Verkehr durch Österreich gelten die allgemeinen Regeln des harmonisierten EU-weiten Lkw-Mautsystems.[46]

Für den Verkehr durch die Schweiz enthalten die Art. 37–42 des Abkommens über den Güter- und Personenverkehr vom 21. Juni 1999[47] eine eigene Gebührenregelung. Sie soll u.a. dazu dienen, die Schadstoffemissionen durch Lkw zu vermindern. Im Übrigen wurde im Rahmen dieses bilateralen Abkommens der wechselseitige Zugang zum Güter- und Personenverkehrsmarkt anhand des Modells der EU-Rechtsetzung liberalisiert.

19

E. Binnenschifffahrt

Auf die Binnenschifffahrt entfallen 6,5 % des Binnen - Güterverkehrs in der EU. Ihre Bedeutung als Zubringer für den internationalen Seetransport ist erheblich grösser. Die Anwendung des EUV und des AEUV auf diesen Verkehrszweig muss allerdings die Bindung einiger Mitgliedstaaten an die **Mannheimer Rheinschifffahrtsakte** von 1868 berücksichtigen. Dies wird immer dann bedeutsam, wenn aufgrund des AEUV Eingriffe in den nach der Rheinschifffahrtsakte weitgehend freien Markt vorgenommen werden sollen, da die Akte Schifffahrtsfreiheit, Gleichbehandlung und Abgabenfreiheit für die zur Rheinschifffahrt gehörigen Schiffe[48] garantiert, während auf der Grundlage des AEUV Frachten und Wegekosten, Marktzugang und Sozialfragen geregelt werden können. Die ebenfalls für einige Mitgliedstaaten verbindliche **Donaukonvention** von 1948 (Konvention von Belgrad) wirft dagegen kaum Probleme für die Anwendung des AEUV auf, da sie vor allem die freie Durchfahrt für Schiffe der Vertragsparteien garantiert. Soweit Widersprüche in der Praxis entstehen, sind die Mitgliedstaaten gemäß Art. 351 Abs. 2 AEUV verpflichtet, die Akte bzw. die Konvention nicht anzuwenden. Die EU bereitet den Beitritt zu der Konvention vor.[49]

20

Ein Konflikt war aus dem am 9. Juli 1976 zwischen der Kommission, sechs Mitgliedstaaten und der Schweiz unterzeichneten Übereinkommen über die zeitweilige Stilllegung von Binnenschiffen erwachsen. Ziel des Übereinkommens war es, vorübergehende Überkapazitäten zu neutralisieren, indem ein aus Pflichtbeiträgen der Verkehrsunternehmer gespeister Fonds Beihilfen an diejenigen Unternehmen zahlt, die Schiffsraum stilllegen.[50] Das Übereinkommen konnte nicht ratifiziert werden, da der EuGH die geplante Struktur des Fonds als vertragswidrig ansah (§ 33 Rn. 18).[51]

21

---

45 Dazu u.a. Art. 10, Protokoll „Verkehr" zur Durchführung der Alpenkonvention v. 1991, ABl. L 323/2007, 15 = HER I A 30/1.55a.
46 RL 1999/62, s.o. Anm. 39.
47 Abkommen über den Transport von Gütern und Personen auf Schiene und Straße vom 21. Juni 1999, ABl. L 114/2002, 91 = HER I A 30/1.51. Dazu näher *Schneuwly, Ambühl* und *Epiney/Sollberger*, in: *Felder/Kaddous (Hg.)*, Bilaterale Abkommen Schweiz – EU, Basel/Brüssel 2001, 491–545.
48 Zur Definition vgl. VO 2919/85, ABl. L 280/1985, 5 = HER I A 30/4.11. Zum Verhältnis EU – Mannheimer Akte *Matthias Krafft*, Quelques réflexions sur les aspects institutionnels de la navigation intérieure en Europe in : Epiney/Haag/Heinemann (Hg.), Die Herausforderung von Grenzen, FS Bieber, Baden-Baden/Zürich 2007, 356–371.
49 Vorschlag der Kommission v. 6. November 2008, KOM (2008) 700.
50 ABl. C 208/1976, 2.
51 EuGH Gutachten 1/1976, Slg. 1977, 741.

22 Die EU hat stattdessen autonome Maßnahmen zur **Strukturbereinigung**,[52] über **Berufszugang und Anerkennung von Diplomen**[53] sowie über die **gegenseitige Anerkennung von Schiffsattesten**[54] verabschiedet. Wegen der überragenden Bedeutung der Rheinschifffahrt innerhalb der EU-Binnenschifffahrt sind Regelungen, die nicht für diesen Verkehrsteil gelten, zwar nur von eingeschränktem Gewicht. Doch erreichte die Union bis zum Jahre 1996 mit der Öffnung **aller Binnenschifffahrtsmärkte** außerhalb der Rheinschifffahrt eine bedeutsame faktische Vereinheitlichung der Rechtslage auf den europäischen Binnengewässern.[55] Auch die Dienstleistungsfreiheit ist inzwischen verwirklicht.[56] Eine Lücke der gemeinsamen Rechtsetzung besteht insoweit, als die VO 1356/96 bisher nur für Transporteure gilt, die in der EU ansässig sind. Einige Mitgliedstaaten beanspruchten daher die Zuständigkeit, Abkommen über die Binnenschifffahrt auszuhandeln, in denen den Transporteuren aus Drittstaaten der Zugang zum jeweiligen Markt des Mitgliedstaates eröffnet wurde. Der EuGH hat diese Sicht grundsätzlich gebilligt und lediglich die mangelnde Zusammenarbeit der betreffenden Mitgliedstaaten mit der Kommission gerügt.[57]

Den Schutz der Rechte von Schiffspassagieren bezweckt die VO 1177/2010, die auch auf die Passagiere im Seeverkehr anwendbar ist (*Rn. 25*).

F. Seeverkehr

23 Auch See- und Luftverkehr werden von den Regeln über den Binnenmarkt erfasst. Bereits seit dem Beitritt Griechenlands verfügte die EU über die größte Handelsflotte der Welt. Doch erst im Jahre 1986 gelang es dem Rat, die wesentlichen Grundlagen einer eigenständigen Seeverkehrspolitik zu verabschieden. Zuvor galten zwar die allgemeinen Vertragsvorschriften, doch waren diese nicht auf die speziellen Bedürfnisse des Seeverkehrs zugeschnitten. Nunmehr wird sowohl bei der internen Güter- und Personenbeförderung als auch im Verkehr mit Drittstaaten der Grundsatz der Dienstleistungsfreiheit verwirklicht. Allerdings sind die Rechtsakte noch so formuliert, als gälten sie – abweichend von der modernen Konzeption der Dienstleistung (*§ 11 Rn. 122*) – nur für die Erbringer, nicht jedoch für die Empfänger der Dienstleistung.[58]

> Ein praktisches Beispiel für die Hindernisse des freien Dienstleistungsverkehrs enthielt Art. 257 des französischen Code de Douane, wonach die Personenbeförderung zwischen französischen Häfen den Schiffen unter französischer Flagge vorbehalten war.[59]

24 Die Beschränkungen der Dienstleistungsfreiheit im Güter- und Personenverkehr innerhalb der Mitgliedstaaten (**Kabotage**), wurde mit der VO 3577/92 ab 1993 aufgehoben.[60] Im Güterverkehr zwischen den Mitgliedstaaten und mit Drittstaaten erfolgte die

---

52 VO 718/1999, ABl. L 90/1999, 1 = *HER I A* 30/4.13.
53 RL 87/540, ABl. L 322/1987, 20 = *HER, I A* 30/4.3.
54 RL 2009/100, ABl. L 259 / 2009, 8 = *HER I A* 30/4.19.
55 S. insbesondere die VO 3921/91 (Kabotage), ABl. L 373/ 1991, 1 = *HER I A* 30/4.12; RL 96/75 (Frachtraten), ABl. L 304/1996, 12 = *HER I A* 30/4.10; RL 69/50 (Schifferpatente), ABl. L 235/1996, 31 = *HER I A* 30/4.9; RL 2006 / 87, ABl. L 389 / 2006, 1 (Technische Vorschriften) = *HER I A* 30 / 4.17. Für Letztere wurde die Ersetzung vorgeschlagen: KOM (2013) 622.
56 VO 1356/96, ABl. L 175/1996, 7 = *HER, I A* 30/4.8.
57 EuGH Rs. C – 266/03 (Kommission/Luxemburg), Slg.2005, I – 4805.
58 Beispiele: Art. 1, VO 4055/86, ABl. L 378/ 1986, 4; Art. 1, VO 3577 / 92, ABl. L 364/1992, 7.
59 Dazu Tribunal administratif de Nice, Urteil v. 20. Dezember 1985 (Bateaux Gallus), RTDE 1986, 321, m.Anm. *Rezentnel*.
60 ABl. L 364/1992, S. 7 = *HER I A* 30/5.18. Dazu EuGH, Rs. C-205/99 (Analir), Slg. 2001, I-1271.

Aufhebung durch die VO 4055/86.[61] Die Verordnungen 4057/86 und 4058/86 regeln das Vorgehen gegen unlautere Preisbildungspraktiken und den Schutz des freien Zugangs zu Ladungen in der Seeschifffahrt.[62] Seit der Revision der EU-Wettbewerbsverfahren im Jahre 2003 sind die allgemeinen Wettbewerbsvorschriften auf Absprachen zwischen Reedereien („**Schifffahrtskonferenzen**") anwendbar (*§ 12 Rn.*6) und unter bestimmten Voraussetzungen von dem Verbot des Art. 101 Abs. 1 AEUV (= (alt) Art. 81 Abs. 1 EGV) freigestellt.[63]

Weitere Regelungen mit dem gemeinsamen Ziel **einheitlicher Sicherheitsstandards** gelten der Umregistrierung von Frachtschiffen,[64] der Ausbildung von Seeleuten,[65] der Sicherheit von Fährschiffen,[66] von sonstigen Fahrgastschiffen[67] und Tankschiffen[68] sowie den Schiffskontrollorganisationen.[69] Zur Gewährleistung eines hohen und einheitlichen **Sicherheitsniveaus** im Seeverkehr und bei der Verhütung der Meeres- und Küstenverschmutzung in der Union wurde eine **Europäische Agentur für die Sicherheit des Seeverkehrs** errichtet.[70] Die Agentur betreibt u.a. die zur Überwachung des Schiffsverkehrs erforderlichen Informationssysteme.[71]

Mindestrechte für Schiffspassagiere legt die VO 1177/2010 fest.[72] Diese VO ist auch bei der Beförderung von Passagieren in der Binnenschifffahrt anwendbar (*Rn.* 22).

Integraler Bestandteil der EU-Rechtsordnung ist das am 10. Dezember 1982 in Montego Bay unterzeichneten **Seerechtsübereinkommen der Vereinten Nationen**. Die EG war diesem Abkommen 1998 beigetreten.[73] Als Rechtsnachfolgerin der EG (vgl. Art. 1 Abs. 3 EUV) übernimmt die EU die aus dem Abkommen erwachsenden Rechte und Pflichten. Es bindet gemäß Art. 216 Abs. 2 AEUV die EU-Organe bei ihrer rechtsetzenden Tätigkeit.[74]

Ein bedeutendes bilaterales Schifffahrtsabkommen der EU mit China trat 2008 in Kraft.[75] Es begründet Dienstleistungsfreiheit im wechselseitigen Seetransport und eine umfassende Zusammenarbeit in Schifffahrtsfragen.

---

61 ABl. L 378/1986, 1 = *HER I A* 30/5.9. Dazu EuGH Rs. C-381/93 (Kommission./.Frankreich), Slg. 1994, I-5145 und Rs. C-295/00 (Kommission./.Italien), Slg. 2002, I-1737.
62 ABl. L 378/1986, 14; 21 = *HER I A* 30/5.11; 5.12.
63 VO 246/2009, ABl. L 79/2009, 1 = *HER I A* 50/4.53. S.a. VO 906/2009, ABl. L 256/2009, 31 = *HER I A* 50/4.55. Dazu EuG, Rs T-213/00 (CMA./.Kommission), Slg. 2003, II-913.
64 VO 789/2004, ABl. L 138/2004, 19 =*HER I A* 30/5.51.
65 RL 2008/106, ABl. L 323/2008, 33 = *HER I A* 30/5.59. S.a. VO 906/2009, *oben, Anm.* 63.
66 VO 336/2006, ABl. L 64/2006, 1 = *HER I A* 30/5.57.
67 RL 2009/45, ABl. L 163/2009, 1 = *HER I A* 30/5.67.
68 VO 530/2012, ABl. L 172/2012, 3.
69 RL 2009/15, ABl. L 131/2009, 47 = *HER I A* 30/5.62 und VO 39/2009, ABl. L 131 / 2009, 11 = *HER I A* 30/ 5.60.
70 VO 1406/2002, ABl. L 208/2002, 1 = *HER I A* 30/5.45.
71 Gemäß den Vorgaben der RL 2002/59 „über die Einrichtung eines gemeinschaftlichen Überwachungs- und Informationssystems für den Schiffsverkehr", ABl. L 208/2002, 10 = *HER I A* 30/5.46.
72 VO 1177/2010, ABl. L 334/2010, 1 = *HER I A* 30/5.71. Zu den Entsprechungen bei Bahn-, Omnibus- und Luftverkehr s. *Rn.* 15, 17, 27.
73 Beschluss Rat v. 23. März 1998, ABl. L 179/1998, S. 1.
74 Zur Ahndung der Meeresverschmutzung durch Schiffe s. RL 2005 /35, ABl. L 255 / 2005, 11 = *HER I A* 30 / 5.53. Dazu EuGH Rs. C – 308 / 06 (Intertanko u.a./Secretary of State for transport), Slg. 2008, I – 4057.
75 E Rat 2008 / 143, ABl. L 46 / 2008, 23.

G. Luftverkehr

27 Die weltweite Regulierung des Luftverkehrs im Rahmen von IATA und ICAO einerseits und die staatliche Bindung der Verkehrsgesellschaften andererseits erschwerten zunächst die Entwicklung einer eigenständigen EU-Luftverkehrspolitik. Erst im Vorfeld des Binnenmarktes und unter dem Eindruck der Rechtsprechung des EuGH, wonach der EG-Vertrag grundsätzlich auch auf den Luftverkehr Anwendung fand,[76] verdichteten sich die anfangs nur punktuellen Maßnahmen der EU zu einem zusammenhängenden Regelungskonzept. Dieses zielt auf die Herstellung marktwirtschaftlicher Verhältnisse im innergemeinschaftlichen Luftverkehr und auf die Schaffung eines „Einheitlichen Europäischen Luftraumes".[77] Im Mittelpunkt steht dabei der nicht-diskriminierende Zugang für alle in der EU zugelassenen Lufttransporteure zu dem EU-Luftverkehrsmarkt, den in der EU gelegenen kommerziellen Flughäfen und zu den „Zeitnischen" für Starts und Landungen sowie Maßnahmen zur Stärkung der Flugsicherheit und zur Organisation der Nutzung des EU-Luftraums.

Die seit 1989 erlassenen Maßnahmen dienen vor allem der Gewährleistung der **Dienstleistungsfreiheit** und des **Wettbewerbs**,[78] der **Sicherheit**,[79] dem **Schutz der wirtschaftlichen Interessen der Passagiere**[80] und der **Harmonisierung technischer Normen**.[81]

28 Unter dem Eindruck wachsender Gefährdung des Flugverkehrs und einer ineffizienten Nutzung des Luftraums erließ die Union seit 2002 zahlreiche Regeln über die Sicherheit des Flugverkehrs, der Flugzeuge sowie zur Organisation und Überwachung des Flugraums. Zu diesem Zweck hat sie eine **Europäische Agentur für Flugsicherheit** geschaffen,[82] ist dem **Eurocontrol-Abkommen** beigetreten[83] und hat im Jahre 2004 ein Bündel von Maßnahmen zur **Organisation des Luftraums** beschlossen.[84] Die Agentur erarbeitet vor allem Regeln über Konstruktion, Herstellung, Betrieb und Wartung von Luftfahrzeugen und überwacht deren Einhaltung.

Weitere Maßnahmen betreffen u.a. Vorschriften über die **Sicherheit in der Zivilluftfahrt**,[85] Berichterstattungspflichten über **Flugzwischenfälle**,[86] **Versicherungen** von Luftfahrtunternehmen,[87] **Sicherheitsanforderungen an Flugzeuge aus Drittstaaten**, die EU-

---

[76] EuGH, Rs. 209–213/84 (Ministère public./.Asjes u.a.), Slg. 1986, 1425.
[77] S. dazu RahmenVO 549/2004, ABl. L 96/2004, 1 = *HER I A* 30 / 6.40. Die Ersetzung der VO ist vorgeschlagen: KOM (2013) 410.
[78] VO 1008/2008, ABl. L 293/2008, 3 = *HER I A* 30/6.111 (Betriebsgenehmigungen für Luftfahrtunternehmen, Zugang zum Flugverkehrsmarkt, Tarife im Linienflugverkehr); VO 95/93, ABl. L 14/ 1993, 1 = *HER I A* 30/6.15 (Zuteilung von Zeitnischen auf Flughäfen); RL 96/67, ABl. L 272/ 1996, 36 = *HER I A* 30/ 6.20 (Zugang zum Markt der Bodenabfertigungsdienste); RL 2009 / 12, ABl. L 70 / 2009, 11 = *HER I A* 30 / 6.115 (Flughafenentgelte).
[79] VO 996/2010, ABl. L 295/2010, 35 = *HER I A* 30/ 6.126 (Untersuchung von Unfällen); VO 3922/91, ABl. L 373/1991, 4 = *HER I A* 30/6.21 (technische Kontrolle von Flugzeugen).
[80] VO 261/2004, ABl. L 46/2004, 1 = *HER I A* 30/6.39 (Ausgleichsleistung bei Nichtbeförderung); VO 2027/97, ABl. L 285/1997, 1 = *HER I A* 30/6.22 (Haftung von Flugverkehrsunternehmen bei Unfällen); VO 1107/2006, ABl. L 204/2006, 1 (Rechte behinderter Flugreisender) = *HER I A* 30 / 6. 74.
[81] RL 89/629, ABl. L 363/ 1989, 27 = *HER I A* 30/6.8 (Begrenzung der Schallemissionen).
[82] VO 216 / 2008, ABl. L 79/2008, 1 = *HER I A* 30 / 6. 104. Sitz ist Köln (ABl. L 29/ 2004, S. 15).
[83] BRat v. 29. April 2004, ABl. L 304/2004, 209 = *HER I A* 30/ 6.51.
[84] VO 549/2004–552/2004, ABl. L 96/2004, 1, 10, 20, 26= *HER I A* 30/ 6.40 – 6.43. Die Ersetzung dieser VO durch einen einzigen Rechtsakt ist vorgeschlagen: KOM (2013) 410.
[85] VO 300/2008, ABl. L 97/2008, 72 = *HER I A* 30/6.105.
[86] VO 376/2014, ABl. L 122/2014, 18.
[87] VO 785/2004, ABl. L138/2004, 1 = *HER I A* 30/ 6.44.

Flugplätze benutzen,[88] eine gemeinschaftliche **Fluglotsenlizenz**[89] sowie die **Statistik der Beförderungen**.[90]

Umstritten war die Einbeziehung des Luftverkehrs in die Maßnahmen zur Reduktion von Treibhausgasemissionen.[91] Der EuGH hat die Zulässigkeit bestätigt.[92]

Ungeklärt war bis in die jüngste Zeit für den Bereich des Luftverkehrs die Frage der **Zuständigkeit für den Abschluss von Abkommen mit Drittstaaten** und **internationalen Organisationen**. Im Jahre 1994 hatte der EuGH in seinem *WTO-Gutachten* entschieden, dass der Abschluss internationaler Verkehrsabkommen nicht in den Anwendungsbereich der ausschließlichen Zuständigkeit für die Handelspolitik fällt.[93] Seit der Änderung des Art. 133 Abs. 6 EGV (alt) durch den Vertrag von Nizza ist klargestellt, dass insoweit die Zuständigkeitsverteilung des Kapitels Verkehr gilt. Danach begründet Art. 100 Abs. 2 AEUV im Bereich des Luft- (und See-)verkehrs nicht von vornherein eine Zuständigkeit der Union zum Abschluss von Verträgen mit Drittstaaten und internationalen Organisationen, doch besteht eine derartige Zuständigkeit immer dann, wenn die Voraussetzungen des Art. 216 Abs. 1 AEUV erfüllt sind *(§ 33 Rn. 3)*. Die Zuständigkeit der Union ist dann ausschließlicher Natur (Art. 3 Abs. 2 AEUV).[94] Entsprechend entschied der EuGH zu den sog. „**open skies Abkommen**", dass verschiedene Mitgliedstaaten die vertraglichen Pflichten dadurch verletzt hatten, weil sie bilateral mit den USA Abkommen über Flugpreise, Buchungssysteme und Verkehrsrechte abgeschlossen hatten, obwohl das Regelungssystem der EG zur Verwirklichung der Dienstleistungsfreiheit im Luftverkehr (*Rn. 27*) dazu einschlägige Vorschriften enthielt.[95] In der Folgezeit wurden entsprechende Abkommen mit Wirkung für die gesamte Union abgeschlossen.[96] Von größter wirtschaftlicher Bedeutung ist darunter das am 25. April 2007 als gemischtes Abkommen der Mitgliedstaaten und der EU mit den USA abgeschlossene Abkommen.[97] Es gewährt für die Fluggesellschaften beider Seiten umfassende Zugangsrechte zum internationalen Verkehr zwischen den USA und der EU. Umstritten waren vor allem Sondervereinbarungen zur Gewährleistung der Luftsicherheit, die u.a. die Übermittlung bestimmter Fluggastdaten an die USA vorsehen.[98]

29

Wegen der in diesem Bereich geteilten Zuständigkeiten ist die Union gemeinsam mit den Mitgliedstaaten dem **Übereinkommen von Montreal** vom 28. Mai 1999 über Haftungsregeln im internationalen Luftverkehr beigetreten.[99]

30

---

88 VO 216/2008, ABl. L 79 / 2008, 1 = *HER I A* 30/6.104.
89 Art 8 c), VO 216/2008, ABl. 79/2008, 1 = *HER I A* 30/6.104.
90 VO 437/2003, ABl. L 66/2003, 1 = *HER I A* 94/8.6.
91 RL 2003/87, ABl. L 275/2003, 32; Art. 3a – 3g = *HER I A* 69/4.57.
92 EuGH Rs. C – 366/10 (Air Transport Association of America), Slg. 2011, I-13755.
93 EuGH, Gutachten 1/94 (WTO), Slg. 1994, I-5267, Ziff. 53.
94 EuGH, Rs. C-467/98 (Kommission./.Dänemark), Slg. 2002, I-9519, Rn. 84.
95 Außer dem in Anm. 94 zitierten Urteil: Rs. C-466, 468, 469, 471, 472, 475, 476/98 (Kommission./.Schweden, Finnland, Belgien, Luxemburg, Österreich, Deutschland u.a.), Slg. 2002, I-9575.
96 VO 847/2004, ABl. L 157/2004, 7 = *HER I A* 30 / 6.46. Zu den institutionellen Grenzen derartiger Abkommen vgl. Gutachten 1/00 (zur Schaffung eines gemeinsamen Europäischen Luftverkehrsraums), EuGH, Slg. 2002, I-3493.
97 ABl. L 134/2007, 4 = *HER I A* 30/6.92 a.
98 S. Art. 9 des Abkommens sowie Abkommen EU/USA v. 19. Oktober 2006, ABl. L 204/2007, 18 = *HER I A* 30/6.97 a. S.a. Abkommen v. 30. Juni 2008, ABl. L 291/2011, 1 = *HER I A* 30/6.134.
99 ABl. L 194/2001, 39 = *HER I A* 30/6.26a; Beschluss Rat v. 5. April 2001, ABl. L 194/2001, 38 = *HER I A* 30/6.26.

31 Mit der **Schweiz** besteht seit 2002 ein bilaterales Abkommen. Es begründet insbesondere wechselseitige Verkehrsrechte für die Fluggesellschaften aus EU und Schweiz und erstreckt die Wettbewerbsregeln des AEUV auf die schweizerischen Fluggesellschaften. Das Abkommen enthält keine Aussagen zu Anflugsregeln auf Flugplätze. Gleichwohl war die Schweiz der Ansicht, ihre Auseinandersetzungen mit Deutschland über die geeigneten Landeanflüge auf den Flughafen Zürich könnten im Rahmen dieses Abkommens zu ihren Gunsten gelöst werden. Gegen eine ablehnende Entscheidung der Kommission hat sie im Jahre 2004 Klage erhoben. Diese wurde vom EuG im Jahre 2010 als unbegründet abgewiesen.[100] Der EuGH hat das Urteil bestätigt.[101]

H. Transeuropäische Netze

32 Über die ursprünglich an den Verkehrsträgern orientierte Zielsetzung einer EU-Verkehrspolitik beginnt sich die Auffassung durchzusetzen, dass die EU zum Ausbau der **Verkehrsinfrastruktur** der Entwicklung „*transeuropäischer Netze*" anhand gemeinsam definierter Kriterien beitragen sollte. Seit 1993 enthalten Art. 170–172 AEUV dafür eine besondere Ermächtigung. Die Maßnahmen sind allgemein dem Ziel der Verwirklichung des Binnenmarktes und des wirtschaftlichen und sozialen Zusammenhalts (Art. 174 AEUV) untergeordnet (vgl. Art. 170 Abs. 1 AEUV). Die Tätigkeit der EU soll speziell den **Verbund** und die **Interoperabilität** der einzelstaatlichen Netze sowie den Zugang zu diesen Netzen fördern (Art. 170 Abs. 2 AEUV). Der AEUV sieht in Art. 171 drei Arten von Maßnahmen vor:

- Aufstellung von **Leitlinien**, in denen Ziele, Prioritäten und Vorhaben von gemeinsamem Interesse ausgewiesen werden;
- Durchführung von Maßnahmen zur Förderung der Interoperabilität der Netze (Harmonisierung technischer Normen);
- Subventionierung von Projekten, die im gemeinsamen Interesse liegen.

Die EU hat davon insbesondere durch die Aufstellung von **Leitlinien für den Aufbau eines transeuropäischen Verkehrsnetzes** Gebrauch gemacht.[102] Dieses Netz umfasst sämtliche Verkehrsträger. Die Leitlinien definieren **Ziele** und **gemeinsame Aktionen**. So soll das Netz u.a. in einem Raum ohne Binnengrenzen einen auf Dauer tragbaren Personen- und Güterverkehr unter möglichst sozialverträglichen Bedingungen sicherstellen und zur Verwirklichung der Ziele der Union (u.a. Umweltschutz und Wettbewerb) beitragen. Die Aktionen der Union umfassen u.a. Förderungsmaßnahmen zugunsten einzelner Projekte, Bestimmung von Vorhaben von gemeinsamem Interesse.[103]

Weiterhin wurde eine Förderung der Interoperabilität des europäischen Hochgeschwindigkeits-Bahnsystems und des konventionellen Bahnsystems beschlossen.[104] Darin sind insbesondere Regeln zur Aufstellung gemeinsamer technischer Spezifikationen enthalten, die von den beteiligten Staaten zu befolgen sind und die einen reibungslosen Übergang zwischen den verschiedenen Bahnsystemen ermöglichen sollen.

---

100 Rs. T- 319/05, Slg. 2010, II-4265.
101 EuGH Rs. C – 547/10P, U. v. 7. März 2013.
102 VO 1315/2013, ABl. L 348/2013, 1 = *HER I A* 62/2.41.
103 VO 1316/2013, ABl. L 348 /2013 129 = *HER I A* 62/ 1.6.
104 RL 2008/57, ABl. L 191/2008, 1 = *HER I A /* 62/2.28.

Für transeuropäische Telekommunikationsnetze und Energienetze wurden getrennte Leitlinien beschlossen *(§ 30 Rn. 13)*.[105]   33

I. Literatur

Basedow, Jürgen, (Hg.), Europäische Verkehrspolitik, Tübingen 1987; *Epiney, Astrid/Gruber, Reto,* Verkehrspolitik und Umweltschutz in der Europäischen Union, Freiburg (Schweiz) 1997; *dies.,* Verkehrsrecht in der EU, Baden-Baden 2001; *Greaves, Rosa,* EC-Transport Law, Harlow 2000; *Herrmann, Philipp,* Güterfernverkehr im Binnenmarkt und Umweltschutz, Baden-Baden 2000; *Maiani, Francesco/Bieber,Roland,* Droit européen des transports, 2. Aufl., Genève/Bruxelles/Paris 2013; *Mehl, Matthias,* Die Anwendung des Subsidiaritätsprinzips auf dem Gebiet der Europäischen Verkehrspolitik, Frankfurt/M./Berlin/Bern 2004; *Rittstieg, Helmut,* Rheinschiffahrt im Gemeinsamen Markt, Baden-Baden 1971.

---

105 E 1336/97, ABl. L 183/1997, 1= *HER I A* 62/3.3 (Telekommunikation); VO 347/2013, ABl. L 115/2013, 39 = *HER I A 62/4.11 (Energie).*

§ 25 Energiepolitik

A. Grundlagen

1 Energiepolitik umfasst Maßnahmen zur Steuerung von **Angebot, Nachfrage** und **Verteilung** der verschiedenen **Energieträger** (Kohle, Heizöl, Gas, Kernenergie, Wasserkraft usw.) mit dem Ziel einer preisgünstigen und nachhaltigen Versorgung der Bevölkerung und Wirtschaft. Die EU ist in hohem Maße abhängig von Importen aus dritten Staaten, denn nur 34 % des Gasverbrauchs und 10 % des Bedarfs an Erdöl werden in der EU selbst gefördert. Zunehmend wird Energiepolitik von Erwägungen der langfristigen **Versorgungssicherung**, des **Umweltschutzes** und der Förderung **erneuerbarer Energiequellen** geprägt.

Seit dem Vertrag von Lissabon verfügt die Union über eine mit den Mitgliedstaaten geteilte Zuständigkeit für „Energie" (Art. 4 Abs. 2 lit. i) AEUV). Gemäß Art. 194 AEUV gilt die Energiepolitik der Union folgenden Zielen:

- Sicherstellung des **Funktionierens des Energiemarktes**,
- Gewährleistung der **Energieversorgungssicherheit** in der Union,
- Förderung der **Energieeffizienz** und von **Energieeinsparungen** sowie **neuer und erneuerbarer Energiequellen** und
- Förderung der **Verknüpfung der Energienetze**.

Die entsprechende Rechtsetzungstätigkeit der Union soll allerdings nicht die Freiheit der Mitgliedstaaten zur Festlegung der Bedingungen für die Nutzung der Energieressourcen, zur Wahl zwischen verschiedenen Energiequellen und die allgemeine Struktur ihrer Energieversorgung berühren.[1] Dies betrifft vor allem die Frage des Einsatzes von Kernenergie.

2 **Die bereits gültigen Regelungen über die Nutzung der Kernenergie bleiben nach** dem **Vertrag von Lissabon** im Rahmen des EAG-Vertrages als Spezialvorschriften selbstständig fortbestehen (*Rn. 6, 7*). Lediglich die institutionellen Bestimmungen dieses Vertrages werden durch einen Verweis auf die entsprechenden Regeln des EUV und des AEUV ersetzt.[2]

3 Im Verhältnis zu den Regeln über den Binnenmarkt (insbesondere Art. 114 AEUV) bildet Art. 194 die vorrangig anwendbare Spezialvorschrift. Abgrenzungsprobleme stellen sich dagegen gegenüber den umweltschützenden Bestimmungen der Art. 11 und 191–193 AEUV sowie im Verhältnis zu den allgemeinen Vertragsbestimmungen (z.B. Art. 337 AEUV).[3]

4 Bei **Versorgungskrisen** im Energiesektor kann die Union, gestützt auf Art. 122 AEUV, im Rahmen ihrer wirtschaftspolitischen Befugnisse die erforderlichen Maßnahmen (z.B. Verbrauchsquoten) festlegen. In allgemeinen Krisensituationen sind unter Abweichung von Art. 194 AEUV einem Staat die außerordentlichen Handlungsmöglichkeiten des Art. 347 AEUV eröffnet.[4]

---

1 Art. 194 Abs. 2 Uabs. 2 AEUV. S.a. Erklärung Nr. 35 zum EUV und Art. 347 AEUV. Ausführlich zu den neuen Zuständigkeiten *Kahl*, Die Kompetenzen der EU in der Energiepolitik nach Lissabon, EuR 2009, 601–621.
2 Protokoll Nr. 2 zum Vertrag von Lissabon v. 13. Dezember 2007, ABl. C 306/2007, 199.
3 Dazu EuGH, Rs. C – 490/10 (EP/Rat), U. v. 6. September 2012.
4 S. dazu Erklärung Nr. 35 zur Schlussakte der Regierungskonferenz von Lissabon.

B. Entwicklung

Die EU verfügte zunächst nicht über Zuständigkeiten und Befugnisse, um eine in diesem Sinne gemeinschaftliche Energiepolitik durchzuführen.

In der Anfangsphase der Geltung des **EGKSV** bestand allerdings faktisch eine überwiegende Zuständigkeit der EU für die Energiepolitik, da der integrierte Kohlebereich 90 % der Energieversorgung gewährleistete. Erst die dramatische Steigerung des Energieverbrauchs und die damit verknüpfte Erhöhung des Anteils des Erdöls am Gesamtverbrauch reduzierten den EGKSV auf ein nur begrenzt wirkendes Instrument. Im Jahre 2002 lief dieser Vertrag aus. Von diesem Zeitpunkt an galten auch für die Steinkohle die allgemeinen Regeln des EGV, insbesondere die Bestimmungen über den freien Warenverkehr (*§ 11*) und den Wettbewerb (*§ 12*).

Die Rolle der Union **nach dem EGV**, entfaltete sich vor allem im Rahmen des Binnenmarktes bei der Gewährleistung des **Marktzugangs für Energieerzeuger**, bei der Koordinierung von Energiesparmaßnahmen und bei der Verbesserung des **Umweltschutzes**. Erdgas und Erdöl unterlagen im Übrigen den allgemeinen Bestimmungen des EGV über **Warenverkehr, Freizügigkeit** und **Wettbewerb**. Gas- und Elektrizitätserzeugung als **Dienstleistung** konnte in den Grenzen des (alt) Art. 86 Abs. 2 EGV von der Anwendung der Wettbewerbsvorschriften des EGV ausgenommen werden (*§ 12 Rn. 49*).[5] Seit der Vertragsänderung 1993 verfügte die EU über eine komplementäre Zuständigkeit beim Aufbau **transeuropäischer (Leitungs-)Netze** gemäß (alt) Art. 154–156 EGV (*§ 24 Rn. 32*).

Nach der Vertragsänderung durch den EUV 1993 sollte die Tätigkeit der EU zwar „Maßnahmen" im Bereich der Energie umfassen (alt Art. 3 Abs. 1lit. u) EGV), doch fehlte zunächst eine Konkretisierung im Vertrag.[6] In der Erkenntnis der Notwendigkeit eines „wirklich einheitlichen und koordinierten Konzepts für die Gemeinschaftsmaßnahmen im Energiebereich" stützten der Europäische Rat und der EU-Gesetzgeber erste umfassende Regelungen auf (alt) Art. 308 EGV.[7]

Für den Bereich der **Kernenergie** schafft der **Euratom-Vertrag**[8] ein nur **sektoriell wirkendes** Instrument, das vor allem zur Förderung der Forschung (*§ 28*) und zur Gewährleistung der Versorgung mit Kernbrennstoffen konzipiert war.

Mit zunehmender Bedeutung der Kernenergie für die Stromerzeugung einzelner Staaten und wachsendem Bewusstsein für die Gefahren (Unfälle, radioaktive Abfälle) erlangte das Instrumentarium des EAG-Vertrages praktische und politische Bedeutung. **Forschung, Versorgung** und **Kontrolle** und die Herstellung eines **Gemeinsamen Marktes für Kernbrennstoffe** bilden hier die wesentlichen der EU übertragenen Zuständigkeiten (Art. 2 EAGV). Zu diesem Zweck verfügt Euratom über weitgehende Befugnisse zur Durchführung eigener Forschung (*§ 28 Rn. 6*).

Die **Versorgung mit Kernbrennstoffen** soll gesichert werden durch ein Verbot der Bevorzugung einzelner Verbraucher. Außerdem wurde eine **Agentur** mit eigener Rechtspersönlichkeit geschaffen, die, ausgestattet mit einem Einfuhrmonopol und mit einer Bezugsberechtigung von allen Erzen und von allem in der EG erzeugten spaltbaren

---

5 EuGH, Rs. C-159/94 (Kommission./.Französische Republik), Slg. 1997, I – 5815.
6 S. Vorschlag der Kommission für vier neue Artikel zur Einführung einer gemeinsamen Energiepolitik, mit Erläuterung abgedruckt in: Bull. EG, Beilage 2/91, S. 151. S. auch Erklärung Nr. 1 zur Schlussakte des EUV, ABl. C 191/1992
7 E Rat 1999/21 (Rahmenprogramm für Maßnahmen im Energiesektor), ABl. L 7/1999, 16 und Aktionsplan des Europäischen Rates: Eine Energiepolitik für Europa, Anlage I zu den Schlussfolgerungen des Europäischen Rates v. 8./9. März 2007.
8 Konsolidierte Fassung des EAG nach seiner Änderung durch den Vertrag von Lissabon: ABl. C 84/2010, 1.

Material, für eine gleichmäßige Verteilung an die Verbraucher zu sorgen hat (Art. 53–56 EAGV).[9]

Auch wenn Uranerze noch nicht knapp zu sein scheinen, hat die Versorgungsagentur ihre Existenz rechtfertigen können. Zunächst war das Kapitel Versorgung unter den ausdrücklichen Vorbehalt einer Vertragsrevision gestellt worden (Art. 76 Abs. 2 EAGV), wegen fehlender Beschlüsse des Rates blieb dieses Kapitel jedoch bisher in Kraft.[10] Eine Besonderheit der Verwendung von Kernbrennstoffen durch *Euratom* besteht darin, dass der Agentur das Eigentum an den spaltbaren Stoffen verbleibt, während Mitgliedstaaten, Einzelne oder Unternehmen ein Nutzungsrecht daran erwerben können.[11]

8 Darüber hinaus kann der Rat **Preise** für Kernbrennstoffe und Ausgangsmaterialien festlegen (Art. 69 EAGV). Die EAG ist ferner zu **Investitionskontrollen** und -förderungen für die Kernenergieerzeugung befugt (Art. 40 ff., 70 EAGV). Praktisch bedeutsam ist schließlich die Befugnis der Kommission nach dem EAGV, die Verwendung der Uranerze usw. zu kontrollieren[12] und darüber auch **Abkommen mit dritten Staaten** zu schließen (Art. 77 EAGV). Allerdings bestehen praktische Probleme mit den Staaten, die Kernbrennstoffe für militärische Zwecke einsetzen.[13] Der EAG obliegt auch die Organisation des **Schutzes vor schädigender radioaktiver Strahlung** (Art. 30 ff. EAGV)[14] und die **Verbreitung von Kenntnissen** über Kernenergie (Art. 12 ff. EAGV).

C. Verwirklichung einer EU-Energiepolitik

I. Allgemeine Orientierungen

9 Erste bedeutende energiepolitische Aktivitäten wurden durch die Energiekrise 1973 angestoßen. Sie dienten vorrangig den Zielen einer Minderung der Versorgungsabhängigkeit von Drittstaaten und der Erhaltung der Einheit des Marktes bei Versorgungskrisen. Auch der rationellen Energienutzung sowie den umweltpolitischen Aspekten der Energiepolitik widmete die EU verstärkte Aufmerksamkeit.

Im Jahre 1986 definierte der Rat erste energiepolitische Ziele und empfahl den Mitgliedstaaten, auf eine Konvergenz ihrer Politik zu achten.[15] Empfohlen wurden u.a. eine verstärkte Förderung von Ressourcen, die innerhalb der EG verfügbar sind, eine konsequente Energiesparpolitik mit einer Senkung des Verbrauchs um 20 %, umweltverträgliche Lösungen der Energieversorgung, Ausbau der Energie-Außenbeziehungen sowie eine Begrenzung der Mineralöleinfuhren auf 40 % des gesamten Energieverbrauchs.
Zwar folgte die allgemeine Energiepolitik diesen Vorgaben, doch konnten die quantitativen Ziele nicht erreicht werden. So blieben insbesondere die geplanten Einsparungen hinter den Zielen zurück.

---

9 Satzung der Euratom-Versorgungsagentur, ERat 2008/114, ABl. L 41/2008, 15 = *HER I A* 68/1.30. Zu den Befugnissen der Versorgungsagentur: EuGH, Rs. C-357/95 P (Empresa Nacional de Uranio (NEU)./.Kommission), Slg.1997, I-1329.
10 EuGH, Rs. 7/71 (Kommission./.Frankreich), Slg. EuGH 1971, 1003.
11 Vgl. *Offermann-Clas, Christel*, Eigentum in den Europäischen Gemeinschaften, Köln 1974; s. a. EuGH, Rs. C-107/91 (NEU./.Kommission), Slg. 1993, I – 599.
12 Vgl. EuGH, Rs. C-308/90 (Advanced Nuclear Fuels./.Kommission), Slg. 1993, I – 309; Rs. 123 / 2004 und 124 / 2004 (Industrias Nucleares do Brasil), Slg. 2006, I – 7861.
13 Vgl. Abkommen v. 5. April 1973 über die Anwendung des Vertrages über die Nichtverbreitung von Kernwaffen (Sicherheitsüberwachung durch die Atomenergiebehörde), ABl. L 51/1978, abgeschlossen als „gemischter Vertrag" (§ 33 Rn. 28) ohne Beteiligung Frankreichs und Großbritanniens. S.a. Beschluss EuGH 1/78 gemäß Art. 103, Abs. 3 EAGV, Slg. 1978, 2151.
14 S. RL L 2013/59, ABl. L 13/2014, 1. S.a. EuGH, Rs. 187/87 (Saarland./.Minister für Industrie u.a.), Slg. 1988, 5013 und Empfehlung Kommission v. 7. Dezember 1990, ABl. L 6/1991, 16.
15 ABl. L C 241/1986, 1.

1995 beschloss der Rat neue Vorgaben.[16] Danach sollte die gemeinschaftliche Politik folgende Schwerpunkte setzen:

- Integration der Energiepolitiken in die Strategie für erneuertes Wachstum, Beschäftigung und Wettbewerbsfähigkeit und Vollendung des Binnenmarktes bei Erdgas und Elektrizität,
- Stärkere Angleichung von Energie- und Umweltzielen,
- Ausbau der Energieinfrastruktur.[17]

Im Jahre 1998 betonte der Rat die Notwendigkeit eines „wirklich einheitlichen und koordinierten Konzepts für die Gemeinschaftsmaßnahmen im Energiebereich". Zu diesem Zweck verabschiedete er ein erstes **Programm für Maßnahmen im Energiesektor**.[18] Als vorrangige Ziele des Programms wurden **Versorgungssicherheit, Wettbewerbsfähigkeit** und **Umweltschutz** definiert. Dieses Rahmenprogramm wurde durch sechs spezifische Programme ausgeführt. Parallel dazu wurde ein Studienprogramm beschlossen. Das Rahmenprogramm und die spezifischen Programme waren auf (alt) Art. 308 EGV gestützt. Die Kommission errichtete ein **Europäisches Energie- und Verkehrsforum**, das die Zusammenhänge beider Bereiche untersuchen und sie beraten sollte.[19]

10

Seit der Einfügung des Art. 194 in den AEUV erfuhr die EU-Energiepolitik eine konzeptionelle Überprüfung. Grundlage dafür war ein Aktionsplan der Kommission „Energie 2020".[20] Darin werden die Defizite bei der Erreichung der in Art. 194 Abs. 1AEUV genannten Ziele analysiert. Erste daraufhin vorgelegte Initiativen betrafen den Ausbau der Netzinfrastruktur.[21] Umfassende Verpflichtungen zur Steigerung der effizienten Nutzung der Energie enthält die RL 2012/27.[22]

11

Zunehmend wurde die Energiepolitik in einen Zusammenhang mit der Gemeinsamen Außen- und Sicherheitspolitik gebracht und in ihren Verknüpfungen mit Nachhaltigkeit, internationaler Wettbewerbsfähigkeit, Versorgungssicherheit und Klimaschutz wahrgenommen.[23]

II. Sektorielle Maßnahmen

1. Verbrauchseinsparung und erneuerbare Energiequellen

Zur Förderung eines rationellen Energieverbrauches hat die Union seit 1991 zunächst mehrere jeweils zeitlich begrenzte Programme, „SAVE", verabschiedet mit deren Hilfe der Ausstoß von Kohlendioxyd durch eine effizientere Energienutzung verringert werden sollte.[24] Seit 2006 sind die Mitgliedstaaten verpflichtet, jährliche **Energiesparziele** zu befolgen.[25] Zur Stärkung der Versorgungssicherheit und des Umweltschutzes wurden die Mitgliedstaaten zur Einhaltung eines Rahmens für die Erzeugung von **Energie**

12

---

16 Vorausgegangen waren ein Grünbuch (KOM (94) 682) und ein Weißbuch (KOM (95) 682) der Kommission.
17 Entschließung des Rates vom 23. November 1995, ABl. C 327/1995, 3, Ziff. 5 = *HER I A* 68/1.11.
18 E Rat, ABl. L 7/1999, 16.
19 E Kommission v. 11. Juli 2001, ABl. L 195/2001, 58 = *HER* 68/1.25.
20 Kommission, Energie 2020, Eine Strategie für wettbewerbsfähige, nachhaltige und sichere Energie, KOM(2010) 639 v. 10. November 2010.
21 Kommission, Energieinfrastrukturprioritäten bis 2020 und danach – ein Konzept für ein integriertes europäisches Energienetz, KOM (2010) 677 v. 17. November 2010.
22 ABl. L 315/2012, 1 = *HER I A* 68/2.58.
23 Vgl. Europäischer Rat, Schlusserklärung v. 16. Juni 2006, Ziff. 23, 24 und Europäischer Rat, Schlusserklärung v. 8./9. März 2007 sowie Mitteilungen der Kommission „Eine Energiepolitik für Europa", KOM (2007) 1 und „Strategie für eine sichere europäische Energieversorgung", COM (2014) 330 v. 28. Mai 2014.
24 Zuletzt E 1230/2003, ABl. L 176/2003, 29.
25 RL 2006/32, ABl. L 114/2006, 64 = *HER I A* 68/2.38.

aus erneuerbaren Quellen verpflichtet. Zu diesem Zweck wurden **verbindliche nationale Ziele** für den Anteil des Energieverbrauchs aus erneuerbaren Quellen am Gesamtenergieverbrauch festgelegt.[26]

Auch **indirekte Maßnahmen**, wie etwa die Informationen zur Gesamtenergieeffizienz von Gebäuden[27] und zur Vereinheitlichung der Geräteangaben[28] über den Energieverbrauch, verfolgen das Ziel der Energieeinsparung.

2. Marktöffnung und Versorgungssicherheit für Kohlenwasserstoffe und Elektrizität

13 Der Schaffung eines echten **Binnenmarktes** für **Elektrizität** und **Erdgas** wurde durch drei Gruppen von Maßnahmen angestrebt:

- Gewährleistung des ungehinderten Zugangs zum Netz zu transparenten und nicht diskriminierenden Bedingungen;
- Entflechtung („unbundling") des Netzbetreibers vom Erzeuger;
- Überwachung der Einhaltung dieser Bestimmungen durch eine unabhängige Regelungsbehörde.

Zur ersten Gruppe gehören zwei Richtlinien, die u.a. die Zugangsbedingungen, Regeln für den Netzbetrieb sowie Regeln über gemeinwirtschaftliche Verpflichtungen enthalten,[29] außerdem fünf Verordnungen über die Netzzugangsbedingungen zum grenzüberschreitenden Gasleitungs-[30] bzw. Stromnetz,[31] über die Integrität und Transparenz des Energiegroßhandelsmarktes,[32] und zur Errichtung einer Agentur für die Zusammenarbeit der Energieregulierungsbehörden[33].

Zur Förderung des Wettbewerbs zwischen den Energieträgern und der langfristigen Versorgungssicherheit genehmigte die Union befristete[34] **Beihilfen** (Art. 107 Abs. 3 lit.e) AEUV) für den **Steinkohlebergbau** *(§ 13 Rn. 19 ff.).*

Der Wahrung der Einheit des Marktes soll ein Mechanismus zur Aufteilung der Energieträger zwischen den Mitgliedsländern bei **Versorgungsschwierigkeiten**[35] und die Festlegung vergleichbarer Preiskriterien für die einzelnen Energieträger dienen.[36]

14 Der Gewährleistung der **Versorgungssicherheit** bei Erdgas dient die VO 994/2010.[37] Darin werden die Mitgliedstaaten zur Einhaltung von „Versorgungssicherheitsstandards" verpflichtet. Als Instrumente bezeichnet die RL u.a. den Ausbau von Speicher-

---

26 RL 2009/28, ABl. L 140/2009, 16 = HER I A 69/1.79. Dazu EuGH Rs. C-66/13 (Green Network), Schlußanträge GA Bot v. 13. März 2014.
27 RL 2010/31, ABl. L 153/2010, 13 = HER I A 68/2.49. S. a. RL 2012/27, ABl. 315/2012, 1.
28 *RL 2010/ 30, ABl. L 153 / 2010,* 1 = HER I A 68/2.48.
29 RL 2009/72, ABl. L 211/2009, 55= HER I A 68/6.10 (Elektrizität); RL 2009/73, ABl. L 211/2009, 94 = HER I A 68/4.25 (Erdgas).
30 VO 715/2009, ABl. L 211/2009, 36 = HER I A 68/4.24. Dazu EuGH Rs. C – 198/12 (Kommission/Bulgarien), U. v. 5. Juni 2014.
31 VO 714/2009, ABl. L 211/2009, 15 = HER I A 68/6.9.
32 VO 1227/2011, ABl. L 326/2011, 1 = HER I A 68/1.35.
33 VO 713/2009, ABl. L 211/2009, 1 = HER I A 68/1.33.
34 Art. 14 Abs. 3, VO 1407/2002, ABl. L 205, 1 = HER I A 50 / 8. 52.
35 Vgl. E Rat 77/706 (Festsetzung eines gemeinsamen Richtwerts für Verbrauchseinschränkungen bei Versorgungsschwierigkeiten mit Erdöl), ABl. L 292/1977, 9 = HER I A 68/4.9; s.a. VO 2964/95 (Registrierung der Rohölimporte), ABl. L 310/1995, 5 = HER I A 68/4.15.
36 RL 2008/92 (Transparenz der Gas- und Strompreise), ABl. L 298/2008, 9 = HER I A 68/1.31 und E Rat 1999/280, ABl. L 110/1999, 1 = HER I A 68/4.17 (Rohöl).
37 VO 994/2010, ABl. L 295/2010, 1 = HER I A 68/4.27.

kapazitäten, die Erhöhung der Leistungsfähigkeit und Flexibilität der Netze, die Förderung der heimischen Erzeugung und den Abschluss langfristiger Lieferverträge. Eine entsprechende RL zur Gewährleistung der Sicherheit der Stromversorgung wurde 2006 verabschiedet.[38] Zur Erhöhung der Versorgungssicherheit für Erdöl und Erdölerzeugnisse wurden die Mitgliedstaaten verpflichtet, Mindestvorräte anzulegen, die dem durchschnittlichen Verbrauch von 90 Tagen entsprechen.[39]

Um der Union einen präzisen Überblick über die Entwicklung der Energieanlagen und der Energiekapazitäten im gesamten EU-Raum zu verschaffen, müssen die Mitgliedstaaten in jährlichen Berichten sämtliche **Investitionsvorhaben** in den Sektoren Erdöl, Erdgas und Strom mitteilen.[40] Die Kommission prüft, welche Vorhaben von gemeinschaftlichem Interesse sind und legt Berichte über die Entwicklung in diesem Bereich vor.

Die RL 2013/30 enthält Regelungen für die Sicherheit von off – shore – Erdöl – und Erdgasaktivitäten.[41]

Auf der Grundlage der Ermächtigung zu Maßnahmen der Entwicklung **transeuropäischer Netze** (Art. 170–172 AEUV, dazu *§ 24 Rn. 31*) wurden **Leitlinien für die transeuropäische Energieinfrastruktur** beschlossen.[42] Projekte, die im gemeinsamen Interesse liegen, können von der EU subventioniert werden.[43]

3. Kernenergie

Im Bereich der **Kernenergie** wurden u.a. folgende allgemeine Beschlüsse gefasst:

- Regeln für die Entsorgung von radioaktivem Abfall und abgebrannter Brennelemente,[44]
- Festlegung von Grundnormen für den Schutz der Bevölkerung vor radioaktiver Strahlung,[45]
- Bewirtschaftung, Lagerung und Transport radioaktiver Abfälle.[46]

In der umstrittenen Frage der Nutzung der Kernenergie konnten sich in der EU bisher die Befürworter durchsetzen.

4. Internationale Zusammenarbeit

Nach Ende des Ost-West-Konflikts gewann das Bemühen um eine gesamteuropäische Energiekonzeption Gestalt. Im Rahmen der OSZE wurde unter Beteiligung der EG hierzu der Vertrag über eine **Europäische Energiecharta** geschlossen.[47] Insbesondere geht es dabei um die Vermittlung von Wissen und Investitionen.

---

38 RL 2005/89, ABl. L 33/2006, 22 = *HER I A 68 / 6.8.*
39 RL 2009/119, ABl. L 265 / 2009, 9 = *HER I A 68/4.26.*
40 VO 617/2010, ABl. L 180/2010, 7 = *HER I A 68/1.34.*
41 ABl. L 178/2013, 66.
42 VO 347/2013, ABl. L 115/2013, 39 = *HER I A 62/4.11.*
43 VO 680 / 2007, ABl. L 162/2007, 1 = *HER I A 62 / 1.2.*
44 RL 2011/70/Euratom, ABl. L 199/2011, 48 = *HER I A 69/2.21.*
45 RL 96/29, ABl. L 159/1996, 1. Die Ersetzung der RL ist vorgeschlagen: Dok. COM (2012) 242 v. 30. Mai 2012. S.a. EuGH Rs. 70/88 (EP./.Rat), Slg. 1991, 4529; Rs. C- 61/03 (Kommission/UK), Slg. 2005, I – 2477.
46 RL 2006/117, ABl. L 337/2006, 21 = *HER I A 69/2.15.*
47 ABl. L 69/1998, 1 = *HER I A 68/8.4.*

Im Jahre 2005 schloss die EG mit verschiedenen Staaten des westlichen Balkans einen Vertrag zur Gründung der „**Energiegemeinschaft**".[48] Dieses Abkommen verfolgt das Ziel, die Versorgungssicherheit der Vertragsparteien zu erhöhen und die Verbindung Griechenlands an die zentraleuropäischen Gas- und Elektrizitätsnetze zu stärken.

Im Übrigen fanden Energiefragen vielfach in allgemeine Abkommen der Kooperation mit Drittstaaten Eingang. Auch hat die Union, gestützt auf Art. 101 EAGV, zahlreiche **internationale Abkommen** im Nuklearbereich abgeschlossen.[49] So ist sie u.a. dem **Übereinkommen über nukleare Sicherheit** der internationalen Atomenergieorganisation v. 17. Juni 1994 beigetreten.[50]

C. Literatur

Buschle, Dirk/Hirsbrunner, Simon/Kaddous, Christine (Hg.), European Energy Law, Bruxelles/Paris 2011; *Cameron, Peter (Hg.)*, Legal Aspects of EU Energy Regulation, Oxford 2005; *Fischer, Severin*, Auf dem Weg zur Gemeinsamen Energiepolitik, Baden-Baden 2011; *Grunwald, Jürgen*, Tschernobyl und das Gemeinschaftsrecht, EuR 1986, 315–339; *Hackländer, Daniel*, Die allgemeine Energiekompetenz im Primärrecht der Europäischen Union, Frankfurt/M./Berlin/Bern 2010; *Gundel, Jörg*, Europäisches Energieverwaltungsrecht, in: Terhechte (Hg.), Verwaltungsrecht der Europäischen Union, Baden – Baden 2011, 837–880; *Herrmann, Joachim*, Europäische Vorgaben zur Regulierung der Energienetze, Baden-Baden 2005; *Hobe, Stephan*, Energiepolitik, EuR Beiheft 1/2009, 219–231; *Jarass, Hans D.*, Europäisches Energierecht, Berlin 1996; *Kahl, Wolfgang*, Die Kompetenzen des EU in der Energiepolitik nach Lissabon, EuR 2009, 601–621; *Manig, Wolfgang*, Die Änderung der Versorgungs- und Sicherheitsvorschriften des Euratom-Vertrages durch die nachfolgende Praxis, Baden-Baden 1993; *Petit, Yves*, A la recherche de la politique européenne de l` énergie, RTDE 2006, Nr. 4, 593–620; *Pirotte, Olivier/Girerd, Pascal u.a.*, Trente ans d'expérience EURATOM, Brüssel 1988; *Schmitt von Sydow, Helmut*, Die paneuropäische Energiegemeinschaft mit Südosteuropa, in: Epiney/Haag/Heinemann (Hg.), FS Roland Bieber, Baden-Baden/Zürich 2007, 559–579; *Schulenberg, Sebastian*, Die Energiepolitik der Europäischen Union, Baden-Baden 2009; *Wägenbaur, Rolf*, Energie und Umweltschutz in europäischer Perspektive – Europäischer Gemeinschaftsbericht, in: F.I.D.E., 17. Kongress (Berlin 1996), Baden-Baden 1996, 45–74; *Wolf, Sebastian*, Zur Zukunft des Euratom-Vertrages, integration 2006 Nr. 4, 297–302.

---

48 ABl. L 198/ 2006, 8 = HER I A 68/1.28a. Dazu *Schmitt von Sydow* (§ 25 C.).
49 Übersicht in HER I A 68/8.7.
50 Dazu EuGH, Rs. C-29/99 (Kommission./.Rat), Slg. 2002, I – 11221. S. auch Beitritt der EAG zum Abkommen über den Schutz von Kernanlagen, ABl. L 190/2007, 12.

§ 26 Industrie

A. Grundlagen

Die Industriestaaten greifen schon seit Jahrzehnten zugunsten bestimmter Industriezweige in die Wirtschaftsabläufe ein, doch haben insbesondere die Staaten mit ausgeprägt marktwirtschaftlicher Wirtschaftsverfassung hierfür zunächst keine geschlossene Konzeption entwickelt. Hoheitliche Interventionen zur Förderung der Leistungskraft der Industrie durch allgemeine strukturelle oder auf bestimmte Industriezweige zielende öffentliche Maßnahmen („Industriepolitik") erhalten vor dem Hintergrund eines immer rascheren internationalen Strukturwandels, der Globalisierung, zunehmenden wirtschaftspolitischen Eigenwert.

Art. 6 lit. b) AEUV weist der Union eine Zuständigkeit für die Unterstützung staatlicher Maßnahmen im Bereich der Industrie zu. Ziel des Handelns der Union und der Mitgliedstaaten ist insoweit die Gewährleistung der „**Wettbewerbsfähigkeit der Industrie**". Art. 173 AEUV bezeichnet dafür Modalitäten und Grenzen des Handelns der EU. Der Begriff „Industrie*politik*" wird im AEUV nicht verwandt.

Nach Art. 173 AEUV sorgen die Union und die Mitgliedstaaten dafür, dass die Wettbewerbsfähigkeit der Industrie der EU in einem System „offener und wettbewerbsorientierter Märkte" gewährleistet ist. Artikel 173 Abs. 1 AEUV nennt hierfür allgemeine Ziele wie die „Erleichterung" (im französischen und englischen Text heißt es sogar jeweils „Beschleunigung")¹ der Anpassung der Industrie an die „strukturellen Veränderungen", „Förderung eines für die Unternehmen günstigen Umfeldes" sowie „Förderung einer besseren Nutzung des industriellen Potentials der Politik in den Bereichen Innovation, Forschung und technologische Entwicklung". Die EU verfolgt diese Ziele zum einen mittels einer Koordinierung der staatlichen Aktivitäten durch die Kommission (Art. 173 Abs. 2 AEUV), zum anderen durch eigene Beiträge zu den staatlichen Maßnahmen. Zu diesem Zweck sind grundsätzlich die Handlungsermächtigungen der anderen Vertragskapitel einzusetzen. Ausnahmsweise kann der Rat „spezifische Maßnahmen" beschließen (Art. 173 Abs. 3 AEUV).

Die in diesem Bereich vorwiegend einzusetzenden Maßnahmen wurden durch den Vertrag von Lissabon präzisiert (Festlegung von *„Leitlinien und Indikatoren"*, Durchführung des *„Austauschs bewährter Verfahren"* und Ausarbeitung der *„Elemente für eine regelmäßige Überwachung und Bewertung"*). Ausdrücklich ausgeschlossen wurde die Harmonisierung staatlicher Rechtsvorschriften (Art. 173 Abs. 3 AEUV). Im Rahmen ihrer Zuständigkeit für nichtnukleare Forschung kann die EU gemäß Art. 187 AEUV *gemeinsamen Unternehmen* „oder *andere Strukturen*" zu schaffen, die für die ordnungsgemäße Durchführung der Programme für gemeinschaftliche Forschung, technologische Entwicklung und Demonstration erforderlich sind und die industriepolitische Auswirkungen haben (*§ 4 Rn. 105*).

Die Industriepolitik steht gleichrangig neben den anderen vertraglichen Zielen. Den speziellen wettbewerbsrechtlichen Vorschriften ist sie allerdings nachgeordnet. Ausdrücklich betont der Vertrag, dass die industriepolitische Zuständigkeit der EU keine Rechtfertigung für wettbewerbsverzerrendes Handeln darstellt (Art. 173 Abs. 3 Uabs. 2 AEUV).

---

1 Französisch: „accélérer l'adaptation" / Englisch: „speeding up ..."

5 Der **EAGV** sieht weitergehende Möglichkeiten für eine gezielte Förderung der in seinen Anwendungsbereich fallenden Industriezweige vor. So hat die Gemeinschaft u.a. die Aufgabe, die Investitionen der Unternehmen zur Entwicklung der Kernenergie zu fördern (Art. 2 c EAGV) und deren Abstimmung durch hinweisende Programme zu erleichtern (Art. 40 EAGV). Unternehmen, die für die Entwicklung der Kernindustrie in der Gemeinschaft von „ausschlaggebender Bedeutung" sind, können nach Art. 45–51 EAGV als „gemeinsame Unternehmen" mit finanzieller Unterstützung und sonstiger Förderung durch die Gemeinschaft und die Mitgliedstaaten gegründet werden.

6 Bereits die **ursprünglichen Verträge** enthielten implizit zahlreiche Ansätze für eine industriepolitische Konzeption. So hatte die Gemeinschaft nach dem EWGV die Aufgabe, im Gemeinsamen Markt die erforderlichen Rahmenbedingungen zu schaffen, damit sich die Produktionsfaktoren ohne Rücksicht auf die innergemeinschaftlichen Grenzen so verbinden können, wie es für eine optimale Nutzung erforderlich ist. Konkretisierung erfuhren diese Ziele im Rahmen der sonstigen Vertragsinstrumente.
Die EEA konsolidierte die industriepolitisch relevanten Aspekte und setzte der Gemeinschaft in (ex) Art. 130 f Abs. 1 EWGV ausdrücklich zum Ziel, „die wissenschaftlichen und technischen Grundlagen der europäischen Industrie zu stärken und die Entwicklung ihrer internationalen Wettbewerbsfähigkeit zu fördern".
Der Vertrag von Maastricht führte mit (alt) Art. 157 EGV erstmals eine speziell auf die Industrie bezogene Vorschrift in den EGV ein. Bis auf eine Präzisierung der einsetzbaren Instrumente (*Rn.* 3) wurde diese Vorschrift im Wesentlichen unverändert in den AEUV übernommen.

7 Einen **Sonderfall der Industriepolitik** bildet die Regelung des Vertrages für die mit dem **Tourismus** verbundene wirtschaftliche Tätigkeit. Gemäß Art. 195 AEUV soll die Union staatliche Maßnahmen zur Förderung der Wettbewerbsfähigkeit von Unternehmen in diesem Sektor ergänzen. Zu diesem Zweck soll sie die Schaffung eines günstigen Umfelds für die Entwicklung der Unternehmen anregen und die Zusammenarbeit zwischen den Mitgliedstaaten unterstützen.[2]
Im Wesentlichen wird auf dieser Grundlage die finanzielle Förderung grenzüberschreitender Projekte ermöglicht.[3]

B. Vertragsanwendung

8 Im Gegensatz zur Erfüllung der anderen vertraglichen Aufgaben wird Industriepolitik vor allem mithilfe von Entschließungen und Empfehlungen sowie mit Subventionen und nur in Ausnahmefällen durch Akte der Gesetzgebung ausgeführt.
Auf der Grundlage der Mitteilung der Kommission an den Rat über die Industriepolitik vom November 1990,[4] eines *Weißbuches* von 1993[5] und der Mitteilung „über eine Politik der industriellen Wettbewerbsfähigkeit für die Europäische Union"[6] entwickelten sich industriepolitische Aktivitäten der EU in Bezug auf die **Förderung von Klein- und Mittelbetrieben**,[7] auf die **Verstärkung der technologischen Kapazität**, insbesondere im Bereich der **Telekommunikation** („Informationsgesellschaft", dazu näher

---

2 Dazu näher *Calliess*, Erläuterungen zu Art. 196 AEUV in Calliess/Ruffert, EUV/AEUV.
3 Ein Bündel von Vorschlägen enthält die Mitteilung der Kommission „Europa – wichtigstes Reiseziel der Welt: Ein neuer politischer Rahmen für den europäischen Tourismus", KOM (2010) 352 v. 30. Juni 2010.
4 Bull. EG, Beil. 3/91.
5 Bull. EG, Beil 6/93.
6 Bull. EG, Beil. 3/94. Zu den Vorlagen der Kommission: Entschließung des Rates v. 21. November 1994, ABl. C 343/1994, 1 = HER I A 63/1.15.
7 Z.B. Empfehlungen v. 7. Dezember 1994, ABl. L 385/1994, 14 = HER I A 63/2.10 (Übertragung von KMU); Schlussfolgerungen des Rates zur Förderung des Unternehmertums und kleiner Unternehmen v. 3. März 2003, ABl. C 64/2003, 6 = HER I A 63/2.21.

§ 30)[8] und auf die **Anpassung der rechtlichen Rahmenbedingungen** („Vereinfachung") industriellen Handelns.[9] Dabei standen zunehmend auch Bemühungen um die **Schaffung neuer Arbeitsplätze** im Vordergrund.

Aus Vertretern der betreffenden Wirtschaftskreise gebildete Gremien sollen die Kommission bei ihren industriepolitischen Aktivitäten sektorspezifisch unterstützen.[10]

Eine konzeptionelle Auffrischung und teilweise Neuorientierung erfuhr die Industriepolitik im Anschluss an eine Mitteilung der Kommission über „Industriepolitik in einem erweiterten Europa" im Jahre 2002.[11] Die Kommission betonte, dass Industriepolitik zu günstigen Rahmenbedingungen für Unternehmen beitragen müsse, nicht aber in die Mechanismen des Marktes eingreifen dürfe. Insbesondere müsse die Wettbewerbsfähigkeit gesteigert werden. Dabei seien die Bedürfnisse der jeweiligen Branchen zu beachten.

In der Folge verabschiedete der Rat drei *Schlussfolgerungen*

- zur „industriellen Wettbewerbsfähigkeit in einem erweiterten Europa,"[12]
- zu „Stärkung der europäischen Innovationspolitik,"[13]
- zum „Beitrag der Industriepolitik zur Wettbewerbsfähigkeit in Europa".[14]

Die Kommission wurde unter anderem aufgefordert, das **Regelungsumfeld** zu vereinfachen und zu verbessern, die **Gesetzesfolgeabschätzung** zu intensivieren und Wirtschaftstätigkeiten in **neuen Industriesektoren** zu fördern.[15] In der Folge wurde u.a. eine Neugestaltung des Systems der Europäischen Normung beschlossen (*§§ 7 Rn. 39* und *14 Rn 27*).[16]

In jüngerer Zeit wird Industriepolitik als Teil eines Gesamtkonzepts zur Förderung des Wirtschaftswachstums im Rahmen der sog. „Europa 2020 – Strategie" angelegt.[17] Dazu verabschiedeten die drei Organe umfassende Orientierungen:

- Kommission (2010): Mitteilung über „Eine integrierte Industriepolitik für das Zeitalter der Globalisierung, Vorrang für Wettbewerbsfähigkeit und Nachhaltigkeit";[18]
- Rat (2012): Schlussfolgerung „Eine stärkere europäische Industrie bringt Wachstum und wirtschaftliche Erholung";[19]

---

8 S. Insbesondere das Mehrjahresprogramm E Rat 98/253, ABl. L 107/1998, 10.
9 Z.B. Empfehlung der Kommission „zur Verbesserung und Vereinfachung des Umfelds für Unternehmensgründungen", ABl. 145/ 1997, 29 = *HER I A 63/ 2.17*.
10 Z.B. „Hochrangige Gruppe für die Wettbewerbsfähigkeit, Energie und Umwelt", B Kommission, ABl. L 36/2006, 43 = *HER I A 63/1.28*.
11 KOM (2002) 714. Zum politischen Kontext s. *Peter M. Wagner*, Industriepolitik, in: Weidenfeld/Wessels (Hg.) Jahrbuch der Europäischen Integration 2002/2003, 181–184.
12 13. Mai 2002, ABl C 149/2003, 1 = *HER I A 63/1.24*.
13 13. Mai 2003, ABl C 149/2003, 4 = *HER I A63/1.25*.
14 27. November 2003, ABl. C 317/2003, 2 = *HER I A 63/1.27*.
15 Die Kommission berichtet über die verschiedenen Maßnahmen und bewertet sie in der Mitteilung KOM (2007) 374 endg. v. 4. Juli 2007.
16 VO 1025/2012, ABl. L 316/2012, 12 = *HER I A 63/1.37*. S.a. Mitteilung der Kommission „Eine strategische Vision der europäischen Normung" KOM (2011) 311 v. 1. Juni 2011.
17 Mitteilung der Kommission – Europa 2020 – eine Strategie für intelligentes, nachhaltiges und integratives Wachstum, KOM (2010) 2020 v. 3. März 2010.
18 KOM (2010) 614 v. 28. Oktober 2010.
19 3208. Sitzung des Rates v. 11. Dezember 2012, Dok. Nr. 17566/12.

Bieber

- Europäisches Parlament (2014): Bericht „über die Reindustrialisierung Europas zur Förderung von Wettbewerbsfähigkeit und Nachhaltigkeit".[20]

11 Für den Zeitraum 2014–2020 wurde ein **„Programm für die Wettbewerbsfähigkeit von Unternehmen und für kleine und mittlere Unternehmen (COSME)"** beschlossen.[21] Mithilfe gesondert bereitgestellter Finanzmittel soll es die Wettbewerbsfähigkeit kleiner und mittlerer Unternehmen fördern, Innovationen unterstützen und die Entwicklung der Informationsgesellschaft beschleunigen. Zu diesem Zweck wurde die **Exekutivagentur für kleine und mittlere Unternehmen** errichtet.[22]

12 Die in Art. 173 Abs. 1, 4. Spiegelstrich AEUV betonte Verknüpfung von Forschungs- und Industriepolitik kommt in der Errichtung des mit eigener Rechtspersönlichkeit ausgestatteten **Europäischen Instituts für Innovation und Technologie** zum Ausdruck. Es soll Wirtschaftswachstum und Innovationsfähigkeit der europäischen Industrie fördern, indem es bestehende wissenschaftliche Forschungs- und Ausbildungseinrichtungen vernetzt und unterstützt und damit die Spitzenforschung stimuliert.[23] Das Institut hat seinen **Sitz** in Budapest.

C. Sektorale Aktionen

13 Neben allgemeinen („horizontalen") Aktionen beschloss die EU zahlreiche Maßnahmen für einzelne Industriesektoren. Diese waren zum einen dazu bestimmt, Krisensituationen zu bekämpfen, zum anderen sollte damit die Entwicklung neuer industrieller Aktivitäten gefördert werden. Schwerpunkte bildeten ursprünglich die Kohle- und Stahlindustrie.

In jüngerer Zeit sind u.a. **Automobilindustrie, Schiffbau, Textilindustrie, Informatik, Fernmeldewesen** und **Biotechnologie** und die **Medienindustrie** Gegenstände von gemeinschaftlichen Aktionsprogrammen.[24]

D. Literatur

Bangemann, Martin, Mut zum Dialog – Wege zu einer europäischen Industriepolitik, München 1992; *Cecchini, Paolo*, Bericht Europa 92. Die Vorteile des Binnenmarktes, Baden-Baden 1988; *Cowling, Keith*, Industrial Policy in Europe – Theoretical perspectives and practical proposals, London 1999; *Franzmeyer, Fritz*, Europäische Industriepolitik im Spannungsfeld zwischen Wettbewerb und Beschäftigungsgarantie, in: GS Sasse (1981), S. 495 ff.; *Frees, Christian-Peter*, Das neue industriepolitische Konzept der Europäischen Gemeinschaft, EuR 1991, S. 281; *Hellmann, Rainer*, Europäische Industriepolitik, Baden-Baden 1994; *Hummer, Waldemar*, Technologieinstitut und Forschungsrat: Zwei Instrumente europäischer Exzellenz, integration 2007, Nr. 2, S. 150–165; *Nicolaides, P.* (Hg.), Industrial Policy in the EC, Dordrecht/Maastricht 1993; *Opgenhoff, Carolin*, Die europäische Fusionskontrolle zwischen Wettbewerbsrecht und Industrie, Frankfurt/M., Bern 2000.

---

20 EP, Entschließung v. 15. Januar 2014, P7_TA (2014)0032.
21 VO 1287/2013, ABl. 347/2013, 33 = *HER I A* 63/1.38.
22 DurchführungsB Kommission 2013/771, ABl. L 341/2013, 73.
23 VO 294/2008, ABl. L 97/2008, 1 = *HER I A* 63/1.35. Zu dessen Aufgaben B Rat, EP 1312/2013, ABl. L 347/2013, 892.
24 Nachweise bei *Hellmann (D.)*. Die wesentlichen sektorspezifischen Programme sind abgedruckt in *HER I A* 63/3.

§ 27 Wirtschaftlicher und sozialer Zusammenhalt (Regionalpolitik)

A. Grundlagen und Befugnisse

Die Regionalpolitik als gezielte Wirtschaftspolitik zum Ausgleich regionaler Unterschiede durch die Förderung von Investitionen und Infrastrukturvorhaben war in den Verträgen ursprünglich nicht zusammenhängend als Befugnis zu einer Unionspolitik geregelt. Doch hängt der Erfolg des Integrationsprozesses auch von einem Mindestmaß an wirtschaftlicher und sozialer Kohärenz ab. Denn ein zu großer Abstand zwischen dem Entwicklungsstand der einzelnen Mitgliedstaaten und Regionen behindert die Effektivität des wirtschaftlichen und auch des politischen Integrationsprozesses. Vor diesem Hintergrund ist die Entwicklung und Anwendung der Vertragsbestimmungen in diesem Bereich zu sehen. Ihre Bedeutung wird dadurch unterstrichen, dass diese Aufgabe der Union in die Zielbestimmungen des EU-Vertrages aufgenommen wurde (Art. 3 Abs. 3 EUV). Dabei wird erstmals die umfassende Bezeichnung „wirtschaftlicher, sozialer und territorialer Zusammenhalt" in die Verträge eingeführt.

1

> Die **Erweiterungen der EU 2004 und 2007** brachten in dieser Form bislang unbekannte Herausforderungen für die Strukturpolitik in der Union mit sich, da die **wirtschaftlichen und sozialen Unterschiede** in einem vorher nicht vorhandenen Maß zunahmen. Während bis 2004 knapp 90 Millionen Menschen (18 % der Bevölkerung der EU) in 48 Regionen, deren Bruttoinlandprodukt pro Kopf unter 75 % des Unionsdurchschnitts lag, lebten, waren dies ab dem 1. Mai 2007 116 Millionen (26 % der EU-Bevölkerung) in 67 Regionen, darunter sämtliche Regionen der Beitrittsländer (außer Prag, Bratislava, Zypern und einer Region in Ungarn), jedoch lediglich 30 Regionen aus der EU der 15 (bei der einige Regionen nicht zu dieser Gruppe gehörten).[1]

Grundlage und Rahmen der heutigen Regionalpolitik bilden **Art. 174–178 AEUV**. Diese Vorschriften legen insbesondere (schon) die **Ziele** der EU-Regionalpolitik in ihren groben Umrissen fest, skizzieren die **Organisation und das Zusammenspiel der Strukturfonds** und räumen der Union entsprechende (Rechtssetzungs-)**Befugnisse** ein:

2

- Art. 174 Abs. 2 AEUV – Art. 174 Abs. 1 AEUV bekräftigt die Verfolgung einer Regionalpolitik in der Union – nennt das übergreifende **Ziel des wirtschaftlichen, sozialen und territorialen Zusammenhalts**: Die Unterschiede im Entwicklungsstand der verschiedenen Regionen und der Rückstand der am meisten benachteiligten Gebiete ist zu verringern. Dabei geht es nicht nur um einen Abbau von Unterschieden zwischen den Mitgliedstaaten, sondern auch innerhalb der Mitgliedstaaten.

- **Mittel** dieser Politik sind in erster Linie die **Strukturfonds**. Diese werden in Art. 175 Abs. 1 AEUV ausdrücklich aufgeführt. Es handelt sich dabei um den **Europäischen Landwirtschaftsfonds für die Entwicklung des ländlichen Raums (ELER)**, den **Europäischen Sozialfonds (ESF)** und den **Europäischen Fonds für regionale Entwicklung (EFRE)**. Hinzu kommt der sekundärrechtlich geregelte **Europäische Meeres- und Fischereifonds**. Art. 177 Abs. 2 AEUV gibt dem Rat darüber hinaus die Schaffung eines **Kohäsionsfonds** auf.

> Die Aufgaben des Regionalfonds werden ausdrücklich in Art. 176 AEUV verankert. Er soll insbesondere durch eine (finanzielle) Beteiligung an der Entwicklung und strukturellen Anpassung der rückständigen Gebiete zur Verringerung der regionalen Unterschiede in der Union beitragen. Diese Vorschrift impliziert auch unmittelbar die Einrichtung und das Bestehen eines

---

1 Vgl. den dritten Kohäsionsbericht (2004) der Kommission unter http://ec.europa.eu/regional_policy/sources/. Zur im Vorfeld des Beitritts verfolgten „Heranführungsstrategie" im Einzelnen *Lais*, Solidaritätsprinzip, 289 ff.

derartigen Fonds, so dass er insofern der Disposition des Rates entzogen und dem ELER und dem Sozialfonds gleichgestellt ist.

Als weitere Instrumente außerhalb des Titels Wirtschaftlicher und Sozialer Zusammenhalt ist auf die Aktivitäten der **Europäischen Investitionsbank** (Art. 308 f. AEUV) – welche die Finanzierung von Investitionsprogrammen, ggf. in Verbindung mit einer Unterstützung aus den Strukturfonds, erleichtern soll – und die Ermöglichung von Ausnahmen vom grundsätzlichen Verbot staatlicher Beihilfen im Rahmen des Art. 107 AEUV (§ 13) hinzuweisen.

Darüber hinaus wird die allgemeine Pflicht der Mitgliedstaaten zur Koordinierung ihrer Wirtschaftspolitik (Art. 120, 121 Abs. 2 AEUV, *§ 21 Rn. 5 ff.*) auf die Zielsetzung des Art. 174 bezogen (Art. 175 Abs. 1 S. 1 AEUV) und die Pflicht der Union, bei Festlegung und Durchführung anderer Politiken die Ziele des Art. 174 AEUV zu berücksichtigen, verankert (Art. 175 Abs. 1 S. 2 AEUV).

- Art. 177 Abs. 1 AEUV ist die **Rechtsgrundlage** für den Erlass von Vorschriften, welche die Ziele, Organisation und Koordination der verschiedenen Fonds betreffen. Rat und EP entscheiden im ordentlichen Gesetzgebungsverfahren sowie nach Anhörung des Wirtschafts- und Sozialausschusses und des Ausschusses der Regionen. Dasselbe Verfahren kommt für die den Regionalfonds betreffenden Durchführungsbeschlüsse zum Zuge. Für den ELER und den Sozialfonds betreffende Durchführungsbeschlüsse sind Art. 43 bzw. 164 AEUV heranzuziehen. Die Zuständigkeiten der Union sind in diesem Bereich mit jenen der Mitgliedstaaten geteilt (Art. 4 Abs. 2 lit.c AEUV).[2]

Auf der Grundlage des Art. 175 Abs. 3 AEUV können auch außerhalb der Fonds „**spezifische Aktionen**" beschlossen werden, sofern sich diese als für die Verwirklichung der Ziele des Art. 174 AEUV erforderlich erweisen.[3]

Zur Evaluation der Wirkungen der Regionalpolitik hat die Kommission in einem Dreijahresrhythmus einen **Bericht** zuhanden des Rates, des Parlaments, des Wirtschafts- und Sozialausschusses und des Ausschusses der Regionen zu erstellen (Art. 175 Abs. 3 AEUV).[4]

B. Entwicklung

3   Das Fehlen spezifisch regionalpolitischer Kompetenzen in den ursprünglichen Verträgen war bedingt durch die Erwartung, dass bereits die Errichtung eines Binnenmarktes auch die regionalen Unterschiede in der Union beseitigen würde. Als Grundlage für Maßnahmen mit regionalpolitischer Zielsetzung kam daher nur Art. 235 a.F. EWGV infrage.

Allerdings sah schon der EWG-Vertrag eine Reihe von Vorschriften mit regionalpolitischem Bezug und zu diesem Zweck einsetzbare Finanzierungsinstrumente vor. Hinzuweisen ist etwa auf Art. 39 Abs. 2 lit. a), 49 lit. d), 80 Abs. 2, 92 EWGV a.F., welche die Berücksichtigung regionaler Unterschiede im Rahmen der Agrarpolitik, bei der Verwirklichung der Freizügigkeit,

---

[2] Zur Rechtswirkung geteilter Zuständigkeiten Art. 2 Abs. 2 AEUV und *§ 3 Rn. 24*.
[3] So wurde der Beschluss 283/2010 über die Einrichtung eines europäischen Progress-Mikrofinanzierungsinstruments für Beschäftigung und soziale Eingliederung, ABl. L 87/2010, 1 = *HER I A 64/33*, auf diese Vorschrift gestützt. Gleiches gilt für die VO 1082/2006 über den Europäischen Verbund für territoriale Zusammenarbeit (EVTZ), ABl. L 201/2006, 19 = *HER I A 64/22*. Diese stellt ein „Gefäß" für eine grenzüberschreitende territoriale Zusammenarbeit zwischen Gebietskörperschaften in der EU dar. Vgl. hierzu *Pechstein/Deja*, Was ist und wie funktioniert ein EVTZ?, EuR 2011, 357 ff.; *Engl*, Ein Instrument zwischen Gemeinschaftspolitik und nationalem Recht: Die Durchführung der Verordnung über den Europäischen Verbund für Territoriale Zusammenarbeit in ausgewählten EU-Mitgliedstaaten, EuR 2013, 285 ff.
[4] Mittlerweile gibt es insgesamt fünf Berichte über den wirtschaftlichen, sozialen und territorialen Zusammenhalt, der letzte stammt vom November 2010. Die Berichte sind unter http://ec.europa.eu/regional_policy/sources/ zu finden. Jährlich werden ebenfalls auf dieser Webseite zu findende Zwischenberichte veröffentlicht, vgl. den achten Zwischenbericht vom November 2013. S. auch den 22. Bericht über die Strukturfonds in KOM (2011) 693 endg.

§ 27 Wirtschaftlicher und sozialer Zusammenhalt (Regionalpolitik)

der Gestaltung der Gemeinsamen Verkehrspolitik und der Zulässigkeit von Beihilfen verlangen. Zudem konnten verschiedene Finanzierungsinstrumente der Verträge – so vor allem die **Europäische Investitionsbank** (Art. 308 f. AEUV) – für regionalpolitische Ziele eingesetzt werden.

Die Notwendigkeit einer (darüber hinausgehenden) gezielten und zusammenhängenden Regionalpolitik der Union wurde jedoch schon bald und insbesondere von der Kommission erkannt.

4

Die Entwicklung einer eigenen Regionalpolitik der Union war zum einen als Reaktion auf die Anfang der 1970er-Jahre einsetzenden regionalpolitischen Maßnahmen in den Mitgliedstaaten erforderlich, um negative Auswirkungen auf den Wettbewerb im Binnenmarkt zu verhindern. Zum anderen führten die Errichtung und der Ausbau des Binnenmarktes selbst zu neuen Ungleichgewichten zwischen entwickelten und weniger entwickelten Gebieten in der Union und einzelnen Mitgliedstaaten.[5] Erschwerend kamen ab Mitte der 1980er-Jahre die Strukturkrisen in einzelnen Branchen (Stahl/Schiffbau) und in den davon besonders betroffenen Gebieten hinzu.

Mit diesen Ausgangspunkten und ihrer Verbindung mit der Konzeption eines Binnenmarktes war die **Zielrichtung einer Regionalpolitik der EU** vorgezeichnet: Zum einen geht es um die Garantie wettbewerbsrelevanter Rahmenbedingungen, zum anderen um die Schaffung der tatsächlichen Voraussetzungen für einen Wettbewerb durch gezielte Fördermaßnahmen in insoweit benachteiligten Regionen. Hinzu kam die Notwendigkeit, solche Maßnahmen mit anderen Politiken der Union abzustimmen.

5

Die Bewältigung dieser an sich schon spannungsreichen und komplexen Aufgabe wurde noch erschwert durch die unterschiedlichen tatsächlichen Ausgangs- und Interessenlagen. Während die Kommission von Beginn an auf gezielte unionsspezifische Maßnahmen drängte, waren die Mitgliedstaaten überwiegend an einem Zufluss von EU-Haushaltsmitteln nach dem Prinzip des „juste retour" interessiert. Die Ausarbeitung der EU-Regionalpolitik ist bis heute durch die jeweils erzielten Kompromisse dieser unterschiedlichen Interessenlagen geprägt.

Nach der ersten Erweiterung der Union 1975 erfolgte – auch im Zuge der damit einhergehenden Verschärfung der Strukturprobleme auf Unionsebene – die **Errichtung eines Regionalfonds der Union**.[6] Der Regionalfonds sollte ergänzend zur Regionalpolitik der Mitgliedstaaten hinzutreten und keine Handhabe für regionalpolitische Aktivitäten der Union unabhängig von Maßnahmen der Mitgliedstaaten bieten. Gleichzeitig sollte jeweils ein Unionsbezug gegeben sein. Die FondsVO wurde mehrmals revidiert, womit auch eine Konsolidierung und Ausweitung der regionalpolitischen Maßnahmen einherging.

6

Darüber hinaus boten der Europäische Sozialfonds (§ 22 Rn. 40 ff.) und die Abteilung „Ausrichtung" des Garantiefonds für die Landwirtschaft (später EAGFL, nunmehr ELER, § 23) zahlreiche Möglichkeiten regional- und strukturpolitischer Aktivitäten.

Der Umfang der Programme zeigte im Laufe der Jahre, dass die Zielsetzung und Mittel des bis dahin bestehenden Regionalfonds überschritten worden waren und dieser nur Teil einer **umfassenderen „integrierten" Unionspolitik** mit regionalen Bezügen sein konnte. Dem trug die durch die **EEA** neu eingefügte **Titel über den „wirtschaftlichen und sozialen Zusammenhalt"** Rechnung (seit 2009 Art. 174 ff. AEUV), der den Regionalfonds und die Regionalpolitik mit den anderen Strukturfonds (Sozial- und Agrarstrukturpolitik) und insoweit auch die Strukturpolitik der Union zusammenfasst und damit die Zuständigkeit der Union für regionalpolitische Maßnahmen erstmals aus-

7

---

5 S. dazu Kommission, Erster Jahresbericht über die Tätigkeit des Europäischen Fonds für Regionale Entwicklung im Jahre 1975, Bull. EG Beil. 7/76, 6 ff.
6 VO 724/75, ABl. L 73/1975, 1.

drücklich anerkannte. Unter anderem wurde die Berichterstattungspflicht der Kommission ausdrücklich verankert (Art. 175 Abs. 2 AEUV), ebenso die Ermächtigung des Rates, spezifische Aktionen außerhalb des Fonds durchzuführen (Art. 175 Abs. 3 AEUV). Der **Vertrag von Maastricht** (1992) entwickelte diesen Titel weiter und fügte darüber hinaus eine eigene Rechtsgrundlage für die Einführung eines Kohäsionsfonds ein. Der **Vertrag von Amsterdam** enthielt demgegenüber – abgesehen von den Entscheidungsverfahren und textlichen Bereinigungen – keine Änderungen, der **Vertrag von Nizza** nur wenige Modifikationen (Entscheidungsverfahren in Art. 175 Abs. 3 und 177 Abs. 3 AEUV). Art. 174 ff. AEUV des **Vertrags von Lissabon** greifen die bisherigen Regelungen auf und brachten ebenfalls nur wenige Modifikationen (so die Hinzufügung des unklaren Begriffs des „territorialen Zusammenhalts" und einen neuen Art. 174 Abs. 3 AEUV) mit sich, die nichts an der Tragweite der Bestimmungen änderten.

8   Auf der Grundlage des neu eingeführten Titels erfolgte im Jahr **1988** eine **erste grundlegende Neuordnung der Strukturfonds**.[7] Von Bedeutung war hier insbesondere die Festlegung der grundlegenden Prinzipien in einer Rahmenverordnung, während diese für die verschiedenen Fonds in spezifischen, diese betreffenden Verordnungen durchgeführt wurde. Diese Struktur wirkt bis in die Gegenwart fort. 1993 wurden die Strukturverordnungen erneut revidiert (**zweite Reform**).[8] Diese Reform betraf insbesondere die Partnerschaft (vor allem in Bezug auf die Zusammenarbeit der Wirtschafts- und Sozialpartner), die unterstützende Funktion der Unionsaktionen (Komplementarität), die Evaluation der mitgliedstaatlichen Regionalpläne und die Rolle des Umweltschutzes bei der Durchführung der Strukturpolitik.[9] Auch wurde das Finanzinstrument für die Ausrichtung der Fischerei geschaffen. Eine **dritte Reform** fand **1999** mit dem Erlass der **VO 1260/1999**[10] statt. Die VO 1260/1999 enthielt die bereichsübergreifenden allgemeinen Grundsätze für die Gesamtheit der Strukturfonds und legte die Ausrichtung der Regionalpolitik an **drei Zielsetzungen** fest: Förderung der Entwicklung und der strukturellen Anpassung der **Regionen mit Entwicklungsrückstand** („Ziel Nr. 1"); Anpassung der Gebiete in wirtschaftlicher und sozialer Hinsicht, die von **strukturellen Schwierigkeiten** (wirtschaftlicher Art) betroffen sind („Ziel Nr. 2"); Förderung der Anpassung und Modernisierung der **Bildungs-, Ausbildungs- und der Beschäftigungspolitik** („Ziel Nr. 3"). Die Zielsetzung dieser Reform ging im Wesentlichen dahin, die Effizienz der strukturpolitischen Instrumente zu steigern sowie die Regionalpolitik an die Erweiterung anzupassen. 2006 wurden die rechtlichen Grundlagen der Regionalpolitik wiederum modifiziert, wobei die bereichsübergreifenden Grundsätze in der **VO 1083/2006 über den Europäischen Fonds für regionale Entwicklung, den Europäischen Sozialfonds und den Kohäsionsfonds**[11] festgehalten wurden; die grundlegende Ausrichtung der Regionalpolitik wurde aber beibehalten. Die regelmäßigen Revisionen der Fondsverordnungen sind schon aufgrund der jeweils mehrjährigen Finanzierungsperioden notwendig.

C. Stand der Regionalpolitik

9   Grundlage der gegenwärtigen Regionalpolitik bildet die **VO 1303/2013 über den Europäischen Fonds für regionale Entwicklung, den Europäischen Sozialfonds, den Kohäsionsfonds, den Europäischen Landwirtschaftsfonds und den Europäischen Meeres- und Fischereifonds**.[12] Diese erfüllt den Auftrag des Art. 177 Abs. 1 AEUV, die bestehenden Fonds zu koordinieren und ihre Arbeitsweise zu rationalisieren sowie wirksamer zu gestalten, um zur Verwirklichung der in Art. 174, 176 AEUV gesetzten Ziele

---

7   Vgl. VO 2052/88, ABl. L 185/1988, 9; VO 4253/88, ABl. L 374/1988, 1.
8   VO 1787/84, ABl. L 169/1984, 1.
9   Hierzu Kommission, Mitteilung über die Verabschiedung der neuen regionalen Programmplanungen für die Ziele 1 und 2 der Strukturpolitik der Union, KOM (95) 111, 3 ff.
10 ABl. L 193/1993, 5.
11 ABl. L 210/2006, 25. Dazu *Lais*, Solidaritätsprinzip (D.), 291 ff.
12 ABl. L 347/2013, 320.

beizutragen. Sie enthält die allgemeinen Grundsätze bereichsübergreifend für die Gesamtheit der Fonds bzw. mehrere Fonds. Geregelt werden in erster Linie die Aufgaben und vorrangigen Ziele der Fonds, allgemeine organisatorische Grundsätze, die Koordinierung zwischen den Fonds, das Verfahren zur Programmplanung der finanziellen Abwicklung sowie die Instrumente zur Gewährleistung eines effizienten Mitteleinsatzes einschließlich der Kontrolle. Diese Verordnung wird durch den Durchführungsbeschluss 2014/190 der Kommission ergänzt,[13] dem in erster Linie die Aufteilung der Mittel an die Mitgliedstaaten zu entnehmen sind.

Die verschiedenen **Fonds** – die in der VO 1303/2013 als „Europäische Struktur- und Investitionsfonds (ESI-Fonds) bezeichnet werden – sind auf dieser Grundlage jeweils Gegenstand **eigener Verordnungen**: die **VO 1301/2013** über den Europäischen Fonds für regionale Entwicklung,[14] die **VO 1304/2013** über den Europäischen Sozialfonds[15] und die **VO 1300/2013** zur Errichtung des Kohäsionsfonds.[16] Diese Verordnungen enthalten die spezifisch für den betreffenden Fonds geltenden Bestimmungen und präzisieren die jeweiligen Interventionsbereiche.

10

> Hinzukommen zwei weitere Finanzierungsinstrumente, die seit der Revision von 2013 auch Gegenstand der allgemeinen Fonds-Verordnung (VO 1303/2013) sind:
> - Der **Europäische Landwirtschaftsfonds für die Entwicklung des ländlichen Raums (ELER)**[17] soll zur Förderung der nachhaltigen Entwicklung im ländlichen Raum beitragen und ist daher im Zusammenhang mit der Gemeinsamen Agrarpolitik *(§ 23)* zu sehen. Im Wesentlichen geht es hierbei um die Steigerung der Wettbewerbsfähigkeit der Land- und Forstwirtschaft, einen effektiven Umweltschutz sowie eine Steigerung der Lebensqualität im ländlichen Raum, inklusive der Förderung einer Diversifizierung der Wirtschaft.
> - Die Verordnung für den **Europäischen Meeres- und Fischereifonds (EFF)** wurde noch nicht verabschiedet.[18] Dieser Fonds soll den Fischereisektor fördern, aber auch zu einem Gleichgewicht zwischen den Fischereiressourcen und den Fangkapazitäten der Fischereiflotte der EU beitragen und damit eine nachhaltige Entwicklung der Fischerei und den Schutz der Meere fördern.

Der Regionalfonds, der Sozialfonds und der Kohäsionsfonds haben sich nach Art. 89 Abs. 2 VO 1303/2013 an zwei **Zielsetzungen** zu orientieren: Investitionen in Wachstum und Beschäftigung und Europäische territoriale Zusammenarbeit. Das erste Ziel wird durch alle drei Fonds unterstützt, das zweite Ziel nur durch den Regionalfonds, wobei letzterer sich ganz allgemein auf vier Ziele (Innovation und Forschung, digitale Agenda, Förderung von KMU und CO_2-arme Wirtschaft) konzentrieren soll. Im Rahmen des Kohäsionsfonds sollen auch und gerade transeuropäische Verkehrsverbindungen und zentrale Umweltinfrastrukturprojekte gefördert werden. Art. 90 ff. VO 1303/2013 sehen im Einzelnen Kriterien vor, die dafür entscheidend sind, welche Regionen wieviel Unterstützung erhalten, wobei es maßgeblich auf die wirtschaftliche Leistungsfähigkeit ankommt und neu (wenn auch in abgestufter Höhe) in alle Regionen der EU investiert wird. Die Mittel für die drei Fonds zusammen belaufen sich für die Periode 2014–2020 auf rund 325 000 000 000 EUR (Art. 91 VO 1303/2013).

11

---

13 ABl. L 104/2014, 13.
14 ABl. L 347/2013, 289.
15 ABl. L 347/2013, 320.
16 ABl. L 347/2013, 281.
17 VO 1305/2013, ABl. L 347/2013, 487.
18 S. aber den Vorschlag der Kommission in KOM (2013) 245 endg. S. auch die Vorgängerverordnung: VO 1198/2006 über den Europäischen Fischereifonds, ABl. L 223/2006, 1 = *HER I A 26/38*.

12 Das **Verfahren** zur Finanzierung und zur Verteilung von Mitteln richtet sich nach den in der VO 1303/2013 und den spezifischen Verordnungen festgelegten Kriterien und Grundsätzen.

Leitlinien sind dabei die sich aus der VO 1303/2013 ergebenden **Grundsätze**:

- Grundsatz der **Komplementarität**: Die Mittel aus den Strukturfonds unterstützen und ergänzen lediglich mitgliedstaatliche Aktionen, so dass von vornherein nur eine Kofinanzierung in Betracht kommt, wobei die EU-Mittel aber bis zu 75 % der Kosten decken können (s. auch Art. 4 Abs. 1 VO 1303/2013, wonach die Unionsaktivitäten mitgliedstaatliche Aktivitäten nur ergänzen).
- Grundsatz der **Kohärenz**: Es ist auf eine Kohärenz der Förderung aus den Fonds mit anderen Tätigkeiten und Politiken der Union zu achten.
- Grundsatz der **Koordinierung**: Kommission und Mitgliedstaaten sorgen für die Koordinierung der Interventionen der verschiedenen Finanzierungsinstrumente.
- Grundsatz der **Konformität**: Die aus den Fonds geförderten Vorhaben müssen den Vorgaben der Unionsrechtsordnung entsprechen, so insbesondere denjenigen des Wettbewerbsrechts und des Umweltrechts.
- Grundsatz der **Programmplanung**: Die Finanzierung im Rahmen der Kohäsionspolitik hat im Rahmen einer mehrjährigen Programmplanung, die ein mehrstufiges Verfahren umfasst, zu erfolgen. Die derzeit laufende Programmplanungsperiode erstreckt sich von 2014 bis 2020.
- Grundsatz der **Partnerschaft**: Die Verwirklichung der Ziele der Fonds ist über eine enge Zusammenarbeit zwischen Kommission und betroffenem Mitgliedstaat anzustreben.

Im Einzelnen hat das Verfahren[19] folgende **Phasen** zu durchlaufen:

- In einem ersten Schritt wird der **Gemeinsame Strategische Rahmen (GSR)** festgelegt, der den Orientierungsrahmen für die Intervention der Fonds formuliert (Art. 10 f. VO 1303/2013).
- Sodann hat jeder Mitgliedstaat im jeweiligen nationalen institutionellen und rechtlichen Rahmen eine **Partnerschaftsvereinbarung (die die Partnerschaft mit den lokalen und regionalen Partnern organisiert)** auszuarbeiten, die einer Reihe von Vorgaben zu genügen hat (Art. 14 ff. VO 1303/2013); insbesondere ist der Bezug zu den Prioritäten der EU herzustellen. Auch ist die Vereinbarung in Absprache mit der Kommission auszuarbeiten.
- Aufbauend auf diesem Rahmenplan erstellen die Mitgliedstaaten in enger Kooperation mit der Kommission **operationelle Programme**, die nach verschiedenen Kohäsionszielen aufgeteilt und gegliedert sind und die ebenfalls eine Reihe von Vorgaben zu beachten haben (Art. 26 ff. VO 1303/2013).
- Die Kommission legt auf der Grundlage dieser Programme den **Finanzierungsbeitrag** der EU für die einzelnen Projekte fest.

---

19 Das Verfahren gibt immer wieder Anlass zu Rechtsstreitigkeiten. Vgl. aus der Rechtsprechung zu verschiedenen Fragen der Auslegung der Vorgaben der (alten) Fondsverordnungen EuGH, Rs. C-199/03 (Irland/Kommission), Slg. 2005, I-8027; EuGH, verb. Rs. C-138/03, C-324/03 und C-431/03 (Italien/Kommission), Slg. 2005, I-10043; EuGH, Rs. C-46/03 (Großbritannien/Kommission), Slg. 2005, I-10167; EuGH, Rs. C-84/04 (Kommission/Portugal), Slg. 2006, I-9843; EuGH, Rs. C-414/08 P (Svilupp/Kommission), Slg. 2010 I-2559; EuG, verb. Rs. T-349/06, T-371/06, T-14/07, T-15/07, T-332/07 (Deutschland/Kommission), Slg. 2008, II-2181. Zum Grundsatz der Rückforderungspflicht der Mitgliedstaaten bei infolge von Unregelmäßigkeiten oder Fahrlässigkeit verloren gegangenen Beträgen und ihrer Modalitäten EuGH, verb. Rs. C-383/06-C-385/06 (Vereniging Nationaal Overlegorgaan Sociale Werkvoorziening), Slg. 2008, I-1561; EuGH, Rs. C-465/10 (Chambre de commerce et d'industrie de l'Indre), Slg. 2011, I-14081. Nach der Rechtsprechung ist eine Region, die in einer Entscheidung als für die Durchführung eines geförderten Projekts verantwortliche Einheit bezeichnet wird, nicht als unmittelbar von dem (an den jeweiligen Mitgliedstaat gerichteten) Beschluss betroffen anzusehen, EuGH, Rs. C-15/06 P (Regione Siciliana/Kommission), Slg. 2007, I-2591.

- Danach werden die Projekte effektiv **durchgeführt**, dies auf der Grundlage der Zuteilung der Fondsmittel, wobei eine Überwachung durch die Kommission vorgesehen ist.
- Schließlich werden die Programme im Hinblick auf ihre **Wirksamkeit** bewertet.

Die verschiedenen Fonds-Verordnungen enthalten insgesamt **sehr detaillierte Regelungen**, sowohl was die „bezugsberechtigten" Regionen als auch die unterstützungsfähigen Vorhaben und das Verfahren betrifft. Hinzu kommen zahlreiche Sonder- bzw. Ausnahmeregelungen. Es dürfte daher nicht übertrieben sein, in diesem Zusammenhang von einem eigentlichen besonderen europäischen Verwaltungsrecht in diesem Bereich zu sprechen.

13

Die **Erfolgsbilanz** der Kohäsionspolitik fällt insgesamt zwiespältig aus: Einerseits dürfte der beachtliche Anstieg des Bruttoinlandsprodukts in verschiedenen Staaten während der 1980er- und 1990er-Jahre – so insbesondere in Irland, Spanien, Portugal und Griechenland – zumindest auch auf die Förderung durch die Strukturfonds zurückzuführen sein. Ähnliches gilt wohl seit 2004 für die neu beigetretenen Staaten. Auf der anderen Seite jedoch – und hierfür bildet die Finanz- und Wirtschaftskrise seit 2008 reichhaltiges Anschauungsmaterial – vermochte auch der doch beachtliche Mitteleinsatz die wirtschaftliche „Konkurrenzfähigkeit" der betroffenen Staaten im Verhältnis zu den Staaten des „Nordens" nicht nachhaltig verbessern, so dass die Disparitäten insgesamt nur ungenügend verringert werden konnten. Zudem sei die Frage erlaubt, ob die Mittel immer sinnvoll eingesetzt wurden bzw. sinnvolle Anreize setzten. Diese Unzulänglichkeiten ändern allerdings nichts daran, dass die Europäische Union keinesfalls auf eine auch mit finanziellen Instrumenten arbeitende Regionalpolitik verzichten kann, soll der wirtschaftliche und soziale Zusammenhalt in der Union nicht gefährdet werden.

14

D. Literatur

Adams, Neil (Hg.), Territorial Development, Cohseion and Spatial Planning: knowledge and policy development in an enlarged EU, London 2011; *Bachtler, John/Mendez, Carlos*, Who Governs EU Cohesion Policy?, JCMS 2007, 535 ff.; *Batory, Agnes/Cartwright, Andrew*, Re-visiting the Partnership Principle in Cohesion Policy, JCMS 2011, 697 ff.; *Battis, Ulrich/Kersten, Jens*, Europäische Politik des territorialen Zusammenhalts – Europäischer Rechtsrahmen und nationale Umsetzung –, UPR 2008, 201 ff.; *Blanc, Didier*, Les fonds structurels européens: un modèle d'intégration territoriale, RMCUE 2010, 87 ff.; *Bourrinet, Jacques*, Problématique de la politique de cohésion économique et sociale dans une Union européenne à 27 membres, RMCUE 2007, 223 ff.; *Bouvet, Florence/Nicolaidis, Kalypso*, European Regional Structural Funds, JCMS 2010 501 ff.; *Buzelay, Alain*, A propos de la lutte sur les inégalités régionales en Europe – Bilan et perspectives, RMCUE 2008, 345 ff.; *Caruso, Daniela*, Direct Concern in Regional Policy : the European Court of Justice and the Southern Question, ELJ 2011, 804 ff.; *Freise, Matthias/Garbert, Matthias*, Abschied von der Gießkanne? Europäische Kohäsionspolitik nach dem Vertrag von Lissabon, integration 2013, 34 ff.; *Garcia-Duran, Huet*, Vers l'Europe des Eurorégions? L'objectif de „cohésion territoriale", RMC 2005, 499 ff.; *Gussone, Peter*, Das Solidaritätsprinzip in der Europäischen Union und seine Grenzen, Berlin 2006; *Halmes, Georg*, Strukturfonds, europäische Bürokratie und grenzübergreifende Projekte, Jahrbuch des Föderalismus 2008, 505 ff.; *Hartwig, Ines/Petzold, Wolfgang* (Hg.), Solidarität und Beitragsgerechtigkeit. Die Reform der EU-Strukturfonds und die finanzielle Vorausschau, Baden-Baden 2005; *Heinelt, Hubert/Kopp-Malek, Tanja/Lang, Jochen/Reissert, Bernd*, Die Entwicklung der EU-Strukturfonds als kumulativer Politikprozess, Baden-Baden 2005; *Jazra Bandarra, Nelly*, La politique de cohésion dans l'Union européenne et l'élargissement – nouvelles orientations pour la période 2007–2013, RMCUE 2006, 177 ff.;

Lais, Martina, Das Solidaritätsprinzip im europäischen Verfassungsverbund, Baden-Baden 2007; *Peuziat, Jean-Philippe,* La politique régionale de l'Union européenne, Paris 2004; *Pongérard-Payet, Hélène,* La politique de cohésion de l'Union européenne en faveur des régions ultrapériphériques, Europe 1/2013, 5 ff.; *Schöndorf-Haubold, Bettina,* Die Strukturfonds der Europäischen Gemeinschaft: Rechtsformen und Verfahren europäischer Verbundverwaltung, München 2005; *Tondl, Gabriele,* EU Regional Policy: Experiences and Future Concerns, Wien 2004; *Weise, Christian,* Strukturfondstransfers in einer zukunftsfähigen EU, Baden-Baden 2002; *Zschiedrich, Harald* (Hg.), Wirtschaftliche Zusammenarbeit in Grenzregionen, Berlin 2011.

§ 28 Forschung, Technologie und Raumfahrt

A. Grundlagen, Zuständigkeiten

Die hoheitliche Intervention in die Forschung verfolgt im Allgemeinen drei – häufig miteinander verbundene – Ziele: Sie gewährleistet die Einhaltung der Wertordnung der jeweiligen Gesellschaft, sie verfolgt Zwecke der Wirtschaftsförderung und sie dient langfristigen strategischen Zielen. Das Dilemma überstaatlich verfasster und gesteuerter Forschungspolitik besteht in der großen Nähe dieser Ziele zum Kern staatlicher Identität, während andererseits die Forschung international verflochten ist und die mögliche und nötige hoheitliche Lenkung und Förderung daher effizienter im internationalen Verbund stattfindet. Die Festlegung von Zuständigkeiten der Union auf diesem Gebiet und die bisherige Praxis spiegeln dieses Spannungsverhältnis.

Gemäß Art. 179 AEUV verfolgt die Union das Ziel, ihre wissenschaftlichen und technologischen Grundlagen im Rahmen eines **europäischen Raumes der Forschung** zu stärken. In diesem Rahmen sollen drei Ziele verfolgt werden:

- Freizügigkeit für Forscher und freier Austausch von wissenschaftlichen Erkenntnissen und Technologien;
- Förderung der Wettbewerbsfähigkeit (einschließlich der industriellen Wettbewerbsfähigkeit);
- Unterstützung aller Forschungsmaßnahmen, die aufgrund anderer Vertragsbereiche für erforderlich gehalten werden.[1]

Die Einzelheiten sind in den Art. 180–190 AEUV geregelt. Seit dem Vertrag von Lissabon gehört zu diesem Handlungsbereich der Union auch eine **Europäische Raumfahrtpolitik** (Art. 189 AEUV). Abweichend von den sonstigen mit den Mitgliedstaaten geteilten Zuständigkeiten (Art. 2 Abs. 2 AEUV) sind die Mitgliedstaaten auch nach der Ausübung dieser Zuständigkeit der Union nicht daran gehindert, weiterhin eigene Maßnahmen zu beschließen und durchzuführen (Art. 4 Abs. 3 AEUV).

Als **Instrumente** der EU-Politik sehen Art. 180 und 182 AEUV insbesondere die Verabschiedung von **Rahmenprogrammen, Durchführungsprogrammen** („spezifische Programme") und **Zusatzprogrammen** vor. Möglich ist außerdem die **Gewährung von Subventionen**, der Erlass **allgemeiner Regeln** (zu den Modalitäten der Programmdurchführung, z.B. Art. 183 AEUV) sowie der **Abschluss internationaler Abkommen** (Art. 186 AEUV). Auch kann die Kommission zum Zweck der Koordinierung und Bewertung staatlicher Maßnahmen „**Leitlinien und Indikatoren**" festlegen (Art. 181 Abs. 2 AEUV).

Unterstützt werden in erster Linie kleine und mittlere Unternehmen, Forschungszentren und Hochschulen. Zwar verfügt die Union noch über eigene, ursprünglich im Rahmen des EAGV errichtete Forschungszentren, doch spielen diese bei der Durchführung der EU-Forschungsprogramme nur eine geringe Rolle.

Für den speziellen Bereich der Raumfahrtpolitik sollen ein **europäisches Raumfahrtprogramm** beschlossen und Beziehungen zur Europäischen Weltraumorganisation hergestellt werden.

---

1 S. dazu die Schlussfolgerungen des Rates zur Definition einer „Vision 2020" für den Europäischen Forschungsraum, ABl. C 25/2009, 1.

4   Ursprünglich enthielten die EG-Verträge nur punktuelle Zuständigkeiten in diesen Bereichen:

- Im **EWGV** bestanden ausdrückliche Ermächtigungen zur Forschungsförderung nur für das Agrarwesen (alt Art. 35). Außerdem konnte sich die Gemeinschaft an Forschungen von unmittelbar industriellem Nutzen auf der Grundlage der Zuständigkeit zur Koordinierung der Wirtschaftspolitik beteiligen und Maßnahmen auf (alt) Art. 235 stützen.
- Im Rahmen des (inzwischen ausgelaufenen) **EGKSV** oblag es der Kommission gemäß Art. 44, Forschungen für Erzeugung und Steigerung des Verbrauchs von Kohle und Stahl sowie zur Erhöhung der Betriebssicherheit zu fördern. Als Instrumente der gemeinschaftlichen Tätigkeit sah der Vertrag die Anregung, Koordinierung und Subvention, jedoch keine eigene Forschung vor.
- Über die weitesten, allerdings sektoriell begrenzten, Forschungszuständigkeiten verfügte die EG im Rahmen des **EAGV** (Art. 4–10). Ziel der in diesem besonderen Vertrag[2] definierten Forschungspolitik war die Schaffung der Voraussetzungen für einen schnellen Aufbau von Kernenergieindustrien. Insoweit war die Gemeinschaft für die Durchführung eigener Forschungen zuständig. Sie konnte sich aber auch auf die Koordinierung staatlicher Maßnahmen beschränken. Die einzelnen Forschungsgegenstände sind im Anhang I zum EAGV aufgeführt. Sie können in einem erleichterten Verfahren vom Rat auf Vorschlag der Kommission geändert werden.

Nach der ersten Ausweitung zu einer *allgemeinen* Forschungspolitik durch die EEA erfuhr diese neue Zuständigkeit durch den EUV inhaltliche und verfahrensbezogene Konsolidierung. Gemäß (alt) Art. 163 Abs. 1 EGV war die Gemeinschaft zuständig, „alle Forschungsmaßnahmen zu unterstützen, die aufgrund anderer Artikel dieses Vertrages für erforderlich gehalten werden". Damit bekam die Union in erster Linie eine **koordinierende** und **orientierende** Aufgabe zugewiesen.

Abgesehen von der neu aufgenommenen Raumfahrtpolitik und einer Präzisierung und Ergänzung der einsetzbaren Instrumente ließ der Vertrag von Lissabon die Inhalte dieser vertraglichen Grundlagen im Wesentlichen unverändert. In konzeptioneller Hinsicht ist allerdings bedeutsam, dass die Politik der Union nicht mehr vorrangig den industriellen Interessen untergeordnet sein soll, sondern gleichrangig den in Art. 179 Abs. 1 genannten Zielen (*Rn. 2*) verpflichtet ist. Neu ist außerdem die gesonderte Einbeziehung der militärischen Forschung, die im Rahmen der Europäischen Verteidigungsagentur durchgeführt wird (*§ 35 Rn. 5*).

B. Vertragsanwendung

5   Auf der Grundlage des **EGKSV** wurden von der EG Forschungen in drei Schwerpunktbereichen gefördert: Stahlforschung (z.B. Gebrauchseigenschaften von Stahl), Kohleforschung (z.B. Automatisierung des Abbaus), Forschung im Sozialbereich (z.B. Arbeitssicherheit, Arbeitsmedizin).

6   Intensiver entwickelte sich zunächst die in Art. 4 und 7 EAGV vorgesehene gemeinschaftliche Forschung im Bereich **Kernenergie**. Auf dieser Grundlage verabschiedete der Rat seit 1958 ein- oder mehrjährige Forschungsprogramme. Deren Schwerpunkt lag zunächst in Forschungen über Bau und Entwicklung von Kernreaktoren. Zu die-

---

2   Der Vertrag besteht selbstständig neben EUV und AEUV. ABl. C 84/2010, 1. S. dazu Erklärung Nr. 54 zum EUV.

sem Zweck wurden eigene Forschungsstellen in Ispra (Italien), Karlsruhe (BRD), Geel (Belgien) und Petten (Niederlande) und seit 1977 in Culham (GB) errichtet. Gegen Ende der 1960er-Jahre ließ das Interesse der Mitgliedstaaten an einer gemeinschaftlichen Kernforschung nach. Damit sank die Bereitwilligkeit, neue Mehrjahresprogramme zu verabschieden.

Auf der Grundlage des **EWGV** hat die Kommission anfangs nur einzelne Forschungen im Agrarbereich durchgeführt. Seit 1967 beteiligte sich die Gemeinschaft im Rahmen der Koordinierung nationaler Forschungspolitik auf Bereiche, die nicht vom EGKSV und EAGV erfasst wurden (z.b. Informatik, Meteorologie). Seit 1975, nach einer Neuorganisation der Gemeinsamen Forschungsstellen, zeichnete sich eine systematische und langfristige Forschungspolitik ab, die über den engen Bereich der Kernforschung hinauswies.[3] Die danach beschlossenen **Rahmenprogramme** konzentrieren sich auf wenige Themen, für deren Erforschung im Rahmen von Einzelprojekten von Unternehmen und Hochschulen die EU Subventionen vergibt. Dabei genießen Projekte, an denen Institute aus verschiedenen Staaten beteiligt sind, bevorzugte Förderung. Nur noch ausnahmsweise führt die EU Forschungen in eigenen Einrichtungen durch.

Für den Zeitraum 2014–2020 wurde das „**Rahmenprogramm für Forschung und Innovation Horizont 2020**" festgelegt.[4] Es definiert drei Schwerpunkte („Wissenschaftsexzellenz", „führende Rolle der Industrie" und „Gesellschaftliche Herausforderungen") sowie mehrere „Einzelziele". Für den letztgenannten Bereich[5] werden als Einzelziele genannt:

- Gesundheit, demografischer Wandel und Wohlergehen;
- Ernährungs – und Lebensmittelsicherheit, nachhaltige Land- und Forstwirtschaft, maritime Forschung und Biowirtschaft;
- Sichere, saubere und effiziente Energie;
- Klimaschutz, Umwelt, Ressourceneffizienz und Rohstoffe;
- Intelligenter, umweltfreundlicher und integrierter Verkehr;
- Integrative, innovative und reflektierende Gesellschaften;
- Sichere Gesellschaften;
- Informations- und Kommunikationstechnologien.[6]

Parallel zu diesem Programm der nicht nuklearen Forschung werden besondere Rahmenprogramme zur Forschung im Bereich der Kernenergie verabschiedet.[7]

Zur Ausführung eines Rahmenprogramms werden jeweils **spezifische Programme** (Art. 182 Abs. 3 AEUV) beschlossen.[8]

Besondere Regeln für die Teilnahme von Unternehmen, Forschungszentren und Hochschulen und für die Verbreitung der Forschungsergebnisse bezeichnen die **Auswahlkriterien** für eine Förderung durch die EU.[9] Die EU beteiligt sich zumeist nur im Rahmen bestimmter Höchstsätze an den einzelnen Projekten. Die von der **Gemeinsamen For-**

---

[3] Dazu den Überblick bei *Jürgen Grunwald*, Neuere Entwicklungen des EU – Forschungsrechts, ZeuS Nr. 4/2011, S. 607–645.
[4] VO 1291/2013, ABl. L 347/2013, 104.
[5] Zu den Einzelzielen der anderen Bereiche vgl. Art. 3, VO 1314/2013, ABl. L 347/2013, 965.
[6] Einzelheiten in Anhang I der VO 1291/2013 (s.o. Anm. 4).
[7] VO 1314/2013, ABl. L 347/2013, 948.
[8] Zum Rahmenprogramm 2014–2020: BRat 2013/743, ABl. L 347/2013, 965 = *HER I A* 65/1.81.
[9] VO 1290/2013, ABl. L 347/2013, 81.

schungsstelle zu erfüllenden Forschungsaufgaben werden gesondert in dem spezifischen Programm festgelegt.[10]

9 Zur wissenschaftlichen Ausführung des spezifischen Programms „Wissenschaftsexzellenz" und zur Beratung der Kommission und des Rates wurden der **Europäische Forschungsrat** und der **Wissenschaftliche Rat** geschaffen.[11] Die Verwaltung und Bewertung der Förderungsanträge liegt bei der durch BRat 2013/743 geschaffenen **Durchführungsstelle**.[12]

Zur Unterstützung des Aufbaus grenzüberschreitender Infrastrukturen für die Forschung (u.a. Großgeräte, Archive, Informatiknetze), an denen mindestens drei Mitgliedstaaten beteiligt sind, wurde ein unionsweiter Rechtsrahmen (**ERIC**) beschlossen.[13]

An der Schnittstelle von Industriepolitik und Forschungspolitik ist das im Jahre 2008 errichtete **Europäische Institut für Innovation und Technologie** angesiedelt (§ 26 Rn. 10).

10 Die durch den Vertrag von Lissabon geschaffene spezielle Rechtsgrundlage für Maßnahmen zur Verwirklichung einer **europäischen Raumfahrtpolitik** (Art. 189 AEUV) wird vor allem durch Bereitstellung finanzieller Mittel für die europäischen **Satellitennavigationssysteme** genutzt.[14] Dazu hatte der Rat im Jahre 2011 „Leitlinien" verabschiedet.[15] Das Rahmenprogramm bezeichnet die Unterstützung eines europäischen Raumfahrtprogramms als eines der vorrangigen Forschungsziele der EU. Erste operative Projekte sind die beiden Satellitennavigationssysteme **Galileo** und **EGNOS** sowie das Europäische Erdbeobachtungsprogramm **Copernicus**, das unter anderem der Überwachung der Atmosphäre, der Meeresumwelt und der Sicherheit dienen soll.[16] Zur Ausführung der Projekte bedient sich die EU im Wesentlichen der Europäischen Weltraumorganisation (ESA). Ein Rahmenabkommen EU/ESA dient der gegenseitigen Ressourcennutzung und der Vermeidung von Doppelarbeit.[17]

11 Mit dritten Staaten und internationalen Organisationen wurden in zahlreichen bilateralen Abkommen Vereinbarungen über eine Forschungszusammenarbeit getroffen. Diese werden entweder als Assoziierungs- oder als Kooperationsabkommen geschlossen.[18]

Beim Abschluss eines **Assoziierungsabkommens** beteiligt sich ein Drittland an der Finanzierung des gemeinschaftlichen Rahmenprogramms. Auf diese Weise wird den Forschungseinrichtungen dieses Staates der Zugang zu den gemeinschaftlichen Förderungsmaßnahmen verschafft. Ein solches Abkommen wurde z.B. im Jahre 2007 zwischen der Gemeinschaft und der Schweiz vereinbart.[19]

---

10 BRat 2013/743 (s.o. Anm. 8) Anhang, Abschnitt VI.
11 B Rat, 2013/743 (s.o. Anm. 8), Art. 6, 7.
12 BRat 2013/743 (s.o. Anm. 8), Art. 8.
13 VO 723/2009, ABl. L 206/2009, 1 = HER I A 65/1.54.
14 VO 1285/2013, ABl. 247/2013, 1,
15 Entschließung v. 6. Dezember 2011, ABl. C 377/2011, 1.
16 VO 1285/2013, ABl. L 347/2013, 1 = HER I A 65/1.84. und VO 377/2014, ABl. L 122/2014, 2 = HER I A 65/1.86.
17 Rahmenabkommen v. 25. November 2003, ABl. 261/2004, 64 = HER I A 65/4.24a.
18 S. dazu Schlussfolgerungen des Rates zu einer europäischen Partnerschaft für die internationale wissenschaftliche und technologische Zusammenarbeit, ABl. C 18/2009, 11.
19 ABl. L 189/2007, 26 = HER I A 65/4.32a.

Unter einem **Kooperationsabkommen** versteht man die Öffnung der Forschungsprogramme, um die gegenseitige Teilnahme der beteiligten Forschungseinrichtungen an diesen Programmen zu ermöglichen. Dabei ist allerdings ein Zugang zu den Fördermaßnahmen ausgeschlossen. Solche Abkommen bestehen z.b. zwischen der Union und Australien,[20] Kanada,[21] Südafrika[22] und den USA.[23]

C. Literatur

Eikenberg, Henning, Der Europäische Forschungsraum: Ein Kompetenzproblem? EuR 2008 Nr. 1, 125–139; *Gross, Thomas*, Der Europäische Forschungsrat, EuR 2010, 299–308; *Grunwald, Jürgen*, Neuere Entwicklungen des EU-Forschungsrechts, ZeuS 2011, Nr. 4, 607–645; *Guyot, Benjamin*, Droit spatial européen, Basel 2011; *Hobe, Stephan/Kunzmann, Katharina/Reuter, Thomas/Neumann, Julia*, Rechtliche Rahmenbedingungen einer zukünftigen kohärenten Struktur der europäischen Raumfahrt, Münster 2006; *Hummer, Waldemar*, Technologieinstitut und Forschungsrat: zwei Instrumente europäischer Exzellenz, integration 2007 Nr. 2, 150–165; *Lorz, Ralph Alexander/Payandeh, Mehrdad*, Die Institutionalisierung des Europäischen Forschungsraums, Tübingen 2012; *Pilniok, Arne*, Governance im europäischen Forschungsförderverbund, Tübingen 2011; *Schmidt-Assmann, Eberhard*, Organisationsfragen der Europäischen Forschungspolitik in: FS Everling, Bd. II, 1281 ff.; *Sturm, Roland* (Hg.), Europäische Forschungs- und Technologiepolitik und die Anforderungen des Subsidiaritätsprinzips, Baden-Baden 1996; *Wiekert, Martin*, Forschungs- und Technologieförderung der EU – eine Analyse der theoretischen Fundierung, Staatswissenschaften und Staatspraxis 1996, Nr. 2, 233–259.

---

20 ABl. L 188/1994, 18 = *HER I A* 65/4.3.
21 ABl. L 74/1996, 25 = *HER I A* 65/4.9.
22 ABl. L 313/1997, 25 = *HER I A* 65/4.11.
23 ABl. L 284/1998, 35 = *HER I A* 65/4.6.

§ 29 Bildung, Kultur und Sport

A. Grundlagen

1 In Bildungswesen und Kultur manifestiert sich in besonderem Maße die Gleichzeitigkeit von **Vielfalt** und **Übereinstimmung** als spezifische Erfahrung der europäischen Völker, als Merkmal der **europäischen Identität**.[1] Eine Tätigkeit der EU auf diesen Gebieten liegt besonders nahe, soweit sie sich auf den Bereich der Gemeinsamkeiten bezieht. Dagegen erscheint sie als „Einmischung" oder „Zuständigkeitsüberschreitung", soweit staatliche oder substaatliche Identität berührt wird. Überdies überlagern ökonomische Interessen – ähnlich wie im Sport – vielfach das Bildungswesen und die kulturellen Aktivitäten. Daher entstehen immer wieder Konfliktlagen zwischen dem Anspruch auf Wahrung kultureller und bildungspolitischer Eigenart einerseits und dem Gebot zur Respektierung der Freizügigkeit und der Nichtdiskriminierung (Beispiele: Buchpreisbindung, Fernseh- und Hörfunkwerbung). Die Entfaltung der vertraglichen Grundlagen für Maßnahmen der EU in den Bereichen Kultur und Bildung und ihre Anwendung spiegeln dieses Spannungsverhältnis.

2 Seit dem Vertrag von Lissabon ist der Union ausdrücklich aufgetragen, „den Reichtum ihrer kulturellen und sprachlichen Vielfalt" zu wahren und für „Schutz und die Entwicklung des kulturellen Erbes Europas" zu sorgen (Art. 3 Abs. 3 EUV). Schon seit dem Vertrag von Amsterdam betonte die Präambel des EGV, nunmehr des AEUV, die Entschlossenheit, „durch umfassenden Zugang zur Bildung und durch ständige Weiterbildung auf einen möglichst hohen Wissensstand ihrer Völker hinzuwirken".

Gemäß Art. 6 lit. c) und e) AEUV ist die Union dafür zuständig, Maßnahmen zur **Unterstützung, Koordinierung** oder **Ergänzung** entsprechender Tätigkeiten der Mitgliedstaaten durchzuführen. Diese dürfen allerdings keine Harmonisierung der Rechts- und Verwaltungsvorschriften der Mitgliedstaaten zur Folge haben (Art. 165 Abs. 4, Art. 166 Abs. 4 AEUV). Die Einzelheiten dazu bestimmen Art. 165–167 AEUV, in denen die zuvor geltenden Regelungen des EGV nahezu inhaltsgleich übernommen werden.

Die Rechtsprechung des EuGH in Bezug auf Art. 128 EWGV,[2] wonach diese Vorschrift nicht nur den Erlass allgemeiner Grundsätze der Berufsbildung, sondern auch die Durchführung einer gemeinsamen Berufsbildungspolitik mittels vom Haushalt der EU zu tragender Aktionsprogramme erlaubt,[3] dürfte entsprechend auch auf Art. 165, 166 AEUV übertragbar sein.

Somit fällt die gesamte Bildungspolitik – unter Einschluss der Hochschulausbildung und der beruflichen (Weiter-)Bildung – in den Anwendungsbereich der Verträge, wenn auch die Regelungskompetenzen der Union teilweise beschränkt sind. Die Union kann insbesondere im ordentlichen Gesetzgebungsverfahren Fördermaßnahmen (für die allgemeine Bildung) und sonstige Maßnahmen zur Zielerreichung (für die berufliche Bildung) erlassen. Sie ist allerdings zur strikten Beachtung der Verantwortung der Mit-

---

[1] Vgl. *Peter Häberle*, Europäische Verfassungslehre, 7. Aufl., Baden-Baden 2011, 489 ff. (506 ff.).
[2] EuGH, Rs. 242/87 (Kommission/Rat), Slg. 1989, 1425, Rn. 13 ff. (ERASMUS); EuGH, Rs. 56/88 (Vereinigtes Königreich/Rat), Slg. 1989, 1615 (PETRA, Berufsausbildung für Jugendliche); in der Rs. 242/87 hatte die auf der Seite des Rates beigetretene deutsche Bundesregierung die Kompetenz der EG unter Berufung auf die Bildungshoheit der Bundesländer bestritten.
[3] Dies war allerdings umstritten, vgl. hierzu *Classen*, Bildungspolitische Förderprogramme der EG, EuR 1990, 10 ff.

gliedstaaten für die Lehrinhalte und Gestaltung des Bildungssystems verpflichtet (Art. 165 Abs. 1 AEUV).

Das allgemeine Diskriminierungsverbot des Art. 18 AEUV ist in vollem Umfang anwendbar (§ 10, Rn. 4 ff.).[4]

In **beiden Bereichen** ist die EU zum Erlass von „Fördermaßnahmen" ermächtigt. Dabei kann sie sich sämtlicher in Art. 288 AEUV bezeichneten Handlungsformen bedienen (vgl. Art. 165 Abs. 4; 166 Abs. 4; 167 Abs. 5 AEUV). Ausdrücklich ist die Union auch zum Abschluss von Abkommen mit dritten Staaten und internationalen Organisationen ermächtigt (Art. 165 Abs. 3; 166 Abs. 3; 167 Abs. 3 AEUV). Von der EU-Tätigkeit **ausgeschlossen** sind Maßnahmen zur Harmonisierung der staatlichen Vorschriften. Außerdem enthält Art. 107 Abs. 3, lit. d) AEUV eine Regelung, wonach staatliche **Beihilfen** zur Förderung der Kultur und der Erhaltung des kulturellen Erbes von der Kommission mit dem Binnenmarkt vereinbar erklärt werden können (*§ 13 Rn. 22*).

Art. 165 Abs. 2 AEUV zählt eine Reihe von Zielen auf, die den Aktivitäten der Union zugrunde liegen sollen. So hat die Union im Bildungsbereich u.a. zur Entwicklung einer qualitativ hochstehenden Bildung durch die Förderung der europäischen Dimension im Bildungswesen beizutragen. Auch soll die EU u.a. das Erlernen und die Verbreitung der Sprachen der Mitgliedstaaten unterstützen, die Mobilität von Lehrenden und Lernenden fördern sowie die Zusammenarbeit zwischen den Bildungseinrichtungen entwickeln (Art. 165 Abs. 1, 2 AEUV). Zudem sind die Beziehungen zu Drittstaaten zu pflegen (Art. 165 Abs. 3 AEUV).

Für **Kulturfragen** begründet der AEUV ebenfalls eine Zuständigkeit der Union zur Koordinierung und Ergänzung staatlicher Maßnahmen. Art. 167 Abs. 1 AEUV nennt als spezielle Zuständigkeiten: Verbreitung der Kultur und Geschichte der europäischen Völker, Erhaltung und Schutz des kulturellen Erbes von europäischer Bedeutung, nicht kommerziellen Kulturaustausch, künstlerisches und literarisches Schaffen einschließlich des audiovisuellen Bereichs.

B. Entwicklung

Die Gründerstaaten hatten den Gemeinschaften zunächst keine ausdrückliche Zuständigkeit für Bildung und Kultur übertragen. Gleichwohl verdeutlichten zwei **Erklärungen der Staats- und Regierungschefs** aus den Jahren 1961[5] und 1983[6], dass Bildung, Kultur und Forschung schon frühzeitig als Angelegenheiten gemeinsamen Interesses verstanden wurden.

Handlungsmöglichkeiten der EG leiteten sich nur mittelbar, auf der Grundlage und in den Grenzen der Bestimmungen über die Freizügigkeit von Personen, Waren und Dienstleistungen und über die Sozialpolitik ab. Ausdrückliche Zuständigkeiten bestanden vor 1993 nur vereinzelt, so im Bereich der **Berufsbildung** (alt Art. 151 EGV) und zur **Förderung der Ausbildung und der Mobilität der Forscher** (alt Art. 164 EGV).

Seit 1993 erfuhr die Zuständigkeit der EG durch den EUV in den Bereichen Bildung und Kultur eine **Verbreiterung** und **Bekräftigung**. Gleichzeitig verdeutlichte die damalige Vertragsreform die **Begrenzung** der EU-Tätigkeit auf eine die staatliche Zuständigkeit **ergänzende** Funktion. Für den Bereich **Bildung** wurden zwei neue Artikel eingefügt (alt Art. 149, 150 EGV), die sich im Gegensatz zur Vorgängernorm (Art. 128 a.F.

---

4 Vgl. aus der Rechtsprechung EuGH, Rs. 293/83 (Gravier), Slg. 1985, 593; EuGH, Rs. C-147/03 (Kommission/Österreich), Slg. 2005, I-5969.
5 Schlusskommuniqué v. 18. Juli 1961.
6 „Feierliche Erklärung" des Europäischen Rates v. 19. Juni 1983, Ziff. 3.3, Bull. EG Nr. 6/1983, 26.

EGV) nicht nur auf die berufliche Bildung beziehen, sondern auch den Bereich der allgemeinen Bildung erfassen. Seither hat die Union zur „Entwicklung einer qualitativ hochstehenden Bildung" beizutragen.

Der Vertrag von Lissabon ergänzte die Bestimmung über die Bildung um eine Handlungsermächtigung zur **Förderung der Zusammenarbeit im Sport** (Art. 165 Abs. 1 AEUV, *Rn. 14*).

7 Die Reichweite dieser mittelbaren und unmittelbaren Handlungszuständigkeiten war zunächst umstritten. In den Urteilen zum ERASMUS- und COMETT-Programm bestätigte der EuGH, dass die Gemeinschaft auf dem Gebiet der Berufsausbildung bei Anwendung der Vertragsergänzungsklausel des (alt) Art. 235 EGV nicht nur koordinierend tätig werden dürfe, sondern auch befugt sei, Rechtsakte zu erlassen, die gemeinschaftliche Aktionen auf diesem Gebiet vorsehen und den Mitgliedstaaten entsprechende Mitwirkungspflichten auferlegen.[7] In den Entscheidungen zur Freizügigkeit und Nichtdiskriminierung von Studenten betonte der EuGH den umfassenden Charakter des Diskriminierungsverbots im Hinblick auf den Zugang zur Berufsausbildung.[8] Die Entscheidungen zur Ausstrahlung von Fernsehsendungen bestätigten, dass diese Tätigkeiten *auch* als *Dienstleistungen* zu qualifizieren sind und nicht von vornherein wegen ihrer kulturellen Dimension von der Anwendung des Vertrags ausgenommen sind.[9]

8 In der Praxis entstand weiterhin aus einer Koordinierung zwischen den Regierungen der Mitgliedstaaten unter Ausdehnung auf Drittstaaten und unter häufiger Beteiligung der Kommission eine breit gefächerte europäische Bildungspolitik. Diese weist über die schmalen Grundlagen des AEUV hinaus. Bedeutendstes Ergebnis dieser in der Grauzone von Recht und Politik, Völkerrecht und Recht der Union angesiedelten und damit sehr intransparenten Methode ist der **„Bologna-Prozess"** zur Schaffung eines europäischen Hochschulraumes.[10] Danach soll die Mobilität von Studierenden durch Vereinheitlichung der Studienstruktur und der Studienabschlüsse gefördert werden. Die Verantwortung für die Ausführung liegt bei den Mitgliedstaaten.

C. Vertragsanwendung auf dem Gebiet der Bildung

9 Die Tätigkeit der Union in diesem Bereich erfolgt im Wesentlichen in der Form von **Entschließungen** und **Aktionsprogramme**. Letztere stellen zumeist finanzielle Mittel bereit.

> Erstmals wurde 1976 vom Rat und den „im Rat vereinigten Ministern für Bildungswesen" ein bildungspolitisches Aktionsprogramm beschlossen.[11] Anknüpfend an die Zuständigkeit für Berufsbildungsmaßnahmen gemäß Art. 128 EWGV (jetzt Art. 166 AEUV), aber auch gestützt auf Art. 235 EWGV (jetzt Art. 352 AEUV), wurden seit 1986 zahlreiche Programme mit einer begrenzten Laufzeit angenommen. Schwerpunkte dieser Programme waren die **Förderung der Mobilität** (z.B. Studentenaustausch, Förderung der Sprachkenntnisse).

10 Diese Programme wurden 2006 zu einem „Aktionsprogramm im Bereich des lebenslangen Lernens" zusammengefasst und 2013 unter der Bezeichnung „Erasmus+, Pro-

---

7 EuGH Rs. 242/87 (Kommission./.Rat) (ERASMUS), Slg. 1989, 1427; Rs. C-51/89 (Vereinigtes Königreich./.Rat) (COMETT), Slg. 1991, 2757.
8 EuGH Rs. C-357/89 (Raulin./.Minister van Onderwijs), Slg. 1992, 1027; Rs. C-295/90 (EP./.Rat), Slg. 1992, 4193.
9 St. Rspr., z.B. EuGH Rs. C-288/89 (Collectieve Antennenvoorziening Gouda./.Commissariaat voor de Media), Slg. 1991, 4007.
10 Dazu *Sacha Garben/Hildegard Schneider*, Der Bologna Prozess: Aus der Perspektive des Europäischen Rechts betrachtet, in: Odendahl, Europäische (Bildungs-)Union?, (F.), S. 397–448.
11 ABl. C 38/1976, 1 = *HER I A* 58/4.

gramm für allgemeine und berufliche Bildung, Jugend und Sport" erneuert.[12] Es setzt sich zusammen aus den Programmen **Comenius** (Mobilität von Schülern), **Erasmus** (Hochschulbildung), **Erasmus Mundus** (internationale Mobilität von Studierenden und Hochschullehrern), **Leonardo da Vinci** (Berufsbildung), **Grundtvig** (Erwachsenenbildung) sowie zwei Querschnittsprogrammen für Jugend und Sport. Das Teil-Programm Erasmus umfasst ein besonderes Programm zur Förderung der Forschung und Lehre zur europäischen Integration (**Jean Monnet**). Die Programme definieren jeweils konkrete Maßnahmen, die von der Union subventioniert oder auf andere Weise unterstützt werden können, dabei steht die grenzüberschreitende Zusammenarbeit im Vordergrund. Zur Verwaltung der Programme wurde eine „**Exekutivagentur Bildung, Audiovisuelles, Kultur**" errichtet.[13] Weitere Schwerpunkte bilden die Erarbeitung gemeinsamer Bewertungsmethoden und **Qualitätsstandards für Schul- und Hochschulbildung**.[14]

Ein erstes umfassendes Arbeitsprogramm für die **allgemeine und berufliche Bildung** verabschiedete der Rat im Jahre 2002.[15] Es wurde 2009[16] und 2010[17] ergänzt und mit Wirkung bis zum Jahre 2020 verlängert. Darin werden vier Ziele festgelegt: Verbesserung der Qualität der Bildungssysteme, Lebenslanges Lernen und Mobilität, Förderung von Kreativität, Innovation und Unternehmergeist, Förderung von Gerechtigkeit, sozialem Zusammenhalt und Bürgersinn.

Mit den USA[18] und Kanada[19] hat die Union Kooperationsabkommen im Bereich der Hochschul- und Berufsbildung abgeschlossen.

Zur Erarbeitung konkreter Projekte für Berufsbildung und Weiterbildung wurde 1975 das **Europäische Zentrum zur Förderung der Berufsbildung**[20] errichtet. Die **Europäische Stiftung für Berufsbildung**[21] soll vor allem in den neuen Mitgliedstaaten Mittel- und Osteuropas und in Drittstaaten die berufliche Bildung fördern.

Die in Art. 9 Abs. 2 EAGV vorgesehene **Europäische Universität** zur Förderung von Bildung und Forschung auf dem EAG-Sektor wurde nicht errichtet. Dagegen gründeten die Mitgliedstaaten am 19. April 1972 mithilfe eines gesonderten Vertrages (in Kraft seit 9. Februar 1976) das „**Europäische Hochschulinstitut**" in Florenz (*§ 4 Rn. 109*).[22] Das Institut dient der Lehre und Forschung auf den Gebieten Geschichte und Kulturgeschichte, Politologie und Gesellschaftswissenschaften, Rechts- und Wirtschaftswissenschaften. Es hat sich zu einem herausragenden Zentrum internationaler Forschungszusammenarbeit entwickelt. Das Institut wird gemeinsam von der EU und den Mitgliedstaaten finanziert.

Ebenfalls auf einem Abkommen zwischen den Mitgliedstaaten beruhen die **Europäischen Schulen**. An diesem Abkommen ist die EU, gestützt auf (alt Art. 308 EGV =

---

12 VO 1288/2013, ABl. L 347/2013, 50.
13 B Kommission v. 20. April 2009, ABl. L 101/2009, 6 = *HER I A* 58/49.105.
14 Vgl. Empfehlung v. 24. September 1998 über die europäische Zusammenarbeit zur Qualitätssicherung in der Hochschulbildung, ABl. L 270/1998, 56 = *HER I A* 58/49.21.
15 ABl. C 142/2002, 1 („Kopenhagen-Prozess") = *HER I A* 58/49.46.
16 Schlussfolgerungen des Rates v. 12. Mai 2009, ABl. C 119/2009, 2 = *HER I A* 58/49.106.
17 Schlussfolgerungen des Rates und der im Rat vereinigten Vertreter der Mitgliedstaaten, ABl. C 324/2010, 5 = *HER I A* 58/49.117. S.a. die Entschliessungen v. 20. Mai 2014, ABl. C 183/2014, 1, 5.
18 ABl. L 346/2006, 34 = *HER I A* 58/49.82.a.
19 ABl. L 71/2001, 16 = *HER I A* 58/49.36 a.
20 VO 337/75, ABl. L 39/1975, 1 = *HER I A* 58/49.3.
21 VO 1339/2008, ABl. L 354/2008, 82 = *HER I A* 58/49.103.
22 BGBl. II Nr. 50 v. 27. August 1974, 1138 = *HER I A* 58/50.1.

Art. 352 AEUV) als Vertragspartei beteiligt.[23] Diese Schulen sind vor allem für die Kinder der EU-Bediensteten bestimmt.

D. Vertragsanwendung auf dem Gebiet der Kultur

12 Erste Initiativen des Europäischen Parlaments[24] und der Kommission[25] im kulturellen Bereich setzten 1974 bzw. 1977 ein. Sie galten insbesondere den kulturellen Aspekten des Warenverkehrs, der Dienstleistungsfreiheit und des Urheberrechts. Seit 1982 treten in regelmäßigen Abständen die für Fragen der Kultur zuständigen Minister der Mitgliedstaaten im Rahmen des Rates zusammen. Sie beschlossen zunächst einzelne Maßnahmen eher symbolischer Natur wie z.b. die Benennung einer **Kulturhauptstadt Europas** und einen europäischen Bildhauerwettbewerb.

Seit der Schaffung einer besonderen Rechtsgrundlage im Vertrag von Maastricht (Art. 151 EGV = Art. 167 AEUV) entwickelte sich eine umfassende Konzeption kultureller Aktivitäten der Union. Der Rat und die im Rat vereinigten Minister für Kulturfragen verabschiedeten am 12. November 1992 Leitlinien für ein Kulturkonzept der Union.[26] Darin wurde u.a. empfohlen, die Bildung „europäischer kultureller Netze" zu fördern, Impulse für die kommerzielle Kunstförderung zu geben, Maßnahmen zur Schärfung des Bewusstseins für andere Kulturen und Sprachen und der Achtung der gemeinsamen Werte zu beschließen.

In der Folgezeit wurden einzelne Aktionsprogramme mit begrenzter Laufzeit beschlossen, die u.a. der Förderung und Verbreitung des literarischen Schaffens, der Erhaltung des kulturellen Erbes und der Förderung des Lesens und der Übersetzung galten. Ein umfassendes Konzept zur „kulturpolitischen Steuerung" mit der Methode der „offenen Koordinierung" verabschiedete der Rat im November 2012.[27]

13 In Fortentwicklung eines erstmals 2000 angenommenen und bis 2013 fortgeschriebenen Finanzierungs- und Planungsinstruments wurde für den Zeitraum 2014–2020 das Programm „Kreatives Europa" für die Maßnahmen der Union im Kulturbereich beschlossen.[28] Es definiert als vorrangige Ziele die Wahrung, Entwicklung und Förderung der kulturellen und sprachlichen Vielfalt und die Förderung des kulturellen Erbes sowie die Stärkung der Wettbewerbsfähigkeit des europäischen Kultur – und Kreativsektors (Art. 3 VO 1295/2013).

Ein jährliches Kulturprojekt von europäischer Dimension wird im Rahmen der Aktion „Kulturhauptstadt Europas" in jeweils wechselnden Mitgliedstaaten durchgeführt.[29]

Ein „Europäisches Kulturerbe-Siegel" soll der Hervorhebung des gemeinsamen kulturellen Erbes dienen.[30]

---

23 ABl. L 212/1994, 3 = HER I A 58/51.1.
24 Entschließung EP v. 13. Mai 1974, ABl. C 62/1974, 5.
25 Mitteilung der Kommission v. 22. November 1977, Bull. EG Beil. 6/77.
26 ABl. C 336/1992, 1 = HER I A 59/2.
27 Schlussfolgerungen des Rates v. 26. November 2012, ABl. C 393/2012, 8.
28 VO 1295/2013, ABl. L 347/2013, 221.
29 B EP/Rat 445/2014, ABl. L 132/ 2014, 1 und BRat 2012/309, ABl. L 154/2012, 11 (Kulturhauptstädte für 2016 in Spanien und Polen).
30 B EP/Rat 1194/2011, ABl. L 303/2011, 1.

Kulturellen Zielsetzungen dienen auch einige Regelungen der EU zur Dienstleistungsfreiheit im Bereich des **Fernsehens**,[31] des **Urheberrechts** (*§ 20 Rn. 6*) und der **Rechtsangleichung** (*§ 14*)[32].

E. Sport

Das Programm „Erasmus+" widmet der Förderung des Sports einen eigenen Abschnitt. Danach soll vor allem der Breitensport finanziell gefördert werden.   14
Als Einzelziele nennt das Programm den Kampf gegen Doping, Spielabsprachen und Gewalt; „Good Governance" im Sport, die Unterstützung von Freiwilligentätigkeit u.a..[33]

F. Literatur

Blanke, Hermann, Josef, Europa auf dem Weg zu einer Bildungs- und Kulturgemeinschaft, Köln 1994; *Britz, Gabriele,* Die Freiheit der Kunst in der europäischen Kulturpolitik, EuR 2004, 1–26; *Craufurd Smith, Rachael* (Hg.), Culture and European Union Law, Oxford 2004; *Eichel, Benjamin*, Der Sport im Recht der Europäischen Union, Baden – Baden 2013; *Fürst, Andreas,* Die bildungspolitischen Kompetenzen der EG, Frankfurt/M. 1999; *Günther, Cécile,* Die Auslegung des Rechts auf Bildung in der europäischen Grundrechtsordnung, Frankfurt/M. 2007; *Mager, Ute,* Europäische Bildungspolitik in internationaler Verflechtung, in: Kadelbach (Hg.), 60 Jahre Integration in Europa, Baden–Baden 2011, 53–73; *Nettesheim, Martin,* Das Kulturverfassungsrecht der Europäischen Union, JZ 2002, 157 ff.; *Niedobitek, Matthias,* Kultur und europäisches Gemeinschaftsrecht, Berlin 1992; *ders.,* Die kulturelle Dimension im Vertrag über die Europäische Union, EuR 1995, 349–376; *Odenthal, Kerstin* (Hg.), Europäische (Bildungs-)Union?, Berlin 2011; *Psychogiopoulou, Evangelia,* The Integration of Cultural Considerations in EU Law and Policies, The Hague/Boston 2007; *Rangeon, Florence,* Le traité de Lisbonne, acte de naissance d'une politique européenne du sport?, RMCUE 2010, 302 ff.; *Rechberger-Bechter, Christina,* Europäische Gemeinschaft in der Bildungspolitik, Zuständigkeiten und Handlungsmöglichkeiten, Baden-Baden 2008;

---

31 RL 2010/13, ABl. L 95/2010, 1 („Fernsehrichtlinie") = HER I A 28/22.14.
32 Vgl. RL 2014/60, ABl. L 159/2014, 1 (Kontrolle des Exports von Kulturgütern).
33 Art. 16, 17, VO 1288/2013, (s.o. Anm. 12). S.a. Arbeitsprogramm für den Zeitraum 2014 – 2017, ABl. C 183/2014, 12 sowie EP – Entschließung v. 2. Februar 2012, ABl. C 239E/2013, 46.

§ 30 Telekommunikation

A. Grundlagen

1 In den Verträgen ist die Telekommunikation nicht ausdrücklich geregelt. Erst mit dem Vertrag von Maastricht fand der Begriff der Telekommunikation durch die Einfügung eines neuen Titels über Transeuropäische Netze Eingang in das Primärrecht (Art. 170 AEUV). Doch gelten die allgemeinen Vertragsbestimmungen auch für diesen Wirtschaftssektor. So werden Telekommunikationsnetze und -dienste von der Niederlassungs- und der Dienstleistungsfreiheit (Art. 49 ff., 56 ff. AEUV) erfasst. Für Telekommunikationsgeräte gelten überdies die Regeln über den freien Warenverkehr (Art. 28 ff. AEUV). Auch die Wettbewerbsregeln (Art. 101 ff. AEUV) und die Vorschriften über staatliche Beihilfen (Art. 107 ff. AEUV) sind auf den Telekommunikationsbereich anwendbar. Ferner sehen die Art. 170 ff. AEUV vor, dass die Union einen Beitrag zum Auf- und Ausbau transeuropäischer Telekommunikationsnetze leistet. Im Bereich auswärtigen Handelns erstrecken sich die Bestimmungen über die gemeinsame Handelspolitik auch auf die Telekommunikation (Art. 206 f. AEUV).[1] Auf diesen Grundlagen hat sich seit dem Ende der 1980er-Jahre, insbesondere aufgrund der Vorschriften über die Dienstleistungs- und die Niederlassungsfreiheit sowie auf der Grundlage der Wettbewerbsregeln, ein umfangreiches europäisches Telekommunikationsrecht entwickelt, das die grundlegenden Telekommunikationsreformen der Mitgliedstaaten seit den 1990er-Jahren wesentlich geprägt hat.

2 Die Union hat erst zu Beginn der 1980er-Jahre begonnen, eine aktive Telekommunikationspolitik zu betreiben. Ein früher Anstoß für eine Liberalisierung des Sektors ging im Jahr 1982 von der Entscheidung der Kommission in der Sache British Telecommunications aus, in der Maßnahmen eines öffentlichen Fernmeldeunternehmens zur Beschränkung der Nutzung seiner auf der Grundlage eines rechtlichen Monopols erbrachten Dienste durch Dritte als missbräuchlich im Sinne von Art. 102 AEUV untersagt wurden.[2]
Im Jahr 1987 legte die Kommission ein Grünbuch[3] mit einem umfassenden Programm für eine europäische Politik im Bereich der Telekommunikation vor. Damit trug die Kommission dem Reformdruck Rechnung, der aufgrund technischer Fortschritte in der Computer- und Übertragungstechnik und infolge der Reformbestrebungen in einzelnen Industriestaaten auf dem europäischen Telekommunikationssektor lastete. Zugleich wurde die Telekommunikation mit dem Grünbuch auch in die Binnenmarktinitiative der Kommission einbezogen.[4]

B. Stand der Telekommunikationspolitik

3 Seit Mitte der 1990er-Jahre hat die Entwicklung und Förderung der Informationsgesellschaft, für die der Telekommunikationssektor die Grundlage bildet, auf europäischer Ebene eine hohe politische Priorität. Zentrale Aktivitäten der Union wurden in

---

1 S. den Beschluss 97/838 des Rates, ABl. L 347/1997, 45 = HER I A 67/2.79.
2 E Kommission (British Telecommunications), ABl. L 360/1982, 36, bestätigt durch: EuGH, Rs. 41/83 (Italien./. Kommission), Slg. 1985, 873.
3 Auf dem Wege zu einer dynamischen europäischen Volkswirtschaft – Grünbuch über die Entwicklung des Gemeinsamen Marktes für Telekommunikationsdienstleistungen und -geräte, KOM (87) 290 endg., 30.6.1987.
4 Vgl. grundlegend H. Ungerer/N. Costello, Telekommunikation in Europa, Brüssel/Luxemburg 1989, 207 ff., 255 ff.

der „eEurope"-Initiative⁵ und später in der „i2010"-Initiative⁶ zusammengefasst und werden in der „Digitalen Agenda" fortgeführt.⁷ Aus der Vielzahl der Maßnahmen wird im Folgenden nur auf einige der wichtigsten hingewiesen.⁸

I. Elektronische Kommunikationsnetze und -dienste

Seit der Reform der telekommunikationsrechtlichen Vorschriften nach der vollen Öffnung der Märkte im Jahr 1998 sind die zentralen sekundärrechtlichen Vorschriften für Telekommunikationsnetze und Telekommunikationsdienste in fünf Richtlinien enthalten, einer Rahmenrichtlinie und vier Richtlinien, die ausgehend von den allgemeinen Bestimmungen und Grundsätzen der Rahmenrichtlinie jeweils spezielle Bereiche im einzelnen regeln.

4

Die Richtlinien verwenden anstelle des Begriffs der „Telekommunikation" den der **elektronischen Kommunikation**". Damit wird klargestellt, dass der mit ihnen geschaffene Rechtsrahmen auf alle Arten von elektronischen Signalübertragungssystemen und die über diese erbrachten Übertragungsdienste anwendbar ist. Die Regelung trägt damit dem Phänomen der technischen Konvergenz unterschiedlicher Übertragungssysteme Rechnung. Nicht vom Begriff der elektronischen Kommunikationsdienste erfasst sind insbesondere die Dienstleistungen, die im Angebot von Informationsinhalten bestehen.

Mit der Rahmenrichtlinie 2002/21⁹ werden harmonisierte Grundsätze für die Regulierung von elektronischen Kommunikationsnetzen und -diensten festgelegt. Die Richtlinie regelt zudem die Aufgaben und Befugnisse der nationalen Regulierungsbehörden sowie die Zusammenarbeit der Regulierungsbehörden untereinander und mit der Kommission. Außerdem normiert sie eine Reihe von allgemeinen Regulierungsverfahren.

5

Die Richtlinie sieht insbesondere ein Verfahren zur Feststellung vor, ob ein Unternehmen über „beträchtliche Marktmacht" verfügt und deshalb aufgrund der speziellen Richtlinien besonderen Verpflichtungen und stärkeren Eingriffsbefugnissen der Regulierungsbehörde unterliegen kann. Das Kriterium der „beträchtlichen Marktmacht" wird in der Rahmenrichtlinie entsprechend dem wettbewerbsrechtlichen Marktbeherrschungskriterium definiert. Die Kommission hat gemäß Art. 15 der RL eine Abgrenzung der relevanten Produkt- und Dienstmärkte vorgenommen,¹⁰ an welche die nationalen Regulierungsbehörden grundsätzlich gebunden sind (vgl. aber Art. 7 RL 2002/21).

Die Genehmigungsrichtlinie 2002/20¹¹ harmonisiert die Verfahren zur Genehmigung der Erbringung von Kommunikationsdiensten und der Bereitstellung von Kommunikationsnetzen.

6

Die Richtlinie sieht vor, dass die Mitgliedstaaten die Freiheit der Bereitstellung von elektronischen Kommunikationsnetzen und -diensten gewährleisten müssen. Die Bereitstellung darf in den Mitgliedstaaten allenfalls einer Allgemeingenehmigung unterworfen werden. Eine zahlenmäßige Beschränkung der zu erteilenden Genehmigungen darf nicht vorgenommen werden.

---

5 S. dazu etwa die Mitteilungen der Kommission „eEurope – Eine Informationsgesellschaft für alle", KOM(1999) 687, 8.12.1999; „eEurope 2005: Eine Informationsgesellschaft für alle", KOM(2002) 263, 28.5.2002.
6 S. dazu die Mitteilung der Kommission „i2010 – Eine europäische Informationsgesellschaft für Wachstum und Beschäftigung", KOM(2005) 229, 1.6.2005.
7 Mitteilung der Kommission „Eine Digitale Agenda für Europa", KOM(2010) 245, 19.5.2010.
8 Eine umfangreiche Zusammenstellung der telekommunikationsrechtlichen Vorschriften der Union findet sich in *HER I A* 67.
9 ABl. L 108/2002, 33 = *HER I A* 67/2.117, geändert durch RL 2009/140, ABl. L 137/2009, 37.
10 ABl. L 114/2003, 45 = *HER I A* 67/2.122.
11 ABl. L 108/2002, 21 = *HER I A* 67/2.116, geändert durch RL 2009/140, ABl. L 137/2009, 37.

Lediglich die Zahl der Nutzungsrechte für bestimmte Funkfrequenzen darf insoweit eingeschränkt werden, als dies für eine effiziente Frequenznutzung erforderlich ist.

7 Die Zugangsrichtlinie 2002/19[12] schafft harmonisierte Vorschriften für den Zugang zu Kommunikationsnetzen und für deren Zusammenschaltung.

Aufgrund der Richtlinie können Netzbetreiber mit beträchtlicher Marktmacht von der nationalen Regulierungsbehörde zur Gewährung von Zusammenschaltung oder zur Gewährung des Zugangs zu bestimmten Netzkomponenten verpflichtet werden. Im Falle des Fehlens wirksamen Wettbewerbs kann die nationale Regulierungsbehörde einen Betreiber in Bezug auf Zusammenschaltung und Zugang auch einer Preiskontrolle unterwerfen.

8 Die Universaldienstrichtlinie 2002/22[13] soll die allgemeine Verfügbarkeit qualitativ hochwertiger Telekommunikationsdienstleistungen in einem offenen Markt sicherstellen. Zudem enthält die Richtlinie eine Reihe von Verbraucherschutzbestimmungen.

Die Richtlinie verpflichtet die Mitgliedstaaten darauf sicherzustellen, dass bestimmte Dienste in einer definierten Qualität allen Bürgern in ihrem Hoheitsgebiet zu einem erschwinglichen Preis zur Verfügung gestellt werden. Zu diesen Diensten gehören ein Telefonfestnetzanschluss, der den Zugang zu öffentlichen Telefondiensten, Telefax- und Datenübertragungsdiensten ermöglicht, Auskunftsdienste und Teilnehmerverzeichnisse, öffentliche Münz- und Kartentelefone sowie besondere Maßnahmen für behinderte Nutzer. Die Mitgliedstaaten können einen oder mehrere Betreiber zur Erbringung des Universaldienstes verpflichten. Falls die Erbringung des Universaldienstes einen dazu verpflichteten Betreiber unzumutbar belastet, können die Mitgliedstaaten beschließen, den betroffenen Betreiber entweder aus öffentlichen Mitteln zu entschädigen oder die Nettokosten der Universaldienstverpflichtungen unter den Netzbetreibern und Diensteanbietern aufzuteilen.[14] Die Richtlinie sieht überdies eine regelmäßige Überprüfung des Umfangs des Universaldienstes vor.[15]

9 Die sektorspezifische Datenschutzrichtlinie 2002/58[16] enthält spezielle, die allgemeine Datenschutzrichtlinie 95/46[17] ergänzende Datenschutzbestimmungen, welche die Grundrechte aus Art. 16 I AEUV und 7, 8 der Grundrechte-Charta für den Bereich der elektronischen Kommunikation konkretisieren. Sie verpflichtet die Mitgliedstaaten insbesondere auch zur Gewährleistung der Vertraulichkeit der Kommunikation. Der Datenschutz in internen Kommunikationsnetzen der Organe und Einrichtungen der Union ist in der Verordnung 45/2000[18] geregelt und wird vom Europäischen Datenschutzbeauftragten (§ 4 Rn. 101) überwacht. Die Richtlinie 2006/24, welche die Vorratsspeicherung von bei der Bereitstellung öffentlicher Kommunikationsdienste und -netze anfallenden Daten zum Zwecke der Verhütung und Verfolgung schwerer Straftaten regelte,[19] wurde vom EuGH wegen Verstoßes gegen Art. 7, 8 und 52 I der Grundrechte-Charta für ungültig erklärt.[20]

Zuvor war bereits das deutsche Umsetzungsgesetz vom Bundesverfassungsgericht mit Urteil vom 2. März 2010 für nichtig erklärt worden.[21]

---

12 ABl. L 108/2002, 7 = *HER I A* 67/2.115, geändert durch RL 2009/140, ABl. L 137/2009, 37.
13 ABl. L 108/2002, 1 = *HER I A* 67/2.118, geändert durch RL 2009/136, ABl. L 137/2009, 11.
14 Zur Finanzierung des Universaldienstes s. auch EuGH, Rs. C-146/00 (Kommission./.Frankreich), Slg. 2001, I-9767; Rs. C-220/07 (Kommission./.Frankreich), Slg. 2008, I-95; Rs. C-389/08 (Base u.a../. Ministerrat), Slg. 2010, I-9073.
15 Dazu zuletzt den Bericht der Kommission, KOM(2011) 795, 23.11.2011.
16 ABl. L 201/2002, 37 = *HER I A* 12/3.12, geändert durch RL 2009/136, ABl. L 137/2009, 11.
17 ABl. L 281/1995, 31 = *HER I A* 12/3.2.
18 ABl. L 8/2001, 1 = *HER I A* 12/3.7.
19 ABl. L 105/2006, 54 = *HER I A* 12/3.21.
20 EuGH, verb. Rs. C-293/12 und C-594/12 (Digital Rights Ireland u.a.), Urteil v. 8.4.2014. S. zu der RL auch EuGH, Rs. C-301/06 (Irland./.EP und Rat), Slg. 2009, I-593..
21 BVerfGE 125, 260. Dazu *D. Szuba*, Vorratsdatenspeicherung, Baden-Baden 2011. S. zur Umsetzung der RL auch den Bericht der Kommission, KOM (2011) 225, 18.4.2011.

Der durch die fünf Richtlinien gebildete Regulierungsrahmen wird vervollständigt und ergänzt durch die auf der Grundlage von Art. 106 III AEUV erlassene Richtlinie 2002/77 der Kommission.[22] Diese hebt die sechs zuvor im Bereich der Telekommunikationsdienste und -netze ergangenen Richtlinien auf und passt die in ihnen getroffenen Regelungen an die Bestimmungen des neuen Regulierungsrahmens an. In der Verordnung 717/2007 werden zudem Obergrenzen für Roamingtarife in der Mobiltelefonie festgesetzt.[23]

Bei der Anwendung des Regulierungsrahmens werden die Kommission und die Regulierungsbehörden der Mitgliedstaaten durch das Gremium Europäischer Regulierungsstellen für elektronische Kommunikation (GEREK) unterstützt.[24]

II. Telekommunikationsgeräte

In der auf Art. 106 III AEUV gestützten **Richtlinie 2008/63** werden die Mitgliedstaaten zur Aufhebung der Endgerätemonopole verpflichtet.[25] Die auf der Grundlage von Art. 114 AEUV angenommene Richtlinie 1999/5 legt zudem harmonisierte Vorschriften für das Inverkehrbringen, den freien Verkehr und die Inbetriebnahme von Funkanlagen und Telekommunikationsendgeräten fest.[26]

III. Ergänzende Maßnahmen

Die Union hat überdies eine Vielzahl von ergänzenden Maßnahmen etwa im Bereich der Funkfrequenzen, des Internets oder der transeuropäischen Telekommunikationsnetze angenommen.

Für den Bereich der Funkfrequenzpolitik legt eine Entscheidung des EP und des Rates aus dem Jahr 2002 bestimmte Koordinierungsverfahren fest, die auch die Einbeziehung der Europäischen Konferenz der Verwaltungen für Post und Telekommunikation (CEPT) vorsehen.[27] Mit Beschluss vom 26. Juli 2002 hat die Kommission zudem eine Gruppe von Sachverständigen der Mitgliedstaaten (Gruppe für Frequenzpolitik) eingerichtet, welche die Kommission in frequenzpolitischen Fragen beraten soll.[28]
Auf der Grundlage der Vertragsvorschriften über transeuropäische Netze (*§ 24 Rn. 32 f.*) haben EP und Rat allgemeine Leitlinien erlassen.[29] Zudem fördert die Union aber insbesondere auch den Aufbau von Informatiknetzen zwischen Verwaltungen.[30]
Auch bezüglich des **Internets** hat die Union eine Reihe von Maßnahmen getroffen. So haben etwa das EP und der Rat ein Programm zur Förderung der sicheren Nutzung des Internet und neuer Online-Technologien angenommen.[31] Die Union hat zudem, gestützt auf Art. 172 AEUV, einen rechtlichen Rahmen für die Einführung der Internetdomäne oberster Stufe „.eu" geschaffen.[32]

---

22 ABl. L 249/2002, 21 = *HER I A* 50/5.2.
23 ABl. L 172/2012, 10 = *HER I A* 67/2.161. S. zur Rechtsgrundlage auch EuGH, Rs. C-58/08 (Vodafone u.a.), Slg. 2010, I-4999.
24 VO 1211/2009, ABl. L 137/2009, 1 = *HER I A* 67/2.153.
25 ABl. L 162/2008, 10 = *HER I A* 50/5.4.
26 ABl. L 91/1999, 10 = *HER I A* 67/2.101.
27 ABl. L 108/2002, 1 = *HER I A* 67/2.114.
28 ABl. L 198/2002, 49 = *HER I A* 67/2.119.
29 E 1336/97 EP und Rat, ABl. L 183/1997, 1 = *HER I A* 62/3.3.
30 Vgl. Beschluss 922/2009 EP und Rat, ABl. L 260/2009, 20 = *HER I A* 62/1.3 (ISA).
31 Beschluss 854/2005 EP und Rat, ABl. L 149/2005, 1 = *HER I A* 67/1.29.
32 VO 733/2002 EP und Rat, ABl. L 113/2002, 1 = *HER I A* 67/1.27; VO 874/2004 Kommission, ABl. L 162/2004, 40 = *HER I A* 67/1.28.

14 Zuletzt haben insbesondere auch Fragen der Kommunikationssicherheit erheblich an Bedeutung gewonnen. Die Union hat deshalb die Europäische Agentur für Netz- und Informationssicherheit errichtet.[33]

C. Literatur

Coates, Kevin, Competition Law and Regulation of Technology markets, Oxford 2011; *Ellinghaus, Ulrich*, Das Telekom-Reformpaket der EU, CR 2010, 20ff.; *Geppert, Martin/Schütz, Raimund*(Hg.), Beckscher TKG-Kommentar, 4. Aufl., München 2013; *Hancher, Leigh/Larouche, Pierre*, The Coming of Age of EU Regulation of Network Industries and Services of General Economic Interest, in: Craig, Paul/De Búrca, Gráinne (Hg.) The Evolution of EU Law, 2. Aufl., Oxford 2011, 743–781; *Klotz, Robert/Brandenberg, Alexandra*, Der novellierte Rechtsrahmen für elektronische Kommunikation. Anpassungsbedarf im TKG, MMR 2010, 147 ff.; *Koenig, Christian/Bartosch, Andreas/Braun, Jens-Daniel/Romes, Marion* (Hg.), EC competition and telecommunications law, 2. Aufl., Den Haag 2009; *Larouche, Pierre*, Competition law and regulation in European telecommunications, Oxford 2000; *Long, Colin* (Hg.), Global Telecommunications Law and Practice, Losebl., 3. Aufl., Oxford (Stand: März 2012); *Nihoul, Paul/Rodford, Peter*, EU electronic communications law: competition and regulation in the European telecommunications market, 2. Aufl., Oxford 2011; *Picot, Arnold* (Hg.), Die Effektivität der Telekommunikationsregulierung in Europa, Berlin 2008; *Queck, Robert/de Streel, Alexandre/Hou, Liyang/Jost, Julien/Kosta, Eleni*, The EU Regulatory Framework Applicable to Electronic Communications, in: Garzaniti, Laurent/O'Regan, Matthew (Hg.), Telecommunications, Broadcasting and the Internet, EU Competition Law and Regulation, 3. Aufl., London 2010, 3–262; *Säcker, Franz-Jürgen* (Hg.), Berliner Kommentar zum Telekommunikationsgesetz, 3 Aufl., Heidelberg 2013*Scherer, Joachim*, Die Umgestaltung des europäischen und deutschen Telekommunikationsrechts durch das EU-Richtlinienpaket, K&R 2002, 273 ff.; 329 ff.; 385 ff.

---

33 VO 526/2013, ABl. L 165/2013, 41 = HER I A 67/1.38. Zur Rechtsgrundlage s. auch EuGH, Rs. C-217/04 (Vereinigtes Königreich./.EP u. Rat), Slg. 2006, I-3771.

§ 31 Verbraucherschutz und Gesundheitswesen

Gemäß Art. 35 und 38 Charta der Grundrechte stellt die Politik der Union „ein hohes Gesundheitsschutzniveau" und ein „hohes Verbraucherschutzniveau sicher". Für beide Bereiche enthält der AEUV entsprechende Handlungsermächtigungen, und die Union hat von diesen insbesondere durch den Erlass von Sekundärrecht Gebrauch gemacht.

A. Verbraucherschutz

I. Grundlagen und Befugnisse

1. Rechtsgrundlagen

Art. 169 Abs. 1 AEUV begründet eine Zuständigkeit der Union „zur Förderung der Interessen der Verbraucher und zur Gewährleistung eines hohen Verbraucherschutzniveaus". Daneben soll die Union gemäß Art. 12 AEUV bei der Festlegung und Durchführung der anderen Unionspolitiken und -maßnahmen den Erfordernissen des Verbraucherschutzes Rechnung tragen. Insbesondere soll sie beim Erlass von Maßnahmen zur Verwirklichung des Binnenmarktes (Art. 114 AEUV) Belange des Verbraucherschutzes berücksichtigen (Art. 169 Abs. 2 lit. a) AEUV). Damit kommen für den Erlass verbraucherpolitischer Maßnahmen der Union – ein Bereich geteilter Zuständigkeit[1] – vier Kategorien von Rechtsgrundlagen in Betracht: Art. 169 Abs. 3 AEUV, Art. 114 Abs. 1 AEUV, Zuständigkeiten im Rahmen anderer Politiken und (ausnahmsweise) Art. 352 AEUV:

- Art. 169 Abs. 3 i.V.m. Art. 169 Abs. 2 lit. b) AEUV ermöglicht es der Union, Maßnahmen zur **Unterstützung, Ergänzung und Überwachung der Politik der Mitgliedstaaten** zu erlassen, dies im Rahmen der in Art. 169 Abs. 1 AEUV angeführten Ziele. Diese umfassen insbesondere den Schutz der Gesundheit, Sicherheit und wirtschaftlichen Interessen der Verbraucher sowie die Förderung ihres Rechts auf Information.
  Die Berücksichtigung des Gesundheitsschutzes der Verbraucher verdeutlicht die enge Verbindung von Gesundheitswesen und Verbraucherschutz.
  Für den Erlass der Maßnahmen ist das ordentliche Gesetzgebungsverfahren anwendbar. Der Wirtschafts- und Sozialausschuss ist anzuhören.
  „Maßnahmen" können alle rechtsverbindlichen und unverbindlichen Handlungsformen der Union umfassen; eine Begrenzung der Handlungsbefugnisse der Union kann der Formulierung nicht entnommen werden. Auf dieser Grundlage kann die Union daher auch eine **binnenmarktunabhängige Verbraucherpolitik** verfolgen. Allerdings darf die Union die Politiken der Mitgliedstaaten nur „unterstützen, ergänzen und überwachen", womit die **primäre Zuständigkeit der Mitgliedstaaten** betont wird, woran auch der Umstand nichts ändert, dass Art. 4 Abs. 2 AEUV den Verbraucherschutz unter den geteilten Zuständigkeiten aufführt. Nach der Art. 193 AEUV (§ 32 Rn. 41) nachgebildeten **Schutzverstärkungsklausel (Art. 169 Abs. 4 AEUV)** stellen die EU-Maßnahmen auf jeden Fall nur Mindestvorschriften dar; den Mitgliedstaaten steht daher die Möglichkeit offen, strengere (Schutz-)Maßnahmen zu erlassen.

- Der auf die Verwirklichung des Binnenmarktes ausgerichtete **Art. 114 AEUV** (Rechtsangleichungsmaßnahmen) kann auch die Rechtsgrundlage für Maßnahmen bilden, die – neben anderen Zielsetzungen – verbraucherpolitische Aspekte betreffen oder verbraucherschutzpolitische Ziele verfolgen. Dies wird ausdrücklich in

---

1 Zur Rechtswirkung der geteilten Zuständigkeiten Art. 2 Abs. 2 AEUV, s.a. § 3 Rn. 24.

Art. 169 Abs. 2 lit. a) AEUV betont. Diese Bezugnahme ist ausschließlich im Sinne eines Hinweises auf Art. 114 AEUV zu verstehen, der Inhalt, Tragweite und Auslegung dieser Vorschrift nicht berührt. Art. 114 Abs. 1 AEUV ist damit für das gesamte binnenmarktbezogene Verbraucherschutzrecht heranzuziehen, wobei Art. 114 Abs. 3 AEUV zur Anlegung eines hohen Schutzniveaus verpflichtet. Art. 115 AEUV kommt in diesem Bereich nur noch eine untergeordnete Bedeutung zu.

5 ■ Darüber hinaus können verbraucherschutzrechtliche Maßnahmen auch auf der Grundlage **spezifischer Handlungsermächtigungen** in anderen Politiken ergriffen werden. In Betracht kommen hier etwa Art. 43 AEUV für Herstellungs- und Vermarktungsregelungen landwirtschaftlicher Produkte sowie Art. 31 EAGV, auf den Maßnahmen zur Errichtung eines unionsweit hohen Niveaus von Schutznormen gegenüber den Gefahren radioaktiver Strahlungen zu stützen sind.[2]

6 ■ Schließlich können verbraucherschützende Maßnahmen auch auf **Art. 352 AEUV** gestützt werden, sofern die Voraussetzungen des Tatbestandes dieser Bestimmung vorliegen. Die Maßnahme muss also erforderlich sein, um im Rahmen der in den Verträgen festgelegten Politiken eines der Ziele der Verträge zu verwirklichen, und die hierfür erforderliche Rechtsgrundlage darf im Vertrag nicht vorgesehen sein.

Angesichts der mittlerweile weitreichenden Kompetenzen der Union auf dem Gebiet des Verbraucherschutzes dürfte Art. 352 AEUV kaum noch eine Rolle als Kompetenzgrundlage spielen. Die Bestimmung könnte allenfalls dann relevant werden, wenn die Voraussetzungen des Art. 114 Abs. 1 AEUV nicht erfüllt sind und die Union über die in Art. 169 Abs. 1 AEUV gesetzten Grenzen hinausgehen, also nicht nur „einen Beitrag leisten", möchte.

7 Insgesamt stehen der Union für die **binnenmarktbezogene Verbraucherpolitik** umfassende Rechtsgrundlagen zur Verfügung. Darüber hinaus sind den Rechtsgrundlagen jedoch recht enge Grenzen zu entnehmen: So kann die Union zwar verbraucherpolitische Maßnahmen ergreifen; die primäre Kompetenz steht aber nach wie vor den Mitgliedstaaten zu, so dass die Unionspolitik nicht anstelle der mitgliedstaatlichen Politiken und Konzepte treten darf, sondern sich auf deren Unterstützung und Ergänzung beschränken muss. Die Grenzen sind hier allerdings fließend, so dass den Unionsorganen ein gewisser Gestaltungsspielraum zusteht.

8 Die heutige Verankerung der Verbraucherpolitik im Vertrag und die Ausgestaltung der entsprechenden Befugnisse entwickelte sich erst im Zuge verschiedener Vertragsmodifikationen: Der Vertrag von Maastricht hatte mit Art. 129a EGV a.F. erstmals eine ausdrückliche Bestimmung und Kompetenzgrundlage über den Verbraucherschutz in den Vertrag eingeführt; diese Bestimmung wurde durch den Vertrag von Amsterdam erheblich modifiziert.[3] Der Vertrag von Nizza brachte keine Modifikationen, und in Art. 169 AEUV wurde Art. 153 EGV aufgegriffen, wobei aber die in Art. 153 Abs. 2 EGV enthaltene „Querschnittsklausel" in den neuen Titel II „Allgemeine geltende Bestimmungen" verschoben wurde (Art. 12 AEUV).

2. Begriffliches

9 Der **Begriff des „Verbrauchers"** wird zwar an verschiedenen Stellen im Vertrag erwähnt,[4] jedoch nicht definiert. Das abgeleitete Recht verwendet zwar Definitionen; doch gelten diese nur für den jeweiligen Rechtsakt und sind zudem nicht einheitlich

---

2 Vgl. in diesem Zusammenhang EuGH, Rs. C-70/88 (Parlament/Rat), Slg. 1990, I-2041.
3 Hierzu *Staudemmayer*, Europäisches Verbraucherschutzrecht nach Amsterdam – Stand und Perspektiven, RIW 1999, 733 ff.; *Stuyck*, European Consumer Law after the Treaty of Amsterdam, CMLRev. 2000, 367 ff.
4 Art. 39 I lit. e), Art. 40 Abs. 2 Uabs. 2, Art. 101 Abs. 3, Art. 102 lit. b), Art. 107 Abs. 2 lit. a), Art. 114 Abs. 3 AEUV.

ausgestaltet.⁵ Als gemeinsamen Nenner bzw. Ansatz der Unionsregelungen kann gleichwohl festgehalten werden, dass mit „Verbraucher" allgemein die Abnehmer und/ oder Nutzer aller Arten gewerblicher oder sonstiger Leistungen gemeint sind, so dass nicht speziell auf eine bestimmte Schutzbedürftigkeit, sondern die Rolle im Wirtschaftsverkehr – Käufer bzw. Abnehmer von Leistungen oder Waren – abgestellt wird.⁶

Die verschiedenen Aspekte des Schutzes des Verbrauchers lassen sich zumeist klassischen staatlichen Aufgaben zuordnen: Verbraucherschutz ist Teil der **Vorsorge für die Gesundheit und Sicherheit der Bevölkerung**. Er prägt den Auftrag zur Sicherung des lauteren Handelsverkehrs und soll damit auch gewährleisten, dass die Verbraucher ihre Rolle im Binnenmarkt in verantwortlicher und wirtschaftlich vernünftiger Weise wahrnehmen können. Schließlich können auch wirtschaftslenkende Maßnahmen wie Preiskontrollen und marktregulierende Interventionen dem Verbraucherschutz dienen. Im allgemeinen Sprachgebrauch der EU und ihrer Mitgliedstaaten werden dem Verbraucherschutz insbesondere **Maßnahmen zum Schutze des Verbrauchers vor Schäden, Gefahren, Nachteilen und Irreführungen** sowie der Einbezug **verbraucherpolitischer Organisationen** in die Politikdefinition in der bzw. durch die EU und ihren Vollzug bzw. Umsetzung in den Mitgliedstaaten zugerechnet.⁷

10

Der Verbraucherschutz weist zahlreiche **Verbindungen zu anderen Politiken** auf. Am engsten ist der **Bezug zum Gesundheitswesen**, dies, obwohl beide Bereiche in zwei getrennten Bestimmungen des AEUV (Art. 168, 169 AEUV) erfasst werden. Denn aufgrund der häufigen Verflechtung verbraucher- und gesundheitspolitischer Anliegen betreffen EU-Maßnahmen teilweise sowohl den einen als auch den anderen Aspekt.

11

> Ein Beispiel hierfür bildet die RL 2001/37 über die Herstellung, die Aufmachung und den Verkauf von Tabakerzeugnissen.⁸ Aber auch weite Teile des Lebensmittelrechts⁹ streben sowohl dem Verbraucher- als auch dem Gesundheitsschutz zuzuordnende Ziele an.

3. Entwicklung

Der rechtliche Schutz der Interessen des **Verbrauchers** und des **Käufers von Waren** sowie des **Empfängers von Dienstleistungen** ist in den westlichen Industriestaaten seit den 1950er-Jahren bevorzugter Gegenstand von Reformbemühungen. Gleichwohl hat-

12

---

5 S. die Zusammenstellung bei *Schulte-Nölke*, in: Schulze/Zuleeg/Kadelbach (Hg.), Europarecht, 2010, § 23, Rn. 32. Beispielhaft sei hier die Definition in der RL 2011/83 über die Rechte der Verbraucher (*Rn.* 30) zitiert: Nach Art. 2 Nr. 1 RL 2011/83 bezeichnet dieser Begriff „jede natürliche Person, die bei von dieser Richtlinie erfassten Verträgen zu Zwecken handelt, die außerhalb ihrer gewerblichen, geschäftlichen, handwerklichen oder beruflichen Tätigkeit liegen".
6 Vgl. etwa EuGH, Rs. C-269/95 (Benincasa), Slg. 1997, I-3767, Rn. 17 f.; EuGH, Rs. C-464/01 (Gruber), Slg. 2005, I-458; s. auch EuGH, verb. Rs. C-541/99 und C-542/99 (Idealservice), Slg. 2001, I-9049 in Bezug auf das EuGVÜ; EuGH, Rs. C-45/96 (Dietzinger), Slg. 1998, I-1199, Rn. 22 in Bezug auf Art. 2 RL 85/577. S. auch *Wolf*, in: Grabitz/Hilf, Kommentar zum EU- und EG-Vertrag III, A. Verbraucher- und Datenschutzrecht, A.1., Grundzüge, Rn. 1 ff.; *Schulte-Nölke*, in: Schulze/Zuleeg/Kadelbach (Hg.), Europarecht, 2010, § 23, Rn. 31 ff.
7 Vgl. etwa die Ausführungen in der verbraucherpolitischen Strategie, ABl. C 137/2002, 2 ff. S. instruktiv zum Verbraucherbegriff auch *Peintinger*, Der Verbraucherbegriff im Lichte der Richtlinie über die Rechte von Verbrauchern und des Vorschlags für ein Gemeinsames Europäisches Kaufrecht – Plädoyer für einen einheitlichen Europäischen Verbraucherbegriff, GPR 2013, 24 ff.
8 ABl. L 194/2001, 26 = HER I A 61/8.26. Der EuGH stellte fest, dass diese Richtlinie wegen ihrer Binnenmarktrelevanz auf Art. 114 I AEUV gestützt werden konnte. Vgl. EuGH, Rs. C-491/01 (BAT), Slg. 2002, I-11453; in EuGH, Rs. C-210/03 (Match), Slg. 2004, I-11893, Rn. 27 ff., bestätigte der EuGH die Kompetenz der EU für den Erlass der Richtlinie und stellte auch ihre Vereinbarkeit mit materiellen vertraglichen Vorgaben (Art. 34 AEUV, Verhältnismäßigkeit, Grundsatz der Nichtdiskriminierung, Begründungspflicht, Grundrechte) fest.
9 S. die Zusammenstellung in HER I A 61/4, 5, 6, 7.

ten die EU-Gründungsverträge den Schutz von Verbraucherinteressen ursprünglich[10] nicht systematisch thematisiert. Allerdings fanden sich von Anfang an in einigen vertraglichen Vorschriften Hinweise auf verbraucherschutzpolitische Gesichtspunkte. So ist der gemeinsamen **Landwirtschaftspolitik** nicht nur die Sicherung der angemessenen Lebenshaltung der landwirtschaftlichen Bevölkerung (Art. 39 Abs. 1 lit. b AEUV), sondern ausdrücklich auch die „Belieferung der Verbraucher zu angemessenen Preisen" (Art. 39 Abs. 1 lit. e AEUV) zum Ziel gesetzt. Wichtiger sind die Impulse, die vom Ziel des Schutzes der Verbraucherinteressen auf die **Wettbewerbspolitik** der Union ausgehen. Nach Art. 101 Abs. 3 AEUV kann ein Kartell nur dann vom Verbot in Art. 101 Abs. 1 AEUV freigestellt werden, wenn die Verbraucher am daraus herrührenden Gewinn angemessen beteiligt sind (§ 12); nach Art. 107 Abs. 2 lit. a AEUV sind staatliche Beihilfen sozialer Art an einzelne Verbraucher mit dem Binnenmarkt vereinbar.

13 Darüber hinaus wurde schon früh deutlich, dass die Anwendung der Gründungsverträge unmittelbar auf die Verbraucher zurückwirkt und daher eine Berücksichtigung durch den Gesetzgeber erforderte. Dies betraf vor allem die Verwirklichung der Grundfreiheiten und des Binnenmarktes:

- Einerseits zog (und zieht) die durch die **Grundfreiheiten** ausgelöste Liberalisierung insbesondere der Waren- und Dienstleistungsströme die Konsequenz nach sich, dass die rein nationalen Regelungen des Verbraucherschutzes teilweise unwirksam wurden bzw. werden, da der Markt auch für Waren und Dienstleistungen aus anderen Mitgliedstaaten geöffnet wird.
- Andererseits – und damit in engem Zusammenhang stehend – führt die Anwendung des nationalen Verbraucherschutzrechts auch auf eingeführte Waren und Dienstleistungen zu **Handelshemmnissen**, die jedoch mit den Vorgaben des primären Unionsrechts, insbesondere den Grundfreiheiten, in Einklang stehen müssen.

14 Die Entwicklung einer Verbraucherpolitik der Union – deren Anfänge in die 1970er-Jahre zurückreichen[11] – ist damit im Wesentlichen mit zwei Zielsetzungen verbunden: Zum einen ist die durch die Verwirklichung der Grundfreiheiten eingeleitete **Liberalisierung** des grenzüberschreitenden Waren- und Dienstleistungsverkehrs bzw. deren Wirkungen in dem Sinn „abzufedern", dass durch Maßnahmen zum Schutz des Verbrauchers unerwünschte Gefährdungen der Verbraucherinteressen verhindert werden sollen. Andererseits dient eine gewisse Harmonisierung dem Abbau von Wettbewerbsverzerrungen und Handelshemmnissen und damit der **Verwirklichung des Binnenmarktes**.

II. Stand der Verbraucherpolitik

1. Planung und finanzielle Unterstützung

15 Im Hinblick auf die **politische Planung** der Gestaltung des Verbraucherschutzes werden in **(unverbindlichen) Programmen** und **Empfehlungen** die Leitlinien für zukünftige Aktionen definiert. Daneben sind aber auch Finanzhilfen im Hinblick auf die Verwirklichung verbraucherpolitischer Zielsetzungen vorgesehen.

Besondere Bedeutung kam in der Anfangsphase der EU-Verbraucherpolitik den beiden **verbraucherschutzpolitischen Aktionsprogrammen** von 1975[12] und 1981[13] zu. Im ersten Pro-

---

10 Vgl. zur Entwicklung des Verbraucherschutzes in der EU von der Groeben/Schwarze-Berg, Art. 153, Rn. 1 ff.; Schulte-Nölke, in: Schulze/Zuleeg/Kadelbach (Hg.), Europarecht, 2010, § 23, Rn. 2 ff.
11 Vgl. zur Entwicklung die Nachweise in Fn. 10.
12 ABl. C 92/1975, 1.
13 ABl. C 133/1981, 1.

gramm werden der Verbraucherschutzpolitik der EU für den Zeitraum 1975 bis 1981 fünf Ziele gesetzt, die nach wie vor aktuell sind: Gesundheit und Sicherheit, wirtschaftliche Interessen, Schadenswiedergutmachung, Bildung und Unterrichtung sowie kollektive Interessenvertretung. Das zweite Programm von 1981 macht eine Bestandsaufnahme der Verwirklichung dieser Ziele und unterstreicht darüber hinaus die Notwendigkeit, auch bei anderen Politiken mit Auswirkungen auf die Interessen des Verbrauchers (Landwirtschafts-, Wettbewerbs-, Industriepolitik) diesen angemessen Rechnung zu tragen. Hervorzuheben ist insbesondere die Absicht, den Dialog zwischen Verbrauchervertretern einerseits und Wirtschaftsverbänden andererseits zu fördern, damit zwischen ihnen Vereinbarungen über Garantien für loyale Handelspraktiken zustande kommen, welche die gesetzlichen Regelungen ergänzen.[14] In einigen späteren Entschließungen[15] werden diese Ziele mit unterschiedlicher Akzentsetzung aufgegriffen und konkretisiert. Nach der **verbraucherpolitischen Strategie der EU 2007–2013**[16] liegt der Akzent der Verbraucherpolitik in der Union darin, die Politik der Mitgliedstaaten zu unterstützen und zu überprüfen und zum Schutz der Gesundheit, der Sicherheit sowie der wirtschaftlichen und rechtlichen Interessen der Verbraucher und zur Förderung ihres Rechts auf Information, Bildung und Selbstorganisation zur Wahrung ihrer Interessen beizutragen. Insbesondere soll ein hohes Verbraucherschutzniveau und die effektive Anwendung der Verbraucherschutzvorschriften sichergestellt werden, wobei auf eine bessere Konsultation und Vertretung der Interessen der Verbraucher Wert gelegt werden soll. Weiter soll der Besitzstand der Union im Verbraucherschutz unter Beachtung des Subsidiaritätsprinzips auf seine Sachdienlichkeit überprüft werden und der Einbezug der Ziele der Verbraucherpolitik in andere Politiken soll verstärkt werden.[17]

In der derzeit maßgeblichen **verbraucherpolitischen Agenda** (deren Horizont von **2014–2020** reicht)[18] hebt die Kommission – anknüpfend an das bisherige Programm – folgende zentrale Anliegen hervor: Verbrauchersicherheit, verbesserte Information und Kenntnis der Verbraucher, effektive Anwendung und Umsetzung des Verbraucherschutzrechts und die Anpassung des Verbraucherschutzrechts an den gesellschaftlichen Wandel, Notwendigkeit der Herstellung eines gewissen Vertrauens in den Markt sowie die Partizipation der Verbraucher.

2. Zum Stand des Sekundärrechts

Die **Umsetzung** der insbesondere in den Aktionsprogrammen und -plänen definierten Linie erfolgt durch den Erlass **materiellrechtlicher Regelungen,** die verbindlich, in der Regel in der Form von Richtlinien, bestimmte Standards setzen.[19] Der Akzent der Rechtsetzung der EU liegt auf dem **Lebensmittelrecht.**[20] Aber auch an einige andere Erzeugnisse bzw. ihre Vermarktung werden durch Sekundärrecht im Hinblick auf den **Schutz der Sicherheit und Gesundheit der Verbraucher** bestimmte Anforderungen gestellt.[21] Diese Rechtsakte dienen in aller Regel der Verwirklichung des Binnenmarktes, so dass sie meist auf Art. 114 Abs. 1 AEUV gestützt wurden.

---

14 ABl. C 133/1981, 1, Punkt 6.
15 S. insbesondere Entschließung über künftige Prioritäten für den Ausbau der Verbraucherschutzpolitik (ABl. C 186/1992, 1 = *HER I A* 61/1.13); Entschließung des Rates vom 28.6.1999 über die Verbraucherpolitik der Union 1999–2001 (ABl. L 206/1999, 1); Entschließung des Rates über die verbraucherpolitische Strategie der Union 2002–2006 (ABl. C 11/2003, 1). S. auch die den speziellen Bereich der neuen Kommunikationsmittel betreffende Entscheidung über die Annahme eines mehrjährigen Aktionsplans der Union zur Förderung der sicheren Nutzung des Internets durch die Bekämpfung illegaler und schädlicher Inhalte in globalen Netzen, ABl. L 33/1999, 1.
16 ABl. C 166/2007, 1 = *HER I A* 61/1.62.
17 Zu einigen Aspekten der Realisierung s. den verbraucherpolitischen Bericht der Kommission Januar 2012- Dezember 2013, verfügbar unter ec.europa.eu/consumer.
18 KOM (2012) 225 endg.
19 Vgl. für einen ausführlichen Überblick über das den Verbraucherschutz betreffende Sekundärrecht, jeweils m.w.N., *Micklitz/Rott*, in: Dauses (Hg.), Handbuch EU-Wirtschaftsrecht, H.V., Rn. 64, 123 ff.; *Schulte-Nölke*, in: Schulze/Zuleeg/Kadelbach (Hg.), Europarecht, 2010, § 23, Rn. 44 ff. Auf spezifische Nachweise zu einzelnen Gebieten bzw. Rechtsakten wird nachfolgend verzichtet.
20 Vgl. die Zusammenstellung der Rechtsakte in *HER I A* 61/4, 5, 6, 7.
21 S. die Zusammenstellung der Rechtsakte in *HER I A* 61/8.

Geregelt werden im Lebensmittelrecht insbesondere die Etikettierung, die Verpackung und die erlaubten Zusatzstoffe. Sodann enthalten einige Rechtsakte spezifische Vorschriften für bestimmte Lebensmittel.[22] Leitlinie der EU-Regelungen sind die Garantie eines ausreichenden Gesundheitsschutzes, einer genügenden Information der Verbraucher und der Schutz der wirtschaftlichen Interessen der Verbraucher.[23] Einen spezifischen Bereich regelt die RL 258/97 über neuartige Lebensmittel und Lebensmittelzutaten[24] (**Novel Food-Verordnung**): Zum Schutz der Verbraucher werden hier insbesondere Genehmigungs- und Kennzeichnungspflichten verschiedener Art für bestimmte neue Lebensmittel eingeführt. Ebenfalls in diesem Zusammenhang zu erwähnen ist die VO 609/2013 über Lebensmittel für Säuglinge und Kleinkinder, für besondere medizinische Zwecke und Tagesrationen für gewichtskontrollierende Ernährung.[25]

Das Lebensmittelrecht in der EU – insbesondere die Lebensmittelkennzeichnung – wird mit dem Erlass der **VO 1169/2011 betreffend die Information der Verbraucher über Lebensmittel**[26] in einigen Punkten revidiert bzw. weiterentwickelt. Die Verordnung, die spätestens drei bzw. für einige Regeln fünf Jahre nach ihrem Inkrafttreten anzuwenden ist (Art. 55), enthält allgemeine Grundsätze, Anforderungen und Zuständigkeiten betreffend die Information über Lebensmittel, insbesondere ihre Kennzeichnung. Neu muss eine Reihe von Informationen zwingend angegeben werden (u.a. solche über die Fettmenge, Zucker, Eiweiß und den Brennwert). Weitere Neuerungen betreffen besondere Kennzeichnungspflichten für Lebensmittel, die allergische Reaktionen hervorrufende Stoffe enthalten, sowie die Verpflichtung zur Angabe des Herkunftsortes für alle Fleischsorten und bei tiefgefrorenen Lebensmitteln des Einfrierdatums.

Zu erwähnen sind weiter die **RL 2009/48 über die Sicherheit von Spielzeug**[27] und die **VO 305/2011 über Bauprodukte**,[28] die beide aus regelungstechnischer Sicht auf die sog. „neue Konzeption" zurückgreifen, nach der die grundlegenden Anforderungen an die Produkte in dem Sekundärrechtsakt definiert werden, während die technischen Einzelheiten (privaten) Normen zu entnehmen sind.[29]

17 Darüber hinaus gibt es auch einige bereichsübergreifende Regelungen, die neben der **Sicherheit** und **Information** der Verbraucher in erster Linie deren **wirtschaftliche Interessen** schützen.

Von Bedeutung sind insbesondere folgende Rechtsakte:

18 ■ Die **RL 2001/95 über die allgemeine Produktsicherheit**[30] soll eine angemessene Kontrolle der Sicherheit eines Produkts gewährleisten. Die Hersteller sind danach zu verpflichten, nur sichere Produkte auf den Markt zu bringen, wobei die Richtlinie den Begriff der Sicherheit definiert. Die Mitgliedstaaten haben die Einhaltung der Anforderungen durch eine angemessene behördliche Kontrolle auch nach der Vermarktung sicherzustellen. Von Bedeutung ist weiter die einzuführende Pflicht,

---

22 S. im Lebensmittelrecht insbesondere VO 178/2002, ABl. L 31/2002, 1 = HER 61/1.45. In ihr werden die allgemeinen Grundsätze des Lebensmittelrechts zusammengefasst.
23 S. die Zusammenstellung der Rechtsakte in HER I A 61/4, 5, 6, 7.
24 ABl. L 43/1997, 1 = HER I A 61/1.23.
25 ABl. L 181/2013, 35 = HER I A 61/7.32.
26 ABl. L 304/2011, 18 = HER I A 61/4.22.
27 ABl. L 179/2009, 1 = HER I A 61/8.41. Diese Richtlinie löste die RL 88/378 (ABl. L 187/1988, 1) ab, wobei einzelne Bestimmungen dieser Richtlinie noch bis zum 20.7.2013 gelten. S. zu der neuen Richtlinie *Kapoor*, Verbraucherschutz in Europa: Das neue europäische Spielzeugrecht – Vorbild für die künftige Regulierung von Verbraucherprodukten?, EuZW 2011, 784 ff.
28 VO 305/2011 zur Festlegung harmonisierter Bedingungen für die Vermarktung von Bauprodukten, ABl. L 88/2011, 5 = HER I A 61/8.45. Diese Verordnung ersetzte die RL 89/106 (ABl. L 40/1989, 1).
29 Zu dieser „neuen Konzeption" ausführlich *Epiney/Pfenninger*, Auswirkungen eines Beitritts zur Europäischen Union auf das Umweltrecht – Das Problem der Umweltnormung, in: Cottier/Kopse (Hg.), Der Beitritt der Schweiz zur Europäischen Union. Brennpunkte und Auswirkungen, 1998, 949 ff.
30 ABl. L 11/2002, 1 = HER I A 61/2.10. Diese Richtlinie fasst die RL 92/59 (ABl. L 228/1992, 1) neu. S. auch Entscheidung der Kommission zur Übereinstimmung bestimmter Normen mit der allgemeinen Sicherheitsanforderung der RL 2001/95, ABl. L 200/2006, 35 = HER I A 61/2.13.

die Verbraucher über die Produkte und ihre etwaigen Risiken angemessen zu informieren.

- Die **RL 2006/114 über irreführende und vergleichende Werbung**[31] bezweckt den Schutz des loyalen Handelsverkehrs. Allerdings verpflichtet sie die Mitgliedstaaten nicht generell zum Verbot irreführender Werbung, sondern diese haben nur durch geeignete und wirksame Maßnahmen irreführende Werbung zu bekämpfen und für einen angemessenen Gerichts- oder Verwaltungsrechtsweg zu sorgen. Die Richtlinie bezieht auch die Voraussetzungen der Zulässigkeit der sog. vergleichenden Werbung – also der Vergleich eigener Produkte mit denjenigen eines Mitbewerbers – ein. Nach der Rechtsprechung dürfen die Mitgliedstaaten keine strengeren Anforderungen an Form und Inhalt vergleichender Werbung als in der Richtlinie enthalten formulieren.[32]

19

- Die **RL 85/374 über die Haftung für fehlerhafte Produkte**[33] verpflichtet die Mitgliedstaaten, eine verschuldensunabhängige Gefährdungshaftung einzuführen, nimmt hiervon aber zunächst nicht vorhersehbare Entwicklungsrisiken aus und gestattet den Mitgliedstaaten, die Haftungssumme für Personenschäden auf 70 Millionen Euro zu begrenzen. Diese Richtlinie entfaltet erhebliche Auswirkungen auf das System des Privatrechts mancher Mitgliedstaaten.[34]

20

- Nach der **RL 2008/48 über Verbraucherkreditverträge**[35] haben die Mitgliedstaaten dafür zu sorgen, dass Verbraucherkredite (z.B. Abzahlungskäufe) nur unter bestimmten Bedingungen gewährt werden dürfen. Angestrebt wird damit – neben der Angleichung der Wettbewerbsbedingungen – der Schutz der Verbraucher vor missbräuchlichen Kreditbedingungen, die insbesondere im Ergebnis zu überhöhten Rückzahlungsverpflichtungen führen (können). Die Richtlinie harmonisiert wesentliche Aspekte des Verbraucherkreditvertrages.[36]

21

- Mit der sog. **E-Commerce-Richtlinie (RL 2000/31)**[37] soll für mehr Rechtssicherheit im elektronischen Geschäftsverkehr gesorgt werden, wobei maßgeblich auf das Herkunftslandprinzip abgestellt wird.

22

---

31 ABl. L 376/2006, 21 = HER I A 61/9.26.
32 EuGH, Rs. C-44/01 (Pippig Augenoptik), Slg. 2003, I-3095 (in Bezug auf die Vorgängerrichtlinie). S. weiter zur Auslegung der (Vorgänger-)Richtlinie insbesondere EuGH, Rs. C-356/04 (Lidl Belgium), Slg. 2006, I-8501 (genaue Reichweite der Voraussetzungen für die Zulässigkeit vergleichender Werbung).
33 ABl. L 210/1985, 29 = HER I A 61/9.3. Grundlegend zur Auslegung der Richtlinie und der Reichweite ihrer Harmonisierungswirkung (insbesondere bezüglich der Zulässigkeit einer Übertragung der verschuldensunabhängigen Haftung des Herstellers auf einen Lieferanten) EuGH, Rs. C-402/03 (Skov/Bilka), Slg. 2006, I-199, Rn. 22 ff. S. weiter EuGH, Rs. C-300/95 (Kommission/Großbritannien), Slg. 1997, I-2649; EuGH, Rs. C-203/99 (Veedfald), Slg. 2001, I-3569; EuGH, Rs. C-52/00 (Kommission/Frankreich), Slg. 2002, I-3827; EuGH, Rs. C-154/00 (Kommission/Griechenland), Slg. 2002, I-3879; EuGH, Rs. C-183/00 (Gonzalez Sanchez), Slg. 2002, I-3901; EuGH, Rs. C-127/04 (O'Byrne), Slg. 2006, I-1313; EuGH, Rs. C-285/08 (Moteurs Leroy Somer), Slg. 2009, I-4733 (das zuletzt genannte Urteil präzisiert, dass die Richtlinie nicht den Ersatz von Schäden an einer Sache, die für den beruflichen Gebrauch bestimmt ist, umfasst, was die Mitgliedstaaten aber nicht daran hindert, hierfür der RL 85/374 entsprechende Haftungsregelungen einzuführen).
34 Hierzu *Reich/Micklitz*, Verbraucherrecht (C.I.), 1031 ff.
35 ABl. L 133/2008, 66 = HER 61/9.27.
36 Vgl. in diesem Zusammenhang EuGH, Rs. C-602/10 (SC Volksbank), Urt. v. 12.7.2012.
37 RL 2000/31 über bestimmte rechtliche Aspekte der Dienste der Informationsgesellschaft, insbes. des elektronischen Geschäftsverkehrs, im Binnenmarkt, ABl. L 178/2000, 1 = HER I A 28/1.16. Zur Anwendbarkeit dieser Richtlinie auf einen Internetreferenzierungsdienst EuGH, verb. Rs. C-236/08–238/08 (Google), Slg. 2010, I-2417.

23 ■ Die **RL 90/314 über Pauschalreisen**[38] – die im Zusammenhang mit der Staatshaftung zu einiger Berühmtheit gekommen ist[39] – verpflichtet die Mitgliedstaaten, dafür zu sorgen, dass Reisende, die ein Pauschalreiseangebot[40] gebucht haben, vor den für sie negativen Folgen des Konkurses des Reiseveranstalters geschützt werden.[41] Darüber hinaus verpflichtet Art. 5 RL 90/314 die Mitgliedstaaten, die erforderlichen Maßnahmen zu treffen, damit dem Verbraucher die aus einer Nichterfüllung entstehenden Schäden ersetzt werden.

In der Rs. C-168/00[42] präzisierte der EuGH, dass diese Bestimmung auch den Ersatz sog. immaterieller Schäden erfasst, dies vor dem Hintergrund des Sinns und Zwecks der Richtlinie, einerseits Wettbewerbsverzerrungen zwischen den Mitgliedstaaten zu verringern, andererseits den Verbraucherschutz zu fördern. Zu beurteilen war diese Frage im Zusammenhang mit dem verlangten Schadensersatz für „getrübte Urlaubsfreude" eines Kindes aufgrund einer Salmonellenvergiftung, die sich das Kind in einem „Robinson-Club" zugezogen hatte. Das Urteil illustriert, wie der EuGH auch bei Sekundärrechtsakten maßgeblich auf Ziel und Zweck des Rechtsaktes abstellt und hier, im Wesentlichen im Hinblick auf die Sicherstellung eines hohen Verbraucherschutzniveaus, ein unbestimmter Rechtsbegriff verbindlich ausgelegt wird. Zudem stellt das Urteil ein weiteres Beispiel dafür dar, dass der EuGH unbestimmte Rechtsbegriffe in EU-Rechtsakten grundsätzlich „unionsautonom" auslegt und damit der Verweis auf die mitgliedstaatlichen Konzepte verworfen wird. Trotz möglicher Bedenken gegen diese weitgehende Auslegungsbefugnis, die sich der EuGH einräumt,[43] erscheint dieser Ansatz überzeugend, da nur auf diese Weise eine weitgehende Aushöhlung der Rechtsangleichung vermieden werden kann, könnten doch sonst nationale Begriffsverständnisse die Reichweite zentraler unionsrechtlicher Vorgaben determinieren.

24 ■ Mit der Pauschalreiserichtlinie in engem Zusammenhang steht die **RL 93/13 über missbräuchliche Klauseln in Verbraucherverträgen.**[44] Auf ihrer Grundlage müssen missbräuchliche Klauseln – wenn sie in Standardverträgen enthalten, also nicht einzeln ausgehandelt worden sind[45] – generell für den Verbraucher unverbindlich sein.[46] Eine vorherige Anfechtung durch den Verbraucher ist nicht notwendig.[47] Die Richtlinie definiert dabei selbst den Begriff der missbräuchlichen Klausel;[48] den Mitgliedstaaten verbleibt hier aber angesichts der generalklauselartigen Formulie-

---

38 ABl. L 158/1990, 59 = HER I A 61/9.12.
39 Vgl. EuGH, verb. Rs. C-178//94, C-179/94, C-188/94, C-189/94, C-190/94 (Dillenkofer), Slg. 1996, I-4845.
40 Zum Begriff der Pauschalreise und damit dem Anwendungsbereich der RL 90/314 EuGH, Rs. C-400/00 (Gonçalves Garrido), Slg. 2002, I-4051, Rn. 13 ff. Der EuGH hielt hier fest, dass eine Pauschalreise auch dann vorliege, wenn die Reise in einem Reisebüro aus Einzelreisen zusammengesetzt wird, sodass die Richtlinie auch solche Reisen einschließt, die von einem Reisebüro auf Wunsch oder nach den Vorgaben der Verbraucher organisiert werden.
41 Zu dieser Richtlinie aus der Rechtsprechung EuGH, Rs. C-364/96 (Österreichische Kreditversicherungs), Slg. 1998, I-2949; EuGH, Rs. C-237/97 (Intercultural Programs Finland), Slg. 1999, I-825.
42 EuGH, Rs. C-168/00 (Leitner), Slg. 2002, I-2631.
43 Vgl. die Kritik bei *Doehner*, Anmerkung, EuZW 2002, 340 ff.
44 ABl. L 95/1993, 29 = HER I A 61/9.11.
45 Zum materiellen Anwendungsbereich der RL 93/13 EuGH, Rs. C-70/03 (Kommission/Spanien), Slg. 2004, I-7999, Rn. 30 ff.
46 Nach der Rechtsprechung des EuGH muss die Frage, ob eine Klausel missbräuchlich ist oder nicht, von dem nationalen Gericht von Amts wegen geprüft werden, vgl. EuGH, Rs. C-243/08 (Pannon), Slg. 2009, I-4713; EuGH, Rs. C-40/08 (Asturcom Telecomunicaciones), Slg. 2009, I-9579 (in Bezug auf eine missbräuchliche Schiedsklausel). Mit der Richtlinie ist es nicht vereinbar, wenn die Feststellung der Missbräuchlichkeit nach Ablauf einer Ausschlussfrist oder nach Erhebung einer Einrede nicht mehr möglich ist, vgl. EuGH, Rs. C-473/00 (Cofidis), Slg. 2002, I-10875, Rn. 32 ff. Zu den Folgen der Missbräuchlichkeit einer Klausel auch EuGH, Rs. C-453/10 (Perenicova), Urt. v. 15.3.2012.
47 EuGH, Rs. C-243/08 (Pannon), Slg. 2009, I-4713.
48 Vgl. aus der Rechtsprechung in Bezug auf eine Klausel, die nicht im Einzelnen ausgehandelt wurde und die ausschließliche gerichtliche Zuständigkeit dem Gericht zuweist, in dessen Bezirk der Gewerbetreibende seinen Sitz hat, EuGH, Rs. C-243/08 (Pannon), Slg. 2009, I-4713.

rung ein gewisser Gestaltungsspielraum.⁴⁹ Die **RL 2008/122 über den Schutz der Verbraucher im Hinblick auf bestimmte Aspekte von Teilzeitnutzungsverträgen, Verträgen über langfristige Urlaubsprodukte sowie Wiederverkaufs- und Tauschverträgen**⁵⁰ berücksichtigt bei der Ausgestaltung des Verbraucherschutzes die spezifischen Probleme dieser Art von Verträgen.

■ In der **RL 98/6 über den Schutz der Verbraucher bei der Angabe der Preise der ihnen angebotenen Erzeugnisse**⁵¹ wird die Sicherstellung einer zutreffenden und transparenten Information der Verbraucher über Preise angestrebt. Vorgeschrieben wird eine grundsätzliche Pflicht der Angabe des Verkaufspreises und des Preises pro Maßeinheit auf der Verpackung. 25

■ Die **RL 1999/44 zu bestimmten Aspekten des Verbrauchsgüterkaufs und der Garantien für Verbrauchsgüter**⁵² stellt Regeln für den Verkauf von Gebrauchsgütern auf, so insbesondere betreffend die Vertragswidrigkeit von Waren und die daraus erwachsenden Rechte des Verbrauchers sowie die mit dem Verkauf einer Ware abgegebenen Garantien. 26

■ Der **RL 1999/45 zur Einstufung, Verpackung und Kennzeichnung gefährlicher Zubereitungen**⁵³ sind eine Reihe von Vorgaben über den Umgang mit bestimmten gefährlichen Produkten zu entnehmen. Diese Richtlinie wird ab 2015 durch die **VO 1272/2008 über die Einstufung, Kennzeichnung und Verpackung von Stoffen und Gemischen**⁵⁴ aufgehoben (Art. 60 VO 1272/2008). Zu beachten ist dabei, dass zahlreiche Aspekte des Bereichs der **Kosmetika** durch die VO 1223/2009 über kosmetische Mittel⁵⁵ erfasst sind. 27

■ Die Verwirklichung eines effektiven Rechtsschutzes bezweckt die **RL 2009/22 über Unterlassungsklagen zum Schutz der Verbraucherinteressen.**⁵⁶ Die Richtlinie zielt dabei in erster Linie auf den Schutz der Kollektivinteressen der Verbraucher ab; Hauptgegenstand der Richtlinie ist die einzuführende Klagebefugnis sog. „qualifizierter Einrichtungen" – hierunter fallen öffentliche Stellen und/oder private (Verbraucherschutz-)Verbände – zur Wahrnehmung der Kollektivinteressen. Den Mitgliedstaaten steht jedoch bei der Wahl der klagebefugten Einrichtungen ein erheblicher Gestaltungsspielraum zu. 28

---

49 Zur Frage, ob und inwieweit der Anhang der RL 93/13 ausdrücklich in nationales Recht umzusetzen ist, EuGH, Rs. C-478/99 (Kommission/Schweden), Slg. 2002, I-4147.
50 ABl. L 33/2009, 10 = *HER* 61/1.67. Diese Richtlinie löste die RL 94/47, ABl. L 280/1994, 83, ab. Aus der Rechtsprechung zur RL 94/47 EuGH, Rs. C-423/97 (Traval Vac), Slg. 1999, I-2195.
51 ABl. L 80/1998, 27 = *HER I A* 61/9.20.
52 ABl. L 171/1999, 12 = *HER I A* 61/2.36. In EuGH, Rs. C-404/06 (Quelle), Slg. 2008, I-2675, hielt der EuGH fest, dass es nicht mit der RL 1999/44 vereinbar sei, wenn ein Verkäufer, der ein vertragswidriges Verbrauchsgut geliefert hat, vom Verbraucher Wertersatz für die Nutzung des vertragswidrigen Verbrauchsguts bis zu dessen Austausch durch ein neues Verbrauchsgut verlangen kann. S. auch EuGH, verb. Rs. C-65/09, C-87/09 (Gebr. Weber), Slg. 2011, I-5257, in Bezug auf die Notwendigkeit eines Aus- und Wiedereinbaus. Grundsätzlich sind die Vorgaben der Richtlinie von Amts wegen anzuwenden, EuGH, Rs. C-32/12 (Duarte Hueros), Urt. v. 3.10.2013.
53 ABl. L 200/1999, 1 = *HER I A* 61/2.8.
54 ABl. L 353/2008, 1 = *HER I A* 61/2.16.
55 ABl. L 342/2009, 59 = *HER I A* 61/3.13.
56 ABl. L 110/2009, 30 = *HER I A* 61/1.68.

Epiney

29 ■ Nach der **RL 2005/29 über unlautere Geschäftspraktiken**[57] sind unlautere Geschäftspraktiken verboten. Die Richtlinie präzisiert den Begriff der unlauteren Geschäftspraxis in Art. 6, 7 (Irreführung) und Art. 8, 9 (aggressive Geschäftspraktiken). Auch enthält sie eine Liste jener Praktiken, die jedenfalls als unlauter anzusehen sind.[58] Die Richtlinie umschreibt diese Tatbestände abschließend, so dass die Mitgliedstaaten nicht darüber hinaus weitere Tatbestände verbieten dürfen.[59]

30 ■ Die **RL 2011/83 über die Rechte der Verbraucher**[60] fasst die **RL 85/577 über den Verbraucherschutz im Falle von außerhalb von Geschäftsräumen abgeschlossenen Verträgen**[61] und die **RL 97/7 über den Verbraucherschutz bei Vertragsabschlüssen im Fernabsatz**[62] neu und modifiziert die RL 93/13 (*Rn. 24*) und die RL 1999/44 (*Rn. 26*) in Bezug auf Berichts- und Informationspflichten. Entgegen ihrer Bezeichnung handelt es sich nicht eigentlich um einen Rechtsakt, der alle oder doch zahlreiche Verbraucherrechte zusammenfasst. Geregelt werden vielmehr im Wesentlichen die bislang durch die RL 85/577 und der RL 97/7 erfassten Aspekte; hinzu kommen Informationspflichten und einige wenige weitere Vorgaben bei anderen Verträgen.[63] Im Verhältnis zu den beiden genannten Richtlinien sind einige Modifikationen zu verzeichnen: Von grundsätzlicher konzeptioneller Bedeutung ist das in der Richtlinie zugrunde gelegte Konzept der sog. „Vollharmonisierung" (vgl. Art. 4 RL 2011/83). Dies bedeutet, dass die Mitgliedstaaten nicht nur den in der Richtlinie vorgesehenen Schutzstandard zu beachten haben, sondern auch keine strengeren

---

57 ABl. L 149/2005, 22 = HER I A 61/9.25. Der Anwendungsbereich der Richtlinie erstreckt sich auch auf Körperschaften des öffentlichen Rechts (wie Krankenversicherungen), vgl. EuGH, Rs. C-59/12 (Zentrale zur Bekämpfung unlauteren Wettbewerbs), Urt. v. 3.10.2013. S. instruktiv zur RL 2005/29 *Gonzalez Vaqué*, La mise en oeuvre de la directive 2005/29/CE sur les pratiques commerciales déloyales, RDUE 2013, 471 ff.
58 Die spezifischen Tatbestände müssen im Rahmen der Umsetzung als solche in nationales Recht übernommen werden, vgl. EuGH, Rs. C-304/08 (Plus Warenhandelsgesellschaft), Slg. 2010, I-217. Zum Begriff der unlauteren Geschäftspraxis EuGH, Rs. C-435/11 (CHS Tour), Urt. v. 19.9.2013; EuGH, Rs. C-428/11 (Purely Creative), Urt. v. 18.10.2012. S ansonsten zu verschiedenen Fragen der Auslegung der Richtlinie EuGH, Rs. C-122/10 (Ving Sverige), Slg. 2011, I-3903; EuGH, Rs. C-391/12 (RLvS), Urt. v. 17.10.2013.
59 EuGH, Rs. C-540/08 (Mediaprint), Slg. 2010, I-10909.
60 ABl. L 304/2011, 64 = HER I A 61/9.28. Vgl. zu dieser Richtlinie *Unger*, Die Richtlinie über die Rechte der Verbraucher – Eine systematische Einführung, ZEuP 2012, 270 ff.; *Weatherill*, The Consumer Rights Directive: How and why a quest for „coherence" has (largely) failed, CMLR 2012, 1279 ff.
61 ABl. L 372/1985, 31 = HER I A 61/9.4. Zu dieser Richtlinie aus der (zahlreichen) Rechtsprechung EuGH, Rs. C-412/08 (Hamilton), Slg. 2008, I-2383 (Vereinbarkeit einer Ausschlussfrist mit der RL 85/577); EuGH, Rs. C-229/04 (Crailsheimer), Slg. 2005, I-9273, Rn. 41 ff. (zur Anwendung der Richtlinie auf Situationen, in denen Dritte für einen Gewerbetreibenden im Hinblick auf den Abschluss eines Vertrages eingeschaltet werden); EuGH, Rs. C-215/08 (Fritz GmbH), Slg. 2010, I-2947 (Anwendungsbereich der Richtlinie); EuGH, Rs. C-350/03 (Schulte), Slg. 2005, I-9215, Rn. 72 ff. (zu den Auswirkungen des Gebrauchs des Widerrufsrechts auf ggf. abgeschlossene Darlehensverträge und ihre Abwicklung).
62 ABl. L 144/1997, 19 = HER I A 61/9.18. Zu dieser Richtlinie aus der Rechtsprechung EuGH, Rs. C-336/03 (easyCar), Slg. 2005, I-1847; EuGH Rs. C-489/07 (Messner), Slg. 2009, I-7315: Unvereinbarkeit, mit den Vorgaben der RL 97/7, einer nationalen Regelung, wonach der Verkäufer vom Verbraucher für die Nutzung einer durch Vertagsabschluss im Fernabsatz gekauften Ware in dem Fall, in dem der Verbraucher sein Widerrufsrecht fristgerecht ausübt, generell Wertersatz für die Nutzung der Ware verlangen kann; hingegen könne ein Wertersatz dann verlangt werden, wenn der Verbraucher die Ware auf eine mit den Grundsätzen des Zivilrechts unvereinbare Weise genutzt hat. Ebensowenig dürfen die Kosten der Zusendung der Ware im Fall der Ausübung des Widerrufsrechts dem Verbraucher auferlegt werden, EuGH, Rs. C-511/08 (Heinrich Heine), Slg. 2010, I-3047.
63 Vgl. aus der Literatur zu diesem umstrittenen Rechtsakt z.B. *Reich*, EU-Verbraucherkaufrecht in neuen Dokumenten und einem optionalen Instrument, ZfRV 2011, 196 ff.; *Dani*, Assembling the Fractured European Consumer Law, ELR 2011, 362 ff.; *Keirsbilck/Stuyck/Terryn/Voinot* (Hg.), La directive 2011/83/UE relative aux droits des consommateurs et sa transposition en droits belge et français, Revue européenne de droit de la consommation 2013, No. 3-4.

Schutzmaßnahmen zugunsten der Verbraucher ergreifen dürfen. Da die Richtlinie wegen ihres Binnenmarktbezugs auf Art. 114 AEUV gestützt wurde, kommt auch die Schutzverstärkungsklausel (*Rn.* 3) nicht zum Zuge, und die „nationalen Alleingangsmöglichkeiten" nach Art. 114 Abs. 4–6 AEUV finden in Bezug auf Verbraucherinteressen keine Anwendung. In materieller Hinsicht werden die Rechte der Verbraucher bei außerhalb von Geschäftsräumen abgeschlossenen Verträgen und bei Fernabsatzverträgen weitgehend parallel ausgestaltet. Die Frist für die Ausübung des vorgesehenen voraussetzungslosen Widerrufsrechts beträgt nunmehr 14 (statt nur sieben) Kalendertage; bei mangelnder Information verlängert sich diese Frist auf ein Jahr. Die Rechte und Pflichten der Verbraucher und der Gewerbetreibenden bei der Ausübung des Widerrufsrechts werden im Einzelnen geregelt. Neu ist weiter das Rücktrittsrecht, wenn eine vertraglich vereinbarte Lieferung nicht innerhalb von 30 Tagen erfolgt. Schließlich erweitert die Richtlinie den Schutz der Verbraucher vor versteckten Kosten. Die Richtlinie war bis Dezember 2013 umzusetzen.

Weitere sekundärrechtliche Regelungen dienen der **organisatorischen oder verfahrensrechtlichen Absicherung** des Verbraucherschutzes. 31

> Hinzuweisen ist in diesem Zusammenhang auf die Einrichtung einer **Europäischen beratenden Verbrauchergruppe**.[64] Diese setzt sich aus je einem Vertreter der nationalen Verbraucherorganisationen aus jedem Mitgliedstaat und jeweils einem Vertreter der europäischen Verbraucherorganisationen zusammen und wird von der Kommission auf Vorschlag der nationalen Organisationen oder zuständigen Behörden bzw. der europäischen Verbraucherorganisationen ernannt. Das Gremium, in dem die Kommission den Vorsitz führt, kann zu allen Fragen des Schutzes der Verbraucherinteressen auf Unionsebene Stellung nehmen.
> Die **VO 2006/2004 über die Zusammenarbeit zwischen den für die Durchsetzung der Verbraucherschutzgesetze zuständigen nationalen Behörden**[65] regelt im Hinblick auf die effektive Anwendung der verbraucherschutzrechtlichen Maßnahmen die Zusammenarbeit der zuständigen mitgliedstaatlichen Behörden untereinander und mit der Kommission. Es geht insoweit im Wesentlichen um die Amtshilfe zwischen den Mitgliedstaaten.
> Zwei weitere Rechtsakte betreffen die **Streitbeilegung** (VO 524/2013 über die Online-Beilegung verbraucherrechtlicher Streitigkeiten[66] und RL 2013/11 über die alternative Beilegung verbraucherrechtlicher Streitigkeiten[67]).

Die Verbraucherpolitik der Union beruht nur begrenzt auf bereichsübergreifenden 32 konzeptionellen Grundentscheidungen (sieht man von dem allgemeinen Ziel des Schutzes der schwächeren Verbraucher vor Übervorteilung ab) und reagiert primär auf einzelne Probleme. Gleichwohl konnte sie in einigen Gebieten innovative Ansätze entwickeln und Reformanstöße für das Recht der Mitgliedstaaten vermitteln. Allerdings erwachsen daraus vielfach Schwierigkeiten der Einbettung der Konzepte des Unionsrechts in das nationale Regelungssystem. So können unionsrechtliche Regelungen „überkommene" nationale privatrechtliche Institute infrage stellen. Als Beispiel kann auf das Haftungsrecht hingewiesen werden: Hier bringen es einige unionsrechtliche Regelungen[68] mit sich, dass – unter bestimmten Voraussetzungen – eine Gefährdungshaftung vorzusehen ist, was teilweise in Widerspruch zu den einschlägigen zivilrechtlichen Regelungen einiger Mitgliedstaaten steht.

---

64 ABl. L 244/2009, 21 = *HER I A* 61/1.69. S. auch Beschluss 2008/721 der Kommission zur Einrichtung einer Beratungsstruktur der Wissenschaftlichen Ausschüsse und Sachverständigen im Bereich Verbrauchersicherheit, öffentliche Gesundheit und Umwelt, ABl. L 241/2008, 21 = *HER I A* 61/1.66.
65 „Verordnung über die Zusammenarbeit im Verbraucherschutz", ABl. L 364/2004, 1 = *HER I A* 61/1.58.
66 ABl. L 165/2013, 1 = *HER I A* 61/1.73.
67 ABl. L 165/2013, 63 = *HER I A* 61/1.74.
68 Insbesondere die erwähnte RL 85/374 über die Produkthaftung.

Deutlich wird damit auch, dass die verbraucherrechtlichen Regelungen maßgeblich zur „**Europäisierung**" des **Privatrechts** beitragen, berühren sie doch in weiten Teilen das Vertragsrecht oder Haftungsfragen.

Vor diesem Hintergrund sind die zunächst in der Wissenschaft und mittlerweile auch von der Kommission verfolgten Bestrebungen zu sehen, eine weitergehende Kodifizierung der Privatrechtsangleichung – im Wesentlichen in den Bereichen des Schuldrechts – voranzutreiben. Die Kommission hat eine Expertengruppe eingesetzt, die einen **Gemeinsamen Referenzrahmen** erarbeiten soll[69] und gleichzeitig ein Grünbuch zu den „Optionen für die Einführung eines Europäischen Vertragsrechts" vorgelegt.[70] Auch angesichts einer fehlenden Gesetzgebungskompetenz für den Erlass eines bereichsübergreifenden Rechtsakts erscheint es fraglich, ob diese Bemühungen in einen bereichsübergreifenden verbindlichen Rechtsakt münden werden; möglich erscheint hingegen der Erlass einer auf „Verbraucherverträge" beschränkten vertragsrechtlichen Rechtsakte. Jedenfalls erhöhen diese Arbeiten das Verständnis für die bedeutenden Implikationen des Unionsrechts auch für das Privatrecht.

B. Gesundheitswesen

I. Grundlagen und Befugnisse

33 Die Tätigkeiten der Union im Gesundheitswesen erfolgten zunächst ohne ausdrückliche vertragliche Grundlagen. Entsprechende Maßnahmen wurden entweder auf Kompetenzen spezifischer Politiken, wie z.B. Art. 118a oder 130s EGV a.F., oder aber auf die allgemeinen Vorschriften der Art. 100, 100a, 235 EGV a.F. gestützt. Der das „**Gesundheitswesen**" betreffende **Art. 168 AEUV** beruht auf dem Vertrag von Maastricht. Mit diesem Artikel wurde eine ausdrückliche **Kompetenzgrundlage** für den Erlass gesundheitspolitischer Maßnahmen eingeführt. Er wurde durch den Vertrag von Amsterdam einer Reihe von Änderungen unterzogen. Der Vertrag von Nizza brachte keine Modifikationen des Art. 152 EGV. Hingegen führte das Inkrafttreten des **Vertrages von Lissabon** zu einigen Änderungen, die in erster Linie die Reichweite der Unionskompetenzen betreffen.

Im Einzelnen sind folgende Neuerungen zu verzeichnen:
- Der Begriff der menschlichen Gesundheit wird klarer definiert („körperliche und geistige Gesundheit").
- Das Tätigkeitsfeld der Union wird auf die Beobachtung, frühzeitige Meldung und Bekämpfung schwerwiegender grenzüberschreitender Gesundheitsgefahren ausgedehnt.
- In Art. 168 Abs. 1 Uabs. 1 AEUV wird ausdrücklich die Förderung der Kooperation der Mitgliedstaaten auf dem Gebiet der Komplementarität ihrer Gesundheitsdienste erwähnt.
- In Art. 168 Abs. 2 Uabs. 2 AEUV werden die Bereiche, in denen die Kommission Initiativen ergreifen kann, präzisiert.
- Nach Art. 168 Abs. 4 AEUV kommt das ordentliche Gesetzgebungsverfahren zur Anwendung, wenn es in Bezug auf bestimmte Bereiche – hinzugefügt wurden hier Maßnahmen zur Festlegung hoher Qualitäts- und Sicherheitsstandards für Arzneimittel und Medizinprodukte – darum geht, gemeinsamen Sicherheitsanliegen Rechnung zu tragen.
- Art. 152 Abs. 4 lit. c) EGV wird zu Art. 168 Abs. 5 AEUV, und das Ziel des Schutzes und der Verbesserung der menschlichen Gesundheit wird klarer definiert.

34 Damit kommen für den Erlass gesundheitspolitischer Maßnahmen der Union vier Kategorien von Rechtsgrundlagen in Betracht:

---

[69] Beschluss 2010/233, ABl. L 105/2010, 109. Hierzu z.B. *Zoll*, in: Stürner (Hg.), Vollharmonisierung (C.l.), 133 ff.; *Micklitz et al.* (Hg.), European Private Law after the Common Frame of Reference, 2010.
[70] KOM (2010) 348 endg.

§ 31 Verbraucherschutz und Gesundheitswesen   § 31

- Nach **Art. 168 Abs. 4** AEUV kann die Union nach dem ordentlichen Gesetzgebungsverfahren (sowie nach Anhörung des Ausschusses der Regionen und des Wirtschafts- und Sozialausschusses) Maßnahmen erlassen, um „**gemeinsamen Sicherheitsanliegen**" Rechnung zu tragen. Dabei soll die Tätigkeit der Union die Verbesserung der Gesundheit der Bevölkerung, die Verhütung von Humankrankheiten und die Beseitigung von Ursachen für die Gefährdung der menschlichen Gesundheit anstreben (vgl. Art. 168 Abs. 1 AEUV). Umfasst werden insbesondere die weit verbreiteten und schwerwiegenden Krankheiten (Art. 168 Abs. 1 AEUV). 35

    Allerdings geht Art. 168 AEUV davon aus, dass die primäre Verantwortung für das Gesundheitswesen nach wie vor bei den **Mitgliedstaaten** liegt, sind doch die Aktivitäten der Union darauf beschränkt, einen **Beitrag** zur Verwirklichung der genannten Ziele zu leisten und damit die **Politiken der Mitgliedstaaten** zu ergänzen (Art. 168 Abs. 1 AEUV). 36

    Auch beschränkt Art. 168 Abs. 4 lit. a)–c) AEUV die Maßnahmen der Union auf einige **abschließend umschriebene Bereiche:** 37
    - Festlegung hoher Qualitäts- und Sicherheitsstandards für Organe und Substanzen menschlichen Ursprungs sowie für Blut- und Blutderivate; den Mitgliedstaaten bleibt hier die Anlegung strengerer Schutzstandards vorbehalten (Schutzverstärkungsklausel);
    - Veterinärwesen und Pflanzenschutz zum unmittelbaren Schutz der Gesundheit der Bevölkerung;
    - Maßnahmen zur Festlegung hoher Qualitäts- und Sicherheitsstandards für Arzneimittel und Medizinprodukte.

- Nach **Art. 168 Abs. 5** AEUV kann die Union unter Ausschluss jeglicher Harmonisierung **Fördermaßnahmen** zum Gesundheitsschutz beschließen. 38

- Darüber hinaus können Maßnahmen gesundheitspolitischen Charakters auch auf Ermächtigungen gestützt werden, die in **anderen Politiken** enthalten sind. In Betracht kommen hier insbesondere Art. 153 AEUV (z.B. Arbeitsschutz) und Art. 192 AEUV (Umweltpolitik). Für den Schutz der Bevölkerung vor ionisierenden Strahlen ist Art. 30 EAGV heranzuziehen. Häufig weisen gesundheitspolitische Vorschriften einen engen Bezug zum Verbraucherschutz (Art. 169 AEUV) auf (*Rn. 11*). 39

- Schließlich können die **allgemeinen Befugnisse** der Union nach **Art. 114 Abs. 1** AEUV (Rechtsangleichungsmaßnahmen) und **Art. 352 AEUV** herangezogen werden, falls die tatbestandlichen Voraussetzungen dieser Bestimmungen vorliegen. 40

Die Union verfügt damit über ausdrückliche Kompetenzen zum Erlass gesundheitspolitischer Maßnahmen. Da diese aber thematisch eingeschränkt sind und zudem die Politiken der Mitgliedstaaten (nur) ergänzen sollen bzw. dürfen und sich ansonsten auf Fördermaßnahmen (unter Ausschluss jeglicher Harmonisierung) beschränken, wird auch weiterhin den übrigen Rechtsgrundlagen große Bedeutung zukommen. 41

Die **Querschnittsklausel** (Art. 168 Abs. 1 UAbs. 1 AEUV) trägt diesem Befund im Sinne eines möglichst weitgehenden Gesundheitsschutzes Rechnung: In Anbetracht der Tatsache, dass eine effektive Gesundheitspolitik nur über ihre Einbeziehung in andere Politikbereiche verwirklicht werden kann, gibt diese Vorschrift den Unionsorganen auf, gesundheitspolitischen Erfordernissen in allen Politikbereichen Rechnung zu tragen. 42

Epiney

Diese Klausel entfaltet ihre Bedeutung also in anderen Politiken, stellt aber keine selbstständige Rechtsgrundlage dar. Eine ähnliche Bestimmung gibt es z.b. im Bereich des wirtschaftlichen und sozialen Zusammenhalts (Art. 175 S. 2 AEUV, dazu *§ 27*) und des Umweltschutzes (Art. 11 AEUV, *§ 32 Rn. 11*). Die Querschnittsklausel verpflichtet die Unionsorgane nicht nur, gesundheitspolitische Erfordernisse in die Betrachtungen einzubeziehen, sondern diese Berücksichtigung muss sich auch im Ergebnis in der jeweils verfolgten Politik niederschlagen, kann doch nur auf diese Weise ihren Anliegen Rechnung getragen werden. Insoweit ist sie rechtlich verbindlich, auch wenn sie den Unionsorganen einen beträchtlichen Beurteilungsspielraum einräumt.

Zur Verwirklichung der Querschnittsklausel hat der Rat eine Entschließung angenommen, die die großen Linien der Einbeziehung gesundheitspolitischer Belange in andere Politikbereiche aufzeigt.[71]

II. Durchführung der Gesundheitspolitik der Union

43 Die Union hat bereits seit Mitte der 1970er-Jahre begonnen, Maßnahmen mit allgemein gesundheitspolitischem Bezug zu erlassen. Diese können in drei Kategorien eingeteilt werden:[72]

44 ■ Nicht verbindliche **Aktionsprogramme, Entschließungen** oder **Empfehlungen,** die teilweise auch die Zusammenarbeit mit Drittländern verstärken oder anstreben wollen, legen die politischen Linien der EU-Gesundheitspolitik fest.

Zu erwähnen sind hier z.b. die Schlussfolgerungen betreffend die Verringerung der Nachfrage nach Drogen und psychotropen Stoffen,[73] die Schlussfolgerungen betreffend AIDS,[74] die Empfehlung des Rates zur Prävention des Rauchens und für Maßnahmen zur gezielteren Eindämmung des Tabakkonsums,[75] die Schlussfolgerungen des Rates betreffend gesunde Lebensführung,[76] oder die EU-Drogenstrategie.[77] Besonders zu erwähnen sind die Aktionsprogramme im **Bereich der öffentlichen Gesundheit.** Das Programm 2008–2013[78] wird in Kürze durch das Programm 2014–2020[79] abgelöst werden. Das neue Aktionsprogramm stellt vier Schwerpunkte (zu deren Förderung auch beachtliche Mittel bereitgestellt werden sollen) in den Vordergrund: Entwicklung innovativer und nachhaltiger Gesundheitssysteme, Verbesserung des Zugangs zur Gesundheitsversorgung für die Einzelnen, Gesundheitsförderung und Prävention sowie Schutz vor grenzüberschreitenden Gesundheitsgefährdungen.

45 ■ Der Akzent der **verbindlichen EU-Rechtsakte** liegt auf **produktbezogenen Regelungen.** Stoffe, die gesundheitsschädliche Auswirkungen entfalten (können), müssen bestimmten Anforderungen genügen. Derartige Bestimmungen verfolgen einerseits das Ziel, die menschliche Gesundheit vor Gefährdungen zu schützen, andererseits soll auf diese Weise der freie Verkehr der betroffenen Produkte ermöglicht und damit der Binnenmarkt verwirklicht werden. Unter Rückgriff auf Art. 36 AEUV kann nämlich die Freiheit des Warenverkehrs (Art. 34 AEUV) aufgrund gesundheitspolitischer Erwägungen beschränkt werden (*§ 11 Rn. 34 ff.*). Daher werden derartige Bestimmungen in der Regel auf der Grundlage von Art. 114 Abs. 1 AEUV erlassen.

---

71 ABl. C 374/1996, 3 = *HER I A 60*/1.32.
72 Vgl. die Zusammenstellung im *HER I A 60*.
73 ABl. C 329/1990, 20 = *HER I A 60*/1.6.
74 ABl. C 329/1990, 2 = *HER I A 60*/1.7.
75 ABl. L 22/2003, 31 = *HER I A 60*/1.87.
76 ABl. C 22/2004, 1 = *HER I A 60*/1.97.
77 ABl. C 168/2005, 1 = *HER I A 60*/1.151.
78 Beschluss 1350/2007 des EP und des Rates über ein zweites Aktionsprogramm der Union im Bereich der öffentlichen Gesundheit (2008–2013), ABl. L 301/2007, 3 = *HER I A 60*/1.125.
79 Vgl. den Vorschlag der Kommission in KOM (2011) 709 endg.

§ 31 Verbraucherschutz und Gesundheitswesen § 31

Die diesbezüglichen Rechtsakte ergehen meist in der Form von Richtlinien. Materiell liegt der Akzent der Tätigkeit der Union auf dem **Arzneimittelrecht**.[80]

Weitere Regelungen betreffen die Regulierung der Werbung und Verpackung,[81] die Krankheits- und Suchtprävention[82] sowie die bereits in anderem Zusammenhang (*Rn. 10, 15*) erwähnten Lebensmittel. 46

Insbesondere aus kompetenzrechtlicher Sicht sehr umstritten[83] war die **RL 98/43 über das Tabakwerbeverbot:**[84] Im Hinblick auf einen besseren Schutz der Gesundheit vor den Gefahren des Tabakrauchens – wobei auch Aspekte des Verbraucherschutzes betroffen sein könnten – sah die Richtlinie ein grundsätzliches Tabakwerbeverbot vor, das zudem auch auf die „indirekte" Tabakwerbung, also z.B. diejenige mit „Camel-Boots", erstreckt wurde. Der EuGH erklärte die RL 98/43 für nichtig.[85] Die Rechtsgrundlagen der Richtlinie (Art. 95, 47, 55 EGV; Art. 114, 53, 62 AEUV) waren nach Ansicht des EuGH unzureichend, da der Binnenmarkt nicht hinreichend intensiv berührt sei.[86] Der Unionsgesetzgeber verabschiedete daraufhin eine neue Richtlinie (**RL 2003/33 über Werbung und Sponsoring zugunsten von Tabakerzeugnissen**)[87] auf diesem Gebiet, die den vom EuGH geäußerten Bedenken Rechnung tragen sollte. Eine Nichtigkeitsklage Deutschlands gegen diese Richtlinie – die im Wesentlichen die in der Rs. C-376/98 beanstandeten Elemente aussparte – blieb erfolglos.[88]

Neue Akzente setzt **die RL 2011/24 über die Ausübung der Patientenrechte in der grenzüberschreitenden Gesundheitsversorgung:**[89] Die Richtlinie will den Zugang zur grenzüberschreitenden Gesundheitsversorgung erleichtern und die Zusammenarbeit zwischen den Mitgliedstaaten im Bereich der Gesundheitsversorgung fördern. Hierzu werden verschiedene Pflichten der Mitgliedstaaten (z.B. in Bezug auf Informationen und Berufshaftversicherungen) verankert, die Grundsätze der Kostenerstattung für die grenzüberschreitende Gesundheitsversorgung im Anschluss an die Rechtsprechung des EuGH formuliert sowie die Zusammenarbeit der Gesundheitsbehörden geregelt. 47

■ Schließlich gibt es noch Regelungen, die in erster Linie einen **organisatorischen oder verfahrensrechtlichen Charakter** aufweisen. Rechtsgrundlage ist hier in der Regel Art. 352 AEUV. 48

Beispiele sind die VO 1920/2006 über die **Europäische Beobachtungsstelle für Drogen und Drogensucht**,[90] die VO 726/2004 zur Festlegung von Unionsverfahren für die Genehmigung

---

80 Vgl. die Zusammenstellung in HER I A 60/2. S. den ausführlichen Überblick über diese sekundärrechtlichen Regelungen bei *Streinz*, in: Schulze/Zuleeg/Kadelbach (Hg.), Europarecht, 2010, § 24, Rn. 22 ff., 86 ff.
81 Vgl. z.B. die RL 2001/37 über die Herstellung, die Aufmachung und den Verkauf von Tabakerzeugnissen, ABl. L 194/2001, 26 = HER I A 61/8.26, die auch Verbindungen zum Verbraucherschutz aufweist.
82 S. z.B. Entscheidung des EP und des Rates über die Schaffung eines Netzes für die epidemiologische Überwachung und die Kontrolle übertragbarer Krankheiten, ABl. L 268/1998, 1 = HER I A 60/1.45; VO 1069/2009 mit Hygienevorschriften für nicht für den menschlichen Verkehr bestimmte tierische Nebenprodukte, ABl. 3000/2009, 1 = HER I A 60/1.131; RL 2004/23 über Qualitäts- und Sicherheitsstandards für die Spende, Beschaffung, Testung, Verarbeitung, Konservierung, Lagerung und Verteilung von menschlichen Geweben und Zellen, ABl. L 102/2004, 8 = HER I A 60/1.100; RL 2010/53 über Qualitäts- und Sicherheitsstandards für zur Transplantation bestimmte menschliche Organe, ABl. L 207/2010, 14 = HER I A 60/2.63.
83 Vgl. zur Problematik u.a. *Wägenbaur*, Das Verbot „indirekter" Tabakwerbung und seine Vereinbarkeit mit Art. 30 EGV, EuZW 1998, 709 ff.; die Beiträge in: Schneider/Stein (Hg.), The European Ban on Tobacco Advertising, 1999; *Schwarze* (Hg.), Werbung und Werbeverbote im Lichte des europäischen Gemeinschaftsrechts, 1999.
84 ABl. L 213/1998, 9.
85 EuGH, Rs. C-376/98 (Deutschland/Parlament und Rat), Slg. 2000, I-8419.
86 Vgl. zu der Entscheidung *Wägenbaur*, Anmerkung, EuZW 2000, 698; *Epiney*, NVwZ 2001, 524 f.
87 ABl. L 152/2003, 16 = HER I A 28/24.2.
88 EuGH, Rs. C-380/06 (Deutschland/EP und Rat), Slg. 2006, I-11573. Zu diesem Urteil *Epiney*, NVwZ 2007, 1012 (1014).
89 RL 2011/24, ABl. L 88/2011, 45 = HER I A 60/1.138. Zu dieser Richtlinie *Peeters*, Free Movement of Patients: Directive 2011/24 on the Application of Patients' Rights in Cross-Border Healthcare, European Journal of Health Law 2012, 29 ff.; *Hernekamp/Jäger-Lindemann*, Die neue Richtlinie zur Patientenmobilität, ZESAR 2011, 403 ff.
90 ABl. L 376/2006, 1 = HER I A 60/1.120.

und Überwachung von Human- und Tierarzneimitteln und zur Schaffung einer **Europäischen Arzneimittel-Agentur**[91] und die VO 851/2004 zur Errichtung eines **Europäischen Zentrums für die Prävention und die Kontrolle von Krankheiten**.[92]

C. Literatur

I. Verbraucherschutz

Alemanno, Alberto, Trade in Food. Regulatory and Judicial Approaches in the EC and the WTO, 2008; *van Boom, Willem/Loos, Marco*, Collective Enforcement of Consumer Law, Groningen 2007; *Bossis, Gaëlle*, La sécurité sanitaire des aliments en droit international et communautaire, Brüssel 2005; *Cafaggi, Fabrizio/Micklitz, Hans-W.* (Hg.), New Frontiers of Consumer Protection, Antwerpen 2009; *Eidenmüller, Horst et al.*, Revision des Verbraucher-*acquis*, Tübingen 2011; *Friant-Perrot, Marine*, Le consommateur vulnérable à la lumière du droit de la consommation de l'Union européenne, RTDE 2013, 483 ff.; *Gormley, Laurence W.*, The Consumer *Acquis* and the Internal Market, European Business Law Review 2009, 409 ff.; *Heiderhoff, Bettina*, Gemeinschaftsprivatrecht 3. Aufl., München 2011; *Krämer, Ludwig/Micklitz, Hans-W./Tonner, Klaus* (Hg.), Recht und diffuse Interessen in der Europäischen Rechtsordnung. Liber amicorum Norbert Reich, Baden-Baden 1997; *Langenbucher, Katja* (Hg.), Europarechtliche Bezüge des Privatrechts, 2. Aufl., Baden-Baden 2008; *Micklitz, Hans-W.* (Hg.), The many concepts of social justice in European private law, Cheltenham 2011; *Micklitz, Hans-W./Stuyck, Jules/Terryn, Evelyne*, Cases, materials and texts on Consumer law, Oxford 2010; *Micklitz, Hans-W./Reich, Norbert/Rott, Peter*, Understanding EU Consumer Law, Antwerpen 2009; *Paschke, Marian/Husmann, Peter*, Gemischte Harmonisierung des Verbraucherprivatrechts – Königsweg zwischen Mindest- und Vollharmonisierung, GPR 2010, 262 ff.; *Reich, Norbert*, Von der Minimal- zur „Halbharmonisierung", ZEuP 2010, 7 ff.; *Reich, Norbert/Micklitz, Hans-W.*, Europäisches Verbraucherschutzrecht, 4. Aufl., Baden-Baden 2003; *Schmidt-Kessel, Martin/Sorgenfrei, Ramona*, Neue Anforderungen an die Umsetzung verbraucherschützender Richtlinien, GPR 2013, 242 ff.; *Schulte-Nölke, Hans/Tichy, Lubos* (Hg.), Perspectives for European Consumer Law, München 2010; *Schulze, Reiner/Schulte-Nölke, Hans* (Hg.), European Private Law – Current Status and Perspectives, München 2011; *Schwab, Andreas/Verlage, Christopher*, Optimaler Verbraucherschutz in Europa – das Primärrecht weist den Weg!, EuZW 2010, 925 ff.; *Shorthose, Sally* (Hg.), Guide to EU Pharmaceutical Regulatory Law, Austin u.a. 2010; *Stürner, Michael* (Hg.), Vollharmonisierung im Europäischen Verbraucherrecht?, München 2010; *Stuyck, Jules*, The Transformation of Consumer Law in the EU in the Last 20 Years, MJ 2013, 385 ff.; *Tamm, Marina*, Verbraucherschutzrecht, Tübingen 2011; *Waddington, Lisa*, Vulnerable and Confused: The Protection of „Vulnerable" Consumers under EU Law, ELR 2013, 757 ff.

II. Gesundheitswesen

Alemanno, Alberto/Garde, Amandine, The emergence of an EU lifestyle policy: The case of alcohol, tobacco and unhealthy diets, CMLR 2013, 1745 ff.; *Arndt, Christine*, Produktbezogener Gesundheitsschutz im Recht der EU, Baden-Baden 2005; *Davies, Gareth*, The Community's Internal Market-Based Competence to Regulate Healthcare: Scope, Strategies and Consequences, MJ 2007, 215 ff.; *Garde, Amandine*, EU Law and Obesity Prevention, Austin u.a. 2010; *Gevers, Sjef*, Health Law in Europe: From the Present to the Future, European Journal of Health Law 2008, 261 ff.; *Kment, Martin*, Die europäische Gesundheitspolitik und ihre Funktion als Querschnittsaufgabe – eine Untersuchung des Art. 152 Abs. 1 Uabs. 1 EGV, EuR 2007, 275 ff.; *Nihoul, Paul/Simon, Anne-Claire*, L'Europe et les soins de santé, Brüssel 2005; *Pauling, Reinhard*, Probleme produktbezogener Gesundheitspolitik, Baden-Baden 2008; *Sander, Gerald G.*, Internationaler und europäischer Gesundheitsschutz, Baden-Baden 2004; *Sander, Gerald G.*, Europäi-

---

91 ABl. L 136/2004, 1 = HER I A 60/2.47.
92 ABl. L 142/2004, 1 = HER I A 60/1.102.

scher Gesundheitsschutz als primärrechtliche Aufgabe und grundrechtliche Gewährleistung, ZEuS 2005, 253 ff.; *Schmidt, Florian/Sule, Satish*, Von Patenten und Patienten – Die Entwicklung des EU-Gesundheitsrechts seit Lissabon, EuZW 2012, 369 ff.; *Wunder, Annett*, Grenzüberschreitende Krankenbehandlung im Spannungsfeld von Grundfreiheiten und vertraglicher Kompetenzverteilung, Frankfurt/M. u.a. 2008.

§ 32 Umwelt

A. Grundlagen, Befugnisse

I. Rechtsgrundlagen

1   Die Charta der Grundrechte verpflichtet die Union in Art. 37 dazu, ein hohes Umweltschutzniveau und die Verbesserung der Umweltqualität in ihre Politik einzubeziehen und nach dem Grundsatz der nachhaltigen Entwicklung sicherzustellen. Eine entsprechende Bestimmung enthält Art. 11 AEUV. Die Einzelheiten sind in Art. 191–193 AEUV festgelegt. Die Zuständigkeit der Union in diesem Bereich ist mit jener der Mitgliedstaaten geteilt (Art. 4 Abs. 2 lit. e AEUV).

2   Wegen der bereichsübergreifenden Natur umweltpolitischer Problemstellungen können umweltrelevante Rechtsakte der Union in zahlreichen (Politik-)Bereichen erlassen werden.[1] In Betracht kommen in erster Linie folgende Rechtsgrundlagen:

- **Art. 192 AEUV** bildet die **spezielle Rechtsgrundlage** für das Tätigwerden der Union zur Verfolgung der in Art. 191 AEUV genannten umweltpolitischen Zielsetzungen. Art. 192 Abs. 1 AEUV erlaubt der Union allgemein den Erlass umweltpolitischer Maßnahmen. Art. 192 Abs. 2 AEUV sieht für bestimmte, für die Mitgliedstaaten besonders sensible Bereiche ein von Abs. 1 abweichendes Entscheidungsverfahren vor (Einstimmigkeit unter Anhörung des Parlaments). In jedem Fall sind der Wirtschafts- und Sozialausschuss sowie der Ausschuss der Regionen anzuhören. Bei der Wahl ihrer Instrumente ist die Union frei; Art. 192 AEUV enthält keine diesbezüglichen Vorgaben.

    Inhaltlich müssen die auf der Grundlage von Art. 192 AEUV erlassenen Maßnahmen die Verwirklichung der Ziele des Art. 192 AEUV zum Gegenstand haben. Damit kann kein Politikbereich von vornherein vom Anwendungsbereich dieser Bestimmung ausgeschlossen werden. Dieser Ansatz wird durch Art. 192 Abs. 2 AEUV bestätigt, der auch Politiken (insbesondere die Energieversorgungs- und Raumplanungspolitik) erwähnt, die in die Kompetenz der Mitgliedstaaten fallen. Auch der EuGH geht von diesem Ansatz aus, so als er in der Rs. C-176/03[2] den Rahmenbeschluss 2003/80/JI über den Schutz der Umwelt durch das Strafrecht[3] für nichtig erklärte, da er deshalb auf Art. 175 EGV (Art. 192 AEUV) hätte gestützt werden müssen, weil der Hauptzweck des Rahmenbeschlusses gerade im Schutz der Umwelt zu sehen sei.

- **Art. 114 Abs. 1 AEUV** stellt die Rechtsgrundlage zum Erlass binnenmarktrelevanter Maßnahmen dar. Wie sich insbesondere auch aus Art. 114 Abs. 3 AEUV ergibt, können diese Maßnahmen auch umweltpolitische Aspekte betreffen.

- Schließlich können umweltpolitische Maßnahmen auch auf der Grundlage von Ermächtigungen in **spezifischen Politiken** beschlossen werden. In Betracht kommen hier insbesondere Art. 40 Abs. 2 UAbs. 3 AEUV (Landwirtschaft), Art. 91 AEUV (Verkehr) und Art. 113 AEUV (indirekte Steuern).

3   Angesichts der Vielzahl möglicher Rechtsgrundlagen stellt sich im Bereich der Umweltpolitik verschärft die Frage nach der **Abgrenzung der verschiedenen Rechtsgrundlagen** (§ 7 *Rn.* 6). Problematisch ist dabei insbesondere das Verhältnis von Art. 192 und Art. 114 Abs. 1 AEUV. Zwar hat sich die praktische Bedeutung dieser Abgrenzung insofern relativiert, als nunmehr auch in Art. 192 Abs. 1 AEUV – wie in Art. 114 Abs. 1

---

1   Zu diesem „Querschnittscharakter" der Umweltpolitik etwa *Kahl*, Umweltprinzip und Gemeinschaftsrecht (E.), 26 f.
2   EuGH, Rs. C-176/03 (Kommission/Rat), Slg. 2005, I-7879.
3   ABl. L 29/2003, 55.

§ 32 Umwelt

AEUV – das ordentliche Gesetzgebungsverfahren zur Anwendung kommt. Gleichwohl bestehen gewichtige Unterschiede fort, so für die nach wie vor differierenden Entscheidungsverfahren in Art. 192 Abs. 2 AEUV und Art. 114 Abs. 1 AEUV und in Bezug auf die den Mitgliedstaaten verbleibenden Kompetenzen (*Rn. 30 ff.*). Vor diesem Hintergrund sollte eine **Doppelabstützung** allenfalls ausnahmsweise in Betracht gezogen werden.[4]

Jedenfalls müssen die für die Abgrenzung maßgeblichen Kriterien **objektiv und gerichtlich nachprüfbar** sein (*§ 7 Rn. 6*), da andernfalls die Wahl der Rechtsgrundlage in das Belieben der Organe der Union gestellt wäre. Herangezogen werden können insbesondere der objektiv erkennbare Zweck und der Inhalt eines Rechtsakts,[5] so dass es letztlich auf den **Schwerpunkt** der Maßnahme ankommt.

Dieses Abgrenzungskriterium erscheint auch angesichts des weiten Binnenmarktbegriffs, der über die tatsächliche Verwirklichung der Grundfreiheiten hinaus auch die Herstellung eines unverfälschten Wettbewerbs erfasst, sowie des Umstands, dass weder Art. 114 Abs. 1 AEUV noch Art. 192 AEUV im Verhältnis zu der jeweils anderen Rechtsgrundlage eine „Vorrangstellung" zukommt, zwingend.

Daher impliziert allein die Tatsache, dass eine Maßnahme auch Auswirkungen auf die Verwirklichung des Binnenmarktes entfaltet, nicht zwingend ihre Abstützung auf Art. 114 Abs. 1 AEUV. Vielmehr sind Ziel und Inhalt der Maßnahme heranzuziehen, so dass auch den freien Wettbewerb betreffende Maßnahmen auf Art. 192 AEUV gestützt werden müssen, sofern sie in erster Linie auf umweltpolitischen Gesichtspunkten beruhen.[6]

Ohne dass damit eine Analyse jedes einzelnen Rechtsaktes überflüssig würde, können doch typisierende Fallgruppen gebildet werden:[7] Soweit es um produktbezogene Maßnahmen geht, also solche, die Anforderungen an Produkte stellen, wird in der Regel der Binnenmarktaspekt im Vordergrund stehen, so dass Art. 114 Abs. 1 AEUV heranzuziehen ist. Bei produktions- und anlagenbezogenen Maßnahmen kommen grundsätzlich sowohl Art. 114 Abs. 1 als auch Art. 192 AEUV infrage; je unmittelbarer eine Maßnahme aber (zumindest auch) zum Abbau von Wettbewerbsbeeinträchtigungen geeignet und bestimmt ist, desto eher dürfte Art. 114 Abs. 1 AEUV zum Zuge kommen. Umweltqualitätsstandards, genuin umweltschützende Vorschriften sowie bereichsübergreifende Umweltmaßnahmen sind in der Regel auf Art. 192 AEUV zu stützen.

Auch auf dem Gebiet der Umweltpolitik kann die Union nicht nur intern, sondern auch auf völkerrechtlicher Ebene tätig werden; ihr kommen **Außenkompetenzen** zu. Art. 191 Abs. 4 AEUV erwähnt ausdrücklich die Zusammenarbeit der Union und ihrer Mitgliedstaaten auf internationaler Ebene und im Rahmen internationaler Organisa-

---

4 So ausdrücklich EuGH, Rs. C-491/01 (British American Tobacco Ltd. u.a.), Slg. 2002, I-11453, Rn. 94; EuGH, Gutachten 2/00 (Cartagena-Protokoll), Slg. 2001, I-9713, Rn. 23; EuGH, Rs. C-281/01 (Kommission/Rat), Slg. 2002, I-5463, Rn. 35. In anderen Urteilen greift der Gerichtshof allerdings auf Doppelabstützungen zurück, dies unter Hinweis darauf, dass verschiedenen Aspekten des Rechtsakts ein gleichwertiges Gewicht einzuräumen sei, ohne jedoch auf die Frage der unterschiedlichen nationalen Alleingangsmöglichkeiten einzugehen, vgl. etwa EuGH, Rs. C-94/03 (Kommission/Rat), Slg. 2006, I-1 (in Bezug auf Art. 192 AEUV und Art. 207 AEUV). Einen anderen Akzent setzt aber das Urteil des EuGH zur Rechtsgrundlage der Abfallverbringungsverordnung (VO 1013/2006, ABl. 2006 L 190, 1). Dieses betont, Art. 192 AEUV sei zutreffenderweise als alleinige Rechtsgrundlage herangezogen worden, da der Schwerpunkt der Maßnahme (trotz der Betroffenheit des Warenverkehrs) im Bereich der Umweltpolitik liege, vgl. EuGH, Rs. C-411/06 (Kommission/EP und Rat), Slg. 2009, I-7585.
5 EuGH, Rs. C-300/89 (Kommission/Rat), Slg. 1991, I-2867, Rn. 10; EuGH, Rs. C-155/91 (Kommission/Rat), Slg. 1993, I-939, Rn. 7; EuGH, Rs. C-187/93 (Parlament/Rat), Slg. 1994, I-2857, Rn. 17; EuGH, verb. Rs. C-164, 165/97 (Parlament/Rat), Slg. 1999, I-1139, Rn. 12 ff.; EuGH, Gutachten 2/00 (Cartagena-Protokoll), Slg. 2001, I-9713, Rn. 22 ff.
6 EuGH, Rs. C-155/91 (Kommission/Rat), Slg. 1993, I-939, Rn. 7 ff.; EuGH, Rs. C-187/93 (Parlament/Rat), Slg. 1994, I-2857, Rn. 17. Vgl. aber auch die missverständlichen Formulierungen in EuGH, Rs. C-300/89 (Kommission/Rat), Slg. 1991, I-2867, Rn. 10 ff.
7 Ausführlich m.w.N. *Epiney*, Umweltrecht (*E.*), 101 ff.

tionen. Verwiesen wird sodann auf den Abschluss völkerrechtlicher Verträge, und in UAbs. 2 werden die den Mitgliedstaaten verbliebenen Kompetenzen betont. Auf dem Gebiet der Umweltpolitik sollen also die allgemeinen Grundsätze der Zuständigkeitsverteilung zwischen der Union und ihren Mitgliedstaaten im Bereich der völkerrechtlichen Vertragsschlussbefugnisse Anwendung finden (*§ 33*). Die Außenkompetenzen der Union ergeben sich daher nicht aus Art. 191 Abs. 4 AEUV, sondern aus Art. 192 AEUV, so dass sich die Bedeutung des Art. 191 Abs. 4 AEUV in einer Klarstellung erschöpft.[8] Die EU hat auf der Grundlage ihrer Umweltaußenkompetenzen zahlreiche Abkommen abgeschlossen und ist als maßgeblicher Akteur im Umweltvölkerrecht präsent.[9]

II. Inhaltliche Vorgaben

8   Die Umweltpolitik der Union hat sich an einer Reihe von **inhaltlichen Vorgaben** zu orientieren, die in Art. 191 Abs. 1, 2, 3 AEUV aufgeführt werden.

9   Art. 191 Abs. 1 AEUV nennt die **Ziele und Aufgaben** der Umweltpolitik der Union; der Vertrag von Lissabon führte hier noch ausdrücklich die Bekämpfung des Klimawandels ein. Diese Zielsetzungen umschreiben und begrenzen in verbindlicher Weise das Tätigkeitsfeld der Union; allerdings sind sie insgesamt sehr weit formuliert, so dass sich hieraus in der Praxis keine wesentlichen Einschränkungen der EU-Aktionen ergeben werden.

10 Art. 191 Abs. 2 AEUV formuliert die **umweltpolitischen Handlungsprinzipien**, die der Unionsgesetzgeber beim Erlass umweltpolitischer Maßnahmen zu beachten hat. So ist ein **hohes Schutzniveau** zu verfolgen, und das **Verursacher-** sowie das **Ursprungsprinzip** sind zugrunde zu legen. Das **Vorbeuge-** und **Vorsorgeprinzip** erlaubt der Union ein Eingreifen schon im Vorfeld konkreter Umweltgefährdungen.[10]

11 Von besonderer Bedeutung ist die sog. **Querschnittsklausel**, die mit dem Vertrag von Amsterdam durch ihre Verankerung im Ersten Teil „Grundsätze" (Art. 6 EGV a.F.) eine Aufwertung und mit der Ausrichtung auf eine nachhaltige Entwicklung eine inhaltliche Neuorientierung erfuhr und heute unter dem Titel „Allgemein geltende Bestimmungen" in Art. 11 AEUV ihren Platz hat. Danach sind Erfordernisse des Umweltschutzes bei der Verfolgung der anderen Unionspolitiken und -maßnahmen einzubeziehen, insbesondere zur Förderung einer nachhaltigen Entwicklung. Diese Klausel trägt dem „Querschnittscharakter" der Umweltpolitik Rechnung: Diese kann nicht als isolierte Politik neben anderen verfolgt werden, sondern ihre Zielsetzungen können von vornherein nur unter der Voraussetzung erreicht werden, dass ihre Belange auch im Rahmen anderer Politiken mitbedacht und mitverfolgt werden. Ebenso wie im Bereich der Gesundheitspolitik (*§ 31 Rn. 42*) wird den Anforderungen der Querschnittsklausel nur unter der Voraussetzung Rechnung getragen, dass sich die Berücksichtigung um-

---

8   Zu den Umweltaußenkompetenzen der Union *Epiney/Gross*, Zur Abgrenzung der Außenkompetenzen von Gemeinschaft und Mitgliedstaaten im Umweltbereich – unter besonderer Berücksichtigung ausgewählter Aspekte des Gewässerschutzes, UTR 2004, 27 ff.; *Steyrer*, Gemischte Verträge im Umweltrecht – die Folgen geteilter Kompetenz der Europäischen Gemeinschaft und ihrer Mitgliedstaaten, ZUR 2005, 343 ff. Aus der Rechtsprechung EuGH, Gutachten 2/00 (Cartagena-Protokoll), Slg. 2001, I-9713; EuGH, Rs. C-36/98 (Spanien/Rat), Slg. 2001, I-779; EuGH, Rs. C-281/01 (Kommission/Rat), Slg. 2002, I-5463, Rn. 33 ff.
9   Für eine Zusammenfassung der Praxis der EU beim Abschluss völkerrechtlicher Verträge *Meßerschmidt*, Europäisches Umweltrecht (*E.*), § 4, Rn. 12 ff.
10 Zur Tragweite dieser Prinzipien, m.w.N., *Epiney*, Umweltrecht (*E.*), 141 ff.; *Meßerschmidt*, Europäisches Umweltrecht (*E.*), § 3, Rn. 60 ff.

weltpolitischer Belange auch im Ergebnis in der letztlich verfolgten Politik niedergeschlagen hat.[11]

Eine spezielle Querschnittsklausel enthält Art. 13 AEUV, der das durch den Vertrag von Amsterdamer dem EGV beigefügte **Protokoll über den Tierschutz und das Wohlergehen der Tiere** aufgreift. Die Mitgliedstaaten und die Union werden hier verpflichtet, bei Festlegung und Durchführung der Politik der Union in den Bereichen Landwirtschaft, Fischerei, Verkehr, Binnenmarkt, Forschung, technologische Entwicklung und Raumfahrt den Erfordernissen des Wohlergehens der Tiere als „fühlende Wesen" in vollem Umfang Rechnung zu tragen. Praktische Bedeutung dürfte dieser Bestimmung insbesondere deshalb zukommen, weil der Schutz vor tierischem Leiden nicht in jedem Fall von der Zielbestimmung des Art. 191 AEUV erfasst ist.[12]

12

Art. 191 Abs. 3 AEUV enthält darüber hinaus noch sog. **Leitlinien** oder Abwägungskriterien, die bei der Entwicklung der EU-Umweltpolitik zu berücksichtigen sind.

13

Aus der Gesamtheit der umweltbezogenen vertraglichen Vorschriften wird – über die genannten Bestimmungen hinaus – teilweise ein „**Grundsatz des bestmöglichen Umweltschutzes**" abgeleitet.[13] Dieses Prinzip soll eine Auslegung und Anwendung des Unionsrechts aufgeben, die „bestmöglich" dem Umweltschutz dient. Es soll jedenfalls immer dort zum Tragen kommen, wo das Unionsrecht selbst die Gewichtung verschiedener Interessen bzw. Ziele verlangt. Daher sei unter Heranziehung dieses Grundsatzes im Falle der Kollision umweltpolitischer mit anderen Belangen von einem relativen Vorrang der Ersteren auszugehen. Die Anerkennung eines solchen Grundsatzes ist aber auch auf Kritik gestoßen, die in erster Linie geltend macht, dass sich wesentliche Inhalte des Grundsatzes bereits aus dem Primärrecht ergäben und dass darüber hinaus dem Vertrag nichts zu entnehmen sei.[14] Gleichwohl dürften die besseren Gründe für die Anerkennung eines solchen Grundsatzes sprechen. Allerdings sollte seine Tragweite nicht überschätzt werden: Ihm kann nicht entnommen werden, dass bei der Abwägung im Falle eines Zielkonflikts zwischen umweltpolitischen Anliegen und anderen vertraglichen Zielsetzungen ersteren im Zweifel ein relativ größeres Gewicht zukommt. Jedenfalls vermag er keine Rückwirkungen auf die Kompetenzordnung und das institutionelle Gefüge zu entfalten; er hat sich vielmehr in das bestehende System einzufügen. Hinzuweisen ist im Übrigen auf den Umstand, dass die Diskussion um diesen Grundsatz, soweit ersichtlich, nur im deutschsprachigen Schrifttum geführt wird und dass sich in der Rechtsprechung des EuGH keine Anhaltspunkte für die Anerkennung eines solchen allgemeinen Grundsatzes finden.

14

Die umweltpolitischen Handlungsprinzipien sind **rechtlich verbindlich**. Ihre Verletzung durch einen bestimmten Sekundärrechtsakt kann daher zu dessen Nichtigkeit führen.[15] Allerdings eröffnen sie den Unionsorganen einen weiten Gestaltungsspielraum, so dass ihre Verletzung im Ergebnis nur schwer nachzuweisen sein dürfte.[16]

15

---

11 Ausführlich zum Anwendungsbereich und zur Tragweite der Querschnittsklausel *Epiney*, Umweltrechtliche Querschnittsklausel und freier Warenverkehr: die Einbeziehung umweltpolitischer Belange über die Beschränkung der Grundfreiheit, NuR 1995, 497 ff.
12 Zur Tragweite des Art. 13 AEUV auch im Vergleich zu Art. 11 AEUV, *Epiney*, in: Vedder/Heintschel von Heinegg, EUV/AEUV, Kommentar, Art. 13 AEUV.
13 Grundlegend *Zuleeg*, Vorbehaltene Kompetenzen der Mitgliedstaaten der Europäischen Gemeinschaft auf dem Gebiete des Umweltschutzes, NVwZ 1987, 280 ff. Umfassend *Kahl*, Umweltprinzip (E.).
14 Vgl. etwa *Schröder*, in: Rengeling (Hrsg.), EUDUR I (E.), § 9, Rn. 63 ff.
15 EuGH, Rs. C-284/95 (Safety Hi-Tech), Slg. 1998, I-4335; EuGH, Rs. C-341/95 (Gianni Bettati), Slg. 1998, I-4301; EuGH, Rs. C-293/97 (Standley), Slg. 1999, I-2603; EuGH, Rs. C-343/09 (Afton Chemical Limited), Slg. 2010, I-7027. Der vom EuGH angelegte Prüfungsmaßstab fällt allerdings mitunter sehr (zu) weit aus, vgl. hierzu *Epiney*, NVwZ 2000, 36 (37 f.).
16 Dieser Spielraum dürfte im Bereich der Güterkraftverkehrspolitik im Hinblick auf die Verletzung der Querschnittsklausel überschritten sein, vgl. *Epiney*, in: Dauses, Handbuch EU-Wirtschaftsrecht, L, Rn. 135 ff., 594 f. (Stand Sept. 2013).

III. Entwicklung

16 Der Gründungsvertrag der EWG von 1957 enthielt noch **keine ausdrücklichen umweltpolitischen Kompetenzen**. Gleichwohl entfaltete die Union ab Anfang der 1970er-Jahre eine immer intensiver werdende Aktivität auf dem Gebiet des Umweltschutzes. Rechtsgrundlagen waren Art. 100, 235 EWGV a.F.[17] Diese Entwicklung ist insbesondere vor dem Hintergrund der Auswirkungen unterschiedlicher umweltrechtlicher Vorschriften in den Mitgliedstaaten auf die tatsächliche Verwirklichung des Binnenmarktes, der negativen Konsequenzen der Verwirklichung des Binnenmarktes für die Umweltqualität und des wachsenden Problembewusstseins zu sehen.

17 Erst durch die **Einheitliche Europäische Akte (EEA)** wurden 1987 **ausdrückliche umweltpolitische Bestimmungen**, unter Einschluss von Handlungsermächtigungen, in den Vertrag eingefügt (Art. 130 r–t EGV a.F.). Der Vertrag von Maastricht präzisierte die umweltrechtlichen Bestimmungen weiter und verankerte zudem den Umweltschutz in der Zielbestimmung des Art. 3 EGV.[18] Der Vertrag von Amsterdam führte ausdrücklich den Gedanken der nachhaltigen Entwicklung ein (Art. 2, 6 EGV), modifizierte in einigen Punkten die Regelung der mitgliedstaatlichen Alleingangsmöglichkeiten im Rahmen des Art. 95 EGV sowie das Entscheidungsverfahren in Art. 175 EGV. Der Vertrag von Nizza brachte in Bezug auf die umweltrelevanten Bestimmungen nur eine geringfügige Modifikation des Art. 175 Abs. 2 EGV.

18 Auch der **Vertrag von Lissabon** führte in Bezug auf spezifisch umweltrechtliche Bestimmungen zu keinen wesentlichen Modifikationen: Art. 191–193 AEUV nehmen Art. 174–176 EGV auf (neu wird nunmehr ausdrücklich die Bekämpfung des Klimawandels erwähnt), Art. 11 AEUV verankert die vorher in Art. 6 EGV enthaltene „Querschnittsklausel", und Art. 13 AEUV überführt das Protokoll über den Tierschutz und das Wohlergehen der Tiere in den Vertrag. Nach Art. 3 Abs. 3 EUV strebt die Union ein hohes Maß an Umweltschutz und eine Verbesserung der Umweltqualität an. Das Ziel der nachhaltigen Entwicklung wird in Art. 3 Abs. 5 EUV auch in Bezug auf die Außenbeziehungen formuliert.[19]

B. Zum Stand der Umweltpolitik

I. Die umweltpolitischen Aktionsprogramme

19 Die **umweltpolitischen Aktionsprogramme** legen die Ziele und Prioritäten der Umweltpolitik der Union fest, umschreiben in allgemeiner Form die für einen bestimmten Zeitraum geplanten Maßnahmen, stellen sie in einen globalen Zusammenhang und leiten ggf. neue Entwicklungen und Orientierungen ein. Sie bereiten den Erlass gesetzgeberischer Maßnahmen auf Unionsebene vor und sollen diese koordinieren.

---

17 Vgl. zu der Problematik der Rechtsgrundlagen vor Erlass der EEA *Purps*, Umweltpolitik und Verursacherprinzip im Europäischen Gemeinschaftsrecht, 1991, 7 ff.; zur Entstehung der EU-Umweltpolitik etwa *Schröer*, Die Kompetenzverteilung zwischen der Europäischen Wirtschaftsgemeinschaft und ihren Mitgliedstaaten auf dem Gebiet des Umweltschutzes, 1992, 19 ff.
18 Zu den Neuerungen des Vertrages von Maastricht *Epiney/Furrer*, Umweltschutz nach Maastricht, EuR 1992, 369 ff.
19 Zu den Neuerungen des Vertrags von Lissabon *Krolik*, Union Européenne. Le Traité de Lisbonne et l'environnement, Revue européenne de droit de l'environnement 2008, 171 ff.; vgl. im Vergleich zu den in der Verfassung enthaltenen Neuerungen *Christopoulou/Long*, Conserving the Environmental Acquis: an Assessment of the European Convention, elni 2004, 1 ff.

Bisher wurden insgesamt sieben Aktionsprogramme verabschiedet.[20] Zur Zeit läuft das siebte Aktionsprogramm aus dem Jahr 2013,[21] dessen Laufzeit bis 2020 geht.[22] Inhaltlich stehen in dem neuen Aktionsprogramm die Ausrichtung der Union auf eine „grüne Wirtschaft", eine größere Energie- und Ressourceneffizienz sowie einen geringeren Treibhausgasausstoß im Vordergrund, wobei das Programm insgesamt in Bezug auf die konkret vorgesehen Maßnahmen über weite Strecken jedoch recht unverbindlich bleibt.[23]

Nach Art. 192 Abs. 3 UAbs. 1 AEUV sind die Aktionsprogramme nach dem ordentlichen Gesetzgebungsverfahren (sowie nach Anhörung des Wirtschafts- und Sozialausschusses und des Ausschusses der Regionen) anzunehmen, und die zu ihrer Durchführung erforderlichen Maßnahmen sind daran anschließend auf der Grundlage der einschlägigen Rechtsgrundlagen festzulegen. Die Ausgestaltung dieses Verfahrens spricht dafür, den Aktionsprogrammen insofern eine **verbindliche Wirkung** zuzuerkennen, als die zuständigen Unionsorgane verpflichtet werden, die zu ihrer Durchführung notwendigen Maßnahmen zu erlassen, wenn ihnen dabei auch ein gewisser Gestaltungsspielraum einzuräumen ist.[24]

II. Zum Stand des Sekundärrechts

Das EU-Sekundärrecht hat mittlerweile ein beträchtliches Ausmaß angenommen. Insgesamt bestehen über 250 Rechtsakte von allerdings unterschiedlicher Bedeutung. Bevorzugtes Instrument der Umweltrechtsetzung der Union ist die Richtlinie. Sie ermöglicht dank ihrer großen Flexibilität am besten eine harmonische Einbettung der Regelungsansätze auf Unionsebene in die jeweilige nationale Rechtsordnung. Das Sekundärrecht der Union kann grob in vier große Kategorien unterteilt werden: allgemeine Regeln, medienschützendes Umweltrecht, Schutz vor bestimmten Tätigkeiten oder Stoffen sowie Bewirtschaftung und Umweltressourcen.[25]

Hinzu kommt die **Europäische Umweltagentur**,[26] welche die Kommission bei ihren den Umweltschutz betreffenden Aufgaben insbesondere durch die Bereitstellung von Informationen unterstützen soll.

1. Allgemeine Regelungen

Eine Reihe **allgemeiner Regeln** enthält bereichsübergreifende Vorschriften. Interessant ist hier in erster Linie der **verfahrensrechtliche Ansatz** der EU-Regelungen: Ein effektiver Umweltschutz soll weniger durch die Setzung präziser materieller Standards, denn

---

20 Das erste Programm wurde 1973 verabschiedet, ABl. C 112/1973, 1. Vgl. weiter die Nachweise der 2., 3., 4. 5. und 6. Aktionsprogramme in ABl. C 139/1977, 1; ABl. C 46/1983, 1; ABl. C 328/1987, 1, ABl. C 138/1993, 1; ABl. L 242/2002, 1.
21 Beschluss 1386/2013, ABl. L 354/2013, 71. Zum siebten Aktionsprogramm bzw. dem Entwurf der Kommission *Hoffmann*, „Living well, within the limits of our planet" – Das Siebte Europäische Umweltaktionsprogramm (2013–2020), NVwZ 2013, 534 ff.
22 Die Kommission hat das sechste Programm 2011 einer abschließenden Bewertung unterzogen, vgl. KOM (2011) 531 endg., die in das neue Aktionsprogramm einfloss.
23 Vgl. in diesem Zusammenhang auch die Kritik bei *Krämer*, Un programme d'action sans actions : le 7ᵉ programme d'action de l'Union européenne pour l'environnement, RDUE 2014, 9 ff.
24 Hierzu m.w.N. *Epiney*, Umweltrecht (E.), 54 ff.
25 Vgl. für einen ausführlichen Überblick über das Sekundärrecht *Meßerschmidt*, Europäisches Umweltrecht (E.), §§ 8 ff.; *Epiney*, Umweltrecht (E.), 257 ff.; *Jans/Vedder*, European Environmental Law (E.), 339 ff., jeweils m.w.N.
26 VO 401/2009 über die Europäische Umweltagentur und das Europäische Umweltinformations- und Umweltbeobachtungsnetz, ABL. L 126/2009, 13 = HER I A 69/1.78. Diese Verordnung löste die „Gründungsverordnung" (VO 1210/90) der Agentur ab. Zur Europäischen Umweltagentur *Runge*, Zehn Jahre Umweltinformationsmanagement für Europa – die Tätigkeit der Europäischen Umweltagentur, DVBl. 2005, 542 ff.

durch die Beachtung bestimmter verfahrensrechtlicher Vorgaben erreicht werden. Einher geht mit dieser Konzeption ein umfassender Ansatz in dem Sinn, dass nicht mehr nur die Auswirkungen auf einzelne Umweltmedien berücksichtigt werden sollen, sondern gesamthaft die Einwirkungen auf den Zustand der Umwelt einzubeziehen sind (**integrierter Ansatz**).

Auf der Grundlage der **UVP-Richtlinie**[27] ist für eine Reihe von **Projekten** eine **Umweltverträglichkeitsprüfung** (UVP) durchzuführen, in deren Rahmen gesamthaft die Auswirkungen des geplanten Projekts auf die Umwelt untersucht werden. Die Ergebnisse dieser Prüfung sind dann bei der Genehmigungsentscheidung zu berücksichtigen.[28] Diese Richtlinie wird durch die **RL 2001/42 über die Prüfung der Umweltauswirkungen bestimmter Pläne und Programme** ergänzt.[29] Diese dehnt die Idee der UVP auf Instrumente aus, die sich nicht auf bestimmte Vorhaben beziehen, so dass auch kein Projektträger bekannt ist. Die Richtlinie soll damit dazu beitragen, dass Umwelterwägungen bei der Ausarbeitung und Annahme von Plänen und Programmen einbezogen werden.

Die sog. **EMAS-Verordnung**[30] soll einen verstärkten Einbezug der Betriebe als wesentliche Verursacher für Umweltverschmutzungen sicherstellen. Der Verordnung sind Vorgaben für ein umweltgerechtes Management zu entnehmen; durchläuft ein Unternehmen das vorgesehene Verfahren, kann es öffentlich eine Teilnahmebestätigung verwenden. Die Beachtung und Verbesserung des betrieblichen Umweltschutzes soll also nicht mehr nur über den staatlichen Vollzugsapparat laufen, sondern die Unternehmen werden unmittelbar beteiligt.

Eine ganzheitliche Bekämpfung der Umweltbelastung durch bestimmte Anlagen beabsichtigt die **RL 2010/75 über Industrieemissionen (integrierte Vermeidung und Verminderung der Umweltverschmutzung), IVU-Richtlinie:**[31] Kernelement der Richtlinie ist die Verpflichtung der Mitgliedstaaten, bestimmte Anlagen einer Genehmigungspflicht zu unterstellen; die Genehmigung darf nur unter den in der Richtlinie vorgegebenen Voraussetzungen, die medienübergreifend und damit integriert angelegt sind, erfolgen. Abgestellt wird also nicht auf Emissionsbegrenzungen in Bezug auf bestimmte Umweltmedien, wie etwa Luft, Boden oder Wasser, sondern die Gesamtheit der umweltrelevanten Tätigkeiten der Unternehmen ist zu berücksichtigen.

Auf der Grundlage der VO 66/2010 über das **EU-Umweltzeichen**[32] können EU-Umweltzeichen vergeben werden, womit im Interesse der Verwirklichung des Binnenmarktes die Vergabe

---

27 RL 2011/92, ABl. 2012, 26, 1 = HER I A 69/1.78. Diese Richtlinie löste die RL 85/337 ab bzw. kodifizierte die zahlreichen Modifikationen derselben. Aus der Rechtsprechung zur UVP-Richtlinie u.a. EuGH, Rs. C-508/03 (Kommission/Vereinigtes Königreich), Slg. 2006, I-3639 (Anwendbarkeit der RL 85/337 auch auf mehrstufige Genehmigungsverfahren); EuGH, Rs. C-205/08 (Umweltanwalt von Kärnten), Slg. 2009, I-11525; EuGH, Rs. C-427/07 (Kommission/Irland), Slg. 2009, I-6277 (beide Urteile zum Anwendungsbereich der Richtlinie); EuGH, Rs. C-50/09 (Kommission/Irland), Slg. 2011, I-873 (genaue Anforderungen an die Umsetzung); EuGH, Rs. C-404/09 (Kommission/Spanien), Slg. 2011, I-11853 (Pflicht zur Berücksichtigung auch der Umweltauswirkungen, die sich im Zusammenspiel mit bereits bestehenden Einrichtungen ergeben können); zu einigen die Aarhus-Konvention umsetzenden Vorgaben der Richtlinie EuGH, Rs. C-72/12 (Altrip), Urt. v. 7.11.2013.
28 Zur (zunächst unzureichenden) Umsetzung der Richtlinie durch die Bundesrepublik Deutschland EuGH, Rs. C-301/95 (Kommission/Deutschland), Slg. 1998, I-6135.
29 ABl. L 197/2001, 30 = HER I A 69/1.56. Zu dieser Richtlinie aus der Rechtsprechung EuGH, Rs. C-295/10 (Valciukiene), Slg. 2011, I-8819 (Anwendbarkeit auch auf Pläne auf lokaler Ebene); EuGH, Rs. C-474/10 (Seaport), Slg. 2011, I-10227 (zu Aspekten der Öffentlichkeitsbeteiligung und der Konsultation anderer Behörden); EuGH, verb. Rs. C-105/09, C-110/09 (Terre wallonne), Slg. 2010, I-5611 (Anwendungsbereich der Richtlinie); EuGH, Rs. C-41/11 (Inter-Environnement Wallonie), Urt. v. 28.2.2012 (Folgen der Unterlassung der Durchführung einer Umweltprüfung).
30 VO 1221/2009 über die freiwillige Beteiligung von Organisationen an einem Gemeinschaftsprüfungssystem für das Umweltmanagement und die Umweltbetriebsprüfung (EMAS), ABl. L 342/2009, 1= HER I A 69/1.82. Diese Verordnung löste die VO 761/2001, ABl. L 114/2001, 1, ab.
31 ABl. L 334/2010 = HER I A 69/1.76. Diese Richtlinie löste die RL 2008/1, ABl. L 24/2008, 8, ab und integriert weitere Richtlinien, insbesondere die RL 2001/80 und die RL 2000/76 (Rn. 26). Die Neuerungen betreffen insbesondere die Präzisierung des Standes der verfügbaren Technik. Zur RL 2010/75 bzw. der Vorgängerrichtlinie und ihr Verhältnis zur RL 2001/81 (Rn. 26) EuGH, verb. Rs. C-165–167/09 (Stichting Natuur en Milieu), Slg. 2011, I-4599. Zu den die Aarhus-Konvention umsetzenden Vorgaben der Richtlinie EuGH, Rs. C-416/10 (Krizan), Urt. v. 15.1.2013.
32 ABl. L 27/2010, 1 = HER I A 69/1.83. Diese Verordnung löste die VO 1980/2000, ABl. L 237/2000, ab.

sog. „Umweltlabels" vereinheitlicht werden soll. Das Umweltzeichen ist produktbezogen und insofern relativ, als es immer nur die Umweltfreundlichkeit eines bestimmten Produkts im Vergleich zu anderen Produkten derselben Kategorie belegt.

Die **Umweltinformationsrichtlinie**[33] gewährt den Einzelnen grundsätzlich – vorbehalten sind in der Richtlinie abschließend formulierte Ausnahmen – das Recht, in bei Behörden vorhandene Informationen über die Umwelt Einsicht zu erhalten. Auf diese Weise sollen Private in die Lage versetzt werden, Anstöße zur Beanstandung der unzureichenden Beachtung und Anwendung des EU-Umweltrechts geben zu können.[34]

Die **RL 2003/35 über die Beteiligung der Öffentlichkeit bei der Ausarbeitung bestimmter umweltbezogener Pläne und Programme**[35] soll – im Zuge der Umsetzung der Anforderungen der „Aarhus-Konvention"[36] – die frühzeitige und effektive Beteiligung der Öffentlichkeit an der Ausarbeitung bestimmter Pläne und Programme sicherstellen; die in geeigneter Weise zu informierende Öffentlichkeit muss Gelegenheit zur Stellungnahme haben, die bei der Entscheidung angemessen zu berücksichtigen ist. Die Kommission hat weiter einen Vorschlag für eine Richtlinie über den **Zugang zu Gerichten in Umweltangelegenheiten** vorgelegt, die bereichsübergreifend[37] eine Reihe von Mindestanforderungen für die Ausgestaltung des gerichtlichen Zugangs formulieren soll.[38] Dieser Vorschlag ist jedoch blockiert, so dass der Zeitpunkt der Verabschiedung einer solchen Richtlinie nicht abzusehen ist.

Die **RL 2004/35 über die Umwelthaftung zur Vermeidung und Sanierung von Umweltschäden**[39] führt bereichsübergreifend in ihrem Anwendungsbereich den Grundsatz der Haftung für Umweltschäden ein. Im Einzelnen sollen die Betreiber im Falle drohender Umweltschäden unverzüglich die erforderlichen Vermeidungsmaßnahmen treffen, und im Falle eines bereits eingetretenen Schadens sind die „praktikablen" Maßnahmen zu ergreifen, um den Schaden unverzüglich zu kontrollieren, einzudämmen, zu beseitigen oder auf sonstige Weise zu behandeln, um weitere Umweltschäden zu verhindern; auch sind bestimmte Sanierungsmaßnahmen zu treffen. Die Kosten für diese Maßnahmen sind durch die Betreiber zu tragen, wobei im Falle abschließend aufgeführter riskanter Wirtschaftstätigkeiten eine echte Gefährdungshaftung greift, während in Bezug auf die Haftung für Umweltschäden durch sonstige Tätigkeiten vorsätzliches oder fahrlässiges Verhalten vorausgesetzt wird.

Schließlich verpflichtet die **RL 2008/99 über den strafrechtlichen Schutz der Umwelt**[40] die Mitgliedstaaten, bestimmte umweltschädliche Verhaltensweisen unter Strafe zu stellen.

---

33 RL 2003/4 über den Zugang der Öffentlichkeit zu Umweltinformationen, ABl. L 41/2003, 26 = HER I A 69/1.63. Diese Richtlinie fasste – im Hinblick auf die Umsetzung der Aarhus-Konvention (UN/ECE-Übereinkommen über den Zugang zu Informationen, die Öffentlichkeitsbeteiligung an Entscheidungsverfahren und den Zugang zu Gerichten in Umweltangelegenheiten, ILM 1999, 517 ff., deutscher Text in Beilage III/2001 zu Heft 3/2001 der NVwZ, zur Aarhus-Konvention z.B. *Schlacke/Schrader/Bunge*, Informationsrechte, Öffentlichkeitsbeteiligung und Rechtsschutz, E.) – die RL 90/313 (ABl. L 158/1990, 56) neu.
34 Zur RL 2003/4 aus der Rechtsprechung z.B. EuGH, Rs. C-71/10 (Office of Communications), Slg. 2011, I-7205 (Abwägung des Zugangsinteresses mit einem oder mehreren Ausnahmegründen); EuGH, Rs. C-266/09 (Stichting Natuur en Milieu), Slg. 2010, I-13119 (Begriff der Umweltinformation); EuGH, Rs. C-204/09 (Flachglas Torgau), Urt. v. 14.2.2012 (Behördenbegriff und Anwendungsbereich der Richtlinie); EuGH, Rs. C-279/12 (Fish Legal), Urt. v. 19.12.2013 (Anwendungsbereich der Richtlinie).
35 ABl. L 156/2003, 17.
36 Vgl. die Nachweise in Fn. 33.
37 Weiter wurden sektoriell die UVP- und die IVU-Richtlinie um einen Artikel ergänzt, der den Rechtsschutz im Sinne der Aarhus-Konvention einführt. Zur Auslegung dieser Bestimmungen EuGH, Rs. C-263/08 (Djurgarden-Lilla), Slg. 2009, I-9967 (Unabhängigkeit des gerichtlichen Zugangs von einer vorherigen Verfahrensbeteiligung, Präzisierung der möglichen Anforderungen an beschwerdeberechtigte Verbände); EuGH, Rs. C-115/09 (Bund für Umwelt und Naturschutz Deutschland), Slg. 2011, I-3673 (Pflicht der Einführung einer Verbandsklage unabhängig vom Bestehen von Klagerechten Einzelner).
38 Vorschlag für eine Richtlinie des EP und des Rates über den Zugang zu Gerichten in Umweltangelegenheiten, KOM (2003) 624 endg.
39 ABl. L 143/2004, 56 = HER I A 69/1.67. Zur RL 2004/35 aus der Rechtsprechung EuGH, Rs. C-378/08 (Raffinerie Mediterranee), Slg. 2010, I-1919 (zeitlicher Anwendungsbereich der Richtlinie, Reichweite der Pflicht zur Kostenanlastung, kein Erfordernis vorsätzlichen oder fahrlässigen Handelns, Kausalität); EuGH, verb. Rs. C-379/08, C-380/08 (Raffinerie Mediterranee), Slg. 2010, I-2007 (Reichweite der Auferlegung von Sanierungsmaßnahmen).
40 ABl. L 328/2008, 28 = HER I A 69/1.77.

24 Diese neuen Regelungsansätze auf Unionsebene, die ihren Ursprung häufig im angelsächsischen oder amerikanischen Recht finden, bringen nicht selten Schwierigkeiten bei ihrer Einbettung in die nationalen Rechtsordnungen mit sich. Dies gilt insbesondere für den integrierten Ansatz. So war gerade in Deutschland die Umsetzung der UVP-Richtlinie mit ihren zahlreichen Ermessensentscheidungen insbesondere deshalb problematisch, weil das deutsche Immissionsschutzrecht grundsätzlich von dem Grundsatz der gebundenen Genehmigung im Falle des Vorliegens der entsprechenden Voraussetzungen ausgeht. Strukturell ähnliche Schwierigkeiten ergaben sich bei der Umsetzung der RL 2010/75 bzw. der Vorgängerrichtlinie (IVU-Richtlinie).[41] Allerdings ist auch darauf hinzuweisen, dass die unionsrechtlichen Vorgaben den Mitgliedstaaten in der Regel einen beachtlichen Gestaltungsspielraum einräumen, der durchaus eine Berücksichtigung der gewachsenen mitgliedstaatlichen Strukturen erlaubt; bei der Umsetzung darf jedoch nicht die Effektivität dieser Vorgaben gefährdet werden.

2. Medienschützendes Umweltrecht

25 Das **medienschützende Umweltrecht** zielt auf den Schutz einzelner Umweltmedien vor Gefährdungen unterschiedlicher Art ab. Die hier erlassenen Vorschriften betreffen in erster Linie den **Gewässerschutz** und die **Luftverschmutzung**.

Im Bereich des **Gewässerschutzes** ist die sog. **Wasserrahmenrichtlinie**[42] von zentraler Bedeutung. Danach haben die Mitgliedstaaten auf der Grundlage der geografischen Gegebenheiten Einzugsgebiete und Flussgebietseinheiten festzulegen, in diesen die Gewässerqualität und -quantität zu analysieren und zu überwachen sowie eine Reihe sog. „Umweltziele" zu verwirklichen, letzteres insbesondere mittels der Aufstellung angemessener Maßnahmenprogramme. Der Richtlinie selbst sind damit in materieller Hinsicht in der Regel nur eher allgemein formulierte Zielsetzungen zu entnehmen, während die prozeduralen Verpflichtungen recht detailliert ausfallen.

In Anknüpfung an Art. 16 der Richtlinie können aber in Einzelrichtlinien auch Emissions- und Immissionsgrenzwerte festgelegt werden. Darüber hinaus verweist die Richtlinie an mehreren Stellen auf weitere EU-Rechtsakte, deren Anforderungen (teilweise) in den Rahmen der RL 2000/60 integriert werden, so dass z.b. Maßnahmenprogramme auch diese zu berücksichtigen haben oder sich die einzuhaltenden Grenzwerte aus anderen Rechtsakte ergeben, die jedoch teilweise nach einer gewissen Zeit (sieben oder 13 Jahre, vgl. Art. 22 RL 2000/60) auslaufen. Beispielhaft seien folgende **sonstige gewässerschutzrechtliche Rechtsakte** erwähnt:

- RL 2008/105 über Umweltqualitätsnormen im Bereich der Wasserpolitik;[43]
- RL 2006/7 über die Qualität der Badegewässer und deren Bewirtschaftung;[44]
- RL 98/83 über die Qualität von Wasser für den menschlichen Gebrauch;[45]
- RL 91/271 über die Behandlung der kommunalem Abwässer;[46]
- RL 91/676 zum Schutz der Gewässer vor Verunreinigung durch Nitrat aus landwirtschaftlichen Quellen.[47]

---

41 Die deutsche Umsetzung der UVP-Richtlinie entsprach denn auch nicht den unionsrechtlichen Anforderungen, vgl. EuGH, Rs. C-301/95 (Kommission/Deutschland), Slg. 1998, I-6135. Weiter erfolgte die Umsetzung der IVU-Richtlinie zu spät.
42 RL 2000/60 zur Schaffung eines Ordnungsrahmens für Maßnahmen der Union im Bereich der Wasserpolitik, ABl. L 327/2000, 1 = HER I A 69/3.20. Zu dieser Richtlinie, insbesondere möglichen Ausnahmen von den Umweltzielen, EuGH, Rs. C-43/10 (Nomarchiaki), Urt. v. 11.9.2012.
43 RL 2008/105, ABl. 348/2008, 84 = HER I A 69/3.32.
44 RL 2006/7, ABl. L 64/2006, 37 = HER I A 69/3.25.
45 RL 98/83, ABl. 330/1998, 32 = HER I A 69/3.19.
46 ABl. L 135/1991, 40 = HER I A 69/3.14.
47 ABl. L 375/1991, 1 = HER I A 69/3.15.

Sowohl der integrierte Ansatz der Wasserrahmenrichtlinie als auch ihr flussgebietsorientierter Ansatz haben zu erheblichen Umsetzungsschwierigkeiten in Deutschland geführt.[48]
Speziell den Schutz der Meere bezweckt die der Wasserrahmenrichtlinie nachgebildete RL 2008/56 zur Schaffung eines Ordnungsrahmens für Maßnahmen der Union im Bereich der Meeresumwelt (**Meeresstrategie-Rahmenrichtlinie**).[49]
Die sog. Hochwasserschutzrichtlinie (**RL 2007/60 über die Bewertung und das Management von Hochwasserrisiken**)[50] schafft einen Rahmen für die Bewertung und den Umgang mit Hochwasserrisiken, wobei die Richtlinie auf die Wasserrahmenrichtlinie abgestimmt ist. Die Richtlinie beschränkt sich im Wesentlichen auf die Definition eines eher allgemein formulierten Ordnungsrahmens, während sie kaum konkrete inhaltliche bzw. materielle Vorgaben enthält.

Im Bereich der **Luftreinhaltung** können ebenfalls Immissions- und Emissionsnormen unterschieden werden. Darüber hinaus gibt es noch Qualitätsanforderungen an Produkte. Die Anfänge des unionsrechtlichen Luftreinhalterechts reichen bis Ende der 1970er- und Anfang der 1980er-Jahre zurück, als Immissionsstandards sukzessive für Schwefeldioxid, Schwebestaub, Stickstoffdioxid und Blei verabschiedet wurden. 26
Die Unionspolitik im Bereich der Luftreinhaltung wurde mit der **RL 2008/50 über Luftqualität und saubere Luft für Europa**,[51] welche die bisherige Luftqualitätsrahmenrichtlinie (RL 96/62) ablöste, auf eine neue Grundlage gestellt. Die RL 2008/50 bezweckt, über die Definition und Festlegung von **Luftqualitätszielen** für die Union schädliche Auswirkungen auf die menschliche Gesundheit und die Umwelt insgesamt zu vermeiden bzw. zu verringern. Für bestimmte Schadstoffe werden Immissionsgrenzwerte formuliert, und die Mitgliedstaaten haben im Falle des Überschreitens der Grenzwerte Luftqualitätspläne zu formulieren. Damit fasst die Richtlinie die bislang geltenden Umweltqualitätsstandards in einem Rechtsakt zusammen.
Die **RL 2001/81 über nationale Emissionshöchstmengen für bestimmte Luftschadstoffe**[52] verpflichtet die Mitgliedstaaten, den jährlichen Gesamtausstoß bestimmter Schadstoffe auf bestimmte, in Anhang I RL 2001/81 ausgewiesene nationale Emissionshöchstmengen zu begrenzen. Zur Erreichung dieser Zielsetzung haben die Mitgliedstaaten entsprechende nationale Programme zu formulieren, in denen die Maßnahmen und Politiken aufzuführen sind, die sich im Hinblick auf die Einhaltung dieser Grenzwerte als notwendig erweisen. Weiter sind jährlich sog. Emissionskataster zu erstellen.
Emissionsnormen gibt es einerseits für **Emissionen aus beweglichen Quellen**, wobei die **Kraftfahrzeuge** eine besondere Rolle spielen,[53] und andererseits für **ortsfeste Quellen**. Bei letzteren bestehen in erster Linie Richtlinien zur Begrenzung von Emissionen aus Industrieanlagen. Entsprechende Ansätze finden sich bereits in der RL 2010/75 (IVU-Richtlinie, *Rn. 23*). Durch spezielle Richtlinien, die nur Mindeststandards aufstellen, werden diese Anforderungen für bestimmte Industrieanlagen weiter konkretisiert. Von besonderer Bedeutung sind hier die **RL 2001/80 zur Begrenzung der Schadstoffemissionen von Großfeuerungsanlagen in die**

---

48 Vgl. hierzu *Knopp*, Die Umsetzung der Wasserrahmenrichtlinie auf dem weiteren Weg des wasserrechtlichen Vollzugs in Deutschland, ZUR 2005, 505 ff.; *Holzwarth*, Stand der Umsetzung der Europäischen Wasserrahmenrichtlinie in Deutschland und der Harmonisierungsprozess auf EU-Ebene, ZUR 2005, 510 ff.; *Breuer*, Praxisprobleme des deutschen Wasserrechts nach der Umsetzung der Wasserrahmenrichtlinie, NuR 2007, 503 ff. Zu den Anforderungen an die Umsetzung der RL 2000/60 sehr instruktiv EuGH, Rs. C-32/05 (Kommission/Luxemburg), Slg. 2006, I-11323; EuGH, Rs. C-151/12 (Kommission/Spanien), Urt. v. 24.10.2013.
49 ABl. L 164/2008, 19 = HER I A 69/3.31. Zu dieser Richtlinie *Markus/Schlacke*, Die Meeresstrategie-Rahmenrichtlinie der Europäischen Gemeinschaft, ZUR 2009, 464 ff.
50 ABl. L 288/2007, 27 = HER I A 69/3.30.
51 RL 2008/50, ABl. L 152/2008, 1 = HER I A 69/4.62.
52 RL 2001/81, ABl. L 309/2001, 22 = HER I A 69/4.42. Zu dieser Richtlinie EuGH, verb. Rs. C-165–167/09 (Stichting Natuur en Milieu), Slg. 2011, I-4599 (Verhältnis zur IVU-Richtlinie, unmittelbare Wirkung des die Aufstellung von Programmen vorsehenden Art. 6 RL 2001/81).
53 Vgl. die VO 715/2007 über die Typengenehmigung von Kraftfahrzeugen, ABl. L 171/2007 = HER I A 30/2.104; s. auch VO 443/2009 zur Festsetzung von Emissionsnormen für neue Personenkraftwagen, ABl. L 140/2009, 1 = HER I A 69/4.65; VO 510/2011 zur Festsetzung von Emissionsnormen für neue leichte Nutzfahrzeuge, ABl. L 145/2011, 1 = HER I A 69/4.75.

Luft[54] und die **RL 2000/76 über die Verbrennung von Abfällen**.[55] Diese Richtlinien werden sukzessive durch die RL 2010/75 aufgehoben werden (*Rn. 23*). Durch **Qualitätsanforderungen an Produkte** wird durch die Begrenzung des Schadstoffgehalts in bestimmten Produkten schon die Entstehung von Emissionen verhindert oder verringert. Von Bedeutung ist dies insbesondere bei Benzin und flüssigen Brennstoffen.[56]

3. Schutz vor bestimmten Tätigkeiten oder Stoffen

27 Eine weitere Gruppe sekundärrechtlicher Vorschriften der Union umfasst den **Schutz vor bestimmten Tätigkeiten oder Stoffen**. Diese Bestimmungen sind nicht auf den Schutz eines bestimmten Mediums ausgerichtet, sondern sollen alle Gefahren erfassen, die von bestimmten Stoffen oder Tätigkeiten ausgehen.

Die Union hat in diesem Bereich insbesondere ein ausdifferenziertes **Chemikalienrecht**, das die Kennzeichnung, Verpackung und das Verbot bestimmter Stoffe vorsieht, entwickelt. Das Chemikalienrecht wurde durch den Erlass der sog. REACH[57]-Verordnung[58] auf eine neue Grundlage gestellt. Diese Verordnung sieht umfassende Pflichten der Registrierung, Bewertung, Zulassung und Beschränkung chemischer Stoffe vor und schafft eine europäische Chemikalienagentur.

Darüber hinaus ist die sog. **Seveso-Richtlinie**[59] zu erwähnen; sie soll schwere Unfälle, die durch bestimmte industrielle Tätigkeiten verursacht werden können, so weit wie möglich verhindern.

Schließlich ist noch auf das **Bio- und Gentechnologierecht** hinzuweisen, ein Bereich, in dem die Union im Vergleich zu den meisten Mitgliedstaaten schon recht früh (1990) zwei Richtlinien erlassen hat, die inzwischen neu gefasst wurden: Die RL 2009/41 über die Anwendung gentechnisch veränderter Mikroorganismen in geschlossenen Systemen[60] enthält anlagenbezogene Vorschriften, die die Entstehung von Gefahren für Mensch und Umwelt im Gefolge der Verwendung gentechnisch veränderter Mikroorganismen verhindern sollen. Der RL 2001/18 über die absichtliche Freisetzung gentechnisch veränderter Organismen in die Umwelt[61] liegt ein produktbezogener Ansatz zugrunde. Jede Freisetzung und Inverkehrbringung gentechnisch veränderter Organismen unterliegt einer Genehmigungspflicht, deren Erteilung u.a. von einer umfassenden Risikobewertung und der Entwicklung von Vorsorgeplänen abhängig gemacht wird.

4. Bewirtschaftung und Umweltressourcen

28 Schließlich hat die Union zahlreiche Maßnahmen betreffend **Bewirtschaftung und Umweltressourcen** ergriffen. Die geregelten Bereiche gehen hier vom Klimaschutz über die Bewahrung der natürlichen Umwelt bis zur Abfallwirtschaft.

---

54 RL 2001/80, ABl. L 309/2001, 1 = *HER I A* 69/4.41.
55 RL 2000/76, ABl. L 332/2000, 91 = *HER I A* 69/4.40.
56 Vgl. RL 98/70 über die Qualität von Otto- und Dieselkraftstoffen, ABl. L 340/1998, 58 = *HER I A* 69/4.29; RL 1999/32 über eine Verringerung des Schwefelgehalts bestimmter flüssiger Kraft- und Brennstoffe, ABl. L 121/1999, 13 = *HER I A* 69/4.32.
57 "Registration, Evaluation and Authorization of Chemicals".
58 VO 1970/2006 zur Registrierung, Bewertung, Zulassung und Beschränkung chemischer Stoffe (REACH), zur Schaffung einer Europäischen Chemikalienagentur, ABl. L 396/2006, 1 = *HER I A* 69/6.79.
59 RL 2012/18 zur Beherrschung der Gefahren schwerer Unfälle mit gefährlichen Stoffen, ABl. L 197/2012, 1 = *HER I A* 69/6.103. Diese Richtlinie ist die (zweite) Nachfolgerichtlinie der ursprünglichen Seveso-Richtlinie aus dem Jahr 1982. Zur Vorgängerrichtlinie (RL 96/82) aus der Rechtsprechung EuGH, Rs. C-53/10 (Mücksch), Slg. 2011, I-8311 (Pflicht aller betroffenen mitgliedstaatlichen Behörden, die von der Richtlinie geforderten Mindestabstände in konkreten Verfahren einzuhalten bzw. durchzusetzen).
60 ABl. L 125/2009, 75 = *HER I A* 69/6.97.
61 ABl. L 106/2001, 1 = *HER I A* 69/6.60. Zu dieser Richtlinie EuGH, verb. Rs. C-58–68/10 (Monsanto), Slg. 2011, I-7763 (Vereinbarkeit eines mitgliedstaatlichen Verbots des Inverkehrbringens von gentechnisch verändertem Mais mit der RL 2001/18).

§ 32 Umwelt § 32

Besondere Bedeutung kommt dem **Abfallrecht** zu. Hier wurde – unter Einschluss der Entwicklung eines unionsrechtlichen Abfallbegriffs[62] – ein ausdifferenziertes und komplexes Regelungssystem geschaffen, das nicht zu unterschätzende Auswirkungen auf die nationalen Rechtsordnungen entfaltet.[63] Das Abfallrecht wurde durch die Neufassung der sog. Abfallrahmenrichtlinie (RL 2008/98)[64] umfassend revidiert. Diese enthält verschiedene Pflichten der Mitgliedstaaten in Bezug auf die Abfallbewirtschaftung. Daneben sind der sog. Abfallverbringungsverordnung (VO 1013/2006)[65] Vorgaben in Bezug auf den Abfalltransport zu entnehmen.

Hinzuweisen ist weiter auf die raumbezogenen **RL 2009/147 über die Erhaltung der wildlebenden Vogelarten (Vogelschutzrichtlinie)**[66] und **RL 92/43 zur Erhaltung der natürlichen Lebensräume sowie der wildlebenden Tiere und Pflanzen (FFH-Richtlinie)**,[67] welche die Mitgliedstaaten u.a.[68] verpflichten, bestimmte Schutzzonen einzurichten. Dies entfaltet beträchtliche Rückwirkungen auf die mitgliedstaatliche Raumordnung, ist doch die Durchführung von Plänen und Projekten in diesen Schutzgebieten erheblichen Beschränkungen unterworfen.[69]

Neue Wege im **Klimaschutz** geht – in Anknüpfung an das sog. Kyoto-Protokoll[70] – die **RL 2003/87 über ein System für den Handel mit Treibhausgasemissionszertifikaten**.[71] Die Richtlinie legt die wesentlichen Strukturelemente eines Emissionshandels mit bestimmten Treibhausgasen fest. Das Grundkonzept der RL 2003/87 geht dahin, dass einerseits bestimmte Anlagen einer Genehmigungspflicht unterliegen sollen, damit sie Treibhausgase emittieren können. Andererseits soll diese Genehmigung nur (u.a.) unter der Voraussetzung erteilt werden, dass sich die Unternehmen verpflichten, quantifizierte Emissionsrechte („Zertifikate") zur Emission von in den Anwendungsbereich der Richtlinie fallenden Treibhausgasen in der Höhe des Ausstoßes zurückzugeben. Durch eine Modifikation der Richtlinie ist inzwischen auch der Luftverkehr in das System einbezogen.[72] Die handelbaren Berechtigungen sind nach bestimmten Kriterien an die Unternehmen zu verteilen bzw. zu versteigern. Die Richtlinie wurde 2009

---

62 Dieser Begriff ist für die Reichweite des Anwendungsbereichs des europäischen Abfallrechts mit seinen besonderen Pflichten entscheidend und daher von großer (auch praktischer) Bedeutung. Zum Abfallbegriff aus der Rechtsprechung EuGH, Rs. C-188/07 (Commune de Mesquer), Slg. 2008, I-4501; EuGH, Rs. C-113/12 (Brady), Urt. v. 3.10.2013.
63 Vgl. die Sammlung der Rechtsakte in *HER I A* 69/8.
64 RL 2008/98 über Abfälle, ABl. L 312/2008, 3 = *HER I A* 69/8.49. Nach der Rechtsprechung des EuGH kann auch gegen eher allgemein formulierte Vorgaben dieser Richtlinie ein Verstoß festgestellt werden, vgl. EuGH, Rs. C-297/08 (Kommission/Italien), Slg. 2010, I-1749.
65 VO 1013/2006 über die Verbringung von Abfällen, ABl. L 190/2006, 1 = *HER I A* 69/8.46.
66 RL 2009/147, ABl. L 26/2010, 7 = *HER I A* 69/7.43. Diese Richtlinie löste die RL 79/409, ABl. L 103/1979, 1, ab. Ihr sind insbesondere sehr strenge Vorgaben in Bezug auf die Auswahl und Ausweisung von Schutzgebieten zu entnehmen, die ausschließlich auf ornitholgischen Kriterien, unter Ausschluss wirtschaftlicher Erfordernisse, zu erfolgen hat, vgl. grundlegend EuGH, Rs. C-57/89 (Kommission/Deutschland), Slg. 1991, I-883 (Leybucht); EuGH, Rs. C-335/90 (Kommission/Spanien), Slg. 1993, I-4221 (Santona); s. sodann z.B. EuGH, Rs. C-209/04 (Kommission/Österreich), Slg. 2006, I-2755.
67 ABl. L 206/1992, 7 = *HER I A* 69/7.13.
68 Daneben enthalten diese Richtlinien auch den Artenschutz betreffende Vorgaben. Zu diesen z.B. EuGH, Rs. C-383/09 (Kommission/Frankreich), Slg. 2011, I-4869.
69 Zum Habitat- und Vogelschutzrecht (insbesondere in Bezug auf zulässige Projekte in Schutzgebieten) aus der Rechtsprechung EuGH, Rs. C-127/02 (Waddenvereniging), Slg. 2004, I-7405; EuGH, Rs. C-98/03 (Kommission/Deutschland), Slg. 2006, I-53; EuGH, Rs. C-244/05 (Bund Naturschutz/Bayern), Slg. 2006, I-8445; EuGH, Rs. C-239/04 (Kommission/Portugal), Slg. 2006, I-10183; EuGH, Rs. C-304/05 (Kommission/Italien), Slg. 2007, I-7495; EuGH, Rs. C-241/08 (Kommission/Frankreich), Slg. 2010, I-1697; EuGH, Rs. C-538/09 (Kommission/Belgien), Slg. 2011, I-4687; EuGH, Rs. C-258/11 (Sweetman), Urt. v. 11.4.2013. Zum Rechtsschutz gegen die Ausweisung eines Schutzgebiets EuGH, Rs. C-362/06 P (Markku Sahlstedt/Kommission), Slg. 2009, I-2903.
70 BGBl II 2002, 966.
71 ABl. L 275/2003, 32 = *HER I A* 69/4.57. Aus der Rechtsprechung zu dieser Richtlinie insbesondere EuGH, Rs. C-127/07 (Société Arcelor), Slg. 2008, I-9895 (Vereinbarkeit des Ausschlusses gewisser Sektoren aus dem Anwendungsbereich der Richtlinie mit dem Gleichheitssatz).
72 Dies steht mit den völkerrechtlichen Verpflichtungen der Union in Einklang, vgl. EuGH, Rs. C-366/10 (Air Transport association of America), Slg. 2011, I-13775.

im Rahmen des sog. Klimapakets der Union[73] einer umfassenden Revision unterzogen, wobei folgende Aspekte im Vordergrund stehen: Zentralisierung der Definition der Obergrenzen der Emissionen und der Verteilung, Modifikationen der erfassten Anlagen bzw. Sektoren, Modifikation der erfassten Treibhausgase und eine grundsätzliche Versteigerung der Zertifikate.

C. Verbleibende Zuständigkeiten der Mitgliedstaaten

29 Auch wenn die Union auf der Grundlage von Art. 114 Abs. 1, 192 AEUV umweltpolitische Maßnahmen erlassen hat, bedeutet dies nicht, dass den Mitgliedstaaten keine Zuständigkeiten mehr verbleiben.

Dabei geht es im Folgenden nur um den Spielraum der Mitgliedstaaten im Falle des schon erfolgten Erlasses von (Harmonisierungs-)Maßnahmen auf EU-Ebene; existieren in dem betreffenden Bereich keine sekundärrechtlichen Vorschriften, sind die Mitgliedstaaten grundsätzlich frei, umweltpolitische Maßnahmen zu ergreifen. Allerdings müssen sie das primäre Unionsrecht beachten, wobei Art. 34 AEUV (*§ 11 Rn. 28 ff.*) eine besondere Rolle spielt.

Soweit die entsprechenden Sekundärrechtsakte ausdrücklich als **Mindestvorschriften** ausgestaltet sind, können die Mitgliedstaaten schon auf dieser Grundlage ein höheres Schutzniveau anlegen. Ebensowenig ist eine Heranziehung der Schutzverstärkerklauseln notwendig, wenn die betreffende Frage, auf die sich die nationale Maßnahme bezieht, durch den möglicherweise anwendbaren EU-Sekundärrechtsakt nicht (abschließend) geregelt ist; die Frage, ob dies der Fall ist oder nicht, kann komplexe Auslegungsprobleme aufwerfen.[74]

30 Art. 114 Abs. 4–6, 193 AEUV eröffnen den Mitgliedstaaten allgemein und unabhängig von der Ausgestaltung des Sekundärrechts die Möglichkeit, **verstärkte Schutzmaßnahmen** zu ergreifen. Diese Vorschriften durchbrechen den Grundsatz, dass die Existenz sekundärrechtlicher Maßnahmen den Erlass mitgliedstaatlicher Vorschriften im Umfang der EU-Rechtsetzung, m.a.W. soweit die Harmonisierung reicht, beschränkt (vgl. auch Art. 2 Abs. 2 AEUV).

31 Die beiden genannten Vorschriften sichern den Mitgliedstaaten **primärrechtlich** die Möglichkeit, verstärkte Schutzmaßnahmen zu ergreifen. Dagegen ist eine **Unterschreitung** des sekundärrechtlich definierten Standards nur auf sekundärrechtlicher Grundlage und damit mit Zustimmung des Unionsgesetzgebers möglich. Nach Art. 192 Abs. 5 AEUV können die Folgen eines erhöhten Umweltstandards auf Unionsebene durch vorübergehende Ausnahmeregelungen und/oder finanzielle Zuwendungen aus dem Kohäsionsfonds „gemildert" werden. Als Ausnahmeklausel ist diese Bestimmung eng auszulegen.[75]

---

[73] In dessen Rahmen noch folgende weitere Rechtsakte verabschiedet wurden: RL 2009/28 (Förderung von Energie aus erneuerbaren Quellen), ABl. L 140/2009, 16 = HER I A 69/1.79; RL 2009/31 (geologische Speicherung von Kohlendioxid), ABl. L 140/2009, 114 = HER I A 69/1.80; Entscheidung 406/2009 (Reduktion der Emissionen von Treibhausgas mit Blick auf die Erfüllung der Verpflichtungen der Union zur Reduktion der Treibhausgasemissionen bis 2020), ABl. 2009 L 140, 136 = HER I A 69/4.66.
[74] Aus der Rechtsprechung z.B. EuGH, Rs. C-82/09 (Kritis), Slg. 2010, I-3649.
[75] Vgl. im Einzelnen *Epiney/Furrer*, Umweltschutz nach Maastricht, EuR 1992, 369 (403 ff.).

I. Art. 114 Abs. 4–6 AEUV

Art. 114 Abs. 4–6 AEUV[76] erlaubt den Mitgliedstaaten, von den Vorgaben solcher sekundärrechtlicher Rechtsakte in Richtung eines verstärkten Schutzes abzuweichen, die auf **Art. 114 Abs. 1 AEUV gestützt** wurden.[77]

Ein Rückgriff auf Art. 114 Abs. 4–6 AEUV ist bei Rechtsakten, die auf Rechtsgrundlagen in anderen Politiken gestützt worden sind, ausgeschlossen. Noch nicht durch die Rechtsprechung geklärt ist die Frage, ob und inwieweit diese Bestimmungen im Falle einer Doppelabstützung eines Rechtsakts auf Art. 114 Abs. 1 AEUV und weitere vertragliche Rechtsgrundlagen zulässig ist. Im Ergebnis erscheint es hier grundsätzlich sachgerecht, den Rückgriff auf Art. 114 Abs. 4–6 AEUV in Bezug auf den gesamten Rechtsakt zuzulassen: Denn eine **Doppelabstützung** kommt ja gerade dann in Betracht, wenn ein Rechtsakt „gleichwertig" und „untrennbar" zwei oder mehr Zielsetzungen verfolgt (*Rn. 3*), so dass es in der Regel nicht möglich sein wird, seine Bestimmungen bestimmten einzelnen Rechtsgrundlagen zuzuordnen. Eine Ausnahme hiervon kommt allenfalls dann in Betracht, wenn ein Rechtsakt für jede einzelne Bestimmung klarstellt, auf welche Rechtsgrundlage sie gestützt ist.

In Art. 114 Abs. 4–6 AEUV kommt hier ein gewisses **Spannungsverhältnis** zum Ausdruck: Im Interesse der Verwirklichung des **Binnenmarktes** sollen die durch Art. 114 Abs. 1 AEUV harmonisierten Regelungen einheitlich angewandt und ausgelegt werden. Verhindert werden sollen damit auf jeden Fall protektionistische Maßnahmen. Daneben soll den Mitgliedstaaten jedoch die Möglichkeit offengehalten werden, u.a. aus Gründen des Umweltschutzes strengere Maßnahmen zu ergreifen. Dem ersten Gesichtspunkt wird in Art. 114 Abs. 4–6 AEUV dadurch Rechnung getragen, dass auf EU-Ebene ein Kontrollverfahren vorgesehen ist; Belangen des Umweltschutzes wird durch die grundsätzliche Möglichkeit der Anlegung eines höheren Schutzniveaus durch die Mitgliedstaaten entsprochen. Daher ist es verkürzt, Art. 114 Abs. 4–6 AEUV nur als „Schutzvorschrift" für „unterlegene" Mitgliedstaaten anzusehen. Auch kann angesichts der Bedeutung umweltpolitischer Aspekte im Vertrag nicht davon ausgegangen werden, dass binnenmarktbezogene Erwägungen grundsätzlich mehr Gewicht hätten.

Der Vertrag von Amsterdam formulierte diese „Alleingangsmöglichkeit" der Mitgliedstaaten grundlegend neu und führte dabei einige der bis dahin umstrittenen Fragen[78] einer Klärung zu.[79] Diese Neuerungen betreffen – neben einigen Klarstellungen in der Formulierung – insbesondere die differenzierte Ausgestaltung der Anforderungen an die nationalen Maßnahmen, je nachdem, ob es um die Neueinführung oder die Beibehaltung nationaler Bestimmungen, die von dem Standard der Harmonisierungsmaßnahmen abweichen, geht. Die Grundsätze der Zulässigkeit mitgliedstaatlicher Alleingänge auf der Grundlage der Art. 114 Abs. 4–6 AEUV lassen sich wie folgt zusammenfassen:

- Da Art. 114 Abs. 4–6 AEUV nicht (nur) „unterlegenen" Mitgliedstaaten eine Abweichung vom unionsrechtlich festgelegten Standard nach oben erlauben, sondern vielmehr einen möglichst effektiven Umweltschutz garantieren sollen, steht der

---

76 Zu dieser Vorschrift im Einzelnen, m.w.N., *Epiney*, Die Rechtsprechung des EuGH zur Zulässigkeit „nationaler Alleingänge" (Art. 95 Abs. 4–6 und Art. 176 EGV), FS Hans-Werner Rengeling, 2008, 215 (216 ff.).
77 Angesichts des Sinns und Zwecks dieser Bestimmungen, den Mitgliedstaaten in bestimmten Bereichen weitergehende Schutzmaßnahmen zu erlauben, erscheint es konsequent, sie auch auf diejenigen Rechtsnormen anzuwenden, die vor Erlass der EEA (die eine derartige „Alleingangsmöglichkeit" erstmals einführte) erlassen wurden, also gar nicht auf den noch nicht existierenden Art. 114 I AEUV (bzw. seine Vorgängernormen) gestützt werden konnten, sofern sie heute auf der Grundlage dieser Vorschrift hätten erlassen werden müssten.
78 Zusammenfassend *Epiney/Furrer*, Umweltschutz nach Maastricht, EuR 1992, 369 (378 ff.).
79 Die Verträge von Nizza und Lissabon brachten hier keine Modifikationen.

36 ■ Die Mitgliedstaaten können sich nur bei Vorliegen **bestimmter Gründe** auf Art. 114 Abs. 4–6 AEUV berufen; diese sind in Art. 114 Abs. 4, 5 AEUV teilweise unterschiedlich ausgestaltet, je nachdem, ob ein Mitgliedstaat eine zum Zeitpunkt des Erlasses der unionsrechtlichen Vorschrift schon bestehende nationale Vorschrift weiter anwenden will, oder ob ein Mitgliedstaat nach Erlass der sekundärrechtlichen Harmonisierungsmaßnahme eine neue nationale Bestimmung erlassen will.

Rückgriff auf diese Vorschrift auch denjenigen Mitgliedstaaten offen, die im Rat **für** die Maßnahme gestimmt haben.[80]

37 Gemeinsam ist diesen Bestimmungen, dass der **Grundsatz der Verhältnismäßigkeit** zu beachten ist, insbesondere, dass die Maßnahme kein Mittel zur willkürlichen Diskriminierung und keine verschleierte Beschränkung des Handels darstellt. Zudem darf die nationale Maßnahme das Funktionieren des Binnenmarktes nicht behindern (Art. 114 Abs. 6 UAbs. 1 AEUV). Da grundsätzlich jede Abweichung von einer auf der Grundlage von Art. 114 Abs. 1 AEUV erlassenen Maßnahme die Verwirklichung des Binnenmarktes beeinträchtigt – ist die Maßnahme doch gerade im Hinblick auf das bessere Funktionieren des Binnenmarktes erlassen worden –, kann diese Einschränkung in Art. 114 Abs. 6 AEUV nur dahin gehend verstanden werden, dass das Funktionieren des Binnenmarktes nicht über Gebühr beeinträchtigt werden darf, womit letztlich auf den Grundsatz der Verhältnismäßigkeit verwiesen wird. Insofern ist es fraglich, ob diese zusätzliche Anforderung an die nationalen Maßnahmen materiell eine Neuerung bringt.

Im Falle der Verfolgung von umweltpolitischen Zielen ist jedenfalls die Geeignetheit der ergriffenen Maßnahme auch dann zu bejahen, wenn diese nur einen Beitrag zur Bekämpfung des jeweiligen Problems leistet.[81]

38 ■ Ein Mitgliedstaat kann grundsätzlich nationale Bestimmungen **beibehalten**, sofern dies u.a. durch den Umweltschutz gerechtfertigt ist; ihm obliegt lediglich eine Mitteilungspflicht an die Kommission. Danach soll es offenbar ausreichend sein, dass ein Mitgliedstaat es für notwendig hält, ein strengeres Schutzniveau anzulegen, wobei aber jedenfalls – wie erwähnt – der Grundsatz der Verhältnismäßigkeit zu beachten ist. Nicht notwendig ist – wie sich auch aus dem Zusammenhang mit den Voraussetzungen der Neueinführung weitergehender nationaler Bestimmungen ergibt – das Vorliegen einer spezifischen Situation.[82]

39 ■ Für die **Neueinführung** weitergehender nationaler Bestimmungen verlangt Art. 114 Abs. 5 AEUV über die schon für die Beibehaltung bestehender Regelungen geltenden Voraussetzungen hinaus, dass die Maßnahme auf „neue wissenschaftliche Erkenntnisse" gestützt ist und dass ein „spezifisches Problem" für die Umwelt des betreffenden Mitgliedstaates besteht, das sich zudem nach Erlass der Harmonisierungsmaßnahme ergeben haben muss.

Interessant ist im Übrigen in diesem Zusammenhang, dass Art. 114 Abs. 5 AEUV von vornherein nur auf Maßnahmen zum Schutz der Umwelt oder Arbeitsumwelt Anwendung finden kann, nicht dagegen auf solche zum Schutz der in Art. 36 AEUV genannten Rechtsgüter. Dies erscheint zumindest teilweise widersprüchlich, etwa wenn man an die in Art. 36 AEUV erwähnten Belange des Gesundheitsschutzes oder des Schutzes von Tieren und Pflanzen denkt.

---

80 Der Wortlaut der Art. 114 Abs. 4, 5 AEUV steht dem jedenfalls nicht entgegen, ist dort doch ganz allgemein von einem „Mitgliedstaat" die Rede.
81 Der EuGH verneinte diese Frage allerdings in Bezug auf den Gesundheitsschutz in der Sache (EuGH, Rs. C-3/00 (Dänemark/Kommission), Slg. 2003, I-2543, Rn. 82 ff.), wobei hier die Sachlage insofern etwas anders ist, als dem Bestehen einer Gesundheitsgefahr durch einen bestimmten Stoff wohl kaum durch teilweise Verbote begegnet werden kann.
82 So ausdrücklich EuGH, Rs. C-3/00 (Dänemark/Kommission), Slg. 2003, I-2543, Rn. 56 ff.

Die Formulierung dieser Bestimmung lässt erkennen, dass im Falle schon erlassener Harmonisierungsmaßnahmen die Einführung neuer abweichender Maßnahmen der Mitgliedstaaten recht weitgehend eingeschränkt werden soll.

So verwundert es auch nicht, dass die bislang vorliegende (spärliche) Rechtsprechung den Spielraum der Mitgliedstaaten hier sehr weit einschränkt. So hielt das EuG in den verb. Rs. T-366/03 und T-235/04[83] – in denen es im Zusammenhang mit einer Abweichung von der RL 2001/18[84] um die Einrichtung einer GVO-freien Zone in Oberösterreich ging – fest, dass die kleinbetrieblich strukturierte Landwirtschaft in Oberösterreich sowie die dortige Bedeutung der ökologischen Landwirtschaft keine Besonderheiten dieser Region seien, sondern in allen Mitgliedstaaten vorkämen. Weiter seien keine Nachweise darüber vorgelegt worden, dass Oberösterreich über ein ungewöhnliches oder einzigartiges Ökosystem verfüge. Daher sei nicht nachgewiesen worden, dass die Voraussetzungen des Art. 114 Abs. 5 AEUV erfüllt gewesen seien. Die ablehnende Entscheidung der Kommission wurde auf dieser Grundlage in der Sache bestätigt. Fragen wirft vor allem der Hinweis auf die auch in anderen Mitgliedstaaten bestehende kleinbetriebliche Struktur der landwirtschaftlichen Betriebe auf: Die Formulierungen des EuG könnten die Annahme nahelegen, dass ein besonderes Problem für einen Mitgliedstaat bzw. eine mitgliedstaatliche Region nur unter der Voraussetzung anerkannt wird, dass dieses Problem sozusagen „einzigartig" ist und in keinem anderen Mitgliedstaat zu beobachten ist. Legte man diese Voraussetzung des Art. 114 Abs. 5 AEUV jedoch so eng aus, könnte diese Bestimmung fast nie zur Anwendung kommen. Im Übrigen widerspricht eine solche Sicht auch dem Anliegen des Art. 114 Abs. 5 AEUV, bei Vorliegen besonderer Bedingungen ein Abweichen „nach oben" zu erlauben, können solche besonderen Bedingungen doch auch in mehreren Mitgliedstaaten vorliegen. Abzustellen ist daher bei der Frage des Vorliegens eines „spezifischen Problems" auf den Unionsdurchschnitt; immerhin schließt das Urteil diese Auslegung nicht aus, und im konkreten Fall ergab sich aus dem Vorbringen Österreichs auch nicht, dass eine solche Abweichung bestand. Dem Urteil ist daher im Ergebnis insoweit beizupflichten. In den verb. Rs. C-439/05 und C-454/05 P[85] wies der Gerichtshof das Rechtsmittel gegen das Urteil des EuG vollumfänglich zurück. Immerhin stellte der EuGH – wie dann auch das EuG in der Rs. T-182/06[86] – aber klar, dass das Vorliegen eines „spezifischen Umweltproblems" im Sinne des Art. 114 Abs. 5 AEUV nicht voraussetzt, dass dieses Problem in dem Sinne „einzigartig" sein muss, dass es nur in einem Mitgliedstaat vorkommen darf; vielmehr wird eher auf die „Ungewöhnlichkeit" des Problems Bezug genommen.

In der Rs. T-182/06[87] ging es um eine niederländische Maßnahme, wonach gewisse Emissionsgrenzwerte für Dieselfahrzeuge im Vergleich zum Unionsstandard zu reduzieren seien, wobei die Kommission aber ebenfalls eine entsprechende Verschärfung der Grenzwerte bereits vorgeschlagen hatte. In Bezug auf die hier im Vordergrund stehende Frage, ob ein spezifisches Problem im Sinne des Art. 114 Abs. 5 AEUV vorlag, führt das Gericht Folgendes aus:

- Allgemein und damit nicht spezifisch sei jedes Problem, das sich in im Großen und Ganzen entsprechender Weise in sämtlichen Mitgliedstaaten stellt und sich folglich für harmonisierte Lösungen auf Unionsebene anbiete. Entscheidend sei daher die Frage, ob die Harmonisierung der anwendbaren Vorschriften auf EU-Ebene geeignet sei, örtlich aufgetretenen Schwierigkeiten angemessen zu begegnen oder nicht.
- Allerdings sei nicht notwendig, dass das Problem nur in einem einzigen Mitgliedstaat auftrete. Gleichwohl sei nicht nachgewiesen, dass es in den Niederlanden ein spezifisches Problem gebe: Vielmehr stelle sich die Problematik der durch den Straßenverkehr verursachten Partikelemissionen in anderen Mitgliedstaaten in vergleichbarer Weise.
- Eine Vorwegnahme der geplanten sekundärrechtlichen Maßnahmen könne auch nicht mit einem besonders akuten Problem in den Niederlanden begründet werden, denn es sei nicht nachgewiesen, dass die in den Niederlanden festgestellten Überschreitungen der auf Uni-

---

83 EuG, verb. Rs. T-366/03 und T-235/04 (Oberösterreich und Österreich/Kommission), Slg. 2005, II-4005.
84 ABl L 106/2001, 1. Oben *Rn.* 27.
85 EuGH, verb. Rs. C-439/05 P und C-454/05 P (Österreich/Kommission), Slg. 2007, I-7141.
86 EuG, Rs. T-182/06 (Niederlande/Kommission), Slg. 2007, II-1983. Vgl. auch des Rechtsmittelurteil EuGH, Rs. C-405/07 P (Niederlande/Kommission), Slg. 2008, I-8301, welches das Urteil des EuG zwar aufhebt, dies allerdings ausschließlich deshalb, weil die Kommission nicht alle relevanten Daten berücksichtigt habe, sodass der EuGH nicht auf die Auslegungsfragen des Art. 114 Abs. 5 AEUV einging.
87 EuG, Rs. T-182/06 (Niederlande/Kommission), Slg. 2007, II-1983.

onsebene definierten Grenzwerte für die Partikelkonzentrationen im Vergleich zu den in anderen Mitgliedstaaten festgestellten Überschreitungen derart gravierend waren, dass sie ein spezifisches Problem darstellten.

Die in diesen Urteilen zum Ausdruck kommende Tendenz der Rechtsprechung, eine einheitliche EU-Regelung und damit das Binnenmarktziel grundsätzlich als vorrangig im Verhältnis zum Umweltschutz – in dessen Interesse in bestimmten Situationen auch ein „Alleingang" notwendig sein kann – zu betrachten, jedenfalls soweit es um Abweichungen von auf Art. 114 Abs. 1 AEUV gestützten sekundärrechtlichen Vorschriften geht, stimmt eher skeptisch: Diese Sicht trägt nämlich der sich auch und gerade aus Art. 11, 114 Abs. 3 AEUV ergebenden Gleichrangigkeit beider Anliegen nicht Rechnung. Es wäre daher zu begrüßen, wenn in der Rechtsprechung der Akzent vermehrt auf einen Ausgleich beider Ziele, denn auf die „Durchsetzung" des Binnenmarktgedankens gelegt würde. Dies erscheint auch vor dem Hintergrund sachdienlich, dass die sekundärrechtlichen Standards häufig Kompromisslösungen – die verschiedenen mitgliedstaatlichen Interessen Rechnung tragen sollen bzw. müssen – darstellen.

40 ■ Das in Art. 114 Abs. 6 AEUV vorgesehene **Verfahren** – das für beide Varianten des nationalen Alleingangs, also Beibehaltung und Neueinführung nationaler Maßnahmen, parallel ausgestaltet ist – läuft in folgenden Schritten ab: Sechs Monate nach Eingang der Mitteilung des betreffenden Mitgliedstaates fasst die Kommission einen Beschluss über die Zulässigkeit der mitgliedstaatlichen Maßnahme; dieser Zeitrahmen kann von der Kommission selbst um nochmals sechs Monate verlängert werden.[88] Trifft die Kommission in diesem Zeitrahmen keine Entscheidung, so gilt die nationale Regelung als gebilligt.

Diese Ausgestaltung des Verfahrens stellt klar, dass der Entscheidung der Kommission **konstitutiver Charakter** zukommt. Es ist den Mitgliedstaaten daher verwehrt, vor der Billigung durch die Kommission die entsprechende nationale Maßnahme anzuwenden.[89] Immerhin trägt die Regelung auch einer der Schwierigkeiten dieses konstitutiven Charakters, nämlich der ggf. langen Dauer des Verfahrens, Rechnung, indem eine zu lange Verfahrensdauer bei der Kommission nicht die weitere Unzulässigkeit der Anwendung der nationalen Bestimmung nach sich zieht.[90]

II. Art. 193 AEUV

41 Art. 193 AEUV eröffnet den Mitgliedstaaten die Möglichkeit, in Bezug auf unionsrechtliche Vorgaben, die auf der Grundlage von Art. 192 AEUV erlassen wurden oder (vor Inkrafttreten der EEA) hätten erlassen werden müssen, weitergehende Schutzmaßnahmen zu ergreifen. Diese Bestimmung stellt wesentlich weniger weitgehende Anforderungen an den nationalen Alleingang, als Art. 114 Abs. 4–6 AEUV sowohl in materieller als auch in prozessualer Hinsicht:[91]

---

88 Dies allerdings nur, wenn der Sachverhalt schwierig ist und keine Gefahr für die menschliche Gesundheit besteht. Gerade bei der Beurteilung der „Schwierigkeit" des Sachverhalts dürfte der Kommission ein beträchtlicher Beurteilungsspielraum zustehen.
89 Hiervon ging der EuGH schon vor dieser Klarstellung aus, vgl. EuGH, Rs. C-41/93, Frankreich/Kommission, Slg. 1994, I-1849.
90 S. in diesem Zusammenhang EuG, Rs. T-69/08 (Polen/Kommission), Slg. 2010, II-5629: Der Grundsatz, dass nach Ablauf der Frist des Art. 114 Abs. 6 AEUV der nationale Gesetzesentwurf als gebilligt gelte, sofern dem Mitgliedstaat keine anderslautende Entscheidung der Kommission fristgerecht bekannt gegeben wurde, gelte auch dann, wenn die eigentliche Entscheidung der Kommission innerhalb der Frist erfolgt war und dem betreffenden Mitgliedstaat „informell" mitgeteilt worden war. Der Gesetzesentwurf könne daher nach Ablauf dieser Frist – ungeachtet der materiell-rechtlichen Situation – nicht mehr abgelehnt werden. Damit wird also entscheidend nicht auf das eigentliche Erlassdatum der Entscheidung, sondern ihre ordnungsgemäße Bekanntgabe an den betroffenen Mitgliedstaat abgestellt.
91 Zu dieser Bestimmung, m.w.N., *Epiney*, in: Oexle/Epiney/Breuer, Abfallverbringungsverordnung (E.), Einführung, Rn. 37 ff.

- **Beibehaltung und Neueinführung** nationaler Bestimmungen sind möglich, wobei für beide Varianten parallele Zulässigkeitserfordernisse zur Anwendung kommen.
- Der erforderlichen Notifikation an die Kommission kommt nur ein **deklaratorischer Charakter** zu.[92]
- Allerdings müssen die nationalen Bestimmungen mit dem **Vertrag vereinbar** sein. Hierunter ist nach der Rechtsprechung des EuGH sowohl das Primärrecht als auch das Sekundärrecht – unter Einschluss der auf Art. 192 gestützten Rechtsakte – zu verstehen,[93] dies allerdings – soll Art. 193 AEUV eine eigenständige Bedeutung zukommen –mit Ausnahme des Rechtsakts, auf den sich die verstärkte Schutzmaßnahme bezieht. Art. 193 AEUV kann also auch dann greifen, wenn es um eine auf Art. 192 AEUV gestützte, grundsätzlich abschließende Regelung geht. Nur diese Sicht vermag die praktische Wirksamkeit des Art. 193 AEUV zu gewährleisten, ist doch im Fall einer nicht abschließenden Regelung ein Rückgriff auf diese Bestimmung nicht notwendig.[94] Besondere Bedeutung kommt im Zusammenhang mit der Vereinbarkeit mit dem Vertrag dem Grundsatz der **Verhältnismäßigkeit** zu.[95]

D. Herausforderungen der Umweltpolitik der Union

Insgesamt stellt sich die Union der Herausforderung der Verwirklichung eines effektiven Umweltschutzes durchaus, sowohl auf primär- als auch auf sekundärrechtlicher Ebene. Die im Primärrecht vorgesehenen Kompetenzen und Prinzipien erlauben die Verfolgung einer effektiven Umweltpolitik; hinzuweisen ist – neben den umfassenden Legislativkompetenzen der EU im Bereich des Umweltrechts – insbesondere auf die „Querschnittsklausel" des Art. 11 AEUV und die umweltrechtlichen Handlungsgrundsätze (Art. 191 Abs. 2 AEUV). Aber auch im Sekundärrecht sind einige bemerkenswerte und zukunftsweisende Ansätze zu verzeichnen; Stichworte in diesem Zusammenhang sind insbesondere die bereichsübergreifenden Rechtsakte, aber auch Gebiete wie Abfallrecht oder Naturschutz. Umweltrecht und Umweltpolitik sind in der Union daher heute keine Randgebiete (mehr), sondern spielen eine wichtige Rolle im Konzert der verschiedenen Aktivitäten der Union.

42

Gleichwohl ist es beim augenblicklichen Stand der Entwicklung nicht gerechtfertigt, von einer „Europäischen Umweltunion" im Sinne einer umfassenden Ausrichtung des Unionshandelns auf Umweltverträglichkeit zu sprechen; vielmehr sind nach wie vor **Probleme und Defizite** zu verzeichnen.

43

> So stellte die Kommission in ihrer Zwischenbilanz zum 6. Umweltaktionsprogramm Folgendes fest: „Die EU ist noch nicht auf dem Weg zu einer nachhaltigen Entwicklung. Es gab nur begrenzte Fortschritte bei den grundlegenden Fragen der Einbeziehung von Umwelterfordernissen in andere Politikbereiche und bei der Verbesserung der Durchsetzung der EU-Gesetzgebung. Viele Umweltprobleme verschärfen sich: die globalen Emissionen von Treibhausgasen nehmen zu, der Verlust der biologischen Vielfalt beschleunigt sich, Umweltverschmutzung hat nach wie vor einen bedeutenden Einfluss auf die öffentliche Gesundheit, in der EU fällt mehr und mehr Abfall an, und unser ökologischer Fußabdruck wird ständig größer."[96]

---

92 EuGH, Rs. C-2/10 (Azienda Agro-Zootecnica), Urt. v. Slg. 2011, I-6561, wonach die Nichteinhaltung der Notifizierungspflicht für sich allein nicht die Rechtswidrigkeit der erlassenen verstärkten Schutzmaßnahme nach sich ziehe.
93 EuGH, Rs. C-2/10 (Azienda Agro-Zootecnica), Slg. 2011, I-6561.
94 Auch die Rechtsprechung des EuGH geht in diese Richtung. Vgl. insbesondere EuGH, Rs. C-203/96 (Dusseldorp), Slg. 1998, I-4075; EuGH, Rs. C-6/03 (Deponiezweckverband Eiterköpfe), Slg. 2005, I-2753.
95 Vgl. insoweit auch EuGH, Rs. C-2/10 (Azienda Agro-Zootecnica), Slg. 2011, I-6561.
96 KOM (2007) 225 endg., Abschnitt 6.

Die Ursachen dieser mangelnden Effektivität des europäischen Umweltrechts in Bezug auf die Lösung der anstehenden Umweltprobleme sind in erster Linie auf drei Ebenen anzusiedeln:

- Im **Rechtsetzungsverfahren** werden umweltpolitische Belange nicht immer angemessen berücksichtigt. Insbesondere im Vorbereitungsstadium der Rechtsetzung kommt wirtschaftlichen Verbänden ein ungleich größeres faktisches Gewicht zu, was sicherlich auch mit der wirtschaftlichen Leistungsfähigkeit zusammenhängt. Abhilfe könnte hier die verstärkte Einbeziehung von Umweltschutzverbänden bringen. Denkbar ist aber auch die Einführung einer Pflicht der Unionsorgane, alle neu zu erlassenden Rechtsakte auf ihre „Umweltverträglichkeit" hin zu überprüfen. Eine Schwierigkeit wird aber bleiben: Viele Mitgliedstaaten selbst sind – gerade in Zeiten wirtschaftlicher Stagnation – nicht bereit, tatsächlich ein griffigeres und effektiveres EU-Umweltrecht zuzulassen.
- **Umsetzung** und **Vollzug** des Umweltrechts der Union in den Mitgliedstaaten weisen zahlreiche Defizite auf. Dies hängt sicherlich auch mit der unterschiedlichen Sensibilität der Bevölkerungen und den variierenden technischen und administrativen Kompetenzen und Möglichkeiten zusammen, aber auch mit der fehlenden Effektivität des Vertragsverletzungsverfahrens nach Art. 258 AEUV. Vielversprechend sind hier all diejenigen Ansätze, die eine verstärkte Einbeziehung der Einzelnen mit sich bringen, z.B. Informationsrechte, unmittelbare Anwendung der Richtlinien oder Eigenverantwortung der Betriebe. Die Rechtsprechung des EuGH zur Auslegung der in Umsetzung der Aarhus-Konvention erlassenen unionsrechtlichen Bestimmungen zum Rechtsschutz, die den Grundsatz einer Verbandsklage für die Geltendmachung der Rechtmäßigkeit bestimmter Entscheidungen klarstellte (*Rn. 23*), ist vor diesem Hintergrund zu begrüßen, und es ist zu hoffen, dass hiervon insgesamt positive Effekte für Umsetzung und Vollzug resultieren. Allerdings steht der Erlass einer Richtlinie, die für die Geltendmachung der Verletzung des gesamten EU-Umweltrechts bzw. des auf diesem beruhendem nationalen Rechts effektive Rechtsschutzmöglichkeiten (insbesondere ein Verbandsbeschwerderecht) vorsieht, noch aus.[97]
- Schließlich ist in Bezug auf die **Ausgestaltung des materiellen Umweltrechts** auf die teilweise bedauerliche Lückenhaftigkeit und einige Unzulänglichkeiten des Sekundärrechts hinzuweisen. Besonders spürbar ist die in den letzten Jahren zu beobachtende Tendenz auf Unionsebene, die Formulierung präziser umweltrechtlicher Standards zugunsten eher weicher Qualitätsziele und verfahrensrechtlicher Vorgaben zu verringern. Stichworte in diesem Zusammenhang sind die IVU-Richtlinie und die Wasserrahmenrichtlinie. Es ist zu bezweifeln, ob auf diese Weise – auch und gerade angesichts der damit einhergehenden erhöhten „Flexibilität" für die Mitgliedstaaten – ein hinreichend effektiver Umweltschutz gewährleistet werden kann.

---

[97] S. in diesem Zusammenhang aber EuGH, Rs. C-240/09 (Lesoochranarske), Slg. 2011, I-1255: Der EuGH verneint hier zwar die unmittelbare Anwendbarkeit des solche Rechtsschutzmöglichkeiten verlangenden Art. 9 Abs. 3 Aarhus-Konvention (Fn. 33), betont aber die Pflicht der mitgliedstaatlichen Gerichte in den Fällen, in denen es um die Beachtung von EU-Umweltrecht (wie bei einer vom Unionsrecht geschützten Art) geht, das nationale Recht im Hinblick auf die Gewährung eines von Art. 9 Abs. 3 Aarhus-Konvention intendierten effektiven gerichtlichen Rechtsschutzes in den vom Umweltrecht der Union erfassten Bereichen so auszulegen, dass es so weit wie möglich im Einklang mit dieser Bestimmung steht, dies im Hinblick darauf, dass es Umweltschutzorganisationen ermöglicht wird, eine behördliche Entscheidung, die möglicherweise im Widerspruch zum EU-Umweltrecht steht, gerichtlich anzufechten.

Umweltpolitik und Umweltrecht stehen damit in der Union vor großen Herausforderungen, will man die Probleme tatsächlich angehen. Nach der hier vertretenen Ansicht führt der Weg zu einer griffigeren und im Hinblick auf die Lösung der Umweltprobleme effektiven Umweltgesetzgebung in der Europäischen Union nicht daran vorbei, in den (durchaus erkannten) Problembereichen präzise materiellrechtliche Vorgaben zu formulieren; ökonomische Instrumente und der „integrierte Ansatz" können diese dann ergänzen, nicht aber ersetzen. Derartige Vorgaben dürfen sich nicht in einer „symbolischen Gesetzgebung" erschöpfen, sondern müssen so ausgestaltet sein, dass tatsächlich bei dem jeweiligen umweltschädlichen Verhalten angesetzt wird. Möglicherweise entstehende (vorübergehende) wirtschaftliche Schwierigkeiten können keinesfalls ein Grund zur Inaktivität sein, sondern diesen ist ggf. durch entsprechende regionalpolitische Maßnahmen, z.b. durch den Einsatz von Mitteln aus dem Kohäsionsfonds (*§ 27 Rn. 18 ff.*), zu begegnen.

44

E. Literatur

Albrecht, Juliane, Umweltqualitätsziele im Gewässerschutzrecht. Eine europa-, verfassungs- und verwaltungsrechtliche Untersuchung zur Umsetzung der Wasserrahmenrichtlinie, Berlin 2007; *Arndt, Birger,* Das Vorsorgeprinzip im EU-Recht, Tübingen 2009; *Bauer, Friederike,* Die Durchsetzung des europäischen Umweltrechts in Deutschland, Baden-Baden 2011; *Cashman, Liam,* Commission Compliance Promotion and Enforcement in the Field of the Environment, JEEPL 2006, 385 ff.; *Eleftheriadis, Pavlos,* Environmental Rights in the EC Legal Order, YEL 2007, 297 ff.; *Durner, Wolfgang/Ludwig, Rasso,* Paradigmenwechsel in der europäischen Umweltrechtsetzung?, NuR 2008, 457 ff.; *Epiney, Astrid,* Umweltrecht in der Europäischen Union, 3. Aufl., Baden-Baden 2013; *Epiney, Astrid,* Zur Bindungswirkung der gemeinschaftsrechtlichen „Umweltprinzipien" für die Mitgliedstaaten, FS Manfred Zuleeg, Baden-Baden 2005, 633 ff.; *Epiney, Astrid/Gammenthaler, Nina* (Hg.), Das Rechtsregime der Natura 2000-Schutzgebiete, Baden-Baden 2009; *Epiney, Astrid/Heuck, Jennifer,* RL 2008/98 (Abfallrahmenrichtlinie), Kommentar, in: Fluck (Hg.), Kreislaufwirtschafts-, Abfall- und Bodenschutzrecht, 9313, Heidelberg 2011; *Epiney, Astrid/Sollberger, Kaspar,* Zugang zu Gerichten und gerichtliche Kontrolle im Umweltrecht, Berlin 2002; *Faßbender, Kurt,* Neues zum Anspruch des Bürgers auf Einhaltung des europäischen Umweltrechts, EuR 2009, 400 ff.; *Frenz, Walter,* Umwelt- und Tierschutzklausel im AEUV, NuR 2011, 103 ff.; *Frenz, Walter,* EU-Umweltkompetenzen nach Lissabon – Reichweite und Ausübung, UPR 2010, 293 ff.; *Gellermann, Martin,* Europäisierter Rechtsschutz im Umweltrecht, FS Hans-Werner Rengeling, Köln u.a. 2008, 233 ff.; *Jans, Jan H./Vedder, Hans H.B.,* European Environmental Law, 4. Aufl., Groningen 2012; *Kahl, Wolfgang,* Umweltprinzip und Gemeinschaftsrecht, Heidelberg 1993; *Klein, Daniel R.,* Umweltinformation im Völker- und Europarecht, Tübingen 2011; *Krämer, Ludwig,* EC Environmental Law, 6. Aufl., London 2007; *Krämer, Ludwig,* Droit communautaire et état de l'environnement en Europe, RDUE 2007, 127 ff.; *Krämer, Ludwig,* Gedanken zur unmittelbaren Wirkung von Umwelt-Richtlinien der EG, FS Eckard Rehbinder, Berlin 2007, 705 ff.: *Krämer, Ludwig,* The environmental complaint in EU law, JEEPL 2009, 13 ff.; *Krämer, Ludwig,* Droit de l'environnement de l'Union européenne, Basel 2012; *Kuhn, Andrea,* REACH – Das neue europäische Regulierungssystem für Chemikalien, Berlin 2010; *Macrory, Richard* (Hg.), Reflections on 30 Years of EU Environmental Law. A High Level of Protection?, Groningen 2006; *Meßerschmidt, Klaus,* Europäisches Umweltrecht, München 2011; *Müller, Bilun,* Die Öffentlichkeitsbeteiligung im Recht der Europäischen Union und ihre Einwirkungen auf das deutsche Verwaltungsrecht am Beispiel des Immissionsschutzrechts, Baden-Baden 2010; *Oexle, Anno/Epiney, Astrid/Breuer, Rüdiger* (Hg.), EG-Abfallverbringungsverordnung, Kommentar, Köln 2010; *Pallemaerts, Marc* (Hg.), The Aarhus Convention at ten: interactions and tensions between conventional international law and EU environmental law, Groningen 2011; *Pernice-Warnke, Silvia,* Effektiver Zugang zu Gericht, Baden-Baden 2009; *Rengeling, Hans-Werner* (Hg.), Handbuch zum europäischen und deutschen Umweltrecht, 3 Bände, 2. Aufl.,

Köln u.a. 2003; *Rengeling, Hans-Werner*, Europäisches Stoffrecht, Köln 2009; *Richter, Christiane*, „Nationale Alleingänge" – Förderung hoher Regelungsstandards oder Behinderung eines einheitlichen Binnenmarktes?, Berlin 2007; *Rodenhoff, Vera*, Die EG und ihre Mitgliedstaaten als völkerrechtliche Einheit bei umweltvölkerrechtlichen Abkommen, Baden-Baden 2008; *de Sadeleer, Nicolas*, The Precautionary Principle as a Device for Greater Environmental Protection: Lessons from EC Courts, RECIEL 2009, 3 ff.; *de Sadeleer, Nicolas/Roller, Gerhard/Dross, Miriam*, Access to Justice in Environmental Matters and the Role of NGOs. Empirical Findings and Legal Appraisal, Groningen 2005; *Schlacke, Sabine/Schrader, Christian/Bunge, Thomas*, Informationsrechte, Öffentlichkeitsbeteiligung und Rechtsschutz im Umweltrecht, Aarhus-Handbuch, 2010; *Schulze-Fielitz, Helmuth/Müller, Thorsten* (Hg.), Europäisches Klimaschutzrecht, Baden-Baden 2009; *Schwerdtfeger, Angela*, Der deutsche Verwaltungsrechtsschutz unter dem Einfluss der Aarhus-Konvention, Tübingen 2010; *Thieffry, Patrick*, Droit de l'environnement de l'Union européenne, Paris 2008; *Thieme, Dominik*, Außenbeziehungen der Europäischen Gemeinschaft im Umweltbereich, Baden-Baden 2006; *Wegener, Bernhard W.*, Rechte des Einzelnen. Die Interessentenklage im europäischen Umweltrecht, Baden-Baden 1998; *Wegener, Bernhard*, Rechtsschutz im europäischen (Umwelt-) Recht. Richterliche und sekundärrechtliche Bausteine und Fehlercodes unionaler Dogmatik, UTR 2008, 319 ff.; *Wegener, Bernhard*, Zukunftsfähigkeit des europäischen Umweltrechts, ZUR 2009, 459 ff.; *Winter, Gerd*, Umweltrechtliche Prinzipien des Gemeinschaftsrechts, ZUR 2003, 137 ff.

Teil C Außenbeziehungen

§ 33 Grundlagen und Verfahren der Außenbeziehungen

A. Grundzüge

Entsprechend ihrer ursprünglichen Zielsetzung haben die Gründungsverträge den Gemeinschaften zunächst umfangreiche Aufgaben auf dem Gebiet der **Außenwirtschaftspolitik** zugewiesen. Zugleich legten die Mitgliedstaaten Wert darauf, eine weitgehende Entscheidungsfreiheit auf dem Gebiet der **allgemeinen Außenpolitik** zu behalten, gilt doch die Fähigkeit zur autonomen Gestaltung der auswärtigen Beziehungen nach traditionellem Verständnis als Merkmal staatlicher Souveränität.

Mit der fortschreitenden wirtschaftlichen Verflechtung ließen sich die vergemeinschafteten Bereiche der Außenwirtschaftspolitik jedoch immer weniger von den im ausschließlichen Verantwortungsbereich der Mitgliedstaaten verbliebenen Bereichen der Außenpolitik trennen. Die Mitgliedstaaten mussten schließlich erkennen, dass ein gemeinsames Auftreten im internationalen Rahmen auch außerhalb des den Gemeinschaften überantworteten Bereichs der Außenbeziehungen notwendig ist, damit gemeinschaftliche Regelungen sachgerecht verteidigt oder die gemeinsamen Interessen bei der Regelung internationaler Probleme angemessen zur Geltung gebracht werden können. Sie erweiterten aber nicht die Zuständigkeit der Gemeinschaft entsprechend, sondern schufen seit Anfang der 1970er-Jahre einen besonderen zwischenstaatlichen Kooperationsmechanismus, die „**Europäische Politische Zusammenarbeit**" (EPZ). Diese Zusammenarbeit wurde durch Titel III der EEA von 1987 erstmals vertraglich geregelt, wobei dieser Teil der EEA jedoch ausdrücklich nicht zum Bestandteil des EU-Rechts gemacht wurde (Art. 3 Abs. 2; 32 EEA). Der **Vertrag von Maastricht** baute die EPZ in Richtung auf eine **Gemeinsame Außen- und Sicherheitspolitik** (GASP) aus, die einen Pfeiler der von ihm errichteten Europäischen Union bildete. Die GASP blieb jedoch zunächst allein der Union und nicht der Gemeinschaft und ihrer Rechtsordnung zugeordnet.

Im **Vertrag von Lissabon** wird die GASP fortentwickelt *(§ 35)* und die Regelung des auswärtigen Handelns der Union weiter vereinheitlicht mit dem Ziel einer Stärkung der Kohärenz des Auftretens der Union nach außen. **Art. 21 und 22 EUV** enthalten nunmehr **gemeinsame Bestimmungen** für alle Bereiche des auswärtigen **Handelns** der Union. In Art. 21 EUV werden die Ziele und Grundsätze des Handelns der Union auf internationaler Ebene festgelegt. Nach Art. 22 EUV kann der Europäische Rat diese in **Beschlüssen über strategische Interessen und Ziele der Union** im Hinblick auf bestimmte **Themen** oder bestimmte **Regionen** konkretisieren, die er einstimmig auf Empfehlung des Rates annimmt.

Während der EUV zudem in den Art. 23 ff. besondere Bestimmungen über die **GASP** enthält, sind die Vorschriften über **andere Bereiche** des auswärtigen Handelns im **AEUV** geregelt. Dieser trägt dem engen Zusammenhang zwischen der Errichtung und Funktionssicherung des Binnenmarktes, der Schaffung des Wirtschafts- und Währungsunion und der Gestaltung der Außenbeziehungen durch die Union und ihre Mitgliedstaaten durch ein nach Intensität abgestuftes Regelungssystem Rechnung. Art. 3 AEUV stellt klar, dass die Union für die gemeinsame Handelspolitik ausschließlich zuständig ist, und die Union die ausschließliche Zuständigkeit für den Abschluss bestimmter internationaler Abkommen hat (*Rn. 16*). Auch im Bereich der auswärtigen Währungspolitik für den Euroraum haben die Mitgliedstaaten nur noch geringe residuale Zuständigkeiten.[1] Im Übrigen sind die Zuständigkeiten in auswärtigen Angelegenheiten zwischen der Union und den Mitgliedstaaten geteilt, es sei denn, dass eine Zuständigkeit ihrem Wesen nach nur von der Union wahrgenommen werden kann. So können Assoziierungen nur von der Union vereinbart werden, ohne dass dies allerdings bilaterale Beziehungen der Mitgliedstaaten in den von der Assoziierung erfassten Bereichen ausschließt. Für die Bereiche der Entwicklungszusammenarbeit und der humanitären Hilfe stellt Art. 4 Abs. 4 AEUV überdies klar, dass Maßnahmen der Union ein zusätzliches Tätigwerden der Mitgliedstaaten nicht hindern. Der AEUV enthält insbesondere Regelungen zu den folgenden Sachgebieten:

- Die **gemeinsame Handelspolitik** ist in Art. 206 f. AEUV geregelt und fällt wegen ihres engen Zusammenhangs mit der Zollunion in die ausschließliche Zuständigkeit der Union (Art. 3 Abs. 1 lit. e AEUV) (*§ 34 Rn. 1 ff.*).
- Ferner ist die **Assoziierung überseeischer Länder und Gebiete** ausdrücklich Gegenstand des AEUV (Art. 198–204 AEUV). Diese **institutionell verankerte Assoziierungspolitik** soll entsprechend den Grundsätzen der Vereinten Nationen den Wohlstand der abhängigen überseeischen Länder und ihrer Bewohner fördern und ihrer wirtschaftlichen und sozialen Entwicklung im Interesse der Einwohner dieser Länder und Gebiete dienen (Präambel, Art. 198 AEUV) (*§ 34 Rn. 26*).
- Darüber hinaus eröffnet Art. 217 AEUV die Möglichkeit, mit jedem dritten Staat, einer Staatenverbindung oder einer internationalen Organisation Abkommen zu schließen, „die eine **Assoziierung** mit gegenseitigen Rechten und Pflichten, gemeinsamen Vorgehen und besonderen Verfahren herstellen". Diese Assoziierungsabkommen dienen insbesondere der **Entwicklungsförderung** unabhängiger Staaten oder als **Vorbereitung oder Ersatz für den Beitritt** zur EU (*§ 34 Rn. 27*). Ergänzend hierzu sieht Art. 8 Abs. 2 EUV die Möglichkeit des Abschlusses von **Abkommen im Rahmen der Nachbarschaftspolitik** vor.
- Ergänzende Zuständigkeiten der Union bestehen auf dem Gebiet der **Entwicklungszusammenarbeit** (Art. 208–213 AEUV), (*§ 34 Rn. 32 ff.*) sowie für die **wirtschaftliche, finanzielle und technische Zusammenarbeit mit Drittländern** (Art. 212 AEUV) und für die **humanitäre Hilfe** (Art. 214 AEUV).
- Zusätzlich zu diesen Kompetenzen der EU mit auswärtiger Zielrichtung begründen die Zuständigkeiten der Union auf dem Gebiet der **Agrar-** und **Fischereipolitik** (Art. 40 Abs. 3, 43 AEUV), des **Kapital-** und **Zahlungsverkehrs** (Art. 64, 66 AEUV), der **Grenzkontroll-, Asyl-** und **Einwanderungspolitik** (Art. 77 ff. AEUV), der **Verkehrspolitik** (Art. 91 Abs. 1 lit. a) AEUV) und der **Währungspolitik** (Art. 219 AEUV, *unten Rn. 27*) ausdrücklich auswärtige Aktionsmöglichkeiten der Union. Weitere ausdrückliche Befugnisse im Bereich auswärtiger Beziehungen bestehen auf den Gebieten der **Bildungs-** und **Jugendpolitik** (Art. 165 Abs. 3, 166 Abs. 3 AEUV), der **Kulturpolitik** (Art. 167 Abs. 3 AEUV), der **Gesundheitspolitik** (Art. 168 Abs. 3 AEUV), der **transeuropäischen Netze** (Art. 171 Abs. 3 AEUV), der **Forschungs-** und **Technologiepolitik** (Art. 186 AEUV), der **Umweltpolitik** (Art. 191 Abs. 4 AEUV) und des **Katastrophenschutzes** (Art. 196 AEUV). Auch aus Kompetenznormen mit

---

[1] *Kempen, in:* Streinz, Art. 219 Rn. 13.

rein interner Zielrichtung wie jenen zur Rechtsangleichung, lassen sich stillschweigende auswärtige Kompetenzen der Union herleiten (*Rn. 16 ff.*).
- Gegenstände der allgemeinen Wirtschaftspolitik, die der mitgliedstaatlichen Koordinierung im Rat unterliegen (Art. 120, 121 AEUV), müssen auch in ihren auswärtigen Aspekten von dieser Koordinierungspflicht und den Koordinierungsverfahren der EU erfasst werden, wenn jene Koordinierung ihren vertraglichen Zweck erfüllen soll (*§ 21 Rn. 3 ff.*).

Eine vertragliche **Ausnahmeregelung** besteht für den außenpolitisch besonders empfindlichen Bereich der Sicherheitspolitik (Ausnahmeregelung für die **Produktion von Kriegsmaterial und den Handel damit**, Art. 346 AEUV). Diese schränkt die sachliche Zuständigkeit der Union in diesen Bereichen allerdings nicht ein, sondern gewährt einen Rechtfertigungsgrund, auf den Mitgliedstaaten sich berufen können.[2]

Der **EAGV** widmet den Außenbeziehungen ein eigenes Kapitel (Art. 101–106 EAGV). Infolge des weit engeren Anwendungsbereichs dieses Vertrags haben die EAG-Außenbeziehungen ein weniger facettenreiches Gepräge.

B. Stellung der EU im Völkerrecht

I. Rechtsfähigkeit der EU

Durch den Vertrag von Lissabon wird ausdrücklich klargestellt, dass die **Europäische Union** Rechtspersönlichkeit besitzt (Art. 47 EUV) und damit ein **Subjekt des Völkerrechts** ist (*§ 3 Rn. 49 ff.*).

Allerdings sind nur Staaten Träger aller völkerrechtlichen Rechte und Pflichten. Internationale Organisationen sind dies nur beschränkt hinsichtlich des ihnen übertragenen Rechte- und Pflichtenkreises. Auch die der Union und der EAG verliehene Rechtsfähigkeit ist beschränkt und besteht nur, soweit sie für die Erfüllung ihrer Aufgaben notwendig ist. Völkerrechtliche Handlungsbefugnisse, die an spezifische Merkmale des Staates wie die Staatsangehörigkeit anknüpfen, kann die Union nicht ausüben. Dementsprechend ist die Verpflichtung aus Art. 20 AEUV zur Gewährung diplomatischen und konsularischen Schutzes im Rahmen der Unionsbürgerschaft an die Mitgliedstaaten gerichtet. Die Union kann diplomatische Schutzrechte nicht allgemein, sondern nur funktionell beschränkt, etwa für die bei der Ausübung ihres Amtes völkerrechtswidrig geschädigten Beamten und Bediensteten der Union oder der in deren Auftrag handelnden Personen ausüben.[3] Diplomatische Schutzpflichten können sich zudem aus von der Union geschlossenen Abkommen mit Drittstaaten ergeben.[4]

II. Beziehungen zu dritten Staaten und internationalen Organisationen – Rechtsgrundlagen

Das Recht, Gesandte zu akkreditieren und zu entsenden (**passives und aktives Legationsrecht**) wird heute allgemein nicht nur Staaten, sondern auch internationalen Organisationen innerhalb ihres Aufgabenbereiches – und entsprechend der EU – zugebil-

---

[2] *Jaeckel*, in: G/H/N, Art. 346 Rn. 3, 6.
[3] *Groux/Manin*, Die Europäischen Gemeinschaften in der Völkerrechtsordnung, 150 f.; *Dörr*, in: G/H/N, Art. 47 EUV Rn. 71 ff.
[4] Vgl. EuG, Rs. T-572/93 (Odigitria./.Rat, Kommission), Slg. 1995, II-2025; EuGH, C-293/95 P (Odigitria./.Rat, Kommission), Slg. 1996 I-6129.

ligt.⁵ Die Gründerstaaten haben dem dadurch Rechnung getragen, dass sie in das Protokoll über die Vorrechte und Befreiungen der Europäischen Union eine Bestimmung über die Gewährung der diplomatischen Vorrechte und Befreiungen für die Vertretungen dritter Länder aufgenommen haben (Art. 16).⁶ Das passive Legationsrecht wird vom Rat und von der Kommission gemeinsam ausgeübt.⁷ Die Beanspruchung dieses Rechts durch die Kommission ist ein Streitgegenstand der durch den Luxemburger Kompromiss beendeten Gemeinschaftskrise von 1965/66 gewesen (§ 1 Rn. 18, § 4 Rn. 54).

8   Die Kommission hatte zudem in einer Vielzahl von Staaten und bei zahlreichen internationalen Organisationen Außendienststellen (Delegationen) eingerichtet, deren Leiter diplomatischen Status genießen.⁸ Diese Delegationen wurden gemäß Art. 35 EUV nach Inkrafttreten des Vertrags von Lissabon zu **Delegationen der Union**, die dem Hohen Vertreter der Union für Außen- und Sicherheitspolitik unterstehen (Art. 221 Abs. 2 AEUV).

9   Der AEUV unterstreicht ausdrücklich die Zweckdienlichkeit von engen Beziehungen und intensiver Zusammenarbeit mit solchen **internationalen Organisationen**, deren Tätigkeiten einen Bezug zu den Aufgaben der EU haben. Besonders genannt werden in Art. 220 AEUV die **Vereinten Nationen** und deren Fachorganisationen, der **Europarat** sowie die **OECD**.⁹ Der im EGV ursprünglich enthaltene Hinweis auf das Allgemeine Zoll- und Handelsabkommen (GATT) wurde im Vertrag von Amsterdam gestrichen und allein in Art. 199 Abs. 1 EAGV durch die Erwähnung der Welthandelsorganisation (WTO) ersetzt.¹⁰ Die Aufzählung der internationalen Organisationen ist, wie sich aus Art. 220 Abs. 2 AEUV ergibt, nicht abschließend. Die Union kann deshalb im Rahmen ihrer Aufgabenerfüllung auch mit anderen internationalen Organisationen eine Zusammenarbeit aufnehmen. Die Formen dieser Zusammenarbeit unterscheiden sich nach Struktur und Aufgabenbereich der jeweiligen Organisation erheblich.¹¹ Mitglied ist die Union etwa in der FAO, der Europäischen Bank für Wiederaufbau und Entwicklung (EBWE) und in der WTO.¹² Die Union wirkt auch an den Aktivitäten der Organisation für Sicherheit und Zusammenarbeit in Europa (OSZE) (§ 36 Rn. 17) aktiv mit.¹³

10 Art. 34 EUV begründet überdies besondere Koordinierungspflichten der Mitgliedstaaten in internationalen Organisationen in den Bereichen der Gemeinsamen Außen- und

---

5 Näher *R. Frid*, The Relations between the EC and International Organizations, 28 ff.
6 Protokoll Nr. 7. Diese Bestimmung muss völkerrechtsfreundlich dahin interpretiert werden, dass den bei der Europäischen Union akkreditierten Diplomaten, die dort vorgesehenen Vorrechte nicht nur am Sitz der Union, sondern im Gesamtgebiet der EU garantiert werden. *Bothe*, Die Stellung der Europäischen Gemeinschaften im Völkerrecht, ZaöRV 1977, 122, 132.
7 *Groux/Manin*, a.a.O., 29 ff.
8 Dazu näher *Louis*, in: J.-V. Louis/M. Dony (Hg.), Commentaire J. Mégret, Bd. 12, 41 ff.; *MacLeod/Hendry/Hyett*, The External Relations of the European Communities, 215 ff.; *Brinkhorst*, Permanent Missions of the EC in Third Countries, LIEI 1984, 23 ff.; *Tomuschat*, G/S, Art. 281 Rn. 23.
9 Eine entsprechende Regelung enthalten die Art. 199–201 EAGV.
10 Art. 6 Nr. 77 und Art. 8 Nr. 16 des Vertrags von Amsterdam.
11 Vgl. die Übersicht bei *MacLeod/Hendry/Hyett*, a.a.O., 195 ff. S. ferner: *Groux/Manin*, a.a.O., 41 ff.; *Schröder*, in: G/S, Art. 302 bis 304 und Vorbem. Hierzu *Marchisio*, EU's Membership in International Organizations, in: *E. Cannizzaro* (Hg.), The European Union as an Actor in International Relations, Den Haag 2002, 231 ff.
12 Zu einzelnen Fallgruppen der Mitgliedschaft *J. Sack*, Die Europäische Gemeinschaft als Mitglied internationaler Organisationen, in: GS Grabitz, 631, 640 ff.; *F. Hoffmeister*, Outsider or Frontrunner? Recent developments under international and European law on the status of the European Union in international organisations and treaty bodies, CMLR 2007, 41 ff., 43 ff.
13 S. z.B. EU-Gesamtbericht (2000), Ziff. 796–800; Gesamtbericht (2004), Ziff. 561.

Sicherheitspolitik. Durch Art. 34 Abs. 2 AEUV wird ausdrücklich auch die politisch besonders sensible Aufgabenwahrnehmung der ständigen[14] und nicht ständigen[15] Mitglieder im Sicherheitsrat der Vereinten Nationen in die Pflicht zur Koordinierung einbezogen.

III. Völkerrechtliche Pflichten der EU

1. Allgemeines Völkerrecht

Bei Erfüllung ihrer Aufgaben unterliegt die EU den völkerrechtlichen Pflichten, die sich aus den für die jeweilige Tätigkeit maßgeblichen Normen ergeben, soweit nicht aus ihrer Struktur und ihrer Rechtsnatur etwas anderes gefolgert werden kann. So ist die Union nach der Rechtsprechung des EuGH an die allgemeinen Regeln des Völkerrechts gebunden.[16] Insbesondere gilt für sie bei ihrer Rechtsetzung das Gebot der Schonung der Eigenständigkeit der Rechtsordnung von Drittstaaten. Die EU darf z.B. nicht etwa kartellrechtliche Sanktionen gegenüber Unternehmen aus Drittstaaten für ein Verhalten ohne Auswirkungen auf die Union verhängen. Gerade in diesem Bereich ist aber die Abgrenzung zwischen erlaubtem Schutz eigener Rechtsgüter und völkerrechtswidrigem Eingriff in fremde Rechtsordnungen sehr problematisch.[17]

11

Ferner haftet die Union auch völkerrechtlich für die Tätigkeit ihrer Organe.[18] Dabei erhebt sich allerdings die Frage, in welchem Umfang daneben auch die Mitgliedstaaten jedenfalls subsidiär haften. Für die Union muss berücksichtigt werden, dass sie eine eigene Finanzverfassung hat und gegenüber den Mitgliedstaaten eigene Rechtsetzungs- und Verwaltungsbefugnisse besitzt.[19] Deshalb wird man eine subsidiäre Haftung der Mitgliedstaaten nur in Ausnahmefällen annehmen dürfen, etwa dann, wenn ein Drittstaat wegen des fehlenden ius standi der Europäischen Union vor dem Internationalen Gerichtshof (Art. 34 Abs. 1 der Satzung des IGH sieht nur Staaten als Prozessparteien vor) sonst in seinem Rechtsschutz verkürzt würde.[20]

12

2. Bindungen der Union an Verträge der Mitgliedstaaten

Die Europäische Union ist an die von ihr im Rahmen ihrer Vertragsschlusskompetenz mit dritten Staaten und anderen internationalen Organisationen geschlossenen völkerrechtlichen Verträge gebunden (dazu *Rn. 30 f.*). Unter Umständen wird sie aber auch durch Abkommen verpflichtet, welche die Mitgliedstaaten vor der Gründung der Gemeinschaften oder vor ihrem Beitritt mit Drittstaaten geschlossen haben.

13

Art. 351 Abs. 1 AEUV bestimmt dazu, dass durch den Vertrag die Rechte und Pflichten aus Übereinkünften nicht berührt werden, die vor dem 1. Januar 1958 oder, im Falle später beigetretener Mitgliedstaaten, vor ihrem Beitritt zwischen einem oder

---

14 Frankreich, Vereinigtes Königreich.
15 2011–2012: Deutschland, Portugal.
16 S. etwa EuGH, Rs. C-61/94 (Kommission./.Deutschland), Slg. 1996, I-3989, Rn. 30; Rs. 162/96 (A. Racke), Slg. 1998, I-3655, Rn. 24 ff. Nachweise bei *Tomuschat*, in: G/S, Art. 281 Rn. 42; *Kokott*, in: Streinz, Art. 47 Rn. 11. S. auch *Bieber*, Die Bedeutung der Rechtsprechung des Gerichtshofs der Europäischen Union für die Auslegung völkerrechtlicher Verträge, in: A. Epiney/B. Metz/R. Mosters (Hg.), Das Personenfreizügigkeitsabkommen EU – Schweiz, Zürich 2011, 1 ff.
17 Vgl. dazu oben § 12 Rn. 7.
18 *Groux/Manin*, a.a.O., 145; *Louis*, a.a.O., 41 ff.
19 Vgl. *Krück*, Völkerrechtliche Verträge im Recht der Europäischen Gemeinschaften, 126.
20 Ausführlich zur Haftung der Mitgliedstaaten *Louis*, a.a.O., 46 ff.

mehreren Mitgliedstaaten einerseits und einem oder mehreren Drittstaaten andererseits geschlossen wurden.

Diese Vorschrift bezweckt die Wahrung der Rechte dritter Staaten und begründet stillschweigend die Verpflichtung der Union, die Rechte dieser Staaten aus solchen Abkommen nicht zu behindern.[21] Art. 351 Abs. 2 AEUV verpflichtet die Mitgliedstaaten allerdings darauf, etwaige Unvereinbarkeiten zwischen diesen Verträgen und dem Unionsrecht zu beseitigen. Nach Art. 351 Abs. 2 S. 2 AEUV sind die Mitgliedstaaten zur Unterstützung des betreffenden Mitgliedstaats verpflichtet, um gegebenenfalls gemeinsam eine Anpassung des unvereinbaren Vertrages zu erreichen. Soweit erforderlich, kann sich aus Art. 351 Abs. 2 AEUV auch die Pflicht eines Mitgliedstaats zur Kündigung eines Vertrages ergeben.[22] Artikel 351 AEUV gilt nur für die Rechte und Pflichten aus den Abkommen, die von den Mitgliedstaaten vor Inkrafttreten des Vertrages geschlossen wurden, nicht aber für die Änderungen, die die Mitgliedstaaten an solchen Abkommen vornehmen, indem sie nach Inkrafttreten des Vertrages neue Verpflichtungen eingehen.[23]

14 Ob darüber hinaus die EU als solche durch Bestimmungen völkerrechtlicher Verträge berechtigt und verpflichtet wird, denen die Union nicht selbst, wohl aber alle ihre Mitgliedstaaten angehören, ist zweifelhaft. Der EuGH hat im sogenannten GATT-Urteil[24] die Bindung der EG an die Bestimmungen des GATT-Vertrages festgestellt, soweit diese Befugnisse übernommen hatte, die früher von den Mitgliedstaaten im Anwendungsbereich des GATT ausgeübt wurden.

Der EuGH hat zunächst den bei Abschluss des EWGV geäußerten Willen der Mitgliedstaaten herangezogen, sich nicht einseitig von den GATT-Verpflichtungen zu lösen. Der Wille, die GATT-Verpflichtungen zu beachten, ist nach Auffassung des EuGH in Art. 110 EWGV (jetzt: Art. 206 AEUV), worin sich die EU zu den auch vom GATT verfolgten Zielen bekennt, sowie in Art. 234 Abs. 1 EWGV (jetzt: Art. 351 AEUV) bekundet worden. Bei Übertragung der handelspolitischen Befugnisse auf die Union haben die Mitgliedstaaten ihren Willen erkennen lassen, die Union an die GATT-Verpflichtungen zu binden. Für die WTO als Nachfolgeorganisation des GATT ergibt sich die Bindung der Union unproblematisch daraus, dass die EU auch formell der Organisation beigetreten ist.

15 Für den Eintritt der Union in multilaterale Verträge der Mitgliedstaaten kommt es danach auf den bei Vertragsabschluss geäußerten Willen der Mitgliedstaaten und die Anerkennung der gewollten Rechtsfolge durch die übrigen Vertragspartner an.

Fehlt es an der Möglichkeit, die Zuständigkeitsverlagerung von den Mitgliedstaaten auf die Union durch deren Einbeziehung in die Rechte und Pflichten aus multilateralen Übereinkommen zu berücksichtigen, weil ein Übereinkommen nur Staaten offensteht, wird man aus den in Art. 351 AEUV und Art. 4 Abs. 3 EUV zum Ausdruck kommenden Grundsätzen der mitgliedstaatlichen Kooperationspflicht die unionsrechtliche Pflicht der Mitgliedstaaten ableiten können, eine Abänderung des jeweiligen Vertrages

---

21 EuGH, Rs. 812/79 (Burgoa) Slg. 1980, 2787; *Petersmann/Spennemann*, in: G/S, Art. 307 Rn. 4; *E. Pache/J. Bielitz*, Das Verhältnis der EG zu den völkerrechtlichen Verträgen ihrer Mitgliedstaaten, EuR 2006, 316, 326.
22 EuGH, Rs. C-62/98 (Kommission./.Portugal), Slg. 2000, I-5171, Rn. 49; Rs. C-84/98 (Kommission./.Portugal), Slg. 2000, I-5215, Rn. 58.
23 S. z.B. EuGH, Rs. C-476/98 (Kommission./.Deutschland), Slg. 2002, I-9855, Rn. 69.
24 EuGH, verb. Rs. 21–24/72 (International Fruit Company) Slg. 1972, 1228; Vgl. auch Rs. 9/73 (Schlüter), Slg. 1973, 1135. Vgl. auch *Petersmann/Spennemann*, in: G/S, Art. 307, Rn 13 ff.; *Kokott*, in: Streinz, Art. 351 Rn. 24 f.

herbeizuführen, die den Beitritt der Union ermöglicht, oder in anderer Weise Lösungen anzustreben, die einer Vollmitgliedschaft möglichst nahekommen.²⁵

Besondere Probleme entstehen dort, wo sich die Mitgliedschaft der Staaten nicht vollständig durch eine Mitgliedschaft der Union ersetzen lässt, z.B. im Rahmen der EMRK (§ 2 Rn. 21). Hier ist eine parallele Mitgliedschaft nötig. Andernfalls müssten die Mitgliedstaaten für das ihnen nur indirekt zurechenbare Verhalten der Union oder die Union für das ihr nicht zurechenbare Verhalten der Mitgliedstaaten einstehen.²⁶

C. Die Befugnisse zum Abschluss internationaler Verträge

I. Die Vertragsschlusskompetenz der Union

1. Umfang der Vertragsschlusskompetenz

Die Union kann im völkerrechtlichen Verkehr nur handeln, soweit ihr die Verträge hierfür Zuständigkeiten verleihen. Die Befugnis zum Abschluss internationaler Abkommen hat sie deshalb nur in den Fällen, für die ihr die Verträge eine entsprechende Kompetenz einräumen. Durch den Lissabon-Vertrag wurde der Umfang der Vertragsschlusskompetenz in **Art. 216 AEUV** konsolidiert. Danach kann die Union in vier Fallkonstellationen internationale Übereinkünfte schließen: 16

- wenn dies in den Verträgen ausdrücklich vorgesehen ist,
- wenn eine Übereinkunft zur Verwirklichung eines Vertragsziels erforderlich ist,
- wenn dies in einem verbindlichen sekundärrechtlichen Rechtsakt der Union ausdrücklich vorgesehen ist, oder
- wenn der Abschluss einer Übereinkunft durch die Mitgliedstaaten gemeinsame Vorschriften beeinträchtigen oder deren Anwendungsbereich ändern könnte.

Die Vertragsschlusskompetenz kann sich also zum einen aus einer **ausdrücklichen vertraglichen oder sekundärrechtlichen Ermächtigung** ergeben. Zum anderen kann eine **implizite Kompetenzzuweisung** für den Abschluss internationaler Verträge auch als Reflexwirkung aus unionsrechtlichen Bestimmungen mit interner Zielrichtung folgen.

In Art. 216 AEUV wird im Wesentlichen, wenn auch in einer etwas unklaren Formulierung,²⁷ die Rechtsprechung des EuGH zur Vertragsschlusskompetenz ausdrücklich in den Vertrag übernommen: Nachdem ursprünglich die Auffassung vertreten worden war, die völkerrechtlichen Vertragsschlusskompetenzen müssten ausdrücklich zugewiesen sein,²⁸ hat der EuGH in seinem **AETR-Urteil** festgestellt, dass sich die Befugnis zum Eingehen völkerrechtlicher Verpflichtungen nicht nur aus einer ausdrücklichen Erteilung durch den Vertrag, sondern auch aus anderen Vertragsbestimmungen und in ihrem Rahmen ergangenen Rechtsakten ergeben kann.²⁹ Zur Begründung stellt der Gerichtshof insbesondere darauf ab, dass die Mitgliedstaaten weder einzeln noch ge- 17

---

25 EuGH Rs. 3, 4, 6/76 (Kramer), Slg. 1976, 1279. Hierzu M. *Dauses*, Die Beteiligung der Europäischen Gemeinschaften an multilateralen Völkerrechtsübereinkommen, EuR 1979, 138 ff.
26 Im Fall Matthews stellte der EuGHMR fest, dass der Ausschluss Gibraltars von den Wahlen zum EP gegen Art. 3 des 1. Zusatzprotokolls EMRK verstößt, und verurteilte das Vereinigte Königreich wegen des auf dem Direktwahlakt von 1976 beruhenden Verstoßes, Urt. v. 18.2.1999, EuGRZ 1999, 200 = EuZW 1999, 308.
27 Dazu *Vöneky/Beylage-Haarmann*, G/H/N, Art. 216 AEUV Rn. 15.
28 Z.B. *Wohlfarth*, in: Wohlfarth/Everling/Glaesner/Sprung, Kommentar zum EWG-Vertrag, Berlin 1960, Art. 228 Anm. 3; *Pescatore*, Les relations extérieures des CE, RdC Acad. La Haye 1961 II, 87 ff.
29 EuGH Rs. 22/70 (Kommission./.Rat), Slg. 1971, 263, Rn. 16.

meinsam völkerrechtliche Verpflichtungen eingehen dürfen, welche die Wirksamkeit unionsrechtlicher Normen beeinträchtigen können.

Das AETR-Urteil betraf die Frage der Zuständigkeit der Mitgliedstaaten zum Abschluss eines Europäischen Abkommens über die Arbeit der Fahrzeugbesatzungen im internationalen Straßenverkehr. Für den internen Bereich der EU war dieser Gegenstand zuvor bereits in einer Verordnung des Rates geregelt worden. Auf Klage der Kommission entschied der Gerichtshof, dass mit dem Inkrafttreten der Verordnung „zwangsläufig" die Zuständigkeit der Union für alle internationalen Abkommen begründet worden sei, die das in der Verordnung geregelte Sachgebiet betreffen.[30]

In einer Reihe von weiteren Urteilen hat der EuGH die AETR-Doktrin präzisiert und fortentwickelt.[31]

Im Urteil „Kramer"[32] ging der EuGH davon aus, dass die auswärtige Gewalt als Ergänzung der internen Regelungsgewalt zu begreifen sei und so weit reiche, wie dies zur wirksamen Erfüllung der intern zugewiesenen Aufgabe erforderlich ist. Er folgerte aus den Zielen der Union auf dem Gebiet der gemeinsamen Agrarpolitik und den zu ihrer Verwirklichung ergangenen Regelungen sowie aus der Natur der Sache, dass sich die Befugnis der Union, alle Maßnahmen zur Erhaltung der biologischen Schätze des Meeres zu treffen, auch auf die Fischerei auf hoher See erstreckt. Die Erhaltung der biologischen Schätze des Meeres könne wirksam und zugleich gerecht nur durch eine Regelung sichergestellt werden, die für alle interessierten Staaten einschließlich der Drittländer verbindlich ist. Aus den Pflichten und Befugnissen, die das Unionsrecht im Innenverhältnis den Unionsorganen zugewiesen hat, ergäbe sich daher die Zuständigkeit der Union, völkerrechtliche Verpflichtungen einzugehen. Da die Union ihre Aufgaben und Verpflichtungen zum Schutz der Meeresschätze jedoch nicht in vollem Umfange wahrgenommen hatte, waren die Mitgliedstaaten nach Auffassung des EuGH befugt, „zur Zeit des von dem vorlegenden Gericht zu beurteilenden tatsächlichen Geschehens im Rahmen des Übereinkommens über die Fischerei im Nordostatlantik Verpflichtungen zur Erhaltung der biologischen Schätze des Meeres zu übernehmen".

In dem Gutachten „**Stilllegungsfonds**"[33] stellte der Gerichtshof fest, dass eine implizite Außenkompetenz der Union auch bestehen kann, wenn die internen Maßnahmen der Union erst anlässlich des Abschlusses und der Inkraftsetzung einer völkerrechtlichen Vereinbarung ergriffen werden. Die Befugnis, die Union gegenüber Drittstaaten zu verpflichten, könne sich in diesem Falle dennoch stillschweigend aus den die interne Zuständigkeit begründenden Bestimmungen des Vertrages ergeben, sofern die Beteiligung der Union an der völkerrechtlichen Vereinbarung notwendig sei, um eines der Ziele der Union zu erreichen.

18   Im Anschluss an das Urteil „Kramer" und das Gutachten 1/76 „**Stilllegungsfonds**" stellte der EuGH in seinem **Gutachten 1/94** klar, dass eine interne Kompetenzzuweisung nur insoweit eine **ausschließliche** externe Kompetenz der Union begründen könne, als diese durch den Erlass interner Vorschriften in Anspruch genommen wurde.[34] Allerdings erkennt der Gerichtshof eine **Ausnahme** für den Fall an, dass eine interne Zuständigkeit wirksam nur zusammen mit der externen Zuständigkeit wahrgenommen werden kann.[35] In dem **Gutachten 2/92** (OECD-Gutachten) entschied der Gerichtshof überdies, dass zur Annahme einer ausschließlichen externen Zuständigkeit erforderlich ist, dass die Union auf **allen Bereichen**, die von dem fraglichen Abkommen erfasst werden, Maßnahmen erlassen hat.[36] In den Urteilen „**Open skies**" hat der Gerichtshof diese Rechtsprechung bestätigt und festgestellt, dass eine ausschließliche

---

30 EuGH, Rs. 22/70 (Kommission./.Rat), Slg. 1971, 263, Rn. 28.
31 Vgl. dazu die Übersicht bei *Krenzler*, in: Grabitz/Hilf II, E1 Rn. 23 ff.
32 EuGH, verb. Rs. 3, 4, 6/76 (Kramer), Slg. 1976, 1279.
33 EuGH, Gutachten 1/76 (Stilllegungsfonds), Slg. 1977, 741 = EuR 1977, 271 mit Anm. *Weis*.
34 EuGH, Gutachten 1/94, Slg. 1994, I-5267, Rn. 77.
35 EuGH, Gutachten 1/94, Slg. 1994, I-5267, Rn. 89; Vgl. auch etwa Rs. C-476/98 (Kommission./.Deutschland), Slg. 2002, I-9855, Rn. 83.
36 EuGH, Gutachten 2/92, Slg. 1995, I-521.

§ 33 Grundlagen und Verfahren der Außenbeziehungen

Außenkompetenz im Bereich von Luftverkehrsabkommen zur Regelung des Marktzugangs derzeit nicht besteht.[37] Bei der Prüfung der Frage, ob ein Bereich bereits von Unionsvorschriften erfasst ist, sind neben dem aktuellen Stand des Unionsrechts auch bereits absehbare Entwicklungen zu berücksichtigen.[38]

Nach der Rechtsprechung des Gerichtshofes richtet sich die Frage der Zuständigkeit nach dem wesentlichen Inhalt der Regelung, rein akzessorische Regelungen haben auf die Frage der Zuständigkeit keinen Einfluss.[39] Soweit der jedoch eine interne Zuständigkeit fehlt, kann auch eine externe Zuständigkeit nicht bestehen.[40]

In den Bereichen ausschließlicher Zuständigkeit der Union (Art. 3 AEUV) können die Mitgliedstaaten selbst nur noch aufgrund einer spezifischen Ermächtigung durch die Union vorläufig tätig werden.[41]

Soweit die Mitgliedstaaten konkurrierende auswärtige Zuständigkeiten bis zur Inanspruchnahme der Unionszuständigkeit wahrnehmen können, sind sie nach Art. 4 Abs. 3 EUV verpflichtet, auf die spätere Ausübung der Unionskompetenz in gleicher Weise Rücksicht zu nehmen wie beim Ergreifen innerstaatlicher Maßnahmen.[42]

Probleme der Kompetenzabgrenzung führen zu zahlreichen Differenzen zwischen Kommission einerseits sowie Rat und Mitgliedstaaten andererseits. In der Praxis werden diese Differenzen häufig dadurch überbrückt, dass ein „gemischtes Abkommen" unter Beteiligung der **Union und der Mitgliedstaaten** geschlossen und die interne Kompetenzabgrenzung den außenstehenden Vertragspartnern nicht offengelegt wird (*Rn. 29*).[43]

19

Für den Tätigkeitsbereich der EU besteht **keine Regelung**, die präventiv verhindert, dass **Mitgliedstaaten durch Abkommen mit Drittstaaten die Zuständigkeiten der Union beeinträchtigen**. Die allgemeinen Bestimmungen über das Vertragsverletzungsverfahren (*§ 9 Rn. 24 ff.*) finden insoweit Anwendung.[44] Nach **Art. 103 EAGV** hingegen haben die Mitgliedstaaten der Kommission den Entwurf von Abkommen mitzuteilen, die den Anwendungsbereich des EAGV berühren. Enthält der Entwurf Bestimmungen, welche die Anwendung des EAGV beeinträchtigen, so gibt die Kommission dem betreffenden Mitgliedstaat ihre Einwendungen bekannt. Der Staat kann das beabsichtigte Abkommen erst abschließen, wenn er den Einwendungen abgeholfen hat oder wenn er einen Beschluss des EuGH erwirkt hat, der die Vereinbarkeit der beabsichtigten Bestimmungen mit dem EAGV feststellt.[45]

20

---

37 EuGH, Rs. C-466/98 (Kommission./.Vereinigtes Königreich), Slg. 2002, I- 9427; Rs. 467/98 (Kommission./.Dänemark), Slg. 2002, I-9519; Rs. C-468/98 (Kommission./.Schweden), Slg. 2002, I- 9575; Rs. C-471/98 (Kommission./.Belgien), Slg. 2002, I- 9681; Rs. C-472/98 (Kommission./.Luxemburg), Slg. 2002, I- 9741; Rs. C-475/98 (Kommission./.Österreich), Slg. 2002, I- 9797; Rs. C-476/98 (Kommission./.Deutschland), Slg. 2002, I-9855.
38 EuGH, Gutachten 1/03, Slg. 2006, I-1145, Rn. 126.
39 EuGH, Rs. C-25/94 (Kommission./.Rat), Slg. 1996, I-146; Rs. C-268/94 (Portugal./.Rat) Slg. 1996, I-6177.
40 EuGH, Gutachten 2/94, Slg. 1996, I-1759.
41 Siehe auch EuGH, verb. Rs. 3, 4, 6/76 (Kramer), Slg. 1976, 1279; Rs. 41/76 (Donckerwolcke), Slg. 1976, 1921; Rs. 174/84 (Bulk Oil), Slg. 1986, 559.
42 Zur Loyalitätspflicht s. oben § 2 Rn. 62 f.
43 EuGH, Beschluss 1/78 nach Art. 103 Abs. 3 EAGV, Slg. 1978, 2151, 2179.
44 Auch die Anrufung eines internationalen Schiedsgerichts in einem Konflikt zwischen zwei Mitgliedstaaten kann als eine Vertragsverletzung anzusehen sein. S. EuGH, Rs. C-459/03 (Kommission./.Irland), Slg. 2006, I-4657.
45 Vgl. EuGH, Beschluss 1/78 nach Art. 103 Abs. 3 EAGV, Slg. 1978, 2151.

2. Vertragsschlussverfahren
a) Verfahren im EU-Bereich

21 Das Verfahren zum Abschluss internationaler Abkommen der EU ist in **Art. 218 AEUV** geregelt, der grundsätzlich für den Abschluss aller internationalen Abkommen gilt, soweit die Verträge nichts anderes vorsehen (z.B. Art 207, 219 AEUV). Auch Abkommen im Rahmen der GASP (Art. 37 EUV) und der Nachbarschaftspolitik (Art. 8 Abs. 2 EUV) sind nach dem in Art. 218 AEUV vorgesehenen Verfahren zu schließen. Nach dieser Vorschrift ist zwischen der Aushandlung der Verträge und deren Abschluss durch den Rat zu unterscheiden. Nur ausnahmsweise hat die Kommission selbst Abkommen abgeschlossen.[46] Insbesondere kann aus der internen Zuständigkeit der Kommission zum Erlass von Einzelmaßnahmen zur Durchführung der Wettbewerbsregeln nicht die Zuständigkeit der Kommission zum Abschluss von Abkommen über die Anwendung des Wettbewerbsrechts mit Drittstaaten hergeleitet werden.[47]

Art. 218 Abs. 2 AEUV sieht vor, dass die Kommission oder, wenn es sich hauptsächlich um ein die GASP betreffendes Übereinkommen handelt, der Hohe Vertreter dem Rat die **Aufnahme von Verhandlungen** empfehlen können. Auf der Grundlage dieser **Empfehlung** erlässt der Rat einen **Beschluss**, der zur Eröffnung von Verhandlungen ermächtigt. In diesem Beschluss benennt der Rat den Verhandlungsführer oder den Leiter des Verhandlungsteams. Entsprechend der allgemeinen Regelung der Außenvertretung der Union wird dies regelmäßig ein Mitglied oder Vertreter der Kommission oder, im Bereich der GASP, der Hohe Vertreter sein. Zugleich kann der Rat **Richtlinien** für die Verhandlungsführung erteilen. Für den Bereich der Zoll- und Handelsabkommen sieht Art. 207 Abs. 3 AEUV vor, dass der Rat die Kommission auf deren Empfehlung hin zur Aufnahme von Verhandlungen, nach Maßgabe der von ihm erteilten Richtlinien ermächtigt.

Ermächtigung und Verhandlungsrichtlinien sind unionsinterne Akte. Die Verhandlungen werden im Benehmen mit den vom Rat gebildeten besonderen **Ausschüssen** geführt, wodurch der Rat in die laufenden Verhandlungen einbezogen wird. Der Rat erlässt auf Antrag des Verhandlungsführers einen Beschluss zur **Genehmigung der Unterzeichnung** des Abkommens, wobei er zugleich auch dessen **vorläufige Anwendung** vor dem Inkrafttreten genehmigen kann.

22 Das Erfordernis der **Zustimmung des EP** besteht gemäß Art. 218 Abs. 6 lit. a) AEUV für den Abschluss von **Assoziationsabkommen** und anderen Abkommen, die einen besonderen institutionellen Rahmen schaffen, für den Beitritt zur EMRK, und für den Abschluss von **Abkommen mit erheblichen finanziellen Folgen** für die Union sowie von **Abkommen in Bereichen, für die das ordentliche Gesetzgebungsverfahren oder das Zustimmungsverfahren gilt**.

In anderen Fällen hat der Rat das **EP vor Abschluss** des völkerrechtlichen Abkommens gemäß Art. 218 Abs. 6 b) AEUV **anzuhören**. Dabei kann der Rat entsprechend der

---

[46] Dazu W. Hummer, Enge und Weite der „treaty Making Power" der Kommission oder EG nach dem EWG-Vertrag (GS Grabitz 1995), 195 ff. Der Kommission oblag es nach dem EGV, zweckdienliche Beziehungen mit anderen internationalen Organisationen zu unterhalten (Art. 302 EGV). Hierfür konnte sie technische Abkommen (Arbeitsabkommen) in eigener Zuständigkeit abschließen. Diese Zuständigkeit dürfte ihr auch nach Art. 220 Abs. 3 AEUV für alle Organisationen zustehen, die in den Bereich ihrer Aussenvertretung fallen (Art. 17 Abs. 1 EUV). Für Organisationen im Bereich der GASP wird eine entsprechende Befugnis des Hohen Vertreters anzunehmen sein (Art. 220 AEUV, 27 Abs. 2 EUV).

[47] EuGH, Rs. C-327/91 (Frankreich./.Kommission), Slg. 1994, I-3641.

Dringlichkeit des Abschlusses des Abkommens eine Frist festlegen, innerhalb derer das EP seine Stellungnahme abzugeben hat. Versäumt das EP die Frist, kann der Rat einen Beschluss fassen, ohne die Stellungnahme des EP abwarten zu müssen. Die Regelung enthält damit eine vertragliche Einschränkung des Selbstorganisationsrechts des EP.

Der Abschluss der in der Praxis wichtigen **Zoll- und Handelsabkommen** wird in Art. 218, 207 AEUV von der vertraglichen Anhörungspflicht ausgenommen. Die Kommission ist gemäß Art. 207 Abs. 3 AEUV, der insoweit die interinstitutionelle Praxis kodifiziert,[48] gegenüber dem EP jedoch zu einer Unterrichtung über den Stand der Verhandlungen verpflichtet.

Vor Abschluss eines völkerrechtlichen Abkommens können EP, Rat, Kommission oder ein Mitgliedstaat ein **Gutachten des EuGH** über die Vereinbarkeit des beabsichtigten Abkommens mit den Verträgen einholen.[49] Ist dieses Gutachten ablehnend, so kann das Abkommen unverändert nur noch mithilfe des Vertragsänderungsverfahrens in Kraft gesetzt werden. Hierdurch soll verhindert werden, dass Unionszuständigkeiten untergraben werden, indem völkerrechtliche Bindungen mit Drittstaaten eingegangen werden, die jene beeinträchtigen.

23

Der **Abschluss** des ausgehandelten Abkommens wird vom Rat auf Vorschlag des Verhandlungsführers durch einen Beschluss vorgenommen, der mit qualifizierter Mehrheit zu fassen ist. Ein Einstimmigkeitserfordernis besteht für Assoziationsabkommen und Beitrittsassoziationen nach Art. 212 AEUV, für den Beitritt der Union zur EMRK sowie für Abkommen in Bereichen, in denen die Annahme interner Vorschriften Einstimmigkeit erfordert. Auch über den Abschluss von Zoll- und Handelsabkommen beschließt der Rat gemäß Art. 207 Abs. 4 AEUV grundsätzlich mit qualifizierter Mehrheit. Für den Abschluss von Handelsabkommen über den Dienstleistungsverkehr, über Handelsaspekte des geistigen Eigentums oder über ausländische Direktinvestitionen ist allerdings Einstimmigkeit erforderlich, wenn das Abkommen Bestimmungen enthält, bei denen die Annahme interner Vorschriften Einstimmigkeit erfordert. Auch Abkommen über den Handel mit kulturellen und audiovisuellen Dienstleistungen sowie Abkommen über den Handel mit Sozial-, Bildungs- und Gesundheitsdienstleistungen unterliegen weitgehend dem Erfordernis der Einstimmigkeit. Der Abschluss steht für die Union der sonst im Völkerrecht üblichen Ratifikation gleich. Vormals wurde der Abschluss oft in Form einer Verordnung vorgenommen, welche zugleich die etwa erforderlichen Ausführungsmaßnahmen regelt. Dies verdunkelt jedoch den eigenen Geltungsanspruch der Abkommen aufgrund Völkerrechts (*Rn. 30 f.*). Bei Abschluss eines Abkommens kann der Rat den Verhandlungsführer ermächtigen, Änderungen dieses Abkommens, die in einem vereinfachten Verfahren oder durch ein von dem Abkommen geschaffenes Organ beschlossen werden können, im Namen der Union zu billigen (Art. 218 Abs. 7 AEUV).

24

Die von der Union geschlossenen Abkommen treten in der Regel vereinbarungsgemäß in Kraft, wenn die Vertragsparteien gegenseitig mitgeteilt haben, dass die hierfür erforderlichen Verfahren abgeschlossen sind. Bei einfacheren Abkommen kann der Abschlussakt nach Art. 218 AEUV der Unterzeichnung jedoch vorangehen, mit der Folge, dass jene Abkommen mit ihrer Unterzeichnung in Kraft treten können. Der Rat kann

25

---

48 S. dazu *De Walsche*, in: J.-V. Louis/M. Dony (Hg.), Commentaire J. Mégret, Bd. 12, 98 ff.
49 Zur Statthaftigkeit des Gutachtens EuGH Gutachten 1/78 (Naturkautschuk-Gutachten) Slg. 1979, 2871, 2906 f.; Gutachten 1/94, Slg. 1994, I-5276.

zudem bei Abschluss eines Abkommens auch dessen vorläufige Anwendung vor dem Inkrafttreten beschließen (Art. 218 Abs. 5 AEUV).

26 Ferner beschließt der Rat auf Vorschlag der Kommission oder des Hohen Vertreters über die Aussetzung der Anwendung eines Abkommens und legt die im Namen der Union zu vertretenden Standpunkte in den Fällen fest, in denen ein durch ein Abkommen geschaffenes Organ rechtswirksame Beschlüsse fasst. (Art. 218 Abs. 9 AEUV).

27 Ein von der Regelung des Art. 218 AEUV abweichendes **besonderes Vertragsschlussverfahren**, das insbesondere auch eine Beteiligung der EZB vorsieht, wird in **Art. 219 AEUV** für Abkommen im Bereich der **Wechselkurspolitik** und für Abkommen im Zusammenhang mit **Devisenregelungen** oder **Währungsfragen** festgelegt.[50]

b) Verfahren im EAG-Bereich

28 Der **EAGV** weist der Kommission nicht nur die – allerdings an Richtlinien des Rates gebundene – Verhandlungsbefugnis, sondern auch die Befugnis zum Abschluss von völkerrechtlichen Verträgen zu. Der Abschluss bedarf der Zustimmung des Rates, der hierüber mit qualifizierter Mehrheit beschließt (Art. 101 Abs. 2 EAGV).[51]

Abkommen und Vereinbarungen im EAG-Bereich, deren Durchführung keine Mitwirkung des Rates erfordert und die im Rahmen des betreffenden Haushaltsplans möglich ist, können sogar von der Kommission allein ausgehandelt und abgeschlossen werden; sie hat lediglich den Rat hierüber zu unterrichten (Art. 101 Abs. 3 EAGV).

Assoziierungsverträge mit der EAG werden in Art. 206 EAGV parallel zu jenen mit der Union geregelt. Jedoch besteht nach dieser Vorschrift nur ein Anhörungsrecht des EP und nicht das für Assoziationsverträge der Union in Art. 217, 218 Abs. 6 AEUV vorgesehene Zustimmungsrecht.

Der EAGV enthält darüber hinaus in Art. 102 EAGV Vorschriften über ein besonderes Verfahren für die „gemischten Abkommen", an denen neben der EAG auch ein oder mehrere Mitgliedstaaten beteiligt sind. Solche Abkommen können nach Art. 102 EAGV erst dann in Kraft treten, wenn sie in allen Mitgliedstaaten nach deren innerstaatlichen Rechtsvorschriften anwendbar geworden sind (Vgl. auch *Rn. 29*).

3. Gemischte Abkommen

29 Die internationalen Abkommen, an denen die Union beteiligt ist, betreffen häufig nur teilweise Bereiche, die in die Zuständigkeit der Union fallen. Die Beteiligung der Union kann sich nur auf diese Bereiche erstrecken, während im übrigen die Mitgliedstaaten zu beteiligen sind. Die Beteiligung der Mitgliedstaaten ist auch dann gerechtfertigt, wenn finanzielle Beiträge etwa zu dem durch ein Rohstoffabkommen errichteten Preisstabilisierungssystem zu entrichten sind und diese von den Mitgliedstaaten geleistet werden.[52]

Zur Regelung solcher Fälle werden auch für den Bereich der Union „gemischte Abkommen" geschlossen, die ausdrücklich nur für die EAG vorgesehen sind (Art. 102

---

50 Zu den Einzelheiten dieses Verfahrens: *Kempen*, in: Streinz, Art. 219 Rn 8, 12.
51 Zur Vertragsschlusspraxis von Euratom *MacLeod/Hendry/Hyett*, a.a.O., 394 ff.; *Vedder*, a.a.O., 95 ff.
52 Dazu EuGH, Gutachten 1/78, Slg. 1978, 2871.

EAGV).⁵³ Bei gemischten Abkommen werden die Unionsinteressen am besten dadurch gewahrt, dass diese durch eine gemeinsame Delegation aus Vertretern der Kommission und der Mitgliedstaaten ausgehandelt werden. Dabei unterliegen die Mitgliedstaaten und die Kommission für die Aushandlung, den Abschluss und die Durchführung von gemischten Abkommen der Pflicht zu einer engen Zusammenarbeit.⁵⁴

In einigen Fällen gemischter Abkommen tritt die Kommission nach außen als Sprecherin für den gesamten Regelungsbereich des Abkommens auf. Diese Praxis hat sich für die Assoziierungsabkommen (§ 34 Rn. 25 ff.) und eine Reihe internationaler Rohstoffabkommen im Rahmen des integrierten Rohstoffprogramms der UNCTAD (§ 34 Rn. 21) herausgebildet.⁵⁵ Daneben gibt es in der Praxis „bicephale" Delegationen aus Vertretern der Kommission und der jeweiligen Präsidentschaft des Rates sowie „multicephale" Delegationen aus Vertretern den Kommission und der Mitgliedstaaten. Können an der Aushandlung eines Übereinkommens nur die Mitgliedstaaten teilnehmen,⁵⁶ müssen diese als Treuhänder des Unionsinteresses auftreten und der Union durch entsprechende Vertragsklauseln für ihren Zuständigkeitsbereich den späteren Beitritt ermöglichen (Art. 4 Abs. 3 EUV).⁵⁷

Sind die Union und die Mitgliedstaaten gemeinsam an den Verhandlungen beteiligt, hat sich entsprechend der in Art. 102 EAGV vorgesehenen Regelung die Praxis eingebürgert, dass die Union das gemischte Übereinkommen erst dann abschließt, wenn alle Mitgliedstaaten dies zuvor getan haben.⁵⁸

> Alle Vertragspartner solcher gemischten Verträge sind wie bei sonstigen völkerrechtlichen Verträgen an alle vereinbarten Bestimmungen gebunden, sofern sich nicht eine Trennung zwischen den Verpflichtungen der Union und jenen der Mitgliedstaaten aus diesen Bestimmungen selbst oder deren Sachzusammenhang ergibt.⁵⁹

II. Wirkungen der von der Union geschlossenen Verträge

Die von der Union abgeschlossenen internationalen Abkommen sind nicht nur für die Organe der Union, sondern auch für die Mitgliedstaaten verbindlich (Art. 216 Abs. 2 AEUV).

30

Sie bilden nach Auffassung des EuGH einen integrierenden Bestandteil der Rechtsordnung der Union.⁶⁰ Daraus folgt, dass sie in der Union als Rechtsnormen des Völkerrechts zur Anwendung kommen und nicht etwa lediglich in den Geltungsanspruch des Unionsrechtsaktes über den Vertragsabschluss aufgenommen werden. Im Verhältnis

---

53 Zur Praxis der gemischten Abkommen allgemein *Ehlermann*, in: O'Keeffe-Schermers, Mixed Agreements, 3 ff.; *MacLeod/Hendry/Hyett*, a.a.O., 142 ff.; *Dony*, in: J.-V. Louis/M. Dony (Hg.), Commentaire J. Mégret, Bd. 12, 167 ff.; *Eeckhout*, EU External Relations Law, 213 ff.; *Lorenzmeier*, in: G/H/N, Art. 218 Rn. 12 ff.
54 EuGH, Gutachten 2/91 (ILO), Slg. 1993, I-1061, Rn. 36; Gutachten 1/94 (GATS/TRIPS), Slg. 1994, I-5267, Rn. 108; Gutachten 2/00, Slg. 2001, I-9713, Rn. 18; Gutachten 1/08, Slg. 2009, I-11129, Rn. 136..
55 Zu den Delegationen und ihrer Organisation: *Vedder*, a.a.O., 170 ff.; *Schermers*, in: O'Keeffe/Schermers a.a.O., 23, 28 ff.; *Dony*, a.a.O., 181 f.
56 Beispiel: EuGH, Gutachten 2/91 (ILO), Slg. 1993, I-1061.
57 EuGH Rs. 22/70 (AETR) Slg. 1971, 63, 281; *Vedder*, a.a.O., 168, 230 ff.; *Groux/Manin*, a.a.O., 97 ff. Vgl. auch EuGH, Gutachten 2/91 (ILO), Slg. 1993, I-1061Rn. 37.
58 *Ehlermann*, in: O'Keeffe/Schermers, a.a.O., 3, 17.
59 Hierzu und zu den Voraussetzungen einer Differenzierung der Bindungswirkung zusammenfassend *Tomuschat*, in: G/S,.Art. 300 Rn. 64 m.w.N. Vgl. auch *Dauses*, EuR 1979, 138, 148 f.; differenzierend *Pache/Bielitz*, EuR 2006, 316, 319 ff.
60 EuGH, Rs. 181/73 (Haegemann), Slg. 1974, 449, 460; Rs. 301/08 (Bogiatzi), Slg. 2009, I-10185, Rn. 23.

zwischen der Union und dem Völkerrecht gilt also die monistische und nicht die dualistische Theorie.[61]

Die von der Union abgeschlossenen Verträge haben – als Folge dieser in Art. 216 AEUV widergespiegelten monistischen Konzeption – Vorrang vor dem von den Unionsorganen erlassenen abgeleiteten Unionsrecht.[62] Der EuGH hat deshalb die Vereinbarkeit des abgeleiteten Unionsrechts mit den von der Union geschlossenen völkerrechtlichen Verträgen zu prüfen,[63] soweit diese Frage im jeweils anhängigen Verfahren zur Sprache gebracht werden kann.[64]

31   Die von der Union geschlossenen völkerrechtlichen Verträge können als integrierender Bestandteil der Rechtsordnung der Union ebenso wie die Bestimmungen des primären und abgeleiteten Unionsrechts unter bestimmten Voraussetzungen unmittelbare Wirkungen gegenüber privaten Personen entfalten. Nach ständiger Rechtsprechung des EuGH ist eine Bestimmung eines von der Union mit Drittländern geschlossenen Abkommens als unmittelbar wirksam anzusehen, wenn aus dem Wortlaut, dem Gegenstand und der Art des Abkommens zu schließen ist, dass sie eine klare, eindeutige und unbedingte Verpflichtung enthält, deren Erfüllung oder deren Wirkungen nicht vom Erlass eines weiteren Aktes abhängen.[65] Es genügt also nicht, dass die vom EuGH für die unmittelbare Wirksamkeit des internen Unionsrechts entwickelten Kriterien (*§ 6 Rn. 60 ff.*) erfüllt sind. Zusätzlich hierzu ist zu ermitteln, ob der fraglichen Bestimmung nach dem Gesamtzusammenhang des Vertragswerks, zu dem sie gehört, eine solche Wirkung zukommt. Dabei kommt es darauf an, ob die vertraglichen Bindungen unabdingbar sind oder ob die Parteien die Möglichkeit haben, einseitig ihre Verpflichtungen aufzuheben oder einzuschränken. Es kommt ferner darauf an, ob die Parteien des betreffenden Vertrags Meinungsverschiedenheiten über dessen Auslegung einer rechtsförmigen Streitschlichtung unterwerfen oder ob sie ohne Weiteres vom Vertrag zurücktreten können. Schließlich ist erheblich, ob der Vertrag auf der Grundlage der Gegenseitigkeit beruht und ob folglich dessen unmittelbare Wirkung in der Union auch dann vertragsgerecht ist, wenn der oder die anderen Vertragspartner eine solche Wirkung ablehnen.

Anhand dieser Kriterien hat der EuGH etwa Bestimmungen des GATT, an welche die EU gebunden ist, die Direktwirkung versagt.[66] Diese Rechtsprechung hat der Gerichtshof auch auf die Bestimmungen des WTO-Abkommens und seiner Anhänge ausgedehnt.[67] Ausnahmen von diesem Grundsatz erkennt der EuGH an, wenn ein Unionsrechtsakt ausdrücklich auf WTO-Vorschriften Bezug nimmt oder wenn WTO-Vorschriften durch einen Rechtsakt der Union umgesetzt worden sind.[68] Zudem hat der EuGH festgestellt, dass die Mitgliedstaaten die unmittelbare Wirksamkeit von WTO-Vorschriften anordnen können, soweit sie für die Umsetzung dieser Vorschriften zuständig sind.[69]

Hingegen hat der EuGH dem Jaunde-Abkommen (*§ 34 Rn. 35*) das Recht des Einzelnen entnommen, sich auf die dort vorgesehene Abschaffung von Zöllen und Abgaben zollgleicher

---

61 *Pescatore*, Die Rechtsprechung des EuGH zur innergemeinschaftlichen Wirkung völkerrechtlicher Abkommen (FS Mosler 1983), 661, 680 ff.; *Groux/Manin*, a.a.O., 129; *de Witte*, Direct Effect, Primacy and the Nature of the Legal Order, in: Craig/de Búrca (Hg.), The Evolution of EU Law, 2. Aufl., Oxford 2011, 323 ff., 336, Fn. 47; *Mögele*, in: Streinz, Art. 216 Rn. 4.
62 St. Rspr. seit EuGH, Rs. 21 bis 24/72 (International Fruit) Slg. 1972, 1219, 1229; *Constantinesco*, 219; *Krück*, a.a.O., 170; *Tomuschat*, in: G/S, Art. 300, Rn. 84.
63 EuGH, Rs. 21 bis 24/72 (International Fruit) Slg. 1972, 1219, 1227; Rs. 9/73 (Schlüter) Slg. 1973, 1135, 1165.
64 Im Vorlageverfahren nach Art. 267 AEUV ist zu prüfen, ob die fragliche Bestimmung eines Vertrages ein Recht Einzelner schafft, auf das vor Gericht auf sie zu berufen, um die Gültigkeit einer Handlung der Union infrage zu stellen – EuGH, Rs. 21 bis 24/72 (International Fruit) Slg. 1972, 1219.
65 EuGH, Rs. 12/86 (Demirel), Slg. 1987, 3719; Rs. C-162/96 (Racke), Slg.1996, I-3655; verb. Rs. C-300, 392/98 (Dior), Slg. 2000, I-11307.
66 EuGH, Rs. 21 bis 24/72 (International Fruit) Slg. 1972, 1219; Rs. 166/81 (SIOT) Slg. 1983, 731; Rs. 280/93 (Deutschland./.Kommission), Slg. 1994, I-4973.
67 EuGH, Rs. C-149/96 (Portugal/Rat), Slg. 1999, I-8395, Rn. 47; verb. Rs. C-300, 392/98 (Dior), Slg. 2000, I-11307; Rs. C-93/02 (Biret), Slg. 2003, I-10497, Rn. 52; EuG, Rs. T-69/00 (FIAMM), Slg.2005, II-5393, Rn. 110; Rs. T-383/00 (Beamglow), Slg. 2005, II- 5459, Rn. 110; Rs. C-135/10 (Società Consortile Fonografici), Urteil v. 15.3.2012.
68 EuGH, Rs. C-149/96 (Portugal/Rat), Slg. 1999, I-8395, Rn. 49; Rs.C-93/02 (Biret), Slg. 2003, I-10497, Rn. 53.
69 EuGH, verb. Rs. C-300, 392/98 (Dior), Slg. 2000, I-11307, Rn. 48; C-431/05 (Merck Genéricos), Slg. 2007, I-7001, Rn. 34.

Wirkung zu berufen.[70] Die gleiche Wirkung kam der Art. 110 AEUV entsprechenden Verbotsnorm im Assoziierungsabkommen mit Griechenland von 1961[71] und in den EFTA-Abkommen[72] zu. Das Diskriminierungsverbot im Bereich der sozialen Sicherheit aus den Kooperationsabkommen EWG-Marokko[73] und EWG-Algerien[74] hat unmittelbare Wirkung. Auch die in den Europa-Abkommen, dem Beschluss 1/80 zum Assoziierungsabkommen mit der Türkei und dem Partnerschaftsabkommen mit Russland geregelten Diskriminierungsverbote bei den Arbeitsbedingungen sind unmittelbar wirksam.[75] Die im Assoziierungsabkommen mit der Türkei vorgesehene Freizügigkeit hat dagegen keine unmittelbare Wirkung.[76] Allerdings hat der EuGH dem Verbot zusätzlicher Beschränkungen der Dienstleistungs- und Niederlassungsfreiheit in Art. 41 Abs. 1 des Zusatzprotokolls zu diesem Abkommen unmittelbare Wirkung zuerkannt.[77] Auch Regelungen in Beschlüssen eines von einem Assoziierungsabkommen eingesetzten Assoziationsrates kann unmittelbare Wirkung zukommen.[78]

D. Literatur

Bourgeois, Jacques, H.J./Dewost, Jean-Louis/Gaiffe, Marie-Ange (Hg.), La Communauté européenne et les accords mixtes: Quelles perspectives?, Brüssel 1997; *Bungenberg, Marc,* Aussenbeziehungen und Aussenhandelspolitik, in: Schwarze, Jürgen/Hatje, Armin (Hg.) Reformvertrag von Lissabon, EuR Beiheft 1/2009, 195 ff.; *Cannizzaro, Enzo* (Hg.), The EU as an Actor in International Relations, The Hague 2002; *ders.,* On some recent Development in the Law of Community External Relations. Towards a Unitary Paradigm?, in: FS Roland Bieber, Baden-Baden 2007, 474 ff.; *Cremona, Marisa* (Hg.), Developments in EU External Relations Law, Collected Courses of the Academy of European Law, Oxford 2008; *dies.,* External Relations and External Competence of the European Union: The Emergence of an Integrated Policy, in: Craig, P./de Burca, G. (Hg.), The Evolution of EU Law, 2. Aufl., Oxford 2011, 217 ff.; *dies./de Witte, Bruno* (Hg.), EU Foreign Relations Law: Constitutional Fundamentals, Oxford 2008; *Dashwood, Alan/ Maresceau, Marc* (Hg.), Law and Practice of EU External Relations: Salient Features of a Changing Landscape, Cambridge 2008; *Dony, Marianne* (Hg.), L'Union européenne et le monde après Amsterdam, Brüssel 1999; *Eeckhout, Piet,* EU External Relations Law, 2. Aufl., Oxford 2011; *Epiney, Astrid,* Zur Stellung des Völkerrechts in der EU, EuZW 1999, 5–11; *Frid, Rachel,* The Relations between the EC and International Organizations, Den Haag u.a. 1995; *Groux, Jean/ Manin, Philippe,* Die Europäischen Gemeinschaften in der Völkerrechtsordnung, Brüssel u.a. 1984; *Hilmes, Christian,* Die Europäische Union als Partei völkerrechtlicher Verträge, Baden-Baden 2006; *Hobe, Stephan/Müller-Satori, Patrick,* Rechtsfragen der Einbindung der EG/EU in das Völkerrecht, in: Jus 2002, 8 ff.; *Hummer, Waldemar,* Vom „Aussendienst" der Gemeinschaften zum „Europäischen Auswärtigen Dienst" im Vertrag über eine Verfassung für Europa, in: FS Roland Bieber, Baden-Baden 2007, 493 ff.; *Kadelbach, Stefan,* Die Außenbeziehungen der Europäischen Union, Baden-Baden 2006; *Koutrakos, Panos,* EU International Relations Law, Oxford 2006; *Krück, Hans,* Völkerrechtliche Verträge im Recht der Europäischen Gemeinschaften, Berlin u.a. 1977; *Louis, Jean-Victor/Dony, Marianne* (Hg.), Commentaire J. Mégret, Bd. 12: Relations extérieures, 2. Aufl., Brüssel 2005; *MacLeod, Ian/Hendry, I. D./Hyett, Stephen,* The External Relations of the European Communities, Oxford 1996; *McGoldrick, Dominic,* International Re-

---

70 EuGH Rs. 87/75 (Bresciani) Slg. 1976, 129.
71 EuGH Rs. 17/81 (Pabst) Slg. 1982, 1331.
72 EuGH Rs. 104/81 (Kupferberg) Slg. 1982, 3641; Rs. 218/83 (Les Rapides Savoyards), Slg. 1984, 3105.
73 EuGH, Rs. C-18/90 (Kziber), Slg. 1991, I-199; Rs. C-58/93 (Yousfi), Slg. 1994, I-1353.
74 EuGH, Rs. C-103/94 (Krid), Slg. 1995, I-719; Rs. C-113/97 (Babahenini), Slg. 1998, I-183.
75 EuGH, Rs. C-162/00 (Pokrzeptowicz-Meyer), Slg. 2002, I-1049; Rs. C-438/00 (Deutscher Handballbund./.Kolpak), Slg. 2003, I-4135; Rs. C-171/01 (Wählergruppe Gemeinsam), Slg. 2003, I-4301; Rs. C-265/03 (Simutenkov), Slg. 2005, I-2579.
76 EuGH, Rs. 12/86 (Demirel), Slg. 1987, 3449.
77 EuGH, Rs. C-37/98 (Savas), Slg. 2000, I-2927; verb. Rs. C-317und 369/01 (Abatay und Sahin), Slg. 2003, I-12301.
78 S. etwa EuGH, Rs. C-192/89 (Sevince), Slg. 1990, I-3461; Rs. C-262/96 (Sueruel), Slg. 1999, I-2685; Rs. C-188/00 (Kurz), Slg. 2002, I-10691; Rs. C-171/01 (Wählergruppe Gemeinsam), Slg. 2003, I-4301; Rs. C-373/02 (Öztürk), Slg. 2004, 3605; Rs. C-485/07 (Akdas), Slg. 2011, I-4503.

lations Law of the European Union, London u.a. 1997; *Metz, Andreas*, Die Außenbeziehungen der Europäischen Union nach dem Vertrag über eine Verfassung für Europa, Berlin 2007; *Obwexer, Walter* (Hg.), Die Europäische Union im Völkerrecht, EuR Beiheft 2/2012; *O'Keeffe, David/Schermers, Henry G.* (Hg.), Mixed Agreements, Dordrecht 1983; *Pache, Eckhard/Schorkopf, Frank* (Hg.), Die Europäische Union nach Lissabon,, Baden-Baden 2009; *Scheffler, Jan*, Die Europäische Union als rechtlich-institutioneller Akteur im System der Vereinten Nationen, Heidelberg 2011; *Stadler, Klaus-Dieter*, Die Europäische Gemeinschaft in den Vereinten Nationen, Baden-Baden 1993; *Stein, Eric*, External Relations of the European Community: Structure and Process, in: EUI, Collected Courses of the Academy of European Law, 1990 Vol. I-1, 115 ff.; *Thym, Daniel*, Auswärtige Gewalt, in: v. Bogdandy, A./Bast, J. (Hg.), Europäisches Verfassungsrecht, 2. Aufl., Heidelberg 2009, 441 ff.; *Vedder, Christoph*, Die auswärtige Gewalt des Europa der Neun, Göttingen 1980; *Wouters, Jan/Hoffmeister, Frank/Ruys, Tom* (Hg.), The United Nations and the European Union, Cambridge 2006.

§ 34 Gemeinsame Handelspolitik und Entwicklungspolitik

A. Die gemeinsame Handelspolitik

I. Grundlagen

1. AEU-Vertrag

Die Bestimmungen über die gemeinsame Handelspolitik wurden durch den Vertrag von Lissabon grundlegend neugefasst. Zugleich wurde der Titel über die gemeinsame Handelspolitik in den das Auswärtige Handeln der Union betreffenden Teil des AEUV integriert. Die für das Auswärtige Handeln der Union geltenden allgemeinen Grundsätze und Ziele gelten auch für die gemeinsame Handelspolitik (Art. 205, 207 Abs. 1 S. 2 AEUV), die damit in den weiteren Zusammenhang der Gestaltung der EU-Außenbeziehungen gestellt wird.

Art. 207 Abs. 1 S. 1 AEUV bestimmt für die gemeinsame Handelspolitik:

> „Die gemeinsame Handelspolitik wird nach einheitlichen Grundsätzen gestaltet; dies gilt insbesondere für die Änderung von Zollsätzen, den Abschluss von Zoll- und Handelsabkommen, die den Handel mit Waren und Dienstleistungen betreffen, und für die Handelsaspekte des geistigen Eigentums, die ausländischen Direktinvestitionen, die Vereinheitlichung der Liberalisierungsmaßnahmen, die Ausfuhrpolitik und die handelspolitischen Schutzmaßnahmen, zum Beispiel im Fall von Dumping und Subventionen."

Mit der Neufassung der Vorschrift werden Abkommen über Dienstleistungen und über Handelsaspekte des geistigen Eigentums vollständig in den Anwendungsbereich der gemeinsamen Handelspolitik einbezogen und die gemeinsame Handelspolitik auch auf ausländische Direktinvestitionen ausgedehnt (Art. 207 Abs. 1 AEUV). Verkehrsabkommen sind weiterhin von der gemeinsamen Handelspolitik ausgenommen (Art. 207 Abs. 5 AEUV).

Gemäß Art. 3 Abs. 1 lit. e AEUV fällt die gemeinsame Handelspolitik in die ausschließliche Zuständigkeit der Union (§ 3 Rn. 23). Diese ist nicht auf die Aufstellung allgemeiner Grundsätze unter Ausschluss von Einzelmaßnahmen beschränkt, wie sich insbesondere aus der Aufzählung von Instrumenten für handelspolitische Einzelregelungen im Art. 207 Abs. 1 S. 1 AEUV ergibt.[1] Die handelspolitischen Instrumente der Union können nach Art. 207 AEUV zudem entweder im Rahmen völkerrechtlicher Vereinbarungen mit Drittstaaten und internationalen Organisationen oder autonom gehandhabt werden.

Autonome Maßnahmen werden nach Art. 207 Abs. 2 AEUV als Verordnungen im Wege des ordentlichen Gesetzgebungsverfahrens erlassen.

> Die früher in dem Titel über die Gemeinsame Handelspolitik enthaltenen Vorschriften über die Vereinheitlichung von Ausfuhrbeihilfen (ex-Art. 132 EGV) und über Schutzmaßnahmen zur Verhinderung der Verlagerung von Handelsströmen (ex-Art. 134 EGV) waren weitgehend gegenstandslos geworden und wurden deshalb durch den Vertrag von Lissabon nicht in den AEUV übernommen.
> Ursprünglich enthielt der Titel über die Gemeinsame Handelspolitik auch eine Vorschrift, die ein gemeinsames Vorgehen der Mitgliedstaaten in internationalen Organisationen mit wirtschaftlichem Charakter bei allen Fragen vorsah, „die für den Gemeinsamen Markt von besonderem Interesse sind" (Art. 116 EWGV). Diese Bestimmung wurde durch den Vertrag von

---

1 Weiß, in: G/H/N, Art. 207 Rn. 72.

Maastricht aufgehoben. Eine entsprechende Verpflichtung ergibt sich seither aus der in Art. 34 EUV niedergelegten Koordinierungspflicht.

2. EAG-Vertrag

4   Der **EAGV** enthält in den Art. 101 bis 106 umfangreiche Regelungen für einheitliche Außenbeziehungen hinsichtlich der Versorgung der EU mit Kernmaterial,[2] neben denen aber die handelspolitischen Vorschriften des AEUV ergänzend anwendbar sind.[3]

3. Leitlinien und Ziele der Gemeinsamen Handelspolitik

5   Bei Ausübung ihrer handelspolitischen Befugnisse haben die Unionsorgane und, soweit ihnen Zuständigkeiten überlassen werden, auch die Mitgliedstaaten die in Art. 21 EUV festgelegten **Grundsätze und Ziele** und die vom Europäischen Rat gemäß Art. 22 EUV beschlossenen strategischen Interessen und Ziele zu beachten (Art. 205, 207 Abs. 1 S. 2 AEUV). Zusätzlich ergeben sich aus Art. 206 AEUV spezielle **Leitlinien** für die Gemeinsame Handelspolitik.

Art. 206 AEUV enthält ein Bekenntnis der Union zur harmonischen Entwicklung des Welthandels durch Abbau der Zoll- und sonstigen Handelsschranken im internationalen Verkehr. Durch den Vertrag von Lissabon wurde dieses auch auf den Abbau von Beschränkungen bei den ausländischen Direktinvestitionen erstreckt.[4]

6   Die Festlegung auf eine liberale Handelspolitik in Art. 206 AEUV stellt eine rechtlich bindende Vorgabe und nicht lediglich eine unverbindliche Absichtserklärung dar.[5] Die Regelung dieser Vorgabe in einem Artikel des Titels über die Gemeinsame Handelspolitik spricht dafür, in ihr nicht lediglich eine unverbindliche politische Erklärung zu sehen. Auch der EuGH geht offenbar davon aus, dass die Regelung des Art. 206 AEUV Rechtswirkungen erzeugen kann, da er mehrfach handelspolitische Maßnahmen der Union auf ihre Vereinbarkeit mit der Vorschrift überprüft hat.[6]

Die Anforderungen an die Feststellung eines Verstoßes sind allerdings hoch, da den Unionsorganen bei der Gestaltung der gemeinsamen Handelspolitik in jedem Fall ein weites politisches Ermessen zukommt und Art. 206 AEUV das Ziel der Handelsliberalisierung ausdrücklich unter den Vorbehalt stellt, dass diese „im gemeinsamen Interesse" erfolgt. Der EuGH hat dementsprechend festgestellt:[7]

> „Wie aus dem Wortlaut der Vorschrift folgt, kann das Ziel, zur schrittweisen Beseitigung der Beschränkungen im internationalen Handelsverkehr beizutragen, für die Organe

---

2   EuGH, Beschluss 1/78 nach Art. 103 Abs. 3 EAGV, Slg. 1978, 2151.
3   EuGH, Gutachten 1/94 (GATS/TRIPS), Slg. 1995, I-5267.
4   Die Bestimmung, derzufolge bei der Ausgestaltung der gemeinsamen Handelspolitik die gestiegene Wettbewerbsfähigkeit der europäischen Unternehmen und damit deren geringere außenwirtschaftliche Schutzbedürftigkeit zu berücksichtigen sei (Art. 131 Abs. 2 EGV), wurde dagegen nicht übernommen. Mit der Vorschrift sollte ursprünglich bestehenden Befürchtungen begegnet werden, die Mitgliedstaaten würden sich umso stärker nach außen abriegeln, je mehr die Integration im Inneren fortschreitet. Dazu *Bourgeois*, in: G/S, Art. 131 Rn. 2.
5   *Osteneck*, in: Schwarze, Art. 206 Rn. 5; *Weiß*, in: G/H/N, Art. 206 Rn. 13; *Müller-Ibold*, in: Lenz-Borchardt, Art. 206 Rn. 3 f.
6   EuGH, Rs. 112/80 (Dürbeck), Slg. 1981, 1095, Rn. 44; Rs. 245/81 (Edeka,) Slg. 1982, 2745, Rn. 24; Rs. C-150/94 (Vereinigtes Königreich./.Rat), Slg. 1998, I-7235, Rn. 67. Siehe auch EuGH, Rs. C-263/87 (Dänemark./.Kommission), Slg. 1989, 1081, Rn. 19.
7   EuGH, Rs. C-150/94 (Vereinigtes Königreich./. Rat), Slg. 1998, I-7235, Rn. 67.

nicht die Verpflichtung begründen, die Einfuhren aus Drittländern zu liberalisieren, wenn sich ein solches Vorgehen als den Interessen der Gemeinschaft zuwiderlaufend erweist."

Da die Vorschrift der Konkretisierung durch die Unionsorgane bedarf, ist sie nicht unmittelbar wirksam.[8]

II. Umfang der gemeinsamen Handelspolitik

Die gemeinsame Handelspolitik nach Maßgabe der Art. 206 und 207 AEUV gilt für die Handelsbeziehungen der Union mit allen Drittstaaten, soweit diese nicht durch ein Assoziierungsabkommen geregelt werden (*Rn. 25 ff.*). Der Regelungsbereich der gemeinsamen Handelspolitik muss einerseits von den anderen vertraglichen Regelungsgegenständen und andererseits von dem im Verantwortungsbereich der Mitgliedstaaten verbliebenen außenwirtschaftlichen Instrumentarium abgegrenzt werden.

1. Gegenständlicher Umfang

Der Begriff der gemeinsamen Handelspolitik ist im AEUV **nicht definiert**. Art. 207 Abs. 1 AEUV führt eine Reihe von Gegenständen auf, die unter die gemeinsame Handelspolitik fallen (s. oben *Rn. 1*). Die Aufzählung in Art. 207 Abs. 1 AEUV ist allerdings nach dem Wortlaut der Bestimmung („insbesondere") nicht abschließend.[9] Daraus ergibt sich, dass der Begriffsinhalt nicht statisch, sondern **für neue Entwicklungen offen** ist.[10]

Der gegenständliche Regelungsbereich der gemeinsamen Handelspolitik war lange Zeit unklar. Fraglich war vor allem, inwieweit auch der Dienstleistungsverkehr und der Schutz geistigen Eigentums unter den Begriff der gemeinsamen Handelspolitik fielen. Der EuGH hat in seinem Gutachten 1/94 eine enge Auslegung des Begriffs zugrunde gelegt: Danach wurden vom Begriff der gemeinsamen Handelspolitik nur solche grenzüberschreitenden Dienstleistungen erfasst, bei deren Erbringung kein Grenzübertritt von Personen stattfindet.[11] Auch der Schutz geistigen Eigentums mit Ausnahme von Regelungen zum Verbot des Inverkehrbringens nachgeahmter Waren fiel nach dieser Rechtsprechung nicht in den Anwendungsbereich der gemeinsamen Handelspolitik.[12]

Diese Rechtsprechung war problematisch, da sie der Verschiebung des Schwerpunkts der Außenhandelspolitik von der Liberalisierung des Warenhandels hin zur Öffnung der Dienstleistungsmärkte nicht berücksichtigte und deshalb dazu führte, dass Außenhandelsabkommen weitgehend nur noch als gemischte Abkommen geschlossen werden konnten.[13]

Die Änderungen der Vorschriften über die gemeinsame Handelspolitik durch die Verträge von Amsterdam und Nizza führte nur zu einer teilweisen Korrektur dieser Rechtsprechung.

Der neu gefasste Art. 207 AEUV sieht nunmehr ausdrücklich vor, dass sich der Anwendungsbereich von Art. 207 Abs. 1–4 AEUV umfassend auch auf Abkommen über

---

8 Ebenso *Arnold*, in: Dauses, Handbuch des EU-Wirtschaftsrechts, K.I Rn. 24.
9 EuGH, Gutachten 1/78 (Internationales Naturkautschuk-Übereinkommen), Slg. 1979, 2871, Rn. 45.
10 EuGH, Gutachten 1/78 (Internationales Naturkautschuk-Übereinkommen), Slg. 1979, 2871, Rn. 45.
11 EuGH, Gutachten 1/94 (GATS/TRIPS), Slg. 1995, I-5267, Rn. 44.
12 EuGH, Gutachten 1/94 (GATS/TRIPS), Slg. 1995, I-5267, Rn. 55 f.
13 Siehe auch *Müller-Ibold*, in: Lenz-Borchardt, Art. 207 Rn. 10.

den **Handel mit Dienstleistungen** und auf **Handelsaspekte des geistigen Eigentums** erstreckt. Auch **ausländische Direktinvestitionen** fallen nunmehr unter die gemeinsame Handelspolitik und damit in die ausschließliche Zuständigkeit der Union. Allerdings beschließt der Rat gemäß Art. 207 Abs. 4 UAbs. 2 AEUV mit Einstimmigkeit, wenn das Abkommen Bereiche betrifft, in denen die Annahme interner Vorschriften Einstimmigkeit erfordert. Auch Abkommen im Bereich des Handels mit **kulturellen und audiovisuellen Dienstleistungen** sowie Abkommen über Dienstleistungen in den Bereichen **Bildung, Soziales** und **Gesundheitswesen**, bedürfen grundsätzlich eines einstimmigen Beschlusses des Rates (Art. 207 Abs. 4 UAbs. 2 AEUV).

Wenn mit einer Initiative neben handelspolitischen Zielen gleichrangig auch andere Ziele (z.b. umweltpolitische Ziele) verfolgt werden, kann diese nicht allein auf Art. 207 AEUV gestützt werden.[14] Akzessorische Regelungen können jedoch auch dann im Rahmen einer allein auf Art. 207 AEUV gestützten Maßnahme getroffen werden, wenn diese an sich nicht in den Bereich der Handelspolitik fallen.[15]

11   Hinsichtlich des möglichen **Regelungsinhalts** von Maßnahmen der gemeinsamen Handelspolitik stellt der EuGH sowohl auf den Gegenstand als auch auf die Zielsetzung eines Vorhabens als Abgrenzungskriterien ab.[16] Maßnahmen, die typischerweise offen und spezifisch Handelsvolumen und Handelsströme regeln, fallen danach per se in den Bereich der gemeinsamen Handelspolitik. Hierzu gehören insbesondere die in Art. 207 AEUV genannten Regelungen, die damit unmittelbar zusammenhängenden Bestimmungen über die Einfuhr oder Ausfuhr von Waren und Dienstleistungen und des darauf bezogenen Zahlungsverkehrs sowie die Gewährung der Inlandsbehandlung bei internen Steuer- oder Handelsregelungen.

Vorhaben, die nicht von Natur aus offen und spezifisch den Handel mit dritten Staaten regeln, fallen dann in den Anwendungsbereich der gemeinsamen Handelspolitik, wenn ihr **vorherrschender Zweck** in der Beeinflussung des Handelsverkehrs besteht.[17]

12   Eine solche handelspolitische Zielsetzung haben z.B. Regelungen zur weltweiten Marktordnung für Rohstoffe, die Gegenstand internationaler Abkommen sind. Dies ergibt sich nach Ansicht des EuGH insbesondere daraus, dass die gemeinsame Handelspolitik ein offenes und dynamisches System sein muss, wenn sie ihren Zweck erreichen und die aus unterschiedlichen Wirtschaftsbeziehungen zu Drittstaaten herrührenden Störungen im Handelsverkehr innerhalb der Union beseitigen oder vermeiden soll. Die handelspolitischen Zuständigkeiten der Union dürfen deshalb auch nicht im Lichte der den Mitgliedstaaten verbliebenen allgemeinen wirtschaftspolitischen Kompetenzen (Art. 119, 120 AEUV) restriktiv ausgelegt werden, selbst wenn sich deren Ausübung auf die Rohstoffversorgung und die Preispolitik oder andere wirtschaftspolitisch relevante Bereiche auswirkt.[18]

Entscheidend ist dabei, ob das wesentliche Ziel eines Abkommens oder einer autonomen Maßnahme einen handelspolitischen Charakter hat, ohne dass es darauf ankäme,

---

14 EuGH, Gutachten 2/00 (Protokoll von Cartagena), Slg. 2001, I-9713.
15 EuGH, Gutachten 1/78 (Internationales Naturkautschuk-Übereinkommen), Slg. 1979, 2871, Rn. 56; Gutachten 1/94 (GATS/TRIPS), Slg. 1995, I-5267, Rn. 68.
16 EuGH, Gutachten 1/78 (Naturkautschuk-Übereinkommen) Slg. 1979, 2871; Rs. 45/86 (Kommission./.Rat), Slg. 1987, 1493; Rs. C-281/01 (Kommission./.Rat), Slg. 2002, I-12049.
17 EuGH, Rs. C-281/01 (Kommission./.Rat), Slg. 2002, I-12049, Rn. 39–43.
18 EuGH, Gutachten 1/78 (Naturkautschuk-Übereinkommen) Slg. 1979, 2871, bes. 2913.

ob dies auch für untergeordnete akzessorische Regelungen gilt.[19] Sind hingegen andere Gründe (z.B. konjunkturpolitische oder fiskalische Zwecke) vorherrschend, bildet Art. 207 AEUV für Maßnahmen, die nicht von Natur aus den Handelsverkehr regeln, keine ausreichende Rechtsgrundlage.

Alle Maßnahmen der EU im derart abgesteckten Bereich der gemeinsamen Handelspolitik können auf Art. 207 AEUV gestützt werden, sofern nicht besondere vertragliche Bestimmungen **Ausnahmen** vorsehen. So fällt der Handel mit strategisch bedeutsamen Waffen und Kriegsmaterial in den Zuständigkeitsbereich der Mitgliedstaaten (Art. 346 AEUV).[20] In Situationen innerer Bedrohung oder internationaler Krisen im Sinne des Art. 347 AEUV können die Mitgliedstaaten von sich aus Embargomaßnahmen gegen dritte Staaten beschließen.[21] Auch die Union kann aufgrund von Art. 215, 75 AEUV Embargomaßnahmen ergreifen, wenn dies in einem im Rahmen der Gemeinsamen Außen- und Sicherheitspolitik gefassten Beschluss (Art. 25, 28, 29 EUV) vorgesehen ist.[22]

13

Weitere **handelspolitisch relevante Sonderregelungen** treffen die Art. 31, 43 und 91 AEUV. Danach ist Art. 207 AEUV für vertraglich vereinbarte sowie für solche Zollsenkungen heranzuziehen, die in gleicher Weise wie vereinbarte Zollsenkungen handelspolitischen Interessen dienen.[23] Für sonstige autonome Zollsenkungen gilt Art. 31 AEUV. Autonome Maßnahmen hinsichtlich der Einfuhr oder Ausfuhr von Agrarprodukten werden in der Regel nach Art. 43 AEUV getroffen, während internationale Abkommen über Agrarprodukte auf der Grundlage von Art. 207 AEUV geschlossen werden.

14

Hingegen sind vertragliche und autonome Regelungen des internationalen Verkehrs mit dritten Staaten auf der Grundlage von Art. 91 Abs. 1 lit. a) AEUV zu treffen.[24] Art. 207 Abs. 5 AEUV stellt ausdrücklich klar, dass Abkommen im Bereich des Verkehrs nach den besonderen Vorschriften über den Verkehr in Art. 90 ff. AEUV und in dem in Art. 218 AEUV vorgesehenen Verfahren geschlossen werden.

Rahmenabkommen, die eine allgemeine handels- und wirtschaftspolitische Zusammenarbeit vorsehen, in Einzelfällen aber auch forschungs-, industrie-, verkehrs-, umwelt-, energie- oder entwicklungspolitische Bezüge aufweisen können („Kooperationsabkommen"), sind mit den Kategorien der Handelspolitik allein nicht hinreichend zu erfassen.

15

Soweit der Bereich der Handelspolitik und der Anwendungsbereich spezieller Ermächtigungen überschritten wird, kann sich die Zuständigkeit der Union zum Abschluss derartiger Abkommen aus einer Reflexwirkung gemeinsamer Politiken im Inneren ergeben. So wurden Kooperationsabkommen der EU zunächst regelmäßig auf Art. 207 und 352 AEUV gestützt.[25] Seit dem Inkrafttreten des Vertrags von Maastricht werden Kooperationsabkommen mit Entwicklungsländern auf der Grundlage von Art. 207 in Verbindung mit den Vorschriften über die Entwicklungszusammenarbeit (Art. 209 Abs. 2 AEUV) geschlossen (*Rn. 38*).

---

19 EuGH, Gutachten 1/78 (Naturkautschuk-Übereinkommen) Slg. 1979, 2871, 2917.
20 Zur VO über Güter mit doppeltem Verwendungszweck („dual use"-Güter) *s. unten Rn.* 20.
21 *Gilsdorf/Brandtner*, in: G/S, Art. 297 Rn. 2; *Jaeckel*, in: G/H/N, Art. 347 Rn. 2. S. auch EuGH, Rs. C-120/94R und C-120/94 (Kommission./.Griechenland), Slg. 1994, I-3015, Slg. 1996, I-1513.
22 Näher *Gilsdorf/Brandtner*, in: G/S, Art. 301 Rn. 7 ff.; *Kokott*, in: Streinz, Art. 215 Rn. 16 ff.
23 Vgl. EuGH, Rs. 45/86 (Kommission./.Rat), Slg. 1987, 1493.
24 EuGH, Rs. 22/30 (AETR), Slg. 1971, 263, 274; Gutachten 1/94 (GATS/TRIPS), Slg. 1995, I-5267, Rn. 48 ff.; Gutachten 1/08 (GATS), Slg. 2009, I-11129 Rn. 164 f.
25 Vgl. etwa das Kooperationsabkommen EWG-China, ABl. L 250/1985, 2 = HER I A 55/3.4.

2. Handelspolitische Befugnisse der Mitgliedstaaten

16 Die **ausschließliche Zuständigkeit der Union** für den gesamten Bereich der Handelspolitik, die nunmehr in Art. 3 Abs. 1 AEUV ausdrücklich geregelt ist, war bereits zuvor allgemein anerkannt.[26]

> Eine parallele Zuständigkeit der Mitgliedstaaten in diesem Bereich würde nach Auffassung des EuGH bedeuten, „dass die Mitgliedstaaten in den Beziehungen mit Drittländern eine den Absichten der Gemeinschaft zuwiderlaufende Haltung einnehmen könnten; damit würde das institutionelle Zusammenspiel verfälscht, das Vertrauensverhältnis innerhalb der Gemeinschaft erschüttert und die Gemeinschaft gehindert, ihre Aufgaben zum Schutz des gemeinsamen Interesses zu erfüllen".[27]

Nationale handelspolitische Maßnahmen konnten deshalb auch vor dem Inkrafttreten des Vertrags von Lissabon aufgrund spezifischer Ermächtigungen durch die Gemeinschaft nur vorläufig getroffen werden.[28] Dies schließt allerdings die Ausübung der Mitgliedschaftsrechte der Mitgliedstaaten in internationalen Organisationen mit handelspolitischen Zielen nicht aus.[29]

Die auch nach dem Vertrag von Nizza zunächst fortbestehende konkurrierende handelspolitische Zuständigkeit der Mitgliedstaaten im Bereich der Dienstleistungen und des geistigen Eigentums wurde durch die Neufassung des Art. 207 AEUV im Lissabon-Vertrag beseitigt.

III. Instrumente der gemeinsamen Handelspolitik

1. Autonome Maßnahmen

17 Die **Einfuhrpolitik** der Union beruht auf der VO 260/2009 über die gemeinsame Einfuhrregelung[30] sowie auf der VO 625/2009 über die gemeinsame Regelung der Einfuhren aus bestimmten Drittländern,[31] welche die Wareneinfuhr aus 17 in Anhang I der VO aufgeführten Staatshandelsländern regelt. Nach Maßgabe der VO 260/2009 können Waren mit Ursprung in Drittländern unbeschränkt in die EU eingeführt werden. Eine Ausnahme besteht nur für bestimmte Textilien aus Ländern, die nicht der WTO angehören, sowie für die in Anhang II der VO 625/2009 aufgeführten Waren aus Staatshandelsländern. Mit der gemeinsamen Einfuhrregelung kommt die Union den im Rahmen der WTO eingegangenen Verpflichtungen nach.

> Für den Handel mit landwirtschaftlichen Produkten gelten die Spezialregelungen in den jeweiligen Marktordnungen. Die Liberalisierung der Einfuhren hat keine verpflichtende Wirkung gegenüber dritten Staaten. Sie kann durch die Unionsorgane erweitert oder eingeschränkt werden. Einschränkungen sind aber nur zulässig, wenn der Wirtschaft der Union Gefahren drohen; sie können dann insbesondere die Form von mengenmäßigen Beschränkungen der Union annehmen (vgl. Art. 16 ff. VO 260/2009; Art. 15 ff. VO 625/2009). Vor der Annahme von Schutzmaßnahmen ist grundsätzlich ein Untersuchungsverfahren der EU durchzuführen (Art. 5 ff. VO 260/2009; Art. 5 ff. VO 625/2009). Die Verwaltung der im Rahmen der Einfuhrpolitik begründeten Warenkontingente der EU und insbesondere die Verfahren zu ihrer Aufteilung regelt die VO 717/2008.[32]

---

26 EuGH, Gutachten 1/75 (lokale Kosten), Slg. 1975, 1355; *Weiß*, in: G/H/N, Art. 207 Rn. 72.
27 EuGH, Gutachten 1/75 (lokale Kosten), Slg. 1975, 1355, 1363 f.
28 EuGH, Rs. 41/76 (Donckerwolcke), Slg. 1976, 1921; Rs. 174/8 (Bulk Oil), Slg. 1986, 559; Rs. C-70/94 (Fritz Werner), Slg. 1995, I-3189; Rs. C-83/94 (Leifer u.a.), Slg. 1995, I-3231.
29 EuGH, Gutachten 1/78 (Naturkautschuk-Übereinkommen), Slg. 1979, 2871, 2917.
30 ABl. L/2009, 1 = *HER I A* 55/6.11.
31 ABl. L 185/2009, 1 = *HER I A* 55/6.12.
32 ABl. L 198/2008, 1 = *HER I A* 55/8.1.

§ 34 Gemeinsame Handelspolitik und Entwicklungspolitik

Gegenüber Praktiken von **Dumping** bei der Einfuhr von Waren aus Drittländern ermöglicht die VO 1225/2009 eine wirksame Abwehr.[33] Die in dieser Regelung vorgesehenen Maßnahmen setzen das zur Durchführung des GATT 1994 geschlossene Antidumpingabkommen in das Unionsrecht um.

18

Eine Ware ist Gegenstand von Dumping, wenn ihr Preis bei der Ausfuhr in die Union niedriger ist als ihr Normalwert im Ausfuhrland (Art. 1 Abs. 2 VO 1225/2009). Führt das Dumping zu einer Schädigung eines Wirtschaftszweiges der Union (Art. 3 VO 1225/2009), kann auf die gedumpte Ware ein besonderer Antidumpingzoll erhoben werden. Dieser wird zunächst vorläufig oder befristet durch VO der Kommission, sodann endgültig durch VO des Rates festgesetzt. Die VO 1225/2009 trifft für das Untersuchungsverfahren eingehende Regelungen.[34]

Ein dem Antidumpingverfahren weitgehend entsprechendes **Antisubventionsverfahren** ist in der VO 597/2009 vorgesehen.[35]

Aufgrund dieser Regelung kann auf subventionierte Einfuhren in die Union, die eine Schädigung eines Wirtschaftszweiges der Union (Art. 8 VO 597/2009) verursachen, ein Ausgleichszoll erhoben werden (Art. 1 Abs. 1 VO 597/2009). Die VO setzt das im Rahmen der WTO geschlossene Übereinkommen über Subventionen und Ausgleichsmaßnahmen um.

Die VO 452/2003 ermöglicht es, bei der gleichzeitigen Anwendung von sowohl Antidumping- oder Antisubventionsmaßnahmen als auch von Schutzmaßnahmen diese aufeinander abzustimmen.[36]

Darüber hinaus kann die EU aufgrund der VO 3286/96 gegen sonstige **Handelshemmnisse** vorgehen, gegen die nach internationalen Handelsregeln, insbesondere der Welthandelsorganisation, ein Recht zum Vorgehen besteht.[37]

19

Die auf Art. 207 AEUV gestützte VO 1383/2003 soll zudem die Einfuhr und Ausfuhr von Waren, die ein geistiges Eigentumsrecht verletzen, verhindern.[38]

Die **Ausfuhrpolitik** der Union ist in der VO 1061/2009 geregelt.[39] Die Verordnung begründet die Ausfuhrfreiheit für alle Waren aus der EU (Art. 1 VO 1061/2009).

20

Ausfuhrbeschränkungen können grundsätzlich nur von den Unionsorganen getroffen werden und sind nur zur Sicherung der Versorgung mit wichtigen Gütern zulässig (Art. 6 und 7). In Eilfällen können u.U. auch die Mitgliedstaaten vorläufige Beschränkungen einführen (Art. 8). Ausfuhrverbote im Rahmen der von Art. 36 AEUV geschützten Rechtsgüter (z.B. Schutz der nationalen Kulturgüter) sind von der VO nicht betroffen (Art. 11).
Zum **Schutz der Kulturgüter** in der Union wird deren Ausfuhr aus der Union durch die VO 116/2009 einer Genehmigungspflicht unterworfen.[40] Die Kommission hat Durchführungsbestimmungen zu dieser Regelung erlassen.[41]
Güter, die sowohl zivilen als auch militärischen Zwecken dienen können (Güter mit doppeltem Verwendungszweck; „dual use"-Güter), unterliegen aufgrund der VO 428/2009 einer Ausfuhrkontrolle der Union.[42]

---

33 ABl. L 343/2009, 51 = *HER I A* 55/9.13.
34 Vgl. zum Rechtsschutz z.B. EuG, T-35/01 (Shanghai Teraoka Electronic), Slg. 2004, II-3663; Rs. T-364/03 (Medici Grimm), Slg. 2006, II-79; Rs. T-413/03 (Shandong Reipu Biochemicals), Slg. 2006, II-2243.
35 ABl. L 188/2009, 93 = *HER I A* 55/9.12.
36 ABl. L 69/2003, 8 = *HER I A* 55/9.9.
37 ABl. L 349/1994, 71 = *HER I A* 55/9.3. S. dazu *Berrisch/Kamann*, in: Grabitz/Hilf II, E 9.
38 ABl. L 196/2003, 7 = *HER I A* 55/9.10.
39 ABl. L 291/2009, 1 = *HER I A* 55/7.14.
40 ABl. L 39/2009, 1 = *HER I A* 55/7.12.
41 ABl. L 324/2012, 1 = *HER I A* 55/7.15.
42 ABl. L 134/2009, 1 = *HER I A* 55/7.13.

2. Vertragliche Handelsbeziehungen

21 Die Union hat seit 1963 eine große Anzahl von handelspolitischen Abkommen geschlossen.[43] Unter den **multilateralen Abkommen** sind das als Ergebnis der Verhandlungen der Uruguay-Runde (1986–1994) geschlossene Übereinkommen zur Errichtung der Welthandelsorganisation (WTO) sowie die diesem Übereinkommen im Anhang beigefügten Vereinbarungen, insbesondere das Allgemeine Zoll- und Handelsabkommen 1994 (**GATT 1994**),[44] das Allgemeine Übereinkommen über den Handel mit Dienstleistungen (**GATS**),[45] das Übereinkommen über das öffentliche Beschaffungswesen und das Übereinkommen über handelsbezogene Aspekte der Rechte des geistigen Eigentums (**TRIPS**) hervorzuheben.[46] Zur Ergänzung des TRIPS-Abkommens und der besseren Durchsetzung des Schutzes geistigen Eigentums wurde das Anti-Produktpiraterie-Abkommen (ACTA) ausgehandelt,[47] das im Hinblick auf seine befürchteten Auswirkungen auf Grundrechte, insbesondere die Informations- und Meinungsfreiheit und den Schutz der Privatsphäre, in der EU stark umstritten war und in mehreren Mitgliedstaaten zu Massenprotesten geführt hat. Das EP hat mit einer Entschließung vom 4. Juli 2012 die Erteilung seiner Zustimmung zum Abschluss des Abkommens verweigert).[48]
Neben den in den Bereich der Welthandelsorganisation fallenden Abkommen ist die Teilnahme der EU an den im Rahmen der UNCTAD geschaffenen internationalen Rohstofforganisationen von Bedeutung (§ 33 Rn. 10).[49]

22 Die **bilateralen Abkommen** betreffen meist die Senkung der Zollsätze und den Abbau der nichttarifären Handelshemmnisse (mengenmäßige Beschränkungen), die Einräumung von Zollaussetzungen und Zollpräferenzen sowie von Zolltarifkontingenten, bei denen die Zollaussetzungen und Zollsenkungen für die betreffenden Waren nur im Rahmen festgesetzter Wert- oder Mengengrenzen gewährt werden. Daneben treten Abkommen etwa über den Veredelungsverkehr oder die gegenseitige Anerkennung der Konformitätsbewertung.
Außerdem werden in vielen Fällen die Errichtung von Zollunionen oder Freihandelszonen zwischen der EU und dritten Staaten vereinbart. Als Rechtsgrundlage hierfür wird zwar in erster Linie Art. 217 AEUV herangezogen, da die handelspolitische Präferenzregelung meist Bestandteil eines umfassenderen Assoziierungsverhältnisses ist. Art. 218 AEUV wird aber als Rechtsgrundlage gewählt, wenn keine über die Handelsregelung hinausgehenden Ziele verfolgt werden oder wenn die Handelsregelung bereits vor Abschluss des Assoziierungsabkommens interimistisch in Kraft gesetzt werden soll.
Der Europäische Wirtschaftsraum, der durch ein Assoziierungsabkommen geschaffen wurde und dem derzeit neben der Europäischen Union und ihren Mitgliedstaaten die EFTA-Staaten Norwegen, Island und Liechtenstein angehören, ist in § 36 behandelt.

3. Koordinierung der mitgliedstaatlichen Instrumente

23 Mit der Übertragung der Zuständigkeit für die gemeinsame Handelspolitik auf die Union sind weder das Außenwirtschaftsrecht der Mitgliedstaaten noch deren bilaterale oder multilaterale handelspolitische Bindungen außer Kraft getreten (vgl. Art. 351 AEUV). Die sofortige vollständige Ablösung dieser Vorschriften wäre auch gar nicht durchführbar gewesen. Das Unionsrecht steckt deshalb in vielen Bereichen nur Grenzen ab, innerhalb deren das nationale Recht Gültigkeit behält. So wurden durch Entscheidungen des Rates vom 9. Oktober 1961 und vom 16. Dezember 1969[50] die Laufzeiten der von den Mitgliedstaaten künftig zu schließenden Handelsabkommen begrenzt und ein Unterrichtungs- und Konsultationsverfahren über alle Handelsabkom-

---

43 Vgl. die Gesamtberichte der Kommission sowie *Bourgeois*, in: G/S, Art. 133 Rn. 147 ff.; *Weiß*, in: G/H/N, Art. 207 Rn. 258 ff.
44 EuGH, Gutachten 1/94 (GATS/TRIPS), Slg. 1995, I-5267.
45 EuGH, Gutachten 1/08 (GATS), Slg. 2009, I-11129.
46 Vgl. Anhang zum Beschluss 94/800 des Rates v. 22.12.1994, ABl. L 336/1994, 1 = HER I A 55/1.3.
47 Text des Abkommens: http://register.consilium.europa.eu/pdf/de/11/st12/st12196.de11.pdf.
48 P7_TA(2012)0287.
49 *Bourgeois*, in: G/S, Art. 133 Rn. 177 ff.; *Kokott*, in: Streinz, Art. 220 Rn. 82 ff.
50 ABl. 1961, 1273; ABl. L 326/1969, 39 = HER I A 55/1.1.

men der Mitgliedstaaten im Rahmen eines besonderen (Konsultations-)Ausschusses des Rates eingeführt.
Um eine Unterbrechung der vertraglichen Handelsbeziehungen zwischen den Mitgliedstaaten und dritten Staaten bis zur Ablösung der entsprechenden Regelungen durch vertragliche oder autonome EU-Regelung zu vermeiden, kann unter bestimmten Voraussetzungen die Genehmigung für die Aufrechterhaltung solcher Abkommen erteilt werden, deren Inhalt während des Genehmigungszeitraums kein Hindernis für die Einführung der gemeinsamen Handelspolitik bildet (Art. 3 E v. 16.12.1969). Stellt ein solches Abkommen hingegen ein solches Hindernis dar, so sind Maßnahmen zur Aushandlung eines EU-Abkommens auf der Grundlage von Art. 207 AEUV zu ergreifen (Art. 4 E v. 16.12.1969).
Der Abschluss neuer Abkommen ist jedoch in der Regel seit 1970 und gegenüber Ländern, welche die EU-Zuständigkeit damals nicht anerkannten (wie die Staatshandelsländer), seit 1973 der EU vorbehalten (Art. 5 und 9 E v. 16.12.1969).

Hinsichtlich der Kooperationsabkommen wurde durch eine, auf die Vorschriften der Art. 207 und 352 AEUV gestützte, Entscheidung des Rates vom 22. Juli 1974 ebenfalls ein Konsultationsverfahren eingeführt, um eine Überprüfung dieser Abkommen im Hinblick auf die gemeinsame Handelspolitik und andere gemeinsame Politiken zu ermöglichen.[51] Dieses Verfahren lässt die Autonomie der Mitgliedstaaten letztlich noch unberührt.

Zur Koordinierung von Ausfuhrbeihilfen hat die Union ein Informations- und Konsultationsverfahren auf dem Gebiet der Kreditversicherungen, Bürgschaften und Finanzkredite eingeführt[52] und eine Richtlinie zur Harmonisierung der wichtigsten Bestimmungen über die Exportkreditversicherung zur Deckung mittel- und langfristiger Geschäfte erlassen.[53] Darüber hinaus ist das für die Mitglieder der Welthandelsorganisation geltende Antisubventionsrecht zu beachten.[54]

24

Nach der Einbeziehung ausländischer Direktinvestitionen in die gemeinsame Handelspolitik haben Rat und EP eine Übergangsregelung für die auf diesem Gebiet bestehenden bilateralen Abkommen der Mitgliedstaaten mit Drittländern erlassen.[55]

B. Assoziierung

I. Grundlagen

AEUV und EAGV sehen eine besondere Form vertraglicher Beziehungen zu Drittstaaten in Gestalt der Assoziierung vor. Der AEUV regelt zwei Formen von Assoziierung: Für bestimmte Kategorien von Gebieten (abhängige überseeische Gebiete) begründet der Vertrag in den Art. 198 ff. AEUV ein eigenes Assoziierungssystem („konstitutionelle Assoziierung"), dem in den Anfangsjahren der europäischen Integration mit dem Ausklingen der Kolonialphase eine besondere Bedeutung zukam. Daneben steht die heute praktisch wichtigere Möglichkeit der Union, gemäß Art. 217 AEUV selbstständig Assoziationsverhältnisse einzugehen (zum Verfahren s. *§ 33 Rn. 22*).

25

Die Regelungen über die Assoziierung ermöglichen der Union völkerrechtliche Bindungen einzugehen, die über diejenigen der handelspolitischen Vereinbarungen auf der Grundlage von Art. 207 AEUV hinausweisen. Das damit angestrebte Ziel kann der spätere Beitritt des assoziierten Staates oder eine Ersatzlösung für diesen Beitritt sein.

---

51 ABl. L 208/1974, 23 = *HER I A 55/1.2*.
52 E 2006/789 Rat, ABl. L 319/2006, 37 = *HER I A 55/7.11*.
53 RL 98/29, ABl. L 148/1998, 22 = *HER I A 55/1.9*.
54 Soweit Ausfuhrbeihilfen Auswirkungen auf den innergemeinschaftlichen Wettbewerb haben, sind die Art. 101, 102 AEUV heranzuziehen (*§ 13 Rn. 13*).
55 VO 1219/2012, ABl. L 351/2012, 40 = *HER I A 50/3.71*.

Die Assoziierung auf der Grundlage von Art. 217 AEUV kann darüber hinaus auch zum Zweck der Entwicklungsförderung erfolgen („Entwicklungsassoziierung").
Seitdem anerkannt ist, dass die Union das Recht besitzt, völkerrechtliche Verpflichtungen allgemeiner und spezifischer Art in allen Bereichen einzugehen, in denen sie im Innenverhältnis Zuständigkeiten besitzt (*§ 33 Rn. 16 ff.*), können Assoziierungsabkommen im Sinne des Art. 217 AEUV von anderen Abkommen hinsichtlich ihres Regelungsgegenstandes nur schwer abgegrenzt werden. Nach der Rechtsprechung des EuGH ist darauf abzustellen, ob mit einem Drittstaat privilegierte Beziehungen des Inhalts geschaffen werden sollen, dass er zumindest teilweise am Unionssystem teilhat.[56] Dies setzt die Schaffung dauerhafter Beziehungen in Form von gemeinsamen Institutionen voraus, die das Assoziierungsverhältnis, im Rahmen des jeweiligen Abkommens weiter entwickeln können.[57]

Eine komplementäre Rechtsgrundlage für den Abschluss von Abkommen im Rahmen der Nachbarschaftspolitik ist nunmehr in Art. 8 Abs. 2 EUV vorgesehen (*§ 36*).

II. „Konstitutionelle" Assoziierung

26 Die im vierten Teil des EGV (Art. 198–204 AEUV) geregelte „Assoziierung der überseeischen Länder und Hoheitsgebiete" betrifft Gebiete, die von einem der Mitgliedstaaten abhängig sind. Die Länder und Hoheitsgebiete, auf welche die Bestimmungen über die konstitutionelle Assoziierung anwendbar sind, werden im Anhang II zu den Verträgen aufgeführt (Art. 198 Abs. 1 AEUV). Mit seiner Entlassung aus der EG wurde zudem Grönland im Jahr 1985 in die konstitutionelle Assoziierung einbezogen (Art. 204 AEUV).[58]

Zur Förderung der Entwicklung dieser Länder und Hoheitsgebiete ist ein besonderer Entwicklungsfonds mit Beiträgen der Mitgliedstaaten vorgesehen (Art. 199 Abs. 3 AEUV). Darüber hinaus sollten die privilegierten Wirtschaftsbeziehungen zwischen den Kolonialmächten und ihren abhängigen Gebieten auf die Union als Ganzes erstreckt und zwischen dieser und den abhängigen Gebieten vorbehaltlich gewisser entwicklungspolitischer Schutzmaßnahmen eine Zollunion (Art. 200 AEUV) sowie freier Handelsverkehr (Art. 199 Abs. 1, 2, 4 AEUV), Freizügigkeit der Arbeitskräfte (Art. 202 AEUV) und Niederlassungsfreiheit (Art. 199 Abs. 5 AEUV) verwirklicht werden.

Die Einzelheiten und das Verfahren für die institutionalisierte Assoziierung nach Maßgabe der Grundsätze der Art. 198 bis 202 AEUV waren in einem für einen ersten Zeitabschnitt von fünf Jahren geltenden Durchführungsabkommen niedergelegt, das dem EWGV beigefügt war. Für die Zeit nach Ablauf dieser fünf Jahre sind die Bestimmungen gemäß Art. 203 AEUV vom Rat einstimmig festzulegen. Eine entsprechende Regelung ist vom Rat zuletzt durch den Beschluss 2013/755/EU,[59] getroffen worden..

III. Assoziierung gemäß Art. 217 AEUV, 206 EAGV

27 Art. 217 AEUV (Art. 206 EAGV) eröffnet der Union die Möglichkeit, „mit einem oder mehreren Drittländern oder einer oder mehreren internationalen Organisation Abkommen zu schließen, die eine Assoziierung mit gegenseitigen Rechten und Pflichten, gemeinsamem Vorgehen und besonderen Verfahren herstellen".

---

56 EuGH Rs. 12/86 (Demirel), Slg. 1987, S. 3749. Vgl. aber auch *Weber*, in: G/S, Art. 310 Rn. 10.
57 Vgl. auch *Weber*, in: G/S, Art. 310 Rn. 11; *Mögele*, in: Streinz, Art. 217 Rn. 13 f.
58 Vertrag zur Änderung der Verträge zur Gründung der Europäischen Gemeinschaften bezüglich Grönlands, ABl. L 29/1985, 1. Hierzu *Weiss*, ELR 1985, 173; *Lefaucheux*, RMC 1985, 81; ferner *Ehlermann*, EuR 1984, 113, 122 f.
59 ABl. L 344/2013, 1 = *HER I A 76/6*.

Die Assoziierung ist weder räumlich auf bestimmte Staaten eingegrenzt, noch dem Inhalt nach näher determiniert. Die Vorschriften dürfen deshalb aber nicht etwa nur als Verfahrensvorschriften für die Ausübung der aus anderen Vertragsvorschriften herzuleitenden materiellen Unionszuständigkeiten in der institutionell verfestigten Form einer Assoziation verstanden werden. Art. 217 AEUV, 206 EAGV verleihen nach ihrer systematischen Stellung eine eigene Regelungsbefugnis, die ähnlich weit gefasst ist, wie jene in Art. 352 AEUV und die es der Union ermöglicht, im Rahmen der Vertragsziele und nach Maßgabe des erreichten Integrationsstandes über den handelspolitischen Bereich hinaus völkerrechtliche Bindungen einzugehen.[60]

IV. Ausgestaltung der Assoziierungsabkommen

Während Art. 206 EAGV in der Praxis zunächst keine Rolle gespielt hat, ist Art. 217 AEUV alsbald für zahlreiche Assoziierungen dritter Staaten herangezogen worden.[61]

28

Nach ihrer Zielsetzung lassen sich in der Praxis **drei Kategorien** von Assoziierungsabkommen unterscheiden:[62] Einige Abkommen dienen der Vorbereitung des Beitritts zur Europäischen Union (**„Beitrittsassoziierung"**), wie die mit Griechenland (1961)[63] und der Türkei (1963)[64] geschlossenen Abkommen oder die „Europa-Abkommen" mit mittel- und osteuropäischen Staaten.[65] Auch die mit den Ländern des westlichen Balkans geschlossenen oder noch zu schließenden **Stabilisierungs- und Assoziierungsabkommen** haben die Unterstützung der Beitrittsperspektive dieser Staaten zum Ziel (*§ 36 Rn. 6*).[66] Andere Assoziierungsabkommen wurden zum Zwecke der Erleichterung des Wirtschaftsverkehrs mit europäischen Staaten geschlossen, für die ein Beitritt aus politischen Gründen nicht infrage kam (**„Freihandelsassoziierung"**). Hierzu gehörten die Abkommen mit Malta (1971)[67] und Zypern (1973),[68] die inzwischen Mitglieder der Union geworden sind, und das **Abkommen über den Europäischen Wirtschaftsraum** (Norwegen, Island, Liechtenstein – *§ 36 Rn. 9 f.*). Auch der Abschluss der sieben sektoralen Abkommen mit der **Schweiz** aus dem Jahr 2002 wurde auf Art. 217 AEUV gestützt.[69] Eine weitere Kategorie von Abkommen dient insbesondere der Förderung der wirtschaftlichen Entwicklung der Partnerstaaten (**„Entwicklungsassoziierung"**). Hierzu gehören die Abkommen mit den **AKP-Staaten**, die eine Umwandlung der konstitutionellen Assoziierung der unabhängig gewordenen Kolonialgebiete in eine vertraglich vereinbarte Assoziierung herbeiführen sollten. Im Rahmen **Mittelmeerpolitik** (*§ 36 Rn. 11*) wurden auf der Grundlage von Art. 217 AEUV Abkommen mit den Maghreb-Staaten Tunesien, Algerien und Marokko, den Maschrek-Staaten Ägypten, Jordanien, Syrien und Libanon sowie mit Israel und Jugoslawien abgeschlossen. Im

---

60 *Vöneky/Beylage-Haarmann*, in: G/H/N, Art. 217 Rn. 15 ff.; *Mögele*, in: Streinz, Art. 217 Rn. 18.
61 Die Assoziierungsabkommen sind dargestellt bei *MacLeod/Hendry/Hyatt*, The External Relations of the European Communities, Oxford 1996, S. 372 ff.; *Weber*, in: G/S, Art. 310 Rn. 56 ff.; *Vöneky/Beylage-Haarmann*, in: G/H/N, Art. 217 Rn. 72 ff.
62 Vgl. auch *Weber*, in: G/S, Art. 310 Rn. 54 f.; *Mögele*, in: Streinz, Art. 217 Rn. 4 ff.; *Vöneky/Beylage-Haarmann*, in: G/H/N, Art. 217 Rn. 70.
63 ABl. 1963, 294.
64 ABl. 1964, 3687 = HER I A 78/2.1, 2.1a.
65 Vgl. z.B. ABl. L 357/1994, S. 1 (Rumänien); ABl. L 358/1994, 1 (Bulgarien).
66 Vgl. etwa VO 533/2004 d. Rates, ABl. L 86/2004, 1; Abkommen mit Mazedonien, ABl. L 84/2004, 13; mit Montenegro, ABl. L 108/2010, 3, mit Serbien, ABl. L 278/2013, 16 = HER I A 77/2.1, 2.2 b, 2.19 a, 2.21a.
67 ABl. L 61/1971, 2.
68 ABl. L 133/1972, 2.
69 ABl. L 114/2002, 1.

Anschluss an die Erklärungen der Ministerkonferenz von Barcelona (1995)[70] werden im Rahmen einer Partnerschaft Europa – Mittelmeer neue Assoziierungsabkommen mit den Partnerstaaten des Mittelmeerraumes geschlossen („**Europa-Mittelmeer-Abkommen**").[71] Weitere Assoziierungsabkommen bestehen mit Südafrika,[72] das zugleich auch zu den AKP-Staaten gehört, und mit Chile.[73]

29 Im Zuge der fortschreitenden Liberalisierung des Welthandels wurde auch der **Anwendungsbereich** der Assoziierungsabkommen erweitert. Die Abkommen aus jüngerer Zeit sehen regelmäßig neben der Schaffung einer Freihandelszone, in die zunehmend auch landwirtschaftliche Produkte einbezogen werden, auch Präferenzen auf den Gebieten der Freizügigkeit, des Dienstleistungsverkehrs und des Kapitalverkehrs vor. Die meisten Abkommen enthalten zudem auch Bestimmungen über das öffentliche Auftragswesen, den Schutz geistigen Eigentums sowie über die wirtschaftliche Zusammenarbeit in bestimmten Sektoren und über finanzielle Hilfe.

30 Die mit den mittel- und osteuropäischen Staaten zur Beitrittsvorbereitung geschlossenen „**Europa-Abkommen**" und die neueren Abkommen über Entwicklungsassoziierungen enthalten auch Vorschriften über einen kontinuierlichen politischen Dialog der Vertragspartner sowie über die Achtung der Grundsätze der Demokratie und der Menschenrechte. Zur Verwirklichung des derart geschaffenen Systems gegenseitiger Rechte und Pflichten werden in den Abkommen gemeinsame Institutionen geschaffen.

Die auf Art. 217 AEUV gestützten Assoziierungsabkommen sind nicht von der Union allein, sondern von dieser und den Mitgliedstaaten gemeinsam als „gemischte Abkommen" geschlossen worden.[74] Da die gemischten Abkommen nicht nur durch die Union, sondern auch durch alle Mitgliedstaaten ratifiziert werden müssen, werden häufig gleichzeitig Interimabkommen auf der Grundlage von Art. 207 AEUV vereinbart, um die Vertragspartner so schnell wie möglich an der präferentiellen Handelsregelung teilhaben zu lassen, bevor noch das Assoziierungsverfahren abgeschlossen ist.[75] Um die Durchführung der die Kompetenzen der Mitgliedstaaten betreffenden Regelungen in den „gemischten" Assoziierungsabkommen zu koordinieren und um den Unionsinstitutionen hierfür Zuständigkeiten einzuräumen, haben die Mitgliedstaaten untereinander „interne Durchführungsabkommen" vereinbart.[76]

31 Die Assoziationsverträge können, soweit sie unmittelbar wirksame Bestimmungen enthalten, gegebenenfalls vom EuGH zu schützende Rechtspositionen Einzelner begründen, sobald sie in Kraft gesetzt und damit nach Art. 216 Abs. 2 AEUV für die Organe der Union und die Mitgliedstaaten verbindlich geworden sind.[77] Streitigkeiten zwischen der Union und ihren Mitgliedstaaten und den assoziierten Staaten oder zwischen

---

70 EU-Gesamtbericht 1995, Rn. 839 f.
71 Vgl. die Europa-Mittelmeer-Abkommen mit Tunesien, ABl. L 97/1998, 2; Marokko, L 70/2000, 2; Israel, ABl. L 147/2000, 3 und ABl. L129/2008, S. 40; Jordanien ABl. L 129/2002, 3; Ägypten, ABl. L 304/2004, 38; Algerien, ABl. L 265/2005, 2; Libanon, ABl. L 143/2006, 1 = HER I A 78/3.3 – 3.9a. Mit der palästinensischen Befreiungsorganisation (PLO) wurde ein Europa-Mittelmeer-Interimsassoziationsabkommen für das Westjordanland und den Gaza-Streifen geschlossen, ABl. L 187/1997, 1. Dazu EuGH, Rs. C-386/08 (Brita), Slg. 2010, I-1319.
72 ABl. L 311/1999, 3.
73 ABl. L 352/2002, 3 = HER I A 78/2.2a.
74 1981 wurde erstmals ein Protokoll über finanzielle Hilfe nicht als gemischtes Abkommen, sondern von der EWG allein unterzeichnet. Dieses Finanzprotokoll mit der Türkei soll aber nach der Absichtserklärung des Rates nicht als Präzedenzfall gelten.
75 Vgl. z.B. in Bezug auf das Abkommen mit Südafrika Ratsbeschluss v. 29.7.1999, ABl. L 311/1999, 1.
76 *Vedder*, a.a.O, 226 ff.
77 Vgl. EuGH Rs. 65/77 (Razanatsimba) Slg. 1977, 2229.

den Organen der Assoziation und deren Mitgliedern sind mit den Mitteln des Völkerrechts beizulegen. Häufig sehen die Assoziationsabkommen hierfür besondere Streitbeilegungsverfahren vor.[78]

C. Entwicklungspolitik

I. Grundlagen

Die Zusammenarbeit zwischen Industrie- und Entwicklungsländern mit dem Ziel der Förderung einer nachhaltigen Entwicklung dieser Länder ist im Rahmen des Weltwirtschaftssystems zu einer zentralen Regelungsaufgabe geworden. Der Europäischen Union als größtem Handelspartner der meisten Entwicklungsländer fällt bei der Suche nach Mitteln zur Verwirklichung dieses Ziels eine große Verantwortung zu.[79]

Abgesehen von den Vorschriften über die „konstitutionelle" Assoziierung der abhängigen überseeischen Länder und Gebiete (Art. 198–204 AEUV) enthielten die Verträge zunächst keine speziellen Bestimmungen über die Entwicklungspolitik. Erst durch den Vertrag von Maastricht wurde eine besondere vertragliche Grundlage für die Tätigkeit der EU im Bereich der **Entwicklungszusammenarbeit** geschaffen (**Art. 208–211 AEUV**). Art. 4 Abs. 4 EUV und Art. 208 Abs. 1 AEUV stellen klar, dass die der Union in diesen Vorschriften eingeräumten Zuständigkeiten für eine globale Entwicklungspolitik geteilte Zuständigkeiten sind, die eine Entwicklungspolitik der Mitgliedstaaten nicht ausschließen, sondern eine komplementäre Unionspolitik ermöglichen.[80] Auch im Bereich der Entwicklungszusammenarbeit gelten, wie Art. 208 Abs. 1 AEUV ausdrücklich hervorhebt, die für das auswärtige Handeln der Union festgelegten **Grundsätze und Ziele**, die sich insbesondere aus Art. 21 Abs. 1 und 2 EUV ergeben. Hauptziel der Entwicklungspolitik der EU ist gemäß Art. 208 Abs. 1 UAbs. 2 AEUV die **Bekämpfung und Beseitigung der Armut**. Nach Art. 208 Abs. 2 AEUV sind die Union und die Mitgliedstaaten zudem verpflichtet, die **im Rahmen internationaler Organisationen** im Bereich der Entwicklungspolitik gegebenen **Zusagen** einzuhalten und die in diesem Rahmen gebilligten Zielsetzungen zu berücksichtigen. Mit dieser Bestimmung werden nicht nur völkerrechtliche Pflichten der Union und der Mitgliedstaaten ausdrücklich in das Unionsrecht inkorporiert, sondern auch völkerrechtlich unverbindliche Zusagen für unionsrechtlich bindend erklärt.[81]

Darüber hinaus enthält Art. 208 Abs. 2 AEUV eine **Querschnittsklausel**, der zufolge die Union verpflichtet ist, nicht nur im Bereich der Entwicklungspolitik, sondern auch im Rahmen der anderen von ihr verfolgten Politiken, die entwicklungspolitischen Ziele zu berücksichtigen, soweit sich diese Politiken auf die Entwicklungsländer auswirken können. Dies kann zum Beispiel bei Maßnahmen im Bereich der Handelspolitik, der Gemeinsamen Agrarpolitik oder der Umweltpolitik der Fall sein.

Zur Verfolgung der entwicklungspolitischen Ziele des Vertrages können der Rat und das EP auf Vorschlag der Kommission **Rechtsakte im Wege des ordentlichen Gesetzge-**

---

[78] Vgl. z.B. Art. 75 des Europa-Mittelmeer-Abkommens mit Israel, ABl. L 147/2000, 3 = HER I A 78/3.5a; Art. 98 des Abkommens von Cotonou (Rn. 35).
[79] *Europäische Kommission*, Grünbuch EU-Entwicklungspolitik zur Förderung eines breitenwirksamen Wachstums und einer nachhaltigen Entwicklung: Für eine EU-Entwicklungspolitik mit größerer Wirkung, KOM(2010) 629, 10.11.2010; Für eine EU-Entwicklungspolitik mit größerer Wirkung: Agenda für den Wandel, KOM(2011) 637, 13.10.2011.
[80] S. auch *MacLeod/Hendry/Hyett*, a.a.O., 342 f.
[81] *Zimmermann*, in: G/S, Art. 177 Rn. 74; *Streinz/Kruis*, in: Streinz, Art. 208 Rn. 37.

bungsverfahrens (Art. 294 AEUV) erlassen (Art. 209 Abs. 1 AEUV). Darüber hinaus kann die Union mit Drittländern und den zuständigen internationalen Organisationen **internationale Abkommen** im Bereich der Entwicklungszusammenarbeit schließen (Art. 209 Abs. 2 AEUV). Die EIB kann nach Maßgabe ihrer Satzung zur Finanzierung der entwicklungspolitischen Maßnahmen der Union beitragen (Art. 209 Abs. 3 AEUV).[82] Art. 210 und 211 AEUV enthalten eine Konkretisierung der **Koordinierungs- und Kooperationspflichten** der Union und der Mitgliedstaaten im Bereich der Entwicklungszusammenarbeit.

Art. 212 AEUV enthält Vorschriften über die **wirtschaftliche, finanzielle und technische Zusammenarbeit mit Drittländern**. Die Bestimmung, die mit dem Vertrag von Nizza eingeführt wurde, sieht eine ergänzende Zuständigkeit der Union auch für nicht primär entwicklungspolitisch motivierte Maßnahmen in diesem Bereich vor. Dabei bestimmt Art. 212 Abs. 2 AEUV, dass die erforderlichen Maßnahmen im ordentlichen Gesetzgebungsverfahren erlassen werden. Gemäß Art. 213 AEUV kann finanzielle Soforthilfe durch einen Beschluss des Rates auf Vorschlag der Kommission gewährt werden.

Art. 214 AEUV enthält überdies eine vertragliche Grundlage für die Gewährung von **humanitärer Hilfe** bei Katastrophen in Drittstaaten. Der rechtliche Rahmen für die Gewährung humanitärer Hilfe ist im ordentlichen Gesetzgebungsverfahren festzulegen. Sowohl im Rahmen der wirtschaftlichen, finanziellen und technischen Zusammenarbeit als auch im Rahmen der humanitären Hilfe kann die Union internationale Abkommen schließen (Art. 212 Abs. 3; 214 Abs. 4 AEUV).

Nach wie vor bildet das AKP-Abkommen das Kernstück der Entwicklungshilfepolitik der Union (*Rn. 35 ff.*). Es wird ergänzt durch weitere Entwicklungsassoziierungen und Kooperationsabkommen (*Rn. 38*) sowie durch Ansätze einer globalen Entwicklungspolitik (*Rn. 39 f.*). Die Ziele und Grundsätze der Entwicklungspolitik der EU und ihrer Mitgliedstaaten sind in einer Gemeinsamen Erklärung des Rates und der im Rat vereinigten Vertreter der Mitgliedstaaten, des EP und der Kommission über den „**Europäischen Konsens**" aus dem Jahr 2005 konkretisiert worden.[83]

II. Entwicklungsassoziierungen und Kooperationsabkommen

1. Das AKP-Abkommen

35 Die EU und ihre Mitgliedstaaten haben am **23. Juni 2000** in **Cotonou** (Benin) mit 77 Staaten aus Afrika, aus der Karibik und aus dem Pazifischen Raum („AKP-Staaten") ein **Partnerschaftsabkommen** mit einer Laufzeit von 20 Jahren geschlossen.[84]

Das Abkommen von Cotonou tritt an die Stelle der 1975, 1979, 1984 und 1989 mit den AKP-Staaten in Lomé geschlossenen Assoziationsabkommen zu einer globalen Entwicklungsförderung („Lomé I–IV"). In den Lomé-Abkommen war der Assoziationsrahmen der beiden Jaunde-Abkommen von 1963 und 1969, die mit den ehemals französischen und belgischen Kolonien in Afrika nach deren Unabhängigkeit geschlossen worden waren, fortentwickelt und vertieft worden.

---

82 Näher dazu *Zimmermann*, in: G/S, Art. 179 Rn. 12 ff.
83 ABl. C 46/2006, 1 = *HER I A* 75/1.50.
84 ABl. L 317/2000, 3 = *HER I A* 75/4.17.

§ 34 Gemeinsame Handelspolitik und Entwicklungspolitik

Das neue Abkommen beruht auf einer grundsätzlichen Neuausrichtung des Assoziationsverhältnisses der Union und ihrer Mitgliedstaaten mit den AKP-Staaten. Es unterscheidet sich von den Lomé-Abkommen sowohl durch einen weiteren Regelungsbereich als auch in seiner handels- und entwicklungspolitischen Ausrichtung. So sieht das Abkommen insbesondere einen **umfassenden politischen Dialog** vor, der sich über die in dem Abkommen festgelegten Ziele hinaus auf alle Fragen von gemeinsamem, allgemeinem, regionalem oder subregionalem Interesse erstreckt (Art. 8). In den Handelsbeziehungen mit den AKP-Staaten soll an die Stelle asymmetrischer Präferenzregelungen der **schrittweise Abbau von Handelshemmnissen** treten. Protektionistische Regelungen sollen beseitigt und zugleich die Voraussetzungen für ein günstigeres Investitionsklima geschaffen werden. In entwicklungspolitischer Hinsicht sieht das Abkommen insbesondere größere Differenzierungsmöglichkeiten bei der Gewährung finanzieller Hilfe sowie eine stärkere Ausrichtung am Ziel der Armutsbekämpfung vor. Der 11. Europäische Entwicklungsfonds sieht für den Zeitraum 2014–2020 Hilfen der EU zur Durchführung des Abkommens in Höhe von bis zu 30.506 Mio. € vor.[85]

Zuvor galt für den Handel mit den AKP-Staaten, dass Waren mit Ursprung in diesen Staaten zollfreien Zugang zur EG hatten, mit Ausnahme der einer landwirtschaftlichen Marktordnung unterliegenden Erzeugnisse, für die aber auch eine Vorzugsregelung bestand. Die AKP-Staaten hingegen unterlagen keiner entsprechenden Bindung bei der Einfuhr von EU-Erzeugnissen. Sie durften aber nicht zwischen EU-Staaten diskriminieren und mussten ihnen die Vorteile der Meistbegünstigung gewähren.

Im Abkommen von Cotonou verpflichten sich die Vertragsparteien nunmehr neue, WTO-konforme Wirtschaftspartnerschaftsabkommen zur Beseitigung der zwischen ihnen bestehenden Handelshemmnisse und zur Verstärkung der Zusammenarbeit in allen handelsrelevanten Bereichen abzuschließen.

Die Finanzierung von Vorhaben erfolgt auf der Grundlage der von den AKP-Staaten festgelegten Entwicklungsziele und -prioritäten (Art. 56 Abs. 1 des Abkommens).

Das nach dem Lomé-Abkommen bestehende System zur Stabilisierung der Exporterlöse für bestimmte landwirtschaftliche Erzeugnisse (Stabex) und Bergbauerzeugnisse (Sysmin) wird im Abkommen von Cotonou nicht übernommen. Stattdessen ist vorgesehen, dass im Falle kurzfristiger Schwankungen der Ausfuhrerlöse in der Landwirtschaft und im Bergbau eine Unterstützung aus den bereitgestellten Fördermitteln vorgesehen werden kann (Art. 68).

Die AKP-Abkommen lassen sich rechtlich weder mit den herkömmlichen Kategorien des Völkerrechts noch mit denen des Unionsrechts hinreichend erfassen. Sie müssen vor dem Hintergrund des neu entstehenden Entwicklungsvölkerrechts und seinen besonderen partnerschaftlichen Strukturen gewertet werden. Das Abkommen von Cotonou geht bei der Verwirklichung des Grundsatzes der partnerschaftlichen Gleichberechtigung noch über seine Vorgängerabkommen hinaus. Zugleich orientiert es sich vor dem Hintergrund einer umfassenden Liberalisierung des Welthandels im Rahmen der WTO an einem stärker marktwirtschaftlich ausgerichteten Entwicklungsmodell.

2. Sonstige Assoziierungs- und Kooperationsabkommen

Neben dem AKP-Abkommen besteht aufgrund der Art. 198–204 AEUV eine Assoziierung der **abhängigen überseeischen Länder und Gebiete** (*Rn. 26*). Außerdem hat die Europäische Union im Rahmen ihrer **Mittelmeerpolitik** mit den meisten Mittelmeeranrainern Assoziierungsabkommen als gemischte Abkommen auf der Grundlage von Art. 217 AEUV geschlossen (*Rn. 28*). Ein weiteres Assoziierungsabkommen mit ent-

---

[85] Internes Abkommen zwischen den im Rat vereinigten Vertretern der Regierungen der Mitgliedstaaten, ABl. L 210/2013, 1 = *HER I A* 75/1.51.

wicklungspolitischer Zielrichtung besteht mit der inzwischen auch in den Kreis der AKP-Staaten aufgenommenen **Republik Südafrika**.

Ferner hat die Union eine Vielzahl von Kooperationsabkommen mit einzelnen Entwicklungsländern oder Gruppen von Ländern geschlossen.[86] Nach Inkrafttreten des Lissabon-Vertrags können entsprechende Abkommen auf Art. 207 und 209 Abs. 2 AEUV gestützt werden.[87]

3. Globale Entwicklungspolitik

39 Die von der EG im Rahmen ihrer Assoziierungsabkommen verfolgte Präferenzregelung für bestimmte geografische Räume stieß zunächst vor allem im Rahmen des GATT auf Vorbehalte wegen der Furcht vor einer handelspolitischen Blockbildung und der damit verbundenen Handelsdiskriminierung. In der Tat stützten sich die vereinbarten Regelungen auf eine weite Auslegung der im GATT-Abkommen vorgesehenen Ausnahme von der den GATT-Mitgliedern gegenseitig eingeräumten Meistbegünstigung zugunsten von Zollunionen und Freihandelszonen. Die Union hat jedoch als erste Handelsmacht die von den Entwicklungsländern seit 1963 im Rahmen des GATT erhobenen Forderungen erfüllt und 1971 ein **System von allgemeinen Zollpräferenzen** zugunsten bestimmter Produkte der Entwicklungsländer eingeführt. Dieses System wurde seither ständig erweitert und verbessert.[88]

40 Ferner gewährt die Europäische Union Entwicklungshilfe im Rahmen **geografischer und thematischer Programme**.[89]

Darüber hinaus leistet sie **Nahrungsmittelhilfe**[90] und stellt weitere Mittel zur Leistung **humanitärer Hilfe**[91] bereit, die vorrangig für die Bevölkerung von Entwicklungsländern bestimmt ist.

D. Literatur

Siehe auch die Literaturhinweise zu § 33.

I. Außenwirtschaftspolitik

Bollrath, Laura, Die Vertragsschlusskompetenz der Europäischen Gemeinschaft auf dem Gebiet der Gemeinsamen Handelspolitik, Baden-Baden 2008; *Bungenberg, Marc/Griebel, Jörn/Hindelang, Steffen* (Hg.), International Investment Law and EU Law, Heidelberg u.a. 2011; *Bungenberg, Marc/Herrmann, Christoph* (Hg.), Die gemeinsame Handelspolitik der Europäischen Union nach Lissabon, Baden-Baden 2011; *Chaisse, Julien*, Adapting the European Community Legal Structure to the International Trade, EBLR 2006, 1615 ff.; *Evenett, Simon J.*, EU Commercial Policy in a Multipolar Trading System, in: Intereconomics 2007, 143 ff.; *Grabitz, Eberhard/v. Bogdandy, Armin/Nettesheim, Martin*, Außenwirtschaftsrecht, München 1994; *Griller, Stefan*, Die Gemeinsame Handelspolitik nach Nizza – Ansätze eines neuen Außenwirtschaftsrechts?, in: Gril-

---

86 Übersicht bei *Zimmermann*, in: G/S, Art. 177 Rn. 28 ff.
87 Siehe dazu EuGH, Rs. C-268/94 (Portugal./.Rat), Slg. 1996, I-6177.
88 Die Vergünstigungen bestehen in der Eröffnung von Gemeinschaftszollkontingenten, der Einräumung von Zollfreiheit oder Präferenzzöllen. Vgl. insbesondere VO 980/2005 über ein Schema allgemeiner Zollpräferenzen, ABl. L 169/2005, 1, deren Sonderregelungen für die am wenigsten entwickelten Länder weitergelten.
89 Vgl. VO 1905/2006, ABl. L 378/2006, 41; zuletzt geändert durch VO 127/2013, ABl. L 43/2013, 28.
90 Vgl. VO 2681/74, ABl. L 288/1974, 1 = *HER I A 75/2.2*.
91 Vgl. VO 1257/96, ABl. L 163/1996, 1 = *HER I A 75/1.5*.

ler, Stefan/Hummer, Waldemar (Hg.), Die EU nach Nizza – Ergebnisse und Perspektiven, Wien 2002, 131 ff.; *Hermes, Christoph*, TRIPS im Gemeinschaftsrecht, Berlin 2002; *Herrmann, Christoph*, Die Zukunft der mitgliedstaatlichen Investitionspolitik nach dem Vertrag von Lissabon, EuZW 2010, 207 ff.; *ders./Krenzler, Horst G./Streinz, Rudolf* (Hg.), Die Außenwirtschaftspolitik der Europäischen Union nach dem Verfassungsvertrag, Baden-Baden 2006; *Herrmann, Christoph/Michl, Walther*, Grundzüge des europäischen Aussenwirtschaftsrechts, ZeuS 2008, 81 ff.; *Peters, Eva-Maria*, Antidumping-Politik, Baden-Baden 1996; *Tietje, Christian*, Die Gemeinsame Handelspolitik der EU im System des Welthandelsrechts: ein Spannungsverhältnis zwischen fortschreitender Liberalisierung und zunehmendem Protektionismus, in: Pache, Eckhard/Schorkopf, Frank (Hg.), Die Europäische Union nach Lissabon, Baden-Baden 2009, 33 ff.

II. Entwicklungspolitik

Arts, Karin, ACP-EU relations in a new era: The Cotonou Agreement, CMLR 2003, 95 ff.; *Bartels, Lorand*, The Trade and Development Policy of the European Union, EJIL 2007, 715 ff.; *Bartelt, Sandra/Dann, Philipp* (Hg.), Entwicklungszusammenarbeit im Recht der Europäischen Union = The Law of EU Development Cooperation, EuR Beiheft 2/2008; *Friesen, Birga*, Das Abkommen von Cotonou unter besonderer Berücksichtigung des neuen Handelsregimes, ZeuS 2009, 419 ff.; *Granell, Francesc*, Commentaire J. Mégret, Bd. 13: La Coopération au développement de la Communauté européenne, 2. Aufl., Brüssel 2005; *Holland, Martin*, The European Union and the Third World, Basingstoke/New York 2002; *Hout, Wil* (Hg.), EU Development Policy and Poverty Reduction, Aldershot 2007; *Huber, Jürgen*, The past present and future ACP-EC Trade Regime and the WTO, EJIL 2000, 427 ff.; *Kuhn, Marco*, Humanitäre Hilfe der Europäischen Gemeinschaft – Entwicklung, System und primärrechtlicher Rahmen, Berlin 2000; *Zimmermann, Andreas*, Die neuen Wirtschaftspartnerschaftsabkommen der EU: WTO-Konformität versus Entwicklungsorientierung?, EuZW 2009, 1 ff.

§ 35 Gemeinsame Außen- und Sicherheitspolitik (GASP)

A. Grundlagen

1 Die Zuständigkeit der Union in der Gemeinsamen Außen- und Sicherheitspolitik ist umfassend. Sie erstreckt sich auf „alle" Bereiche der Außenpolitik und auf „sämtliche Fragen" der Sicherheit der Union einschließlich einer gemeinsamen Verteidigungspolitik (Art. 24 Abs. 1 AEUV). Der EUV hebt in Art. 24 Abs. 2 hervor, dass die GASP

> „auf einer Entwicklung der gegenseitigen politischen Solidarität der Mitgliedstaaten, der Ermittlung der Fragen von allgemeiner Bedeutung und der Erreichung einer immer stärkeren Konvergenz des Handelns der Mitgliedstaaten beruht".

Damit ist der Union eine besonders anspruchsvolle Aufgabe mit großem Symbolgehalt gestellt. Der EUV betont daher die Pflicht der Mitgliedstaaten, „die Außen- und Sicherheitspolitik vorbehaltlos im Geiste der Loyalität und der gegenseitigen Solidarität" zu unterstützen (Art. 24 Abs. 3 EUV). Diese spezielle Betonung der allgemeinen Kooperationspflicht (Art. 4 Abs. 3 EUV) schien geboten, da die Erarbeitung einer **gemeinsamen** Außen- und Sicherheitspolitik zu den schwierigsten Aufgaben eines auf Freiwilligkeit beruhenden Zusammenschlusses von Staaten mit langer Tradition autonomen Handelns gehört. Aus der Verbindung von zwei Ursachen kommt dieser Tätigkeit der Union eine Sonderstellung zu. Zum einen erlaubt es der Stand der Integration noch nicht, die Präsenz der einzelnen Staaten in den internationalen Beziehungen umfassend durch die Union zu ersetzen. Ähnlich wie im Bereich der Wirtschaftspolitik (Art. 2 Abs. 3 AEUV) dauert die staatliche Zuständigkeit für Außen- und Sicherheitspolitik daher (einstweilen) neben der Zuständigkeit der Union fort (Art. 24 Abs. 2 und 3 EUV).[1] Zum anderen wird Außen- und Sicherheitspolitik im staatlichen Bereich vor allem von der Exekutive gestaltet. Von dieser Tradition sind auch die atypischen Verfahren in der Union beeinflusst. Die Charakterisierung der GASP als „intergouvernemental" ist zwar plakativ, verdeckt aber die Eigenart dieser **Zuständigkeit der Union**. Trotz spektakulärer Fehlschläge in Einzelfragen (Irakkrieg 2002/2004) ordnen sich die Politiken der EU-Mitgliedstaaten immer deutlicher in das allgemeine Konzept **einer europäischen** Politik, eine „Gemeinsame Außen- und Sicherheitspolitik" (GASP).

2 Der Vertrag von Lissabon ordnete die GASP vollständig dem Rechtssubjekt Europäische Union zu. Art. 2 Abs. 4 AEUV stellt seither klar, dass die GASP eine Zuständigkeit der Union bildet. Zwar wird diese nicht ausdrücklich als „geteilte" Zuständigkeit bezeichnet, doch erlaubt Art. 4 Abs. 1 AEUV eine entsprechende Zuordnung.

Die wesentlichen zuvor geltenden Artikel in den Titel V des EUV (alt Art. 23–46) wurden beibehalten, doch bilden diese Bestimmungen nunmehr unter der Überschrift „Auswärtiges Handeln der Union" ein Ganzes mit den bisher im EGV geregelten Bereichen des Außenhandels, der Entwicklungshilfe usw. (§ 34). Die ursprüngliche Sonderstellung dauert allerdings insofern formal fort, als die Einzelheiten der GASP im EUV geregelt werden (neu Art. 21–46 EUV), während das übrige auswärtige Handeln eine Normierung in Art. 205–221 AEUV erfährt.

3 Im Bereich der GASP gelangen die besondere Handlungsformen der „allgemeinen Leitlinien" und der „Beschlüsse" und zur Anwendung (Art. 25 EUV). Darin können u.a. allgemeine, geografisch oder thematisch bestimmte Orientierungen und Aktionen fest-

---

[1] S. dazu auch die Erklärungen Nr. 13 und 14 im Anhang zum EUV.

gelegt werden, die von der Union durchzuführen sind oder Standpunkte definiert werden, die von der Union einzunehmen sind (zum Entscheidungsverfahren § 7 Rn. 25). Besonderheiten für die GASP gelten weiterhin hinsichtlich des Rechtsschutzes (Art. 275 AEUV; § 9 Rn. 3).

In institutioneller Hinsicht bedeutsam sind vor allem die Einsetzung eines **Hohen Vertreters der Union für die Außen- und Sicherheitspolitik** sowie die Übertragung der Befugnis zur Außenvertretung an den **Präsidenten des Europäischen Rates** (Art. 15 Abs. 6 EUV, *§ 4 Rn. 40*). Der Hohe Vertreter hat die Aufgabe, die GASP zu leiten und für die Ausführung der außenpolitischen Beschlüsse von Rat und Europäischem Rat zu sorgen (Art. 18 EUV) sowie im Rahmen seiner gleichzeitigen Mitgliedschaft als Vizepräsident, die der Kommission zugewiesenen Außenzuständigkeit wahrzunehmen (Art. 18 Abs. 4 EUV). Der Hohe Vertreter leitet die Sitzungen des Rates der Außenminister (*§ 4 Rn. 60*). Ihm sind der Europäische Auswärtige Dienst (Art. 27 Abs. 3 EUV) und damit die Vertretungen der EU in dritten Staaten und bei internationalen Organisationen unterstellt (Art. 221 AEUV).

Hat die Union zu einem Thema einen Standpunkt festgelegt, das auf der Tagesordnung des UN-Sicherheitsrats steht, dann soll dieser Standpunkt vom Hohen Vertreter vorgetragen werden (Art. 34 Abs. 2 EUV).

Die Regeln über die „verstärkte Zusammenarbeit" (Art. 326–334 AEUV; *§ 3 Rn. 43 ff.*) sind auch auf die GASP anwendbar. Allerdings gilt ein besonderes Verfahren der Genehmigung (Art. 329 Abs. 2; 331 Abs. 2 AEUV; *§ 7 Rn. 35*). Eine zusätzliche Sonderform des engeren Zusammenschlusses einiger Mitgliedstaaten bildet die in Art. 42 Abs. 6, Art. 46 EUV ermöglichte **Ständige Strukturierte Zusammenarbeit**.[2]

Erstmals begründet der Vertrag eine Verpflichtung der Mitgliedstaaten zu **Leistung von Beistand**, wenn ein anderer Mitgliedstaat das Ziel eines bewaffneten Angriffs wird (Art. 42 Abs. 7 EUV). Der Beistand muss nicht notwendigerweise mit militärischen Mitteln erfolgen.

B. Gegenstand der „Außen- und Sicherheitspolitik"

„Außenpolitik" umfasst grundsätzlich alle Verhaltensweisen der Union oder der gemeinsam handelnden Mitgliedstaaten, die dazu bestimmt oder geeignet sind, Wirkungen außerhalb der Union zu entfalten. Im Einzelfall können auch im Inneren wirkende Maßnahmen, z.B. gegenüber Bürgern dritter Staaten eine außenpolitische Dimension aufweisen. Verträge mit dritten Staaten und internationalen Organisation gemäß Art. 37 EUV bilden das formal bedeutsamste Instrument der GASP, in der Praxis sind aber einseitige Aktivitäten der EU sowie das koordinierte Vorgehen der Mitgliedstaaten in internationalen Organisationen wichtiger (vgl. Art. 34 EUV). Angesichts divergierender außenpolitischer Prioritäten der Mitgliedstaaten bedarf der Begriff „gemeinsame Außenpolitik" der allmählichen inhaltlichen Präzisierung und der Abgrenzung zu den sonstigen im Rahmen der EU wahrgenommenen Außenzuständigkeiten. Im Einzelfall entstehen Überschneidungen und Konflikte mit der Außenwirtschaftspolitik und mit der Politik der Entwicklungszusammenarbeit (*§ 33 Rn. 1, § 34 Rn. 1 ff.*). Umfasst eine Maßnahme sowohl den Bereich der GASP als auch eine Materie, die im AEUV ge-

---

2 Einzelheiten in Protokoll Nr. 10 zum EUV.

regelt ist, dann muss die Maßnahme gemäß Art. 40 EUV nach den Zuständigkeits- und Verfahrensregeln des AEUV beschlossen werden.³

7 Die Gemeinsame Außen- und Sicherheitspolitik erstreckt sich auch auf die Entwicklung einer **Gemeinsamen Verteidigungspolitik**. Nach dem Wortlaut von Art. 42 Abs. 2 EUV ist zwischen gemeinsamer **Verteidigungspolitik** und gemeinsamer **Verteidigung** zu unterscheiden. Während Erstere bereits in die Zuständigkeit der EU fällt, bedarf Letztere eines besonderen Ratsbeschlusses und dessen Billigung gemäß den verfassungsrechtlichen Bestimmungen der Mitgliedstaaten. In diesem Rahmen kann die Union **außerhalb ihres Territoriums** Maßnahmen der Friedenssicherung, der Konfliktverhütung und der Stärkung der internationalen Sicherheit in Übereinstimmung mit der UN-Charta durchführen (Art. 42 Abs. 1 EUV). Die dafür erforderlichen militärischen und sonstigen Mittel werden ihr von den Mitgliedstaaten zur Verfügung gestellt (Art. 42 Abs. 3 EUV (*Rn. 20*)).

Im Rahmen der Sicherheits- und Verteidigungspolitik können auch gemeinsame Abrüstungsmaßnahmen, humanitäre Aufgaben und Rettungseinsätze sowie Kampfeinsätze bei der Krisenbewältigung einschließlich friedensschaffender Maßnahmen zur Stabilisierung der Lage nach Konflikten („**Petersberg-Aufgaben**")⁴ erfüllt werden (Art. 43 EUV).

Eine **Europäische Verteidigungsagentur** soll u.a. die Beschaffung und Rüstung der Mitgliedstaaten koordinieren und rationalisieren (Art. 45 EUV) (*Rn. 13*).

Mitgliedstaaten können einen verbindlichen Rahmen für eine engere Zusammenarbeit in Sicherheits- und Verteidigungsfragen begründen ("Ständige Strukturierte Zusammenarbeit", Art. 42, VI; 46).

C. Entwicklung

8 Eine gemeinsame Außen- und Sicherheitspolitik gehörte seit Beginn der EGKS zum Integrationsprogramm. Gleichzeitig erwies es sich als besonders schwierig, in diesem Bereich die Traditionen und Symbolik der Nationalstaaten zu überwinden und aus der jüngeren europäischen Geschichte übereinstimmende Konsequenzen zu ziehen. Aus diesen Gründen waren die ersten Versuche zur Errichtung einer Europäischen Verteidigungsgemeinschaft und damit verbunden einer **Europäischen Politischen Gemeinschaft** 1953/54 spektakulär gescheitert (*§ 1 Rn. 9*). Die Bemühungen der Mitgliedstaaten konzentrierten sich in der Folgezeit darauf, eine zwischenstaatliche Kooperation zu begründen, die die Außen- und Sicherheitspolitik in den nationalen Verantwortungsbereichen beließ und sie mit den in die Gemeinschaftskompetenz fallenden Bereichen verband. Eine erste Form fand dieses Konzept in den *Fouchet-Plänen* von 1961/62, die jedoch nicht konsensfähig waren.

Erst 1970 gelang es nach der Gipfelkonferenz in Den Haag, der politischen Zusammenarbeit in den außerhalb der Gemeinschaftskompetenzen verbleibenden Bereichen der Außenpolitik einen ersten Rahmen zu geben. Er beruhte auf dem nach seinem Initiator benannten *Davignon*-Bericht und gestaltete eine „Europäische Politische Zusammenarbeit" (EPZ). Dabei handelte es sich um einen rechtlich unverbindlichen – zwischenstaatlichen – Kooperationsmechanismus, der zu Beginn ausschließlich die Außenpolitik betraf und erst später auf den Bereich der Sicherheitspolitik erweitert wurde. Unter Ausschluss der militärpolitischen Fragen einigten sich die Mitgliedstaaten darauf, einander zu konsultieren und sich gegebenenfalls auf ein gemeinsames Vorgehen zu verständigen. Eine Beteiligung der EG-Institutionen war nicht vorgesehen.

---

3 EuGH Rs. C – 91 / 2005 (Kommission / Rat), Slg. 2008, I – 3651, Rn. 75–77. Zur Beachtung der Verfahrensregeln des AEUV (Art. 218, Abs. 10) bei Abkommen, die ausschließlich die GASP betreffen: EuGH Rs. C – 658/11 (EP/Rat), U. v. 24. Juni 2014.
4 Erklärung der WEU v. 19. Juni 1992, abgedruckt im Bulletin der BReg Nr. 68 v. 23. Juni 1992, 648.

§ 35 Gemeinsame Außen- und Sicherheitspolitik (GASP)

Eine erste vertragliche Grundlage fand die EPZ im Jahr 1986 in Gestalt des Titels III der **Einheitlichen Europäischen Akte**, der die EPZ „bestätigt" und „ergänzt" (Art. 1 Abs. 3 EEA). Die EPZ sah eine rechtliche Verpflichtung der Mitgliedstaaten vor, einander zu konsultieren, bevor sie ihre endgültige Haltung in außenpolitischen Fragen festlegen (Art. 30 Abs. 2 lit. b) EEA). Eine Übertragung von Zuständigkeiten auf gemeinsame Institutionen erfolgte noch nicht. Institutionell war die EPZ von der EG getrennt.

9

Mit dem **EUV (1992)** wurde die außenpolitische **Zusammenarbeit** zur **rechtlich verfestigten Gemeinsamen Außenpolitik**. Die **Sicherheitspolitik** wurde mit einbezogen. Jedoch war diese Politik nicht der Gemeinschaft und ihrer Rechtsordnung zuzuordnen, sondern wurde als rechtlich weitgehend selbstständiger „zweiter Pfeiler" der Union gestaltet. Für diese gemeinsame Politik legte (alt) Art. 11 EUV Orientierungen fest. Die Gestaltung der Politik sollte mithilfe **besonderer Handlungsformen** („Grundsätze und allgemeine Leitlinien", „Gemeinsame Standpunkte", „Gemeinsame Aktionen") erfolgen. Die Außen- und Sicherheitspolitik war gemäß (alt) Art. 3–5 EUV vom Europäischen Rat und den Institutionen der EG zu entwickeln. Dafür sah der Vertrag **besondere Verfahren** vor, die dem Europäischen Rat die leitende Funktion zuwies. Im Vergleich zu den Verfahren des EGV übten das EP und der EuGH eine deutlich verminderte Rolle aus.

10

Der **Vertrag von Amsterdam** verfeinerte ab 1999 das außen- und sicherheitspolitische Instrumentarium. Er schuf neu die Institution des „Hohen Vertreters für die Gemeinsame Außen- und Sicherheitspolitik". Auch ermächtigte er die Union, mit dritten Staaten und internationalen Organisationen Verträge abzuschließen.

11

Der **Vertrag von Nizza** (2001) erweiterte die Möglichkeit von Mehrheitsentscheidungen. Außerdem wurde die Möglichkeit einer verstärkten Zusammenarbeit einzelner Staaten im Bereich der GASP (mit Ausnahme der verteidigungspolitischen und militärischen Zusammenarbeit) vorgesehen.

Die **Westeuropäische Union** (WEU) bildete bereits nach dem ursprünglichen EUV einen „integralen Bestandteil" der Union (vgl. Art. 17 Abs. 1 a.F. EUV). Demgemäß hatte die Regierungskonferenz bei Unterzeichnung des EUV eine Erklärung der Mitgliedstaaten der WEU zur Kenntnis genommen und der Schlussakte des EUV beigefügt.[5] Danach wurde die WEU stufenweise „als Verteidigungskomponente der EU und als Mittel zur Stärkung des europäischen Pfeilers der Atlantischen Allianz" entwickelt. Auf diese Erklärung beziehen sich weitere Erklärungen der Mitgliedstaaten der WEU, die in die Schlussakte des VA aufgenommen wurden.[6] In diesen Erklärungen werden die Bedeutung einer einheitlichen gemeinsamen Verteidigungspolitik erneut betont und die Beziehungen der WEU zur Europäischen Union präzisiert. Die Einzelheiten der Zusammenarbeit zwischen WEU und EU wurden in einem Beschluss des Rates v. 10. Mai 1999 festgelegt.[7] In der Folge übernahm die EU selbst verteidigungspolitische Aufgaben. Der Vertrag von Nizza ließ die Verweisungen auf die WEU in Art. 17 EUV (alt) entfallen.[8] **Im Jahre 2010 wurde die WEU aufgelöst.**

12

---

5 Erklärung der WEU zu ihren Beziehungen zur Europäischen Union und zur Atlantischen Allianz v. 10. Dezember 1991.
6 Erklärungen zur Westeuropäischen Union, Nr. 2 und 3, ABl. C 340/1997, 125.
7 ABl. L 153/1999, 1.
8 S. allerdings Protokoll Nr. 11 zum EUV (2007). Dazu *Kielmansegg*, Die verteidigungspolitischen Kompetenzen der Europäischen Union, EuR 2006, Nr. 2, 182–200.

D. Vertragsanwendung

I. Modalitäten der GASP und institutionelle Regelungen

13 Die GASP entwickelte sich zu einer Sonderform der Integration, bei der die Regierungen der Mitgliedstaaten und die Institutionen der EU ein gemeinsames Handeln schrittweise erproben. Dieses Zusammenwirken bringt bisher je nach Sachgebiet unterschiedlich dichte Ergebnisse hervor, die zwischen „intergouvernementalen" und integrierten Ansätzen oszillieren.[9] Auch wenn – wegen der Natur der Sache – die GASP keine spektakulären Ergebnisse vorweisen kann, gehört die stetige und geregelte Zusammenarbeit der Staaten in diesem Bereich zu den bedeutenden Ergebnissen des Integrationsprozesses.

Die ersten Beschlüsse im Rahmen der EPZ und später der GASP betrafen die **Modalitäten** der Erarbeitung der neuen Politik. Diese sind für die außenpolitischen Fragen insbesondere in drei Berichten und einem Beschluss der Außenminister enthalten.[10] Soweit diese nicht durch die späteren Vertragsänderungen gegenstandslos geworden sind, bleiben sie in Kraft. Im Rahmen seines Selbstorganisationsrechts betraute der Rat im Mai 2000 ein besonderes Gremium zu seiner Beratung über die zivilen Aspekte der Bewältigung internationaler Krisen.[11] Weiterhin wurden ein **Politisches und Sicherheitspolitisches Komitee**,[12] ein **Militärausschuss**,[13] der **Militärstab**[14] sowie ein **Europäisches Sicherheits- und Verteidigungskolleg (ESVK)**[15] errichtet. Aus dem Bestand der WEU hat die Union ein **Institut für Sicherheitsstudien**[16] und ein **Satelliten-Zentrum**[17] übernommen. Weiterhin wurde die in Art. 45 EUV vorgesehene **Europäische Verteidigungsagentur** (*§ 4 Rn. 107*) geschaffen.[18]

II. Geografische und sektorielle Aktionen

14 Im Jahre 2003 formulierte der Europäische Rat eine umfassende **Europäische Sicherheitsstrategie**[19] sowie eine EU-Strategie gegen die Verbreitung von Massenvernichtungswaffen.[20]

Allgemeine Leitlinien (zuvor „Gemeinsame Strategie" (alt) Art. 13 EUV) beschloss der Europäische Rat u.a. gegenüber Russland,[21] zur Ukraine[22] und zur Mittelmeerregion[23]. Im Jahre 2014 ist keine dieser regional definierten Rechtsakte noch in Kraft.

---

9 Dazu näher *Bauer, Sibylle/Remacle, Eric* (34.D).
10 Erster Bericht v. 27. Oktober 1970 = *HER I A* 13/1.2; zweiter Bericht v. 23. Juli 1973 = *HER I A* 13/1.3; dritter Bericht v. 13. Oktober 1981 = *HER I A* 13/1.4; vierter Bericht v. 28. Februar 1986 = *HER I A* 13/1.5.
11 B Rat 2000/354, ABl. L 127/2000, 1 = *HER IA* 13/1.9.
12 B Rat 2001/78, ABl. L 27/2001, 1 = *HER I A* 13/1.10.
13 B Rat 2001/79, ABl. L 27/2001, 4 = *HER I A* 13/1.11.
14 B Rat 2001/80, ABl. L 27/2001, 7 = *HER I A* 13/1.12.
15 B Rat 2013/189, ABl. L 112/2013, 22 = *HER I A* 13 / 1.50.
16 B Rat 2014/75, ABl. L 41/2014, 13.
17 Gemeinsame Aktion 2001/555, ABl. L 200/2001, 5 = *HER I A* 13/1.16. Das Zentrum erbringt Dienstleistungen aus der Auswertung von Satellitenbildern, vgl. Art. 2 des Einsetzungsbeschlusses.
18 B Rat 2011/411/GASP, ABl. L 183/2011, 1 = *HER I A* 13/ 1.45.
19 Europäischer Rat, Dok. 10881/03 v. 12. Dezember 2003 s. dazu Entschließung EP v. 19. Februar 2009 P6TA (2009)0075 sowie Schlussfolgerungen des Rates über die Gemeinsame Sicherheits – und Verteidigungspolitik v. 25./26. November 2013.
20 S. dazu Gemeinsamer Standpunkt 2003/805, ABl. L 302/ 2003, 34 = *HER I A* 13 / 3.22.
21 B Rat 1999/414, ABl. L 157/1999, 1.
22 B Rat 1999/877, ABl. L 331/1999, 1.
23 B Rat 2000/458, ABl. L 183/2000, 5.

Beschlüsse gemäß Art. 29 EUV (früher Gemeinsame Standpunkte, (alt) Art. 15 EUV) zur Orientierung des Handelns der Mitgliedstaaten verabschiedete der Rat u.a. zu Waffenexporten in das ehemalige **Jugoslawien**,[24] zur Konfliktverhütung und Konfliktlösung in **Afrika**,[25] zu Menschenrechten, demokratischen Grundsätzen u.a. in **Afrika**,[26] zur Nichtverbreitung von Kernwaffen und zur Vertrauensbildung in **Südasien**,[27] zum **Kongo**[28] und zu einem Stabilitätspakt für **Südosteuropa**,[29] zu **Sanktionen gegen Al-Quaida-Mitglieder**,[30] restriktive Maßnahmen gegen den **Iran**.[31]

Beschlüsse zur Durchführung konkreter Aktionen gemäß Art. 28 EUV (zuvor Gemeinsame Aktionen gemäß (alt) Art. 14 EUV) betrafen u.a. **Polizeimissionen** in Bosnien-Herzegowina,[32] Mazedonien,[33] Palästina,[34] und Afghanistan,[35] die Entsendung von **Wahlbeobachtern**[36] nach Nigeria, Ausfuhrkontrollen von Waffen und von Gütern, die sowohl zivilen wie auch militärischen Zwecken dienen können („dual use"),[37] ein Programm zur **Abschaffung von Antipersonenminen**,[38] ein Programm zur **Konfliktbeilegung** in Südossetien,[39] die „**Rechtsstaatlichkeitsmission EULEX**" im Kosovo.[40]

Die Präsidentschaft des Rates gab zahlreiche **Erklärungen** zu außenpolitischen Fragen im Namen der EU ab.[41] Im Auftrag der Präsidentschaft nimmt der Hohe Vertreter für die GASP häufig Vermittlungsfunktionen bei internationalen Krisen wahr. Zu seiner Unterstützung benannte die EU gemäß Art. 33 EUV **Sonderbeauftragte** u.a. für die Einhaltung der Menschenrechte[42] und für regional definierte Krisengebiete.[43]

III. Restriktive Maßnahmen

In zunehmendem Maße ergreift die Union restriktive Maßnahmen gegenüber Staaten, natürlichen und juristischen Personen und Gruppierungen. Derartige Aktionen ergehen in der Regel in Ausführung von Beschlüssen des UN-Sicherheitsrats.[44] Sie werden durch einen Beschluss gemäß Art. 28 EUV gefasst und durch Verordnungen gemäß Art. 215 AEU im Einzelnen ausgeführt. Sie umfassen u. a. Einreiseverbote und das Verbot des Zugangs zu in der EU gelegenen Konten.[45] Derartige Maßnahmen ergingen

---

24 B Rat 96/184, ABl. L 58/1996, 1.
25 B Rat 2001/374, ABl. L 132/2001, 3.
26 B Rat 98/350, ABl. L 158/1998, 1 = HER I A 13/2.22.
27 B Rat 98/606, ABl. L 290/1998, 1 = HER I A 13/2.28.
28 B Rat 2003/319, ABl. L 115/2003, 87.
29 B Rat 1999/345, ABl. L 133/1999, 1.
30 Gem. Standpunkt 2002/402, ABl. L 139/2002, 4. Dazu EuGH Rs. C – 117/2006 (Möllendorf), Slg. 2007, I – 8361. B Rat 2011/486, ABl. 199/2011, 57.
31 B Rat 2010/413, ABl. L 195/2010, 39 = HER I A 13/2.134.
32 B Rat 2002/210, ABl. L 70/2002, 1.
33 Gem. Aktion 2004/789, ABl. L 348/2004, 40.
34 Gem. Aktion 2005/797, ABl. L 300/2005, 65.
35 B Rat 2010/279, ABl. L 123/2010, 4 = HER I A 13/ 3.35.
36 B Rat 98/735, ABl. L 354/1998, 1.
37 B Rat 2000/401, ABl. L 159/2000, 216 = HER I A 13/3.14.
38 B Rat 97/817, ABl. L 338/1997, 1 = HER I A13/3.5.
39 B Rat 2001/759, ABl. L 286/2001, 4 = HER I A 13/2.74.
40 B Rat 2008/124, ABl. L 42/2008, 92 = HER I A 13 / 2.126.
41 Dokumentiert in den jährlichen Gesamtberichten der EU.
42 B Rat 2012/440, ABl. L 200/2012, 212.
43 S. Liste der Ernennung von 12 Sonderbeauftragten, ABl. L 211/2010, 17–42.
44 Zu den dabei zu beachtenden Schranken des EU-Rechts: EuGH verb. Rs. C – 402/05 P und C – 415/05P (Kadi und Al Barakaat Foundation), Slg. 2008, I – 6351. S.a. Rs. C – 376/10 P Pye Phyo Tay Za/Rat, Urteil v. 13. März 2012.
45 Dazu *Torbjörn Andersson*, Targeted Sanctions: How to Enforce Institutionalized Fear and Maintain the Rule of Law, in: Ambos (Hg.) Europäisches Strafrecht post – Lissabon (§ 16 D.), 77–109.

u.a. gegenüber dem Iran,[46] Syrien,[47] Afghanistan[48], bestimmten Personen der Ukraine[49].

IV. Abkommen mit Drittstaaten und internationalen Organisationen

19 Zur Verwirklichung der GASP schließt die EU **internationale Abkommen** (Art. 37 EUV). Diese betreffen insbesondere einzelne Militärmissionen (u.a. in Bosnien – Herzegowina und Ostafrika) sowie die Durchführung polizeilicher und Überwachungsaufgaben (u.a. in Georgien, auf dem Balkan, im palästinensischen Autonomiegebiet, in Afrika).

Einen bisher einzigartigen Vorgang bildet die vorübergehende Verwaltung der Stadt Mostar in Bosnien-Herzegowina durch die EU im Rahmen eines Vertrages v. 5. Juli 1994 zwischen EU und WEU einerseits und der Republik Bosnien-Herzegowina andererseits.[50]

Ein erstes **Abkommen** gemäß Art. 24 EUV betraf die Tätigkeit der **EU-Überwachungsmission in Jugoslawien**.[51]

Weitere Beispiele:

- Abkommen EU/Bosnien-Herzegowina über die Stationierung einer EU-Polizeitruppe,[52]
- Abkommen EU/Bulgarien und 14 weiteren Staaten über die Beteiligung an der Polizeimission in Bosnien-Herzegowina.[53]
- Abkommen EU/NATO über die Sicherheit von Informationen.[54]
- Abkommen EU/Kanada über die Beteiligung an Maßnahmen der EU zur Krisenbewältigung.[55]
- Abkommen EU/Internationaler Strafgerichtshof zur Unterstützung des ISG.[56]
- Abkommen EU/USA über die Übermittlung von Zahlungsverkehrsdaten zur Aufspürung der Finanzierung des Terrorismus.[57]
- Abkommen EU/USA über die Beteiligung der USA an Operationen der EU zur Krisenbewältigung.[58]
- Abkommen EU/Mauritius über die Überstellung mutmaßlicher Seeräuber.[59]

---

46 B Rat 2011/235, ABl. L 100/2011, 51 und VO 359/2011, ABl. L 100/2011, 1 = HER I A 13/2.141. Zu den Sanktionen gegenüber dem Iran s. EuGH Rs. C – 380/09 P (Melli Bank/Rat), Urteil v. 13. März 2012 und EuG, verb. Rs. T – 439/10 und T- 440/10 (Fulmen/Rat), Urteil v. 21. März 2012.
47 B Rat 2011/273, ABl. L 121/2011, 11 und VO 442/2011, ABl. L 121/2011, 1 = HER I A 13/ 2.142.
48 B Rat 2011/486, ABl. L 199/2011, 57 und VO 753/2011, ABl. L 199/ 2011, 1 = HER I A 13/2.144.
49 VO 208/2014, ABl. L 66/2014, 1 (Rechtsgrundlage: Art. 215 AEUV) und B Rat 2014/119, ABl. L 66/2014, 26 (Rechtsgrundlage: Art. 29 EUV).
50 Bull. EG 1994, Nr. 7/8, Ziff. 1.3.2. Dazu *Hummer, Waldemar*, Mostar – Ein Beispiel internationaler Stadtverwaltung durch die Europäische Union in : *Benedek/Isak/Kicker* (Hg.), FS Ginther, Frankfurt/M./Berlin 2000, 377–419.
51 B Rat 2001/352, ABl. L 125/2001, 1, 2 = HER I A 13/4.1; 4.1a.
52 ABl. L 293/2002, 1.
53 ABl. L 239/2003, 1.
54 ABl. L 80/2003, 36.
55 ABl. L 315/2005, 20.
56 ABl. L 115/2006, 50.
57 B Rat 2010/16, ABl. L 8/2010, 9 = HER I A 13/4.25.
58 ABl. L 143/2011, 3 = HER I A 13/4.34a.
59 ABl. L 254/2011, 3= HER I A 13/4.37a. Dazu EuGH Rs. C – 658/11 (EP/Rat), U. v. 24. Juni 2014..

V. Militärische Aktionen

Nach entsprechenden Beschlüssen des Europäischen Rates in Helsinki im Dezember 1999[60] und Nizza im Dezember 2000[61] ergriff die EU seit 2003 auch eigenständige **militärische Maßnahmen.** Deren Finanzierung wurde durch einen speziellen auf (alt) Art. 28 Abs. 3 EUV gestützten Beschluss („Athena") geregelt.[62] Erste Aktionen betrafen einen militärischen Einsatz auf Ersuchen der Regierung in **Mazedonien** im Anschluss an eine auslaufende Operation der NATO (Operation Concordia)[63] sowie eine militärische Operation in Bosnien und Herzegowina (Operation ALTHEA).[64] Zu diesem Zweck griff die EU auf die Mittel der NATO zurück. Im Jahre 2003 führte die Union im Auftrag des UN-Sicherheitsrats weiterhin einen Militäreinsatz in der **Demokratischen Republik Kongo** durch (Operation Artemis) zur Unterstützung des Waffenstillstandsabkommens von Lusaka.[65] Mit Ausnahme Irlands und Dänemarks beteiligten sich alle Mitgliedstaaten an diesen Aktionen.[66] Im Jahre 2006 beauftragte die EU eine militärische Mission mit der Sicherung der Wahlen im Kongo. Seit 2009 findet eine Militäroperation der EU zum Schutz der Schifffahrtswege vor der Küste Somalias statt (Operation Atalanta).[67]

20

VI. Positionsbestimmung von EU und ihren Mitgliedstaaten in internationalen Organisationen und bei multilateralen Verhandlungen

Gemäß Art. 34 EUV erfolgt eine ständige Koordinierung zwischen den Vertretern der Mitgliedstaaten in internationalen Organisationen. Außerdem sind die Mitgliedstaaten verpflichtet, sich für die in den „Standpunkten" festgelegten Ziele der Union einzusetzen. Diese werden gegebenenfalls vom Hohen Vertreter für die Union dargelegt (Art. 34 Abs. 2 Uabs. 3 EUV).[68] Die Modalitäten dieser Koordinierung wurden zunächst in den Grundlagenberichten zur EPZ von 1973, 1981 und 1986 umrissen[69] und in Leitlinien des Politischen Komitees (1984/86) sowie in einer „Orientierung" des Rates v. 10. April 1995 präzisiert.[70]

21

Festlegungen für das Verhalten der Mitgliedstaaten in Einzelfällen sind selten. Beispiele bilden der Gemeinsame Standpunkt v. 23. April 1998 zur Überprüfungskonferenz des Vertrages über die Nichtverbreitung von Kernwaffen[71] und Beschlüsse zu den Überprüfungskonferenzen der Abkommen über biologische[72] und chemische[73] Waffen.

---

60 GB-EU 1999, Ziff. 636.
61 GB-EU 2000, Ziff. 752 und Erklärung Nr. 1 zum Vertrag v. Nizza ABl. C 80/2001, 77.
62 B Rat 2008/975, ABl. L 345/2008, 96 = HER I A 13/1.38.
63 Gemeinsame Aktion 2003/92, ABl. L 34/2003, 26 = HER I A 13/2.88.
64 Gemeinsame Aktion 2004/570, ABl. L 252/2004, 10 = HER I A 13/2.104.
65 Gemeinsamer Standpunkt 2003/319, ABl. L 115/2003, 87 = HER I A 13/2.90; Gemeinsame Aktion 2003/432, ABl. L 147/2003, 42 und Gemeinsame Aktion 2003/423, ABl. L 143/2003, 50.
66 Zu den Einzelheiten: *Loick Benoit*, Le lancement des premières opérations militaires de l'Union Européenne, RMCUE 2004 (477), 235–240.
67 B Rat 2008/918, ABl. L 330/2008, 19 = HER I A 13/2.130.
68 Zur Praxis: *Mayr – Singer/Villotti*, EuR 2012, Beiheft 2, 91–101 (UN) sowie *Wölker* (WTO), a.a.O., 125–136.
69 S.o., Anm. 10.
70 Texte nicht veröffentlicht.
71 B Rat 98/289, ABl. L 129/1998, 1.
72 B Rat 2011/429, ABl. L 188/2011, 42 = HER I A 13/3.39.
73 B Rat 2012/712, ABl. L 321/2012, 68 = HER I A 13/3.42.

E. Literatur

Algieri, Franco, Die Gemeinsame Aussen- und Sicherheitspolitik der EU, Wien 2010; *Bauer, Sybille/Remacle, Eric*, A multi-level foreign policy between convergence, consistency and variable geometry in: *Magnette, Paul/Remacle, Eric* (Hg.), Le nouveau Modèle européen, Bd. 2, Brüssel 2000, 179–193; *Buffotot, Patrice* (Hg.), La défense en Europe, La documentation francaise, Paris 2001; *Cannizzaro, Enzo* (Hg.), The European Union as an Actor in International Relations, The Hague/London 2002; *Cremona, Marise/de Witte, Bruno* (Hg.), EU Foreign Relations Law, Oxford 2008; *Dumoulin, André/Mathieu, Raphael/Sarlet, Gordon*, La politique européenne de sécurité et de défense, Bruxelles 2003; *Ehrhart, Hans-Georg*, Die EU als zivil-militärischer Krisenmanager: zwischen Anspruch und Wirklichkeit, integration Nr. 3/2005, 217–232; *ders.*, EU-Krisenmanagement in Afrika: Die Operation EUFOR Tchad/RCA, integration Nr. 2/2008, 145–158; *Engbrink, Dennis*, Die Kohärenz des auswärtigen Handelns der Europäischen Union, Tübingen 2014; *Howorth, Joylon*, The Security and Defense Policy in the European Union, Basingstoke 2007; *Jopp, Mathias/Sandawi, Sammi*, Europäische Sicherheits- und Verteidigungspolitik, (jährliche Berichte) in: Weidenfeld/Wessels (Hg.), Jahrbuch der Europäischen Integration, zuletzt Baden-Baden 2014; *Jopp, Mathias/Schlotter Peter*, Kollektive Außenpolitik – Die Europäische Union als internationaler Akteur, Baden-Baden 2007; *Kadelbach, Stefan*, Die Gemeinsame Sicherheits- und Verteidigungspolitik und „Europäische Verteidigungsstreitkräfte", in: Giegerich (Hg.), Herausforderung und Perspektiven der EU, Berlin 2012, 139–156; *Karalus, Kirstin*, Die diplomatische Vertretung der Europäischen Union, Tübingen 2009; *Kielmansegg, Sebastian Graf*, Die verteidigungspolitischen Kompetenzen der Europäischen Union, EuR 2006, Nr. 2, 182–200; *Müller-Brandeck-Bocquet, Gisela/Rüger, Carolin* (Hg.), The High Representative for the EU Foreign and Security Policy – Review and Prospects, Baden-Baden 2011; *Nuttall, Simon*; European Political Cooperation, Oxford 1992; *Pijpers, Alfred/Regelsberger, Elfriede/Wessels, Wolfgang* (Hg.), Die Europäische Politische Zusammenarbeit in den achtziger Jahren, Bonn 1989; *Regelsberger, Elfriede*; Gemeinsame Außen- und Sicherheitspolitik (jährliche Berichte) in: Jahrbuch der Europäischen Integration, Baden-Baden; *Trybus, Martin*, European Union Law and Defense Integration, Oxford 2005.

§ 36 Europäische Nachbarschaftsbeziehungen und Erweiterung der Union

A. Einführung

Ursprünglich hatte sich die Europäische Gemeinschaft als eine auf den westlichen Teil Europas beschränkte und neben anderen europäischen Organisationen stehende Einrichtung verstanden. Ausdruck fand dieses Selbstverständnis in der Programmrede von Kommissionspräsident *Delors* am 17. Januar 1989 vor dem Europäischen Parlament. *Delors* setzte darin dem vom sowjetischen Ministerpräsidenten *Gorbatschow* entwickelten Bild vom „gemeinsamen europäischen Haus" das Bild eines „europäischen Dorfes" entgegen, in dem die Union ein Haus unter vielen füllt.[1] Die am Ende der 1980er-Jahre entwickelten Konzepte zu den europäischen Außenbeziehungen der EG sind von diesem Bild des nachbarlichen Nebeneinanders geprägt. Seither hat sich das Selbstverständnis – zunächst der EG, nunmehr der EU – in Europa grundlegend gewandelt. Die EU ist zum „Stabilitätsanker" des europäischen Kontinents geworden.

In der Präambel des EUV wird die Notwendigkeit hervorgehoben „feste Grundlagen für die Gestalt des zukünftigen Europas" zu schaffen. Seit dem **Vertrag von Lissabon** widmet die Union den „Staaten ihrer Nachbarschaft" – ohne Beschränkung auf Europa – eine besondere Vertragsbestimmung (Art. 8 EUV). Danach soll ein „Raum des Wohlstands und der **„guten Nachbarschaft"** geschaffen werden, der auf den Werten der Union aufbaut. Zu diesem Zweck kann die Union spezielle Abkommen mit den betreffenden Ländern schließen.

Der Vertrag enthält keine Definition des von dem in Art. 8 EUV verwandten Begriffs „Nachbarschaft" erfassten Bereichs. In einem engeren Sinne versteht die Kommission darunter Staaten in geografischer Nähe, mit denen keine Beitrittsverhandlungen in Aussicht stehen.[2]

Für die Darstellung in diesem Kapitel wird ein weiterer Ansatz gewählt. Er bezieht auch die potenziellen Mitgliedstaaten ein.

Vor 2009 erwähnten die Verträge die europäischen Nachbarstaaten der EU nur in der Perspektive eines Beitritts gemäß Art. 49 EUV. Das zur Gestaltung nachbarlicher Beziehungen unterhalb des Beitritts verfügbare rechtliche Instrumentarium (Assoziierung oder einfaches Abkommen) unterschied dagegen nicht nach der geografischen Nähe zur EU. Seit der Öffnung des „eisernen Vorhangs" (1989) und der durch Vergrößerung und Verdichtung gewachsenen Ausstrahlung der Union auf ihre Nachbarn wurde allerdings deutlich, dass die Union nach Formen für Beziehungen suchen musste, die nicht notwendigerweise Vorstufen zu einem Beitritt bilden. Das Bewusstsein der neuen Rolle hatte zunächst zur Prägung eines neuen Begriffs „Europäische Architektur" geführt. Er diente dazu, die Gesamtheit der Beziehungen zwischen der EU und den europäischen Nichtmitgliedstaaten zu umschreiben. Mit den Veränderungen auf dem europäischen Halbkontinent seit 1989 wurde damit zugleich die neue Vielfalt der Beziehungen und die unerwartete Entwicklung der Union zum **Gravitationszentrum** Eu-

---

[1] Bull. EG, Beil. 2/89.
[2] Mitteilung der Kommission KOM (2011) 303 endg. 1: Ägypten, Algerien, Armenien, Aserbaidschan, Georgien, Israel, Jordanien, Libanon, Libyen, Marokko, Republik Moldau, die besetzten palästinensischen Gebiete, Syrien, Tunesien, Ukraine, Weißrussland.

ropas bezeichnet. Neuerdings benennt der Begriff der **Nachbarschaft** das Projekt eines politischen und rechtlichen Gesamtkonzepts.³

4 Die Union erfüllt die ihr zugewachsene stabilisierende Funktion mithilfe vielfältiger z.T. neuartiger Instrumente: Sie konkretisierte ihre Bereitschaft zur **Aufnahme neuer Mitgliedstaaten**, sie erweiterte den Binnenmarkt auf Staaten, die ihr nicht beitreten wollen im Rahmen des **Europäischen Wirtschaftsraums**, sie entwickelte **besondere Partnerschaftsbeziehungen** zu den Staaten des Mittelmeerraumes, zu **Russland** und den anderen Nachfolgestaaten der UdSSR und sie dehnte den im Inneren geschaffenen Raum der Personenfreizügigkeit im Rahmen der **Schengen-Abkommen auf Drittstaaten** aus. Auch entfaltete das unionsspezifische Wertsystem eine prägende Wirkung im Rahmen der weiteren europäischen Organisationen **OSZE** und **Europarat**. Zur Unterstützung derjenigen Nachbarstaaten, für die keine Beitrittsperspektive besteht, hat die Union 2006 ein **Europäisches Nachbarschafts- und Partnerschaftsinstrument** geschaffen.⁴

B. Erweiterungen und „Beitrittspartnerschaften"

5 Auch nach ihrer größten Erweiterung im Jahre 2004 und nach dem Beitritt **Bulgariens** und **Rumäniens** im Jahre 2007 und **Kroatiens** im Jahre 2013 wächst die Union und bleibt mit Beitrittsanträgen befasst. (*§ 1 Rn. 32 f.*).⁵ Verhandlungen mit **Montenegro** begannen im Jahre 2012, mit **Serbien** in 2014. Über den Antrag **Islands** begannen 2010 Verhandlungen. Allerdings plant Island die Rücknahme des Beitrittsantrags in 2014.

Verhandlungen mit der **Türkei** wurden 2005 aufgenommen, sind allerdings innerhalb der EU und zunehmend auch in der Türkei umstritten. Noch ist nicht absehbar, wann die Türkei nach Einschätzung der EU die materiellen Beitrittsvoraussetzungen erfüllt. **Mazedonien** und **Albanien** stellten Anträge auf Beitritt. Diese führten aber noch nicht zu förmlichen Beitrittsverhandlungen. Ein Beitrittsantrag der **Schweiz** wurde auf Wunsch der Schweiz ausgesetzt.

6 Beitritte wurden vielfach durch Assoziierungsabkommen eingeleitet. Darin wurde mitunter ausdrücklich eine Beitrittsperspektive eröffnet.⁶ Dies geschah in den **Europa-Abkommen** mit den Staaten Mittel- und Osteuropas.⁷ Eine Beitrittsperspektive eröffnen auch die „**Stabilitäts- und Assoziierungsabkommen**" mit Mazedonien und Serbien (*Rn. 14*).

7 Trotz Fortdauer der rechtlichen Identität der Union nach einer Erweiterung verändert der Beitritt neuer Mitgliedstaaten den Charakter der Union erheblich, und zwar von den in den Beitrittsdokumenten ausdrücklich vorgesehenen Anpassungen des EU-Rechts über Änderungen der Entscheidungsprozesse bis hin zu Wandlungen des Sys-

---

3 Vgl. Mitteilung der Kommission: „Eine neue Antwort auf eine Nachbarschaft im Wandel", KOM (2011) 303 endg. v. 25. Mai 2011.
4 VO 1638/2006, ABl. L 310/2006, 1 = *HER I A* 75/1.52.
5 Dazu Mitteilung der Kommission „Erweiterungsstrategie und wichtigste Herausforderungen 2013–2014", KOM(2013)700/final/2 v. 19. November 2013.
6 Vgl. Art. 28 des Assoziierungsabkommens EWG – Türkei v. 12. September 1963, ABl. Nr. 217/1964, 3687: „Sobald das Funktionieren des Abkommens es in Aussicht zu nehmen gestattet, dass die Türkei die Verpflichtungen aus dem Vertrag zur Gründung der Gemeinschaft vollständig übernimmt, werden die Vertragsparteien die Möglichkeit eines Beitritts der Türkei zur Gemeinschaft prüfen."
7 Z.B. Assoziierungsabkommen mit Polen v. 16. Dezember 1991, ABl. L 348/1993, 2.

tems der dem Recht der Union zugrunde liegenden allgemeinen Rechtsgrundsätze und der dessen Anwendung prägenden Auslegungstechniken. Auch bleiben die wachsenden kulturellen Differenzen nicht ohne Folgen für die gleichmäßige Anwendung und Durchsetzung des Rechts der Union. Speziell die Folgen der Erweiterung des Jahres 2004 akzentuieren die Frage nach den Grenzen ihrer Aufnahmefähigkeit und Identität *(§ 1 Rn. 39).*

Wegen des erheblichen Abstandes in der wirtschaftlichen Entwicklung und im Rechts- und Verwaltungssystem der Beitrittskandidaten in Mittel- und Osteuropa (MOE) beschloss die EU zur Erleichterung der „Beitrittsfähigkeit", erstmals eine „**Heranführungsstrategie**".[8] Diese stützte sich auf die bereits 1989 beschlossenen PHARE[9]-Hilfsprogramme zugunsten der mittel- und osteuropäischen Staaten (Rechtsgrundlage (alt)Art. 235 bzw. (alt) Art. 308 EGV)[10] sowie auf besondere, mit den einzelnen Kandidaten vereinbarte **Beitrittspartnerschaften**. Darin wurden Prioritäten zur Vorbereitung auf den Beitritt definiert, wie sie sich aus einer Analyse der Lage in diesen Staaten einerseits und aus den von der EU festgelegten Beitrittskriterien andererseits ergeben.[11] Derartige „Heranführungen" sind zentrale Voraussetzungen für einen bruchlosen Übergang in die Rechtsordnung der Union. Zur umfassenden und nach übergeordneten Kriterien vergebenen Hilfe an die potentiellen Beitrittskandidaten hat die Union ein „Instrument für Heranführungshilfe" geschaffen.[12]

8

C. Der Europäische Wirtschaftsraum

Der am 14. März 1992 in Porto von der EWG und EGKS und ihren Mitgliedstaaten einerseits und den (damals) sieben EFTA-Staaten[13] andererseits unterzeichnete Vertrag über den **Europäischen Wirtschaftsraum**[14] war noch von dem Konzept des „europäischen Dorfes", also des nachbarschaftlichen Nebeneinanders verschiedener Organisationen und Staaten geprägt. Doch die Mehrheit der EFTA-Staaten sah in dem Vertrag nur die Vorstufe zu einem Beitritt. So wurde der Vertrag zum Symbol der gewandelten Stellung der EU in der europäischen Architektur: Die Schweiz lehnte ihn als eine (noch) zu weitgehende Annäherung an die EU im Jahre 1992 ab, für Österreich, Schweden und Finnland reichte dagegen die „Nähe" zur EUV nicht aus. Sie traten 1994 der EU bei. Nur noch Norwegen, Island und Liechtenstein sind seither Vertragspartei des EWR. Für diese Staaten bewirkt das Abkommen binnenmarktähnliche Verhältnisse mit der EU. Ausgenommen sind Agrarprodukte. Auch enthält der EWR keine gemeinsame Außenhandelsregelung. Daher konnte auf Grenzkontrollen zwischen den EG- und EFTA-Staaten zunächst nicht verzichtet werden. Allerdings beseitigte die Ausdehnung des Schengen-Abkommens auf Island, Norwegen (und die Schweiz) gegen-

9

---

8 VO 622/98, ABl. L 85/1998, 1 = HER I A 9/1.1. S.a. Schlussfolgerungen des Europäischen Rates v. Juni 1993 (Kopenhagen) und v. Dezember 1997 (Luxemburg), abgedruckt in: Europäisches Parlament (Hg.), Weißbuch zur Erweiterung der Europäischen Union, Bd. 1, Luxembourg 1998 und Europäische Kommission, „Agenda 2000", Bull. EU, Beil. 5/97, Teil II.
9 PHARE = „Poland and Hungary: Action for Restructuring the Economy". Ursprünglich war das Programm auf Polen und Ungarn beschränkt, wurde aber 1991–1993 auf alle MOE-Staaten ausgedehnt.
10 VO 3906/89, ABl. L 375/1989, 11 (aufgehoben). S. Bericht der Kommission "über die finanzielle Unterstützung des Erweiterungsprozesses" KOM (2013) 625 v. 12. September 2013.
11 S. die Beschlüsse des Rates zu den Beitrittspartnerschaften mit Bulgarien und Rumänien v. 30. März 1998, ABl. L 121/1998, 36,11.
12 VO 231/2014, ABl. L 77/2014, 11.
13 Österreich, Schweden, Finnland, Island, Norwegen, Liechtenstein, Schweiz.
14 ABl. L 1/1994, 3 = HER I A 78/ 1.1a, dazu *Jacot-Guillarmod* (35.G).

über diesen Staaten die Kontrollen (*Rn. 15*). Ferner wird das gemeinschaftliche Wettbewerbsrecht, das Beihilfenrecht sowie das Recht des Auftragswesens rezipiert. Darüber hinaus enthält der EWR-Vertrag Bestimmungen über die Bereiche Forschung und Technologie, Umweltschutz, Sozialpolitik und Verbraucherschutz, errichtet einen Kohäsionsfonds für Transferleistungen der EFTA-Staaten an die wirtschaftsschwachen EG-Staaten und trifft Regelungen über Fischereiquoten. Auch sind Ansätze für die Entwicklung des politischen Dialogs vorhanden.

10 Die Anwendung und Fortentwicklung des von den EFTA-Staaten zu rezipierenden EU-Rechts erforderte komplexe institutionelle Vorkehrungen.
Der *EWR-Vertrag* sieht zunächst nach dem klassischen Muster der Assoziationsabkommen einen EWR-Rat aus Ministern der EFTA- und EU-Staaten sowie Mitgliedern der Kommission und einen *Gemischten Ausschuss* aus hohen Beamten der EFTA- und EU-Länder sowie der Kommission vor (Artikel 89–94 EWRV). Beide Ausschüsse entscheiden durch Konsens, wobei EU und EFTA jeweils mit einer Stimme zu sprechen haben. Außerdem errichtet der EWRV einen *Gemischten Parlamentarischen Ausschuss* sowie ein *paritätisches Schiedsgericht* zur Streitschlichtung (Artikel 111 Abs. 4), wie dies gleichfalls anderen Assoziationsabkommen entspricht.
Besondere Schwierigkeiten warf das System der *Überwachung* der Anwendung des EWR-Rechts auf. Nachdem der EuGH die ursprünglich geplante Regelung eines EWR-Gerichts in seinem Gutachten vom 14. Dezember 1991 abgelehnt hatte,[15] vereinbarten die Vertragspartner, die Überwachung getrennten Einrichtungen zu übertragen, nämlich Kommission und EuGH einerseits, der *EFTA-Überwachungsbehörde* (Artikel 4 EWRV) und dem *EFTA-Gerichtshof* (Artikel 27 EWRV) andererseits.
Die *Fortentwicklung* des EWR-Rechts erfolgt parallel zu derjenigen des EU-Rechts. Die Kommission behält ihr vertragliches Initiativmonopol, hat hierbei aber Experten aus den EFTA-Staaten in ähnlicher Weise heranzuziehen wie diejenigen der Mitgliedstaaten. Experten der EFTA-Staaten nehmen ferner mit beratender Funktion an den Sitzungen der Ausschüsse teil, die der Rat der Kommission bei Übertragung von Durchführungsbefugnissen beiordnet, sofern dort EWR-relevante Fragen zur Sprache kommen. Im Übrigen sind die EFTA-Staaten am Rechtsetzungsprozess der EU nicht beteiligt.
Sobald ein EWR-relevanter Rechtsakt von der Union erlassen wird, beschließt der Gemischte EWR-Ausschuss eine gleichartige Regelung für den EWR-Bereich, der dann von den EFTA-Staaten entsprechend ihrem nationalen Recht in Kraft zu setzen ist. Das EWR-Recht hat also keine unmittelbare Wirkung.
Kommt es im EWR-Ausschuss trotz der möglichen Evokation durch den EWR-Rat zu keiner Einigung, so werden die von der Rechtsänderung betroffenen Teile des EWRV mit der Folge suspendiert, dass jede Vertragspartei im Rahmen einer Schutzklausel Ausgleichsmaßnahmen ergreifen kann. Da die EFTA-Staaten im EWR-Ausschuss mit einer Stimme sprechen müssen, ist ein individuelles Ausscheren eines EFTA-Staates aus der EWR-Regelung nicht vorgesehen. Umfang und Dauer einer Schutzmaßnahme können vom EWR-Schiedsgericht überprüft werden. Zur Auslegung einer EWR-Rechtsnorm ist dieses hingegen nicht befugt.

D. „Mittelmeer-Partnerschaft" und Assoziierungsabkommen mit der Türkei

11 Die Beziehungen der EU zu den Staaten des östlichen und südlichen Mittelmeerraums waren lange Zeit von bilateralen Assoziierungsabkommen geprägt, wobei die handelspolitischen Aspekte im Vordergrund standen. Im Gefolge der Entwicklung ihrer außenpolitischen Identität bemüht sich die EU verstärkt um einen breiteren Ansatz, der es auch erlaubt, eine konfliktschlichtende Rolle zu übernehmen.
Im Anschluss an eine Außenministerkonferenz am 28. November 1995 in Barcelona werden diese Aktivitäten als „Barcelona-Prozess" bezeichnet.[16] Die Europäische Union

---

15 EuGH, Gutachten 1/91, Slg. 1991, I-6079. S.a. EuGH Gutachten 1/92 („EWR II"), Slg. 1992, I – 2821.
16 Dazu *Jünemann, Annette*, EU und der Barcelona-Prozess, Integration Nr. 4/2000, 41–57.

und ihre (inzwischen zehn) Partner im Mittelmeerraum[17] erklärten ihre Absicht, einen multilateralen, dauerhaften und partnerschaftlichen Rahmen für ihre Beziehungen zu schaffen und ein Arbeitsprogramm hierfür aufzustellen.[18] Diese **Partnerschaft Europa-Mittelmeer** soll drei Teilbereiche umfassen:

- einen verstärkten regelmäßigen politischen Dialog,
- den Ausbau der wirtschaftlichen und finanziellen Zusammenarbeit, insbesondere im Hinblick auf die Errichtung einer Freihandelszone,
- eine stärkere Berücksichtigung der sozialen, kulturellen und menschlichen Dimension.

Regelmäßige Tagungen der Außenminister und Ad-hoc-Treffen sollen die Umsetzung dieser Erklärung gewährleisten.

Diese Mittelmeer-Partnerschaft wurde bekräftigt in der am 20. Juni 2000 vom Europäischen Rat verabschiedeten Gemeinsamen Strategie zur Mittelmeerregion.[19] Die Errichtung einer Freihandelszone ist geplant. Diese trägt seit 2008 die Bezeichnung **Mittelmeer Union**. Die gegensätzlichen Positionen unter den nicht der EU angehörenden Staaten verhinderten allerdings bisher die Entwicklung einer eigenständigen politischen Kraft.[20]

Mit der **Türkei** wurde am 12. September 1963 ein Assoziierungsabkommen gemäß Artikel 238 EWGV (alt) von der Gemeinschaft und ihren Mitgliedstaaten geschlossen, das am 1. Dezember 1964 in Kraft trat.[21] Das Abkommen hat das Ziel, den Aufbau der türkischen Wirtschaft zu fördern und den Lebensstandard der Bevölkerung der Türkei zu heben. Darüber hinausgehend soll der Vertrag die Türkei in eine Lage zu versetzen, dass die Vertragsparteien die Möglichkeit eines Beitritts der Türkei zur Union prüfen können. Zur Verwirklichung der Ziele des Abkommens ist ein Assoziationsrat aus Mitgliedern der türkischen Regierung einerseits und der Regierungen der Mitgliedstaaten und Mitgliedern der Kommission andererseits eingerichtet, der befugt ist, Durchführungsbeschlüsse zu fassen. Ein Zusatzprotokoll vom 23. November 1970 konkretisiert das Abkommen und sieht insbesondere die Herstellung der Freizügigkeit der türkischen Arbeitnehmer vor (zum Stand der Beitrittsperspektive *Rn. 5*).

E. Besondere bilaterale Beziehungen zu europäischen Staaten

Mit zahlreichen Nachfolgestaaten der UdSSR wurden seit 1994 **Partnerschafts- und Kooperationsabkommen** abgeschlossen, u.a. Russland,[22] Ukraine,[23] Republik Mol-

---

17 Ägypten, Algerien, Israel, Jordanien, Libanon, Marokko, Syrien, Tunesien, Türkei, sowie die palästinensische Autonomiebehörde.
18 Vollständiger Wortlaut in Bull EU Nr. 11/1995, Ziff. 2.3.1.
19 ABl. L 183/2000, 5.
20 Dazu *Thomas Demmelhuber/Andreas Marchetti*, Die Union für das Mittelmeer: Ambitionen und Realität –, integration Nr. 2/2011, 132–147.
21 ABl. L 1964 S. 3687 = *HER I A* 78/2.1a.
22 ABl. L 327/1997, in Kraft seit 1. Dezember 1997.
23 ABl. L 49/1998, in Kraft seit 1. März 1998.

dau,[24] Armenien,[25] Aserbaidschan,[26] Georgien,[27] Kasachstan,[28] Kirgistan,[29] Usbekistan[30] und Tadschikistan.[31] Diese Abkommen eröffnen keine Beitrittsperspektive. Sie zielen vielmehr auf die Beseitigung von Handelsbeschränkungen, die Gewährung der Niederlassungsfreiheit, eine Zusammenarbeit in Wettbewerbsfragen. Auch begründen sie einen *Politischen Dialog* der Partner. Rechtsgrundlage dieser Abkommen war (alt) Art. 133 i.V.m. (alt) Art. 308 EGV.

Zugunsten dieser Staaten hat die EU ein spezielles Unterstützungsprogramm zur wirtschaftlichen Entwicklung beschlossen (**TACIS**).[32]

14 Zu Staaten Osteuropas, die dem Grundsatz nach der Union beitreten könnten, wurde eine besondere „**Östliche Partnerschaft**" begründet. Sie soll „die politische Assoziierung und die weitere wirtschaftliche Integration zwischen der Europäischen Union und interessierten Partnerstaaten" beschleunigen.[33] Ein entsprechendes Assoziierungsabkommen wurde 2014 mit der Ukraine vereinbart.[34]

15 Eine bedeutende Rolle spielt die EU bei dem **Wiederaufbau** der Staaten und Gebiete des **ehemaligen Jugoslawiens** und **Albaniens**. Der Rat beschloss im Jahre 1999 einen „**Stabilitätspakt für Südosteuropa**".[35] In diesem Rahmen formulierte er das Konzept einer „europäischen Partnerschaft",[36] dessen Einzelheiten gesondert für jedes Land eine Heranführung an die Werte der Union, insbesondere Rechtsstaatlichkeit, Demokratie sowie wirtschaftliche Entwicklung und Stabilität vorsehen.[37] Mit Mazedonien und Kroatien wurden 2003 „Stabilitäts- und Assoziierungsabkommen" geschlossen, die den Status eines „möglichen Beitrittskandidaten" begründen.[38] Dieser wurde 2006 zu einer „**Beitrittspartnerschaft**" weiterentwickelt[39] und mündete für Kroatien in den Beitritt (2013). Mit Montenegro wurde 2009 ein Stabilisierungs- und Assoziierungsabkommen geschlossen, das dieses Land als „potenziellen Kandidaten für die Mitgliedschaft" bezeichnete.[40] Ein entsprechendes Abkommen wurde mit Serbien wurde 2013 vereinbart.[41] Albanien wurde 2014 der Status eines „Beitrittskandidaten" zuerkannt.[42]

---

24 ABl. L 181/1998, in Kraft seit 1. Juli 1998.
25 ABl. L 239/1999, in Kraft seit 1. Juli 1999.
26 ABl. L 246/1999, in Kraft seit 1. Juli 1999.
27 ABl. L 205/1999, in Kraft seit 1. Juli 1999.
28 ABl. L 196/1999, in Kraft seit 1. Juli 1999.
29 ABl. L 196/1999, in Kraft seit 1. Juli 1999.
30 ABl. L 229/1999, in Kraft seit 1. Juli 1999.
31 ABl. L 350/2009, 1.
32 VO 99/2000, ABl. L 12/2000, 1.
33 Vgl. Gemeinsame Erklärung des Gipfeltreffens der östlichen Partnerschaft (Prag) v. 7. Mai 2009, Ratsdokument Nr. 8435/09. Teilnehmer außerhalb der EU waren Armenien, Aserbaidschan, Georgien, Moldawien, Ukraine, Weißrussland. S.a. Gemeinsame Erklärung des Gipfeltreffens v. 28./29. November 2013 (Wilna), Ratsdokument Nr. 17130/13.
34 ABl. L 161/2014, 3.
35 Gemeinsamer Standpunkt 1999/345, ABl. L 133/1999, 1.
36 VO 533/2004, ABl. L 86/2004, 1.
37 Beschlüsse des Rates v. 18. Februar 2008 zu Albanien, Bosnien-Herzegowina, Mazedonien, Serbien, ABl. L 80/2008, 1, 18, 32, 46.
38 ABl. L 26/ 2005, 1.
39 ABl. L 55/2006, 1.
40 ABl. L 108/2010, 1.
41 ABL. L 278/2013, 16.
42 Ratsbeschluß v. 24. Juni 2014.

Militär- bzw. Polizeiaktionen der EU erfolgten in Mazedonien und Bosnien-Herzegowina (§ 35 Rn. 18). Ein weitreichendes Projekt zur Stabilisierung des Kosovo führt die EU als „Gemeinsame Aktion EULEX – Kosovo" durch.[43]

Besondere vertragliche Beziehungen entwickelte die EU zu **Island** und **Norwegen** im Hinblick auf den Abbau der Grenzkontrollen und damit zusammenhängender Maßnahmen. Das Protokoll Nr. 19 zum EUV über die Einbeziehung des Schengen-Besitzstands in die EU sieht hierfür in Art. 6 eine „Assoziierung" dieser Staaten vor. Das entsprechende Übereinkommen wurde am 18. Mai 1999 abgeschlossen.[44] Damit gelten die wesentlichen Vorschriften über den Abbau der Grenzkontrollen zwischen den EU-Staaten auch im Verhältnis zu Island und Norwegen. 16

Nach der Ablehnung des EWR in der **Schweiz** bemühte sich die schweizerische Regierung um den Abschluss „bilateraler Abkommen" mit der EG. Am 21. Juni 1999 wurden sieben sektorielle Abkommen geschlossen.[45] Sie betreffen 17

- die wissenschaftliche und technische Zusammenarbeit,
- die gegenseitige Anerkennung von Konformitätsbewertungen,
- den Handel mit Agrarerzeugnissen,
- den Luftverkehr,
- den Güter- und Personenverkehr auf Schiene und Straße,
- die Freizügigkeit von Personen.

Das Abkommen über die Freizügigkeit wurde als „gemischtes Abkommen" unter Beteiligung der EU-Mitgliedstaaten geschlossen (§ 33 Rn. 29). Besondere Probleme für den Bestand dieses Abkommens kann die im Februar 2014 in der Schweiz beschlossene Initiative zur Begrenzung der Einwanderung aufwerfen. Da die Abkommen untereinander verknüpft sind, konnten sie nur gemeinsam in Kraft treten und würden bei Wegfall eines Abkommens auch gemeinsam enden. Ihre **gemeinsame Rechtsgrundlage** bildet daher trotz des sektorspezifischen Ansatzes (alt) Art. 310 EGV (Assoziierung).[46] Weitere sektorielle Abkommen insbesondere im Bereich der justiziellen, polizeilichen und steuerlichen Zusammenarbeit sowie des Asylrechts wurden in den Jahren 2004–2006 abgeschlossen.[47] Ob die Schweiz langfristig einen Beitritt zur EU anstreben soll, ist im Lande umstritten. Wegen ihrer engen Wirtschaftsbeziehungen zur EU gleicht die Schweiz vielfach ihr Recht einseitig dem Recht der EU an (sog. „autonomer Nachvollzug"). Da die Anwendung und Auslegung dieses Rechts losgelöst von der Rechtsprechung des EuGH und ohne Möglichkeit einer Befassung des EuGH erfolgt, entstehen neuartige Rechtsprobleme für die schweizerischen Gerichte, an denen die Fragwürdigkeit dieser „Quasimitgliedschaft" sichtbar wird.[48]

---

43 Gem. Aktion 2008/124, ABl. L 42/2008, 92.
44 ABl. L 176/1999, 36 = HER / A 100/11.9A. Dazu den Ausführungsbeschluss des Rates v. 1. Dezember 2000, ABl. L 309/2000, 24.
45 ABl. L 114/2002, 1.
46 Dazu im Einzelnen *Kaddous* in: Felder/Kaddous (Hg.) (37.G), 88 ff.
47 Beispiele : Zinsbesteuerung, ABl. L 385/2004, 28; Schengen (= Freizügigkeit, Asylverfahren u.a.), ABl. L 368/2004, 26; Forschung, ABl. L 135/ 2006, 13. Dazu im Einzelnen *Kaddous/Jametti Greiner* (Hg.) (37.G).
48 Dazu *Epiney/Rivière* (Hg.), Auslegung und Anwendung von Integrationsverträgen – zur Übernahme des gemeinschaftlichen Besitzstands durch Drittstaaten, insbesondere die Schweiz, Zürich 2006; *Epiney/Metz/Mosters* (Hg.), Das Personenfreizügigkeitsabkommen Schweiz – EU: Auslegung und Anwendung in der Praxis, Zürich 2010. Beispiele aus der Rspr.: Schweizerisches Bundesgericht, U. v. 29. September 2009, BGE 136 II 5; EuGH, Rs. C -70/ 09 (Hengartner), Slg. 2010 I – 7229.

F. Europäische und internationale Organisationen

18 Die Union ist nicht Mitglied der umfassenden europäischen Organisationen **Europarat** und der **Organisation für Sicherheit und Zusammenarbeit in Europa** (OSZE). Eine Koordinierung der sich teilweise überschneidenden Aufgaben ist daher nur mithilfe der EU-Mitgliedstaaten möglich. Diese Koordinierungsmethode verläuft nicht optimal. Auch stößt sie umso häufiger an Grenzen, als die Union autonom Entscheidungen trifft, die nicht in die auf Staaten ausgerichteten anderen Organisationen eingepasst werden können.[49]

Deutlich wird dies vor allem an dem bisher fehlenden Beitritt der Union zur EMRK. Dadurch ist eine unmittelbare Prüfung der Akte der Union vor dem Gerichtshof der EMRK erschwert. Der **Vertrag von Lissabon** begründet in Art. 6 Abs. 2 EUV ausdrücklich die Möglichkeit des Beitritts der Union. Ein besonderes Protokoll (Nr. 14) zur Satzung schafft die Voraussetzungen zum Beitritt auf Seiten des Europarats.[50]

Auch die politischen Aktivitäten im Rahmen von OSZE, Europarat und sonstigen europäischen Organisationen, insbesondere jener, die zum Aufbau demokratischer Strukturen in Mittel- und Osteuropa beitragen, erfordern einen gemeinsamen und transparenten Einsatz. Dieser wäre effizienter, wenn die für die Gestaltung der „Identität" der Union auf internationaler Ebene die angemessenen rechtlichen und praktischen Formen gefunden würden. So stieß z.B. die Errichtung einer Europäischen Grundrechte-Agentur[51] durch die EU beim Europarat wegen befürchteter Aufgabenüberschneidung zunächst auf Zurückhaltung. Im Rahmen eines Abkommens zwischen Europarat und EU wurde eine Zusammenarbeit der Agentur mit dem Europarat institutionalisiert.[52]

G. Literatur

Auvret-Finck, Josiane, Vers une cohérence accrue des relations extérieures de l'Union: L'exemple de la politique européenne de voisinage, Revue des Affaires Européennes, 2006 Nr. 2, 313–329; *Blockmans, Steven/Lazowski, Adam* (Hg.), The European Union and its neighbours, Cambridge 2006; *Dorau, Christoph*, Die Öffnung der Europäischen Union für europäische Staaten: „Europäisch" als Bedingung für einen EU-Beitritt nach Art. 49 EUV, EuR 1999, 736–753; *Dormoy, Daniel* (Hg.), L'Union Européenne et les organisations internationales, Brüssel 1997; *Felder, Daniel/Kaddous, Christine* (Hg.), Bilaterale Abkommen Schweiz-EU, Basel/Genf/Brüssel 2001; *Hummer, Waldemar*, Die Union und ihre Nachbarn – Nachbarschaftspolitik vor und nach dem Verfassungsvertrag, Integration Nr. 3/2005, 233–245; *Jacot-Guillarmod, Olivier* (Hg.), EWR-Abkommen, erste Analysen, Zürich/Bern 1992; *Joris, Tony/Vandenberghe, Jan*, The Council of Europe and the European Union: Natural Partners or Uneasy Bedfellows? Columbia Journal of European Law Vol. 15, n° 1 (2008/2009), 1–41; *Kaddous, Christine/Jametti Greiner, Monique* (Hg.), Accords bilateraux II Suisse – UE, Genf/Basel u.a. 2006; *Kadelbach, Stefan* (Hg.), 60 Jahre Integration in Europa, Baden-Baden 2011; *Nowak, Carsten*, Multilaterale und Bilaterale Elemente der EU – Assoziations-, Partnerschafts- und Nachbarschaftspolitik, EuR 2010, Nr. 6, 746–773; *Osman, Filali/Philip, Christian* (Hg.), Le partenariat Euro – Méditerranéen, Le processus de Bar-

---

49 Dazu Entschliessung des EP v. 11. November 2010, ABl. C 74E/2012, 12. S. auch die Beiträge von *Franz Mayer* und *Christopher Daase* zu den Beziehungen zwischen EU und Europarat bzw. EU und NATO und OSZE, in: Kadelbach (Hg.), 60 Jahre Integration in Europa (§ 35 G.).
50 Dazu *Kloth* und *Uerpmann–Wittzack*, EuR 2012, Beiheft 2, 155–166 und 167–185.
51 VO 168 / 2007, Art. 9, ABl. L 53 / 2007, 1 = HER I A 12/1.1. Dazu *Brunner, Klaus*, Konkurrenz um Menschenrechte in Europa: Die EU und der Europarat, integration = HER I A 1/2008, 65–79.
52 Abkommen v. 18. Juni 2008, ABl. L 186/2008, 7 = HER I A 12/1.4a.

celone: Nouvelles Perspectives, Bruxelles 2003; *Rapoport, Cécile*, Les Partenariats entre l'Union Européenne et les Etats Tiers Européennes, Bruxelles 2011; *Schneider, Heinrich*, Zwischen Helsinki und Budapest – der KSZE-Prozess als Interaktionsfeld der Europäischen Union, Integration Nr. 3/1995, 144–156; *Varwick, Johannes/Lang, Kai-Olaf* (Hg.), European Neighbourhood Policy, Opladen/Fomington Hills 2007; *Weidenfeld, Werner* (Hg.), Europa öffnen, Gütersloh 1997.

Teil D Perspektiven

§ 37 Ausblick

A. Die Union als Entwicklungsprozess

1   Im Laufe einer mehr als sechzigjährigen Entwicklung veränderten sich die Bedingungen des europäischen Einigungsprozesses grundlegend. Doch verdeutlichten sich gleichzeitig **Konstanten** der Integration: die fortdauernde **Eigenart der Europäischen Union** im Vergleich zu staatlich organisierter Hoheitsgewalt und ihre **Wandlungsfähigkeit** als Voraussetzung ihrer Stabilität. Die Union bildet ein noch immer **einzigartiges Experiment** des **freiwilligen und friedlichen Zusammenschlusses demokratisch verfasster Staaten**. Daraus erwachsen Besonderheiten, die diese neuartige Organisation dauerhaft von herkömmlichen Staaten unterscheidet und die gleichzeitig das Demokratieprinzip vor neuartige Anforderungen stellen. Doch erschwert die Besonderheit dieser Konstanten für die Bürger die Wahrnehmung der Union. Auch gehören die Erfolge der Union bei der Friedenssicherung, bei der Erreichung wirtschaftlicher Stabilität, bei der Ausdehnung individueller Rechte in den „alten" Mitgliedstaaten längst zum selbstverständlichen Besitzstand in Europa. Doch erwächst daraus nicht mit gleicher Selbstverständlichkeit eine dauerhafte Legitimation. Denn diese Lage wird vor allem den Staaten und ihren Regierungen zugute gehalten. Auf der anderen Seite werden die Schwierigkeiten bei Lösung der seit 2009 sichtbaren Finanzkrise vor allem der Union angelastet. Das der Integration inhärente Prinzip der Solidarität wird in diesem Zusammenhang vor seine erste wirkliche Bewährungsprobe gestellt.

2   Daneben hat sich die Spannbreite der mit der europäischen Integration – und speziell mit der Union – verbundenen Hoffnungen und Erwartungen erheblich vergrößert: Versprechen sich die Völker Mittel-, Ost- und Südosteuropas innerhalb und außerhalb der Union von einer Mitgliedschaft wirtschaftlichen Aufschwung, Festigung der Demokratie, Sicherheit sowie eine Konsolidierung einer geordneten öffentlichen Verwaltung und Rechtsprechung, so begegnen bedeutende Teile der Bevölkerung in den „alten" Mitgliedstaaten der Union insgesamt oder einigen ihrer Erscheinungsformen mit Gleichgültigkeit oder gar Ablehnung.[1] Daraus erwachsen Ungewissheiten, Spannungen und Erschwernisse der Regierbarkeit der Union. Die Stärke des durch die Union verkörperten europäischen politischen Systems wird sich nach seiner Fähigkeit bemessen, diese Ungewissheiten und Spannungen zu mindern, ohne dabei die Wertordnung der Union infrage zu stellen. Dafür genügt es nicht, die Union in ihrer Eigenart zu erfassen und zu entwickeln. Denn die Union ist untrennbar mit ihren Mitgliedstaaten verflochten. Der Erfolg der Union beruht auf der Erkenntnis, dass Staaten, die der Vorstellung der klassischen „Souveränität" verhaftet sind, offensichtlich unfähig sind, die Existenzgrundlage ihrer Bürger zu sichern, dass die Union einen Mehrwert an Stabilität, Freiheits- und Wohlstandssicherung erbringen kann, wenn sie als Solidarverband akzeptiert wird.

---

[1] Beispiel: die negativen Referenden in Frankreich und den Niederlanden im Jahre 2005 zur Verfassung der EU. Allerdings gehören zu dem Bild auch die zustimmenden Referenden in Spanien und Luxemburg zu demselben Dokument.

§ 37 Ausblick

Die Eigenart Europas besteht tatsächlich seit der Antike in der Dialektik zwischen der Entwicklung einer Vielzahl unterschiedlicher Kulturen mit entsprechenden gesellschaftlichen und politischen Strukturen auf engstem Raum und der Entfaltung **übergreifender** Ideen, Werte und Strukturen. Das Zusammenspiel von Vielfalt **und** Einheit erweist sich als Quelle spezifisch europäischer Identität. Kaum ein Aspekt europäischer Identität – zu der auch das Recht zu zählen ist – kann isoliert beschrieben und unter dem Gesichtspunkt der Autonomie räumlich abgegrenzter Teileinheiten vollständig erfasst werden.

Speziell an der Rechtsstellung des Einzelnen erweist sich, wie wenig eine auf traditionelle Staaten fixierte Sichtweise die zahlreichen Facetten individueller Identität zu erfassen und zu schützen vermag. Das Konzept des „homogenen", mit exklusivem Bindungsanspruch gegenüber seinen Bürgern auftretenden Staates gefährdet die individuelle Identität und die gemeinsamen europäischen Werte. Einer der großen Verdienste der Union besteht darin, durch die Anerkennung des Europäischen Bürgerrechts (§ 2 Rn. 21 ff.) den Anspruch auf derartige Exklusivität aufzulösen.

Die fortdauernde Bereitschaft zur Suche nach Balance zwischen Gemeinschaft und Individualität bei gleichzeitiger Abwehr aller Ansprüche auf Homogenität und Exklusivität bildet die eigentliche Kraftquelle der europäischen Einigung. Allerdings erfordert die Balance einen **beweglichen rechtlichen Rahmen, demokratische Legitimation**, die **Respektierung der vielfältigen Identitäten** im Inneren und die Anerkennung der **internationaler Verflechtung** der unionsspezifischen Werte. Eine richtig verstandene Europäische Union wird unter diesen Umständen auch in Zukunft ein Entwicklungsprozess, „eine immer engere Union der Völker Europas" (Präambel EUV) bleiben.

Tatsächlich erfordern gewichtige Fragen immer auf das Neue eine Antwort. Der Vertrag von Lissabon ordnet zwar den rechtlichen Rahmen der Integration und vermittelt den rechtlichen Instrumenten größere Effizienz und damit stärkere Symbolkraft. Doch ist er gleichzeitig Ausdruck des Versuchs der staatlichen Regierungen, ihren Einfluss zu maximieren, wobei der Einfluss zur Verhinderung von unbequemen Entscheidungen der Union vordringlich erschien. Dadurch wird allerdings das Wachstum der für den Integrationsprozess notwendigen europäischen Solidarität nicht gefördert.

Der Vertrag von Lissabon markiert daher nicht das Ende des verfassungsentwickelnden Prozesses der Union, sondern bildet nur eine Zwischenstufe bei dem weiterhin erforderlichen Bemühen um die geeignete Ebene europäischen Regierens und um effiziente Institutionen, deren Handeln sich auf Zustimmung der Völker stützen kann.

Zu den in Zukunft zu lösenden Verfassungsfragen gehören insbesondere

- die Artikulation der Identität der Union nach innen und nach außen, insbesondere gegenüber benachbarten Staaten durch die Festigung des unionsspezifischen Wertsystems sowie durch die Verstärkung ihres demokratischen und solidarischen Fundaments, (Rn. 6),
- die Minderung der Widersprüche zwischen einzelnen vertraglichen Regeln, um der Union wirksamere Krisenreaktionen zu ermöglichen (Rn. 9),
- die Erprobung des Modells der engeren Zusammenarbeit einzelner Staaten im Inneren der Union (Rn. 10 f.),
- Erleichterung von Vertragsänderungen (Rn. 12),

- eine Neubestimmung des Konzepts der „Erweiterung" (Rn. 13),
- die Einbettung der Union in die internationale Rechtsordnung (Rn. 14).

Darüber hinaus besteht in praktisch allen Bereichen des Handelns der Union die Notwendigkeit, die Orientierungen der einzelnen Politiken zu überprüfen oder zu ergänzen. Dies gilt insbesondere für die Wirtschafts-, Landwirtschafts- und Strukturpolitik. Nicht länger kann sich die Union damit begnügen, Barrieren zwischen den Mitgliedstaaten abzubauen und den freien Raum den Zufällen oder dem Gestaltungswillen einzelner Akteure im Markt zu überlassen. Die Ergänzung des Binnenmarktes um einen Raum der „Freiheit, der Sicherheit und des Rechts" fügt der Union nur eine der notwendigen weiteren Dimensionen hinzu, aus denen sich eine echte **Europäische Solidar- und Verantwortungsgemeinschaft** zusammensetzt.

B. Konkretisierung des Europäischen Verfassungsraums, Festigung des unionsspezifischen Wertsystems

6   In Art. 2 und in Art. 6 EUV artikuliert die EU ein eigenständiges Wertsystem *(§ 3 Rn. 12)*. Diese Werte sollen gemäß Art. 7 EUV und 49 EUV gegenüber Mitgliedstaaten und Beitrittskandidaten durchgesetzt werden. Auch gegenüber Drittstaaten strahlt dieses Wertsystem aus (vgl. Art. 21 Abs. 1 EUV, Art. 205 AEUV). Die Emanzipation des unionseigenen Wertsystems von den staatlichen Prägungen gehört zu den die volle Entfaltung der EU-Rechtsordnung notwendig begleitenden Entwicklungen. Die Schaffung europäischen Rechts setzt notwendigerweise eine fortwährende Verständigung über Ziele und Grundlagen des neuen Rechts voraus. Diese Verständigung erfolgt in einem Prozess, der Kommunikation und Strukturierung erfordert. **Europäischen Parteien**, den **Europäischen Medien** und der **europäischen Zivilgesellschaft** kommt hierbei eine wesentliche Rolle zu (vgl. Art. 10 Abs. 4 und 11 EUV), die sie allerdings bisher nur unzureichend erfüllen. Insbesondere Regierungen der Mitgliedstaaten neigen dazu, der Verantwortung für als unbequem oder unpopulär empfundene Maßnahmen im Rahmen der Union auszuweichen, obwohl sie selbst jeweils darüber mitentscheiden. Insoweit ist es durchaus richtig, wenn sich alle staatlichen Organe fortwährend einer „**Integrationsverantwortung**" stellen. Diese darf allerdings nicht als Rechtfertigung benutzt werden, um einseitig und unter Berufung auf eine angebliche Herrschaftsstellung der einzelnen Staaten („Herren der Verträge", dazu *§ 3 Rn. 40*) die Union in ein Prokrustesbett einseitiger nationaler Interessen und Rechtsvorstellungen zu zwängen.

Wenn Differenzen zwischen den Wertvorstellungen der einzelnen Staaten einer vollen Wirksamkeit der gemeinsamen Rechtsordnung entgegenstehen, müssen diese im Rahmen des dafür geschaffenen – gemeinsamen – institutionellen Systems aufgelöst werden. Vorausgesetzt wird dafür allerdings die – für die Mitgliedschaft in der EU konstitutive – Bereitschaft, Minderheitspositionen zu respektieren und zu schützen und Mehrheitspositionen gelten zu lassen.

Es wäre verfehlt, eine Nichtbefolgung des gemeinsamen Rechts damit zu rechtfertigen, dass der EuGH, eine gerichtliche Kontrolle von Beschlüssen des UN-Sicherheitsrates anhand dieser **gemeinsamen** Werte vornimmt und damit die Möglichkeit einer Nichtbefolgung des Völkerrechts durch die EU entsteht.[2] Während im einen Fall eine spezi-

---

[2] So aber BVerfGE 123, 267 („Lissabon"), Rn. 340, unter Hinweis auf EuGH verb. Rs. C – 402 und C – 415 / 05 P (Kadi), Slg. 2008, I – 6351. Das BVerfG schränkte seine Aussagen allerdings wesentlich ein in der Entscheidung „Honeywell", BVerfGE 126, 286, Ziff. 61.

elle, von 28 Staaten beschlossene und von ihnen für sich als verbindlich anerkannte Rechtsordnung dem allgemeinen Völkerrecht gegenübersteht, handelt es sich im anderen Fall um die Beanspruchung des Rechts zu einseitigem und unabgestimmtem Vorgehen eines einzigen nationalen Akteurs innerhalb einer umfassend – und hinsichtlich des Rechtsschutzes abschließend – definierten gemeinsamen Rechtsordnung. Leitlinie eines an der „Integrationsverantwortung" orientierten Handelns innerhalb der Union kann nur das „allgemeine Interesse" sein. Die Verständigung darüber liegt im Interesse aller Völker der Union.

Wegen ihrer Qualität als **Rechtsgemeinschaft**, d.h. ihrer Grundlegung im Recht, gehört die **Einhaltung der selbst gesetzten Regeln** zu den Grundlagen der Union und zu den Grundpflichten der Mitgliedstaaten gegenüber der Union. In dieser Hinsicht ist eine Entwicklung zu verzeichnen, die Anlass zur Sorge gibt: Die Mitgliedstaaten verletzen zunehmend ihre Pflichten zur Durchführung des gemeinsamen Rechts. Die Zahl der Vertragsverletzungsverfahren wächst. Vor allem die Umsetzung von Richtlinien erfolgt in einigen Mitgliedstaaten derart zögerlich, dass die Einheit der Rechtsordnung in Gefahr gerät.³ Auch in Deutschland scheinen die aus der EU-Mitgliedschaft erwachsenden Pflichten nicht immer ernst genommen zu werden. Doch beschädigt die Nichtbefolgung des gemeinsam beschlossenen Rechts das gegenseitige Vertrauen und damit eine der Grundlagen der Union.

7

Die in Art. 2 EUV bezeichneten Grundlagen der Union (Grundsätze der Freiheit, der Demokratie, der Achtung der Menschenrechte und Grundfreiheiten sowie der Rechtsstaatlichkeit u.a.) entwickeln sich erst in dem Maße zu einem unionsspezifischen Wertsystem, wie ihre Verletzung durch die Staaten von der Union geahndet werden kann. Zu diesem Zweck schaffen Art. 7 EUV und Art. 354 AEUV die Möglichkeit der Suspendierung von Mitgliedschaftsrechten (*§ 2 Rn. 65 f.*). Doch besteht insoweit eine Asymmetrie, als die Union einem Staat nicht eindeutig mit einem Ausschluss drohen kann, während in Art. 50 EUV ausdrücklich die Möglichkeit zum einseitigen Ausscheiden von Staaten aus der Union geschaffen wurde.

8

II. Minderung vertragsinterner Widersprüche

Einige Zuständigkeitsbereiche der Union sind in den Verträgen aus Rücksicht auf staatliche Empfindlichkeiten nur unzureichend mit entsprechenden staatlichen Zuständigkeiten verzahnt. Welche Reibungsverluste daraus erwachsen können, zeigt anschaulich die Währungskrise Griechenlands und anderer Staaten seit dem Jahre 2010: Das Nebeneinander von staatlicher Zuständigkeit für die Wirtschaftspolitik und die Sozialpolitik einerseits und der gemeinsamen Währungspolitik andererseits erfordert subtile Mechanismen der Koordination, wenn Gefahren für die Wirksamkeit der jeweiligen Politik vermieden werden sollen. Die wenigen bisher bestehenden Vertragsinstrumente sind offensichtlich unzureichend. Dies gilt nicht nur für das Nebeneinander von Wirtschafts- und Währungspolitik (*§ 21*), sondern auch für die Gemeinsame Außen- und Sicherheitspolitik, die weitgehend unverbunden neben den fortdauernden staatlichen Zuständigkeiten besteht (*§ 35*). Es ist grundsätzlich möglich, diesen Konflikten mithilfe der allgemeinen wechselseitigen Loyalitätspflicht (*§ 3 Rn. 18*) zu begegnen. Angesichts der immer größeren Zahl der Mitgliedstaaten und der damit verbundenen Viel-

9

---

3 Dazu 30. Jahresbericht über die Kontrolle der Anwendung des EU–Rechts (2012), KOM(2013) 726 v. 22. Oktober 2013.

falt in der Union erscheint eine vertragliche – und damit verpflichtende – Klärung und Präzisierung der Verhältnisse zwischen den genannten Politikbereichen und zwischen den wechselseitigen Pflichten von Union und Mitgliedstaaten geboten.

III. Erprobung des Modells der „verstärkten Zusammenarbeit"

10 Im Rahmen des EUV ist es möglich, dass mindestens neun Mitgliedstaaten untereinander eine „**verstärkte Zusammenarbeit**" begründen (Art. 20 Abs. 2 EUV, *§ 3 Rn. 43 ff.*). Die Besonderheit dieser Zusammenarbeit besteht darin, dass sie auf eine schnellere Erreichung der Ziele der Union und der Gemeinschaft begrenzt ist und dass sie sich der Organe und Verfahren der Union bedienen darf. Die Ermöglichung von Sonderwegen unter dem Dach der Union ist nicht ohne Risiken. Sie kann einzelne Mitgliedstaaten dazu veranlassen, sich nicht länger um einen Konsens aller Mitglieder zu bemühen und damit den Zusammenhalt in der Union schwächen. Andererseits schafft das Instrument der verstärkten Zusammenarbeit ein Ventil, das Spannungen ausgleicht, die aus allzu unterschiedlichen Positionen der einzelnen Staaten resultieren.

11 Bei wachsender Zahl von Mitgliedstaaten wachsen die Abstände zwischen Wirtschaftskraft, sozialer und gesellschaftlicher Entwicklung und Integrationsbereitschaft der einzelnen Staaten. Insofern erscheint das Instrument der „verstärkten Zusammenarbeit" in den engen vom Vertrag gezogenen Grenzen durchaus zweckmäßig, um die Integration in Bewegung zu halten. Überdies sorgt die Verklammerung der Zusammenarbeit durch die den gemeinsamen Interessen verpflichteten Institutionen für eine Konkordanz mit den Aktivitäten der Union. Insoweit bildet der vertragliche Mechanismus eine erhebliche Verbesserung im Vergleich zur ersten Form der verstärkten Zusammenarbeit im Rahmen des Abkommens von Schengen (*§ 3 Rn. 38 ff.*).

Seit 2010 haben zahlreiche Mitgliedstaaten mit dem Abschluss völkerrechtlicher Verträge neben dem EUV für einen derartigen Spannungsausgleich gesorgt. Das Vorgehen kann sich als wegbereitend erweisen, wenn es darum geht, vertragsimmanente Widersprüche (z.B. zwischen Währungs- und Wirtschaftspolitik) zumindest zwischen einem Teil der Mitgliedstaaten zu beseitigen. Es weist allerdings deutliche Mängel insoweit auf, als die Verklammerung mit den Institutionen der Union nur lose bleibt und die parlamentarische Legitimation allein auf nationaler Ebene, also nur fragmentiert, gesucht wird.

IV. Verbesserung des Systems der Vertragsänderung

12 Bisher ist es nur möglich, eine verstärkte Zusammenarbeit im Rahmen der Ausführung der Verträge, also auf der Ebene der Gesetzgebung einzuführen. Änderungen der Verträge mit dem Ziel einer Anwendung auf nur einen Teil der Mitgliedstaaten sind nur dann zulässig, wenn zuvor alle Mitgliedstaaten zugestimmt haben. Damit genügen politische oder juristische Vorbehalte nur eines Staates, um Reformen zu verhindern, die von der überwältigenden Mehrheit der Staaten gewünscht werden. In einem aus 28 Staaten gebildeten System wird in derartigen Fällen das Prinzip des Minderheitenschutzes überdehnt. Es erscheint daher angebracht, Art. 48 EUV in dem Sinne zu ändern, dass eine Vertragsreform bereits dann für die zustimmenden Staaten in Kraft treten kann, wenn sie von einer qualifizierten Mehrheit der Staaten gebilligt wurde.

V. Neubestimmung des Konzepts der Erweiterung

Die Offenheit für den Beitritt weiterer Staaten (Art. 49 EUV) gehört zu den Gründungsprinzipien der Union (vgl. bereits Art. 98 EGKSV).[4] Aus guten Gründen wird die Union nicht geleitet von einem fixierten Idealzustand einer bestimmten Anzahl von Mitgliedern. Gleichwohl zeigt sich immer deutlicher eine – so nicht bedachte – Eigendynamik der Offenheit, der auch destruktive Kräfte innewohnen. Diese besteht zum einen darin, dass die „Offenheit" zunehmend in den Sog der Erinnerungen und Spätfolgen der europäischen Krisen der letzten 100 Jahre gerät und von geo–strategischen und allgemeinen außenpolitischen Erwägungen geprägt wird. Weiterhin weckt eine verschwommene und verschleiernde Terminologie (z.B. „Europäische Berufung") in Staaten außerhalb der Union Hoffnungen, die möglicherweise nicht oder nur um einen hohen Preis im Inneren der Union erfüllt werden können.[5] Dies gilt nicht nur deswegen, weil nicht länger gesichert ist, dass Beitrittsverträge tatsächlich die notwendige Ratifizierung durch alle „alten" Mitgliedstaaten erhalten werden[6] sondern auch, weil die Mitgliedstaaten nicht bereit sind, die notwendigen Reformen zur Erhaltung der Entscheidungsfähigkeit einer Union mit bis zu 40 Mitgliedern und mit mehr als 600 Millionen Einwohnern durchzuführen.[7]

13

Daher erscheint es erforderlich, die Attraktivität des von der Union repräsentierten Regierungsmodells auf andere Weise zu vermitteln als in der Form eines Beitritts. So wäre nach außen zu verdeutlichen, dass im Beitritt nicht die einzige Möglichkeit liegt, um Unterstützung der Union zur Gewinnung von Wohlstand und Stabilität zu gewinnen. Nach innen müssen die Regierungen der Mitgliedstaaten ihren Bürgern die Gründe für eine Mitverantwortung für das Wert-, Rechts- und Wirtschaftssystem anderer Staaten in Europa der Union vermitteln und auch den vorhersehbaren Preis für jede Erweiterung der Union erläutern. Die von der Kommission so bezeichnete „Erweiterungs*strategie*" erfüllt diese Anforderungen nicht.[8]

C. Internationalisierung

Der friedliche und freiwillige Zusammenschluss von Völkern und Staaten zu eine Organisation neuer Qualität bildet einen historisch einmaligen Vorgang. Doch verläuft er eingebettet in den umfassenden Prozess der Internationalisierung von Ökonomie, Politik und Kommunikation, die ihrerseits die grenzüberschreitende Herausbildung von Werten und eine Verrechtlichung der internationalen Beziehungen fördern („**Globalisierung**").[9]

14

Die Europäische Union bildet das am weitesten durchgeformte regionale Beispiel dieser internationalen Entwicklung. Hat dieses Beispiel dauerhaften Erfolg, so erwächst

---

4   Zur gesamten Problematik *Ohler* in G/H/N, Anm. zu Art. 49 EUV.
5   S. z.B. die „Östliche Partnerschaft" mit den Staaten Armenien, Azerbaijan, Georgien, Moldawien, Ukraine, Weißrussland. Vgl. Schlusserklärung des „Östlichen Partnerschafts–Gipfels" in Wilna v. 29. November 2013, Ratsdokument 17130/13.
6   Vgl. Art. 85 Abs. 5 der französischen Verfassung (Erfordernis eines Referendums über Beitrittsverträge).
7   Beispiel: die Nicht–Durchführung der vertraglich bereits beschlossenen Verkleinerung der Kommission, Art. 17 Abs. 5 EUV.
8   Mitteilung der Kommission „Erweiterungsstrategie und wichtigste Herausforderungen 2013–2014", KOM(2013)700 v. 16. Oktober 2013.
9   Dazu *Klabbers*/Peters/*Ulfstein*, The Constitutionalization of International Law, Oxford 2011.

ein Beweis für die Möglichkeit, die internationalen Beziehungen durch das Recht zu stabilisieren und dabei sowohl übergreifende als auch partielle Werte zu schützen.[10]

15 Doch reicht die Wirkung der EU im internationalen Kontext über diese exemplarische Funktion hinaus. Die Union ist ihrerseits Akteur im Globalisierungsprozess. Diese Rolle enthält ungelöste Widersprüche. Als Subjekt des Völkerrechts kann sie selbst zur Festigung der internationalen Wert- und Rechtsordnung beitragen. Dabei steht nicht so sehr ihre Rolle als Vertrags- und Verhandlungspartner im Vordergrund als vielmehr ihr Verhalten im Geflecht der internationalen Beziehungen.[11] Wieweit übernimmt die EU Verantwortung für das internationale Geschehen? Beachtet die EU selbst konsequent internationale Verträge oder versucht sie, nach dem Vorbild mancher Staaten, ihre internen Präferenzen nach außen auch dann durchzusetzen, wenn dies mit internationalen Regeln kollidiert? Dass mit dem Vertrag über die Europäische Union nicht nur „nach innen", gegenüber der Union selbst und gegenüber ihren Mitgliedstaaten ein eigenständiges Wertsystem geschaffen und geschützt werden sollte, belegt Art. 21 Abs. 4 EUV. Danach ist Ziel der gemeinsamen Außen- und Sicherheitspolitik „die Entwicklung und Stärkung von Demokratie und Rechtsstaatlichkeit, sowie die Achtung der Menschenrechte und Grundfreiheiten". In der Praxis geht die EU verstärkt dazu über, diese Postulate als Bedingungen in Verträge mit Drittstaaten aufzunehmen. Voraussetzung für deren Wirksamkeit ist allerdings, dass es gelingt, die Widersprüche zwischen den außenpolitischen Vorstellungen der einzelnen Mitgliedstaaten soweit auszugleichen, dass sich tatsächlich eine gemeinsame Außen- und Sicherheitspolitik der Union entwickeln kann.

Auch könnten ihre Größe und ihr wirtschaftliches Gewicht die EU dazu verführen, sich nach außen als „Großmacht" zu verhalten und dabei den Prozess der internationalen Verrechtlichung zu verlangsamen. In diesem Sinne wurden manche Verhaltensweisen in den Anfangsjahren der WTO gedeutet.[12] Diese Sorge erscheint allerdings überzogen, denn die Ablehnung einer unmittelbaren Wirkung von WTO-Bestimmungen darf nicht gleichgesetzt werden mit der Leugnung der Bindung an die Pflichten aus den WTO-Abkommen.

Zu Recht betont der EuGH regelmäßig die Verpflichtung der Union zur Beachtung des Völkerrechts.[13] Dass er gleichwohl dem Rechtsschutz Einzelner Vorrang gegenüber einem Beschluss des UN-Sicherheitsrats einräumt,[14] erklärt sich aus der Spezialität dieses Schutzes und stellt die nur relative Autonomie des Rechts der Union gegenüber dem Völkerrecht nicht infrage.[15]

Das Konzept der EU als Rechtsgemeinschaft kann auf Dauer nur wirkungsvoll bleiben, wenn sich die Mitgliedstaaten in der Union und die Union im Rahmen der internationalen Beziehungen als Bestandteile der jeweiligen Rechtsgemeinschaft verstehen. Das setzt im Inneren wie nach außen vor allem die Bereitschaft voraus, sich den selbst (mit)

---

10 Dazu *Weiler*, (Hg.), The EU, NAFTA and the WTO: Towards a Common Law of International Trade, Oxford 2000.
11 Dazu *Hoffmeister*, Der Beitrag der EU zur Entwicklung des besonderen Völkerrechts, EuR 2012, Beiheft 2, 247–262.
12 Z.B. *Petersmann*, Darf die EG das Völkerrecht ignorieren? EuZW 1997, 325–331.
13 Dazu *Bieber*, Die Bedeutung der Rechtsprechung des Gerichtshofs der Europäischen Union für die Auslegung völkerrechtlicher Verträge in: Epiney/Metz/Mosters (Hg.), Das Personenfreizügigkeitsabkommen Schweiz – EU, Zürich 2010, 1–27.
14 EuGH, Rs. 402 und 405/05 (Kadi), Slg. 2008, I – 6351.
15 *De Witte*, European Union Law: How Autonomous is its Legal Order? ZÖR (2010) 65, 141–155.

gesetzten Regeln zu unterwerfen und Entscheidungen im Inneren der Union wie gegenüber internationalen Streitschlichtungsinstanzen auch dann zu akzeptieren, wenn dies den eigenen Präferenzen widerspricht.[16]

---

[16] Zu dieser Problematik: EuGH, Gutachten 2/13 (Beitrittsvertrag zur EMRK).

Quellen- und Literaturhinweise

Rechtsquellen, Zitierweise

Die amtliche Quelle für Rechtshandlungen und sonstige Bekanntmachungen der EU bildet das **Amtsblatt** der EU. Es wird seit 1967 in zwei Teilen, L (*„Lois"*) für veröffentlichungsbedürftige Rechtshandlungen und C (*„Communications"*) für sonstige Veröffentlichungen herausgegeben (innerhalb eines Jahrgangs fortlaufende Nummerierung). Seit dem 1. Juli 2013 ist die auf der EUR-Lex Webseite veröffentlichte elektronische Ausgabe des Amtsblatts (e-ABl.) rechtlich verbindlich (VO 316/2013, ABL. L 69/2013, S. 1). Die Entscheidungen des EuGH und des EuG sind mit den Anträgen der Generalanwälte in der **amtlichen Sammlung der Rechtsprechung** enthalten (Teil I = EuGH, Teil II = EuG).

Die von den Organen der EU unterhaltene Datenbank **EUR-Lex** erschließt das aktuelle EU-Recht, die Rechtsprechung von EuGH und EuG sowie die Dokumente des EP und der anderen Institutionen. Sie ist im Internet kostenlos zugänglich unter: **http://eur-lex.europa.eu/homepage.html?locale=de**.

Amtliche Quelle der Gründungsverträge ist das BGBl. (EGKSV: BGBl. II, 1952, S. 447; EWGV: BGBl. II, 1957, S. 766, ber. S. 1678; EAGV: BGBl. II, 1957, S. 1014, ber. S. 1679). Spätere Änderungen und Ergänzungen des EUV sind jeweils im Amtsblatt der EU amtlich veröffentlicht. Eine konsolidierte Fassung des EUV und des AEUV in der Fassung des Vertrags von Lissabon findet sich im ABl. C 83/2010, S. 1.

Die Gründungsverträge, die wesentlichen Durchführungsakte sowie einzelne staatliche Regelungen sind in **fortlaufend aktualisierter Form** abgedruckt in *Ehlermann/Bieber/ Haag* (Hg.), **Handbuch des Europäischen Rechts**, Loseblattsammlung, Baden-Baden (Stand 2014). Auf diese Sammlung (abgekürzt *HER*) verweisen zahlreiche Quellenangaben in den nachfolgenden Kapiteln. Daher wird darauf verzichtet, bei Hinweisen auf Rechtsakte die jeweils letzte Änderung zu erwähnen.

Der Vertrag von Lissabon (Art. 5) enthält **Übereinstimmungstabellen** der alten und neuen Artikelnummerierungen von EUV a.F./EGV und EUV/AEUV. Die meisten Textsammlungen zum Europarecht enthalten diese Tabellen (z.B. *HER* I A 1/5, S. 1 ff., und Europarecht, Textausgabe, 22. Aufl. Baden-Baden 2012).

In diesem Lehrbuch wird durchgehend die neue Nummerierung benutzt. Wird ausnahmsweise die früher geltende Nummerierung zitiert, so ist dies jeweils kenntlich gemacht (z.B. „ex Art. 235 EGV").[1] Grundsätzlich wird hier stets die aktuelle Rechtslage gemäß den letzten Änderungen durch den am 1. Dezember 2009 in Kraft getretenen **Vertrag von Lissabon** dargestellt.

Literaturhinweise, Internetadressen

Die Literatur zum Europarecht ist außerordentlich umfangreich geworden. Auch kann dieses Gebiet ohne Einbeziehung der entsprechenden fremdsprachigen Veröffentlichungen wissenschaftlich nicht ausreichend durchdrungen werden. Es übersteigt Rahmen und Zweck eines Lehrbuches, die gesamte verfügbare Literatur zu nennen. Dazu sei auf die regelmäßig in den Zeitschriften *Europarecht* und *Zeitschrift für ausländisches*

---

[1] Zur Zitierweise in den Urteilen von EuGH und EuG: Mitteilung des EuGH v. 22. April 1999, ABl. C 246/1999, S. 1.

öffentliches Recht und Völkerrecht veröffentlichen Bibliografien sowie auf die vom *Dokumentationsdienst des EuGH* herausgegebene Bibliografie verwiesen.

Um dem Leser eine Konzentration auf das Wesentliche zu ermöglichen, steht am Ende jedes Kapitels ein Abschnitt „Literaturhinweise" mit einer *Auswahl* der weiterführenden oder vertiefenden Literatur. Dabei wurde auf die Nennung älterer Veröffentlichungen weitgehend verzichtet, da diese in den neuesten Texten ohnehin zitiert sind. Literaturhinweise in den Fußnoten beziehen sich auf den Literaturanhang des jeweiligen Kapitels.

Nur mit dem Verfassernamen zitiert werden die nachfolgend genannten Werke zum Recht der Europäischen Union und zum Integrationsprozess:

Bleckmann, Albert, Europarecht, 6. Aufl., Köln/Berlin 1997.
Calliess, Christian/Ruffert, Matthias (Hg.), EUV-AEUV, Kommentar, 4. Aufl., München 2011.
Constantinesco, Leontin-Jean, Recht der Europäischen Gemeinschaften, Band I, Baden-Baden 1977.
Grabitz, Eberhard/Hilf, Meinhard/Nettesheim, Martin (Hg.), Das Recht der Europäischen Union, Loseblattkommentar, 3 Bde., München, (Stand September 2013, abgekürzt *G/H/N*).
v.d. Groeben/Schwarze (Hg.), EU-/EG Vertrag, Kommentar, 6. Aufl., 4 Bände, Baden-Baden 2003/2004 (Großkommentar, abgekürzt *G/S*).
Hallstein, Walter, Die Europäische Gemeinschaft, 5. Aufl., Düsseldorf/Wien 1979.
Ipsen, Hans-Peter, Europäisches Gemeinschaftsrecht, Tübingen 1972.
Jachtenfuchs, Markus/Kohler-Koch, Beate (Hg.), Europäische Integration, 2. Aufl., Wiesbaden 2003.
Léger, Philippe (Hg.), Commentaire article par article des traités UE et CE, Brüssel 2000.
Lenz, Carl-Otto/Borchardt, Klaus-Dieter (Hg.), EU-Verträge, Kommentar, EUV-AEUV-GRCh, 6. Aufl., Köln 2012.
Oppermann, Thomas/Classen, Claus-Dieter/Nettesheim, Martin, Europarecht, 5. Aufl., München 2011.
Schwarze, Jürgen (Hg.), EU-Kommentar, 3. Aufl., Baden-Baden, 2012.
Streinz, Rudolf, Europarecht, 9. Aufl., Heidelberg 2012.
Streinz, Rudolf (Hg.), EUV/AEUV, Kommentar, 2. Aufl., München 2012.

Weiterhin sind zu erwähnen:

Kommentare und Handbücher

Blanke, Hermann-Josef/Mangiameli, Stelio (Hg.), The Treaty on European Union (TEU): A Commentary, Berlin/Heidelberg 2013
von Bogdandy, Armin/Bast, Jürgen (Hg.), Europäisches Verfassungsrecht, 2. Aufl., Berlin/Heidelberg 2009.
Cloos, Jim/Reinesch, Gaston/Vignes, Daniel/Weyland, Joseph, Le Traité de Maastricht: Genèse, analyse, commentaires, 2. Aufl., Brüssel 1994.
Constantinesco, Vlad/Jacqué, Jean-Paul/Kovar, Robert/Simon, Denys (Hg.), Traité instituant la CEE, Commentaire, Paris 1991.
Constantinesco, Vlad/Kovar, Robert/Simon, Denys (Hg.), Traité sur l'Union européenne, Commentaire, Paris 1995.
Craig, Paul/de Burca, Grainne, EU Law, Text, Cases and Materials, 5. Aufl., Oxford 2011.
Dauses, Manfred (Hg.), Handbuch des EU-Wirtschaftsrechts, Loseblattslg., München 2000 ff.
De Ruyt, Jean, L'acte unique européen, Commentaire, 2. Aufl., Brüssel 1989.
Dony, Marianne u.a. (Hg.), Commentaire Mégret, 3. Aufl., Brüssel ab 2006.
Fischer, Klemens H., Der Vertrag von Nizza. Text und Kommentar, 2. Aufl., Baden-Baden/Wien 2003.
ders., Der Vertrag von Lissabon, Text und Kommentar, 2. Aufl., Baden-Baden/Bern/Wien 2010.
Frenz, Walter, Handbuch Europarecht, Bd. 1–6, Berlin/Heidelberg 2004–2011.

Quellen- und Literaturhinweise

Ganshof van der Meersch u.a., Les novelles, Droit des Communautés Européennes, Brüssel 1969.
Geiger, Rudolf/Khan, Daniel-Erasmus/Kotzur, Markus, EUV/AEUV, Kommentar, 5. Aufl., München 2010.
Hailbronner, Kay/Klein, Eckart/Magiera, Siegfried/Müller-Graff, Peter-Christian, Handkommentar zum Vertrag über die Europäische Union (EUV/EGV), Loseblattkommentar, Köln/Berlin 1991/2000.
Jurisclasseur Europe, Loseblattsammlung, Paris, Stand 2014.
Pocar, Fausto, Commentario breve ai Trattati della Comunità e dell'Unione Europea, Padova 2001.
Quadri, R./Monaco, R./Trabucchi A., Trattato istitutivo della Communità Economica Europea, Comentario, 4 Bde., Milano 1965.
dies., Trattato istitutivo della Communità Europea del Carbone e dell'Acciaio, Comentario, 3 Bde., Milano 1970.
Röttinger, Moritz/Weyringer, Claudia (Hg.), Handbuch der Europäischen Integration, 2. Aufl., Wien 1996.
Schulze, Rainer/Zuleeg, Manfred/Kadelbach, Stefan (Hg.), Europarecht – Handbuch für die deutsche Rechtspraxis, 2. Aufl., Baden-Baden 2010.
Simmonds (Hg.), Encyclopedia of European Community Law, 9 Bde., London seit 1976 (Loseblattsammlung).
Smit, Hans/Herzog, Peter, The Law of the European Economic Community, 6 Bde. (Loseblattwerk), New York ab 1976.
Toth, A.G., The Oxford Encyclopedia of European Community Law, Vol. I, Oxford 1990, Vol. II, Oxford 2005.
Vedder, Christoph/ Heintschel von Heinegg, Wolff (Hg.), Europäisches Unionsrecht, Kommentar, Baden-Baden 2012.
Waelbroeck, Michel/Louis, Jean-Victor/Vignes, Daniel/Dewost, Jean-Louis/Vandersanden, Georges, (Hg.), Commentaire J. Mégret, Le droit de la CE et de l'Union Européenne, 2. Aufl., 13 Bde., Brüssel, ab 1991.
Weidenfeld, Werner (Hg.), Europa-Handbuch, 2. Bände, 4. Aufl., Gütersloh 2006.
Wohlfahrth/Everling/Glaesner/Sprung, Kommentar zum EWG-Vertrag, Berlin 1960.

Aktuelle Informationen, wissenschaftliche Zeitschriften

Eine tägliche Berichterstattung über die Entwicklung des EU-Rechts enthält *Agence Europe* (Luxemburg/Brüssel).

Weiterhin sind folgende Zeitschriften zu nennen:

Cahiers de Droit Européen (zweimonatlich, Brüssel),
Columbia Journal of European Law (vierteljährlich, New York),
Common Review Market Law (zweimonatlich, London),
Europäische Grundrechte Zeitschrift (monatlich, Kehl/Rh.)
Europäische Zeitschrift für Wirtschaftsrecht (2 x pro Monat, München),
Europarecht (zweimonatlich, Baden-Baden),
European Law Review (zweimonatlich, London),
Integration (vierteljährlich, Baden-Baden),
Journal de droit européen (monatlich, Brüssel),
Maastricht Journal of European and Comparative Law (vierteljährlich, Maastricht),
Recht der internationalen Wirtschaft (monatlich, Heidelberg),
Revue de Droit de l'Union Européenne (vierteljährlich, Paris),
Revue du Marché Commun et de l'Union européenne (monatlich, Paris),
Revue trimestrielle de Droit européen (vierteljährlich, Paris),
Schweizerische Zeitschrift für Internationales und Europäisches Recht (vierteljährlich, Zürich),
Zeitschrift für Europarechtliche Studien (vierteljährlich, Saarbrücken).

Quellen- und Literaturhinweise

Internetadressen:

Europäische Union

Allgemein: http://europa.eu
Europäisches Recht: http://eur-lex.europa.eu
Europäisches Parlament: http://www.europarl.europa.eu
Rat: http://www.consilium.europa.eu
Kommission: http://ec.europa.eu
Europäischer Gerichtshof: http://curia.europa.eu
Europäischer Rechnungshof: http://eca.europa.eu/
Europäische Zentralbank: http://www.ecb.europa.eu/
Wirtschafts- und Sozialausschuss: http://www.eesc.europa.eu/
Ausschuss der Regionen: http://www.cor.europa.eu/
Bürgerbeauftragter: http://www.ombudsman.europa.eu/

Stichwortverzeichnis

Die Angaben verweisen auf die Paragrafen des Buches (**fette Zahlen**) sowie die Randnummern innerhalb der einzelnen Paragrafen (magere Zahlen).
Beispiel: § 9 Rn. 10 = **9** 10

Abfälle **11** 6, **32** 28
Abgaben **23** 19
– gleicher Wirkung **11** 15 ff.
– inländische **8** 22, **19** 3, 5
Abgeordneter s. Europäisches Parlament
Abgestimmtes Verhalten **12** 15
Abkommen **35** 19
Abkommen der EU **4** 44, 84, **6** 39, 63, 67, **7** 24, **9** 79 ff., **25** 17, **28** 11, **33** 16 ff.
– Abschlussverfahren **33** 21 ff.
– AETR **33** 17
– Assoziierungsabkommen **34** 25 ff.
– der Mitgliedstaaten s. Verträge
– mit erheblichen finanziellen Folgen **33** 22
– über die Sozialpolitik **18** 11, **22** 7 f.
– Vertragsschließungsbefugnis **33** 16 ff., 31
– von Cotonou **4** 38, 62, **5** 6, **6** 43, **34** 26, 35 ff.
– Zustimmungsrecht des EP **4** 28
Abschiebung **17** 7, 20
Abstimmungen **1** 27, **4** 53 ff.
Acquis communautaire s. Besitzstand
Agenda 2000 **1** 26, **23** 15
Agenturen **4** 104, **5** 6
Agrarfonds **27** 10
Agrarmarktordnung **23** 12
Agrarmarktorganisation s. Marktordnung
Agrarpolitik, gemeinsame (GAP) **1** 18, **12** 5, **23** 1 ff., **33** 3
Agrarpreise s. Preise
AKP-Abkommen **4** 38, 62, **5** 6, **34** 35
Aktien s. Wertpapiere
Aktiengesellschaft s. Gesellschaftsrecht
Aktion, gemeinsame s. gemeinsame Aktion
Aktives Wahlrecht **2** 34 ff., 38 f.
Alleingang Autonomie
Allgemeine Rechtsgrundsätze **2** 15, **6** 16 ff., 49, **8** 9, **9** 72, 93, **22** 36
Allgemeininteresse **1** 39, **3** 20, **4** 63, 95, **8** 26, **9** 47, **11** 55, 120, 128
Allgemeinwohl **10** 21, **11** 104, 145
Alpentransit **24** 18

Amsterdam, Vertrag von **1** 2, 25, **6** 8, **17** 16
Amt zur Betrugsbekämpfung (OLAF) s. OLAF
Amtsblatt **7** 42 f.
Amtshaftung **4** 113, **9** 66 ff.
Amtshilfe **5** 21, **8** 3 ff., **19** 18
Amtssprachen **4** 115, **7** 43
Änderung der Verträge s. Verträge
– vereinfachte **7** 30
Änderung von Rechtsakten **7** 44
Anerkennung
– gegenseitige **10** 2, 13, **14** 6, 13, **16** 3
– von gerichtlichen Entscheidungen **15** 9
– von Zeugnissen und Diplomen **11** 132 ff.
Anfragen s. Fragen
Angleichung s. Rechtsangleichung
Anhörung **7** 9 ff.
– Arbeitnehmer **7** 14, **18** 15
– EP **7** 10
– WSA **7** 12
Anhörungsbeauftragter **12** 38
Anleihen **5** 14
Anwendbarkeit
– einheitliche **3** 43 ff.
– unmittelbare **3** 35, **6** 34, 56 ff., **12** 22 s.a. unmittelbare Wirkung
Arbeitnehmer **11** 78 ff., **18** 14, **22** 13 ff.
– Arbeits- und Beschäftigungsbedingungen **11** 106, **22** 25 ff.
– Arbeitssicherheit **22** 27
– Aufenthalt **11** 102, 106 f.
– Ausbildung **11** 106, **29** 2, 11
– Begriff **9** 14, **11** 83 ff., **22** 14
– Berufssport **11** 83
– Drittstaatsangehörige **11** 82
– Familienangehörige **11** 86, 106 f.
– Gleichbehandlung **11** 95, 102
– Grundrechte **22** 8, 20
– Inländergleichbehandlung **11** 94 ff.
– öffentliche Verwaltung **11** 90 f.
– soziale Sicherheit **11** 108, **22** 26
– Unterrichtung und Anhörung **18** 14, **22** 25
Arbeitsbedingungen s. Arbeitnehmer

691

Stichwortverzeichnis

Arbeitsrecht 22 25 ff.
Arbeitssicherheit 28 5
Architekten 11 132
Architektur, europäische 36 3
Arzneimittel 31 37, 45
Ärzte 11 124, 132
Assoziationsrat 4 62
Assoziierung 33 3, 34 35 ff.
Asylpolitik 17 13 ff.
Asylrecht 2 31, 17 22 f.
Aufenthaltsrecht s. Bewegungs- und Aufenthaltsrecht
Auflösung der EU 3 42
Aufsichtsbefugnisse 4 70
Ausbildung s. Bildung
Ausfuhr
– Beihilfen 34 24
– Dual-use-Güter 34 20
– Exportkontrollen 34 20
– Kriegsmaterial 34 13, 20
– Maßnahmen gleicher Wirkung 11 67 ff.
– Politik 34 20
Ausführungsbefugnisse 3 21, 4 46, 7 21 ff.
Ausführungsregeln 7 21 ff.
Ausgaben der EU 5 1, 3 ff., 16 f.
Auskunftsrecht 2 47, 4 70
Auslegung des EU-Rechts 9 11 ff., 96 f.
– Methoden 9 14 ff.
– Zuständigkeit 3 36, 9 8
Auslegung des staatlichen Rechts 3 36, 6 66, 69, 8 16
Ausschluss 37 8
Ausschluss aus der EU 2 70, 3 42
Ausschuss
– der Regionen 4 96 f., 7 12
– der Ständigen Vertreter (AstV) 4 57
– für Sozialschutz 22 10
Ausschüsse 4 108 f.
Ausschussverfahren s. Komitologie
Außen- und Sicherheitspolitik s. Gemeinsame A.
Außenbeziehungen, Zuständigkeit 33 16 ff.
Außengrenzen 3 53, 4 104, 17 20
Außenhandel s. Handelspolitik
Außenhandelstheorie 1 46
Außenpolitische Zusammenarbeit s. Gemeinsame Außen- und Sicherheitspolitik

Außenzolltarif 11 2, 11
Außervertragliche Haftung
– der EU 8 7, 9 66 ff., 33 12 f.
– der Mitgliedstaaten s. Mitgliedstaaten
Ausstrahlung des EU - Rechts 36 3
Ausstrahlung des EU-Rechts 3 55
Austritt aus der EU 2 68, 3 42, 7 36
Auswärtiger Dienst 4 113
Ausweisung 11 102
Autonomie
– der EU Rechtsordnung 2 3, 9 12 ff.
– der Mitgliedstaaten 8 6, 21 11, 32 34 f., 34 23

Bananen 9 5, 74, 12 25, 23 17
Banken 11 149, 151, 153
Bankenunion 11 151
Banknoten 4 90, 11 145, 151
„Barcelona"-Prozess 36 11
Beamtenstatut 4 113
Befreiungen s. Protokoll über Vorrechte und Befreiungen
Befugnisse der EU s. Zuständigkeiten
Begründungspflicht 3 32, 7 40
Beherrschende Stellung 12 25 ff., 44 f.
Behinderte 22 25
Beihilfen 12 1, 13 1 ff., 23 18 ff., 24 8, 27 3, 29 3, 30 1
– Begriff 13 7 ff.
– Kontrolle 13 4
– Rückforderung 8 19 f., 13 28 f.
– Verfahren 4 46, 13 24 ff.
Beistand
– finanzieller 5 14, 21 12 f.
– gegenseitiger 3 18, 35 5
Beiträge 5 10
Beitritt 1 34 ff., 3 41, 6 10, 7 32, 34 28, 36 5 ff.
Beitrittspartnerschaften 36 8
Beitrittsverfahren 6 10, 7 32
Beratung 4 94 ff., 108, 7 9 ff.
Berufe, freie 11 115 ff., 122 ff., 132 f.
Berufsausbildung 11 98, 106, 29 2, 10
Berufsfreiheit 2 11
Berufsqualifikation 29 2, 6, 9 f.
Berufszugang 11 94 ff., 24 12
Beschaffungswesen, öffentliches s. öffentliche Aufträge

Stichwortverzeichnis

Beschäftigungspolitik **22** 1, 44 ff., **27** 11
Beschluss **6** 37
Beschlussfähigkeit **4** 53, 75
Beschränkungsverbot **11** 34 ff., **96** ff., 118 ff., 141, 150
Besitzstand, gemeinschaftlicher **1** 39
Besondere/ausschließliche Rechte **2** 23
Bestandskraft von Verwaltungsakten **8** 23
Bestimmungslandprinzip **19** 13
Bestmöglicher Umweltschutz **32** 14
Betroffenheit, individuelle **9** 43 ff.
Betrugsbekämpfung **5** 20, **16** 11 s.a. OLAF
Bevollmächtigte vor dem EuGH **9** 106, 108
Bewegungs- und Aufenthaltsrecht **2** 29 ff., **11** 80 f.
Bildung **11** 106, **29** 1 ff., **33** 3
Binnengrenzen **11** 16
Binnenmarkt **1** 3, 17, **3** 10, **10** 1, **11** 1 ff., **12** 1, **13** 2, **14** 1, **15** 1, **18** 1 f., **22** 2 f., **24** 6, 13, **25** 13, **32** 33
Binnenschifffahrt **24** 4, 20 ff.
Binnenzölle **11** 14 ff.
Bologna – Prozess **29** 8
Börsenrecht **11** 152
Brasserie du Pêcheur-Urteil **2** 71 f.
Bundesländer **2** 57, **4** 49 f., **13** 18, 27
Bundesrat **4** 49
Bundesregierung **4** 49
Bundestag **2** 64, **4** 37, 49
Bundesverfassungsgericht **1** 24, 30, **2** 83 f., **3** 40, **9** 5, 18
Bürgerbeauftragter **2** 25, 47 ff., **3** 15, **4** 27, 100, **7** 24, **9** 68
Bürgerinitiative **2** 25, 44, **7** 7, 9
Bürgerrecht **1** 23, **2** 7 ff., 23 ff., **4** 115, **6** 12, **11** 80, **37** 3
Bußgeld **12** 34
Cassis de Dijon-Urteil **10** 20, **11** 55
Centros-Urteil **11** 121
Chancengleichheit s. Gleichstellung
Charta der Grundrechte **3** 7
Charta der Grundrechte der EU **2** 13 ff., **3** 2, **6** 8
Chemikalienrecht **32** 27
COMENIUS **29** 10
Copernicus **28** 10

COSAC **4** 37
Dänemark, Protokoll **17** 2, 10, **21** 23
Darlehen **5** 14
Daseinsvorsorge **12** 49
Dassonville **11** 37 ff.
Datenschutz **3** 15, **8** 5, **30** 9
Davignon – Bericht **35** 8
Defizit, übermäßiges **21** 1, 8 f., **9**, 11, 21
Defizitverfahren **21** 10
Delegierte Rechtsakte **7** 22
Delors - Plan **21** 17
Delors-Plan **21** 16 f.
De-minimis-Regel **12** 19, **13** 14, 31
Demokratie **2** 67, **3** 15 f., **4** 3, 19, 29, **34** 40
Devisentransaktionen **11** 148
Dienstleistung **2** 29 ff., **11** 114 ff., **24** 3, 8, **12** f., **25** 6, **29** 7, **30** 1, **34** 10
– Begriff **11** 122
– Erscheinungsformen **11** 122 ff.
– von allgemeinem wirtschaftlichen Interesse **12** 49, **13** 4
Dienstrecht der EU **4** 113
Differenzierte Integration s. verstärkte Zusammenarbeit
Diplomatischer Dienst der EU **4** 113
Diplomatischer und konsularischer Schutz **2** 25, 41 ff.
Diplome, Anerkennung **11** 132 ff.
Direktwahlakt **4** 22, 31, **7** 11, 31
Diskriminierung **10** 4 ff., **11** 36, 47 ff., 118 ff., 142, **19** 3 f., **22** 31
– indirekte **10** 6, **22** 31
– umgekehrte **10** 11, **11** 92
– versteckte **11** 45, 129
Dokumente, Zugang **2** 47, **7** 41
Doppelbesteuerung **19** 2, 4, 19
Doppelbestrafung **16** 3, 15
Drittstaaten, Beziehungen zu s. Außenbeziehungen s. Entwicklungspolitik s. Nachbarschaftsbeziehungen
Drittwirkung **2** 20, **6** 65 ff., **11** 32 f., **22** 36
Drogenbekämpfung **16** 14
Dual-use-Güter **34** 20
Dumpingabwehr s. Handelspolitik
Durchführung des EU - Rechts **3** 22
Durchführungsbefugnis **7** 23 ff.
Durchführungsbefugnisse **3** 21, **4** 46, 67

693

Stichwortverzeichnis

Durchführungsrecht 7 21 ff., 8 1

ECU s. Euro

Effektivität
- des EU-Rechts 2 65, 6 36 ff., 8 26, 9 18
- des Rechtsschutzes 8 26

Effet utile 2 72, 6 61, 8 24 ff., 9 18

EFRE (Europäischer Fonds für regionale Entwicklung) 27 10

EFTA 1 34, 37, 9 82, 36 9 f.

EFTA - Gerichtshof 36 10

EGNOS 28 10

Eigenmittel 5 11 ff.

Eigentumsfreiheit 2 11

Einfuhrbeschränkungen 11 28 ff.

Einfuhrpolitik 34 17

Einheit der Rechtsordnung 3 43 ff.

Einheitliche Europäische Akte 1 21, 6 8, 14 21, 21 16, 27 7, 32 17

Einheitliches Wahlverfahren 4 31

Einnahmen der EU 5 1, 4, 10 ff., 7 31

Einstweilige Anordnung 8 26, 9 54, 110

Einwanderung 2 29 ff., 17 4, 7, 13, 21, 33 3

Einzelermächtigung, begrenzte 4 8

Einzelermächtigung, Prinzip 3 21

Einzelfreistellung s. Freistellung

Eisenbahn 12 6, 24 4, 36 17
- Infrastruktur 24 14 ff.
- Verkehrsdienstleistung 24 14
- Wegeentgelt 24 14

Elektrizität 11 6, 25 9, 13

ELER 27 2, 6

EMAS 32 23

Embargo 4 44, 34 13

Emissionen 32 26

Empfehlung 6 24, 38, 21 6

EMRK 36 18 s. Europäische Menschenrechtskonvention

Energiemarkt 25 1

Energiepolitik 25 1 ff.

Energieregulierungsbehörden 25 13

Energieversorgung 25 1, 4, 9, 12

Entlastung der Kommission 4 24, 48, 5 21

Entscheidung 6 37

Entschließung 6 40, 43

Entsenderichtlinie 22 25

Entwicklungspolitik 1 40, 33 3, 34 25, 32 ff., 39

EPZ s. Gemeinsame Außen- und Sicherheitspolitik

ERASMUS 29 10

Erdgas 25 6, 13

Erdöl und Erdölerzeugnisse 25 5, 9, 14

ERIC 28 9

Erklärungen 6 9, 26

Ermessen 9 29, 13 19, 24 6

Ermessensmissbrauch 9 52

Ermittlungsgruppen, gemeinsame 16 20

Ernennungen 4 27, 47

Erstattung
- Ausfuhr 23 21
- nationaler Abgaben 8 22

Erweiterung 37 13 s. Beitritt

Essential facilities 12 30

ESZB s. Europäisches System der Zentralbanken

Etikettierung 11 42, 31 16

Euro 1 26, 5 8, 21 1, 14, 19 f., 21 f., 23 21

Euro – Gipfel 4 40, 21 11

Euro-Gruppe 21 20

Eurojust 16 17

EURONEST 4 38

Europa-Abkommen 34 30, 36 6

Europäische
- Aktiengesellschaft 18 10
- Atomgemeinschaft (EAG) 1 16 f., 6 8, 12 4, 25 2, 7 f., 16, 26 5, 33 5, 28, 34 4
- Ausrichtungs- und Garantiefonds für die Landwirtschaft s. ELER
- Energiecharta 25 16
- Gemeinschaft (EG) 1 16, 24, 3 49 f.
- Gemeinschaft für Kohle und Stahl (EGKS) 1 1, 11 f., 14, 27, 3 5, 12, 5 10, 13 4, 25 5, 28 4
- Genossenschaft 18 12
- Investitionsbank (EIB) 4 98 f., 5 6, 14, 26 6, 27 3
- Kommission s. Kommission
- Menschenrechtskonvention (EMRK) 2 10, 14, 17, 9 79, 33 15
- Politische Gemeinschaft 1 15
- Polizeiakademie 4 112, 16 21
- Privatgesellschaft 18 13
- Schulen 4 111, 29 11
- Sozialcharta 2 18, 22 8
- Umweltagentur 4 104, 32 22

694

Stichwortverzeichnis

- Union **1** 1, 19 ff., **2** 1 ff., **3** 2 ff., **4** 9 ff., 53 ff., **6** 1 ff., **37** 1 ff.
- Verfassung s. Verfassung
- Verteidigungsagentur **4** 107, **28** 4, **35** 13
- Verteidigungsgemeinschaft **1** 15
- Wirtschaftliche Interessenvereinigung (EWIV) **18** 9
- Wirtschaftsgemeinschaft (EWG) s. Europäische Gemeinschaft
- Zentralbank (EZB) **1** 22, **4** 27, 90 f., **7** 12, 28, 30, **9** 40, 58, **21** 18 ff.

Europäische Ermittlungsanordnung **16** 12

Europäische Finanzstabilisierungsfazilität **5** 7

Europäische Grundrechte – Agentur **36** 18

Europäische Politische Gemeinschaft **35** 8

Europäische Staatsanwaltschaft **16** 7, 19 f.

Europäische Stiftung für Berufsbildung **29** 11

Europäische Verteidigungsgemeinschaft **35** 8

Europäische Zivilgesellschaft **37** 6

Europäischer
- Aufgaben **4** 78 ff., **9** 5 ff.
  - Ernennung der Mitglieder **4** 85 ff.
  - Verfahren **4** 88 f., **9** 105 ff.
  - Verfahrensarten **9** 21 ff.
- Auswärtiger Dienst **4** 72, 113
- Betriebsrat **18** 15, **22** 25
- Datenschutzbeauftragter **4** 27, 111
- Entwicklungsfonds (EEF) **5** 6, **34** 35
- Gerichtshof **1** 28, **3** 17, 37, **4** 76 ff., **9** 1 ff.
- Haftbefehl **16** 13
- Investitionsfonds **4** 98
- Rat **4** 39 ff., 63, **7** 34, 37
- Rechnungshof **4** 92 f., **5** 21, **9** 57
- Rechtsraum s. Raum der Freiheit, der Sicherheit und des Rechts
- Sozialfonds (ESF) **22** 40 ff., **27** 2, 10
- Wirtschaftsraum (EWR) **1** 37, **34** 28, **36** 9 ff.

Europäischer Forschungsrat **28** 9

Europäischer Stabilitätsmechanismus **5** 7

Europäischer Wirtschaftsraum **36** 4

Europäisches
- Hochschulinstitut **4** 111, **29** 11
- justizielles Netz **16** 18
- Parlament (EP) **2** 6, **3** 16, **4** 1, 19 ff., **7** 1, 10 f., 15 ff., **9** 37, 39
  - Abgeordnete **4** 5, 30, 33, 113

- Ausschüsse **4** 24, 33
- Befugnisse **4** 20 ff.
- Fraktionen **4** 35 f.
- Wahlen **2** 25, 38 ff., **4** 30 f.
- Zusammensetzung **4** 30 ff.
- System der Zentralbanken (ESZB) **4** 90 f., **21** 19, 25
- Verwaltungsrecht **6** 6, **8** 6

Europäisches Energie – und Verkehrsforum **25** 10

Europäisches Institut für Innovation und Technologie **26** 12, **28** 9

Europäisches Parlament
- Beratungsbefugnis **4** 21
- Initiativrecht **7** 7

Europäisches Zentrum zur Förderung der Berufsbildung **29** 11

Europarat **1** 13, **33** 9, **36** 4

Europa-Wahlgesetz **4** 32

Europol **4** 106, **16** 17, 20

Eurosystem **4** 90, **21** 19

EWR – Vertrag **36** 10

EWR-Abkommen s. Europäischer Wirtschaftsraum

Exekutivagenturen **4** 104

EZB s. Europäische Zentralbank

EZB – Direktorium, Mitglieder **4** 5

Familie, Achtung der **2** 11

Familienrecht **15** 6, **22** 34

Fernsehen **11** 136, **12** 49, **29** 1, 7, 13

Finanzautonomie **5** 13

Finanzieller Beistand **5** 14, **21** 12 f.

Finanzmonopole **12** 47, 49

Finanzplanung **5** 17

Finanzrahmen, mehrjäriger **5** 17

Finanzraum, europäischer **11** 151 ff.

Fischerei **23** 4, **28** ff., **27** 10

Fischereiabkommen **23** 32

Fischereiaufsichts -Agentur **23** 30

Fiskalpakt **3** 48, **21** 11

Flagge der EU **3** 56

Föderalismus **1** 42, **2** 53

Formvorschriften, wesentliche **6** 23, **7** 3, 40, **9** 52

Forschung und Entwicklung **28** 1 ff., **33** 3

Fouchet – Pläne **35** 8

695

Stichwortverzeichnis

Fragerecht
- der Bürger 2 25, 47 ff.
- der EP-Abgeordneten 4 24

Fraktionen im EP 4 35
Francovich-Urteil 2 72 ff., 6 35
Freier Dienstleistungsverkehr 11 122 ff.
Freier Warenverkehr 11 1 ff.
Freihandelszone 11 12
Freiheit s. Grundfreiheiten
Freistellung 12 21 f., 32
Freizügigkeit 2 25, 29 ff., 11 78 ff., 14 1, 36 17
Frieden 1 6, 3 12
Friedensnobelpreis 1 1
Fristen 7 18, 9 107, 12 36, 46
Frontex 4 104, 16 21, 17 20
Führerschein 24 17
Funktionalismus 1 42
Funktionsfähigkeit 4 11
Fusionskontrolle 12 3, 11, 40 ff.
Fusionsvertrag 1 18

Galileo 28 10
GASP s. Gemeinsame Außen- und Sicherheitspolitik
GATS-Übereinkommen 34 21
Gebhard-Urteil 11 124
Gegenseitige Amtshilfe s. Amtshilfe
Gegenseitiger Beistand s. finanzieller Beistand
Geldbußen 12 34
Geldpolitik 4 90, 21 18
Geldstrafen, Geldbussen 16 12
Geldwäsche 11 149, 16 16
Geltungsbereich, räumlicher 3 53 f.
Gemeinsame
- Forschungsstelle 28 8
- Strategie 6 67
- Unternehmen 4 105

Gemeinsame Agrarpolitik (GAP) s. Agrarpolitik
Gemeinsame Aktion 6 67 f., 35 16
Gemeinsame Außen- und Sicherheitspolitik (GASP) 1 19, 24, 3 29, 4 72, 6 67 ff., 7 25 f., 33 1, 35 1 ff.
Gemeinsame Aussen – und Sicherheitspolitik (GASP), Zuständigkeit 35 2

Gemeinsamer
- Markt s. Binnenmarkt
- Standpunkt 6 67, 35 15
- Zolltarif 5 12, 11 2 f., 11 ff.

Gemeinsames Interesse s. Allgemeininteresse
Gemeinschaftlicher Besitzstand s. Besitzstand
Gemeinschaftspräferenz 23 13
Gemeinschaftsrecht s. Recht der EU
Gemeinschaftstreue s. Loyalität
Gemischte Abkommen 33 19, 29
Generalanwalt 2 14, 4 85 f., 88, 6 12, 9 108
Gentechnologie 32 27
Gerechtigkeit, soziale 3 11, 13
Gericht 4 85 f., 89 f., 9 2, 105 ff.
Gericht für den öffentlichen Dienst 4 87
Gerichte der Mitgliedstaaten 9 1, 9 f., 86 ff., 12 22, 39
Gerichtshof s. Europäischer G.
Geschäftsfähigkeit der EU 3 51
Geschäftsordnung 6 39
- Kommission 4 74
- Parlament 4 33
- Rat 4 52
- Rechnungshof 4 93

Geschäftsverkehr, elektronischer 11 137
Geschäftsverweigerung 12 30
Gesellschaftsrecht 11 121, 18 1 ff.
Gesellschaftsvertrag 3 20
Gesetzesvorbehalt 8 10
Gesetzgebung 3 22
- Technik 7 38
- Verfahren 7 1 ff.
- Zuständigkeit 3 21 ff., 4 22, 43 f., 65

Gesundheitsschutz 11 53 ff., 14 15, 22 27, 31 33 ff., 33 3
Gewaltenteilung 4 3
Gewässerschutz 32 25
Gewerblicher Rechtsschutz 20 1 ff.
Gewohnheitsrecht 6 21
Gibraltar 3 54
Gleichgewicht, institutionelles 4 16
Gleichheitsgrundsatz, allgemeiner 2 11, 16
Gleichstellung von Mann und Frau 22 17, 33 ff.
Globalisierung 37 14 f.
Governance 1 43

Stichwortverzeichnis

Grenzkontrollen 1 33, 11 16 ff., 80, 17 4 f., 14, 18, 20 ff., 19 13
Grundfreiheiten 2 22, 3 12, 10 1 ff., 11 1 ff., 14 2
Grundrechte 2 8 ff., 3 13 f., 4 104, 6 16, 8 10, 17
- Adressaten 2 19
- Charta 1 28, 2 9, 13 ff., 3 2 ff., 8 10
- Schutz 1 28, 2 15 ff., 67, 8 10, 12 38
- Soziale 3 11, 11 112
- Träger 2 19
Grundtvig-Programm 29 10
Gruppenfreistellung 12 23 f.
Gutachten des EuGH 9 22, 79, 33 23
Gute Verwaltung 2 47, 7 40, 8 10
Güterverkehr 24 17

Haager Programm 16 9
Haftbefehl, europäischer 16 13
Haftung
- der EU, der Mitgliedstaaten s. außervertragliche Haftung
- für fehlerhafte Produkte 31 20
Handelsbeeinträchtigung 11 28 ff.
Handelsembargo s. Embargo
Handelsfreiheit 2 11
Handelspolitik 11 2, 23 10, 30 1, 33 3, 34 1 ff., 8 ff.
Handlungsfreiheit 2 17
Handlungspflichten 3 5 ff., 8, 6 57
Harmonisierung s. Rechtsangleichung
Harmonisierungsamt 20 5
Haushalt
- Defizit 21 1, 8 ff.
- Disziplin 3 30, 5 16
- Grundsätze 5 9 ff.
- Kontrolle 5 21
- Ordnung 5 4
- Verfahren 4 64, 7 20
Haushaltsordnung 5 4
Haushaltsplan 5 1 f., 5 f., 6 64
- Ausführung 4 67, 5 19
- Rechtswirkungen 5 5, 6 64
- Umfang 5 3 f.
Herkunftslandprinzip s. Ursprungslandprinzip
Herren der Verträge 3 40, 37 6
Hochschulen 29 8, 10 f.
Hohe Behörde s. Kommission

Hoheitsbefugnisse 2 53 f., 81, 4 7 f., 11 90 f.
Hoher Vertreter für die Außen- und Sicherheitspolitik 3 51, 4 60, 72, 33 21, 26, 35 4
Hoher Vertreter für die Gemeinsame Außen- und Sicherheitspolitik 35 11
Horizontale Wirkung des EU-Rechts 2 5, 6 65 f.
Humanitäre Hilfe 34 40
Hymne der EU 3 56

Identität 37 4
- der Mitgliedstaaten 2 57 ff., 3 30
- der Union 3 13, 29 1, 37 3
Identität der Organe 4 12
Im Rat vereinigte Vertreter der Mitgliedstaaten 4 61, 6 43 f.
Immunität 4 113
Individualrechtsschutz 9 41 ff.
Industriepolitik 26 1 ff.
Informationsgesellschaft 26 8, 30 5
Infrastrukturpolitik s. Transeuropäische Netze
Initiativrecht 2 44, 4 22, 31, 45, 65 f., 7 7 f., 24, 28
Inländerdiskriminierung s. Diskriminierung, umgekehrte
Innere Sicherheit s. Sicherheit
Institutioneller Rahmen 4 1
Institutionelles Gleichgewicht s. Gleichgewicht
Institutionen 4 1 ff.
Integration 1 1, 12 f., 19, 41 ff., 4 7, 9 6, 12, 13 5, 23 2
Integrationstheorie 1 41 ff.
Integrationsverantwortung 37 6
Integrationsverantwortungsgesetz 4 50, 7 30
Interesse, gemeinsames 3 20
Interessengruppen 4 29, 94, 7 14
Intergouvernementale Zusammenarbeit 6 43, 35 1, 13
Interinstitutionelle Vereinbarungen 4 14, 5 4, 6 39, 7 5
Internationale Organisationen 1 13, 33 7 ff., 34 32, 35 16, 21, 37 15
Internationaler Währungsfonds (IWF) 1 13

697

Internationales Privatrecht 6 45 f., 14 28, 15 3
Internet 7 41, 30 13
Interventionspreis 23 20
Investitionskontrollen 25 8
Inzidentkontrolle 9 63 ff.
Irland – Protokoll 1 30
Irreführende Werbung 31 19
Island 1 38, 36 15, 16
Justizielle Rechte 2 16
Justizielle Zusammenarbeit
– in Strafsachen 5 20, 6 46, 67 ff., 16 1 ff.
– in Zivilsachen 6 46, 15 1 ff.
Kabotage 24 4, 24
Kalanke-Urteil 22 39
Kammern
– Gerichtshof 4 88, 9 107
– Rechnungshof 4 93
Kapital- und Zahlungsverkehr 11 1, 141 ff., 19 15, 21 17, 33 3
Kartellrecht s. Wettbewerbsrecht
Kartellverbot 12 2, 13 ff.
Kartellverfahren s. Wettbewerb
Keck-Urteil 10 22, 11 40 ff.
Kernbrennstoffe 25 7
Kernenergie 25 2, 7 f., 28 6
Kirchen 3 15
Klein- und Mittelbetriebe 26 8
Klimaschutz 25 11, 28 8, 32 28
Koalitionsrecht 22 13, 22
Kohäsionsfonds 2 19, 27 2, 7 f., 10, 12, 14
Kohle- und Stahlindustrie 12 4, 13 4
Komitologie 4 107, 7 23
Kommission 1 17, 27, 3 45, 4 1, 27, 63 ff., 108 f., 5 19, 7 5, 7, 13, 18, 20 ff., 28, 34, 8 7 ff., 9 24 ff., 39, 12 3, 33 ff.
– Amtszeit 4 71
– Aufgaben 4 64 ff.
– Beendigung des Amts 4 71, 73
– Beschlussfassung 4 74 f.
– Ernennung 4 27, 43, 47, 71
– Geschäftsordnung 4 74
– Kollegialitätsprinzip 4 74
– Vorschlagsrecht 4 65, 7 7 ff., 18, 20, 28, 34
Kommunalwahlrecht 2 25, 34 ff.
Kommunikation, elektronische 30 4 ff., 14

Kompetenzen s. Zuständigkeiten
Konferenz von Messina 1 16
Konsularischer Schutz 2 41 ff.
Konsultation s. Anhörung
Kontinuität 4 69
Kontrollrechte 4 7, 23 ff., 48, 70, 92
Konvent 1 29, 2 13, 7 27
Konvergenz der Volkswirtschaften 21 6, 8, 21 f.
Konvergenzprogramme 21 6
Konzertierungsverfahren 7 11
Kooperationsabkommen 28 11, 34 38, 36 13
– der Organe 4 10 f.
– Mitgliedstaaten 2 65 ff., 12 12, 39
Kooperationspflicht s.a. Loyalität
Kooperationsverfahren s. Zusammenarbeit, Verfahren
Koordinierung der staatlichen Politik 21 6 ff., 22 45
Koordinierung, offene 7 4, 14 2
Korrekturmechanismus 5 15
Kramer-Urteil 33 17
Kreditaufnahme, Verbot 21 8
Kriminalität 16 14
Kultur 11 53, 13 19, 22, 29 1 ff., 12 f., 33 3, 34 20
Kultur, Zuständigkeit 29 5
Kulturelle Vielfalt 3 6, 29 1
Kulturgüter, Export 29 13
Kulturhauptstadt 29 12 f.
Kyoto-Protokoll 32 20, 28
Landwirtschaft 11 10, 12 4, 23 1 ff., 34 17
Lebensmittelrecht 31 16
Legationsrecht 33 7
Legitimation, demokratische 1 5, 2 4, 3 16, 4 4, 7, 19, 63, 7 41, 37 4
Leitlinien 6 39, 7 4, 22 45, 30 13, 34 5
Leonardo da Vinci-Programm 29 10
Lissabon-Urteil des BVerfG 2 84, 3 2, 40, 9 5
Loyalität 2 62 ff., 3 18, 8 4
Lückenfüllung 4 69, 6 16, 9 7
Luftreinhaltung 32 26
Luftverkehr 24 4, 27 ff., 36 17

Stichwortverzeichnis

Luftverkehrsabkommen, (open skies) 24 29 ff., 33 18
Luxemburger Kompromiss 1 18, 4 55
Maastricht, Vertrag von 1 23 f.
„Maastricht"-Urteil des BVerfG 1 24, 2 84, 3 40, 9 5, 18
Mansholt-Plan 23 15
Markenrecht 20 4
Marktabgrenzung 12 28, 44
Marktanteil 12 27, 42
Marktbeherrschung 12 2, 27
Marktintervention 23 18
Marktordnung 23 16 ff., 22 f., 34 17
Marktorganisation 11 20, 32, 12 5, 23 16, 22
Marktwirtschaft 3 10 f., 12 1, 21 4
Marktzugang 11 48, 24 12, 17, 22, 24, 27
Marschall-Urteil 22 39
Maßnahmen gleicher Wirkung (wie Einfuhrbeschränkungen) 11 2, 28 ff.
Medien 37 6
Mehrebenensystem 1 42, 2 54, 3 2
Mehrheitserfordernisse im Rat 4 53 ff.
Mehrwertsteuer 5 3, 11, 12, 19 4, 11 ff.
Mehrwertsteuereinnahmen 5 3, 11
Meinungsfreiheit 2 11
Meistbegünstigung 11 13
Mengenmäßige Beschränkungen 11 2, 28 ff.
Menschenrechte 3 13 f., 34 40, 35 17
Militärausschuss 4 58, 35 13
Militärische Erzeugnisse 11 10, 12 4, 33 4, 34 13
Militärstab 4 58, 35 13
Mindeststandard 2 32, 14 29
Mindestvorschriften 14 7, 29, 22 16
Missbrauch einer marktbeherrschenden Stellung 12 2, 25 ff., 29
Misstrauensantrag 4 25 ff., 73
Mitbestimmung 18 14 f., 22 13
Mitentscheidungsverfahren 7 18
Mitgliedschaft in der EU
– Erwerb s. Beitritt
– Kriterien 1 39
– Kündigung s. Austritt
– Suspendierung s. Suspendierung

Mitgliedstaaten 2 52 ff., 3 35 ff., 4 6, 37, 39, 49 ff., 61, 79, 6 3, 34, 45 ff., 57, 7 4, 8 11 ff., 9 9, 24 ff., 86 ff., 12 9 ff., 32 30 ff.
– Haftung für Vertragsverletzung 1 28, 2 71 ff.
Mittelmeerabkommen 34 28, 36 11
Mittelmeerpolitik 34 28, 38
Mittelmeerunion 36 11
Mittelübertragung 5 9
Mitverantwortungsabgabe 23 19
Mobilität 29 6, 9
Monnet-Programm 29 9
Monopole 11 2, 72 ff.
Multilaterale Überwachung 21 6
Nachbarschaftsbeziehungen 36 3 f., 8
Nachprüfung (Wettbewerbsrecht) 4 70, 12 34, 46
Nachtragshaushaltsplan 5 9
Nahrungsmittelhilfe 34 40
Nationale Identität s. Identität
NATO 35 20
Naturkatastrophen 3 18
Ne bis in idem 16 3, 15
Negativattest s. Freistellung
Netzzugangsbedingungen 25 13
Nichtigkeitsklage 9 22, 36 ff.
Niederlassungsfreiheit 2 29 f., 11 117 ff., 30 1
Niederlassungsrecht 11 115 ff.
– Ausnahmen 11 116
– Gesellschaften 11 115
Nizza, Vertrag von 1 2, 27, 29
Normatives Unrecht 9 69 ff.
Normenhierarchie 6 47 ff.
Normenkontrolle 9 22, 63 ff.
Normung 7 39, 26 11
Norwegen 36 16
Notstandsklauseln 2 65

OECD 1 13, 33 9
Offene Politikkoordinierung s. Koordinierung
Öffentliche
– Aufträge 11 118, 135
– Finanzen 21 6 ff.
– Gewalt 11 90 ff., 116

Stichwortverzeichnis

- Sicherheit und Ordnung **11** 53, 101 ff., 116, 145
- Unternehmen **12** 2, 14, 47 ff., **13** 8

Öffentlicher Dienst **4** 113, **11** 90
Öffentlichkeit **7** 41 f.
OLAF **4** 102, **5** 20
Ombudsman s. Bürgerbeauftragter
open skies s. Luftverkehrsabkommen
opting out **3** 44
ordre public **11** 103
Organe **4** 1 ff., 19 ff., **6** 23 ff., **9** 36 ff., 68
Organisierte Kriminalität **16** 16
Organtreue s. Kooperationspflicht der Organe
Östliche Partnerschaft **36** 14
OSZE **1** 13, **33** 9, **36** 4, 18

Parallelverhalten **12** 16
Parlament s. Europäisches Parlament
Parlamente der Mitgliedstaaten **2** 64, **3** 33, **4** 37, 49, **7** 27
Parteien, europäische **3** 15, **4** 36
Partnerschaftsabkommen **36** 13 f.
Passagierrechte **24** 15
Passives Wahlrecht **2** 34 ff., 39
Passunion **2** 33
Patentrecht **11** 54, **20** 2 f.
Pauschalreisen **31** 23
Personen, natürliche und juristische **9** 57, **11** 81 ff., 115 ff., **18** 1 ff.
Personenbezogene Daten s. Datenschutz
Personenverkehr, freier **2** 29, **11** 78 ff.
Petersberg-Aufgaben **35** 7
Petitionsrecht **2** 25, 45 ff., **4** 24
Pflicht zur loyalen Zusammenarbeit s. Loyalität
Pflichten
- der Bürger **2** 51
- der Mitgliedstaaten **2** 52, 65 ff., **3** 18, 36, **8** 12
- der Union **2** 53 ff.
PHARE **36** 8
Politisches und sicherheitspolitisches Komitee **4** 58, **7** 25, **35** 13
Polizeiliche und justizielle Zusammenarbeit **6** 69, **14** 4
Postdienste **11** 138
Preise, Landwirtschaft **23** 20 ff.

Preisstabilität **21** 3, 18
Primärrecht **6** 4, 8 ff., 56, **9** 19 f.
Privatleben, Schutz **2** 11
Privatrecht s. Zivilrecht
Privilegien und Immunitäten **4** 113
Produktivität, landwirtschaftliche **23** 10
Produktsicherheit **31** 18
Programme **6** 39, **27** 2, 12, **28** 3 ff., **31** 15 f., 44, **32** 19 ff.
Prüm - Vertrag **16** 8
Prüm-Vertrag **1** 33
Querschnittsklausel **3** 30, **22** 6, 33, 45, **23** 8, **31** 42, **32** 18, **34** 33
Querschnittsklauseln **24** 1
Quotenregelungen **22** 39

Rahmenprogramm **28** 3, 8
Rat der Europäischen Union **1** 14, **4** 1 ff., 44 ff., **7** 5 ff., 15, 18
- Abstimmungsgrundsätze **4** 53 ff.
- Aufgaben **4** 44 ff.
- Ausschuss der Ständigen Vertreter **4** 57
- Durchführungsbefugnis **4** 46
- Generalsekretär **4** 52
- Geschäftsordnung **4** 52
- Hoher Vertreter für die GASP **4** 60, 72, **7** 25, **35** 4
- Initiativrecht **4** 45, **7** 7
- Öffentlichkeit **4** 52, **7** 41
- Präsident **4** 52, 60
- Tagesordnung **4** 52
- Zusammensetzung **4** 51
Ratifizierung (EUV, Änderungsverträge) **1** 24, 27, 30, **2** 81, **7** 28 f.
Raum der Freiheit, der Sicherheit und des Rechts **3** 6, **14** 1, **15** 1, **16** 1
Raumfahrt **28** 2, 10
Rechnungseinheit **5** 8
Rechnungshof **4** 1, 27, 47, 80, 92 ff., **5** 21
- Anhörung **4** 92, **7** 12
- Berichtspflichten **4** 92
- Ernennung **4** 27, 47
- Geschäftsordnung **4** 93
- Jahresbericht **4** 92, **5** 21
- Mitglieder **4** 93
- Sitz **4** 93
- Sonderberichte **4** 92
Rechnungshof, Mitglieder **4** 5 f.
Recht der EU, Verhältnis zu staatl. Recht **3** 35 ff.

700

Stichwortverzeichnis

Rechtliches Gehör 8 10 s.a. Rechtsschutz
Rechtsakte 6 4 ff.
- Begründungspflicht 7 40, 9 52
- Bekanntmachung 7 42 f.
- Formvorschriften 7 32 ff.
Rechtsangleichung 6 29, 10 2, 14 1 ff., 18 2, 24 6
- Methoden 14 13 ff.
Rechtsanwälte 11 133
Rechtsetzung 7 1 ff.
- Konsultationen 7 9 f.
- ordentliches Verfahren 7 18 f.
- Verfahren der Zustimmung 7 19
Rechtsfähigkeit 3 49 ff.
- innerstaatliche 3 51
- völkerrechtliche 3 50 f., 33 6
Rechtsfortbildung, richterliche 9 6 ff.
Rechtsgemeinschaft 1 5, 3 14, 17, 9 1, 5, 25, 37 7
Rechtsgrundlage 7 6
- Abgrenzung 7 6, 22 12, 23 9, 32 3 ff.
- für Ausgaben 5 4, 19
Rechtsgrundsätze s. allgemeine Rechtsgrundsätze
Rechtshilfe in Strafsachen 16 12 ff.
Rechtsmittel 4 83, 9 112
Rechtsnatur der EU 2 52 ff., 3 1 ff.
Rechtspersönlichkeit (EU) 3 49 ff., 33 6
Rechtsquellen 6 1 ff.
Rechtsraum, europäischer 14 1 ff., 15 1 ff., 16 1 ff., 17 1 ff.
Rechtsschutz 3 17, 4 76, 104, 8 26, 9 1 ff., 15 7
Rechtsschutzinteresse 9 24, 39
Rechtssicherheit 3 17, 8 10
Rechtsstaatlichkeit 3 17 ff., 12 38, 34 32
Rechtsvereinheitlichung s. Rechtsangleichung
Rechtswirkung von Handlungen 6 60 ff., 33 30 f.
Regelungsdichte 7 39
Regieren s. Governance
Regionalfonds 27 2, 8 ff.
Regionalpolitik 27 1 ff.
Relevanter Markt 12 28
Religionsfreiheit 2 11
Restriktive Maßnahmen 35 18
Rheinschifffahrtsakte 24 20

Richtlinie 6 24, 29 ff., 65 f., 14 6, 15 6, 22 16
Richtlinie, Drittwirkung 6 65 f.
Richtlinienkonforme Auslegung 6 33, 66, 8 16
Rohstoffabkommen 33 29, 34 12
Rückforderung von Beihilfen s. Beihilfen
Rücknahme von Verwaltungsakten 8 23
Rückwirkung 7 42
Rüstungsmaterial s. militärische Erzeugnisse
Sanktionen 3 14, 8 25, 12 35, 16 10 f.
- Embargo 4 44, 11 150, 34 13
- Suspendierung der Mitgliedschaft s. Suspendierung
- Wirtschaftspolitik 21 11
- Zwangsgeld 9 34 ff., 12 33 ff.
Satellitenzentrum 35 13
SAVE 25 12
Schaden, Haftung für Verstoß gegen EU-Recht 2 71 ff.
Schadensersatz, Voraussetzungen 9 66 ff.
Schengener Übereinkommen 1 25, 32 f., 3 47 f., 6 52, 16 1, 5, 17 3 ff., 36 9
Schlussanträge (der Generalanwälte) 4 88, 9 108
Schriftliches Verfahren im Rat 4 56
Schutzklauseln 14 17, 23 17
Schutzmaßnahmen, handelspolitische 34 17
Schutzniveau 14 15, 32 10, 31 ff.
Schutznorm 9 75
Schutzrechte, gewerbliche s. gewerbliche Schutzrechte
Schutzverstärkungsklausel 31 3, 32 30 f.
Schweiz 1 37, 11 82, 24 21, 31, 34 28, 36 5, 17
Seeverkehr 12 24, 24 23 ff.
Sekundäres Recht 6 4, 9 19, 94
Selbstbestimmung 3 16
Selbsterhaltung der EU 6 18
Selbstorganisationsrecht der Organe 4 9, 33, 52, 74, 93, 9 105
Sicherheit
- Nukleare 25 16
- Standards 24 16
- Verbraucher 31 16 ff.
Sicherheitspolitik s. Gemeinsame Außen- und Sicherheitspolitik

Sicherheitspolitisches Komitee s. Politisches und sicherheitspolitisches Komitee
Signaturen, elektronische 11 137
Sitz der Organe und Dienststellen 4 114
Sitzungsperiode des EP 4 33
„soft law" 6 40
„Solange"-Rechtsprechung 1 28
Solidarität 3 18 ff., 5 13, 35 1, 37 1
Sortenschutz 20 3
Souveränität, staatliche 1 14, 2 54, 37 2
Sozialabkommen s. Abkommen
Sozialagenda 22 23 ff.
Soziale
- Grundrechte s. Grundrechte
- Sicherheit 2 32, 11 108 ff., 22 26, 40 ff.
Soziale Marktwirtschaft 3 6
Sozialer Dialog 22 9
Sozialleistung, anwendbares Recht 11 108 ff.
Sozialleistungssysteme 11 112
Sozialpartner 3 15, 7 14, 22 9
Sozialpolitik 3 11, 7 14, 22 1 ff.
Sozialrecht 22 12 ff.
Spaak – Bericht 1 16
Sperrminorität 4 54
Sperrwirkung 6 32
Spezialität, Grundsatz der 5 9, 6 48
Spill-over-Prozess 1 42
Sport 11 83, 29 1, 14
Sprachen 2 25, 4 115, 7 43, 9 14, 106, 29 2, 12
Spürbarkeit 11 37, 12 19, 13 14, 14 23
Staaten s. Mitgliedstaaten
Staatenverbund 3 2
Staatliche Handelsmonopole s. Monopole
Staats- und Regierungschefs 1 19, 2 13, 4 39 f., 42
Staatsangehörigkeit 2 23, 26 f., 11 81 ff., 115 ff.
Stabilitäts- und Wachstumspakt 21 6, 21
Stabilitäts – und Assoziierungsabkommen 36 6
Stabilitäts – und Wachstumspakt 21 6
Ständige Strukturierte Zusammenarbeit 35 4
Steinkohle 25 13

Stellungnahme 4 92, 94, 6 24, 38, 7 12, 9 26
Steuerharmonisierung 14 26, 19 2, 10 ff.
Steuern 5 12, 11 144, 19 2, 10 ff.
Steuerrecht 19 1 ff.
Stillhalteverpflichtung 2 66, 11 74 f.
Stockholmer Programm 16 9
Strafrecht 16 1 ff.
Strafverfahrensrecht 16 14
Strahlenschutz 14 4, 25 8, 16
Strassenverkehr 24 4, 17 ff., 36 17
Streikrecht 22 8
Strukturfonds 5 16, 22 2 f., 8, 10 ff., 27 3, 9 ff.
Strukturpolitik, allgemeine 23 15, 25, 27 2 f.
Subsidiarität 3 30
- Prinzip 1 23, 2 64, 3 31 ff., 6 7
- Protokoll 2 64, 3 31, 33
Suspendierung der Mitgliedschaft 2 67, 6 12, 7 34
Symbole der EU 3 56
Systemwettbewerb 14 11

Tabakwerbung 31 11, 44
TACIS 36 13
TARIC 11 22
Tarifverträge 6 31, 11 88 f.
Tatwerkzeuge, Einziehung 16 12
Telekommunikation 11 137, 12 50, 30 1 ff.
Territorialitätsprinzip 12 7
Territorium der EU 3 53 ff.
Terrorismus 16 6, 12
Tierschutz 32 12
Tourismus 26 7
Transeuropäische Netze 24 10, 32, 25 15, 30 13, 33 3
Transparenz 3 15, 4 29, 7 41, 12 47
Transparenzregister 7 9
Türkei 1 38, 36 12

Übereinkommen s. Verträge der Mitgliedstaaten
Überwachung, multilaterale 21 6
Überwachungsmissionen 35 19
Ultra-vires Kontrolle 3 40
Umweltinformation 8 15, 32 23
Umweltpolitik 32 2 ff., 33 3

Stichwortverzeichnis

Umweltschutz 3 6, 11 56, 14 26, 23 8, 24 1, 25 1, 9 f., 32 1 ff.
Umweltverträglichkeitsprüfung (UVP) 8 15, 32 24
UNCITRAL 14 5
Union s. Europäische Union
Unionsbürgerschaft s. Bürgerrecht
Universaldienst 30 8
Universität s. Hochschulen
Unmittelbare Wirkung 1 28, 2 3, 3 35, 6 34, 61 f., 9 6, 17, 11 28, 74, 114, 116, 12 20, 48, 13 6, 19 5, 22 30, 24 7, 33 30
Untätigkeitsklage 4 79, 9 55 ff.
Unternehmen 12 14, 27, 42 ff., 13 8, 18 1 ff., 22 26 f.
– öffentliche 12 2, 14, 47 ff., 13 8
Untersuchungsausschuss 4 24, 7 24
Urheberrecht 11 54, 136, 20 1 ff., 6
Ursprungslandprinzip 19 13 f.
Urteile (EuGH, EuG), Wirkung 9 53 ff., 102 ff.

Verbände 4 94 f., 9 109, 31 28
Verbandsklage 9 47, 31 28
Verbleiberecht 11 107
Verbraucher 11 64, 13 16, 19 7, 23 10, 31 1 ff., 8
– Kredit 11 154, 31 21
– Schutz 11 55, 23 8, 30 8, 31 1 ff.
Vereinfachung 1 25, 6 7
Vereinigungsfreiheit 2 11
Vereinte Nationen 33 9
Verfahren vor dem EuGH 9 21 ff.
Verfahrensgarantien 2 19, 8 10
Verfahrensordnung 4 88
Verfassung der EU 1 2, 28 ff., 2 1, 3 1 ff., 37 6 f.
Verfassungen der Mitgliedstaaten 2 80 ff., 3 36 f.
Verfassungsentwicklung 1 45
Verfassungspraxis 3 2, 6 21
Verfassungsverbund 1 44 f., 45, 3 2, 36
Verfassungsziele 3 5 ff.
Verhaltensweise, abgestimmte s. abgestimmtes Verhalten
Verhältnismäßigkeitsprinzip 2 55, 3 34, 8 10, 11 60 ff.
Verjährung 9 69, 12 36

Verkaufsmodalitäten 11 40 ff.
Verkehr 11 123, 12 6, 13 4, 24 1 ff.
Verkehrssicherheit 24 5
Vermittlungsausschuss 7 18
Veröffentlichung von Rechtsakten 7 42 f.
Verordnung 6 24, 27 ff., 54, 60, 66, 14 6, 14, 15 6
Verpflichtungsermächtigung 5 9
Versicherungen 11 155, 19 15
Versorgungsagentur 4 103, 25 7
Versorgungsschwierigkeiten 25 4, 13
Versorgungssicherheit 25 14
Versorgungssicherung 25 1
Verstärkte Zusammenarbeit 1 25, 33 f., 3 44 ff., 4 17, 7 23, 35 f., 17 3 ff., 37 10 f, 11
Verteidigung 35 7 f.
Verteidigungspolitik 35 7
Vertikale Vereinbarungen 12 24
Verträge
– der EU s. Abkommen
– der Mitgliedstaaten 6 42 ff., 14 8, 28, 33 20
Verträge (EU) 6 8 ff.
– Änderung 1 19 ff., 2 28, 6 8, 11 ff., 7 27 ff., 33 23
– Konkurrenz 6 14 f.
– Verletzung 2 67 ff., 4 70, 79, 7 32, 9 24 ff.
Vertragsänderung 37 12
Vertrauensschutz 7 42, 8 10
Vertretung der EU 4 68
Verwaltung, Zuständigkeit 3 21, 4 67, 8 2, 12 3
Verwaltungen, Zusammenarbeit 8 5, 11 27, 15 5
Verwaltungsakademie 4 102
Verwaltungsorganisation, staatliche 8 2, 23
Verwaltungsrecht 6 6, 8 6 ff.
Verwaltungsverfahren 8 7 ff.
Vetorecht 4 55
Visa 2 31, 17 4, 20 ff., 33 3
Völker, europäische 2 1, 37 2
Völkerrecht 2 70, 3 49 ff., 6 2, 16, 33 6 ff.
Völkerrechtsfähigkeit der EU s. Rechtsfähigkeit
Vollbeschäftigung 21 3

Stichwortverzeichnis

Vollstreckung 8 7, 9 33, 113
Vollzug des EG-Rechts 2 66, 8 1 ff., 9 110, 12 3, 32 43
Vorabentscheidungsverfahren 4 82, 6 38, 9 81 ff.
Vorrang
– des EU-Rechts 1 28, 2 3, 65 f., 3 37 f., 8 1, 23, 9 6
– völkerrechtlicher Verträge 33 30
Vorrechte s. Privilegien

Waffen s. militärische Erzeugnisse
Wahlrecht s. Europäisches Parlament
Wahlrecht, kommunales s. Kommunalwahlrecht
Währung, gemeinsame 1 26, 46, 5 8, 21 14 ff.
Währungspolitik 4 90, 21 14 ff., 33 3, 27
Währungsunion s. Wirtschafts- u. Währungsunion
Wareneinfuhr 11 2, 19, 26, 34 6 ff.
Warenverkehrsfreiheit 11 28 ff., 20 1, 25 6, 30 1, 31 13
Warenzeichenrecht 11 54
Wechselkurse 1 26, 21 14 ff., 24, 33 27
Welthandelsorganisation (WTO) 11 13, 25, 23 15, 24 2, 33 9, 34 17 ff., 21, 37 15
Werbung 31 19, 46
Werner – Plan 21 15
Wertordnung 1 2, 3 12 ff.
Wertordnung der EU 37 8
Wertpapiere 11 151 f.
Westeuropäische Union 1 13, 35 12
Wettbewerb 1 7, 12 1 ff., 23 1, 24 3, 25 13
Wettbewerbsfähigkeit 26 1 ff.
Wettbewerbspolitik 12 1 ff.
Wettbewerbsverzerrungen 13 5, 11 f., 14 2, 24, 26 4
Widerruf von Verwaltungsakten 8 10
Wirkung, unmittelbare s. unmittelbare Wirkung
Wirkungsprinzip 12 7
Wirtschaftlicher und sozialer Zusammenhalt 27 1 ff.
Wirtschafts- und Sozialausschuss (WSA) 2 6, 4 47, 94 f., 7 1, 12
– Mitglieder 4 5 f.
Wirtschafts- und Sozialverfassung 3 10 f.

Wirtschafts- und Währungsunion (WWU) 1 22 f., 26, 21 1 ff.
Wirtschafts – und Währungsunion 3 6
Wirtschaftspolitik 21 3 ff., 22 45, 33 3
Wirtschaftswachstum 21 3
Wohnung, Unverletzlichkeit 2 11
WTO 23 3

Zahlungsbilanz, Krise 5 14
Zahlungsermächtigungen 5 9
Zahlungsverkehr s. Kapital- und Zahlungsverkehr
Zentralbanken 4 90 f., 21 8 ff., 25 f.
Ziele der Union, der Gemeinschaft s. Verfassungsziele
Zinsbesteuerung 19 17
Zivilgesellschaft 2 6, 4 95, 7 9
Zivilrecht 6 41, 46, 48, 9 67, 14 1, 5, 15 2 ff., 31 32
Zölle 11 14 ff., 34 14, 21 f.
Zolleinnahmen 5 3, 12
Zollrecht 8 15, 11 21 f.
Zolltarif s. Gemeinsamer Zolltarif
Zollunion 1 46, 11 2, 11 ff.
Zusammenhalt, wirtschaftlicher, sozialer und territorialer 11 107, 22 23, 24 32, 27 1 ff., 29 10, 31 42
Zusammenschlüsse von Unternehmen s. Fusionskontrolle
Zuständigkeiten
– ausschließliche 3 23
– geteilte 3 23
– konkurrierende 3 23
Zuständigkeiten der EU 2 4, 55, 3 21 ff., 8 4, 33 16 ff.
– Modalitäten der Ausübung 3 30 ff.
– Rückübertragung auf die Mitgliedstaaten 23 27
Zuständigkeiten der Mitgliedstaaten 3 25 ff., 8 4, 14 7, 23 27, 33, 32 29 ff., 34 16
Zustimmungsrecht 7 19, 34, 33 22
Zwangsgeld 4 79, 9 34 f., 12 35
Zwangsvollstreckungen gegenüber Mitgliedstaaten 9 35, 113
Zwischenstaatlichkeitsklausel 12 18, 31, 13 13

Bürgerliches Gesetzbuch
Handkommentar
Von Prof. Dr. Dr. h.c. Reiner Schulze u.a.
8. Auflage 2014, 2.879 S., geb., 69,– €
ISBN 978-3-8487-1054-6
www.nomos-shop.de/21983

»Die ausgezeichnete Kommentierung ist ein exzellenter Ratgeber bei den maßgeblichen Auslegungsfragen in Studium und Praxis.«
RA Ralf Hansen, www.duessellaw.de

Zivilprozessordnung
FamFG | Europäisches Verfahrensrecht
Handkommentar
Herausgegeben von Prof. Dr. Ingo Saenger
5. Auflage 2013, 3.304 S., geb., 98,– €
ISBN 978-3-8329-7997-3
www.nomos-shop.de/19989

Der Handkommentar zeigt in komprimierter wie leicht verständlicher Weise Zusammenhänge auf, bietet Orientierungshilfen zur Problemlösung und vermittelt Verständnis und Grundwissen für eine sachgerechte Rechtsanwendung.

Strafgesetzbuch
Lehr- und Praxiskommentar
Von Prof. Dr. Dres. h.c. Urs Kindhäuser
5. völlig neu bearbeitete Auflage 2013, 1.354 S., brosch., 39,– €
ISBN 978-3-8329-7459-6
www.nomos-shop.de/14622

»Dieser Kommentar bietet ab dem ersten Semester formell und materiell eines der zuverlässigsten Werke auf dem Markt. Kauf und Lektüre lohnen sich nicht nur, sondern man sollte sich diesen Kommentar während der Ausbildung nicht entgehen lassen!«
Dr. Benjamin Krenberger, Richter, AG Landau, www.rechtmodern.de

Grundgesetz für die Bundesrepublik Deutschland
Handkommentar
Herausgegeben von
RiBVerfG a.D. Dr. Dieter Hömig
10. Auflage 2013, 919 S., brosch., 34,– €
ISBN 978-3-8487-0270-1
www.nomos-shop.de/20609

»Ist ein äußerst zuverlässiger Taschenkommentar für Studium und Praxis. Dieser Kommentar verdient weiterhin die rege Benutzung durch Studenten und Praktiker.«
Prof. Dr. Günter Renner, ZAR 9/03, zur Vorauflage

Bestellen Sie jetzt telefonisch unter 07221/2104-37
Portofreie Buch-Bestellungen unter www.nomos-shop.de
Alle Preise inkl. Mehrwertsteuer

Frische Gesetze

Die Textsammlungen enthalten eine systematische Zusammenstellung der wichtigsten Gesetze und Verordnungen. Ausführliche Sachregister, Satznummern und eine alphabetische Schnellübersicht erleichtern den Zugang.

GESETZESPAKET

Drei Bände nur **46,– €**

23. Auflage 2015, ca. 5.670 S.,
3 Bände, 46,– €
ISBN 978-3-8487-1317-2
Erscheint ca. September 2014
www.nomos-shop.de/22713

Zivilrecht
Wirtschaftsrecht
23. Auflage 2015, ca. 2.250 S.,
brosch., 19,90 €
ISBN 978-3-8487-1316-5
Erscheint ca. September 2014

Strafrecht
Nomos Gesetze
23. Auflage 2015, ca. 1.535 S.,
brosch., 18,90 €
ISBN 978-3-8487-1315-8
Erscheint ca. September 2014

Öffentliches Recht
Nomos Gesetze
23. Auflage 2015, ca. 1.890 S.,
brosch., 19,90 €
ISBN 978-3-8487-1314-1
Erscheint ca. September 2014

Bestellen Sie jetzt telefonisch unter 07221/2104-37
Portofreie Buch-Bestellungen unter www.nomos-shop.de
Alle Preise inkl. Mehrwertsteuer

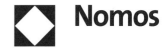